会社法の選択

――新しい社会の会社法を求めて

中東　正文
松井　秀征　編著

商事法務

本書を推薦する

　本書は、気鋭の中堅・若手会社法研究者による、明治以来、今日までの会社法制の立法過程の研究である。立法（改正）の社会経済的背景、プロセス、立法に関与した主体、その経緯、意義等を研究する「立法学」は、従来のわが国においては研究が少なかった。しかし最近では、すべての法領域にわたる横断的な研究として、大森政輔＝鎌田薫編『立法学講義』（商事法務、2006年）等が刊行されるなど、その関心が高まっている。特に会社法の領域においては、本書の編者の一人である中東正文教授が編著者や執筆者の一人として参加した、浜田道代編『北澤正啓先生古稀祝賀論文集・日本会社立法の歴史的展開』（商事法務研究会、1999年）、中東正文編著『商法改正［昭和25年・26年］GHQ/SCAP 文書』（信山社、2003年）、淺木愼一ほか編『浜田道代先生還暦記念・検証会社法』（信山社、2007年）等があるほか、三枝一雄『明治商法の成立と変遷』（三省堂、1992年）、淺木愼一『日本会社法成立史』（信山社、2003年）等、近年、立法過程の研究が積み重ねられてきた。

　本書においては、それらをふまえながらさらに綿密な資料調査を行うだけでなく、筆者たちの共同研究を通じて形成された共通の認識に基づく鋭い視点から、明治以来、今日に至るまでの会社法立法過程につき、会社法上の大きなテーマごとに分析が行われ、さまざまな見方が提示されている。その結果、会社法立法あるいは会社法の運用という営みの意義につき、会社法研究者をはじめとして、立案担当官、関係省庁、経済界、政界、その他いわゆるステーク・ホルダー等、会社法の立法やその運用に係わる広い関係者に、その営みの再認識と反省を迫るものとなっている。単なる歴史研究を超えた、会社法という社会的な装置の在り方への一種の批判となりえているところに、本書の画期的な意義があるように思われる。

　私も同様の志向をもって若干の論稿を書いているが（拙稿「緊急経済対策としての平成10年商法関連法の改正〔上〕、〔下〕」商事法務1492号4頁・1493号4頁（1998年）、同「会社法改正の回顧と展望」商事法務1569号4頁（2000

年)、「新会社法の意義と問題点Ⅰ総論」商事法務1775号4頁（2006年）等)、本書はそれを超えた会社法立法過程への批判的分析を行うことに成功している。特に、会社法研究者がなぜ会社法立法過程をリードしえたのか、その正統性と会社法理論との関係性を問い、「無色透明の会社法」理論とその神話化に関する分析を行ったことなどは、従来の会社法研究者の主流の暗黙の前提を抉って、その意味を問い直す根本的な問題提起である。平成2年商法改正以来、研究者として会社法立法に関係してきた私にとって、とりわけ重い問題提起であり、考えさせられた。しかし本書の問題提起は出発点にすぎず、論ずべきことはさらに多い。本書が広く読まれ、会社法立法に関する議論が深まることを祈念している。

　平成22年8月

東京大学大学院法学政治学研究科教授

岩原　紳作

はしがき

　社団法人商事法務研究会の創立50周年の記念企画として、平成17年の初春、私たちの共同研究が始まった。

　会社法制の改正を力強く下支えしながら、最先端の法情報を実務や学界に提供するという同研究会の社会的貢献の大きさについては、多くを述べるまでもなかろう。このような伝統を象徴する書物を刊行すべく、会社法制の躍動的な変遷に強い関心をもつ者によって、研究会が結成された。

　大きな企画に参加させていただく機会が与えられることになり、私たちは皆、とても光栄であると期待に胸を膨らませた。と同時に、自分たちの手で、記念企画に値すると評価され得る成果を結実できるのか、不安との背中合わせでもあった。

　私たちの現職や経歴は、相当に多様である。本務校にしても、重複している者が一人としていないばかりか、地理的にも、仙台から、東京・名古屋・京都を経て、大阪まで至っていた。当初は、互いに意欲と能力を確かめ合ったりと、ある種の警戒心を抱いていたであろう。

　私たちが有する多様性は、ひとたび力が合わさったときに、最大の強みになった。研究会においては、忌憚なく、活発な議論が重ねられていった。また、資料編の国会議事録の読み取りは、名古屋のホテルの会議室を2日間借り切って、合宿形式で行った。寝食を一緒にして、楽しい一時を皆で共有することができた。この合宿での成果のとりまとめは、後刻、久保大作が主導して、本書に所収する形に整理を行っている。このような形で、相互の信頼関係が築かれていった。

　共同研究の途中からは、松井秀征はフライブルクに、山田泰弘はバンクーバーに、松井智予はケンブリッジにと、世界の各地に在外研究に飛び立った。距離的には隔たりが出ても、緊密な連携が続けられ、気持ちのうえでの距離感が拡がることはなかった。情報技術革新の恩恵は最大限に享受したし、のみならず、互いに行き来をし、日本でも何度も顔を合わせる機会をもつこと

ができた。

　ところで、私たちは全員が、学部生の頃に、昭和56年改正後の講義を受けている。平成改正のみを適時に体感しており、平成改正世代ともいうべきであろうか。本書においては、社会的背景、立法に積極的に関与した主体、改正への道筋などに焦点を当てながら、平成改正を読み解いている。この検討は、昭和年間の会社法と平成改正による会社法との間の連続と断絶を分析することでもあった。

　昭和年間は、会社の利害関係人の利益調整機能が重視され、無色透明な会社法であることが期待されたようにもみえる。会社法の理念を論じることが尊重され、各種の原理・原則を支えてきた。ところが、平成改正では、この神話が正面から崩される現象が顕在化した。他方で、旧来の理念が維持されてきた事項もある。

　本書は、脱神話化の濃淡に合わせて、個々の編と章が構成されている。そして、私たちの研究主題は、『会社法の選択』という書名に具体化されている。会社法が各分野において、平成改正で、どのような選択を行ったのか、その経緯と立法事実を明らかにしようと試みている。単なる歴史研究に終わらせず、今後の立法作業においても、私たちの研究成果が活用されることを願って、「新しい社会の会社法を求めて」という副題を付した。

　研究会においては、現に立法に携わった方々のお話を伺うのが有益であり、私たちにも大きな刺激になるであろうと、氷室昭彦理事のお取りはからいで、前田庸前会長（学習院大学名誉教授、元法制審議会商法部会部会長）、西川元啓理事（新日本製鐵株式会社顧問、元日本経済団体連合会経済法規委員会企画部会部会長、元法制審議会委員）、葉玉匡美弁護士（弁護士、元法務省民事局付）の諸先生から、ご教示いただいた。温かい眼差しで、私たちを叱咤激励して下さった。この場をお借りして、心から感謝を申しあげたい。

　私たちの課題が欲張りすぎたものであったからか、刊行を目指していた商事法務50周年の行事は、いつの間にか、過ぎ去ってしまった。企画が開始されてから、約5年を経た今、本書が世に送り出される。私たちの相互啓発に基づく共同研究の成果は、個性的にすぎるかもしれないが、研究書としてだ

けではなく、歴史の読み物として、さらには、現行法の解釈や今後の立法に関して示唆を与えるものとして、多くの人々の手にとられることを期待したい。

　期せずして、平成22年4月28日に法制審議会会社法制部会が立ちあげられ、会社法制の見直しが再び端緒についたときに、本書が刊行されることになった。諮問内容の骨子は、「企業統治の在り方」と「親子会社に関する規律（企業結合法制）」である。本書においては、具体的な内容について考察が示されているだけではなく、立法に至る各種アクターの力学の捉え方や会社法制のあり方などについて会社立法のこれまでの歴史分析をふまえて、根本的な検討を試みている。それ故に、会社法制の改正にあたって、議論の礎となりうる書物であると自負するものである。今後の改正の議論においても、本書が貢献することができれば、執筆陣にとっては望外の喜びである。

　予定を超える時間を費やしながら研究を進める私たちに対して、ときには厳しく、ときには優しく、また、ときには前方に立って、ときには裏方になって、絶えず見守って下さったのは、氷室理事である。氷室理事のご指導とご海容がなければ、本書は完成の日を見なかったであろう。執筆者一同、深くお礼を申しあげたい。氷室理事のほかにも、商事法務の多くの方々に、細やかなご配慮と多くのご支援をいただいた。本書の刊行に関わっていただいた皆さまに、心から感謝の言葉をお届けしたい。

　私たちの精神的な支えは、岩原紳作東京大学教授であった。研究会の場にお出でになることは一度もなさらなかったが、常に私たちを温かく見守って下さっていることが、ひしひしと感じられた。貴重な共同研究の場を設けて下さった岩原先生に、深謝を申しあげる。

　多様性を有する私たちが、この共同研究を通して切磋琢磨することができたのも、大学院等でご指導下さった諸先生が、各人に研究者としての基礎的な力を身につけさせ、個性を伸ばして下さったからこそである。個々にお名前を掲げてお礼を申しあげる余裕はないが、この機会を梃子にして、今後も学界に少しでも貢献し、諸先生の学恩に報いることをお約束したい。

　会社法制の歴史は興味深い。本書でも随所に示されているように、私たち

の上の世代が、立法過程において、理念や理論を説き、実務の要望を主張し、真摯な議論を行っている。会社という器そのものは、無機質なものであり、無色透明なものであろう。他方で、会社の活動に枠組みを与える会社法制は、人々の営為にほかならず、その変遷の節目では、人間的な色彩が浮きあがる。先達の努力に敬意を表しつつ学び、私たちの世代の会社法のあるべき姿について、今後も研究を続けていきたい。

平成22年8月

執筆者を代表して
中東　正文
松井　秀征

目　次

はじめに　社会・制度のなかでの会社法の機能変化————————1

　第1編　ステイク・ホルダーと会社法……6
　第2編　規制緩和と会社法……10
　　第1章　要望の顕現——組織再編　10
　　第2章　要望の伏在——コーポレート・ガバナンス　12
　第3編　資本市場と会社法……14
　　第1章　資金供給者と会社法　15
　　第2章　資金需要者と会社法　17
　第4編　会計基準と会社法……19
　第5編　技術革新と会社法……23
　第6編　再選択をする会社法(変わらない会社法)……25

第1編　ステイク・ホルダーと会社法
──「無色透明の会社法」理論とその神話化

第1節　はじめに……………………………………………33
　1．問題提起──会社法制立法のアクター………………33
　2．会社法制立法の管轄……………………………………37
　3．本編の検討の手順………………………………………38
第2節　昭和年間までに完成した会社法制改革立法チャネル……43
　1．法制審議会集約型チャネルの形成……………………43

1－1　明治32（1899）年現行商法成立、明治44（1911）年商法改正、
　　　　　昭和13（1938）年商法改正　43
　　1－2　昭和23（1948）年、昭和25（1950）年、昭和30（1955）年、
　　　　　昭和37（1962）年商法改正　47
　　1－3　形成された法制審議会集約型チャネルの特徴とそれに対す
　　　　　る学界の反応——大企業の要望により進められる改革　58
　　1－4　昭和41（1966）年商法改正——中小企業経営者は発言する
　　　　　か？　62
２．法制審議会集約型チャネルへの問題提起とその対応 …………………67
　　2－1　問題提起——昭和49（1974）年商法改正：税理士会による
　　　　　「商法改悪」反対運動　67
　　2－2　会社経営者以外のステイク・ホルダーはなぜ発言しないの
　　　　　か？　75
　　2－3　法制審議会集約型チャネルの機能強化——中小企業経営者
　　　　　要望の受け皿へ　79
　　2－3－1　平成2（1990）年商法改正　81
　　2－3－2　会社法制定　91
　　2－3－3　中小企業経営者の発言要因　92
３．確立した法制審議会集約型チャネルの特徴………………………………93
４．法制審議会集約型チャネルにおける会社法理論の役割
　　——「無色透明」というイデオロギー……………………………………95
　　4－1　問題提起——会社法学者の行動を支える会社法理論　95
　　4－2　無色透明というイデオロギーとそれに対する批判　97
　　4－2－1　無色透明というイデオロギー　97
　　4－2－2　批判派・批判的商法学——現実追認との批判　99
　　4－2－3　分　析　102
　　4－3　問題提起に対する解答——政策決定の場としての法制審議会　105

第3節　日本型政策決定システムの新たな展開と会社法制
　　　　改革立法チャネルの変動 …………………………………………… 109
　1．議員立法という新たな立法チャネルの登場――平成9（1997）
　　　年商法改正：橋本政権下の行政改革・規制緩和の影響 ………… 112
　　1－1　議員立法による商法改正の経緯　112
　　　1－1－1　当初予定されていた法制審議会集約型立法チャネル　112
　　　1－1－2　議員立法による商法改正の実現　114
　　　1－1－3　会社法学者の反発とそれへの再反論　116
　　　1－1－4　世論の反応　118
　　1－2　「変化の結果」としての議員立法による商法改正　119
　　　1－2－1　政策判断として決定　119
　　　1－2－2　ストック・オプション制度の一般的導入の真意　123
　　　1－2－3　行政改革推進のパフォーマンスとしての議員立法　128
　　1－3　議員立法による平成9（1997）年商法改正の影響　129
　　1－4　議員立法による商法改正への会社法学者の危惧の中身　132
　2．第二の議員主導の会社法制改革――平成13（2001）年12月
　　　商法改正：外圧を盾にした平成5（1993）年商法改正に対
　　　する経済界からの巻返しと議員立法 ………………………………… 135
　　2－1　平成5（1993）年商法改正――第二の議員立法の背景　137
　　　2－1－1　改正の経緯　137
　　　2－1－2　なぜ「株主権強化の具体化」は進まなかったか？　140
　　2－2　平成5（1993）年商法改正からみた第二の議員立法　147
　　2－3　平成13（2001）年12月商法改正の経緯　148
　　2－4　第二の議員主導の会社法制改革過程からの示唆　151
　3．法制審議会、立法体制の変容 ………………………………………… 154
　　3－1　法制審議会の変容　154
　　3－2　慣行としてのパブリック・コメント手続　159

4　目　次

　　3-3　立法を推進する事務局の増強　162
第4節　新たな立法環境の下での会社法制改革…………………165
　1．会社法制改革テーマの選定方針……………………………165
　2．社会・企業変革をリードする会社法制改革を求める要望………168
　　2-1　「規制緩和推進計画」の策定に関する要望提出　172
　　2-1-1　規制緩和委員会・規制改革委員会の取組み　172
　　2-1-2　総合規制改革会議の取組み　178
　　2-1-3　規制改革・民間開放推進会議の取組み　183
　　2-2　政府との対話を通じた経済界の要望提出　184
　　2-2-1　IT戦略会議、産業新生会議　184
　　2-2-2　経済財政諮問会議　187
　　2-3　新たな立法環境の下での経済界の要望　191
　3．会社法制改革の現場……………………………………………198
　　3-1　議員立法の性格変更――「複線」の立法から「引込み線」・
　　　　　「切出し」の立法へ　199
　　3-2　要望の普遍化と制度設計をめぐる利害対立　204
　　3-3　個別テーマごとの法制審議会部会　209
　　3-3-1　複数の部会が並行するとき　210
　　3-3-2　会社法制を検討する部会が途切れるとき――法制審議会
　　　　　メンバーでも介入が困難な条文作成作業　216
　　3-3-2-1　介入を拒む形式的な理由　217
　　3-3-2-2　介入を拒む実質的な理由　219
　　3-3-2-2-1　起草作業に働く力学　220
　　3-3-2-2-2　検　討　227
　　3-4　意見照会とパブリック・コメントという二つの性格　231
　　3-4-1　利害関係者等からの意見収集方法の変更　231
　　3-4-2　意見照会とパブリック・コメントとの併存の意義　233

第5節　まとめにかえて……………………………………………………236
  1．本編の問題設定に対する解答――新たな立法環境の下での
     会社法理論………………………………………………………………236
  2．今後の展望………………………………………………………………240

第2編　規制緩和と会社法

第1章　要望の顕現――組織再編　257

第1節　序　論………………………………………………………………257
第2節　柔軟化を支えた社会的背景と数々の要望………………………258
  1．総　説……………………………………………………………………258
  2．平成9（1997）年商法改正までの議論………………………………260
    2－1　会社分割制度の創設に向けての動き　260
      2－1－1　昭和43（1968）年の経団連の要望意見　260
      2－1－2　昭和44（1969）年の商法改正研究会「商法改正要綱私案」　260
      2－1－3　昭和45（1970）年の吉田私案　262
    2－2　昭和50（1975）年の「会社法改正に関する問題点」　263
    2－3　昭和59（1984）年の「大小（公開・非公開）会社区分立法
          及び合併に関する問題点」　265
    2－4　昭和61（1986）年「商法・有限会社法改正試案」　265
    2－5　小　括　268
  3．平成改正を彩る社会経済事情と力学……………………………………270
    3－1　組織再編法制の整備を必要とする社会経済事情　270
    3－2　経団連の要望　272
      3－2－1　平成9（1997）年商法改正までの助走　272
      3－2－2　平成11（1999）年商法改正に向けて　275

        3-2-3　平成12（2000）年商法改正に向けて　282

        3-2-4　会社法制の現代化に向けて　284

      3-3　外国との関係における会社立法　287

        3-3-1　在日米国商工会議所　287

        3-3-2　日米投資イニシアティブ　288

      3-4　関係省庁の連携と協調　292

        3-4-1　序　論　292

        3-4-2　平成14（2002）年商法改正まで　292

        3-4-3　平成17（2005）年会社法制定に向けて　293

  第3節　平成改正の内容の検証 …………………………………………295

    1．平成9（1997）年商法改正——合併法制の改革 ……………295

      1-1　序　説　295

      1-2　簡易合併制度　296

      1-3　情報開示の充実　297

      1-4　債権者保護手続の合理化　297

      1-5　合併が可能な会社の組合わせの拡大　298

    2．平成9（1997）年独占禁止法改正——持株会社の解禁…………298

    3．銀行持株会社創設特例法の制定 ……………………………299

      3-1　序　説　299

      3-2　銀行持株会社創設特例法の制定前の状況　299

      3-3　銀行持株会社創設特例法上の三角合併　301

      3-4　株式交換・株式移転制度の導入への架け橋　302

    4．平成11（1999）年商法改正——株式交換・株式移転制度の
      導入……………………………………………………………303

      4-1　序　説　303

      4-2　株式交換制度の導入　304

      4-3　株式移転制度の導入　305

  4 - 4 株主権の縮減への対応 306
5．産業活力再生特別措置法の制定——事業再構築の円滑化 ………307
6．平成12（2000）年商法改正——会社分割制度の導入と簡易
  営業譲受け……………………………………………………………308
  6 - 1 序　説 308
  6 - 2 新設分割 310
  6 - 3 吸収分割 312
  6 - 4 簡易な営業譲受け 314
7．平成15（2003）年産業再生法改正………………………………………314
8．平成16（2004）年商法改正——債権者保護手続の簡素化 …..315
  8 - 1 改正の経緯 315
  8 - 2 改正の内容 318
  8 - 3 批判的な議論 320
9．平成17（2005）年会社法制定………………………………………324
  9 - 1 会社法と法務省令の制定の経緯 324
    9 - 1 - 1 会社法の制定 324
    9 - 1 - 2 法務省令の制定 327
  9 - 2 組織再編の実体の柔軟化 328
    9 - 2 - 1 合併対価の柔軟化と交付金合併 328
    9 - 2 - 2 三角合併 334
      9 - 2 - 2 - 1 国際的組織再編 335
      9 - 2 - 2 - 2 三角合併と株式交換の手続の非対称性 339
      9 - 2 - 2 - 3 許される買収主体の範囲 341
      9 - 2 - 2 - 4 兄弟姉妹会社の合併 341
    9 - 2 - 3 履行の見込み 342
    9 - 2 - 4 債務超過会社の組織再編 344
    9 - 2 - 5 分割対象の事業性 350

9－2－6　株式買取請求権　355
　　　9－2－7　組織再編の効力発生日　357
　　9－3　組織再編の手続の柔軟化　359
　　　9－3－1　簡易組織再編の要件の緩和　359
　　　9－3－2　略式組織再編の導入　359
　　　9－3－3　債権者保護手続　360
　　　9－3－4　事前開示事項　362
　　　9－3－5　事後設立規制の緩和　363
　　　9－3－6　株主総会の招集通知　364
　　9－4　小　括　365

第4節　結　語 ……………………………………………………… 366

第2章　要望の伏在
──コーポレート・ガバナンス── 368

第1節　はじめに ……………………………………………………… 368
　1．コーポレート・ガバナンス概念 …………………………………… 368
　2．検討対象の設定 ……………………………………………………… 370
　　2－1　アメリカにおける corporate governance　370
　　2－2　わが国におけるコーポレート・ガバナンス　371
　3．検討の順序 …………………………………………………………… 373

第2節　前　史 ………………………………………………………… 375
　1．わが国大企業における経営の自立性 ……………………………… 375
　　1－1　財閥解体　375
　　1－2　高度成長期　378
　　　1－2－1　安定株主工作と株式相互保有の構造　378
　　　1－2－2　メインバンクシステム　384

1－3　安定成長期　386

　　　1－3－1　株式相互保有の構造の進展　387

　　　1－3－2　メインバンクによる状況依存的ガバナンス　389

2．昭和25（1950）年改正 …………………………………………… 391

　　2－1　機関の構成をめぐる改正の概要　392

　　2－2　取締役会制度の導入　393

　　　2－2－1　改正に至る経緯　393

　　　2－2－2　改正法の成立　398

　　2－3　監査役制度の改正　400

3．昭和49（1974）年改正 …………………………………………… 403

　　3－1　改正の背景　403

　　　3－1－1　改正の前提となる議論　403

　　　3－1－2　粉飾決算問題に対する政治的対応　408

　　3－2　監査役制度の改正と会計監査人制度の導入　410

　　　3－2－1　改正の選択肢　410

　　　3－2－2　改正に至る経緯　415

4．昭和56（1981）年改正 …………………………………………… 420

　　4－1　改正の概要　420

　　　4－1－1　改正の内容　420

　　　4－1－2　改正の背景　421

　　4－2　取締役・取締役会制度の改正　424

　　　4－2－1　法務省民事局参事官室による意見照会　424

　　　4－2－2　取締役会決議事項の明確化　430

　　4－3　監査役制度の改正　431

　　　4－3－1　改正に至る経緯　432

　　　4－3－2　改正法の成立　434

第3節　伝統的枠組みに基づく改正 ……………………………………… 435

1．わが国大企業における経営の自立性の高度化——バブル期……435

   1 - 1　株式相互保有構造のさらなる高度化　436

      1 - 1 - 1　プラザ合意とブラックマンデー　436

      1 - 1 - 2　エクイティ・ファイナンス　437

   1 - 2　メインバンクの企業に対する影響力の変化　438

      1 - 2 - 1　大企業とメインバンクとの関係　439

      1 - 2 - 2　メインバンクの経営に対する監督　440

2．平成5（1993）年改正 …………………………………………441

   2 - 1　改正の概要　441

      2 - 1 - 1　改正の内容　441

      2 - 1 - 2　改正の背景　442

   2 - 2　監査役制度の改正　447

      2 - 2 - 1　大小会社区分立法との関係　447

      2 - 2 - 2　改正に至る経緯　449

3．平成13（2001）年改正（法律第149号）……………………453

   3 - 1　改正に至る経緯　454

      3 - 1 - 1　経済界の要望　454

      3 - 1 - 2　政治領域での動き　456

      3 - 1 - 3　商法研究者からの反応　460

   3 - 2　改正法の内容　465

第4節　新しい試みによる改正 …………………………………468

1．わが国大企業における経営の自立性の消滅——バブルの崩壊…469

   1 - 1　株式相互保有の構造の崩壊　469

      1 - 1 - 1　株価の低迷　469

      1 - 1 - 2　金融機関の経営悪化　471

      1 - 1 - 3　時価会計の波　473

      1 - 1 - 4　機関投資家・外国人投資家の存在　474

1-2　メインバンクシステムの崩壊　475

　　1-2-1　不良債権問題　475

　　1-2-2　金融危機とメインバンクシステム　478

2．平成14（2002）年改正 …………………………………………… 479

　2-1　改正の概要　479

　　2-1-1　平成期の会社法改正の流れ　479

　　2-1-2　改正の内容　480

　2-2　改正に至る経緯　483

　　2-2-1　実務における経営組織のあり方に関する工夫　483

　　2-2-2　経済活動に関する民事・刑事基本法制の整備　488

　　2-2-3　中間試案と意見照会　491

　　2-2-4　改正法の成立　493

3．補論：平成17（2005）年会社法 ………………………………… 495

　3-1　会社法制定の背景　495

　　3-1-1　制度間調整の必要　495

　　3-1-2　制定に至る経緯　497

　3-2　会社法の規定内容　498

　　3-2-1　制度間調整にかかる規定　498

　　3-2-2　その他の規定　498

第5節　分析と考察 …………………………………………………… 499

1．利害関係者の対立構造 …………………………………………… 500

　1-1　アメリカ合衆国政府　500

　　1-1-1　GHQ　500

　　1-1-2　日米構造問題協議　501

　　1-1-3　利害関係者の対立構造に与える影響　502

　1-2　経済界　504

　　1-2-1　要望の伏在――法制審議会チャネル　505

1-2-2　要望の顕在化——議員立法チャネル　509
　　1-3　利害対立構造の消滅　511
　2．経営の自立性 ………………………………………………………… 514
　　2-1　経営の自立性の確保と企業不祥事　515
　　2-2　経営の自立性の高度化と外圧　518
　　2-3　経営の自立性の消滅と経営機構改革　521
　3．おわりに ……………………………………………………………… 523

第3編　資本市場と会社法

第1章　資金供給者と会社法 ── 527

第1節　はじめに ………………………………………………………… 527
　1．検討対象の設定 ……………………………………………………… 528
　　1-1　資金供給者　528
　　1-2　会社に用意された資金調達手段　529
　2．検討の順序 …………………………………………………………… 530

第2節　前史——第二次世界大戦以前 ………………………………… 532
　1．初期条件としての商法制定 ………………………………………… 532
　　1-1　明治中期までの企業と資金調達　532
　　　1-1-1　株式会社類似の団体により営まれた事業　532
　　　1-1-2　資金供給者と金融システム　534
　　1-2　商法の制定とその規律　537
　　　1-2-1　明治23（1890）年商法の制定　537
　　　1-2-2　明治32（1899）年商法の制定　541
　2．新商法制定後の展開 ………………………………………………… 547
　　2-1　企業の事業展開と資金供給者層の拡大　547

2－1－1　日露戦争期　547

　　2－1－2　両大戦間期　550

　2－2　環境の変化と制度的対応　556

　　2－2－1　担信法の制定と明治44（1911）年改正　556

　　2－2－2　担信法の改正と昭和13（1938）年改正　559

第3節　規制体系下における資金調達をめぐる制度——戦後からバブルまで………………………………………………………………563

　1．戦後の経済改革と商法改正……………………………………………563

　　1－1　戦時統制経済から終戦後における企業とその資金調達　563

　　　1－1－1　戦時統制経済　563

　　　1－1－2　終戦と経済統制の帰趨　565

　　1－2　ＧＨＱの意向と昭和25（1950）年改正　570

　　　1－2－1　株式制度の改正　570

　　　1－2－2　社債制度の改正　573

　2．高度成長と新株発行制度をめぐる改正………………………………574

　　2－1　高度成長期のわが国企業とその資金調達　574

　　　2－1－1　産業合理化と基幹産業の発展　574

　　　2－1－2　いわゆる日本型金融システムの形成　576

　　2－2　新株発行制度をめぐる改正　582

　　　2－2－1　昭和30（1955）年改正　582

　　　2－2－2　昭和41（1966）年改正　586

　3．金融自由化と社債制度をめぐる改正…………………………………591

　　3－1　安定成長期のわが国企業とその資金調達　591

　　　3－1－1　二つのショックからバブルまで　591

　　　3－1－2　金融自由化　594

　　3－2　社債制度をめぐる改正　599

　　　3－2－1　昭和56（1981）年改正までの流れ　599

3-2-2　平成2（1990）年改正　605
3-2-3　平成5（1993）年改正　610

第4節　規制緩和と資金調達をめぐる制度——バブル崩壊以降 … 618

1．経済構造の転換 …………………………………………………………… 618

1-1　バブル後のわが国企業と金融機関　618

1-1-1　長期的不況　618

1-1-2　不良債権問題　619

1-2　金融システム改革——いわゆる金融ビッグバン　620

1-2-1　金融システム改革の概要　620

1-2-2　金融システム改革の内容　622

2．資金調達手段の多様化に向けた改正 ………………………………… 626

2-1　自己株式取得規制の緩和　627

2-2　新株予約権制度の導入　630

2-3　種類株式制度の多様化　633

第5節　まとめと考察 ……………………………………………………… 635

1．資金供給者としての資産家層 …………………………………………… 636

1-1　制度設計の前提　636

1-2　商法・会社法の中立性　637

1-3　社債に関する規律の特殊性　637

2．資金供給者層の拡大 ……………………………………………………… 638

2-1　制度設計と実態との乖離　638

2-2　制度的対応　639

3．資金供給者としての資産家層の消滅 …………………………………… 641

4．家計における資金の蓄積 ………………………………………………… 642

4-1　新たな資金供給者層の出現　642

4-2　株式制度の対応　643

4－3　社債制度の対応　644

　　　4－4　内部留保と資金調達　646

第2章　資金需要者と会社法 ―――――― 648

第1節　はじめに …………………………………………………… 648

第2節　自己株式と会社法 ……………………………………… 649

　1．平成以前の商法のスタンス ……………………………… 649

　2．規制緩和時代の幕開けと方向づけ ……………………… 653

　　　2－1　規制緩和のシュプレヒコール　653

　　　2－2　政財界と商法学者の同床異夢　657

　3．緊急経済対策としての規制緩和の先鋭化 ……………… 666

　　　3－1　自己株式保有規制の緩和とストック・オプション　666

　　　3－2　自己株式取得の機動性と株主総会の関与の排除　670

　　　3－3　未曾有の金融危機と株式消却特例法の改正　674

　4．規制緩和の後始末と規制の抽象化 ……………………… 679

　　　4－1　議員立法による規制の整理とその背景　679

　　　4－2　株式消却特例法上の時限措置の恒久化　681

　　　4－3　規制の整理の帰結としての金庫株解禁　684

第3節　新しいエクイティ型金融商品と会社法 ……………… 688

　1．平成以前の商法のスタンス ……………………………… 690

　　　1－1　コール・オプション　690

　　　1－2　種類株式　694

　2．規制緩和と商法の基本的スタンスの転換 ……………… 701

　　　2－1　コール・オプション発行の自由化と新株予約権制度の
　　　　　　創設　701

　　　2－1－1　規制緩和と規制の不均衡――双子のストック・オプション

制度　701
　　　2－1－2　オプション価値の認識、そして原則自由化へ　706
　　2－2　種類株式の自由化と「座標軸アプローチ」の採用　713
　　　2－2－1　政策目標としてのベンチャー企業の育成　713
　　　2－2－2　トラッキング・ストックと上場会社　719
　　　2－2－3　平成17年会社法制定と規制柔軟化の徹底　724

第4節　企業金融をめぐる平成改正と資本市場　728
　1．平成改正のアクター　728
　　1－1　自己株式　728
　　1－2　新しいエクイティ型金融商品　733
　2．平成改正と資本市場　736
　　2－1　資本市場の活性化、資本市場による規律付け、そして商法の規制緩和　736
　　2－2　資本市場を通じた金融資源の効率的配分と会社法　742
　　2－3　株式価値の希薄化リスクと資本市場の情報効率性　749

第4編　会計基準と会社法

第1節　はじめに　759

第2節　明治〜昭和期の会社会計法改正史　760
　1．第二次世界大戦前の会社会計法改正　760
　2．第二次世界大戦後の会社会計法改正　762

第3節　平成11（1999）年・14（2002）年商法改正　765
　1．背景となる事実　765
　2．平成11（1999）年商法改正——金融商品に対する時価評価の導入　768

2－1　金融商品の評価についての海外における動向　769

　　2－2　金融ビッグバン　771

　　2－3　商法改正への道　775

　3．平成14（2002）年商法改正——評価規定の省令委任 …………… 780

　　3－1　総　説　780

　　3－2　過去の経緯——昭和49（1974）年商法改正瞥見　781

　　3－3　平成14（2002）年改正をもたらしたもの　784

第4節　平成10（1998）年土地再評価法 ……………………………… 791

　1．総　説 ……………………………………………………………… 791

　2．平成4（1992）年から5（1993）年にかけての土地再評
　　価論の高まり ……………………………………………………… 792

　3．早期是正措置の導入 ……………………………………………… 797

　4．平成10（1998）年土地再評価法の制定 ………………………… 799

　　4－1　立法の背景事情——早期是正措置の導入と「貸し渋り」、
　　　　　金融不安　799

　　4－2　土地再評価法への動き　801

　　4－3　土地再評価法に対する評価　804

第5節　まとめにかえて ………………………………………………… 806

第5編　技術革新と会社法

第1節　はじめに ………………………………………………………… 815

第2節　株式の流通と法 ………………………………………………… 817

　1．末端決済の利便性——株主名簿と株券の分化 ………………… 817

　2．株式流通に伴うコストの変容 …………………………………… 826

　　2－1　投資単位と議決権行使コストの分離　827

2－2　株券形態による流通のデメリット拡大　832
　3．証券決済をめぐる社会システムの変革……………………………840
　4．平成16（2004）年改正へ…………………………………………847
　　4－1　改正の社会的背景　847
　　4－2　平成16（2004）年改正の理論的背景　851
　　4－3　改正過程　857
　5．新しい社会に向けて——改正の評価……………………………862

第3節　電子化と株主参加………………………………………………867
　1．株主総会の書面化と電子化………………………………………871
　　1－1　昭和56（1981）年改正と株主総会活性化　871
　　1－2　改正による選択肢拡大の意義　877
　　1－3　株主参加と株主利益最大化　881
　　1－4　近年の株主総会　885
　　1－4－1　株主・株主総会・情報開示の変質　885
　　1－4－2　株主の参集は必要か　892
　2．電子公告…………………………………………………………898
　　2－1　公告の理論的側面　898
　　2－2　IT公告の特徴とそれを支える制度　902
　3．小　括……………………………………………………………906

第4節　商業登記…………………………………………………………910
　1．オンライン化とその限界…………………………………………910
　2．登記における行政と私人の新しい境界？………………………916
　　2－1　司法書士の役割　916
　　2－2　縮小する行政　921
　　2－3　登記制度の再検討　925
　3．登記の真正性・裁量排除・登記官の責任………………………927

4．商業登記のアクセシビリティ・利用者の負担…………………………936
　5．運営主体の中立性……………………………………………………………939
　6．まとめ…………………………………………………………………………940

第6編　再選択をする会社法（変わらない会社法）

第1節　序　論……………………………………………………………………945
第2節　決算公告…………………………………………………………………946
　1．はじめに………………………………………………………………………946
　2．平成2（1990）年改正………………………………………………………947
　　2－1　昭和59（1984）年の「問題点」の公表までの経緯　947
　　2－2　昭和59（1984）年の「問題点」の公表およびそれに対する
　　　　　各界の反応　949
　　2－3　昭和61（1986）年の「試案」の公表およびそれに対する各
　　　　　界の反応　950
　　2－4　関連する改正提案　952
　　2－5　要綱案の公表　955
　　2－6　平成2（1990）年商法改正　956
　　2－7　改正の評価および課題　958
　　2－8　平成13（2001）年改正　959
　3．平成17（2005）年改正………………………………………………………959
　　3－1　改正の経緯　959
　　3－2　決算公告　962
　　3－3　最低資本金制度について　964
　　3－4　会計参与の提案　964

3－5　事務局案の提示　966
　　　3－6　改正の評価および課題　967
　第3節　株主総会の権限に関する規律…………………………………969
　　1．はじめに……………………………………………………………969
　　2．昭和期の議論………………………………………………………970
　　3．株主総会の権限の委譲……………………………………………972
　　4．小括――株主総会の意義…………………………………………975
　第4節　取締役の責任規制………………………………………………977
　　1．序　論………………………………………………………………977
　　2．改正の背景（沿革）………………………………………………978
　　　2－1　昭和50（1975）年の「問題点」　978
　　　2－2　昭和53（1978）年の「機関試案」　979
　　　2－3　昭和56（1981）年の改正案要綱　981
　　3．平成14（2002）年および平成17（2005）年改正………………982
　　4．改正の評価および残された問題点………………………………985
　　5．取締役の責任に関するその他の論点……………………………987
　第5節　おわりに…………………………………………………………988

資　料　編

第1部　商法（会社法）改正関連国会質問・出席者等一覧………993
　●昭和56年商法改正「商法等の一部を改正する法律」（株式・機関・計算・社債関係）昭和56年6月9日公布（昭和56年法律第74号）　995
　●平成2年商法改正「商法等の一部を改正する法律」（最低資本金・種類株式関係）平成2年6月29日公布（平成2年法律第64号）　1016

- 平成5年商法改正「商法等の一部を改正する法律」（株主代表訴訟・監査役・社債関係）平成5年6月14日公布（平成5年法律第62号）　1030
- 平成6年商法改正「商法及び有限会社法の一部を改正する法律」（自己株式関係）平成6年6月29日公布（平成6年法律第66号）　1039
- 平成9年商法改正（議員立法）「商法の一部を改正する法律」（ストック・オプション関係）平成9年5月21日公布（平成9年法律第56号）　1045
- 平成9年商法改正「商法等の一部を改正する法律」（合併関係）平成9年6月6日公布（平成9年法律第71号）　1050
- 平成9年商法改正「商法及び株式会社の監査等に関する商法の特例に関する法律の一部を改正する法律」（利益供与関係）平成9年12月3日公布（平成9年法律第107号）　1053
- 平成11年商法改正「商法等の一部を改正する法律」（株式交換・株式移転・計算関係）平成11年8月13日公布（平成11年法律第125号）　1060
- 平成12年商法改正「商法等の一部を改正する法律」（会社分割関係）平成12年5月31日公布（平成12年法律第90号）　1065
- 平成13年商法改正（議員立法）「商法等の一部を改正する法律」（自己株式・株式の単位関係）平成13年6月29日公布（平成13年法律第79号）　1076
- 平成13年商法改正「商法等の一部を改正する法律」（種類株式・新株予約権・書類の電子化関係）平成13年11月28日公布（平成13年法律第128号）　1083
- 平成13年商法改正（議員立法）「商法及び株式会社の監査等に関する商法の特例に関する法律の一部を改正する法律」（監査役制度・株主代表訴訟制度関係）平成13年12月12日公布（平成13年法律第149号）　1091
- 平成14年商法改正「商法等の一部を改正する法律」（株式・機関・計

算関係）平成14年5月29日公布（平成14年法律第44号） 1098
- ●平成15年商法改正（議員立法）「商法及び株式会社の監査等に関する商法の特例に関する法律の一部を改正する法律」（自己株式関係）平成15年7月30日公布（平成15年法律第132号） 1110
- ●平成16年商法改正「電子公告制度の導入のための商法等の一部を改正する法律」（電子公告関係）平成16年6月9日公布（平成16年法律第87号） 1113
- ●平成16年商法改正「株式等の取引に係る決済の合理化を図るための社債等の振替に関する法律等の一部を改正する法律」平成16年6月9日公布（平成16年法律第88号） 1116
- ●平成17年会社法制定「会社法」平成17年7月26日公布（平成17年法律第86号） 1119

第2部　商法（会社法）改正に伴う附帯決議 …………………………1141
- ●昭和49年法律第21号（監査制度関係・商法特例法の制定） 1141
- ●昭和56年法律第74号（株式・機関・計算・社債関係） 1142
- ●平成2年法律第64号（最低資本金・種類株式関係） 1143
- ●平成5年法律第62号（株主代表訴訟・監査役・社債関係） 1144
- ●平成9年法律第56号（ストック・オプション関係） 1145
- ●平成9年法律第107号（利益供与関係） 1145
- ●平成10年法律第11号（株式消却特例法改正） 1146
- ●平成11年法律第125号（株式交換・株式移転・計算関係） 1147
- ●平成12年法律第90号（会社分割関係） 1147
- ●平成13年法律第128号（種類株式・新株予約権・書類の電子化関係） 1148
- ●平成14年法律第44号（株式・機関・計算関係） 1149
- ●平成17年法律第86号（会社法制定） 1150

第3部　法制審議会商法（会社法）部会開催状況 ……………………1153

- ●法制審議会商法部会　1153
- ●法制審議会会社法部会　1158
- ●法制審議会会社法（現代化関係）部会　1162
- ●法制審議会会社法（株券の不発行等関係）部会　1166
- ●法制審議会電子債権法部会　1167

第4部　法制審議会商法（会社法）部会委員・幹事名簿 ………1169

第5部　会社法史年表………………………………………………1187

はじめに　社会・制度のなかでの会社法の機能変化

　会社法は、近年めまぐるしい改正の対象となってきた。その理由の一つは、1970年代以降に世界規模で技術革新による金融取引・情報通信・物流等の変革が起こったこと、同時に EU の統合などを受けて企業の設立や活動の国際化が進展したことにあろう。経済主体の行動様式や要望は変化し[1]、各国の会社法は利用者の目による選別を受けている[2]。会社法の変化を促したもう一つの日本独自の要因として、バブル崩壊後の景気低迷があげられよう。会社法は景気浮揚の道具として積極的に再定義され、企業活動の効率性を左右するものであり、有効活用すべき「道具」であるという認識が芽生えていった[3]。

　平成期の立法は、そのプロセスにおいて景気浮揚に有効な法制度を求める強い圧力に直面し、またその改正内容が従来にも増して実務の使い勝手に留意した内容となっている点で特徴的である[4]。

1　さらに日本では、時を同じくして1970年代に資本自由化が始まり、経済法制に大きな影響を与えている（小山敬次郎『戦後経済を支えた人々』8頁（商事法務研究会、1996））。たとえば、自己株式保有は経済界から一貫して要望されているものの、その根拠は国際化を反映して変化している（前掲8頁参照）。

2　Roberta Romano, "The Genius of American Corporate Law"（Aei Studies in Regulation and Federalism, 1993）、神田秀樹「会社法改正の国際的背景」商事法務1574号11頁（2000）参照。

3　相澤哲＝神田秀樹「会社法の『見えざる構造』」新会社法 A2Z 15号18頁（2006）参照。「『会社法というのは私人間の利害を調整するルールである』という基本を超えて、「国の経済に資する、それをサポートする制度である」という認識のもとでコーポレート・ガバナンスや内部統制が議論されて」いる。「『会社法の良し悪し』というのは『企業の良し悪し』を通じて『国の経済の良し悪し』に影響を与えうるのだという視点が、従来の純粋の法律家的視点にはなかったと思うのです。今回の会社法には、それが加味されているということだと思います。」

改正プロセスの変化は、改正の頻繁さや積極性、議員立法・修正提案の多用、政策立法との並存・協働による政策色の顕著化、曖昧化する諮問事項・要綱記載事項と詳細化する改正条文の乖離などに顕著である[5]。経営者、労働者、会計士等の利益団体の要望は鮮明となり、技術的・専門的なファイナンス面の会社法制度にも深く踏み込んで、直接に、あるいは政党や他省庁を通じて、法務省民事局にその意見の反映を求めるようになった。これに対立する労働者や債権者などの不利益などを危惧する声もまた、政党に働きかけることで附帯決議にその痕を残している[6]。利益団体の活動の活発化・多面化によって、改正されるべき法や議論の場が分散し、また、改正内容が膨大になったことで文言等の立法技術に関わる部分についての法務省の裁量が強まった。これによって、審議会への諮問と答申だけで企業法制の大要を決定することは難しくなり、近年では、審議会で検討されなかったことが立法されるという現象すらみられるようになっている[7]。

改正をめぐる制度や改正内容については、本書の各編や章が詳細に扱うため、ここでのこれ以上の記述は控えるが、一つの特徴として、平成年間には大会社向け立法が充実したと評価できよう。従来の改正は、市場等の法以外からの監視が不十分であることを前提に、モニタリングを重くすべく、機関構成や構成員の地位を工夫してきた。しかし、近年の改正はむしろ戦略的な資金調達が可能な株式の種類の柔軟化に向かい、ガバナンスについても、役員の負う義務の過失責任化を行うほか、組織形態について選択肢を広げ、業務執行の積極性を引き出そうとしている[8]。また、法は、「人間の心に根ざし

---

[4] このような立法の傾向は、程度の差はあれ民事立法全般にみられる。深山卓也「会社法の制定と今後の民事立法の課題」商事法務1744号8頁（2005）参照。

[5] 岩原紳作「新会社法の意義と問題点　Ⅰ　総論」商事法務1775号4頁（2006）参照。

[6] 附帯決議は、多くの場合、経済力集中への対処（独占禁止法成立を受けた持株会社・親子会社法制の検討）、株主以外の関係者利益の考慮（1974年会社法、1997年会社法、2000年労働承継法附帯決議）、景気浮揚のための特別法の見直し（1998年消却特例法）などを要望するものである。ただ、平成17年新会社法改正の際の附帯決議事項は、LLC法制や擬似外国会社といった経済法制の使い勝手に関係するものである。

[7] 江頭憲治郎「新会社法制定の意義」ジュリスト1295号3頁（2005）、上村達男「新会社法の性格と法務省令」ジュリスト1315号2頁（2006）。

一般人の心に受入れられる」[9]。すなわち、必ずしも網羅的である必要はないが、現在の経済社会で起きている法的問題には答えやすいように概念や構成を用いることが、望ましいとされてきた。しかし、会社法は概念整理を重視しており、全体の見通しがよくなることがより優先されている。

　立法に関わるアクターの認識と活動の変化、それによる立法過程と改正内容の変化は、最終的には法の解釈や法制度を支える思想をも左右する。平成期に実現した改正課題には、従来からの改正提言に沿う部分もある[10]。しかし、たとえば種類株制度が改正の主要な焦点となったのは、さまざまな組織やチャネルを通じて「起業の促進」「戦略的資金調達」などの課題が醸成され具体化される過程があったからではないか。また、立法プロセスの変化は、基本法である商法の改正を容易とし、そのことが、起業家のモチベーションを引き出すさまざまな政策的解釈が考案・提供される一因となっているようにもみえる[11]。それにより、会社法は、規範論としてでなく実際にも、日本経済活性化のための政策を反映し、一定の企業を重視した体系や内容の立法となっている[12]。

　このような変化のなかで、会社法の役割や、従来の会社法学が適切な問題意識のもとで構築されてきたかについても再考が促されている[13]。会社法が社会のなかで果たす役割は、従来、「利害関係者の調整」という言葉で語られてきた[14]。「適切な」調整という言葉は、どの利害関係者にも偏らない、いっ

8　相澤＝神田・前掲3 14頁参照。
9　龍田節『会社法大要』はしがきⅱ（有斐閣、2007）。
10　前田庸『会社法入門（第11版）』はしがきⅰ（有斐閣、2006）。
11　たとえば、企業買収防衛策については、種類株式法制導入は防衛策の積極的な導入を促し（大塚章男「株式制度に関する商法改正の企業買収防衛策としての活用」商事法務1618号26頁（2002））、会社法における株式制度の自由化は、さらに大胆な防衛策の提言を導いた（葉玉匡美「議決権制限株式を利用した買収防衛策」商事法務1742号28頁（2005））。解釈論上の確実性はともかくとして、積極的立法によって積極的解釈が誘発されているといえる。
12　岩原・前掲5 12頁以下。
13　野村修也「新会社法の意義と問題点　Ⅲ　株式の多様化とその制約原理」商事法務1775号32頁（2006）、藤田友敬「新会社法の意義と問題点　Ⅵ　組織再編」商事法務1775号60頁（2006）参照。

てみれば無色透明な利益の分配を想起させる。だが、会社法は社会のさまざまな要望のいずれかに応えて一部の会社関係者に利益や負担を分配する機能をもつ。改正が頻発した平成期に、私達は改めて、会社法という法形式が規律すべき範囲はどこまでなのか、会社法は誰にどのような利益を分配できるのか、社会のなかでどのような役割を果たすべきなのかを問われているのである[15]。

　本書を構成する各論稿は、平成年間を通じた改正を、社会的背景や立法にむけて積極的に関与した主体（アクター）、および改正ルートの変化に着目しながら読み解いていく。これは、個々の改正の内容を解説するにとどまらず、それぞれの分野を支える考え方、さらには会社法というものが果たすべき機能に明瞭に意識を向け、今後の会社法学のあり方に考察を加えるのに不可避な作業である[16]。

　この試みは、二つの問題提起を伴っている。

　第一に、各論稿は、今までの会社法の考え方からの変化を描くにあたり、そもそも今までの会社法学が守ってきた価値が何だったのかにも注意を向ける。法の内容として、従来の会社法は、ダイナミックな立法過程に放り込まれた会社法にはもはや戻ることのできない[17]、何かしらの高い理想に従った「利害調整」を中立的・透明に追求してきたのだろうか。また、立法過程として、会社法学者が株主以外の会社関係者保護や種類株主の平等について、外部圧力から「中立」に、「透明な」価値判断を行い、会社法を起草するとい

14　三輪芳朗＝神田秀樹＝柳川範之編『会社法の経済学』4頁（東京大学出版会、1998）は、会社をめぐる関係者の利害を調整するルールには四つのタイプのものがあると細分化し、個別の検討の端緒としている。

15　相澤＝神田・前掲3　18頁〔神田発言〕にあるとおり、会社法はその他の制度を前提とし、制度会社法だけが日本経済を左右しているわけではないと強調する。

16　近年、立法過程に関心をもつ論稿が急速に増えているのは、一つの証左であろう。岩原・前掲5　9頁参照。

17　小山・前掲1　58頁は、経団連側も従来は自組織で法制理論のエキスパートを育てていたが、近年ではその傾向が失われていると指摘する。審議会等を通じて立法に参画する経済界が、継続的に法の変遷を追いかけ、理論の整合性をチェックするのではなくより直截に自らの要望を発信する主体へとシフトしていることの一つの表れといえる。

う事実があったのだろうか。それとも、会社法は利害を中立に調整できるものであり、そのように起草されてきたというのは「神話」にすぎないのか。

次に、改正過程にはさまざまなパターンがある。改正事項のなかには、制度の基本的構造や関係者の保護水準は変わらないという建前をとりつつ改正を重ねたもの[18]、改正の方向性自体が社会の反応や関係者の圧力のなかで徐々に決定づけられていったもの[19]、強力に簡素化と利便性の向上が志向されたもの[20]などがあり、一言で会社法がどう変化したのかを説明したり理解したりすることは困難である。本書の各論稿は、ガバナンス（機関の構成や権限分配）・ファイナンス（資金調達・株式）・マネジメント業務執行（組織の選択・形成・再編）などの性格に応じて異なる利害関係者と異なる要望が存在し、改正にさまざまなパターンがあることを明らかにする。

執筆陣は、以上のような共通認識をもって、各人の関心に従い、各章立てごとに執筆事項と分析視角を定めている。したがって、章立て自体に一つの強い価値判断が存在することは否定できない。また、上のようなコンセプトは十分に議論され共有されたものではあるが、広い分野に利益をもっている利益団体と特定の分野に集中して活動する利益団体とがいること、長い時間軸のなかで評価を下すべき事項とそうでない事項とがあること等を反映して、章立ての軽重には差があるし、同じ問題点を異なる視点から複数の章が取り扱い、異なる評価を下している部分もある。逆に、全く、あるいは限定的にしか扱えていない問題点も生じている。たとえば、閉鎖会社の株式制度は、導入する会社の規模等により使われ方が全く異なり、異なる政策的考慮が働いていると予測され、これらを含め閉鎖会社について独立した章を立て

---

[18] 藤田・前掲13 58頁は、個別の改正事項は債権者の保護に大きな影響を与えないが、複数の事項について改正が行われた結果、大きく保護が損なわれる場合が生じたとする。
[19] 株主代表訴訟制度は、戦後の導入の後、訴額引下げによってバブル崩壊期に活発に利用されるようになり、その後、濫訴の制限（責任制限など）とその巻き返し（単元未満株主への訴訟提起権拡大など）をはかって改正の方向は紆余曲折をたどっている（三輪＝神田＝柳川編・前掲14 151頁以下参照）。
[20] 組織再編制度の充実は、当初から政策的な導入であることが明らかで、そのように評価されてきた（中東正文「企業再編法制の変遷と今後の課題」中京法学35巻1・2号25頁（2000）参照）。

ることも検討されたが、最終的に本書では一つの章をなすに至らなかった。ご海容願う次第である。

　本書においては、従来中立な利害調整のために規定上厳しい制約を定め、あるいは規定上は広く解釈できても運用コストが高かった会社法が、インフラとして積極的に企業の活動可能性を広げる会社法へと変貌していくさまが描き出される。それは、会社法が新しい時代を求めて手探りしているさまでもある。連続した改正が一段落した直後という時期的制約、あるいは一定の年代の研究者の目からみた評価という人的制約が課されたうえでの解釈ではあり、異論もあろう。しかし、この時期に一連の改正が何だったのかを解釈し語りつぎ、忘れ去られないようにしておくことは、商事法の変遷を見続けてきた社団法人商事法務研究会の50周年企画にふさわしく意味のあることと思われる。今後、この会社法を土壌として株主・経営陣が戦略を練るなかから、力強い会社が育っていくことになるだろう[21]。

　本書は、8つの論文・7人の論者・6つの編から構成される。以下では、各章の取り扱う問題とその概要について、全体の構成を明らかにしながら、簡単に紹介する。

第1編　ステイク・ホルダーと会社法

　第1編は、歴史を通観し、「会社法が果たすべき役割は何か？　会社法は誰の利害を調整してきた／いるのか？　現在対象としている利害関係者の範囲は必然か？」という、全体を通じた問題意識の基礎を形成する部分である。

　エージェンシー理論のうえでは、会社は「株主」と「経営者」という二つの均質な集団として捉えられる。だが、実際には株主の利益は多様であり、株主以外の属性を併有していることもあり、また、株主総会というチャネルをもたない他の関係者が会社の経営に影響を与えることもあり、そういった

---

[21] さまざまな分野で、急速な実務対応がみられる（買収防衛や株主総会などについて岩原・前掲 5 15頁、企業集団内取引等を含めた内部統制について江頭憲治郎＝相澤哲＝大塚眞弘＝武井一浩「会社法下における企業法制上の新たな課題〔下〕」商事法務1789号 4 頁（2007）参照）。

要素が会社経営に望ましい影響をもたらしている可能性もある。さらに、経営陣（個人）、経営陣候補、株主（クラス・個人）、投資家（潜在的株主・社債権者）、従業員、取引債権者、金融債権者、消費者、地域などの関係者（ステイク・ホルダー）もまた、会社に影響を与えうる。

　だが、法はこれらを直接の考慮の対象とはしていない。これは理論上の判断なのか、それとも立法過程の制約を反映しているのか。これらの関係者は会社法による保護が不要だったのだろうか。あるいは、彼らを立法に参画させずとも「適切な」「偏りのない（無色透明な）」調整が図れる制度的基礎があったのか。それとも、関係者の調整という理念も立法制度も、現実には存在しない「神話」にすぎなかったのか。

　第1編は、立法担当者が会社関係者の利益を——それらの関係者が立法の場に要望を挙げるチャネルをもっているか否かにかかわらず——総合的に考慮し、適切と考える規整を会社法に求め、実現した（「無色透明な」会社法）という事実があったかどうかを追究する。会社法の内容・理念において、利害関係者の総合考慮という考え方はいつ発生し、試みられ、どのような関係者がそぎ落とされたのだろうか。ステイク・ホルダーやその他のアクターはどのように立法過程に干渉し、声を改正に反映させたのだろうか。

　同編は、明治年間からの思想・内容および立法過程を俯瞰していく。まず、昭和以前の商法改正作業がどのようなものだったかを紐解いて、ステイク・ホルダーがダイレクトに要望を述べ、改正が左右される姿が近年特有の現象ではなかったことを明らかにする。この時期の政府は、商法改正に禁欲的な態度を取り、改正を最小限にとどめることで要望に対応していた（第2節1．1－1）。そのうえで、論者は緊急改正が繰り返された戦後の長い歴史へと筆を進める（同1．1－2）。この時期は、法制審議会の機能する仕組みが確立する一方で審議会・法務省の人的インフラが改正を制約し、会社法も必要最小限の事項についてのみ改正されるという意味で、静的スタンスがとられた時期であった。論文は、環境問題や粉飾決算などの不祥事を題材とした各時期の改正を読み解きながら、なぜ経営者以外の団体が改正への要望を積極的に要望しなかったのかを分析していく（同2．2－2）。

立法過程については、取引手法、企業構造などで利害が調整され、立法要求のレベルに上がってこなかったこと、他チャネルの存在、規制反対運動が正統化されにくかったことで、多くのステイク・ホルダーは会社法から離れた（同2.2-3）。

一方、理論的には、提出されない要望への回答者として位置づけられる審議会構成員が、統制経済に抗して会社法の独立性・自由性を守ろうとしてきた思想的背景をもち（同4.4-2）、経済政策的な干渉を排除する考え方は会社法を純化し法の名宛人をガバナンス関係者へと限定する理論的立場と親和的だったことが指摘される。戦後のこの時期、もともと経済・産業関係立法と別の所轄に属してきた会社法に、思想的な「無色透明」志向が加わったといえる（同4.4-2）。

論文は、法制審議会が立法の前提として経営陣の要望の理解を志向したため、法制審議会の中立性、守るべき規範、現実の役割には批判が提起された（同4.4-2-2）。運用上でステイク・ホルダーの活発な活動が期待できなかったことや、立法担当者の人的資源の制約から、法的問題を整理できる大企業との対話が優先された。立法にかかわれる団体が限定され、そのなかで論点の汲み上げ・議論の共有が進んだことが、他のステイク・ホルダーの選別・排除をさらに推し進め、他法での整理と保護を求めるという立法のあり方に結びついた可能性がある（同4.4-2以下）。

だが論者は、このようなプロセスのなかで、「会社法理論の研究者は、関係者の利害を中立的立場から考慮して公正に会社法を起草するべき」という考え方が、この時期の法制審議会における学者委員に正統性と発言力を与える効果があったと指摘する（同4.4-3）。

さて、戦後は審議会中心型の立法形式が株主権強化・経営監督体制の確立を担当した。だが、平成年間に企業改革立法チャネルが複線化し、会社法への要望は再び大きく変化する。論者は、平成9年の議員立法を商法改正の大きな転換点と位置づける（第3節1.1-3）。規制改革委等の政府主導の政策決定とそれへの要望提出が行われるようになり（同2.2-1～2-3）、一方で立法を担当する「国会」がイニシアチブをとる「正統」な形式が見直

され、他方で首相・政府の政策課題達成型のプログラムが閣法の内容を強力に左右するようになっていった（第4節2．2－2）。

　論者は、このようななかで、審議会、特にそのなかでの学者委員のプレゼンスが大幅に低下したという。立法の複線化により、常設でなくなった審議会自体の地位が低下したのに加え、従来、学者意見に擬されていた会社法立法の「中立」性という価値は、会社法の政策立法化により相対化され、またより多くの団体から意見を集約できる制度的インフラ（インターネットでのパブリック・コメント募集など）ゆえに、さまざまな法益への目配りという長所も減殺された。さらに、改正事項が部会ごとの検討に移り、根本改正で条文間の複雑な調整が法務省に委ねられたために、改正の全容や進捗状況に関する情報量が減り、法務省との関係における学者の交渉力を弱めた（同3．3－3）。だが、内閣府が課題としない配慮事項やくみ上げられない意見がなお残りうることを指摘し、学者には、実証等を足場として「よりよい会社法」がどのようなものかを示す重要な役割が与えられているという（第5節）。

　以上のような考察は、今日的な問題提起につながる。まず、審議会体制確立期、議員立法導入期など、それぞれの変革期において、商法学者には、ステイク・ホルダーへの総合的な目配りがどの法・どの立法段階で行われるべきかについて、自らの規範を自覚的に説明することが求められてきた。新会社法制定に続く一連の研究は、会社法に照らして「従来の商法学が何を前提に議論をしてきたのか」を明らかにしようとする[22]。本編はこのような批判的再検討を助けるとともに、他分野の法やソフトロー[23]の利用が進むなかで、再検討が会社法が何を分担し志向すればよいのかを知るために絶対に必要な作業であることを示している。

　また、第1編は、非株主の要望が立法過程へ出る前に社会制度のなかで解消され、そのことで会社法が株主利益最大化という性格を帯びることとなっ

---

[22]　前掲12参照。
[23]　ISOでのSR規格化（ISO26000）の進捗状況については、財団法人日本規格協会「標準化調査研究・規格開発情報SRに関するお知らせ」（http://iso26000.jsa.or.jp）参照。

たという。会社法は、企業の経営を左右するさまざまな制度の一つにすぎないと同時に[24]、それらの制度に性格づけられる存在でもある。この認識は、会社法理論にも影響しうる。経済学は、残余財産請求権をもつ投資者を「株主」として抜き出し、ガバナンス担当者の地位を与えた。そこにおいて法的な株主・非株主の区別は権限分配交渉の暫定的出発点としての意味をもつにすぎない。「株主団体」の意思がガバナンスを決するべきであるという規範は、「デザインの前提を維持するため」というきわめて機能的な根拠づけのもとに維持される[25]。この規範は、「他の関係者は他の場所で保護されうる」という前提のうえに存在し、これら「他の場所での保護」が制度的に保証されなくなれば、理論の前提が崩れるだけでなく、現実の会社法の立法過程や内容も変化し、新しい説明を求めることになるだろう。

第2編　規制緩和と会社法

第2編は第1章と第2章に分かれ、会社法の中心的利害関係者である経営陣からの働きかけが顕著な改正事項を扱っている。このなかにも、改正の方向性が確定しており、政府・省庁が規制緩和の動きをどのように利用して改正を実現したかが改正後の規定ぶりを決定づける、組織再編のような分野と、不祥事や判例などに左右されながら最適な内容自体が模索される、機関の権限配分のような分野とを、区別することができるだろう[26]。

第1章　要望の顕現――組織再編

第1章は、平成期における急激な組織再編法制の整備を取り扱う。従来の

---

[24] 相澤＝神田・前掲3　18頁。
[25] 現実のレベルで他の会社関係者がガバナンスを担当することは否定されないし（Jonathan R. Macey & Geoffrey P. Miller, Corporate Governance and Commercial Banking: A Comparative Examination of Germany, Japan, and the United States, 48 Stan. L. Rev.73,（1995）参照)、利益分配・議決権などを自由にデザインすることも行われうる（日本銀行「『デットとエクイティに関する法原理についての研究会』報告書」金融研究20巻3号1頁（2001）参照)。
[26] 相澤＝神田・前掲3　14頁参照。

会社法では、少なくとも会社の基礎の変更に関わる取引については、株主の同意と債権者の保護はとりわけ厳格に保証されるべきと考えられてきた。昭和年間に多くの提案がなされていたにもかかわらず、株主・債権者保護について理論的にさまざまな問題があるという意見が強固であったため、法はさほど改正されずにきた。論者は、その意味ではこの法領域は中立的立法者による総合考慮という「神話」が比較的よく保たれてきた領域であると感じているようである（第2節2.2－5）。だが、平成の経済停滞期に入ると、企業の機動的展開という経営陣の声高な要請の前に、組織再編に関するさまざまな手続は急速に簡略化・廃止された。ただし、こうした動きを分析するにあたって、論者は、平成改正前の議論の蓄積と説得力の増加が平成年間の改正につながったという説明には、いくぶん懐疑的な態度をとり、むしろ従前の議論との断絶はあるにせよ、会社の体質変化とM&A件数の急増、外圧などの大きな社会変化によって民の要望が政官に受け入れられてゆく素地が整ったとみる（第2節3.）。その意味で、組織再編は「脱神話化」がもっともストレートに行われた分野ということができる。

　第1章は、規制緩和を、手続面での柔軟化と新形式の導入という二つの側面に区分する。前者は、利害関係者を意思決定に関与させるかどうか、保護をどう与えるかの姿勢変化に関するものであり、後者はどのような手法の組織再編が多数決により許容されてよいかに関する政策決定である。論者は、この二つの側面が相互に会社法制の改正を加速するという作用を与え合ったとする。また、改正過程については、経団連のプレゼンスの増加、産業競争力会議などの首相主宰の会合のイニシアチブ、そしてそれに呼応した──たとえば、産業競争力会議の議事進行は通商産業大臣が担当した──経済産業省の特別立法の先行を指摘する（たとえば第2節3.3－2－2）。これらの理解をもとに、論文は、平成年間の改正を、改正年度ごと、また改正事項ごとに詳細に分析していく（第3節）。

　産業関係立法につき総理大臣が聞き取る過程で、積極的に論点をリードする立場になかった法務省は、特別立法の運用をみながら商法改正に乗り出すことになる。会社全体に影響を与える基本法の改正には、立法の基礎となっ

た社会情勢の変化などのそれなりの理由が必要であるが、この分野の改正は、従来考慮してきたある会社関係者の利益を今後は考慮しなくてよいことになったといったような、制度理解の変化を根拠とするわけではない。また、改正は新種の訴訟や不満を引き起こしやすいものであるが、効力発生の効果の大きい組織再編に関する訴訟の増加は「失敗」と評価されやすい。ガバナンスの絡む問題が山積し、企業結合法制との関わりを指摘されやすい分野の規定について、一時的に何らかの産業を刺激したいから、といった理由を付して改正を行うことは、法務省にとっては敷居が高かったであろう。それだけに、経済産業省の改正による先例の創出は、商法改正を先導するのに有効だったともいえる（第2節3.3－4－3）。このような一連の改正は、一般的な会社制度自体が、静的な当事者の利害調整機構ではなく活性化すべきインフラと捉えなおされ、政策のもとに置かれていく過程を印象づける。

　ただ、同時に、このような形式での改正の積み重ねによって、多くの課題が生じたとも指摘する。買収と組織再編手続で異なる株主保護や、一つひとつは合理的と説明された複数の改正の結果水準が大きく低下した債権者保護などは、改正ごとの批判や試行錯誤が積み重ねられた結果の規律ではない。このような規律は「内容の適切さ」を備えていたとしても「社会的正統性」に欠けるという脆弱性があるという。立法段階での一応の説明がついたとしても、事後規制中心への転換に多大な社会的コストがかかることが明らかになれば、将来的に理論的検討を深め、「社会的正統性」のある立法を志向していくことが必要になるのだろう。このような課題を提起しつつ、論者は、将来的検討に際しては法の名宛人が自分に与えられた保護を理解し活用できるよう、「実践的な理論に裏付けられていることが不可欠であり、しかも、単純な規制であることが望ましい」という指針を示している（第4節）。

第2章　要望の伏在 ——コーポレート・ガバナンス

　第2章は、会社関係者の選択肢が拡大したことから平成年間における規制緩和の一つと目されるコーポレート・ガバナンスについて考察する。ガバナンス関係の改正もまた、組織再編と同様「規制緩和」の一分野と説明される。

だが論者は、改正が前章のような一方的な緩和の流れとしてではなく、長期にわたって並存した二つの方向性（取締役強化と監査役強化）の衝突・制度的制約・さまざまな関係者の圧力と折衝の産物として現れるという。

論者は、改正の潮流を二つに大別する。第一は、戦後の財閥解体・民主化（個人株主創出・機動的資金調達）以降長期にわたって続いた、ガバナンス強化・確保の試みである。日本の会社法の取締役中心主義、監査役／会計監査人の並存する監督機構、さらに代表訴訟による株主モニタリングの制度は、いずれも戦後の改革に端を発しており、長期の視点に立った叙述が必要である。第二の潮流は、ガバナンスのオプションを増やす平成14（2002）年・17（2005）年の改正である。これらの改正においては立法府はむしろ経済界の動きに法的な基礎づけを与える提案を行っている（第5節1.1－3）。また、この時期には、バブル崩壊に伴うガバナンス構造の変化、アメリカからの要望や議員立法という手法の登場など、このような方向での改正を後押しするさまざまな変化が起きている。

戦後、証券市場が発達していたアメリカと異なり、日本では株主権が活用されないまま独特のガバナンス形式が成立していった。粉飾決算等不祥事が契機となって試みられた昭和49（1974）年の監査役制度の強化は、論者の視点からみれば、単なる散発的な不祥事対応ではなく、戦後すぐに試みられた監査役制度の25年ごしでの実現ともみることができる（第2節3.3－2－2）。論者は、この時期における経営陣の要望は前章のようにストレートには現れず、取締役制度への改革の波及を防止しようとする消極的な形で「伏在」したと指摘する。昭和49年改正を大きく左右したのは、経済界の提言ではなく、監査役供給の限界、証券取引の発展をめぐる大蔵省と法務省との意向の対立、さらに税理士の反対であった（第2節3.3－1－1、3.3－2－2）。また、昭和56（1981）年のガバナンス改正事項をめぐる立法者と経営陣の対立（第2節4.4－2）、国際化（日米構造協議等）とバブル崩壊の影響を受けた平成5（1993）年の代表訴訟制度の導入をめぐる対立など（第3節2.2－2）、改正ごとの摩擦を丹念に描写する。

続いて、バブルを境として企業経営の実態が大きく変わったのに前後して

（第4節1.）、立法の姿勢も変化したという。平成13（2001）年の改正における政治家の積極的関与は、審議会という伝統的な枠組みが唯一の立法手法であった時期に成立していた立法者・学者と経済界との対立の構図が崩れていることを示しており（第3節3.3－2）、平成14年改正・17年改正では対立構造は消滅し、経営陣は正面から取締役制度のあり方について要望を通すことができるようになった（第4節2.2－2－4）。論者は、これを改正内容においても、そこに働く力学の点でも、従来の改正と質的に違うと評価している。なお、論者は戦後期の企業を取り巻く経営環境を非常に丹念に説明し、そのような企業の構造のなかで、法務省や学者と経済界との力関係が改正の中止につながり、証券業界における政策的課題、不祥事などのイレギュラリティが改正を決するという構造が成立したと説明する。この箇所は、立法手続と参加者の面、そしてその思想面の評価に重点をおいて戦後の歴史を描く第1編の各論にあたるといえる。

第3編　資本市場と会社法

　第2編における主たる改正圧力は会社経営陣の機動的経営に関する要望であり、それへの反対運動は経営陣の自由度拡大を警戒する諸層から生じていた。経営陣と株主の関係の規律は会社法の中心的課題であり、改正を要望するアクターも確立した利益団体であった。これに対して、第3編から第5編までは、会社の外側での社会の動きに影響を受けた改正であり、会社法と他法との守備範囲の調整とその変化を捉えている。

　このうち第3編の扱う改正内容の特色は、他分野と関係する会社法規律の拡大と、それら分野の諸法との調整の増加である[27]。他領域の規律には、役員報酬や分割による人事異動に関係する租税法・労働法、さらに大衆に対する不法行為責任などに関係する消費者法なども含まれるが、本書では主とし

---

[27] 相澤＝神田・前掲3　8頁は、新会社法が「閉じた世界」のなかで規定を書ききろうとしていると指摘する。これは、会社法内での曖昧な準用を避けるだけでなく、他法との概念の混交を避ける効果をもっている。部分的には、この書ききる作業を従来の判例法との整合に優先したのではないかとも指摘される（前掲10頁）。

て証券取引法や会計・振替諸法と会社法との関係が意識される[28]。株式発行や組織再編等に際しての株式処理に関する規定は、平成年間で大幅に充実した。これらの規定は、公開会社の資金調達を強く意識し、会社法の規定と証券取引法とは緊密な関係をもち、どこからが会社法の守備範囲であり、どこからが証券取引法の担当部分なのかという問いが改めて意識されることになった。改正過程としては、海外でのユーロマーケットの発展やM&A水準の増大など、グローバルな資金調達環境の変化が原動力の一部となっている点が特徴的である。第3編の第1章と第2章は、それぞれ資金の出し手（家計）と受け手（会社）とが、このトレンドをどう捉えどのような改正を要望したのか、会社法に定められた株式会社の資金調達制度が資金の出し手や受け手のありようをどのように反映しているのか、あるいはそれを反映していないとすればその理由はどこにあるのかを考察する。

第1章　資金供給者と会社法

第1章は、企業に資金を供給する家計（やその他投資家企業）の視点から会社法をみたとき、会社法のありように どのような必然性があるのかを探るものである。家計の金銭運用の手法が明治期の重工業の発展、戦後の財閥解体、そして高度成長期を通じて大きく変化したと捉え、それぞれの時期に企業に資金が流れる仕組みがどのように形成されたのかを丹念に描いている。

明治期の株式会社制度は、「長期」の資金調達機構として出発した。殖産興業政策、産業革命、重化学工業化といった時代背景は、大規模な資金供給を通じて株式会社の規模を大きくすることを要求していた。そこで、株主として想定されていた資金供給者層は、主として資産家層であり、株式の単位は高額に設定されていた。戦前のこの建前のもとでは、投資家の能力について特段の注意を払う必要はない。そのため、会社法は特定の関係者（投資家）を保護することのない「無色透明」な「基本法」として増資や設立に関する基本的規定を置くにとどまり、情報開示や手続に関する規制法とはならな

---

[28] なお、証取法適用会社への商法の限定的適用や決算公告や募集株式の発行の公告などの点での調整がなされたという点については、相澤＝神田・前掲3 16頁参照。

かった（第2節）。だが、戦後に財閥が解体し、一部資産家層への資産の集中がなくなったことにより、目にみえる国内株主に長期資金調達を依存することは難しくなった。GHQは理論どおりの市場を通じた資金調達を構想するが、現実にそれを支える裕福な家計は日本には存在せず、市場と株主のモニタリングという理論上の建前の無力さが露呈することとなった（第3節1．）。他方で、戦後の高度成長を支えるための長期資金需要は旺盛であった。ここで、株式市場および金融システムは社債を除いて会社法の外の法体系のもとで構築されることとなり、特に強力な規制のもとに置かれた銀行が、資金媒介の中心的役割を果たすようになっていった（第3節2．）。

これらの過程を叙述するなかで、担保付社債信託法などの諸法が「会社のファイナンスに関する法」としてでなく、金利規制や業態分離などと同様の「金融市場規制法」として成立したこと、戦後の日本には会社が投資家としての株主に直面する素地がなく、商法が「金融商品」としての株式や社債を規定する必要性がなかったことなどが示される。

だが、戦後、経済成長や海外への金融市場の開放とともに国内および外国人株主への対処が会社法のなかで少しずつ大きな地位を占めるようになっていく。さらに、平成年間には、バブルの崩壊、同時に提言された金融ビッグバンを背景として、家計から企業への資金の流れの変革が企図され、その一環として会社の資金調達手段としての株式・社債に関する改正が一気に充実した（第4節）。

第1章は、続く第2章とは異なり、この平成年間の会社法改正を、明治からの大きな流れのなかで捉えている。すなわち、規制体系下の金融システムが種々の要因で次第に維持できなくなる一方、国民に広く資産が蓄積するようになって、明治期と同様に投資家が株式会社制度を利用できる素地が調ったとするのである。また、現在の株式会社制度の特徴も、長期資金調達機構としての初期の株式会社制度との対比において捉えられる。現代においては、ファイナンス手段に付随する期間や規模の制約は著しく減少し、株式会社制度は資金の調達目的や使途でなく企業の側の事業リスクと家計の側の資産状況それぞれに応じて、資金が媒介されていく機構として機能していると

いうのである（第5節）。

　資金の出し手である家計は、立法過程において強い要望を提出することはない。だが、たとえば戦後に市場を通じた株式による資金調達制度を構築しようとするGHQの構想が挫折したように、家計は唯一の資金供給源として、法制度を強く規定（制約）してきたことがうかがえる。また、もう一つの面白さは、会社法の外側に存在するファイナンス関連の諸法律に、大きく時代を遡って目配りをしている点にある。本章は、会社法規定およびその他の金融・証券規制の守備範囲と充実度が、家計の規模や産業の動向および国際的な資本市場への開放度によって大きく左右されていることを示し、現在の株式会社法ファイナンス規定の歴史の産物としての特徴を強く印象づける。一方で、本章は、とくに近年の会社法改正が、家計や市場の動向にいかに敏感に反応し、さらにそれを誘導するように重ねられてきているかを示してもいる。

第2章　資金需要者と会社法

　第1章が、証券市場とそれを規律する法の、長期にわたる発達過程を描くのに対し、第2章は、第1章の経緯をふまえつつ、証券という道具を通じて資金を調達する会社（資金需要者）の視点から、主として平成年間の会社法の改正を扱っている。そこで強調されるのは、会社のファイナンス部門からみた、「金融商品の仕組み法としての会社法」の姿である。

　このような仕組み法に対する著者の視点は、明快である。会社が複雑な仕組みをつくり、自由に株式等を発行・回収できるオプションを与えられたとしても、それらの仕組みが資金の最終的な出し手である投資家にとってわかりにくければ、投資家の費用負担が増えることになる。将来にわたり包括的に複雑な金融商品の販売を規制することをめざした「金融商品取引法」の成立は、このようなトレンドが現実化していることを意味していよう。いうなれば、会社法は理論的オプションを増やすことでファイナンスの実行にかかわる他の法の負担を増やしているわけである。著者は、このようなトレンドが無制限に肯定されてよいのかどうか、会社法自体が何らかの役割を果たす

ことはできないかという問題を提起する（第4節2.）。

　このような問題意識が改正当事者間で共有されていたのであれば、それは当然に会社法改正過程にも影響を与えたはずである。もちろん、会社が発行した金融商品は、必ずしもそのままの姿で消費者の手に渡るわけではない。仕組みを知悉した金融仲介者の手で組み直されることも多いとすれば、発行者が金融商品を組む入り口の部分での規制は、あまり有用ではないという主張もありえよう。しかし、そうであれば、「金融商品取引法が必要な理由」と「会社法で株式規定を柔軟化してよい理由」とは対応関係にあり、会社法中での投資家保護への配慮の適切性や他法での規制の担保などが、改正に際して言及されるべきだったかもしれない。

　このような問題意識を背景としつつ、改正の原動力を、①経済不況を中心とした経済界と政界の思惑の合致、②ファイナンス理論による正当化、③規制を整理したいという欲求、に区分したうえで、自己株式・オプション・種類株式に関する平成年間の改正を丁寧に読み解いていく（第2節3.・第3節）。そのなかで、上記のような議論が不在であったわけもまた明らかになる。たとえば、自己株式取得については目的別の緩和（従業員へのストック・オプション付与に限った許容など）がなされてきたが、そこでの議論は当然に「ストック・オプションのわかりやすさ」に関するものではなかった。取得が一般に認められた際にも、取得・保有・処分が別々に自由化されたこともあり、主として「自己株式の株価上昇効果」と「どのような手続であれば十分に株主の権利を保護したことになるか」いう観点からの議論がなされた。逆にいえば、「投資家が、取得・保有・処分について自由化される趨勢にある自己株式の意味を正しく認識するにはどのような改正が適切か」という議論は「処分に関する金融商品取引法規定を整備したうえで会社法を解禁する」という形で会社法の守備範囲の外に追いやられる。会社法のスタンスの微妙な変化について時系列ごとに加えられる考察は、このような変化が、複雑な時代背景のなかで積み重ねられた改正を通じて徐々に形成されたものであることを明らかにするのである。

　このような問題意識に従って、商法学者が従来明確でない形で意識してい

た「投資家保護」に関する理解を整理することができれば、その知見は、会社法ないしその内容を引き継ぐべき諸法の解釈に大きく貢献することになるだろう。

結語において、ファイナンス活動とそれに密接に関連して生ずる問題点——敵対的買収、剰余金の分配、定款自治といった問題点——とのつながりについても言及している（第4節）。金融商品ではなくこれらの問題点を論文の中心テーマに据えることも考えられたが、本書の構成に従い、著者はこれらの論点についての詳細な叙述は控えている。ただし、読者は、ファイナンスに関する記述のなかから、改正の背景にある考え方、立法者の想定を超えた株式の利用への可能性など、一定の示唆を読み取ることができるだろう。

第4編　会計基準と会社法

第4編は、企業活動の規制としての従来の積極的な干渉が大きく後退した会計分野について、会社法の改正過程を描く。目的を異にしつつも複雑な参照関係を成立させてきた会社法と会計が、近年の法改正で急速に変化する会計規定に対応しきれないという理由で会社法による会計の一方的参照へとシフトした背景には、会社法が会計上追求した目的（たとえば保守的計上）の変化ないし喪失があるはずである。第4編は、平成年間の改正の検討を通じて、「会社法が会計に関して守らなくてはならない利益は何だったのか」「それらはそもそも存在していたのか」という問題を検討していく。他方、この分野の改正は、改正の背景にバブルの崩壊による資産価値の大幅な下落と金融業界の危機、国際的な証券取引の積極化による基準統一の圧力という事情を抱えている点、独特の利益団体（会計士団体）の存在とその役割や独自の制約（経営者に抱えられつつ、責任が増大するなかで「正確な」利益の報告を求められる）を反映している点も特徴的である。第4編は、これら団体の動向のうえに立った会計規定と商法との関係の変革を、特定の改正をモチーフに描き出すことを試みている。

省令委任に伴って「商法が手放した独自の利益」とは何だったのかを明確

にするために、同編は、まず、平成に至るまでの資産評価に関する商法改正のスタンスを整理する。商法は、最初から債権者の保護を顧慮してきたわけではない。配当可能利益の算定は、明治44（1911）年で初めて商法の目的とされた。この時点ですでに、原価（この時点では時価以下）主義の選択をめぐって、会社の内容の開示と配当の抑制の両要請は対立していた。その後、会社法は、昭和13（1938）年改正を通じて取得原価主義を一部取り入れる。この手法は、資産価値が上昇するなかで、大規模固定資産導入に際しての企業の欠損の発生を抑えてその勃興を助けることができた。また、配当が抑制できるという点からも、企業の安定性維持に役立った。この時代、商法には、企業活動の保護と維持が求められていたのかもしれない。一方、昭和37（1962）年改正は、証券市場の発展により、利回り計算を重視する損益計算書中心主義や取得原価主義をとり入れた会計基準の需要を試みるものだった[29]。だが、ここで商法は、実質は会計慣行に譲りながらも、建前上は、健全性維持・債権者保護というその「固有の目的」を前面に押し出し、低価主義を採用する（第2節）。

次に、同編は、昭和期のそのような改正と平成期の改正とを対比する。平成期の改正は、前述の「商法固有の利益」を維持すべきかどうかの争いの歴史である。商法は資本に関する会計処理を改正し、配当可能利益についてのスタンスの維持を試みた。だが、「固有の利益」が形成された昭和期には、資産計上に関する多くの規定が商法中に存在したのに対し、平成年代の会社法はほとんどの規定を削除し、あるいは省令に委任している。

このような変遷は、次のように理解される。国際会計基準の影響力の増大と早期是正措置に代表されるような破たん処理実務の増加は、企業活動をめぐる会計処理を大きく左右した。平成11（1999）年改正は、金融ビッグバン等を大きな背景として金融商品に時価評価を導入した。そこでは、「情報提供」という同一の機能をもつ二つの会計の内容が異なることのデメリットが強調された。ここで、上場会社のための会計処理と金融商品の価値を示す証

---

[29] この点は、昭和30年代に株式の買占めを防ぐために高配当政策が採られ、その後40年代以降の安定配当に移行するという背景（第2編第2章）と呼応する。

取会計との密着というトレンドが発生する（第3節2.2-1・2-3）[30]。国際的な動向への対応が必要になったため、改正の内容は商法本則に配当可能利益の算定関係規定を置いていた昭和期から変化し、規律を施行規則を通じて会計規範に委ねる性格のものとなった（第3節3.）。第二に、破たん処理や組織再編法制整備は時価主義導入を後押しした。不景気ななかでの時価主義導入は、企業の浮揚にはマイナスに働く可能性があるし、当時広い支持が得られていたわけでもない。だが、平成10年土地再評価法のように、多く昭和初期に取得された大型資産（不動産）という資産の性質、それらを多く保有する銀行の資本維持の要請、さらに早期是正を睨んだ銀行の貸し渋りを減らす必要など、特定の文脈では、時価主義は企業救済に有効と──情報開示の観点からは批判的評価が多いものの──考えられた（第4節4.4-3）。第三に、立法過程については、国際化による会計処理の変遷は、会計分野の規定が商法上の監査のみならず情報開示についても決定するべきだとする考え方を勢いづけたし、BIS規制（自己資本比率規制のクリアの要請）等を通じて、日本の法制度に間接的な影響も与えた。また、バブルの崩壊は政治家が立法のイニシアチブを取る契機となった。そのため、平成期の商法改正過程は、固有の商法上の利益の存在を確立した法務省のプレゼンスが強かった昭和37（1962）年改正とは大きく異なっている（第5節）。このような現実を前に、「商法上保護すべき利益」に固執する意見は、従来の商法との一貫性という意味では説得力をもつものの、実際の規定からは浮遊ぎみになっているようにすら思われる。

　なお、同編の射程からは外れるが、会計の内容に関係するもう一つの重要な改正として、資本の部の項目の取扱いの変更を挙げることができよう。資本項目の改訂は、自己株式の取得と処分が広汎に許され、資本性取引と整理されるようになったことで必要となったものである[31]。ここでは、資本剰余

30　ただし、会社法は上場の有無でなく規模に応じて規制を設けるため、昭和末期には大会社について損益計算書の公告の義務づけが提案された（第6編第3節参照）。

31　小賀坂敦「『自己株式及び法定準備金の取崩等に関する会計基準』等の解説」商事法務1625号19頁（2002）参照。

金がマイナス項目となることを認める一方、配当可能利益の算定上は評価益部分を控除して配当を抑制するという処理を導入した。これは、会社の安定確保をねらいとする商法の会計規定と、何を「利益」とみてよいかに着目し資本・負債の区分を重視する会計との両立をはかったものといえる。

会社の財務内容を数字にして表す会計には、独自の役割がある[32]。そのため、「利害関係者の調整」を目的とする商法は会計とは別の論理に従って規律されざるをえない。資本の部における会計と商法の規律の住み分けは、貸借対照表のより大きな部分である資産の計上方法の変化を背景として生じている[33]。また、金融資産の発展、国際化、不況と情報集積型新規産業の振興などの背景を通じて会計実務が高度化したのに伴い、会社法改正手続では会計全般に干渉する議論は行われなくなった[34]。

会計の評価手法も基準作成過程も商法がコントロールできない以上、会社法は、純然たる会計部分と"会社関係者の利害調整"の性格の強い資本の部における利益分配・企業結合・種類株式等の表示とをうまく切り分け、後者にのみ注力することしかできない[35]（なお、多くの中小企業を抱える会社法は、評価でなく開示の面では、なお独自の利益をもつ[36]）。同編は、資産評価の検討を通じて、会計の目的と会社法の目的がはっきりと分かれた時期の立法模様を描いているといえる。

逆にみれば、会計に関する規定を会社法という法令上に用意する形式に

---

[32] 開示の対象者と目的が異なるだけでなく、構造的にも、基準作成主体が証券取引法決算や国際的コンバージェンスを念頭においた会計基準作成に配慮しなくてはならないなどの事情をもっている（神田秀樹＝斎藤静樹＝始関正光＝鶯地隆継＝和泉正幸「平成14年商法改正と会計・計算〔上〕」商事法務1670号8頁（2003）参照）。

[33] 神田ほか・前掲32 8頁で、立法担当者は、資本の部の省令委任の有無はもっぱら会計実務への対応の見地から必要かどうかで定まっており、積極的な理論的意味はないとしている。

[34] 稲葉威雄＝郡谷大輔「会社法の主要論点をめぐって」企業会計58巻6号1011頁（2006）参照。

[35] たとえば、弥永真生＝郡谷大輔＝布施伸章＝有本武司「新会計基準と会社計算規則の関係と実務対応」商事法務1766号8頁（2006）は分配規制、同12頁は株主資本等変動計算書について述べる。

[36] 弥永ほか・前掲35 9頁参照。

は、それ自身一定の意味があったのかもしれない。会計基準は会計団体が作成するが、会社法上の会計規定は、立法という手続の性格上、正統性確保のために、証券業界、租税関係者、会社法学者、諸企業など広く意見を聴取しなくてはならない。会計規定が会社法に置かれていた事実を、会社法上の利益の追求という目的からでなく、諸関係者の要請を入れる器・外枠という意見形成枠組みから捉えると、従来は規定が会社法上にあることで開かれた利害調整の「場」が提供され、正統性が付与され、各分野に「会社法に書かれているから」として特定の会計処理を説明できる便宜が生じていたのかもしれない。そのメリットが大きければ諸会計の折衝点である会社会計にさまざまな内容が詰め込まれ、逆にそれぞれの分野で独自の要請が強まったり会計処理基準作成主体のオーソリティが確立したりしてデメリットが増大すれば、会社会計の内容もミニマムになる。このように考えると、手続が厳格に定まっておらず、頻繁な詰めなおしが可能な省令の場で会計を規律することは、それ自体各界の意見の反映に一定の傾向を生むかもしれない。

　平成年間における会計と会社法との関係は会計基準の側からは、明確に投資家を対象とする論理への変容と脱会社法の過程であったといえ、逆に会社法の側からは、独自の保護法益の空疎化に伴って、改めて会社法が制定法上で会計基準を鼎立し維持することにどのような利益をもっていたのかが問題となる過程であったといえよう。

第5編　技術革新と会社法

　第5編は、会社法の政策が変わったというよりは、下部構造にあたる情報インフラの整備が法改正を正当化し実務の運営を変えていった各種の例について、検討する部分である。この点は、実務的には多くの論点を含むものの、会社法の理論においては、「株主管理コスト」概念を除けば、ほとんど考察の手がかりがなかった。インターネットの利用等が大幅に許容されたことで、株主管理コストや会社関係情報の集積・利用コストのありようは根本的に変化した。この変化は、会社法の思想自体には影響しないようにも思われるが、それは正しい認識とはいえまい。株式取引コスト、株主の経営参画コス

トなどが著しく下がれば株主層や株主の行動も大きく変化しうる。そして、株主・顧客・労働者などの意見の伝達が促進されれば、それらをガバナンスにどう反映させるべきかに関する会社法の考え方も変わるかもしれない。大量の対象に向けた情報発信の限界費用がほぼゼロになったことで、結果的に会社が想定する受益者の範囲が変わる可能性はないだろうか。

具体的に本編が取りあげているのは、株券不発行、株主総会の電子化および登記実務の変化である。第一の問題について、論者は、まず、株式が株券によって流通することとされ、それが「有価証券」理論と結びつけられたことが、会社のファイナンスを助けるとともに株主・会社双方の管理コストやリスクにどのように影響したかについて考察する。ガバナンスに関する第2編第2章が指摘するとおり、日本の会社経営は戦後間もない頃から、株価維持を目的とした株式持合いのうえに維持され、株主のベースは広くなかった。このような持合い、特に銀行による株式保有はバブルを機に解消され、新興企業の安価な株式の購入を通じて個人株主が創出され分散された。また、国際化は決済の迅速化を側面から後押ししていた。それだけみれば、株券の電子化は自然の流れともいえる。だが、一方で、中央集約的なシステムによる株券の管理は集合体としての株主にその維持費用負担を要求する。株券発行に関する株主個別の自由選択というシステムが前提にある以上、個別の株主への意見照会をしても、このような負担に必ずしも好意的でない反応が返る可能性がある。個別の会社の導入に任せるのは、費用効率に見合わない。そのため、長い準備期間と多大な準備作業という大きな社会的コストを払って、特徴的な強制的移行措置が試みられることとなった。このような株式の流通の歴史は、株主にどのようなコストを負担させることが正当化されうるのか、株主の権利と義務を会社法や個別の会社がどの程度左右できるのかについての、興味深い問題を提起しているといえよう（第2節）。

第二の問題は、急激に出席株主数が増え、投資家へのIRや懇談会と株主総会との切り分けに苦慮している近年の実務を反映するものである。株主総会は、法遵守コストが高いため、伝統的に株式流通費用の逓減と株主分散の速度に追いつけず関連費用を増大させてきた。一方で投資単位細分化を防ぎ

つつ、他方で株主総会手続の簡略化が進んできたのは、このような費用構造を反映してきたものといえる。細分化された株主にとっても、株主総会参加のメリットは目にみえにくかった。そのようななかで、株主総会の機能を包括化し活性化させようと、「株主総会はコミュニケーションの場である」というスローガンが唱えられるようになった。

　だが、事情は変化する。大規模な投資機関はガバナンスへ介入するようになったし、小口株主についても、株式市場の流動化に備えて顧客を安定株主として囲い込もうとする企業の戦略が総会出席株主への応対や優待内容の改善に結びつくことで、積極的な参加がみられるようになってきた。インターネットでの投票やリアルタイムでの総会の配信といった措置の今後の導入の進展は、費用との見合い次第で、その意味では改正の影響は未知数である。しかし、株主の側の総会参加コストを低減させる可能性があることは、上述の大きなトレンドを加速させる要素となるだろう。株主の声を経営陣に届けるチャネルが増加し、総会出席株主層が変化し、企業の側からの情報発信も変化していくという変化を捉えて、今後株主総会がどのような役割を果たすものとして再構成されるべきかを、真剣に再考する必要がある（第3節）。

　最後に、登記実務である。平成年間の改正を通じて、インターネットによる登記事項証明に引き続いて、自宅からの登記申請ができるようになっている。このことは、どのような背景のなかで行われ、社会のどの費用負担を変化させ、どの団体に影響を与えるのだろうか。論者は、オンライン登記の導入は、登記の担い手を変化させ、いずれは登記の効力にも影響を及ぼしていくかもしれないと示唆する。ただし、本編は改正の圧力となる主体や環境に注意を向けているため、この点についての具体的提言はない。一方で、これがコスト削減の予測によってではなく行政改革の要請という独自の環境の下で生じており、したがって、行政サービスの維持という独自の制約の下にあることが指摘される（第4節）。

第6編　再選択をする会社法（変わらない会社法）

　本書の最終章をなす第6編は、第2編から第5編までとは対照的に、近年

の商法改正を通じて比較的不変に保たれた制度を取り上げて論ずるものである。各編が取り上げた各改正項目をみる限り、会社法の制度はどれも無制限に変貌していく可能性があるようにもみえるだろう。しかし、会社法の制度のなかにも、変わりえないもの、または少なくとも現時点では法を取り巻くアクターの圧力が均衡し、あるいは法を支える制度が安定的に推移している分野があるのではないか。

会社法は、ガバナンス・ファイナンス上、会社がとれる行動の一つの組み合わせを選択し、社会に呈示する役割をもつ。改正により、会社は従来より格段に広い行動を許されるようになったかもしれない。だが、会社法は現在でもなお、一定の制限や枠を、規定を通じて会社に与えている。その機能は「デフォルトルール」かもしれず、「禁止規定」かもしれない。だが、少なくとも、広汎な分野が厳しい改正圧力にさらされたこの間の改正を通じても変化せず、あるいは努力を通じて維持された規律・考え方があるならば、それを分析することで将来的な会社法の姿を探る足がかりを得られるかもしれない。

論者は、このような考え方の下で、決算公告・株主総会の最高意思決定機関性と最低資本金・取締役の責任を取り上げ、平成年間を通じて制度中の何が不変の枠として維持されたのかを検討していく。論者は、「不変」にみえる制度にもさまざまなバリエーションがあるという。

同編は、まず決算公告を取り上げる（第2節）。決算公告は、形式的には変化のない制度ではあるが、昭和30年代以降何度も登記所公開が試みられ、強硬な反対にあって挫折したという経緯をもっている（第2節2.2－1）。また、平成17 (2005) 年改正では、中小会社法制の検討の文脈で決算公告が取りあげられたが、最低資本金制度の撤廃が決算公告を維持し機能させることとのセットであること、会計参与の導入の文脈との整合性が考慮され、公告の撤廃には至らなかった（第2節2.2－3）。論文は、決算公告がほとんど変わらない姿で残されたのは妥協と折衝の結果であり、有限責任制の下で株主権限の保障を模索するなかでの一時的な均衡点にすぎないという（第2節3.3－6）。

この部分については、第4編の描く「債権者保護という商法会計の目的の相対化」との対比から、さまざまな示唆が得られそうである。たとえば、会社が小規模・有限責任であるという理由で、債権者保護のための中小企業の決算公告が必要と主張されたことに、合理性はあったのだろうか。閉鎖会社、ひいては会社一般の会計とその開示とに商法が介入する究極的な理由はどこにあるのだろうか[37]。逆に、第6編が会計参与制度などモニタリングに目配りしていることは、第4編の議論の行き着く先に示唆を与える。会計手法は将来的にますます高度化し、限られた投資家以外は理解が困難化するかもしれない。その場合、会社の健全性への信頼は、資産の会計方法を直接制約することでなく、むしろ監査手法・監査資格者・情報開示など、モニタリングのフォーマットを整備することで、確保されるのかもしれない。そして、そのようなガバナンスの制度を用意する会社法と、具体的な監査手法などを整備しやすい会計の切り分けが、会社法と会計の議論に上るようになっていくのではないだろうか。

同編は、続いて株主総会の最高機関としての地位に筆を進める。論者は、主として大規模公開会社に関して他の編や章が述べている改正経緯や歴史的背景を共有しつつ、改正を通じて株主総会の権限に関する規定に、本質的な制限は加えられていないという立場をとる(第3節1.)。定款自治が広く喧伝されるなか、総会制度については、細かな変更はみられるものの、総会の議決権限を大きく奪うような取締役会への権限委譲が起こったわけでも、少数株主への大幅な議決権付与や完全な議決権剥奪が認められたわけでも、また会議体としての意思決定の原則が放棄されたわけでもない。このように、改正が総会権限の縮小を制限することで一定の「枠」を超えず、最高機関性が維持された状況について、論者は、改正担当者が個別論点への手当てに専念した結果ではなく、制度全体としての姿を変えないという判断があったためであると説明する(第3節4.)。

---

[37] 「〈スクランブル〉開示規制の行方と行政対応のあり方」商事法務1747号62頁(2005)参照。開示規制や会計規制には、退職金給付、企業の規模や事業別の会計処理など、特定の政策へ特化した部分が増え、それに対応して経済産業省の関与も増大しているという。

もっとも、第5編第2節が指摘するように、株主間合意方式や総会多数決・定款変更方式など、どのような意思決定方式をどのように運営・活用するかによって、株主の相対的な発言力は大きく変化する。また、第6編は、株主の活発化など社会的背景が大きく変化していることをも認識している。だがなお、立法者は「原則株主総会＋定款変更」という制度の形の維持を選択した。このことは、現在の総会制度が、株主の分散やプレゼンス、取締役への権限集中の必要性など、多様な社会状況に対応できると判断されたことの現れかもしれない。

　最後に、取締役の責任については、さまざまな経営活動に応じた責任を類型的に書ききることが難しいことから、一般的な文言で責任規定が置かれ、数次の改正提案に際しても慎重な意見が多かった（第4節2.）。平成17年改正により、規定の文言には過失責任化など大きな変化があったが、責任法制の変化をどう捉えるかは評者によって異なる（第4節4.）。法の変化がもたらす影響は、従来の裁判例の蓄積の示す方向とそれが大きく乖離しているかどうかという点、さらに株主構成の変化や総会の活性化、規制緩和と業務改善命令などの発動の増加といった、会社の経営実態とそれを取り囲む社会環境の対比において、考察することが必要なのかもしれない。

　第6編は、事後規制への転換により、取締役の責任規制の相対的な領域および重要性が増加していることを指摘する（第4節5.）。また、委員会等設置会社における取締役の責任制限を将来的なより大きな改正への前哨戦であったとも示唆する。そのうえでなお、取締役の責任のあり方には大きな変化があったとする見方も、全く変化がないとする見方も成り立ちうるとしている（第4節4.）。このように、取締役の責任に関する学説は社会的・制度的な変化を取り込んでなお進化の途上にある。

　もし、取締役の責任に関する法制度が、訴訟における判示や、開示実務の定着・活用と表裏一体のものとして、数十年という長期のスパンで変化の過程にあるのだとすれば、企業の結合状況や開示体質、企業活動や組織内部での権限分配の実態を捨象して法規定の文言の変化だけで判例や実務の解釈論を左右することは難しく、逆に条文の具体的な運用ひいては改正のインパク

トの大小が判例の蓄積に委ねられるとも考えられる。この分野の規定の改正が社会制度の変化に果たす役割（積極的か受動的か、規模、直接性など）については、判例や学説、ガバナンスや倒産法制のあり方等を睨みつつ、なお考察を深める余地がありそうである。

　この編の記述は、規定の変化が少なくみえるが、他の制度とのバランスでみた場合に意義づけが変わりつつある制度、規定自身は変化したがそれが実態を大きく変えるかどうかが未知数である制度などを取り上げ、会社法の枠組みがどのような意味で「不変」なのかにさまざまなバリエーションがあることを示すだけでなく、他の編、たとえば組織再編などとの対比によってさまざまな示唆を引き出すべく位置づけられている。組織再編分野では、産業インフラとして政策的にオプションの拡大がめざされ、利用されうる制度のフル装備がめざされた。これに対して、本編では、制度の外形もしくは性質が変化しなかった事項について、その理由や必要性がどこにあるのかが検討されている。

　同編は、改正を通じて性質が保たれた事項が、長期的にも会社法がガバナンスのために最低必要な要素として残るのか、将来的に異なる均衡をめざして再々選択が行われるのかという問題は、課題ごとにさまざまだとする。このようなアプローチは、新会社法が再選択して選びとった「会社の本質」は何であり、それはどのような社会を志向するのか、将来的な会社法の課題は何か、といった、本書の各章が共通して模索してきた問題の集約ともいえる。

　第6編までを読み終わった読者が、会社法改正について考える新たな足場を得たと感じて下されば、論者一同にとって望外の喜びである。

第1編
ステイク・ホルダーと会社法
―― 「無色透明の会社法」理論とその神話化

第1節 はじめに

1．問題提起——会社法制立法のアクター

　会社を取り巻くステイク・ホルダー（利害関係人）はさまざまに存在する。ステイク・ホルダーとしては、経営陣（潜在的経営陣としての起業家を含む）、株主、投資家（潜在的株主）、従業員、債権者（銀行、社債権者）、取引先（特に継続的取引を前提とする下請業者やサプライヤー）、消費者、地域（地方自治体、地域住民）、および環境（環境保護団体）等が考えられる。会社の行動（経営）は、彼（女）らの利害に大きな影響を与え、ステイク・ホルダーは、会社の行動（経営）に強い関心を有する。これらのステイク・ホルダーが会社法制の立法に対してどのような行動をとるのか。彼（女）らの行動の態様が、立法作業を通して、会社法のあり方にどのような影響を与えたのであろうか。

　このような問題設定に対しては、次の二点のような疑問も考えられなくはない。①会社法制を含む商法は、企業（会社）の権利義務の帰属を問題とする私法領域を規律するものであるから[1]、ステイク・ホルダーの行為が企業の権利義務関係に直接影響を及ぼさない限り、会社法制のなかには登場せず、彼（女）らの利害に直接影響を与えないのではないか。②会社法制は、会社の資金調達の場面を念頭に置き、資金提供者である株主、債権者および経営陣の利害を調整する法制度である[2]。このためたとえば、従業員というような具体的な存在でなく、債権者という抽象的なカテゴリーのなかで考慮され

1　奥島孝康「企業と従業員」竹内昭夫＝龍田節編『現代企業法講座2　企業組織』228頁（東京大学出版会、1985）。

2　このように現状を表現するものとして、石井照久「商法と労働問題」『商法における基本問題』（勁草書房、1960）、西原寛一「会社法と労働法の相関問題」『商事法研究3巻』374頁（有斐閣、1968）。

るだけではないか、と。

　しかし理論上は、ステイク・ホルダーは、会社を規律するフレームワークである会社法のあり方にも関心をもちうるであろうし、逆に、会社法の立法・企画を所掌事務とする法務省（法務省設置法4条）が、彼（女）らの利害に目配りをした形で会社を規律する法制度として会社法を設定することも考えられなくはない。また、それぞれのステイク・ホルダーの意見の受け皿・窓口となる省庁が、会社法制のあり方に対し、積極的に発言し、立法に関与することも考えられるかもしれない。共同決定法を採用することで従業員を会社法制度上位置づけるドイツ法[3]の存在や、EU において、持続可能な発展を可能とするために企業の社会的責任を強調し、経営者と労働組合、民間団体の対話を促進すべきとされた際に[4]、それを会社法改革の一環として行ったフランス法[5]の存在は、このような会社法制のあり方が単なる机上の可能性でな

---

[3] ドイツの共同決定法の展開やコーポレート・ガバナンスに関する動向については、たとえば、正井章筰『共同決定法と会社法の交錯――ドイツと EC における論争』（成文堂、1990）、同『ドイツのコーポレート・ガバナンス』（成文堂、2003）などを参照。

[4] EU は平成12（2000）年3月にリスボンで開催された EU 理事会において、平成22（2010）年までの EU 戦略として社会の一体性や結束、環境を維持しつつ競争的な経済環境を実現することを掲げ、その手段として Corporate Social Responsibility を中核に据えた。ここでは、企業と労働組合、公的セクターなどの対話を促進することが政策目的とされている。平成17（2005）年からは、その持続可能な発展という路線を維持しつつ、経済成長や雇用政策に重点をシフトしている（Commission of the European Communities, Communication from the Commission to the European Parliament, the Council and the European Economic and Social Committee Implementing the Partnership for Growth and Jobs：Making Europe a Pole of Excellence on Corporate Social Responsibility (2006) 〈http://lleur-lex.europa.eu/Lex UriServ/Lex UriServ.do?uri=COM：2006：0136：FIN：en：PDF〉, at 3)。

[5] フランスは、EU アピールの実施を、平成13（2001）年5月の会社法改正により実現した。上場企業に対して、年次報告書において企業活動の社会的・環境的影響に関する報告義務が設けられた。この点およびその後の展開については、たとえば、EU 理事会主催「European Multistakeholder Forum on CSR：Review Meeting December 2006」（2006年12月7日開催）での配付資料、Unit D2 European Employment Strategy；Corporate Social Responsibility；Local Development, Corporate Social Responsibility, National Public Policies in the European Union〈http://ec.europa.eu/enterprise/policies/sustainable-business/files/csr/documents/stakeholder_forum/compendium_ms_updated_portugal_2212_en.pdf〉, at 57を参照。

いことを示す。

　他方、終戦直後の日本においても、大企業の経営者が公職追放令の対象となったため[6]、多くの大企業では戦前からの経営陣が不在となり、従業員のイニシアチブの下に事業が再開されていた[7]。終戦の混乱期から高度成長期に入るまでは、従業員に支配される企業に対して企業への資金提供者である銀行や旧経営者がいかに食い込み、企業内のイニシアティブを確保するかという点が切実な問題となっていた[8]。当時の状況下では、日本の会社法制のなかにも従業員が位置づけられることは十分にありえた選択肢であった[9]。

　ステイク・ホルダーの利害を調整する受け皿として会社法制が機能しうる

---

[6] 公職に関する就職禁止、退官、退職等に関する勅令（昭和22年勅令第1号）第2条では、民間企業の幹部についても、公職追放の対象としている。

[7] この当時の実務においては、労働協約に基づいて労使が参加する経営協議会が会社に設置される例が多く、取締役会などの決定について、経営協議会の承認を必要とすると定款に記載されていた。このほか、定款に記載がなくとも、利益配当、組織変更、取締役の選任などの株主総会決議事項が、労働協約により労働組合との協議事項とされることがしばしば存在した。石井照久「企業における労働の地位づけ」私法1号72頁（1949）は、たとえば取締役の選任につき経営協議会の同意を要求するという原始定款の規定は「最近における企業における労働者の地位の高揚という一般的体制のもとに、会社が自律的に会社自治を制約したとすれば、……効力を否定すべきではない」ともする。この当時、株主よりも労働者が会社の中心的なステイク・ホルダーであることを示すエピソードとして、株式会社の解散決議を無効とする判決の理由づけのなかで、会社の解散の自由は、労働組合の健全な発展という労働法上の要請の下に制限されると裁判所が判断したこともあげられる（大阪地判昭和31年12月1日判例時報99号9頁）。この事件では、株式会社が株主総会で会社の解散決議をしたうえで、従業員を解雇したことに対し、従業員が解雇の無効を主張した。大阪地方裁判所は、従業員の主張を上記の理由で認め、「組合との団体交渉に基づき事業が再開されることを希望する」とまで述べている。裁判所がこのような判断をした理由は、事案が不当労働行為に該当する場合であったこともあろうが、当時の労働者・労働組合が株式会社において強い地位・役割を有することを示している。

[8] 日本経団連の前身の一つである日経連は、労働問題に主として対応していた。これは強すぎる労働組合活動のなかで、経営者の経営権（経営のイニシアティブ）を労働組合から取り戻すという意味での「経営権の確立」をその発足理由に掲げていたことからもわかる（菊池信輝『財界とは何か』60頁（平凡社、2005）などを参照）。たとえば、今里廣記『私の財界交友録——経済界半世紀の舞台裏』33頁（サンケイ出版、1980）は、日経連の意向を受けて、労働組合の影響力が当時強かったベアリングメーカーの日本精工株式会社の代表取締役に就任した今里が同社の労働運動を沈静化した様子を伝える。

状況が日本にも存在し、会社法制がそのように機能する例が現実にも存在することからは、冒頭の問題設定に対する疑問に対しては、なぜそのような考え方が会社法学における「常識」とされるのかという問いかけをせねばなるまい。冒頭の問題設定は、次の二点に昇華することができる。

　（A）　発言しうる潜在的能力のあるステイク・ホルダーがいくつか考えられるのに、会社法制が多様なステイク・ホルダーの要望の受け皿であると把握されなかった[10]とすれば、その理由は何か。

　（B）　会社法制の捉え方（会社法理論）は、(A)のような状況をどう評価したか。また、切り捨てられたステイク・ホルダーの要望は、その後どこに反映され、どのような調整スキームが用意されるようになったのか。

　もちろん、会社法制のあり方に対して関心をもつアクターは、会社のステイク・ホルダー以外にも存在しうる。それは、企業の外部監査を職業とする公認会計士や中小企業について経理・税務を外部的に行う税理士、株式の発行市場や流通市場の仲介等を業務とする証券会社、株主管理を業務内容とする信託銀行（株主名簿管理人）（会社法123条）、そして、公告の媒体となる日刊新聞社等である。彼らは、個々の企業としての活動（経営）から会社法制に関心をもつこともさることながら、会社法制のあり方が自身の業務範囲や業

---

[9]　当時、労働者・労働組合の位置づけを会社法制上明確化しようとする試みもなされている。昭和30年代の会社法学においても、労働者の経営参加の手段として、アメリカの従業員持株会やフランスの労働株制度、ドイツの共同決定法の研究が行われている。たとえば、高田源清「株式会社に於いて考慮すべき利益群の範囲とその対策」私法11号119頁（1954）は、労働者と経営者からなる経営協議会を会社法上の機関とすることを提案する。また、昭和40年代の「大企業への不信」を背景として、労働者・労働組合が経営をモニターするような制度設計の採用が提唱されもした（たとえば、宮島尚史「労働者または労働組合の経営参加」商事法務703号9頁（1975）、奥島孝康『現代会社法における支配と参加』（成文堂、1976））。昭和51（1976）年の商事法務展望では、今後の会社法制の改革の方向性として、労働者の経営参加が中心的課題となるであろうとの展望も述べられていた（奥島孝康「'76年商事法務展望　労働者の経営参加と会社法改革の展望——ヨーロッパ諸国の動向を中心として」商事法務722号72頁（1976））。

[10]　たとえば、野村修也ほか「〈座談会〉いまなぜCSRなのか」法律時報76巻12号26頁〔神作裕之発言〕（2004）は、企業の社会的責任は、法的責任とは異なる次元での自主的な取組みが評価される問題であり、企業が社会的に何かを果たすということは、法で強制するものではないとする。

績を決定づけるために、会社法制のあり方に対しては大きな関心を有する。彼らも、一般的な会社のステイク・ホルダーと同様か、それ以上に、会社法制のあり方に対しては要望を有すると考えられよう。

さらに、会社法制のあり方に関心を有する主体として、外国政府・外国の産業団体、とりわけ、アメリカ政府とアメリカ産業団体を見落とすことができない。もちろん、アクターが自身の要望を「外圧」という形で実現しようとすることもある。このため、「外圧」だけが会社法制の変革要因であるかどうかは、慎重に判断されなければならない。

2．会社法制立法の管轄

会社法制は、会社法（平成17年改正前商法会社編）が主として規律する。会社法（平成17年改正前商法）は、民事基本法の一つであるので、会社法制の企画立案は、法務省の所掌事務とされる（法務省設置法4条1号）。他方、産業政策は経済産業省（中央省庁改変前は通商産業省）が所掌事務とし（経済産業省設置法3・4条）、会社法制と関連性が深く、その一部をなすともいえる金融商品取引法（証券取引法）は金融庁（中央省庁改編前は大蔵省証券局）を所轄とする（金融庁設置法3・4条）。

会社法制の企画、産業政策の企画、そして証券市場法制に関する企画をそれぞれ異なる省庁が管轄することは、日本の法整備環境の特徴である。このため、法務省以外の省庁のイニシアチブにより会社法制が変革されることもしばしばみられる[11]。

もちろん、立法は、錯綜した政治・社会の利害対立や対抗関係が渦巻く力学の場で展開するプロセスである[12]。立法過程では、それぞれのステイク・ホルダーの利害を代弁する政党や国会議員の思惑によるバイアスがかかることも考えられる。さらに、立法・改正作業に携わる者（官僚、法学者）が、実際の業務でステイク・ホルダーの要望をどう取り扱うか、という点も、ステイク・ホルダーの影響力を検討するうえで重要な要素となろう。

立法を求める際に、アクターが自身の要望を反映させる方法は、さまざま

に考えられる。たとえば、社会運動を繰り広げることや、利益団体を結成してロビー活動を行ったりすることで立法府を動かしたり、自身の要望の窓口となる行政庁に対して陳情を行うという方式等が考えられる。また、会社法制改革作業の特質として、後で述べるように、早くから改革案の策定にあたって産業界等に対して意見を照会することが慣行として存在し、現在はパブリック・コメント制度と併用的に実施されている。意見照会は、照会先に対して意見を求めるものであるから、会社法制改革の担当者が誰を対象に意見照会し、誰が意見照会に対して答えているかということは、ステイク・ホルダーが、会社法制に対してどのような要望をもつのか、また、会社法制の立法活動に携わる者がいかなるステイク・ホルダーの声を重視していたのかを示すといえよう。

3．本編の検討の手順

　会社法制の改革は、何かしらの経済的事件（不祥事）の発生に対する対策や景気後退期・低迷期からの脱却をきっかけに検討される。このときは、海外の成功事例や対処事例を参考にして立法がなされることが多い。しかし、立法される際には、海外の成功事例や対処事例をそのまま日本法に焼き込むのではなく、日本法の体系や文化に合わせた変容がなされる。この変容の段

11　たとえば、昭和29（1954）年から始まり、挫折することになる最初の会社法根本改正計画においても、たたき台とされたのは、大蔵省から示された、額面引上げについての試案や監査役任意機関化の試案であった（鈴木竹雄＝竹内昭夫『商法とともに歩む』330～331頁（商事法務研究会、1977）。昭和49（1974）年商法改正も、大蔵省証券局からの監査制度の一元化に向けた制度改善を求める要望を受ける形で実行された（福岡博之「商法改正の概括的批判」法律時報46巻9号9頁（1974））。
　　平成年間に入ってからは、まず通商産業省（経済産業省）所轄の法令を制定し、「商法」とは異なるルールを特例として一部で実施してみてうまくいくようだったらそのルールを商法本体のルールとする、経済産業省先導型という立法も存在する（神田秀樹『会社法入門』32頁（岩波新書、2006））。「中小企業の新たな事業活動の促進に関する法律」や「産業活力再生特別措置法」がその例である。この経済産業省先導型の立法は、企業再編をめぐる分野において顕著にみられる。この点については、第2編第1章を参照。

12　小林直樹『立法学研究』36頁（三省堂、1984）。

階にあっては、会社のステイク・ホルダーが立法のアクターとしてどのように活動するかが大きな影響を与えうるといえよう。そうであれば、前述の「1．問題提起」で述べた(A)(B)の点の検討を通して、会社法制がいかなるステイク・ホルダーの要望を反映して、あるいはいかなるステイク・ホルダーの要望を反映せずに整備されたかを明らかにすることは、今後、ステイク・ホルダーの利害がどのように調整されるか、調整されるべきかということを考察する手掛りを得る作業として意味があろう。本編は、この(A)(B)の問題を考察する。具体的には、次のように検討を進めよう。

　会社法制の立法が、会社を取り巻くステイク・ホルダーのうちの誰の要望を実現することに心を砕くようになったか、反対に、どのステイク・ホルダーの要望を汲み取らずに切り捨てるようになったのかという点を、その過程を分析することで明らかとする。また、各時代を支える会社法理論がそれをどのように評価していたかも検討することにしよう。結論を先取りすれば、平成9（1997）年商法改正（平成9年法律第56号）の成立を一つのターニング・ポイントとして歴史的経緯を概観する。

　なぜ、平成9年商法改正をターニング・ポイントとするか。それは、次の二点を理由とする。

　第一に、平成9年商法改正の改正が「議員立法」により実現したからである。それまでの会社法制改革は、「内閣提出法案」という単線の立法チャネル[13]しか事実上存在していなかった。しかし、平成9年商法改正が「議員立法」により実現したことは、「内閣提出法案」以外にも「議員提出法案」という立法チャネルが存在することを認識させた（立法チャネルの複線化）。立法チャネルの複線化は、立法過程の舞台を変化させる効果をもつ。このように立法の舞台が広がった原因として、ステイク・ホルダーの立法に向けての行動様式やそれぞれの発言力に変化があったことが考えられるし、逆に、立法の舞台が広がったことによりステイク・ホルダーの行動様式や発言力が相乗的に変化したとも考えられよう。

---

[13] 本編では、法制度の変更・実現のためにステイク・ホルダーが要望を述べ、実現のために活動し立法に至る道筋を表す用語として、「立法チャネル」という言葉を用いる。

第二に、平成9年以降の商法改正・新会社法制定では、改革の頻度が増すなか、会社法制を私人間の利害調整を図るためのものというよりは、経済政策的な目的を達成する手段として把握するという「会社法制の道具化」という傾向が鮮明になったからである[14]。会社法制の捉え方が変化し、何かしらの政策の実現を目的とする立法がなされるようになったとすれば、そのような政策の実現を目的とするステイク・ホルダーの行動態様が変化した（要望の圧力が増した）と考えられる。平成9年を境に何がどのように変化したかを分析することで、会社法制のあり方を決定する力学の変化を発見できよう。

　立法の舞台である立法チャネルの単線状態とその複線化の意義について、もう少しここで確認しておこう。

　現行商法の制定から平成9年商法改正までは、そのすべての会社法制の改革について、法制審議会で改正の原案を作成し、内閣が商法改正法案・会社法案を提出するという方式が採用されていた。もちろん、国会は立法機関として位置づけられるため、その構成員である議員には当然に法案提出権があり（日本国憲法41条）[15]、理論上は、議員が商法改正法案を提出することはありえた。しかし、議員提出法案と内閣提出法案とでは、機能論的な棲み分けが事実上存在した[16]。議員提出法案は、国会法のような国会独自のあり方を決定する法律案や、国会議員の資格、選出等に関する法律案、行政府の行動を規律することを目的とする法律案、特定分野の政策の理念・基本事項等を宣言する法律案（教育基本法、中小企業基本法等）等を担当する。これに対して、内閣提出法案は、内閣および行政機関の組織、機能、運営等に関する法

14　落合誠一ほか「〈座談会〉会社法大改正の意義」ジュリスト1206号8頁〔神田秀樹発言〕（2001）は、「グローバルな状況の中において、日本の企業の競争力を高めるためにはどうしたらいいかということになると、先進諸外国のなかで法制度の間の競争みたいなものが良い意味で起こり始めている」と指摘する。中村直人『新会社法（第2版）』11頁（商事法務、2006）は、会社法は、国際的な経済競争に勝利するためのインフラであって、国家的な経済政策の一環になったとし、会社法は、経済政策法であり「当事者の公平が支配原理ではない」と言い切る。他方、龍田節『会社法大要』27頁（有斐閣、2007）は、会社法の目的は、会社の適正な運営を確保することであり、「適正な」運営とは、会社をめぐる関係者の利益を公正に調整することにほかならない、とする。

第1節　はじめに

律案や、行政の基本施策、行政の各分野の基本的事項等や象徴の所掌事務に関する法律案を担当する。会社法制の企画立案は、法務省の所掌事務であることから（法務省設置法4条）、その改正は、法務省で原案を作成し、内閣提出法案で実施するものと観念されていた。このとき法務省で原案を作成したのが、法制審議会である。会社法制改革の原案作成の場を法制審議会のみとすることを、法制審議会集約型チャネルと呼ぶことにする。平成9年商法改正作成までの時代に対する検証は、この法制審議会集約型チャネルがどのように形成され、確立したかを概観することになる。この立法チャネルのなかで会社法制の変革に対し関心をもつステイク・ホルダーの要望がどのように反映され、調整されたか、あるいはどのようなステイク・ホルダーの要望が反映されていないかを検証しよう。また、会社法理論がこの時期の立法活動に対してどのような影響を与えたかも、あわせて分析しよう。

　他方、平成9年商法改正は、取締役または従業員の報酬制度に利用するためのストック・オプション制度を導入した。これは、議員立法（議員提出法案）という商法改正では初めての方式で行われた。これにより、会社法制（商法）という社会の基礎的なフォーマットの変更を行う立法のチャネルとして、議員立法が存在することが認知された。議員側も、次の会社法改革テーマを「株主代表訴訟」に焦点を合わせ、議論を開始した。平成12（2000）年9月6日には、法務省民事局は、「今後の商法改正について」という文書を発表した[17]。この文書は、昭和49（1974）年に始まる根本改正計画以来の抜本的な

15　行政機関である内閣が法案提出権を有することは三権分立の所与の前提ではない。日本国憲法72条からすれば、一見当然に、内閣は法案提出権を有しているようにも思われるが、同条が「議案」の提出とするために否定的に解されもした（たとえば、佐々木惣一『日本国憲法論（改訂版）』271頁（有斐閣、1952）は、内閣に作用が及ぶような法案のみを提出することが可能とする）。しかし現在は、内閣法5条は内閣に法案提出権を認めている。議院内閣制によれば、国会の多数党が内閣を組織している以上、内閣提出法案は、与党議員提出法案と同様の意味をもつために、三権分立に反しないという理解が一般的である（関守「内閣提出法律案の立案過程」ジュリスト805号26頁（1984）、大森政輔＝鎌田薫編『立法学講義』44～45頁（商事法務、2006）など）。

16　大森＝鎌田・前掲15　47～52頁。

17　〈http://www.moj.go.jp/MINJI/minji27.html〉。

会社法改革を法制審議会商法部会で実施することを宣言するものであった。しかし、この宣言のなかには、改正項目のなかに株主代表訴訟に関する改革は含まれていない。この分野に関する改革は、議員立法主導で行うこととされたからである。これにより、法務省の法制審議会を経由して内閣提出法案として会社法制改革を行うという立法チャネルと、議員が検討し、議員提出法案で会社法制改革を行うという立法チャネルが並行するという「立法チャネルの複線化」の実現がはっきりとした[18]。複線の立法チャネルの下では、アクターの要望の反映や利害調整は、法制審議会集約型チャネルの下での利害調整とは異なることも予測される。さらに、この平成9年商法改正で議員立法というチャネルが形成された影響からか[19]、法制審議会の性質も、中央省庁の改編に伴って大きく変化されることになった。平成9年商法改正以降の時代に対する検証は、会社法制改革の立法チャネルの複線化や法制審議会の性質変化が、会社法制に対するステイク・ホルダーの要望のあり方、彼(女)らが立法過程におけるアクターとしての要望を反映させる手段、そして彼(女)らの間の利害調整の方法にどのような変化をもたらしたかという点を中心に行う。本編における平成9年以降の時代の検証は、この変化を引き起こした要因とその影響の分析が主たる内容となる。あわせて、このような立法活動の状況変化が、それまでの会社法の捉え方(会社法理論)に変化をもたらすかを検討しよう。

　なお、本編は、立法チャネルの形成とその変化によりステイク・ホルダーが会社法制の立法に向かう態様がどのような影響を受けたか、また、立法活動の理論的支柱となる会社法理論がそのような変化に対してどのような評価を行い、またそれ自体がどのように変更されたかという点の分析を内容とする。このため、一連の会社法制の改革が何をきっかけに行われ、どのアクターや官庁により発議され、リードされたかという点について、必ずしも網羅的に検討していない。同時に、各改正項目ごとにどのような議論がなされ

18　神田秀樹「会社法の歴史的・社会的位置づけ」月刊監査役514号41頁(2006)、神田・前掲11 31～33頁。
19　河本一郎「法制審議会と商法」ジュリスト1147号69頁(1998)。

どのような解決がなされたかという点には言及していなかったり、評価を加えていない場合もある。そもそも改正項目の内容により、改正を望むアクターが異なることは容易に想像される。それぞれの改正項目について、具体的にどのアクターのリードにより会社法制改革が進み、その結果をどう評価するかは、以降の各編が改正項目ごとに検討を加えているので、そちらを参照してほしい。

第2節　昭和年間までに完成した会社法制改革立法チャネル

1．法制審議会集約型チャネルの形成

1－1　明治32(1899)年現行商法成立、明治44(1911)年商法改正、昭和13(1938)年商法改正

　明治初期においては[20]、先進資本主義国との生産力格差をなくし、追いつくことを政策課題とした。この点と、当時重要な政策課題であった条約改正と連動していたために、会社法制の立上げは、政治家主導の立法が行われた[21]。もっとも、当初より、経済活動実態からの要請から、会社のステイク・ホルダーのうち経営者が立法に対して大きな発言をしている[22]。

20　この頃の立法過程の分析をめぐっては、三枝一雄『明治商法の成立と変遷』(三省堂、1992)、浜田道代編『日本会社立法の歴史的展開』(北澤正啓先生古稀祝賀論文集)(商事法務研究会、1999)、淺木愼一『日本会社法成立史』(信山社、2003)などの先行業績がある。第二次世界大戦前における立法過程に関する歴史的事実に関する記載は、これらの先行業績に負うところが多い。

21　条約改正という視点以外にも、当時すでに存在する事業体である「会社」の取扱いをどうするか、という問題もあった。
　　明治政府は、会社制度に関する知識の普及のために、株式会社制度に関する啓蒙書(福地源一郎『会社弁』(大蔵省、1871)、渋沢栄一『立会略則』(大蔵省、1871)など)を官

版し、これを全国に頒布した。他方、商法司・商法会所を設置し、不換紙幣である太政官札の貸付機関として金融制度を確立しようとし、その役割は、通商司制度を経て、国立銀行条例へと結実する。このような状況下で、私人間の契約のみにより会社が設立・運営され、相当数存在した。設立にあたっては、地方の府県庁への届出を要件としていたにすぎず、出資者の責任の性質や会社における出資者の責任に関する定めの対外的効力などが問題となり、とうてい放任できる事態ではなかったとして、早急な立法的対応が試みられた（福島正夫「明治26年の旧商法中会社法の施行」早稲田法学51巻1・2号12～15頁（1975）、三枝・前掲20 43～48頁）。明治19（1886）年7月には、大蔵省、内務省の主導により会社法制の整備作業がなされ、「商社法」の立法となった。しかし、会社法制のあり方は、条約改正問題とリンクされ、商取引全般を規制する商法典を作成することが政治課題と認識されたため、「商社法」は施行されなかった。会社法制は、商法典の一部として、外務省に設置された法律取調委員会で議論された。この法律取調委員会は司法省へ移管され、明治23（1890）年には、旧商法が公布された。この点については、たとえば、淺木・前掲20 1～3頁を参照。

22　たとえば、法律取調委員の村田保（当時元老院議官）の法案作成活動に対する反発がある。旧商法の法案作成過程にあって、司法省法律取調委員長を兼任する司法大臣山田顕義は、法典の早期完成をめざし、外国人（ボアソナード、ロエスレル）の原案に修正を加えることなく文言等の修正のみにとどめて内容の修正等の議論を法律取調委員会に許さなかった。これに対して、村田は相当に反発し、わが国の国情にあわせて改良することを主張して譲らなかった。この村田の活動は、東京商工会の意向を汲んでなされていたようである（淺木・前掲20 8頁）。村田が旧商法施行延期派の論者として活躍した背景にはここでの山田との確執もあったのであろう。もっとも、経済界においても意見が統一的であったわけではない。旧商法の施行に関しては、東京商工会は、商法典の施行延期を山田顕義司法大臣に建議している。その理由は、当時社会に存在した「会社」の規律と商法典中の規律に相違があり、それを理解するのには時間がかかるため準備時間が必要であると主張した。この主張は、東京商工会や東京銀行集会所が商法質疑会を設置し、司法省の担当官を交え、法文の質疑研究にとどまらず適切でないと思われる箇所について、その利害得失を熟議してその修正を求めていたことに由来する（淺木・前掲20 16頁）。全国の商工会も東京商工会の見解に沿った建白書を提出したが、他方で、外国商品との競争関係にあった綿糸紡績産業が中軸であった大阪商工会は、商法典施行断行を主張した。大阪商工会は、関税自主権を確立し、外国商品との競争を有利に進めることの方に主眼があり、施行断行を求めた（今井潔＝淺木愼一「法典論争と国産会社法の成立——明治32年商法制定」浜田・前掲20 89～91頁）。このほかそもそも、旧商法施行延期と断行の議論には、学閥論争（仏法学派vs英法学派の対立）も大きな要因となり、混迷していた。

現行商法である明治32（1899）年商法の立法作業は、明治26（1893）年に新たに内閣総理大臣の下に設置された法典調査会（総裁：伊藤博文）で行われた。法典論争の経験から仏法派と英米法派の各学派の学者が起草委員となり（淺木・前掲20 5頁）、（元）官僚、帝国大学教授、帝国議会議員、そして弁護士に加えて、渋沢栄一、阿部泰蔵、加藤正吉、末延道成といった実業家も起草委員として参加している。このような起草委員のメンバーの選出にあたっては、穂積陳重が当時の伊藤博文総理大臣の諮問に応えて提示した法典調査に関する方針意見書の影響が大きい。穂積陳重の意見書は、起草委員の構成につき、各学派、弁護士、事業家を加えるよう要求していた（三枝・前掲20 127頁）。また、立法作業にあっては、東京商業会議所をはじめとする全国の商業会議所から建議書が寄せられた（今井＝淺木・前掲110頁）。

明治44年商法改正の作業には、明治40（1907）年勅令第133号法律取調委員会規則に基づく法律取調委員会が改正法案の作成にあたった。この法律取調委員会は、法学者と法務官僚により構成されるが、改正作業として次の三点の方針を策定した[23]。

　①改正原案の作成にあたり、各種の事業団等から提出された意見書を基礎とする。②改正項目としては、目下実際に不便を感じる点だけを修正することとし、③実業社会や裁判実務と現行法の規定とが適合しない点だけに限定する。

　改正作業の基礎となる①の意見書は、各地の商工会議所からの37通の意見書を筆頭に、合計113通もの意見書が提出されたという。これを基礎に②から③の点に関する調査を行い、商法特別主査委員、商法特別修正委員が改正原案を作成し、主査委員会、法律取調委員会総会で討議して改正案が確定された[24]。明治43（1910）年7月には、改正案は都下の各新聞紙上に発表され、起草担当者は改正案の解説を寄稿している。この改正案は、第27回帝国議会において、明治44年1月21日に貴族院に提出され、2月17日に僅少の修正を加えて議決し、衆議院に送付された。衆議院も僅少の修正を加えて、3月18日にこれを議決し、同月21日に両院協議会を開き、成案を得て両院を通過し、5月3日に公布されている。

　明治44年商法改正の際における、改正作業のスタンスは、以後の商法改正作業でも貫かれているといえる。解釈で対応できることは解釈に委ね、実際の業務（ニーズ）と現行法規とが適合しない点を改正項目とするという姿勢は、当初から存在していたのである。

　これに続く、昭和13（1938）年商法改正にあっては、第一次世界大戦までの経済の異常な好況（各産業分野における飛躍的発展）とその後に生じる昭和

23　三枝・前掲20 164頁、藤井信秀「日露戦争後の経済発展への対応――明治44年の改正」浜田・前掲20 132～134頁。淺木・前掲20 183～184頁は、この方針を端的に述べる法律取調委員会商法特別委員斎藤十一郎の論考を引用して、この方針により「我が国会社法改正作業の先例的意義を有し」、改正案を広く斯界に公表し意見を求める段階を踏むという形式が形成されたことを高く評価している。

24　淺木・前掲20 182頁。

金融恐慌という経済破たんとを反映して、経済界の強いイニシアティブが発揮された。昭和4（1929）年5月、東京商工会議所は、商事関係法規改正準備委員会を設置した[25]。この商事関係法規改正準備委員会は、法学者、法曹家、官僚そして実業家から構成された。この委員会は、主査委員会を数名選任して、彼らを中心として改正事項をまとめ、全国の主要会社、各経済団体に意見を求めるとともに、外国法制に関する研究も進めた[26]。他方、政府は、昭和4年5月13日に勅令第118号をもって、法制審議会管制を公布し即日施行した。この法制審議会は、内閣総理大臣の監督に属し、その諮問に応じて重要な法律制度を調査審議し、それらの事項を関係各大臣に建議する権限を有する（同勅令1条）。同年10月19日には、浜口雄幸内閣総理大臣は、閣甲第149号により商法の改正要綱をどうするべきか、諮問した。法制審議会は、商法関係の主査委員会を設けて、改正要綱案をまとめた。この主査委員会では、東京商工会議所の商事関係法規改正準備委員会でまとめた「商法中会社篇ニ関スル建議事項」が検討材料となり、原案がまとめられた。実際の条文化は、法制審議会の主査委員のほとんどがメンバーとなる司法省商法改正調査委員会が実施した。

昭和13年商法改正にあっては、同時に、会社の規模に応じた会社法制の区分立法が検討され、中小の家族的経営を行う会社のためのフォーマットである有限会社法の制定へと繋がった。これは、中小企業の要望というよりは、欧州の有限責任会社制度（1892年制定のドイツの有限責任会社法、1907年制定のイギリス私会社法等）の成功の事例紹介やドイツ法の体系的紹介がなされたことによる影響が大きい[27]。有限会社法制定にあたっては、むしろ、大会社に関する要望を実現するために、中小企業法制を別立てにすることが検

---

25 鈴木＝竹内・前掲11 20頁。

26 主査委員会は、昭和3（1928）年5月から昭和4（1929）年にほとんど毎週1回の割合で会合を開き、改正事項を検討した。まず、各経済団体、主要企業に対し、商法改正に関する要望の意見徴取がなされた後、それをもとに、主査委員会は改正事項を検討した。改正事項は、①確定事項36、②研究事項46、③発問事項13に分類され、このうち、②③については、公表し、多数に上る各経済団体および主要企業に対し意見照会がなされている（三枝・前掲20 217～259頁）。

27 淺木・前掲20 559～561頁。

討され[28]、経済界（とりわけ中小企業）からの要望に応えるわけではなかったようである[29]。

以上のように、会社法制の改革については、解釈で対応できることは解釈に委ね、実際の業務（ニーズ）と現行法規とが適合しない点を改正項目とするという姿勢が貫かれ、改正項目の選定にあたっては、会社法制に関するステイク・ホルダーのうち、会社という枠組みの主体的なユーザーである経営者（産業界）に積極的に意見徴取を行い、議案をまとめるという方策がとられていたことがわかる。

1－2　昭和23(1948)年、昭和25(1950)年、昭和30(1955)年、昭和37(1962)年商法改正

戦後における商法改正のうち、GHQ との折衝を必要とした昭和23年[30]と昭和25年商法改正[31]では、GHQ の要望に対して日本側が対処するという面が強

---

[28] 当時の認識は次のようなものであった。升本重夫「株式会社法の改正と有限責任会社制度」法曹公論33巻3号6頁（1930）は、「会社法制度の改革により、大会社における弊害を除去しようとすれば、中小企業を殺すことになる。他方、中小企業における弊害を除去しようとすれば、ために大会社の存立を危うくする。両者が相牽制して株式会社の厳正な運用を妨げているのであるから、両者に適用される会社法自体を分離すべきである」と主張する。同様に、田中耕太郎「株式会社法改正の基本問題」法学協会雑誌48巻1号50頁（1930）も、小規模または家族的会社において株式会社の一般原則を緩和するという特別な法的取扱いが必要かと議論するよりも、小規模企業向けの有限責任会社法のための新たな制度を採用する方が、「現在の株式会社制度に於いて失われる社会的エネルギーの無益なる消耗を防止する」と述べる。

[29] 田中・前掲28 51頁注3も、有限会社法の導入について、実務家が保守的な点は、むしろ驚くと表現し、佐伯俊三「有限責任会社法制の発達(1)」法曹会雑誌12巻6号17頁（1929）もこの制度に対しては、学者の関心は一定数存在するが、実務家からの要望の「寥々たるは洵に寂漠の感を深うする」と表現している。

　もっとも、有限会社法を立法したとしても、既存の中小企業に影響を与えるものではない。たしかに、有限会社法の制定の原動力となったのは、小規模な会社と大規模な会社の法制度を区分することであったし、中小企業の株式会社がすべて有限会社へ移行することを強制するとなれば、それ自体は大きな政治的問題となりかねない。しかし、そのような検討はなされていないようである。このような状況では、影響があるのは新規に企業を立ち上げようとする者であり、実業界からあまり反応がないことも、理解しうる。

い。しかし、産業界の要望に応じて改正作業を行う、というスタンスに変更はなかったようである。法制審議会も、戦後は総理大臣の諮問機関から法務大臣の諮問機関とされたが[32]、法制審議会は常設の諮問機関（会長は法務大臣）となり、会社法制を含む商法に関して改革の企画と実際の改正作業を担う商法部会も常設された。もっとも、立法作業を担当する法制審議会商法部会は、学者、行政官僚を中心とし、弁護士、若干の産業界代表がそれに加わる形で構成されていた[33]。

　それでは、会社法制の立法に際して、ステイク・ホルダーや立法に関心のあるアクターの関与はどのように行われたか。戦後の会社法制の改革にあっても、基本的には、産業界（大企業の経営者）等から実務上の問題点が指摘されたり、改正要望が提示されたりし、それを元に、実際に実業社会と判例・会社法制が乖離している点を是正するというスタンスがとられていた。

　もっとも、このような改正作業のスタンスは、「とらざるをえなかった」と

---

[30] 昭和23年商法改正は、分割払込制度の廃止をテーマとする。この改正課題は、昭和13年商法改正の際に認識され、松田二郎「株式全額払込論」法曹会雑誌11巻1号43頁（1933年）は早くから問題点を指摘していた。実際に戦後の商事訴訟の大部分を株式の払込請求訴訟が占め（鈴木＝竹内・前掲11 140頁）、株式の払込徴集をすること自体を目的とした実体のない会社も存在したという（松田二郎『株式会社の基礎理論』603頁（岩波書店、1942））。GHQは、未払込株式を利用して財閥支配がなされていた点の改善の観点から分割払込制度の廃止を主張した（矢沢惇＝鴻常夫『会社法の展開と課題』4頁（日本評論社、1968）。なおこの点について、鈴木＝竹内・前掲11 137～141頁は、実際に財閥支配の道具として未払込株式が利用されたとみることはできないと主張する）。GHQからの要請で始まった改正作業であったが、日本側でも改善すべきであるというコンセンサスがあったことから、比較的短時間（昭和23（1948）年春から改正作業を開始し、同年6月30日には国会で成立する）で立法作業が終了した。もっとも、吉田昂「商法の一部を改正する法律」財政経済弘報80巻1頁（1948）によれば、改正に際し、法務庁は、各関係官庁や民間団体に意見を徴した。

[31] 中東正文編著『商法改正［昭和25/26年］GHQ/SCAP文書　日本立法資料全集本巻91』（信山社、2003）。また、昭和25年商法改正に先立って、昭和24（1949）年6月8日には、東京商工会議所に商事法規改正委員会が設置され、田中耕太郎がその委員長に就任している。法務府が同年8月13日に「商法一部改正法案要綱」を公表したが、それを受けて、東京商工会議所は、同年12月2日には「商法改正に関する意見」を提出している。経団連も10月15日には、「商法改正に関する意見書」を提出している。鈴木＝竹内・前掲11 622頁。

表現をする方が適切であろう。昭和25年商法改正は、GHQによる「手かせ・足かせ」がつけられたままの会社法制の改革であり、そのときの経験から、昭和25年商法改正当時の法律案作成担当者達は、根本的な改正を意図していた[34]。実際に、昭和25年商法改正がそれ以前の実務的取扱いとかけ離れていたが故に問題となった新株引受権をめぐる騒動[35]を解決した昭和30年商法改正以降は、法制審議会商法部会は学者らの主導で根本的な会社法改革に向けて審議した[36]。しかし、昭和30年からの根本的な会社法改革に向けての議論は行詰まりをみせ[37]、実務界から緊急的に改正が必要とされたテーマに関する会社法改革が優先された（昭和37（1962）年、昭和41（1966）年商法改正、

32　昭和23年商法改正時は、法務庁（昭和23（1948）年2月15日の法務庁設置法により司法省が廃止され、法務行政全般を扱う省庁として発足）の長である法務総裁の下にある法務調査意見長官をしていた兼子一より、東京大学教授の鈴木竹雄らが依頼を受けて改正作業が進められた（池野千白「戦後会社法への第一歩――昭和23年の改正」浜田・前掲20 206頁）。その後、昭和25年商法改正に繋がる会社法改革は、まず、法務調査意見長官の私的な調査会として設置された商法改正準備調査会が立法作業にあたった（後に商法改正審議会として商工省、経済安定本部、東京商工会議所、公正取引委員会からの委員を加える形で拡張された。商法改正審議会政令案が作成されGHQに示されたが、そのような政令は公布されていない）。このときは、兼子一法務調査意見長官も委員として参加している。改正作業の途中で、組織改編により法務庁は法務府に改称され、会社法制改革に関する立法作業は、法務府設置法（昭和22年法律第193号）13条1項（別表二）に設置根拠をもつ法制審議会に引き継がれた（中東正文「GHQ相手の健闘の成果――昭和25年・26年の改正」浜田・前掲20 219、228～229頁）。

　　法制審議会の構成は、法務府設置法13条2項に基づく法制審議会令（昭和24年5月31日政令第134号）が規定する。昭和25年商法改正へと至る改正作業は、法制審議会商法部会が担当することになる法務府は、その後、昭和27（1952）年8月1日の行政機構改革により法務府は法務省に改称されるが、法制審議会組織はそのまま維持された。

33　本書・資料編「第4部　法制審議会商法（会社法）部会委員・幹事名簿」参照。

34　鈴木＝竹内・前掲11 195頁で、鈴木竹雄は昭和25年商法改正の体験をふりかえって次のように述べる。「こういう手かせ足かせをはめられて立法をするのは実にたまらない、われわれが自由な発想のもとに自由に法律を作ってみたいものだ、したがって他日、講和が成立して、日本の主権が回復をした暁には、われわれの手でひとつ理想的な立法を自由にやろうじゃないか。こんなことを幾度となく話し合ったものでした」。

35　浜田道代「新株引受権騒動への緊急対応――昭和30年の改正」浜田・前掲20 292頁。

36　昭和30（1955）年10月5日の法制審議会商法部会では、会社法の根本改正につき審議を開始している（商事法務研究会編・編集代表前田重行『戦後50年会社法史年表』14頁（商事法務研究会、1995））。

昭和49（1974）年商法改正）。昭和49年に再度発車のベルを響かせた会社法根本改正計画は、昭和50（1975）年6月12日には法務省民事局参事官室から「会社法改正に関する問題点」[38]が出され、順調に運行されるかにみえたが、昭和56（1981）年商法改正は部分改正にとどまり「途中下車」といわれ[39]、その後は、緊急度の高い順に「五月雨」的に改正テーマが取り扱われた。この昭和49年から始められた根本改正計画が一段落するのは、平成11（1999）年商法改正であった。再度抜本的な改正が志向されるのは、平成13（2001）年4月18日に提示された、法務省民事局参事官室「商法等の一部を改正する法律案要綱中間試案」であり（平成13年、平成14（2002）年、平成16（2004）年商法改正で実現）、「会社法制の現代化」（会社法制定で実現）である。

　昭和年間の会社法制改革がいわゆる「緊急改正」となった理由として、次の二点があげられる。第一は、根本的な改正であるとコンセンサスを形成することが難しい反面[40]、実務で問題とされる改正テーマは改革の緊急度が高く、迅速な対応が必要となることである。第二は、要望や問題点が具体的に明らかとされていない段階では法制度として調整枠組みを設定しにくく、全

37　森光雄「高度経済成長と計算規定の近代化──昭和37年改正、昭和38年計算書類規則制定」浜田・前掲20 308頁。前田庸ほか「商法改正審議における鈴木先生像」商事法務1422号22頁〔味村治発言〕（1996）は、この頃の商法部会の方針は、一定の期間内に株式会社法を全面改正するのではなく、一定の分野ごとに大会社に適する制度を審議して、それがまとまった段階で中小会社にも及ぼすかを審議し、その積み重ねで全面改正をしようというものであったと回顧している。さらに、当時は全面改正の気運がまだ熟成されていなかったと指摘し、株式会社の機関を取り上げた審議は、結局ものにならなかったと述べている。

38　元木伸＝稲葉威雄＝濱崎恭生『商法改正に関する各界意見の分析──株式制度、会社の機関、会社の計算・公開の試案を中心に』別冊商事法務51号321頁（商事法務研究会、1981）。

39　龍田節『会社法（第10版）』1頁（有斐閣、2005）。

40　鈴木＝竹内・前掲11 195頁で、鈴木竹雄は次のように述べる。昭和25年商法改正では、GHQが設定したゴールに向けて進んでいくということで1年半という短期間でできた。しかし、昭和49年改正後の根本改正計画は目標を自主的に設定しなければならず、そうなると委員の間では簡単に合意が成立せず、全面改正のむずかしさは当然たいへんなものにならざるを得ない、と。同様の感想は、原安三郎＝鈴木竹雄＝吉田昂「商法改正は如何に進められるべきか」商事法務86号6～9頁〔鈴木竹雄発言〕（1958）でも述べられる。

面的な検討に時間をかけているうちに、最初の方に行った検討が時代に即したものとならず、立法化した段階ではすでに時代遅れとなると判断されたことである[41]。

改正テーマ自体に内在する問題以外にも、現実的な問題もあった。それは、商法改正をリードする法制審議会とその事務局である法務省民事局のインフラの乏しさである。たとえば、法制審議会商法部会の部会長を務める鈴木竹雄は次のように述べる[42]。「法制審議会のメンバーは、パートタイムで会議の時に顔を合わせるだけであるし、部会等の審議のお膳立てをする事務局である法務省民事局でも、商法の担当者は2、3名にすぎず、民事局本来の仕事の合間に商事立法の仕事をするという程度である。このため商法改正は、現行法ではどうしても具合いの悪い点についてせめて緊急改正を行おうというものになり、他から要請を受けて立つという受動的態度を出でえない」と。このような状況下では、要請を具体化し強く提出する能力のある大企業の経営者サイドに応える会社法制改革とならざるをえない面もあったのであろう。

結果的には、明治44（1911）年商法改正当時の基本方針である次の三点が維持された[43]。

①改正原案の作成にあたり、各種の事業団等から提出された意見書を基礎とする、②改正項目としては、目下実際に不便を感じる点だけを修正することとし、③実業社会や裁判実務と現行法の規定とが適合しない点だけに限定する。

41　昭和50（1975）年に示された会社法の根本改正計画に関する指摘であるが、稲葉威雄ほか「〔座談会〕会社法全面改正作業の軌跡と課題」判例タイムズ839号7頁〔稲葉発言〕（1994）。

42　鈴木竹雄「商事立法の在り方について」商事法務360号5頁（1965）。

43　明治44（1911）年商法改正のスタンスは、昭和13（1938）年商法改正に引き継がれている。昭和13年商法改正へと繋がった東京商工会議所商事関係法規改正準備委員会には、戦後の会社法改革をリードし、法制審議会商法部会の部会長を務めた鈴木竹雄も参加している（鈴木＝竹内・前掲11 19頁以下）。憶測でしかないが、鈴木竹雄の昭和13年商法改正での体験が、会社法制改革のスタンスとして、実業社会の必要性を重視することを姿勢として受け継ぐことを可能としたのではないか。

このような立法スタンスの下では、会社法制に関して要望を述べるアクターの影響力が強くなる。以下では、どのアクターが要望を提出していたかという点の分析を中心に各商法改正における立法状況をみてみよう。

　昭和25年商法改正後の昭和27（1952）年11月4日には東京株式懇話会が、同年11月18日には経団連が、同年12月6日には東京商工会議所が商法改正に関して意見を述べている[44]。このほか、日本造船工業会も商法改正要望書を提出した。これを受けて、昭和27年12月27日には法務省事務次官名で商法改正に関係各界に意見照会がなされた（【表1】参照）[45]。意見照会は、官庁、大学、産業団体に向けてなされ、照会項目は8項目に及ぶ。この意見照会は、これに先立ってなされた、東京商工会議所、日本造船工業会、東京株式懇話会の3団体からの要望事項について、会社法改正の必要があるかを調査するものであった[46]。

　昭和29（1954）年7月8日に法務大臣は、法制審議会に対して、「商法に改正を加える必要性があるとすれば、その要綱を示されたい」と包括的な諮問を行った（法務大臣諮問第11号）。法制審議会にあった商法部会は、これ以降はこの諮問に基づき、会社法制改革について経常的に審議を行い、改正すべき点の法律案の要綱を法務大臣に提出することになる。この諮問は、法制審議会商法部会が会社法制改革をリードすることを端的に示すものといえよう。

44　前田・前掲36 14頁。

45　昭和27年12月27日付民事甲第927号法務事務次官照会「商法改正の要望に関する照会について」とそれに対する回答については、民事月報8巻4号154頁（1953）を参照。

46　〔資料〕「商法改正の要望に関する照会について」民事月報8巻4号155〜156頁（1953）。照会項目は、次のとおりである。それは、①新株引受権に関する事項を定款の絶対的記載事項の内から削除すること、②株式の譲渡については、定款をもってその制限を定めうるものとすること、③株主名簿の閉鎖または基準日は、定款の定めを待つことなく、取締役会の決議をもって定めうるものとし、臨時に株主名簿の閉鎖または基準日を定めるときの公告は、2週間前にすればよいものとすること、④株主総会の決議要件を緩和すること、⑤株主の株式買取請求権に関する規定を削除すること、⑥決議取消の訴えの提起期間を決議の日より1カ月内とし、会社のする担保請求に訴提起が悪意に出たことの疎明を要しないものとし、裁判所の裁量による棄却を認めること、⑦取締役の選任につき累積投票制度を廃止すること、⑧取締役の任期を3年以内、監査役の任期を2年以内とすること、であった。

第2節　昭和年間までに完成した会社法制改革立法チャネル

【表1】昭和27年12月27日付民事甲第927号法務次官照会「商法改正の要望に関する照会について」の意見照会先一覧

	意見照会先	回答の有無		意見照会先	回答の有無	備考
官庁	総理府	×	関係団体	日本弁護士会連合会	×	
	経済審議庁長官	○		大阪商工会議所	△	大阪商工会議所が返答
	公正取引委員会委員長	×		経済団体連合会	○	
	大蔵事務次官	○		全国銀行協会連合会	○	
	通産事務次官	○		日本中小企業団体連盟	×	
	中小企業庁長官	×		日本貿易会	○	
	運輸通信事務次官	×		信託協会	○	
	電気通信事務次官	×		生命保険協会	○	所属会社20社の意見集録
	建設事務次官	×		日本損害保険協会	×	
	最高裁判所事務総長	×		東京証券業協会	×	
大学	東京大学	×		東京証券取引所	×	
	一橋大学	○		全国相互銀行協会	○	
	早稲田大学	○		日本鉄鋼連盟	○	
	慶應義塾大学	×		日本石炭協会	×	
	明治大学	○		セメント協会	○	三井鉱山株式会社の単独意見あり
	中央大学	×		日本電気協会	×	
	法政大学	×		日本瓦斯協会	×	
	日本大学	×		軽金属協会	○	
	名古屋大学	○		産業機械協会	×	
	京都大学	○		日本船主協会	○	所属会社55社の意見集録
	同志社大学	○		私鉄経営者協会	×	
	立命館大学	×		日本倉庫協会	○	澁澤倉庫株式会社の単独意見あり
	大阪大学	○		日本化学繊維協会	×	
	神戸大学	○		中央蚕糸協会	○	
	関西学院大学	×		紙パルプ連合会	×	
	九州大学	○		日本ゴム工業会	○	
	東北大学	×		皮革産業協会	×	
	北海道大学	○		日本デパートメントストア協会	○	

※なお、意見照会を受けていないが、大阪株式事務懇談会、企業経営協会、関西経済連合会が商法再改正の要望書を提出した。
(民事月報8巻4号154頁157・158頁[1953]より作成)

まず、この諮問を受けて、昭和27年の意見照会の8項目のうち、最も議論の集中した新株引受権問題を中心に改正法がまとめられ、昭和30年商法改正となった[47]。

　その後、昭和30年10月5日に法制審議会商法部会が再開され、昭和27年の意見照会事項8項目のうち、機関関係につき審議を開始した。昭和31 (1956) 年5月1日に開催された私法学会では「株式会社の機関の改正論」というテーマでシンポジウムが開催されている[48]。しかし、前述のとおりこの審議は行き詰まり、法制審議会商法部会は企業会計原則との調整作業を先行させるため、計算規定の改正の検討に着手した。昭和33 (1958) 年7月4日には、法制審議会商法部会は、審議がある程度まとまった段階で、「株式会社の計算の内容並に財務諸表の種類及様式」の問題点として改革の方向性を発表している[49]。

　これに対する産業界からの反応も素早かった。昭和33年10月14日には、東京商工会議所が「商法会計規定に関する改正意見」[50]を発表した。これは、私法学会のシンポジウム「株式会社計算規定の改正」で報告され、議論されている[51]。昭和34 (1959) 年6月29日には、関西経済連合会が「商法中繰延資産規定に関する意見」を発表した[52]。昭和35 (1960) 年3月14日には、名古屋商工会議所が「商法会計規定に関する改正意見」を提出した[53]。

　法制審議会商法部会の議論が進み、昭和35 (1960) 年8月29日には、法務省民事局は「株式会社の計算の内容に関する商法改正要綱——法務省民事局試

---

[47] 吉田昂「商法改正審議の状況」法律時報27巻4号90頁 (1955)、吉田昂「商法改正の回顧と展望」企業会計8巻2号296頁 (1956)。

[48] 私法16号 (1956)。

[49] 「法制審議会商法部会小委員会において、検討項目を決定」商事法務107号15頁 (1958)。

[50] 東京商工会議所「商法会計規定に関する改正意見」(昭和33年10月14日付) 商事法務117号12頁 (1958)。

[51] 「私法学会、『株式会社計算規定の改正』問題等をとりあぐ」商事法務117号20頁 (1958)。

[52] 関西経済連合会「商法中繰延資産規定に関する意見」(昭和34年6月29日意59-9) 商事法務145号33頁 (1959)。

[53] 名古屋商工会議所「商法会計規定に関する改正意見」(昭和35年3月14日) 商事法務172号18頁 (1960)。

【表2】 昭和35年「株式会社の計算の内容に関する商法改正要綱——法務省民事局試案」に対する意見提出団体

区分	団体・機関名
裁判所	東京地方裁判所／横浜地方裁判所／大阪地方裁判所／名古屋地方裁判所／札幌地方裁判所／高松地方裁判所
大学	名古屋大学法学部／九州大学法学部／横浜国立大学経済学部／大阪市立大学法学部／神戸大学法学部／早稲田大学第一・第二法学部／慶應義塾大学法学部／一橋大学産業経営研究所
関係団体	日本弁護士会連合会／監査懇話会／計理体系委員会
経済団体	東京商工会議所／大阪商工会議所／名古屋商工会議所／京都商工会議所／神戸商工会議所／横浜商工会議所／経済団体連合会／関西経済連合会／日本中小企業団体連盟／日本証券業協会連合会／全国銀行協会連合会／地方銀行協会／日本貿易会／日本新聞協会／セメント協会／日本化学工業協会／日本倉庫協会／日本化学繊維協会／新パルプ工業連合会／信託協会／日本瓦斯協会／電気事業連合会／全国建設業協会／日本百貨店協会／日本産業機械工業会／軽金属協会／日本機械工業連合会／日本コンベヤ株式会社／日曹製鋼株式会社／日立造船株式会社／昭和電工株式会社／東洋アルミニウム株式会社／関西繊維機器工業／日立造船株式会社／東京芝浦電機株式会社／松下電器産業株式会社／京都機械株式会社／株式会社日立製作所／日本電機計測機器工業会／株式会社神戸製鋼所／日本工作機械工業会／日本製糸協会／日本船主協会／大阪工業会／日本損害保険協会／日本鉄鋼連盟（富士製鉄株式会社／東海製鉄株式会社／川崎製鉄株式会社／日本鋼管株式会社／株式会社神戸製鋼工業株式会社／住友金属工業株式会社／日曹製鋼株式会社／山陽特殊鋼／中津鋼板／日本砂鉄／八幡製鉄）

※締切日割着分（財政経済弘報847号2頁［1960年］より作成）

※締切日以降到着分（財政経済弘報860号10頁［1961年］より作成）

区分	団体・機関名
官庁	法務省刑事局刑事課／税制調査会税法整備小委員会
関係団体	公認会計士協会
経済団体	総友会（東京における大企業250社の総務部長による研究団体）／私鉄経営者協会／日本造船工業会／日本石炭協会／日本商工会議所／相互銀行協会／その他

案」を公表し[54]、同時に民事局長名で、裁判所、大学、経済団体等に意見照会を行い、それぞれから意見書が提出された（【表2】（前頁）参照）[55]。この公表にあっては、意見照会によって得た意見をふまえて、再び試案をつくり、法制審議会商法部会で審議するという法案形成のスケジュールが示された。このとき、経団連から照会事項以外の要望として、計算公告の廃止が求められたが、それに対しては、後に日本新聞協会から、商法の計算書類の新聞公告を維持すべきであると強く反論が提出された[56]。

　他の改正項目についても、経済界からは積極的に意見要望が述べられている。昭和34年5月19日には、東京商工会議所商事法規委員会会社法小委員会は、経済界からの要望事項のうち、とりわけ重要性、緊急性の高い3項目（株主総会招集通知への議案要領の記載、株主総会決議における「利害関係人」の排除の見直し、取締役任期の伸長・監査役に公認会計士資格を要求）に関して改正を求める「会社の機関に関する緊急改正要望事項」をとりまとめた[57]。この点を含め、昭和35年1月22日には東京商工会議所は「株式会社法改正意見」を提出している[58]。昭和35年6月1日には、全国株懇連合会は、それまで数次にわたり意見を提出したうち、比較的小規模な改正で実現できる点を明示し、その実現を求めて「商法中緊急改正に関する要望書」を発表し[59]、11月7日にもこれを提出し要望を追加している[60]。このとき、経済界からの

---

[54] 法務省民事局「株式会社の計算の内容に関する商法改正要綱――法務省民事局試案」財政経済弘報832号8頁（1960）。

[55] 法務省民事局「【資料・特集】商法計算規定改正法務省民事局試案に対する各界意見」財政経済弘報847号1頁（1960）、法務省民事局「資料・株式会社の計算の内容に関する商法改正要綱試案に関する意見書（追加分）」財政経済弘報860号10頁（1961）。

[56] 「新聞協会、商法の計算書類の公告は存置すべきであると意見書を提出」商事法務204号21頁（1961）。

[57] 「東商・会社法小委員会、会社の機関に関する緊急改正要望事項をとりまとむ」商事法務140号19頁（1959）。

[58] 東京商工会議所「株式会社法中改正を要する事項に関する意見」商事法務164号16頁（1960）。

[59] 全国株懇連合会「商法中緊急改正に関する要望書」（昭和35年6月1日）商事法務182号12頁（1960）。

[60] 「全株懇、商法中緊急改正に関する要望書を、関係当局に提出」商事法務196号21頁（1960）。

主要な要望は、①額面株式と無額面株式の相互転換、②記名株式の譲渡方法、③新株引受権の譲渡、④転換社債の転換請求期間、⑤株式の譲渡制限、⑥議決権の不統一行使の6項目となる。

　昭和36（1961）年3月1日には法制審議会商法部会は、株式会社の計算規定に関する商法改正問題の検討を終わり、3月15日には要綱試案をまとめたようである[61]。この段階では上記6項目を含めて議論がなされたようである[62]。法制審議会商法部会は、昭和37年1月24日に「商法の一部を改正する法律案要綱案」を決定し[63]、同年2月2日には、法制審議会総会において、24項目からなる「商法の一部を改正する法律案要綱」が決定された[64]。この法律案要綱は、同年3月3日に国会に提出され、3月16日に衆議院本会議で可決し、4月13日に参議院本会議で可決されて成立し、同月20日に公布された（昭和37年商法改正）。

　昭和37年7月18日に法制審議会商法部会が再開されたときは、産業界からの要請があった前述の①〜⑥の項目を含めて審議を開始した[65]。

　このとき、産業界を震撼させる事件が生じた。それは、横浜地判昭和37年12月17日[66]が、実務で広く採用されていた公募増資の方法が違法であり、無効であると判断したことである。当時は、昭和30年商法改正により、第三者に対する新株発行は一律株主総会の特別決議が必要であり、取締役会決議で可能な新株発行は公募増資・株主割当てのみとされた（昭和30年改正商法280条ノ2第2項）。実務においては、上場会社の公募にあって、いわゆる買取引受の方法が多く用いられていた。すなわち、証券会社が公募新株を一括引受し

61　「計算規定（商法）の改正要綱決まる」商事法務207号21頁（1961）。もっとも、適用範囲や計算公告の要否などについてはまだ詰められていなかったようである（上田明信「1962年の課題——商法の改正」商事法務232号5頁（1962）も参照）。
62　上田・前掲61　5頁。
63　吉田昂『改正会社法』15頁（日本加除出版、1963）。
64　「商法の一部を改正する法律案要綱」（昭和37年2月2日法制審議会総会決定）商事法務234号10頁（1962）。
65　「法制審議会商法部会　今後の審議活動項目を検討」商事法務252号29頁（1962）。
66　下民13巻12号2473頁。この判決の影響力の大きさを伝えるものに、竹中正明「『買取引受』を違法とする判決の波紋」商事法務268号6頁（1963）。

たうえで、証券界が、新株の払込期日までに引受価額と同一価額で一般第三者に売り出し、売残りの株式が生ずれば証券会社がそれを引き受ける方式が採用された[67]。実務ではこれは、証券会社に新株引受権を与えるものではないと解しており、公募の一形態として、株主総会の特別決議を経ていなかった。

ある株主が、この買取引受の方式により新株を発行した上場企業を相手取り、買取引受は証券会社に新株引受権を付与する新株発行であるから、株主総会の特別決議が必要であるのに、それを経ないで行った新株発行は無効であると、新株発行無効の訴えを提起した。前述の横浜地判昭和37年12月17日は、その主張を認め、買取引受による新株発行には株主総会の特別決議が必要であると判断した。これと同様の判断がいくつかの裁判所で下された[68]。これに対して、昭和38（1963）年1月5日には東京商工会議所が買取引受に関する規定の整備を含む、いくつかの点について商法の緊急改正を要望し[69]、1月12日には日本証券業協会が[70]、1月22日には経団連が同様の要望を行い、関西経済連合会も行動を起こした[71]。

法制審議会商法部会は、この実業界からの要望を聞き、新株発行手続に関する改正要望も審議の対象とし、実態調査の実施を行うこととした[72]。これらの要望は、昭和41年商法改正で実現することとなる。

1－3　形成された法制審議会集約型チャネルの特徴とそれに対する学界の反応——大企業の要望により進められる改革

以上のように、明治、大正、そして昭和30年代までの会社法制の立法活動

67　戸川成弘「高度経済成長と開放経済体制への移行——昭和41年の改正」浜田・前掲20 352頁。

68　東京高判昭和39年5月6日高民17巻3号201頁、大阪高判昭和39年6月11日高民17巻4号248頁、東京地判八王子支判昭和38年8月30日下民14巻8号1676頁参照。

69　「東商、買取引受に関する規定の整備を含む商法の緊急改正を要望」商事法務268号16頁（1963）。

70　「日本証券業協会連合会、買取引受に関する規定の改正を要望」商事法務268号16頁（1963）。

71　「経団連、買取引受で商法の緊急改正を要望」商事法務269号21頁（1963）。

は、産業界の要望を基軸に、法制審議会商法部会で立法案を策定するというスタンスがとられている。昭和25（1950）年商法改正以降は、昭和27（1952）年の意見照会を行った事項について審議を進めるなかで、実務界からの緊急要望に基づき実務対応型の改正テーマが採用されている。会社法の抜本的見直しを進めつつ、緊急的に対処が必要な箇所に関して改正を行っていくというのが、このときの会社法改革の方針である[73]。

　実務界からの要望は、実務家でも実際に会社の総務・株式関係の実務を担当する者達がたとえば株式懇話会等の団体において商法に関する研究を行い、積極的な発言をし、その発言が商工会議所や経団連といった包括的な団体の要望とされる過程で合理化され、法制審議会の改正課題として採用される、というような道筋で行われる[74]。この道筋において、法学者は実際の実務を担当する実務家との共同研究により、要望を見い出して、合理的な改正提案を作成しようという活動を行う[75]。

　しかし、この頃の法制審議会がリードする商法改正に対しては、いくつか批判がなされた。

　第一に、法制審議会の閉鎖性・非公開性が批判された[76]。これは、この当時、法制審議会の委員・幹事につき役職に基づく委員や民間団体の推薦による委員以外の交代が少なく、一部の者に独占されていることや、そこでの議

72　「法制審議会、買取引受問題等をとりあぐ」商事法務268号16頁（1963）、「法務省、親びけを含む公募の実態を調査へ」商事法務269号21頁（1963）。買取引受に関する改正は審議の結果見送りが決定されたが、再度審議の俎上に上り、激論が繰り広げられ（矢沢惇＝鴻常夫「会社法の戦後の展開と課題Ⅱ」法学セミナー143号48頁（1968））、昭和39（1964）年12月9日に「商法の一部を改正する法律案要綱案」が可決する際には、盛り込まれた。
　　なお、そもそも問題の発端となったのは下級審判決であったわけであるが、その上告審にあって最高裁判所は、このような立法を見届けたためか、最高裁判所が買取引受につき株主総会の特別決議が必要か否かの判断に踏み込まなかった（最判昭和40年10月8日民集19巻7号1745頁、最判昭和40年10月8日判例時報425号41頁）。

73　上田・前掲61　3頁。
74　矢沢＝鴻・前掲72　47～48頁〔矢沢発言〕。
75　矢沢＝鴻・前掲72　49頁〔矢沢発言〕。
76　水田耕一「会社法における立法と解釈」鈴木忠一ほか編『松田二郎判事在職40年記念　会社と訴訟（上）』26～27頁（有斐閣、1968）。

事に関する議事録が公開されないことから、法制審議会商法部会での審議が部外者にはわかりづらかったことに起因する。

すでに確認したように、昭和41（1966）年商法改正までの会社法制改革は、昭和27年に実施された意見照会に基づいて会社法の整備を進めるというよりは、それを棚上げしたまま、産業界からの要望、それも大企業に特化した形の要望を優先して実現するものであった。もちろん、この大企業に特化した産業界からの要望形成にあたっては、学者と実務家の共同研究もあり、私法学会のシンポジウムなどで改正テーマが取り上げられていた。しかし、広く学界に問題が共有されるという状況ではなかったようである[77]。

第二に、法が現実の社会を規律するのであれば実社会に適合するルールであるべきだとしても、実務界からの要望をそのまま実現しうるような、「実務に対するコンサルタント的役割の過剰意識」に毒されてはならないと批判された[78]。とりわけ、昭和41年商法改正での新株発行規制を変更した点は、大企業実務と法曹実務とにずれが生じた場合に、財界の圧力により立法で財界の意向を通すものであるとも批判された[79]。

第三に、会社法制が企業経営をめぐる利害を調整することを任務とするものであることからは、ある一つの側の利益を代表する者が部会長を務めることは、いかにその人個人が公正無私な人物であっても、制度運営のあり方としては望ましくないのではないか、と批判された。これは、東京商工会議所などの民間団体の意見を代表して提出した者が、自ら商法部会の部会長となり、自分の提出した要望の当否を検討することがあれば、やはり審議の公正さの観点から問題とされたわけである[80]。

この第三の点は、第二の点と合わさると、深刻な問題であるともいえなくはない。同様の指摘は、昭和13（1938）年商法改正の際に東京商工会議所商事関係法規改正準備委員会が会社法制の改革をリードしていたことにも当て

---

[77] 宮坂富之助「立法と商法学（特集・商法学の課題と方法）」法律時報41巻3号18頁（1969）。
[78] 服部榮三「商法における学説の意義と機能」法律時報36巻3号12頁（1964）。
[79] 松岡正美「現代商法学への反省」法学セミナー142号17頁（1968）など。
[80] 水田・前掲76 26頁。なお、水田耕一は、法務省民事局に在籍した経歴をもち、当時、法制審議会商法部会の委員を務めている。

はまらなくはない。しかし、昭和13年商法改正の際には、東京商工会議所商事関係法規改正準備委員会は、広く、産業界、官僚、学者が集まり、比較法研究なども行いながら、「商法中会社篇に関する建議事項」を作成し、昭和13年商法改正の原案としており、産業界のみの意見という性格のものではなく、まさしく立法作業を代替的に東京商工会議所で実施していたと評価できるものであった。昭和13年改正当時の状況と対比すると、この当時の東京商工会議所商事関係法規委員会は、産業界からの意見がそのまま法制審議会に伝えられているという印象をもたれていたのかもしれない。もっとも、法制審議会商法部会長と東京商工会議所商事関係法規委員会の委員長を務めていた鈴木竹雄は、次のように述べている。「経済界から積極的な要望が今後も出てくるということが立法を活発にしていくゆえんだろうと思います。ただ、出された問題の解決について経済界の利益の面だけから強い主張をされるというようなことがあれば、これはわれわれとしては相当考えなければならないことであって、批判すべきことについては批判し、主張すべきことを主張するというのはもちろんかまいませんけれども、結論は必ずしも経済界のいうとおりになるとは限らない」[81]。「経済界自らが立法の研究について積極的に仕事をしていくことは結構なことですけれども、ただこれも経済界が経済界だけの立場で推進されるということになると困るので、広い意味での社会的、国民経済的な観点に立ってやっていただくということなら差しつかえないわけで、是非、そういう気運になって実現してゆかれることはのぞましい」[82]。このことからは、産業界からの意見がそのまま立法につながったわけではなさそうである。

　以上のような批判の意義は後に改めて検討するが、これらの批判から逆にこの間の会社法制の立法活動の特徴が明らかとなる。この間の会社法制の立法・改正作業は、法制審議会で行われ、会社のステイク・ホルダーのうち経

81　鈴木竹雄「商法改正を語る──全面改正に踏み切るとき」商事法務500号8頁（1969）。
82　鈴木・前掲81 9頁。なお、法制審議会商法部会部会長が民間団体の要望書のとりまとめを行っているということを批判する水田耕一も、弊害が起きているわけではなく、制度設計として適当ではないとするのみである（水田・前掲76 27頁）。

営者、それも大企業の経営者が強い発言力を有していた。従業員も、実際の業務の担当者として、会社法の改正については、経営者と利害を同一にして向かっていたといえよう。法制審議会商法部会においては、大規模会社の経営者（実際の業務を担当する従業員を含む）からの要望を会社法制のなかでどう実現していくかという点で議論がされていたことがわかる。これは、企業の日々の運営のなかで、実際に不便を感じ、実業社会や裁判実務と現行法の規定とが適合しない点を修正していくという立法スタンスからすれば、当然の結果といえる。

1－4　昭和41(1966)年商法改正
——中小企業経営者は発言するか？

　同じ企業経営者でも、中小企業経営者の会社法制に対する要望は、商法改正作業に反映されたか。この頃までの会社法制改革にあって、昭和41年商法改正が定款で株式の譲渡制限を定めることを許容した点が中小企業に大きな影響を与えうる。この改正過程をみて、中小企業経営者が立法過程に関与したかをみてみよう。

　そもそも株式の譲渡については、昭和25（1950）年商法改正前にあっては定款で制限することが認められていた。しかし、財閥解体を徹底化しようとしたGHQは、この規定が発起人の影響力を永続化させる傾向を生じさせることを危惧し、株式の自由譲渡性を徹底させるべきと判断した。GHQは中小企業など家族経営の会社において譲渡制限の必要性があったとしても、有限会社が持分譲渡を制限しているため、それで対応すればよく、株式会社については定款による譲渡制限を認めないこととした[83]。このため昭和25年商法改正で株式会社では定款で株式の譲渡を制限することが認められないこととなった（昭和25年改正前商法204条1項は削除）。これに対しては、昭和25年商法改正の立法作業中にも経済界等より反対の声が出され[84]、改正直後より定款による株式譲渡制限を再度復活してほしい、との要望が出されている。昭和

83　中東・前掲32 245頁。
84　味村治『改正株式会社法』6頁（商事法務研究会、1967）。

27（1952）年には、東京商工会議所と関西経済連合会は、株式会社には同族会社のようなものがあることから、株式の自由譲渡性を絶対的なものとすることは厳格にすぎる、との理由で、定款による株式の譲渡制限を認めることを求める改正意見を提出している[85]。商工会議所は、戦後、経団連に加盟する任意の経済団体として、中小企業を構成員としており、中小企業の利益団体といえた[86]。関西経済連合会は、関西地区の経済団体をとりまとめる団体であるが、昭和21（1946）年に、大阪商工会議所の経済調査機構を事務局として引き継ぐ形で設立された[87]。このために中小企業に目配りした発言がなされたのであろう。

しかし、定款による株式の譲渡制限が実際に会社法制改正項目として法制審議会商法部会で議論されたときには、中小企業に特化した要望というよりも、経団連を中心とした経済界全体の要望へと変化していた[88]。この背景には、外為法の改正による外資の急速な流入を防ぐ手段として、定款による株式譲渡制限が使えないか、という思いが強かったことがある。法制審議会の議論でも、当初、譲渡制限を小規模な会社に限定して認める意見が強かったが、「資本の自由化が進んで日本経済が外資に圧倒されること」に対処するという、当時の法制審議会商法部会の鈴木竹雄部会長の強いイニシアティブの下、資本規模・株主数に関係なく定款で株式の譲渡制限を可能とする改正がなされた[89]。もっとも、東京証券取引所の上場基準・上場廃止基準の改正により上場会社は原則として株式譲渡制限を利用できないこととした[90]ため

---

[85] 慶應義塾大学法学研究会編「商法再改正に関する各界の意見」法學研究26巻3号（1953）。

[86] 菊池・前掲8 80～83頁によれば、戦後復活当初の商工会議所は、任意加入・脱退の非営利法人とされたが、その連合会組織である日本商工会議所は、経済団体連合会（経団連）に所属し、中小企業をとりまとめる役割を果たしていた。

[87] 関西経済連合会編『関経連五十年の歩み』2頁（関西経済連合会、1997）。

[88] 「経団連、商法改正の早期実現を要望」商事法務342号22頁（1965）。富山康吉ほか「〔シンポジウム〕 商法学の課題と方法」法律時報41巻3号39頁〔岩崎発言〕（1969）は、株式の譲渡制限を定款において可能とする立法が「経営者側から出てきたのは、外資の乗っ取り対策としてです。それに対して学者の方は、審議会などでレジスタンスを実施した」と解説する。

に、鈴木竹雄部会長の思惑は達成できなかった。この当時は、上場会社について株式の譲渡制限を認めなかった証券界に対する風当たりは非常に強かった[91]。

定款による株式の譲渡制限の実現は、当初中小企業の要望からスタートしても、会社法制改革のテーマとして取り上げられる際には、大企業の要望があることが主たる要因とされたようである。このように中小企業の発言力が低下することは、次のような点が原因と考えられるのではないか。第一に、この当時に、中小企業の要望を汲み取り、発言する団体が存在しないことが

---

[89] 鈴木＝竹内・前掲11 392頁。我妻榮ほか「ジュリストの目　資本自由化への対策」ジュリスト368号15頁〔鈴木竹雄発言〕(1967) は、株式の譲渡制限を認める規定が入ったことは、資本自由化への対策立法であることを認め、「日本人に譲渡するのは自由だが外国人に譲渡するときは取締役会の承認が必要だという定款の規定を設ければ」よいとし、これを許容する「つもりで、我々は作ったのです。我々といっていいすぎなら、私は作ったのです。いいかえれば、外国資本の圧倒を防ぐための方法として使えないかということを考えて作ったわけです」と述べる。

　もっとも、公式的な立法理由としてこの点が述べられず、むしろ閉鎖的な同族的中小企業でのみ譲渡制限株式が利用されるような説明がなされていた（竹内昭夫「譲渡制限株式の上場」商事法務432号3〜4頁（1967）は、国会審議での法案説明では上場会社が譲渡制限条項を定款に設けることはありえないと解説されていたという事実を伝える）。立法時の提案の趣旨と異なる理由づけが堂々と発言される様子に対しては、当時の学界では立法理由も不明確なもので、思いつき的にラフに立法を行っていると批判もされた（富山ほか・前掲88 38〜39頁〔富山発言〕〔奥島孝康発言〕〔宮坂富之助発言〕）。

　竹内・前掲3頁は、株式譲渡の当事者間では有効であり、譲受人からの承認請求が可能である旨の解釈を提示し、このような解釈は、立法上明確化することになる（平成2年改正商法204条ノ5）。竹内昭夫の提示する方向性によれば、株券を発行する会社にあっては譲渡制限はそれほど強固なものではなく、できあがった制度からみれば、鈴木竹雄の述べた資本の自由化対策の意図があったことは明確であろう（戸川・前掲67 342頁は、欧米諸外国より経済開放が求められるなかで、それを阻害するかのような立法を行うと明言することは、外交政策上問題が生じかねないことを考慮したのではないか、と予測する）。

[90] 「東証、上場規程に『株式の譲渡制限』を追加」商事法務386号21頁（1966）。

[91] たとえば、法務省民事局で立法に関与し、この当時法務省訟務局次長であった上田明信は、「資本自由化と株式譲渡制限」商事法務420号2頁（1967）で、改正の趣旨を東京証券取引所は理解していない、外国資本による日本企業の乗っ取りが頻発し、社会問題となったときには、東京証券取引所は、社会・政治の問題であるとはいえなくなると、強い調子で批判する。

あげられる。昭和27年に、商工会議所は、経団連から分離され、日本商工会議所を頂点とする別組織となり、地域別の産業団体として大企業も中小企業も構成員とする法定団体となった。このため、商工会議所では相対的に中小企業の要望のウエイトが低下することとなるし、経団連は、大企業に特化した要望を取りまとめることが可能な団体になった[92]。会社法制の改正要望に関しても、大企業の要望が優先される環境が存在したと考えられる。法制審議会においても、中小企業団体から委員が選出されることもなく[93]、この点で中小企業の改正要望は、会社法制の立法に反映されにくい状況であったからではないか。もちろん、中小企業の会社法制への要望の多くが株式会社法制の遵守コストが高いことから株式会社法制の要求する手続・規制の緩和を求めるものであろうことも、中小企業が発言しない要因と考えられる。中小企業が会社法制の要求する手続・規制の緩和を要望することは、自身が株式会社法制を遵守していないことを自白することに等しい。このため中小企業自身が、会社法制に対する要望を発言することが難しかったことは想像に難くない[94]。中小企業の会社法制に対する要望は、裁判官の提言[95]や、学者による実態調査[96]などから浮かびあがるという形で、立法に反映されることになる。中小企業経営者が会社法制改革のアクターとして活動しない最も大きな理由は、中小企業自身が会社法制に対してそれほど大きな関心をもっていなかったからではなかろうか。この当時の日本における中小企業は、大企業の

92　菊池・前掲 8 82頁。

93　この状況は、昭和49年改正時まで続き、中小企業の利益代弁者が法制審議会商法部会に入るのは、昭和49年9月から始まる会社法根本改正時からである（本書・資料編「第4部　法制審議会商法（会社法）部会委員・幹事名簿」参照）。

94　もっとも、立法にあたっては、次のように述べられる。「中小企業が法律を守らないのはけしからぬというようなことを言いますが、守ることが合理的にできるような、また、中小企業に適した企業形態の法律ができているかどうかを反省してみる必要があります」（矢沢＝鴻・前掲72 61頁〔矢沢発言〕）。

95　たとえば長谷部茂吉「株式会社法改正私論」法律時報36巻3号13頁（1964）は、裁判官の立場から、中小企業において商法規定無視の運営が常態化し、それを奇貨とする無用の経済闘争の場と裁判がなっている点を問題視し、中小企業については規制を大幅に緩和した法制度とすべきと主張する。長谷部はこのほか、『裁判会社法』（一粒社、1964）を著し、裁判実務から中小企業法制を一貫して問うている。

経済優位性と、大企業の労働者の労働組合活動の組織力からくる労働者の地位の向上に比して、取り残された存在と認識された。このため中小企業をめぐっては、中小企業経営者やそこでの従業員にも、社会保障と経済的保護を与えることに主眼がおかれていた[97]。中小企業政策も、「弱者」としての中小企業を保護するために税制優遇や補助金付与といった助成を行うことや、中小企業の事業を共同化し競争力を上げることに政策の力点を置いていた[98]。

[96] この点については、会社法の根本改正計画を推進するうえで組織された商法改正研究会（主宰：鈴木竹雄東大名誉教授）が実態調査を行っている（「特報・商法改正研究会、会社法運用の実態調査を実施」商事法務546号45頁（1971））。その成果として、大原栄一「株式会社法運用の実態——資本金1億円以下の閉鎖的株式会社を中心に」商事法務568号4頁（1971）、竹内昭夫「会社法運用の実態と分析——非公開会社編」商事法務606号6頁（1972）があげられる。そのほか、志村治美「福岡市における小規模株式会社の法的実態(1)〜（4・完）」西南学院大学商学論集12巻3号103頁・12巻4号23頁・13巻1号47頁（1966）・13巻4号103頁（1967）、会社規模研究会「小規模株式会社の法的実態(1)〜(3)」神戸法学雑誌13巻4号532頁・14巻1号127頁・14巻2号385頁（1964）、北澤正啓＝浜田道代「小規模株式会社および有限会社に関する実態・意見調査——中間報告」商事法務962号21頁（1983）、浜田道代「小規模閉鎖会社における経営・株主（社員）構成の実態」商事法務973号45頁（1983）、志村治美「実態調査から見た『大小会社の区分案』（大小会社区分立法意見照会をめぐって）」法律のひろば37巻8号15頁（1984）などがあげられる。これらの実態調査をふまえた立法提言として、たとえば、矢沢惇ほか「会社法運用の実態とその分析」商事法務604号12頁（1972）、北澤正啓＝志村治美＝浜田道代「小規模・閉鎖会社の立法（上）（日本私法学会シンポジウム資料）」商事法務983号2頁（1983）、北澤正啓＝龍田節「小規模・閉鎖会社の立法（下）（日本私法学会シンポジウム資料）」商事法務984号10頁（1983）、浜田道代「株主の無条件株式買取請求権——閉鎖会社立法への提言(1)〜(3)」商事法務982号59頁・983号12頁・984号24頁（1983）など。

[97] たとえば、中小企業団体法の成立経緯や、それを促進する中小企業政治連盟の活動を伝える「大詰めにきた『中小企業団体法』」商事法務81号10頁（1957）を参照。

[98] 戦前から1980年代にかけての中小企業政策の力点は、中小企業の設備や技術の向上、経営管理の合理化を図ることと、中小企業の取引条件の不利を補正し、事業活動の機会を適正に確保することであり（中小企業の集団化）、中小企業労働者の福祉の向上を図ることであった。いわば「弱者」である中小企業とそこでの労働者との権利を保護することが目的であり、中小企業庁もそのために活動していた（村上博「中小企業庁の公共性」鹿児島大学法学論集24巻2号61頁（1989）を参照）。もっとも、1990年代から、ベンチャー企業の育成が通商産業省（経済産業省）の政策として注目される段階で、この中小企業政策は大きく変更される。この政策変更は、中小企業政策を担当する中小企業庁や中小企業団体等の会社法制に対する関与を高めることになる。この点については、第4節2－2－2を参照。

このような環境下では、中小企業は、自身に直接影響を与えるような事柄以外は会社法制の変革を求めるような余裕をもちえず、もっぱらその関心は、助成の維持・拡充に向けられていたのではなかろうか。

2．法制審議会集約型チャネルへの問題提起とその対応

2－1　問題提起──昭和49（1974）年商法改正：税理士会による「商法改悪」反対運動

　会社を取り巻くステイク・ホルダーのうち、経営者それも大企業の経営者のみの要望が商法改正をリードするというのが、この時期までの会社法制の立法作業の特色といえる。それでは、取りこぼされた会社のステイク・ホルダーは、会社法制に対してどのように行動したか。取りこぼされた彼（女）らが、会社法制に対して強く要望を訴えたものとして、昭和49年商法改正を取り上げよう。

　1960～70年代は、高度経済成長のひずみが認識された時代である。昭和30（1955）年の森永ヒ素ミルク事件に代表される欠陥製品や四大公害裁判にみられるような公害問題、オイル・ショックに伴う便乗値上げ、石油カルテル事件や、商社の買占めに対する批判から消費者運動が盛り上がり、大企業の問題行動が問い糺された。「日本の高度経済成長をささえたヒーローとしての企業から、最近では一言で言うと、諸悪の根源はすべて企業にあるというような風潮も相当強くなってきた」という状況であった[99]。

　商法改正の契機となったのは、上場企業における粉飾決算の横行が発覚し、その対処の要請が強くなったことによる。昭和39（1964）年半ばから、日本経済が不況に見舞われ、日本特殊鋼、サンウェーブ工業、山陽特殊製鋼といった東証一部上場会社の倒産が相次いだ。とりわけ、山陽特殊製鋼の倒産に際して、同社が昭和33（1958）年3月期から昭和39年9月期までの7年間

---

[99]　居林次雄ほか「〈座談会〉企業の社会的責任と法的責任」ジュリスト578号87頁〔竹内昭夫発言〕（1975）。

にわたり、92億円余りの粉飾決算を行っていたことが発覚した。それを契機に大蔵省（当時）の有価証券報告書の重点審査が行われ、その結果、上場会社において粉飾決算が横行していたことが発覚し、社会問題として認識された[100]。

大蔵省の諮問機関である企業会計審議会（当時）は、公認会計士の監査報告に関する、「監査実施準則」、「監査基準」および「監査報告準則」を改正し、不正の温床を断つとともに、会計監査人の責任の所在を明確化するために、公認会計士法の改正を行った。このとき、公認会計士監査の結果を確定決算に反映させる方策が模索されたため、会社法制の改革が検討されることになった[101]。

この問題に対処するため、昭和42（1967）年3月から法制審議会商法部会は、株式会社の監査制度について審議を開始し、同年5月2日に「監査制度に関する問題点」を公表し[102]、改正の方向性を問いかけ、昭和43（1968）年9月3日には法務省民事局参事官室から「株式会社監査制度改正に関する民事局参事官室試案」で各界に意見照会した[103]。それを受けて、昭和44（1969）年7月16日には、法制審議会商法部会は「株式会社監査制度改正要綱案」を決定し、公表した[104]。

昭和45（1970）年3月4日に法制審議会において商法の一部を改正する法律案要綱が決定された。この内容は、①監査役の監査範囲を会計監査に加え業務監査をも行うとし、そのための権限強化を行うとともに、②監査役の地位の安定・強化のために報酬決定・監査費用等に関し監査役の独立性を高めたり、任期の伸長を行い、③資本金1億円以上の株式会社に公認会計士また

---

100 どのような粉飾決算が行われたかについては、奥村光夫「商法改正までの経緯と背景(1)改正を促した粉飾決済の頻発とその実態」経理情報1号35頁（1973）などを参照。
101 上田純子「日本的機関構成への決断——昭和49年の改正、商法特例法の制定」浜田・前掲20 373～375頁を参照。
102 味村治「監査制度に関する問題点について」商事法務413号2頁（1967）。
103 法務省民事局参事官室「株式会社監査制度改正に関する民事局参事官室試案」商事法務459号2頁（1968）、赤堀光子「監査制度改正試案に対する各界の意見について」商事法務471号3頁（1968）。
104 味村治「株式会社監査制度改正要綱案の解説」商事法務492号2頁（1969）。

は監査法人の監査を実施し、商人一般についても会計帳簿、貸借対照表のほか、損益計算書を作成しなければならないとし、その際には、公正な会計慣行を斟酌しなければならない、というものであった。

　もっとも法務省内における他の法律案（入国管理法改正等）とのスケジュールの調整、与党との調整により、提出が遅れた[105]。法制審議会は、この時間を利用して審議を続け、昭和46（1971）年3月8日には、さらに、④準備金の資本組入れによる抱合わせ増資、転換社債の発行、累積投票の定款による排除、休眠会社の整理といった要綱の追加決定をした。

　このときから、日本税理士会連合会は、商法改正反対運動を強力に展開した。その主張は、次の5点である。（a）外部会計監査人制度を導入しても、粉飾決算の防止には役立たない。（b）外部会計監査人制度の商法への導入は、被監査会社における監査業務と税理士業務を同時に行うことができ、税理士の職域が侵害される。（c）監査役・会計監査人の子会社調査権は、子会社の独立性を阻害する。（d）粉飾決算の防止は、むしろ取締役の責任の厳格化で対応すべきである。（e）零細企業に複式簿記を強要することになり、それらに過度の負担となる。この日本税理士会連合会の反対運動には、中小企業団体も合流し、デモや国会陳情、国会議員への圧力などが強力に進められた。中小企業団体が与党国会議員の票田であったことから、商法改正につき与党自由民主党の合意を得ることは困難な状況であった。

　大蔵省（当時）と法務省は、日本税理士会連合会の主張が誤解に基づくものとして、昭和45年6月30日に、「監査制度改善問題に関する一問一答」[106]を公表し、その誤解を解こうとした。しかし、反対運動はますます強まり、税理士会と中小企業団体との分断を図るような修正提案が出された。さらに経団連が改正項目の④のみの分離改正を主張し始め、時の小林武治法務大臣もその点を了解し、監査制度の改正を断念しようとしたこと[107]に対して、法務

105　加藤一昶「商法の昭和49年改正──税理士会の反対で大幅修正」ジュリスト805号74頁（1984）。以下の立法状況の記述は、この文献に負うところが多い。

106　法務省民事局＝大蔵省証券局「法務・大蔵両省、『監査制度改善問題に関する疑問』に答える」商事法務530号18頁（1970）。

107　「経団連、商法改正促進方を法務大臣に申し入れ」商事法務546号69頁（1971）。

省民事局の阻止工作や鈴木竹雄法制審議会商法部会長の強固な反対意見の申入れが行われた[108]。法務省民事局や法制審議会サイドも、経団連に譲歩する形での修正も施された。こうした修正を経て、昭和49年商法改正は成立した。

このような日本税理士会連合会の商法反対運動が激化したことにはいくつかの背景が考えられる。

第一に、税理士会が税理士数の増加に見合う業務の拡大をなしえないのではないかという危機感を強く有していたことがこの反対運動の背景にあるといえる。税理士会執行部自体が、数万人の会員のなかでヘゲモニーを保持するために、監査役制度改正への反対という闘争を促進したということがあげられよう[109]。

第二に、そもそも、この頃の法制審議会集約型の立法チャネルにあっては、税理士会も中小企業団体も立法過程に関与する余地がなかったことがあげられる。加藤一昶は、当時を振り返って次のように述べる。「法務省はもともと税理士について何ら関与する立場にないうえ、商法改正について協力関係にあるのは大蔵省証券局（当時）であり、税理士会のこのような気配を事前に察知できなかった。中小企業（経営者）の代表者も当時の法制審議会商法部会の委員とはなっておらず、法務省としては、そのようなところから反対意見が出てくることなど全く考えていなかった」と[110]。中小企業経営者は、与党である自由民主党の支持基盤であり、政治力もあったことから、混乱が拡大したといえよう。

第三に、税理士会の反対活動に対する世論の一定の支持の存在があげられる。1960〜1970年代にかけては、すでに述べたように、企業の問題行動が問い糺され、企業に一定の行為規制をかけるべきであるとの認識も社会には強

---

108 前田庸ほか・前掲37 31頁〔加藤一昶発言〕によれば、監査制度をこの改正からはずしてしまうと、監査制度の改正は永久に日の目を見なくなるのではないかというおそれが、法務省サイドにはあった。鈴木竹雄は「もし切り離してやるようであれば今後、法務省には一切協力できない、という相当強硬ないい方」で法務大臣に抗議をしたようである。
109 加藤・前掲105 75頁。
110 加藤・前掲105 75頁。

く存在した（企業の社会的責任論）。それを象徴するように、昭和48（1973）年7月3日衆議院法務委員会附帯決議では、「会社の社会的責任……について所用の改正を行うこと」が決議され、昭和49年3月19日参議院法務委員会附帯決議では、「現下の株式会社の実態に鑑み、小規模の株式会社については、その業務経営を厳正公平たらしめ、株主、従業員及び債権者の一層の保護を図り、併せて会社の社会的責任を全うすることができるよう、株主総会及び取締役会制定の改革を行うため、政府は速やかに所用の法律案を準備して国会に提出すること」が決議された。当時の衆議院法務委員会理事であった横山利秋は、次のように、述べる。「各党とも政治の舞台から出る声、それに反映する国民の声に、企業が少しも社会的責任を感じていない、何としてもこの社会的責任を企業に十分法律的に世論的にも両面にわたってさせるべきだという意見が非常に強い」、「企業というものは利潤追求だけの機構ではないぞ、それは社会の中の企業というものであって、その社会の中の一員である責任をやはり企業として法律上守らなければいかぬ」と[111]。

このような昭和49年商法改正の立法経緯を受けて[112]、法制審議会商法部会は、昭和49年9月に審議を再開し、株式会社法を根本的に改正する方針を再度立てた。

法制審議会商法部会は、「会社法改正に関する問題点」をまとめ、法務省民事局参事官室から昭和50（1975）年6月12日に、裁判所、大学、弁護士会、各種経済団体、その他関係団体等関係各界にあてて意見照会がなされ（照会期限は10月末日を目処にする）、専門誌に掲載され広く知らしめられた[113]。

ここで取り上げられたのは、①企業の社会的責任、②株主総会制度の改善

---

111 居林ほか・前掲99 88・100頁〔横山利秋発言〕。
112 会社法の根本改正計画は、昭和49年改正の国会の附帯決議によるところが多いが、附帯決議の内容は、法務省や法制審議会商法部会長である鈴木竹雄の関与があり、法務省サイドの次の改正への布石として項目立てをしたということもあったようである。前田ほか・前掲37 22〜23頁〔加藤発言〕、〔稲葉威雄発言〕。
　稲葉威雄ほか・前掲41 5頁〔稲葉発言〕（1994）によれば、法制審議会内部で、部分改正の積み重ねが行われたことに対する反省があって、根本改正をめざすようになったと指摘する。
113 清水湛「会社法改正に関する意見照会について」商事法務704号2頁（1975）。

策、③取締役及び取締役会制度の改善策、④株式制度の改善策、⑤株式会社の計算・公開、⑥企業結合・合併・分割、ならびに⑦最低資本金および大小会社の区分の7項目であった。

　意見照会に対して、経団連（当時）、東京商工会議所をはじめとするいくつかの商工会議所に加えて業種ごとの業界団体や、裁判所・弁護士会、大学、日本公認会計士協会、日本税理士会連合会、東京株式懇話会などから、60の意見書が寄せられ、どのような意見が提出されたか公開されている（【表3】参照）[114]。

　1960～1970年代にあって、広く社会が、企業の問題行動に関心をもち、企業の問題行動の抑止ないし是正が改革の一つの動機づけとなっていたが、企業の社会的責任を会社法制に組み込もうという提案に対しては、圧倒的多数の意見が、企業の社会的責任に関する一般規定を設けることに消極的であった。

　しかしこの後、ロッキード事件・グラマン事件や、悪徳商法の横行を受けて、国会で会社の問題行動が質疑の対象となり、世論が注目していたことから、根本改正の項目のうち機関関係の項目を緊急的に実施した[115]。これは、取締役会の権限の明確化や監査役の業務監査役の監査機関を通すことで、会社の運営の適正化を図る目的でなされている。この点からは、会社の問題行動の抑止が社会での関心であり、会社法改正の要望として「企業の社会的責任」の法定が支持を集めなかったことからは意外な印象も受けないではない。

　そもそも、会社法制の立法を担当する法制審議会商法部会・法務省民事局参事官室の意見照会は、会社のステイク・ホルダーのうち、経営者団体[116]および実際の業務を担当する実務家に対するものである。また、経営者以外のステイク・ホルダーからの要望は、税理士会、公認会計士協会といった会社の運営に関与する実務家の団体か、法曹界、法学者からのものであり、それ以外からは寄せられなかった。意見照会という要望収集の性格上、照会先以

---

[114] 稲葉威雄「会社法改正に関する各界意見の分析――法務省の意見照会に対する回答結果について」商事法務728号4頁（1976）。

第2節　昭和年間までに完成した会社法制改革立法チャネル　73

【表3】昭和50年6月12日「会社法改正に関する問題点」に対する意見提出団体

裁判所	高等裁判所	
	地方裁判所	
弁護士会及び関係士会	日本弁護士連合会	
	第一東京弁護士会	
	神戸弁護士会	
大学	亜細亜大学商法研究部	
	名古屋大学法学部	
	慶應義塾大学商法研究会	
	一橋大学法学部	
	専修大学法学部	
	京都産業大学佐藤教授	
	神戸商科大学経法学部商法・会計学研究会	
	九州大学商法研究会	
	早稲田大学法学部教授	
経済団体	経済団体連合会	日本証券業協会＝公社債引受協会＝証券団体協議会
	東京商工会議所	信託協会
	名古屋商工会議所	日本損害保険協会
	京都商工会議所	日本民営鉄道協会
	福岡商工会議所	日本新聞協会
	神戸商工会議所	電気事業連合会
	大阪商工会議所	日本電機工業会
	関西経済連合会	石油連盟財務委員会
	全国銀行協会連合会	日本鉄鋼連盟
	相互銀行協会	日本印刷工業会
	東京証券取引所	日本製紙連合会
		日本ゴム工業会
		日本自動車工業会
		板硝子協会
		日本貿易会
		日本造船工業会
		大阪工業会
		全国商工会連合会
		全国中小企業団体中央会
		神奈川県中小企業団体中央会
		千葉県中小企業団体中央会
		兵庫県中小企業団体中央会
		香川県中小企業団体中央会
その他の関係団体	日本公認会計士協会	
	日本公認会計士協会近畿会	
	日本税理士会連合会	
	第一税理士会協議会	
	日本監査役協会	
	東京株式懇話会	
	大阪株式事務懇談会	
	名古屋株式事務研究会	
	日本司法書士会連合会	
	商事法務研究会＝経営者友会	
	金融財政事情研究会	

※稲葉威雄「会社法改正に関する各界意見の分析」商事法務728号5頁（1976）の表より作成。

外の者が意見を表明することが想定されず、たとえ、その者が意見を表明したとしても、法務省はそれを直接取り上げないかもしれない。このように意見照会という形式からは、「社会的責任」の立法化を求める勢力が発言しにくい環境があったといえ、「要望」が少ないことは当然の結果ともいえなくはない。

しかし、専門誌ではあるが「旬刊商事法務」では、意見照会の内容が公開され、新聞等でも報道されていることや、この時代の問題状況や意識からすれば、消費者団体や環境に関心のある者が、何らかの声明を提出すると考えてもやはりおかしくないように考えられる。なぜ、そのような行動が生じなかったのであろうか。

---

115 前田ほか・前掲37 24～25頁〔元木伸発言〕〔前田庸発言〕、味村治ほか「立法担当官が語る戦後の会社法改正事情（下）」商事法務1231号16～17頁〔稲葉威雄発言〕（1990）によれば、全面改正事項のうち緊急に改革が必要な箇所を部分的に改正するというアイディアは、当時の古井喜実法務大臣が提示したようである。当時、ロッキード事件とグラマン事件とで国会が揺れ、それに悪徳商法の問題が国会審議の質問でよく提示されていた。国会での質疑は、商法を改正して悪徳商法をなくせ、という単に「商法」という文字が共通であることに基づく誤解から生じるものでもあった。これに対する法務省の答弁は、商法は商業道徳や倫理とは内容を異にすること、全面改正の審議をしていることから、会社の非行防止のために商法の一部改正に応じられないというものであった。法務省民事局では、会社法は政策立法ではなく、風潮に乗って突出した特別の規定を置くことに対する抵抗感が強かった。事態を収拾すべく、古井法務大臣が鈴木竹雄法制審議会商法部会長の説得にあたり、公の立場から株式会社を監督するというような国会での意見のとおりになると困るので、商法が自主的に会社を規制するような改正を緊急的に実施してもらいたいと述べたという。鈴木竹雄・法務省民事局側は、会社の「非行防止」や自主監視機能の充実と全体的な会社法制のあるべき姿を検討して「監視機能の強化・充実をすべきである」との全体的な枠組みの前倒しの実現と理解することで、部分改正を了承したという。

116 戦前の昭和13年商法改正における東京商工会議所商法改正準備委員会が意見照会を行っていたため、直接その意見照会に応じた主要企業の意見が、立法担当者に伝えられることになる。これに対して、戦後の商法改正では、意見照会の方法が異なる。根本改正に関する意見照会は、法務省民事局参事官室が業界団体、商工会議所、経団連、経済同友会に対して行っている。このため、戦前は、各企業の意見が直接意見として提示されているが、戦後の商法改正にあっては、各経済団体が意見を集約した結果が立法担当者に伝えられることになる。このため立法過程にあっては、各経済団体で参加企業からの要望がどのように整理され、反映されたのかという点、経済団体のなかでどのように要望が形成されたのかという点が重要となろう。

2－2　会社経営者以外のステイク・ホルダーはなぜ発言しないのか？

冒頭で述べたように、会社法制は、会社との権利義務関係を規律する法制度である。このため、継続的な権利義務関係を会社との間に有さないステイク・ホルダーは、会社法制の影響を直接受けにくく、ステイク・ホルダーは、法動員のコストに見合う成果を獲得することは難しい。ステイク・ホルダーは、企業一般につき何らかの規制を求めるよりは、具体的な企業の行動を規制する法の制定を求める運動に焦点を当てる方が戦略的には有効であり、問題と感じる個々の企業の問題行動の是正を求めることになろう。

たとえば、環境対策基本法が制定され、環境庁（現環境省）が設置されたのは昭和45（1970）年であり、公害問題などに対して関心をもつ者、公害問題被害者・加害者からの要望や対策の受け皿が整備された。このほか行政だけでなく、産業界（大企業の経営者）自身も、会社法制以外のところでステイク・ホルダーの利害を調整する場を設定している。従来労働者と経営者とのコンセンサスを形成する目的を有していた財団法人日本生産性本部から[117]、昭和48（1973）年11月12日に社団法人社会経済国民会議が独立し、経済界、労働界、学識経験者、および消費者団体等がコンセンサスを形成する場として機能し始めた[118]。昭和53（1978）年には通商産業省（現経済産業省）も、地

---

[117]　通商産業省決定閣議承認「日本生産性本部設置に関する政府決定」（昭和29年9月24日）〈http://www.jpc-net.jp/movement/general01.html〉に基づき、日本生産性本部が設立された。その設立趣意書では、その活動内容である「生産性の向上とは、資源、人力、設備を有効かつ科学的に活用して生産コストを引き下げ、もって市場の拡大、雇用の増大、実質賃金ならびに生活水準の向上を図り、労使および一般消費者の共同の利益を増進することを目的とする」として、労使間の「パイの奪合い」ではなく、労使協調による「パイの増加」の路線を示している（財団法人「日本生産性本部」設立発起人「財団法人『日本生産性本部』設立趣意書」（昭和30年2月14日）〈http://www.jpc-net.jp/movement/general02.html〉）。

[118]　社会経済国民会議設立準備委員会「社会経済国民会議設立趣意書」（昭和48年9月6日）〈http://www.jpc-net.jp/movement/general18.html〉は、「地域エゴ、資本エゴ、階級エゴ、エゴとエゴの対立と相剋」を克服するために、「あい携えて健康にして活力ある福祉社会の建設に協力する労、使、中立、消費者各集団」の対話を促進させることをその活動の目的としている。

域社会の企業代表、消費者代表、連合（労働者代表）を交えた会議体の設置を推進している[119]。

地域住民や環境団体、消費者は、問題と感じる個々の会社の問題行動の是正要望の受け皿がこの時期に設定されたことから、会社法制に対して要望を述べる行動に出たいとは考えなかったのであろう。

しかし、そうであっても、ステイク・ホルダーのうち産業界（大企業の経営者）以外に会社に強い関心を抱くであろう株主や会社債権者、そして従業員は、会社法制の如何により直接影響を受けることが多い。彼（女）らは、法動員のコストに見合う成果を獲得しうるために、会社法制のあり方に要望を持ち、主体的に行動しえたのではないかという疑問が当然に生じうる。しかし、現実には、株主、会社債権者、そして従業員は、会社法制への発言をしなかった。これは、この当時彼（女）らは、アクターとして活動するだけの独自の利害を会社法制にもつ主体ではなかったことが理由と考えられるのではないか。

まず、株主が主体的に行動しえないことの理由を考察してみよう。

この当時の日本の上場企業の株式所有構造は、企業同士の株式持合いの構造である。これにより株主はサイレント化し、会社の状況に関して発言することに関心を有していなかったことが理由と考えられるのではないか。株式の持合いは、企業と取引関係にある企業や、主要取引銀行（いわゆるメインバンク）や主要取引のある保険会社に安定株主として株式を保有してもらうというものである[120]。これらの安定株主は、製品の供給・購入を通じて企業

---

[119] 通商産業省産業政策局企業行動課「市民と企業の実りある対話の推進を目指して」商事法務815号32頁（1978）は、モデル的に実施した「企業行動会議」の概要を伝える。山下正秀「企業の社会的責任問題の展望」商事法務825号55頁（1979）も参照。

[120] 吉原和志「株式構成の変化と会社法制のあり方 Ⅲ株式の持合い」商事法務1466号14頁（1997）によれば、①財閥解体後の1950年代に市場に放出され旧財閥系企業の株式を旧財閥系企業が相互に購入した段階と、②1970年代に証券恐慌の際に株価の下支えを行っていた日本共同証券株式会社や証券保有組合が保有する株式が市場に放出される時期が資本の自由化が進められることに重なり、外国企業の乗っ取りの懸念が高まったことから、株式持合いが進展したとする。このほか、株式の持合いに関する分析は多いが、たとえば、中島修三『株式の持合と企業法』（商事法務研究会、1990）などを参照。

と取引関係にあり、取引関係から利益を得ることに主眼を置いている。このため、保有する株式自身から生まれる経済的効果を重視せず、取引関係さえうまくいっていれば、企業の経営に対してそれほど関心をもっていなかった[121]。機関投資家はまだ登場せず、一般の個人投資家は、企業の経営に関心を払ったり、株主として会社法制への関わりを意識するような主体性の意識は希薄であり、議決権以外の株主権が行使されること自体が珍しかった。たとえば、親会社株式の子会社による取得に関して問題を投げかけた三井鉱山株主代表訴訟事件では、「売名目的」の訴訟提起が不当か否かかが争われた[122]。株主権を行使するというコストに比較して、個人株主が受け取る便益が乏しいからである。

　株主がサイレント化するのとは別の理由で、会社債権者もサイレント化する。会社債権者も、自己の債権の回収を確保するために、会社の経営が適正に行われることを望むが、そのために会社法制への要望が結集することは少ない[123]。なぜなら、第一に最大の会社債権者である銀行は、融資の審査や役

---

[121] このような指摘をするものとして、草野耕一「企業買収と擬人的企業観」民商法雑誌108巻4・5号3〜4頁（1993）など。河本一郎ほか「〔座談会〕日本の会社のコーポレート・ガバナンス──現状と将来」ジュリスト1050号22頁〔河村貢発言〕（1994）では、「投資はするが、よその会社の経営に口を出さないというのが一つのモラルみたいだった」と指摘する。

[122] 上告審（最判平成5年9月9日民集47巻7号4814頁）ではこの点が争われなかったが、第一審（東京地判昭和61年5月29日民集47巻7号4893頁）、控訴審（東京高判平成元年7月3日民集47巻7号4925頁）ではこの点が争われた。控訴審は次のように述べる。「株主代表訴訟は、それ自体、これを提起する株主に直接の財産的利益をもたらす性質のものではないから、その株主が一方では会社の権利の実現をはかるとともに、他方ではその訴訟の提起により自己の名前の広がることを望んでいるとしても、それだけの理由で直ちにその代表訴訟の提起が権利の濫用に当たるということはできない。従って、……当該代表訴訟の提起が徒らに会社ないしその取締役を、喝し困惑させることに重点を置いたものであって、結局それによって会社から金銭を喝取するなど不当な個人的利益を獲得する意図に基づくものであるとか、当該代表訴訟によって追及しようとする取締役の違法事由が軽微又はかなり古い過去のものであるとともに、その違法行為によって会社に生じた損害も甚だ少額であって、今更その取締役の責任を追及するほどの合理性、必要性に乏しく、結局会社ないし取締役に対する不当な嫌がらせを主眼としたものであるなどの特段の事情のある場合に限り、これを株主権の濫用として排斥すれば足りるものと解するのが相当である」。

員派遣等により融資先の財務状況を詳細に把握し、自力で自らの利益を防御することができるからである。第二に、そのほかの会社債権者は取引先であり、取引先である一般事業会社は債権者であると同時に債務者でもあり、債権者保護が強化されれば、自身の債務者の立場での義務が重くなってしまうからである。

　それでは、従業員はどうか。たとえば、労働組合は、労働者重役制度の導入を文書の形で提案していた[124]。しかし、労働者重役制度の導入については、昭和49（1974）年から始まる会社法根本改正計画の制定過程でも全く問題とならず、この機会に検討せよとの声もなく、労働団体は、その支援をする政党を通じても、その立法化の促進ないし提案を全くしなかった。河本一郎は、労働者重役制度を採用する場合に障害となる困難な問題を前に、彼ら自身もその実現可能性がないことを理解しているからであるとその理由を分析する[125]。

　そもそも日本の労使慣行は、企業別労働組合であり、生産性活動に代表されるような労使協調を特徴とする。たしかに、終戦直後から戦後の不況期においては、組合活動が盛んであり、経営者との対立があった。この対立の解消は、労使がパイを奪い合うのではなく、会社が成長することでパイ自体を大きくすることで従業員の待遇・処遇を改善するという発想の転換により実行された。たとえば、戦後不況期の大規模な労働争議として、東芝の労働争議が著名である。これを沈静化させた石坂泰三は、当時の東芝の従業員が会社再建への強いモチベーションと生産志向を有していることに着目し、労働争議という労使対立よりも労使協調により、企業内で出世し、企業が成長することで従業員の生活の向上を得ようというモデルを提示している[126]・[127]。財団法人日本生産性本部が主導する生産性運動も、「パイの増加」という目的

---

[123] 龍田節「日米構造問題協議と会社法改正」民商法雑誌108巻4・5号28頁（1993）。
[124] 安井二郎「『労働の人間化』と参加革命」日本労働協会編『経営参加の論理と展望』44頁（日本労働協会、1976）、など。
[125] 河本一郎「現代における新しい問題　労働者参加」芦部信喜ほか編集『岩波講座　基本法学7——企業』291頁（岩波書店、1983）。
[126] 菊池・前掲8　128～132頁。

の実現により労働者・経営者間の対立を解消しようと提案している。この労使協調の下では、経営者と従業員は一体化することになる[128]。労働組合・従業員は、会社を規律する会社法制に対して独自の要望をもつには至らなかった。

　以上のように、株主、会社債権者、そして従業員といった中核的な会社のステイク・ホルダーであっても、会社法制のあり方に関して主体的に意見を述べる主体たりえず、その他のステイク・ホルダーも会社法制を要望の受け皿とは考えなかったのではないかと考えられる。

2－3　法制審議会集約型チャネルの機能強化──中小企業経営者要望の受け皿へ

　昭和49（1974）年商法改正前後で、会社法制改革に対するステイク・ホルダーの行動のうち大きな変化がみられるのは、中小企業（経営者）の行動である。

　昭和49年商法改正を受けて始まった会社法根本改正計画は、「五月雨的実現」がなされるが、昭和56（1981）年商法改正後に始まった会社区分立法の実現は、小規模会社に大きな影響を与える。他方で、昭和49年改正がそれまで会社法制改革について要望を述べるとは想定されていなかった中小企業の強い反対で難産であった経験をふまえて、法制審議会商法部会では、中小企業団体の意見を取り込むような体制がとられている。このほか、小規模な事業体向けのフォーマットである有限会社法制を株式会社法制に取り込んだ、平成17（2005）年の会社法制定も、中小企業に大きな影響を与えた。

---

[127] このような制度は当然に、年功序列型賃金・終身雇用といった、日本の労使慣行を前提にしている。草野・前掲121　6～7頁は、経営者と従業員が一体化する企業体制がとられた原因として、このほか、先鋭化する学生運動への対応などをあげる。企業は、将来の幹部候補として、優秀な学生をリクルートしなければならないが、彼らは快々としてマルキシズムの洗礼を受けている。そのため、「従業員は資本家のために働くのではなく、会社というのは株主のためのものではなくて、みんなのものであって、会社で働くことで立派に社会貢献できる」という論理を強調する必要があった、と指摘する。

[128] もっとも、平成12年商法改正により会社分割法制が導入される際（平成12年法律第90

号)には、会社法制改革の要望については、経営者と従業員の間の利害は一体化しない。なぜなら、会社分割法制により不採算部門の切離しが容易になれば、放逐される従業員を生むことになり、従業員の地位に関する問題となるからである。

　しかし、平成12年商法改正の意見照会においては、経済団体、法曹、大学、従来からの関係団体のみに意見照会がなされ、労働組合は法務省に直接要望を伝えるチャネルを有していなかったようである（原田晃治ほか「会社分割法制に関する各界意見の分析──『商法等の一部を改正する法律案要綱中間試案』に対する意見」商事法務1540号4頁（1999）によれば、労働組合関係団体からの意見は寄せられていない）。労働組合からのチャンネルは労働省（現厚生労働省）であり、商法改正法案とともに労働者を保護する目的から、労働省は、労働契約承継法（会社分割に伴う労働契約の承継に関する法律）案を提出した。しかし、連合は、企業再編を理由とする解雇を禁止していないうえ、労働組合との事前協議の規定もなく、営業譲渡の場合の保護策もないなどの理由から「あまりにも不十分」と反発し（日本経済新聞2000年3月4日朝刊5面「労働省、会社分割で法案、転籍・異動に事前通知義務──株主総会2週間に」）、連合を支持基盤とする民主党に働きかけた。民主党は対案「企業組織の再編における労働者の保護に関する法律」を提出し、さらに、日本共産党も対案「企業組織の再編を行う事業主に雇用される労働者の保護に関する法律案」を提出している。一時は国会審議がデッドロックとなるほどであった（日本経済新聞2000年4月16日朝刊2面「商法改正案、成立微妙に、労働者保護で与野党攻防──自民『少年法』優先」）。このときの攻防の一つの焦点は、会社分割の実施前に労働者と会社との事前協議を実施することを商法典に規定するか否かであった。民主党は、この点を強く求めたが、商法典に関する所轄は法務省であり、労働者に関する所轄が労働省（厚生労働省）であることもあって、政府・与党としては、このような規定を商法典に置けないと判断して譲らず、膠着状態となったからである。

　法案を成立させるために自民党等の与党と野党の間での政治的な決着を含め関係者であらゆる努力がなされ（「2000年商事法務ハイライト──今年の企業法制の展開と今後」商事法務1582号27頁（2000））、商法改正が実行された。具体的には、次の点に関して政府提出法案が修正された。第一に、商法等改正法案に関しては、衆議院法務委員会において分割計画書等に分割会社から承継する権利義務に関する事項として雇用契約等を明示するという修正がなされた（平成12年改正商法374条2項5号、374条ノ17第2項5号）。第二に、労働契約承継法に関しては、衆議院労働委員会でそれまでなかった労働契約承継法7条が追加され、会社分割にあたって（厚生）労働省令に従った形で「労働者の理解と協力」を得るよう努力することが明定された（「商法等改正法案・同法施行関係整備法案が衆議院本会議で可決」「労働契約承継法案が衆議院本会議で可決」商事法務1560号43頁（2000））。懸案であった労働者と企業との事前協議の実施を商法典で義務づけることは商法典本体では実施されなかったが、平成12年改正附則5条1項として「労働契約の承継に関しては、分割をする会社は、分割計画書又は分割契約書を本店に備え置くべき日までに、労働者と協議をするものとする。」こととされた。

　このような法務省の姿勢は、所轄の壁によるところが大きいであろうが、会社法制を労働者と経営者の利害調整のスキームとしては捉えようとしないという態度の反映といえよう。

会社法の制定は、時系列からは先取りとなるが、ここでそれぞれの改正にあたって、中小企業経営者から何らかの要望が提出されたかを確認し、中小企業経営者が会社法制改革の場でどのように活動したかをみてみよう。

2−3−1　平成2（1990）年商法改正

平成2年商法改正は、昭和49（1974）年に始まる会社法根本改正計画を原点とする。会社法根本改正計画は、すでにみたように、①企業の社会的責任、②株主総会制度の改善策、③取締役及び取締役会制度の改善策、④株式制度の改善策、⑤株式会社の計算・公開、⑥企業結合・合併・分割、ならびに⑦最低資本金制度および大小会社の区分の7項目を改正テーマにしていた。このうち②〜⑤が昭和56（1981）年改正で実現した。法制審議会商法部会は、昭和57（1982）年9月より⑦の検討を始めた。

昭和57年10月の段階で活動中の会社は210万社を少し超える程度であり、そのうち物的会社である株式会社が約106万社あり、有限会社が約98万社を占める。しかし、株式会社のほとんどが資本の額が1,000万円未満のものであり、1億円未満のものが98パーセント程度を占める。そもそも株式会社が多数の人から株式という技術を使って資金を調達して事業を行う会社を想定しており、そのような実態をもたない会社にとって身に合ったものとはいえず、株式会社法制を遵守しないものが少なくない。中小企業の法律を無視するという風潮が産業界全体の遵法精神に悪影響を与え、会社法上の手続は行為の効力発生要件となることから、中小企業の取引の効力を不安定にしかねない。また、零細な株式会社は、会計等を適正に実施せず、倒産が生じやすい状況をつくりかねない。大小会社の区分立法は、この状況の改善を目標としていた[129]。株式会社を大小に分け、大会社は株式会社法制をそのまま適用するが、小会社は小規模で閉鎖的な株式会社に適する新たな法制度を立法しようとしていた。小規模で閉鎖的な株式会社にあっては、会計への外部監査（調査）を導入し、小会社の経理を適正化する一方で、会社管理の体制に関

---

[129]　稲葉威雄「大小会社区分立法の方向」商事法務962号9頁（1982）。

する規制を緩和し、小会社の負担を軽減することを内容としていた[130]。後に合併に関する検討を加え、昭和59（1984）年5月9日に、法務省民事局参事官室は「大小（公開・非公開）会社区分立法及び合併に関する問題点」を公表し、法曹界、大学、経済団体、その他の関係団体に意見照会を行った。この意見照会においては、112通の意見書が提出された[131]（【表4】参照）。この意見書の意見により追加された要望事項を含め、精力的に審議を詰め、昭和61（1986）年5月15日には、法務省民事局参事官室は「商法・有限会社法改正試案」を公表し意見照会を行った[132]。これに対しても、130近い意見書が提出されている[133]（【表5】（84頁）参照）。

改正試案の内容のうち、とりわけ議論の対象となったのは、①株式会社法制に対する最低資本金制度の導入（試案一−20）、②会計監査人の調査（試案四4）、および③貸借対照表の登記所での公開（試案四2ａ）である。②は法律案要綱案を作成する段階で先送りが決定され、③は法律案を作成する段階で改正項目に盛り込まれなくなっている。これら3点の調整に手間取ったために、改正作業はずれ込み、「商法・有限会社法改正試案」からみれば、改正テーマを縮小して[134]、平成2年6月22日に「商法等の一部を改正する法律」が成立した（平成2年法律第64号）。実に、具体的な法案審議に着手してから8年の歳月を要している。

意見照会「大小（公開・非公開）会社区分立法及び合併に関する問題点」に対する意見書が提出された段階から、これらの点をめぐっては、消極論が

130　日本経済新聞1983年2月1日朝刊1面「法制審、小規模会社法制定明日から検討──組織など簡素に、外部監査で経理適正化」。

131　法務省民事局参事官室編『大小会社区分立法等の問題点　各界意見の分析』別冊商事法務77号13頁（1985）。

132　稲葉威雄＝大谷禎男『商法・有限会社法改正試案の解説』別冊商事法務89号125頁（1986）。

133　大谷禎男「『商法・有限会社法改正試案』に関する各界意見の分析(1)」商事法務1098号2頁（1986）。

134　社債法の全面改正点の主眼である社債の受託業務の機能については、大蔵省（当時）が進めていた銀行、証券会社などの業務範囲の見直しと密接に関係するため、改正が見送られた（日本経済新聞1990年11月29日朝刊7面）。このほか、詰めるべき点があるとして、合併、資本減少、経営管理に関するテーマなどの立法が先延ばしにされた。

【表4】昭和59年法務省民事局参事官室意見照会「大小（公開・非公開）会社区分立法及び合併に関する問題点」に対する意見提出者

裁判所／大学		経済団体		経済団体	関係団体	意見提出者
裁判所	高等裁判所	経済団体連合会	長崎商工会議所	日本建設業団体連合会	全国地方銀行協会	日本司法書士会連合会
	地方裁判所	関西経済連合会	大分商工会議所	日本ゴム工業会	信託協会	第一税理士協議会
大学	広島修道大学商法研究所	日本商工会議所	仙台商工会議所	日本電気工業会	全国銀行協会	日本内部監査協会
	東洋大学法学部小関健二教授	大阪商工会議所	山形商工会議所	全国中小企業団体中央会	日本損害保険協会	中小企業診断協会
	岡山大学法学部商法担当教授	京都商工会議所	盛岡商工会議所	日本鉱業協会	全国商工会連合会	全国法人会総連合
	近畿大学商法研究会	横浜商工会議所	札幌商工会議所	全国商工団体連合会	東京中小企業投資育成株式会社	会社経理研究会
	明治学院大学法学部松岡和生教授	千葉商工会議所	高松商工会議所	日本民間放送連盟	大阪中小企業投資育成株式会社	日本監査役協会
	明治大学商法研究会	静岡商工会議所	徳島商工会議所	日本船主協会	名古屋中小企業投資育成株式会社	産業経理協会
	日本大学法学部法律研究会	長野商工会議所	高知商工会議所	日本ガス協会	中小企業家同友会全国協議会	名古屋株式事務研究会
	獨協大学法学部商法研究会	新潟商工会議所	松山商工会議所	日本貿易会	全国商店街振興組合連合会	全国株懇連合会＝東京株式事務懇談会
	八幡大学経済学部理事長梶山純教授	奈良商工会議所	神戸商工会議所	日本自動車工業会	名古屋中小企業家同友会	大阪株式懇談会
	大東文化大学大野正道助教授	津商工会議所	名古屋商工会議所	日本建設業経営協会	日本弁護士連合会	商事法務研究会＝経営法友会
	香川大学法学部	岐阜商工会議所	東京商工会議所	電気事業連合会	日本公証人連合会	日本法律家協会
	九州大学法学部商法研究室	福井商工会議所	中部経済連合会	日本鉄鋼連盟	日本税理士会連合会	
	成蹊大学法学部商法担当者	金沢商工会議所	大阪工業会	日本農業機械工業会	関東信越税理士会	
	慶應義塾大学法学部	富山商工会議所	東京証券取引所＝大阪証券取引所	日本民営鉄道協会	全国青色申告会総連合	
	立命館大学商法担当者	広島商工会議所	日本証券業協会＝公社債引受協会＝証券団体協議会	日本印刷工業会	全国青年税理士連盟	
	中央大学法学部商法研究会	岡山商工会議所	日本新聞協会	日本造船工業会	税経新人会全国協議会	
	金沢大学法学部商法研究会	松江商工会議所	日本化学工業協会	商工組合中央金庫	日本公認会計士協会	
	龍谷大学法学部商法担当者	福岡商工会議所		全国銀行協会連合会	日本証券アナリスト協会	

【表5】昭和61年法務省民事局参事官室意見照会「商法・有限会社法改正試案」に対する意見提出者

裁判所	
高等裁判所	名古屋高等裁判所
地方裁判所	大津地方裁判所
大学（経）	
	広島修道大学商法研究会
	日本大学会社法研究会
	獨協大学法学部商法研究会
	八幡大学安田弘理事長、椎山滋教授
	香川大学法学部
	九州大学商法研究会
大学（経）	
	国士舘大学矢島生教授
	国士舘大学法学部大学院教授
	亜細亜大学法学部商法研究会
	成城大学商法改正問題研究会
	関西大学商法研究会
	早稲田大学法学部研究会
	中央大学法学部商法研究会
	成蹊大学法学部商法改正担当者
経済団体（経）	
	経済団体連合会
	関西経済連合会
	日本商工会議所
	東京商工会議所
	大阪商工会議所
経済団体（団）	
	鳥取商工会議所
	前橋商工会議所
	宇都宮商工会議所
	岡山商工会議所
	松江商工会議所
	福岡商工会議所
	仙台商工会議所
	長野商工会議所
	新潟商工会議所
	津商工会議所
	岐阜商工会議所
	福井商工会議所
	金沢商工会議所
	富山商工会議所
	広島商工会議所
	秋田商工会議所
	青森商工会議所
	鹿児島商工会議所
	宮崎商工会議所
	山口県商工会議所連合会
	下関商工会議所
	山口商工会議所
	福山商工会議所
経済団体（体）	
	札幌商工会議所
	高松商工会議所
	徳島商工会議所
	高知商工会議所
	松山商工会議所
	神戸商工会議所
	中部経済連合会
	大阪工業会
	兵庫工業会
	東京医薬品工業会
	大阪医薬品工業協会
	東京証券取引所＝大阪証券取引所
	日本証券業協会＝公社債引受協会＝証券投資信託協会＝証券団体協議会
経（団体）	
	日本新聞協会
	日本化学工業協会
	日本建設業団体連合会
	日本印刷工業会
	日本ゴム工業会
	日本機械工業会＝日本電子機械工業会
	全国中小企業団体中央会
	商工組合中央金庫
	全国商工団体連合会
	日本民間放送連盟
済（団体）	
	日本船主協会
	日本瓦斯協会
	日本貿易会
	日本自動車工業会
	電気事業連合会
	日本鉄鋼連盟
	日本倉庫協会
	全国中小建設業連合会
	東京倉庫協会
	石油連盟
	全国信用金庫協会
	板硝子協会
	日本機械工業連合会
	日本印刷産業連合会
関係団体	
	東京実業連合会
	日本農業機械工業会
	日本民営鉄道協会
	日本印刷工業会
	日本造船工業会
	商工組合中央金庫
	全国銀行協会連合会
	全国地方銀行協会
	信託協会
	全国相互銀行協会
	生命保険協会
	日本損害保険協会
	全国商工会連合会
	名古屋中小企業投資育成株式会社
	中小企業同友会全国協議会
	日本弁護士連合会
	日本公認会計士協会
	日本司法書士会連合会
	日本不動産鑑定協会
	日本監査役研究学会
	監査講話会
	全国個人税理士連盟
	日本会計研究学会会社合併・分割協議会ディープ・グループ有志法
関係団体	
	弁理士会
	日本技術士会
	第一税理士協議会
	日本行政書士会連合会
	日本税理士会連合会
	全国青色申告会総連合
	全国青年税理士連盟
	税経新人会全国協議会
	全国専業税理士協会
	日本公認会計士協会
	日本証券アナリスト協会
	日本内部監査協会
	全国法人会総連合
	会社経理研究会
	日本監査役協会
	産業経理協会
	名古屋株式懇話会＝東京株式懇話会
	大阪事務懇話会
	商事法務研究会＝経理法友会
	証券保管振替機構

多く寄せられた[135]。

①の最低資本金制度は、有限会社については当時の1万円から1,000万円への引上げ、株式会社については2,000万円とすることが提案された。これについては、総論的には理解できるとしながらも、消極論を述べるものが多く寄せられた。たとえば、全国中小企業団体中央会や全国商工会連合会は、その趣旨を理解できるとしながらも、最低資本金額を定める際には慎重な態度が必要であるとした。日本商工会議所も、最低資本金制度は理解できるとしながらも、次のように述べる。「これを、新設のみならず既存の中小・零細会社にまで適用することは至難の業であり、無用の混乱を招くこと必至といえる。もし混乱をおそれて低額に定めるならば、それは制度の立案そのものを無意味なものとする」。「最低資本金の設定によって倒産とそれに関連する混乱が回避され、債権者の権利が保障されるというものでもない。いたずらに本制度の実現を急ぐことなく、十分検討を重ね慎重に対処すべきである」と懸念を述べる。

②の外部監査は、次の点を内容とする。（A）「公開株式会社」（資本金額が1億円以上の会社については、株式の譲渡制限を設定できないとすることが提案されていた）と、「非公開株式会社」（資本金が1億円以下の会社については、株式の譲渡制限が一律に強制することが提案されていた）および有限会社のうち一定規模以上のものについては、会計監査人監査を強制する。（B）「非公開株式会社」で会計監査人監査を受けない会社のうち一定の規模以上のものについても、会計専門家（公認会計士、監査法人、会計士補、税理士）による、会計帳簿の記載漏れ、または、不実記載ならびに貸借対照表、損益計算書および附属明細書の記載の会計帳簿との合致の有無等に限定した「監査」（「限定監査」）を強制する。

この提案に対しては、日弁連、裁判所などからは賛成の意見が寄せられ、経済団体のなかにもこれに賛成するものもあるが、中小企業の負担増から全国のそれぞれの商工会議所や中小企業団体からの反対意見ないし、「限定監

---

[135] 以下の記述は、法務省民事局参事官室編・前掲131に収録された、各団体の意見書による。

査」が強制される範囲を限定することを求める意見が多かった。とりわけ、強制導入に反対の声が集中した。この「限定監査」により昭和49年商法改正時と同様に公認会計士と税理士との間での職域論争の問題も発生する。公認会計士協会は自身の専属的職域を荒らし、監査の質を低下させるとして導入に反対の意見を述べた。これに対して、税理士サイドでは意見が分かれていた。日本税理士会連合会は、導入に条件つきで賛成の意見を述べるが[136]、全国青年税理士連盟や第一税理士協議会は反対の意見を述べた。

③の登記所による計算書類の公開は、賛成の意見も多く寄せられたが、登記所の過度の負担から実際に機能するか疑問視するものや[137]、中小企業の負担の増加を懸念して反対する見解も寄せられた。

これらの意見書も「旬刊商事法務」を通して、一般にその内容が公開されている。意見書の取扱いとそれを公開する理由とについて、法務省の担当者であった稲葉威雄（当時法務大臣官房審議官）が興味深い発言をしている。意見書の内容は、「意見提出者のそれぞれの立場の相違をも反映して、極めて多様である。これらの意見を今後の立法に反映するに当たっては、その適切な取捨選択が必要となる。これは商法部会およびこれを補佐する法務省事務当局に課せられた大きな課題であることはいうまでもない。他方、大小会社区分のような経済の根幹に大きな影響をもつ基本的な立法を達成するためには、関係各界のコンセンサスが必要である。しかしながら、このようなコンセンサスの成立は、必ずしも容易ではない。法律は、対立する利害の調整の結果でき上がるもので、万人が満足するようなものができるはずはない。そ

---

[136] 日本税理士会連合会が中小企業で受入れが現実的に可能であることを条件にして賛成としたのは、税理士の職域の大幅な増加となることは歓迎するが、「税理士のエゴを前面に押し出すのは得策ではないし、中小企業の負担増となることに配慮すべき」と判断したからであるといわれる（日本経済新聞1984年10月6日朝刊1面「税理士連合、簡易監査、条件付きで賛成——会社区分立法で意見書」）。

[137] なお、登記所による貸借対照表および損益計算書の公示は、昭和37年商法改正の際に法律案要綱第13として盛り込まれていた（「商法の一部を改正する法律案要綱」商事法務234号11頁（1962））。しかし、法律案を作成する段階で、実施のために必要となる人員増加の予算措置ができず、見送られていた（第40回国会参議院法務委員会会議録第18号平賀民事局長答弁）。

れぞれの立場からのエゴをある程度押さえつつ、できるだけ公正なかたちで妥協を成立させないと適正な立法は実現できない。したがって、このような立法の実現のためには、関係者みんなが自らの立場を主張することにのみ急であることをやめて、対立する立場の意見にも耳を傾け、価値観の多様性を確認し、日本の経済社会の発展のために要求される利害関係の公正な調整をはかることが不可欠である」と[138]。

　小規模な事業体に対応する「非公開株式会社」の法制度において、この改正作業が目的としたのは「法制度の近代化」であった。最低資本金制度が存在しなかった当時の法制度の下で、個人企業の「法人成り」が横行し、株式会社に要求されている手続などを遵守しない状況があった。さらに、そのような小規模な株式会社が破たんした場合にその債権者の債権の回収がままならない事態が多く発生していた。そもそも、株式会社の株主の有限責任制は、企業活動において発生する損失を会社債権者の側に負担せしめて、やむをえない程度に至るまで吸収しうる装置が必要であり、その責任を一定限度に制限しておくことが許容されるためには、不十分な資本で取引関係に参加させることは許されないと考えられていた。また、株式会社は事業が広く行われ、不特定の債権者を有するものと想定され、外部監査（「限定監査」）と情報開示が必要であり、むしろそれによる株式会社形態の利用コストの増加により、小規模な株式会社を有限会社に移行させようと考えられていた。稲葉威雄の発言は、これを達成することは日本経済上必要であり、その達成に向けてコンセンサスをつくろう、という呼びかけでもあった。

　しかしこの政策方針は、すでに存在する零細企業が株式会社や有限会社であり続けることを否定し、合資会社等への組織変更を強制し、むしろそれを物的会社から淘汰することを目的としていたため、零細中小企業からの反発は当然といえた。

　議論を経て、再度改正の方向性が煮詰められ、提出された意見照会「商法・有限会社法改正試案」（昭和61（1986）年5月15日法務省民事局参事官室）で

---

[138] 法務省民事局参事官室・前掲131　2頁。

は、次のような提案となった。

①の最低資本金については、株式会社が2,000万円、有限会社が500万円とする（同試案一　設立20）。

②の外部監査については、次のように提案された（同試案四　計算・公開3〜5）。商法特例法上の大会社の基準（資本金5億円以上または負債総額200億円以上）に該当する株式会社および有限会社については、会計監査人の監査を強制し、株式会社で会計監査人の監査を受けないものは、会計調査人による調査を受けなければならないとする。ただし、資本金が3,000万円未満で負債総額が3億円未満のものは、調査を省略することができるとする。有限会社については、たとえば、資本金1億円以上または負債総額が10億円以上のものについて、会計調査人による調査を義務づける。会計調査人の資格は、公認会計士、監査法人、会計士補、および税理士とされる。その調査は、「会社の貸借対照表及び損益計算書が相当の会計帳簿に基づいて作成されていると認められるかどうか」を報告することを目的とし、調査人は、調査を通じて商法に則した会計帳簿ならびに貸借対照表および損益計算書が作成されているかどうかについての一応の検証をすべき相当の注意義務を負う、とされた。このほか、会計専門家が「指導」することで「調査」に代替することも検討するとされた。

③の計算書類の登記所での開示については、次のように提案された（同試案四　計算・公開2）。株式会社については、貸借対照表と損益計算書を登記所に提出し、公開する。有限会社については、貸借対照表を登記所に提出し、公開する。ただし、たとえば、資本金1億円以上または負債総額が10億円以上の有限会社については、損益計算書をも提出し、公開する。

①の最低資本金の額が当初よりも下げられたが、基本的には方針に変更がなかった。

これに対しては、中小企業庁も動きをみせ、昭和60（1985）年11月には、財団法人産業研究所に委嘱し「会社法改正問題研究会」を設置し、中小企業法制に関して検討を加え、報告書を公開した[139]。日本商工会議所、経団連、中小企業団体中央会をはじめとして、多くの企業団体が改革の方向性に反対の

声をあげた。②については、職域問題から、大蔵省証券局と国税庁でも導入の賛否が分かれたようである[140]。

これを受けて、法律案要綱案をまとめる段階では、①の最低資本金は新設会社については、株式会社2,000万円、有限会社500万円とされたが、既存の会社については、株式会社は1,000万円、有限会社は300万円とされた。③の登記所での計算書類の公開は、株式会社の規模に応じて3段階に分類し、資本金5億円以上または負債総額200億円以上の大規模な株式会社は、貸借対照表、損益計算書、監査報告書の登記所での公開と決算公告を義務づけ、大規模株式会社に当てはまらない資本金3,000万円以上または負債総額5億円以上の中規模会社は当分の間貸借対照表のみを登記所に提出するだけとし、決算公告を免除するとされ、それ以外の小規模会社は登記所での公開を省略できるが、省略した場合は決算公告をしなければならないとされた。しかし、②の会計調査人制度は盛り込まれなかった。これは、会計調査人を担うことが予定されている者からの反対または煮え切らない態度に由来する[141]。

この商法改正法律案要綱に対しては、全国中小企業団体中央会が中心となり反対行動を行い、最低資本金の引下げを各政党等に働きかけた[142]。社団法人ニュービジネス協議会もベンチャー企業等のニュービジネスの芽を摘みかねないと、最低資本金制度の導入に反対を表明した[143]。

この商法改正法律案要綱に基づいて、商法改正法案を作成する段階で、①の最低資本金制度については、一律、株式会社1,000万円、有限会社300万円とするとされ[144]、③の計算書類の登記所での公開も全面的に見送られた。

これは、政府と与党である自由民主党との折衝のなかで、中小企業団体の強い反発を受けて、自由民主党商工部会からも反対論が続出し、法務省がこ

---

139 木内宜彦「商法・有限会社法の改正と中小企業——会社法改正問題研究委員会報告書の公表にあたって」商事法務1083号14頁（1986）。このほか、通商産業省・中小企業庁は、商法・有限会社法の全面改正問題について中小企業への意識調査を実施し、最低資本金の導入について強く反対している状況を報告している（日本経済新聞1986年4月1日朝刊3面「中小企業、商法改正に強く反対——最低資本金に抵抗、通産調べ」）。

140 日本経済新聞1988年10月28日朝刊3面「自民商法改正小委、会計調査人制度、大蔵省内でズレ」。

れに折れた結果である[145]。日米構造問題協議で大規模小売店舗法の3年後の抜本改正の見直しなどが決まり、中小企業への規制が強化される改正案要綱がそのまま通れば、翌年の統一地方選を控え自由民主党が支持を失いかねないとの危機感が党内に強くあり、自由民主党から法務省への圧力が強かったようである[146]。

---

[141] 竹内昭夫ほか、「〈座談会〉商法改正要綱案作成の現況と問題点」商事法務1133号29頁（1988）。

　税理士会が積極的に行動しなかったのは、税理士会のなかでも、意見が分かれ共同歩調がとられていなかったことによる。中小企業につき「会計調査人による調査」（試案四．計算・公開4（会計調査人による調査）の制度の導入が示されたことに対する税理士会の反応としては、これは反対運動を封じ込めるためのアメの作用と捉えられていたようである（北野弘久ほか『『商法改正試案』と税理士の責務』法と民主主義210号19頁〔小池幸造発言〕（1986））。同時に、この「会計調査人による調査」を会社法制として義務づけ、会計調査人となる税理士の計算書類の作成に善管注意義務を負わせることは、中小企業からの税収を確保したい大蔵省・国税庁が、税理士制度を徴税の下請機構化することの意図と一致し、推進されているとも分析されている（北野ほか・前掲20頁〔関本秀治発言〕）。日税連の内部でも、名目的にでも業務拡大に繋がるようなこと、あるいは職業会計人の一本化に繋がるようなことの実施に積極的な者と、「会計調査人」制度は納税者の代理人としての税理士が税務当局の補助機関・下請機関となることを意味するとして反対する者とが対立していたようである（北野ほか・前掲33頁〔安村長生発言〕、〔北野発言〕）。

　なお、平成17（2005）年に成立した会社法では、「会計調査人」と同趣旨の制度が「会計参与」制度として導入されることになる。このときは、日本税理士会連合会が主導しての導入であったといわれる（森金次郎「日本税理士会連合会会長に聞く『会計参与』は中小企業を強くするために働きます」エコノミスト2005年4月11日号110頁）。

[142] 日本経済新聞1990年3月15日「商法改正案要綱、法制審が答申──『株式会社最低資本金2000万円は高い』」。なお、この報道は、全国中小企業団体連合会の反対運動の黒幕は通産省・中小企業庁ではないか、との説もあわせて報道している。中小企業庁の存在の基礎となる中小企業基本法は、小売業とサービス業について中小企業の定義として資本金1,000万円以下の企業と規定している。商法改正に伴う中小企業基本法の改正は準備されておらず、要綱案どおり成立すると、同庁が対象とする中小企業の範囲が狭められ、存在基盤そのものが危うくなるとの懸念を同庁が有していたと考えられるからである。

[143] 日経産業新聞1990年4月3日23面「ニュービジネス協議会、最低資本金下げなど──商法改正案で要望」。

2-3-2　会社法制定

　平成17（2005）年に成立した会社法は、緊密な関係にある出資者のみからなる会社制度である有限会社法を株式会社法制に取り込み、規模の大小を問わず、事業体のための会社類型を提供することになった。廃止された有限会社は、内部の機関設計の自由度が高く、取締役も任期に定めがなく、決算公告も義務づけられず、出資者の自治に委ねられることが多いフォーマットである。このため、有限会社と株式会社とが一体的に規制される際に、株式会社の規制にあわせて会社制度を決定すれば、有限会社をフォーマットとして選択していた規模の小さな事業体にとって規制が強化されることになりかねない。反対に、有限会社の規制にあわせて会社制度が決定されれば、大多数の小規模な株式会社で規制が緩和されることになる。そもそも会社法制定の目的の一つは、有限会社と株式の全部につき譲渡制限のある会社（いわゆる閉鎖会社）とが、ともに小規模で閉鎖的な事業体としての実質が同じであるのに、制度上ギャップが存在したことの是正というものがあった[147]。しかし、制度上のギャップを是正する際に、どちらを基準とするかという点に所与の合理性があるわけではない。このため、中小企業の経営者が自身の利害に基づいて、経営裁量の増加を求めるような発言も、正統性を有する。実際に会社法の制定過程においては、中小企業経営者の発言が活発になされ、立法に大きな影響を与えた。このときは中小企業の会社法制に対する立法への

144　移行措置として、最低資本金に充たない資本金の会社は、改正法施行から5年間の猶予期間内にそれを充たすか、または他の会社形態に組織変更すべきものとされた。いずれもしない会社は、法務大臣による公告・通知後解散したものとみなすとされた。実際に猶予期間内に増資をせず、みなし解散となった株式会社は約11万社、有限会社は約34万社であった（大谷禎男「会社設立と資本充実をめぐる諸問題」清水湛ほか編『商法と商業登記』（味村治最高裁判事退官記念論文集）49頁（商事法務研究会、1998））。

145　日本経済新聞1990年4月12日朝刊1面「商法改正政府案、計算書類公開見送り──最低資本金額も後退」。

146　日本経済新聞1990年4月15日朝刊2面「商法改正案、政治圧力で後退──無念さ隠せぬ法務省、『会社近代化、10年遅れる』」。

147　法制審議会会社法（現代化関係）部会「会社法制の現代化に関する要綱試案」第四部株式会社・有限会社関係　第一　総論　1株式会社と有限会社の規律の一体化（商事法務1678号6頁（2003））。

要望の伝達は、全国中小企業団体中央会が担った[148]。会社法への経過措置の取扱いはもちろんのこと、会社法の機関設計に関する規定が、公開会社でない会社を原則としている点は、その影響力によるものである[149]。

2－3－3 中小企業経営者の発言要因

　中小企業経営者が会社法制の立法過程において発言するか否かは、以下の二つの点に左右されることがわかる。

　第一に、彼（女）らの要望が正統性を有するか、という点である。中小企業経営者の要望の多くは、株式会社法制の遵守コストが高いことから、株式会社法制の要求する手続・規制の緩和を求めるものであり、それを要望することは、自身が株式会社法制を遵守していないことを自白することに等しい。このため、自らが発言し、会社法制の変更を求めるということはなされていない。他方、会社法制の改革に伴って既存の中小企業への規制を新たに設定する場面においては、中小企業経営者がそれに反対する発言をすることは合理的であり、正統性を有する。このため彼（女）らは多くの発言をし、その発言は強い影響力を有していたと考えられる。正統性を有する場合の例が、会社区分立法により最低資本金制度を創設する場面（平成2（1990）年商法改正）や、有限会社法と株式会社法制とを統合する場面（会社法の制定）である。

　第二に、中小企業経営者の会社法制改革への要望を受け取り、代弁する者が存在したかである。当初は、中小企業に特化した経済団体はあっても、会社法制改革に関して発言をすることはなかった。しかし、昭和49（1974）年

---

[148] 岩原紳作ほか「〈パネルディスカッション〉新会社法の企業実務にとっての意義」ジュリスト1300号19頁〔北原直発言〕（2005）、稲葉威雄＝郡谷大輔「対談・会社法の主要論点をめぐって」企業会計58巻6号147頁（2006）。このほか、中小企業庁からも政策提言がなされている。中小企業政策審議会企業法制部会の提言として、中小企業庁中小企業政策審議会企業法制部会「中小企業政策の視点からの新しい会社法制のあり方について」（平成15年5月）〈http://www.chusho.meti.go.jp/koukai/shingikai/kigyou/2003/download/kigyou_teigen.pdf〉。

[149] 稲葉＝郡谷・前掲148 150～151頁。

商法改正を契機に、法制審議会商法部会には彼（女）らの意見を代弁する者も委員として選出されるようになった。

以上からは、中小企業の経営者が、会社法制改革のための立法においてアクターとしてどのような行動をとるかということについては、次のようにまとめることができよう。彼（女）らの要望が会社法制の改正をリードすることはない。しかし、それは彼（女）らが会社法制改革の動向に関心をもたないことを示すものではなく、彼（女）らの要望に正統性がないため強く発言できないという状況を示すものである。会社法制改革に伴って新たに規制が設定される場面では、彼（女）らが反対を表明することには合理性や正統性があり、強い政治力をもってそれを発言している。

3．確立した法制審議会集約型チャネルの特徴

法制審議会集約型チャネルの下での会社法制改革の特徴としては、次の3点が指摘できよう。

第一に、会社法制改革のスタンスは、次のようなものとなる。①改正原案の作成にあたり、各種の事業団体等から提出された意見書を基礎とする。②改正項目としては、目下実際に不便を感じる点だけを修正することとし、③実業社会や裁判実務と現行法の規定とが適合しない点だけに限定する。①②③は、明治44（1911）年商法改正から踏襲される方法であるが、戦後の会社法制改革にあたっても、かなり丁寧に意見収集がなされている。

まず、会社法制改革に対する要望は、二つの方法により集約化されている。第一は、意見照会により、改正要望を法務省が受け付ける方法である。第二は、常設の機関である法制審議会商法部会のメンバーである会社法学者と実務家との私的な研究会を通じて、彼（女）らの間に問題意識が共有化される方式である。

そのようにして集められた要望を受けて、次に、改革の方向性を尋ねるための意見照会がなされ（改革案をまとめるための意見照会）、法制審議会商法部会での審議を経て、具体的な法案のドラフティングを進める段階で再度、

広く意見を徴収する（まとめられた改革案をみて、オーソライズをするかまたは微調整をするための意見照会）というものである[150]。この意見照会で寄せられた意見書は、法務省の担当官により整理分析され公表されている。寄せられた意見の整理分析と公表は、絡み合うステイク・ホルダーの要望を明らかにすることで、アクターの自発的な互譲を誘引し、改革の方向性をまとめることを目的としていた（とりわけ利害調整が難航した平成2（1990）年商法改正では、この点が明確に述べられた）。

　この意見照会の手法は、いずれも法的に義務づけられたものではない。会社のステイク・ホルダー間の要望を調整し、改革の方向性を固めるために、アドホックに実行されていたものが慣行化し、一つの定型をつくり出した。これは、アクターとして活動するステイク・ホルダー相互のコンセンサスを得ることを重視した意見反映のプロセスを、法律案を作成する現場がつくりあげたものであり、開かれた法形成過程として高く評価できよう。

　第二に、第一のスタンスに基づけば、会社法制をめぐっては、要望を提出する者が改革をリードすることになるため、実際に要望を提出する大企業の経営者（または実際の業務に携わる従業員の担当者）が、主要なアクターとして発言することになる。

　中小企業の経営者の要望は主として、遵法コストが高すぎる会社法制の規制の緩和を求めるものであり、それを正面から求めると、自身が規制を遵守していないと自白することになり、正統性を有しない。このため、彼（女）らが改革をリードすることはない。しかし、会社法制改革が行われ、結果として自身への規制が強化される場合には、反対する合理的な理由を有することから、強い反対運動をリードしている。

　第三に、会社をめぐるステイク・ホルダーの利害調整を会社法制が行うことはそれほど期待されていない。とりわけ、消費者や地域、労働者と経営者

---

[150]　このような意見徴収の方法は、すでにみたように、伝統的には古くからその発想はあり、本文で指摘した形は昭和30年代からみられる。味村治ほか「〈座談会〉立法担当官が語る戦後の会社法改正事情（上）」商事法務1229号18頁〔味村発言〕（1990）も、昭和37年商法改正の計算規定の改正のときから定着したとする。

との利害調整は、行政や産業界（大企業の経営者）自身が用意した「場」で行われる。消費者が地域、労働者の要望の受け皿としては、会社法制が機能しなかったことになる。

4．法制審議会集約型チャネルにおける会社法理論の役割
——「無色透明」というイデオロギー

4－1　問題提起——会社法学者の行動を支える会社法理論

　これまでに概観した昭和年間の法制審議会集約型立法チャネルの形成・展開・確立の時代においては、職域論争を引き起こした税理士・公認会計士を除き、会社法制改革に対して明示的に要望を行うのは、ステイク・ホルダーのうち、産業界（とりわけ大企業の経営者集団）のみであり、他のステイク・ホルダーは会社法制を自身の要望の受け皿とは必ずしも考えていないことがわかった。他方、会社法制改革を実行する法務省も、そのような状況を固定的なものと捉え、意見照会等では、他のステイク・ホルダーに対する目配りはなされていないこともわかる。このようなステイク・ホルダーの関与のあり方からみれば、産業界の要望しか立法の場に登場しないのであるから、彼らの要望を取り込む形で改正作業が進むはずである。しかし、実際はそうではない。立法にあたっては、法制審議会内部の意見の調整に多くの時間が割かれる。これは、産業界内部で十分に意見調整が図られておらず、業界間の調整が法制審議会の場でなされることも一つの理由であるが、業界の要望の実現に対して会社法学者がブレーキをかけたり、反対に学者主導の改革の動きに産業界が抵抗することもあった。いずれにしても、会社法学者が業界間の利害対立の調整や産業界の要望に対するブレーキの役割を果たし、会社法制改革をリードしていた。

　以上のような立法過程の状況をみたときに、会社法学者がなぜこのような対応をとり、立法過程にあって、会社法学者のリードがなぜ人々に受け入れられていたか、という疑問が提示されよう。この疑問は、二つの段階に分け

ることができる。

　第一は、立法に参画する学者の行動の正統化事由は何かというレベルの疑問である。たしかに、学者は、会社法制を研究し、実際の改革のために必要な専門知識を有し、立法に大きな影響を与えうる者である。しかし、学者は本来的に会社法制改革による影響をこうむる主体ではなく、ましてや、産業界に対峙してまで会社法制に利害を有する会社のステイク・ホルダーでもないはずである[151]。立法に責任をもつ国会議員でもない学者の意見が会社法制のあり方を左右することが許容されるとすれば、それは何か。

　第二は、法制審議会集約型チャネルによる立法活動のあり方に対して、会社法理論がどのように評価したかというレベルの疑問である。すでに確認したように、会社を取り巻くステイク・ホルダーのうち、経営者の要望の受け皿としてしか会社法制改革は機能せず、他のステイク・ホルダーは、それぞれの要望の受け皿を他の制度に期待していた。経営者の要望を基軸に会社法制が変化されるという事態を会社法制の基礎的な理解（会社法理論）は、どのように評価していたか。

　以下では、これら二つの点を考察し、昭和年間における法制審議会集約型チャネルに対して、会社法理論がどのような役割を果たしていたかを検討しよう。

---

[151] このような発想は、議員提出法案による会社法制改革が実施される際に、議員主導による会社法制改革をリードした太田誠一衆議院議員（当時）の「商法学者が蚊帳の外に置かれたことが不満なのかもしれないが、国民主権の国家では国民からゆだねられた者だけが立法の最終責任を負っている」という言葉（日経金融新聞1997年5月13日3面「ストックオプション導入、商法改正に批判―太田衆議院議員が反論」）や平成5年商法改正における株主代表訴訟の訴額を算定不能とした改正を指して、「法制審議会のような機関が独善的に作った」と評すること（毎日新聞2000年12月4日朝刊12面「論点争点　株主代表訴訟　与党3党商法プロジェクトチーム座長太田誠一氏」）に端的に表れる。

4−2 無色透明というイデオロギーとそれに対する批判

4−2−1 無色透明というイデオロギー

　会社法制については、当時、次のような理解が主流であった。すなわち「商法の規制対象を企業として捉え、その任務を、企業をめぐる私的利益の調整として理解し」、「企業法は、資本主義経済体制の下での企業活動の自由――それがそれぞれの国のそれぞれの時代における産業秩序についての政策によって、何らかの制約を受けるにしても、その範囲内での自由――を前提として、そのための一般的・抽象的な秩序の設定を任務とする」。このため、「企業法はある企業の営む具体的な事業が国民経済の立場から見てどの程度の重要性を持つか、例えば、基幹産業か消費生活の末端に奉仕する産業か、大企業か小企業かということと無関係に、企業をめぐる個体間の利益調整を行うことを任務とする。その意味で、民法上の『人』が抽象的な存在であると同様に、企業もまた、組織的営利活動の法人だという極めて抽象的な形で捉えられることになる。従って、企業活動を円滑に行うためのルールとして設定される企業法の内容が合理的なものであるかどうかは、互いに立場を変えた場合にも公平と認められるかどうかによって決められることになり、その意味で合理性を持つ規制が一般的・抽象的な形で行われることになる」[152]と。

　このため、会社法制は、私的所有の自由に基づく資本主義経済体制の下にある限り、その国の経済政策を支配する原理が古典的な自由主義経済の立場であるか統制経済体制であるかといったことに左右されることのない、高度に技術的な法体系である、と考えることが主流であった[153]。

　このような考え方の下では、「商法の分野では世界観の相違というようなものがあまり強く現れてこない」から、この分野では客観的事実をよく認識さえすれば、価値判断がなくとも直ちに解釈が出てくるとも考えられた[154]。

---

[152] 竹内昭夫「序説――企業法の実体と課題」矢沢惇編『岩波講座　現代法9　現代法と企業』1頁（岩波書店、1966）。

[153] 鈴木竹雄「経済の変遷と商法――商法と経済統制法の関係に関する一考察」43頁、同『商法の企業法的考察の意義』（勁草書房、1958）、同「経済統制法と商法」同前掲69頁。

会社法制を改革する作業は、合理的な規制を求める活動であり、その合理性は、互いに立場を変えた場合にも公平と認められるかという点で判断される。このため、商法学者は、イデオロギー的な価値判断から自由で「価値中立的」な立場で考察することが重視される[155]。商法と経済法の二元的な理解により、会社のステイク・ホルダーの具体的な行動を規制する必要がある場合には、それは経済法が対処すべき問題として理解される[156]。

このような発想の源泉は、鈴木竹雄が、戦中の会社計理統制令などのいわゆる経済統制法に対する学問的抵抗として記したものであり[157]、経済統制法の浸透に対する歯止めとして、会社法制に内在する理論を提示しようとしていたこと[158]に起因する。

戦後の会社法制改革をリードした鈴木竹雄は、このような発想を基本的に維持し、会社法制の改革にあたった。とりわけ、昭和49（1974）年改正時に問題となった「会社の社会的責任」に関しては、否定的な立場をとることになる。公害や悪徳商法、製造物責任の問題なども、会社法制からみれば、「会社が公害の防止を怠ると、将来思わざる莫大な損害賠償責任が発生するうえ、企業のイメイジがダウンして営業にも障害を生じ、結局不利益を招くことになるから、それを回避するためには公害の防止につとめざるをえないことになるだけ」のことであり、わざわざ会社法制で「会社の社会的責任」を規定する必要はない、と[159]。また、「会社の社会的責任」について立法することは、それに何らかの法的規範性を肯定するのであれば、すべてのステイク・ホルダーの効用を上昇させるような経営を会社の経営者に義務づけることになり、会社の経済効率性を害し、社会の富を減少させる結果となりかねない

154　我妻榮ほか「これからの法律学」ジュリスト217号152頁以下（1962）。
155　福岡博之「商法学における法社会学の不在」法律時報41巻3号26頁（1969）。
156　竹内昭夫「企業の社会的責任に関する一般規定の是非」同『会社法の理論Ⅰ』127頁（有斐閣、1984）。
157　鈴木＝竹内・前掲11 78頁〔鈴木発言〕、〔竹内発言〕。
158　経済統制法に対する歯止めとして、商法を考えていることがわかるものとして、鈴木竹雄「貸借対照表法の最近動向」鈴木・前掲153 127頁（〔初出1945年1月〕）。
159　鈴木竹雄「歴史はくり返す」ジュリスト578号10頁（1975）。

し、結局は、経営者に大きな裁量権を与え事実上無監視の状態に置くことにならないかと懸念され、結局は宣言的な意味しか有さなくなるとも指摘された。そうであれば、機能論的にも、企業の非行などの具体的行動については、消費者保護法、公害対策法、独占禁止法、労働法、業法などで対処すべきであるし、会社法としては、監督体制（監査体制）の強化で対処すべきとなる[160]。

昭和49年商法改正時において、企業の社会的責任が問題視された。それを会社法制のなかでどのように反映させるか、という点については、①会社の社会的責任に関する一般的規定を設けるか、②一般規定を設けるのではなく、現在の株式会社法の個々の制度の改善を図ることで対応するか、という二つの方針が提示された[161]。昭和49年から始められた根本改正計画において、①の方針がとられず、②の方針が採用されたのは、このような理解に基づく。

以上のように、主流派の立場からは、会社法制の役割を抽象的な株主・債権者・経営者の利害調整に限定することが正当化され、それ以上の役割を会社法制に担わせることに強く反対するものであった。それは、会社法制を、株主・債権者・経営者の利害調整として抽象化・客観化するものと捉え、会社法制が「無色透明」な利害調整を旨とすることを強い、会社法制自体が何か目的意識をもち、何らかの政策を実現するという発想を排除しようとする力を有していたといえよう[162]。

4－2－2　批判派・批判的商法学——現実追認との批判

もちろん、このような会社法制の理解に対抗する見解も学界では主張され

160　竹内・前掲156 127頁。なお、実際に、竹内昭夫は消費者保護法の整備に尽力し、その活動は落合誠一に引き継がれた。
161　昭和50年 6 月12日法務省民事局参事官室「会社法改正に関する問題点　第一　企業の社会的責任」。
162　このような立場は、株主・債権者・経営者の利害調整以外の課題達成という目的を会社法制上設定することは、それがいかなるものであれ、経営者による恣意的な会社の資産の流出を許す結果となるのではないかと懸念していた、とも分析される（江頭憲治郎「鈴木竹雄博士の会社法理論」ジュリスト1102号48頁（1996））。

た。たとえば、岩崎稜は、主流派の考え方は会社法制の合理性の担保を当事者の地位を互換しても公平と認められるかということから正当化している点が現実的妥当性を有するか、と問題視する[163・164]。主流派は、会社法制を改革する際に、改革項目を変更する要望について、立場を変えても納得できる程度に公平なものか、という点で審査し、改革するかどうか決定する。しかし、これでは、企業運営技術がいかなる企業利害を担っているかという視点を欠落させ、現状の無条件肯定を前提としたものにすぎず、「企業のための商法＝企業法学」にすぎない、と批判する。たしかに、会社法学者は、その研究・分析の素材を企業の構造や取引に求める限り、まずは、あらゆる企業実務に通暁せねばならず、これは解釈学にとって必須である。しかし、企業実務に対して公正性の検証を実行しなければ、企業実務を模写するにすぎない。むしろ、会社法学者に要求されているのは、企業実務を分析することである、と[165]。このような立場は、批判的商法学というべきであろう。この立場の論者は、株式会社が資本集中機構としての機能を発揮することにより、

---

163 岩崎稜「戦後日本商法学史所感」同『戦後日本商法学史所感〔商法学研究・第1巻〕』19頁（新青出版、1996［初出1969］）。

164 岩崎は、本文中で紹介したもののほか、次のようにも批判している（岩崎・前掲163 17頁）。現実の企業法次元において法政策的に解決が必要な問題点は、そのほとんどすべてが地位が互換可能でない場合に起きる。実質的関係を考慮して経済弱者の取引的地位を具体的に強化する経済法でさえ、この経済権力関係を如何としてできないのであれば、この現実のなかで、商法が抽象的私益調整を安んじて、任務を自己限定することは危険である、と。この岩崎のコメントは、会社法制以上に、商取引法（保険法）の分野を念頭に置いて語られている。とりわけ消費者（中小企業・下請企業）と企業（銀行・保険会社・元請メーカー）との取引においては、企業実務の合理化の要請ではなく、経済弱者の取引地位を強化する経済法的発想が必要であるとする。たしかに、この指摘は保険法などの約款論や商取引法の分野においては妥当する。しかし、株主、債権者および経営者の三者間では、（当時）実際に立場の相互互換性が存在するため、この指摘は会社法制には妥当しない。

165 この目的を達成するための分析ツールの確立の方向性として、岩崎は次の二つのものを指摘する。第一は、主流派の方向性であり、相互互換性を前提にした「合理化」を徹底することで、当事者間の利害のぶつかりを鮮明にすることで問題を自覚化する。第二は、資本集中のための組織・活動を素材にして、資本制社会の史的分析と現代国家における独占資本主義の究明に努め、会社を規律する原理の追究を行う、と（岩崎・前掲163 21〜22頁）。

経済における支配集中が生じ、株式会社が事実上の全面的権力主体としてその企業内外の人間に大きな影響を与える現状の改善を会社法制の役割であると認識する[166]。会社法制は、株主と債権者と経営者との利害調整を行う資本市場規制としての意味だけではなく、事前的恒常的な企業行状規制をも担うべきであり、公法的な規制も必要であるだろうし[167]、「市民」が会社運営に参加することで果たされることになる[168]、と。いいかえるなら、彼（女）らは、主流派の述べる「無色透明な」会社法として利害調整を行うというスタンスは、会社法制が資本集中機構の促進ということからは必然的に政治的な色彩を帯びる可能性があることを懸念する[169]。たとえば、企業の政治献金は、株主＝債権者＝経営者の利害調整の枠のなかでみると、せいぜい株主の配当可能利益の侵害を如何に防止するかという点のみからの検討になる。このため企業の政治献金が、政治と大企業との関係などの国家権力機構のあり方に密接に連関するにかかわらず、そのような視点がないまま判断されかねない、と[170]。

この見解が主張された当時、水俣病被害者が、水俣病公害の原因となる有機水銀汚染を引き起こした株式会社チッソの株主総会を、経営者と直接対峙できる場と捉えて活動し、チッソの株主総会が混乱した事件があった[171]。これは、いわゆる「一株運動」であり、これ以降、反原発運動や労働組合活動の手段として、企業の経営者と直接対峙する場として株主総会が利用されるような事態も生じた[172]。批判的商法学は、このような動きに対して好意的で

166　岩崎・前掲163 175頁。
167　岩崎・前掲163 23頁。たとえば、公害問題における被害者救済のためには、経済法・企業法・商法といった区分や公私法の区別さえも現実の社会問題処理といった実践的見地からは無用であり、それらを総動員することが要求されるとする。
168　岩崎・前掲163 176頁。平成5年商法改正で株主代表訴訟の提起がしやすくなったときに、同様の視点から、上村達男「株主代表訴訟の今日的意義と課題」法律のひろば47巻8号5頁（1994）は、株主代表訴訟提起権は、「株主でもある」市民が、取締役の一定の違法行為によって生じた会社の財産的な被害の回復という直接的な目的を実現することを通して、会社の公益的機能の確保という究極的な目的を実現すると指摘する。
169　富山ほか・前掲88 47～48頁〔福岡発言〕。
170　富山ほか・前掲88 48頁〔宮坂発言〕。

ある[173]。株主としての抽象的な資格の背後にある地域住民、従業員、消費者という市民として階層的利益対立の調整を行う機能を有するとする[174]。

4-2-3 分　析

　主流派の見解は、会社法制をあくまで、株主・経営者・債権者の私的利害の調整の法制度と捉え、国家による会社への介入を排除すべきであるとの基本姿勢に立つ。主流派の想定する会社は、「相当の株式を有する活力ある大株主（個人）が議決権を行使して経営の中枢を握り、株主の利潤を追求する」ものであり[175]、このような会社観の下で合理的な利害調整スキームを追求しようとすれば、（支配）株主、経営者、債権者の立場の「相互互換性」が改革

171　昭和46（1971）年5月6日に開かれたチッソの定時株主総会は紛糾した。その模様は、久保欣哉「チッソ株主総会事件」ジュリスト900号186頁（1988）、「チッソ株主総会レポ」商事法務543号29頁（1971）などを参照。なお、このチッソ定時株主総会には、水俣病問題に対する賠償金を請求する「一株株主」300名余りが会場に入れず、さらに株主から提出された動議が無視されたことに関して、「一株株主」らから株主総会決議取消の訴えが提起された（大阪地判昭和49年3月28日民集37巻5号575頁（請求認容）、大阪高判昭和54年9月27日民集37巻5号597頁（一審支持・控訴棄却）、最判昭和58年6月7日（原審支持・上告棄却）民集37巻5号517頁）。

172　その後の一株運動の動向については、弥永真生「一株運動と会社法」ジュリスト1050号108頁（1994）などを参照。なお、弥永は、一株運動によって社会的非難の一部を株主総会の場にもち込むことは、他の株主を「囚われの聴衆」とする、として否定的である（同112頁）。

173　後藤孝典ほか「一株運動と商法の理論」法学セミナー180号41頁〔後藤孝典発言〕、41・42頁〔富山康吉発言〕など（1971）。

174　後藤孝典編『一株運動のすすめ』55～56頁〔後藤発言〕（ぺりかん社、1971）。この見解は、株主総会という場を会社の利害関係者が対峙し、対話を通して大規模株式会社が引き起こす実際上の問題を認識し、解決策を模索する場と捉えているといえる。
　株主総会は、「会議体」として株主が経営者と対峙する面と会社の「機関」として意思決定を行う面とを有する。この見解は、「会議体」という側面に傾斜するために、「機関」として意思決定を行う面と乖離する傾向を有しかねない。株主総会が「会議体」として運営されることは、株主が経営者を監督していることを経営者に実感させるという臨場感を提供する意味でthreatとして重要であるが、「会議体」としての充実と「機関」としての意思決定の安定性をどこでバランスをとり、会社法制を設計するかは大きな問題である。昭和56年商法改正による単位株制度の導入が株主総会の「機関」性を重視し、一株運動の切捨てを目的とするとも当時批判された（後藤孝典「一株運動と商法改正」法律時報55巻11号63頁（1983））。

の正統化要因となることはごく自然な発想といえよう。

これに対して、批判派は、会社を公器としてみて、当然に社会性・公共性を帯びるものと理解する。たとえば、会社の社会的責任という一般条項を会社法制中に置き、裁判所で後見的に監督することを求める。また、主流派が会社法を抽象的な株主・債権者・経営者の利害調整のための法制度と捉えるのに対し、批判派は、会社法を広く「市民」が参加することで会社の行状を監視することを許容し、株式をいわば会社経営に関与するための入場券であるかのように捉える。批判派がこのように会社に対し公的な何らかの規制や裁判所の関与を求めるのには、会社法制観の捉え方の違いと同時に、会社の捉え方の違いがあげられる。批判派の松田二郎が主流派を「企業所有と経営の分離の事実を率直に認識していない」と述べていること[176]からもわかるように、批判派が想定する会社は、株式所有が分散しており、大株主が経営者に影響力を行使しえないという会社である[177]。

両者は会社の捉え方や会社法制のあり方に関して考え方を異にし、その違いは鋭く対立する。

しかし、後世の者からみれば、乱暴な評価かもしれないが[178]、現実の問題に対処する場面で要求される会社法制改革に向かう際には、鋭く対立する両者のスタンスには大枠ではそれほど差がなかったと考えられる。

すでに立法過程の状況をみたように、ステイク・ホルダーのうち産業界（大

175　江頭・前掲162 49頁は、この当時の会社法改正をリードした鈴木竹雄の会社観をこのように分析する。

176　松田二郎「社員権否認論に反対する新説に就て――鈴木教授の諸説に対して」同『株式会社法研究』129頁（弘文堂、1959）。

177　江頭・前掲162 49頁は、当時の「株式持合い」という特殊な株主構造を通じて世界一強固な「経営者（従業員）支配」の下にあるとか、わが国の上場会社の4分の1が実質上子会社であるといわれるなかで、主流派の会社観は楽観的すぎると批判されるかもしれないが、現実の会社を動かしている人々の意識・姿には合致していると評価する。

178　実際にはこの当時、審議事項をめぐって会社法の理解など根本的な対立があり、激しい議論が展開され、全員一致での法律要綱の作成が難しい状況であった。このため、法制審議会商法部会での審議では、多数決による採決により法律要綱が作成されていた（味村ほか「〈座談会〉味村さんに聞く――法曹生活五十年を顧みて」清水ほか編・前掲144 773～775頁〔味村発言〕〔清水発言〕）。

企業の経営者)のみが会社法制の改革について要望を出し、他のステイク・ホルダーは会社法制の変革の場面にはアクターとして登場しない。このため、批判派のように、経済的弱者を考慮して会社法制改革をすべきとしても、会社法制を実際に運用する場面では当該経済的弱者が要望を述べるアクターとして存在しない危険性がある。たとえば批判派のような立場からは、労働者の経営参画を通して企業の社会性・公共性を上げようとして、労働者取締役・労働者監査役の制度が提案された[179]。しかし、このような主張をする者も、「労働者の積極的支持もない制度を一片の法律でせっかちに義務づけることへの危惧が残る」とか、「歓迎されない労働者重役制を強制することは、かえって労働者の経営参加の意義を減殺せしめる」と述べ、立法化には消極的な面もみせる[180]。富山康吉は、この状況を指して、次のようにも発言する。会社法制をどうするかという点について、産業界（大企業の経営者）の側だけからではなく、「色々な社会諸階層の関心になり、立法に対する運動があるようになればそれを踏まえて商法学者が立法過程を研究し、立法論を展開できるようになる。こういうのが一番よいが、残念ながら今はそういうような状況ではない。しかし商法学者としては、大資本と対立的な諸階層の運動がなくとも、その立場を先取りして、立法論を展開しなければならないという難しい課題を負わされている」と[181]。

　他方で、主流派も、立法過程で要望を述べる唯一のアクターである産業界（大企業の経営者）に対して「互いに立場を変えても公平であるといえるような」合理性のある法制度を要求する際には、「株主」や「債権者」の利害の代弁を行い、発言することになる。とりわけ、昭和49（1974）年から始まる根本改正計画のうち、ガバナンスに関するものは、経営者の監督を高めるものであり、会社法制に要望を述べる唯一のアクターである産業団体にとって

---

[179] 社会経済国民会議は昭和50（1975）年に中間報告書を公開し、労働組合または労働者代表の監査役として参加することを提案した（日本経済新聞1975年2月4日朝刊3面）。実際に、これを受けて、日立造船において組合代表監査役が登用されたと報道されている（商事法務714号40頁（1975））。

[180] 奥島・前掲1 255頁。

[181] 富山ほか・前掲88 38頁〔富山発言〕。

は、自身の首に鈴を付けるようなものである。会社法学者が「株主」や「債権者」の利害を代弁し、「株主」や「債権者」の立場からみても公平であるといえるか、と議論することで、立法に関して「経営者に苦い薬を飲んでもら」うことができる[182]。また、会社法制を原則的には維持し、改正が必要な箇所のみを改正するというスタンスからは、「相互互換性」による合理化の下で経営者側に有利な経営の効率性を向上させるという改正を行えば、それとトレード・オフの関係にあるとして、経営の健全性を向上させる改正が行われ、経営者側に有利な改正により株主保護・債権者保護が弱体化すれば、バランスをとるためにそれらを強化する、というように会社法制改革が行われることになる[183]。

どちらの立場にせよ、声なきステイク・ホルダーの利害の代弁は、法学者の責務と認識されたわけである。この点では、両者は会社法制立法に対しては共通のスタンスに立つといえるのではないだろうか。

4-3　問題提起に対する解答——政策決定の場としての法制審議会

これまでの検討からは、推論の域を出ないが、会社法理論が、立法活動参加者の活動にどのような影響を与えたかという疑問と、産業界(大企業の経営者)からの要望を基軸に立法活動が行われることをどのように評価していたかという疑問に対して、次のように解答することができよう。

まず、第一の会社法学者が立法作業をリードすることを正統化するものが

---

[182] 鴻常夫ほか「〈座談会〉日本の立法」ジュリスト805号61頁〔竹内昭夫発言〕(1984)。竹内は、ここで、昭和49(1974)年から始まる会社法根本改正計画の過程を指して、この状況を、「経済界あるいは経営者グループがいやがるのを説得して改正をしているわけでして、……多数の人たちのための立法においては、[立法推進の]プレッシャー・グループとしての迫力はなくなってしまいます。……自分は株をろくに持っていないのに株主のために弁ずるなどという、漫画的なことが起きてくる」と表現している。

[183] 稲葉威雄『会社法の基本を問う』13頁(中央経済社、2006)は、会社法制改革を体系的に実施することの意義をこのように述べ、「基本的な法益調整のあり方に揺らぎがないことが、制度をわかりやすくし、体系的に整合性のある立法の条件である」とする。これは、会社法制を原則として変化させないというスタンスで実施された会社法制改革のあり方を端的に示していよう。

何かという問題について解答を考察しよう。会社法学者の主流派が会社法制を抽象的な私益調整のための規制と理解するのであれば、会社法制改革はまさしく会社法制を合理化することである。合理的な制度は所与のものであり、その理想型へと近づくための変更の過程が会社法制改革と理解されていた。このような理解の下では、「価値中立」的に、合理的な制度を模索する会社法学者のリードがまさしく正統化されることになる。主流派の理解からは、客観的に事実関係を正確に認識し合理的な制度設計をすることが会社法制改革の目的であるとすれば、まさしく法制審議会商法部会が、利害調整の場であり、会社法制改革の方向性を決定する場であった。「無色透明な会社法」という会社法の捉え方は、会社法学者を中心とする法制審議会商法部会がイニシアチブをとり、会社法制改革を推進することを正統化する理論であったとも評価できよう。

会社法制改革において、ステイク・ホルダーのうち産業界（大企業の経営者）のみが要望を出し、それに応える形で立法活動が進むという事態はどのように評価されていたのであろうか。「無色透明な会社法」の下では、立法活動は、抽象的な株主・債権者・経営者という形ではあるが、ステイク・ホルダーの利害を合理的に調整できる「あるべき会社法制」に向けて現実の会社法制を改革していく活動と評価される。このため、誰が会社法制改革に対して要望をもつかということはそれほど重要ではなく、その改革の要望の中身が合理的かどうかという点が問題になる。このため主流派の理解の下では、産業界の要望を実際に会社法制改革で実現するかは、その要望の実現が「互いに立場を変えても公平である」といえるかという合理性の基準で判断されることになる。主流派の理解を前提とすれば、法制審議会商法部会での審議は、産業界が経営者の立場から要望を行う場合には、「株主」「債権者」の立場に立ってもその要望が公平であるかという形で議論が進んだであろうことは、想像に難くない。このとき立場の相互互換性から、産業界の要望に対し合理性を問いかける役割を学者が果たし、ステイク・ホルダー間の利害調整をどうするかという政策決定は、会社法制の合理化という制度体系の問題として把握されていたといえよう。制度体系の問題であればこそ、ステイク・

ホルダー間の利害調整をどう図るかという問題に対して、学者が主導で利害調整点を提示することも不自然ではなかったのであろう。逆の見方をすれば、むしろ会社法制を、抽象的な私益調整のための法規制と捉えるという「無色透明な会社法」観を採用することで、会社法制のあり方を政治問題とはしない形で、会社法学者は声なきステイク・ホルダーの利害の考慮を会社法制改革で実施しようとしたのではないか。そうであれば、「会社法は無色透明で技術的な法であり、価値中立的である」という無色透明な会社法観は、多分にイデオロギー的であり、会社法学者が利害調整を図ることを正統化する理論であったといえよう。

　もっとも、このような学者主導の利害調整がうまくなされるとは限らない。実質的に会社法制改革に明確な利害を有するアクターが、政党、所轄省庁を通して、法制審議会の場ではないところで反対行動をする場合がある。昭和49（1974）年商法改正、平成2（1990）年商法改正はその好例である。とりわけ、平成2年商法改正をめぐっては、すでにみたように、大小会社区分立法に関して利害・意見の衝突があった。大小会社区分立法は、「株式会社らしい会社」を株主が有限責任を享受するのにふさわしい会社と捉え、最低資本金制度、会計に関する外部監査（調査）、情報開示（登記所における計算書類の公示）を、有限責任を享受するための条件とした[184]。これは債権者の保護を制度的に保障しようとする試みであった。しかし、「声なき声」の代弁は、実際の「声」には勝てなかったわけである。

---

[184] これは、有限責任が絶対のものであり、株主が出資額以上に責任を負わないということを前提にしている。この試みがうまくいかず、小規模な企業が株式会社形態を採用し続けた。このため、小規模な企業においては、取締役の第三者責任に関する規定を使い、会社債権者に対しては実質的に無限責任を負うような処理が図られることになる。
　会社法制を検討するにあたっては、このとき検討された「株式会社（物的会社）であることの必須条件が何か」という方向での議論はなされなかった。これは、平成2年商法改正が実施されたのは、中小企業も空前の好景気を謳歌したバブル経済の時期であるのに対し、会社法制定がデフレ経済下で、起業勧奨やベンチャー企業の育成が叫ばれる状況下で行われていることとの違いであると分析される（江頭憲治郎「『現代化』の基本方針」ジュリスト1267号8頁（2004））。なお、中小企業政策の転換については、第4節でふれることにしよう。

もちろん、このような考え方は所与の前提理解ではなく、批判がなされ、会社法制改革のアクターとして、広く社会の諸階層が行動し、会社法制がステイク・ホルダーの要望の受け皿として機能すべきであるともいわれた。しかし、すでに立法過程を分析したことからもわかるように、産業界（大企業の経営者）以外のステイク・ホルダーが会社法制のアクターとして行動することは期待できず、批判派のように、会社法制を広くステイク・ホルダーの要望の受け皿とするプランは実現しなかった。この点につき、主流派のような「無色透明な会社法」というイデオロギーの下では、「私人間・企業間の権利義務関係規制法の観点を強調した商法が、純粋私法的構成を強調しつつ、株主総会の権限縮小、経営者支配権限の強化、企業自体の存続を目的とするいわゆる法人資本主義と呼ばれる非個人主義的企業体制を構築する役割を果たしてきた」と否定的に評価する見解もある[185]。しかし、産業界（大企業の経営者）以外のアクターが、会社法制立法や会社法制の枠組みのなかで行動することが期待できないとすれば、そのような条件下で望ましい会社法制のあり方としては、そのようにならざるをえなかったとも考えられる。批判派商法学が述べるように、広くステイク・ホルダーの利害調整のための受け皿と会社法制を捉えようとしても、実際の立法活動では、経営者以外のステイク・ホルダーが発言をするということは考えにくいからである。たとえば、昭和年間のガバナンス分野の会社法制改革は、株主総会の権限を縮小する代わりに、経営者（取締役）の責任を明確化し、職務として実質的な監督を行う者（監査役）を設定し、その者（監査役）が実際に監督しうる状況を整備するというものであった。これは、1960年代の大企業の非行を目の前にするなかで、限られたアクターのなかで合理的な規制をめざした結果であり、正面から企業の自主監査をワークさせようと取り組んでいたと評価できるのではないか[186]。

　以上の考察をまとめよう。会社法制を「無色透明」と捉える会社法観は、昭和年間の法制審議会集約型立法チャネルにおいて、会社法学者が立法作業

---

[185] 丹宗曉信「商法と経済法」小室直人ほか編『企業と法・下』（西原寛一先生追悼論文集）32頁（有斐閣、1995）。

をリードすることを正統化する機能を有していたと評価できる。同時に、抽象化されたものであるが、ステイク・ホルダー間の合理的な利害調整を会社法制の目的として設定することは、実際に要望を出す産業界（大企業の経営者）に自制を促すとともに、会社法学者が、声なきステイク・ホルダーの利害を代弁する「依頼なき代弁者」として行動させることになる。「会社法制は無色透明であり、ステイク・ホルダー間の合理的な利害調整を目的とする」という会社法理論は、産業界（大企業の経営者）の要望に対峙する会社法学者の行動を正統化するという意味では、決して無色透明なものなのではなかったのである。

第3節　日本型政策決定システムの新たな展開と会社法制改革立法チャネルの変動

　平成9（1997）年は、商法改正が三度行われ、このほか商法の大会社に関する会社法規制を実質的に変更する「株式の消却手続に関する商法の特例に関する法律」（株式消却特例法）（平成9年法律第55号。当時の大蔵省と法務省の共管）が制定された。三度の商法改正は、①平成9年5月に成立・公布された「商法の一部を改正する法律」（平成9年法律第56号）、②平成9年5月に成立し6月に公布された「商法の一部を改正する法律」（平成9年法律第71号）、③平成9年11月に成立し、12月に公布された「商法及び株式会社の監査等に関する商法

186　限られたアクターのなかで議論が行われ、「会社の経営に介入すべきではない」という前提で議論が進むなかでは、取締役会本体の改革に着手することは難しい課題であったと考えられ、監査役制度をワークさせようとする会社法制改革は政治力学上の妥協から選択されたものとも評価される（第2編第2章第3節2－4－2を参照）。
　　しかし、竹内昭夫「監査役の地位」同『会社法の理論Ⅲ』315頁（有斐閣、1990）によれば、このような一連の改正は、日本式の監査役制度を本気で根づかせようとする努力であるとする。法制審議会の立法担当者は、会社の適正化の観点から自主監査体制を整備し、ワークさせようと正面から取り組んでいたと評価できよう。実際に、法制審議会商法部会の部会長を務める鈴木竹雄は、社団法人日本監査役協会の設置に尽力し、その初代会長を務め、監査役制度が社会で適正に運営される状況の定着のために努めた。

の特例に関する法律の一部を改正する法律」(平成9年法律第107号)である。①②③の商法改正はそれぞれ立法手続が異なる。

②の商法改正は、法制審議会商法部会で昭和49 (1974) 年9月から開始された会社法の根本改正計画の一環である。昭和50 (1975) 年6月に法務省民事局参事官室が公表し、意見照会「会社法改正に関する問題点」のなかで取り上げられた「企業結合・合併・分割規定の整備」の一部を行うものである。立法にあたっては、昭和59 (1984) 年5月に法務省民事局参事官室が公表した「大小(公開・非公開)会社区分立法及び合併に関する問題点」で具体的な改革案をまとめるための意見照会が行われ、昭和61 (1986) 年5月に法務省民事局参事官室が提出した「商法・有限会社法改正試案」で、具体的に導入が提案される制度に関する意見照会が行われている。しかし、このうち、「合併手続の簡易化・合理化」と「合併に関する情報開示の充実」については、意見がまとまらず、再度調整されることになった。法制審議会商法部会は、平成3 (1991) 年4月から平成4 (1992) 年2月までと、平成7 (1995) 年1月から平成9 (1997) 年1月まで検討を行った。この際、平成8 (1996) 年9月に当時の通商産業省の「商法研究会」(座長:柴田和史法政大学教授)が「商法合併制度のあり方についての研究報告」と「会社分割を巡る課題についての研究報告」とをまとめた[187]。通商産業省の強いリードもあって[188]改正審議が進み、平成9年1月22日には法制審議会商法部会は、「商法等の一部を改正する法律案要綱案」を決定し、同年2月14日の法制審議会総会で要綱案のとおり、「商法等の一部を改正する法律案要綱」が決定され、法務大臣に答申された。答申を受けて3月7日には、内閣提出法案として②の商法改正法案が提出された[189]。

このように②の商法改正は、昭和年間までで確立した法制審議会集約型チャネルにより、立法がなされている。③の商法改正も法制審議会商法部会を通して、内閣提出法案として立法された。③の商法改正は、株主の権利行

---

[187] 両者に関しては、通商産業省産業政策局産業組織課編『会社合併・分割の現状と課題』別冊商事法務187号 (1996) に収録されている。
[188] 第2編第1章第2節3-4を参照。

使に関する利益供与の罪や利益供与を受ける罪等の法定刑の引上げや、株主の権利行使に関する利益供与の要求罪及び威嚇を伴う利益供与の罪の新設等の所要の罰則制度の整備をするものである。これは、第一勧業銀行や野村證券、味の素、三菱自動車などの多くの上場企業で、空前の規模の総会屋への利益供与事件が発覚したこと[190]を受けるものである。平成9年6月18日には、自民党内に金融不正再発防止対策特別調査会が設置され[191]、同年7月15日には、政府に総会屋対策関係閣僚会議の設置が決定され、同会議は9月5日、総会屋の排除に向けたいわゆる総会屋対策要綱を決定した[192]。このなかで、警察による支援、取締りの徹底と併せて、商法、銀行法、証券取引法等の罰則を強化するなど、政府を挙げて取り組む姿勢が示された。法制審議会商法部会は、総会屋対策関係閣僚会議の設置に先立つ同年7月2日に、総会屋への利益供与の罰則を強化することを決定し、その具体化を法務省に一任していた[193]。

これに対して、①の商法改正と株式消却特例法は、議員提出法案で実現した。これまでみたように、会社法制の改革は、法務省の所掌事務であること

189　しかし、「商法・有限会社法改正試案」に存在した項目がすべて法制化されたわけではない。規制強化の部分が法制審議会商法部会における審議の過程で次々とつぶされて、経済界が望んだ報告総会・設立総会の廃止、債権者保護手続の簡素化、簡易合併制度の創設など、規制緩和の事項は認められた。江頭憲治郎「合併会計」ジュリスト1116号23頁（1997）は、これを「経済界の完勝」と表現する。

190　高島屋での総会屋への利益供与問題が企業ぐるみで根が深い問題であることを伝えるものとして、たとえば、日本経済新聞1996年6月24日朝刊（大阪版）16面「大阪府警の警告高島屋は応じず──根深い病巣切れぬ関係」。味の素で発覚した総会屋への利益供与事件については、日本経済新聞1997年3月11日夕刊19面「味の素、総会屋に利益供与──警官OB関与に衝撃、費用ねん出より巧妙に」。四大証券会社や第一勧業銀行で発覚した証券取引を利用した利益供与については、たとえば、日本経済新聞1997年9月26日朝刊1面「四大証券トップ関与追及　日興を一斉捜査利益供与全容解明へ」。三菱自動車で発覚した海水浴場の「海の家」の利用契約を利用した総会屋への利益供与事件に関しては、たとえば、日本経済新聞1997年11月11日39面「海の家広がる暗部」など。

191　自由民主党政務調査会「金融不正再発防止対策特別調査会報告書（平成9年8月11日）」商事法務1467号33頁（1997）。

192　「政府、総会屋対策のための要綱を決定」商事法務1468号33頁（1997）。

193　法務省民事局「法制審議会商法部会第140回会議（平成9年7月2日開催）」（平成9年7月2日）議事概要2について〈http://www.moj.go.jp/shingi1/shingi_970702-1.html〉。

から（法務省設置法4条）、その改正は、法務省が原案を作成し、内閣提出法案で実施するものと観念され、この法務省の原案作成は、法制審議会を経由するという法制審議会集約型チャネルによっていた。この①の商法改正と株式消却特例法による会社法制改革は、初めてこの法制審議会集約型立法チャネル以外の方法で会社法制が改革された。いわば、平成9年商法改正①を境にして、法制審議会集約型チャネル以外の立法ルートが存在することが認識されたのである。

　ここでは、会社法制改革立法において、議員立法という新たな立法チャネルを登場させた平成9年の①の商法改正に焦点を当て、その意義を考察しよう。

1．議員立法という新たな立法チャネルの登場
――平成9（1997）年商法改正：橋本政権下の行政改革・規制緩和の影響

1－1　議員立法による商法改正の経緯

1－1－1　当初予定されていた法制審議会集約型立法チャネル

　すでに述べたように、平成9年の①の商法改正「商法の一部を改正する法律」〔平成9年法律第56号〕と株式消却特例法は、議員立法（自民党、社会民主党、新党さきがけ、新進党、民主党および太陽党の6党共同提案）で実現した。「商法の一部を改正する法律」の内容は、当時単独での発行が認められていなかったストック・オプション（報酬として付与される新株予約権〔当時は新株引受権とされる〕）を導入して、取締役または使用人の報酬を業績連動型とすることを目的としている。株式消却特例法は、「公開会社」（上場株式の発行者である会社または店頭売買株式の発行者である会社）〔株式消却特例法2条5号〕について、株式の消却手続の緩和を図る目的の時限立法である。これらの法律は、同年5月16日に成立し、同月21日に公布された。これらの法律のうち、一部は、平成9年10月1日から、その余の部分は平成9年6月

第3節　日本型政策決定システムの新たな展開と会社法制改革立法チャネルの変動　113

1日から施行されている。

　しかし、平成9年の①の商法改正については、法制審議会商法部会での審議を経て内閣提出法案として提出することが、これらの議員立法がなされる前に予定されていた[194]。

　すでに、「特定新規事業実施円滑化臨時措置法」の一部改正（平成7（1995）年11月）と特定通信・放送開発事業円滑化法の一部改正（平成9年4月）により、それぞれその所轄大臣から認定を受けた会社（いわゆるベンチャー企業）は、新株の有利発行の特例という形でストック・オプションを発行することが認められていた。当時の経済企画庁に置かれた内閣総理大臣の諮問機関である経済審議会の行動計画委員会金融ワーキンググループ[195]は、平成8（1996）年10月17日には、「わが国金融システムの活性化のために」と題する報告書を提出し、そのなかには、「ストック・オプション制度については、企業の人材確保や役員・従業員へのインセンティブ付与にとって重要な手段であり、現状のように特定の事業者に限るのではなく、事業者一般にとっても利用できるものとして導入する」ことを「遅くとも1998年中に実施する」課題として提示された[196]。これをふまえて、経済審議会は、平成8年12月3日に経済審議会建議「6分野の経済構造改革」のなかで、ストック・オプションの一般的導入を具体的な施策実施として提案している[197]。

　自民党行政改革推進本部も、平成9年3月14日に規制緩和重点事項をまとめ、ストック・オプション制度の一般的導入につき「平成9［1997］年度中の検討結果に基づき、法改正を経て平成10［1998］年度中の早期に導入する」と

---

[194] 菊池洋一「平成9年の商法改正」清水ほか編・前掲144 584頁。
[195] 座長を池尾和人（慶應義塾大学経済学部教授）が務め、柳島佑吉（産経新聞社論説副委員長）と岩田一政（東京大学教養学部教授）をメンバーとする。
[196] 経済審議会行動計画委員会金融ワーキンググループ「わが国金融システムの活性化のために」（平成8年10月17日）「第3章　資産取引の自由化　1．資本市場の機能向上　5）ストックオプション制度の一般的導入」〈http://www5.cao.go.jp/j-j/keikaku/kinyu1-j-j.html〉。
[197] 経済審議会建議「6分野の経済構造改革」（平成8年12月3日）「第3章　金融　Ⅱ具体的提言2．資産取引の自由化1．資本市場の機能向上」〈http://www5.cao.go.jp/j-j/keikaku/pl6-1b-j.html#ch3〉。

した[198]。これを受けて、「規制緩和推進計画の再改定」（平成9年3月28日閣議決定）において、ストック・オプション制度の一般的導入は、金融・保険・証券分野の主要な項目としてあげられ、「（平成9年度中の検討結果に基づき、法改正を行い、10年度中の早期に導入）すること」が目標とされた[199]。

以上からは、議員立法ではなく、法制審議会を経由する立法チャネルが当初予定されていたことがわかる。法務省も、平成9年3月に、ストック・オプション制度の一般的導入について法制審議会で検討を開始し、次の通常国会（平成10年1月に召集される142回国会）で成立させることを方針とした[200]。

1－1－2　議員立法による商法改正の実現

他方で、平成9（1997）年2月頃から、自民党法務部会商法に関する小委員会〔商法小委員会〕（委員長：太田誠一衆議院議員）において、ストック・オプション制度と株式の消却の手続の簡素化が検討された。当時の山崎拓自民党政調会長から「今国会で議員立法をするように」と強い要請があったようである[201]。商法小委員会では、経団連、法務省、通商産業省（当時）、郵政省（当時通信事業を主管）、中小企業・大企業の実務家、マスコミ関係者、法曹関係者からヒアリングを行い、同年3月27日には法律案の骨子が作成された[202]。当時の山崎拓自民党政調会長と太田誠一商法小委員会委員長は、ス

---

[198] 日本経済新聞1997年3月15日朝刊5面「自民行革推進本部『規制緩和策の要旨』」、日経金融新聞1997年3月17日3面「自民行革本部　規制緩和策の金融・証券分野（全文）」。

[199] 平成9年3月28日閣議決定「規制緩和推進計画の再改定について」〈http://www.kantei.go.jp/jp/kakugikettei/1997/0401kisei.html〉。総務庁行政管理局「規制緩和推進計画の再改定における主な項目」（平成9年3月28日閣議決定）〈http://warp.da.ndl.go.jp/info:ndljp/pid/258151/www.soumu.go.jp/gyoukan/kanri/siryou04.htm〉。「規制緩和のさらなる推進と金融・証券市場——再改定された規制緩和推進計画」商事法務1454号40頁（1997）。

[200] 日本経済新聞1997年3月12日朝刊7面「ストックオプション解禁　自社株取得98年度にも規制緩和　法務省方針」。

[201] 保岡興治「ストック・オプション制度等に係る商法改正の経緯と意義」商事法務1458号3頁（1997）。

[202] 保岡・前掲201 3頁。

第3節　日本型政策決定システムの新たな展開と会社法制改革立法チャネルの変動　　*115*

トック・オプションの一般的導入については議員立法で第140回国会で法案を提出し、平成9年度中に前倒し実施したいと、当時の橋本龍太郎内閣総理大臣に直談判をした[203]。橋本総理大臣は、法制審議会でも検討を急いでいることを指摘し、「内閣法制局の考えも聞きたいので一両日待ってほしい」と答えたという。平成9年4月4日には、橋本総理大臣は議員立法による会社法改革の実施を決断し、松浦功法務大臣と三塚博大蔵大臣とに対し、議員立法に両省が協力するようにとの指示がなされた[204]。相前後して、当時の政権与党である自民党＝社会民主党＝新党さきがけは、与党商法改正等に関するプロジェクトチーム（座長：保岡興治衆議院議員）を設置し、検討を行い、平成9年4月19日には、平成9年度中にストック・オプション制度を一般的に導入することが与党間で了承された[205]。政権与党3党は、野党であった新進党、民主党、および太陽党にも呼びかけて[206]、超党派による共同の議員提出法案として、同年4月30日に国会に法案を提出し、すでに述べたように、5月15日にはそれが可決成立し、6月1日には一部を除いて施行されている。このように短期間に会社法改革が進んだため、具体的な法律案が一般に明らかとされたのは、法案提出のわずか1週間前の平成9年4月23日であった[207]。

　結果として、当初、平成9年3月28日閣議決定「規制緩和推進計画の再改定」や法務省が予定していた方針を1年前倒しで、ストック・オプション制度の一般的導入が実現することになった。

---

[203] 日本経済新聞1997年3月28日朝刊5面「ストックオプション解禁　自民、97年度前倒し狙う　議員立法の方針　首相『一両日待って』」。
[204] 菊池・前掲194 583～584頁。保岡・前掲201 4頁。この法務省の協力を示すように、この改正は議員立法であるが、法務省民事局参事官室は、法案成立後、「ストック・オプション制度に関する商法改正等について」商事法務1459号11頁（1997）として、法律の解説をしている。
[205] 日本経済新聞1997年4月19日朝刊2面「ストックオプション97年度解禁、与党了承」。
[206] 保岡・前掲201 4頁。
[207] 日本経済新聞1997年4月24日朝刊7面「ストックオプション解禁　6月1日に施行　自民が商法改正案」。

1－1－3　会社法学者の反発とそれへの再反論

　議員立法で商法改正が行われることに対して、会社法学者の反発は強かった。江頭憲治郎、大塚龍児、奥島孝康、河本一郎、関俊彦、倉澤康一郎、高窪利一、森淳二朗、森本滋という、9名の綺羅星のごとき代表的な会社法学者が呼びかけ人となり抗議行動が行われた。法案が成立する直前の平成9（1997）年5月12日には、225名の会社法学者の賛同を得て、「開かれた商法改正手続を求める商法学者声明」を発表し、呼びかけ人が記者会見を行うという、異例の抗議行動がなされた[208・209]。

　「開かれた商法改正手続を求める商法学者声明」の抗議内容は、以下の点を内容としている。

　①　法案提出から成立まで日数がないので、国会で法案の実質的審議を行う時間は多くなく、かつ、法案は自民党と一部の経済界関係者が協議し、法務省・大蔵省が協力する形で作成された。このため、関係者以外に法案の内容が開示されることはなく、国会提出の数日前に骨子が新聞報道されたにすぎない。これに対し、昭和年間で培われた法制審議会集約型立法チャネルは、ステイク・ホルダーらに対し、改革する問題点を明らかにするための問題点公表と意見照会をし、まとめられた改革案につきオーソライズと微調整を目的として試案の公表と意見照会を行い、法制審議会の審議を経て法律案要綱をまとめていた。この法制審議会集約型チャネルと比較すると、法律案作成過程が不透明・秘密主義的である。

　②　ストック・オプション制度の一般的な導入に関しては、株価操作やインサイダー取引等の弊害が生ずるおそれがある。さらにそれをワークさせるために自己株式を会社が取得し保有することを認めることになる。当時は、自己株式取得は原則禁止であり、取得目的を限って例外的に自己株式の取得

---

[208]　「開かれた商法改正手続を求める商法学者声明」商事法務1457号76頁（1997）。呼びかけ人である奥島孝康は、朝日新聞の論壇に投稿し、さらに抗議活動を行っている（朝日新聞1997年5月14日朝刊4面）。

[209]　朝日新聞1997年5月13日朝刊11面「ストックオプション法制審抜き、議員立法で解禁へ　経済界寄りと学者は批判　代表訴訟骨抜きも警戒」、日本経済新聞1997年5月13日朝刊5面「ストックオプション議員立法『広く意見聴取を』商法学者が改正手法批判」。

を許容するだけであり、会社が自己株式を保有し続けることは認められていなかった。相当長期間に及んで自己株式を会社が保有し続けるのであれば、それにふさわしい規制が必要となってくる。これらのことに関して十分な法政策的・法技術的見地からの議論がされないままに、証券市場の環境整備もなされずに、ストック・オプションが一般的に導入されれば、社会的軋轢が増幅しかねない。

③　①②をあわせれば、国民にオープンな議論をさせないこと自体に目的があるとの疑いすら招きかねない。

もちろん、会社法学者の抗議活動に対しては、議員立法を進めた与党自民党サイドから再反論がなされている。自民党商法小委員会委員長の太田誠一は、次のように述べる[210]。

①　法制審議会を経由した内閣提出法案であると、時間がかかる。さらに、法制審議会自体、議論を公開しているわけでもなく、法制審議会こそ密室性が問われるべきである。

②　立法府は国会であり、議員が法律案を提出することは、立法府が法律を制定して、それに基づいて行政が執行するとの建前に合致する。むしろ、行政が立法企画に参画する場合は、議員が発案したことに対してサジェストするかサポートするという立場でなければならない。

③　株式市場に対する不安があるなかで、過剰な株式を吸収する制度は、株式市場に必要だが、（オプション付与のための企業による）自社株取得は当面の株価下支えとなる[211]。

このとき、与党商法改正プロジェクト・チーム座長であった保岡興治も、これに加えて、次のように述べる[212]。

④　世界は、自由主義、民主主義という価値観に覆われたものとなりつつあり、そのなかにわが国が船出していく時期を迎えている。そのための準備

---

[210] 太田誠一「なぜストック・オプション導入を急いだか——議員立法による商法改正」月刊取締役の法務38号8頁（1997）。
[211] 日経金融新聞1997年5月13日3面「ストックオプション導入　商法改正に批判　太田議員が反論　市場不安放置できず」。
[212] 保岡・前掲201　3頁。

としてわが国は、構造改革を必要としており、官僚システム等の既存のシステムがうまく機能しない場合には、特に政治が構造改革に向けてリーダー・シップをとっていくことが求められている。橋本政権が掲げる「六大改革」は、まさにそうした時代の要請に対する答えである。弾力的に商法改正を行っていく必要があると政治判断をしたのであって、今後も必要があれば、積極的に議員立法を検討し、迅速・的確な改正を行い、求められる改革を推進することも考えられる。

1-1-4 世論の反応

議員立法による商法改正をめぐって、立法を担当した与党関係者と会社法学者との間で論争が生じたが、世論の反応はどうであったか。

経団連からは、平成9年5月16日に「自己株式取得・保有規制の緩和に関する商法等改正法案の成立について」として会長コメントが公表され、「特に今回、議員立法により迅速に法改正が行われたことを高く評価する」としている[213]。

日本経済新聞平成9年5月14日付社説「ストックオプション議員立法を歓迎」は、次のように述べる[214]。

「官僚支配のなごりで、国会に提出される法案のほとんどは、各省が審議会の審議を経て法案化したものであり、国会はそれをほぼ追認するのが実態である。これに対し、ストックオプションに関する議員立法は、国会の本来のあり方に則したものである。大いに評価したい。ただ気になるのは、あらかじめ各党間協議で意見調整されるため、委員会などでの国会審議は短く、問題点が国民にみえにくい点である」。

平成9年5月30日には、東京弁護士会は、「ストックオプション制度の導入に関する商法改正法案の立法手続についての声明」を会長名で公表している[215]。そこでは、次のように指摘されている。

---

213 〈http://www.keidanren.or.jp/japanese/speech/comment/1997/com0516.html〉。
214 日本経済新聞1997年5月14日朝刊2面。
215 〈http://www.toben.or.jp/news/statement/1997/97053001.html〉。

第3節　日本型政策決定システムの新たな展開と会社法制改革立法チャネルの変動　　119

　法制審議会は、「広く各界への意見照会をし、それらの意見を踏まえた審議がなされており、基本法の改正はこのように外部からの意見を十分聴取した上で法案の策定がなされてきた。しかしながら、審議会行政は、なお不透明であると批判を受けており、法制審議会における法案の審議にあっても、その公開度を高め、手続の透明性と民主性を確保し、そしてまた国民と時代が求めるスピードにも応える審議のあり方を追求すべきであり、その点において現状については、批判されるべき面もある」。

　他方で、「近時、情報公開法の制定などをはじめとして、議員立法の重要性を国民は意識しつつある。しかし、その立法手続においても、広く事前に情報公開がなされているか、民意を十分に反映させる手続的保障はあるか、法的問題点を十分に検討し尽くしているか、透明性の高い手続において法案が確定したか、国会審議は国民に開かれているというが実質審議がなされているか、等について、国会としては国民の納得が得られる手続過程を示さなければならず、そうでなければ、主権者である国民の信頼を得ることはできない」。

　今後「立法についてのアカウンタビリティー（説明責任）の重要性を認識し、国会、政府、学界が、建設的な意見交換と相互批判のもとに立法手続の改革・改善を実行し、活動していくことを強く求める」と。

1－2　「変化の結果」としての議員立法による商法改正

　以上では、議員立法による会社法制改革が実行された平成9（1997）年商法改正①について経緯を確認した。そこから導き出せるのは、議員立法による平成9年商法改正①が変化をもたらしたのではなく、変化の結果として行われたという事実である。

1－2－1　政策判断として決定

　すでに確認したように、平成9（1997）年商法改正①がストック・オプション制度を一般的に導入した。そのきっかけは、平成8（1996）年12月3日に経済審議会建議「6分野の経済構造改革」のなかで、ストック・オプション

の一般的導入を具体的な施策実施として提案したことであり、「規制緩和推進計画」の主要項目にあげられていたことによる。

　「規制緩和推進計画」のアイディアは、細川政権下における細川護熙内閣総理大臣の私的諮問機関であった経済改革研究会（座長：平岩外四経団連会長）による、報告書「規制緩和について――中間報告」（平成5（1993）年11月8日）[216]にさかのぼる。そこでは、平成5年中に規制緩和に関する結論を得られない場合には、「引き続き見直し作業を進め、その結果に基づき平成6年度内に期間を5年とする『規制緩和推進計画』（いわゆるアクション・プログラム）を策定する。『規制緩和推進計画』においては、今後5カ年間で公的規制の実質的に大幅な削減を目指すこととし、5年経過後も規制が存続せざるを得ない場合は、その必要性、根拠を明確にし、次の5カ年計画において廃止・縮小の方向に向けた所用の措置を講ずることとする」とされる。

　規制緩和を確実に実行するための手段としての「規制緩和推進計画」は、次の村山政権に引き継がれた。村山政権下では、平成6（1994）年12月19日に行政改革委員会が総理府に設置された[217]。行政改革委員会は、「許可、認可等行政の各般にわたる民間活動に係る規制の改善の推進やその他行政の制度及び運営の改善の推進」に関して講ぜられる施策の実施状況を監視する機関である（行政改革委員会設置法2条）。

　「規制緩和推進計画」は、毎年実施状況を確認し改訂するものとされたうえで[218]、平成7（1995）年3月31日にまとめられた[219]。さらに村山内閣は、規制緩和推進計画を5カ年計画から3カ年計画として前倒しで実施することにし、規制緩和に積極的に取り組む姿勢を示した[220]。この後、平成8年1月

---

[216] 日本経済新聞1993年11月8日夕刊2面「経済改革研の中間報告（要旨）」。1993年12月16日には経済改革研究会最終報告が発表されている（日本経済新聞1993年12月16日夕刊2面）。

[217] 行政改革委員会設置法（平成6年11月9日法律第96号）に基づく。行政改革委員会設置法は、平成6（1994）年12月19日施行され、村山政権下で当初策定された「規制緩和推進計画」の完成年度である平成9（1997）年12月19日に失効している。

[218] 日本経済新聞1995年1月7日朝刊5面「規制緩和計画　原案、月末に公表『毎年度の改訂』も」。

[219] 日本経済新聞1995年3月31日夕刊3面「規制緩和推進計画の要旨」。

5日に村山富市内閣総理大臣の辞任を受けて同年1月11日には橋本龍太郎が総理大臣となった。

「規制緩和推進計画」は、省庁の縦割りとは別の第三者機関(行政改革委員会)で、規制緩和の立案と工程表を作成し、各省庁の規制緩和のパフォーマンス評価を毎年実施することを内容とする。

平成9年度はこの「規制緩和推進計画」の完成年度である。ストック・オプション制度の一般的導入は、平成9年3月28日の閣議決定「規制緩和推進計画の再改定について」により、この完成年度の再改訂で規制緩和の重点項目の一つとされ、「(平成9年度中の検討結果に基づき、法改正を行い、10年度中の早期に導入)する」こととされたのである。平成10 (1998) 年度に導入し、実際にストック・オプション制度を各上場企業が実施できるようにするためには、各社の定時株主総会開催(招集の決定)より前にそれを実施できる環境を整備しなければならない。3月期決算の会社が多い上場企業を念頭に置けば、定時株主総会が開催されるのは、6月末日であり、ストック・オプションを一般的に導入するための商法改正法は4月1日または5月1日に施行日を設定しなければならない。省令等の整備を考えれば、遅くとも法務省の方針で述べるように、平成9年12月に召集される第142回国会(通常国会)の早い段階で法案を提出し、審議・成立をしなければならないであろう。これを表すように、平成9年3月28日閣議決定に付された総務庁行政管理局「規制緩和推進計画の再改定について(総論のポイント)」[221]では、規制緩和について審議会の審議を必要とするものについては、原則として平成9年9月までに結論を得ることが求められていた。

この文書を額面どおりにみるのであれば、法制審議会で結論を見い出すための時間は、「規制緩和推進計画」にストック・オプションの一般的導入が重

---

220 日本経済新聞1995年4月13日朝刊1面「規制緩和3年内に実施 円高対策で前倒し 政府方針大店法見直し」。

221 総務庁行政管理局「規制緩和推進計画の再改定について(総論のポイント)」(平成9年3月28日閣議決定)〈http://warp.da.ndl.go.jp/info:ndljp/pid/258151/www.soumu.go.jp/gyoukan/kanri/siryou04.htm〉。

要項目としてあげられ、議論に着手した平成9年3月から9月の6カ月間である。しかし、法案提出のために条文に落とし込む作業を考えれば、実質意見調整をし、議論しうる時間は、6カ月間のすべてを充てることは難しかったであろう。

総務庁行政管理局文書「規制緩和推進計画の再改定について（総論のポイント）」は、規制緩和項目に関して、「規制緩和についての内外の意見・要望に対し、それを実施しないものは、各省庁がその理由、根拠を明確にし、総務庁がまとめて公表する」とされていた。この指示を額面どおり受け取れば、ストック・オプション制度の一般的導入は、実施の可否を含めて検討できるようにも思える。

「開かれた商法改正手続を求める商法学者声明」が述べるように、昭和年間で培われた法制審議会集約型立法チャネルを採用していればどうなるか。まず、経済界・学者・関係団体に向けて、改革する問題点を明らかにするための問題点公表と意見照会をし、次に、まとめられた改革案につきオーソライズと微調整を目的として試案の公表と意見照会を行い、再度、法制審議会の審議を経て法律案要綱をまとめる。そのような道筋であれば、とても実質的に6カ月を下回る時間で法律案を作成することは難しい[222]。後述のように調整が難しい課題であればこそ、工程表のとおりに進まないかもしれず、場合によっては、ストック・オプション制度の一般的導入を見送るという結論に至るかもしれない。

しかし、規制緩和推進計画の重点項目として閣議決定され、工程表で達成年度が決定しているものを見送ることは、法務省としては困難であったと考えられる。議員立法をリードした保岡興治自身も、このときの様子を次のように述べている[223]。「法務省は1年くらい時期が延びてもどうということは

---

[222] この点につき、「開かれた商法改正手続を求める商法学者声明」の呼びかけ人の1人高窪利一も、抗議のための記者会見を行った席上で、これまでの法制審議会方式が「機動性がない」点は肯定しているとの報道がなされている（日経産業新聞1997年5月13日1面「どうなる商法改正の行方　太田誠一自民党商法小委員長に聞く」）。
[223] 日本経済新聞2000年9月16日朝刊5面「対談・商法改正どう取り組む、経済変革促進へ　経団連片田哲也氏、法相保岡興治氏」。

ないと感じていたようである」。「あの時には1日もゆるがせにできないとの政治判断があった」と。

1－2－2 ストック・オプション制度の一般的導入の真意

それでは、ストック・オプション制度の一般的導入は、なぜ、政治判断として実現が決定されたのか。

ストック・オプション制度の一般的導入の目的は、ストック・オプション制度が「米国において、自動車産業等の基幹産業が競争力を失いつつある時期に、情報通信産業の勃興を支える制度的背景となったとの事実があり、構造改革が求められる我が国経済に必要とされる制度である」からとされる[224]。

ストック・オプション制度は、長期的な経営計画に基づいて会社の業績を向上させるインセンティブ報酬制度である。しかし、役員や従業員の報酬を会社の業績に連動させたいだけであれば、ストック・オプション以外にもアメリカで多様なインセンティブ報酬制度が存在する[225]。業績連動型報酬を導入するのであれば、ほかの手段もあったはずである[226]。ストック・オプション制度を導入するとしても、先行する「特定新規事業実施円滑化臨時措置法」と「特定通信・放送開発事業円滑化法」とを参考にするのであれば、新株の有利発行の特例という形でストック・オプションを発行することを認めればよい。

しかし、実際に平成9（1997）年商法改正①で一般的に導入されたストック・オプション制度は、次の内容を示す。

---

[224] 保岡・前掲201 3頁。

[225] 伊藤靖史「業績連動型報酬と取締役の報酬規制（1・2完）――アメリカ及びイギリスの報酬規制改革を参考に――」民商法雑誌116巻2号222頁、116巻3号401頁（1997）を参照。

[226] 平成7（1995）年7月18日に公表された経団連の新産業・新事業委員会中間提言「新産業・新事業創出への提言――起業家精神を育む社会を目指して」でも、ストック・オプションによらない、業績連動型報酬の検討が提案されている（「第2章 新産業・新事業育成に必要な環境づくり 2．ストック・オプションの整備」）〈http://www.keidanren.or.jp/japanese/policy/pol053.html〉。

ストック・オプションについては、二つの方式が存在する。第一に、会社が保有する自己株式を権利行使者に譲渡する方法（自己株式方式）と、第二に、権利者に一定の価格で新株を引き受けることができる権利（当時は新株引受権とされる）を与える方式（新株引受権方式）である。

　第一の自己株式方式は、次のとおりである。

　自己株式取得は、すでにみたようにこの当時は原則禁止であり、取得の目的を限定して、例外的に自己株式取得が認められていた。平成6（1994）年商法改正では、その例外として、使用人に譲渡するための自己株式取得が認められた（平成6年改正商法210条ノ2第1項）。これは、従業員持株会に対して付与するために会社が株式を市場から購入することを認める制度であった。平成9年商法改正①は、この使用人に譲渡するための自己株式取得を「特定の取締役または取締役に対して予め定めたる価格をもって会社よりその株式を自己に譲渡すべき旨を請求する権利を与える契約［ストック・オプション付与契約とする］に基づき株式を譲渡する」目的での株式の買受にも利用できるようにすることで（平成9年改正商法210条ノ2第1項・2項3号）、盛り込まれた。

　平成9年商法改正前は、従業員持株会に対する譲渡を目的とするための自己株式取得であることから、その取得は、発行済株式の100分の3とする数量規制があり、会社がその目的で取得した自己株式は6カ月以内に使用人に譲渡することとされた（平成6年改正商法211条）。これをストック・オプションに利用するために、取得できる株式に関する数量を、発行済株式の10分の1に拡充した（平成9年改正商法210条ノ2第1項）。ストック・オプションの行使期間は、最長10年とされ（平成9年改正商法210条ノ2第4項）、会社はストック・オプション行使に備えて、その行使期間（最長10年）は自己株式を保有しうるとした（平成9年改正商法211条）。ストック・オプションが行使されない場合は、そのために取得・保有している自己株式は、権利行使期間経過後相当な時期に処分しなければならないとされている（平成9年改正商法211条）。

　この方式によるストック・オプションの行使に備え、会社は自己株式を取得しなければならないが、その自己株式取得は、ストック・オプション付与

契約の締結後の定時株主総会で承認を得なければならず（平成9年改正商法210条ノ2第11項）、その定時株主総会の後の初めて招集される定時株主総会終結の時までにしなければならない（同条6項）。取得方法は、上場企業であれば市場取引か公開買付によって行い、そうであれば承認の株主総会決議は普通決議である。相対取引の場合は、特別決議が必要になる（平成9年改正商法210条ノ2第2項2号・7項）。

　第二の新株引受権方式の場合は、それを採用するためには、まず定款で、取締役または使用人に新株引受権を与えることを定めなければならない（平成9年改正商法280条ノ19第1項）。さらに、実際に発行しようとするときは、新株発行の有利発行規制に準じて株主総会の特別決議が必要とされる（同条2項）。そのほか権利行使期間や数量規制、ストック・オプション付与契約の締結時期などは自己株式方式と同一である。

　このうち、第一の自己株式方式は、施行日を平成9年6月1日とされ、第二の新株引受権方式の施行日は平成9年の10月1日とされる。この点からは、より緊急に必要であると認識されていたのは、自己株式方式のストック・オプション制度の一般的導入であったことがわかる。

　この点は、経団連の行動からも読み取れる。平成8（1996）年10月28日に経団連は、「規制緩和推進計画」の再改定に向けて「規制の撤廃・緩和等に関する要望」という意見書をとりまとめ、政府・与党、行政改革委員会に実現を働きかけている。そこでは、「ストック・オプション制度の一般的導入」ではなく、「自己株式取得・保有に関する規制緩和」が特に要望すべき事項としてあげられていた[227]。また、すでにみたように、平成9年商法改正①に対する経団連の平成9年5月16日の会長コメントのタイトルは「自己株式取得・保有規制の緩和に関する商法等改正法案の成立について」であった。この経団連の行動からは、経済界は、平成9年商法改正①の「ストック・オプション制度の一般的導入」を「自己株式取得・保有規制の緩和」と捉えていたことがわかる。平成9年商法改正①とあわせて、株式消却特例法が議員立法で

---

[227] 〈http://www.keidanren.or.jp/japanese/policy/pol104.html〉。

成立したことからも、これらの立法は、自己株式取得・保有規制を緩和する緊急立法という性質があったと考えられる[228]。

　平成9年当時は、バブル経済崩壊後に回復基調にあったと思われる経済は、平成9年4月25日には日産生命に業務停止命令が出され、金融システム危機が訪れ始めていた[229]。再び、株価は低迷し、株価の下支えをどのように図り、経済を回復させるかが、大きな緊急の課題となっていた。バブル経済崩壊後の平成5 (1993) 年当時はPKO (Price Keeping Operation) 政策が実行されていたが[230]、経済界は、それと同様の株価対策を期待し[231]、経団連が積極的に行動している[232]。

---

[228] ストック・オプションの一般的導入の要望の背後には自己株式取得の弾力化があり、「何かうさんくさい」と述べるものとして、江頭憲治郎ほか「わが国会社法制の課題——21世紀を展望して」商事法務1445号30頁〔森本滋発言〕(1997)。

[229] 日本経済新聞1997年4月25日夕刊1面「日産生命清算へ、受け皿会社で処理」。

[230] その概要については、森田章「株主構成の変化と会社法制のあり方　V機関投資家」商事法務1466号33頁以下(1997)を参照。

[231] 龍田節ほか「〈座談会〉自己株式取得の規制緩和をめぐって」商事法務1285号17頁〔竹中発言〕(1992) は、株式市場活性化のために過剰な株式を買い上げて需給の安定を図る案について、次のように述べる「昭和40年不況のときには保有組合や共同証券が総額で4,214億円、当時の東証一部時価総額の6.37%を買い上げ、それが株価の安定とその後の上昇につながりました。92年4月2日現在の東証一部の上場時価総額は、約283兆円ですから、仮に40年並みの6.37%を買うとすれば、18兆円の資金が必要になります。……第一部上場会社の法定準備金以外のその他の剰余金は、今年2月末で66兆円、時価総額の2割強に相当します。……剰余金を全部自社株に振向けるなどとは考えていませんが、そのような運用が可能になるとすれば、市場のセンチメントに与えるアナウンスメント・エフェクトはかなり大きいと思います」。このような発言を考慮すれば、上場企業の各社が、発行済株式の10分の1を市場等から購入できるというストック・オプション制度の一般的導入も、当時は、株価へのてこ入れとして大きく期待されていたことが想像できる。

[232] 日本経済新聞2000年3月15日朝刊1面「司法　経済は問う　第4部さびついた法律4名のみの立法府　『霞が関』の情報頼み」(後に、この特集記事はまとめられ、日本経済新聞社編『司法　経済は問う』(日本経済新聞社、2000)が刊行された)。この記事は、経団連が、関西経済連合会に「議員立法のノウハウ」を伝授するケースワークとして、この議員立法が取りあげられており、「今井副会長→宮沢金融安定化対策本部長に要望」「中村常務理事→太田誠一自民党商法小委員長、保岡議員へ要望」、「[国会の] 委員会審議のための質問書・答弁書作成に協力」など、この議員立法時の経団連のロビー活動や立法過程への協力の様子が伝えられる。

以上のことから、ストック・オプション制度の一般的導入は、ストック・オプション制度の導入自体を目的とするよりも、自己株式取得・保有の緩和が主要な目的であったことがわかる。もちろん、ストック・オプション制度の一般的導入自体にも意義がないわけではない。当時、業績もよく、企業運営システムの面で日本企業の模範と目されていたソニーは、すでに、分離型新株引受権社債を利用して、いわゆる「擬似ストック・オプション」を取締役・従業員に付与していた[233]。「擬似ストック・オプション」が税制面などで高コストであり、一般的に利用できる環境の整備が求められていたことも確かである[234]。上場企業の経営者に株価を意識させると同時に、長期的な企業の成長へのインセンティブを付与することが、企業の経営体質の改善に役立つと考えられていたといえよう。いわば、自己株式の付与の方式によるストック・オプションを許容することは、二つの目的を一挙に実現しようとしていたと考えられる。第一に、定期的に企業に自己株式を取得させることで、証券市場における一定量の需要を確保し、株価の下支えを可能とする[235]。第二に、企業の経営陣にストック・オプションが付与されることで、長期的なビジョンで株価を意識した経営を実施するよう経営体質を改善する。いずれにせよ、自己株式の付与の方式によるストック・オプションは、株価の低迷からの脱出の方策の切札として、期待されていたのである。

---

[233] 「ソニー、業績対応型役員報酬制度を採用　新株引受権で役員に支給」商事法務1398号53頁（1995）。このほか、日系企業が子会社を使ってアメリカに進出した際に、ストック・オプション制度に相当する制度が日本にないため、優秀な人材の確保が困難となるなどの問題も指摘されていた（阿部直彦「当たり前の制度、日本になぜない　日系企業米での人材採用で不利に」日経ビジネス1996年4月15日号106頁）。

[234] 日経ビジネス1995年8月25日号16頁「ソニーが役員報酬に『ストック・オプション』導入　商法の隙間縫って初めて登場　本格的普及には税制面での優遇を」。

[235] この後、経済界からの意見要望では、ストック・オプションの付与対象の拡充や付与方法の緩和が求められた。これに加え、ストック・オプションが行使されない場合には、その行使に備えて取得し保有していた自社株式をどう処分しなければならないのか、相当な時期に処分するのか、相当な時期とはどの程度の時期かを問い合わせるものがあった。法務省大臣官房秘書課「規制緩和推進3か年計画の改定作業状況（中間公表）」(2000年1月18日) ストック・オプション制度の改善 〈http://www.moj.go.jp/hisho/shomu/press_000118_kanwa27.html〉。

1－2－3　行政改革推進のパフォーマンスとしての議員立法

　すでにみたように、自民党行政改革推進本部も、平成9（1997）年3月14日に規制緩和重点事項をまとめ、ストック・オプション制度の一般的導入につき、「平成9［1997］年度中の検討結果に基づき、法改正を経て平成10［1998］年度中の早期に導入する」とした。自民党自体が実施時期を明確に示したのは、金融制度改革を加速させようとするとともに、改革姿勢を強調し、行政改革に対して積極的であるとアピールする思惑があったとされる[236]。

　そもそも、当時の橋本龍太郎総理大臣は平成8（1996）年の第139回国会の所信表明演説[237]で、金融システム改革、行政改革、社会保障構造改革、財政構造改革、経済構造改革の五つの改革を掲げた（橋本五大改革、1997年には教育改革を加え、橋本六大改革とする）。橋本総理は、時限立法により自ら会長を務める行政改革会議を設置し、意欲的に行政改革に取り組んだ。行政改革では、内閣総理大臣のリーダーシップを高め、官邸の機能強化を一つの柱にし、それは、平成10（1998）年6月12日に公布された中央省庁等改革基本法に結実する。これは、いわゆる「官から政へ」政策決定を移動させることを目的とする。もちろん、この実現には省庁の抵抗があった。

　他方、法務省が、ストック・オプション制度の一般的導入につき、法制審議会集約型立法チャネルによる会社法制改革をめざし、政策決定された工程表どおりに実施できないかもしれないという事態が存在したということはすでにみた。これは政治側からみれば、政策決定を省庁の抵抗により実行できない事例とみられかねない。金融制度改革についても、大蔵省などの抵抗があるだけに、これまで法制審議会の場を通してしか改正をしていなかった基本法である商法典の改正を議員立法で実施することは、「官から政へ」の姿勢を強く打ち出し、金融制度改革を貫徹させることを示す絶好のパフォーマンスという側面があったといえよう。

　このようにみた場合、山崎拓自民党政調会長がストック・オプションの一

---

[236]　日本経済新聞1997年3月6日朝刊5面「ビックバン自民案　時期明示で議論加速　改革姿勢印象付け　実現には抵抗や制約」。
[237]　〈http://www.kantei.go.jp/jp/hasimotosouri/speech/1996/shoshin-1129.html〉。

般的導入に関する議員立法を推進したことも、自民党の担当者である保岡興治が「開かれた商法改正手続を求める商法学者声明」に対して、この改正が「政治判断」であることを強調したのも理解できよう。

1－3　議員立法による平成9 (1997) 年商法改正の影響

以上のように議員立法による平成9年商法改正は、立法環境の大きな変化を象徴する出来事であった。それは以下の3点のような影響を会社法制改革の過程に与えたと考えられる。

第一に、法制審議会集約型チャネルに対しても、十分な利害調整よりも早期に会社法制改革を実現しなければならないと強く意識されたであろうことがあげられる。

「規制緩和推進計画」により達成期日を明示する形で工程表が作成され、閣議決定によりその実施が決定される。このため会社法制改革項目が、「規制緩和推進計画」に組み込まれた場合には、その改革を実行すべきという圧力が強く存在することになる。しかし、法制審議会集約型チャネルは、ステイク・ホルダーの利害調整を行いながら立法が進められるためどうしても時間が必要となる。この議員立法による商法改正の実施は、工程表どおりに進まなければ、たとえ利害調整が不十分で環境整備がなされ切れていない状況でも議員立法で会社法制改革がなされうることを示す。これにより、法制審議会集約型チャネルに対しても、改革案を早期に煮詰めなければならないと強く意識されることになる。

たとえば、企業再編手続として「株式交換・株式移転制度」が平成11 (1999) 年商法改正で導入され、平成12 (2000) 年には「会社分割」制度が法制審議会集約型立法チャネルを通して導入された。これらの改正は、会社法制の大きな変革を行うものであったが、非常に短期間の審議で実現した。もっとも、これらの改正では、結合企業関係を形成するための手法のバリエーションを増加させることを目的としていたが[238]、結合企業におけるステイク・ホル

---

[238]　法務省民事局参事官室「親子会社法制等に関する問題点」商事法務1497号18頁 (1998)。

ダー間の利害調整スキームの設定はごく一部にとどまった。審議会等で関係者の意見が分かれ成案を得るのに十分な時間的余裕がないとして、将来の課題とされた結果であり[239]、その状態は現在まで続いている。

　第二に、法務省サイドの会社法制改革に対する意識の変化である。議員立法による平成9年商法改正に対しては、すでにみたように、法務省は実質的に法案作成作業に従事している。第一の圧力の存在にもよるが、今までのように経済界からの要望を受けて、声なきステイク・ホルダーの利害を体系上の問題として落とし込み、ステイク・ホルダーの利害を調整し、十分に環境整備をして立法に臨むというのでは、期日に間に合わない。このためか、法務省の立法に対するスタンスは「手を付けてやれるところはやって、具合が悪ければ直そうという流れが大事」[240]というような柔軟なものになった。要望の実現を優先し、問題が起これば事後的に修正すればよい、というスタンスへ法務省が移行したことも大きな変化といえよう。

　第三に、「規制緩和」という方向性について、経済界（大企業経営者）のコンセンサスが存在し、経済界が一枚岩で要望を提出し、その要望を実現する手段を獲得したということがあげられる。

　「規制緩和推進計画」自体が細川政権下において当時の経団連会長の平岩外四を座長とする経済改革研究会の中間報告をきっかけに導入された。そもそも「規制緩和」は、新自由主義的な主張を続けていた経済同友会の主張であった[241]。これが平岩外四経団連会長の下、経済界全体の総意となったことをも示し、経済界全体の強い意向として「規制緩和」が実行されることも示す。さらに、規制緩和の項目の改定とその実施の工程表の作成やその達成具合いを評価する行政改革委員会は、行政から独立した第三者機関であることが条件とされた結果、経済界（大企業経営者）から多くの委員が選出されている[242]。経済界自身も自覚的に提言を実行し、深く政策判断に関与すること

---

[239] 前田庸「商法等の一部を改正する法律案要綱（案）の解説（下）」商事法務1519号5頁(1999)。

[240] 日本経済新聞2000年3月11日朝刊「司法経済は問う　第4部さびついた法律(2)黒子の功罪——立法のプロなお聖域」で伝えられる、原田明夫（それまで法務事務次官を務め、当時東京高検検事長）の言である。

で影響力を行使することを方針としている[243]。

　前述の平成11年、平成12年商法改正も、当時の経済不況を脱するためには、高コスト構造になってしまった日本企業の構造改革が必要であり、設備や部門を縮小するというニーズが経済界より強く示され、それが立法への圧力になったのである[244]。平成10（1998）年度を初年度とする「規制緩和推進3か年計画」（平成10年3月31日閣議決定）では、法務関係分野の分野別措置事項として、株式交換制度の創設があげられていた[245]。平成11年3月30日の閣議決定「規制緩和推進3か年計画（改定）」では、会社分割制度の創設について、「企業の組織変更の選択肢を多様化する観点から、株主・債権者の保護に配慮しつつ、会社分割制度の整備について、平成11年中に検討に着手し、早期に結論を得る」との計画が示され[246]、実行された。

　会社法制のうち、「企業金融」分野に関する経済界からの要望は、「できないことをできるようにする」ことを内容とし、「企業再編」の分野における経

241　経済同友会は、任意に会社の経営者が個人で加盟する組織であり、発足当時は、労使協調・官民協調といった「修正民主主義」的な安定成長を唱える「進歩的」経営者が加入していた。しかし、昭和60（1985）年に日産社長の石原俊が代表幹事になってからは、加盟者の高齢化への対策として、若手経営者の幹部への登用が行われ、本田技研工業、ソニー、日産など、早くから海外での生産に踏み切った多国籍企業化した日本企業や、商社、富士ゼロックス、日本IBMなど外資系企業の経営者が中心メンバーを担った。このような企業の経営者にとって、90年代初頭の円高ドル安は大きな問題であり、その是正を図り、世界規模での市場を形成するグローバル化が大きな要請となり、新自由主義的な改革を求める行動に繋がった（菊池・前掲8 33〜35頁、215〜227頁）。

242　行政改革委員会の委員長は、飯田庸太郎三菱重工相談役が務めている（日本経済新聞1994年12月2日夕刊3面）。規制緩和計画の改定作業と達成状況の監視は、竹中一雄国民経済研究協会顧問が小委員長を務め、椎名武雄日本IBM代表取締役会長が座長を務める、規制緩和小委員会が行う（日本経済新聞1995年4月3日朝刊2面）。

243　1993年に経団連の会長に就任した豊田章一郎は、豊田章一郎＝佐藤正明「豊田章一郎『財界総理』復活宣言」文藝春秋1994年7月号131頁の中で、「これからの経団連の影響力を提言の実行力に求める」と発言している。

244　第2編第1章を参照。後述する産業競争力会議の場において、経済界が内閣に直接要望の実現を請求する場を獲得したことも、この強い圧力発生の要因である。

245　平成10年3月31日閣議決定「規制緩和推進3か年計画」別紙「分野別措置事項」14法務関係〈http://warp.da.ndl.go.jp/info:ndljp/pid/284573/www.kantei.go.jp/jp/sihouseido/dai2kai-append/husamura8.html〉。

済からの要望は、「整備されておらず、実施できないことを実施できるようにする」ことを内容とし[247]、規制緩和にのりやすい。経済界からの要望が、政府の政策決定とされ、その達成度が審査される体制が形づくられたことも、その後の会社法制改革に大きな変化をもたらしたといえよう。

1－4　議員立法による商法改正への会社法学者の危惧の中身

　昭和年間の法制審議会集約型立法チャネルにおいては、大企業経営者からの要望に対して、合理的な制度設計を形づくるという方針の下、会社法学者が発言なきステイク・ホルダーである株主・債権者などの利益を代弁し、彼らの利益が損なわれないように努めた。要望に対してもニーズが本当にあるのか、ニーズに対応する手段として適当かが議論された。いわば、経済界（大企業の経営者）の要望に対するカウンターパートは、株主や債権者の利害を代弁する会社法学者とされていた。

　自己株式取得の規制緩和は、経済界（大企業の経営者）からさまざまな局面で、さまざまな理由づけで、強く求められてきた[248]。しかし、これに対しては、資本充実の原則や株主の平等原則への抵触や、経営者支配の維持につながり、相場操縦やインサイダー取引など不公正な株式取引が懸念され、株価対策的な面から法制審議会商法部会では「筋の悪い」要望として消極的な雰囲気であった[249]。自己株式付与型のストック・オプションも、自己株式の

246　平成11年3月30日閣議決定「規制緩和推進3か年計画（改定）」別紙3「分別措置事項一覧」14法務関係〈http://warp.da.ndl.go.jp/info:ndljp/pid/258151/www.soumu.go.jp/gyoukan/kanri/990422ce.htm〉。
247　落合誠一ほか「〈座談会〉会社法大改正の意義」ジュリスト1206号10～11頁〔神田秀樹発言〕（2001）。
248　第3編第2章参照。
249　稲葉ほか・前掲41 28頁〔酒巻俊雄発言〕（1994）。酒巻発言は、平成6年商法改正で、若干「自己株式取得」が緩和されたことについては、改正に先立って平成5（1993）年1月28日に法務省民事局参事官室が「自己株式の取得及び保有規制に関する問題点」に関する意見照会を行ったため、「大々的に意見を照会されて、世論が集約されたということになりますと、法務省としても、何かしなければ引っ込みがつかないのではないかという感じもいたします」と述べる。

第3節　日本型政策決定システムの新たな展開と会社法制改革立法チャネルの変動　133

取得を企業に認めてまで導入する意義があるか、という形で議論されていた。

しかし、法制審議会を経由しない立法では、経済界からの要望のカウンターパートは、政治家・内閣となる。この経済界からの要望のカウンターパートの変更は、明確な形で表れることになる。当時、日本経済が危機的な状況であるとの認識の下、内閣総理大臣が主宰し閣僚と経済界代表との対話をする場が設けられ、民間主導の経済再生がめざされたことも、このような経済界からの要望の受け皿を設定することになる。小渕恵三内閣の下、平成10（1998）年8月に設置された経済戦略会議[250]、その最終答申[251]を受けて平成11（1999）年3月19日に設けられた産業競争力会議[252]が、それである。これは、いずれも国家行政組織法8条に基づく諮問機関であり、そこでの決定内容は公的な政策決定としての重みを有する。経済界の側も、これらの会議体の場で、政治決断・政策決断を求めることを主要な立法への働きかけとして認識した[253]。「株式交換・株式移転制度」が立法課題として取り上げられたのは、平成9（1997）年の秋であり、当初から向こう1年以内での立法化が

---

[250] 平成10年8月7日閣議決定「経済戦略会議（仮称）の設置について」〈http://www.kantei.go.jp/jp/kakugikettei/980811keizai.html〉。

経済戦略会議は、樋口廣太郎（アサヒビール名誉会長）を議長とし、井手正敬（西日本旅客鉄道会長）、奥田碩（トヨタ自動車社長）、鈴木敏文（イトーヨーカ堂社長）、寺田千代乃（アートコーポレーション社長）、森稔（森ビル社長）、伊藤元重（東京大学教授）、竹内佐和子（東京大学助教授）、竹中平蔵（慶應義塾大学教授）、中谷巌（一橋大学教授）が委員を務める。この経済戦略会議には、政府側として小渕恵三（内閣総理大臣）、野中広務（内閣官房長官）、与謝野馨（通商産業大臣）、堺屋太一（経済企画庁長官）、鈴木宗男（内閣官房副長官）、上杉光弘（内閣官房副長官）、古川貞二郎（内閣官房副長官）が参加し、経済界と内閣との対話という色彩が強い。

第1回の経済戦略会議で小渕恵三総理大臣は、「民間で実際に企業経営に携わっておられる方々や経済学者の方々のご意見を賜り、それを基に、私自身のトップダウンによるスピーディーな政策決定を行っていきたいと考えております」とあいさつを行った（平成10年8月24日経済戦略会議第1回会合議事概要）。また、経済戦略会議の最終答申を受け取った小渕恵三総理大臣は、「貴重なご提言として、しっかりと受け止めさせていただいて、今後の経済運営に取り組んでまいりたいと考えております。また、その旨は、本答申を報告する閣議におきまして、各閣僚に私から指示するとともに、可能なものから実現に移せるよう督励して参りたいと考えております」と述べた（平成11年2月26日経済戦略会議第14回会合議事概要）。

251　経済戦略会議答申「日本経済再生への戦略」（平成11年2月26日）〈http://warp.da.ndl. go.jp/info:ndljp/pid/284573/www.kantei.go.jp/jp/senryaku/990226tousin-ho.html〉。
　　この最終答申では、バブル崩壊の清算と、国家戦略に沿った選択と集中を行うことを提言し、会社法制との関係では債務の株式化（第3章　バブル経済の本格清算と21世紀型金融システムの構築　(4)企業の過剰債務の解消促進　②デット・エクイティ・スワップの活用）や、事後設立規制における検査役検査の撤廃（代わりに、取締役等に現物出資の価格補填責任を課す）、会社組織の分社化・グループ化・フラット化に対応できるよう、連結納税制度、株式交換制度等、持株会社に関連する制度を整備するとともに、会社分割法制を整備すること（第4章　活力と国際競争力のある産業の再生　(4)経営組織の革新）が提案された。

252　平成11年3月19日内閣総理大臣決裁「産業競争力会議の開催について」〈http://www. kantei.go.jp/jp/singi/sangyo/990421kesai.html〉。産業競争力会議は、小渕恵三（内閣総理大臣）が主催し、議事進行は、与謝野馨（通商産業大臣）が務めた。政府側からは、常時、野中広務（内閣官房長官）、陣内孝雄（法務大臣）、宮澤喜一（大蔵大臣）、有馬朗人（文部大臣・科学技術庁長官）、宮下創平（厚生大臣）、中川昭一（農林水産大臣）、川崎二郎（運輸大臣）、野田聖子（郵政大臣）、甘利明（労働大臣）、関谷勝嗣（建設大臣）、野田毅（自治大臣）、柳沢伯夫（金融再生委員会委員長）、太田誠一（総務庁長官）、堺屋太一（経済企画庁長官）が出席した。経済界からは、今井敬（経団連会長・新日本製鐵会長）、秋草直之（富士通社長）、出井伸之（ソニー社長）、牛尾治朗（経済同友会代表幹事・ウシオ電機会長）、江頭邦雄（味の素社長）、奥田碩（トヨタ自動車社長）、金井務（日立製作所社長）、小池俊二（サンリット産業社長）、瀬谷博道（旭硝子会長）、高原慶一朗（ユニ・チャーム社長）、濱中昭一郎（全国通運連盟会長・日本通運社長）、樋口廣太郎（アサヒビール名誉会長）、前田勝之助（東レ会長）、前田又兵衛（日本建設業団体連合会会長・前田建設工業社長）、三浦昭（日本化学工業協会会長・三菱化学社長）、宮津純一郎（日本電信電話社長）、室伏稔（日本貿易会会長・伊藤忠商事会長）が委員を務める。平成11年7月15日第5回産業競争力会議からは、さらに鈴木敏文（イトーヨーカ堂社長）、福武總一郎（ベネッセ・コーポレーション社長）、孫正義（ソフトバンク社長）が委員に追加された（肩書は当時）。
　　会社法制に関しては、第2回産業競争力会議の場で、今井敬経団連会長が、「企業組織形態の多様化を進めるための法制・税制の整備で、具体的には、会社の分割や分社化を早急に進めることができるよう、商法や関連税制を整備することが必要」であるとか、「債務の株式化、デット・エクイティ・スワップについては、これが活用できるように、金融機関の株式保有制限、兼業禁止規定、銀行法の規定を見直」すべきと発言した。このときの締めくくり発言として小渕恵三内閣総理大臣は、立法は「従来からいうと、いろいろ会議で答申をいただいて、その答申の中でいいものを役所が整理整頓して、……1年に1回ある通常国会で法律を通してというスタイルでやっていたら、10年待つことにな」る。「今の事態はそんな状態ではなく、スピードが重要である」と発言し、各大臣に「どういう法律があって、今どの程度検討しているかということ」の報告を指示し、立法の早期実現を促した。
　　「第2回産業競争力会議議事要旨」〈http://www.kantei.go.jp/jp/singi/sangyo/ 990518dai2.html〉。

予定されていた。昭和年間では考えられないテンポで立法がされている。これは、これらの会議での検討を受けてなされた、小渕恵三総理大臣の指示が強い圧力となった結果である。

こうした、経済界の要望のカウンターパートの交代は、利害調整の不十分さをもたらす可能性がある。政治家・政府は、産業政策・経済政策という観点から会社法制をみるとしても、株主や債権者という声なきステイク・ホルダーの利害を代弁するということに関心を有さないからである。

会社法学者が「開かれた商法改正手続を求める商法学者声明」を出し、記者会見まで行って抗議活動をした理由も、この点にあるのではないだろうか。会社法制が株主・債権者・経営者の利害調整を行う法制度と捉えれば、不十分な利害調整のまま立法されることは大きな問題を孕むと考えられたのであろう。

2．第二の議員主導の会社法制改革——平成13(2001)年12月商法改正：外圧を盾にした平成5(1993)年商法改正に対する経済界からの巻返しと議員立法

自民党は、次の会社法改革の標的を株主代表訴訟制度・企業統治に定めた。株主代表訴訟・企業統治が標的とされることの発端は、株主代表訴訟提起の利用障壁を除去した平成5年商法改正にある。

平成5年商法改正とバブル経済の崩壊に端を発した企業不祥事の多発とその発覚が相まって、株主代表訴訟の提訴数が増加した。経済界は、これを「取締役受難の時代」と捉え[254]、株主代表訴訟の利用を制限する立法を強く求めていた。自民党主導による議員立法はこの声を受けるものである。

経済界からこの点が強い要望となるのには二つの側面が存在する。

253　中村芳夫「商法全面改正への基本的な視点——経済界の見方」商事法務1574号18頁(2000)。

254　たとえば、読売新聞1997年5月24日朝刊3面「株主代表訴訟に悲鳴　取締役受難の時代　経済界、高まる見直し論」。

第一は、平成5年商法改正の巻返しという側面である。平成5年商法改正では、株主権の強化の一環として株主代表訴訟（株主による取締役等の責任追及訴訟）の争訟費用の低減化が図られた。この改革を許したことに対して、経営者サイド（産業界）としては、「安易にのんでしまったことに、しまったなという反省の気持ち」が強くあり[255]、それが株主代表訴訟の利用を制限するような立法を求める活動へとつながった。

　第二は、企業不祥事が続出する事態を受けて、経営者自身の判断が適正かを判断するような体制づくりを経営者自身が求めるという側面である。後述のように経団連は、自民党に強く働きかけると同時に独自の改正私案を提出するなど、積極的に活動している。この活動を実施したのは経団連コーポレート・ガバナンス特別委員会であるが、この委員会の設置にあたっては、経営者自身が「トップに怖いものがないのが日本企業の欠点」[256]であるとして、その改善を検討することを目的としていた。

　経営者（経済界）のこの立法に対する二つの要望は、相反するようにも思われる。そもそも、平成5年商法改正以降、株主代表訴訟制度の活性化により、取締役自身に過失か不正行為をしたら責任を問われるという認識が生まれ、「日本の取締役もピリッとしてきた」。このため取締役に対して「過度に

---

[255] 江頭憲治郎ほか「連載・改正会社法セミナー【第14回】企業統治編①」ジュリスト1277号91頁〔西川元啓発言〕（2004）。

[256] 日本経済新聞1997年12月12日夕刊5面「企業監査の機能強化提言、経団連特別委座長片田哲也氏（フォーカス）」では、当時の豊田章一郎経団連会長が、コーポレート・ガバナンス特別委員会を設置する際に、片田哲也コマツ製作所会長にその委員長を委嘱する際のやりとりが次のように記される。「『トップに怖いものがないのが日本企業の欠点だ。このことを考えてほしい』――今年夏、経団連の豊田章一郎会長が求めたのに対し、片田氏は『不祥事が続く中で、格好だけの議論なら引き受けられない』と固辞した。しかし、豊田会長に『きちんとした議論を期待してのこと』と押し切られ、特別委座長を引き受けることになった」と。

　経団連に設けられた「コーポレート・ガバナンス特別委員会」は、経団連の副会長を務める小松製作所会長の片田哲也を座長に、当時の会長である豊田章一郎（トヨタ自動車会長）や次期会長である今井敬（新日本製鐵社長）などから構成されたものであり、経団連においても企業統治・株主代表訴訟制度改革が重要な課題と認識されていたことがわかる（江頭ほか・前掲255 90頁〔西川元啓発言〕）。

責任が酷になるのは問題だが、代表訴訟を機能しなくしてしまっては、たらいの水とともに赤子を流すようなものだ」からである[257]。

以下では、時計の針を少し戻し、株主権強化を実施した平成5年商法改正をみることで、この点を考察し、自民党が主導する企業統治・株主代表訴訟制度改革の様子を確認しよう。

2－1　平成5(1993)年商法改正――第二の議員立法の背景

2－1－1　改正の経緯

平成5年商法改正は、それまで法制審議会社債法小委員会において審議を続けていた社債法の全面改正と、株主権の拡充の具体化(株主代表訴訟の裁判手数料の低廉化、原告株主が勝訴した場合に会社に求償できる訴訟費用の範囲の拡大、株主の帳簿閲覧権の強化、監査役制度の強化)とを内容とする。

この会社法改革も法制審議会商法部会で法律案が作成され、昭和年間に育まれた法制審議会集約型立法チャネルを通して行われた。しかし、この改革では、それまでと異なり、具体的な改正の要綱がまとめられた段階で意見照会がなかった。平成5年2月10日に、法制審議会商法部会で「商法等の一部を改正する法律案要綱案」がまとめられ、同月24日の法制審議会総会はこの要綱案のとおり、「商法等の一部を改正する法律案要綱」を決定し、法務大臣に答申し、平成5年3月9日には、この法律案要綱に基づいて、「商法等の一部を改正する法律案」が内閣提出法案として国会に提出された。

このような動きに対しては、意見照会をすることにより経済から反対の声を聞くことをおそれたものであり、経済界にとっては不意打ちであったとも指摘される[258]。社債法制の整備は経済界からの要望を実現するものであるので問題はなく、「不意打ち」と批判されたのは、株主権の拡充の具体化であ

---

[257] 日本経済新聞2000年11月27日朝刊5面「けいざい闘論　株主代表訴訟見直し必要か――岩原紳作氏、西川元啓氏」での岩原紳作発言。

[258] 前田ほか・前掲37 33頁〔前田発言〕は、「あの改正は、法務省が……こっそりと法制審議会を通してしまったのだという、そういううわさが出たのですね。私、新聞記者からずいぶんと問い詰められましてね。……いくら説明しても、こっそりやったのだろうというふうに問い詰められた」と発言している。

る。しかし、実際には、「不意打ち」ではなく、経団連との交渉がなされ、経団連側としてもその実現をのまざるをえなかったという事情が存在した。

　平成5年商法改正のうち株主権の拡充の具体化は、日米構造問題協議（U.S.-Japan Structural Impediments Initiative）を受けて実施されたものとされる。日米構造問題協議は、平成元（1989）年7月〜2（1990）年6月まで行われた日米の行政府間の政策対話である。これは、日本の対外収支の黒字の増加に反して、アメリカの対日貿易収支の赤字が増加するなかで激化する「貿易摩擦」に対処する目的で、米国ブッシュ大統領と宇野宗佑総理大臣の基本合意に基づき、実施されたものである。平成2年6月の最終報告〔日本側の措置〕で、「『系列』関係の問題」が取りあげられ、その対応策として「会社法の見直し」があげられた。そこには、「商法によるディスクロージャーの制度及び株主の権利の拡充並びに合併の弾力化等について、今後の法制審議会において検討する」とされた。

　この日米構造問題協議の中間報告は、平成2年4月7日に閣議了解され、その最終報告は、平成2年6月28日に閣議了解がされ、政府の政策として実行していくことが決められた[259]。当時は、アメリカ議会主導で通商法が改正され、貿易摩擦の報復措置を実施するスーパー301条が盛り込まれた。日本がこのスーパー301条に基づく「優先交渉相手国」と指定されたために、いかにその発動を阻止し、日米貿易摩擦問題を解決するかが、大きな問題と認識されていた[260]。

　このような背景があっただけに、株主権の拡充の具体化という、経営者サイドからみれば、自分の行動に対して株主から干渉される可能性を増加させる立法提案であっても、合理的なものである限り、正面からは反対できなかった。同時に当時は、証券会社の損失補填事件などが発覚し、企業に対する不信感が高まっているときであり、経団連としても企業行動憲章をとりまとめるなど自己規制を強化することで世論の批判に答えることを余儀なくされていたこともあり、株主権の拡充の具体化がコーポレート・ガバナンスの

---

[259] 道垣内正人「日米構造問題協議の法的位置づけ」商事法務1258号25〜26頁（1991）。
[260] 道垣内・前掲259　27頁。

強化につながるだけに反対しづらいという側面もあった[261]。とりわけ世論の批判が集まったのは、バブル経済の崩壊に付随して行われた証券会社の損失補塡問題である。この問題に対して、株主代表訴訟が提起された。その際には、株主代表訴訟の訴訟費用が訴額を基準に算定されるか否かが大きな争点となった。株主代表訴訟は会社が被った損害の会社に対する賠償を、株主が会社に代わって請求するものである。通常の訴訟と同様に、損害賠償請求額を訴額として裁判所に納付する訴訟費用を算定すると、莫大な額の手数料を裁判所に納付することが提訴株主に要求される。しかし、提訴株主が受け取る経済的利得は会社が損害を回復したことにより所有する株式価値が増加する（かもしれない）という間接的なものにとどまる。それにもかかわらず、会社に対する損害賠償額を根拠に形式的に訴訟費用を算出することに合理性があるか、むしろそう解することが運用面では実際の障害となって、株主代表訴訟を提起すべきときに株主が提起できないのではないか、と大きく批判されていた。このような状況下で、株主代表訴訟の訴訟費用額を低廉化しようとする立法に経済界が反対することは、経済界への批判を増長させる結果となるからである。

　もちろん、この改正により株主代表訴訟が活発に利用されるという状況が予測されなかったことも[262]、経済界の反対を喚起しなかった原因の一つであろう。なぜなら、この改正は株主代表訴訟を提起するインセンティブを積極的に付与するものではなく、株主の情報収集に有効な手段を特に設けるものでもなかったからである。

　これらのため、株主権の拡充の具体化に関する法制審議会での審議は比較的スムースに行われた[263]。

　もっとも、この改正で実現した株主権拡充の具体化の改正項目は、日米構造問題協議で初めて提案されたものではない。また、日米構造問題協議で取

---

[261] 小山敬次郎「代表訴訟制度の改正と濫用防止」同『回顧経団連　戦後経済を支えた人々』156頁（商事法務研究会、1996［初出1994］）。
[262] 岩原紳作ほか「株主代表訴訟制度の改善と今後の問題点」商事法務1329号12～13頁〔久保利英明発言〕、14～15頁〔高橋宏志発言〕（1993）。
[263] 稲葉ほか・前掲41 24頁〔吉戒修一発言〕。

り上げられた課題のすべてが立法化されたわけでもない。むしろ会社法学者が、外圧を盾に、経営者側の譲歩を引き出し、立法を実現したと評価できよう[264]。

2－1－2 なぜ「株主権強化の具体化」は進まなかったか？

ここで、検討しなければならないのは、なぜこれらの株主権強化の具体化、とりわけ株主代表訴訟制度の利用障壁の除去に関する立法が進まなかったのか、という点である。

昭和61（1986）年5月に法務省民事局参事官室が行った意見照会「商法・有限会社法改正試案」では、「代表訴訟につき勝訴した原告に対し、弁護士費用以外に相当の費用（たとえば調査費用）の請求権を認める」（二　経営管理（運営）機構　15代表訴訟）と提案された。立法提案はなされていないが、会社法制改革をリードした人物の一人である竹内昭夫は、早くから、裁判所に納付する訴訟費用を訴額に基づいて判断すれば、株主代表訴訟提起権の行使が実質上妨げられると危惧していた[265]。解釈論としても株主代表訴訟の訴額算定にあたっては、訴額を算定不能として、株主代表訴訟を財産上の請求にあらざる請求として取り扱うべきとしていた。

昭和年間の会社法制改革を通観した場合には、この提案や株主総会におけ

---

[264] 龍田・前掲123 34頁は、日米構造問題協議で要求された会社法制の改革事項はすでに改革の俎上にあり、以前から検討されていたが反対が多く立ち消えとなったりしたものが多いとし、日米構造問題協議により弾みがついて平成5年商法改正へと繋がったとする。龍田節は、「学者の主張では通らないことが、アメリカからの要求だからということで実現できる風潮は、早く改まることが望ましい」（同37頁）とも述べる。同様に、倉澤康一郎「日米構造協議と会社立法――日米の企業文化ギャップ」法律時報65巻7号44頁（1993）も「今回の改正は、その内容の点においては、これを……外圧によるものと認識するのは誤りであるが、改正の契機の一つが外圧であることは、これを率直に認めなければならない。……わが国の企業文化の中に、ほんらい改正すべき法制度についても、外在的なキッカケがなければなかなか自発的には改正に合意をしないという風潮がある」と指摘する。

[265] 田中英夫＝竹内昭夫『法の実現における私人の役割』47～51頁（東京大学出版会、1987〔初出1971・72〕）、竹内昭夫「株主の代表訴訟」法学協会編『法学協会100周年記念論文集第3巻』208～209頁（有斐閣、1983）。

る取締役の説明義務の導入などは、他の経営管理（運営）機構の提案とは趣きを異にする。

すでに指摘したように、昭和年間の会社法制改革にあっては、会社法制は「無色透明」であり、中立的な立場から、株主、債権者、経営者が相互に互いの立場を変えても納得できる方策であるか否かが、改革の正統性を表すものであった。経営者が事業を行う会社が取引相手との関係では債権者となり、他の関係会社との間では株主となることから、ステイク・ホルダーの立場が「相互代替性」を有していることを前提に、経営者の要望に対して株主・債権者の利害を代弁して、学者がネゴシエーションを行っていた。

このような「相互互換性」を考慮すれば、経営者・債権者と対置されるのは、総体としての株主、あるいは、株主総会を通して意思を表明することのできる多数株主である。このため多数株主のコントロール、すなわち株主総会を通した経営管理（株主総会で選任される監査役・会計監査人の独立性の確保など）は、会社法制改革の方向性として正統性をもちやすい。主流派がその前提としていた「相当の株式を有する活力ある大株主（個人）が議決権を行使し経営の中枢を握り、株主の利潤を追求」し、「裁判所は原則としてそれに介入すべきではない」という会社観に合致もする。

しかし、株主権の拡充の具体化で実現したのは、個々の株主や少数株主の権利の拡充であり、「相互互換性」によって正統性を得ることは難しい。あえて、このような形で改革の正統化を試みようとすると、非常に限定的な事例でしか通用しない提案となり、会社法制改革に向けて経営者を説得することは難しくなる。

たとえば、竹内昭夫は、小会社立法について個人・少数株主権の強化を経営者側にのんでもらうための正統化を示す例として次のように述べる。「小会社にありましては、現在の社長やその子は10年後は役員から離れた単なる株主になっており、現在の社長の弟か弟の子が社長になっているというように、役員と株主が互に交替する可能性が大きいように思います。したがって、小会社立法をすぐれた内容にするためには、現在の経営者の方々の主張だけを聞いていては足りないのではないか、それでは、いわば世代間の公平、

役員と株主間の公平を図り得ないのではないかと感じております」[266]と。経営者と「相互互換性」がある形で、少数株主・個人株主を想定すると、このようにかなり限定的な事案となる。さらにこれが大会社の場合には、「相互互換性」を想定することもいっそう困難になろう。個人株主・少数株主権の拡充、とりわけ株主代表訴訟制度の利用障壁の除去は、内容としても、単独株主でも訴訟を提起することができることから、主流派のもっていた会社観にも合致しないという側面もあった[267]。

　以上の点をみれば、株主代表訴訟制度の利用障壁の除去をはじめとする株主権の拡充の具体化が進まなかったこともむべなるかな、と思われよう。

　それでもなお、主流派の本流をいく竹内昭夫は、株主代表訴訟の利用障壁の除去に情熱をもってあたった。平成5（1993）年商法改正に向けての法制審議会商法部会の議論の際には、鈴木竹雄部会長が自ら真っ先に「それは当然のことだ」と株主代表訴訟の訴訟費用の低廉化に賛成の発言をし、法制審議会の財界からの委員もその方向で納得をしたという[268]。なぜ、このような立法の方向性が主張され、志向されたのか、平成5年商法改正以後の状況から考えてみよう。

　平成5年商法改正のインパクトについては、次のように述べられる。「代表訴訟が経済界に与えたインパクトは非常に大きいようですね。とくにトップの方にとっては、株主総会制度の改正にしても、積極的にいやだとはいわれなくても、総会屋に応対するのはいやだと顔をしかめておれば、部下が意をくんでしかるべくやってくれた。それから、監査役制度改正といっても、ローテーション的に人事をやっておれば事足りると思っていた。そうした社

266　田中誠二ほか「討論（大小会社区分立法のあり方＜シンポジウム＞）」私法47巻108頁〔竹内昭夫発言〕（1985）。

267　そもそも、株主代表訴訟制度自体が制度的にそぐわないとして、活発に利用しない方がよく、立法論的に少数株主権とすることも提案された（石井照久『会社法上巻（商法Ⅱ）（第2版）』357頁（勁草書房、1972））。当時は、むしろ昭和25年改正の前後で大きな制度変更がないものとしようとの意識も強かった。このような雰囲気をよく表すものとして、我妻榮ほか「戦後における立法および法律学の変遷（特集　創刊三十周年記念号）続・日本の法学」法律時報30巻12号1389頁〔松田発言〕（1958）。

268　前田ほか・前掲37 33頁〔前田発言〕。

長さん方も、代表訴訟については、これはえらいことだと思っておられるような節があります」[269]。株主代表訴訟は、提訴株主が会社に代わって被告取締役の責任を追及する訴訟であるから、被告取締役は訴訟防御活動に会社の資源を利用できずに、自ら弁護士を選任し、訴訟追行しなければならない。会社のトップの負担が、このように直接的でかつ大きいことが「えらいこと」の中身である。この改正のねらいは、会社のトップに直接刺激を与えることで、「代表訴訟の制度があるということすら、きちんと認識していなかった」経営者に対して「自分の身を慎む必要性、あるいは、経営について責任をつねに負う立場にあるということ」を認識させ、社内管理体制の充実や慎重な経営体制の整備を促進させるということとされている[270]。

　結果から分析すれば、平成5年商法改正で試みられた株主権の拡充の具体化は、以下のように、株主代表訴訟制度の効果を機能論的に把握することで[271]、実行された周到な改革であり、それまでの改正項目の正統化原理である「相互互換性」とは異なった機能論による正統化へとシフト・チェンジしていたと評価できる。

　昭和49（1974）年から始まる企業の非行行為防止のためにとられた改正は、「相互互換性」により正統化できる範囲でのみ実現していたため、株主総会の多数決を通した道筋（監査役制度の改善、会計監査人制度の強化）のなかで行われた。しかしそれでは、株主総会の多数決によって信任された経営者（取締役会・代表取締役）を経由せざるをえないため、経営者の意向がバイアスとなり、社内管理体制の充実や慎重な経営体制の整備は不徹底になりがちである。個人株主・少数株主の監督是正権の拡充は、経営陣である取締役を直接揺さぶり、彼ら自身の行動を適正化させようというショック療法の役

---

[269] 稲葉ほか・前掲41 25頁〔江頭発言〕。
[270] 稲葉ほか・前掲41 25頁〔江頭発言〕〔稲葉発言〕。
[271] もちろん、機能論的分析だけでは、とりわけ株主代表訴訟制度が経営者に対する「脅し」の効果をもっていることからは、経営者の納得を得ることは難しい。この観点から、竹内昭夫は、株主代表訴訟提起権が、団体の構成員が団体のために団体に対しその健全な運営を求める原理的な権利であることを強調する（竹内・前掲265 208頁、田中＝竹内・前掲265 38頁）。

割が期待された。このショック療法は「相当の株式を有する活力ある大株主（個人）が議決権を行使し経営の中枢を握り、株主の利潤を追求」し、裁判所は原則としてそれに介入すべきではないという伝統的な会社観によっては経営者を十分にコントロールできないという現実のなかで採用された処方箋である。唯一経営陣に直接効果のあるものであり、会社の健全な運営を担保する新たな支柱が設定されたといえよう。

しかし、この新たな支柱は、単なる支柱にとどまらず、会社法制が株主・経営者・債権者の利害を調整する法制度から多くのステイク・ホルダーの利害を調整するための場を設定する制度へと変容する可能性も内包する。上場企業の株式は誰でも入手可能であるから、ステイク・ホルダーが株式を購入し、社会問題に起因して取締役の行為の是非を問うという形で会社の経営の是非を裁判所で問うことが可能となるからである。実際にそのように利用する事象がいくつかあった。ここでは、そのいくつかを紹介しよう。

第一に、中部電力株主代表訴訟事件では、原発反対株主が、安全性、採算性に疑問があり建設計画が進まぬ原子力発電所計画を中止しないことと、その原子力発電所建設計画にあたって、不当な支出を地元漁協に実施したことが取締役の注意義務違反となるとして、会社に対する責任を追及する訴訟（株主代表訴訟）を提起した[272]。これは、取締役の責任を追及するという形をとるが、その実質は、原子力発電の是非という社会的問題に関する対話を企業と市民が行うものであった。

第二に、ミドリ十字株主代表訴訟事件があげられる。この事件では、ミドリ十字が製造した非加熱製剤による薬害エイズの被害者らが事実関係を究明し、救済を要求する活動の一環として提訴している[273]。

---

[272] この事件にあっては、被告取締役側より担保提供の申立てがなされ、名古屋地決平成7年2月28日判例時報1537号167頁では担保提供を命じたが、その控訴審である名古屋高決平成7年11月15日判例タイムズ892号121頁では、原子力発電所建設計画にあたって、不当な支出を地元漁協に実施したことに関しては、担保提供を認めず、この点に関しては代表訴訟が係属した。もっとも、本案判決である名古屋地判平成10年3月19日判例時報1652号138頁、名古屋高判平成11年11月17日資料版商事法務189号247頁（確定）は、いずれも請求を棄却している。

第3節　日本型政策決定システムの新たな展開と会社法制改革立法チャネルの変動　145

　第三に、日本航空株式会社（当時）の取締役に対して、同社株主のタンポポ投資クラブ（株主オンブズマン有志による）が提起した株主代表訴訟は、障害者雇用促進法に基づく障害者法定雇用率の未達成を放置する企業行動に疑問を投げかける目的で実行された[274]。

　そもそも株主代表訴訟制度は、提訴株主が受ける経済的利益は訴訟活動の費用に見合うものでなく、「佐倉惣五郎のような義人の出現を待つ制度」[275]である。「取締役の一定の違法行為によって生じた会社の財産的な被害の回復という直接の目標を実現することが、会社の公益的機能の確保という究極的な目的に支えられている」ことから、市民的なあるいは公益的な動機を有してはならないということではないとも考えられていた[276]。

[273] この事件でも被告取締役側は担保提供の申立てを行った。大阪地決平成9年3月21日判例時報1603号130頁では、「請求原因の重要な部分に主張自体失当の点があり主張自体を大幅に補充あるいは変更しないかぎり請求が認容される可能性がない等の事情を原告株主が認識しつつあえて訴訟を提起した」代表訴訟は「悪意ニ出デタルモノ」であるとして、担保の提供を命じた。しかし、大阪高決平成9年8月26日判例時報1631号140頁は、平成17年改正前商法267条6項の準用する平成17年改正前商法106条2項にいう悪意とは、「提訴株主が代表訴訟で主張する権利等が事実的・法律的根拠を欠いていることを知りながら、あえて訴えを提起・継続する場合、あるいは、被告取締役ひいては会社を害し、これに嫌がらせをすることによって、個人的利益を追求する等社会的相当性がない違法な目的で、あえて提起・継続するような場合」を指すとし、本件はそのような事例にあたらないとして原決定を取り消し、担保提供の申立てを却下した。この事件は、平成14（2002）年3月13日に再発防止策の実施や和解金として1億円の会社への賠償を条項とする訴訟上の和解が大阪地方裁判所において成立し、終了した（「主要な株主代表訴訟事件一覧表」資料版商事法務268号127頁（2006）、日本経済新聞2002年3月14日朝刊39面「薬害エイズ旧ミドリ十字、株主訴訟が和解――1億円支払い再発防止へ調査委」）。

[274] この事件では、障害者雇用促進法が義務として課す障害者の法定雇用率を達成せずに、不達成企業に課せられる障害者雇用納付金を支払い続けている日本航空の経営姿勢が問題とされた。原告側の意図は、障害者雇用促進法が示す「社会的弱者との共生」という観点が日本の企業社会にないことを問題とするものであった（「日本航空株主代表訴訟訴状」資料版商事法務190号235頁）。この代表訴訟は、平成13（2001）年5月17日に東京地方裁判所において、日本航空が当事者として参加する訴訟上の和解で終了した（資料版商事法務207号56頁）。和解条項は、期限を決めて、障害者雇用促進法に定められた法定雇用率を達成するとの努力目標を日本航空に掲げさせ、障害者の就労支援体制を推進させるという内容であり、法定雇用率達成に至るまでの間、その年度の雇用率達成状況を日本航空のホームページで一般に公開させるものであった。

株主代表訴訟制度は、このようにステイク・ホルダーの利害調整を広く会社法制が引き受ける可能性を内包する。それでは、会社法制はどの程度その可能性を発揮するつもりであったのか。

　竹内昭夫[277]は、株主代表訴訟が濫用されているとして排除すべき場合を想定し、その濫用的な利用を制限する方策として、担保提供制度、株主権・訴権の濫用、悪意の敗訴株主に対する損害賠償請求などにより、その抑制が制度的に用意されていることを強調した。竹内が「株主代表訴訟の濫用」として利用を制限すべきと考えたのは、訴訟提起株主が株主代表訴訟の提起・取下げを交渉の道具として会社から金銭を引き出そうとするものや、一見して提訴理由に根拠がなく、嫌がらせ的に訴訟を提起するものである。

　この竹内昭夫の基準に基づけば、社会問題を内容として含み、広くステイク・ホルダーの利害を調整するものであっても、個人的に金銭を会社から引き出す目的でなく、提訴理由に一応の根拠があるのであれば、株主代表訴訟の提起・係属が認められる。会社法制が広くステイク・ホルダーの利害調整をする場やキッカケを提供しようと踏み出したことになろう。もちろん、訴訟という事後的救済を図る場がステイク・ホルダーと会社と対話や利害調整の場としてふさわしいとは考えにくい。しかし、むしろ問題とされるべきは、会社の行動に関する社会問題の解決に関して社会（広範なステイク・ホ

275　田中＝竹内・前掲265 194頁。
　　なお、佐倉惣五郎は、江戸時代前期の百姓一揆の指導者である。下総国の佐倉藩の重税に耐えかねた農民を代表して、藩の役人や江戸の役所に訴えたが取り上げられず、老中に駕籠訴をしても果たさず、やむなく将軍に直訴して租税は軽減された。しかし、惣五郎夫妻は磔刑、その男子3名は死罪に処されたとされる。史実は定かではないが、歌舞伎や講談の『佐倉義民伝』などで義民の代表格として扱われる。詳しくは、児玉幸多『佐倉惣五郎』（吉川弘文館、1985）を参照。
276　上村達男「株主代表訴訟の今日的意義と課題」法律のひろば1994年8月号5～6頁。上村達男は、「代表訴訟の公益的側面の評価は公開会社自体の有する社会性・公益性に基づくものであるから、取締役もその有する職務が多様な価値の実現に関するものであることを堂々と主張し、そのうえで代表訴訟の対象となりこれに応訴すること自体を経営の通常の過程に伴う正当なリスクと考え、このリスク代は会社が負担すべきである旨の主張を認めてよい」とする（同6頁）。
277　竹内昭夫「株主代表訴訟の活用と濫用防止」商事法務1329号34頁（1993）。

ルダー）と会社との対話が、こういった場でしか行われないという点であろう。

2－2　平成5 (1993) 年商法改正からみた第二の議員立法

　平成5年商法改正で実現した個人株主・少数株主の監督是正権の拡充の意義をふまえれば、平成13（2001）年12月商法改正へと繋がる経済界の企業統治機能の強化と株主代表訴訟の利用制限という要望は、次のように分析できよう。経済界も企業統治の弱さを日本企業の病巣として認識しているが、ショック療法のショックが強すぎる（株主代表訴訟制度は、「健全性確保という目的に照らして行き過ぎ」である[278]）ため、「相当の株式を有する活力ある大株主（個人）が議決権を行使し経営の中枢を握り、株主の利潤を追求」し、「裁判所は原則としてそれに介入すべきではない」という伝統的な会社観の枠のなかで実現できる処方箋を書いてほしい、と。しかし、ショック療法は、通常の治療では対処できないと判断される場合に実施されるものであるため、これはなかなか実現の難しい要望であった。

　このため、実際に立法を進める自民党と経済界（大企業の経営者）側との間では、当初から温度差が生じていた。経済界は、株主代表訴訟制度の利用の実質的制限と取締役の責任軽減制度の確立を求めた[279]。これに対して、自由民主党側の提案としては、会社の適法性・経営の健全性を確保する株主代表訴訟の力を減殺させないようにすることが前提であり、株主代表訴訟提起権を少数株主権とすべきでないとし、株主代表訴訟の「脅し」としての効果を維持しつつ、過酷になりすぎないような範囲にとどめるための責任軽減立法を行うとした[280]。さらに、従来からの会社観の枠のなかの改善で対処するのであれば、監査役の権限強化に経済界が主張する以上に切り込むことも要求していた[281・282]。

---

[278]　中村芳夫「代表訴訟改正も監査役機能強化も企業システム国際化の一環」金融財政事情1997年8月18日号26頁。

[279]　経団連側の要望としては、株主代表訴訟提起権の少数株主権化であり、監査役会の判断で株主代表訴訟を却下できるようなシステムの構築である。

[280]　保岡興治「日本経済国際化のため政策判断で経営者の萎縮を取り除く」金融財政事情1997年8月18日号15頁。

2－3　平成13(2001)年12月商法改正の経緯

　平成9（1997）年9月8日に、自民党法務部会商法小委員会（太田誠一委員長）は、「コーポレート・ガバナンスに関する商法等改正試案骨子」を公表した[283]。同日に、経団連コーポレート・ガバナンス特別委員会も「コーポレート・ガバナンスのあり方に関する緊急提言」をまとめ[284]、自由民主党と経団連とが歩調を合わせて、立法に向けて動き出した。当初は、この次の通常国会に議員提出法案で法律案を提出すると宣言されていた[285]。

　議員立法で成立した平成9年商法改正との大きな違いは、株主代表訴訟制度の改革をめぐっては、社会の大きな注目を浴びた点があげられる。これまでは、会社法制が専門的な領域であるため、会社法制改革がマスメディアに取りあげられることが少なかった。しかし、企業不祥事が多数発覚する状況下において、企業の経営者の責任が追及されるという環境を緩和する立法提案は、社会から大きく注目され、批判されることになる[286]。すでに指摘した

---

[281]　太田誠一「監査役は原則として社外監査役でなければならない」金融財政事情1997年8月18日号20頁。
　　　両者の違いは、端的には、監査役に取締役の選・解任に関与する権利を付与するか、というところに現れていた。太田誠一によれば、取締役の選・解任に関与することで、取締役会の末席でびくびくしていた監査役が、監査役室をもち、社長を呼びつけることができるようになるとし、経営陣を監督する監査役が株主の信任を受ける監督者としてふさわしくすることが企業統治改革の目的であるとする（太田・前掲19〜20頁）。
　　　この点は、大会社の経営者（産業界）にとっては体制の大幅変更を意味しているためか、調整がつかず、結局、立法化はできなかった。
[282]　太田・前掲281　18〜19頁は、この点につき次のように述べる。平成9年商法改正でストック・オプションを一般的に導入する際に、野党側との調整の際に、高島屋、野村證券、第一勧業銀行等の総会屋への利益供与事件が発生していたため、企業不祥事が多発するなか、経営者に有利な法改正への反発が強いことを実感した。このときは、野党側に対し、「日本の企業体質を変えるための取り組みは、この法律が可決された後即座に開始する」と約束して審議を乗り切った。この約束を果たすことが、自民党側の改正への動機である、と。自民党側としては、一定の実効性のある企業統治改革の導入を考えていたといえよう。
[283]　商事法務1468号27頁（1997）。
[284]　商事法務1468号30頁（1997）。
[285]　保岡・前掲280　14頁。

ように、経済界の要望と自民党の主張の間に温度差があったこともあり、自民党の商法小委員会は、各界に意見照会やヒアリングを行い[287]、開かれた形で議論がなされた。この過程にあって、自民党の改正提案に対しては、会社法学者からも手厳しい批判がなされた[288]。岩原紳作を中心とする株主代表訴訟制度研究会は、民事訴訟法や民法を専門とする学者の意見をふまえて体系的な批判を提示し、反対の声明を発表している[289]。

自民党は、改正提案を修正し、平成10（1998）年6月1日に「企業統治に関する商法等の改正案骨子」を公開し[290]、平成11（1999）年4月15日には、「企業統治に関する商法等の改正案要綱」をまとめた[291]。この要綱に対しても、会社法学者から批判の声が上がった[292]。とりわけ、株主代表訴訟制度研究会は積極的な提言を行っている[293]。

このとき、後述の法制審議会改革が始動し、法制審議会は具体的な改正項

---

[286] たとえば、毎日新聞2000年12月4日朝刊5面「薄い改正の必要性」、日本経済新聞2000年11月4日「高まる株主代表訴訟論議、制度骨抜きなら本末転倒――改革迫る効果、不祥事抑止も」。

[287] 保岡・前掲280 17頁。

[288] 多くの論考が発表されたが、たとえば、森本滋「コーポレート・ガバナンスと商法改正――自民党商法に関する小委員会『試案骨子』について」ジュリスト1121号63頁（1997）、森淳二朗「コーポレート・ガバナンスと日本の企業システムの行方――『自民党商法等改正試案骨子』に寄せて」ジュリスト1122号52頁（1997）、浜田道代「企業倫理の確立と監査役・代表訴訟制度――自民党『コーポレート・ガバナンスに関する商法等改正試案骨子』への一意見」ジュリスト1123号114頁（1997）、江頭憲治郎「自民党の商法等改正試案骨子と監査役・監査役会」商事法務1470号17頁（1997）、北村雅史「コーポレート・ガバナンスに関する商法改正問題――監査役制度と取締役の責任について」商事法務1477号2頁（1997）、黒沼悦郎ほか「コーポレート・ガバナンスに関する商法等改正試案骨子の検討」商事法務1477号11頁（1997）など。

[289] 株主代表訴訟制度研究会「株主代表訴訟に関する自民党の商法等改正試案骨子に対する意見」商事法務1471号2頁（1997）。

[290] 商事法務1494号54頁（1998）。なお、この改正案骨子は若干の修正が加えられて再度公開された（月刊取締役の法務51号96頁（1998））。

[291] 商事法務1524号37頁（1999）。

[292] たとえば、浜田道代「企業統治と監査役制度・代表訴訟・役員の責任軽減」商事法務1528号4頁（1999）など。

[293] 株主代表訴訟制度研究会「自民党の『企業統治に関する商法等の改正案要綱』に対する意見」商事法務1526号4頁（1999）。

目について立法作業を行う法務大臣の諮問機関として性格を変更することになる。これにあわせて、平成12（2000）年9月6日には、法務省民事局は、「今後の商法改正について」という文書を発表し[294]、法制審議会会社法部会で扱うテーマとこの自由民主党主導で行われる「株主代表訴訟制度」・「監査役制度」改革とを個別に実施する方針が示された。自民党主導で行われる「株主代表訴訟制度」・「監査役制度」の改革にあっては、法務省は主体的に関与しないとされた[295]。

他方で社会では、自民党の改正提案を後押しする動きもあった。それは、平成12年9月20日に「大和銀行株主代表訴訟事件」につき判決が下り[296]、被告取締役に11億ドルという巨額な損害賠償を命ずる判決が出されたことをきっかけとする。これにより、社会では、株主代表訴訟が経営者にとって脅威となり、果敢な経営判断に出られない萎縮効果が発生するという、自民党・経団連側が改正を必要とする理由にも一定の理解が示された[297]。

自民党の「企業統治に関する商法等の改正案要綱」が公表された後には、当時の与党三党（自民党、公明党、保守党）の間で意見の調整に大きく時間が割かれた。とりわけ公明党は、平成13年3月1日に「企業統治に関する商法等の改正案（中間とりまとめ）」を公表した。与党三党間の折衝を通して、ネゴシエーションが行われ、平成13年5月30日に、第151回通常国会に衆法第31号として法律案が提出された。

この法律案に対しても、会社法学者より強く批判が行われた[298]。この第

---

[294] 法務省民事局「今後の商法改正について」前掲17。
[295] 原田晃治「会社法制の課題と現状――株式制度の見直し等を内容とする平成13年改正法の位置づけ」ジュリスト1220号12頁（2002）。当時、法務省サイドでは、原田晃治大臣官房審議官（当時）が議員立法による企業統治・株主代表訴訟制度改革の対応をした（江頭ほか・前掲255 94頁〔始関正光発言〕（2004））。
[296] 大阪地判平成12年9月20日商事法務1573号4頁（2000）。
[297] 立法後の見解であるが、たとえば、田中亘「取締役の責任軽減・代表訴訟」ジュリスト1220号32頁（2002）は、大和銀行株主代表訴訟事件判決にみられるように、日本の裁判例が経営判断原則の適用の際に経営判断の中身の審査も重視していることから、経営の萎縮効果がありうるとして、この立法理由にも一定の理解を示している。
[298] 岩原紳作「株主代表訴訟」ジュリスト1206号122頁（2001）。

151回通常国会では、一切の審議がなされず、審議継続とされ、次の秋の第153回臨時国会で平成13年9月27日に衆議院の法務委員会に審議が付託された。ここで、与党三党と野党民主党との間で折衝が繰り広げられ、同年11月28日に与党三党と民主党の共同提案により修正案が提出され、法務委員会で修正案どおり可決され、29日には衆議院本会議で決議され、12月5日に、参議院本会議で可決成立した。

2－4　第二の議員主導の会社法制改革過程からの示唆

　以上のように、自民党が主導する株主代表訴訟・企業統治に関する会社法改正は、結果からみれば、オープンな形で議論が進められ[299]、経営者側からの要望を基軸に立法を行おうとする自民党に対して、会社法学者そして公明党・民主党が株主の利害を代弁し、調整が行われた。このため、議員立法による株主代表訴訟・企業統治に関する会社法制改革は足掛け5年という時間が費やされた。議員立法による平成9（1997）年商法改正が非常に短期に行われ、ステイク・ホルダーの利害調整を行う余裕がなかったことと比較すれば、議員立法という立法チャネルでも、広くステイク・ホルダーの利害を調整できるようになったと評価できるのかもしれない。

　しかし、このように開かれた議論がなされたということは、むしろ例外的な事象であるかもしれないことに注意が必要である。改正テーマ自体の問題性が、法案作成過程の手続の進め方を決定したともいえるからである。

　企業不祥事のニュースが社会問題であっただけに、改革の動向に対して社会が大きく注目していた。通常、会社法制が専門的な分野であり、社会の大きなニュースとして会社法制改革が問いただされるのはまれであると考えられるだけに、この点を考慮する必要がある[300]。

　そうであればこそ、自民党側も経済界の要望をそのまま受ける形での立法

---

[299] 江頭ほか・前掲255 89頁〔浜田発言〕は、「国会で成立するまでの間に、『改正試案骨子』であるとか、『改正案骨子』であるとか、『改正案要綱』であるとか、その一つひとつがきちんと公表されまして、誰でも自由にものが言える雰囲気の中で改正内容の検討が進められた。これは大変よかった点であると思います」と述べる。

[300] 江頭ほか・前掲255 92頁〔岩原発言〕。

には躊躇し、広く意見徴取を行った。また、その立法への関与が社会的なアピール力を有するからこそ、政権与党の一員である公明党や野党の民主党なども、声なきステイク・ホルダーである株主の利害を代弁して、自民党に対して積極的にネゴシエーションを行ったのであろう。結果として、平成13（2001）年12月商法改正は、株主代表訴訟制度の利用制限というよりも企業統治の充実化に重点を置いた改正となったのである。

　もっとも、このような立法への流れに対しては、すでに指摘した平成5（1993）年商法改正の際の株主代表訴訟制度の機能論的な分析や、それにより株主代表訴訟制度が広くステイク・ホルダーの利害を調整する可能性を付与されたことが大きな役割を果たしたことも忘れるべきではない。株主代表訴訟制度が「経営者をピリッとさせ」、適法・健全な企業管理体制を構築・維持させる機能を有することが明確に認識されたため、経営者サイドがその機能削減を要求することの問題性が強く社会で共有され、経営者と他のステイク・ホルダーの意見調整の場として認識されていたからこそ、それを守ろうとする動きが登場したのである。

　なお、時間的な先取りとなるが、株主代表訴訟制度をめぐっては、法制審議会がリードする平成17（2005）年の会社法制定の際の検討でも、その利用制限を目論む経済界から強い要請があった[301]。それを受ける形で、平成17年3月18日に内閣に提出された会社法案では、学界でも比較的賛成する意見が強かった提訴株主の原告適格の要件として、会社・株主全体の利益に基づいて訴訟追行しうるかという「代表適切性」を追加するとされた（提出法案847条1項1号・2号。なお、持分会社につき同様の趣旨の規制が602条1号2号に存在）。すなわち、以下の平成17年3月18日提出時会社法案847条1号・2号に該当する場合は、株主は役員等の責任追及訴訟を提起できないとされた。1号は、「責任追及等の訴えが当該株主若しくは第三者の不正な利益を図り又は当該株式会社に損害を加えることを目的とする場合」とされ、2号は、「責任追及等の訴えにより当該株式会社の正当な利益が著しく害されること、当該株式会社が

301　日本経団連の主張と法制審議会会社法現代化部会での議論状況については、西川元啓「株主代表訴訟制度のさらなる見直し」商事法務1697号32頁（2004）を参照。

過大な費用を負担することとなることその他これに準ずる事態が生ずることが相当の確実さをもって予測される場合」とされた。

　このうち2号は、衆議院法務委員会で、自民党、民主党・無所属クラブおよび公明党の共同提案の修正に基づき削除された（持分会社に関する602条2号についても同様に削除）。これは、2号で株主が取締役の責任追及訴訟を提起することが制限される範囲が不明確であると同時に、拡張的に運用されることが懸念され、「事前規制の緩和に伴い取締役の行動の自由度が拡大しているため、その行動を事後の責任追及で制御することが有効かつ重要な方策であり、新たに訴訟要件を法定することにより過度に株主代表訴訟の提起を萎縮させるべきではない」との理由に基づく[302]。

　会社法制変革の歴史において、提出された内閣提出の法律案から条文が削除されるというのは、特異な現象である[303]。これは、以下のことをいやがる法務省が、提出法案からの削除を回避すべく行動するからである。国会の場で法律案の削除が行われることは、そのような内容の民意が示されたことになり、行政府の一員である法務省もそれを尊重しなければならず、以後の法務省が主導する会社法制改革の検討では（少なくとも当分の間は）その点を扱えなくなってしまう。このような法務省の回避行動の例は、昭和49（1974）年商法改正（本編脚注108を参照）でみられる。

　平成17年の会社法制定時にあっても、株主代表訴訟制度の機能を守ろうとする行動がなされ、国会審議のなかで明示的に示された。この第162回国会法務委員会（平成17年5月17日）の「過度に株主代表訴訟の提起を萎縮させるべきでない」との判断は、今後の会社法改革においても大きな重みをもつことになろう。

302　第162回国会法務委員会（平成17年5月17日）議事録第18号。
303　岩原紳作「新会社法の意義と問題点（日本私法学会シンポジウム資料）Ⅰ総論」商事法務1775号9頁（2006）。

3．法制審議会、立法体制の変容

3－1　法制審議会の変容

　議員立法による平成9（1997）年商法改正は、内閣総理大臣のリーダーシップを強める行政改革の実現に向けたパフォーマンスという側面を有していたと分析したが、行政改革は審議会制度の改革をも伴ったため、法制審議会の性質も変更された。

　平成9年12月3日に公開された行政改革会議の最終報告は、審議会が官僚主導の政策決定の隠れ蓑となっており、縦割り行政を助長するとして、各省における政策立案が審議会で行われていることを批判し、改革の基本方針を提示した[304]。そこでは、政策審議や基準作成審議を行う審議会は原則廃止し、その設置は必要最小限度とするとされた。

　この提案の目的は、省庁の内部の政策決定の透明化・民主化を目的としている。これは、それまでの審議会での意思決定が、関与団体が固定化することで、政策に影響力をもつ特定団体が政策立案過程に癒着していると評価され、審議の密室性がそれを助長すると判断されたことに由来する[305]。このため、審議会の改革とあわせて、政策立案過程に広く行政外部者が参画できる制度、すなわちパブリック・コメント制度の導入もあわせて提案された。平成10（1998）年6月12日には、この最終報告を受けて、中央省庁等改革基本法が公布された。中央省庁等改革基本法は30条で審議会の改革方針を規定する[306]。

　そもそも法制審議会は、国家行政組織法8条、法制審議会設置令に基づく審議会で、法務大臣の諮問機関である。この法制審議会は、法務大臣と委員30人以内で構成され、法務大臣が会長を務めていた（平成12年改正前法制審議会

---

[304]　行政改革会議「最終報告」（平成9年12月3日）Ⅲ新たな中央省庁の在り方　6審議会等〈http://www.kantei.go.jp/jp/gyokaku/report-final/Ⅲ.html〉。

[305]　小早川光郎＝藤田宙靖「対談・行政構造の変革」ジュリスト1133号36～37頁（1998）。

令3条)。法制審議会は9つの常設部会を有し、特に必要がある場合には部会を設置していた。商法部会も常設の部会の一つであった。

　平成10年6月頃に、法務省が示した法制審議会の改革は、次の点を方針としていた[307]。

　①法務大臣が務めていた法制審議会の会長を委員の互選で選ぶ。②常設部会は、刑事法部会、民法部会、商法部会、民事訴訟法部会、国際私法部会の五つに限定し、後は必要な審議が終わったところで消滅させる。③小委員会は設けない。④委員を25名以内とし、法律専門家以外にも広く国民の各層から委員を選任し、女性の委員を2割程度登用する。委員を補佐する幹事は、10名以内とする。⑤70歳以上の者は委員の任命・再任を原則として実施しない。総会の委員の任期は3期6年を限度とし、部会の委員は、連続して5期10年を限度とする。⑥部会の委員の定員も20名以内、幹事10名以内とする。⑦審議事項を限定して1年以内には必ず結論を出すようにする。このため、「民法について改正すべき点はあるか」というような包括的な諮問は原則と

306　中央省庁等改革基本法30条（審議会等の整理及び合理化）
　「政府は、審議会等（国家行政組織法（昭和23年法律第120号）第8条に規定する合議制の機関をいう。以下この条において同じ。）について、次に掲げる方針に従い、整理及び合理化を進めるものとする。
　一　活動の実績が乏しい審議会等及び設置の必要性が著しく低下している審議会等は、基本的に廃止すること。
　二　政策の企画立案又は政策の実施の基準の作成に関する事項の審議を行う審議会等については、次に掲げるところによること。
　　イ　原則として廃止するものとし、設置を必要とする場合にあっては必要最小限のものに限り、かつ、総合的なものとする。
　　ロ　イに掲げるところにより設置される審議会等のほかは、特段の必要性がある場合に限り、審議事項を具体的に限定した上で、可能な限り時限を付して、設置することができるものとする。
　三　その他不服審査等を行う審議会等については、その必要性を検討し、必要最小限のものに限ること。
　四　審議会等の委員の構成及びその資格要件については、当該審議会等の設立の趣旨及び目的に照らし、適正に定めること。
　五　会議又は議事録は、公開することを原則とし、運営の透明性を確保すること。」

307　日本経済新聞1998年6月23日夕刊16面「法相が表明、法制審議会1年以内に」、法制審議会第124回会議議事録（1998年7月9日）。

して行わず、特定事項に限って審議をする。⑧議事録の公開を行う。

　法務省がこのような方針を立てた一方で、中央省庁等改革を進める中央省庁改革推進本部の議論では、審議会は原則廃止させる方向で調整し、廃止を検討する審議会として法制審議会をあげることを検討していた[308]。これは、平成10年7月30日に成立した小渕恵三内閣で法務大臣に就任した中村正三郎が、立法は立法府が主導すべきという立場を鮮明にし、同年10月23日の閣僚会議で法制審議会の廃止を含めた審議会の全廃を原則とすべきだと発言したことに由来する。この発言は、基本法を検討する「法制審議会」は、政府の審議会で最も権威が高いとされ、政治が影響力を行使しにくい「聖域」の象徴的な存在と捉えられ、自民党にはかねてから廃止論が頭をもたげていたことの表れである[309]。この廃止論の背景に、議員立法による平成9年商法改正がある。その当時、政治・閣議決定での「政策判断」を実行するのに、法制審議会では「商法部会の審議に時間がかかりすぎ、これでは近時の急速な経済の変動についてはいけない」と関係議員で認識され、さらに商法学者が反対表明を出したことが、関係議員の感情を強く刺激したことが原因ともいわれる[310]。

　この法制審議会の廃止が検討されているというニュースは、法曹界に大きな動揺を与えた。法制審議会は法典調査会の流れをくみ、国民生活のフレームワークを構築する基本法に関する立法準備機関としての意義があり、行政改革で問題とされるような審議会が官僚主導の隠れ蓑となっている状況は存在しないと強く主張され、法制審議会の廃止への反対が表明され、むしろ審議を促進させるための改善や予算措置が必要であると主張された[311]。法務省官僚も法制審議会の意義を認め、法制審議会の存続を求めたことから、中村正三郎法務大臣との対立を深めた[312]。

[308]　毎日新聞1998年10月24日朝刊、朝日新聞1998年10月26日朝刊「法制審いらないの　行政改革矢面『廃止の方向で検討』株主代表訴訟　夫婦別姓　自民財界に嫌われ」。

[309]　朝日新聞1999年3月9日朝刊「灰色連鎖……アウト『聖域』と攻防……溝に　中村法相が辞任」。

[310]　河本・前掲19 69頁。なお、小渕恵三内閣の下で、中央省庁等の改革を担当する行政改革担当大臣は、平成9年商法改正の際に議員立法を主導した太田誠一である。

第3節　日本型政策決定システムの新たな展開と会社法制改革立法チャネルの変動　*157*

　法学者をはじめとする法曹界や法務官僚の反対を受けて、平成10年12月25日の閣議後記者会見で、中村法務大臣は、法務省として法制審議会を存続させる意向を中央省庁等改革推進本部に伝えると表明し、法制審議会の存続が決定した[313]。これは、中央省庁等改革推進本部の最終調整のなかで、政策が審議会の答申に拘束されないことを条件に[314]、重要な審議会は存続させると方向転換をしたことを受けたものとされる。中村法務大臣は、法制審議会を存続させる条件として運営の改善を強く指示し、官僚が法制審議会の委員と

---

[311] 星野英一「法制審議会　この知られざる存在」NBL600号4頁(1996)は、平成8(1996)年7月24日に公表した行政改革委員会官民活動分担小委員会「論点整理」で、法制審議会が他の審議会と一括して批判の対象となっていることに対して早くから懸念を述べている。

　法制審議会の廃止の動きが顕在化してからの反対の論陣としては次のものがあげられる。土本武司「法制審、廃止より再構築（寄稿）」読売新聞1998年12月8日朝刊19面。1998年12月15日に発行されたジュリスト1147号では、「法制審議会と立法のあり方」という特集が組まれ、遠藤浩「法制審議会について思うこと」63頁、福田平「刑事立法と法制審議会」66頁、河本・前掲19 69頁、松浦馨「法制審議会の特質並びに若干の改善私見について」72頁、および山田鐐一「国際私法部会委員OBとして」75頁が掲載された。

[312] そもそも、中村正三郎法務大臣の法制審議会の廃止の表明は、法曹界から強い反発を受けていた。この反発を無視する形で、少年法改正を法制審議会を経ずに（法制審議会への諮問を行わずに）自民党内の議論に委ねたことで、法務官僚、法曹界との対立は決定的となっていたようである。中村大臣は、平成11(1999)年3月8日に引責辞任をしているが、その背景にはこの法務官僚・法曹界との対立が一つの要因と報道されている（日本経済新聞1999年3月9日朝刊2面「中村法相が辞任、国会混乱、退路断たれる――司法改革透ける確執」）。

　なお、中村大臣の引責辞任の原因は不明確であるが、上記の法務官僚・法曹界との対立以外にも、会見での「軍隊も持てないような憲法をつくられて、改正できずにもがいている」といった発言が中立性を重視する法務大臣の職にふさわしくないと批判されたことや、さらに、自身の経営するホテルと競合するホテルの開発に関する捜査指示、米国映画俳優アーノルド・シュワルツネッガー（現カリフォルニア州知事）の入国関係書類の私的保管が「公私混同」であるとされたことも原因であると考えられる（朝日新聞1999年3月9日朝刊2面「『政治主導』はき違え　中村正三郎法相辞任」、週刊アエラ1999年3月22日号16頁「法相ポスト、その意外な軽さ　中村正三郎氏の辞任」）。

　以上のように、法制審議会を守ろうという動きは、むしろ刑法分野（少年法改正）に起因するものであり、会社法学者からはそれほど目立った反対活動がなされたわけではないようである。

[313] 朝日新聞1998年12月26日朝刊2面「法制審、一転存続へ　運営、抜本改革も　法相意向」。

なることをやめ、法制審議会の人員削減を提案した[315]。

　平成11（1999）年4月27日閣議決定「審議会等の整理合理化に関する基本計画」に基づいて、法制審議会の設置根拠である法制審議会令が平成12(2000)年6月7日に改正された。以上のような紆余曲折から、当初の法務省の改革方針①〜⑤は一部方向修正された。

　①の方向性は修正されることなく、法制審議会の会長職については法制審議会の委員の互選により選ばれることとなり、松尾浩也（東京大学名誉教授）が就任した[316]。③も方向性は修正されず小委員会は廃止され、④の委員の人数についても30名以内が20名以内に縮小された。とりわけ大きな変化となったのは、②の点である。

　②については結局、常設の部会が置かれず、すべて特定の諮問事項に従って部会が置かれることになった。部会の決定を法制審議会の決定とみなすとしていた制度設計も見直され、部会が示した改正法の「要綱案」を総会が承認し「要綱」とすることになった（平成12年改正前法制審議会令6条2項は削除）。このため「部会委員」（部会ごとに委員が選任されること）もなくなり、個別の諮問ごとに特別に調査審議する臨時委員が設けられることになった（平成12年改正法制審議会令3条）。「商法に改正を加える必要があるとすれば、その要綱を示されたい」という包括的な諮問であった諮問11号は撤回され、商法部会は消滅した。

　この後、法制審議会に対しては個別の諮問が提示され、その諮問ごとに部会が組織され、諮問に対する答申を提出した段階で、その部会が消滅することになる。商法部会の役割は、平成13（2001）年1月12日に新たに高村正彦法務大臣より示された、「企業統治の実効性の確保、高度情報化社会への対

314　中央省庁等の改革を控えた平成11（1999）年に審議会改革が行われるが、そこでは、各行政作用法のなかに規定されていたいわゆる「尊重規定」を廃止するとされた。その趣旨は、政治優位の観点から答申内容の採否を含めて諮問者［法制審議会の場合は法務大臣］がこれを検討する余地を残すことを目的とする（大森＝鎌田・前掲15 87〜88頁［山本庸幸執筆部分］）。

315　朝日新聞1999年3月10日朝刊3面「審議会削減抜け穴だらけ『分科会』で存続も」。

316　法制審議会第130回会議議事録。

応、資金調達手段の改善及び企業活動の国際化への対応の観点から会社法制を見直す必要があると思われるので、その要綱を示されたい」という諮問47号に基づき組織された会社法部会に引き継がれた。この会社法部会も平成14 (2002) 年商法改正で諮問事項に対する答申（要綱）を提出した平成14年2月13日に消滅した。同日に、会社法制に関わる諮問55号、諮問56号が出され、会社法制改革については2つの部会、①会社法（株券の不発行等関係）部会、および②会社法（現代化関係）部会が併存することになった[317]。

なお、平成12年10月12日の産業新生会議では、当時の保岡興治法務大臣は、会社法制を検討する法制審議会の部会について、委員の半数を法律専門家でない者を導入するという方針も提示している[318]。

以上のような法制審議会改革により、具体的なテーマに合わせて、時限を切った形で部会が設置され、会社法制に関して複数の部会が併存されるという体制へと移行し、委員の構成も大幅に変更されることになった[319]。

3-2　慣行としてのパブリック・コメント手続

昭和年間で育まれた法制審議会集約型立法チャネルにおいて、会社法制改革の引き金となる要望の集積は、法制審議会商法部会が主導し、法務省民事局参事官室を通して行った意見照会や、法制審議会商法部会のメンバーと実務家の私的な研究会での検討が実質的な引き金となり、国会の附帯決議もそれを後押しする。とりわけ昭和27 (1952) 年の意見照会、昭和49 (1974) 年の

---

[317] 諮問を受けた平成14 (2002) 年2月13日の法制審議会第136回会議では、諮問ごとに特定された事項につき専門的な審議が必要という認識が示され、諮問ごとに部会が設置された（法制審議会第136回会議議事録）。このほか、諮問55号・56号と同日に、諮問57号が出され、証券保有の国際化に対応するための検討を行う、間接保有証券準拠法部会（部会長鳥井淳子成城大学名誉教授）が設置された。

この後、広く企業法という観点からみれば、平成18 (2006) 年2月18日の諮問第76号に基づき電子債権法部会（部会長：安永正昭神戸大学教授）が設置されており、新たに同年9月6日に諮問第78号が出され、保険法部会（部会長：山下友信東京大学教授）が設置された。

[318] 「平成12年10月12日第3回　産業新生会議　議事要旨」〈http://www.kantei.go.jp/jp/singi/sinseikaigi/3yousi.html〉。

[319] 本書・資料編「第4部　法制審議会商法（会社法）部会委員・幹事名簿」参照。

会社法根本改正計画策定のための意見照会での要望集約が会社法制改革において大きな役割を果たし、会社法制の改革項目を決定してきたのは、すでにみたとおりである。さらに、ある程度会社法制改革が固まった都度に、意見照会が出され、利害当事者間の利害を調整しつつ改正の方向性をまとめ、案が確定する段階で再度意見照会がなされた。

それでは、新しい立法環境の下では、このような意見収集、利害調整の役割を果たした意見照会手続はどうなるか。

中央省庁改革にあっては、政策立案過程における要望徴取として、パブリック・コメント制度に大きな期待がかけられている。パブリック・コメント制度は「重要な政策の立案にあたり、その趣旨、内容その他必要な事項を公表し、専門家、利害関係人その他広く国民の意見を求め」る手続である（中央省庁等改革基本法50条2項）。これも行政改革会議の最終報告に基づき制度化されたものである。行政改革会議の最終報告では、この手続の対象は、①基本的な政策の樹立・変更、②国民の権利義務・国民生活に影響を与える新たな制度の導入・変更、③国民の権利義務・国民生活に影響を与える行政運営の基本的なルールの設定・変更、④多数者の権利義務に影響を及ぼす事業等の計画策定・変更、とされていた。これは、各省庁によって政策形成が行われる場合、民意の反映、専門的知識の導入、利害調整等が不可欠な場合が多く、また、その政策形成過程の公正と透明性を確保することが必要であるという観点から提案され、この方針は、中央省庁等改革基本法に受け継がれた[320]。この方針では、行政立法（政令・省令等）のみならず、広く省庁内での意思決定を念頭に置いており[321]、法律案の形成過程をもがその範疇にあった。

このパブリック・コメント手続の実現に向けて、総務庁と総理府行政改革

---

[320] 中央省庁等改革基本法50条2項「政府は、政策形成に民意を反映し、並びにその過程の公正性及び透明性を確保するため、重要な政策の立案に当たり、その趣旨、内容その他必要な事項を公表し、専門家、利害関係人その他広く国民の意見を求め、これを考慮してその決定を行う仕組みの活用及び整備を図るものとする」。

[321] 白岩俊「パブリック・コメントについての政府の取組とその意義」自治研究81巻12号9頁（2005）、常岡孝好「行政立法手続の法制化」ジュリスト1304号52頁（2006）。

本部規制緩和推進委員会で議論がなされ、平成10（1998）年3月31日閣議決定「規制緩和推進3か年計画」において、「規制の制定、改廃」におけるパブリック・コメント手続のあり方について速やかに検討に着手し、これを「行政上の措置として導入すること」が盛り込まれた[322]。

　これを受けて、平成11（1999）年3月23日には、「規制の設定または改廃に係る意見提出手続」という閣議決定が出された[323]。「規制緩和」の方策として検討されたたため、パブリック・コメント手続は、当初の方針と異なり、「規制の設定又は改廃に伴い政令・省令等を策定する過程」に限定された手続となった。閣議決定にあわせて各省庁に配付された「規制の設定又は改廃に伴う意見提出手続（考え方）」では、「具体的な案件が、本手続の対象であるか否かは、意思表示を行う行政機関（政令については、その事務を所掌する行政機関）が本手続の趣旨に基づいて判断し、また、その判断の説明責任を負う」とし、「本手続を経て策定されるべき意思表示は、政令、府令、省令、告示等である。『等』には、行政手続法上の審査基準・処分基準・複数のものを対象とする行政指導に共通して内容となるべき事項を含む（ただし、公にしない審査基準等は除く。）」とされた。これにあわせて平成17（2005）年に行政手続法が改正された。このように、政令・省令等に対象を限定して、法律案については、パブリック・コメント手続の適用除外とされたのは、法律案を審議する段階で、国民の代表である国会において十分に議論されることが考慮され、その必要性がないと判断されたからであろう[324]。いずれにしても、法律案の策定、審議会答申、政策等についての意見徴取は、「パブリック・コメント」手続の適用除外とされ、各府省の任意の判断により裁量的に実施

---

[322] 平成10年3月31日閣議決定「規制緩和推進3か年計画」1—(8)〈http://warp.da.ndl.go.jp/info:ndljp/pid/283520/www.soumu.go.jp/gyoukan/kanri/kisei010.htm〉。

[323] 平成11年3月23日閣議決定（平成12年12月26日一部改正）「規制の設定又は改廃に係る意見提出手続」〈http://www.soumu.go.jp/main_sosiki/gyoukan/kanri/pdf,word/iken/kakugi_kettei.pdf〉。

[324] しかし、この点、内閣提出法案については、政策立案過程の透明性が高くないため、かえって立法準備手続へのアクセスやその透明性が保障されないことになる。この点を問題視するものとして、大橋洋一「中央政府改革——政策形成機能の高度化」ジュリスト1161号74頁（1999）。

されることになる。

　なお、意見提出手続の実施方法についても方針が出されていた。平成11年3月23日の閣議決定「規制の設定又は改廃に係る意見提出手続」は、「本手続を経て策定する意思表示を行う行政機関は、最終的な意思決定を行う前に、それを公表する」とし、その公表は、インターネット、窓口による配布、報道発表などによるとされ、「専門家、利害関係人には、必要に応じ、適宜周知に努める」とされた。「意見・情報の募集期間については、意見・情報の提出に必要と判断される時間等を勘案し、1か月程度を一つの目安として、案等の公表時に明示する」とされた[325]。これらの政令・省令レベルの「規制の制定又は改廃に係る意見提出手続」については、平成16（2004）年3月19日の閣議決定「規制改革・民間開放推進3か年計画」において、国民に要望を発言する機会を実質的に保証するために法制化することが課題としてあがり[326]、平成17年行政手続法改正により行政手続法38〜45条が定められ、「意見公募手続」として法律上の根拠を有する制度となった。

　以上からは、政令・省令レベルの会社法制（会社法施行規則・会社計算規則など）の規則の制定・改廃に対する意見照会の手続は、法的根拠を有することがわかる。しかし、会社法制に関する法律案の作成過程については、手続が法制度として規範化されているわけではなく、昭和年間と同様に、実際の運用の場で手続が慣行的に確定することになることもわかる。

　新たな立法環境下で、会社法制改革における意見徴取・意見照会の手続がどのように行われたかは、後で改めて検討しよう。

3−3　立法を推進する事務局の増強

　会社法制をはじめとする、社会の基礎的枠組みを形づくる基本法の立法・改正作業を支えるスタッフなどのインフラが貧弱であったことは、すでに昭和年間でも強く指摘されていた。この点に関する改善は、法制審議会改革を

---

[325] 平成11年3月23日閣議決定・前掲323　2—(3)(4)。
[326] 平成16年3月19日閣議決定「規制緩和・民間開放推進3か年計画」2—5—2—(2)
　　〈http://www8.cao.go.jp/kisei/siryo/040319/2-1-5.pdf〉。

めぐっての法務大臣と法務官僚・法曹界・法学者との対立が収束した後の法務省の新たな体制で実施された。

すでに、平成12（2000）年12月1日の閣議決定「行政改革大綱」において、規制改革の推進の一環として、民事・刑事の基本法制の抜本的見直しと現代語化を平成17（2005）年度を目途に完了させることが決定されていた[327]。これは、事前規制型社会から事後救済型の社会への転換を図ることを目的としており、法務省は、司法制度改革とともに基本法制の整備を重要な柱と認識し[328]、法務行政の重要課題として、そのための人的基盤の確立が必要であると主張した[329]。2001（平成13）年1月31日に国会で行われた当時の森喜朗内閣総理大臣の施政方針演説でも、「民事・刑事の基本法制の集中的整備についても、直ちに所要の体制を整えるなどして、断固たる決意で取り組んでまいります」と述べている[330]。同年8月30日には、当時の森喜朗内閣総理大臣は、首相官邸で保岡興治法務大臣らと会談し、情報技術（IT）革命に対応した商法改正案づくりなどを迅速に進めるため、民間からの積極的な登用など、必要な人員を確保するための具体策を検討するよう指示もしている[331]。

平成12年10月12日には、産業新生会議で保岡興治法務大臣が発言をし[332]、

---

[327] 閣議決定「行政改革大綱」Ⅲ規制改革の推進(1)新たな3か年計画の策定イ（キ）民事・刑事の基本法制〈http://www.gyoukaku.go.jp/about/taiko.html〉では、次のように決定された。「民事・刑事の基本法制　社会経済構造の変革と事後監視型社会への転換に対応し、国民や企業の経済活動にかかわる民事・刑事の基本法について、抜本的に見直す。また、その用語・表記法においても、新たな時代にふさわしく、かつ国民に分かりやすいものとする。これらの法整備は平成17年度を目途に完了させる」。
[328] 原田晃治「民事基本法制の整備について」商事法務1651号25頁（2003）。
[329] 日本経済新聞2000年1月27日夕刊5面「法務省、新体制1カ月、新しい司法求め、かじ取りに意欲──迅速な立法課題」。この記事は、平成12（2000）年に法務省事務次官に就任した松尾邦弘が、官主導では対応しきれなくなりつつある立法作業を改善するために、「民間の知恵を借りた新い発想で立案作業に取り組めるようにしたい」と話し、大学教授など学識経験者との交流を深めて、将来的には民間企業から実務家を法務省に招き立法作業に従事させることを検討すると述べた、と伝える。
[330] 第151回国会衆議院本会議議事録第1号（平成13年1月31日）、第151回国会参議院本会議議事録第1号（平成13年1月31日）。
[331] 日本経済新聞2000年8月30日夕刊2面「商法改正作業に民間人材（ダイジェスト）」。

立法整備の増強の方針を示した。立法整備のための事務局の規模は、当面、民事局と刑事局の参事官5人を中心に17人とするが、平成13年4月から5年間の時限付で人員の大幅な増強を図り、40人超に拡大するとされた[333]。実際に、平成13年4月には、法務大臣が本部長を務める経済関係民刑基本法整備推進本部が設置された[334]。公務員制度の改革により実現した任期付職員制度[335]を活用して会社法制の立法作業を支える事務局体制の増強がなされた[336]。

これにより、それまで裁判官、検事からの出向者により構成されていた法務省民事局参事官室は、法務省以外の省庁からの出向者や、学者、大手法律事務所の弁護士、大手監査法人の公認会計士などの任期付公務員がスタッフとして参画する組織となり、会社法制改革の事務作業にあたることになっ

---

332 「平成12年10月12日第3回　産業新生会議　議事要旨」〈http://www.kantei.go.jp/jp/singi/sinseikaigi/3yousi.html〉。
333 日本経済新聞2000年11月9日朝刊5面「法務省、基本法制改正で作業チーム」。
334 森山真弓法務大臣答弁・第154回参議院本会議議事録第19号（平成14年4月2日）。
335 「一般職の任期付職員の採用及び給与の特例に関する法律」が平成12（2000）年11月2日に公布され、即日施行されている。同法3条は、任命権者（内閣、各大臣（内閣総理大臣及び各省大臣）、会計検査院長及び人事院総裁並びに宮内庁長官及び各外局の長〔国家公務員法55条1項〕）は、高度の専門的な知識経験又は優れた識見を有する者をその者が有する当該高度の専門的な知識経験又は優れた識見を一定の期間活用して遂行することが特に必要とされる業務に従事させる場合には、人事院の承認を得て、選考により、任期を定めて職員を採用することができる、と規定する。
336 平成12（2000）年度予算と比較して平成13（2001）年度予算の概算では、法務省関連予算は、86億8,900万円増額されている。これは、日韓共同開催ワールドカップ対策のための入管業務の拡充、少年犯罪対策の充実強化と合わせて、基本法整備のための増員に対応するものである（「平成13年度一般会計歳出概算（内閣・司法警察・財務係）平成12年12月23日」〈http://www.mof.go.jp/seifuan13/yosan13.pdf〉）。
　法務省内での評価：法務省官房秘書課ほか「法制度の整備について（社会経済情勢に即応した基本法制その他の政策所管部局所管の法制度に係る的確な立法作業）」3 具体的内容(1)〈http://warp.da.ndl.go.jp/info:ndljp/pid/285792/www.moj.go.jp/KANBOU/HYOUKA/HYOUKA09/pdf/sougo.pdf〉。
　なお、保険法の改正作業などが次の課題として残されているために、経済関係民刑基本法整備推進本部の時限措置は3年間延長され、平成21（2009）年3月までとされている（朝日新聞2006年9月8日朝刊10面「経済法制改正ラッシュ　法務省民事局が自由度増強　バブル崩壊で企業が要求」）。

た[337]。

　平成年間の法制審議会では、昭和年間の法制審議会集約型立法チャネルと比較して、立法作業を支える事務局スタッフの陣容も大きく様変わりすることになった。

第4節　新たな立法環境の下での会社法制改革

　新たな立法環境の下での会社法制をめぐっては、周知のとおり、多項目に及ぶ改正が複数行われた。

　昭和年間の法制審議会集約型立法チャネルでは、改正項目の決定も法制審議会で行われたため、意見徴収が行われ、具体的な改正試案が提示された段階で、再度意見照会が行われる。これに対して、新たな立法環境の下では、会社法制立法に関して検討する常設の機関が存在しない。法制審議会に対して法務大臣より諮問がなされる段階では、会社法制改革の改革項目や改革の方向性が政策決定として確定されている可能性がある。あわせて、法制審議会（法務省民事局参事官室）が意見照会を行う段階も昭和年間の法制審議会集約型立法チャネルとは異なる可能性がある。

　ここでは、まず、会社法制改革テーマの選定方針を確認する。次に、会社法制改革項目の策定へ向けての要望がどのように汲み取られていたか、確認しよう。

1．会社法制改革テーマの選定方針

　昭和49（1974）年に始まる会社法根本改正計画で取りあげられた改正項目に関する改革は、平成12（2000）年商法改正で会社分割制度が導入されたことをもって、終了した。

337　岩原・前掲303　8頁。

しかし、平成12年7月11日に、森喜朗内閣で法務大臣に就任した保岡興治は、新たに抜本的商法改正を行うことを発表し、改正法の2年後の成立をめざすと発表した[338]。同年9月6日には法制審議会商法部会も今後の商法改正についての基本方針を示し、平成14（2002）年度の通常国会での成立をめざし、会社法制の抜本的見直し行うことを宣言した[339]。この宣言にあたって、改正項目として何を取りあげるかという点に関しては、次の二つの方向性で進められた。この二つの方向性をみることで、会社法制の抜本改正が何を目的としていたのかがわかろう。なお、すでにみたように、法制審議会商法部会は、平成13（2001）年1月12日に法務大臣より諮問47号が示された段階で、諮問29号が撤回されたため消滅し、法制審議会会社法部会へと衣替えを行っているが、以下で述べる二つの方向性は堅持されている[340]。

第一に、これまでの同部会における長年の会社法改正作業をふまえて、改正事項としてあげられながらまだ実現していないものや検討を要するとされていたものを、もう一度精査して、改正すべきものは改正するとした[341]。この点では、ここから始まる会社法制改革は、昭和49年以降実施されていた会社法根本改正計画の総仕上げと評価できよう[342]。

第二に、近時の社会・経済を取り巻く環境の変化に従い、新たに改正が必

---

[338] 日本経済新聞2000年7月11日夕刊1面「商法2年で抜本改正、企業経営の効率化を柱に、法相表明」。

[339] 法務省民事局「今後の商法改正について」前掲17。

[340] 法制審議会会社法部会第1回会議（平成13年1月17日開催）議事録によれば、法制審議会会社法部会は、同部会の前身である商法部会が平成12（2000）年9月6日にとりまとめた「今後の商法改正について」と題する商法改正検討事項に基づき、会社法制の大幅な見直しの検討作業の審議を継続することを確認している。

[341] 前田庸「会社法改正の展開と今後の課題」商事法務1574号6頁（2000）。同9頁によれば、具体的手順として、根本改正計画の方向性をまとめた、昭和50（1975）年6月12日に公表された法務省民事局参事官室「会社法改正に関する問題点」と、その具体的な改正提言であり、昭和53（1978）年5月に公表された「株式制度に関する改正試案」、同年12月に公表された「株式会社の機関に関する改正試案」、昭和54（1979）年12月に公表された「会社の計算・公開に関する改正試案」、大小会社区分立法の試案である、昭和61（1986）年5月15日に公表された「商法・有限会社法改正試案」を丹念に見直し、その実施状況も個々にチェックし、検討課題を決定した。

要とされるものを取りあげるという方向性である[343]。

　この第二の方向性は、その文言だけみた場合には、今までの会社法制改革のスタンスと大差がないようにも思われなくはない。しかし、「新たに改正が必要とされる」という点の質が昭和年間の改正とは大きく異なる。平成10（1998）年9月22日に総理府行政改革推進本部に設置されていた規制緩和委員会の委員に就任して以来[344]、「規制緩和推進計画」の策定メンバーとして深く政策決定に関与していた神田秀樹は、「新たに改革が必要とされる」原因について次の二点を指摘する[345]。それは、①会社法制の役割についての認識の変化であり、②IT革命とそれを主たる背景としてもたらされる各国間の大企業間の競争の激化と各国の資本市場の規模の拡大である。①については、それまで会社法制が短期的な経済対策の手段と取りあげられるか、会社法制は私法であり、利害調整を図る枠組みであると理解されていたのが、「良いコーポレート・ガバナンスは企業の競争力を高め、国の経済力を高める、そして、良い会社法はよいコーポレート・ガバナンスをもたらす」という二つのロジックに基づいて企業の競争力・国の経済力を向上させる手段と認識すべく変化しつつあると指摘する。第二の方向性からの会社法制改革は、「競争力を高める会社法、IT革命に応じた会社法、資本市場の拡大に対応する会社法」をめざすものとなる。

　この第二の方向性は、むしろ、会社法制の改革が企業の変革や社会の変革をリードすることをめざしている。これまで会社法制改革は、一方では短期

---

[342] このような観点から、前田庸『会社法入門（第11版）』（有斐閣、2006）は、平成17（2005）年に制定された会社法を評価・分析する。同書の「はしがき」では、次のように述べる。「会社法は、形式的に見て旧会社法との間にあまり脈絡のない新規な立法であるように受け取られがちである。しかし、実質的に見れば、それは決してそのようなものではなく、旧会社法の延長線上にあって、その中で相当な実質改正が実現されたものと捉えることが可能である」「そうだとすると、会社法は昭和50年以来法制審議会商法部会……において続けられていた会社法の全面改正作業の集大成されたものと理解することが可能である」。

[343] 前田・前掲341 6頁。

[344] 第4回規制緩和委員会議事概要〈http://www.kantei.go.jp/jp/gyokaku-suishin/981001dai4.html〉（議事内容(2)新たな委員の追加）。

[345] 神田秀樹「会社法改正の国際的背景」商事法務1574号11頁（2000）。

的で問題対処的な経済政策として行われ、他方では、会社を取り巻くステイク・ホルダーのうち、抽象的な株主・債権者・経営者の利害調整機能を合理化・適正化するという観点から必要最低限の見直しが行われていた。神田秀樹が述べる「競争力を高める会社法、IT 革命に応じた会社法、資本市場の拡大に対応する会社法」のスローガンは、会社法制自体が社会変革をリードするという点で会社法制の役割をめぐる考え方が大きくシフトしたことを表す。

　新環境下での会社法制改革では、今までの会社法制改革の総決算という面と、新たな会社法制の姿を模索するという面が同時に進行したことがわかろう。

2．社会・企業変革をリードする会社法制改革を求める要望

　それでは、「競争力を高める会社法、IT 革命に応じた会社法、資本市場の拡大に対応する会社法」というスローガンの下、新たに登場した会社法制改革項目は、どのような選定プロセスをたどったのであろうか。

　すでに議員立法による平成9（1997）年商法改正をみた際に指摘したように、新たな立法環境下では、経済界が会社法制改革に関する要望を発言するチャネルは二つ存在した（もっとも、第一のものは制度的には経済界のみの限定的なチャネルではない）。

　第一は、規制緩和を推進する「規制緩和推進計画」の策定の際に、その要望を反映させるというチャネルである[346]。「規制緩和推進計画」のアイディアは、平成22（2010）年の政権交替時まで維持された。

　平成10（1998）年度を初年度とし、第二次計画となる「規制緩和推進3か年計画」が平成9年度内に策定された[347]。その規制緩和推進計画の策定とその達成度を監視する役目は、行政改革委員会規制緩和小委員会から、総理府（内閣府）の行政改革推進本部内に置かれた規制緩和委員会（後に規制改革委員会に改称）に引き継がれた（平成9年12月20日閣議決定「規制緩和の推進等について」に基づく）。

第三次計画となる平成13（2001）年度〜15（2003）年度の3カ年の「規制改革推進3か年計画」では、その役割は、平成13年4月1日に内閣府に設置された総合規制改革会議（内閣府設置法37条2項に基づき内閣府に政令で設置）に引き継がれた。

第四次計画である「規制改革・民間開放推進3か年計画」（平成16（2004）年度〜18（2006）年度）では、その役割は、内閣府に設置された規制改革・民間開放推進会議が担っている。この会議は、平成19（2007）年1月25日をもって設置期限の満了を待たず前倒して終了した[348]。後継機関として、規制改革会議が発足し（内閣府設置法37条2項、規制改革会議令（平成19年政令第14号））、後続の第五次計画（平成19（2007）年度〜21（2009）年度）について討議がされた。

これらの一連の委員会は、官僚から独立して第三者機関であることが要求されたことから、経済界から多くの委員が選出されており、経済界自身の要

---

[346] なお、日米構造問題協議の後継の日米間の交渉が、この「規制緩和」推進を実行させる圧力となった面も存在する。平成5（1993）年には日米包括経済協議が開始され、平成9（1997）年には「規制緩和及び競争政策に関する日米間の強化されたイニシアチブ」に基づき、日米規制緩和対話がなされた。平成13（2001）年には、「成長のための日米経済パートナーシップ」が立ち上げられ、日米規制緩和対話を発展改組した「日米規制改革及び競争政策イニシアティブ」が実行されている。一貫して、政策決定プロセスの透明化と政策決定に国民や内外の企業、諸外国の見解を反映させる仕組みづくりが求められた。

このほか、日米間の交渉によって浮上した対日投資の拡充という課題に対処するために、平成6（1994）年には、内閣総理大臣が主宰する対日投資会議が設置された（平成6年7月15日閣議決定「対日投資会議の設置について」）。これは、省庁横断的に対日投資を促進するための投資環境整備を実行することが目的である。対日投資会議の下部組織として、民間、関係省庁の官僚、学者からなる対日投資会議専門部会もおかれた。対日投資会議専門部会の提言や対日投資会議の声明は、企業再編手法の整備をも内容としており、これが、この分野における会社法改革を推進させる一つの原動力ともなった。この点については、中東正文「ボーダレス化時代のM&A法制」江頭憲治郎＝増井良啓編『市場と組織　融ける境超える法3』102〜103頁（東京大学出版会、2005）を参照。

[347] 平成9（1997）年12月20日閣議決定「規制緩和の推進等について」。

[348] 日本経済新聞2006年12月26日朝刊3面「規制改革会議が最終答申、教育・医療など切り込めず——残された課題、後継組織に」。この報道によれば、規制改革・民間開放推進会議が前倒で後継機関にバトンタッチしたのは、それまで10年にわたって改革を主導した宮内義彦オリックス会長が小泉純一郎前首相の退陣にあわせて議長を退任し、その求心力低下で関係省庁などの抵抗が強まっていることが理由である。

望を計画に盛り込みやすい環境が存在した。

　第二は、当時の日本経済が危機的な状況であるとの認識の下、民間主導の経済再生をめざして、内閣総理大臣が主催し閣僚と経済界代表との対話をする場が設けられたことがあげられる。平成11 (1999) 年、12 (2000) 年商法改正の実現への強い原動力となった産業競争力会議の機能は、小渕恵三総理大臣の急逝を受けて組閣された森喜朗内閣の下で、平成12年7月7日に設けられたIT戦略会議[349]、産業新生会議[350]が引き継いだ。

　産業競争力会議が、株式交換・株式移転、会社分割制度の導入を強く後押しし、平成11年、12年商法改正を実現させたが、これは、余剰設備の廃棄などバブル崩壊後積み残してきた懸案の処理を重点的に議論した結果であり、日

---

[349] 平成12 (2000) 年7月7日情報通信技術 (IT) 戦略本部長 (内閣総理大臣) 決定「IT戦略会議について」〈http://www.kantei.go.jp/jp/it/000707/setti/2kaigisetti.html〉。IT戦略会議は、出井伸之 (ソニー会長兼CEO) が議長を務め、石井威望 (東京大学名誉教授)、伊藤元重 (東京大学教授)、今井賢一 (スタンフォード大学日本センター理事長)、氏家齊一郎 (日本テレビ放送網社長)、牛尾治朗 (ウシオ電機会長・第二電電会長)、海老沢勝二 (日本放送協会会長)、大山永昭 (東京工業大学教授)、梶原拓 (岐阜県知事)、岸暁 (東京三菱銀行会長)、椎名武雄 (日本IBM最高顧問)、孫正義 (ソフトバンク社長)、竹中平蔵 (慶應義塾大学教授)、張富士夫 (トヨタ自動車社長)、西垣浩司 (日本電気社長)、福井俊彦 (富士通総研理事長)、宮内義彦 (オリックス会長兼グループCEO)、宮津純一郎 (日本電信電話社長)、村井純 (慶應義塾大学教授)、室伏稔 (伊藤忠商事会長) が委員を務めた (肩書は当時)。IT戦略会議は、内閣総理大臣を本部長とし、関係閣僚が部員を務める情報通信技術 (IT) 戦略本部に属し、戦略本部と合同で会合がもたれている。

[350] 森喜朗内閣総理大臣が主宰し、平沼赳夫通商産業大臣が議事進行を行う。政府側出席者は、中川秀直 (内閣官房長官・沖縄開発庁長官)、保岡興治 (法務大臣)、河野洋平 (外務大臣)、大島理森 (文部大臣・科学技術庁長官)、津島雄二 (厚生大臣)、谷洋一 (農林水産大臣)、森田一 (運輸大臣・北海道開発庁長官)、林鴻三 (郵政大臣)、吉川芳男 (労働大臣)、扇千景 (建設大臣・国土庁長官)、西田司 (自治大臣・国家公安委員会委員長)、続訓弘 (総務庁長官)、虎島和夫 (防衛庁長官)、堺屋太一 (経済企画庁長官)、川口順子 (環境庁長官) である。他方、経済界からの委員は、秋草直之 (富士通社長)、出井伸之 (ソニー会長)、今井敬 (新日本製鐵会長・経団連会長)、牛尾治朗 (ウシオ電機会長)、大西隆 (大西衣料会長)、片田哲也 (小松製作所会長)、鈴木敏文 (イトーヨーカ堂社長)、高原慶一朗 (ユニ・チャーム社長)、常盤文克 (花王特別顧問)、西川善文 (住友銀行頭取・全銀協会長)、西室泰三 (東芝会長)、樋口廣太郎 (アサヒビール名誉会長)、前田勝之助 (東レ会長・経団連副会長)、宮津純一郎 (日本電信電話社長)、奥田碩 (トヨタ自動車会長・日経連会長) である (肩書は当時)。

本の競争力を高める議論をしていないと批判が相次いだ[351]。この批判に答えるべく、小渕内閣は、新産業の創出に向け官民で共同に取り組む「ミレニアムプロジェクト」を立ち上げ、「高齢化、環境、情報化」の三分野でプロジェクトを実施し、予算の重点配分を実施することとした[352]。森内閣は、この「ミレニアムプロジェクト」を拡充して、「日本新生プラン」を立ち上げた。「日本新生プラン」は、「高齢化・環境・情報」分野に加え、「人材育成、介護・福祉」の分野でも創業を促進し、経済構造改革の目玉として情報技術（IT）革命の推進を掲げた[353]。

　IT戦略会議および産業新生会議は、森内閣が打ち出した「日本新生プラン」の実行の要と認識されていた。

　平成13年1月には経済審議会を引き継ぎながらも、予算編成の基本方針や長期計画・全国総合開発計画まで広く政策決定をする諮問機関として、経済財政諮問会議が内閣府に設置された。経済財政諮問会議は、経済戦略会議、産業競争力会議、IT戦略会議や産業新生会議が担った経済界との対話の役割も果たし、経済界は、自らの要望を政府の政策判断に深く浸透させるチャネルを獲得した[354]。

　それぞれのチャネルごとにどのように要望が反映されていったか、確認しよう。

---

[351] 日本経済新聞1999年6月4日朝刊2面「首相、国家プロジェクト指示、再選にらみ小渕色──競争力会議立て直し」。

[352] 日本経済新聞1999年7月5日夕刊1面「高齢化・環境・情報化、官民で共同事業──千年紀記念、首相が表明」。平成11年11月11日経済対策閣僚会議「経済新生対策」〈http://www5.cao.go.jp/99/b/19991111b-taisaku.html〉。平成11年12月19日内閣総理大臣決定「ミレニアム・プロジェクト（新しい千年紀プロジェクト）について」〈http://www.kantei.go.jp/jp/mille/991222millpro.pdf〉。

　　なお、閣議決定「経済新生対策」では、創業促進としてベンチャー企業について、無議決権株式の発行枠の拡大、オプション発行、事後設立に係る検査役調査に関する商法の特例措置の実施なども盛り込まれている。

[353] 日本経済新聞2000年6月4日朝刊2面「IT革命など柱、新生プラン、首相が発表」。

2−1 「規制緩和推進計画」の策定に関する要望提出

　「規制緩和推進計画」の策定にあたっては、まず、策定する機関（行政改革推進本部規制緩和委員会（規制改革委員会）・総合規制改革会議・規制改革・民間開放推進会議）が広く要望・意見を集める。この要望収集の方法も経験を増すごとに、Websiteを通じての意見提出や電子メールによっての要望書の提出も可能とされ、利害関係団体のみならず、広く国民や外国政府（EU、米国など）が意見を提出できるように整備されている。提出された意見について、省庁との間で折衝が行われ、「規制緩和推進計画」の実施項目や検討項目が策定される。この省庁との折衝も、経験を増すごとに、規制緩和の対象となる分野ごとに委員・専門委員からなるワーキング・グループを設け、「論点公開」として折衝内容が公開されるか、または、各省庁に対する要望に対する検討状況が公開され、規制緩和進捗状況の透明度を増すことになる。以下では、時間軸に沿って、会社法制に関する要望の提出とそれへの対応状況をみてみよう。

2−1−1 規制緩和委員会・規制改革委員会の取組み

　第一次計画である平成7（1995）年度〜9（1997）年度にかけての「規制緩和推進計画」の改定・再改定作業においても、各省庁に規制緩和に関する内外の要望を受け付ける窓口を設けることとされた[355]。

---

[354] 内閣府設置法22条3項により、民間有識者出身のメンバーは全体の10分の4未満とならないこととされた。議長を務める内閣総理大臣を含め11人で経済財政諮問会議は構成され、そのうち4名が民間有識者枠であり、2名を経済学者、2名を経済界出身者が占めていた。

　発足時から平成18年（2006）9月25日まで、牛尾治朗（ウシオ電機代表取締役社長・経済同友会特別顧問）と、奥田碩（トヨタ自動車代表取締役会長、平成18年6月からは取締役相談役。経済財政諮問会議発足時は日本経営者連合会会長であり、その後は、経団連と日経連が統合された日本経団連会長）とがその枠を占めた。

　平成18年9月26日からは、新たな安倍晋三内閣の下で、御手洗冨士夫（キヤノン代表取締役会長・日本経団連会長）と、丹羽宇一郎（伊藤忠商事取締役会長）とがその枠を占めていた（肩書は当時）。

第二次計画となる「規制緩和推進3か年計画」についても、平成10 (1998) 年1月26日に設置された総理府行政改革推進本部規制緩和委員会の下では、関係団体からのヒアリングの実施にとどまっていた。ヒアリングが行われた対象は、経団連、欧州連合駐日欧州委員会代表部、米国政府のみであった[356]。

　第二次計画である「規制緩和推進3か年計画」の改定にあたっては、各省庁の窓口以外に、総務庁も規制緩和に関する総合的な窓口を設け、郵便、ファックス、電子メールでの要望の受付を開始している[357]。「規制緩和推進3か年計画」の改定とその達成度を監視する規制緩和委員会は、平成11 (1999) 年4月6日に規制改革委員会に名称を変更した。これは当該委員会が、規制の緩和や撤廃の実現を促進するという役割から、事前規制型行政から事後救済型行政への移行に伴う新たなルールの策定や、競争政策の積極的な展開の役割を担うように変更する意味が込められていた[358]。単なる名称変更だけでなく、実質的な委員の拡充が行われ（会社法学者として神田秀樹がこのときより参加）、省庁との折衝を公開の下で行う公開討論会を実施している。「論点公開」も各々の論点について規制改革委員会の意見とそれに対する所管省庁等の説明や意見を併記するという充実したものをWebsite上で公開している[359]。規制緩和推進計画の策定にあたっては、広く意見の提出を募集し、ヒアリングの対象範囲も広げられるようになった。これにより、政治家

---

355 平成8年3月29日閣議決定「規制緩和推進計画の改定について」3．計画の推進方法等　1．計画の見直し、2．改定作業の透明性の確保〈http://warp.da.ndl.go.jp/info:ndljp/pid/233374/www.kantei.go.jp/jp/kisei-0422.html〉。

356 平成9年度規制緩和委員会第2回会議議事要旨（平成10年2月12日）〈http://www.kantei.go.jp/jp/gyokaku-suishin/980213dai2.html〉。

357 平成10年度第2回規制緩和委員会議事概要（平成10年6月23日）資料2「あなたの意見が"規制緩和"を進めます！」〈http://www.kantei.go.jp/jp/gyokaku-suishin/980709dai2.html〉。

358 行政改革推進本部長（内閣総理大臣）決定「規制緩和委員会の名称変更等について」（平成11年4月6日）〈http://www.kantei.go.jp/jp/gyokaku-suishin/990430name.html〉。

　行政改革推進本部規制改革委員会「規制改革についての第2次見解」（平成11年12月14日）7頁〈http://www.kantei.go.jp/jp/gyokaku-suishin/9912kenkai2.pdf〉。

や省庁に対する圧力団体や外交政策上の配慮を受ける外国政府以外にも、利害関係団体にとどまらない国民全体が、「規制緩和」に関する意見・要望を提出できる環境となった。

会社法制に関する改革について、積極的な政策提言・政策決定を行うようになったのもこの規制改革委員会であった。

規制改革委員会は、規制緩和委員会からの名称変更後に「規制緩和推進3か年計画」の再改定作業に取り組んだ。まず、再改定にあたり、要望をふまえて、規制改革委員会が策定した検討項目ごとに省庁との折衝が「論点公開」の形で平成11年7月30日に公表されている。この「論点公開」のなかで、会社法制改革に関する検討項目は、次の二点である[360]。

第一は、株主総会の改善として、株主総会の特別決議の定足数要件の緩和と、株主提案権の行使期限の繰上げである。前者の項目は、外国人株主の増加や信託銀行保有分が増加し、議決権行使がされない株式が増加したために、企業の迅速な意思決定を阻害していることを理由としていた。後者の項目も、株主提案権への対応を企業が実施する時間的余裕を確保するというものであった。

第二は、ストック・オプションの付与範囲の拡大、自己株付与方式と新株引受権方式との併用の許容、新株引受権方式のストック・オプションの発行のための決議要件の緩和である。

いずれも経済界からの要望を受けるものであるが[361]、これに対して法務省は、「論点公開」のなかで、いずれも株主の利益に重大な問題を発生させるおそれがあることから、改革は実行できないと回答していた。

---

359 行政改革推進本部規制改革委員会「規制改革に関する論点公開」(2000年7月26日)〈http://www.kantei.go.jp/jp/gyokaku-suishin/12nen/ronten/120726ronten.pdf〉。しかし、国民の認知度が低く、委員の内部からも、広く国民に意見の提出を求める制度としては不十分ではないかとの発言もなされていた(平成12年3月7日第22回規制改革委員会議事概要〈http://www.kantei.go.jp/jp/gyokaku-suishin/dai22/22gaiyou.html〉)。

360 行政改革推進本部規制改革委員会「規制改革に関する論点」(平成11年7月30日)「法務」6．株主総会制度の改善　7．ストック・オプション制度の改善〈http://www.kantei.go.jp/jp/gyokaku-suishin/11730ronten/06-09.pdf〉。

第4節　新たな立法環境の下での会社法制改革

　平成11年12月14日には、行政改革推進本部規制改革委員会は、この「論点公開」をふまえて、「規制改革についての第2次見解」をまとめた[362]。そこでは、第一の株主総会制度の改善については、経済界側の要望と株主の利益・権利実現の要請とが対立することを明記し、「会社の機関の在り方、会社の情報の適正な開示の在り方等を含め総合的に検討すべきである」とした。しかし、第二のストック・オプション制度については、「株主の権利の保護や自己株式の取得及び保有の制限の趣旨をも考慮し、ストック・オプション制度の公正かつ円滑な運用を実現する観点から、制度の改善を検討すべき」として、改革実行の意見を明確にした。平成12（2000）年3月31日の閣議決定「規制緩和推進3か年計画（再改定）」では、ストック・オプション制度の改善と、コーポレート・ガバナンスの改善として、「規制改革についての第2次見解」のまま新たに規制緩和項目として追加されている[363]。

　行政改革推進本部規制改革委員会は、平成13（2001）年度から平成15（2003）年度の第三次となる規制緩和の3カ年計画である「規制改革推進3か年計画」を策定した。

　この策定作業にあたって、法務省も、平成12年11月までに同省に寄せられた規制緩和要望に関する検討状況を公表している[364]。ここでは、「規制緩和推進3か年計画（再改定）」に盛り込まれた項目を含め会社法制に関して35項

---

[361]　株主総会特別決議の定足数要件の緩和に関しては、たとえば、経団連コーポレート・ガバナンス委員会「わが国公開会社におけるコーポレート・ガバナンスに関する論点整理（中間報告）」（2000年11月21日）2．株主総会のあり方〈http://www.keidanren.or.jp/japanese/policy/2000/061/honbun.html〉。ストック・オプション制度の拡充については、経団連「わが国産業の競争力強化に向けた第1次提言――供給構造改革・雇用対策・土地流動化対策を中心に――」（1999年5月18日）I．産業競争力強化に向けた供給構造改革のための措置1．[3]　ストック・オプション制度の拡充〈http://www.keidanren.or.jp/japanese/policy/pol228/part1.html〉。

[362]　行政改革推進本部規制改革委員会「規制改革についての第2次見解」（平成11年12月14日）第2章　行政分野別各論（各論その1）2　法務　(1)ストック・オプション制度の改善　(2)コーポレート・ガバナンスの改善〈http://www.kantei.go.jp/jp/gyokaku-suishin/2jikenkai/202houmu.html〉。

[363]　分野別措置事項14法務関係〈http://warp.da.ndl.go.jp/info:ndljp/pid/283520/www.soumu.go.jp/gyoukan/kanri/soti14.pdf〉。

目の要望について、検討状況が示されている。これらの要望に対し、経団連、リース事業協会、石油化学工業協会、関西経済連合会、米国、EU、そして日本労働組合総連合会がそれぞれ要望を提示している。

　法務省に対する「規制緩和」要望とその検討状況につき、興味深いと思われる点を二点指摘しよう。

　第一は、「規制緩和推進３か年計画（再改定）」に盛り込む際には、措置困難と法務省から回答されていた株主総会の改善について、「検討中」として実施に向けて動き出していることである。

　第二は、日本労働組合総連合会が要望を提出しているということである。日本労働組合総連合会が行った要望は、労働組合等に対する取締役・監査役人事の情報公開の義務づけであるとか、当時議員立法で検討が進む株主代表訴訟改革で導入が検討されていた株主代表訴訟の原告適格の制限を実施すべきではないというような内容であり、「規制緩和」を求める内容ではなかった。しかし、これまで、昭和年間に行われていた意見照会は、照会先の意見のみを受け付けていたため、日本労働組合総連合会が会社法制に関して法務省に対して直接要望を述べることは想定しにくかっただけに、要望が示されたこと自体が大きな意味があろう。新しい立法環境下では、広く国民に要望・意見を述べる機会が保障されたことから、経営者以外のステイク・ホルダーも発言しうる環境となったことがわかろう。

　これまでと同様に「規制改革推進３か年計画」の策定にあたっても、規制改革委員会が経済界等からの要望をまとめる形で検討項目を立て、平成12年７月26日に「規制改革に関する論点公開」という形で規制改革委員会と法務省との折衝の状況が公開されている[365]。

　「規制改革に関する論点公開」では、法分野のテーマとして、「ベンチャー企業の出現や会社形態・経営手法の多様化などに対応し、企業経営の機動性を確保」することが設定され[366]、会社法制の改革が「規制改革」の対象とさ

---

[364] 法務省「『規制改革推進３か年計画』の策定作業状況（中間公表）」（平成13年１月）
　　〈http://www.moj.go.jp/hisho/shomu/press_010126_010126-1.html〉。

[365] 〈http://www.kantei.go.jp/jp/gyokaku-suishin/12nen/ronten/120726ronten.pdf〉。

第4節　新たな立法環境の下での会社法制改革　　177

れた。

　具体的には、①無議決権優先株式の発行枠拡大及び優先株発行手続の簡素化等、②トラッキング・ストックに関する制度の整備、③資本準備金による株式消却の恒久法化、④1株あたりの純資産額規制の廃止及び株式分割時における株式発行授権枠の拡大、⑤検査役調査制度の手続自体の合理化、検査役調査を要する場合の見直し、⑥取締役会及び監査役会のあり方及び株主代表訴訟制度の改善、⑦「規制緩和推進3か年計画（再改定）」でも取りあげられた株主総会制度の改善に加えて、利益処分、役員報酬を株主総会権限から取締役会権限へと移行すること、⑧100パーセント子会社における機関設計の簡素化、⑨ストック・オプション制度の改善として、株主総会決議事項の簡素化、決議要件の簡素化、ストック・オプション付与の量的制限の撤廃、⑩商業帳簿等の電子化、⑪株主総会の招集通知の電子化、⑫株主総会における議決権行使の電子化、⑬電子媒体による株式会社の公告の実現、⑭登記のオンラインによる一括申請及び登記事項の電子化があげられていた。

　平成12年12月12日に行政改革推進本部規制改革委員会は「規制改革についての見解」をまとめた[367]。ここでは、法分野の規制改革に関して、「規制改革についての論点公開」で示されたテーマ設定が維持されていた。また、法制審議会商法部会が、平成14（2002）年通常国会への法案提出を目途に検討を行うとの方針を決定したことに対しても、緊急課題については立法を前倒しすることが望ましいと指摘し、規制改革の検討項目も、⑮商法開示と証券取引法開示の調整、を盛り込んだ。

　平成13年3月30日の閣議決定「規制改革推進3か年計画」では、会社法制改革について、行政改革推進本部規制改革委員会が「規制改革についての見解」に提示した検討事項に加えて、⑯商法の口語化・平仮名化と有限会社法制の抜本的見直しが付け加えられた[368]。⑯は、すでにみたように、閣議決定・行政改革大綱で示された民事・刑事の基本法制の整備の一環である。

---

[366]　規制改革委員会・前掲365第2部各論　法務　分野別総論　○今年度のテーマ設定。
[367]　〈http://www.kantei.go.jp/jp/gyokaku-suishin/12nen/1215kenkai/index.html〉。

2−1−2 総合規制改革会議の取組み

　第三次の規制緩和計画となる平成13（2001）年度～15（2003）年度の「規制改革推進3か年計画」の改定と実施状況の監視は、規制改革委員会の後継組織である総合規制改革会議が行った。総合規制改革会議では、「論点公開」の形で省庁との折衝状況が開示されず、代わりに、内外からの要望に対して省庁がどのような検討を実施しているかが開示されている。さらに、重点として規制改革を行う分野横断的な項目を指定し、集中的な見直し作業を行うという方策がとられた。

　ここでは、会社法制に関して法務省に対してどのような要望がなされているか、総合規制改革会議事務室がまとめた「各省庁の内外からの要望に対する検討状況」をみてみよう。

　平成13年度は、米国、カナダ、EU、経団連、関西経済連合会、日本自動車工業会、全国地方銀行協会、オリックス、そして日本労働組合総連合会が要望を表明している[369]。これらの要望は、すでに「規制改革推進3か年計画」で取りあげられている内容の実施を求めるものが多い。また、会社法制に関する改革が重点分野に含まれていなかった。このこともあってか、平成14（2002）年3月29日の閣議決定「規制改革推進3か年計画」では、会社法制に直接関係する事項は新規には盛り込まれず、会社更生法の改正と私法上の事業組織形態の検討とが関連する項目で盛り込まれた[370]。

　平成14年度は、日本経済団体連合会〔日本経団連〕（経団連と日本経営者団体連盟とが統合）、日本自動車工業会、第二地方銀行協会、関西経済連合会、ニュービジネス協議会、リース事業協会、オリックス、資本市場協議会、そして大阪商工会議所が要望を提出している。これらの要望も、すでに「規制

---

[368] 平成13年3月30日閣議決定「規制改革推進3か年計画」Ⅲ分野別措置事項　1．法務関係　イ商法・民法の見直し〈http://www8.cao.go.jp/kisei/siryo/010330/・http://www8.cao.go.jp/kisei/siryo/010330/10-2.pdf〉。

[369] 後掲の付録（247頁）を参照。

[370] 閣議決定「規制改革推進3か年計画（改定）」2　13年度重点計画事項8法務(2)会社更生法の改正(3)私法上の事業組織形態の検討〈http://www8.cao.go.jp/kisei/siryo/020329/・http://www8.cao.go.jp/kisei/siryo/020329/2-08.pdf〉。

改革推進3か年計画」およびその改定で取りあげられている内容の実施を求めるものが多い。新規の事項としては、ニュービジネス協議会と大阪商工会議所から、「最低資本金制度の緩和」の要望が提出されたことがあげられる。

　平成14年度の重点実施項目として、「新しい事業の創出」が取りあげられ、会社法制との関係では、「より簡易な起業制度の整備」が改革項目として設定された[371]。その目玉としては、新事業創出促進法を改正し、さらに起業をしやすくする環境を整備するという観点から、同法の認定を受けた企業における最低資本金規制の緩和・検査役調査等の免除等について商法の特例措置を平成14年度中に盛り込むことが提案され、実行された。なお、特例の適用を受けるための、新事業の認定手続の迅速化もあわせて提案された。

　平成15年3月28日の閣議決定「規制改革推進3か年計画（再改定）」では、会社法制自体での改革をめざす項目が新規に盛り込まれることなく、むしろ会社法制改革に合わせて、周辺領域である税法などでも対応すべきことが指摘されるにとどまった。また、会社法制の現代化として、それまでに行われた数次の会社法制改革が行われたことから、会社法制の整合性を図るための全体的な見直しが必要であると指摘された[372]。

　平成15年度は、国民・経済団体から要望を受け付ける制度が明確な制度として整備された年である。平成15年度に初めて実施された、規制緩和要望集中受付月間がそれである。これは、政府における規制改革等の取組みや具体的な提案方法を説明する全国キャラバンを実行し、広報活動を行うと同時に、規制緩和要望を広く国民から募り、その実現に向けて関係府省庁と協議し、その協議過程を公開することで、協議中の意見提出も可能とすることが目的とされる。規制緩和要望集中受付月間は、6月「あじさい」と10月「もみじ」との年に二回が行われた（【図表1】（次頁）を参照）。この規制緩和要望集中受付月間を設ける「全国規模の規則改革」の提案受付制度は平成22年1月

---

[371]　内閣府総合規制改革会議「中間とりまとめ——経済活性化のために重点的に推進すべき規制改革——」（平成14年7月23日）第1章新たな事業の創出〈http://www8.cao.go.jp/kisei/siryo/020723/1.html〉。

[372]　後掲の付録（248頁）を参照。

12日をもって廃止され、ハトミミ「国民の声」に受け継がれた[373]。

平成15年度における会社法制に関する要望は、6月に実施された「あじさい」では、日本自動車工業会、リース事業協会、オリックス、三井アセット信託銀行が行い、10月に実施された「もみじ」では、任意団体、中間法人のほか、米国、日本自動車工業会、リース事業協会、オリックス、全国地方銀行協会、第二地方銀行協会、都銀懇話会がいくつか要望を述べた。

この要望集中受付月間制度の下では、各省庁の対応状況がリアルタイムに開示される。このため、提出された要望は、新規の要望が提出されるという

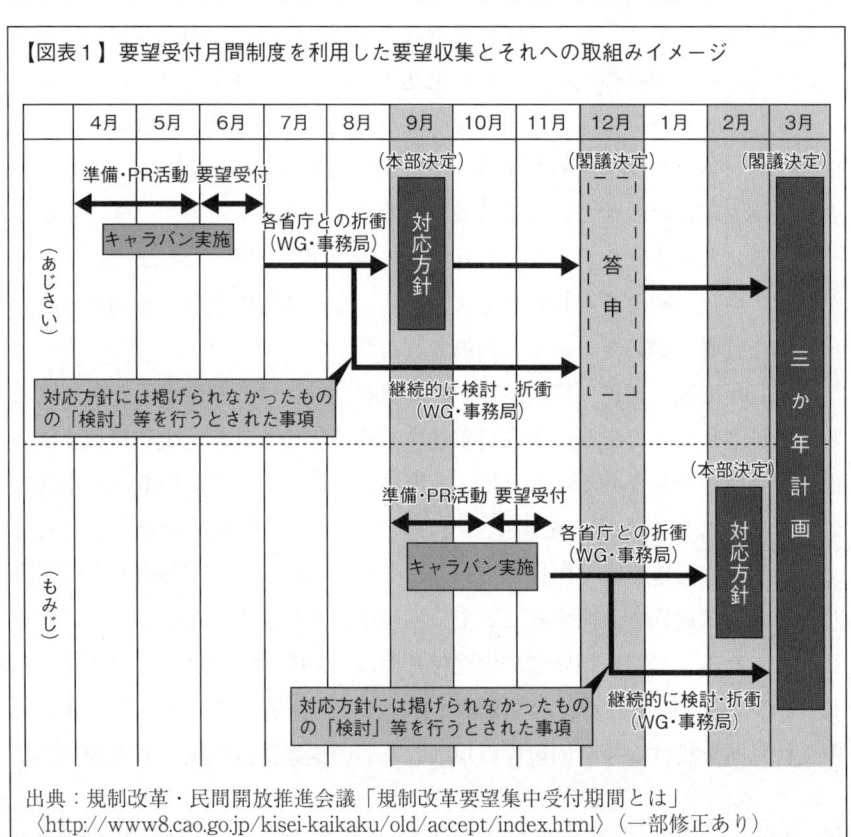

【図表1】要望受付月間制度を利用した要望収集とそれへの取組みイメージ

出典：規制改革・民間開放推進会議「規制改革要望集中受付期間とは」
〈http://www8.cao.go.jp/kisei-kaikaku/old/accept/index.html〉（一部修正あり）

---

[373] 平成21年12月1日閣議決定「国民及び職員からの意見聴取について」〈http://www.kantei.go.jp/jp/kakugikettei/2009/1201kokuminnokoe.pdf〉。

よりも、現在進行する会社法改革の早期実現を求める内容が多い。

　平成15年度は、第四次の３か年計画となる「規制改革・民間開放推進計画」（平成16（2004）～18（2008）年度）の策定時期でもある。会社法制に関する規制改革項目については、総合規制改革会議の法務・金融・競争政策ワーキンググループ（主査：神田秀樹東京大学教授）がその策定にあたった。

　その策定状況を、平成15年度総合規制改革会議第３回本会議で配付された「法務・金融・競争政策WGの検討状況等について」という文書から[374]明らかにしよう。

　法務分野の規制項目の策定の方向性として、「起業の支援と効率的な資金調達の仕組みの改善という観点から、現行制度の改革を含めた基本的なインフラ整備を検討する」ことが示され、社債法制と借入法制との連続化、株式会社に関する最低資本金規制の特例の恒久措置化、新しい投資スキームとして、リミテッド・パートナーシップ（LPS）やLLCの創設を具体的項目としてあげた。この策定過程では、みずほコーポレート銀行、中小企業庁、経済産業省、法務省、金融庁からヒアリングをしている。

　平成15年12月22日に総合規制改革会議が公表した「規制改革の推進に関する第３次答申――活力ある日本の創造に向けて――」では、会社法制に関する規制改革項目を二つの側面から提案している。

　第一は、分野横断的な重点項目として、「我が国の国際的な魅力向上のための規制改革」があげられたことである。このなかでは「透明で安全な投資環境の整備」が内容とされ、対日直接投資の拡大のために、合併対価の柔軟化、LPSやLLCの創設があげられた。合併対価の柔軟化については、平成16年度中に検討し結論を得て、さらに16年度以降には、税法上の措置について検討を開始するとの工程表が示された。LPSについては、中小企業等投資事業有限責任組合契約に関する法律の改正で対処する方向性が示され、平成16年度中に検討に着手し、平成17年度に結論を得るとの工程表が示され、LLCは、

---

[374]　神田秀樹（総合規制改革会議法務・金融・競争政策WG主査）「法務・金融・競争政策WGの検討状況等について」平成15年度総合規制改革会議第３回本会議（平成15年７月28日）配付資料〈http://www8.cao.go.jp/kisei/giji/03/003/03.pdf〉。

平成16年度中に検討し結論を得ることとされた。

　第二は、一部第一のものと重なるが、法務・金融・競争政策ワーキング・グループで検討されていた「起業支援と効率的な資金調達の仕組みの改善」という観点から盛り込まれたものである。具体的には、社債・融資法制の連続化、新しい投資スキームの創設、最低資本金制度の抜本的見直しが盛り込まれた。

　このうち、最低資本金制度の抜本的見直しは、平成16年度中に検討を実施し結論を得るとされ、次のような問題意識と改革の方向性が示唆された。

　「1980年代以降、我が国の開業率は長期的な低下傾向にあり、近年においては、企業の廃業率が開業率を上回るなど、経済成長の原動力となる起業の促進が喫緊の課題となっている。新たなビジネスとしてネットビジネスや高い技術を有するベンチャーなど低資本で創業可能な業態や、サラリーマンや主婦、学生、外国人など起業の担い手の多様化が進みつつある中で、最低資本金制度が起業の障害となっているとの指摘が多い。[新事業創出促進法]において商法の特例措置として実施されている最低資本金制度の猶予制度の活用実績等を踏まえ、起業を促進し、我が国経済の活性化に視する観点から、商法における最低資本金制度について、その内容を機能に応じて分解し、起業段階での最低資本金制度は撤廃する方向で見直すべきである」。

　平成15年に新事業創出促進法が改正され（10条の新設）、設立時の資本金の額が最低資本金に満たない場合であっても、設立の日から5年以内に最低資本金の額まで増資すればよいとされた。これはすでに指摘したように、平成14年度中の規制改革重点項目に指定されて実行されたものであった。この特例措置の実施から間もないこの時期に、同法の「活用実績」をふまえた改革提案がされた。このことからは、新事業創出促進法の「活用実績」は、最低資本金の規制をなくしたことによる弊害が生じないかという点を検証するものではなく、最低資本金制度をなくすことにより、どれだけ企業の開業率を向上させることができるかを検証するものであったことが指摘できよう。

　この第3次答申の内容そのままに、平成16年3月19日に閣議決定「規制改革・民間開放推進3か年計画」が出された[375]。

2−1−3 規制改革・民間開放推進会議の取組み

　規制改革・民間開放推進会議が発足した平成16（2004）年4月は、平成17（2005）年度中に法案提出をめざす、法制審議会会社法（現代化）部会の活動も佳境に入る時期である。このため、規制改革・民間開放推進会議が主導する「規制改革・民間開放推進」は会社法制を直接対象とはしていない[376]。しかし、これまでの「規制緩和3か年計画」や「規制改革3か年計画」とその一連の改定で示された項目や、「規制改革・民間開放3か年計画」で示された項目に関する実現状況を監視している[377]。

　寄せられる要望は、会社法が成立した平成17年7月26日までは、規制改革項目の実現を望む者（米国）や、関連項目（対価が柔軟化された場合の課税中立性を求める者（EU））のほかは、法制審議会での審議状況をにらみながら要望が出されている（日本損害保険協会、リース事業協会、日本自動車工業会、日本経団連、生命保険協会）[378]。

　会社法成立後は、会社法の運用細目に関する要望や会社法で取りあげられなかった事項について、再度それを盛り込むように要望するものがみられる[379]。

---

375 〈http://www8.cao.go.jp/kisei/siryo/040319/index.html〉。
376 そもそも、規制改革・民間開放推進会議は、その名称が示すように、官によるサービスの提供分野（官製市場）に規制改革の対象を定め、官製市場を民間に開放し、民間の自由な発想による競争を促進することを目的としている。このため、新規の規制改革項目の策定については、官制市場の民間開放の実現に主たる力が注がれている。この点につき、たとえば、内閣府規制改革・民間開放推進会議「中間とりまとめ——官製市場の民間開放による『民主導の経済社会の実現』——」（平成16年8月3日）〈http://www8.cao.go.jp/kisei-kaikaku/old/publication/2004/0803/item02.pdf〉。
377 規制改革・民間開放推進会議は、毎年度フォローアップとして各計画について改革項目の実施状況を公開している。たとえば、規制改革・民間開放推進会議「規制改革・民間開放推進3か年計画（改定）のフォローアップ結果」（平成17年度末現在）事項別概要6法務関係〈http://www8.cao.go.jp/kisei-kaikaku/old/publication/2006/0905/index.html・http://www8.cao.go.jp/kisei-kaikaku/old/publication/2006/0905/item0905_06.pdf〉を参照。
378 後掲の付録（251・252頁）「平成16年度・法務省に寄せられた会社法制に関する要望」、「平成17年度・法務省に寄せられた会社法制に関する要望」のあじさい分を参照のこと。

2-2　政府との対話を通じた経済界の要望提出

2-2-1　IT戦略会議、産業新生会議

　新環境下で根本的な会社法制改革が始まった段階は、深刻化する経済不況から脱却するために経済界と政府との対話が促進されていた時期でもある。

　出井伸之ソニー代表取締役会長兼CEOが議長を務めるIT戦略会議は、平成12（2000）年11月27日に「IT基本戦略」をまとめて提出した。そのなかで、早急に見直すべき課題としてITに対応した会社法制への改革を提言している。具体的には、「株主総会の招集通知、議決権行使等についてインターネットの利用が2002〔平成14〕年の株主総会で可能となるよう所要の商法改正法案等を国会に提出する」とされた。また、平成14（2002）年までに達成すべき分野として「ア）株主総会と取締役会の権限配分の見直し、純資産額規制及び出資単位規制の見直しなどを含む商法の抜本改正を行う」とされた[380]。

　このIT基本戦略に基づき、高度情報通信ネットワーク社会形成基本法（いわゆるIT基本法）が制定され、IT化の推進が国家戦略として位置づけられ、内閣に「高度情報通信ネットワーク社会推進戦略本部（IT戦略本部）」が設置された。IT戦略本部も有識者委員として、経済界から委員が出席している[381]。平成13年1月22日にIT戦略本部がまとめた「e-Japan戦略」でも、重点戦略項目のうちの「早急に実施すべき分野」として、「株主総会の招集通知、議決権行使等についてインターネットの利用が2002〔平成14〕年の株主

---

[379] 後掲の付録（252頁）「平成17年度・法務省に寄せられた会社法制に関する要望」のもみじ分、「平成18年度・法務省に寄せられた会社法制に関する要望」を参照のこと。
[380] II. 重点政策分野2. 電子商取引ルールと新たな環境整備(3)推進すべき方策〈http://www.kantei.go.jp/jp/it/goudoukaigi/dai6/6siryou2.html〉。
[381] IT戦略本部の有識者委員として、伊丹敬之（一橋大学大学院商学研究科教授）、上野保（東成エレクトロビーム代表取締役社長）、大山永昭（東京工業大学大学院理工学研究科教授）、清原慶子（三鷹市長）、鈴木敏文（セブン＆アイ・ホールディングス代表取締役会長）、中村邦夫（松下電器産業代表取締役会長）、中村維夫（エヌ・ティ・ティ・ドコモ代表取締役社長）、村井純（慶應義塾常任理事・慶應義塾大学環境情報学部教授）が参加している（肩書は当時）。

総会で可能となるよう所要の商法改正法案等を国会に提出する」ことがあげられ、平成14年までに達成すべき分野として、「株主総会と取締役会の権限配分の見直し、純資産額規制及び出資単位規制の見直しなどを含む商法の抜本改正を行う」ことが提示されている[382]。

他方、産業新生会議でも、経済界委員より会社法制改革に関する強い要望が述べられている。

産業新生会議第1回会合では、経済界の委員から次のように述べられた[383]。

出井伸之ソニー会長（経団連副会長）は、「国際競争に打ち克つ企業を育てるためには企業法制の改革が急務であり、以下のような課題に早急に取り組むべき」である。それは「①株主代表訴訟制度、株主総会定足数等の早期見直し、②連結納税制度の早期導入、会社分割税制の早期整備、③トラッキング・ストック制度（部門収益連動型株式）の早期導入、ストック・オプション制度の拡充、国境を越えるM&Aを可能とする株式交換制度の導入」である。

片田哲也小松製作所会長（経団連副会長）も、「経済のグローバル化に会社法制がついて行っていない。外国株主が増加する中、株主総会の電子化等の会社法制の見直しが必要。1株当たりの純資産5万円以上という商法の規制を見直し、ベンチャービジネスの株式分割を容易にするべき」であると主張した。

第2回会合でも、経済界の委員からの会社法制に対する要望が強く出された[384]。

まず、奥田碩トヨタ自動車会長（日経連会長）が「IT時代に適応した迅速

---

[382] 高度情報通信ネットワーク社会推進戦略本部「e-Japan戦略」（平成13年1月22日）Ⅱ．重点政策分野2．電子商取引ルールと新たな環境整備〈http://www.kantei.go.jp/jp/singi/it2/kettei/010122honbun.html〉．

[383] 平成12年7月17日「第1回産業新生会議議事要旨」〈http://www.kantei.go.jp/jp/singi/sinseikaigi/1yousi.html〉．

[384] 平成12年8月31日「第2回産業新生会議議事要旨」〈http://www.kantei.go.jp/jp/singi/sinseikaigi/2yousi.html〉．

な企業経営のために必要な企業法制・雇用制度等のあり方」と題するスピーチを行っている。このなかで奥田は、「国際的な大競争・IT時代において、企業にとって迅速な企業経営（柔軟な組織再編等）、雇用機会の創出が課題であり、これを円滑に行うため、企業法制、雇用制度をより使いやすいものにすべき」であると述べ、企業法制面では、「組織再編の円滑化のため子会社による親会社株の保有制限撤廃、相互保有株式の議決権休止の基準の撤廃や、グループ経営に適応するためストック・オプション制度の拡充等が必要」と発言した。

次にこれを受けて、経済界の委員からは、会社法制改革の早期実現の実行を促す発言が矢継ぎ早になされた。

片田哲也は、「企業法制改革のいっそうのスピード化が求められており、たとえば、CP等のペーパレス化や、ITを利用した株主総会の運営、法定公告および会社情報の開示の実現、1株当たり純資産額基準（5万円）の撤廃、ストック・オプション制度の見直しは、今の臨時国会または来年の通常国会の早い時期での実現が不可欠である」と指摘した。高原慶一朗も、「ストック・オプション制度の決議事項・手続の簡素化と付与対象者・上限規制の撤廃や、純資産額による出資単位規制・株式分割規制の見直し、議決権行使に係わる優先株制度の創設など、ベンチャー企業に使い勝手のよい商法への改正が必要である」と主張した。出井伸之も、「株主代表訴訟について、日本の役員は責任が無過失無限大であり、外国人では役員の引き受け手がいなくなってしまう。米国でもすでに改正されており、早急な改善が必要であると主張し、さらに、レターストック（トラッキングストック）制度は、会社経営の多角化のために不可欠であり、子会社上場に伴う子会社株主間の意見の不一致を防ぐためにも、また、新規事業への資金調達のためにも、早期導入が必要である」と強く主張した。牛尾治朗は、これらの改革項目について、早期実現を要望し、確実に早期に実現するための工程表の提示を政府側に求めた。

この要望に対する政府側の対応として、第3回会合で、保岡興治法務大臣は、会社法制の抜本改正のための商法改正案を、平成14年の通常国会に提出

するよう準備し、「特に、ストック・オプション制度の改善と、インターネットを利用した株主総会運営については、前倒しを決断し、来年秋の臨時国会への法案の提出を検討し、CP（コマーシャル・ペーパー）のペーパーレス化については、次期通常国会に法案を提出する」と発言している[385]。

以上のような議論は、「日本新生プラン」を具体化させるものとして、経済対策閣僚会議が平成12年10月19日に出した「日本新生のための新政策展開」[386]に結実している。

「日本新生のための新政策展開」では、IT利用の利便性を向上させるものとして、株主総会の招集通知、議決権行使等におけるインターネットの利用が、平成14年度に開催される株主総会で実行できるように商法改正を実施するとされた[387]。このほか、産業新生のための事業環境整備として、ダイナミックな企業活動を支える企業法制等の整備が必要であるとした[388]。具体的には、平成14年度の株主総会で利用できるように、ストック・オプションの付与対象者の制限や、量的な制限を撤廃する商法改正を実現するとされた。また、平成14年度中の法案提出を目標に、株主総会と取締役との権限分配の見直しと、株式の純資産額規制・出資単位規制の見直しが掲げられた。

2−2−2　経済財政諮問会議

経済財政諮問会議は、平成13（2001）年1月より始動するが、本格的に活動を始めるのは、平成13年4月19日に成立した小泉純一郎内閣の下である。経済財政諮問会議は、いわゆる「骨太方針」と呼ばれる単年度ごとの内閣の政策の基本方針の原案を6月にとりまとめ、内閣はそれを閣議決定という形で

---

[385] 平成12年10月12日「第3回産業新生会議議事要旨」〈http://www.kantei.go.jp/jp/singi/sinseikaigi/3yousi.html〉。
[386] 〈http://www5.cao.go.jp/2000/b/1019b-taisaku.pdf〉。
[387] 経済対策閣僚会議・前掲386 第2部具体的施策Ⅰ．日本新生プラン具体化等のための施策1．IT革命の飛躍的推進のための施策(4) IT利用の利便性と楽しみを増進させる施策。
[388] 経済対策閣僚会議・前掲386 第2部具体的施策Ⅱ．産業新生のための事業環境整備1．ダイナミックな企業活動を支える企業法制等の整備(1)企業法制の見直し。

示している。この「骨太方針」の確実な実行を期すために、経済財政諮問会議は実行の期日を指定する「工程表」を作成している。こういった単年度ごとの基本方針とその工程表とともに、中期的な経済財政計画を示し（閣議決定「構造改革と経済財政の中期展望について」とその年度ごとの改定）、政策決定の実行性確保を行っている[389]。経済財政諮問会議での審議やそれが公表する一連の政策決定は、総合規制改革会議が進める「規制改革推進3か年計画」の実行を促進させる効果も有していた。他方、経済財政諮問会議での議論や一連の政策決定が、さらなる「規制改革」を引き起こすという相乗作用が働くことになる。

　平成13年6月26日閣議決定「今後の経済財政及び経済社会の構造改革に関する基本方針」（いわゆる骨太方針）では、当時進行する商法改正について、「我が国の競争力の向上に結びつくように、民間事業者の意見も十分に踏まえた改正が行われることが期待される」と指摘された[390]。「改革工程表」では、ストック・オプション制度の付与対象者制限の撤廃、決議事項の簡素化に関する法案を平成13年度中の次期臨時国会で提出するとされ、平成14（2002）年度の通常国会で商法改正法案（会社の期間、計算、株式等）の提出を行うとされた[391]。なお、経済対策閣僚会議は、この「改革工程表」に沿った改革の実行を加速させる「改革先行プログラム」を策定したが、そのなかで構造改革により影響を受ける中小企業対策が盛り込まれ、企業の開業率を倍増させることが目標とされた[392]。

---

[389] 経済財政諮問会議には、このほか、予算編成の基本方針を策定するという機能の獲得が目標としてあげられている。これは財務省との対立を意味し、さまざまな試みがなされているが、まだ達成されず、現時点では、経済財政諮問会議はどのような形で予算編成の基本方針を策定し、財務省の具体的な予算編成をコントロールできるかが大きな課題として存在する（この点については、大田弘子『経済財政諮問会議の戦い』（東洋経済新報社、2006）「第4章予算改革をめぐる戦い」を参照）。

[390] 平成13年6月26日閣議決定「今後の経済財政及び経済社会の構造改革に関する基本方針」第1章構造改革と経済の活性化3．経済の再生(4)規制改革のみならず制度改革に踏み込む〈http://www.kantei.go.jp/jp/kakugikettei/2001/honebuto/0626keizaizaisei-ho.html〉。

[391] 経済財政諮問会議「改革工程表」（平成13年9月26日）22頁〈http://www5.cao.go.jp/keizai-shimon/cabinet/2001/0926kouteihyou.pdf〉。

平成14年1月15日閣議決定「構造改革と経済財政の中期展望について」でも、中期的に実現をめざす経済社会の姿として変化に対応できる企業システムの確立を目標として掲げ、規制改革、企業法制の見直し、証券市場の構造改革等により、さまざまな変化に俊敏かつ柔軟に対応でき、革新的な技術や仕組みを従来以上に生み出すことを可能とする企業システムを構築するとされた[393]。

経済財政諮問会議が、会社法制の改革に関して具体的な方向性を示すのは、いわゆる骨太方針第2弾の閣議決定「経済財政運営と構造改革に関する基本方針2002（基本方針2002）」（平成14年6月25日）である。ここでは、経済活性化戦略の一つとして、経営力戦略があげられ、「起業の促進・廃業における障害の除去」がその内容とされ、「起業に伴うハードルとリスクを低くし、企業活動を活性化することにより、経済の新陳代謝を活発にする」ことが目標とされた。廃業における障害の除去は、会社更生法、破産法などの整備があげられるが、起業の促進は、会社法制の改革を中身とし、「法務省、経済産業省は、平成14年度から、起業コストの見直しの観点に基づき、一定の要件を満たした会社の設立について最低資本金制度の特例を設けるなど会社設立や事業再編の際のコストや手続を見直す」とされた[394]。この骨太方針第2弾の工程表である「改革加速のための総合対応策」では、「裾野が広い創業・新規開業を促す環境整備」を行うことが明記され、その手段として、新事業創出促進法の改正の平成14年度臨時国会での実現があげられた[395]。

---

[392] 平成13年10月26日経済対策閣僚会議決定「改革先行プログラム」15頁〈http://www5.cao.go.jp/keizai1/2001/1026kaikaku-prog.pdf〉。

[393] 平成14年1月15日閣議決定「構造改革と経済財政の中期展望について」2．中期的に実現を目指す経済社会の姿(3)強靱な経済、財政の実現（変化に対応できる企業システム）〈http://www5.cao.go.jp/keizai-shimon/cabinet/2002/0125kakugikettei.pdf〉。

[394] 平成14年6月21日閣議決定「経済財政運営と構造改革に関する基本方針2002」第2部 経済活性化戦略2．6つの戦略、30のアクションプログラム(3)経営力戦略〈http://www.kantei.go.jp/jp/singi/keizai/tousin/020621f.html〉。

[395] 経済財政諮問会議「改革加速のための総合対応策」Ⅰ．金融・産業の再生2．産業企業再生への早期対応(3)創業・新規開業の支援等〈http://www5.cao.go.jp/keizai-shimon/minutes/2002/1030/item2-2.pdf〉。

前述のように、平成13年10月26日経済対策閣僚会議決定「改革先行プログラム」において、企業の開業率を倍増させることが提案され、ここでも、起業環境の整備として、最低資本金制度に関する商法の特例の設置が前面に押し出された背景には、経済産業省の中小企業政策の転向がある。この点については、経済財政諮問会議において制度・政策改革集中審議が行われた、平成14年8月28日の第23回会議における議論状況と、平沼赳夫経済産業大臣が提出した配付資料から検証してみよう[396]。

　中小企業政策の方向性を決定する中小企業基本法は、平成11（1999）年に改正されている。この改正前の中小企業政策は、大企業等の格差を是正し、「弱者」である中小企業を保護することを目的としていた。このため、中小企業に対して一律的な助成が行われていた。しかし、改正後の中小企業基本法は、「やる気と能力のある中小企業の育成と発展」とを目的とするとした。このための制度設計は、企業の成長ステージにあわせて、三段階で説明される。第一ステージは、起業の段階である。この段階では、志のある者であれば、「誰でも・いつでも・すぐに・いろいろなかたちで」起業に挑戦できる環境を整備する。第二ステージは、企業の革新・成長の段階である。この段階では、「やる気と能力のある企業に、能力に応じて資金調達の道を開く」ことが必要と考えられた。

　第三のステージは、生き残りに失敗した企業の退出の段階である。この段階では、やる気も能力もあるが、金融環境の変更などの外的要因で事業に失敗した企業であれば、その存続のためのセーフティネットを用意することと、失敗した企業に対し再挑戦の機会を保障するか円滑な撤退を実施することが必要であるとされた。

　すなわち、多くの企業を開業させ、競争環境のなかで能力のある企業が選別され、退出すべき者は退出させ、再挑戦できる者は再挑戦させる、という循環をつくり出すことが目標とされた。

---

[396] 経済財政諮問会議（平成14年第23回）（平成14年8月28日）平沼赳夫経済産業大臣提出資料「政策の選択と集中（総論）（分野別説明）」中小企業政策〈http://www5.cao.go.jp/keizai-shimon/minutes/2002/0828/item2.pdf〉。

このような中小企業政策に対しては、おおむね好意的な発言がなされた。このなかで、奥田碩日本経団連会長は、退出すべき者を温存するという政策は慎まなければならないが、退出すべき企業は退出せよという点を強調すると、中小企業に対し「死ぬものは死ねという制度」であると捉えられかねないとして、能力ある企業に対するセーフティネットを充実させるよう、主張した。

いずれにせよ、志のある者であれば、「誰でも・いつでも・すぐに・いろいろなかたちで」起業に挑戦できる環境を整備することにはコンセンサスが形成され、起業コストの引下げや、起業の足枷となる最低資本金制度の撤廃をすべきであるとこの会合では結論づけられている。

この経済財政諮問会議の議論の様子や経済産業省による中小企業政策からは、最低資本金制度の撤廃は、当初から政策目標として存在したことがわかろう。

以降、会社法制の変更・改革が、正面から経済財政諮問会議の議論に上ることはなく、いわゆる骨太方針にも登場しない。しかし、「改革工程表」などにおいては、その実現が注視されている[397]。

2-3 新たな立法環境の下での経済界の要望

会社法制定期における新たな立法環境下では、内閣のリーダーシップが強調され、「規制緩和推進3か年計画」「規制改革推進3か年計画」などの策定やその実行を監視する規制改革委員会等や、内閣総理大臣の主宰する会議体・経済財政諮問会議において政策決定がなされる。各省庁は、その政策決定に基づいて、その具体化の作業を実施することになる。以上の検討からは、会社法制定についてもこの点が当てはまるといえよう。

[397] 「政策目標A. 産業競争力の強化 法務省基本方針『改革工程表』」(平成15年3月25日)〈http://www5.cao.go.jp/keizai-shimon/minutes/2003/0325/item5-4-a/a8-1.pdf・http://www5.cao.go.jp/keizai-shimon/minutes/2003/0325/item5-4-a.html〉、経済財政諮問会議「経済活性化のための改革工程表」(平成16年3月11日) 7頁。〈http://www5.cao.go.jp/keizai-shimon/cabinet/2004/process_main.pdf・http://www5.cao.go.jp/keizai-shimon/cabinet/2004/decision0311.html〉。

新たな立法環境下では、昭和年間とは異なり、他のステイク・ホルダーも会社法制に対して要望を発言しうるルートが確保され、労働界からは実際に要望が述べられもした。しかし、それ以上に、従来より要望を述べる経済界（大企業の経営者）からの要望は、力強く重みをもつものとなっている。なぜなら、規制改革委員会や経済財政諮問会議等に経済界からの民間議員が出席し、その発言が大きな影響力を有しているからである。この点からは、経済界は、自身の要望を政策に浸透させるチャネルを有するようになっていたと評価できよう。

　もっとも、この経済界のチャネルについては、次の二点の指摘が可能なことに注意が必要であり、平成21（2009）年の政権交代により、状況変化が起きていることにも留意すべきである。

　第一に、経済産業省の中小企業政策が経済財政諮問会議を通して国家的政策となり、法務省に対する会社法制改革への圧力となったように、従来の省庁間折衝と異なる方式で他の省庁の意向が反映されている点である。内閣府が他の省庁より一段高いところで政策決定を行うというコンセンサスが生まれたことから、省庁が経済財政諮問会議の民間議員に働きかけ、自身の立案した政策の関連範囲の法整備などを他の省庁に求めるためのメソッドと認識されるようになった点である[398]。このため、経済界の要望の形で、経済産業省などの意向が表れている可能性がある。

　第二に、経済財政諮問会議や内閣主導の会議体で政策決定を行い、内閣総理大臣のリーダーシップが強調されたのは、与党自民党内に大きな支持基盤を有さない小泉政権が自身のプレゼンスを維持することが目的であったともされる点である[399]。小泉政権後の自民党政権では政権の安定性を欠いたため

---

[398] 田丸大「省庁における法案の作成過程とその変容」年報行政研究40巻77頁（2005）は、他省庁の所轄に及ぶような分野に積極的に進出しようとする場合に、省庁から経済財政諮問会議の民間議員に対して、「ご説明」のためにうかがい、その関心を高めたり、経済財政諮問会議での議論に決定を委ねる戦略をとるとする。他方、これに対して、大田・前掲389 250頁は、この「ご説明」による官僚の影響力を民間議員が嫌い、民間議員専属の事務局が設けられ、民間議員の独自性、独立性をどう図るかが大きな問題であったとする。

か、経済財政諮問会議は十分には機能しなかった。

小泉政権後の自民党政権下では、会社法制改革については、経済界主導というよりも、金融庁の主導で政府の政策として実行される傾向が強いように思われる。平成19（2007）年4月20日に、経済財政諮問会議グローバル化改革専門調査会金融・資本市場ワーキンググループ（主査：上村達男早稲田大学法学学術院長）[400]は、第一次報告「真に競争力のある金融・資本市場の確立に向けて」を公表した[401]。ここでは、日本（東京）を、ロンドン、ニューヨークと並ぶ国際的な金融・資本センターとして機能させるという政策目標を実現すべく、目標に至る工程や課題を示す。そのなかで資本市場におけるガバナンスを強化することを目的として、上場企業について会社法制と証券市場法制とが一体的に規制する「公開会社法」の策定構想を打ち出した（同7頁）。この点は、同ワーキング・グループの主査である上村達男の元来の主張である[402]「公開会社法」という民商法の基本法の一部として立法が企画されるのであれば、法務省管轄での改革となる[403]。しかし、同報告書では、「その必要性を含めて」積極的に検討を行うべきとし、「その際には、法律制定の目的や

---

[399] 田丸・前掲398 76頁。

[400] 主査以外の委員は、副主査を池尾和人（慶應大学経済学部教授）とし、伊藤隆敏（東京大学大学院経済学研究科教授）、大崎貞和（野村資本市場研究所主幹）、川濵昇（京都大学大学院法学研究科教授）、菅野雅明（JPモルガン証券チーフエコノミスト）、斉藤惇（産業再生機構前社長）、松本大（マネックス・ビーンズ・ホールディングス代表取締役CEO）の各氏である（肩書は当時）。

[401] 〈http://www5.cao.go.jp/keizai-shimon/special/global/finance/pdf/item1.pdf〉。なお、同様の主張は、政権与党である自民党の政務調査会においても検討されていた。平成16（2004）年12月17日には、自民党　政務調査会金融調査会　企業会計に関する小委員会と法務部会　商法に関する小委員会（ともに小委員長は塩崎恭久衆議院議員・内閣官房長官）は、「最近の資本市場、コーポレートガバナンスの諸問題に関する中間論点整理」を公表し、そのなかで、上場企業を対象として証券市場規制と会社法制を一体化した「公開会社法」を制定するという政策方針を示した。このなかでは、開示規制やガバナンス体制については、証券市場の規制を基軸にするとされている（中間論点整理の全文については、塩崎恭久「最近の資本市場、コーポレートガバナンスの諸問題に関する中間論点整理」平成16年12月17日〈http://www.y-shiozaki.or.jp/contribution/other/041217.html〉）。

[402] 上村達男『会社法改革――公開株式会社法の構想』（岩波書店、2002）。

効果について十分な理解を得るための努力が必要である」とし、「公開会社法」という構想に至る道のりが厳しいとの認識を示す。他方で、金融庁金融審議会も、日本（東京）を国際的な金融センターとするという政策目標を実現させるための検討を実施する。金融審議会金融分科会は、平成19年1月30日に「我が国金融・資本市場の国際化に関するスタディーグループ」（座長：池尾和人慶應大学経済学部教授）を設けてその検討を実施した[404]。平成19年6月19日閣議決定「経済財政改革の基本方針2007――『美しい国』へのシナリオ」[405]では、金融庁により「金融・資本市場競争力強化プラン」を平成19年内を目途に策定するとの方針が示され（同閣議決定別冊16頁）、金融庁を中心としてこの分野の整備がなされることを確認した。金融審議会金融分科会

---

[403] 上村達男「新会社法の性格と会社法学のあり方」上村達男＝森淳二朗編『会社法における主要論点の評価』100頁（中央経済社、2006）は、「有限会社」を基本モデルに編纂された会社法は、原則自由の規範となり、証券市場への責任や公的規制の要求を担えるものではないために、金融庁や規制当局、証券取引所が規範を設定することになると指摘するとともに、従来からの法務省の権限対象を維持しようとするのであれば、真の「公開株式会社法」の制定に取り組むべきと主張する。

[404] 金融審議会金融分科会「『我が国金融・資本市場の国際化に関するスタディグループ』の設置について」平成19年1月30日〈http://www.fsa.go.jp/singi/singi_kinyu/s_group/siryou/20070130/01.pdf〉。座長以外のメンバーは、打越俊一（大和総研執行役員）、江原伸好（日本プライベートエクイティ協会会長）、翁百合（日本総合研究所理事）、木南敦（京都大学大学院法学研究科教授）、ポール・クオ（国際銀行協会（IBA）会長）、小足一寿（住友信託銀行業務部審議役）、柴田拓美（野村アセットマネジメント取締役兼執行役社長）、島崎憲明（住友商事代表取締役副社長執行役員）、鈴木武（トヨタ自動車専務取締役）、関哲夫（新日本製鐵常任監査役）、立岡登典次（日本ベンチャーキャピタル協会会長）、田中直毅（21世紀政策研究所理事長）、檀野博（不動産証券化協会制度委員会委員長）、露木繁夫（第一生命保険相互会社常務執行役員）、飛山康雄（東京証券取引所代表取締役専務）、根本直子（スタンダード＆プアーズ　マネージング・ディレクター）、野村修也（中央大学法科大学院教授）、平野信行（三菱東京UFJ銀行常務取締役）、藤巻健史（フジマキ・ジャパン代表取締役）、藤原美喜子（アドバンスト・ビジネス・ダイレクションズ代表取締役）、淵田康之（野村資本市場研究所執行役）、増井喜一郎（日本証券業協会副会長）、矢野朝水（企業年金連合会専務理事）、山澤光太郎（大阪証券取引所執行役員）、若松誠（フジテレビジョン報道局次長）である（肩書は当時）（「我が国金融・資本市場の国際化に関するスタディグループ　メンバー名簿」平成19年1月30日〈http://www.fsa.go.jp/singi/singi_kinyu/s_group/siryou/20070130/02.pdf〉。

[405] 〈http://www.kantei.go.jp/jp/singi/keizai/kakugi/070619kettei.pdf〉。

「我が国金融・資本市場の国際化に関するスタディグループ」は、第一次の中間論点整理をまとめ[406]、そこでは、資金調達者に課される課題として、コーポレート・ガバナンスの向上や内部統制の強化を図り内外の投資家への説明責任を果たすべきことをあげ（15頁）、制度的な対応が必要であれば、金融審議会で整理し、「適切な場で」法制面等を含めさらに検討を深めるとしている（18頁）。以上のように、会社法制に関する見直しを含めて、日本の金融・資本市場の競争力を強化するプランに関しては、金融庁がリードを取ることが経済財政諮問会議で示されたのである。

　この動きに呼応して経済産業省も、平成20（2008）年12月には、経済産業省経済産業政策局長の私的な研究会として企業統治研究会（座長：神田秀樹東京大学大学院法学政治学研究科教授）を設置した。ここでは、上場企業における適正な少数株主保護などの観点から、社外役員の導入などが検討され、規制方法として法令（いわゆるハードロー）か上場規則（いわゆるソフトロー）を選択するかも議論された[407]。この議論は、平成21（2009）年6月17日に結論が出され[408]、上場企業における社外役員の採用を各企業の自主性に委ね、採用していることまたは採用していない場合にそれに代わるコーポレート・ガバナンスの適正さを保証するためにどのような措置を採用しているかを開示させることが提案された[409]。これにあわせて、東京証券取引所の上場規制改正が行われた[410]。会社法というすべての会社に適用されるフレームワークの変更ではなく、必要な範囲にのみ規制をかけることが志向されたのである。もっとも、2009年12月4日付でまとめられた規制改革会議の「更なる規制改革の推進に向けて――今後の改革課題」[411]では、依然として、

---

[406] 金融審議会金融分科会我が国金融・資本市場の国際化に関するスタディ・グループ「我が国金融・資本市場の国際化に関するスタディ・グループ中間論点整理（第一次）」平成19（2007）年6月13日〈http://www.fsa.go.jp/singi/singi_kinyu/tosin/20070613/01.pdf〉。

[407] 経済産業省産業組織課「『企業統治研究会』の設置について」（2008年12月）〈http://www.meti.go.jp/committee/materials2/downloadfiles/g81202a04j.pdf〉。

[408] 企業統治研究会「企業統治研究会報告書」（2009年6月17日）〈http://www.meti.go.jp/report/downloadfiles/g90617b01j.pdf〉。

[409] 企業統治研究会・前掲408　6～7頁。

社外取締役制度のあり方や、社外取締役監査役制度に関する開示規制のあり方が改革課題とされ続けている。

　以上のように平成年間にあって、産業界は政策決定に深く関与していたが、平成21年の衆議院議員選挙により民主党政権が誕生した下では、政策決定のあり方も大きく変更されることになる。民主党鳩山政権は、産業界と政界との対話を通して政策決定を行う経済財政諮問会議を廃止し、新たに国家戦略局の設置による政策決定過程の変更を提案している[412]。国家戦略局の陣容はまだ固まらないが、民間からも委員が選出される国家戦略局が強いリーダシップを発揮し、政策決定を行うか、どのような属性をもつ委員が選出され、政策決定が行われるかは、注目すべきである。なお、決定した政策

---

[410] 東京証券取引所は、平成18（2006）年6月22日に公表した上場制度総合整備プログラムに基づき上場規制を整備しており、平成20（2008）年度から平成22（2010）年度は、「上場会社のコーポレート・ガバナンス向上への支援の強化」を基軸として上場規制を整備している（東京証券取引所「2008年度上場制度整備の対応について」（2008年5月27日）〈http://www.tse.or.jp/rules/seibi/2008program.pdf〉。社外役員の上場企業への導入の義務づけを目的とする上場規制の変更については、東京証券取引所上場制度整備懇談会「独立役員に期待される役割」（2010年3月31日）〈http://www.tse.or.jp/rules/seibi/yakuwari.pdf〉を参照。

[411] 規制改革会議「更なる規制改革の推進に向けて――今後の改革課題」（2009年12月4日）31頁〈http://www8.cao.go.jp/kisei-kaikaku/publication/2009/1204/item091204_01.pdf〉。このほか、同日に規制改革会議が提出した「規制改革の課題――機会の均等化と成長による豊かさの実現のために――」（2009年12月4日）171～175頁〈http://www8.cao.go.jp/kisei-kaikaku/publication/2009/1204_06/item091204_02.pdf〉では、社外取締役制度やガバナンス情報の開示、第三者割当増資の透明性・公正性確保が検討課題としてあげられる。

[412] 当初2010年4月1日より国家戦略局が設置されることになっていたが、根拠法である「政府の政策決定過程における政治主導の確立のための内閣法等の一部を改正する法律案（仮称）」の策定がずれ込んでいる。国家戦略局が設置されるまでの暫定的な機関として、国家戦略室が内閣総理大臣の下に置かれている（2009年9月18日内閣総理大臣決定「国家戦略室の設置に関する規則」〈http://www.kantei.go.jp/jp/singi/kokkasenryaku/image/20090918_settikonkyo.pdf〉)。

　なお、経済財政諮問会議はすでに民間委員は辞任しており（日本経済新聞2009年9月15日夕刊2面「諮問会議民間議員辞任」）、国家戦略局の設置に伴って廃止されることになるため、2010年度予算には経済財政諮問会議の運営費は盛り込まれておらず（日本経済新聞2009年10月17日朝刊5面「諮問会議廃止、予算要求せず」）、機能していない。

の実現への牽引役であった規制改革会議も、小泉政権後は、規制改革の行き過ぎが社会の格差を広げたとして世論の風当たりが強く、政権の後ろ盾を失い、政策の貫徹力が弱まった[413]。民主党政権は、規制改革会議を廃止したが、内閣府行政刷新会議規制・制度改革に関する分科会にその役割を引き継がせ[414]、民主党が実行する制度改革の牽引役となることが期待されている。

　日本労働組合総連合会（連合）を支持基盤とする民主党とは、経済界は強いパイプを有さず、産業界が今までのように政策決定に関与しうるか疑問も多い[415]。

　平成22（2010）年2月24日に千葉景子法務大臣は、会社を取り巻く幅広い利害関係者からのいっそうの信頼を確保する観点から企業統治のあり方と親子会社に関する規律を見直す必要があるとして、法制審議会に対して会社法制の見直しの要綱を作成するよう諮問した（諮問91号）[416]。この諮問は、民主党の平成21年の政策集にある「公開会社法の制定」[417]に基づくものであり、その政策立案の背景には、連合の政策提言や日本取締役協会の提出する「公開会社法案」がある[418]。連合の政策提言では、企業への「労働者の意見反映システムの確立等を進め、健全な産業・企業体質を構築する」ことを求め、「多様なステーク・ホルダーの利益への配慮も含む企業統治や企業再編時の労働者保護を実現するための会社法制を整備する」ことを目標としている[419]。千葉法務大臣の諮問は、この実現を目的とすることが考えられるが、

413　日本経済新聞2010年2月25日夕刊2面「行政刷新、枝野体制が始動――旧政権の「遺産」活用カギ」では、規制改革会議議長の草刈隆郎（日本郵船相談役）は「各委員の多大な貢献にもかかわらず、たいへんプアな（貧弱な）成果に終わった。私の非力とリーダーシップの欠如が原因だ」と語っている。

414　行政刷新会議2010年3月11日決定「規制・制度改革に関する分科会の設置について」〈http://www.cao.go.jp/sasshin/kisei-seido/pdf/subcommittee.pdf〉。

415　日本経済新聞2010年1月28日朝刊3面「次期会長に内定、『米倉経団連』、政府と連携カギ―成長戦略どう関与」。

416　法務省「審議会情報　法制審議会総会　諮問第91号」http://www.moj.go.jp/SHINGI2/100224-2.html 〈visited at 2010/03/15〉。

417　民主党「政策集 INDEX2009　財政・金融」http://www.dpj.or.jp/policy/manifesto/seisaku2009/09.html#公開会社法の制定 〈visited at 2010/03/15〉。

418　たとえば、上村達男編『企業法制の現状と課題』（日本評論社、2009年）を参照。

当初1年を目途に法案を作成するとしていたのが、2～3年を目途に法制審議会で検討することとしている[420]。法制審議会の改革を経て、学者委員のほか、産業界の代弁者が法制審議会の委員となっており、諮問91号を法制審議会が受けた段階でも、産業界の代弁者である委員は任期を残している。諮問91号を受けて具体的な改正法案要綱案を作成することになる部会の設定をめぐっては、産業界の代弁者から、実務サイド（産業界）からの委員を増強すべきとの要望や、産業界の代弁者がいる法制審議会総会に中間報告をすることの要望がなされている[421]。

政策決定への関与のルートが十分に確保できない産業界は、会社法が制定された立法環境下では決定された政策の具体化の場であった法制審議会で、民主党を通じて「政策」となった連合（従業員というステイク・ホルダー）の要望を迎え撃つことを計画しているのかもしれない。

3．会社法制改革の現場

新環境下で行われた会社法制改革においては、経済界の要望のカウンターパートが内閣・政治家とされ、内閣との折衝を通して、その要望が「規制緩和」「規制改革」項目や、国家戦略という衣をまとい、その実現に向けての強いプレッシャーを備えたことがわかる。

それでは、これを受ける会社法制改革の現場はどうであろうか。いくつかトピックをあげて、分析をしてみよう。

---

[419] 連合「2010～2011年度（2009年7月～2011年6月）政策・制度　要求と提言」（2009年6月15日）34頁〈http://www.jtuc-rengo.or.jp/kurashi/seisaku/yokyu_teigen2009.pdf〉、連合「2010年度の連合の重点項目」（2009年6月15日）8頁〈http://www.jtuc-rengo.or.jp/kurashi/seisaku/jyutenseisaku2010.pdf〉。

[420] 日本経済新聞2010年2月25日朝刊4面「会社法制、見直し議論へ――規制強化に経済界反発」。

[421] 法制審議会第162回議事録34～35頁〈http://www.moj.go.jp/content/000036301.pdf〉。萩原敏孝委員（小松製作所相談役・特別顧問）、八丁地隆委員（日立製作所代表執行役・執行役副社長）がこのような発言をしている。

3 − 1 議員立法の性格変更──「複線」の立法から「引込み線」・「切出し」の立法へ

　新たな立法環境下では、会社法制改革の法案ごとに法務大臣による諮問が行われるから、当初一つの諮問で実行されるべきであったものが、緊急的な対応の必要性から切り出されて、前倒し立法されたり、調整の遅れや技術的な難しさなどから後回しにされ、項目ごとに細分化することもあった[422]。

　すでに指摘したように、新たな立法環境下での会社法制改革は、平成13（2001）年1月12日に高村正彦法務大臣が法制審議会に対して行った、「企業統治の実効性の確保、高度情報化社会への対応、資金調達手段の改善及び企業活動の国際化への対応の観点から会社法制を見直す必要があると思われるので、その要綱を示されたい」という諮問47号から始まる。この諮問47号に基づき設置された法制審議会会社法部会が「規制改革推進3か年計画」で示された内容につき検討を行った。しかし、法制審議会会社法部会の審議を経て、法務省民事局参事官室が行った意見照会（パブリック・コメント）「商法等の一部を改正する法律案要綱中間試案」（平成13年4月18日）では、「規制改革推進3か年計画」で示されていた自己株式取得の一般的な解禁や株式の単位に関する改正提案は含まれていない。なぜなら、これらの項目は、低迷する株価対策を中心とする証券市場の活性化という目的から、議員立法による改革が予定され、実行されたからである。

　平成13年1月15日に自民党の政務調査会の下に亀井静香政調会長直属の特命委員会として、証券市場等活性化対策特命委員会（座長：相沢英之衆議院議員）が設置され、1月22日には、自民党、公明党および保守党の議員から構成される与党証券市場活性化対策プロジェクト・チームが発足し、2月9日には、この与党プロジェクト・チームは証券市場等活性化対策の中間報告を公表した[423]。その中間報告においては、商法改正関連の事項として、自己株式取得の一般的な解禁や、株式の単位に関する見直しのための商法改正法案

422　神田・前掲11　33頁。
423　自民党＝公明党＝保守党「証券市場活性化対策中間報告」商事法務1587号51頁（2001）。

を平成13年通常国会に提出するとした。

　すでにみたように、「規制改革推進3か年計画」は、自己株式取得の一般的な解禁を含めた会社法制の抜本改正を平成14（2002）年度中に実施することとした。産業新生会議では、このうち株式や株主総会に関する項目については、平成13年度に前倒して改正が実施されるとされた。高村法務大臣はこれを受けて、自己株式取得の一般的な解禁も平成13年の「秋の臨時国会があるなら、それに間に合うよう検討したい。政府提案で法案を出したい」と述べていた[424]。

　しかし、与党プロジェクト・チームの提案は、これをさらに前倒しして平成13年度の通常国会で立法化することにこだわった。これは当時、上場企業の株式を大量に保有する当時の金融機関の決算に悪影響を与えないために、3月期の株価を回復ないし下支えすることが必要であると認識されていたからである。すなわち、3月期の株価を回復させるためには、3月までにこうした改正が確実に早期に実行されるとのニュースを発信することが必要であるとの判断に基づく[425]。相沢英之は記者会見で、高村法務大臣の先の発言に対し、「臨時国会に言及するのはいささか不謹慎」と発言しているが[426]、これは、開かれるかどうかも定かではない臨時国会を期日に設定しても、商法改正が確実に実行されるというニュースにならないとの認識を表すものといえよう。

　与党プロジェクト・チームが実現しようとした事の発端は、当時の今井敬経団連会長が、平成12（2000）年12月25日の記者会見で、与党に対して低迷が続く株価対策として自社株の取得・保有の自由化（「金庫株」の解禁）を要請し、できれば次期通常国会で商法改正を実現したいと考えていることを明らかにしたことである[427]。当時の亀井静香自民党政調会長がこれに答える形

---

[424] 日本経済新聞2001年1月23日夕刊3面「法相、金庫株解禁『秋に政府提案で』」。
[425] 神田・前掲11 55頁。
[426] 日本経済新聞2001年1月24日夕刊2面「金庫株解禁、商法改正案、年度内に提出、自民特命委委員長が意向──議員立法で」。
[427] 日本経済新聞2000年12月26日朝刊5面「自社株取得、自由化要請へ──経団連、株価低迷に危機感」。

で走り始めた。

　与党プロジェクト・チームの検討は、いずれも株式制度の根幹にかかわる事項であり、株式制度全体の見直しを伴う大作業が必要になる。このため、短期間にこれを実現することについては相当に困難を伴うとして、法務省は抵抗をした。しかし、「法制審は頼りにならない。だから議員立法で迅速にやる」と相沢英之は発言し[428]、最終的には議員立法で改正を行うとされた。

　このように、経団連の今井敬会長の発言から端を発し実現したのが平成13（2001）年6月商法改正である。しかし、当の経済界からは、急ピッチな立法化にとまどいの声も聞かれた。第一に、商法改正のみが先行しても、税制や証券取引法の改正がそれにあわせて実行されなければ、実際に企業が自己株式取得をできないという問題があるからである[429]。第二に、平成13年6月商法改正は、自己株式取得の解禁とともに株式の純資産額規制の撤廃をも内容としていたからである。たしかに証券業界を中心に個人投資家の裾野を広げることは、株式市場の活性化策として切望されていた。株式の純資産額規制の撤廃は、投資単位の設定の自由化を意味していた。しかし、上場企業にとっては、投資単位の引下げは、小口株主による1株運動に繋がるのではないかと心配されていた。経団連は、投資単位の引下げは、株主総会決議事項を減らしたうえで、株主総会招集通知等の電子化とワンセットで行われるべきと考えていた[430]。実は、当時の高村法務大臣らと経団連幹部との意見交換会で「金庫株［自己株式取得］は株価対策で要望しているわけではなく、あくまで中長期的な構造改革のために切望している」と経団連幹部が発言した。高村法務大臣が平成13年秋の臨時国会で政府法案を提出すると発言した

---

[428] 日本経済新聞2001年2月12日朝刊3面「商法の抜本改正先送りの公算に、株価対策の先行で」。

[429] 日経金融新聞2001年2月9日3面「『金庫株』解禁、商法先行しても……、証取法・税制改正置き去り」。なお、これによる改正法は平成13（2001）年10月1日より施行されたが、会計と税法のルール設定が間に合わず、半年間は取得した自己株式を処分することが凍結された（平成14年6月商法改正附則5条）。

[430] 日本経済新聞2001年2月8日朝刊5面「株式市場どうする活性化策(2)投資単位引き下げ──『強制』か商法抜本改正か」。

ことも、この法務省と経団連との意見交換から自己株式取得に関する改正事項を切り出すべきではないと判断したことによるものであった[431]。

　平成13年通常国会で自己株式取得の一般的な解禁と株式の単位に関する見直しを議員立法で行うという方向性が決定してからは、次のような立法作業となった。法案作成にあたり、法務省は、基本法制を所管する立場として、適切な改正がされるように最大限の努力をし、法制審議会会社法部会とも適宜情報交換して、対処していくとの方針を早々に示した[432]。平成13年4月6日には、経済対策閣僚会議が「緊急経済対策」を決定し、そのなかにこれらの改正が盛り込まれた[433]。議員立法ではあるが、政府の政策として実行しているものとされたわけである。これにより、商法改正法案は法務省が、証券取引法の改正は金融庁が、議員立法を全面的にバック・アップすることとなった[434]。実質としては、平成13年6月商法改正は、政府提出法案と変わらず、法制審議会会社法部会での検討に基づくものとなった[435]。

　以上からは、新たな環境下で行われた平成13年6月の議員立法は、これ以外の平成9（1997）年商法改正、平成13年12月商法改正とは位置づけが異なることがわかる。

　平成9年商法改正、平成13年12月商法改正が法制審議会とは別個のところで法律案がつくられ、立法に向かうという意味で立法チャネルは「複線」であった。しかし、平成13年6月商法改正は法制審議会で議論されていたもの

---

[431] 日本経済新聞2001年2月5日朝刊3面「『金庫株』加速に経団連困惑——本音は株主代表訴訟見直し優先」。

[432] 法制審議会会社法部会第2回会議（平成13年2月14日開催）議事録、日本経済新聞2001年2月13日夕刊2面「金庫株解禁で与党に協力」。
　原田晃治「会社法改正の課題と現状——株式制度の見直し等を内容とする平成13年改正法の位置付け」ジュリスト1220号9頁（2002）によれば、与党政策責任者会議から当時の森喜朗総理大臣に法案作成の協力要請があり、これを受けて当時の高村正彦法務大臣から、法務省民事局に対して、臨時国会への法案提出を想定し下準備を前倒しして早急に議員立法用の原案を作成するよう指示がされた。

[433] 平成13（2001）年4月6日経済対策閣僚会議「緊急経済対策」第2章　具体的施策2．証券市場の構造改革⑴金庫株の解禁及び株式の投資単位当りの純資産額基準の撤廃〈http://www.kantei.go.jp/jp/kakugikettei/2001/0406kinkyukeizai.html〉。

[434] 野村修也「金庫株の解禁」ジュリスト1206号102頁（2001）。

を「切出し」、経済対策の一環として実現する「引込み線」の役割を果たしていた。これは会社法制改革項目が、「規制緩和」「規制改革」から紡ぎ出された政府の政策決定に基づいて実行され、議員立法がその前倒しを実現するものであり、独自の政策提言に基づくものでないことに由来する。そもそも、会社法制に関して要望を提出するステイク・ホルダーが経済界（経営者）のみと考えられ、それらの要望が政府としての政策判断に具現化している状況では、独自に議員を通して要望を実現する必要がなくなったことも示す。議員を通しての要望の必要性が減じたことは、同時に、法制審議会の法律案作成のスピードが平成11（1999）年、12（2000）年商法改正と同様に早くなり、法律案の作成が迅速化したことにも由来しよう。

しかし、注意すべき点は、法制審議会の法律案作成の迅速化は、自己株式取得の一般的な解禁と株式の純資産額規制の撤廃というゴールの是非から議論するのではなく、そのゴールに至るための最も合理的な道筋を模索することに集中した結果であろうと思われる点である[436]。法制審議会は、利害調整を通して改革の方向性を決定する場でなくなり、政策的に判断された項目を

435　なお、この平成13年商法改正にあわせて、平成9（1997）年に導入された「株式の消却の手続に関する商法の特例を定める法律」（消却特例法）も廃止された。消却特例法では、消却目的の自己株式取得に限って、定款授権により取締役会決議で実行できるとされていた。しかし、平成13年商法改正では、自己株式取得を一般的に規定することから、すべての自己株式取得について定時株主総会での普通決議が必要とされ、定款授権によっても取締役会決議で自己株式取得ができなくなった。これは、取締役会決議での自己株式取得を可能とすれば、消却特例法よりも取締役会の権限を拡大することになることから、野党からの反発が強くなりかねないことを懸念したことが理由であるといわれる（塩崎恭久ほか「自己株式取得方法の見直し等に関する商法等の改正の経緯と概要」商事法務1672号5頁（2003））。この点の復活等が経済界より強く求められた。これを受ける形で与党（自民党、公明党、保守党）の共同提案により商法改正法案が提出され、平成15（2003）年7月23日に成立している。
　平成15年商法改正が議員立法で行われたのは、法制審議会会社法部会が先に公開した「商法党の一部を改正する法律案要綱中間試案」で、自己株式取得を扱っていない点に起因するものと思われる。この改正の法律案の作成にあたっても法務省の全面的なバック・アップがなされた（神田・前掲11 37頁）。

436　もっとも、自己株式取得規制のあり方の方向性については、平成6年商法改正段階で、すでに決着がついており、このときにはそもそも切実な意見対立がなかったとも分析されうる。この点に関しては、第3編第2章を参照。

実行するにあたっての合理的な施策を検討する場へとシフトないし限定化されたことが迅速化の大きな要因であろう。

3－2　要望の普遍化と制度設計をめぐる利害対立

　会社法制定までの立法過程にあっては、経済界（大企業の経営者）の要望が「規制緩和」ないし「規制改革」という衣をまとい、さらには政策決定としての重みをもった。その要望の実現は、会社法制が会社の区別なく適用されることが多いため、普遍的に実行されることになる。このため、その要望が経済界の一部から出されている場合には、経済界全体からみれば抵抗がありうる。また、要望を実現するにあたっては、当然に、株主・債権者などのステイク・ホルダーの負担とならない（または少ない）方策が模索される。このため、要望を実現する際には、さまざまな条件が提示される。この条件設定が経済界にとって負担となるのであれば、要望実現のもち越し（撤回）または条件のディスカウントを求めることになる。このような交渉のなかで会社法制が形づくられることになる。

　ここでは、その例として、「規制改革推進３か年計画」で取りあげられた、株主総会・取締役会の権限分配の再構成と取締役会および監査役会等を含めた組織の見直しに関する、会社法制改革をみてみよう。

　この点に関しては、「規制改革推進３か年計画」のうち、平成13（2001）年６月商法改正、平成13年11月商法改正で前倒し実施されたものの残り部分の一部として、平成14（2002）年度の通常国会での法案提出を目標に準備が進められて実現した（平成14年商法改正）。

　規制改革委員会が「規制改革推進３か年計画」をとりまとめた際には、次のように認識されていたようである。それは、外国人持株比率が高い企業においては、会社の仕組みを外国人にも説明しやすい体制にしたい、日本独特の会社機構である監査役制度ではなく、アメリカなど外国で採用されている取締役会の下に監査委員会を設ける形にしたいというニーズが強まっている、との理解である[437]。

　外資系企業・多国籍企業の経営者を主要な幹部とする経済同友会は、早く

から社外取締役を積極的に登用すべきであるとの論陣を張り、グローバリゼーションにも対応して、アメリカなどと同様のスタンダードで経営機構を運用すべく、経営判断の迅速化を図るため戦略決定機能と業務執行機能を分離するとともに、経営判断の透明性を確保すべきであるとした。平成18（1996）年の段階で、企業につき常に自律的、他律的に経営を牽制していくのがガバナンスであるとして、当面、取締役総数の少なくとも1割以上を目途に社外取締役を導入していくべきであるし、経営者自らが、経営構造の早急な再構築に踏み切るべきである[438]、と主張した。

通商産業省（当時）産業構造審議会総合部会新政庁政策小委員会企業法制分科会（座長：柴田和史法政大学教授）は、「21世紀の企業経営のための会社法制の整備」と題された報告書を平成12（2000）年12月8日に公表した。この報告書は、「規制緩和推進3か年計画」で取りあげられた事項のほとんどすべてを網羅し、法制審議会会社法部会の準備を行う小委員会の審議の際のたたき台ともなった。この報告書は、経営機構に関しては、取締役を経営管理（経営戦略決定）を行うものと純化し、新たに業務執行者として経営執行役（仮称）を設ける。経営管理と業務執行を分離したい企業は、経営執行役を取締役以外から選任すればよく、一体的に実施したい企業は、取締役と経営執行役（仮称）の兼任を認めるとした。あわせて、取締役会のなかに社外取締役が過半を占める「監査会」を設ければ、現行の監査役制度を採用しないことを認める、いわゆる選択制が提案された。

通産省（現経済産業省）は、1990年代の経済不振や相次ぐ企業破たんの原

---

[437] 落合ほか・前掲14　7頁〔深尾光洋発言〕。深尾は、規制改革委員会の幹事を務めていた。

[438] 経済同友会企業経営委員会（委員長：浜田広・リコー取締役会長）「新たな時代における日本企業の意思決定のあり方——『戦略開拓経営』への企業革新——」（1996年4月5日）〈http://www.doyukai.or.jp/database/teigen/960405.htm〉。同様の提案は、この後も何度か出された。経済同友会「市場主義宣言——21世紀へのアクション・プログラム——」（1997年1月9日）〈http://www.doyukai.or.jp/database/teigen/970109_2.htm〉、経済同友会企業経営委員会（委員長：瀬戸雄三アサヒビール取締役会長）「新時代に向けた企業経営——革新への考察——」（2000年12月12日）〈http://www.doyukai.or.jp/policyproposals/articles/2000/pdf/001212c.pdf〉。

因をコーポレート・ガバナンス（企業統治）の失敗とみて、商法改正で経営の執行と監督を分離する米国型モデルを国内に導入しようとし、法務省もこの考え方に乗った[439]。法制審議会会社法部会の議論では、選択制よりも大会社一般につき委員会制度の採用を義務づけるべきだとの方向で議論が進んだ。大会社について、取締役の指名、役員報酬の決定、監視の機能をもつ委員会を設置し、各委員会の半数以上を社外取締役で構成することで取締役の監視を強化する代わりに監査役を廃止するという改革策が取りあげられた。

このような改革策が取りあげられたのは二つの意義があるといえよう。第一に、提案は、大会社について、アメリカ型の経営機構を採用するというものであり、外資系企業、外国人株主の持株比率が高い企業の要望には応えるということである。第二は、大会社について、株主総会の権限を取締役会に移行するのであれば、取締役会の決定の透明性と健全性を担保する制度が必要であると考えられたわけである。

しかし、日本企業のすべてについて外国人株主の持株比率が高いわけでもなく、すべての企業がそれを要望しているわけでない。法制審議会会社法部会の経済界からの選出委員である新日本製鉄常務（当時）の西川元啓は「社外取締役に人事権までゆだねる形態は（ガバナンス改革が進む）ソニーでも採用しないだろう」と牽制し、監査役制度とこの委員会制度の選択制ということで妥協された[440]。

もっとも、委員会制度では社外取締役の重要性が強調されているのに、監査役制度を採用するとそれが全く考慮されないのは都合が悪い[441]。さらに、監査役制度の改革が、株主代表訴訟制度改革とあわせて「立法の複線化」に

---

[439] 日経産業新聞2001年4月26日1面「商法改正中間試案——社外取締役義務化に反対へ」。

[440] 日経産業新聞・前掲439。

[441] 法務省民事局「法制審議会会社法部会第4回会議議事録」では、中間試案のとりまとめに際し、「社外取締役制度について相当の期待をしているあの案［委員会設置会社の選択的導入：筆者注］を提案する以上、バランス上こういう形で社外取締役を大会社について1名強制することも、それなりに理がかなっている」との発言がなされ、あくまで、中間試案として意見照会するに留まるとして、反対の意見を封じ込めている。

より、議員立法で対処されることとされていた。このときは法案提出ですら流動的であり、議員立法が成立しない可能性も大いにあった。もし議員立法が成立しなければ、監査役制度を採用する会社については、取締役会の決定の透明性と健全性を支える制度が改善されないまま、利益処分権限などの株主総会の権限が取締役会に移行することになる。この点を危惧した会社法学者の委員からの巻き返しがなされた[442]。

法制審議会会社法部会の審議を経て、平成13年4月18日の法務省民事局参事官室がパブリック・コメントに付した「商法等の一部を改正する法律案要綱中間試案」では、大会社について、社外取締役の選任を義務づけ（第十五）、取締役の任期を1年とすること（第十八－二）が提案された。

これに対しては、経済同友会からは、上場企業に限っての導入という形では賛成が表明された[443]。しかし、日本経団連からは強い反対が表明された[444]。日本経団連は、そもそも、社外取締役がコストに見合うパフォーマンスをあげるものかどうかという点にも懐疑的であった。

結果として、平成14（2002）年商法改正では、すべての大会社について、社外取締役選任義務や取締役の任期を1年とすることが強制されない代わりに、利益処分権限が株主総会から取締役会に移行されないことになった。利益処分権限の移行は、取締役の任期が1年とされ、社外取締役の選任が義務づけられる委員会等設置会社についてのみ実現した[445]。

大会社一般につき、利益処分権限を株主総会から取締役会に移行する権限の再分配は、続く平成17（2005）年の会社法制定で解決されることになった。このときは、利益処分権限（剰余金の配当等の決定（会社法459条1項2号～4

---

442 日経産業新聞・前掲439。
443 経済同友会「『商法等の一部を改正する法律案要綱中間試案』に対する意見」（2001年6月8日）Ⅰ会社の機関関係2．各論(2) 社外取締役選任の義務化について〈http://www.doyukai.or.jp/policyproposals/articles/2001/010608a.html〉。
444 日本経団連「会社機関の見直しに関する考え方」（2001年4月27日）〈http://www.keidanren.or.jp/japanese/policy/2001/020.html〉。なお、同「我が国におけるコーポレート・ガバナンス制度のあり方について」（2006年6月20日）〈http://www.keidanren.or.jp/japanese/policy/2006/040.html〉でも、社外取締役の選任強制には反対を表明している。

号））を取締役会に委譲する条件としては、①会計監査人設置会社であり、②取締役任期が1年とされ、③監査役会設置会社（社外監査役の選任が強制）か委員会設置会社（社外取締役の選任が強制）であることとされた（同条1項本文）。

　平成14年改正のための検討で問題となった社外取締役1名の選任義務は、ここでは問題とされなかった。この背景には、①②③の条件が充たされる会社にあっては、利益処分権限が株主総会か取締役会かのいずれにあるかは、株主保護の観点からはそれほど大差がないと理解されたこともあろう。取締役会で利益処分が決定される場合には、取締役は善管注意義務を負いながら、経営判断として利益処分を決定する。このため、株主は、情報開示と事後の責任追及で適正さを担保することになる。他方、株主総会で利益処分が決定される場合には、適正な情報開示の下株主自らが決定をする。どちらかが株主の保護により資するというわけではない。このように、株主総会から取締役会へと再分配すべきとされた権限の所在の決定は、株主の選択に委ねられる問題として理解された[446]。

　会社法では、このような理解に基づき、利益処分権限（剰余金の配当等の決定（会社法459条1項2号～4号））は、原則株主総会に権限があるとされ、①②

---

[445] 法制審議会会社法部会でも、最後までこの点は大いに議論された（法務省民事局「法制審議会会社法部会第15回会議（平成13年12月19日開催）議事録」〈http://www.moj.go.jp/shingi1/shingi_011219-1.html〉）。このときは、利益処分権限の株主総会から取締役会への移行と社外取締役選任の強制との連関性はあまり強くないと理解され、むしろ取締役の任期を1年とすることとの連関性が強く認識された。しかし、これまで経営機構改革を推進し、執行と監督を分ける二元的な経営機構への移行が議論されて、取締役の独立性を高めることが求められていただけに、社外取締役の導入とリンクする形としたいとの主張もなされた。最終的には、「委員会等設置会社を設けたときのインセンティブといったらおかしいのですけれども、多少はエンカレッジする方向の形で組み合わせるということは、ガバナンスが強化されている、だから取締役会の権限を一層強化するということで理屈はつくのかなというふうに思う」とされた。

　なお、浜田道代「取締役会制度の改革②（委員会等設置会社）」金融・商事判例1160号151頁（2003）は、このような「甘味料」の設定は、監査役設置会社と委員会等設置会社との制度間競争の健全性を阻害すると批判した。

[446] 前田雅弘「検証・会社法改正　Ⅴ経営管理機構の改革」商事法務1671号33頁（2003）。

③の条件を充たす会社にあっては、定款で取締役会に授権できるとされた（同条）。

経済界（経営者）の要望である「規制改革」項目の実現を株主の選択の問題として実現する手法は、この他会社法のなかでも多くみられる。

3－3　個別テーマごとの法制審議会部会

新しい立法環境下での法制審議会は、常設の部会が設けられず、テーマごとに具体的な諮問が法務大臣から出され、それに応じて部会が構成されるという方式となった。この方式による特色が認識されるのは、平成14（2002）年2月13日に、平成14年商法改正となる「商法等の一部を改正する法律案要綱」を法制審議会が森山真弓法務大臣に答申したときである。この時点までは、法制審議会商法部会が改組された会社法部会が会社法制改革にあたり、諮問も内容が多岐に及んでいたことから、テーマごとに部会が設けられているということは大きな影響がなかった。

「規制改革推進3か年計画」のスケジュールでは、この後、平成17（2005）年国会への法案提出をめざして、会社法制の現代語化が実施されるのみであったが、この時点で、企業再編対価の柔軟化、株券不発行などの規制緩和項目が盛り込まれていなかった。また、平成13（2001）年12月商法改正、平成14年商法改正が、「立法の複線化」の下で実施され、一方の改正が他方の改正を前提とせずにしたため、ちぐはぐな状況が生まれていた。さらに、すでに確認したように、中小企業政策の転換に基づく企業法制の整備も政策課題として浮上していた。

そこで森山法務大臣は、法制審議会から先の法律案要綱の答申を受け取ると同時に新たに、諮問55号と56号を出し、会社法制改革についての検討を指示した。

諮問55号は、「会社法制に関する次の事項につき、改正の要否及び改正を要するとした場合にはその要綱を示されたい。一　会社の選択により、株券を発行しないことができるものとすること。二　株式会社の行う公告を電子的に行うことができるものとすること」を中身とする。諮問56号は、「会社法制

に関する商法、有限会社法等の現代化を図る上で留意すべき事項につき、御意見を承りたい」という内容であった。

諮問55号が内容とする第一の株券不発行制度は、当時改正作業が行われていた社債等の振替に関する法律と一体的に改革し、統一的な証券振替制度を構築することを目的とし、第二の電子公告制度の導入は、官報の電子化の進捗状況をふまえて検討せざるをえないと考えられていた。両者とも商法（会社法）だけで対処できない問題である。この諮問に基づき、法制審議会会社法（株券の不発行等関係）部会が設置された。

他方、諮問56号は、予定されていた現代語化とともに、残された実質的な課題や立法の複線化によるちぐはぐな状況の改善を目的としていた。この諮問に基づき、法制審議会会社法（現代化関係）部会が設置された。

このように、法制審議会内部で立法が並行的・複線的に実行されることになった。さらに、両者の部会が法律案を策定したときには、法制審議会において会社法制を専門に検討する部会が途絶えることになった。

ここでは、法制審議会内部での立法の並行化・複線化と、会社法制を専門に検討する部会が途絶えるという、新しい立法環境下では当然に予定されるが今まで経験したことのない事態において、何らかの問題が生じなかったか、検証してみたい。

3－3－1　複数の部会が並行するとき

複数の部会が並行的に会社法制改革を進めることは新しい経験であるが、過去に似た状況がなかったわけではない。昭和年間の法制審議会商法部会にあっても、昭和49（1974）年から始まる根本改正計画の下では、小委員会が設けられ、小委員会ごとで改革計画が詰められていた。法制審議会改革が会社法制に関する立法作業に与えた影響は、正確には、分業的に進められる会社法制改革を改革作業に携わるメンバー全員が確認できる体制が制度的に保障されているか否か、という点にある[447]。この点、平成年間における法制審議会の体制の下では、それぞれが独立した部会であるために、全体の改革作業を確認するという場は制度的には存在しない。部会ごとに進められる改革作

業が整合するか、それぞれの改革が複合するとどのような効果が発生するかというシステム不整合に関する確認作業が制度的に保障されていないために、確認が不十分になりかねない。もちろん、法制審議会の総会が各部会の審議状況をモニターするという方策も考えられないではないが、現実的ではない。運用の段階で、委員を兼任させたり、並行する部会の審議を統括する部会長を同一人物とすることで、そういった問題の発生可能性を低下させることは可能である。実際に、並行する会社法（株券不発行等関係）部会と会社法（現代化関係）部会の部会長は、江頭憲治郎（東京大学教授）が務めた。

いずれにしても、会社法制改革について一元的に責任をもってとりまとめを行う審議体がない点で、昭和年間よりもシステム不整合が発生しやすい状況にあるというのが、新しい立法環境下での法制審議会であろう。

会社法制改革にあたる両部会の検討範囲の分担で難しい点があったのは、資本減少などの場合の債権者保護手続である。この点については、会社法（現代化関係）部会の審議のなかで、次のように述べられた。「もう一つの方の部会は株券の不発行等関係部会でございますが、この部会は株券の不発行制度とともに、いわゆる電子公告制度の導入が検討課題になってございます。これは、平成14年改正のときに電子公告の御議論もあったわけですけれども、資本減少の場合などの債権者保護手続につきまして、電子公告を組み合わせることによって個別催告を省略するということはどうかということが若干議論がされた、そしてそのままになっていたかと思います。その問題は、電子公告絡みの問題でございますので、この株券の不発行等関係部会の電子公告の関係で議論をすることにしているという、そういう趣旨でござい

447　もっとも、昭和年間における法制審議会商法部会の体制の下でも、小委員会ごとに作業が独自に進められるため、それぞれの進行状況をお互いに把握することができず、整合的な改正作業が進められているかの確認作業が不十分となる可能性がなかったわけではない。森本滋「日米構造問題協議と株式会社法の改正」商事法務1309号38頁（注1）（1998）は、森本滋本人が、法制審議会商法部会の委員を務めるが、この当時、半年間の審議状況についてはマスコミの報道によってしか知ることができないと述べ、「部会を取締役会とするとき、準備会は最高経営会議であり、小委員会は常務会となる」と表現し、部会で審議する時間が限られていると指摘する。

ます。……電子公告絡みでない債権者保護手続の見直しということもあり得ることはあり得ると思いますので、それはもしやるとすれば当部会でおやりいただくということになるのではないかと思います」[448]。

このように、電子公告を組み合わせることにより公示機能が強化された点をふまえて、二重公告によって個別催告を省略しうるかという資本減少等の債権者保護手続の見直し項目は、会社法（現代化関係）部会の審議の対象とされず、会社の組織変更に関する会社債権者保護の取扱いはほとんど議論がされていない。しかし、債権者保護手続が要求される行為自体に関しては、会社法（現代化関係）部会でルール変更が検討された。

これに対して、法制審議会会社法（株券不発行関係）部会での議論は、「規制改革推進３か年計画」の工程表にあるように、平成16（2004）年中に国会に法律案を上程するというタイムスケジュールの下、急ピッチで審議が行われた。平成16年中に国会に法律案を上程することからわかるように、この改正審議は、当時の商法の規定を前提に議論がなされた。

体系的に運用されることで機能する会社法制について、並行的に会社法制の設計が分業化すれば、その分業を総合したときに予想しないシステム不整合の問題が発生する可能性がある。分業化によるシステム不整合が疑われる問題として、藤田友敬が、会社分割における免責的債務引受にあって、きわめて詐害性の強い組織再編であっても組織再編法制では止められないという状況がつくり出されたと指摘し、解釈論的な手当てないし立法的な対処が必要であるとする点[449]があげられるであろう。この点については、第２編第１章第３節で詳しく議論されているが、簡単に問題状況のみ指摘しよう。

まず、法制審議会会社法（株券不発行等関係）部会が担当した立法作業の結実である平成16年商法改正により、債権者保護手続について以下のルール変更が行われた。

平成16年改正前は、分割会社の債権者で会社分割により分割会社に請求で

---

[448] 法制審議会会社法（現代化関係）部会第１回（平成14年９月25日）議事録〈http://www.moj.go.jp/shingi1/shingi_020925-1.html〉。
[449] 藤田友敬「新会社法の意義と問題点　Ⅵ企業再編」商事法務1775号58頁（2006）。

きなくなる者は、個別催告がなされない限り、分割当事会社の両方に請求することができた（平成16年改正前商法374条ノ10第2項・374条ノ26第2項）。このルールの下では、個別催告が要求される会社の「知レタル債権者」の分については、それを実施しなかった場合に免責的債務引受の効果が発生せず、個別催告が要求されていない「会社が知らない債権者」も同様の取扱いとなる。

平成16年改正商法は、会社分割についても二重公告（電子公告または日刊新聞による公告＋官報公告）の場合に会社に対する不法行為債権者を除き個別催告を省略することを認めた（平成17年改正前商法374条ノ4第1項但書）。二重公告により個別催告が省略された場合における、免責的債務引受の効果が発生する範囲についても変更がなされた。二重公告により個別催告が省略される場合には、不法行為債権者以外の債権者は、直接その者に注意が喚起されないために、電子公告等を見落としていた場合には、異議を述べる機会を逸するなかで、免責的債務引受の効果が発生することになる。この点は、すでに平成9（1997）年商法改正で二重公告の実施により個別催告の省略が認められた合併（平成9年改正商法402条1項）や、このとき同時に合併に併せる形で個別催告の省略が認められた、資本減少・準備金減少の債権者保護手続とは問題状況を異にする。なぜなら、合併や資本減少・準備金減少では債務者は変更されないが、会社分割では債務者が変更されるため、会社債権者の負担が大きくなるからである。

立法段階では、会社分割だけは個別催告の省略を一切認めないとすることも考えられたが、個別催告を実施するためのコスト負担を嫌がる経済界（経営者）の強い要請の下で、債権者保護手続の重みをどう保障するかというところでぎりぎりの立法的選択がなされた[450]。藤田友敬は、このような立法選択は、分割後にあって分割当事会社の債権者に対する「債務の履行見込みがあること」が事前開示事項として規定されており（平成17年改正前商法374条ノ2第1項3号・374条ノ18第1項3号）、会社分割の有効となるための要件として要求されていた点[451]などを前提として実施されたとする[452]。分割後にあって

---

[450] 山下友信「電子公告法の法的論点」ジュリスト1280号25頁（2004）。

も、分割当事会社の「債務の履行見込みがあること」が、濫用的な債務逃れの会社分割を防止していることから、債権者自身の自主的な防御が失敗した場合でも、過度にひどいことにはならないからである。

次に、法制審議会会社法（現代化関係）部会が担当した会社法改革では、差損の生じる企業再編を認めるかが議論され[453]、認める方向で立法化された（会社法796条3項）。このことから簿価ベースでの債務超過会社を消滅会社等とする企業再編を許容することは明らかにされた。法務省の立法担当者は、それに加えて、実質的債務超過会社（時価ベースでの債務超過会社）を消滅会社とする吸収合併や、それを設立することになる新設分割を認める[454]。実質的債務超過会社の企業再編を一括的に認めるという方向性のなかで、企業再編の事前開示事項を定める会社法施行規則では、それまで「履行ノ見込アルコト」と規定されていたものが、「履行の見込み」とされ（182条8号・191条6号・192条7号・193条5号・204条6号・205条7号・206条5号）、立案担当者の理解では、「履行の見込みがあること」は、もはや会社分割の効力発生要件ではなくなったとされている[455]。

---

451 原田晃治「会社分割法制の創設について（中）」商事法務1565号11頁（2000）。名古屋地判平成16年10月29日判例時報1881号122頁は、分割当事会社のいずれかに「履行の見込み」がない場合は、会社分割の無効原因となるとする。

452 藤田・前掲449 59頁。

453 法制審議会会社法（現代化関係）部会「会社法制の現代化に関する要綱試案」第四部 株式会社・有限会社関係第五計算関係 3組織再編行為の際の資本の部に係る計算関係(4)（商事法務1678号26頁（2003））。

454 相澤哲ほか編『論点解説 新・会社法』673・713頁（商事法務、2006）、相澤哲＝細川充「組織再編行為」相澤哲編『立案担当者による新・会社法の解説』186頁（別冊商事法務295号、2006）。支持する見解として、江頭憲治郎『株式会社法（第3版）』797頁注5（有斐閣、2009）。なぜならたしかに、このような組織再編を実施することにより存続会社は無償の債務引受をすることになるが、それに反対する存続会社の株主は、株式買取請求権を行使すればよく、債権者は異議を述べることができるからであるとする。このほか、解釈に委ねられるが、株主総会決議で承認される限り有効なものとせざるをえないとするものとして、神田秀樹『会社法（第12版）』324頁注4（弘文堂、2010）。無増資組織再編以外の事例では許容されないとするものとして、弥永真生『リーガルマインド会社法（第12版）』356頁（有斐閣、2009）、稲葉威雄「法務省令の問題点——組織再編に関連して」ジュリスト1315号21～22頁（2006）。

たしかに、実質的債務超過会社を消滅会社等とする組織再編を一律的に禁止していたのは、いささか硬直的でもあり、必ずしも不合理な改正とはいえない[456]。

しかし、このルール変更により、二重公告による個別催告を省略したうえで、濫用的な債務逃れの会社分割が実行されうる状況となる。このため、債権者は、定期的に二重公告の有無をチェックすることを確実に実施しなければ、濫用的な債務逃れの会社分割においても免責的債務引受を甘受しなければならない。債権者のうっかりのミスの代償が過度に大きなものとなる可能性を孕む。免責的債務引受の実施には債権者の同意が必要であるという民法上のルールが一般原則であることからみれば、債権者に課された負担はあまりにも重い。先の平成16年改正商法がこのような状態になることを想定していたとは思われず、藤田友敬は、会社法は「平成16年商法改正のルール変更が前提とした」法環境を崩すものではないか、と述べる[457]。

後知恵による推測にすぎないが、両部会での審議の担当範囲が異なり、電子公告の実施や債権者への個別催告の省略の範囲に関する議論と差損の生じる企業再編の認容に関する立法の検討が同一の部会で実施されていれば、同様のルール変更が行われたであろうか。歴史に「もし」は禁物である。当時の状況からは、審議を効率的に「改革工程表」に沿って進めることや、関連法規との関係からは、両部会がこの担当範囲で審議を行うことが合理的で、他の選択肢が考えられなく、「もし」という選択肢が存在しないからである。

---

[455] 相澤哲=細川充「組織再編行為」商事法務1769号19頁（2006）。もっとも、江頭・前掲455 829頁注3によれば、この規定文言の変更は、会社法制定前の登記実務が、当該規定文言を理由に分割会社・承継会社・設立会社のいずれかが帳簿上債務超過であると分割の登記を受理しなかった点を改める必要から行われた。同書は、これを根拠に依然として、「債務の履行の見込みがあること」は、会社分割の有効要件であるとし、ルール変更はなされていないとする。稲葉・前掲454 23頁もルール変更はないとする。これに対して、藤田・前掲449 65頁（注56）は、すべての組織再編行為について「債務の履行の見込み」が事前開示に要求されている点、債務超過会社の組織再編が非常に不安定になる点を考慮して、ルール変更がなされたとする。

[456] 藤田・前掲449 58頁。

[457] 藤田・前掲449 59頁。

そうであるとしても、この点が気にかかる。

3－3－2　会社法制を検討する部会が途切れるとき──法制審議会メンバーでも介入が困難な条文作成作業

　会社法（現代化関係）部会が「会社法制の現代化に関する要綱案」を策定し、法制審議会総会で承認され、答申として南野知恵子法務大臣に提出された平成17（2005）年2月9日に、会社法（現代化関係）部会は消滅した。このとき、法制審議会において会社法制に関する検討を主として実施する部会が存在しないという事態が初めて発生した。この「要綱」に基づき法案が作成され、同年3月18日の閣議決定を経て3月22日に政府提出法案として「会社法案」が提出された。会社法は同年6月29日に成立した。その運用細目を定める省令は平成17年11月29日に「法務省令案」として公表されパブリック・コメント手続に付された。

　この過程にあって、会社法（現代化関係）部会の部会長を務めた江頭憲治郎でさえ会社法の条文作成作業や法務省令の作成作業に関与していないようである[458]。

　しかし、会社法の形式的な文言作成の段階で、多くの新規の概念が提示されたり、条文が削除されたりして、それが法制審議会の場で議論された実質改正点以外にもルール変更を生じさせたか否か、解釈が問題になる事項を多く含むことになった。会社法の制定は、実質改正以外にも、条文の文言の平仮名化・口語化が大きな内容となっていただけに、問題が深刻であった。また、会社法の運用細目を定める法務省令案の作成においても、内容が真に法律に根拠を有するものであるか、省令レベルで会社法にはない実質的なルール策定を行っていると思われるところが多くみられた。たとえば、先に掲げた「履行の見込み」という文言変更によるルール変更であり、法務省令案の

---

[458]　江頭憲治郎「新会社法制定の意義」ジュリスト1295号3頁（2005）。また、この点については、上村達男「新会社法の性格と法務省令」ジュリスト1315号2頁（2006）が痛烈に批判するとともに、その経緯を記している。ここでの記述は、上村論文に負うところが多い。

段階では「履行の見込みの有無」とされ、より明確にルール変更が意図されていた。[459]

このような事態を憂慮し、江頭憲治郎は、民事法分野の法務省特別顧問である竹下守夫（法制審議会元会長）に状況を説明するための面会を求め、岩原紳作東京大学教授、上村達男早稲田大学教授、川村正幸一橋大学教授とともに、平成18（2006）年1月6日に会見を行い、同月18日には法務省の相澤哲大臣官房参事官、郡谷大輔民事局付、葉玉匡美民事局付の3名の立法担当者と、学者側から、江頭憲治郎、岩原紳作、上村達男の3名との間で会合がもたれた。法務省令案に対して、学者からの強い問題提起を受けて、法務省民事局では局議がもたれ、法務省令案に相当程度の修正が施された。法務省令が試行される段階では相当程度の改善がなされた。しかし、依然として法務省令レベルで会社法にない実質的なルール策定をしており、問題視されている。[460]

本稿の問題関心は、なぜこのような事態が発生したかという点にある。法制審議会の臨時委員や、会社法（現代化関係）部会の部会長・委員ですら、法務省令の策定作業に関して法務省へ要望を伝えるために、法務省特別顧問を経由するという道筋をとらなければならなかったのであろうか。

3－3－2－1　介入を拒む形式的な理由

この点について、立法プロセスを形づくる制度という観点から考察してみよう。すでにみたように、中央省庁改革の一環として行われた審議会改革により、法制審議会を取り巻く環境が大きく変化した。

第一は、審議会の判断は、官僚の意思決定の隠れ蓑とされかねないという理解の下、審議会の決定に担当大臣が拘束されない体制がつくられた点であ

459　法務省民事局参事官室「組織再編行為に関する法務省令案」（平成17年11月29日）55条5号・56条6号・57条7号・64条5号・65条6号・66条5号・75条5号・76条6号・77条5号。

460　ジュリスト1315号（2006）では、特集「会社法規則の制定」を組み、その特集号に収録される、上村・前掲458、尾崎安央「会社の計算」8頁、稲葉・前掲454、久保田安彦「株式・新株予約権」25頁、鳥山恭一「2005年会社法と会社の機関」32頁、中東正文「株式会社の監査と内部統制」41頁の論文はいずれも痛烈に会社法施行規則を批判する。

る。法制審議会についても、その答申に法務大臣は制度的には拘束されない。この点を表すため、法制審議会の会長職は、法務大臣の当て職とされず、委員の互選で選ばれるものとされている。法制審議会の職務は、諮問に対して答申を提出することであり、諮問者である法務大臣（法務省）は提出された答申内容の採否を含めて検討する余地を有している[461]。江頭憲治郎は、会社法（現代化関係）部会の部会長であったと同時に法制審議会委員である。法制審議会委員も直接には法案作成作業にタッチする根拠を有さないのは、このような審議会の位置づけによる。

　昭和年間の会社法制改革にあっては、現行制度を維持することが基本とされていた。さらに、法制審議会の会長を法務大臣が務め、その要綱案を承認して答申を受け取ることから、法務省はその要綱の内容を自身の決定として忠実に法律案をつくらなければならず、法制審議会で議論していない点は改革しないという慣行は、制度的な保障を有していた。しかし、新しい立法環境下では、むしろこの慣行を打ち破ることができる制度へと変更されていたのである。

　第二は、法制審議会の部会が、会社法制改革にあたる常設の部会ではなくなったということである。

　昭和年間の個々の立法にあって法律案の具体的文面や省令案の作成作業は、何らかの形で法制審議会の部会の委員、部会長が関与していた[462]。これは、昭和年間における法制審議会商法部会が会社法制改革のイニシアティブを実質的に握っていたことに由来するのではないか。昭和年間は、包括的な法務大臣の諮問に基づき、法制審議会商法部会が会社法制に関する改革案を法律案要綱という形で法務大臣に答申する。このため、会社法制改革の実質的なイニシアティブは、法制審議会商法部会に存在する。

　他方、新しい環境下における法制審議会の部会は、具体的な法務大臣の諮

---

[461] 大森＝鎌田・前掲15 88頁。
[462] 稲葉威雄『改正会社法』21頁（金融財政事情研究会、1982）、稲葉威雄『会社法の基本を問う』183頁（中央経済社、2006）。稲葉＝郡谷・前掲148 150頁〔稲葉発言〕は、「昭和56年改正のときの省令を制定のときには、問題点に関する意見照会をした上で、さらに法制審議会の商法部会の意見を伺った」と指摘する。

問に対する答申が終了した時点で解散される。このため、法制審議会の側に会社法制改革のイニシアティブはない。そもそも、イニシアティブを行使しようにも、法制審議会側には会社法制改革を実施する主体は、法務大臣からの諮問がなければ、存在しないからである。

新しい環境の下でも、多項目に及ぶ諮問を受けて会社法部会が設置され、平成13（2001）年11月商法改正の際は、諮問に対して一部分を切り出す形で答申が出されたために、法制審議会会社法部会はその後も存続した。平成14（2002）年商法改正の際には、諮問に対する答申を受け取ると同時に法務大臣は諮問を出し、事実的に、法制審議会において会社法制を検討する部会は連続した。このため、イニシアティブの喪失はそれほど深い問題として認識されなかったと思われる。しかし、平成17（2005）年会社法制定時にあっては、形式的には会社法法案要綱を法務大臣が受け取ってから進めることとされる（実際には、法制審議会会社法（現代化関係）部会の審議状況をみながら会社法条文や法務省令の起草作業は進められたようではあるが）。このため、具体的な法案作成作業を行う時点で、会社法制を検討する部会は法制審議会に存在しない。そもそも、法律案の要綱が法制審議会から法務大臣に答申として提出した段階で部会が消滅するという制度設計からも明らかなように、制度上は、法律案要綱の作成作業、法案および省令の作成は、それぞれが分断されている。これをつないだ事実上の基礎も、会社法制定時には失われていたのである。

3－3－2－2　介入を拒む実質的な理由

これまでの分析からは、会社法の法案作成時にあって、制度的にも事実上も形式的には法制審議会が、法律案の文言の作成や省令案の作成に関与し、影響力を行使することができないことがわかった。しかし、法制審議会として影響力を行使できないとしても、法制審議会の部会で部会長や委員、臨時委員を務め、その検討過程に精通し、会社法制に関する専門知識が豊富な個人の意見は、会社法の条文作成や法務省令の作成作業を迅速にし、その精度を上げることに資する。常識的に考えれば、彼（女）らの関与は、望まれこそすれ、回避すべきとは思われない。また、会社法制改革がワンショット

ゲームではなく、継続的な作業であることからは、立法に参画する者の間での信頼関係が重視されるであろうから、法律案要綱からの逸脱は信頼関係を破壊するものとなるだけである。それだけに、この点に意図的なものがあったと感じるのも[463]自然なことである。

どのような意図があったかは、当事者でもない限り知る由もない。しかし、法務省の立案担当者の作業がどのような力学の下で行われたかを検討することで、その理由も判明するかもしれない。

3-3-2-2-1 起草作業に働く力学

法律案の起草作業の順序を確認しよう。内閣提出法案の作成作業は、【図表2】のような流れで行われる。【図表2】からは、法制審議会の審議と同時並行的に、法務省は他の省庁、与党、内閣法制局との間で、折衝ないし審査が実行されていることがわかる。

このうち、会社法制定にあっては、内閣法制局審査が会社法の体裁や定義などの形式的な法律の体裁にとどまらず、全部取得条項付種類株式の創設など規定の内容にも大きな影響を与え、与党審査が、法律の一部施行延期という形で影響を与えたことは広く知られている。条文の起草作業において、どのような力学が働いたのであろうか。

まず、内閣法制局審査について確認しよう。内閣法制局審査は、内閣総理大臣に対し法案の提出を決定するための閣議の開催を求める閣議請願を受けて、内閣に直属する内閣法制局[464]が法律案の審査を実施することである。これが原則であるが、通例、内閣法制局参事官・部長・次長・長官の審査により大幅な修正が加えられ、その修正作業の事務処理が複雑になることから、各省庁の法案作成の段階において、下審査（予備審査）が行われる[465]。この内閣法制局による下審査（予備審査）は、担当参事官（法務省提出法案は内閣法制局第二部）に対して、法務省民事局が、法律案原案の説明を行い、これに対する質疑および応答、討議を経て、法務省民事局が法案を再検討し、

---

463 上村・前掲458 3頁。
464 内閣法制局設置法1条。主任大臣は、内閣総理大臣である（同法6条）。
465 関・前掲15 30頁。

第4節　新たな立法環境の下での会社法制改革　221

【図表2】　自公連立政権化での内閣提出法案作成過程の流れ

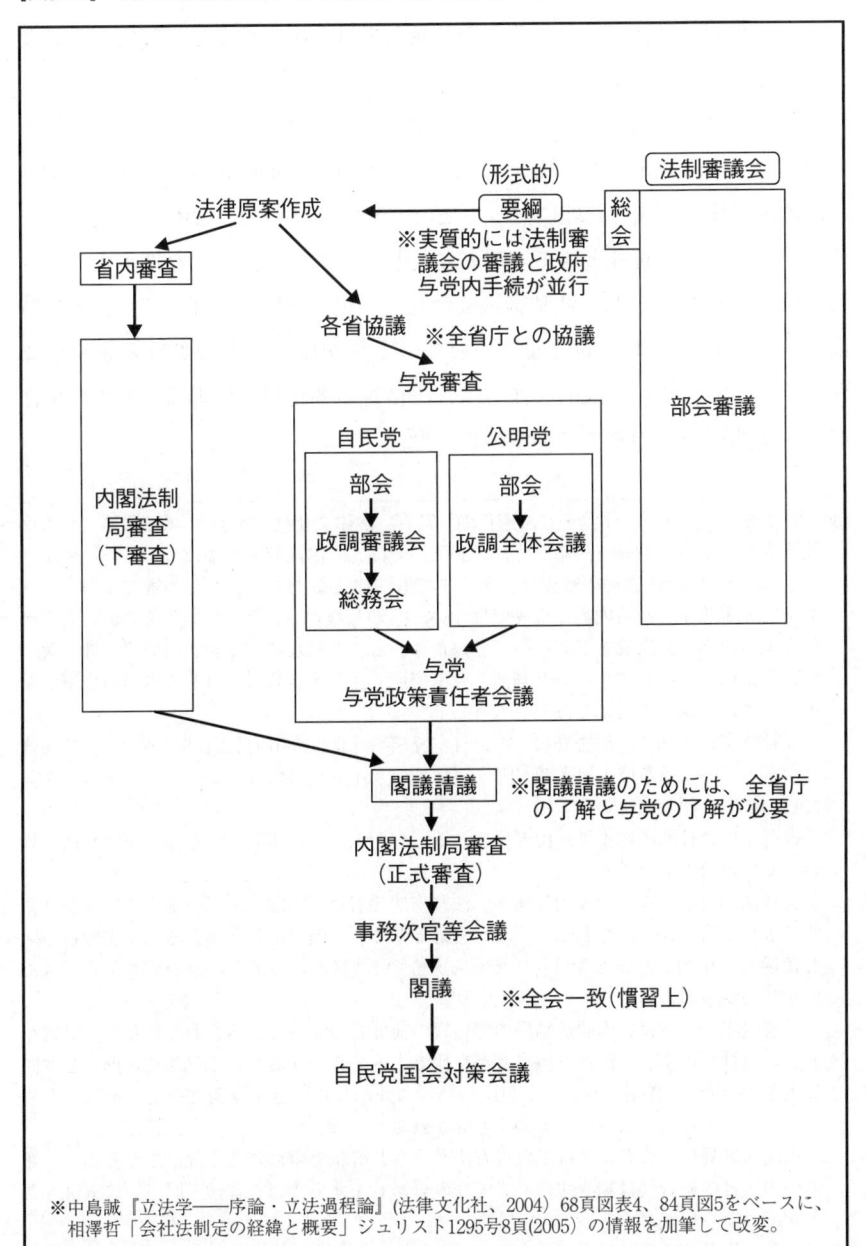

```
                                    （形式的）           ┌─法制審議会─┐
                    法律原案作成 ←────  要綱      総
                        ↓              ※実質的には法制審  会
                    ┌──────┐         議会の審議と政府     │
                    │省内審査│         与党内手続が並行     │
                    └──────┘                              │
                        ↓       各省協議 ※全省庁との協議    │
                    ┌──────┐                              │
                    │      │      与党審査                 │
                    │      │    ┌────────────────┐        │
                    │      │    │  自民党    公明党  │     部
                    │      │    │  部会      部会    │     会
                    │内閣法制│    │   ↓        ↓     │     審
                    │局審査 │    │ 政調審議会 政調全体会議│   議
                    │(下審査)│    │   ↓              │      │
                    │      │    │  総務会           │      │
                    │      │    │     ↘    ↙        │      │
                    │      │    │      与党         │      │
                    │      │    │ 与党政策責任者会議 │      │
                    │      │    └────────────────┘       │
                    │      │            ↓                 │
                    └──┬──┘       ┌──────┐                │
                       └─────→  │閣議請議│ ※閣議請議のためには、全省庁
                                 └──────┘   の了解と与党の了解が必要
                                    ↓
                                内閣法制局審査
                                 (正式審査)
                                    ↓
                                事務次官等会議
                                    ↓
                                  閣議      ※全会一致(慣習上)
                                    ↓
                                自民党国会対策会議
```

※中島誠『立法学――序論・立法過程論』(法律文化社、2004) 68頁図表4、84頁図5をベースに、相澤哲「会社法制定の経緯と概要」ジュリスト1295号8頁(2005)の情報を加筆して改変。

原案を修正するというやりとりがなされる。この一連のやりとりを「読会」といい、数回の読会が行われる。この読会では、①法律として制定する必要性（既存の法律で対応できないか、法律にしなくとも政省令で対応できないか）、②規則、手続等について、憲法を頂点とする既存の法体系との整合性を確認したうえで、③表現の統一（用語としての明確な定義づけ）、④条文配列の論理的整序（形式的論理に従った条項の配列）、⑤文章の明確さ（曖昧でなく一義的な解釈を可能とする表現ぶり）といった法律技術的な観点からの審査が厳しく行われる。[466] 法制審議会会社法（現代化関係）部会では、審議時間の関係もあり、形式的な面についての審議がほとんどなされる余裕がなかった。このため、形式的な作業は、法務省の事務局（民事局）での原案作成と内閣法制局との審査に委ねられた。[467]

---

[466] 中島誠『立法学——序論・立法過程論』71頁（法律文化社、2004）。増田雅暢『介護保険見直しの争点』53頁（法律文化社、2003）では、内閣法制局審査について、次のように述べる。「内閣法制局の審査は、あくまでも法律技術上の観点からの審査であり、法案条文の意味する政策内容の審査ではない。しかしながら、たいていの場合、各省庁が作成する原案は、原形を留めないほど修正されることになる。また、法的妥当性を欠いているために条文化できないと判断される箇所も生じて、各省庁はその内容の変更を余儀なくされる場合もしばしば起こりうる」。

会社法案の内閣法制局審査につき、日本経済新聞2006年6月12日朝刊19面「会社法難しすぎる⁉——総会控え担当者悲鳴（法務インサイド）」は、「ジャーナリスティック」に次のように報道している。

「書店には会社法の解説書が山と積まれる。専門家に"翻訳"してもらわなければ一般の人には理解不能なのだ。

会社法が難解になった要因は何か。法務省関係者は『内閣法制局の審査では分かりやすさより厳密さが求められるため』と法案審査にも一因があると訴える。条文の言い回しは過去に用例がないと受け付けてもらえない。『解説書のように分かりやすく書きたいが制約が多過ぎる』

政府提案の法案は、内閣法制局の担当官の前で音読する『読み合わせ』という慣例がある。会社法の場合、法務省担当者が交代ですべて音読するのに1日約12時間、2週間以上かかった。『音読することを想像したら、分かりやすさより条文や文章を何とか短くしようという気になった』との声も聞かれる。

内閣法制局は『法律によって表現方法が違うと解釈で争われる余地が広がるので、類似の用例との整合性は精査する。必ず読み合わせをするのは、音読で間違いに気付くことが多いから』と話す」。

[467] 江頭・前掲458 3頁。

平成17（2005）年の会社法制定にあたっての条文編纂過程について、法務省民事局で実質的に条文編纂作業を統括した法務省民事局参事官（当時）相澤哲は、次のように述べる[468]。

　これまでの会社法制改革は、商法典をベースにして、改正しようとする項目ごとに「必要不可欠な条文をまず改め、それに伴って修正を要する規定について整合性を取るために改正を検討するという作業を行うのであって、その他の規定には触れる必要はない」。他方、今回は、会社法という新規の法典として一からつくり上げなければならない。このためすべての規定について全面的な見直しがなされ、動かすことのできない必要不可欠な規定がどれであり、それを他の必要不可欠な規律とどう整合させていくか、という作業が行われた。法制審議会会社法（現代化関係）部会での議論は、時間的な制約もあることから、実質改正項目などに集中する。そのため、改正テーマから派生してくる種々の中小の論点については、条文の論理的整合性を図る過程で、事務局限りで整理せざるをえなかった、と。

　もちろん、平成4（1992）年11月に実行された民法典の平仮名化・口語化にみられるように、法典構造を変化させないことを前提にすることも十分に考えられ、そうであれば、このような問題は発生しないはずである。しかし、会社法の制定にあたっては、一つの法律の条文数は多すぎてはならないという制約が課されたようである[469]。この制約のなかで会社法制として存在する規範のすべてを書き切らなければならなかったために、抜本的な見直しが必要となったのであろう。

　一から会社法という法律をつくる、それも可能な限り条文数を少なくするという制約を課せられたうえでの条文作成作業が、法務省の事務局に委ねられ、内閣法制局との審査の過程でつくられた[470]。このことは、先ほど述べた①から⑤の内閣法制局の審査の方針に従った見直し作業がすべての条文について行われたことを意味する。可能な限り条文数を減らし、一義的な解釈が

---

[468] 神田秀樹＝相澤哲「会社法の『見えざる構造』」会社法 A2Z15巻11頁（2006）〔相澤発言〕。
[469] 神田＝相澤・前掲468 9頁〔相澤発言〕。

導き出せる規定をつくりあげ、法典内の条文の論理的整合性を確保するということが、会社法の条文化作業で心掛けられたのであろう。この点について、神田秀樹は、「会社法を何が原則で何が例外かを明らかにし、条文の中だけで完結しようとしている『閉じた世界』とするために、『ルールを書き切ろうとしている』」と的確に表現している[471]。一から法律をつくるという作業は法律技術的な作業ではあるが、決して形式的なものではなく、会社法の抜本的見直し・聖域なき構造改革となったわけである[472]。

この作業の結果として登場した会社法の特色を二点だけ指摘しよう。

第一は、条文数の節約のために、法務省令に委任する事項の多さである。これは、同時に、会社法を立案するにあたり細かな規律まで法律レベルで詰めることには時間的な制約があったことも影響している[473]。このため、法務省令に委任すべきではない、実質的なルールが法務省令にいくつか委任されるという事態も生じている[474]。

---

[470] 新規の単行法、それも1000条近くに及ぶ大部な法律の条文作成作業は、困難をきわめたことは容易に想像できる。通常の条文作成作業では、法律案の素案をベースに議論がなされるが、会社法制定にあたっては、全体の素案が内閣法制局に提示され議論されたのは改正作業初期のみであり、後は全体の素案が示されず、法制審議会事項につき内閣法制局と議論されたにすぎなかったともいわれる。このために、内閣法制局の圧力よりも、法務省民事局のスタッフの属性が会社法制の構造・姿に影響を与えたのかもしれないが、内閣法制局の法案審査方針が会社法制全体の「聖域なき構造改革」を誘引したことは確かであろう。

[471] 神田=相澤・前掲468 8頁〔神田発言〕。

[472] 会社法の条文の作成作業において、条文間の論理的整合性から導き出せる解と、従来からの判例通説から導き出せる解とが衝突する場合がありえる。神田=相澤・前掲468 11頁〔神田発言〕は、事の軽重により対応に差があるとしながらも、閉じた世界の論理的整合性が優先され、結果として判例通説にこだわらなかったのではないか、と推測している。このため、今後の新しい会社法制は、まず条文から導き出せる規範が出発点となり、それが合理的で正当なものでない場合には、従来の判例通説を含めて解釈することになる、とする。

　　これは、法務省事務局として立法を担当した者が多くの解説書、論考を執筆し（相澤ほか編・前掲454、相澤編・前掲454）、解釈論を提示するという事態を発生させた。また、現在の学界が、彼（女）らが提示する解釈に対する検証を主たる研究としている点は、この指摘が表すとおりである。

[473] 神田=相澤・前掲468 9頁〔相澤発言〕。

第二に、会社法の体裁という点では、公開会社でない会社に関する規定をベースとして規定し、公開会社、大会社等の規定を特例として規定する形式をとっている。もし、今までの商法典と同様に、公開会社に関する規定を原則として規定し、大小会社に関する特例や、有限会社法のように準用ばかりの公開会社でない会社に関する規定を設けるのであれば、必要な規定数は多くなる。これに対し、最も単純な規定を原則として会社法をまとめれば、公開会社、大会社には、その特則を規定すればよく、準用規定を極力少なくし、条文数の節約が可能となる[475]。これは、内閣法制局の審査が、法典としての論理の一貫性、規定の明瞭さを重視していることに呼応するものである。同時に、この体裁は、中小企業関係者から「できる限り中小企業の実態に即した法制とすべきであり、また、株式会社法制に中小企業から大企業までの連続的な規制を設けることが、将来の発展を施行する中小企業にとって非常に重要であるとの指摘が強くされた」ことにも呼応するものでもある[476]。経済財政諮問会議での議論にみられたように、政府の中小企業政策は、弱者である中小企業と大企業との格差是正といった中小企業の保護から、創業を容易化し、競争環境のなかから実力のある企業を育成することへと転換していた。会社法の条文の体裁は、この中小企業政策にも呼応するものでもある。経済産業省から出向し、法務省で会社法の立法作業に従事した郡谷大輔元法務省民事局付（発言当時）の「今回の場合は、条文の体系の整理の問題も政治問題」[477]という発言は、このような中小企業関係者や政府の中小企業政策への呼応を指すものといえよう。

　次に、与党審査について確認する。与党審査として大きな影響を与えたものとしては、自民党政務調査会法務部会の下に設けられた商法に関する小委

---

[474] たとえば、株主への利益供与の責任を負うべき主体の範囲の確定も法務省令に委ねられている（会社法120条4項、会社法施行規則21条）。しかしこの点は、実質的な会社法制であり、形式的なものでも、細目的なものでもない。

[475] 岩原・前掲303 10頁。

[476] 神田＝相澤・前掲468 12頁〔相澤発言〕。稲葉＝郡谷・前掲148 151頁〔郡谷発言〕も参照。

[477] 稲葉＝郡谷・前掲148 150頁〔郡谷発言〕。

員会(委員長:塩崎恭久衆議院議員)が「会社法制の現代化要綱試案」の提出以降、法制審議会会社法(現代化関係)部会の審議と並行して検討を実施していたことがあげられる。ここでは、法案提出の直前である平成17年2月以降に、企業再編対価の柔軟化に対して強硬な反対がなされた[478]。この背景には、当時社会の大きな話題となったライブドアによるニッポン放送株式取得問題により、企業買収に対する警戒感が一気に高まったという事情があった。ライブドア問題がきっかけとなって「敵対的企業買収」への関心が強まり、通常10人程度しか参加しない与党審査が行われる自民党政務調査会法務部会への出席者も、商工族、通信族、若手議員など普段は分野が異なる議員が出席するなどして50名規模へと急増し、部会の了承がいったんは見送られるような事態となった[479]。

このような動きの発端は、日本経団連の奥田碩会長(当時)が同年3月8日に自民党の武部勤幹事長(当時)ら執行部と会い、企業の敵対的買収への法的な防衛策の整備を要請したことがあげられる[480]。会社法案の了承が見送られた自民党政務調査会法務部会の席上でも、参考人として招かれた日本経団連の御手洗冨士夫副会長・キヤノン社長(当時)も「企業防衛策の整備と、会社法案の早期成立をセットで実現してもらいたい」と発言している[481]。なお、経済産業省は、このような経済界の、組織再編対価の柔軟化と企業買収防衛策の整備を同時に進めるというシナリオの実現に向けて、すでに経済産業政策局長の私的研究会として「企業価値研究会」(座長:神田秀樹東京大学教授)を平成16(2004)年9月16日に立ち上げ[482]、検討を進めていた[483]。

このような経済界の反対の要望をきっかけとして、ライブドア問題で社会

---

478 この点の詳細は、第2編第1章第3節9-2を参照。
479 日本経済新聞2005年3月10日朝刊2面「会社法案、外資警戒、足踏み、自民に慎重論、了承見送り——閣議決定ずれ込む」。
480 日本経済新聞2005年3月8日夕刊3面「敵対的買収への防衛策整備を——経団連会長、自民に要請」。
481 日本経済新聞・前掲479。
482 経済産業省「『企業価値研究会』の設置について」(平成16年9月16日)〈http://www.meti.go.jp/policy/economic_industrial/press/0005578/0/040916kigyou.pdf〉。

的な注目度もあることから、「組織再編対価の柔軟化」に対して自民党の商工族・若手が反対活動を行った[484]。これにより平成17（2005）年3月11日に、自民党政務調査会法務部会は、企業再編の柔軟化に関する規定の施行を、それ以外の部分の施行の1年後とすることを条件として、政府による会社法案の国会提出を了承し[485]、そのようになった（会社法附則4項）[486]。

江頭憲治郎は、会社法（現代化関係）部会の場で全く議論されたことのない実質改正項目の一つである、任意的種類株主総会に関する権限の有無それ自体を株式の「種類」と構成する点（会社法108条1項8号）は、敵対的買収に対する防衛策としてその方が使いやすいからではないか、と誰もが推測すると指摘する。あくまで推測であると断ったうえで、敵対的企業買収防衛策として使いやすいように設定されているという事実は、この与党審査が影響して、「種類株式の部分は、法案の内容自体についても、法律案作成の最終段階において、手直しがなされたことを示すものであろうか」と指摘する[487]。

3－3－2－2－2　検　討

以上からは、設定した「なぜ事実的に法制審議会メンバーが個人として関与することを排除したか」という問題に対する解答として、あくまで推測の域を出ないが、次のように述べることができよう。

第一に、実質的改正に関する検討を法制審議会会社法（現代化関係）部会が行い、形式的な改正は法務省の事務局と内閣法制局の審査に委ねられたこ

---

[483] さらに、この反対運動に拍車をかけたのが、郵政民営化問題のようである。この点については、日本経済新聞2005年3月5日朝刊2面「『ニッポン放送』余波、会社法案に『郵政』飛び火――自民反発『郵貯乗っ取られる』」を参照。

[484] 自民党においても、若手議員の活動が政策決定に影響を与えるというのは、大きな変化であったようである（日本経済新聞2005年3月12日朝刊2面「商工族・若手議員・経済界、会社法案修正背中押す――崩れる『族システム』」）。

[485] 相澤哲「会社法の制定の経緯と概要」ジュリスト1295号10頁注2）（2005）によれば、平成17（2005）年3月11日、自民党政務調査会法務部会決定は、次のとおりである。
「当部会は、会社法案及び会社法施行に伴う関係法律の整備等に関する法律案の提出を了承するに当たり、次のとおり、決議する。
　会社法の施行について、政府は、各株式会社が定時株主総会において定款変更を要する企業防衛策を採用する機会を確保するため、合併対価の柔軟化に関する部分をそれ以外の部分の施行の1年後とすること」。

との影響が考えられる。すでにみたように、会社法制定の形式的な改正作業は法律技術的なものであるが、条文数を可能な限り少なくするという制約のなかでの条文作成作業は、会社法の聖域なき構造改革、抜本的見直しとなった。このために、結果として、実質改正点・主要論点に関する検討は、法制審議会が担当し、そのほかの規定項目全般に関する見直しは、法務省の事務局が担当するという分業ができあがってしまった。しかし、この分業は法制審議会会社法（現代化関係）部会の了承を得たものではなかったのであろう。なぜなら、実質改正点や主要論点として法制審議会会社法（現代化関係）部会が取りあげた点以外にも、会社法制には、経営者・株主・債権者の利害を調整する実質的なスキームがある。形式的な法改正の場面で、そのスキームごとの論理的整合性を検討しなければならないことになれば、その課題の重要性から、法制審議会会社法（現代化関係）部会が実行すべきと判断される

---

486 凍結されていた企業再編対価の柔軟化が施行される平成19（2007）年5月1日を前に、どのような制度整備を実施するかが議論され、法務省令改正につながった。平成18（2006）年12月12日に日本経団連は「M&A法制の一層の整備を求める」〈http://www.keidanren.or.jp/japanese/policy/2006/085.html〉という提言を発表し、「消滅会社が上場会社である場合、現金又は日本上場有価証券（あるいは日本の上場基準を満たす有価証券）以外を対価とする合併の決議要件は、たとえば特殊決議とするなど、厳格化すべきである」と主張し、これを機に外国企業による日本企業の買収を防衛する手段の整備につきM&A法制全般を見直すべきとした。この経済界からの要望のカウンターパートを務めたのは、政権与党である公明党と自民党である。公明党企業法制に関するプロジェクトチーム（座長：谷口隆義衆議院議員）と自民党政務調査会法務部会（部会長：吉野正芳衆議院議員）・商法に関する小委員会（委員長：棚橋泰文衆議院議員）合同会議とが、法務省、経済産業省、日本経団連、在日米国商工会議所、欧州ビジネス協議会（自民党のみ）に対しヒアリングを行い、政策提言をしている。この政策提言を受けて法務省は、会社法を改正するのではなく、会社法施行規則の改正で対応することとした（以上につき、相澤哲「合併等対価の柔軟化の実現に至る経緯」商事法務1801号12～13頁（2007）を参照）。

相澤によれば、合併、株式交換についてのみ特殊決議を要求することは会社法の体系上合理性がないことと、合併等対価の税制上の取扱いが決定されたことの影響が大きいとされる。税制上、合併対価として100パーセント親会社株式のみが交付され、消滅会社と存続会社との間に事業関連性がなければ、税法上「適格合併」と扱われないとされた。このため、「解体」を目的とした企業取得や少数株主の締め出しが実際上、抑制されることになり、与党における審議も「きわめて冷静かつ合理的に」実施された（同13頁）。

487 江頭・前掲458 7頁。

であろうからである[488]。

　法制審議会会社法（現代化関係）部会で議論されることになれば、その作業量の多さと議論が紛糾することが予測され、平成17（2005）年度に法案提出という「改革工程表」を達成することができなくなる。もちろん、計画はあくまで計画であり、計画どおりに進まないのが世の常である。しかし、法務省におけるこの立法作業を支える事務局スタッフは、すでにみたように、時限措置のある任期付公務員であり、その予算措置は平成17年度までとされていた。このため、法務省事務局にとって、平成17年度中での法案提出と省令作成が揺るがせない期日であったのではなかろうか[489]。このため法務省の事務局は、暗黙のうちに、法制審議会会社法（現代化関係）部会との分業を実行したのではなかろうか。

　「ある改正テーマから派生してくる種々の中小の論点については、最終的な条文の論理的な詰めの過程で、相当程度事務局限りで整理することを余儀なくされました。この点については、いろいろなご批判も受けているところですが、作業がきわめて特殊な性質のものであったことをご理解いただきたいと思います」[490]という相澤哲の発言に、それを見い出すのは読み込みすぎであろうか。

　第二に、法務省事務局限りの検討において、昭和年間の会社法制改革とは明確にスタンスを異にしていることが考えられる。

---

[488] 岩原紳作ほか「〈シンポジウム〉新会社法の意義と問題点」私法69号100〜101頁〔岩原発言〕（2007）は、法制審議会会社法（現代化関係）部会が、議論している改正項目以外の法体系は従来のまま変更されないという前提で議論していたと述べ、新規立法する際に内閣法制局からなるべく明快な法文をつくり、疑問の余地のない形の法文化を要求され、それに法務省が応えなければならないとすれば、「かなり早い段階から法務省は内閣法制局と協議をしていますから、そういうことが明らかとなった問題については、法制審の方で意見を聞いてほしかったという思いがあります」「そういった問題に対して……法制審で議論をしていたのであれば、……いろいろな議論が多分出てきて、いろいろな検討がなされたところだと思います」と述べ、法制審議会会社法（現代化関係）部会で本来議論されるべきことが議論されていないと述べる。

[489] 朝日新聞2006年9月8日朝刊10面「経済法制改革ラッシュ　法務省民事局が自由度増強　バブル崩壊で企業が要求」。

[490] 神田＝相澤・前掲468 11頁〔相澤発言〕。

与党審議に対する対応でも明らかなように、法務省の事務局による法案作成作業においては、会社法制に対する経済界（経営者）からの要望を可能な限り実現するというスタンスがみられる[491]。これは法務省事務局スタッフのパーソナリティーに由来するとも考えられないではないが、新しい立法環境下での会社法制改革が、「規制緩和」「規制改革」の一環として実行されたことに由来するものと思われる。

　たとえば、第一次計画である「規制緩和計画」の達成度の監督・改定作業を行い、平成10（1998）年度からの第二次計画である「規制緩和推進3か年計画」を策定した行政改革推進本部規制改革委員会は、自身のめざす変革を次のように述べ、それは社会の公正さを回復させると主張する[492]。

　規制改革委員会がめざす変革とは、一言でいえば、「市場原理を積極的に活用し、才能、能力の発揮や努力が報われる競争社会の構築」であり、是正すべき「問題は、合理性の乏しい規制を存続させ、一部の者に不当な利益を与え続けることが、正義や平等といった社会的な価値に反するとともに、当該規制により不当な利益を享受している者から、本来なら持つべき勤勉・努力を失わしめ、あるいは転職を妨げることにより、社会的な資源配分の上で損失を生じることである。また、他方で、そうした規制により、能力や意欲を持ちながら参入の機会を不当に妨げられている者が存在することも大きな問題である」。経済主体（企業）の行動の自由を疎外するものは規制としてそれを最低限にすることが、規制緩和・規制改革では求められていたのである。「役人や学者が、企業はこうあるべしと決めるのではなく、法律の使い手である企業の使いやすさを重視すべきだ」とする郡谷大輔の発言[493]は、この流れを体現するものといえよう。

491　稲葉＝郡谷・前掲148 147頁〔郡谷発言〕は、「近年特にそうですが、将来の国会審議なり与党手続なりを考えますと、経済界の抵抗を押し切ってまで何とかするというのは非常に難しいご時世ですので、そこは要望がある限りは、可能な範囲で対応するというスタンスで、基本的には各団体とお付き合いをしています」と述べる。
492　行政改革推進本部規制改革委員会「規制改革についての見解」（平成12年12月12日）〈http://www.kantei.go.jp/jp/gyokaku-suishin/12nen/1215kenkai/index.html〉。
493　朝日新聞・前掲489。

会社法制の実質的なルールも、法務省令に委任されているのが、できあがった会社法の体系である。結果として、会社法制のルール策定権の重要な部分が、法制審議会、国会から、規則制定権を有する法務省の担当者へと移った。今後も「規制緩和」「規制改革」の推進の方向性が変わらないなかでは、この「関係者の要望は可能な限り実現するというスタンス」が維持されることも考えられる。省令の規則制定の過程がどうあるべきか、行政手続法上予定されているパブリック・コメント手続がどのような充実度をもって実施されるべきかは、今後、大いに議論されるべき問題を孕むように思われる[494]。

3－4　意見照会とパブリック・コメントという二つの性格

3－4－1　利害関係者等からの意見収集方法の変更

　新しい環境下での会社法制改革にあっては、①平成13（2001）年11月商法改正、平成14（2002）年商法改正の改革案に対する意見を聞くために、法務省民事局参事官室が平成13年4月18日に、経済団体・法曹、関係団体などへの意見照会とともにパブリック・コメントに付した「商法等の一部を改正する法律案要綱中間試案」[495]、②平成16（2004）年商法改正の改革案に対する意見を聞くために、法務省民事局参事官室が平成15（2003）年3月31日に同じく意見照会とパブリック・コメントに付した「株券不発行制度及び電子公告制度の導入に関する要綱中間試案」[496]、③平成17（2005）年の会社法制定の原案に対する意見を聞くために法制審議会会社法（現代化関係部会）と法務省民事局参事官室とが平成15年10月22日に同じく意見照会とパブリック・コメントに付した「会社法制の現代化に関する要綱試案」[497]とがなされた。

---

[494] 岩原・前掲303 11頁。なお、会社法の細目を定める省令の策定にあたっては、大幅な概念変更がなされたにもかかわらず、パブリック・コメントに答えるための期間が1カ月しか用意されず、省令案とそれに関する簡易な説明がなされているのみで行われた。このような取扱いに対しても、大きく批判されている。ちなみに、意見提出期間は行政手続法39条3項により30日以上と定めなければならないとされており、その必要最低限の期間しか検討するための時間は与えられなかったのである。

[495] 商事法務1593号4頁（2001）。
[496] 商事法務1660号8頁（2003）。
[497] 前掲453 4頁。

新しい立法環境の下では、その実施方法が異なる点も注意すべきであろう。昭和年間における意見照会制度は、法務省民事局参事官室が意見照会先に対し、意見を求める制度であり、その意見照会の内容が「旬刊商事法務」といった専門誌で公表され、広く知られていても、意見照会先以外が提出した意見は、立場、責任の所在が明確に判明するもの以外は考慮されなかったようである[498]。これに対して、パブリック・コメント手続は、利害関係団体にとどまらず広く国民に意見を求める制度であり、パブリック・コメントの実施機関は、提出された意見に対する考慮義務も設けられている[499]。しかし、会社法制改革が法律の制定に関するものであるために、正式にはパブリック・コメント手続の対象ではなく[500]、実施は法務省の裁量で決定する事項である。法務省はこれまでの慣行に従い、手続としてはパブリック・コメント手続に則って実施した[501]。①②③はともに、これまで実施していた意見照会という手法とパブリック・コメント手続をともに実施している。これにより、昭和年間と比較しても、会社法制に対する要望を述べうる主体は格段に広がることになった。

　新しい立法環境下において、法務省民事局参事官室が行った意見照会・パブリック・コメント①②③においては、大学、経済団体、弁護士会、裁判所

---

[498] このような取扱いを予想させるものとして、稲葉威雄「『大小会社区分立法等の問題点』に関する各界意見の分析」法務省民事局参事官室編・前掲131 14頁がある。ここでは、「照会先以外の一般私人から意見が寄せられたものもあるが、これについてはその立場および責任の所在が必ずしも明確でないので、分析の対象から除外している（任意団体については、一応実態があるように思われるものについては取り上げている）」と表現している。

[499] 行政手続法42条。なお、平成11年3月23日閣議決定・前掲323 2．意見提出の手続(6)意見・情報の処理では、「案等を公表した行政機関は、提出された意見・情報を考慮して意思決定を行うとともに、これに対する当該行政機関の考え方を取りまとめ、提出された意見・情報と併せて公表する。」とされる。

[500] パブリック・コメント手続の対象とされるのは、内閣または行政機関が定める命令等（行政手続法2条8号）を定めようとする場合である。本編第3節3－2を参照。

[501] なお、平成11年3月23日閣議決定・前掲323 2．意見提出の手続(3)公表方法では、公表方法につき、「専門家、利害関係人には、必要に応じ適宜周知に努める」とされる。昭和年間から引き続き実施されている意見照会は、これに基づいて実行されているといえよう。

等の約300の関係団体に対して意見照会がなされ、法務省のホームページ上で要綱中間試案等を公開する形で意見提出の募集がなされた。①については107件の意見が寄せられ[502]、②については、団体および個人から70を超える意見が寄せられ[503]、③に至っては、1,745件の意見が寄せられた[504]。たとえば、①では、昭和年間の意見照会と比較して目を引くのは、それまで意見提出団体として登場していなかった、日本労働組合総連合会やアメリカ政府が意見を提出していることである。②は意見提出者が公開されておらず、③は意見提出者の数が多すぎることから、意見照会先に絞って意見提出者の意見が示されており、比較はできないが、昭和年間と比較して、意見提出者の層が広がったことは確かであろう。

3－4－2　意見照会とパブリック・コメントとの併存の意義

このように、意見照会制度とパブリック・コメント制度という二つの制度が、同時に実行されているのが、新しい立法環境の特徴である。広く意見を述べる層が拡大したということはすでに確認したが、法務省が意見を求めることの意義が変化していることには注意が必要である。

昭和年間では、まず、会社法制改革に対する要望を収集するという目的があげられる。これに相当するのは、昭和27（1952）年の意見照会と昭和50（1975）年の意見照会である。この意見照会や、常設の機関である法制審議会商法部会のメンバーである会社法学者の実務家との私的な研究会を通じて彼（女）らの間の問題意識が共有化されることで、会社法制改革の要望が収集される。そのようにして集められた要望を受けて、次に、改革の方向性を尋ねるための意見照会がなされる。これは、改革案をまとめるための意見照会であり、経済界、大学、法曹、関係団体等の意見を集め、その意見分布を

---

[502] 原田晃治ほか「会社法制の大幅な見直しに関する各界意見の分析〔上〕――『商法等の一部を改正する法律案要綱中間試案』に対する意見――」商事法務1604号4頁（2001）。
[503] 始関正光ほか「『株券不発行制度及び電子公告制度の導入に関する要綱中間試案』に対する各界意見の分析〔上〕」商事法務1669号4頁（2003）。
[504] 相澤哲ほか「『会社法制の現代化に関する要綱試案』に対する各界意見の分析〔Ⅰ〕」商事法務1688号4頁（2004）。

公開し、互いに共有することで、それぞれの立場がエゴを押さえつつコンセンサスを見い出すための道具とすることが目的とされる。さらに、法制審議会商法部会での審議を経て、具体的な法案のドラフティングを進める段階で再度、広く意見を徴収する（まとめられた改革案をみて、オーソライズをするかまたは微調整をするための意見照会）というものである。

これに対して、新しい環境下での意見照会・パブリック・コメント手続では、会社法制改革に対する要望を集中的に集めるという役割は要求されていない。この役割はすでに指摘したように、内閣府が実施する規制改革要望の受付（現在はハトミミ「国民の声」）が果たしているからである。また、会社法制改革の着手から立法化まで時間的余裕がなく、具体的な法案のドラフティングを進める段階で一度ずつしか意見照会・パブリック・コメントがなされていないことから、これは、会社法改革案の方向性について、かなり固まった段階で提示されていることがわかる（もっとも、株券不発行と電子公告制度は、①②と実施され、結果として大まかな方向性を尋ね、具体的な実施段階で再度意見を聞く機会がもたれたが、これは、社債、株式等振替に関する法律や官報の電子化と整合的に実施するために問題状況が大きく変化したためである）。もちろん、法制審議会での議論の深度にあわせて、改正項目ごとに、それほど議論が固まっていないものも見受けられ、複数案が提示されたり、「なお検討する」とされていた項目はある。

このようななかで、意見照会・パブリック・コメントが、どのような役割を果たすことが期待されているのか。昭和年間の意見照会になぞらえるのであれば、この段階での意見照会等は、具体的な改正項目に対してオーソライズするためであり、制度に問題がないかの確認である。

一つの項目を改正すれば、それが連関をして整序するために他の項目のルールを変更することが必要となる。要望を提出した者（経済界（経営者））にとっては、自身の要望が具体的に実現するなかで技術的にどのような処理がなされ実現し、それにより全体のルールがどのように変更したかを確認し、それに対してどのように行動すべきかを決定する機会となる。このような例として、前述の意見照会とパブリック・コメントの①において、大会社

について社外取締役の選任義務づけの提案とそれに対する経済界の反対行動があげられよう。

　それでは、学者には何が期待されているのだろうか。会社法制定時の会社法制に対する経済界の要望は、「規制緩和項目」「規制改革項目」としての衣をまとい、政府の政策決定にも深く反映される状況になった。これまでみたように、会社法制改革の項目の多くが政策決定としてすでに決定し、実現に向けての強い圧力が存在する。この項目に関しては、法制審議会は、利害調整を通して改革の方向性を決定する場でなくなり、政策的に判断された項目を実行するにあたっての合理的な施策を検討する場へとシフトないし限定化されていると考えられる。もはや政策決定として転がり出したものは、意見照会とパブリック・コメントとが実行される段階では、もはや決着済みとして止めることができない可能性が高い[505]。政策決定の段階と実際の制度を組み立てる段階とが分離しているという新しい立法環境にあっては、学者は、昭和年間のように、意見照会に応じて大きな制度枠組みから自説を述べればよいという時代ではなくなった。実行されようとする会社法制改革の是非を問題とするのであれば、学者は、より早期の段階、すなわち、政策決定の段階で議論に参加しなければならない。

　もちろん、会社法制が体系的な内容をもつことからは、一部の項目のルール変更は他の項目の規制と衝突し不整合が発生するおそれがある。こういったテクニカルな不整合の除去は、意見照会とパブリック・コメントとが実行される段階でも修正が可能であろう[506]。

　以上のように、昭和年間と比較すれば、意見照会とパブリック・コメント手続は、意見要望を述べる層を広げることには成功したが、それが実際の政策決定を覆す契機となることは難しく、政策決定に向けて意見を集約すると

---

[505] 森田果「パブリック・コメント手続は有効に機能しているか？――商法改正をめぐるパブリック・コメント手続の実証分析」民商法雑誌133巻2号30頁（2005）は、パブリック・コメント手続によって集められた意見が、その後の法案制定に与える影響はさほど大きいものではない、と分析する。

[506] 森田・前掲505 31頁は、利害対立のないテクニカルな提案については反映される可能性が出てくるとする。

いう役割を果たすものではない。このような意見照会とパブリック・コメントとにおいて、学者に期待されているのは、政策決定による設計変更等がシステム不整合を引き起こさないか検証するという限定的なものにとどまっていると考えられる。学者は、意見照会とパブリック・コメントとが実施される段階では、改革の方向性は決着済みであることを念頭に置き、改正項目が実現した場合をシミュレートした場合の制度状況を検証することを重視する方が、限られた時間や能力を有意義に利用できよう。

第5節　まとめにかえて

　冒頭で設定した問題（第1節①）に応え、今後の展望を考察することで、本編の検討を締めくくることにしよう。

1.　本編の問題設定に対する解答——新たな立法環境の下での会社法理論

　冒頭に設定した問題の一つめは、(A)会社法制が多様なステイク・ホルダーの要望の受け皿とされなかったのはなぜかという疑問であった。この疑問に対しては、次のように応えることができる。昭和年間と平成年間を通して、会社のステイク・ホルダーのうち、経済界（経営者）のみしか会社法制に対して要望を提出しないという状況が存在することが確認できた。他のステイク・ホルダーには、環境省の活動や消費者保護法の分野の進展などにより、自身の要望を実現する道筋を有しており、会社法制のみがステイク・ホルダーの要望の受け皿となる必要がないからである。このような限定されたステイク・ホルダーしか要望を述べないという立法環境において、他のステイク・ホルダーの利害をどのように調整するかが大きな課題となる。そこで次に、冒頭に設定した(B)は、要望を述べないステイク・ホルダーの利害をどのように調整して立法作業に反映するか、という点が問題となる。この問題

への解答として、昭和年間の抑制的な改革姿勢と、「無色透明の会社法」観に支えられた会社法学者の行動とが、「声なきステイク・ホルダー」の利害の考慮を会社法制改革の現場にもち込む効果を有していたと評価できることがあげられる。

昭和年間までの、会社法制改革のスタンスは次の3点である。①改正原案の作成にあたり、各種の事業団等から提出された意見書を基礎とする。②改正項目としては、目下実際に不便を感じる点だけを修正することとし、③実業社会や裁判実務と現行法の規定とが適合しない点だけに限定する。このように、会社法制改革が現状の法体系の維持を前提として議論が開始されたために、会社法制の改革について要望を述べる経済界（経営者）側が、改革の必要性に関する「立証責任」を負う。昭和年間の会社法改正の手法は、「無色透明な会社法」観に基づき、経営者が債権者、株主の立場に立ったとしても納得できる程度の合理性を、その改革要望は有するかという点により会社法制改革を正当化するというものである。この手法は、結果として、経営者側の改革の必要性に関する「立証責任」のハードルを上げる効果を有していた。

「無色透明な会社法」観は、経済界（経営者）以外からは会社法制に対する要望が発言されないという状況の下で、株主・債権者保護の問題を法体系上の問題とすることで、会社法学者による利害調整を正統化し、声なき株主・債権者の利益代弁者として会社法学者が活動することも可能とさせる理論であった。むしろ、法制審議会という場で会社法制を議論し、抽象的な株主・債権者・経営者という形ではあるが、ステイク・ホルダーの利害に目配りをして会社法制改革を実施することが学者主導により行われた。このような立法活動を正統化させるうえでも、会社法制が無色透明であるということが強調されたとも評価できよう。

しかし、このような立法プロセスにおけるステイク・ホルダー間の利害調整スキームは普遍のものではない。平成9（1997）年商法改正（法律第56号）以降の立法環境の変化に応じて、立法プロセスにあって新たなステイク・ホルダー間の利害・要望を調整するスキームの開発が必要となる。

会社法制定期は、経済界（経営者）は、会社法制改革に対する自身の要望

の実現を貫徹する力を獲得したことがわかる。この力は、中央省庁改革や「規制緩和」「規制改革」の実行により発生し、経済界が政府の政策決定に深く浸透していたことによる。

このような状況の下では、会社法制改革に向かう議論の前提が大きく異なり、経済界等からの要望の実現について、いわば、改革の必要性の「立証責任の転換」とでもいえるような変化があった。

新しい立法環境下では、「規制改革」の実現が政策課題とされるなかで、既存の会社法制は企業の迅速な発展の足枷と理解し、見直される対象となった。とりわけ、会社法制定にあたっては、期せずして、会社法制全体の見直しが実行された。中央省庁改革によって強調された首相のリーダーシップにより、会社法制改革についても、政策決定と改革作業の実行とが機能的に分化することになった。このような状況下では、経済界（経営者）からの要望は、「規制改革」項目または政府の国家戦略として実現が要請されるものとなる。会社法の制定時は、昭和年間とは反対に、そのような改革をすべきでないと主張する者が、それぞれの制度が必要不可欠なものであることを主張しなければならなくなった（いわば「立証責任の転換」）。政策決定が制度改革を指示するなかで制度が必要不可欠であると主張することは、かなり困難な課題である。具体的な制度が、具体的に何を保護しようとし、保護される対象の者が誰であり、その者の行動様式から必要とされる保護は何か、私法一般の制度を含めてその制度がなければその者は防御できないのか、といった点までの考慮が必要となる。

新しい立法環境の下では、「会社法の良し悪し」が「会社の良し悪し」を通じて「国の経済の良し悪し」に影響を与えるという因果関係を意識して、会社法制を「国の経済に資する、それをサポートする制度である」との位置づけがされるつつあると指摘される[507]。このような会社法制の捉え方は、新しい立法環境下で、会社法制改革の方向性の決定が産業政策・競争政策として内閣主導で政策決定の形でなされ、法制審議会の場は、その政策決定に沿っ

---

[507] 神田＝相澤・前掲468 18頁〔神田発言〕。

た改革作業を実行するという立法のあり方に符合し、そのような立法活動を正統化するものと評価できる。

　会社法制がどのような役割を果たすべきかという、会社法制の目的論は、それぞれの時代の要請に応えるべきであり、IT 革命・経済のグローバル化による大競争時代に適応した形となること自体は、悪いことではない。もっともこの新たな会社法制観においては、何が良き会社法制かは自明ではない。当初からスローガンとして謳われた「競争力を高める会社法、IT 革命に応じた会社法、資本市場の拡大に対応する会社法」が、「良き会社法」と考えられていることは間違いない。

　しかし、どのような会社法制が企業の競争力を高め、資本市場の拡大に対応するのに資するのかといった具体的な問いに答えるのは、困難な課題である。本編でみた限りでは、この困難な課題の解答は、現在のところ、経済界（経営者）の要望の実現と同義とされている。これは、政策決定をする場に経済界（経営者）が深く浸透し[508]、それらの要望に対するカウンターパートが内閣・政治家とされていることに由来する。それがどのような結果をもたらすかは、時が評価を与える問題である。今後、会社法の規定が、経済や会社のステイク・ホルダーの行動にどのような影響を与えるか、検証作業が必要とされよう。

　「良き会社法」が、「企業の競争力を高め」、「資本市場の拡大に対応する」のであれば、少なくとも、経営者の自主性を尊重し、経営者の才能を十分引き出しうる柔軟さと、資本市場からの信頼に足る会社の構造を構築することは必要であろう。その意味では、「会社の競争力を向上させる」という政策的な「色」を帯びた会社法制においても、株主＝債権者＝経営者という抽象的なステイク・ホルダーの間で合理的な利害調整を図るという会社法制の目的は、普遍的に存在すると考えられる。「良き会社法」の姿を追い求め、具体化するのは会社法学者に課せられた使命である。会社法制に対する要望が経済

---

[508] もっとも、行政法的には、経済財政諮問会議等での民間議員の発言で政策が決定されていくのは、民間議員が選挙を経ていないために、政策決定の正統性という観点では問題が生じかねないともいわれる（田丸・前掲398 78頁）。

界からのみしか提示されず、その要望が政策決定としての重みをもつものであったとしても、その要望を株主・債権者の利益を考慮した形で検証し、問題があればそれに対抗するのは、会社法学者の仕事である。法制度は利用者の要望に十分に応えるべきと考えられ、改革がよきことと考えられがちな世の中の風潮のなかでは、会社を取り巻く利害関係者の合理的な利害調整を実現するという会社法学の課題は、より精緻なレベルでの実証を伴うことが要求されている。

2．今後の展望

　新しい立法環境の下では、政策決定の場と実際の会社法制改革作業の場が分離している。今後の会社法制立法において「良き会社法」を追い求めるならば、それぞれの場が的確に機能することが重要である。

　もちろん、具体的に何が良き会社法かを検討するという困難な課題に対しては、衆知を動員する必要がある。政策決定の場には、偏りのない公正さで意見を集約し、それぞれのステイク・ホルダーの利害調整を行える環境を整備することが必要である。「人間社会に適用させる制度の規範は、……人間の心に根ざし一般人の心に受け入れられるものでなければならない」[509]からである。利害を超えて一般人の心に受け入れられる制度として会社法制を整備するためには、その立法過程にあってもステイク・ホルダーの要望を真摯に突き合わせ、調整しなければならないからである。幸いにも、「全国規模の規制改革」の提案受付制度はハトミミ「国民の声」として引き継がれ、政策決定の場にも多くのステイク・ホルダーが要望を提出できる環境が整備されている。また、「機関投資家」の活動が活発化していることは、今まで会社法制改革に対して声なき存在であったステイク・ホルダーが発言をしアクターとして活動する可能性がある。これらによる変化を期待したい。会社を取り巻くそれぞれのステイク・ホルダーが自身の利害を主張し行動する立法環境

509　龍田・前掲14はしがきⅱ。

が生まれれば、そこでの交渉が「良き会社法」の発見に資するからである。

　会社法制改革作業の現場でも変化が起きている。昭和年間とは異なり、会社法制改革のトリガーを引くのは法制審議会ではない。法制審議会が民事法、刑事法その他法務に関する基本的な事項の調査審議を実行するとしても（法務省組織令58条1項）、それはあくまで「法務大臣の諮問に応じて」個別的なテーマで実行されるからである[510]。立法チャネルには、法制審議会を経由する内閣提出法案以外にも、議員提出法案があり、議員立法が複線や引込み線の役割を果たしたのが平成9（1997）年以降の立法環境である。会社法の制定による省令委任事項の増加により、実質的に重要なルールが省令のなかに存在することは、会社法制改革作業の実行の担い手が、法務省の事務局限りとなり、法制審議会での検討がなされない場合が増加することを示す。このほか、法律としての規制が必要不可欠かどうかを検証するという「立証責任の転換」ともいえる状況のなかでは、会社法制がすべて法規範として規定されるわけではない。証券取引所の規則、金融証券取引法上の規範や他の公的規制の方がきめ細かく効果的に規範をエンフォースできるのであれば、そちらが採用される。このため、会社法制を形成する規範群の範囲は拡大する傾向にあるといえよう。

　そもそも、会社法制は体系化した精緻な法制度であり、一項目のルール変更が他の項目のルールと抵触し不整合が生じれば、不整合から生じる不都合を是正するための調整を必要とする。たとえ政策決定の段階で衆知を動員し、公正さが担保された形で会社法制改革の方向性が決定しても、全体のルールをどのように変更すべきかまでは、実際に改正作業を行ってみなければわからない。そうであれば、会社法制改革作業の実行の場面でも、依然として利害調整が重要となる。内閣提出法案の道筋では、法制審議会はこの役割を果たすことになる。立法チャネルの複線化のなかでは、相対的にこの立法チャネルの位置づけが低下するであろうことは予測されるが、議員立法が「引込み線」的に利用されるという現状からは、その重要性が減じることは

510　これに対して、金融庁の下に設置される金融審議会では、金融分科会が常設の諮問機

関として設置される（金融庁設置法7条、金融審議会令5条）。金融分科会は「経済・金融を取り巻く環境の変化を見据え、安定的で活力ある金融システムの構築及び金融市場の効率性・公正性の確保に向けて、金融に関する制度の改善に関する事項について、審議を求める」という比較的広い内容の諮問（平成13（2001）年1月29日）に応える諮問機関である。法制審議会に対する諮問が改革の「要綱を示す」ことを諮問の内容としていることと対比しても、金融審議会は自主的に審議できる範囲の広いことがわかる。金融審議会金融分科会は、その定めるところにより、第一部会を設けている。第一部会の審議領域は、当面の間「証券取引のグローバル化、情報化等に対応した市場インフラ、取引の枠組み・ルールの整備等」とされ、証券市場ルールに関する審議を行うとされている。このほか、公認会計士制度の改善に関する企画を実施すべく、金融審議会には、「公認会計士制度を取り巻く環境の変化を見据え、公認会計士監査の一層の充実強化及び環境の変化に適合した公認会計士制度の整備に向けて、公認会計士制度の改善に関する事項について、審議を求める」と諮問され、それに基づき金融審議会の定めるところにより、公認会計士制度部会が設置されている。

　以上のように、金融審議会では、会社法制のあり方に大きく影響を与える証券市場法制や外部（会計）監査システムに関して、恒常的かつ自主的に議論ができる体制が形成されている。このため、金融審議会での議論が会社法制改革のトリガーとなる傾向が強まることが予測される。

　平成19（2007）年7月には、法務省は、企業の不正会計を防止するための会社法改正案を国会に提出する方針を固め、平成20（2008）年春にも法制審議会に会社法改正につき諮問を実施するとの方向性を示した（日本経済新聞2007年7月21日朝刊1面「監査法人、監査役に選任権、不正会計防止――独立性を強化、法務省が会社法改正案」）。この会社法改革の動きも金融審議会公認会計士制度部会の部会報告「公認会計士・監査法人制度の充実・強化に向けて」2006年12月22日〈http://www.fsa.go.jp/singi/singi_kinyu/tosin/20061222.pdf〉に対応するものである。同報告書6～7頁は、経営側に対する監査法人の独立性を担保するためには、その経営側のパートナーである監査役・監査委員会の権限強化が必要であるとの認識を示している。同報告書は、監査人が被監査会社の経営者との間で監査契約を締結し、監査報酬が被監査会社の経営者から監査人に対して支払われるという仕組みには、監査の精度を上げようとするインセンティブ以外に経営者に有利なように監査を甘くしようとするインセンティブが発生し、いわゆる「インセンティブのねじれ」が発生することを問題とし、取締役や監査役などの内部機関の間における教務執行権限の分配のあり方の検討をふまえて「『インセンティブのねじれ』を目に見える形で克服することが重要であり」、「会社法につき、関係当局において早急かつ真剣な検討がさらに進められることを期待したい」と述べた。金融審議会公認会計士制度部会の投げたボールに法務省が応えたわけである。

　すでにみたように、上場企業のガバナンスのあり方、親子会社法制についての立法作業が始まっている。千葉法務大臣は追加的な諮問の可能性を否定せず、「金商法の調整」を必要とする改革も射程に入りうるとする（上村達男「会社法制行法改革の焦点（上）」日本経済新聞2010年4月13日朝刊27面）。

ないであろう。もっとも、議員立法が活性化すれば、法制審議会を経由しないこともありうる。議員立法が迂回路として利用されないように、法制審議会での議論も機動性をもって実現しなければならないであろうし、議員立法のプロセスにおいても、広くステイク・ホルダーの利害を中立的に調整しつつ実際の改正作業を行いうるような法案作成プロセスが必要である。もちろん、民主党政権下では、労働組合（連合）の政策決定への関与が容易になり、国家戦略として従業員が会社法制改革の要望を出すことができ、発言力あるステイク・ホルダーが交替する可能性を有する。従業員による会社法制改革の要望が政策を貫徹する実行力をもちうるか、注目すべきであるし、法制審議会の位置づけがどう影響するかにも注意が必要となろう。

　法務省令の変更についても十分な利害調整が必要であり、それをどのように行うか、行政手続法が予定するようにパブリック・コメント手続の充実で対応するのか、それとともに他の手段を講じるべきなのかは、今後、十分に検討されるべきである。もちろん、証券取引所規則のルールの作成過程や金融商品取引法の改正作業等、拡大する会社法制の規範群の形成過程に対しても、今後大いに注意を払わなければならない。

[付録]
平成12(2000)年11月までに法務省に寄せられた会社法制に関する「規制緩和」要望と検討状況

要望者	要望内容	法務省の対応	
		実施状況	説明
経済団体連合会	有限責任事業組合制度の導入。	その他	新たな制度の創設を求めるものであり、規制緩和に関する意見ではない。
規制改革委員会	本店および支店の登記を一括してオンラインにより申請することができるようにする。	検討中	オンライン化の実現にあたっては、本人確認の方法、登録免許税の納付方法、添付書面の提出方法等法制上解決しなければならない問題があり、また、現行の登記情報システムとの整合性を図る必要がある。
米　　　国	(1) 商法改正にあたり、他の国際金融センターの経験者からの意見を採り入れることを認めるべきである。 (2) 日本政府は、外国の法律専門家や企業の代表者が商法改正に参加できる機会を提供すべきである。 (3) 日本政府は、商法改正に関する提言を準備中の審議会が、その中間報告や提言に対してパブリック・コメントを募るよう義務づけるべきである。	その他	
経済団体連合会 関西経済連合会 米　　　国 規制改革委員会	(1) IT革命に対応するためには、商法改正によってIT法制の積極的導入を促すことが必要。 (2) インターネット・ホームページによる「公告」を認めるべき。 (3) インターネットを利用した議決権行使を認めるべき。 (4) インターネット経由の通知を認めるべき。 (5) 商業帳簿等の電子化を認めるべき。	検討中	
石油化学工業協会	閉鎖会社の大会社に係る監査特例法上の会計監査を撤廃する。	措置困難	
石油化学工業協会	商業登記に係る証明書手数料の減額。	措置困難	
経済団体連合会	定款記載目的の柔軟化。	その他	具体性とは、抽象的記載では足りず、会社の目的たる事業を具体的に示さなければならないという意味であり、明確性とは、定款に記載された目的の意義が明瞭であって、何人にも理解できることをいい、その意義が確定し得るものであって、意味を捕捉し難いものであってはならないことは当然のことである。 　なお、商業登記簿における目的の記載は、同一または類似の商号の登記が許されるかどうかという商号の専用権（商法19条）が働くので、営業の範囲を定めるものとしても客観的に明瞭なものでなけ

第5節　まとめにかえて　245

			ればならない。
石油化学工業協会	合併、減資時、会社分割時の知れたる債権者への個別催告の廃止。	措置困難	
経済団体連合会 石油化学工業協会	会社清算時の公告の回数を緩和し、期間を短縮すべきである。		
ＥＵ	M&A関連を中心に規則の明確化を図る。	その他	要望の具体的な内容が不明である。
経済団体連合会	取締役会決議なしでのMTNの発行の容認。	措置困難	
経済団体連合会	連結中心主義での会計に相応しい形で商法開示と証券取引法開示の調整。	個別計算書類の作成の免除は措置困難。調整は検討中。	
米　　　　国	独立取締役からなる監査委員会を採用せず、「監査役」制度の維持を選択する株式公開企業に対しては、社外監査役制度の利用を義務づける。	その他	規制緩和に関する意見・要望ではないと考えられる。
米　　　　国	国籍にかかわらず企業間における双方向のクロス・ボーダーによる株式交換制度の利用を認める。	措置困難	
石油化学工業協会	額面株式の券面額の減額。	検討中	
経済団体連合会 規制改革委員会	(1) トラッキング・ストック制度の導入。 (2) 議決権行使に係る種類株式の創設。	検討中	
経済団体連合会 米　　　　国	株式の強制買取制度およびキャッシュアウト・マージャーの導入。	その他	規制緩和に関する要望事項ではない。
経済団体連合会	自己株式の取得・保有(金庫株)の容認。	措置困難	
経済団体連合会	(1) 資本準備金による自己株式消却の特例措置を恒久化する。 (2) 同措置による消却対象に未公開株式も含める。	検討中	
規制改革委員会	自己株式の失効および処分の時期。	その他	
規制改革委員会	(1) 無議決権優先株の発行枠拡大。 (2) 優先株の発行手続の簡素化。	検討中	
経済団体連合会 米　　　　国 規制改革委員会	株式分割の際の一株あたりの純資産額規制を撤廃すべきである。また、株式分割時における株式発行授権枠を拡大すべきである。	検討中	
経済団体連合会 米　　　　国 規制改革委員会	ストック・オプション制度に関する規制の撤廃 (1) 付与対象者に子会社・関連会社の役員・使用人を含める。 (2) 株主総会の決議事項を簡素化する。 (3) 新株引受権付与方式における決議要件を普通決議とする。 (4) 付与上限を撤廃する。	検討中	
経済団体連合会	新株発行を円滑に行うことができるようにするため、新株発行の際の発行株式数を固定・当初発行分と変動・追加発行分とに分け、市場の動向等をみて発行株式数を調整することができるようにする。	措置困難	
経済団体連合会 米　　　　国			

規制緩和委員会 リース事業協会 石油化学工業協会	検査役の調査の見直し、債務の株式化法制の創設。	検討中	
米　　　国	権限付与のメカニズム採用や適切な奨励制度の確立などにより、企業の役員会の独立性、義務および説明責任を拡大する。	その他	「役員会」とは、何を指すのか、その「独立性」や「説明責任」とは、何からの独立性、何に対する説明責任を指すのかが不明である。
経済団体連合会	迅速な意思決定に資するため、株主総会の決議事項はできるだけ簡素化し、取締役の選任など重要事項以外については、取締役会に委譲すべきである。	その他	株主総会と取締役会の各決議については、どちらが規制として厳しいものかという点は、一概に決しがたい面があり、しかも、取締役会への委譲を可能とするときは、必然的に株主への情報開示が必要となるため、かえって規制が強まる面も有していることからすれば、この要望は規制緩和に関する意見・要望には当たらないものと考えられる。
経済団体連合会 規制改革委員会	特別決議の定足数については、例えば取締役の選任決議同様、定款で発行済株式総数の3分の1まで切り下げる等の措置を考えるべきである。 また、招集通知の発送を早期に実施できるよう、株主提案権の期限を現行の6週間前から8週間前まで繰り上げるべきである。	検討中	
規制改革委員会	取締役会および監査役会のあり方および株主代表訴訟制度の改善。	検討中	
日本労働組合総連合会	株主総会の決議事項を取締役会の決議事項に変更する際には、その決議事項について情報開示を義務づける。	その他	本要望が現行法上株主総会の決議事項とされているものを取締役会の決議事項とする法改正がされる場合についてのものであるとすれば、規制緩和に関する意見・要望ということはできない。
日本労働組合総連合会	取締役・監査役の人事については、株主と同様、労働組合や従業員にも人事の決定経過・理由等について情報開示を義務づける。	その他	会社にとって規制を強化する方向の制度化を求めるものであって、規制緩和に関する意見・要望ではないと考えられる。
日本労働組合総連合会	株主代表訴訟制度については、提案できるものを「行為時株主」に限定するなど株主が取締役の責任を追及することは制限せずに、現行制度を維持する。	その他	
日本労働組合総連合会	監査役については、機能・権限の強化を図るとともに、監査役の選任について労働組合代表を含めるなど、機能強化の制度整備を図る。	その他	会社にとって規制を強化する方向の制度化を求めるものであって、規制緩和に関する意見・要望ではない。
日本労働組合総連合会	コーポレート・ガバナンスに関する制度の改善にあたっては、労働組合や従業員を含むステイク・ホルダーの利益の確保や意思反映がされるものとする。	その他	会社にとって規制を強化する方向の制度化を求めるものであって、規制緩和に関する意見・要望ではない。

法務省「『規制緩和推進3か年計画』の策定作業状況（中間公表）（2000年1月）」より作成。

第5節 まとめにかえて 247

平成13年度・法務省に寄せられた会社法制に関する「規制改革」要望と検討状況

要望者	要望内容	法務省の対応	
		実施状況	説明
日本労働組合総連合会	従業員に対するストック・オプションの付与を給与の代替とすることは禁止すべき。	その他	商法の規制の対象ではない。
関西経済連合会	インターネットによる公告の許容。	その他	決算公告については、平成13年法128号で実施済み。決算公告以外については、平成14年商法改正では見送られたが、引き続き検討。
米国	①少数株主の株式強制買取制度、②キャッシュアウト・マージャーの導入。	措置困難	①については、株式交換制度を利用することで実現。②は少数株主の保護に関して慎重な検討が必要。
米国	(1) 商法改正にあたり、外国の法律専門家や企業の代表者が法制審議会会社法部会にオブザーバーとして参加できる資格を与えるなど、これらの者に国内の企業および法律関係者に与えられているのと同様の商法改正への意見表明の機会を提供すべき。(2) 商法改正に関する提言を準備中の審議会が提言をまとめる前にパブリック・コメントを募集することを確保すべきである。	その他	規制に関する要望事項ではない。パブリック・コメントを実施している。
日本自動車工業会	子会社による親会社株式保有規制の撤廃。	措置困難	
米国	非課税の株式交換の外国会社への適用。	措置困難	
関西経済連合会 米国	ITを利用した株主総会における議決権行使。	措置済	平成13年法128号。
関西経済連合会 米国	株主総会招集通知の電子化。	措置済	平成13年法128号。
経済団体連合会	リストリクテッド・ストック・プランの導入。	その他	商法上は、可能。上場企業で譲渡制限株式が発行できないのは、商法によって課された規制ではない。
関西経済連合会	トラッキング・ストック発行要件の法制化。	措置済	平成13年法128号。
米国	監査役制度に代わって、監査委員会を設置することを選択できるようにすべき。会社に1名以上の社外取締役を義務づける場合は、上場企業に限定すべき。	措置予定	平成14年通常国会に法案提出。
全国地方銀行協会	法定準備金取崩しによる配当財源確保等の際の債権者保護手続の簡素化。	措置困難	
EU	M&Aに適用されるルールを中心に商法の明確性を高めるべき。	その他	要望の具体的な内容が不明。
日本労働組合総連合会	監査役ないし監査委員の1名以上は労働組合代表ないし従業員代表とすべき。	その他	規制強化の要望である。
日本労働組合総連合会	株主代表訴訟の原告適格の制限はすべきではない。	その他	平成13年法149号の審議過程で削除。
日本労働組合総連合会	株主総会の特別決議の定足数要件の緩和は慎重であるべき。	その他	平成14年通常国会に緩和する法案提出。

要望者	要望内容	実施状況	説明
日本労働組合総連合会	会社運営の電子化に際しての選択制には、デジタルデバイドを考慮して本人の同意の必要性を商法上で明記すべき。	措置済	平成13年法128号
日本自動車工業会	単元未満株主には共益権を付与しない。	措置困難	現時点では特に弊害は生じていない。
米国カナダ	社外取締役の要件から、株式持合い関係にある企業または系列企業の従業員または元従業員を除くべき。	その他	必ずしも適当ではない。
米国	現物出資等がなされた場合の出資対象不動産の価格の相当性を証明できる者を、重役会議に加えるべき。	その他	
米国	取締役会の決議方法に電話会議や書面による全員の同意表明を認めるべき。	措置するか否かを含めて検討	
米国	株主代表訴訟に関して、取締役の責任軽減を容易にする措置を講じるべきではない。	その他	平成13年法149号で対処。
米国	国際的に認められた監査基準に則した外部監査が厳密に実施する。	その他	公認会計士等の自主努力によるべき。
米国	日本で継続的取引を実施する外国会社に日本における代表者の設置を義務づけることを廃止すべき。	その他	平成14年通常国会で法案提出を予定。
米国	ストック・オプションの限度枠、付与対象者、譲渡禁止に関する規制を撤廃すべき。	措置済	平成13年法128号。
米国	取締役の選任に関する種類株式の発行解禁。	措置予定	平成14年通常国会で法案提出を予定。
米国	無議決権株式の発行枠に関する制限を撤廃すべき。	その他	平成14年通常国会に無議決権株式の発行枠の拡大を盛り込む予定。
経団連、関経連、リース事業協会、オリックス株式会社	資産流動化における「事後設立」に関する検査役調査、専門家による証明書の取得の廃止。	措置困難	

内閣府「各府省等における規制改革に関する内外からの意見・要望等に係る対応状況(平成13年版)」(平成14年6月)より作成。

平成14年度・法務省に寄せられた会社法制に関する「規制改革」要望と検討状況

要望者	要望内容	法務省の対応	
		実施状況	説明
第二地方銀行協会	保有株式の評価差額金に係る配当規制上の取扱いに関し、評価差額金がマイナスの場合における配当可能利益の計算上、評価差額金を剰余金と通算しないことを認める。	措置困難	
ニュービジネス協議会 大阪商工会議所	株式会社の最低資本金制度を緩和する。	措置するか否かを含めて検討中	
日本自動車工業会	単元未満株主は共益権をないものとする。	措置するか否かを含めて検討中	
日本自動車工業会	子会社による親会社株式保有規制の撤	措置するか否かを含めて検	

第5節　まとめにかえて

要望者	要望内容	法務省の対応	
		廃。	討中
日本自動車工業会	定款授権による取締役会決議での自己株式取得を認めるべき。	措置するか否かを含めて検討中	
日本自動車工業会	監査役設置会社でも利益処分を取締役会の権限とすべき。取締役の責任を過失責任とすべき。	措置するか否かを含めて検討中	
日本経団連、リース事業協会、株式会社オリックス資本市場協議会	社債発行を代表取締役の権限とすべき。	措置するか否かを含めて検討中	※資本市場協議会の要望に対しては措置困難
日本経団連	強制転換条項つき新株予約権付社債の解禁。	措置するか否かを含めて検討中	
日本経団連	LLC，LLP類似制度の導入。	措置するか否かを含めて検討中	
日本経団連	株式の強制買取制度、キャッシュアウトマージャーの導入。	措置するか否かを含めて検討中	
リース事業協会	資産流動化を図るための新設会社について事後設立規制を外す。	措置するか否かを含めて検討中	
リース事業協会	商法と証券取引法の開示の様式の統一。	措置予定（商法施行規則の一部改正・平成15年法務省令7号）	
リース事業協会	中小企業向け会計基準の整備。	措置予定（商法施行規則の一部改正・平成15年法務省令7号）	
日本経団連	労務出資の許容。	その他	会社が支払うべき債務に係る債権の現物出資によって新株発行が認められていることからは、実施可能。

内閣府「各府省等における規制改革に関する内外からの意見・要望等に係る対応状況（平成14年版）」（平成15年5月）より作成。

平成15年度・法務省に寄せられた会社法制に関する「規制改革」要望と検討状況

要望者	要望内容	法務省の対応	
		実施状況	説明
あじさい分			
リース事業協会オリックス株式会社	社債発行につき取締役会決議が義務づけられることの撤廃の早期実現。	会社法制の現代化の一環として議論	規制改革推進3か年計画（再改定）で示された平成17年度での立法化のスケジュールを変更できない。
リース事業協会オリックス株式会社	新株予約権付社債発行の際に要求される公告につき（平成17年改正前商341条ノ15、280条ノ23）につき、「行使条件」の公告ではなく、「行使条件の決定方法」でもよいとすべき。取締役会の開催が、発	会社法制の現代化の一環と	規制改革推進3か年計画（再改定）で示された平成17年度での立法化のスケジュー

250　第1編　ステイク・ホルダーと会社法

社	行と条件決定の際の2回実施しなければならないが、1回で行えるようにすべき。	して議論	ルを変更できない。
三井アセット信託銀行株式会社	株主総会招集通知（議案）、計算書類を株主総会期日の1カ月前にインターネット公告等で開示すべき。	現行法でも各企業で実施可能	
日本自動車工業会	単元未満株主は共益権をないものとする。	会社法制の現代化の一環として議論	規制改革推進3か年計画（再改定）で示された平成17年度での立法化のスケジュールを変更できない。
日本自動車工業会	子会社による親会社株式保有規制の撤廃。	会社法制の現代化の一環として議論	規制改革推進3か年計画（再改定）で示された平成17年度での立法化のスケジュールを変更できない。
日本自動車工業会	定款授権による取締役会決議での自己株式取得を認めるべき。	平成15年商法改正で実現	
日本自動車工業会	監査役設置会社でも利益処分を取締役会の権限とすべき。取締役の責任を過失責任とすべき。	会社法制の現代化の一環として議論	規制改革推進3か年計画（再改定）で示された平成17年度での立法化のスケジュールを変更できない。

　内閣府総合規制改革会議事務室「『全国規模での規制改革要望』に関する各省庁への見解の確認に対する回答について」（平成15年9月19日）法務省　本文より作成。

		もみじ分	
日本自動車工業会	単元未満株主は共益権をないものとする。	会社法制の現代化の一環として議論	体系的に対処。
日本自動車工業会	子会社による親会社株式保有規制の撤廃。	会社法制の現代化の一環として議論	体系的に対処。
任意団体	債権者異議申述期間の短縮（1ヵ月→2週間）	措置困難	措置困難。
中間法人	未上場企業の新株発行手続の簡素化（公告の廃止）	会社法制の現代化の一環として議論	体系的に対処。
日本自動車工業会	監査役設置会社における利益処分の取締役会権限への移行。	会社法制の現代化の一環として議論	体系的に対処。
都銀懇話会	資本金超過法定準備金の取崩しに関する規制の緩和。	措置（電子公告の導入に関する法律案要綱）	
第二地方銀行協会	資本金超過法定準備金の取崩しに係る債権者保護手続の簡素化。	措置（電子公告の導入に関する法律案要綱）	
全国地方銀行協会	法定準備金取崩しの際の債権者保護手続の簡素化。	措置（電子公告の導入に関する法律案要綱）	
中間法人	債務超過会社の会社分割を可能とする。	会社法制の現代化の一環として議論	体系的に対処。

第5節　まとめにかえて

任意団体	非公開会社について、緩やかな規制のみとする特別法の制定。	会社法制の現代化の一環として議論	体系的に対処
米　　国	企業再編対価の柔軟化、スクィーズマネージャーの許容。	会社法制の現代化の一環として議論	体系的に対処
オリックス株式会社 リース事業協会	有限責任組合制度の整備。	会社法制の現代化の一環として議論	体系的に対処
中間法人	大会社に相当するベンチャー企業につき、大会社の規制の適用を免除する。	会社法制の現代化の一環として議論	体系的に対処
中間法人	日本版 LLC の導入。	会社法制の現代化の一環として議論	体系的に対処

内閣府総合規制改革会議事務室「『全国規模での規制改革要望』に対する各省庁からの再回答について」（平成16年1月29日）より作成。

平成16年度・法務省に寄せられた会社法制に関する「規制改革」要望と検討状況

要望者	要望内容	法務省の対応 回答
あじさい分		
日本損害保険協会	グループ内企業再編における合併契約書の備付開始を株主総会の2週間前から1週間前に短縮（譲渡制限会社の株主総会招集通知送付日にあわせる）。	会社債権者の利益も勘案すると、グループ内組織再編であることを理由として備置期間の短縮を認めることには慎重であるべきであると考える。
リース事業協会	社債および短期社債に関する取締役会での決議義務付けの見直し。	社債の発行手続については、現在作業中の会社法制の現代化（平成17年法案提出予定）にかかる法制審議会等の議論において、機動的な社債発行等の観点から、取締役会の決議をもって、代表取締役に対し、一定の範囲内で具体的な額等の決定をすること、一定の期間内で個々の発行時期についての決定をすることを委任することを認める方向で検討を進めている。ただし、社債の発行は、公衆に対するものでかつ多額・長期の借入れであるのが通常であり、慎重な手続を要することから、取締役会の決議を不要とすることには慎重であるべきであると考える。
日本自動車工業会	従来（単位株制度）と同様に、単元未満株主の共益権はないものとすべき。	単元株制度の見直しは、会社法制の現代化の一環として検討を進めているところ、会社法制の現代化に係る法案は前回回答にも記載したとおり平成17年度に提出する予定である。
日本自動車工業会	子会社による親会社株式保有規制の撤廃。	その見直しには慎重にならざるを得ず、平成17年度までに結論を得ることは困難である。

内閣府規制改革・民間開放推進室「『全国規模の規制改革・民間開放要望』に対する各省庁からの再回答について」（6月実施分）（平成16（2004）年8月11日）より作成。

		もみじ分	
日本経済団体連合会	証券会社の商品勘定での自社株・親会社株式の買付・売却が可能であることの明確化。	特定の業を行っている会社が特定の目的で行う場合にのみ例外措置を認めるということを合理的に会社法制ではできない。	
ＥＵ	税に対して中立な株式交換を通じた外国企業による合併・買収の認容。	会社法制の現代化で対応（平成17年度に法案提出）。	
米国	2003年3月に対日投資会議「対日投資促進策の推進について」、2004年8月内閣府経済社会総合研究所「我が国企業のM&A活動の円滑な展開に向けて」に沿った措置の実施。	会社法制の現代化で対応（平成17年度に法案提出）	
米国	外国株主による委任投票の促進。	要望はわが国の法令内容に対する誤解に基づくものであり、商法上、委任投票の効率的な行使を疎外する規定はない。	

内閣府規制改革・民間開放推進室「『全国規模の規制改革・民間開放要望』に対する各省庁からの再回答について」（11月実施分）（平成17年1月19日）より作成。

平成17年度・法務省に寄せられた会社法制に関する「規制改革」要望と検討状況

要望者	要望内容	法務省の対応 回答
	あじさい分	
日本自動車工業会	単元未満株主の共益権につき、「会社法制の現代化」では、定款で制限が可能とされるが、制限をかけるための合理的な説明が難しいという実務的な問題があることから、原則共益権なしとすべきである。	単元未満株主も株主であることから、係る手続に合理性がある。
日本自動車工業会	子会社による親会社株式保有規制の撤廃。	結合企業法制とあわせて検討すべきであり、結合企業法制の立法着手のスケジュールがまだ立っていない。
リース事業協会	社債および短期社債に関する取締役会での決議義務付けの見直し。一定の条件の下で発行することを取締役会決議で決議し、それに基づき個々の発行は代表取締役が実行できるが、依然として一度は取締役会決議が必要であり、取締役会決議を不要とするべきである。	慎重であるべき。
リース事業協会	オンライン化により支店所在地での登記申請の省略をすべき。	会社法の下では、支店の登記事項は大幅に減少しており、さらに、本店支店の所在地の登記所がオンライン化していれば、一括申請が可能である。
生命保険協会	非公開会社において特定の者から自己株式を取得する場合の売主追加請求期間を1週間はとることができるようにすべき。	パブリック・コメントに寄せられた意見もふまえながら検討したい。

内閣府規制改革・民間開放推進室・内閣府市場化テスト推進室「『全国規模の規制改革及び市場化テストを含む民間開放要望』に対する各省庁からの再回答について」（平成17年8月12日）より作成。

	もみじ分	
日本自動車工業会	子会社による親会社株式保有規制の撤廃（結合企業法制の検討で、この事項を	子会社による親会社株式の取得については、今後予定している企業結合法制を設けるか否かの検討のなかで、その可否を慎重に検討すべきものと考えられる。

第5節　まとめにかえて　253

	実施することを検討すべき）	なお、この企業結合法制に係る検討については、現在のところ、その具体的なスケジュールは決まっていない。
日本自動車工業会	（1）株主代表訴訟の長期化により会社の社会的な信用が毀損されることで、訴訟遂行が総合的に判断して会社にとり利益とならないと判断される場合、訴訟を早期に終結させることが大多数の株主にとり利益と考えられる。そのためには、原告株主の主観的要素だけでなく、客観的な要素を考慮できるようにすべきである。 それゆえ、会社法の法律案の中で示された847条1項2号が法文上明記されたことは、実務上、非常に意味が大きく、これが削除されたのはきわめて遺憾。 （2）代表訴訟の原告適格が1株以上（単元未満株主にも共益権あり）であればよいというのも、EU等の10％以上という基準に比してもあまりに広範囲にすぎ、経営者の判断を束縛する要素となり、結果として日本経済の国際競争力を損なうものとなりかねない。 経済界としては、(1)同却下要件の追加、および(2)原告適格の見直しを今後も強く要望したい。	政府としては、このような形で国会の意思が表明された以上、今後相当期間にわたり、その復活を求めるがごとき見直しを検討することはあり得ない。
オーストラリア	会社法821条では、（a）外国企業の主なビジネス拠点が日本にある、または（b）支店の親会社の主たる目的が日本で継続的にビジネスを行うこと、という場合に、日本でビジネスを行うことを明確に禁止している。この条項に違反した場合は、外国企業の代表者が損失責任を個人的に負うことになる。日本で営業している多くのオーストラリア企業の正当な企業活動が害されることや、再度法人格を取得しなければならない要件は資本損失や他の相当なコストが派生することに深い懸念を抱いている。また、821条は潜在的な投資家を阻むことになる。6月に合意された附帯決議は821条の意図や適用範囲を明確にする重要なステップであるが、法律の透明性や明瞭性を高めるためにこの条項を改正するべきである。	会社法821条については、参議院の審議の中で、野党からその削除を内容とする修正案が提案されたものの、これが否決され、原案どおり成立した経緯がある。このような形で国会の意思が示されている以上、政府として、その改正を検討することは甚だ困難である。
日本マルチペイメントネットワーク運営機構	商業登記においては、電子証明書の請求時に会社代表者が管轄登記所において会社代表者の印鑑を押印し、登記印紙を貼付した「電子証明書発行申請書」を提出することになっているが、この手続は手間がかかり、入り口段階でのオンライン登記の普及促進の障害となっている。電子的な対応のみの一本化を検討すべき。	商業登記に基づく電子認証制度において電子証明書を発行するにあたり、登記所に提出された印鑑による確認を行うことなく、他の機関が発行した電子証明書により電子的に本人等を確認することで足りるものとすることは、商業登記所が発行する電子証明書の重要性にかんがみ、困難である。
生命保険協会	非公開会社において特定の者から自己株式を取得する場合の売主追加請求期間を1週間はとることができるようにすべき。	パブリック・コメントに付された法務省令案30条によれば、各会社が、その実情に応じ、適切にその期間を設定することとしているのである。したがって、各会社において、その期間を長くする必要があるというのであれば、定款変更によ

| | | | り、適宜当該各会社の実情に即した合理的な定めを設けることが可能である。 |

内閣府規制改革・民間開放推進室・内閣府市場化テスト推進室「『全国規模の規制改革及び市場化テストを含む民間開放要望』に対する各省庁からの再回答について」(10月~11月実施分)(平成18年1月17日)より作成。

平成18年度・法務省に寄せられた会社法制に関する「規制改革」要望と検討状況

要望者	要望内容	法務省の対応
		回答
あじさい分			
生命保険協会	非公開会社において特定の者から自己株式を取得する場合の売主追加請求期間を1週間はとることができるようにすべき。会社法施行規則において、定款で5日間を下回る期間を定めることができる旨が規定されているものの、機関投資家サイド等から買取請求期間が確保された定款とするように促し実現させることは困難である。	本件要望は、定款自治の範囲を狭め、規制改革に逆行するものであり、受け入れることができない。 譲渡制限会社に投資を行う者としては、そもそも、自らの希望に沿った内容の定款規定を設けている会社のみを対象として投資を行うことが可能であるし、また、投資の前提条件として、自らの希望に沿った形で定款の変更を行うことを交渉する余地もあるのであるから、法律によって、譲渡制限会社のすべてについて、一律に検討期間の伸長を行う必要はないと考える。

平成18年6月受付分『全国規模の規制改革・民間開放要望』に対する各省庁からの再回答について(平成18年8月14日)【資料1】各省庁からの再回答・法務省分より作成。

| もみじ分 ||||
| 生命保険協会 | 非公開会社において特定の者から自己株式を取得する場合の売主追加請求期間を1週間はとることができるようにすべき。会社法施行規則において、定款で5日間を下回る期間を定めることができる旨が規定されているものの、機関投資家サイド等から買取請求期間が確保された定款とするように促し実現させることは困難である。 | 具体的事情によってはかかる定款変更の要求が常に受け入れられるとは限らず、その場合、特に内部的意思決定に時間を要する一部の機関投資家にとっては判断期間が十分に確保されないことがあるとの指摘がされている。
したがって、上記のような指摘があることをもふまえ、会社法施行規則29条が規定する5日間という原則的な期間を短縮することにより定款自治の範囲をより狭めることとすることが株式譲渡制限会社の実情に照らして相当であるか否かについて検討を行う。 |

平成18年10月受付分『全国規模の規制改革・民間開放要望』に対する各省庁からの再回答について(平成19年1月15日)【資料1】各省庁からの再回答・法務省分より作成。

第 2 編

規制緩和と会社法

第1章　要望の顕現——組織再編

第1節　序　論

　会社法神話と現実の会社法改正の交錯の歴史において、最も脱神話化が端的に現れ、規制緩和の象徴といえるのは、組織再編に関する一連の改正であろう。

　企業組織再編法制が、会社法が中立的で透明な利害調整機能を果たすという神話を完全に崩し去るものであるかどうかについて、最終的な判断を行うには尚早である。とはいえ、企業組織再編法制の領域では、さまざまなアクターからの要望が法改正に率直に実現していったと評価できる。また、経済産業省が主導する産業再生法が産業政策を先取りし、それを後に、会社法が一般法に受け入れていったという経緯が何度もみられる。

　このような一連の会社法の改正を後押ししたのは、平成不況と呼ばれるバブル崩壊後の経済情勢であろう。会社法制は、会社の経済活動を直接的に促進するものではないが、会社が効率的かつ健全に運営される土台を提供することはできる。機動的な組織再編は、より劇的な形で、会社の運営の基礎を変更するものであり、金融機関の統合に象徴されるのであろう。

　規制緩和と一口にいっても、平成の商法改正と会社法制定に注目すると、法的には、次の二つの現象に区分して考えることができる。すなわち、第一に、従前の組織再編手法について、手続面での柔軟化を図ったという意味における規制緩和（deregulation）である。組織再編の手続において、主たる利害関係人は当事会社の株主と債権者であり、これらを意思決定に関与させるか、意思決定に参加させないなら、どのような形で保護を受ける機会を与え

るか、会社法の基本的な姿勢が問われる。わが国の組織再編法制は、世界的にも厳格な手続を維持してきた。平成改正においては、柔軟化が急激に進められ、簡易合併および簡易営業譲渡・譲受けという制度の導入、債権者保護手続の簡略化、簡易組織再編の簡易基準の緩和、略式組織再編という制度の導入などが、次々となされていった。

　第二に、従来は認められてこなかった形での組織再編を可能としたという意味における規制緩和である。法がどのような手法の組織再編を多数決によって行うことを許容するかという点につき（授権法：enabling act）、柔軟化がなされていった。株式交換・株式移転の導入、会社分割の導入が格好の例である。組織再編の対価の柔軟化も、組織再編後の姿に新しい選択肢を与えるものであるという意味で、この第二の意味での規制緩和の発露であったとみることができる。

　これらの二つの意味での規制緩和は、相互に会社法制の改正を加速するという作用を与え合ったのであろう。個別的な分析に入る前に、次節において、規制緩和の大きな流れをつくったものは何なのか、平成改正前の動向もふまえつつ、検討していく。

第2節　柔軟化を支えた社会的背景と数々の要望

1．総　説

　手続面と実体面との柔軟化を支えた社会的な背景は何であったのか。実務からの要望の裏付けとなる事情でもある。平成改正による組織再編法制の柔軟化を促進したものは、経済的な停滞から抜け出そうとする各種の方策のうちに、会社法制の見直しが含まれていたことが大きい[1]。

　この点は、法務省と経済産業省との連携について、どれだけ密に計画されたものか、どれだけ明示的なものであったのかはともかく、これを無視することはできない。経済政策の発露としての経産立法が規制緩和を先取りし、

主務官庁の認定等を安全弁としつつ、新しい法制を一般化するという手法が繰り返しとられてきた。組織再編法制との関係では、経済産業省が所管する産業活力再生特別措置法の制定とその後の改正が重要である[2]。

会社法の夜明けの前後には、規制緩和を推進することにおいて、「民」の要望と「官」の積極的な姿勢が顕著になった。「官」は、外国（主として米国）からの働きかけもあり、官庁を跨いで、組織再編法制に関する規制緩和を行っていった。ここでは、国と国との境、主務官庁の間の境、民と官との境が、一気に低くなっていくという現象を見い出すことができる[3]。

本章の中心は、これらの平成改正を検証することにあるが、それに先立って、その助走となるべき時期の動きを確認しておく必要があろう。具体的には、昭和37（1962）年商法改正によって事前開示制度が新設されたが[4]、その後、平成9（1997）年商法改正による合併手続の合理化等に至るまでの時期について、どのような議論がなされたかをみていく。

---

[1] 神田秀樹教授によれば、「『企業組織再編』の分野については、商法は未整備で、基本的には、合併以外については、何も手を打っていなかった。その理由は、あまり強いニーズがなかったということではないかと思われる。ところが、1990年代、バブル経済が崩壊し、その後の経済不況のなかで状況が変わってきた」。神田秀樹『会社法入門』23頁（岩波新書、2006）。

[2] 神田・前掲1 32〜33頁は、次のように述べている。「この頃〔1990年代終わり〕から当時の通産省による特別立法の先行というやり方が定着し始めたことも重要である。……商法とは異なるルールでやってみて、うまくいくようだったらそのルールを商法本体のルールとするという……流れができた」。また、「要するに、商法改正のプロセスは依然として大部分は法制審議会経由のルートであるが、議員立法のルートと、経済産業省先導型のルートも新たにできたのである」とする。

[3] 以上の諸点については、中東正文「ボーダレス化時代のM&A法制」江頭憲治郎＝増井良啓編『融ける境 越える法第3巻 市場と組織』99〜104頁（東京大学出版会、2005）で論じたことがある。

[4] 改正の基礎になったものとして、法制審議会総会「商法の一部を改正する法律案要綱」商事法務234号10頁（1962）。この要綱の解説として、上田明信「商法の一部を改正する法律案要綱について」商事法務237号1頁（1962）。

2．平成9(1997)年商法改正までの議論

2－1　会社分割制度の創設に向けての動き

2－1－1　昭和43(1968)年の経団連の要望意見

　会社分割制度の導入については、昭和40年代に入ってから、経済界によって要望が出されていた。たとえば、経団連は、昭和43年9月24日に、「産業再編成のための企業分割・合併に関する意見」と題する要望意見をまとめ、政府関係当局に提出している[5]。

　実体的な内容に関して、経団連は、フランス法にならって[6]、①完全分割（ある会社が複数の新しい会社に分割され、以前の会社が完全に消滅してしまう形態）、②分割合併（ある会社が一部門を分割して、他の会社から分割された部門と分割部門同士を会社から合併させ、あるいは分割された一部門と既存の他の会社とを合併させる形態）、および、③不完全分割（ある会社の一部門を分割して新会社を設立し、残りの部門は従前どおり存続する形態）のうち、いずれも可能とすべきであると主張している[7]。

2－1－2　昭和44(1969)年の商法改正研究会「商法改正要綱私案」

　学界においても、昭和44年10月10日の私法学会で、商法改正研究会の「商法改正要綱私案」[8]（研究会私案）が発表されて、注目を浴びた。会社分割は合併と反対の現象であり、性質も共通するところがあることから、合併に関

---

[5] 意見の骨子については、商事法務463号55頁（1968）。

[6] 大野實雄「会社の分割とフランスの新会社法」経団連月報16巻9号48頁（1968）に、フランスの会社分割の形態が整理されており、経団連もこの整理にならっている。大隅健一郎「会社分割に関する一考察」商事法務657号2～3頁（1974）は、経団連の要望は、1966年フランス会社法改正に刺激されたものであることを示唆する。フランスを含む諸外国の会社分割制度につき、歴史的視点もふまえつつ整理したものとして、山田純子「会社分割の規制(1)(2・完)」民商法雑誌99巻9号71頁・100巻2号87頁（1989）ほか。

[7] 居林次雄「会社の分割に関する法整備問題」商事法務465号10頁（1968）。

[8] 商法改正研究会「商法改正要綱私案」商事法務501号11頁（1969）。

する当時の規定が、商法改正研究会私案の作成にあたって基礎とされた[9]。

会社分割の類型としては、実質的には経団連の要望に沿っており、①分割によって新しい会社を設立し、分割会社が消滅するもの（第八の二の1）、②分割によって新しい会社を設立し、分割会社が存続するもの（第八の二の1および2）、③分割会社の一部が他の会社と分割合併をして、他の会社が存続会社となるもの（第八の三の1）、④分割会社の一部が他の会社またはその一部と分割合併をして、新しい会社を設立するもの（第八の三の2）が用意されている。現在の会社分割法制に対応させてみると、②は新設分割に相当し、③は吸収分割に相当するであろう。④で分割会社が存続するなら、複数の会社が同時に新設分割をする場合と同じ結果となる。現行法に存在しないのは、分割会社が消滅する形での会社分割である。

手続についてみると、会社が分割または分割合併をするには、分割計画書または分割契約書を作成し、株主総会の特別決議による承認を得なければならない（第八の一）。合併契約書および分割契約書の記載事項は、合併契約書の記載事項が基礎となっている（第八の二および三）。会社は、分割する部分ごとに貸借対照表を作成し、これに加えて、分割合併の場合には存続会社の貸借対照表をも、株主および会社債権者に対して事前に開示しなければならない（第八の四）。会社分割に反対する株主は、株式買取請求権を行使することができる（第八の五）。

債権者保護のためには、前述の貸借対照表の事前開示がなされるほか、分割または分割合併後の存続会社および新設会社は、分割前の会社の債務につき連帯して弁済の責めに任じなければならない。ただし、各債権者と別段の約定をすることは妨げられない（第八の六の1）。会社債権者が異議を述べた場合には、商法100条が準用され、会社は弁済、担保の提供または財産の信託をしなければならない（第八の六の2）。

---

9 田村諄之輔「商法改正追加事項の検討(4)——(15)会社の分割」商事法務1072号17〜18頁（1986）。大隅・前掲69頁も、会社分割の法規制につき、「会社の分割が合併の反対事象であることからいって、ほぼ合併に準じて考えることができる」とする。なお、同論文では、会社分割の法的性質につき、「人格分裂といった観念は何ら役立たなく、ここでは、合併の場合以上に、現物出資説がその妥当性を主張しうる」とされる（同9頁）。

2−1−3　昭和45(1970)年の吉田私案

　昭和44(1969)年の研究会私案に対峙するものとして、昭和45年には、吉田昂弁護士（元法務省民事局参事官、元法制審議会商法部会幹事・委員）によって私案（吉田私案）が公表されている[10]。両者の大きな違いを簡単にみておこう[11]。

　会社分割の形態について、研究会私案は多様な類型を認めるが、吉田私案は、分割合併を認めず、また、分割会社が消滅する分割（消滅分割）を認めない。吉田私案では、単純分割[12]かつ存続分割のみが制度化されることになる。分割合併が認められないのは、営業の一部の現物出資にほかならず、新しい制度を創設しなくても実行することができ、他方で、会社分割制度に組み込むと、現物出資の一場合であるのに検査役調査が不要になる理由が説明できないとされる。存続分割のみを認め、消滅分割が認められないのは、分割会社が消滅してしまうと、もとの会社の株式、資本金、法定準備金などの運命がわからなくなるからであると説かれる。

　単純存続分割において、研究会私案は、新株を分割会社の株主に割り当てる場合のみを想定している（人的分割）。吉田私案は、分割会社に新株を割り当てることも認めており（物的分割）、その選択は分割会社の資本減少の方法によるとされる[13]。

　債権者の保護について、吉田私案では、分割前の会社の債務を分割後の会社が連帯して弁済の責任を負う場合には、債権者保護手続は必要でない。連帯責任を負うことを約するなら、相当の担保を供与したことになるからである。

10　吉田昂「会社の合併および分割に関する改正意見〔Ⅱ〕——分割の部(2)——」商事法務536号4頁（1970）。
11　吉田・前掲10 3〜4頁。
12　会社分割と対比した狭い意味での分割を、単純分割ということがある。田村・前掲9 16頁。
13　詳しくは、吉田・前掲10 3頁。もっとも、新株の割当先と資本減少との関係は、必ずしも明らかではない。

2−2　昭和50(1975)年の「会社法改正に関する問題点」

　合併法制の整備については、法制審議会で検討が続けられていたが[14]、成果の多くが結実したのは、平成9 (1997) 年商法改正においてである。ただ、ここに至る道のりは、短くはなかった。

　法制審議会商法部会は、昭和49 (1974) 年商法改正の後、昭和49年9月に審議を再開し、株式会社法を根本的に改正する方針で検討を行った。この結果に基づいて、法務省民事局参事官室は、昭和50年6月12日に「会社法改正に関する問題点」[15]（以下、「昭和50年問題点」という）を公表して、各界の意見を求めた。株主総会、取締役会制度等に関する項目がほとんどであるが、この問題点には、「第六　企業結合・合併・分割について」が含まれていた。そこでは、「会社の合併について、改めるべき点があるか（第六の二）」と、「会社の分割について、規定を設けるべきか（第六の三）」という意見照会がなされている[16]。会社分割についても言及されているのは、すでに述べたように、経済界や学界で会社分割制度を創設する気運が高まっていたからであろう。具体的な制度設計が示されているわけではないものの、昭和50年問題点において、会社法制の現代化に至るまでの立法の課題が、ほぼ網羅的に提示されていたとみることもできよう[17]。

14　「商法等の一部を改正する法律案要綱案の概要」商事法務1447号2頁（1997）、菊池洋一「平成9年改正商法の解説〔Ⅰ〕——会社の合併手続に関する改正——」商事法務1462号2〜5頁（1997）、浜田道代編『日本会社立法の歴史的展開』（北澤正啓先生古稀祝賀論文集）北沢正啓「会社法根本改正の計画とその一部実現——昭和56年の改正」427〜428頁、同「大小会社区分立法の計画とその一部——平成2年の改正」478〜481頁、同「合併法制の整備、ストック・オプションの導入等、および罰則の強化——平成9年の改正（3回）」537〜538頁（商事法務研究会、1999）を参照。

15　法務省民事局参事官室「会社法改正に関する問題点」は、商事法務704号6頁（1975）、別冊商事法務51号321頁（1981）に所収されている。なお、稲葉威雄「会社法改正に関する各界意見の分析——法務省の意見照会に対する回答結果について——」商事法務725号2頁（1976）、別冊商事法務51号18頁参照。

16　問題点に関する議論の一例として、矢沢惇ほか「〈座談会〉会社法改正に関する問題点の研究（6・完）——企業結合・合併・分割規定の整備、最低資本金制度及び大小会社の区分——」商事法務710号2頁（1975）。

合併制度については、昭和50年問題点の公表に先立って、昭和44 (1969) 年には、実務家によって合併制度の整備のための私案が公表され、弁護士として不備と感じられた点が指摘されている[18]。多くは技術的な問題点を明らかにするものであるが、実質にも関係する提言もなされている。たとえば、①「合併期日を合併契約書の必要的記載事項にすること」（平成9年改正前商法409条6号・410条5号参照）、②「債権者に対する異議申出の各個別的催告を廃止すること」[19]、③「消滅会社の取締役は、消滅会社につき合併期日の前日を決算期とする計算書類を作成し、その承認を受けること」[20]などである[21]。

---

[17] 前田庸元法制審議会商法部会部会長は、著書のなかで、次のように説かれ、旧来の商法改正と平成17年会社法制定の連続性を強調される。「会社法は、形式的にみて、旧会社法との間にあまり脈絡のない新規な立法であるように受けとられ勝ちである。しかし、実質的に見れば、それは、決してそのようなものではなく、旧会社法の延長線上にあって、その中で相当な実質改正が実現されたものと捉えることが可能であると考える。……会社法は、昭和50年以来、法制審議会商法部会（……平成13年に会社法部会と改められた）において続けられてきた会社法の全面改正作業の集大成されたものと理解することが可能である」と述べておられる（前田庸『会社法入門（第11版）』はしがき ⅰ（有斐閣、2006））。

[18] 吉田昂「会社の合併および分割に関する改正意見〔Ⅰ〕——合併の部——」商事法務472号34頁（1969）。

[19] 当時は商法上、「知れたる債権者」には個別催告が必要とされていたが、どのような債権者をいうのか、実際上しばしばわからないことが起きるという問題点が指摘された。たとえば、不作為の給付を目的とする債権の債権者を含むかどうかという解釈論のほか、継続的供給契約の債権者をも含める必要があるのか（債権者が異議を述べたときの取扱い）についての立法論的な疑義が示されている。吉田・前掲[18] 36頁。

[20] 合併差益のうち利益準備金その他の留保利益は資本準備金に組み入れなくてもよいが（昭和37年改正商法288条ノ2第2項）、利益準備金と留保利益の額は、最終の決算貸借対照表によって定められることになる。とすると、決算期から合併期日までに生じた利益を存続会社等の留保利益とすることができないという不便があり、実務上は、決算期の翌日を合併期日とし、消滅会社の定時総会の日を報告総会等の日と定めることで対応されてきた。この不便に対しては、むしろ、合併期日の前を決算期とする計算書類を、決算貸借対照表の作成に準じた手続によって作成させるのが適当であるとされる。吉田・前掲[18] 37頁。

[21] その後の改正において、①については、平成9年商法改正により、「合併をなすべき時期」という表現は変わらなかったが、合併期日が必要的記載事項とされた。②については、平成9年商法改正で実現し、さらに電子公告制度の導入に関する平成16年商法改正おいて、資本減少等の際の債権者保護手続の省力化と平行して、組織再編一般について個別催告の省略が広く認められることになった。

2-3　昭和59(1984)年の「大小（公開・非公開）会社区分立法及び合併に関する問題点」

　昭和50（1975）年の問題点で掲げられた「企業結合・合併・分割」についての検討事項は、昭和56（1981）年商法改正では盛り込まれず、次の改正の課題とされた。法制審議会商法部会は、昭和57（1982）年9月から、最低資本金制度および大小会社の区分（大小会社区分立法）について検討を行った。合併に関する技術的な問題（昭和50年の問題点の一部）も付け加えられて、昭和59年5月9日に、法務省民事局参事官室から「大小（公開・非公開）会社区分立法及び合併に関する問題点」[22]（以下、「昭和59年問題点」という）が公表された。

　昭和59年問題点では、合併について、「一〇　合併に関する問題点」として、多岐にわたる問題提起がされている。技術的な問題点が多く、政策的な要素はあまり含まれていないともされるが[23]、以後の商法改正で課題とされる点も少なくない。ただ、大部分は、昭和61（1986）年の「商法・有限会社法改正試案」にも引き継がれているので、この改正試案の考察とあわせて、昭和59年問題点の内容にも言及する。

2-4　昭和61(1986)年「商法・有限会社法改正試案」

　昭和59（1984）年の問題点に対する各界の意見をふまえて、昭和61年5月15日に、参事官室から、「商法・有限会社法改正試案」[24]（以下、「昭和61年試案」という）が公表された[25]。主な項目は、以下のとおりである。

　第一に、報告総会および創立総会は、廃止する（昭和61年試案七の2および16。昭和59年問題点一〇の2および18参照）[26]。

---

[22]　法務省民事局参事官室「大小（公開・非公開）会社区分立法及び合併に関する問題点」商事法務1007号13頁（1984）、資料版商事法務75号190頁（1984）。

[23]　稲葉威雄「大小会社区分立法等の問題点公表について——大小（公開・非公開）会社区分立法及び合併に関する問題点——」商事法務1007号12頁（1984）。

[24]　法務省民事局参事官室「商法・有限会社法改正試案」商事法務1076号11頁、別冊商事法務89号125頁（1986）。

第二に、当事会社に合併貸借対照表の作成を義務づけ、合併契約書に添付しなければならない（昭和61年試案七の5のａ。昭和59年問題点一〇の4参照）[27]。合併契約においては、合併比率が定められ、その適正な算定には当事会社の財産状況の正確な認識が不可欠である。そのためには、各当事会社の合併貸借対照表を合併契約書の添付書類とすることが適当であり、しかも、その内容は、できるだけ新鮮かつ適正なものでなければならないと考えられた。

　第三に、合併比率の公正さの確保に関して、合併契約書には、各当事会社の取締役による合併比率に関する説明書を添付しなければならない（昭和61年試案七の7）。昭和59年問題点では、合併当事会社は（合同して）、合併契約書の合併比率につき専門家による検査を受け、その報告書を合併契約書に添付して公示するとの問題提起をしていた（昭和59年問題点一〇の8参照）。これに対して、実務界を中心に、合併比率は、単に財産状況等の事情によって定まるものではなく、経営上の総合判断によるもので、経営者の判断に委ねるべきであり、専門家の判断に親しまないなどの理由で、反対が非常に強かった。そこで、試案は、株主に対して合併比率についての判断材料を与える方策として、合併契約書に合併比率説明書の添付を求めることにした[28]。

　第四に、増加すべき資本の額につき、上限と下限を明定するとしたうえで

---

[25] 合併の項目に関する解説は、大谷禎男「商法・有限会社法改正試案の解説(10)──資本減少・解散・合併（その1）──」商事法務1087号32頁（1986）、大谷禎男「商法・有限会社法改正試案の解説(11)──合併（その2）──」商事法務1088号26頁（1986）。本文で紹介した試案の趣旨は、この解説による。

[26] 合併報告総会は、昭和13（1938）年の商法改正によって制度化されたものであるが、当時も、増資手続において増資報告総会が要求されていたことにあわせて、非訟事件手続法によって実務上必要とされていた。報告総会においては、「合併に関する事項の報告」を要するが（平成9年改正前商法412条1項）、単なる経過報告だけであれば、総会を開く意義は薄いし、これに何らかの法的効果を結びつけることは困難であると考えられた。創立総会についても、同様である。

[27] 合併貸借対照表には、決算貸借対照表を流用することもできるが、合併承認総会の前6カ月以内の日を基準日とするものに限られる。決算貸借対照表とは別に合併貸借対照表を作成する場合には、この基準日に営業年度は終了したものとして、合併貸借対照表を作成し、その貸借対照表は、決算貸借対照表と同様の監査または調査を受けなければならない（昭和61年試案七の5のｂ。昭和59年問題点一〇の4参照）。

(昭和61年試案七の8。昭和59年問題点一〇の9参照)、合併当事会社が債務超過会社である場合の取扱いについては、なお検討することとされた（昭和61年試案七の8の(注) 1。昭和59年問題点一〇の9の注1参照)[29]。

第五に、債権者保護手続の簡素化が提案されている。①官報のほか、時事に関する事項を掲載する日刊新聞紙に合併の公告をした会社にあっては、債権者に対する個別催告は必要でないとする（昭和61年試案七の12のa）[30]。また、②存続会社は、異議を述べた債権者に弁済、担保の提供または財産の信託をしなければならないが、会社が債権者に損害が生ずるおそれがないことを証明したときは、弁済等は不要であるとする（昭和61年試案七の12のc）。ともあれ、合併の際の債権者保護手続は、きわめて丁重であるが、実効性には問題が多く、合理化を要する点が少なくないと考えられた。法の理念と実務の実践とが乖離する規律について、実務慣行に合わせる形での規制緩和の芽生えを見い出すことができよう。

---

[28] この点については、平成17（2005）年の会社法制の現代化に際して、合併対価の柔軟化との関係で、法務省令で対応された。すなわち、事前開示事項として、対価を交付する場合において、対価の相当性に関する事項が含まれることになった（会社法施行規則182条1号・191条1号）。

[29] 当時の解釈論としても、消滅会社が債務超過の場合には、合併は許されないと一般的に考えられていた。昭和61年試案のように、資本の増加額の上限を承継純資産の範囲内と定められることによって、消滅会社が債務超過の場合に合併が許されないという趣旨が明らかになるかどうかは、若干の問題があると考えられた。ただ、債務超過会社の合併を禁止すべきか、これを認めるべきか、争いがあることから、なお検討することとされた。このあたりの検討の状況については、大谷・前掲25商事法務1088号29〜30頁。

[30] 個別催告は、会社に過大な負担を要求することになり、実際にも、知れたる債権者に対する個別催告は、適当に判断された債権者に対してのみ行われているのが実状である。そこで、定款所定の日刊新聞紙において公告すれば（昭和61年試案七の11参照）、個別催告を省略できることにした。昭和59年問題点では、公開会社では債権者に対する個別催告は不要としていたが（昭和59年問題点一〇の13）、公開会社か閉鎖会社かにより個別催告の要否に違いが出るのは合理的でないと考えられた。なお、個別催告をすべき債権者の範囲を限定する（たとえば、重要な債権者に限る、合併公告後6カ月以内に弁済期が到来する債権者を除外する等）かどうかは、なお検討することとされた（昭和61年試案七の10の(注) 1）。また、非金銭債権や継続的契約に基づく金銭債権の取扱いにつき、特に規定を設ける必要があるかどうかも、なお検討することとされた（昭和61年試案七の10の(注) 4）。

第六に、簡易合併に関する規定の導入であって、①消滅会社の規模が相対的に小さな会社（たとえば消滅会社の総資産の比率が存続会社の総資産の20分の1以下）には、存続会社の株主総会の合併契約書の承認決議を省略することができ（昭和61年試案七の13ａ）、また、②存続会社の株主の株式の希薄化が生じない場合（たとえば、100パーセント子会社の吸収合併の場合またはこれに準ずる新株発行が少ない場合）で、株主の利害に重要な影響を及ぼさないときにも、存続会社の株主総会の合併契約書の承認決議を省略することができる（昭和61年試案七の13ｂ。昭和59年問題点一〇の15参照）。営業の全部の譲受けについても、同様の手当てをする（昭和61年試案七の13の(注)1。昭和59年問題点一〇の15の注1参照）。小規模な合併であれば、合併が存続会社およびその株主に与える影響が、取締役会限りで行われる重要な財産の譲受け（商法260条2項1号）より軽微である場合もあることから、存続会社の株主総会決議の省略を認めようとする[31]。

2－5　小　括

　平成改正までの組織再編法制の動向を概観してわかるのは、さまざまなアクターや社会経済情勢による切迫した要望が、ほとんど存在していなかったことである[32]。

　たしかに、経団連からは、会社分割制度の創設が要望されてはいたが、この制度を利用すべき急ぎの事情があった様子はうかがわれない。簡易な合併や営業全部の譲受けに関する例外的取扱いにしても、認められるならば、便利には違いがないのであろうが、実務からの強い要望としては、受け止められていないようである。商法が、「会社関係者の利害調整」を旨とする基本法として理解され、法制審議会の審議が唯一の立法過程とされている時期でも

---

[31] この発想は、平成9年商法改正による簡易合併制度の導入に生かされているが（平成9年改正商法413条ノ3）、規模の大小を判定する基準は、合併新株の数と発行済株式総数との比率が用いられた。もっとも、合併対価が柔軟化されると、昭和61年試案のように、（純）資産額の大小を基準とする方法に回帰せざるをえない（会社法796条3項、会社法施行規則196条）。

[32] 神田・前掲1 23頁。

あり、経団連による立法の働きかけも、少なくとも組織再編法制の分野では、強い力点が置かれることはなかったのであろう。

このように組織再編法制の規制緩和が喫緊の課題とならなかったのは、当時のM&Aの件数の少なさからも、見てとることができる[33]。まずは、個別の会社やグループの内部での成長が第一にめざされ、それのみで企業は十分に収益を上げることができていたから、他の会社やグループとの統廃合を真剣に検討する時期ではなかったということでもあろう。

平成改正前の組織再編法制に関する議論状況は、おおよそ次のようにまとめることができよう。すなわち、実務からの要望が抽象的な形では出されてはいたものの、近い将来での会社法制の変更を見据えた議論が求められたわけではない。とりわけ会社分割法制の導入に関する議論にみられるように、理論的な考察が先行する形での検討が進められた。実務の要望と理論的な分析の対応の力関係という点からいえば、会社関係者の利害調整に関する法理が貫徹されていたと評することもできる。実務の要望を実践する法理の構築について、慎重な態度がとられていた。

このような状況は、平成に入ってバブルの崩壊が問題になると、大きく変容していくことになる。規制緩和の方向に、強烈な力学が働き、急激な変化を組織再編法制は受けていく。この様子については、項目を改めて述べることにするが、ここでは、平成改正前の議論と平成改正過程における議論との間に、発想や具体的な内容が似通っている部分があるにせよ、実質的な連続性があったか否かについて、必ずしも明確ではないという疑問を提示しておきたい。会社法の法理が、実践に耐えうるものとして変容しつつも、今後とも確固として維持されていくのか、あるいは、法理の裏付けのない実践を可能とする実定法が組み立てられていくのであろうか。

---

[33] 統計資料は、株式会社レコフのホーム・ページ〈http://www.recof.co.jp/〉で入手することができる。

270　第2編　規制緩和と会社法　第1章　要望の顕現——組織再編

3．平成改正を彩る社会経済事情と力学

3－1　組織再編法制の整備を必要とする社会経済事情

　平成の世に入って、バブル崩壊がわが国の経済を襲った。国家の政策としても、金融機関の不良債権問題の処理など、経済の復興が喫緊の課題となった。このような時代の要請は、さまざまなアクターの行動に反映され、会社法制も頻繁に改正されるようになった。

　会社が健全に運営されていることを確保するため、コーポレート・ガバナンスの強化が試みられた。また、機動的な財務戦略を会社が実施することを可能とするように、コーポレート・ファイナンスの柔構造化が図られた。ストック・オプションとしての利用を主眼とする自己株式取得の規制緩和は、インセンティブ報酬という意味において、コーポレート・ガバナンスに関するものであるが、自己株式の取得と保有を欲する経済界からみれば、コーポレート・ファイナンスに関する規制緩和に切り込む契機となった。

　このような時代にあっても、組織再編法制に関する動きは、立上がりが遅かった。個々の会社の統治と財務の改善がまずは目標とされ、複数の会社を関係させる形での統治と財務の劇的な改善は、その次の課題とされたのであろうか。

　実際にも、わが国においては、平成10（1998）年以前の合併では、株価リターンがマイナスの事例が多いなどの特徴があり、その目的が救済合併や業界再編にあったことが影響していると分析されている。メインバンクが果たしてきた企業救済機能の低下も指摘されている。そして、合併件数が増加し始めた平成11（1999）年になると、市場の好まない救済合併の案件はみられなくなり、業界再編の相対的リターンはプラスになる事例が多くなっている[34]。

---

[34]　以上について、内閣府「平成15年度年次経済財政報告（経済財政政策担当大臣報告）——改革なくして成長なしⅢ——」（2003年）の第2章第3節4を参照。

世界に目を転じると、国際的な M&A の市場が急速に拡大していた。これを象徴する出来事として、平成11年に、ヨーロッパ最大の企業グループであるダイムラー・ベンツ社と、米国有数の自動車メーカーであるクライスラー社とが合併し、ダイムラー・クライスラー社が誕生した。平成5（1993）年頃から、米国は M&A の第5の波に突入したとされ、米国に固有の M&A の最後の波になるであろうと説かれている[35]。

　わが国においても、ほぼ同じ時期から、M&A の件数が急増している。1980年代後半における企業の再構築は、事業多角化（総合化）をめざすものであるが、1990年代後半においては、事業再編（選択と集中）に重点が移行した。わが国の企業部門全体を取り巻く環境は大きな変容を遂げており、その一部として、会社の組織再編を容易にする法整備が進められた。内閣府の「平成15年度年次経済財政報告」（平成15（2003）年10月）においても、「組織再編手法に関する規制緩和によって、企業価値の向上を図る上での具体的な選択肢がそろうことになった」と述べられている[36]。

　総理大臣主宰の会合において、官民が効果的な協働を生み出していく過程について、以下では概観してみることにしよう。これらの各種会議の実効性がいかほどであったかは、平成18（2006）年7月7日に策定された「経済財政運営と構造改革に関する基本方針2006」（骨太方針2006）に対する経済界の反応からもうかがい知ることができる。たとえば、経済同友会の北城恪太郎代表幹事からは、「小泉政権において、経済財政諮問会議は構造改革を推進していく上での原動力となってきた。同会議の役割や位置づけは、首相の考え方によって大きく左右される。次期首相には、小泉首相が行ってきたように、

---

[35] Bernard Black, The First International Merger Wave (and the Fifth and Last U.S. Wave), 54 U.Miami L.Rev.799,801 (2000).

[36] 内閣府・前掲34第2章第3節4。内閣府の報告書は、「コラム2-1　会社組織再編手法の整備」として、①独占禁止法改正（1997年12月施行）、②株式交換・株式移転制度の導入に関する商法改正（1999年10月施行）、③会社分割制度の導入に関する商法改正（2001年4月施行）、④企業組織再編税制（2001年4月施行）、⑤株主総会の招集手続の合理化や特別決議の定足数の緩和に関する商法改正（2003年4月施行）、⑥産業活力再生措置法改正（2003年4月）、⑦民事再生法（2000年4月施行）、⑧会社更生法改正（2003年4月施行）を掲げる。

同会議を単なる議論の場ではなく政策決定の要として位置づけ、改革の推進力として活用していただきたい」との発言がなされている[37]。民の要望が、着実に政官で受け入れられていく様子を、垣間見ることができよう。

3－2　経団連の要望

3－2－1　平成9(1997)年商法改正までの助走

経団連は平成14 (2002) 年5月に日経連と統合して、日本経済団体連合会として発足する (以下、「日本経団連」と表記する) が、組織再編法制に対して要望等を積極的に示すようになったのは、平成7 (1995) 年頃であろう。

この時期に象徴的な「政策への提言・要望」が盛り込まれている点で、平成7年10月17日に策定された「日本産業の中期展望と今後の課題」が示唆深い[38]。そのうち家庭電気という個別業界を取り扱った部分で、「行政改革と規制緩和」という項目が立てられている (第2部12の4の2)。そこでは、「縦割り行政の改善、あるいは省庁間の垣根を超えた協力体制の仕組みづくりを進めるべきである」とされている。さらに、合併の手続に関する簡素化 (合併報告総会の廃止など) と会社分割制度の導入が提言・要望され、同時に、独占禁止法も、規制緩和 (一定の垂直合併の原則自由化、持株会社禁止規定の撤廃) を実現すべきであるとされる。

ここでは、法務省と経済産業省 (平成13 (2001) 年1月6日に通商産業省から改組) との間の連携が示唆されている。官庁の協調的な立法過程の息吹が感じられ、そこには、経団連というアクターが存在感を高めていく兆しを見い出すことができる。さらに、自民党では、ストック・オプション等に関する商法改正の議員立法の動きが、平成9年に入って本格化しており[39]、議員立法の実現過程においても、経済界の要望を基礎としつつ[40]、官庁間の調和が図られることになったのであろう。

---

[37]　北城恪太郎「骨太方針2006の決定について」(2006年7月7日)〈http://www.doyukai.or.jp/chairmansmsg/comment/2006/060707a.html〉。

[38]　経団連「日本産業の中期展望と今後の課題」(1995年10月17日)〈http://www.keidanren.or.jp/japanese/policy/pol064.html〉。

第 2 節　柔軟化を支えた社会的背景と数々の要望　273

　平成 8（1996）年 4 月16日には、経団連によって、「合併法制の改正に関する意見」が公表された[41]。この意見書の冒頭では、「現下の厳しい経済情勢を克服し、経済構造改革を進め、企業経営の効率化を図る上で、合併・分割は重要な方法であり、これを機動的に行えるよう法改正を早急に進める必要がある。そこで、まず、ほぼ審議を終えている合併法制について緊急に改正を行うこととし、分割法制の整備についても引き続き早期に実現すべきである。／法制審議会商法部会において現在検討されている、(1)報告総会の廃止、(2)債権者保護手続の簡素化、(3)簡易合併制度の導入といった、合併手続の簡素化については経済界として高く評価しているが、さらに下記の点[42]についても実務界の意見を十分踏まえて改正を行うべきである」と述べられている。

　この意見は、経団連において、平成 8 年 4 月15日に経済法規委員会（安西邦夫委員長）を開催し、法制審議会における合併法制改正の検討状況につい

39　たとえば、保岡興治「ストック・オプション制度等に係る商法改正の経緯と意義」商事法務1458号 2 頁（1997）が興味深い（筆者は、平成 9（1997）年の議員立法のときに、衆議院議員であり、与党商法改正プロジェクト・チーム座長）。平成 9 年 2 月13日には、経団連から再度ヒアリングを行い、その後、山崎拓政調会長から、「今国会で、議員立法をするように」と強い要請を受け、2 月後半から 3 月終わりにかけて、法務省、大蔵省の所管官庁、通産省、郵政省の関係省庁などと意見を交換しつつ、法律案骨子（試案）を作成したという。

40　保岡・前掲39 10頁でも、「既存のシステムの予想を上回る時代の要請がある場合には、今後も積極的に政治がリーダーシップをとっていく必要がある」とされており、そこでいう「時代の要請」が意味するところは、主として経済界からのものであろう。同論文 3 頁は、平成 9（1997）年の議員立法が、「かねてからの経済界からの強い要望を受け」たものであるとする。

41　経団連「合併法制の改正に関する意見」（1996年 4 月16日）〈http://www.keidanren.or.jp/japanese/policy/pol086.html〉。

42　具体的な意見として、①報告総会の廃止に伴う合併事項の報告は、書面を本店に備え置けば十分である、②債権者保護手続に関して、定款所定の時事に関する日刊新聞紙でも公告を行えば、個別催告を不要とすべきである、③簡易合併手続に関して、存続会社の株主に株式買取請求権を与える必要はない、④債務超過会社の吸収合併に関して、評価替えで債務超過が解消できない場合であっても、100パーセント子会社については吸収合併を認めるべきである、⑤存続会社の有する消滅会社の株式への新株の割当てを認めるべきである、などが掲げられている。

て、法務省の菊池洋一民事局参事官から聴取するとともに、その説明もふまえて取りまとめられ、同年4月16日の理事会で正式決定されたものである[43]。法制審議会での議論でも、経団連に代表される経済界の意見を無視して進めることができない表れといえるのかもしれない。

　この段階においては、会社法のうち、少なくとも組織再編法制については、利害関係者の調整の枠組みという歴史的な性質が、徐々に変容しつつあったとみるべきであろう。先の経団連の意見書からも知りうるように、組織再編は破たん企業の救済やグループ再編のように、経営が行き詰まった時点で経営者の選択肢に入ってくるにすぎないものではなくなっていた。むしろ、経済構造改革を進め、企業経営の効率化を図るために、戦略的に組織再編を行う要望を経済界が意識するようになった。政治や官庁も、わが国を厳しい経済状態から脱却させるため、構造改革の柱の一つとして、組織再編法制を整備し、これを民間に活用させようとした。この時期において、政・官・民の方向性が一致したとみてよい。

　先にみたように、平成9年の議員立法に際しては、経団連からの強い要望が動力になっていた。会社法制の現代化にしても、プロジェクトそのものは、平成13年改正の前から話は始まっていて、法務省内部での話合いと経済界その他との話合いが先行し、その後に、平成15（2003）年初め頃から、学者が検討に加わっていたとされる[44]。経済産業省の関与は、会社法制の現代化においては、「会社分割のころほどではなかった」とされており[45]、裏返せば、会社分割法制の導入の頃の立法は、経済政策の影響を強く受けていたことがみてとれる。それ以降、経済産業省からの直接的な働きかけが少なくなったとしても、後述するように、組織再編法制については、外国との関係で官庁が一丸となって対応したという経緯があるし、また、産業活力再生措置法に

43　この点に関しては、経団連「合併法制の緊急改正を求める」（1996年4月16日）〈http://www.keidanren.or.jp/japanese/journal/CLIP/clip0032/cli009.html〉を参照。
44　稲葉威雄＝郡谷大輔「〈対談〉会社法の主要論点をめぐって」企業会計58巻6号146頁〔郡谷発言〕（2006）。
45　稲葉＝郡谷・前掲44　147頁〔郡谷発言〕。

よる商法の特例を、より一般的な形で、商法改正や会社法制の現代化に取り込んでいったという経緯があり、官庁の間は、理念の違いに基づく対立という要素よりも、協調という色彩が強くなっていったのかもしれない[46]。

3－2－2　平成11(1999)年商法改正に向けて

　平成9（1997）年の通常国会では、独占禁止法が改正され、純粋持株会社の設立等が解禁されたが[47]、持株会社を実際に設立することは、当時の商法や税法の下では、大きな制約があると認識された。そこで、経団連経済法規委員会会社法部会（部会長：末廣新日本製鐵常任顧問）は、同年9月17日に、持株会社設立に係わる関連法制の整備を求める意見書を取りまとめた。そこでは、「株式交換方式による持株会社設立を商法で認めること、特に、大蔵省が銀行持株会社設立のために検討している『三角合併方式』について、広く一般的な制度とすること」などの提言がなされている[48]。

　法制審議会商法部会でも、親子会社関係創設のための新しい手続について検討を行い、平成10（1998）年7月8日には、「親子会社法制等に関する問題点」[49]が、法務省民事局参事官室から公表され、各界に意見照会がなされた。これに先行する形で、通産省産業政策局産業組織課においては商法研究会（座長：柴田和史法政大学法学部教授）が開催されており、同年2月には、この研究会の報告書において株式交換制度の創設等の提言がなされてい

46　法務省民事局において会社立法に尽力した経済産業省出身の郡谷大輔の奮闘は、このような文脈においても、捉えることができるのであろう。

47　そもそも、持株会社の解禁については、「必要なのは規制の緩和ではなく、規制自体の再構築（リストラ）である」という指摘がなされていた（浜田道代「会社法と持株会社規制」経済法学会編『持株会社と独占禁止法』（経済法学会年報17号）60頁（有斐閣、1996））。経済界の要望を出発点として、規制緩和という大きな流れのなかで、問われるべきものが十分に認識されないまま、重大な決断がなされたともいえよう（中東正文「持株会社」法学セミナー516号53頁（1997））。

48　以上について、「経団連の最近の動き（1997年10月）」〈http://www.keidanren.or.jp/japanese/news/info/if199710.html〉を参照。本文で紹介した点のほか、分社化方式における債権譲渡等の円滑化のための制度を新設すること、営業譲渡と現物出資に関しての検査役による調査を不要とすることが、意見として述べられている。

49　法務省民事局参事官室「親子会社法制等に関する問題点」商事法務1497号18頁（1998）。

た[50]。先の問題点については、通産省の商法研究会からも、同年7月30日、早期の法改正の実現を要望しつつ意見が示された[51]。

　経団連からも、さらに利便性が高い形で制度を設計させるべく、平成10年9月1日、「『親子会社法制等に関する問題点』に対するコメント」が表明された[52]。このコメントにおいては、問題点で提示されていた三つの事項のうち、①「親子会社関係の創設のための手続」と、②「資産の評価に関する問題点」については、グループ経営の進展や企業会計原則への時価会計の導入をふまえ、喫緊に結論を得るべきものであるとする。他方で、③「親子会社をめぐる株主権の保護」については、「目下進められているコーポレート・ガバナンスに関する議論の行方をふまえ、慎重に検討をすべきものであり、両者〔①②と③と〕を切り離して検討することも、考慮に値する」と述べる。問題点の各事項について、経団連としての姿勢が端的に示されている。このような段階的な立法については、とりわけ学界からの批判が強かったが[53]、結果的に採用されるところとなった。わが国において、結合企業法制が未熟であることが折にふれて指摘されるが[54]、株式交換・株式移転法制の導入の折に、好機を逃したということであろうか。とするならば、会社関係者の利害調整という伝統的な会社法の理念が、経済政策が優先されたために、少なからず後退させられた改正であると評されよう[55]。

　会社法の伝統的な理念に対する挑戦的な力学は、平成11（1999）年5月18日に経団連が取りまとめた「わが国産業の競争力強化に向けた第1次提言」[56]においても、よく示されている。企業組織再編法制について、同提言は、「世界的な大競争時代において、わが国企業が、経済・社会環境の変化に迅速、

50　詳しくは、通商産業省産業政策局産業組織課編『持株会社をめぐる商法上の諸問題──株式交換制度の創設に向けて』別冊商事法務206号（1998）。
51　通商産業省産業政策局産業組織課「『親子会社法制に関する問題点』に対する意見について」（1998年7月30日）〈http://www.meti.go.jp/topic/data/e98730aj.html〉。
52　経団連「『親子会社法制等に関する問題点』に対するコメント」（1998年9月1日）〈http://www.keidanren.or.jp/japanese/policy/pol191.html〉。
53　前田雅弘「持株会社」商事法務1466号23頁（1997）、中東正文「株式交換による持株会社の設立」商事法務1482号6頁（1998）。
54　稲葉威雄「企業結合法制のあり方」商事法務1744号79頁（2005）などを参照。

適切に対応して経営の再構築を進めていくためには、会社分割、分社化、株式交換・株式移転、合併等を通じたグループ化・共同化や、その再編、あるいは、新たな事業形態の活用が必要であり、そのために、企業法制、税制の一体的かつ迅速な整備が必要である」としている。

官と民との協調の様子、官と官との垣根が低くなる様子について、その顕著な枠組みが、平成11年3月29日から平成12 (2000) 年5月22日まで、9回にわたって開催された「産業競争力会議」である。小渕恵三内閣総理大臣の平成11年3月19日付決裁「産業競争力会議の開催について」[57]で、開催が決定されたものであり、小渕内閣の間は定期的に開催された[58]。会議の趣旨としては、「現下の厳しい経済情勢を克服し、我が国経済を自律的な成長軌道に乗せるためには、需要面での対策のみならず、官民を挙げて経済の供給面の問題への取組を深め、加速化し、経済の体質強化を図ることが重要である。生産

---

55 この点に関する危惧は、平成10 (1998) 年の私法学会ワークショップにおいても示されていた。川濱昇＝中東正文「株式交換〔商法ワークショップ〕」私法61号158頁 (1999) では、議論の記録として、「株式交換は、本来ならば企業結合手法の多様化の一環として論じられるべきであるが、産業振興政策の関連で論じられがちである」との意見が示されている。また、そこでは、親子会社法制ないし結合企業法制の充実が必要である点で、参加者の意見の多くが一致している。

56 経団連「わが国産業の競争力強化に向けた第1次提言──供給構造改革・雇用対策・土地流動化対策を中心に──」(1999年5月18日) のうち、「Ⅰ．産業競争力強化に向けた供給構造改革のための措置」〈http://www.keidanren.or.jp/japanese/policy/pol228/part1.html〉。そこでは、会社法制に関して、①会社分割法制の創設、②分社化法制の整備（現物出資等の検査役調査の不要化など）、③株式交換・株式移転制度の早期導入、④キャッシュ・アウト・マージャーの導入などが提言されている。なお、④の点に関して、「買収後、少数株主が残存することにより経営戦略・財務戦略に支障をきたすことが、特に海外からのM&Aの障害になっている」と述べられていることが興味深い。一方で、このように主張しながら、他方で、会社法制の現代化に伴う対価柔軟化については、外資による内国会社の買収の脅威を警戒し、施行を延ばすことになったこととは、相容れない理解であるようにも思われる。

57 内閣総理大臣決裁「産業競争力会議の開催について」(1999年3月19日)〈http://www.kantei.go.jp/jp/singi/sangyo/990421kesai.html〉。

58 計9回のうち、小渕恵三内閣総理大臣は、平成12 (2000) 年1月18日の第8回会議を最後に、病床に伏し、同年4月5日には、森喜朗元内閣総理大臣に引き継がれた。森元総理の下で、第9回会議が同年5月22日の会議がもたれ、それ以降は、開催されていないようである。

性の向上による産業の競争力強化を目指し、官民が協力して、それぞれの役割分担に応じた総合的な検討を行うため、関係大臣及び産業界を代表する者で構成する産業競争力会議（……）を開催することとする」と記されている[59]。会議は、内閣総理大臣が主宰し、議事進行は通商産業大臣が行った。今までの会社立法とは異なり、民間の要望が率直に具体化され、この呼びかけについて、通商産業省ひいては経済産業省が立法作業に直接的または間接的に関与していくことになる。

産業競争力会議の開催時までに、会社法制は、平成9年の通常国会で、議員立法という立案過程を経験している。経団連が会社立法に強い力をもち始めた時期を特定するのは難しいが、先に述べたように、会社分割制度の導入時に経産省の関わりが強かったとされる。また、会社法制の現代化に関して、法務省民事局も、「近年はとくにそうですが、将来の国会審議なり与党手続きなりを考えますと、経済界の抵抗を押し切ってまで何かをするというのは非常に難しいご時世ですので、そこは要望がある限りは、可能な範囲で対応するというスタンスで、基本的には各団体とお付き合い」しているという[60]。これらのことからも、組織再編法制が大きく一気に動き出す平成11年には、会社立法における経団連のアクターとしての役割は、相当に大きくなっていたとみるべきであろう。

---

[59] 構成員については、「内閣総理大臣、内閣官房長官、法務大臣、外務大臣、大蔵大臣、文部大臣、厚生大臣、農林水産大臣、通商産業大臣、運輸大臣、郵政大臣、労働大臣、建設大臣、自治大臣、金融再生委員会委員長、総務庁長官、経済企画庁長官、科学技術庁長官及び環境庁長官並びに次に掲げる産業界を代表する者により構成する。ただし、必要に応じ、構成員以外の関係大臣その他関係者の出席を求めることができる」。産業界の代表者としては、秋草直之（富士通社長）、出井伸之（ソニー社長）、今井敬（新日本製鐵会長・経団連会長）、牛尾治朗（ウシオ電機会長・経済同友会代表幹事）、江頭邦雄（味の素社長）、奥田碩（トヨタ自動車社長）、金井務（日立製作所社長）、小池俊二（サンリット産業社長）、瀬谷博道（旭硝子会長）、高原慶一朗（ユニ・チャーム社長）、濱中昭一郎（日本通運社長・全国通運連盟会長）、樋口廣太郎（アサヒビール名誉会長）、前田勝之助（東レ会長）、前田又兵衞（前田建設工業会長・日本建設業団体連合会会長）、三浦昭（三菱化学社長・日本化学工業協会会長）、宮津純一郎（日本電信電話社長）、室伏稔（伊藤忠商事会長・日本貿易会会長）が選ばれていた。

[60] 稲葉＝郡谷・前掲44 147頁〔郡谷発言〕。

実際、経済競争力会議では[61]、緊急の対応が必要なものから優先的に議論されることとされ、組織再編法制が真っ先に検討された。第2回会議（平成11年4月28日）には、産業界側委員代表プレゼンテーションとして、三浦昭三菱化学社長が、事業再構築の過程で直面した制度面での諸障害を紹介し、企業組織に関する法・税制面の問題および雇用流動化の問題について提言した。具体的には、「株式交換制度の今国会での確実な成立、会社分割法制の一刻も早い導入、分社化法制の早急な整備、現物出資・事後設立等における検査役検査制度の思い切った簡素化を要望したい」と述べられた。また、今井経団連会長も、「環境整備の第一は、企業組織形態の多様化を進めるための法制・税制の整備で、具体的には、会社の分割や分社化を早急に進めることができるよう、商法や関連税制を整備することが必要」と述べている。

　このような経済界からの要望に対して、小渕総理は、「今のこの問題は、従来からいうと、いろいろ会議で答申をいただいて、その答申の中でいいものを役所が整理整頓して、法制化して、1年に1回ある通常国会で法律を通してというスタイルでやっていたら、10年待つことになきにしもあらず。今の事態はそんな状態ではないと思う。スピードが重要。／民間の方も提言をするのだったら、これに対してどういう法律が必要なのかということを整理していただき、各大臣にお願いしたいのは、どういう法律があって、今どの程度検討しているかということを教えてもらいたい。／拙速はよくないが、ここは、もう高速でなければだめだと思う。／これは是非国会の各野党にもお願いして対処しなければ、日本経済は本当に大変なことになるという認識のもとに、対応していきたいと思うので、よろしくお願いしたい」と発言した。

　このような小渕総理による「民間の立場から具体的な提案をせよ」との指示をふまえて、経団連の考えを、具体的な提言に取りまとめたのが、先に述べた「わが国産業の競争力強化に向けた第1次提言」であり、第3回会議（平成11年5月20日）において、今井経団連会長から説明がなされている。組織

---

[61] 議事要旨の一覧については、首相官邸のホーム・ページなどを参照〈http://www.kantei.go.jp/jp/singi/sangyo/index.html〉。

再編法制については、株式交換・株式移転制度の早期導入、会社分割法制の創設、会社分社化法制の整備などが要望された。これに対して、陣内孝雄法務大臣からは、「会社分割法制のための商法改正法案については、規制緩和推進３か年計画において、平成12年度を目途とするとされていたが、産業界からの要望や、総理からの迅速な対応への指示を踏まえ、次期通常国会へ提出する予定／経済界から早期導入が求められていた株式交換制度については、本通常国会に商法等改正法案を提出しており、早期成立を期待」と答えられた。

　さらに、第４回会議（平成11年６月３日）では、株式交換・株式移転制度の導入に関する商法改正が、平成11年の通常国会での成立が難しいとの報道について、経済界から成立を求める強い要望が出されている。たとえば、奥田碩トヨタ自動車社長・日経連会長からは「早期の成立を是非お願いしたい」と、出井伸之ソニー社長からは「ソニーは株式交換制度を来年早々から使うことになるので、是非今国会で成立させてほしい。これがもし通らないと株価にも非常に影響するし、海外からの日本の評価にかかわる。実務的にもそういう関係の準備をしているので、大きな不安を持っている」と述べられた。陣内法務大臣は、「株式交換制度については、大変重要な問題だと認識。早期成立に努力をしたい」と応え、小渕総理も、「改めてご提案のあった株式交換制度の問題については、国会の中で法律案の順番を変えてでもやっていきたい」と所信を述べている。

　この動きと歩調を合わせるように、平成11年６月10日には、株式交換・株式移転制度の創設に関する商法改正法案の早期の成立を求めて、経団連から、「企業組織再編手段の充実にはスピードが大切」であるとして、一段と強い調子の要望が出されている[62]。切実な状況について、「現在純粋持ち株会社設立のための株式交換制度創設の商法改正案が国会に上程されている。法制審議会で検討が始まって１年余で具体化するという従来にないスピードで審

62　角田博（経済本部長）「企業組織再編手段の充実にはスピードが大切」経団連くりっぷ103号（1999年６月10日）〈http://www.keidanren.or.jp/japanese/journal/CLIP/clip0103/cli005.html〉。

議された。／それでも法案成立を待ちきれず、大和証券は従来の抜け殻方式という面倒な手続きを使い、連結納税制度もない中で4月から純粋持ち株会社制に移行した。ソニーなど、株式交換制度の導入を待って純粋持ち株会社を設立すべく準備を進めている企業も多く、早期立法化が求められる」と説明されていた。

　先の産業競争力会議での所信表明に呼応する形で、産業構造転換・雇用対策本部（本部長：小渕恵三総理）も、平成11年6月10日、「緊急雇用対策及び産業競争力強化対策について」を決定した[63]。この冒頭では、「我が国経済自律的発展を図るため、経済の供給面での体質強化を図る産業競争力強化対策を強力に推進する。／このため……、当面の問題である過剰な債務・設備等の問題は、企業自身の責任により、自らの事業を再構築することが基本であるが、モラルハザードを回避しつつ、我が国経済全体の生産性を高めるとの見地から、企業の自助努力を円滑化するための環境整備を進める。／なお、産業競争力会議は現在産業競争力の強化に向けての取組を検討中であり、今後の検討の進捗に応じ、更に対応を検討することとする。／このような基本的認識に立ち、政府は、以下の対策を内容とする緊急雇用対策及び産業競争力強化対策を強力に推進することとする」と宣言されている。そして、具体的な事業再構築のための環境整備の方法として、企業組織の自由な選択を可能とすべく（Ⅱの1の(1)）、①持株会社設立や会社の買収・子会社化を円滑に行えるよう、株式交換・株式移転制度の法案の今国会における早期成立と早期導入を図ることと、②会社の資産・負債を複数の会社に分割し、経営資源の効率的な活用を可能とするために、次期通常国会において、会社分割制度の早期導入を図ることが決定された。また、戦略的事業再構築（「選択と集中」）を円滑に行うための環境整備を可能とすべく（Ⅱの1の(3)）、次期国会において、産業再生のための適切な事業再構築等を推進する特別法を制定し、③分社化等に係る手続の負担を軽減することなどが盛り込まれている。

---

[63] 産業構造転換・雇用対策本部「緊急雇用対策及び産業競争力強化対策について」（1999年6月11日決定）〈http://www.kantei.go.jp/jp/kakugikettei/990623koyou.html〉。

3−2−3 平成12(2000)年商法改正に向けて

　会社分割法制の整備にあたっては、法制審議会が当初は、平成13（2001）年の通常国会への法案提出をめざしていたところ、先に述べたように、産業競争力会議などにおける経済界の強い要望によって、平成12年の通常国会への提出がめざされることになった[64]。

　持株会社形態に事業会社が移行するための事業再構築においては、二つの段階を考えることができる。一つは、複数の会社が個々の事業内容を変更することなく、会社間の関係を再構築するものである。このためには、株式交換と株式移転は効率的な手法である。もう一つは、会社のなかの事業内容をも整理しつつ、持株会社を形成するものである。典型的には、既存の事業会社が持株会社として残る形で分社化を行ったり、グループ会社の間で、事業の受渡しを行ったりするものである。これを簡便に行うことができる組織再編法制であることが求められ、この点の解決策が、会社分割制度の導入であり、また、従前のように事業譲渡を用いた場合の事後設立規制の緩和である。このように考えると、株式交換・株式移転制度と会社分割制度とは、統合と分割という一見すると反対の方向のようでもあるが、これらの導入が連続的なものとして同時に要望されてきたのは、論理的であったといえよう。

　これらのうち、株式交換・株式移転制度の創設は、平成11（1999）年の商法改正によって実現された。また、会社分割という組織再編行為の法制度化は次の課題として残されたままであったが、分社化を事業（営業）譲渡という従来の手法で行う際の簡便化は、同じ会期の国会において、通産省が所管する産業活力再生特別措置法（産業再生法）が制定され、いっそうの規制緩和のための道筋がつけられた[65]。

　このような動きに対して、第6回産業競争力会議（平成11年8月11日）で

---

[64] 経団連経済法規委員会「会社分割法制を導入する『商法等の一部を改正する法律案要綱中間試案』に対するコメントをとりまとめ」経団連くりっぷ108号（1999年9月9日）〈http://www.keidanren.or.jp/japanese/journal/CLIP/clip0108/cli004.html〉。

[65] 事業再構築計画の認定を主務大臣から受けたものにつき、商法上の検査役の選任が不要となり、企業が選任する弁護士、公認会計士または監査法人による調査で足りるとされた（産業再生法8条）。

は、今井経団連会長から、「競争力会議での議論については、6月11日の産業競争力強化対策、〔前倒しして制定された〕産業再生法、商法改正、ミレニアムプロジェクトなど着実に実行していただきお礼申し上げたい。これからもスピーディによろしくお願いしたい」と述べられた。

　このような経緯にあって、会社分割法制の創設への立法作業は、一段と加速することになった。法制審議会商法部会では、平成11年7月7日、「商法等の一部を改正する法律案要綱中間試案」[66]を取りまとめ、各界に意見照会を行った。この意見照会に対して、経団連は、経済法規委員会（安西邦夫委員長）において、同委員会企画部会（山本勝部会長）と同部会経済法規専門部会（西川元啓専門部会長）で検討を行い、同年9月1日、「『商法等の一部を改正する法律案要綱中間試案』に対するコメント」[67]を取りまとめ、法務省に提出した。

　コメントは多岐にわたるが、重点が置かれたのは、以下の諸点であったろう[68]。すなわち、①「抜殻方式」類似の分割の容認（権利義務の全部の承継を認めることの確認。コメント「1.」）、②新株発行・増資を行わない分割の容認（承継される財産と負債が均衡している場合。コメント「7.」）、③一部分割の取扱い、米国型の分割（間接分割）の許容性、営業の重要な一部の譲渡の基準について、それぞれ明確化（コメント「11.」「12.」「14.」）、④株主総会の特別決議を経ない営業の全部譲受け（簡易営業譲受け）[69]の認容（コメント「13.」）である。

　このような要望につき、平成12年商法改正による会社分割制度の創設の段階で、①が実現されたほか、その他の事項についても、平成17年会社法の制

---

[66] 法務省民事局参事官室「『商法等の一部を改正する法律案要綱』中間試案」商事法務1532号5頁（1999）。
[67] 経団連「『商法等の一部を改正する法律案要綱中間試案』に対するコメント」（1999年9月1日）〈http://www.keidanren.or.jp/japanese/policy/pol241.html〉。
[68] 前掲64。
[69] 経団連のコメントにおいては、「営業の全部譲受については、営業譲受の対価が、譲受ける会社の純資産の10分の1を超えない場合には、商法245条第1項に定める株主総会の特別決議による承認を得ることを要しないものとすべきである」とされている。

定で、おおよそ実現されることになった。

3－2－4　会社法制の現代化に向けて

平成12（2000）年商法改正が行われた後も、経団連は、積極的に商法改正について提言を行っている。

たとえば、同年10月17日には、「商法改正への提言」[70]が策定され、冒頭で、「経済のグローバル化やIT革命の進展、産業構造の転換、資本市場の拡大などわが国経済環境は変革の大きなうねりのなかにある。こうした経済社会の変化に対応して、企業活動を支えるインフラたる商法は、わが国産業の国際競争力の向上のために、機動的に再編、整備されることが必要である。欧州各国では、既に自国の競争力強化に向けた商法の改正が進められており、諸外国の動向を参考にしつつ、わが国も早急に企業関連法制の改正に着手し、世界をリードするスタンダードづくりに繋げることが強く求められる」と要望されている。そこでは、会社法は、「企業活動を支えるインフラ」であると捉えられ、「中立的で透明な利害調整機能」を超えた役割が期待されている。

この経団連の「商法改正への提案」のうち、組織再編法制に関しては、「事業・組織の再編に資する法整備」が「基本目標」の一つとして掲げられ、「わが国企業の競争力強化のためには、事業再編や産業構造の転換を円滑に進めうる環境整備が必要である。近年、整備が進んだ一連の企業組織再編法制の実効性を上げるためには、例えばストック・オプション制度の改善などの周辺法制の見直しが必要である」とされている。

具体的には、「早期に成立を求める事項」として、検査役制度の見直し（（Ⅳ(3)）が[71]、また、「確実に実現すべき具体的事項」として、株式の強制買取制度とキャッシュアウト・マージャーの導入が要望されている（Ⅴ(4)）[72]。

また、平成15（2003）年10月21日には、会社法制の現代化に関する要綱試案が公表される前の時機を見計らってか、「会社法改正への提言——企業の国

---

[70]　経団連「商法改正への提言」（2000年10月17日）〈http://www.keidanren.or.jp/japanese/policy/2000/050/honbun.html〉。

際競争力の確保、企業・株主等の選択の尊重——」[73]が公表された。「企業再編の選択肢の弾力化と機動化」に関しては、「競争力あるグループ編成を実現するためには、経済環境の変化に対応して機動的な組織再編を可能にすることが必要となる。求められる組織再編の内容に応じて、多様な選択肢を設けるべきである」として、①合併等の対価の柔軟化（2．(1)）、②簡易組織再編要件の緩和・略式組織再編の許容（2．(2)）、③検査役調査制度の見直し（2．(3)）、④子会社による親会社株式取得（2．(4)）が提言されている。

やや丁寧にみると、①については、「組織再編を円滑に進めるためには、その対価を柔軟化することが有効である」とされている。②については、簡易組織再編の基準を20パーセントにして、略式組織再編を支配関係のある会社間に認めるべきであるとされる。③については、従前の主張を一歩進めて、事後設立時の検査役調査の廃止を求めている。④については、三角合併を実行する際の一時的な取得および保有のみならず、子会社の親会社株式取得の規制を一般的に撤廃すべきであるとされる。

以上の諸点については、驚くべきことに、組織再編に直接関係する提言は、

---

[71] 経団連の提言では、「現物出資、事後設立、財産引受の場合、検査役の調査が必要となるが、それにかかる期間が不明確であり、またその間、設立中の会社は不安定な状況におかれざるを得ない。裁判所の選任する検査役に代わって会社の取締役または発起人が選任する弁護士、公認会計士等が財産の調査を行い、それを検査役の調査に代えることができる仕組みを導入すべきである。また、産業活力再生特別措置法における措置にならい、新たに設立される会社が出資を受け、または譲り受ける全ての財産の時価の合計額が、簿価以上であることを証明すれば財産の調査を不要とすべきである」と主張されている。

[72] 経団連の提言では、「完全子会社を設立する上で、全ての株主に対して同一条件で株式買付することを条件として、株式買付に反対する少数株主の有する株式を現金等で強制的に買い取ることを許容する強制株式買取制度を創設することが求められる。また、組織再編を柔軟、円滑に進めるためには、合併等により消滅する法人の株主に対して、当該消滅法人の株式の対価として、合併等により存続する法人または新設される法人の株式に代えて、あるいはそれに加えて合併比率の調整に必要な限度を超えて現金等を交付する形態の合併（キャッシュアウト・マージャー）を許容すべきである」と、主張されている。

[73] 経団連「会社法改正への提言——企業の国際競争力の確保、企業・株主等の選択の尊重——」(2003年10月21日)〈http://www.keidanren.or.jp/japanese/policy/2003/095.html〉。

すべて、会社法制定にあたって取り入れられている。子会社による親会社株式の取得を一般的に許容するという提言のみが、実現していない。

その後、平成15年10月22日に、法制審議会会社法(現代化関係)部会では、「会社法制の現代化に関する要綱試案」が策定され、同月29日には、法務省民事局参事官室から意見照会に付された[74]。

これに対して、経団連は、意見照会期間の最終日である同年12月14日に、「『会社法制の現代化に関する要綱試案』についての意見」を取りまとめている[75]。組織再編関係(第4部の第7)については、①対価の柔軟化(第7の1)、②簡易組織再編行為(第7の2)、③略式組織再編行為(第7の3)、④効力発生(第7の4)、⑤人的分割における財源規制(第7の5)が、とくに取り上げられている。いずれも、経団連の従来の提言が試案において取り込まれていたから、上記の意見では、機動的な組織再編に資する項目について、賛成である旨を確認的に述べることが基本的な姿勢になっている。このほか、要綱試案で選択肢が示されている項目については、規制が緩やかな選択肢を採用すべきであるとし、また、組織再編行為以外の新株発行等について規制を設けることなど、会社の行動を制限することになる項目については、反対である旨が示されている。

なお、この要綱試案に対する意見において、計算関係(第4部の第5)のところで、「合併差損」等が生ずる場合の取扱い(第5の3(4))に関して、「存続会社等において、組織再編行為に際して差損が生ずる場合の規定を置いているが、これが実質的債務超過会社等を消滅会社(被吸収分割会社、完全子会社)とする組織再編を認めたものか確認したい。仮に試案がこれを認めないという趣旨であれば、それを認めるべきである」と述べている点が注目される[76]。

以上でみたように、経団連は、平成改正において、積極的に立法の提言を

---

[74] 法制審議会会社法(現代化関係)部会「会社法制の現代化に関する要綱試案」商事法務1678号4頁(2003)、法務省民事局参事官室「会社法制の現代化に関する要綱試案補足説明」同36頁。

[75] 経団連経済法規委員会「『会社法制の現代化に関する要綱試案』についての意見」(2003年12月24日)〈http://www.keidanren.or.jp/japanese/policy/2003/127/honbun.html〉。

するようになり、それらの提言を着実に実現するようになっている。

3－3　外国との関係における会社立法

先に述べたように、組織再編法制の変遷においては、国と国との間の境が融けていく様子をみてとることができる[77]。典型的には、会社法の制定により、国際的な三角合併が可能とされたことに結果が示されている。

3－3－1　在日米国商工会議所

とりわけ米国との関係では、アウト・イン型の M&A が相対的に少ないことから、日本の法制度を改善する要求が出されてきた。たとえば、在日米国商工会議所商法タクス・フォースは、平成13 (2001) 年に、「日本におけるクロス・ボーダー株式交換による M&A に関する意見書(Making Cross-Border Stock for Stock M&As Possible in Japan)」を広く配布した[78]。

この意見書においては、英文のタイトルが端的に示しているように、①海外（米英独仏加）では、日本企業が非課税株式交換 M&A 取引を行う機会が数多くあるのに対して、②日本では、国内の企業同士に限って、非課税の株

---

[76] 経団連の意見によれば、「子会社救済等において、ニーズが強い一方、実質的債務超過会社等を消滅会社（被吸収分割会社、完全子会社）とする組織再編を認めても、株主総会の決議を経て、かつ、債権者保護手続を経ていれば、何ら弊害はないからである。さらに、例えば、実質的債務超過会社を消滅会社とする合併については、取引行為として実質的債務超過である営業を譲り受けることと同様の経済効果であるにも関わらず、組織法上の行為について、規制を加えることは均衡を欠く。また、組織再編行為に際して差損が生じる場合でも、当該差損が株主への影響が少ないと考えられる場合には、株主総会の決議を不要とすべきである。／『補足説明』は、『利益処分に準じて……常に株主総会の決議を要するもの』としているが、簡易組織再編においては、反対株主の株式買取請求権、反対の株主が一定以上に達した場合に簡易組織再編ができない、という株主保護の手段があり、剰余金の分配と同列に扱うことは適切ではないからである。／また、『差損』が剰余金の範囲内である場合には、取締役会決議で剰余金の分配をできる会社においては、取締役会決議のみで簡易組織再編ができることは当然である」。
[77] 中東・前掲 3 99頁以下参照。
[78] 在日米国商工会議所商法タスク・フォース「日本におけるクロス・ボーダー株式交換による M&A に関する意見書 (Making Cross-Border Stock for Stock M&As Possible in Japan)」(2001)。2002年5月末まで有効な意見書であるとされる。

式交換取引が認められており、③日本においても、外国企業が非課税株式交換取引を行うための選択肢が用意されるべきであると主張された。

　和文タイトルでは、「株式交換」という用語が使われていたためか、平成11（1999）年商法改正で導入された株式交換規定を、外国会社との間でも用いることができるようにという要望であると[79]、当初は誤解されたようでもある。その後の議論で、米国商工会議所の真意が、英文タイトルで示されたように「株式対株式」の取引を、つまりは外国会社が当該株式を対価とした組織再編を、非課税取引（適格組織再編成）として可能とすることにあることが認識された。この終着点が、合併対価を柔軟化して、外国会社との三角合併を許容することである。

　在日米国商工会議所の問題提起は、法務省に対してのみならず、経済政策の問題として経済産業省、課税政策の問題として財務省、外交政策の問題として外務省に対しても、対応を要望するものとなっている。実際にも、わが国からみれば、産業競争力会議での経験を生かしつつ、省と省の間の垣根を低くし、省の間の連携と協調を促すものとなったであろう。

3－3－2　日米投資イニシアティブ

　投資イニシアティブは、平成13（2001）年6月30日の日米首脳会談において発表された「成長のための日米経済パートナーシップ」の一部として、日米両国の投資環境の改善のための対話を行う枠組みとして設置されたものである。日米両国への投資促進について議論することが目的とされるが、実際には、日本から米国への投資はすでに多く行われていたので、対日投資を促

---

[79] 外国会社との直接的な組織再編についての可否は、国際会社法における一つの課題として、議論が進められてきている。先駆的な業績として、龍田節「国際化と企業組織法」竹内昭夫＝龍田節編『現代企業法講座第2巻／企業組織』259～319頁（東京大学出版会、1985）、落合誠一「国際的合併の法的対応」ジュリスト1175号36頁（2000）、江頭憲治郎「商法規定の国際的適用関係」国際私法年報2号136頁（2000）がある。その後の議論については、松井秀征「外国会社との合併・株式交換をめぐる法的規律〔Ⅳ〕会社法からの分析」商事法務1625号43頁（2002）、藤田友敬「国際会社法の諸問題〔下〕」商事法務1674号20頁（2003）、中東正文「国際会社法　Ⅳ企業組織の国際的再編」商事法務1706号26頁（2004）などを参照。

進することに焦点が当てられていた[80]。この投資イニシアティブは、平成13年10月7日の上級会合から、現時点では、平成21（2009）年5月26日のワーキング・グループ会合まで、継続的に活動している[81]。

　平成13年10月7日に開催された日米投資イニシアティブ上級会合において、米国政府からは、国際的株式対株式交換を含めて幅広いM&A手法を認めることが必要であると主張された。日本政府は、商法の全面的な見直し作業とも関連し、引き続き検討すると答えた[82]。

　この政府間の協議を民間レベルで具体化したものが、同年の12月に公表された前述の在日米国商工会議所の意見書である。内容が具体的であり、しかも、広い範囲で配布されたことから、この意見書が日米間の協議や検討の主たる材料とされたようである。

　平成14（2002）年2月13日には、法務大臣から法制審議会に対して、会社法制の現代化に関する諮問がなされた。法制審議会では、同日、この諮問が会社法（現代化関係）部会に付託され、同部会において検討が進められていくことになった。検討の対象は広範囲にわたるが、国際的M&Aに直接または間接に関わる事項が含まれている。

　国際的M&Aに関する複数の省庁の協調の様子は、平成15（2003）年3月27日に決定された対日投資会議専門部会報告「日本を世界の企業にとって魅力のある国に」において、象徴的に示されている。「国境を越えた合併・買収（M&A）が容易に行えるように、国内制度を改善する」こととして、①法務省では、「会社法制の現代化の作業において、外国会社を含む親会社株式や現金を対価として合併、吸収分割又は株式交換を可能とする『合併等対価の柔

---

[80] たとえば、経団連アメリカ委員会企画部会では、平成16（2004）年4月15日の会合で、定森恵祐経済産業省通商政策局米州課長から、本文のような説明を受けている。経団連国際経済本部「日米両国の投資環境整備に向けて——日米間の『投資イニシアティブ』の現状」経済くりっぷ44号（2004年5月25日）〈http://www.keidanren.or.jp/japanese/journal/CLIP/2004/0525/07.html〉。
[81] 活動の様子について詳しくは、経済産業省の「対外経済政策総合サイト」〈http://www.meti.go.jp/policy/trade_policy/n_america/us/html/invest_initiative.html〉を参照。
[82] 日米投資イニシアティブ「2002年日米投資イニシアティブ報告書——成長のための日米経済パートナーシップ」（2002）。

軟化』についての恒久的な措置化の実現について、検討を行う」こと、②経済産業省では、「今通常国会で審議中の産業活力再生特別措置法改正法案の着実な実施により、『合併等対価の柔軟化』が利用できるようにする」こと、③財務省では、「『合併等対価の柔軟化』にかかる税制措置については、課税の適正・公平及び租税回避防止の観点も含め、今後、慎重に検討する」こととされていた。

　経済産業省の成果は、平成15年の産業再生法改正で結実した。たとえば、三角合併を行い、消滅会社の株主に対して、存続会社の外国親会社の株式を交付すれば、アウト・イン型の株式対株式の取引が可能となる。この過程では、財務省とも折衝がなされ、平成14年11月には、平成15年度税制改正（租税特別措置）要望事項として、産業再生法に基づく三角合併等についての課税繰延べ措置が出されていた。しかし、この租税特別措置は、実現に至っておらず、在日米国商工会議所からも強く批判されている[83]。

　平成17（2005）年に制定された会社法では、産業再生法の合併対価の柔軟化に関する特別措置が、一般的な形で取り入れられた。これを受けて、平成18年6月に策定された日米投資イニシアティブ「2006年日米投資イニシアティブ報告書——成長のための日米経済パートナーシップ」においては、会社法の施行が最近のトピックとして取り上げられている（3頁）。また、日米投資イニシアティブにおける議論では、米国側関心事項として、「国境を越えたM&A」が最初の項目として掲げられており、米国政府は、①三角合併を行う際、対価が外国会社の株式である場合と、日本会社の株式である場合の取扱いの間に実質的な差異がないことが重要である、②三角合併に関する税の取扱いが重要になる、③擬似外国会社規制（会社法821条）が、適法な事業活動の妨げにならないように、速やかに改正する、④買収防衛策の目的は、企業価値を高めることにあり、経営陣の保身を目的とするものであってはならない[84]、といった諸点を主張した（8〜9頁）[85]。

83 在日米国商工会議所「小泉首相の施政方針演説における対日投資に対する決意を称賛（ACCJ Applauds Koizumi Foreign Direct Investment Pledge）」（2003年2月4日付プレス・リリース）。ここでは、以下のように述べられている（正文は英語）。

　小泉首相は、2003年1月31日の衆議院本会議での施政方針演説の中で、2008年までに現在累加しつつある対日直接投資残を2倍にする、すなわち現状の約6.5兆円から13兆円にまで増やすことを誓った。これだけの規模の投資注入は、日本経済への著しい刺激となり、新規雇用機会、税収増加、また新たなビジネス・ノウハウを提供するものである。ACCJは、こういった結果を見据えた堅固な決意を歓迎し、それの実現は日本経済に再び力強い成長をもたらすものと確信する。

　この演説実現の鍵の一つは、日本のような経済先進国では、伝統的な「グリーンフィールド」投資よりも一般的になってきたクロス・ボーダーM&Aにおける環境改善にあると、ACCJは考える。ACCJは長期にわたり、この実現のため、日本政府が商法と税法を改正し、日本企業にとってすでに日米両国で可能な非課税の株式交換を、外国企業も日本で行うことができるよう求めてきた。

　ACCJの対日投資委員会委員長ニコラス・E・ベネシュは「2001年の世界のM&Aの54％の対価の全てあるいは一部が買収側株式により支払われている」と述べ、「すべての企業にとって公平となるよう環境整備をすべく法改正を行うことにより、日本は対日投資増大という目標に向かって長い道のりを進んでゆくことができる」とコメントした。

　歓迎すべき第一歩として、産業活力再生特別措置法のもと「再生」を行う対象となる日本企業に対して外国企業がクロス・ボーダー株式交換によるM&Aを行うことを認める改正法案が閣議に提出された。しかし、残念なことに、その取引において外国企業が課税繰延べでM&Aを行える提案条項は改正法案から外された。日本の国内企業間で認められている課税繰延べ条項が外されてしまったことにより、外国企業は際立って不利な立場に立つこととなるであろう。

　日本の国内企業間に認められている税制がクロス・ボーダー株式交換にも適用されるようになることを、ACCJは重ねて要請する。これが叶えば、米国からの対日投資増大につながり、それは地域経済にも波及するであろう。

84 日本政府は、経済産業省の企業価値研究会での検討と、経済産業省と法務省が共同で策定した「企業価値・株主共同の利益の確保又は向上のための買収防衛策に関する指針」（平成17年5月27日）について説明を行った。敵対的買収防衛策の指針等に関する法の再構築（市場と国家の関係）については、中東正文「会社支配市場に関わる法規制の再構築」江頭憲治郎＝碓井光明編『法の再構築 第1巻 国家と社会』41頁（東京大学出版会、2007）を参照。

85 本文の諸点のうち、①外国会社の株式が交付される場合については、合併の株主総会における決議要件がどのように定められるかが、問題となる（会社法施行規則186条の改正）。②三角合併に関する課税については、適格組織再編成にすることは、既定路線であると当初からみられていたが、最終的には平成19年度税制改正を待つことになる。

3－4　関係省庁の連携と協調

3－4－1　序　論

　バブル期からの回復の過程で、経済構造改革が必要とされ、すでに述べたように、平成11（1999）年には、小渕元総理大臣の下に、政・官・民が連携する形で、経済競争力会議が置かれて、組織再編法制を中心とする制度改革が議論された。

　また、平成13（2001）年からは、日米投資イニシアティブを通じて、現在まで、わが国の組織再編法制と税制について、議論がなされてきている。

　これらの背景的な事情や立法への推進力をも念頭に置きつつ、実際にどのような形で、関係省庁間の連携と協調が表に現れてきたのかを確認しておこう。

3－4－2　平成14(2002)年商法改正まで

　この数年で、M&Aを機動的かつ柔軟に行うことができるように、商法は数度の改正を受けた。その出発点となるべき事柄は、平成9（1997）年の独占禁止法改正であろう。純粋持株会社の設立等が解禁された。

　企業結合により持株会社組織を形成するために、どのような方法によるか。喫緊の課題として受け止めたのは、銀行を中心とする金融機関であった。大蔵省は、平成9年のうちに、銀行持株会社創設特例法を制定させた。日本型の三角合併の導入である。

　法務省も、平成11（1999）年に、株式交換・株式移転制度を導入する商法改正を実現した。これに呼応して、大蔵省も、租税特別措置法を改正して、株式交換・株式移転に関する課税を手当てした。会社分割制度が創設されて、組織再編成に関する法人税法が整備されてからも、株式交換・株式移転については、組織再編成とは別の租税特別措置法で規定され、法人税法に組み込まれるのは、平成18年度税制改正を待たなければならなかった。

　M&A法制の整備については、通産省の動きが注目される。産業政策全般の見地から、商法改正に向けて大きな推進力になったのが、通産省の商法研

究会であった[86]。ここでは、株式移転については取り上げられていないものの、株式交換については、条文の形式でも骨格が示されている。

　最も目にみえる形での通産省の立法のアクターとしての動きは、商法の特別法という形である。平成11年には、産業活力再生特別措置法が制定された。事業再構築の円滑化のため、商法上の手続の簡素化が三つの場面で講じられた。①現物出資等による分社化の際の検査役制度の特例、②他の会社の営業全部を譲り受ける場合の商法の特則、③営業譲渡の際の免責的債務引受に関する特例である。

　産業再生法で考案された商法の特例の内容は、時間をおかずに、法務省所管の商法に取り入れられていった。上述の三つの特例のうち、①は平成14年商法改正で、②は平成12（2000）年商法改正で、商法に組み込まれた。

　会社分割法制の整備は、学界と経済界の積年の検討課題であったが、平成12年商法改正によって実現された。会社の組織再編に必要な手法は、ほぼ整えられた。財務省も、法人税法を改正して、企業組織再編成に対応するための税制改革を行った。

　通商産業省（経済産業省）と法務省との連携は、人事の交流の面からも、うかがい知ることができる。たとえば、郡谷大輔元法務省民事局付は、平成5（1993）年に通産省に入省しているが、平成12年から法務省に出向し、会社法制の現代化に至るまで尽力している。人事の交流が、政策の協調に結びつくか、必ずしも直結はしないけれども、基本となる姿勢が共有される素地がつくられた契機ではあろう。

3－4－3　平成17(2005)年会社法制定に向けて

　会社法の制定は、組織再編法制に関する限り、経産立法の一般法化の総まとめであるということもできよう。これを受けて、財務省も、組織再編税制の改革を完了しつつあり、規制緩和や経済活性化といった意味で、官庁の壁を超えた仕上げがなされた。

---

[86] 商法研究会の活動状況などについては、通商産業省産業政策局産業組織課編・前掲50を適宜参照されたい。

会社法制の現代化は、「事前規制から事後規制へ」とか、「会社法利用者にとっての選択肢の拡大」といった標語で示されることがある。組織再編法制についても、当事会社の選択肢を拡大して、従来はできなかったことを可能としたり、従来は要件が厳しかったものを緩和したりと、重要な実質改正がなされた。

　主要な実質改正は、①簡易組織再編の範囲を拡大したこと、②略式組織再編制度を導入したこと、③組織再編の対価を柔軟化したこと、④事後設立規制に関して、検査役調査を不要としたことである。ただし、③については、施行期日が、平成19（2007）年5月1日とされており、他の本体部分から、1年遅れて施行されることになった。

　これらの諸点のうち、多くは、平成15（2003）年産業再生法改正で、すでに経産立法では取り入れられていたものであり、会社法でそれらを一般法化するにあたって、実績と運用の十分な検証がなされていたのか、必ずしも明らかではない。この点、最低資本金に関して平成15年新事業創出促進法改正により特例措置が設けられていたところ、5年間の猶予期間の計画を待つことなく、つまり的確な中小企業挑戦支援であったか否かを確認することなく、最低資本金を廃止したのと同じように、拙速ではなかったかという懸念が残る。同じ疑問は、時限立法として措置された産業再生法における特別措置が、十分な検証を経たうえで、会社法制で一般化されたかという点にも存在するであろう。

　会社法による組織再編法制の再構築にあたっては、先に制定された特別立法の作用と副作用の検証が十分であったのかという疑問は、ある意味では、構造的に答えにくい問題であるのかもしれない。なぜ経産立法が先行したかというと、対価の柔軟化のように、従来の解釈論の下では、実務では安心して実施することができないという事情が存在しており、あるいは、事後設立における検査役調査の省略のように、会社法制の一般原則を簡単に覆して、商法の本体を改正することが容易ではないという事情が存在しており、産業の活力の再生など、多分に政策的な配慮に基づいた特別法であることを強調してこそ、例外的な取扱いを認めることができたとみることもできる。会社

法が本来的に有する無色透明な利害調整機能は、産業再生法における主務官庁の認定という過程に組み込まれて、経済産業省をはじめとする官庁の後見的な擁護に委ねられたともいえよう。

第3節　平成改正の内容の検証

以上で述べたような各アクターの力学は、規制緩和の方向に相乗的に力を増していった。その成果ともいうべき平成改正の内容を、立法の経緯を確認したうえで、検証してみることにしよう。

1．平成9（1997）年商法改正——合併法制の改革

1−1　序　説

平成9年6月6日に公布された商法等改正法（平成9年法律第71号）[87]では、合併に関する法制度が改善された。すなわち、簡易合併制度（平成17年改正前商法413条ノ3）の創設に象徴されるように、一方では、合併の利用がより簡便なものとされた。他方で、合併に関する情報開示の充実が図られた（平成17年改正前商法408条ノ2・414条ノ2）。

合併に関する改正がなされたとはいえ、従来型の企業結合のスキームを抜本的に見直すものではない。すなわち、わが国においては、資産融合型の企業結合[88]（合併および営業譲渡）については、諸外国に見劣りしないだけの法

---

[87] 平成9年商法改正について詳しくは、北沢正啓「合併法制の整備、ストック・オプションの導入等、および罰則の強化——平成9年の改正（3回）」浜田編著・前掲14 537頁などを参照。

[88] 資産融合型の企業結合とは、資産を融合してしまう形で行う企業結合をいう。企業結合を、本文で述べたように、資産融合型の企業結合と株式取得型の企業結合に分類したうえで、英米法を素材に比較法的研究をするものとして、中東正文『企業結合・企業統治・企業金融』397頁以下（信山社、1999）を参照。

制度がすでに用意されていたが、株式取得型の企業結合については、株式公開買付が可能であるほかは[89]、特段の法整備がなされていたわけではなかった。

1－2　簡易合併制度

平成9（1997）年の商法改正では、簡易合併（small scale merger）が導入された。簡易合併とは、相対的に規模の大きい存続会社が規模の小さい消滅会社を吸収する場合に用いられる手法であり、存続会社の株主総会決議（平成17年改正前商法408条）を省略することができる（平成17年改正前商法413条ノ第1項）。このような場合には、存続会社の株主が受ける影響はわずかであり、存続会社の株主総会決議を要求することは、手間と費用の割には意味が乏しいからである。

存続会社の株主総会決議が省略できるのは、合併に際して発行される新株（合併新株）の総数が発行済株式総数の20分の1以下の場合である。合併新株が少なくても、純資産額の50分の1を超える合併交付金を支払う場合には、存続会社の株主総会決議を省略することはできない。というのも、多額の合併交付金が支払われた場合には、存続会社の株主にとって影響が軽微であるとはいえないからである。また、存続会社の発行済株式総数の6分の1以上にあたる株式を有する株主が反対する旨を通知した場合にも、株主総会決議を省略することはできない。この場合には、実際に株主総会を開いてみると、否決される可能性が存在するからである（$1/2 \times 1/3 = 1/6$）。

なお、規模の大きな会社が消滅会社になる吸収合併の場合にも、消滅会社の株主は受ける影響はわずかであろうが、会社が別法人になること自体を軽視することができないので、消滅会社の株主総会決議を省略することを認めていない。

---

[89] 公開買付については、証券取引法などで規制がなされている。ただ、公開買付は、元来、対象会社の株主に直接的に株式の提供を呼びかける取引であるから、何らかの法的な根拠がなければ実施できない類のものではない。

1－3　情報開示の充実

平成9（1997）年商法改正では、合併に関する情報開示の充実が図られた。

事前の開示としては、①合併契約書、②合併比率説明書、③各当事会社の貸借対照表（株主総会の前6カ月内に作成したもの。最終の貸借対照表でないときは、最終の決算貸借対照表も）、および、④各当事会社の貸借対照表（最終の貸借対照表。別に損益計算書を作成したときはそれも）が、株主総会の会日の2週間前から合併の日（平成17年改正前商法416条1項・102条）後6カ月間、本店に備え置かれる（平成17年改正前商法408条ノ2第1項）。株主と会社債権者は、これらの書類の閲覧または謄写を請求することができる（平成17年改正前商法408条ノ2第2項）。

さらに事後の開示として、合併説明書が、合併の日から6カ月間、本店に備え置かれ、株主と会社債権者の閲覧と謄写に供される（平成17年改正前商法414条ノ2）。

以上のような形で、合併に関する情報開示が充実されたが、同様の情報開示は、株式交換・株式移転制度や会社分割の導入の際にも、引き継がれることになる。

1－4　債権者保護手続の合理化

債権者保護手続については、従来は、いかなる場合でも知れたる債権者に対して個別の催告が必要であった（平成9年改正前商法412条）。

平成9年改正法はこれを合理化し、会社が官報のほかに公告をなす方法として定款に定めた時事に関する事項を掲載する日刊新聞紙に掲げてなすときには、個別の催告は必要ではないものとした。実務的にも、従来、すぐに弁済できてしまう債権者に対しては、個別の催告をしないことがあったとされる[90]。実態からみると、この改正は、法を現実に合わせたものであるとみることもできよう。

90　中西敏和「会社分割法制の実務的対応」企業会計52巻7号65頁注(9)（2000）。

1-5 合併が可能な会社の組合わせの拡大

平成9年改正では、合併を行うことができる会社の種類に関する組合せが多様化された。すなわち、従来可能な組み合わせに、新たに、①有限会社と有限会社が合併して株式会社を設立する合併（旧有限会社法59条）と、②株式会社と株式会社が合併して有限会社を設立する合併（旧有限会社法60条）が認められることになった。

その後の会社法の制定においても、組合せは拡大されているが、会社に限って合併が可能である点は、わが国では維持されたままである。たとえば、米国模範事業会社法では、会社形態をとらない企業体との合併や株式交換を認めており[91]、会社法制の現代化に伴う組織再編の対価の柔軟化との関係でも、今後の検討の対象とされるべきであろう。

2．平成9（1997）年独占禁止法改正——持株会社の解禁

株式取得型の企業結合手法の充実の契機となったのが、平成9年6月になされた独占禁止法9条の改正（平成9年法律第87号）である。戦後の象徴としての二つの第9条（憲法9条と独占禁止法9条）のうち、独占禁止法9条が改正され、純粋持株会社の形成が可能となった。すなわち、事業支配力が過度に集中することになりさえしなければ[92]、持株会社[93]を設立しまたは既存の会社を持株会社に転化することができる（独禁法9条1項・2項）。

ただし、この改正では残された課題が存在した。それは、会社法上、どのようにして持株会社組織をつくり出すかという問題である。衆議院の商工委員会の附帯決議でも、「持株会社の設立等の企業組織の変更が利害関係者の権利等に配慮しつつ円滑に行われるよう、会社分割制度や株式交換制度等に

---

91 See Model Business Corporation Act §§11.01, 11.02, 11.03.
92 「事業支配力が過度に集中すること」の意義については、独占禁止法9条5項を参照。
93 持株会社とは、子会社の株式の取得価額の合計額の会社の総資産の額に対する割合が100分の10を超える会社である（独禁法9条3項）。

ついて検討を行うこと」について、適切な措置を講ずべきであるとされた[94]。同様の附帯決議は、参議院の商工委員会でもなされている[95]。

3．銀行持株会社創設特例法の制定

3-1 序　説

　平成9（1997）年の独占禁止法改正においても、金融持株会社については、その解禁がしばらく見送られた（平成9年改正独禁法116条）。にもかかわらず、持株会社の設立に関する動きが素早かったのは、大蔵省であった。すなわち、同年12月12日には、「銀行持株会社の創設のための銀行等に係る合併手続の特例等に関する法律（銀行持株会社創設特例法）」（平成9年法律第121号）が公布され、特殊な三角合併方式での持株会社の創設が認められた。これと同時に、「持株会社の設立等の禁止の解除に伴う金融関係法律の整備等に関する法律」（平成9年法律第120号）が公布され、同法附則2条で、金融持株会社の禁止が解かれた。もっとも、後で述べるように銀行持株会社創設特例法は必ずしも利用が便利なものであるとはいえず、平成11年商法改正による株式交換・株式移転制度の導入によって、歴史的意義以上のものを有しなくなった。実際にも、この法律は利用された例がないまま、会社法制の現代化の実現に合わせて、廃止された。

3-2 銀行持株会社創設特例法の制定前の状況

　平成9（1997）年の独占禁止法改正によって、持株会社が解禁されたものの、いかにして持株会社組織をつくるのかという問題が残された。

　最も単純な方式としては、買収方式と第三者割当方式が考えられた。

　買収方式とは、持株会社となる会社が、傘下に収めようとする対象会社の株主から、公開買付などによって対象会社株式を買い集めようとするもので

94　通商産業省産業政策局産業組織課編・前掲50 79～80頁。
95　通商産業省産業政策局産業組織課編・前掲50 80頁。

ある。しかしながら、この方式による場合には、多額の現金が必要となることが指摘されている。さらに、大きな妨げとなるのは、この方法によっては、完全親子会社関係をつくりあげることが実際上は不可能なことである。

　第三者割当方式とは、持株会社になる会社が、対象会社の株主に対して新株を割り当て、対象会社の株主からは対象会社の株式の提供を受ける方法である。買収方式では、多額の現金を用意しなければならないという欠点があるとされるが、この方式では、現金の移動をなくして、持株会社の株式を利用するわけである。そのため、授権資本の枠（平成17年改正前商法166条3項・347条）の存在が障害となる可能性がある。また、この方式によっても、新株発行に応じない株主が残る可能性を避けられず、完全親子会社関係をつくりあげることは不可能に近い。

　買収方式にせよ、第三者割当方式にせよ、持株会社となる会社が、傘下に収めるべき会社の株式を100パーセント取得できないことが大きな難問となる。実際上、公開会社において100パーセントの株式を取得できないのは、公開買付や新株発行が周知徹底され難いことにもよるが、たとえば、株式について相続が発生して権利関係が確定していない場合にはスキーム設計をする側がいかに努力をしようとも、株式の提供を受けることができないことになる。株式を提供しない株主が存在する場合には、持株会社としては、これらの株主が非常に厄介なものに感じられる可能性がある。というのも、企業再編に反対で持株を提供しなかったのであれば、今後の協力が容易に得られるとは考えられないからである。持株会社組織を機動的に動かすためには、反対株主を一掃しておくことが必要となろう。

　その点で、法の手当てがなされるまでの間に考えられた最も優れた方法は、抜け殻方式である。抜け殻方式では、持株会社となる会社が、持株会社の本社機能のみを残して、営業の全部を完全子会社に移転する。この移転の方法には、①子会社の設立の際に親会社の営業の全部を現物出資する方法（平成17年改正前商法168条1項5号）、②子会社の成立後の新株発行の際に営業の全部を現物出資する方法（平成17年改正前商法280条ノ2第1項3号）、③子会社が設立の際に財産引受の形で営業の全部を譲り受ける方法（平成17年改正前商法168

条 1 項 6 号)、および、④子会社が成立後に事後設立の形で営業の全部を譲り受ける方法（平成17年改正前商法246条 1 項）がある[96]。

　もっとも、抜け殻方式といえども、欠点がなかったわけではない。第一に、営業の全部の譲渡に際して、権利義務の移転手続が個々に必要となることである。とりわけ、持株会社が新設会社に免責的債務引受をさせようとする場合には、債権者からの個々の承諾が必要となる。また、元本の確定前の根抵当権の移転には、根抵当権設定者の承諾が必要とされており（民法398条ノ12第 1 項。なお、民法398条ノ 7 第 1 項)、とりわけ銀行にとっては、この手続が著しく煩雑なものになる。第二に、上述のいずれの方法をとっても、原則として、裁判所の選任する検査役の調査が必要である（平成17年改正前商法173条 1 項・181条 1 項・280条ノ 8 第 1 項・246条 2 項参照）。検査役の調査は、手間と費用がかかるうえに、調査が終わって取引が完了できるのが何時かがあらかじめ確定できないなどといった問題がある[97]。

3－3　銀行持株会社創設特例法上の三角合併

　従来の方式には実務上の欠点があったため、新しく銀行持株会社創設特例法で、これらの欠点をすべて解消するための立法がなされた[98]。

　銀行が銀行持株会社をつくる場合に、次のような段取りを経る。既存の銀行は持株会社となる完全子会社を設立し、その完全子会社は、さらに既存の銀行からみれば完全孫会社となる子会社を設立する。そして、完全孫会社に既存の銀行が合併する際に、既存の銀行の株主には完全孫会社の株式が割り当てられるはずであるが、これを行わず、割り当てられるべき完全孫会社の株式を持株会社となる完全子会社に強制的に現物出資することが合併の条件として定められるのである。これにより、既存の銀行の株主はすべて持株会

---

[96]　北沢正啓『会社法（第 5 版）』716頁（青林書院新社、1998）。
[97]　原田晃治「会社分割法制の創設について（上）――平成12年改正商法の解説――」商事法務1563号 9 頁（2000)。
[98]　銀行持株会社創設特例法については、堀裕「銀行持株会社の創設のための合併手続特例法による合併方式の検討」商事法務1477号27頁（1997)、中東・前掲**88** 448〜449頁およびそこで引用されている文献を参照。

社の株主となり、また、その営業はすべて存続会社となる完全孫会社に引き継がれることになる。

　このような合併方法は、アメリカ法上の三角合併[99]に構造がよく似ているため、日本流の三角合併方式といわれることが多かった。アメリカ法上の三角合併との違いは、合併対価の種類を拡張し、親会社の株式を合併に際して交付するという直接的な構造をとらず、いったんは存続会社の株式の割当てを受けながら、それを強制的に現物出資するという構成をとっていることである。

　このような構成をとっているため、銀行持株会社創設特例法は、いくつかのウソをついていると批判された[100]。合併の衣を纏いつつも、その中身は既存の銀行の株主に全員に現物出資を強制したものにすぎない点も（同法3条参照）、そのウソの一つにあたる。この場面のみをとり出せば、銀行持株会社創設特例法上の三角合併は、株式交換そのものであるとみることもできる。

3－4　株式交換・株式移転制度の導入への架け橋

　銀行持株会社創設特例法のついたウソに着目すると、皮肉なことに、同法が制定されたことは、株式交換制度の導入にあたって、大きな一歩であったと積極的に評価することもできる[101]。平成11（1999）年商法改正では、株式の強制収用が憲法上も問題であるとの見方があったが、この障害を一段と直接的に越えた実績となった。

　もっとも、銀行持株会社創設特例法上の三角合併を遂行するためには、消滅会社となる銀行の株主総会において、特殊な決議が必要とされていた。すなわち、発行済株式総数の3分の2以上の賛成が必要とされたのである（同法5条1項）。親子会社法制について親会社株主の保護が適当に用意されていないのであれば、その親子会社関係の形成にあたっても要件を重くすること

99　アメリカ法上の三角合併については、岸田雅雄教授によって、わが国での議論に先行して、緻密な分析がなされていた。岸田雅雄「企業結合における公正の確保(2)」神戸法学雑誌26巻2号234頁(1976)。また、中東・前掲88　401～403頁、446～448頁も参照。
100　神田秀樹「持株会社と商事法および課税」商事法務1479号74頁（1998）。
101　中東・前掲88　449～450頁。

によって均衡を図るという意味で、このような重い要件を課すことも合理的であろう[102]。株主権の縮減[103]にも、何らかの形で対処することが必要であると認識されていたのかもしれない。実際にも、平成11（1999）年商法改正による株式交換・株式移転制度の導入にあたっては、十分か否かはさておき、株主権の縮減に対して一定の対応がなされた。

4．平成11（1999）年商法改正──株式交換・株式移転制度の導入

4－1　序　説

　産業政策全般の見地から、商法改正に向けて大きな推進力になったのが、通産省の商法研究会であった[104]。同研究会は、平成9（1997）年7月に第1回の会合を開催し、6回の会合を経て、早くも平成10（1998）年2月には、「持株会社をめぐる商法上の諸問題に関する研究報告」を取りまとめている。ここでは、株式移転については取り上げられていないものの、規定の素案が示されている。通産省・経産省が組織再編法制の整備について先導的な役割を果たしたことを垣間見ることができる。これ以降、商法改正による新しい組織再編法制を構築することが難しい事項については、自らが所管する産業再生法を制定・改正して、その内容を商法改正や会社法制定に盛り込ませることになっていく。このような過程を通じて、企業組織再編法制は、徐々に産業政策に関する法という色彩を強めていくことになった。

　通産省の商法研究会に時期的にはやや遅れはしたが、平成9年12月17日開催の法制審議会商法部会において、法務省も公式な検討を始めている。同日の部会では、「質疑の結果、持株会社の解禁に伴う会社法上の諸問題、資産の評価基準の見直し及びいわゆるコーポレート・ガバナンスに関する諸問題を

102　中東・前掲88 451～452頁。
103　株主権の縮減については、前田・前掲53 23頁がとりわけ優れた分析を行う。
104　商法研究会の活動状況などについては、通商産業省産業政策局産業組織課編・前掲50を参照されたい。

今後の審議事項とすることが全会一致により了承された」。

その後、平成10年7月8日開催の法制審議会商法部会では、関係各界の意見を聴取するために「親子会社法制等に関する問題点」が取りまとめられた。これらの関係各界の意見[105]をふまえたうえで、平成11年1月27日開催の法制審議会商法部会では、「商法等の一部を改正する法律案要綱案」が作成された。法制審議会総会はこれを承認し、同日、「商法等の一部を改正する法律案要綱」を法務大臣に答申した。

政府が法律案要綱を法律案の形にした後、「商法等の一部を改正する法律案」は、平成11年3月10日に内閣提出法案として国会に提出された。衆議院では同年7月23日に可決され、参議院では同年8月9日に可決された。同月13日には、同法は、法律第125号として公布された。この商法改正によって、株式交換・株式移転制度がわが国でも導入されることになった。株式交換・株式移転という制度が設けられたことは、持株会社の設立を容易にするという文脈でも捉えることができるが、より広く、株式取得型の企業買収のための手法が加えられたものとみるべきであろう。商法での節名も、「完全親会社」とされ、完全親子会社関係の創設のための手法であることが明確にされている。

4－2　株式交換制度の導入

平成11（1999）年商法改正においては、アメリカの制度に倣って、株式交換制度が導入された[106]。株式交換とは、会社（株式交換完全親会社）が別の会社（株式交換完全子会社）の発行済株式の全部を取得する会社となる取引を

---

[105] 各界の意見については、原田晃治ほか『親子会社法制等に関する各界意見の分析──親子会社法制・金融資産の評価──』別冊商事法務211号（1998）。
[106] 株式交換・株式移転については、数多くの実務の手引が刊行された。たとえば、緑川正博編著『株式交換・移転の法務と税務』（ぎょうせい、1999）、梶川融ほか『株式交換の使い方』（商事法務研究会、1999）、居林次雄『商法改正の重点逐条解説』（税務経理協会、1999）、岸田雅雄『平成11年改正商法解説』（税務経理協会、1999）、原田晃治ほか『一問一答　平成11年改正商法──株式交換・時価評価──』（商事法務研究会、1999）、元木伸『株式交換・移転制度の逐条解説』（中央経済社、2000）。

いう（平成17年改正前商法352条1項）。

　株式交換をなすには、まず、株式交換の当事会社において、それぞれ取締役会決議を経て、株式交換契約書を締結することが必要である（平成17年改正前商法353条1項）。株式交換契約書は、原則として、各当事会社の株主総会に付され、特別決議による承認が求められる（平成17年改正前商法353条）。株式交換に反対の株主には、株式買取請求権が与えられる（平成17年改正前商法355条）。株式交換は、株主構成の変更のみを伴い、当事会社の債権者に大きな影響を与えないので、債権者保護手続は必要とされないこととされた。もっとも、この点については、債権者保護手続が必要であるという見解もあったし、会社法の制定にあたっては、対価柔軟化との関係で、株式交換によって会社の財産状況が全く変わらないとはいえなくなる。

　株式交換についても、簡易合併と同様の要件の下で、完全親会社の株主総会決議を省略する簡易株式交換制度が設けられている。事前の情報開示についても、平成9年商法改正によってなされた合併における情報開示と同様の手当てがなされた（平成17年改正前商法354条）。もっとも、前述のように、この段階では債権者に大きな影響を与える取引であるとは理解されなかったから、会社債権者には、事前開示書類の閲覧・謄写請求権が認められていなかった。また、株式交換に瑕疵がある場合には、無効の訴えを提起することができるが、提訴権者には債権者が含まれていない（平成17年改正前商法363条。同415条対照）。

4−3　株式移転制度の導入

　株式移転とは、株式会社が完全親会社を設立するためになすものである（平成17年改正前商法364条1項）。完全子会社の株主が有する移転会社の株式は完全親会社に移転し、完全子会社の株主は、完全親会社が株式移転に際して発行する株式の割当てを受けて完全親会社の株主となる（平成17年改正前商法364条2項）。株式交換と異なるのは、株式移転設立完全親会社が当初は存在せず、完全子会社となる会社がそれを設立する特殊な方法であるという点にある。

　株式移転については、完全親子会社関係の創設に際して、新しく会社が設

立されるが、株主総会決議、事前開示、事後開示などの手続については、株式移転と同じような規制が設けられた。ただ、株式移転をなすべき時期（平成17年改正前商法365条1項5号）は、株式交換の日とは異なり、効力が発生する日ではない。株式交換の効力発生を登記に結びつける必然性はないが、株式移転では、会社の設立という行為が含まれているからである（平成17年改正前商法370条）。

4－4　株主権の縮減への対応

　株式交換と株主移転のいずれがなされた場合でも、株式交換完全子会社または株式移転完全子会社の元々の株主は、旧来の会社に対する支配が株式交換完全親会社または株式移転設立完全親会社を通しての間接的なものになってしまう。株主権の縮減の問題である。

　これに対しては、会社法の対応が必要であると強く考えられた。そこで、平成11（1999）年改正法は、株主の子会社の書類に対する閲覧・謄写権を新設するとともに（平成17年改正前商法360条ノ4・263条・293条ノ8）、業務検査役の選任の要件を緩和し（発行済株式総数の10分の1から100分の3に）、また、業務検査役が子会社の業務を調査する権限を有することにした（平成17年改正前商法294条）。親会社の監査役の子会社に対する監査権限も強化された（平成17年改正前商法274条ノ3）。これらの改正によって、一応は、株主の縮減に対する手当てがなされたとみることもできよう。

　もっとも、平成11年商法改正の時点では立法過程では実現までには至らなかったものの、さらに検討すべき事柄も残されていた。

　たとえば、議決権のパス・スルーの問題である。この点は、古くから持株会社組織が発達したアメリカにおいても、実質的には親会社の基礎的な決定または変更とみられる行為については、子会社の議決権を親会社にパス・スルーさせ、親会社の株主に、議決に参加する機会と株式買取請求権を行使する機会を与えよと主張された[107]。基本的にはこのような考えによるべきであり、解釈論としての限界を探るとともに、必要ならば法改正を行うことが望ましかったであろう[108]。

これらの点の手当てが十分でないまま、株式交換・株式移転制度が導入された のは、規制緩和に性急な余り、結合企業法制の構築を怠ったとの批判を免れない。

5．産業活力再生特別措置法の制定——事業再構築の円滑化

　商法等改正法の制定にあわせて、通産省では事業再構築の円滑化を一つの柱とする「産業活力再生特別措置法（産業再生法）」の制定に向けて、精力的な活動がなされていた。平成11（1999）年7月には、同法案の概要が公表されている。同法案は、同月21日に国会に提出され、同月29日に衆議院で可決され、同年8月6日に参議院で可決、成立した。商法等改正法と同時に成立すると予想されていたが、目を見張るまでのスピード審議で、商法等改正法を追い抜いて成立した。もっとも公布されたのは、商法等改正法と同じく同年8月13日（法律第131号）であった。産業再生法の第2章では、「事業再構築の円滑化」という項目が掲げられているが、法律全体が恒久法であるにもかかわらず、第2章の施策は臨時の措置であり、とりあえずその適用期限を平成15（2003）年3月31日までとされた。

　産業再生法は、事業再構築の円滑化のため、事業再構築計画の認定を主務大臣から受けたものにつき（認定基準につき、産業再生法3条6項）、商法上の手続の簡素化を三つの場面で講じている。

107　Melvin A. Eisenberg, The Structure of the Corporation 277-307 (1976). アイゼンバーグ教授は、①実質上すべての資産の譲渡および合併、②取締役の選任、③重要な定款変更について、議決権のパス・スルーが必要であると説かれる。日本での立法論として、前田・前掲53 28～29頁が重要である。

108　解釈論としては、相当に難しいが、重要な子会社株式の譲渡について、平成17年改正前商法245条1項1号の「営業の全部又は重要なる一部の譲渡」を活用することが考えられた。さらには、親会社が議決権を行使することを通して、子会社が営業の全部または重要な一部を譲渡する場合にも、親会社にとって重大な影響を与える限りは、この規定が適用されると解することもできたかもしれない。立法論としては、業務検査役制度に一層注目して、業務検査役選任のための要件（平成17年改正前商法294条1項）を一段と緩和する措置を講じることが考えられるべきであったろう。中東正文「企業形態」ジュリスト1155号111～112頁（1999）、中東・前掲88 228頁。

第一に、現物出資等による分社化の際の検査役制度の特例であり、裁判所が選任する弁護士に代わって、企業が選任する弁護士、公認会計士または監査法人による調査で足りることとしている（平成17年改正前産業再生法8条）。

　第二に、営業の全部の譲受けに関する商法の特則であり、会社の純資産の20分の1以下の営業を譲り受ける場合には、株主総会の特別決議を不要として（平成17年改正前商法245条1項3号参照）、取締役会決議で可能とする（平成12年改正前産業再生法10条）。譲受会社の株主には、株式買取請求権は与えられない。

　第三に、営業譲渡の際の免責的債務引受に関する特例であり、全債権者の同意を得る必要はなく、債務者に対する個別の催告で足りるものとしている（平成17年改正前産業再生法11条、産業再生法13条）。

　緻密な検証が要求されるべきであるのは、これらの特別措置が将来的に会社法制で一般化されていく際に、主務大臣の認可という手続を経なくても、会社利害関係人の間での公正さが保たれる仕組みについて、これが必要か否か、必要であるとするなら、いかなる方策によるのかが、十分に検討されてきたかである。とりわけ、免責的債務引受を含む組織再編行為においては、債権者の保護に慎重な配慮がなされているのかが、問題とされるべきである。昭和44（1969）年の商法改正研究会「商法改正要綱私案」においては、前述のように、基本的には免責的債務引受を認めずに、別段の約定が個別的にあった場合にのみ例外を認めている。平成9（1997）年商法改正で、合併について債権者保護手続が簡素化されたという流れのなかにあったとはいえ、会社分割が採算部門と不採算部門の分離に用いられ、会社債権者からは濫用的な利用にみえる事態も容易に想像される。

6．平成12(2000)年商法改正——会社分割制度の導入と簡易営業譲受け

6-1　序　説

　平成11（1999）年商法改正が国会で進められているなか、法制審議会商法

部会では、会社分割制度についての検討が進められていた[109]。同年4月から、企業再編のための法整備の一環としての会社分割法制の創設について審議が続けられており、同年7月7日の法制審議会商法部会において「商法等の一部を改正する法律案要綱中間試案」が取りまとめられた。その後、法務省民事局参事官室において、この中間試案に対する意見照会が行われ、平成12 (2000) 年1月21日の同部会では、「商法等の一部を改正する法律案要綱案」が取りまとめられた。平成12年2月22日には、法制審議会総会の承認を得て、法務大臣に答申がなされた。

法務省はこの法律案要綱をもとに法律案を作成し、法律案は、閣議決定を経て、平成12年3月10日に国会に法律案が提出された。その後、衆議院において労働者保護の観点から若干の修正が加えられ、同年5月11日には衆議院で可決された。修正された法律案は、そのまま参議院で同年5月24日に可決され、法律第90号として同年5月31日に公布された。これにより、新設分割と吸収分割という二つの型の会社分割が可能となった。

なお、会社分割は営業譲渡の特殊な形態とみることもできるが、設立会社または承継会社が分割会社の債務を免責的に引き受ける場合につき、新設分割については、各別の催告で足りるとされ（平成17年改正前商法374条ノ4第1項）、吸収分割については、合併と同様の公示手続で足りることとされた（平成17年改正前商法374条ノ20）。これは、産業再生法による特例の第三点目を商法において恒久化したものである。

また、とりわけ新設分割は現物出資による分社化であるとみることができるが、検査役の調査は必要とされていない。これは、産業再生法による特例の第一点目を商法のなかに取り込んだものであるといってよかろう。さらには、平成12年の商法改正では、簡易な営業譲受け制度が導入され（平成17年改正前商法245条ノ5）、産業再生法による特例の第二点目が商法に取り入れられることになった。

---

[109] 原田晃治「会社分割法制の創設について（上）——平成12年改正商法の解説——」商事法務1563号7頁（2000）。平成12年商法改正の経緯については、同論文の6～9頁が詳しい。

平成12年改正前は、商法に会社分割についての規定はなく、既存の制度を利用して行うほかなかった。いずれの方法をとっても、抜け殻方式の欠点を克服することができない。また、会社の一部門が新しい会社として分離独立するが、子会社の株式は親会社が所有していることになる（物的分割）。親会社株主に子会社の株式を所有させようとすれば（人的分割）、さらに工夫が必要となる。すなわち、親会社はその株主に対して、資本減少の払戻金または利益配当として、子会社の株式を親会社の株主の持株数に応じて交付することになるが、このような株式の分配には、代物弁済として受領株主の同意が必要であるとの見解もあった[110]。新しく導入された会社分割制度は、以上のような諸問題を立法的に解決するものであった。

6－2　新設分割

新設分割とは、分割会社がその営業の全部または一部を設立会社に承継させる形で行う会社の分割である。営業の全部を設立会社に承継させれば、これは抜け殻方式と異ならない。また、取引の結果は、株式移転と全く同じになる。このように、会社分割は、既存の諸制度と関連性を有するものである。

新設分割には、設立会社が分割に際して発行する株式を、分割会社が割当てを受ける場合（物的分割・分社型）と分割会社の株主が割当てを受ける場合（人的分割・分割型）とが存在する[111]。この点、平成17（2005）年の会社法では、人的分割は、「物的分割＋剰余金の配当」と因数分解して整理され

---

[110] わが国の会社法の下で会社分割の方法としてアメリカのスピンオフやスプリットオフと同じことができるかどうかについて論じたものとして、江頭憲治郎「会社分割」奥島孝康教授還暦記念論文集編集委員会編『比較会社法研究——奥島孝康教授還暦記念第1巻』185頁、193～195頁（成文堂、1999）。アメリカ法については、同論文の188～191頁を参照。

　利益配当が金銭に限られるかどうかについては議論の余地があった。伝統的には、明文の規定はないものの、利益配当は金銭によって行わなければならないと考えられてきた。この点は、会社法の制定によって、現物配当が可能なことと、そのための手続が明らかにされた。

[111] 分割に際して、設立会社（新設分割の場合）または承継会社（吸収分割の場合）が発行する株式の一部を分割会社に、残りを分割会社の株主に割り当てる分割を、一部分割という。

た[112]。

　新設分割を行うためには、分割会社において、取締役会の決議を経て分割計画書を作成し、株主総会の特別決議による承認を受けなければならない（平成17年改正前商法374条）。分割計画書には、「分割に因りて設立する会社が分割に際して発行する株式の種類及び数並に分割を為す会社又は其の株主に対する株式の割当に関する事項」を記載しなければならず、これにより物的分割、人的分割または一部分割のいずれの型かを確定させる（平成17年改正前商法374条2項2号）。また、分割計画書には、「分割に因りて設立する会社が分割を為す会社より承継する債権債務、雇傭契約其の他の権利義務に関する事項」を記載しなければならない（平成17年改正前商法374条2項5号）[113]。

　新設分割においても、事前開示が行われるが、債権者を害する危険性が他の組織再編類型よりも高いため、合併等において求められる事前開示事項に加えて、各会社の負担すべき債務に履行の見込みがあることとその理由を記載した書面の備置きが義務づけられた（平成17年改正前商法374条ノ2第1項3号）。

　新設分割に際して行われる債権者保護手続は、資本減少の場合とほぼ同じであって、官報で公告するほか、知れたる債権者には個別の催告をしなければならない。ただし、物的分割の場合において、分割会社に対して債権の弁済の請求をすることができる債権者については、個別の催告は不要となる（平成17年改正前商法374条ノ4）。

　新設分割は、登記が完了した時点で効力を生じる（平成17年改正前商法374条ノ

112　税法上は、平成18年度税制改正においても、分割型分割という概念が残されたが（法人税法2条12号の9）、税務では、もともと因数分解を行った処理をしてきた。その意味では、会社法が税法の整理の仕方に倣ったともいえるであろうし、アメリカ型の間接分割の発想を取り込んだものであるともいえよう。

113　法律案が提出された段階では、「分割に因りて設立する会社が分割を為す会社より承継する権利義務に関する事項」とされていたが、衆議院での修正の結果、本文で述べたように改められた。また、労働契約の取扱いについては、平成12年商法改正附則5条が設けられるとともに、「会社の分割に伴う労働契約の承継等に関する法律（労働契約承継法）」が制定された。労働契約に関する法改正の経緯については、商事法務1560号43〜44頁（2000）などを参照。労働契約承継法については、労働省労政局労政課「労働契約承継法の概要」商事法務1565号24頁（2000）。

9)。新設分割の効力が発生すると、新設分割設立会社は分割計画書の記載に従い新設分割会社の権利義務を承継する（平成17年改正前商法374条ノ10第1項）。もっとも、個別の催告を受けていない債権者は、分割計画書の記載にもかかわらず、分割会社にも設立会社にも弁済を請求することができる（平成17年改正前商法374条ノ10第2項本文）。分割計画書に記載がない会社も責任を負うことになるわけであるが、分割の日において有した財産の価額を限度とするとされている（平成17年改正前商法374条ノ10第2項但書）。

　物的分割の場合には、簡易合併などと同様に、簡易新設分割が用意された（平成17年改正前商法374条ノ6第1項）。分割会社は新株を発行しないので、発行株式数の発行済株式総数に対する比率によることができず、資産基準がとられる[114]。簡易分割が物的分割の場合にのみ認められ、人的分割の場合には認められないのは、人的分割の場合には分割会社の株主が新設会社の株式の割当てを受けて株主になるため、分割会社の株主の意思を無視できないと考えられているからであり、この点は株式移転に簡易な手続が認められていないのと同様であるとされる[115]。分割会社の反対株主には株式買取請求権が与えられない（平成17年改正前商法374条ノ6第3項）。

　人的分割においては、分割会社の持株数に比例しないで新株を割り当てることができる。非按分型の分割という。株主平等の原則の点で、このような非按分型の会社分割を行うためには、総株主の同意が必要であると一般的には解釈されていた[116]。

6 - 3　吸収分割

　吸収分割とは、分割会社の営業の全部または一部を承継会社に承継させる形で行う会社の分割である。

　吸収分割を行うための手続は、新設分割の場合とほぼ同様である（平成17年

---

[114] 前田庸「商法等の一部を改正する法律案要綱の解説〔中〕」商事法務1554号11頁（2000）。資産基準が、対価柔軟化との関係で、吸収側当事会社でも一般化していく。

[115] 前田・前掲114 11頁。

[116] 前田庸「商法等の一部を改正する法律案要綱の解説〔上〕」商事法務1553号11頁（2000）、原田・前掲109 10頁。

改正前商法374条ノ17第2項5号・374条ノ18第1項3号)。

　吸収分割に際して行われる債権者保護手続としては、官報で公告するほか、知れたる債権者には個別の催告をしなければならない。ただし、吸収分割承継会社の側では、合併におけるのと同様に、定款に定めた時事に関する事項を掲載する日刊新聞紙に掲げて公告を行うときは、個別の催告を省略することができる（平成17年改正前商法374条ノ20）。また、物的分割の場合において、吸収分割会社に対して債権の弁済の請求をすることができる債権者については、個別の催告は不要となる（平成17年改正前商法374条ノ20第2項・374条ノ4第1項但書）。

　吸収分割は、承継会社の登記が完了した時点で効力を発生する（平成17年改正前商法374条ノ25）。吸収分割が効力を発生すると、吸収分割承継会社は分割契約書の記載に従い吸収分割会社の権利義務を承継する（平成17年改正前商法374条ノ26第1項）。もっとも、個別の催告を受けていない債権者は、分割契約書の記載にもかかわらず、吸収分割会社にも承継会社にも弁済を請求することができる（平成17年改正前商法374条ノ26第2項本文）。吸収分割会社については、「分割の日に於て有したる財産の価額」を、吸収分割承継会社については、「承継したる財産の価額」を限度とする（平成17年改正前商法374条ノ26第2項但書)[117]。

　吸収分割については、二つの面で、簡易な手続が認められている。吸収分割会社の側での手続の簡易化については、物的分割の場合にのみ認められる（平成17年改正前商法374条ノ22第1項）。また、吸収分割承継会社側での手続の簡易化も、一定の場合に認められる。物的分割でも人的分割でも利用可能な制度であるが、簡易合併にならった制度枠組みとなっている（平成17年改正前商法374条ノ23）。

---

[117] この点で、法人格否認の法理の効果に関して、営業用財産の譲渡会社が当該財産に限定された責任を負うとした判決例（京都地判平成11年4月15日金融・商事判例1068号3頁）が注目される。なお、アメリカ法上の企業承継者責任（successor liability）については、中東正文「資産譲渡における企業承継者責任——製造物責任を中心として——」奥島孝康教授還暦記念論文集編集委員会編・前掲110 201頁。

6－4　簡易な営業譲受け

　平成12（2000）年改正商法は、他の会社の営業の全部を譲り受ける場合に関して、簡易な手続を設けた（平成17年改正前商法245条ノ5）。すなわち、営業の全部の譲受けの対価が最終の貸借対照表により会社に現存する純資産額の20分の1を超えないときは、譲受会社は株主総会決議を省略することができる。簡易な営業譲受けに反対の株主は、株式買取請求権を行使することができる。また、発行済株式総数の6分の1以上の反対がある場合には、株主総会決議を省略することができない。

7．平成15(2003)年産業再生法改正

　一連の商法改正では、解釈論上の争いは決着しなかった。たとえば、合併対価として親会社株式や現金等を利用することができるか（三角合併、交付金合併）、国際的な合併や株式交換を実施することができるか、債務超過会社を当事会社とする合併や株式交換は可能か、といった問題である。

　商法の特則を定める形で風穴を空けたのが、平成15年4月の産業再生法改正である。たとえば合併において、認定事業者は、親会社の株式や現金を対価として利用することができる（平成17年改正前産業再生法12条の9）。三角合併の形を利用して、外国親会社の株式を対価とすれば、株式対株式の国際的な企業結合（アウト・イン型）が可能になったと考えられている。もっとも、課税問題は未解決であり、適格組織再編成としては認められることにはならなかった。

　改正産業再生法は、解釈では対処しえない課題についても、積極的に取り組んでいる。簡易な（small scale）組織再編の要件を緩和し、さらには、略式な（short form）組織再編の制度を導入した（産業再生法12条の2ないし12条の7）。中間配当で子会社株式の分配を認めて間接分割を可能とし（産業再生法12条の8）、事後設立に伴う検査役調査等を省略する道を開いた（産業再生法11条）。

　産業再生法の改正と足並みを合わせるかのように、法制審議会会社法（現

代化関係）部会でも、平成14（2002）年9月25日以降、①合併対価の柔軟化の可否、②簡易組織再編行為の要件の見直し、③組織再編時の剰余金の計上・引継、④組織再編における新株予約権の取扱い、⑤事後設立規制の見直しなどが、具体的に議論されることになった。

8．平成16(2004)年商法改正——債権者保護手続の簡素化

8 − 1　改正の経緯

　平成16（2004）年の通常国会では、二つの商法等改正法が成立しており、そのうち、「電子公告制度の導入のための商法等の一部を改正する法律」（電子公告法）が、組織再編法制に関係するので、概観していくことにしよう[118]。

　平成9（1997）年に合併法制が改正されてから、平成17（2005）年会社法の制定に至るまで、会社債権者保護は徐々に簡略化ないし軽量化されていき、会社法制の現代化に伴う他の規制の転換と組み合わさって、本来の機能が大きく害されるようになった[119]。債権者保護手続の合理化と称されるが、単なる省力化なのか、法規制の再構築が適切に行われた結果であるのか、十分な検討が必要である。この過程の序章であり、推進力ともなったのが、平成16年の電子公告に関する商法改正である。

　法務省では、会社分割法制に関する商法改正法案を国会に提出した直後、

---

[118]　始関正光「電子公告制度・株券等不発行制度の導入〔Ⅰ〕」商事法務1705号29頁（2004）。また、前田雅弘ほか「〈座談会〉電子公告制度の導入と実務対応」商事法務1720号4～6頁〔始関発言〕（2005）。

[119]　藤田友敬「新会社法の意義と問題点　Ⅵ組織再編」商事法務1775号58～59頁（2006）。平成12年商法改正までの組織再編と債権者保護の歴史について綿密に検討するものとして、松井智予「会社法による債権者保護の構造(1)——企業組織再編取引を題材として——」法学協会雑誌121巻3号346頁（2004）。その後の連載は、松井智予「会社法による債権者保護の構造(2)(3)(4)(5)——企業組織再編取引を題材として——」法学協会雑誌121巻7号887頁・11号1747頁（2004）、122巻1号1頁・4号442頁（2005）。同論文は、このテーマを扱った初めての壮大な研究であり、平成16年商法改正と平成17年会社法制定をも視野に入れた形で、完結することが大いに期待される。

平成12（2000）年4月から、法制審議会商法部会において、会社法制の大幅な見直しのための作業に着手した。同年7月に決定された四つの作業の視点のうち[120]、高度情報化社会への対応に関して、電子公告制度の導入が具体的な立法過程として、会社立法の歴史において初めて取り上げられることになった。

法制審議会商法部会における見直しの作業は、平成13（2001）年1月の省庁再編にあわせて、会社法部会に引き継がれた。会社法部会は、同年4月18日に取りまとめられた「商法等の一部を改正する法律案要綱中間試案」において、高度情報化社会への対応という観点から、電子公告制度の導入について、初めて改正の提言がなされた。この中間試案において、合併の場合の債権者保護手続と会社分割における承継会社がすべき債権者保護手続について、官報公告に加えて、電子公告も行った場合には、個別催告の省略を認めることが提言されていた（第二十五の一の2）。また、「資本減少の場合を含む商法中の債権者保護手続の全般について合理化を検討すべきであるとの意見があるが、どうか」（第二十七の注2）と、課題の提示がなされている。

このような要望の背景には、かねてから、債権者保護手続の簡素化や合理化について、先進諸国で個別催告を厳重に要求している国はなく、また、個別催告を実施しても、一般的な債権者は異議申述をせず、多大の労力と費用がかかる個別催告制度を廃止するよう、経済界から要望が出されていたという事情がある。この要望を受けて、平成9年商法改正では、合併に限って、官報公告と新聞公告の二重の公告がなされれば、個別催告の省略が許されることになった。また、平成12年商法改正による会社分割制度の導入の際も、承継会社の債権者に対するものに限っては、合併と同様に個別催告の省略が認められた。とはいえ、資本減少の際と、会社分割でも分割会社の債権者に対する関係では、個別催告の省略は許されてこなかった。前述の中間試案に対する意見照会の結果でも、債権者保護手続の合理化について、経済界から実現を求める意見が出されてきた。

---

[120] 四つの視点は、①企業統治の実効性の確保、②高度情報化社会への対応、③会社の資金調達手段の改善、④企業活動の国際化への対応であった。始関・前掲118　35頁。

電子公告制度についても、圧倒的な多数が導入に賛成との意見であった。ところが、当時は、官報の電子化が検討の途中であり、どのような形で行われるのかをふまえたうえでなければ、商法上の電子公告制度の検討を尽くすことができなかった[121]。そのため、平成14（2002）年2月13日に法制審議会が答申した「商法等の一部を改正する法律案要綱」には盛り込まれず、これと引換えの形で、法務大臣から法制審議会に対して「株券の不発行制度等に関する諮問」（諮問55号）がなされ、「株式会社の行う公告を電子的に行うことができるものとすること」につき、改正の要否および改正を要するとした場合にはその要綱を示すことが求められた。諮問を受けた法制審議会は、電子公告制度と株券等不発行制度の導入についての検討を行うための専門部会として、会社法（株券の不発行等関係）部会（部会長：江頭憲治郎東京大学教授）を設置した。

会社法（株券の不発行等関係）部会による調査と審議は、平成14年の商法改正が終わって、同年9月から開始された。その後、平成15（2003）年3月26日には、「株券不発行制度及び電子公告制度の導入に関する要綱中間試案」を取りまとめ、法務省民事局参事官室によって公表され、意見照会に付された。この中間試案では、債権者保護手続の合理化に関して、三つの案を掲げていたが[122]、意見の統一をみるには至らなかった。同部会では、寄せられた意見

---

121 始関・前掲118 38頁注(4)。
122 中間試案においては、次の三つの案が示された（第2編第3「株式会社の各種債権者保護手続における個別催告の省略等」）。分割会社がする債権者保護手続に関しては、（I案）会社分割における分割会社がする債権者保護手続については、官報公告に加えて、日刊新聞紙による公告又は電子公告をも行った場合には、個別催告をすることを要しないものとする、（II案）合併、資本減少・準備金減少及び会社分割における債権者保護手続について、その種類を問わず、官報公告に加えて、日刊新聞紙による公告又は電子公告をも行った場合には、個別催告をすることを要しないものとする、（III案）会社分割における分割会社がする債権者保護手続については、会社が公告ホームページに電子メールアドレス登録欄を設けて、当該ホームページを閲覧した債権者が随時アドレスの登録をすることができるようにした場合には、官報公告及び電子公告をするほか、当該アドレス登録をした債権者に対し、当該登録に係る電子メールアドレスに宛てた電子メールの送信による個別催告をすれば足りるものとする。ただし、当該電子メールアドレス登録欄を設けた後1年以上が経過した場合に限るものとする、という選択肢である。

をふまえて、さらに検討を行い、同年7月30日、電子公告制度の導入に関しては、「電子公告制度の導入に関する要綱案」を決定した。要綱案は、同年9月10日開催の法制審議会の審議に付され、原案どおり、「電子公告制度の導入に関する要綱」として決定され、法務大臣に答申された。

電子公告法案は、参議院先議となり、参議院本会議において、平成16年4月21日に、衆議院本会議において、同年6月3日、それぞれ全会一致で可決されて成立した。参議院法務委員会における採決の際には、附帯決議が付されており、「各債権者保護手続における個別催告の省略等が株主や債権者等会社の利害関係人に重大な影響を与えることにかんがみ、高齢者等の情報格差の状況も考慮して、その保護に欠けることのないよう制度の目的、内容、手続等について十分周知徹底を図ること」、また、「電子公告制度の導入に当たっては、株主や債権者等会社の利害関係人の保護が十分に図られるよう、……施行後の実績を踏まえ、必要に応じその見直しを含め適切に措置すること」が決議されている。立法者も、債権者保護に欠けることがないように、立法後も留意すべきことを期待していた。

8-2　改正の内容

以上でみたように、法案作成までには厳しい検討が続けられたが、最終的にできあがった要綱においては、「第3　株式会社の各種債権者保護手続における個別催告の省略等」として、第一に、「合併及び資本減少・準備金減少における債権者保護手続並びに会社分割における承継会社がすべき債権者保護手続については、官報公告に加えて、日刊新聞紙による公告又は電子公告をも行った場合には、個別催告を要しないものとする」。また、第二に、「会社分割における分割会社がすべき債権者保護手続については、官報公告に加えて、日刊新聞紙による公告又は電子公告をも行った場合には、不法行為によって生じた債権を有する者以外の債権者に対しては、個別催告をすることを要しない（不法行為によって生じた債権を有する債権者に対しては個別催告を要する。）ものとする」とされていた。

平成16（2004）年改正商法は、この要綱をそのまま条文の形に起こしたも

のである。すなわち、官報公告に加えて新聞公告または電子公告を行えば、①合併における債権者保護手続、②吸収分割における承継会社が行う債権者保護手続について、個別催告の省略を認めるとともに、③資本減少および準備金減少における債権者保護手続においても、二重公告による個別催告の省略を許容し、さらに、④会社分割における分割会社が行う債権者保護手続についても、原則として、個別催告の省略を認めた（平成17年改正前商法376条1項但書・289条4項・412条1項但書・374条ノ4第1項但書・374条ノ20第1項但書）。もっとも、④に関して、不法行為債権者に対する個別催告を省略することは許されておらず（同法374条ノ4第1項但書・374条ノ20第1項但書）、不法行為債権者で個別催告を受けなかったものは、会社分割契約等の記載にかかわらず、分割会社と承継会社または設立会社の双方に対して債権を行使することができる（同法374条ノ10第2項・374条ノ26第2項）。会社分割が免責的債務引受けの効果を生じさせることから、公害や薬害に基づく不法行為債務を会社が分離してしまうなど、制度の濫用を防止する必要が存するからである[123]。

　官報公告と電子公告の二重公告による個別催告の省略に関して、従来から、官報公告と新聞公告という二重公告を認めてきた合併等については、電子公告が周知性において既存の公告方法と同等以上であるとして導入されたものである以上、官報公告と電子公告という二重公告による個別催告の省略を認めるのは、必然的であるともいえる[124]。これに対して、二重公告による個別催告の省略が認められてこなかった類型について、どこまで省略を許容するのかは、法制審議会の会社法（株券の不発行等関係）部会における審議でも、最大の論点の一つとなった。なかでも、会社分割における分割会社のする債権者保護手続については議論が収斂せず、先の中間試案でも、三つの案が示されたが、意見照会の結果においても、各界の意見が分かれた。このような状況で、同部会においては、中間試案に掲げたいずれの案とも異なる解決策を見い出すほかなくなった。この結果が、上述のように、不法行為債

---

[123] 以上につき、始関正光「電子公告制度・株券等不発行制度の導入〔XV・完〕」商事法務1722号51〜52頁（2005）を参照。
[124] 始関・前掲123 55頁注(5)。以下の経緯についても、同論文を参照。

権者のみを、特別な取扱いをするという立法政策である。

8－3・批判的な議論

このような立法判断については、さまざまな角度から、批判が加えられた。とはいえ、学界の状況をみる限り、平成16 (2004) 年商法改正の時点では、決定打となるまでの議論はなされていないようにも思われる。参議院法務委員会の附帯決議にも関係して、改正後に悪用される事例が、目立った形で現れて、自省を促すことがなかったからかもしれない。ただ、平成17 (2005) 年会社法制定および平成18 (2006) 年会社法施行規則制定においては、致命傷ともいうべき法の欠陥が生じてしまった[125]。これに至る踏み台として、平成16年商法改正の意味は大きいであろう。以下では、同年の改正直後の議論状況を概観しておこう。

会社分割が債務逃れのために濫用的に用いられる危険性については、学界から強い懸念が示された。たとえば、会社分割において、個別催告を受けたうえで異議を申し立てないという選択をした債権者のみが責任財産の減少を甘受すべきであるとするのが商法の立場であったとすると、債権者が積極的に会社分割の情報を入手しなければ異議申述の機会を失うという意味では、商法の考え方が根本的に修正されたという評価もできる、とされる[126]。あるいは、会社分割だけは清算と同じように、個別催告の省略は一切認めずに、改正前の規制を維持するという選択肢も十分にありえた、とも説かれる[127]。

会社分割における債権者保護のあり方は、前述のように、昭和44 (1969) 年の商法改正研究会「商法改正要綱私案」の時点から、濫用の危険性が懸念されてきた。この試案の作成者も、当時は、連帯債務として、免責的債務引受けを認めないのが望ましいという見解を示していた[128]。論者は、「平成12年の分割法制創設の場合も、法制審議会会社法部会での審議では、当初、連帯債務で議論が進んでいたと思いますが、これには実務側の抵抗が強く、これ

---

125 藤田・前掲119 58〜59頁。
126 山下友信「電子公告法の法的論点」ジュリスト1280号24頁 (2004)。
127 前田ほか・前掲118 29頁〔前田発言〕。

が削除されることになりました。このままではまずいなと思っていたところ、当時、部会長をされていた前田庸先生も同じ思いをされていたようで、前田先生から、分割にも異議制度を導入するのはどうかという相談があり、次善の策として、私も賛成しました。結局、分割にも異議制度が導入されることになりました」と、振り返っておられる[129]。

　会社分割の当事会社に連帯債務を負わせずに、免責的債務引受けの効果を認めるのであれば、債権者保護手続が適切に用意されているかが重要になる。歴史的には、合併よりも厳格な形ではあれ、異議制度を導入するという路線が、平成12（2000）年改正段階で敷かれた。個別催告なしに免責的債務引受けが可能となることで、債権者の保護の程度が大きく後退した[130]。

　このような政策判断をした以上、残る課題は、債権者保護の機能低下あるいは会社分割制度の濫用防止という問題に対して、適切に対処しながらも、同時に、会社の負担も軽減するように、異議制度を合理的に整備することにあった[131]。このような理念的な要望にもかかわらず、平成17年会社法制定に向かって、会社の便宜が優先されていくことになった。

　ところで、不法行為債権者を除いて個別催告の省略を認めるという政策判断そのものは、「ぎりぎりの調整の結果として」[132]、あるいは、「対立する要請の双方を勘案したぎりぎりの立法政策的選択」[133]として、最終的になされた

128　森本滋＝浜田道代ほか「検証・会社法改正〔平成15年（2003年）私法学会シンポジウム記録〕」私法66号73頁〔田村諄之輔発言〕（2004）。このシンポジウムでの報告については、中東正文「検証・会社法改正　Ⅳ企業組織再編法制の整備」商事法務1671号20頁（2003）。中東報告は、電子公告法の制定に向けて検討が進められている折になされたものであるが、債権者保護手続の簡素化に寛容な姿勢を示している。この点に対する批判として、森本＝浜田ほか・前掲71頁〔岩原紳作発言〕。なお、会社分割法制が具体的な立法作業に入る前から、山田・前掲6 100巻2号272頁も、「解散型及び存続型のいずれの場合にも、すべての取得会社及び被分割会社に、被分割会社の社債の償還債務を含む全債務につき、連帯責任を負わせるべきである」としていた。
129　森本＝浜田ほか・前掲128 73頁〔田村発言〕。
130　藤田・前掲119 59頁。
131　森本＝浜田ほか・前掲128 73頁〔田村発言〕。
132　前田ほか・前掲118 29頁〔前田発言〕。
133　山下・前掲126 25頁。

ものであると評価されている。

　このような政策判断を実質的に支えたものは、何であったのか。一つには、平成12年商法改正の時点で議論されていたように、会社分割の対象が、個別的な権利義務の集積ではなくて、営業の全部または一部とされたことである[134]。平成11（1999）年7月7日の「商法等の一部を改正する法律案要綱中間試案」においては、「権利義務の一部」が会社分割の対象とされていたが（第一の一の1、第一の二の1）、意見照会において、分割会社の個々の権利義務の承継では不十分であり、それを認めると、営業に関連して生じた債務が債権者の承諾なく免責的に承継されることの実質的合理性を担保できなくなるといった意見が多勢を占め、その結果、会社分割の対象が、「権利義務」ではなくて、「営業」の全部または一部とされた[135]。

　いま一つの実質的な背景は、会社債権者の保護は、事前開示事項のうち、各会社の債務の履行の見込みがあることとその理由によっても（平成17年改正前商法374条ノ2第1項3号・374条ノ18第1項3号）、担保されうるものであったことも求められよう[136]。この点をどれほど重視するかは、営業概念の理解の仕方にもかかわってくる。営業概念を各規定の趣旨に応じて柔軟に解釈することを示唆する見解からは、会社債権者が自らの営業に関する債権について、当該営業に関する財産が引当てとなるという一般的な期待がありうるかは疑問であるとされている[137]。とすれば、事前開示などの分割手続のなかで、債権者保護の問題は対処されるのが法の趣旨であり、会社分割の対象を制約することを通して、債権者保護を図ることには、本筋ではないことになろうか。

　少なくとも、これら二つの事情が、会社分割を濫用する歯止めとして、平成16年商法改正の折には、存在していたということができよう。

---

[134] 神作裕之「会社分割における『営業』の意義」法学教室243号24頁（2000）参照。また、平成12年商法改正における議論をふまえて、包括承継の概念、分割対象の営業性、個別催告を通じた債権者保護を、立体的に考察するものとして、松井・前掲119法学協会雑誌121巻3号414～418頁。

[135] 神作・前掲134 24頁。

[136] 神作・前掲134 27頁。また、森本＝浜田ほか・前掲128 73頁〔中東発言〕。

[137] 神作・前掲134 27頁。

なお、不法行為債権者に限って、個別催告を受けなかった場合に、従来どおり各会社の連帯債務が認められたことについて（平成16年改正前商法374条ノ10第2項・374条ノ26第2項と平成17年改正前商法同条項を比較）、より適切な区分がないか、具体的には、消費者か否かという区分を採用することができないかも検討された[138]。消費者としての会社債権者は、行政的な監督法規で相当部分は保護され、詐欺的な取引があれば不法行為債権者として保護されることから、不法行為債権者という切分けは、ありうる選択肢のなかで、現実的かつ合理的な選択であったと評されている[139]。

　以上のように、平成16年商法改正は、ぎりぎりの立法政策的選択であった。電子公告が紙ベースの公告方法よりも情報周知力が高まっているという評価に一応は基づくものであっても、本則である個別催告の要求ということの立法論的当否は、資本の部の計数の変動の類型、また、組織再編行為の類型によって、異なる考慮が必要であることが認識されていた。組織再編行為における債権者保護手続全体のあり方の検討は、依然として、課題として残されたのである[140]。

　平成17年会社法の制定においては、後に検討するように、この課題が総括されることのないまま、会社分割が濫用される危険性が増大することになった。個別的には必ずしも不合理とはいえなかもしれない改正が相乗して、きわめて詐害性の強い組織再編も組織法的な規制では止めることができない状況が生じうる[141]。平成16年商法改正との関係では、債権者保護手続の簡略化を実質的に支えた上述の二つの法的要請が、平成17年会社法制定と平成18年会社法施行規則制定において、十分な議論が尽くされないまま、排斥されていくことになる。その意味でも、平成16年商法改正については、改正過程で

---

[138] 始関・前掲123 56頁注(5)。消費者という区分が採られずに、不法行為債権者という区分が採られた理由についても、同論文が詳しい。
[139] 前田ほか・前掲118 29頁〔前田発言〕。山下・前掲126 25頁も、同旨。ゴルフ場の預託金債権の債権者など、不法行為債権者にあたらない者の保護について、さらなる警戒が必要であったことを示唆する見解として、森本＝浜田ほか・前掲128 71〜72頁〔岩原発言〕。
[140] 以上につき、山下・前掲126 25頁。
[141] 藤田・前掲119 58〜59頁。

の議論、改正内容の検証が十分であったのか、会社法制の現代化に各種のアクターが追い立てられた時期であるとはいえ、疑問がぬぐえない。

9．平成17(2005)年会社法制定

9－1　会社法と法務省令の制定の経緯

9－1－1　会社法の制定

　会社法制の現代化に関する立法の経緯については、平成改正を彩る社会経済情勢と力学の最終段階として、各アクターの活動との関係を中心に、おおよそ、平成15（2003）年10月22日の「会社法制の現代化に関する要綱試案」が意見照会に付された時期までを取り扱ってきた。それ以降の立法の過程について、以下では、簡単に振り返っておこう[142]。

　要綱試案の意見照会後[143]、法制審議会会社法（現代化関係）部会（部会長：江頭憲治郎東京大学教授）では、さらに審議を進め、平成16（2004）年12月8日に、「会社法制の現代化に関する要綱案」[144]を決定した。その後、予定どおり、平成17年2月9日に開催された法制審議会において、「会社法制の現代化に関する要綱」として決定され、同日に法務大臣に答申された。

　法務省は、この要綱をもとに法案の作成を行い、会社法案を立案した。内閣は、平成17年3月18日の閣議を経て、同月22日に、「会社法案」（閣法第81号）を国会に提出し、衆議院での一部修正の後、同年6月29日の参議院の本会議において、会社法が成立した（平成17年法律第86号）。法案の作成にあたっては、要綱が忠実に具体化されておらず、要綱段階で想定されていない大胆な概念

142　全般的に、相澤哲編著『一問一答　新・会社法〔改訂版〕』4〜12頁（商事法務、2009）を参照。

143　組織再編関係の各界意見の状況については、相澤哲ほか「『会社法制の現代化に関する要綱試案』に対する各界意見の分析〔Ⅴ・完〕」商事法務1693号42〜45頁（2004）。

144　法制審議会会社法（現代化関係）部会「会社法制の現代化に関する要綱案」商事法務1717号10頁（2004）。組織再編関係の要綱案の解説につき、江頭憲治郎「『会社法制の現代化に関する要綱案』の解説〔Ⅶ〕」商事法務1728号10頁（2005）。

や体系の変更が行われ、あるいは、議論されていない実質改正がなされており[145]、そうであるとすると、立法経緯において異例の立法であったということになろう。もっとも、平成17年4月20日に開催された衆議院法務委員会で、江頭憲治郎部会長は、参考人質疑に先立つ意見申述として、「部会において意見の集約ができず、今後の検討課題とされ、法案に盛り込まれなかった事項もないではありませんが、この法案にある事項につきましては、部会のすべての参加者が納得し、合意に達した内容のものであるということを申し上げたいと思います」と、述べておられる[146]。

　法案の内容と法制審議会での議論を重ねてみると、組織再編関係でも、法案の立案の段階での実質改正がみられる。象徴的であるのは、立案担当者が、組織再編関係の会社法の見直し項目として、①合併等の対価の柔軟化、②簡易組織再編行為の要件の緩和、③略式組織再編行為の創設、これらに加えて、④敵対的買収への防衛策の導入を掲げていることである[147]。法制審議会においては、買収防衛策が正面から論じられたことは一度もない[148]。

　むしろ、敵対的買収に対する防衛の必要性が意識され始めたのは、法案のとりまとめの終盤に差し掛かったときであって、合併等の対価の柔軟化と関連づけられることになった[149]。会社法のうちで、対価の柔軟化に関する部分

145　上村達男「新会社法の性格と法務省令」ジュリスト1315号2～3頁（2006）は、会社法と関係法務省令の制定過程が異例であったことを痛烈に批判する。江頭憲治郎「新会社法制定の意義」ジュリスト1295号3～6頁（2005）も、「会社法には、『要綱』成立後に浮上したあるいは明らかになった問題が少なくない」、「会社法には、『要綱』中には言及されておらず、法制審議会会社法（現代化関係）部会の場においてもまったく議論されたことのない実質改正事項が、少なからず含まれている」、「会社法は、『要綱』になかった実質改正を相当数含んでいる。法務省と内閣法制局の間でそう決めたのであろうが、なぜそう決めたのかにつき、立法担当者が詳しい解説を書くことが強く望まれる」とされる。

146　第162回国会衆議院法務委員会会議録第14号（平成17年4月20日）。

147　相澤編著・前掲142　13～14頁。そこでは、「会社法においては、敵対的買収への合理的な防衛策を導入するのに必要かつ十分な次のような法整備も行っており、適切なバランスをとっている」とされ、種類株式と新株予約権の内容を自由化したこと（会社法108条1項4号7号）、株主総会の決議要件の加重が認められることを明確化したこと（会社法309条2項12号・3項2号3号）が示されている。

148　江頭憲治郎「新会社法の意義と特徴〔講演録〕」ジュリスト1300号10頁（2005）。

についてのみ、全体から1年間、施行が遅らされることになった（会社法附則4項）。これは、対価の柔軟化に伴い、合併等が行われやすくなり、その前段階として、株式を買い集めて企業を買収しようとする意欲が高められ、企業価値を損なうような敵対的買収も増加するのではないかと懸念されたためである[150]。

もともと、内外の強い実務からの要望によって対価の柔軟化は検討されてきたが、このような懸念が経済界の一部において強まりをみせた。自由民主党では、政務調査会法務部会の下に設けられた「商法に関する小委員会」（委員長：塩崎恭久衆議院議員）において、法制審議会における審議と並行して、会社法制の現代化に関する検討が進められていたところ、経済界の一部の懸念を受けて、対価柔軟化の改正に慎重論があった。その後、小委員会と法務部会は、慎重論にも配慮し、各社が決算期を問わず、会社法施行後の定時株主総会において定款変更を要する買収防衛策を導入する機会を保障するため、施行時期の1年先送りを条件に、会社法案の国会提出を了承した。この点に関しては、合理的な理由はないが政治情勢からやむをえず施行時期が延期され、会社法改正が理屈だけでは説明できないことの典型例であると受け止められている[151]。

もっとも、対価の柔軟化により、強圧的な二段階買収を可能とするという点で、敵対的買収に波及する効果は、立法の時点では、そう意識されていないように見受けられる[152]。

---

149 以下の叙述につき、相澤編著・前掲142 268～269頁を参照。
150 理論的には、合併等対価の柔軟化は、敵対的買収を増加させるものではなく、中立的であるべきものである（相澤編著・前掲142 213頁参照）。ただし、強圧的な二段階買収に対して、適切な法規制が実現されなければ、株主の本意に背く形で、成功するべきではない買収まで、成功させることができる可能性が高まるという意味で、潜在的な対象会社にとっては、脅威ではある。
151 前田雅弘ほか「〈座談会〉新会社法と企業社会」法律時報78巻5号8頁（2006）〔前田発言〕。

第3節　平成改正の内容の検証　*327*

9－1－2　法務省令の制定

　法務省民事局参事官室では、会社法で委任された約300もの事項について、法務省令の策定に取り組み、平成17（2005）年11月29日から、法務省令案として、9本の省令案を公表し、同年12月28日まで、パブリック・コメントに付した[153]。組織再編法制に最も関係するのは、「組織再編行為に関する法務省令案」であった[154]。この省令案は、組織再編行為の実体と手続に関するもののほか、組織再編行為にかかる会社の計算についても、包摂するものであった。

　法務省令案については、学界からの批判が強かったが[155]、パブリック・コメントの期間が省令案の質量に比して短く、唐突に示されたためか、十分な検討は困難であったとされる[156]。会社法は、法務省令に委任された約300の

---

[152]　この点を意識して、「二段階買収のような、アメリカでは脅威といわれるようなタイプの買収も、特にそれを不当視していないように思われますので、それもまた禁圧すべきなのかということもまだ全然価値観が定まっていないということで、結局、1年遅らせてみたけれども、何をどうしたらいいのか、誰もわからないまま過ぎるという感じ」と述べる論者もあり（前田ほか・前掲151　8頁〔中村発言〕）、先見の明に満ちた見解であると思われる。

[153]　法務省令案は、商事法務1750号（2005）に所収されている。

[154]　法務省令案に対する批判として、上村・前掲145　4～5頁。

[155]　上村・前掲145　3頁は、「法務省令案の公表を受けて、その内容を調べるほどに、余りに問題が多いとの認識が研究者との間で広まりつつあった。早稲田大学教授等意見および東京大学岩原紳作教授勉強会意見に、そうした問題点が列挙されている」とする。早稲田大学の意見については、「会社法施行規則案等法務省令案に対する早稲田大学教授等意見」（2005年12月28日）〈http://www.21coe-win-cls.org/iken20051228.pdf〉として、公表されている。早稲田大学教授等意見では、法務省令のあり方について、①会社法で委任された範囲で省令が定められるべきこと、②省令に委任された事項でも、従来の一般的な理解と異なる見解を前提にして定められるべきでないこと、③学説で対立のある問題を安易に決着させようとすべきではないこと、といった点が指摘されている（一の【意見2】）。同意見では、組織再編行為に関する法務省令案について、事前開示事項に関する規定が疑問視され、(i)「債務の履行の見込みの有無に関する事項」を、「債務の履行の見込みあること及びその理由」とすべきこと（八の【意見1】）、(ii)計算書類等について、最終の貸借対照表等が株主総会の会日の前6か月以内に作成されたものでないときは、非常貸借対照表等を開示させるべきこと（八の【意見2】）が主張されている。いずれも、上記の②の類型に該当するものであるが、これらの点は、会社法施行規則でも変更されなかった。

事項に、相当に重要なものが含まれており、その後の法務省令で、要綱の作成の段階で想定されていなかった実質改正が行われてもいる[157]。組織再編との関係では、招集通知と参考書類の記載内容に関して、重大な疑義があると考えられたようであり、この点も含めて、4名の学者が、平成18（2006）年1月に、竹下守夫法務省特別顧問に面談し、法務省令の改善を求めた[158]。その後、民事局の立案担当者との会合がもたれ、学者の反対がきわめて強いことから局議がもたれ、法務省令案は相当に修正された模様であるとされる[159]。

法務省令は、3本にまとめられ、平成18年2月7日に、会社法施行規則（法務省令第12号）、会社計算規則（法務省令第13号）、電子公告規則（法務省令第14号）が制定された[160]。組織再編に関する法務省令は、実体と手続に関する事項は、会社法施行規則において、計算に関する事項（のれん、株主資本）は、会社計算規則において、それぞれ分けて定められることになった。

9−2 組織再編の実体の柔軟化

9−2−1 合併対価の柔軟化と交付金合併

会社法における組織再編法制の改革の目玉は、合併等の対価の柔軟化であった。わが国の経済界からも、機動的な組織再編を行うのに資することが

---

156 上村・前掲145 3頁。
157 上村・前掲145 3頁は、「従来、法制審議会で議論していないことについては変えない、という了解に基づいて立法がなされてきたところ、そうした謙抑的な姿勢がとられなかったようである。法務省令なのだから法務省に任されたはず、という対応は、法律の枠内での細かな問題を規定するだけという謙抑的な姿勢が前提になっている」とされる。
158 朝日新聞2006年9月8日「経済法制改正ラッシュ、法務省民事局が自由度増強」には、「法務省令案に根回しなし」、「進みすぎに批判の声も」といった見出しが踊る。また、同記事によると、法務省民事局は、自民党や経済界の圧力でしぶしぶ規制緩和を進めているのではなく、「確信犯」として、静かに立法改革を進めていた。なお、竹下守夫法務省特別顧問への面談は、江頭憲治郎東京大学教授、岩原紳作東京大学教授、川村正幸一橋大学教授、上村達男早稲田大学教授が、平成18（2006）年1月6日に、法務省内の顧問室で行ったという（上村・前掲145 3頁）。
159 上村・前掲145 3頁。
160 会社法施行規則と会社計算規則は、誤謬等がみつかり、平成18年3月29日（法務省令第28号）と同年4月14日（法務省令第49号）によって、一部改正がなされた。

唱えられ、また、外国からも、企業買収を通じた対日投資を実効的に行うことができるように要望され、実現に至ったものである。もっとも、先に述べたように、この部分の会社法の施行は、他の部分から1年先送りされることになった。

この点の柔軟化や規制緩和は、経済界からの要望によってのみ推進されたものではなく、学界でも相当に検討が行われたうえで、実現されたものである。対価の柔軟化の議論のなかで、主として念頭に置かれていたのは、現金を利用する場合であるが、伝統的な見解によれば、合併交付金は、合併比率の調整のためのものと消滅会社の最終営業年度の配当に代わるものに限られ、対価の全部を現金で支払うことは許されなかった[161]。これに対して、従来から、交付金合併は解釈論上も可能であるとの見解が強くなっていた[162]。対価の柔軟化といっても、現金を対価とする場合を念頭において議論されることが多いので、以下でも、とりわけ交付金合併を念頭において、叙述を進めていく[163]。

会社法制の現代化の目玉として、合併対価の柔軟化が検討される頃にも、議論は活発に行われていたが、この時点では、合併対価の柔軟化を認めることそのものを完全に否定する論調は強くなかった。現代化要綱試案に対する各界意見をみても、対価の柔軟化そのものについては、賛成意見が多数を占めたとされる[164]。むしろ、これを認めることができる範囲や、認めるとした場合に必要とされる立法の手当などが、積極的に提言されていった。

この段階では、少数株主の締め出し制度を導入した2001年ドイツ株式法改

---

[161] 竹田省「現金の交付を伴ふ会社合併」『商法の論理と解釈』265〜270頁（有斐閣、1959）、大隅健一郎「会社合併の本質」『会社法の諸問題〔新版〕』389頁（有信堂、1983）、龍田節「株主総会における議決権ないし多数決の濫用」末川博先生古稀記念『権利の濫用・中』133頁（有斐閣、1962）、上柳克郎ほか編『新版注釈会社法(13)』165〜169頁〔今井宏〕（有斐閣、1990）、大隅健一郎＝今井宏『会社法論下Ⅱ』110〜114頁（有斐閣、1991）、中東・前掲88 152〜153頁。

[162] 柴田和史「合併法理の再構成（6・完）」法学協会雑誌107巻1号58〜60頁（1990）、江頭憲治郎『結合企業法の立法と解釈』263頁（有斐閣、1995）。

[163] 実際のところ、合併対価が柔軟化されても、実際に活用されるのは、現金が中心になるであろうし、とりわけ外国会社との間で組織再編が行われるときには、親会社の株式が用いられることが多くなろうが（三角合併）、後者については、項を改めて述べる。

正を参考にして、わが国において、対価の柔軟化に伴う少数株主の締め出しの問題に、どう対処するかが主として議論された。たとえば、ドイツの立法者は、完全親子関係による企業運営の効率性を認め、多数株主の持株比率が95パーセント以上の場合には、定型的に自由な企業運営の利益を優先させるべき事情があると判断しており、比較法的見地からは、残存株主の維持にかかるコストを理由にこれらの株主を締め出す必要が定型的に認められるのは、少なくとも多数株主側が9割以上の株式ないし議決権を保有している場合であるといえ、存続会社の株式以外の対価に反対する株主が1割を超える場合にまで対価の柔軟化を認めることには慎重であるべきとされる[165]。あるいは、総会決議の取消しや合併の差止めによる少数株主の救済は、企業の組織再編を妨げる度合いが大きいので、ドイツの制度のように、締め出しの効力に影響を与えずに対価の公正の確保をめざす規制を導入することを検討すべきであるとされる[166]。

　より具体的に検討の視座を提示する見解は、「仮にドイツ株式法に倣って締め出し制度の設計を考えるのであれば、①前提となる基準値の基礎は発行済株式総数であること、②基準値は日本における他の会社法の規定と整合性をもって決められるべきこと（現行法を前提とすれば、発行済株式総数の97パーセント以上とするのが最も整合的であろう）、③対価の適正性を確保するために、検査士による検査および確定の基礎についての開示の必要があること、④対価の適正性を裁判所が事後的に検証するための手続が用意されることが必要であること、の四点が確認されねばならないと考える。その意味で、現代化要綱試案に示される提案は、これらからはかなり懸け離れたもの

164　相澤哲ほか「『会社法制の現代化に関する要綱試案』に対する各界意見の分析〔Ⅴ・完〕」商事法務1693号42～43頁（2004）。それによると、賛成意見を述べるのは、大阪大学、成蹊大学、日本大学、一橋大学、日本弁護士連合会、日本司法書士会連合会、経団連、全国銀行協会、日本証券業協会、経済産業省、米国商工会議所などである。これに対して、反対意見または消極意見が、名古屋商科大学、明治大学、早稲田大学などから出された。

165　斉藤真紀「ドイツにおける少数株主締め出し規整（2・完）」法学論叢155巻6号59～60頁（2004）。

166　伊藤靖史「少数株主の締出しに関する規制のあり方について」同志社法学56巻4号93～94頁（2004）。

である」と主張する[167]。

　少数株主の締め出しに警戒する姿勢は、英米法からアプローチする場合にも、示されていた。たとえば、アメリカのデラウェア州最高裁によって示され、後年に破棄された事業目的基準について[168]、わが国でも採用すべきか否かの十分な検討が必要であるとされた[169]。もっとも、このような立場に対しては、無用の混乱をもたらさないかという懸念が示されているし[170]、交付金合併を導入する立法がなされた以上、公正な対価をもって株主の地位を失うことは法が当然に予定しているとして、正当な事業目的は不要と説く見解もある[171]。

　また、カナダ法にならって、事前規制を重視し、当事会社が支配・従属関係にある場合には、①質の高い情報開示、②独立した評価人による評価、③少数派の多数の賛成を要件として、交付金合併を許容すべきであるという見解も示されていたが[172]、立法で採用されるところとはならなかった。ただ、会社法制定後において、支配・従属会社間の合併につき、①独立した外部の専門家の評価を求めたかなど、対価の決定の過程に重点を置いて判断するの

---

[167] 福島洋尚「株式会社法における少数株主の締め出し制度」柴田和史＝野田博編著『会社法の現代的課題』236〜237頁（法政大学出版局、2004）。

[168] デラウェア州の最高裁においては、事業目的基準（business purpose test）は、Singer v. Magnavox Co., 380 A.2d 969（Del.1977）事件判決、Tanzer v. International General Industries, Inc., 379 A.2d 1121（Del.1977）事件判決、Roland International Corp. v. Najja 407 A.2d 1032（Del.1979）事件判決の三部作で完成をみたが、その後の Weinberger v. UOP, Inc., 457 A.2d 701（Del.1983）事件判決で、廃棄された。ニューヨーク州などでは、事業目的基準が、今なお維持されている。

[169] 柴田和史「現金交付合併と正当な営業上の目的の法理に関する一試論」柴田＝野田編著・前掲167 13〜14頁。同様に、解釈で、正当な事業目的を要求し、これを欠いた株主総会決議は、著しく不当で、決議取消事由を有する場合がありうるとするものとして、前田ほか・前掲118 6頁〔前田発言〕。同じく、少数株主の締め出しについて、事業上の正当な目的を要求する見解として、長島・大野・常松法律事務所編『アドバンス新会社法（第2版）』775〜776頁（商事法務、2006）。

[170] 藤田友敬「企業再編対価の柔軟化・子会社の定義」ジュリスト1267号109頁（2004）、田中亘「組織再編と対価柔軟化」法学教室304号81頁（2006）。

[171] 石綿学「会社法と組織再編――交付金合併を中心に」法律時報78巻5号64頁（2006）。

[172] 中東・前掲128 21頁。また、会社法制の現代化が検討される前のものであるが、中東・前掲88 543〜544頁も参照。

が実際的であり、これに加えて、②十分な情報開示の下に、③従属会社の少数株主の多数の賛成を得ているか、といった観点も、対価の決定が公正になされたかを審査するうえで有益であり、事後の紛争のリスクが軽減されるとの見解が示されている[173]。

同時に、事前規制によらなくても、制度の濫用から少数株主を保護する法理は別にある（平成17年改正前商法247条1項3号・415条）という主張も有力になされていた[174]。先の事業目的基準の再評価に関する見解も、事後規制の具体化の方策の一つと評することができよう。他方で、相当数の困った事例が現れ、後を追いかける法改正が相次ぐことを懸念する見解もある[175]。

これらの分析をふまえつつ、以下のような総括がなされており[176]、私も積極的に支持したい。すなわち、「金銭交付合併等による少数株主の排除は、それなりに合理的な実務上のニーズを背景に、その導入が求められてきた。しかし少数株主の利益を害する危険の高さ故に、……慎重な配慮の下に導入が

---

[173] 石綿・前掲171 61～62頁。この点につき、中東正文「M&A法制の現代的課題〔上〕」商事法務1658号12～14頁（2003）は、立法でしかるべき事前規制を課し、これに従うならば、原則として、合併の効力が覆ることはないという形で、取引の安定化を図ろうと提言していた。手法において異なるが、基本的な発想や重視すべき点の理解では、大きな違いはないのであろう。なお、田中・前掲170 79～80頁は、株式買取請求権が行使された場合の公正価格の決定につき、同様の基準を満たした場合に、支配・従属会社間の合併も、独立当事者間の合併と同様に、合意された条件が公正なものとして尊重されるべきことを示唆する。

[174] 江頭憲治郎『株式会社・有限会社法（第4版）』688頁注(2)（有斐閣、2005）など。

[175] 前田ほか・前掲151 7頁〔中村発言〕。「これから山ほど失敗といいましょうか、困った事例が出てくると思います。……いちばん心配しているのは、対価の柔軟化が始まりますと、90％以上持った会社の、残りの10％未満の株主は、ほとんど株式ではないかと思うわけでして、いつでも現金を払えば追い出せる。……実はあれは使いたいニーズが実務に非常に多いのです。ですからあれは相当使われて、その残りの少数株主はとても不愉快な思いをするに違いなくて、相当トラブルが起きるだろうということも思っております。多分そういうことが起きて苦情が出ると、これを直せ、あれを直せということで改正が相次ぐのではないか」とされる。とりわけ、非公開会社における対価柔軟化の濫用を懸念するものとして、浜田道代「新会社法における組織再編」商事法務1744号52頁（2005）。

[176] 片木晴彦「企業組織再編」森淳二朗＝上村達男編『会社法における主要論点の評価』255頁（中央経済社、2006）。

構想されてきた。／しかし現に成立した会社法では、締出合併等に内在する固有の危険に対して、制度的な手当てを施すこともなく、締出合併を組織再編における対価の柔軟化という規制の緩和としてのみ位置付け、その固有の危険を埋没させている。……／少数株主に対する適切な保護手段の確保は、証券市場の信頼性を確保するための不可欠な前提であることを十分に念頭において、今後の組織再編の展開を見守っていく必要があろう」。

　以上の諸点に関して、現代化の要綱試案においては、①「『消滅会社等の株主等に対して交付する合併対価等の価額及びその内容を相当とする理由を記載した書面』を開示すべき資料に加えるものとする」(第四部第七１注(1))、②「各種の組織再編行為につき、対価の適正性調査のための制度を設けるかどうかについては、なお検討する」(第四部第七１注(2)) とされていた[177]。

　各界意見の分析でも、①には異論がないようであり、②については、制度の設置に反対するものが多数を占めたという[178]。もっとも、特別利害関係人の議決権行使による決議取消の訴え（平成17年改正前商法247条１項３号）のみでは不十分であり、合併成立後に無効とするのは困難な場合が多いことに鑑み、②に関して、合併段階で検査役の調査を求め、さらに、①に関して、合併承認のための株主総会決議の要件として正当な理由の開示を求める、あるいは、要綱試案では示されていないが、株主による異議申立期間を手続に組み込むなどの対応が必要であると、強力に主張された[179]。

　最終的な立法においては、合併等の対価は柔軟化されたものの（会社法749条１項２号・３号など）、対価の相当性に関する開示は、会社法では定められず（会社法782条１項など参照）、会社法施行規則に委ねられた。しかも、同規則では、対価の「相当性に関する事項」を開示すべきとされる（会社法施行規則182

---

[177] これら二点を含めて、交付金合併の不利益から少数株主を保護する必要があるのなら、どのような制度の整備が必要かについて論じるものとして、藤田・前掲170 108〜109頁。
[178] 相澤ほか・前掲143 43頁。
[179] 上村達男「『会社法制の現代化に関する要綱試案』の論点(5)会社の設立・組織再編」商事法務1687号13頁（2004）。対価の柔軟化に関して、法人中心社会の日本では、組織再編によって従来の人間関係に大きな変化が生じる点に警戒し、法文化論的には、日本こそ弊害防止に最も意を用いるべきであるとする。

条1号など)。従前は、株式の割当てに関する事項について「理由」が開示されており(平成17年改正前商法408条ノ2第1項2号)、しかも、要綱試案でも、要綱案でも(第二部第七1(注))、対価の内容を「相当とする理由」を記載した書面の開示が求められていたにもかかわらず、対価の「相当性に関する事項」と表現が改められた(株主総会参考書類の記載事項にもなる。会社法施行規則86条3号ほか)。立案担当者によれば、開示の具体的内容には、対価の内容について株式、金銭等と定めたことを相当とする理由も含まれるとされ[180]、そのように解するべきであるが、規定上は必ずしも明確でない[181]。

また、対価の柔軟化は、敵対的買収による会社支配市場への波及効果が大きい[182]。強圧的な二段階買収を可能とする法的枠組みに移行するからである。敵対的買収において、アメリカのように、攻撃側と防衛側の双方が多くの武器をもって戦い、行き過ぎは裁判所が審査するという法的環境よりも、イギリスのように、明確で公正な事前の競技ルールを遵守させ、どちらが多くの株主の支持を得るかを競う法的環境の方が、穏当ではないかという意見も強い[183]。

9-2-2　三角合併

合併対価の柔軟化のもう一つの重要な意味は、三角合併を可能とすること

---

[180] 相澤哲＝細川充「新会社法関係法務省令の解説(11)　組織再編行為」商事法務1769号15頁(2006)。

[181] この点を批判するものとして、稲葉威雄「法務省令の問題点——組織再編に関連して」ジュリスト1315号22〜23頁(2006)。解釈論として、存続会社等の株式以外の対価が交付される場合には、なぜそれが交付されるのか(不当な少数派の締め出しでない理由)も説明される必要があるとの見解がある(江頭憲治郎『株式会社法』770〜771頁(有斐閣、2006))。立法の過程に照らしても、実質的にも、このような解釈が取られるべきである。

[182] 浜田・前掲175 52頁、前田ほか・前掲118 8頁〔中村発言〕参照。

[183] 浜田・前掲175 52頁。同様の視点を早くから提示していたものとして、川濱昇「株式会社の支配争奪と取締役の行動の規制(二)」民商法雑誌95巻3号56頁(1986)。また、中東正文「合併、三角合併、株式交換・株式移転」川村正幸＝布井千博編『新しい会社法制の理論と実務』233〜234頁(経済法令研究会、2006)も参照。中東・前掲88は、少数株主の締め出しと会社支配市場の規制のあり方を考察することを、主題の一つにしている。

にあった。三角合併においては、吸収合併消滅会社の株主に対して、存続会社の親会社の株式が交付される。

三角合併という取引の前後を比較すると、外形上は、完全親子会社関係が創設されるという点で、株式交換が行われるのと何ら異ならない[184]。ただし、次のような違いが存在しよう。

9－2－2－1　国際的組織再編

法的な違いとして主として注目されてきたのは、国際的株式交換は許容されないと解する見解が強いが、国際的三角合併ならば、何ら問題なく認められるという点である。前述の日米投資イニシアティブの「2006年日米投資イニシアティブ報告書」では、三角合併の際に、交付される対価が内国会社株式と外国会社株式とで、取扱いに実質的な差異がないことと、税制の手当て（非課税適格組織再編成）をすることが、米国側関心事項とされており、この点でも、国際的な文脈で三角合併が活用されることが期待されている。

国際的組織再編、とりわけアウト・イン型のM&Aを容易に行いうるようにすることが、米国からも求められてきており、また、対日投資の促進という観点から、日本の政府も法整備を企画してきており、その最終章が会社法制の現代化であった。三角合併の活用が基軸に検討された前提には、国境を跨いだ当事会社が直接的に合併または株式交換をすることができないのかが、理論的に明らかではないことがあったであろう[185]。

実際、伝統的な通説は、直接的な合併などは認められないと解してきたが、可能であるとする見解も、有力に説かれるようになっていた[186]。ところが、会社法の制定により、直接的な合併や株式交換は否定されたと理解するの

---

[184] 課税関係が異なる可能性があるが、平成18年度税制改正で、株式交換が法人税法に組み込まれ、他の組織再編成と同じ枠組みの規律に服することになった。三角合併に対する課税は、平成19年度税制改正の行方を待たなければならなかった。

[185] この点と抵触法上の取扱いが明確にならない以上、疑念の生じにくい三角合併を志向するのが実務の感覚に適する。松古樹美「最近の組織再編の潮流にみるM&A関連法制の現状と課題〔下〕」商事法務1653号16～17頁（2003）ほか。

[186] 実質法に関する議論の状況については、中東・前掲79 28～30頁、中東・前掲3 110～112頁を参照。また、前掲79も参照。

が、立案担当者の見解である[187]。この実質判断を条文で表現しようとしたのが、定義規定であり、会社法において、「会社」とは、「株式会社、合名会社、合資会社又は合同会社をいう」とされ（会社法2条2号）、「会社」に「外国会社」（会社法2条2号）を含ませるときには、「会社（外国会社を含む。）」という表現がとられている（会社法1条33号ほか）。そのうえで、たとえば、「会社は、他の会社と合併をすることができる」と定められており（会社法748条）、形式的には、そこでいう「会社」に「外国会社」が含まれないことは、明確である。しかしながら、直接的な合併や株式交換の可能性を主導してきた論者は、会社法制定後もなお、実質的な判断を抜きにして、規定の文言に拘束されることを嫌っている[188]。正当な主張であるというべきであり、この方向での更なる検討が期待される。

　直接的な合併や株式交換が、実務の運用にとって利便性が高いとなると[189]、合併対価を柔軟化して、買収側の外国会社が、日本国内に完全子会社を設立し、その会社に内国対象会社を合併させて、その折に、外国親会社の株式を交付するという段取りを経ることになる。外国会社の株式が対価とし

187　相澤編著・前掲142 212頁。
188　落合誠一＝神田秀樹＝近藤光男『会社法II——会社（第7版）』333頁（有斐閣、2006）（「国際的合併は、当該会社の属人法の配分的適用により、国際私法上の問題はクリアーできる。実質法上の問題も解決が不可能ではないから、国際的合併そのものを不可能とすべきではない」）、江頭憲治郎『株式会社法（第3版）』757頁注(3)（有斐閣、2009）（「外国会社は、会社法にいう『会社』（会社748条）でないとか、登記所に審査能力がないとの理由で、外国会社との合併を認めない見解があるが（……）、それは、合併の可能性を否定する十分な理由ではない。……抵触法上は、各当事会社の従属法が定める手続要件が充足されることにより合併は成立する（配分的適用）と解して差し支えない」）。
189　外国会社が内国会社を買収する際に三角合併を用いると、合併そのものは、内国会社間において行われるので、抵触法上の問題が生じにくい。もっとも、包括承継という説明のみで、在外資産や外国法が関係する権利義務の承継が当然に認められるわけではないことが指摘されている（長島・大野・常松法律事務所・前掲169 685～686頁）。たとえば、契約の準拠法が外国法である場合には、国際私法上複雑な問題が発生し、日本法上の包括承継の一部としての契約移転が常に認められるとは限らないとされる（同686頁）。もっとも、実質法の問題として、内国消滅会社は、清算手続を経ずに消滅してしまうから、そのような契約が当然に移転しないとした場合に、どうなるのかという問題が残されよう。

て用いられる場合に、内国消滅会社における株主総会決議の要件を、どの程度の重さにするかは、難問である。会社法では、譲渡制限株式等（譲渡制限株式その他これに準ずるものとして法務省令で定めるもの）に外国会社株式が該当すれば、特殊決議が必要となるし（会社法309条3項2号・783条3項）、そうでないならば、原則どおり、特別決議で足りることになる（会社法309条2項12号）。この点についての「会社法施行規則の一部を改正する省令」（平成19年法務省令第30号）が平成19（2007）年4月25日に公布され、同年5月1日より施行された。

日米投資イニシアティブでは、内国会社間の合併と内国会社と外国会社の間での合併とで、差異を設けることには米国側の抵抗感が示されている。とはいえ、国際的組織再編に関して、従来から議論がされてきたように、流通性ないし換金性の低下の度合いがどれほどかを精査し、譲渡制限株式を交付する場合に決議要件を加重している趣旨に照らして、整合的な規制を行うことが求められるであろう[190]。このように重要な事項が法務省令に委任されていることに、そもそも疑問を感じずにはいられないが、委任されてしまっている以上、適切に法務省令が制定されることが望まれた。この点、外国会社の株式を対価とする組織再編の株主総会決議について、経団連が、内国証券取引所で上場されていない会社の株式については、特殊決議を要求しようと主張したのに対して、在日米国商工会議所、欧州ビジネス協議会などからは、異論が出され[191]、大論争となった。

---

[190] この点は、国際会社法の研究領域の一つとして、国際的組織再編の実質法上の問題として、議論が重ねられてきている。中東・前掲79 28頁ほか参照。外国証券取引所に上場されている株式であっても、内国証券取引所（金融商品取引所）で上場されていない以上は、譲渡性と換金性は低く、一般的には、総株主の同意が要らないにしても、特殊決議が必要と考えられてきたのであろう。たとえば、龍田節『会社法（第10版）』476頁（有斐閣、2005）は、特殊決議を当面は要求すべきとしていた。これに対して、後述のように会社法施行規則改正では、外国会社の株式も譲渡制限株式に準ずるとは当然に評価されないとして、開示を充実させつつも、原則として特別決議で十分であるとされた（会社法309条2項12号、平成19年改正会社法施行規則186条）。この判断を基本的に妥当とするものとして、落合誠一「合併等対価の柔軟化とM&A法制の方向性」企業会計59巻8号29頁（2007）。

これに対して、日本の経済界の足並みは必ずしも揃わなかったが、経団連からは、平成18（2006）年12月12日に、「M&A法制の一層の整備を求める」という意見書が公表され、三角合併に関して、次のような見解が示された[192]。すなわち、「企業価値を毀損したり、技術流出等国益を損なうM&Aに対する全般的な法整備は欧米に比し依然として脆弱であり、株主保護の観点からも不十分な点がある。またわが国ではM&Aに対する理解と経験が欧米諸国に比し、成熟しているとはいえず、これに関する裁判例も充分積みあがってはいない」との認識のもと、「来年〔平成19年〕5月には1年延期されていた会社法の合併等対価の柔軟化が施行される。合併等対価の柔軟化は、企業再編の円滑化につながるが、特に『三角合併』の場合、消滅会社の株主に交付される親会社の株式には、何ら制限がないため、合併に反対する株主に与えられる買取請求権のみでは、株主が損害をこうむる恐れがある。例えば、言語、準拠する会計制度、情報開示の範囲などがわが国のそれと異なるため、わが国の株主には理解が困難な状況が発生することが懸念される。今後、合併等対価の柔軟化が施行されれば、外国企業が現金を用いることなく日本企業を100パーセント子会社化する道が開かれ、これを契機として敵対的買収を誘引し、これまで以上にM&Aが活発化し、不測の事態が生じることが予想される。合併等対価の柔軟化については、会社法施行規則附則第9条において、来年5月の施行までに、『必要な見直し等の措置を講ずる』とされている。この機会に、会社法施行規則のみならず、幅広くM&A法制全般を見直し、総合的な法整備を早急に行うべきである」。規制緩和を強く求めてきた経済界から、組織再編法制の全般を見直すことが提言された意味は大きい。

　このように経団連から強い対案が提示されたものの、合併対価等の柔軟化

---

[191] たとえば、在日米国商工会議所＝欧州ビジネス協会「ACCJとEBC、三角合併の要件厳格化を求める経団連の姿勢に懸念を表明」（2006年10月27日）。

[192] 経団連「M&A法制の一層の整備を求める」（2006年12月12日）〈http://www.keidanren.or.jp/japanese/policy/2006/085.html〉。経団連のM&A法制全般に関する最近の姿勢につき、阿部泰久「M&A法制整備上の課題」企業会計59巻8号48頁（2007）を参照。対価柔軟化に関する経団連の一連の動きを批判するものとして、落合・前掲190 26～27頁。

に関する会社法施行規則の改正においては、外国会社の株式であることをもって、直ちに譲渡制限株式等（会社法783条3項）に該当するものではないとして、特殊決議が当然に要求されるものではないとした（会社法309条3項2号、平成19年改正会社法施行規則186条）。ただ、外国会社の株式等であれば、対価の相当性を判断する情報が十分ではないから、この点を含めて、事前開示事項を詳細に定め、株主が必要な情報を与えられたなかで判断ができるように、工夫がなされることになった（同規則184条4項2号など）。

　なお、内国会社による外国会社の買収（イン・アウト型買収）において、三角合併を用いるならば、内国会社が外国に完全子会社を設立したうえで、その完全子会社に、親会社である内国会社の株式を保有させておくのが一般的な設計である。となると、子会社による親会社株式の取得と保有の禁止の規制（会社法135条）に服する可能性がある（なお、組織再編行為に関する法務省令案59条参照）。この点、会社法施行規則案から修正が加えられ、会社法施行規則では、内国会社の海外子会社は、会社法上の株式会社でなくても、組織再編に先立つ一時的な内国親会社株式の取得と保有が認められることになった（会社法800条1項、会社法施行規則23条6号ロ・3条41項）。

9－2－2－2　三角合併と株式交換の手続の非対称性

　買収会社が対象会社を完全子会社にしようとする場合に、三角合併を利用する場合と、株式交換を利用する場合とで、手続に違いが生じる。この規制の非対称をねらって、三角合併が利用される可能性もある。

　具体的には、三角合併を利用すれば、買収会社（完全親会社となる会社）では、株主総会の決議も原則として不要であるし、債権者保護手続も必要ない。合併の当事会社は、買収会社の完全子会社と対象会社との間で行われ、合併手続に関する会社法の規制が、買収会社に及ばないからである。ただ、株主総会決議については、買収会社がその株式を完全子会社に取得させるにあたって、発行可能株式総数の範囲に収まっている必要があり、そうでなければ、買収会社において定款変更のための株主総会決議が必要となる。また、債権者保護手続についても、三角合併においては、買収会社は合併規定の適用を受けないし、合併の当事会社となる買収会社の完全子会社には、通

常、債権者はいないようにしておくことができるから、債権者保護手続は省略することが許されよう。以上のように、買収側の手続は、三角合併を用いることによって、格段に軽減される。

　もっとも、とりわけ買収会社の株主総会の決議の省略を認めてよいのか、実質論としては疑問が残る。規制の非対称性を解消するために、買収会社の株主総会の決議を原則として要求すべきである[193]。上場会社については、東京証券取引所が、上場制度総合整備プログラム特定の者を対象とする大規模な第三者割当増資の実施について、尊重義務として課すべき開示内容や手続を、検討しているところである[194]。立法論としては、子会社による親会社株式の取得の禁止の適用除外（会社法135条2項5号）を受ける場合に、親会社において株主総会決議を原則的に義務づけることも、検討に値しよう。

　なお、現行法を形式的に解釈すると、買収親会社の株主で、三角合併に反対の株主には、株式買取請求権が与えられず、この点も、株式交換という形式がとられる場合との法規制の非対称性を生じさせている[195]。

---

[193]　中東・前掲88 209頁、中東・前掲183 230頁ほか。浜田・前掲175 50頁は、「この抜け穴にかんがみても、募集株式の発行等を取締役会決議のみでなしうる基準を、簡易組織再編の20％に合わせるといった提案が、今回は見送られたことが惜しまれる」とする。なお、中東・前掲79 30頁参照。

[194]　東京証券取引所「上場制度総合整備プログラム」（2006年6月22日）は、「企業行動と市場規律の調和」のため、「具体案の策定に向け問題点の整理を行う事項」として、「ディスカッション・ペーパーで掲げた企業行動（当初から対応を講じるべき企業行動として掲げるものを除く）」についても、どのような場合に、尊重義務遵守を図るための対応を講じるべきものとして掲げるべきか、具体的な要件、対応方法について整理を行う」、「特定の者を対象に発行するMSCBの発行や大規模な第三者割当増資の実施等について、開示内容や手続きの面を中心に整理する」としている。東京証券取引所「上場制度の改善に向けたディスカッション・ペーパー」（2006年3月22日）は、「株主の権利に影響のある企業行動を決定する場合の透明性の向上」のため、ニューヨーク証券取引所やNASDAQにならって、「特定の株主（例えば10名以下）への一定の議決権割合以上の株式、新株予約権又は新株予約権付社債の発行については、原則として株主総会に付議する旨を定めた規定を上場規則に明記すること」が考えられるとする。上場諸基準の整備にあたっては、平成18（2006）年9月7日に、「上場制度整備懇談会」（座長：神田秀樹東京大学教授）が設置された。

9−2−2−3　許される買収主体の範囲

　三角合併と株式交換とでは、買収主体として許される者の範囲が異なる。

　株式交換を使って、対象会社の株式の全部を取得することができるのは、株式会社か合同会社に限られる（会社法2条31号・767条）。これに対して、三角合併のような形式をとれば、しかも対価が柔軟化された会社法の下では、対象会社の株式の全部を取得しようとする買収者は、株式会社や合同会社でなくてもよい。たとえば、自然人であっても、100パーセント所有の会社を設立し、その会社に対象（株式）会社を合併させ、対価として金銭等を交付すれば、対象会社の株式の全部を取得することができる。もちろん、課税上は不適格になるから、実際に使われるかは定かではないが、少なくとも会社法制においては、このような設計にも道が開かれた。

　この点も、企業結合法制に新しく生じた規制の非対称性であろう。規制に対称性をもたせるという視点からは、そもそも、株式交換において、取得側を株式会社と合同会社に限定する必要があったのか、という疑問が残るであろう。

9−2−2−4　兄弟姉妹会社の合併

　三角合併の形式にはならないが、合併対価として存続会社の完全親会社の株式を用いると、組織再編の設計が簡易になる場合がある。たとえば、兄弟姉妹会社間の合併である。親会社が、完全子会社と部分子会社を有していて、これらの子会社を合併させる場合に、完全子会社が存続会社となり、部分子会社の株主に親会社株式を交付すれば、親会社は、合併後の子会社との間で100パーセントの持株関係を維持することができる[196]。

　完全親子会社関係を維持したいのであれば、親会社としては、子会社間で合併をさせる前に、株式交換を用いて、部分子会社を完全子会社にしておくという方法もある。この場合、子会社の規模にもよるが、親会社において株

---

[195] また、対象会社（完全子会社となる会社）の側でも、株式交換か三角合併かによって、債権者保護手続の要否に違いが出てくる。もっとも、三角合併において、存続会社が殻会社でありさえすれば、現実的には、問題にするまでもなかろう。

[196] 中東・前掲183 230頁。

主総会決議が必要となる可能性がある。存続会社になる完全子会社に親会社株式を取得させておき、それを合併対価に用いる手法を用いれば、親会社の発行可能株式総数の範囲内である限り、子会社がいかに大きくても、親会社で株主総会決議は必要とはならない。

　ここでも、規制の非対称性が生じている。株式交換によれば簡易な手続によることができる場合かどうかに準じて、子会社への株式の第三者割当について、親会社の株主総会決議の要否を決めるのが論理的であろう。

9－2－3　履行の見込み

　平成17（2005）年会社法制定に伴い、事前開示事項が、大幅に法務省令に委任された（会社法782条1項・794条1項・803条1項）。

　会社法施行規則においては（会社法施行規則182条・183条・184条・191条・192条・193条・204条・205条・206条）、組織再編後の会社の「債務の履行の見込みに関する事項」が事前開示される（会社法施行規則182条7号ほか）。債務の履行の見込みに関しては、従前は、会社分割についてのみ記載が求められてきたが（平成17年改正前商法374条ノ2第3号・374条ノ18第3号）、会社法制の現代化によって、すべての組織再編において、その点に関する事前開示が求められるようになった。この限りにおいては、会社債権者の保護に資する。

　とはいえ、結局のところ、許される記載内容について、どのように解釈するかは問題が生じることになった。従来は、商法で、「各会社の負担すべき債務の履行の見込みのあること及びその理由を記載したる書面」と規定されており、会社分割後の各会社に債務の履行の見込みがあることが、必須の条件であると素直に解釈できた。債務の履行の見込みがない会社分割は、行うことができないことについて、争いが生じる余地はなかった。

　しかしながら、法務省令案では、組織再編時の事前開示事項として、「債務の履行の見込みの有無に関する事項」という規定が置かれていた（組織再編行為に関する法務省令案53条2号・55条7号・56条6号・57条7号・64条5号・65条6号・66条5号・75条5号・76条6号・77条5号）。パブリック・コメントの過程においては、この点について、痛烈な批判がなされた。早稲田大学からは、「債務の履

行の見込みがない場合であっても、合併や会社分割をおこなうことを許す趣旨であるかのようにも読める。仮にそうであれば、解釈に委ねられるべき問題を法務省令によって決着しようとするものであって問題であるし、そうでなかったとしても無用な誤解を招くことになる」として[197]、従来の文言が維持されるべきであると主張された。

法務省は、「『会社法施行規則』等に関する意見募集結果」において、上述の意見をふまえて、「履行の見込みに関する事項」と規定ぶりを改めたとする（第3の9(3)）。ところが、立案担当者の解説によれば、履行の見込みがないときは、その旨を記載すればよいと述べられており[198]、どのように早稲田大学の意見をふまえたら、そのような解釈論を展開できるのか、容易には理解できない。債権者保護が特段に懸念されていなかった類型にも及ぼされ、規制が統一されただけともいえよう。としても、一体何のためのパブリック・コメントの手続であったのか、疑問なしとしない。

手続的な問題だけではなくて、立案担当者の条文解釈には、一貫性がないというべきである。前述のように、立案担当者は、組織再編の対価の「相当性に関する事項」には、対価の内容について株式、金銭等と定めたことを相当とする理由も含まれるとしており、相当であることを要求しているようである。ところが、「債務の履行の見込みに関する事項」となると、一転して、見込みがあることを前提とせず、したがって、履行の見込みがある理由は開示事項に含まれないとする。同じ条文に規定されている開示事項の文言解釈において、このような違いが生じることが妥当であるのか、相当に疑問である。学説でも、「通常、当事会社としては債務の履行の見込みがあると考えていること、および、その理由を記載することになろう」とする見解が示されている[199]。早稲田大学等の意見をふまえて、規定ぶりが改められたという経緯からしても、正当というべきである。

197　早稲田大学教授等意見・前掲155 19頁（八【意見1】）。
198　相澤＝細川・前掲180 19頁、相澤哲＝葉玉匡美＝郡谷大輔編著『論点解説　新・会社法』674頁（商事法務、2006）。同頁の叙述は、会社分割に関するものではあるが、他の組織再編行為にも、同様に解するのが論理的である。
199　江頭・前掲188 795頁。稲葉・前掲181 23頁も同旨。

また、会社法の解釈として、従前のように、債務の履行の見込みが必要である、との見解が示されている[200]。上記の規定文言の変化は、会社法制定前の登記実務が当該規定文言を理由に形式的な債務超過会社の分割登記を受理しなかった点を改めさせる必要から行われたと伝えられており、そうであれば、いずれかの会社に債務の履行の見込みがないことは、会社分割の無効事由であることに変わりはないとされる。

以上のように、立案担当者の解釈には疑問があり、「債務の履行の見込みに関する事項」とは、履行の見込みがあることと、その理由を開示することを求めていると解釈することが、実質的にも望ましく、解釈論上も一貫性があるというべきであろう[201]。この点の解釈は、以下で述べるように、債務超過会社の合併などが許されるか、また、とりわけ会社分割に関する債権者保護のための規定が十分であるのか、といった点に反映されていくことになる。ただ、後述のように、会社分割においては、「債務の履行の見込み」の有無について、柔軟な解釈が必要とされるであろう。

9－2－4 債務超過会社の組織再編

債務超過会社を組織再編の当事会社にすることができるか、あるいは、組織再編の結果、債務超過会社を生み出すことができるか、という点は、古くから争いがあるところでもあり、会社法制の現代化を経てもなお、解釈論に委ねられている[202]。

ここでいう債務超過とは、簿価に基づく貸借対照表の純資産額がマイナスである場合（形式的債務超過）ではなく、資産を評価替えして、のれんを計

---

200 江頭・前掲188 829頁、845頁。このほか、稲葉・前掲181 23頁。
201 債務超過会社の組織再編を非常に不安定にする危険があり、また、かりに履行の見込みを要求しても、承諾が擬制される債権者は、組織再編無効の訴えの原告適格が否定されており（会社法828条2項参照）、根本的な解決にならないことから、履行の見込みがあることを要求することに批判的な見解として、藤田・前掲119 65頁注（56）。
202 神田秀樹『会社法（第12版）』324〜325頁注(4)（弘文堂、2010）は、「従来は、そのような場合の合併は認められず、ただ、例外として100％子会社の場合等には認められると解されてきたが、会社法のもとでは、株主総会等による承認があったような場合には、これを認めないとする理由は見出しがたい」とする。

上してもなお、純資産額がマイナスである場合(実質的債務超過)をいう。会社法の制定によって、合併差損などが生じることは明文で認められた(会社法795条2項1号2号)[203]。平成15 (2003) 年の要綱試案でも、この方向性は示されている(第4部第5の3(4))。経団連からは、実質的債務超過会社の合併等を認めたものか確認し、認めない趣旨なら、これを認めるべきであると主張された。

　まず、債務超過会社の合併について考えると、典型的には、債務超過の子会社を親会社が合併する事例が考えられる。かつては、資本充実の原則が害されることを根拠として、債務超過会社の合併を否定する見解もあった[204]。しかし、会社法制の現代化によって、合併対価が柔軟化され、株式が発行されるとは限らなくなったから、このような論拠は説得力を大きく損なわれた[205]。債務超過の完全子会社を親会社が合併する場合には、対価を交付する必要がないから、特段の問題はないと主張する見解が有力になっており[206]、登記実務でも認められているようであるという流れにも合致する。

　資本充実の原則が弱体化ないし消滅したとも説かれてもおり[207]、株式を対

---

[203] 吸収合併契約等の株主総会による承認にあたって、取締役は、差損が生じることを説明しなければならない。裏を返せば、差損が生じても、合併等は可能であることを示しており、従前の実務を支持する。同様に解釈論に委ねられているとする見解として、藤田・前掲119 63頁注(34)。

[204] 大隅・前掲161 398頁、上柳ほか編・前掲161 133〜135頁〔今井宏〕。

[205] 柴田・前掲162 68頁。債務超過会社の組織再編を積極的に認める立場から、従来の議論を検証したものとして、河野悟「債務超過会社の組織再編に関する考察(1) (2・完)」民商法雑誌132巻2号160頁・3号362頁 (2005)。

[206] 松岡誠之助「赤字会社の合併」竹内昭夫=松岡誠之介=前田庸『演習商法』207頁 (有斐閣、1984)、上柳ほか編・前掲161 135頁〔今井宏〕、遠藤美光「財務破綻にある株式会社の吸収合併 (2・完)」千葉大学法学論集6巻1号133〜134頁 (1991)。

[207] 資本充実の原則は放棄されたとする見解として、神田・前掲202 262頁注(1)、弥永真生『リーガルマインド会社法 (第12版)』17頁 (有斐閣、2009)、弥永真生「新会社法の意義と問題点　V会社法と資本制度」商事法務1775号48頁、50〜53頁 (2006)。資本充実の原則は維持されているとする見解として、小林量「資本 (資本金) の意義」企業会計58巻9号31頁 (2006)、前田・前掲17 22頁、江頭・前掲188 35頁。もっとも、資本充実の原則の内実をどう捉えるのかについて、認識が共有されているとまではいえない (神田秀樹「計算・組織再編・敵対的買収防衛〔インタビュー〕」企業会計58巻4号30頁 (2006) 参照)。

価とする場合ですら、債務超過会社を消滅会社とする吸収合併が一律に否定されるものではなくなった[208]。もっとも、これに対しては、株主総会の多数決で合併契約の承認がなされるという現行法の基本的手続構造に反するという理由で、許容されるべきではないとする反対説もある[209]。

諸外国の例をみても、合併当事会社が債務超過であることのみをもって、合併が許されないとは考えられていないようである。債権者保護の見地からは、カナダ連邦会社法のように、各当事会社の財産状態がどうであれ、合併後の会社が会社債権者を満足させるに足りる資産を有することを確保すれば十分である[210]。この法制にならうなら、先に論じた「債務の履行の見込みに関する事項」とは、履行の見込みがあることと、その理由を開示することであると解釈するべきことが一段と示されよう[211]。このように、会社債権者の保護については、合併手続に組み込んで、事前規制に服させる必要がある。他方で、株主の保護は、株主総会決議、株主総会決議の無効の主張、無効な

---

[208] 相澤ほか編・前掲198 672〜673頁。

[209] 今井宏＝菊地伸『会社の合併』150頁（商事法務、2005）。稲葉・前掲181 22頁は、資本充実の観点から、実質債務超過会社を合併する場合に、新株を発行することは許されないとする。

[210] 債権者保護に手厚いカナダ連邦会社法では、合併契約の添付書類において、当事会社の取締役または役員は、(a)消滅会社および存続会社が支払不能に陥らないことと、存続会社の資産の時価が負債と表示資本の合計額を下回らないこと、および、(b)合併によって債権者が誰も害されないことと、すべての知れている債権者に対して適切な告知（Canada Business Corporation Act s.185(3)で十分条件が示されている）がなされ、根拠に乏しくあるいは濫用に及ぶものではない異議が述べられていないことについて、そのように信ずべき合理的な理由が存すると、会社法長官を納得させなければならない（Canada Business Corporation Act s.185(2)）。相当に厳格ではあるが、債務超過会社の救済合併を当然に否定するものではないし、債務超過会社に価値を見い出した会社が独立当事者間取引により吸収合併をすることも否定されない。当事会社が債務超過であろうが、なかろうが、合併の結果によって会社債権者が害されなければ、会社法長官は合併を認める。当事会社が債務超過会社か否かという形式的な基準で、合併の可否が考えられているわけではなく、かりに当事会社の株主に不利益が生じたとしても、取締役の責任を追及するなど、合併の効力に影響を与えない形で、処理がなされているようである。カナダ法の状況については、ビクトリア大学のMark Gillen教授、ブリティッシュ・コロンビア大学のJanis Sarra教授とRonald Davis教授に、お教えいただいた。

[211] 存続会社が債務超過になるような合併は、通常は行われないであろうから、この点が現実的な問題になるのは、会社分割においてであろう。

決議による合併の差止め、株式買取請求権、取締役の責任の追及など、実質的な観点から対応し、第一次的には事後規制を充実させれば足りるともいえる。

　株主の利益を守るという観点からは、合併比率の公正さをどのようにして確保するかが問題となり、債務超過会社が当事会社に含まれている場合も、この問題の一部として整理することができるであろう。

　最も直截な対応は、債務超過会社を消滅会社として合併を行うと、対価を支払う限りは、存続会社の株主にとって、合併比率が公正でないという評価である[212]。とはいえ、独立当事者間取引においては、このような合併が実際に行われるとは想定しがたい[213]。存続会社としては、たとえ消滅会社が単体では債務超過であったとしても、合併による相乗効果（シナジー）を考慮に入れたうえで、なお合併が存続会社の利益になると判断しているはずである。この点は、親子会社間合併などでも同様であり、相乗効果が期待できる場合か、そうでなくとも、親会社が実質的には子会社の債務保証をしていると判断される場合には（子会社を救済しなければ、親会社の信用を傷つける）、債務超過会社を吸収合併するという親会社の決定は経済合理性を有する。この意味で、実質的債務超過会社の組織再編を一律に禁止するか否かという従来の議論は、硬直的であったのであろう[214]。個別の当事会社が債務超過であるか否かに、固有の論点があるわけではない[215]。

　この点、債務超過会社をそのままの状態で評価するのではなくて、合併によって存続会社が受ける利益や免れる損失を考慮して、存続会社にとって負の価値しかないのかを判断基準とすべきとの見解もある[216]。これと類似し

---

[212] 龍田節「合併の公正維持」法学論叢82巻2・3・4号284～285頁（1968）、「いわばマイナスの価値しかもたない株式を積極財産と交換する結果になり、合併比率の公正さは完全に無視されるからである」とされる。中東・前掲88 150頁も、「マイナスとプラスの間には、公正性の観点からは越え難い壁がある」とする。

[213] 神田・前掲207 35頁は、「実質マイナスかどうかは、本当は誰にもわからないこと……。当事者はプラスに見ているのであればいい」とする。

[214] 藤田・前掲119 58頁。

[215] 藤田友敬「新会社法における株式買取請求権制度」『会社法の理論〔上巻〕』（江頭憲治郎先生還暦記念）299頁注(65)（商事法務、2007）。

た発想に立ちつつ、組織再編の結果として生じるシナジーを組織再編前の当事会社の企業評価に含めることは、組織再編の条件の決定の仕方一般に影響を及ぼすという難点があるという指摘がある[217]。とはいえ、債務超過会社の合併が認められるかという問題とシナジーの分配のあり方の問題は、理論的には別次元の議論であると考えることができるから、説明の仕方の違いであるともいえよう。

　債務超過会社の合併が認められるとしても、合併対価を与えないのでなければ、合併比率が著しく不公正にならざるをえないから、合併契約の承認決議には取消原因（会社法831条1項3号）があり、ひいては、合併無効の訴えの対象となるとの見解がある[218]。合併シナジーを考慮していないのなら妥当でないとされようが、考慮したうえでも当事会社の株主に不利益を与えるものであれば、合併無効の訴えの対象となりうるであろう。合併比率が著しく不公正であることが直ちに合併の無効原因と構成すると解することも考えられるが[219]、争いのある合併が独立当事者間取引と評価できるのならば、合併比率の適正さを司法審査に服させる実質的な意味はない。他方で、独立当事者間取引といえないのであれば、特別利害関係株主が議決権を行使したことによって不当な決議がされた場合にあたる余地があり、合併決議取消事由を経由して、合併無効事由となる可能性がある[220]。

　合併無効の訴えの対象になるような極端な事例を除けば、債務超過会社の合併に関する問題は、取締役の義務と責任の問題に還元されていくのであろ

216　中東・前掲128 25～26頁、中東・前掲183 234頁。
217　藤田・前掲215 299頁注(65)。
218　弥永・前掲207 リーガルマインド355～356頁。
219　東京高判平成2年1月31日（資料版商事法務77号193頁）は、合併比率が著しく不公正であっても、反対株主は株式買取請求権を行使できるので、合併無効の原因とはならないとする。江頭・前掲188 797頁も、合併対価を交付しなければ、債務超過会社の合併を認めてよく、存続会社が実質的に債務引受けをすることになるが、その合併に反対する存続会社の株主は株式買取請求権を行使でき、債権者は異議を述べることができるので、株主と会社債権者の保護は足りているとする。学説の状況については、遠藤美光「合併比率の不公正と合併無効事由」江頭憲治郎ほか編『会社法判例百選』（別冊ジュリスト180号）198頁（有斐閣、2006）を参照。
220　江頭・前掲188 784頁。

う[221]。

　なお、他の組織再編手法についても、簡単に考察しておくと、債務超過会社を株式交換によって完全子会社にできるかについては、会社法制定前から、これは可能であると主張されてきた[222]。完全子会社となる会社の企業価値がマイナスであっても、完全親会社が受け入れる対価は債務超過会社の株式であり、破たんが確定的でない限り、株主有限責任制の下ではプラスの価値を有するのが通常といってよいからである（一種のリアル・オプションであるともいえる）[223]。もっとも、この見解には、平成17（2005）年改正前商法においては、株式交換による親会社の資本の額の増加額の上限が、完全子会社の純資産額を基準として定められているという難点があった（平成17年改正前商法357条）[224]。この点は、会社法制の現代化によって、ほぼ解消されたといってよい（会社計算規則68条1項1号(1)・69条1項1号(1)）[225]。現在では、債務超過会社が完全子会社となる株式交換も、それ自体は、適法と考えられている[226]。

　会社分割については、議論が深められているわけではない[227]。ただ、検討の対象となるべき事柄は、単に、当事会社、分割対象財産および分割後の会社の価値の正負ではない点は、先に合併に関して述べたことと同様である。むしろ、現実問題として重要なのは、「債務の履行の見込みに関する事項」の解釈であろう。「履行の見込み」は、会社法の下でも要求されていると解したうえで、そこでいう「履行の見込み」とは、「分割前の債務の履行の見込みが

221　中東・前掲183 234頁。
222　中東正文「株式交換・株式移転」金融・商事判例1160号25頁（2003）、中東・前掲128 26頁ほか。
223　中東正文「M&A法制の現代的課題〔下〕——実務と理論の架橋——」商事法務1659号51頁（2003）。
224　中東・前掲128 28頁注(46)。
225　この点について、資本等の増加限度額の改正に伴い、「旧商法では議論があった、債務超過会社を完全子会社とする株式交換も一定の手続を踏むことで可能であることが明確となっている」とされる。武井一浩『会社法を活かす経営』266頁（日本経済新聞社、2006）。
226　弥永・前掲207 リーガルマインド356頁。
227　この点を論じるものとして、弥永・前掲207 リーガルマインド356頁注(40)。

維持されているか」という観点から判断すべきである。会社分割後において、すべての債権者が満たされる財務状態にならないとしても、どの債権者にも不利益を与えることなく、一部の債権者であれ履行の可能性を高めることができるのであれば、そのような会社分割は認められても、問題を生じさせないし、現実には必要となる場面も少なくないであろう。「履行の見込み」とは、「従前の履行の見込み」であり、それが存在することが必要と解すれば、必要十分であると考えられる[228]。このような限定的な解釈は、平成17年改正前からも可能であったろうが、この課題に正面から答える機会を与えたという意味で、法務省令の立案担当者の問題提起は大きな意味があったといえる。なお、この点は、分割対象の事業性、債権者保護手続の柔軟化にも関係する[229]。

9－2－5　分割対象の事業性

会社法の下では、吸収分割は、「株式会社又は合同会社がその事業に関して有する権利義務の全部又は一部を分割後他の会社に承継させることをいう」とされている（会社法2条29号）。新設分割でも同様に、分割による承継の対象となるのは、「事業に関して有する権利義務の全部又は一部」であるとされる（会社法2条30号）。

会社法の制定前は、会社分割の対象は、「営業の全部又は一部」であると規定されていた（平成17年改正前商法373条・374条ノ16）。これは、前述のように、平成11 (1999) 年7月7日の中間試案では、「権利義務の一部」を分割の対象としていたところ、選択的な債務の免責的引受けを認めることについて、実質的な合理性を担保することができないとの批判が強く、分割対象が営業の全部または一部、つまり事業を構成するものでなければならないと考えられたからである。

---

[228] たとえば、分割によるシナジーを考慮することも必要となろうし、会社分割とあわせて、資本注入が行われる場合など、一連の組織再編を全体として評価することが必要になろう。

[229] 藤田・前掲119 58～59頁。

この立法の歴史をふまえると、また、文言を率直に読み取ると、会社法の下では、会社分割の対象は、事業性を有する必要はなく、会社分割契約または計画において、個々の権利義務を当事会社が任意に選択して、吸収分割承継会社または新設分割設立会社に承継させることができると解釈されることになろう。これが立案担当者の解釈であり、「会社法においては、有機的一体性も、事業活動の承継も、会社分割の要件ではないということを明らかにするため、会社分割の対象について、『事業』という事業活動を含む概念ではなく、『事業に関して有する権利義務』という財産に着目した規定を設けることとされた」と説明されている[230]。

　事業性を必要としない実質的な根拠としては、①具体的事案において、ある特定の権利義務の集合体が「営業」に該当するかどうかは、必ずしも判断が容易ではないにもかかわらず、分割契約書等に記載された権利義務が一体として営業の実質を備えていると評価されない場合に分割無効事由とされると、会社分割の効力を不安定にし、かえって会社債権者などを混乱させ、法的安定性が害されるとの批判があったこと、また、②会社分割には、事後と事前の開示制度、債権者保護手続などがあることから、通常の事業譲渡や単なる事業用財産の譲渡と比べても、会社分割の方が債権者を害する危険性が高いわけではないこと、という理由が示されている[231]。

　学説においても、規定の文言の変更を受けて、立案担当者の解釈を支持するものが多い[232]。上述の二つの実質的根拠についても、適切であると受け取られているようである[233]。

---

[230] 相澤ほか編・前掲198 668〜669頁。

[231] 相澤哲＝細川充「新会社法の解説(14)　組織再編行為〔上〕」商事法務1752号5頁注(3)(2005)。なお、江頭・前掲188 814頁注(2)は、とりわけ②を重視しつつ、これらの根拠を支持するようである。この点に関して、江頭・前掲174 747頁注(2)は、営業概念の柔軟な目的論的解釈を支持しつつ（神作・前掲134 27頁）、会社債権者や労働者などの保護は、法に種々の保護手段が設けられており、営業概念の広狭だけに保護を求める必要はないとしていた。

[232] 近藤光男『最新株式会社法（第3版）』383〜384頁（中央経済社、2006）、神田・前掲202 334頁注(3)、弥永・前掲207 リーガルマインド325頁注(7)、江頭・前掲188 814頁注(2)。

[233] 明確に同様の根拠を掲げるものとしては、江頭・前掲188 814頁注(2)。

逆に、従前のように、会社分割の対象に事業性を要求する見解も、少なからず存在する[234]。会社分割法制の導入時の商法部会の前田庸部会長は、事業性を否定する立場を痛烈に批判される。すなわち、会社分割制度には、現物出資等の規制の潜脱と個別的な免責的債務引受けの手続の抜け道という濫用の危険性が認識されていたことを強調され、これらの潜脱などに利用されない必要があることは改正前と同様であり、事業性が要求されるべきであると説く。さらに、「会社分割法制は、個々の権利の承継について検査役の調査を免れる手段として利用されることは許されないということを前提として立法されたことは明らかであり、また、会社分割承継法における『承継される事業に主として従事するもの』（同法2条1項1号）という規定も維持されており、それは上述のことを、同様の理解のもとに規定されたものであることにかんがみると、上記の見解〔事業性不要〕には同意できず、上述の考え〔事業性必要〕を維持したいと考える。条文の表現からいっても、その考えを維持することを否定しなければならないとは考えられない」と主張される[235]。

　このような見解に向き合うとき、平成12（2000）年の会社分割制度の導入時に議論されたことや、平成16（2004）年の電子公告制度の導入に伴う債権者保護手続の簡素化の際に検討されたことが、十分に再検証されたうえでの実質改正であるのか、疑問が残されていると思われる。

　この見解が説くように、規定の文言上は、決定的ではないと考えられる。会社法制の現代化に際して、会社分割に伴う労働契約の承継等に関する法律も、所要の改正を受けたが[236]、この見解に指摘されているように、「承継される事業」という表現が残されているし（同法2条1項1号。また、会社分割に伴う

---

[234] 岸田雅雄『ゼミナール会社法入門（第6版）』472頁（日本経済新聞社、2006）、宮島司『新会社法エッセンス（第2版）』419頁（弘文堂、2006）、淺木愼一『新・会社法入門』329頁（信山社、2006）、河本一郎＝森田章＝岸田雅雄＝川口恭弘『日本の会社法（新訂第8版）』312頁（商事法務、2006）、前田・前掲17 676～679頁、龍田節『会社法大要』474～476頁（有斐閣、2007）、浜田道代編『キーワードで読む会社法（第2版）』220頁〔中東正文〕（有斐閣、2006）。
[235] 前田・前掲17 679頁。
[236] 実質的な改正点については、相澤編著・前掲142 224頁を参照。

労働契約の承継等に関する法律施行規則2条の見出しと本文)、同法の枠組み全体が、事業単位での承継を前提としているとも考えられ、この点について、さらなる検討が求められよう。

　文言が決定的でないとすると、実質的根拠を探求することが必要である[237]。先に示されたように、①現物出資規制等の潜脱に関する課題と、②債権者の個別的な同意を得ない免責的債務引受けに関する課題を検討しなければならないであろう[238]。

　まず、現物出資規制と財産引受規制の潜脱の可能性については（①）、新設分割についてのみ問題となる。会社法は、新設分割設立会社には、現物出資規制と財産引受規制を課さないことを明文で定めているから（会社法814条1項）、一段と深刻な状況にある。会社法が、事後設立について検査役の調査を必要とせず（会社法467条。平成17年改正前商法246条対照）[239]、現物出資と財産引受けについてのみ、検査役の調査を求めている趣旨に立ち返った検討が必要であろう。資本充実の原則の捉え方、あるいは、これらの規制の趣旨が債権者保護にもあるのか、単に出資者間の公平を維持するためのものであるのか、理解が揺らいでいるようにも思われる。

　次に、債権者保護の観点からは、分割対象の事業性の要否を、どのように考えるべきか（②）。債権債務関係を恣意的に振り分ける手段として会社分割制度が用いられる危険性について、承継の対象を事業単位とすることで対処をし、法律関係の不公平に割り振られる事態全般から、債権者を保護する意味があることが指摘されてきた[240]。この意味合いが、会社法制の現代化に

---

[237] 落合ほか・前掲188 291頁は、有機的一体性の要件がおよそ不要といえるかは、見解が分かれうるとする。

[238] 前田・前掲17 676〜679頁の問題意識は、会社法の歴史と伝統的な考え方をふまえたものであろうが、先述の立案担当者の論拠とは、必ずしも対応していない。

[239] 事後設立について、とりわけ企業結合の文脈で、検査役調査が実務の妨げになっており、理論的にも不要であることは、藤縄憲一「企業再編における実務上の課題と取組み〔上〕」商事法務1655号12〜16頁（2003）によって説得的に示されていた。事後設立規制に関する議論の全体像については、中東・前掲223 52頁も参照。

[240] 松井・前掲119法学協会雑誌121巻3号414〜416頁。合併における包括承継概念との対比ついても、同論文を参照。

おいて、どのように再構成されたのか、必ずしも理解は容易でない[241]。

　この点に関して、単に分割対象の事業性の要否の問題のみを取り出しても、恣意的な振分けを阻止して、会社債権者の保護を確実にする枠組みとしては十分ではないのかもしれない。この点で、「採算のとれない赤字部門の切離しや債務超過会社に対する債権の移転等は、『営業』概念によっては防ぐことはできないのであり、『営業』概念が債権者との関係で有する機能はそれ自体としてはそれほど大きいものであったと評価すべきではない。ただし『営業』概念の法規は、他の改正と相まって、濫用的な会社分割の利用を一層容易にする作用はある」との見解が示されており[242]、詐害行為取消権などの一般法上の救済方法も視野に入れつつ[243]、法規制の全体像を見渡した検証が不可欠であることが理解されよう。

　当面の解釈論としては、少なくとも、このような検証が十分になされるまでは、従前の枠組みをできる限り維持をするように努め、事業性を要求するのが適切であるのではなかろうか。

　現実的な対応としても、最先端の実務においては、謙抑的で慎重な姿勢が示されているようにも思われる。たとえば、「事業性の要件を不要と考えてよいのであれば、……実務的なメリットは大きい。ただ、特定の契約や遊休資産を承継させることのみを目的とする会社分割のような極端なものまで何の制約もないかについては議論の余地があろう」とされる[244]。あるいは、「立法担当者の説明に従えば、これらの〔実務で課題とされてきた〕論点はいず

---

[241] たとえば、神田秀樹『会社法（第7版）』305頁注(3)（弘文堂、2005）は、事業性の要否について、「このような書き方としたのは、包括的に承継されることを示すためであるとすれば、法の趣旨の実質に改正はないことになる」としていた。神田は、同書の第8版（2006）において、事業性を不要と解することを明らかにした（313頁注(3)）。

[242] 藤田・前掲119 64頁注(43)。

[243] 詐害行為取消権の活用については、履行の見込みの要否に関係させて、論じられることが多いようである。たとえば、相澤ほか編著・前掲198 674頁、藤田・前掲119 65頁注(56)。ただ、本文でも示したように、会社分割における恣意的な債権債務関係の切分けの問題については、会社分割制度の各論的な規制の全体を見渡したうえでの考察が必要であろう。

[244] 長島・大野・常松法律事務所編・前掲169 714頁。

れも解消されることになる」という表現がとられている[245]。

9-2-6 株式買取請求権

会社法制の現代化においては、会社の基礎的な変更に際して、株主に退出の機会を与える株式買取請求権の制度にも、実質改正がいくつか行われた[246]。

最も注目されているのは、買取請求権が行使された場合の行使価格について、従前の「決議ナカリセバ其ノ有スベカリシ公正ナル価格」（平成17年改正前商法408条ノ3第1項ほか）から、「公正な価格」（会社法785条1項ほか）に、改められたことである。この変更は、一般的な理解によると、組織再編の対価が柔軟化されたことに伴い、組織再編によるシナジーの分配を買取価格に折り込むことができるようにするためである[247]。

このような当事会社の株主の利益に直結する問題のみならず、会社法制の現代化によって、株式買取請求権制度の機能と性格が、大きく変容させられたことに留意を要する[248]。すなわち、裁判所による株式買取価格の算定は、

---

[245] 浅妻敬＝佐々木将平「事業譲渡、会社分割、スピンオフ」川村正幸＝布井千博編『新しい会社法制の理論と実務』241〜242頁（経済法令研究会、2006）。同論文は、事業譲渡の競業避止義務に関する規定の適否についても、検討を加えている（246頁）。このほか、中村直人『新会社法（第2版）』565頁（商事法務、2006）は、「より柔軟になったものと思われる」と言葉を選んでいるようでもある。これに対して、武井・前掲225 263頁は、事業性が不要であることを明言する。もっとも、実務では健全な運用がなされるべきことにつき、武井一浩＝中東正文「会社法下のM&Aを語り尽くす〔1〕」ビジネス法務7巻1号12〜14頁〔武井発言、中東発言〕（2007）を参照。

[246] 藤田・前掲119 55〜56頁、藤田・前掲215 264〜267頁。

[247] 江頭憲治郎「『会社法制の現代化に関する要綱案』の解説〔V〕」商事法務1725号9頁（2005）、田中・前掲170 79頁ほか。江頭・前掲9頁は、「この措置〔買取価格の表現の変更〕により、対価柔軟化により消滅会社等の株主に対し金銭が交付される場合の公正な合併比率は、シナジー分配をも考慮したものであるべきことが、間接的に示されている」とする。また、相澤哲＝細川充「新会社法の解説(15)　組織再編行為〔下〕」商事法務1753号46頁（2005）も参照。なお、シナジーの分配に関して、藤田・前掲119 61頁注(11)は、株式買取請求権の改正は、対価柔軟化と論理的には直接の関係はないとする。同論文は、改正前も、組織再編比率が不公正の場合には、当事会社がシナジーの一方を独占する事態は生じえたとし、改正法は、株式を対価とする組織再編であっても、シナジーを反映した価格での買取りを認めるものであるとする。

当事会社の企業価値を測定するという単純な作業ではなくなり、組織再編の条件を審査し、あるべき条件を設定するという性格をもつことになった。この性格からは、反対株主に離脱の権利を与えるための制度という従前の機能よりも、経営者や多数株主の決定に対する監視機能の側面が重視されることになる[249]。

この点は、会社法の下では、株式買取請求権の行使が議決権の行使との連続性を、一段と断ち切られたことにも表れているといえよう。従来は、通常の組織再編であれば、実際に組織再編の株主総会決議に反対した株主にのみ、株式買取請求権が与えられ（平成17年改正前商法408条ノ3第1項など）、また、簡易組織再編が用いられる場合であっても、議決権を行使したなら反対している株主にのみ、株式買取請求権が与えられてきた（平成17年改正前商法413条ノ3第5項・7項・8項など）。会社法制の現代化に伴い、組織再編を承認するための株主総会決議で議決権を行使することができない株主にも、明示的に、株式買取請求権が認められることになった（会社法785条2項1号ロなど）。

さらには、新株予約権者にも買取請求権が与えられたことからも（会社法787条・788条など）、買取請求権の機能が、単なる会社からの離脱を認めるという意味にとどまらず、裁判所による事後の公正価格の決定を見据えつつ、経営者や多数株主が組織再編を進めることを促すことを通して、組織再編の条件の設定の公正性を確保するという意味合いが強まった。

なお、組織再編の条件の公正性の確保に関して、会社法の下では、略式組織再編においてのみ、明文で対価の不当性などを理由として、株主の差止請求権を認めていることから（会社法784条2項など）、略式でない組織再編においては、もはや、株主には差止めの機会が与えられていないとの解釈もありえる[250]。このように理解しないと、先の規定の存在意義が説明できなくとされる。ただ、実質的にみた場合、このような結論が妥当かといえば、株主総会

248　藤田・前掲119 56頁。
249　たとえば、石綿・前掲171 63〜64頁も、株式買取請求の公正価格を保証し、取締役の動機づけをするのが、合理的な政策判断であるとする。
250　藤田・前掲119 62頁注(16)。会社法制定前は、不当な比率による組織再編について、差止めが可能であるという解釈論があったことについても、同論文を参照。

の場で決着できないと、組織再編無効の訴えという劇的な事後的救済まで跳躍してしまうから、創造的な法解釈が必要となろう[251]。

9－2－7　組織再編の効力発生日

吸収型組織再編では、効力発生日を、契約で定めることができるようになった（会社法749条1項6号ほか）。

昭和13（1938）年商法改正前においては、合併の登記は効力発生要件とはされていなかったが、同年の改正で、合併による権利義務の移転の効力を一律に生じさせることにするため、合併の効力は登記によって生ずることとされた（平成17年改正前商法416条1項・102条）。

このような法制度においては、契約等で定められる実質的な効力発生日が存在する一方で、当該事実上の効力が発生したことを要件として行われる登記の日が法律上の効力の発生日とされていることにより、実質的な効力発生日と法律上の効力発生日とが異なることとなっており、株式の円滑な流通に支障を来しているという指摘を受けて、会社法の制定時に効力発生日を変更

---

[251] 平成17年改正前商法の下で、違法行為差止権の利用を説いていたものとして、大隅健一郎＝今井宏『会社法論下巻Ⅱ』91頁（有斐閣、1991）と中村建『合併の公正と株主保護』83頁（千倉書房、1987）。これに対しては、会社に損害があるのかという疑問が提示されている（藤田・前掲119 62頁注(16)）。組織再編は当事会社の間での取引であるから、しかも、企業会計でも買収という処理がなされるのが世界的な潮流でもあるから、当事会社に損害を観念することは、特に不都合がないように思われる。違法行為差止権の要件を充たさないとしても、組織再編の株主総会の決議取消の訴えを本案（被保全権利）として、差止めの仮処分を認めることも（民事保全法23条）、検討されてよいであろう（江頭・前掲188 808頁参照）。形式的な解釈に留まるのなら、募集株式の発行等の差止めの訴えに関しても（会社法210条）、株式の無償割当てや株式分割は、たとえ瑕疵があっても差し止めることができなくなってしまう。解釈によって文言を乗り越えられるかは、相当に難しい場面であるに違いない。単なる会社法の欠陥として済ませるか、積極的な法創造を行おうとするのか、解釈に責任をもつ者の気品と志が問われよう。以上の点に関して、不公正な組織再編行為が後に無効とされたときは、原状回復に要する費用や、違法な行為をしたことによる評判の低下により、実際上は会社に損害が生じる可能性が高いから、これを理由として差止めを求めるという解釈の可能性について、議論を深めることが望まれるとする見解もあり（田中・前掲170 82頁）、積極的な議論が期待される。

したものである[252]。

　もっとも、効力発生日から登記の日まで、法律関係を不安定にする危険があるので、会社法は、組織再編の効力の発生を登記の後でなければ第三者に対抗することができないと定めている（会社法750条2項ほか）。昭和13（1938）年商法改正前は、合併の公告と知れている債権者に対する個別催告（債権者保護手続）を、合併の効力の対抗要件であるとしており（昭和13年改正前商法80条）[253]、同様の発想によって、画一的処理を劣後させつつ、第三者の保護を図ろうとするものであろう。

　なお、昭和13年の商法改正の際には、合併契約書に合併期日を記載することに対しては、当事会社に合併契約の効力発生時期を任意に決めさせることになるとして批判があった[254]。つまり、合併のように公共の利益に重大な関係がある事項については、法律の規定をもって効力の発生の時期を明確かつ画一的に定めて、法律関係を明確に確定させることが必要である。論者は、合併の効力は、会社設立や資本増加の場合と同様に、合併の登記にかからせるべきであると主張していた。

　現行法においては、昭和13年前の状況に戻った面もあり、登記前は第三者に対抗できないことの具体的な意味や効果について、さらなる検討が必要になろう。

---

[252] 法務省民事局参事官室・前掲74 133頁・第四部の第七の4参照。
[253] この規定の意味については、必ずしも明確ではないと理解されていたようである。すなわち、債権者の異議を無視して合併がなされても、会社は、異議を述べた債権者に対抗することができない（昭和13年改正前商法79条3項）。債権者保護手続がなされなかったときも同様である（昭和13年改正前商法80条）。会社が合併をもって特定の債権者に対抗することを得ないとは、当該債権者は合併はなされず、したがって、会社は合併前の状態のまま存続するものとみなしてその権利を主張することができるという趣旨であろうとされる。大隅健一郎「商法改正要綱に於ける会社合併の問題（2・完）」法学論叢26巻6号911頁注(51)（1931）。
[254] 大隅健一郎「商法改正要綱に於ける会社合併の問題(1)」法学論叢26巻5号742～743頁（1931）。

9-3　組織再編の手続の柔軟化

9-3-1　簡易組織再編の要件の緩和

　組織再編の手続に関する規制緩和について、商法の下でも、簡易組織再編制度を導入して、当事会社の株主総会決議を不要とする工夫がなされてきた。

　平成17 (2005) 年制定の会社法では、簡易と認められる組織再編の範囲を拡大した。つまり、組織再編行為によって、当事会社の資産等に対する影響が5パーセント以下であれば、従来は、簡易な形での組織再編が認められてきた（平成17年改正前商法245条ノ4・358条・374条ノ22・374条ノ23）。これを、20パーセント基準に変更した（会社法467条1項2号・468条2項・784条3項・796条3項・805条）。同時に、組織再編の対価柔軟化との関係で、20パーセントの算定の基礎が手直しされた。

　簡易組織再編の基準の緩和は、実務の要請を受けたものであり、学界などからも、特段、異論がないところであった。

9-3-2　略式組織再編の導入

　略式組織再編が、わが国でも導入された。アメリカやカナダの会社法においては、種々の経緯から略式合併が導入されていた[255]。会社法制の現代化にあたっては、わが国でも同様の仕組みが導入された。

　略式組織再編とは、特別支配関係にある会社が関係する組織再編について、特別支配を受けている会社の側で、簡略な手続を認めるものである（会社法468条1項・784条1項・796条1項）。被特別支配会社においては、株主総会を開催したところで、特別支配会社の意向どおりの結果に至るにすぎないから、株主総会を実際に開催させる意味は小さいからである。

---

[255] アメリカにおける略式合併制度について、龍田節「アメリカ法上の略式合併」民商法雑誌59巻1号3頁 (1968) が、先駆的な業績である。歴史的な経緯をふまえて、略式合併制度の導入を批判的に考察する。カナダにおける略式合併制度については、中東・前掲 88 463頁。

特別支配会社とは、株式会社の総株主の議決権の90パーセント（定款で引上げ可能）以上を有する会社である。なぜ90パーセントという数値が採用されたのか、その含意と実務での活用方法については、今後の検討課題となろう。株主総会を開催する意味がないということであれば、定款で特別決議の要件が加重されていない限り、議決権の3分の2以上で十分である。これを超えて、90パーセントを要求する意味は、どこにあるのか[256]。

　さらに、略式組織再編についてのみ、会社法上、株主による差止請求権が明文で示された（会社法784条2項・796条2項）。事業譲渡について、特段の手当てがなされておらず、また、通常の組織再編や簡易組織再編についても、差止請求権の規定は設けられていない。法の欠缺ともいうべき事態であり、前述のように、創造的な解釈論が展開されていく必要があろう。

9－3－3　債権者保護手続

　組織再編において、会社債権者は責任財産の変化などの大きな影響を受ける可能性があり、どのように会社債権者の利益を保護するのかが、立法政策としても議論されてきた。とりわけ、会社分割法制に関して、会社債権者を害する危険性が強く意識されるようになったことは、すでにみてきたとおりである。

　平成17（2005）年の会社法制の現代化において、従前は債権者保護手続と一般的に称されてきた手続が、債権者異議手続と表現されるようになった（会社法789条ほかの条文見出し参照）。これは、何らかの含意があるのか。保護としては、もはや十分でないことの自白であろうか。あるいは、会社債権者の自衛に基本的には期待する趣旨であろうか。

　会社法が施行されて最初の私法学会の商法シンポジウムでは、「新会社法の意義と問題点」が議論された。組織再編との関係では、会社分割を例にしつつ、組織再編と債権者保護について、痛烈に批判的な検証がなされた[257]。

---

[256]　アメリカでは、略式合併の導入が、少数株主の締出しを認める契機となった。他方で、カナダでは、この点を警戒して、100パーセントの持株関係でのみ、略式合併を認めるのが一般的である。

「組織再編をめぐる会社債権者の扱いは、会社法現代化の審議の過程では、ほとんど議論の対象になっていない……。しかし、……いくつかのルールの改正が会社債権者に影響を与え得る」として、一つひとつの改正は不合理とはいえないかもしれない内容のものが、競合することによって、会社債権者に対して詐害性の強い組織再編を行わせる可能性があると警告された[258]。

競合した改正の一つが、債権者保護手続において保護の対象となる債権者の範囲が、やや狭められたことである。すなわち、平成12 (2000) 年商法改正による会社分割制度の導入に際しては、分割会社の債権者で会社分割によって分割会社に対して履行の請求ができなくなる者は、個別催告がなされない限り、当事会社の両方に請求することができた（平成16年改正前商法374条ノ10第2項・374条ノ26第2項）。保護されるべき債権者は、個別催告が本来は要求されていたのに、それが怠られた者だけではなくて、そもそも個別催告が不要である者についても、同じように取り扱われた。ところが、平成16 (2004) 年商法改正によって、会社が官報公告に加えて定款所定の日刊紙または電子公告を行った場合に、不法行為債権者以外の債権者との関係では、連帯債務を免れることとした（平成17年改正前商法374条ノ10第2項・374条ノ26第2項参照）。さらに、会社法制の現代化においては、当事会社の連帯債務という形での保護を受けることができる債権者は、個別催告を受けなかった場合に限られることとした（会社法759条2項3項・764条2項3項）[259]。

となると、偶発的な不法行為債権者のように、会社にとって、知れている債権者でない場合には、個別催告の対象とはならず、したがって、連帯債務の対象ともならず[260]、また、会社分割無効の訴えの原告適格も有しない（会社法818条2項9号10号・799条4項・810条4項）。

このような議論のなか、立案担当者が、問題点を重視したのであろうか、次のような解釈を提言した[261]。すなわち、分割会社の不法行為債権者は、分

257　藤田・前掲11958～60頁。
258　藤田・前掲11958～59頁。
259　北村雅史「会社法における会社分割と債権者保護の問題点」MARR139号13頁 (2006) 参照。
260　浅妻＝佐々木・前掲245 243頁。

割会社と債務引受けをした承継会社の双方に損害賠償を請求できるものと解すべきであるとする。つまり、会社分割の時点で、自分が分割会社の債権者であるという認識を欠く以上、承認を擬制する規定の前提を欠いて、会社分割を承認したとはみなされないという解釈である。

創造的な解釈として積極的な評価をなしえるが、本来であれば法案の段階で無理な解釈をする必要がないようにすべきであったろうし、また、不法行為債権者のみが擬制を免れれば足りるか否かについては、疑問の余地がある。今後、一段と検討を要する課題であろう。

9－3－4　事前開示事項

会社法制の現代化においては、事前開示事項の定めの多くが法務省令に委任された（会社法782条1項・794条1項・803条1項、会社法施行規則182条・183条・184条・191条・192条・193条・204条・205条・206条）。

法務省令案が公表されてから、特に注目されたのは、すでにみたように、対価の相当性に関する事項と、債務の履行の見込みに関する事項である。いずれも、適正な手続を通じて実体的な公正さを担保することが期待されており、組織再編に関する規制緩和に関する実体面と手続面が交錯する場である。

これら以外でも、開示事項の変更がなされたものとして、当事会社の計算書類等がある。従前は、株主総会の会日の前6カ月以内に決算貸借対照表がつくられていないときには、非常貸借対照表を作成して、備え置くことが求められていた（平成17年改正前商法374条ノ2第1項4号5号・374条ノ18第1項4号5号・374条ノ22第3項など）。会社法制の現代化の後は、最終事業年度に係る計算書類等の開示が求められているのみであり（会社法施行規則182条5号イなど）、重要な後発事象の開示を求めるものの（会社法施行規則182条5号ハ）、決算貸借対照表が古いものであっても、非常貸借対照表の作成を義務づけてはいない。

261　相澤ほか編著・前掲198 692頁。

早稲田大学教授等意見は、要綱案の意見照会において、利害関係者の判断を誤らせるおそれがあるので、従来の規律を維持すべきであると批判していた[262]。この批判に対して、法務省は、意見募集結果をふまえて、「株主総会の会日の前6箇月以内に作成された計算書類等については、その作成を要求しても監査の対象とならないことや、別途当該計算書類の開示に代わる最終事業年度後の状況変化の開示を要求することとしていることにかんがみれば、原案は相当であると考える」と応じた[263]。

　結論の是非は、今後の議論を待つ必要があるかもしれないが、実質改正が強行された例の一つであることには違いがないように思われる。そもそも、社会経済状況の変容に機動的に対応すべき事項でもないから、下位規範である法務省令に委任すべきであったのか、疑問が残る。

9－3－5　事後設立規制の緩和

　実務の要望に沿って、事後設立においては、検査役調査を不要とした（会社法467条1項5号。平成17年改正前商法246条2項対照）。

　組織再編時に受け皿となる既存の会社が不足してきたという事情が背景にあり、また、理論的にも、そもそも何を目的とした規制であるのかに関して、必要性が疑問視されていた。

　実質的にも、適切な改正であったと考えられる。ただし、これによって、規制の趣旨に関する一貫した説明は困難になったともいえる。すなわち、現物出資規制の潜脱を防止するものとして財産引受規制があり、財産引受規制の潜脱を防止するものとして事後設立規制が設けられているという説明が難しくなった。

　検査役の選任が必要でなくなったからには、会社の財産的基盤を充実するという意味合いよりも、むしろ、現物出資等を潜脱して設立時株主の間での不公平が生じることを防止する趣旨が強調されることになろう。設立時の大

---

[262] 早稲田大学教授等意見・前掲155 19頁（八【意見2】）。
[263] 法務省「『会社法施行規則案』等に関する意見募集結果」第3の9の(3)〈http://www.moj.go.jp/content/000009437.pdf〉。

株主が、事後設立によって不当な利益を得ようとするなら、他の株主が株主総会決議の瑕疵を争う形で、公正さが担保されることになるのであろうか。

資本充実の原則を会社法がどこまで貫徹しようとするのか、ある種の揺り戻しであるから、その限界を探求し、この政策判断の是非が問われる必要がある。また、事後設立規制が、資本充実の原則の範囲外とされるとすると、その趣旨は何なのかが、再検討される必要が存するであろう。

9－3－6　株主総会の招集通知

先に述べたように、4名の学者が、平成18 (2006) 年1月に、竹下守夫法務省特別顧問に面談し、法務省令案の改善を求めた。この様子は、上村達男論文で明らかにされた後[264]、朝日新聞の平成18年9月8日朝刊でも、特集が組まれた[265]。

この記事によると、法務省令案が「とても信じられない内容」であることが、訪問のきっかけになっている。その一例として、株主総会において合併を決議する際に、株主に送付される招集通知等の記載内容が取り上げられている[266]。すなわち、第一に、従前は、合併契約書の要領が招集通知に記載されなければならないとされていたが（平成17年改正前商法408条3項）、このような記載は求められないとの原案が示された（会社法298条1項・平成17年11月29日株主総会等に関する法務省令案3条参照）。

第二に、株主総会参考書類を交付すべき場合について（会社法298条・301条1項・298条1項3号2項）、従前は、合併を必要とする理由と事前開示事項のすべての記載が要求されており、合併契約書の全文も記載されるべきこととされていた（平成18年改正前商法施行規則13条1項11号、平成17年改正前商法408条ノ2第1項）。この点につき、合併を行う理由と合併契約の内容の概要などの記載にとどめられることになり、株主としては、招集通知を受け取るだけでは、合

---

[264] 上村・前掲145 3頁。
[265] 朝日新聞2006年9月8日朝刊「経済法制改正ラッシュ、法務省民事局が自由度増強」。
[266] 朝日新聞の記事でも簡潔な紹介があるが、法務省令案に対する意見と法務省の対応については、法務省・前掲263を参照（第2の3の(1)(4)、第3の3の(1)(4)）。本文では、合併のみを取り上げているが、組織再編行為のすべてについて同じことがいえる。

併契約の全文を知ることができない仕組みが提案された（平成17年11月29日株主総会等に関する法務省令案24条）。

いずれも、最終的には、意見照会手続において出された意見をふまえるという形で、従来の規律が維持されることになった。

この例を一般化することは、必ずしも適切でないのかもしれないが、朝日新聞の特集には、「経済法制——改正ラッシュ」、「法務省民事局が自由度増強」、「省令原案に根回しなし」、「バブル崩壊で企業が要求」、「進みすぎに批判の声も」という見出しが踊る。そして、「実は確信犯だった」として、「民事局は、自民党や経済界の圧力でしぶしぶ規制緩和を進めているのではないか——。そんな予想はすぐに覆された。これは『確信犯』だ」と分析されている。

9−4 小　括

以上でみてきたように、会社法制の現代化に伴い、組織再編法制は実体面でも柔軟になり、手続面でも規制緩和が大きく進められた。事前規制から事後規制へという流れにも沿った改正内容が多く含まれている。手続が実体を規律するという仕組みへの移行かもしれず、その意味においては、手続と実体が交錯する場面であるともいえる。

典型例の一つは、対価柔軟化に関する規定の施行が1年間遅らせられたこととの関係で、外国会社が三角合併を用いて内国会社を買収することについての法規制であろう。外国会社の株式を対価として用いる場合について、株主総会の決議要件は法務省令に委ねられており（会社法309条3項2号3号・783条3項）、前述のように会社法施行規則が改正された。今後の再改正も含め、特殊決議が求められる範囲によっては、事実上、上場会社を対象とするアウト・イン型の三角合併を困難にするであろう。

このほかにも、事前開示事項を法務省令に委任することによって、履行の見込みに関する事項、対価の相当性に関する事項など、法務省令が、どのような組織再編行為を可能とするかを決定するに近い状況をもたらした。換言すれば、法務省令に委任することで、会社法が伝統的に有してきた哲学を放

棄したという印象も否定できない。法制審議会での議論が透明性を欠くことが批判された時期もあったが、三角合併の要件をめぐる議論にしても、法務省令に委任されたが故に、外部からはわからない形で交渉が行われることになった。理論や哲学の衝突による止揚がめざされるのではなく、交渉で妥協点が見い出されるようになり、これが規制緩和の内実であるとするのなら、大きな問題である。

第4節 結 語

　組織再編に関する平成の法改正は、各種アクターの要望の顕現であり、規制緩和の象徴的な事項であるという視点から、改正経緯とその成果について検証してきた。
　組織再編の規制緩和を盛り込んだ会社法に対して、経済界は、「大いに満足。非常に高く評価している」（西川元啓新日本製鐵常任顧問）とされる。これに対しては、「規制と規律の緩和が進み過ぎた。規制される側の企業が喜ぶ法律に意味があるのか」（上村達男早稲田大学教授）との批判がある[267]。
　会社法が利用者にとって便利なものであることは望ましいし、それを、利害関係人に不利益を与えることなく実現することが、立法であれ、解釈であれ、法を創造する立場にある者に期待されている。
　利便性が高く、利害関係人の利益調整を十分に果たすため、法規制は単に内容が適切であればよいというものではなかろう。利害関係のある者の代表者の折衝の結果として生み出された法は、当然に社会的に正統性を有するものとはいえない。実践的な理論に裏付けられていることが不可欠であり、しかも、単純な規制であることが望ましい。立法趣旨の理解においてもわかりやすく、規制の内容もわかりやすければ、利用者にとっても便利であるし、利害関係人にとっても自分に与えられている規範を容易に知りうる。

---

[267] 以上について、朝日新聞2006年9月8日・前掲265。

会社法のあるべき姿に関して、このような理解が共有されているとはいえないかもしれない。とはいえ、事前規制から事後規制への大きな転換がなされたとすると、その揺り戻しを示唆する事例が現れることを、避けることはできないであろう。このような事態にどのように対応するべきであるのか。要望を顕在化させることに努めてきた分野だけに、理論的な考察が一段と重要になってこよう[268]。

---

[268] 落合・前掲190 31～31頁は、「M&A は、複雑かつ総合的な営為であり、学問的な客観的合理性と実務的な英知との緊密な連携によって、はじめて的確な対応と実践が可能となる」、「わが国の M&A 法制は、敵対的買収に対する対応をめぐって欧州型と米国型との間で揺れ動いている状況にあり、その動向いかんは、今後の M&A 法制のあり方に大きな影響を与えることになる。それゆえに学問においても、実務においても、この対応をいかにすべきかについての真剣な取り組みが必要である」とする。

第2章　要望の伏在
──コーポレート・ガバナンス

第1節　はじめに

1．コーポレート・ガバナンス概念

　コーポレート・ガバナンス（corporate governance）という概念には、なかなか難儀をさせられる。実務家であれ、研究者であれ、企業経営に関心がある者であれば、その概念の内容について、何となくイメージをもっているはずであろう[1]。だが、みんなが同じ言葉を用いて、そこでイメージしている概

---

[1]　コーポレート・ガバナンス概念の如何にかかわらず、経済界は、日常的に当該概念の対象とする問題に取り組んできたはずである。ただし、当該概念を意識して正面から取り組んだ活動としては、たとえば平成6（1994）年11月に発足した日本コーポレート・ガヴァナンス・フォーラムの存在があげられる。なお、このフォーラムは、コーポレート・ガヴァナンス原則策定委員会を立ち上げ、平成10（1998）年に「コーポレート・ガヴァナンス原則──新しい日本型企業統治を考える──」をまとめている（内容は、久保利英明ほか『日本型コーポレートガバナンス』229頁以下（日刊工業新聞社、1998）に掲載されている）。学界では、平成6年、日本私法学会商法部会において、「コーポレート・ガバナンス」なるシンポジウムが開催されたのが、一つの象徴的な出来事であったといえるだろう（当該シンポジウムの報告内容については、日本私法学会商法部会シンポジウム資料「コーポレート・ガバナンス──大会社の役割とその運営・管理機構を考える」商事法務1364号2頁以下（1994）を参照）。
　このような流れのなか、平成9（1997）年から翌10（1998）年にかけて、政界でも、コーポレート・ガバナンスの問題に関する商法改正の立法提案として、自民党から二つの骨子が公表されるに至った。その一つが、「コーポレート・ガバナンスに関する商法等改正試案骨子（平成9年9月8日）」であり、今一つが、「企業統治に関する商法等の改正案骨子（平成10年6月1日）」である。この政治領域での動きは、その後、平成11（1999）年には商法改正要綱の形をとり、最終的には平成13（2001）年（法律第149号）の商法改正に結びつくのであるが、この点については、後述第3節3．を参照されたい。

念内容の一部は確実に重なり合っているにもかかわらず、決して完全に一致はしていない[2]。

　そもそも、このコーポレート・ガバナンスなる言葉が、原語の表現そのままにわが国で用いられていること自体が、すべてを象徴しているようにも思われる。まず、これを日本語にそのまま置き換えると、「企業統治」といったところになろうが、これはわかったようでよくわからない。なぜなら、一般の語感からすれば、企業は経営するものであって、統治するものではないからである。そこで、もう少しかみ砕いて、「大企業における意思決定の仕組み」といった表現にするとわかりやすいが[3]、これは言葉の訳としては長いし、定義としてはいささか不十分のきらいを免れない。結局のところ、その意味内容の外延が茫漠としている概念である以上、ぴったりと合う日本語の訳など、出てくるはずもないのである。

　このように、コーポレート・ガバナンスという概念は本当に困ったものであるのだが——とりわけ研究者のように、物事を論ずるにあたって語の定義を求められやすい者にとっては厄介きわまりない——しかし、使いようによっては便利であることも事実である。企業をめぐるある問題について、その問題としての性格づけをし、カテゴライズしようとする場合、とりあえず「それは広い意味でのコーポレート・ガバナンスの問題である」としてしまえば、すべてが足りてしまうようなところがある。少なくとも、聞いた側がコーポレート・ガバナンスの概念についてそれなりのイメージをもっている限り、以上のようにカテゴライズされることによって、さしあたりの問題の位置づけは可能になるかもしれない。そのような有用性というのは、学問的

2　たとえば、コーポレート・ガバナンスという概念をもって一般に論じられているところから、「本来あるべき経営」といったものをもれなく定義していくと、「適法かつ効率的であって、あらゆる利害関係者の利益を最大化できるような経営」といった内容が導かれそうである。しかし、このような経営は神業としかいうほかないし、そのような経営をなさしめるための制度的あり方というのは、概念の定義をもって導かれる類いのものではなかろう。

3　このような説明をするものとして、神田秀樹『会社法入門』194頁以下（岩波書店、2006）。ただし、ここでもコーポレート・ガバナンスという言葉がなかなか日本語にならないことが指摘され、本文中の説明もその困難を前提としてなされているものである。

にはさしあたりあまり意味をもたないし、場合によっては有害ですらあるのだけれども、ある問題について、各人のイメージを膨らませるのに役立つという意味では十分である。

さて、本章の課題は、この「コーポレート・ガバナンス」の観点から、中立的で、無色透明なる存在とされてきた会社法を歴史的に分析することである。だが、以上のとおり、そもそものコーポレート・ガバナンスという切口それ自体は、所詮かなりあやふやな概念であることをまず認識しておく必要がある。そして、そのあやふやな概念に包摂されうる対象、そしてそれに関わる利害関係者が、立法過程でどのように立ち現れてきたか、ということを描き出すことが、本章のさしあたりの目的だということになろう。

2．検討対象の設定

かりにコーポレート・ガバナンス概念の完全な定義それ自体が不可能であり、会社法学的に無意味だとしても、本章の議論を始めるにあたって、この概念の外延を茫漠とさせておくことは、地図も磁石ももたずに前人未到の高い山に登るようなもので、無謀以外の何ものでもない。そこで、本章における議論の対象を明確にするという目的のため、以下に用いるコーポレート・ガバナンス概念の内容を絞ることとする。

2－1　アメリカにおける corporate governance

わが国において、企業に関するある特定の問題意識をコーポレート・ガバナンスなる語で説明するようになったのは、平成期以降、より厳密にはいわゆるバブル経済崩壊後、1990年代半ば以降のことであろう。それ以降、わが国では事あるごとに枕詞のようにこの言葉が用いられるようになっている。この表現は、いうまでもなく、アメリカにおいてすでに使用されていた corporate governance というタームの直輸入であるが、もとよりアメリカにおけるそれが用いられた背景と、日本におけるそれとは異なる。

アメリカでも、企業に関する一定の問題を把握するために corporate governance という語を用いるようになったのは、そう古いことではない。たしかに問題そのものは、1930年代に発表された例の Berle と Means の著作に示されているとの指摘はある[4]。だが、そこに示された問題意識——大企業における株式所有の分散化とそれに伴う経営者支配から生ずる諸問題——が、governance という語により把握されるようになったのは、どう古く見ても株主民主主義の議論が高揚した1960年代前後である[5]。さらに、アメリカで corporate governance という語を冠した議論が多数なされるようになったのは、1970年代に始まり、80年代に吹き荒れた敵対的企業買収の嵐のなかにおいてである[6]。

 以上のような経緯からも推測されるとおり、アメリカにおいても、corporate governance の語によって把握される内容は、株主利益最大化のための大企業の経営をめぐる諸問題という以上には特定されるものではなく、論じられる内容の重点も、時代によって状況によって移ろうものであった[7]。

2−2　わが国におけるコーポレート・ガバナンス

 バブル崩壊後のわが国において用いられるようになったコーポレート・ガバナンスという語は、その当時のわが国経済が抱えていた問題に対して、以上にみられるアメリカの流行のタームを当てはめたものにほかならない。当時のわが国経済が抱えていた問題といえば、最初はバブル期に頻発した企業

4　江頭憲治郎「コーポレート・ガバナンスを論ずる意義」商事法務1364号2〜3頁(1994)。
5　市川兼三「コーポレート・ガバナンス——企業活動にとって株主とは何なのか——」民商法雑誌117巻4・5号17〜18頁（1998)。
6　1980年代のアメリカにおいては、corporate governance の究極の姿は敵対的企業買収をめぐる攻防という形をとったことが指摘される。この点について、吉川満「米国におけるコーポレート・ガバナンス」ジュリスト1050号64頁（1994)。
7　この点については、神田・前掲3 197頁以下に詳しい。アメリカでは、1990年代に入ると、年金基金等の機関投資家を主体とした corporate governance が議論の中心となった（以上については、吉川・前掲6 64〜65頁も参照)。さらに平成14（2002）年、Enron 事件などの不祥事をきっかけに連邦法としてサーベインス・オクスレー法(Sarbanes-Oxley Act of 2002) が立法され、従前以上に独立取締役の役割が強調されるなど、近時は会社機関構造のあり方を規律する方向性で corporate governance のあり方が問われることとなっている。

不祥事であり[8]、次いでバブル崩壊後の不景気のなかで、わが国企業の経営が軒並み立ち行かなくなっていくという現実であった[9]。

　前者の企業不祥事との関係からコーポレート・ガバナンスの問題にアプローチすると、これは企業に適法な経営をなさしめるにはどうすればよいか、という方向性の議論になりやすい。これに対して、企業の業績不振との関係から同じ問題にアプローチすると、業績向上のため、企業に効率的経営を行わせるにはどうすればよいか、という方向性の議論になる。そして、わが国のコーポレート・ガバナンス概念をめぐる議論が、これら二つの方向を包含しながら立ち現れたという事実に思いをいたすとき、本節でも、この二つの方向性を軸にコーポレート・ガバナンスの問題を考えるのが便宜ではないか、ということになる。

　コーポレート・ガバナンスの内容について、複数の異なる方向性が存在するということは、わが国の会社法に存するコーポレート・ガバナンス関係の規定をみる場合に、重要な示唆を行うことにもなる。なぜなら、これにまつわる会社法の規定も、当該規定に最大の利害関係を有する経済界の要望のみを直接的に反映しているとは限らないことを意味しうるからである。たとえば、経済界とは異なる利害を代表する法務省・裁判所関係者、あるいは商法研究者といった存在が、経済界の要望を直接に立法化することを妨げ、結果として、経済界の要望はさまざまな形で「伏在」しているかもしれないということである[10]。

　いずれにしても本章においては、コーポレート・ガバナンスの概念について、先の二つの方向性、すなわち適法な経営をなさしめるための制度的仕組

8　たとえば、河村貢ほか「〈座談会〉日本の会社のコーポレート・ガバナンス」ジュリスト1050号10〜11頁〔近藤光男発言〕(1994)。とりわけ、マスコミにおいてコーポレート・ガバナンスの問題が取り上げられる際に、このような認識がなされる傾向があったようである（久保利ほか・前掲1 はじめにⅱ頁）。

9　江頭・前掲4 2頁。

10　わが国の会社法立法過程において、経済界の意向・要望が、法務省・裁判所関係者、および商法研究者の意向・要望と対立するという構造については、第1編の記述を参照されたい。

み、および効率的経営をなさしめるための制度的仕組みとして理解する。そして、これら二つの方向性を実現するための立法活動において、その主たる利害関係者である経済界の意向・要望と他の利害関係者のそれとが、それぞれどのように作用し、そしてどのように規定に現れたかを浮き彫りにすることが目的となる。

なお、以上の説明からもうかがえるとおり、本章で主たる検討対象となるのは、基本的にその発行する株式が市場取引の対象となる大企業たる株式会社である。したがって、中小企業に分類される会社群は、原則として考慮の対象から外れることをご寛恕願いたい。

3．検討の順序

コーポレート・ガバナンスと会社法との関係を考察するにあたっては、株式会社の機関に関する立法過程、とりわけ業務執行とその監督に関するそれを追わなければならない[11]。この立法の流れを大局的に見た場合、二つの方向性があることに気づく。

第一は、昭和25（1950）年改正以降の、取締役・取締役会制度、および監査役制度という枠組み内での改正に関心を寄せる方向性である。実際のところ、このような方向での改正は50年余りも続くもので、本章ではこれを「伝統的枠組みによる改正」と呼ぶことにする。第二は、平成14（2002）年改正による委員会等設置会社（会社法においては「委員会設置会社」。以下、用語法についてはその当時に施行されていた法律上の名称に従う）の導入以降にみられる、会社機関構成に関する選択肢の拡大という方向性である。これは第一の伝統的枠組みによる改正とは一線を画するもので、本章では「新しい試

---

[11] いうまでもなく、業務執行の監督という枠組みからすれば、株主総会制度、あるいは株主代表訴訟制度を含めた取締役の責任制度も、検討の対象とすべきものである。だが、本書の編集の関係上、株主総会制度については、第5編および第6編、株主代表訴訟制度を含めた取締役の責任制度については、第1編および第6編で検討されることとされているため、本章の検討対象からは割愛する。

みによる改正」と仮に呼ぶこととしたい。

　実は、この二つの改正の流れこそ、わが国の平成期以降におけるコーポレート・ガバナンス論と軌を一にするものである。結論めいたことを述べるならば、伝統的枠組みによる改正というのは、ほかならぬ企業不祥事に対応するための適法経営確保に向けた改正手法であり、新しい試みによる改正というのは、企業の効率的経営を実現するための改正手法である。むろん、これらにはいくらでも例外をあげることは可能であろうし、あまりにも大雑把な分類であるとの批判はありうるだろう。しかし、そもそものわかりにくいコーポレート・ガバナンス談義に見通しをつけようとするのであれば、このくらいの割り切った議論を提示することも意味のないことではないと思われる。

　そこで以下では、ある程度時系列に沿って、以上二つの改正の流れを示し、これによってわが国における二つのコーポレート・ガバナンスをめぐる議論を詳らかにしていく。その際には、必要に応じて、時代背景となるわが国経済の状況、あるいはわが国大企業の経営組織のあり方についても、経済史・経営史の分野における研究成果を助けとして紹介していくこととしたい。最初に、わが国大企業における業務執行とその監督のあり方、そしてこれにまつわる利害関係者の意向・要望について、前史として、昭和25年改正以降の昭和期における立法の変遷を概観する（第2節）。次いで、平成期以降においては、コーポレート・ガバナンス論に直結する改正の流れを二つに分け、それぞれについて主たる利害関係者である経済界の要望とそれ以外の利害関係者の意向を参照しながら、検討を加えていくこととする。二つの改正の流れの第一は、昭和期以来の伝統的な枠組みを前提としつつなされた改正であり（第3節）、そして第二は、新しい試みによる改正である、委員会等設置会社制度導入以降の改正についてふれることとする（第4節）。最後に、以上の議論を受けたまとめとして、コーポレート・ガバナンス関係の会社法改正につき、経済界をはじめとする利害関係者の現れ方、そしてその意向・要望の立法への反映の仕方について、その特殊性を明らかにしつつ、若干の分析、考察を加えることとする（第5節）。

第 2 節 前 史

　明治32（1899）年に現行の商法が制定されて以降、わが国の会社法が認めていた株式会社の機関構成は、最高かつ万能の意思決定機関である株主総会（昭和13年改正商法231条以下、同改正前商法156条以下）、業務執行機関である取締役（昭和13年改正商法254条以下、同改正前商法164条以下）、そして業務執行の監査機関である監査役（昭和13年改正商法273条以下、同改正前商法180条以下）というものであった。

　周知のとおり、これらの機関構成とその権限に大きな変更を加えたのが、第二次世界大戦後になされた昭和25（1950）年の商法改正である。この昭和25年改正こそ、今日のわが国株式会社における機関構成の基本型を設定したものであった。そしてこの改正以降、本章が問題とするコーポレート・ガバナンスの議論が登場する時期までの間、株式会社の業務執行、およびその監督に関する規定は、二度の重要な改正を経ている。一つは、監査制度に関する大改正が行われた昭和49（1974）年の商法改正、今一つは、取締役会制度に関する改正が行われた昭和56（1981）年の商法改正である。そこで本節では、わが国大企業の経営組織をめぐる背景事情をふまえたうえで、以上の立法に際して、さまざまな利害関係者の多様な利害が交錯した状況を描き出すことを試みたい。

１．わが国大企業における経営の自立性

１－１　財閥解体

　(1)　昭和20（1945）年8月、わが国はポツダム宣言を受諾し、第二次世界大戦はここに終結する。その後、GHQ（General Headquarters；占領軍総司令部）の占領下におかれたわが国では、最高司令官であるマッカーサー

(MacArthur, Douglas)によって経済民主化の指令が出され、これに伴う措置がGHQ、そしてHCLC（Holding Companies Liquidation Committee；持株会社整理委員会）によって進められることとなった。GHQの側では、わが国の財閥をはじめとする閉鎖的、非民主的な経済構造が、その戦争遂行を支えたと考えられ、その結果、当該構造の解体がめざされることとなる[12]。

GHQやHCLCによる一連の措置のなかで、わが国大企業の経営組織のあり方に直接的な影響を与えたのは、いうまでもなく持株会社の解体、そして財界追放の措置であった（いわゆる財閥解体）。まず持株会社の解体は、昭和20年の自発的解体の方針から出発し、後にはHCLCの設立によって強制的に行われた[13]。具体的には、持株会社の指定を受けた指定持株会社の保有する参加企業株を強制的にHCLCに譲渡し、これを従業員、工場周辺の地域住民、そして一般公衆に処分するという方法で進められた[14]。

また財界追放の措置は、昭和22（1947）年1月に公職追放の一環としてなされた措置、そして昭和23（1948）年の財閥同族支配力排除法による措置によって進められた。これにより、財閥家族、およびその影響力の下で指名された取締役は、経営陣からすべて排除されることとなったのである[15]。

(2) この持株会社の解体、そして財界追放の措置が、わが国大企業の経営組織に与えた影響としては、経済史・経営史の研究成果に従い、以下の二点を指摘しなければならない。

第一は、専門経営者の地位が決定的に重要となったことである[16]。戦前からの財閥本社であれ、創業者とその同族であれ、大株主の影響力が徹底的に排除されたことは、戦後のわが国大企業において、専門経営者の登用を不可避とした。

第二に、内部昇進者の比重が格段に増大したことである[17]。財界追放の措置により、大量の経営陣に就くべき人材が必要とされたところ、事実上、こ

---

12 宮島英昭『産業政策と企業統治の経済史』375頁（有斐閣、2004）。
13 この点の経緯については、宮島英昭「財閥解体」法政大学産業情報センター編『日本経済の発展と企業集団』206頁以下（東京大学出版会、1992）に詳しい。
14 以上につき、宮島・前掲12 377～378頁。なおその後、事業会社の解体に向けて、過度経済力集中排除法（昭和22年法律第207号）が制定され、これに基づく措置がとられている。

れは現場からの内部昇進者とするほかなかった。経営陣の選任権を実際に有していたのは株主としての HCLC であるが、これがとりわけ経済民主化の観点から内部昇進者を経営者にすることについて強い選好を有していたうえ、当時は労働組合の経営組織に対する発言力が高かったこともあり、以上のような結果となったのである。

15 以上につき、宮島・前掲12 379頁。いわゆる公職追放は、当初、昭和21（1946）年勅令109号によりとられた措置であって、昭和21年1月4日附GHQ最高司令官覚書に基づき、公務への従事に適しない者にして内閣総理大臣が指定した勅任待遇以上の者を官職から除去するものであった（同令1条1項参照）。この公職追放にかかる勅令は、昭和22（1947）年勅令1号により改正され、従前は「官庁ノ特別ノ支配ニ属スル会社」の幹部職員に限って除去の対象であったものが（昭和21年勅令109号2条）、より一般的に「特定の会社」の職員にまで対象が広げられた（昭和22年勅令1号2条）。

また、昭和23（1948）年の財閥同族支配力排除法（昭和23年法律第2号）は、まず、一定の要件の下に指定を受けた、血族や姻族等の関係に基づく個人の群を財閥とし、次いで、この財閥が出資により一定割合および一定額以上支配するものを財閥会社となし、そして財閥会社の役員であってその任免が財閥の支配下にあり、かつ当該財閥の利益を代表して当該会社の重要な業務の運営に参加していた者を財閥関係役員として、これらを規制の対象とした（同法2条1項・2項・3項）。そのうえで同法は、財閥に属する者と同一戸籍にあった者、および財閥関係役員とされる者が、財閥会社やこの従属会社・関係会社等の役員の地位にある場合には、辞職するか、辞職しない場合には失職するものと規定していた（同法4条・5条）。なお、財閥同族支配力排除法施行規則（昭和23年総理庁令7号）に従い、実際に財閥として指定されたのは、三井、三菱、住友、安田、日産、大倉、古河、浅野、富士、および野村の十財閥に属する個人であって（同規則1条・別表第1参照）、財閥会社は、財閥直系会社、財閥準直系会社、および財閥傍系会社に分類されたうえ（これらの区分は財閥関係役員でないことの承認を内閣総理大臣に申請する際に意味を有する。同法6条・7条参照）、以上の十財閥ごとに網羅的に指定がなされた（同規則2条、別表第2・第3・第4参照）。

16 以下の記述については、宮島・前掲12 382頁。なお、「専門経営者」とは、トップレベルの経営決定を行うが、当該会社の株式をほとんど所有していないという属性を有する者であって、このような者が中心となって経営が行われている企業が「経営者企業」である（宮島英昭「専門経営者の制覇――日本型経営者企業の成立――」山崎広明＝橘川武郎編『日本経営史4「日本的」経営の連続と断絶』76頁（岩波書店、1995））。

17 以下の記述については、宮島・前掲12 382～384頁。

1－2　高度成長期

1－2－1　安定株主工作と株式相互保有の構造

(1)　以上のように、戦後、わが国大企業における経営組織は、内部昇進者たる専門経営者を中心として構成されるようになったところ、間もなく彼らは、株主との関係で従前にはない対応を迫られることにもなった。というのは、持株会社の解体によって放出された株式の保有者は、当該株式発行会社の従業員が中心となったところ、この株式の半数は2年以内に売却され、市場に放出されたからである[18]。個人の所得水準の低かった当時、株式のようなリスク資産が敬遠されることは自然な話であるが[19]、ともあれここではGHQの意図に反して、個人株主から放出された株式は市場の押下げ要因となり、昭和24（1949）年以降の株式市場の低迷の大きな要因となった。その結果、上場会社は自らの発行株式を買い占められる可能性に直面し、経営の自立性確保が課題となったわけである[20]。

これを危機と捉えた企業経営者のとった対応が、今日でもよく知られる安定株主工作である。そもそも株式買占めを行う者というのは、その目的や行動が予想困難であり、企業経営者にとっては、会社意思決定を攪乱する可能性があると考えられた。また実際のところも、この買占めの少なからぬ部分が、会社側による当該株式の引取りで解決が予定されているもので、今日でいうグリーンメイルに類する買占めであった[21]。そこで彼らは、会社意思決

---

[18] 宮島・前掲16 109頁。

[19] 株式に代わる資産として個人に選好されたのは、安全資産としての預金である（宮島・前掲16 109頁）。このことが、わが国の金融システムを決する重要なファクターとなったことについては、第3編第1章を参照。

[20] 現に買占めの対象となった会社には、富士電機、日本電気、大正海上火災、あるいは三菱本社の第二会社（陽和不動産、開東不動産）などがあった（橋本寿朗「長期相対関係と企業系列」森川英正＝米倉誠一郎編著『日本経営史5 高度成長を越えて』58頁（岩波書店、1995））。とりわけ、以上のうち不動産会社については、市場価値が実際の資産の再販売価格を下回っていたこともあって、買占めの対象になりやすかったことが指摘されている（宮島・前掲16 109頁）。

[21] 会社側が買い取る際の状況については、朝山豊三「株の買占めに対する会社としての対策」商事法務32号2頁以下（1956）のほか、橋本・前掲20 59頁を参照。

定を攪乱するような可能性のない事業会社や金融会社を安定株主として選択し、自社の株式を保有してもらうべく方策を講じたわけである。昭和26 (1951) 年の平和条約発効前は、安定株主の対象となる企業にも大きな制約が存在したものの[22]、その後は対象が拡大し、たとえば旧財閥企業であればグループ各社に始まり、ひいては長期相対関係にある企業に拡大していくこととなった[23]。

(2) 以上のような動きは、制度的な支えを得て進められたことも指摘されている。たとえば、昭和24年および昭和28 (1953) 年の独占禁止法改正による株式保有制限の緩和[24]、そして昭和26年の証券投資信託法の制定といった事情は[25]、安定株主を確保するための立法として、まずあげられるべき必要があるだろう。

そのほか、商法改正により新株発行に伴う手続上の障害が軽減され、これにより制度的な支えが与えられたということも指摘できる。2．で詳しくふれる昭和25 (1950) 年改正以降、商法は、昭和30 (1955) 年、昭和37 (1962)

---

[22] それは旧財閥の同系企業による株式保有が、占領期の諸措置のために認められなかったからである。その結果、講和が成立する以前は、証券会社、第三者、そして他系金融機関に安定株主となるべく依頼をしたわけである（この点について、宮島・前掲12 413～414頁、橋本・前掲20 59頁等参照。なお、株式保有に関する法的な制約については、後掲24 も参照）。

[23] 宮島・前掲16 110頁、橋本・前掲20 59頁。

[24] 昭和22 (1947) 年に施行された当時の独占禁止法は、その10条1項で事業会社の株式保有を原則禁止とし、これが認められるのは、競争制限性のない100パーセント子会社株式の保有等で公正取引委員会が認可した場合（同条2項）、あるいは資金調達上必要な場合（同条3項1号）など、きわめて例外的な場合であった。これに対して、昭和24年改正同法10条1項は、競争制限性が認められない限り事業会社による株式取得を認め、他社株保有への道を開いたわけである。

加えて、施行当時の同法11条2項は、金融業を営む会社が5パーセント以上の他会社株式を保有することを禁じていた。これに対して、昭和28年改正同法11条1項は、これを10パーセントにまで緩和し、金融業を営む会社を他社株式保有のための受け皿とする制度的な支えが用意されることとなった。

[25] 証券投資信託法（昭和26年法律第198号）は、その2条2項で、投資対象となる有価証券を証券取引法2条1項・2項に定める有価証券としていた。証券取引法2条1項の定める有価証券の内容には、国債をはじめとする債券のほか、当然のことながら株券も列挙されており、これによって他社株保有の受け皿が広がったわけである。

年、および昭和41（1966）年と断続的に続けられることになる。このうち、昭和30年、および昭和41年になされた改正は、新株発行制度にかかるものであって、安定株主工作との関係を指摘されている[26]。なお、これらの改正自体は、いずれも法文の不明確さに起因する実務の混乱を解決するためになされたという面が強く、実務側、とりわけ経営サイドからの意向を強く反映する形で行われている[27]。

　まず、昭和30年改正は、新株引受権に関する定款規定のあり方が当時問題となっていたことを受けて、定款の絶対的記載事項とされていた株主の新株引受権に関する規定を削除したものである（昭和30年改正前商法166条1項5号参照）[28]。そして、株主に新株引受権を与える場合には、およそ取締役会決議によって決せられることが法律上明らかとなった（昭和30年改正商法280条ノ2第1項5号）。このような新株発行法制の合理化は、安定株主工作が進められた当時、意味をもちえたことが指摘されている[29]。

　株式相互保有への寄与という観点では、昭和41年改正も同様の意味を指摘できる。当該改正の内容は多岐にわたるが、改正課題の一つに、当時一般化していた買取引受につき、これが株主以外の者に新株引受権を与えるものとして、株主総会特別決議を要するか否かという問題があった（昭和41年改正前商法280条ノ2第2項参照）[30]。そして昭和41年改正では、有利発行とならない限

---

[26] 昭和37年改正では、商法計算規定に関する改正がなされた。これは、昭和30年代に入って、証券取引法に基づく公認会計士の会計監査が行われることになり、企業会計原則や証券取引法に基づく財務諸表規則と商法計算規定との矛盾が明らかになったためになされたものである（鈴木竹雄＝竹内昭夫『商法とともに歩む』349頁以下（商事法務研究会、1977））。なお、当該改正については、第4編も参照されたい。

[27] この点の事情に関しては、第1編第2節を参照。

[28] 昭和25年改正商法166条1項5号は、定款の絶対的記載事項として、「株主ニ対スル新株ノ引受権ノ有無又ハ制限ニ関スル事項」をあげていたが、いかなる定め方であれば有効となりあるいは無効となるかがきわめて不明確で、実務的に混乱していたという事情があった（具体的に問題となった定款の記載例について、浜田道代「新株引受権騒動への緊急対策——昭和30年の改正」浜田道代編著『日本会社立法の歴史的展開』（北澤正啓先生古稀祝賀論文集）294〜295頁（商事法務研究会、1999）。そのほか、鈴木＝竹内・前掲26 197頁以下参照）。

[29] 宮島・前掲12 414頁。

り、取締役会決議で新株発行が可能である旨明らかにされることとなった(昭和41年改正商法280条ノ2第2項)。これは、有利発行でない限り、第三者割当増資も取締役会の意思決定をもって行えることを明確にしたものであり、その意味で安定株主工作に資するものとなったことが指摘されている[31]。

(3) かくして、これらの立法を基礎としつつ、金融機関を中心として相互に株式を保有し合うという構造は、次第にわが国の企業システムを支える重要なサブシステムの一つとなっていった。このような戦後間もない時期から形成されていった株式相互保有の構造は、その後、昭和30年代後半からの株式市場の低迷、そして昭和40年代に進展する資本自由化を機に、さらに強化されていくことになる[32]。ここで何より強調しなくてはならないのは、安定株主工作とそれに由来する株式相互保有の構造が、内部昇進者たる専門経営者を中心とした経営組織をして、大株主や株式市場からの圧力を受けることのない経営を可能にしたということである。つまり、それは企業経営者に高度の「経営の自立性」を付与するものであった。だが、株式買占めであれ、株式市場の低迷であれ、あるいは資本自由化であれ、何かに対する対策とし

---

30 昭和30 (1955) 年の商法改正により設けられた商法280条ノ2第2項は、株主以外の者に新株引受権を与える場合、株主総会特別決議を経るべきこととしていた。もっとも、当該規制が念頭においていたのはいわゆる第三者に対する有利発行の場合であったから(松井秀征「新株有利発行規制に関する一考察」小塚荘一郎=高橋美加編『商事法への提言』(落合誠一先生還暦記念) 383頁(商事法務、2004))、昭和41年改正では、昭和30年改正における立法技術の拙さの修正が迫られたわけである。そのほか、当該改正の前後の状況については、戸川成弘「高度経済成長と開放経済体制への移行——昭和41年の改正」浜田編著・前掲**28** 334頁以下参照。

31 橋本・前掲**20** 62~63頁。

32 昭和30年代後半から進展していった安定株主工作は、戦後間もない時期のそれとは、若干様相が異なる。第一に、昭和30年代後半、わが国の株式市場は長期にわたって低落した。この際、銀行界が中心となって昭和39 (1964) 年に設立された日本共同証券、そして証券界が民法上の組合として昭和40 (1965) 年に設立した日本証券保有組合は、市場から株式を取得して「凍結」した。この「凍結」株を昭和40年代前半に売却する際、金融機関、関連会社、そして発行会社役職員など、安定株主と思しき層にはめ込んだ。第二に、昭和40年代初頭からの資本自由化で、資本移動の制限が撤廃される方向にあるなかで、製造業を中心に各企業は安定株主工作を図り、部品メーカーなどとの持合いを進めていった。このように進展していった株式相互保有関係は、昭和40年代後半には安定的な企業間関係の基礎となっていったという(以上につき、橋本・前掲**20** 60~63頁)。

てなされた措置によって確保される自立性というのは、あくまでも結果として生じたものであって、それ自体が当然に何らかの積極的な意味を有するものではない。それにもかかわらず、経営の自立性が、安定株主工作を通じて時を追って堅固なものとなっていったということは、それが時代状況に応じて一定の合理性を有していたとも考えられる。さしあたり、経営の自立性が有する積極的な意味合いとしてあげられるのは、次の4点である。

第一に、戦後間もない時期においては、先も述べたように、グリーンメイル的な株式買占めに起因する会社意思決定の攪乱防止の役割を担っていた。これは、最終的には株式買取りを要求する可能性を有する者が多数保有する株式を背景に、会社の戦略的・長期的意思決定を直接的に阻害する可能性を排除しようとするものであった。つまり、戦後直後の時期、経営の自立性確保に向けた安定株主工作というのは、正当な事業目的に基づく戦略的・長期的意思決定を確保するという、企業にとっては当然不可欠な要請を実現するものだったわけである。

第二に、第一の点に付随するものとして、高度成長期の前半である昭和30年代には、安定的な内部留保の確保という企業財務上の意味を有していた。今日の統計分析によれば、昭和30年代、上場会社においては、株式買占めを防止すべく高配当による株価維持が行われる傾向にあったことが知られている[33]。しかし、この当時は企業の資金調達にも非常に制約が大きかったから、利益を内部留保せず、高配当を維持することは、とりもなおさず企業の投資行動に影響するものであったはずである。これに対して、高度成長期の後半である昭和40年代頃から、安定株主工作により経営の自立性が確保されるようになると、いわゆる安定配当政策が行われるようになる[34]。その結果、会

---

[33] 高度成長期前半には、なお自己資本利益率に対する株式配当率の感応度は高かったことが明らかにされている（この点について、橋本寿朗＝長谷川信＝宮島英昭『現代日本経済（新版）』108〜109頁（有斐閣、2006）参照）。

[34] 安定配当政策というのは、高度成長期後半までには一般化した慣行で、当時、広く利用されていた額面株式の額面額を基準に、その一定割合を毎年安定的に配当するというものである（たとえば、1株の額面が50円であれば、その1割である5円を配当する。なお、安定配当政策については、橋本ほか・前掲33 109頁参照）。

社には分厚い内部留保が確保され、資金調達の便宜と投資決定の裁量が経営者に与えられていく。これは、資金調達に少なからぬ制約が存在し、他方で投資機会に恵まれていた高度成長期には、適切な投資機会——資金を返還された株主がそれを運用するよりも有利な収益機会——を逸しないという点で一定の意味をもちえたと推測される。

　第三に、第二の点と関連して、利益分配の点も含めて、昭和30年代後半以降にみられる労使協調を可能としたという面もあるかもしれない。戦後のわが国大企業における従業員の地位については、とてもここで一口に語りきれるものではないが、経済史・経営史の研究に従ってごく簡単にまとめるならば、次のようになるだろう[35]。すなわち、戦後しばらくの大量解雇・大規模争議の時代から出発し、昭和20年代後半から昭和30年代にかけては、産業別組合による争議が起こるもこれが労働側の敗北に終わって、次第に企業別に組合が組織されるようになっていった。他方で経営側も、これら一連の経緯のなかで解雇のコストを知り、長期の雇用を前提とした熟練の高度化という方向に進んでいったという。つまり、長期安定雇用、あるいは勤続年数と職階を前提とした賃金システムといったわが国企業における労使システムの特徴は、以上のような経緯から成立したものだというのである。この結果として、わが国の労働者は、役員等と比較しても相対的に高い分配がなされてきたのだが[36]、このような分配が可能となったのは、とりもなおさず利益分配に対する株主からの影響力が弱かったからこそともいえるだろう。以上の分析が可能であるとするならば、安定株主工作に基づく株主からの影響力の低下は、昭和30年代後半以降、わが国企業で志向された労使協調の路線——それは争議に伴う生産性低下を回避するためには必要であった——を背景から支えたという意味ももちえたであろう。

　そして第四に、昭和40年代以降、資本自由化の時期に安定株主工作が進められ、個々の企業における意思決定に外国資本が関与することを排除したということは、少なからず国策としての外資排除が求められたことを意味す

35　以下の説明については、橋本ほか・前掲33 28〜32頁、68〜69頁による。
36　橋本ほか・前掲33 70〜72頁。

る。とりわけこの外資排除の安定株主工作に熱心であった企業は、自動車、電気機械、造船、あるいは化学繊維といったわが国の基幹産業群に属していた。また、このような安定株主工作が進められる以前から、日本政府としても、通商産業省を中心に資本自由化実施の遅延政策を採用しようとしていたことが伝えられている[37]。このような企業と政府が一体となって進められた資本自由化対策をみる限り、昭和40年代以降にみられる経営の自立性確保というのは、わが国の企業の外資に対する自立性確保ともいうべき面があり、それはとりもなおさずわが国の経済政策それ自体にほかならなかったわけである。

1－2－2　メインバンクシステム

(1)　一定の環境下で、わが国大企業における経営組織が自立性を確保する動きをみせ、それが結果として、当時の状況における一定の合理性を看取できるにしても、なお容易に指摘されるべき問題は残る。それは、経営に対する規律づけの問題である。戦前の大企業にみられたような大株主からの影響力もなく、あるいは戦後間もない時期のように株式市場からの圧力もなく、内部昇進者たる専門経営者は、いかなる規律づけを受けたのだろうか。昭和25（1950）年改正において導入された取締役会制度を通じた監督により、実効性を伴った規律づけが行われたというならばそれでよいが、そのような議論はあまりにもナイーブにすぎるだろう。

繰り返し経済史・経営史の研究に従うならば、そこで強調される規律づけの要素は、金融機関の存在である。金融分野における強力な規制によって金融機関に発生したレントが企業への貸出しに振り向けられたこと、この融資関係をテコとして金融機関は企業の安定株主として機能してきたこと、そして融資先企業の経営状態が悪化した際に金融機関が救済融資と役員派遣を

---

[37] 以上については、橋本・前掲20 61〜62頁。本文に述べたような一連の動きの背景には、昭和38（1963）年、アメリカの自動車企業であるクライスラーが、フランス政府の反対を押し切ってフランスの自動車企業であるシムカを買収したという出来事があったとされる。

行っていたこと等の事実は、これまでの諸研究が明らかにするところであり[38]、本稿でもひとまず以上の理解を前提としたい。以上のような金融機関の融資先企業における規律の役割は、端的にまとめると「状況依存的ガバナンス」とも呼ばれたもので、次のような内容を含むものであった[39]。すなわち、企業の経営状況および財務状況が健全、好調な段階は経営に介入しない。これが悪化した場合には、役員を重要な地位に派遣して監視する。さらにこれが深刻化すれば、人員整理を含む強度な介入に踏み切る、というものである。それは、経営や財務の状況が健全、好調な限り、株主からも債権者からも直接の圧力を受けずに経営の自立性を確保しうるが、それが悪化するにつれて、その自立性を失っていくという仕組みであった。

この規律づけの仕組みは、経営の自立性を志向したわが国大企業の経営組織にとって、きわめて好都合なものであったといえよう。それは、いわば「監視すれど介入せず」という態度を前提とした規律づけであって、株主や市場からなされる常に短期的な利益を求め、分配の圧力をかける規律とは異なるからである。

(2) もっとも、このようなメインバンクシステムによる規律づけの仕組みも、それを企業なり金融機関の側から求めたというのではない。これは、本書の別編で明らかにされるように、わが国における金融システム構築の過程において、結果として生じたという類のものである[40]。そして、メインバンクシステムによる規律づけについては、次のような副次的効果を有していたことにも注意をしておく必要がある。それは、企業の側において、メインバンクに介入されない範囲での利益を上げればよい、という動機づけが働くことである。このように書くと、企業における利益追求に上限を課しているよ

[38] 以上の点については、岡崎哲二「戦後日本の金融システム」森川＝米倉編著・前掲20 138頁以下のほか、宮島・前掲12 480頁など参照。
[39] 状況依存的ガバナンスについては、青木昌彦＝ヒュー・パトリック＝ポール・シェアード「関係の束としてのメインバンク・システム」伊丹敬之ほか編『日本の企業システム第Ⅱ期第2巻企業とガバナンス』126頁以下（有斐閣、2005）参照。そのほか、この点の説明については、橋本ほか・前掲33 96～99頁。
[40] 第3編第1章参照。

うで誤解を招くおそれもありそうだが、この意味はそうではなく、むしろ逆のことを意味している。

　安定株主工作に基づく株式相互保有構造を前提とした場合、株主や市場からの短期的な利益追求、ないしその利益分配に対する圧力は弱くなる。その分、企業経営者には戦略的・長期的意思決定が容易となるし、そのための資金を内部留保から確保できる可能性が高まる。あるいは、労働者への分配や国の政策的意向に沿った意思決定も、一定範囲では可能になるだろう。ただしこれらの意思決定の可能性として、メインバンクの介入がある場合には低下することになる。つまり、株式相互保有の構造を前提とした経営の自立性は、メインバンクの会社意思決定への介入がない範囲で利益を上げてこそ、その実現が確保されるのであり、これが企業経営者のめざすべき利益追求の下限となるわけである。逆にいえば、その範囲で利益を計上している限りは、企業経営者は株式相互保有構造を前提として、高度の経営の自立性を享受できることになる。それは、メインバンクの会社意思決定への介入を惹起しうる財務状況に陥った場合には、企業経営者にはその介入を回避すべく、場合によっては粉飾決算を行う誘因を有していたということにもなるだろう。

　ともあれ、以上のような会社意思決定とメインバンクとの関係というのは、メインバンクの会社意思決定への介入を阻止する範囲での収益性が、株式に付与された議決権に由来する正統性を代替しているという、戦後のわが国の株式会社にみられた非常に興味深い現象であった。

1－3　安定成長期

　昭和40年代後半、いわゆるニクソンショックおよび石油ショックを経て[41]、わが国経済における高度成長は終わりを告げる。もっとも日本経済は、石油ショック後に一時的なマイナス成長を経験したものの、その後は低成長なが

41　これら二つのショックについては、ほとんど周知の事実であろうから、ここでは詳細についてふれない。詳しくは、鈴木淑夫『日本の金融政策』31頁以下（岩波書店、1993）、橋本寿朗『戦後の日本経済』187頁以下（岩波書店、1995）などを参照。

らなお安定的な経済成長を続けるという経済環境にあった。この時期にわが国大企業がおかれた状況、そしてその経営組織のあり方について注意すべき点は、やはり第一に、従前から構築されてきた株式相互保有の構造、そして第二に、これと密接に関連したメインバンクとの関係である。

1－3－1　株式相互保有の構造の進展

(1)　先も述べたとおり、戦後間もない時期、株式買占めの脅威から経営の自立性を確保するために始められた安定株主工作は、昭和40年代初頭より、証券不況対策で凍結された株式の受け皿、あるいは資本自由化対策としても推進された[42]。その結果、昭和40年代後半には、安定株主の層は企業集団だけに限られず、より広範な大企業関係として構築されていくようになる[43]。この時期、金融機関および事業法人の株式保有比率は急激に上昇し、昭和50年代には6割を超えるようになったのである[44]。株式買占め対策であれ、不況対策であれ、あるいは資本自由化対策であれ、契機としてはいずれも消極的理由から構築されてきた株式相互保有の構造が、時期に応じて、積極的合理性をも有していたことは1－2－1でも示したとおりである。では、昭和50年代の安定成長期にそれが進展したことについては、どのような意味を有していたのだろうか。

　一つには、なお戦略的・長期的な意思決定のために、短期的な利益追求とその分配に左右されないだけの自立性が必要であったということがあげられるだろう[45]。石油ショック後の昭和50年代初頭、わが国における企業投資の中心は自動車や電気機械など加工組立型の輸出産業が中心となる。これら産業に属する企業が、低成長期になお大幅な資金調達、設備投資に踏み切れたのは、企業集団内での安定株主工作、あるいはメインバンクを中心とした系

42　前掲32を参照。
43　とりわけ、長期相対取引関係で築かれた信頼に基づき、安定株主の候補となった大企業もあったであろうことが指摘される（橋本・前掲20 66～69頁）。
44　以上につき、橋本・前掲20 62頁。
45　以下の点については、米倉誠一郎「共通幻想としての日本型システムの出現と終焉」森川＝米倉編著・前掲20 332頁。

列関係の存在により――ただし、この当時の輸出産業におけるメインバンクの役割についてはすぐ後に述べるとおり注意が必要である――長期的な投資戦略を立てられたからだといわれる。

　ちなみにここであげられている理由は、戦後間もない時期における安定株主工作の理由とも重なるのだが、類似の状況は、安定成長期でもなお一定の業種において存在していたことがわかる。そして、以上にあげられている自動車や電気機械といった業種では、旺盛な資金需要や長期投資の機会が存在し、そこでは安定配当政策を前提として内部留保を積み上げる合理性もあったろう。加えて以上の業種は、資本自由化の時期に積極的に日本政府が外国資本からの保護に動いた産業でもあったわけである。その意味では、この産業分野に属する企業においては、なお高度成長期以来の株式相互保有の構造に由来する積極的な意義を見い出すことができたのであり、この点こそまさに注目すべき点であったといえよう。

　(2)　以上のことを裏返していうならば、安定成長期に入って、もはや資金需要や設備投資の機会が減退している企業においては、必ずしも株式相互保有の構造によって確保されるべき経営の自立性に積極的意義を見い出すことが難しいのではないか、ということでもある。そのような企業では、株主や市場からの短期的な利益追求とその分配を排除してまで投資すべき戦略が減退しているのであり、同時に内部留保を高く積み上げて企業経営者に資金調達上の裁量を与えるべき必要性も減じている。あるいは、場合によっては、従前のような労働者に対する相対的に高い分配も断念しなければならないこともあろう。企業の将来性が不透明となり、内部留保資金に基づく投資が十分な収益を生みえない状況が生じているにもかかわらず、株式相互保有の構造を維持し、労働者への分配の問題も含めて諸般の意思決定について企業経営者に高度の裁量を与えることは、資源の浪費を行うこと――ひいては違法行為による収益確保を図ること――にもつながりかねない。それは、つまるところ、株式相互保有の構造を維持すべき積極的理由を失っている、ということを意味するものである。

　このような指摘をすると、昭和40年代後半以降の時期における株式相互保

有の構造について、それが事業のパートナーとなる企業との長期安定的関係の裏付けとなったということをいう向きもあるかもしれない。しかし、これは株式相互保有の積極的意味合いとして、独立してあげるべき理由とはならない[46]。なぜなら、過去の歴史が示す事実は、信頼を基礎とした長期的相対取引を構築していく・・ために、株式相互保有を構築していった、という因果の流れにはないからである。たしかに、企業間取引関係というのは、信頼を基礎とした長期的な相対取引が好まれるが、それはひとまず株式相互保有等の資本関係とは別に出発するものである[47]。ゆえに現実のところは、資本自由化そのほかの客観的状況に対応すべく、信頼に足る長期的相対取引の相手を選び、自社株式を保有してもらう結果となった・・・・・・、ということであろう。あくまでも因果の流れとしては、まず信頼関係に基づく長期的相対取引が存在するのであって、株式相互保有自体はその後にくるものである。その意味で、株式相互保有の構造は、長期的相対取引の存在を示すものではあっても、その構築のために特段の意味を有するものとまではいえないだろう。

1-3-2　メインバンクによる状況依存的ガバナンス

(1)　1-2-2で述べたとおり、株式相互保有の構造により経営の自立性が確保されている企業において、経営に対する規律づけを行う主体としては、いわゆるメインバンクをあげることができる。実際のところ、昭和40年代以降、メインバンクたる金融機関からの役員派遣は、企業の負債比率の増加に応じて増えていることが指摘されている[48]。さらに、石油ショック以降、賃金上昇の影響を受けた労働集約産業では[49]、財務危機に陥った企業に対し

46　この点の分析に関しては、橋本・前掲20 63頁以下を参照。
47　橋本・前掲20 66頁以下。
48　岡崎・前掲38 157頁以下。
49　石油ショック以後の不況において、最も影響を強く受けたのは、石油・石炭産業、金属工業、化学工業、窯業、そして紙・パルプ産業など、エネルギー多消費型の素材産業である。ただこの当時、労働市場の逼迫、あるいはインフレーションなどの影響も受けて労働分配率が高まった結果、繊維・衣料、家具製造等、労働集約型の軽工業も大きく利潤圧縮を迫られたのである。以上について、橋本ほか・前掲33 148頁以下、米倉・前掲45 310～315頁等参照。

てメインバンクが金利減免や追加融資により救済を行い、企業リストラを主導した例がみられる。このようにメインバンクが、顧客企業の財務状態に依存して経営規律を行うという「状況依存的ガバナンス」を行い、その役割を最も効果的にみせたのはこの時期であったという[50]。

　なお、わが国大企業における労使関係について、ここでも少し言及しておくこととしたい。二つのショックを経たこの時期、すでに労働需給の逼迫やインフレーションの激化で労働者の賃上げの要求は強く、とりわけ昭和49（1974）年は大規模な争議が発生して、ベースアップ率は30パーセントを超えることとなった[51]。しかし翌年の昭和50（1975）年、企業業績が悪化して雇用維持には賃上げの抑制が必要となるなか、インフレ抑制を図る政府の働きかけもあって、労使は雇用維持を優先した合意を行う[52]。このように、経営側が大幅な景気後退時でも雇用を維持することを優先し、労働側もこれを受け入れたという背景には、経営側は、過去の解雇と争議の経験から、そして労働側は、勤続年数に相関が強い賃金制度の存在から、失業や解雇のコストを知っていたことがあるという[53]。企業の借入依存の高かった当時、なお労働側が賃金にこだわって当該企業の財務状況を悪化させれば、結局のところメインバンクによる介入を招き、経営側も労働側も失業や解雇の危機にさらされるだけである[54]。ともあれ、以上のような過程を経て、わが国大企業における争議件数は激減し[55]、またわが国大企業の経営組織における意思決定は、たとえそれが省力化のような一見労働者の利益に反するようなものであっても、企業別に構成された労働組合および現場労働者の信認を得つつ——もちろんこれは労働者が経営上の意思決定に直接参加するということとは異なる——行われるようになったと指摘されている[56]。

50　以上について、橋本ほか・前掲33 168頁。
51　橋本ほか・前掲33 148～149頁、155～156頁。
52　橋本ほか・前掲33 163頁。
53　橋本ほか・前掲33 165頁、米倉・前掲45 328頁。
54　橋本ほか・前掲33 165頁。
55　橋本ほか・前掲33 164頁。
56　米倉・前掲45 326～329頁。

(2) さて、石油ショック以降の安定成長期にメインバンクが自らの機能を発揮したのはそのとおりであるにしても、その評価について注意が必要である。

まず第一のポイントとしては、昭和50年代以降、メインバンクによる産業間での資金配分機能が低下していったことがあげられよう。すなわち高度成長期には、将来の成長産業に重点的な資金配分のできた銀行が、この時期からはリターンの高い産業に資金配分をできなくなっていったということである[57]。それは、銀行が産業レベルでその成長性を見極めることが困難になったという話でもある[58]。

第二に、個々の企業のレベルでみた場合には、企業の側から銀行離れが進んでいったという事実をあげる必要がある。石油ショック以降、わが国大企業は収益の低下と金利の上昇ゆえ、有利子負債の削減に取り組んだのだが[59]、とりわけ当時の成長部門であった輸出産業では内部資金より資金調達方法による設備投資資金の確保を図る傾向にあった[60]。他方、メインバンクの側では、低コストの預金獲得や手数料収入の確保など、企業との関係を維持するインセンティヴをなお有していたため、銀行と企業の間の交渉力も変化していったという[61]。

2．昭和25(1950)年改正

さて、本節における主たる関心は、戦後のわが国大企業における経営組織に関する変化のありようが、会社法改正にどのような影響を与えたか（あるいは、与えなかったか）という点にある。そこでここからは、いよいよ昭和25年改正について検討を加えていくこととしよう。

---

57 以上の指摘について、岡崎・前掲38 166頁以下。
58 岡崎・前掲38 171頁。
59 橋本ほか・前掲33 167〜168頁。
60 橋本・前掲41 200〜201頁。
61 橋本寿朗＝長谷川信＝宮島英昭『現代日本経済』167〜168頁（有斐閣、1998）。

2－1　機関の構成をめぐる改正の概要

(1)　昭和25（1950）年改正において、株主総会の意思決定の対象は、法律と定款が定める事項に限定された（昭和25年改正商法230条ノ10）。つまり業務執行事項に関する意思決定権限は、より基本的な事項とより日常的な事項に分けられて、それぞれ株主総会の権限と取締役会の権限とに割り振られたわけである。

この取締役会なる機関は、昭和25年改正において導入された諸制度のなかでも、目玉の一つといってもよい。取締役会制度の下では、株式会社の取締役は単なる取締役として業務に関与することは予定されず、取締役会という会議体を構成し、これを通じて会社の業務執行にかかる意思決定を行う（昭和25年改正商法260条）。そして、業務執行それ自体は、以前のような各取締役が代表権を有し、これを行うものとはせず（昭和25年改正前商法261条参照）、取締役会の決議によって選任され、会社代表権を有する代表取締役に委ねられることになった（昭和25年改正商法261条）。

このような業務執行事項に関する権限分配は、その後50年以上にもわたりわが国の株式会社における基本型となったもので、今日のわれわれにとっても非常に馴染み深い体制であるといえよう。

(2)　その他、わが国の株式会社には、従前より業務執行の監視を行う機関として監査役が置かれていた。そして昭和25年改正以前、この監査役は、会社の業務執行に関して全般的に監査機能を有していた（昭和13年改正商法274条、同改正前商法181条参照）。

しかし、取締役会制度の導入は、この機関のあり方にも影響を及ぼさずにはおかなかった。取締役会というのは、法律上は日常的な業務執行事項の意思決定を行う機関とされていたものの、同時に業務執行の監督も行うものと考えられていた[62]。このように取締役会が業務監督機能を有することを前提とした場合──取締役会による監督と監査役による監査という二重の監視体制も十分想定しえなくはないが──これに重ねて監査役が業務執行を監査すべき必要性は自明ではない。かくして昭和25年改正により、監査役は会計監

査のみを担当する機関としてその位置づけを与えられ（昭和25年改正商法274条参照）、従前の業務監査にかかる機能は取締役会に委ねられることとなったわけである。

2－2　取締役会制度の導入

2－2－1　改正に至る経緯

　昭和25（1950）年改正が、GHQ の経済民主化の一環として[63]、その強い影響下で行われたことはよく知られている[64]。だが、昭和25年の改正に至るまでの過程は、戦後間もない時期というその時期の特殊性もあって、非常に複雑であった[65]。こと取締役会制度の導入に関していえば、単純に GHQ の意向に沿って立法がなされたとはいえず、その力学を理解するのは余計に難しい。

　(1)　昭和25年改正に至る経緯として、まずあげるべきは、株金分割払込制を廃止した昭和23（1948）年改正の存在である[66]。この改正が成立、施行されて間もない昭和23年8月、当時の法務庁に商法改正準備調査会が設置され、そこでは授権資本制度、および無額面株式制度の導入が検討の対象とされ

---

[62]　業務執行は、本文にも述べたとおり代表取締役の権限に属するが、当該機関は取締役会の下部機関として、当然にその命令監督に服するものと考えられた（鈴木竹雄＝石井照久『改正株式会社法解説』157頁（日本評論社、1950））。なお、昭和25年改正当時の商法の規定には「取締役会が取締役の職務の執行を監督する」という表現はなく（昭和25年改正商法260条は、単に「会社ノ業務執行ハ取締役会之ヲ決ス」と規定していた）、業務執行の監督が取締役会の権限として明文で書かれるのは、後述するように昭和56年改正からである。

[63]　「経済民主化」というのは、GHQ の最高司令官に就任したマッカーサーが、昭和20（1945）年10月、日本民主化のために発した五大改革指令のなかに含まれていたものである。この五大改革指令とは、婦人解放、教育の自由主義化、専制政治からの解放、経済民主化、および労働者の団結権の確立を内容とするものである（野口悠紀雄『1940年体制　さらば戦時経済』72頁（東洋経済新報社、1995））。先に述べた財閥解体も、もちろんこの経済民主化の重要な内容をなすものである。

[64]　中東正文「GHQ 相手の健闘の成果——昭和25年・26年の改正」浜田編著・前掲28 221頁以下、宮島・前掲16 96頁以下。

[65]　鈴木＝竹内・前掲26 146頁以下。

た[67]。その背景には、株金分割払込制度の廃止が、当時の立法担当者に次のような認識を喚起したということがある。すなわち、未払金の存在は、それを徴収することで会社の重要な資金調達手段の一つとなりえたところ、制度の廃止はその手段を奪うことになった。したがって、増資を行うには常に株主総会特別決議を必要とすることになったが、これでは実務も困るであろうから、代わって授権資本制度をはじめとする新株発行関係の新しい制度の導入が必要だ、という考え方である[68]。

もっとも、このような議論がなされた当時、すなわち昭和24(1949)年頃の株式市場は、その年の後半以降にみられる極度の供給過剰と金利上昇に伴って崩壊寸前にまで至っていた。しかも、所得水準の低かった当時のわが国において、リスクの高い株式という金融商品は、個人投資家から回避されていた[69]。このような事情に鑑みるとき、資金調達手段の柔軟化という改正課題である以上、経済界がこれに反対することはないだろうが、当時の状況下においてこれが積極的に働きかけていったということは考えにくい。つまり一般論としていえば、新株発行を資金調達手段として利用することはとても期待できる状況にはなかったわけである[70]。すると、株金分割払込制の廃止に伴い新たなる資金調達手段を導入しないと困るのではないかというのは、そ

---

[66] 株金分割払込制度は、周知のとおり、わが国でも従前より強い批判があった制度である(松田二郎『株式会社の基礎理論』602頁以下(岩波書店、1942))。また、GHQにおいてもこれが財閥の支配力形成に結びつけて理解され、それゆえ廃止を迫ったような節があった。すなわちGHQは、比較的少ない資金の投入で会社を支配できる仕組みとして当該制度を理解し、これが財閥の支配力形成に役立ったとみたようである(鈴木=竹内・前掲26 140頁のほか、池野千白「戦後会社法への―第一歩――昭和23年の改正」浜田編著・前掲28 207~208頁)。なお、この改正に関する経緯等については、第3編第1章も参照されたい。

[67] この点に関しては、鈴木=竹内・前掲26 147頁、中東・前掲64 219頁以下参照。準備調査会の委員および幹事に関しては、鈴木=竹内・前掲26 157頁、中東・前掲64 219頁に若干の紹介がある。

[68] 以上の点について、鈴木=竹内・前掲26 143頁以下参照。

[69] 実際のところ、この後個人資金は大量に預金へのシフトをみせるようになる。この点については、第3編第1章参照。

[70] 供給過剰は、財閥解体関連株が市場に放出されたこと、そして企業再建整備に伴う増資がなされたことによるものである(宮島・前掲16 108頁)。

れ以外の立法担当者——商法改正準備調査会を構成していた当時の法務庁・裁判所関係者、および商法研究者[71]——が、あくまでも「頭の中で考えた」問題にすぎない、ということがわかる。この点については、鈴木竹雄の次のような発言も紹介しておこう[72]。

「証券取引法にしても独禁法にしても、みんなアメリカから横文字の法文を突き付けられて、これを翻訳して縦の法文に直すという作業をやってきているけれども、商法について同じようなことをやられたら非常に困るんじゃないのか。……商法のあちらこちらに、勝手に横文字の法律を付け加えさせられることになったら、全体ががたがたになってしまうということを思うと、われわれとしてはただ手をこまねいてアメリカからの要求が出てくるのを待っているわけにはいかない。したがって、こちらで用意をしておく必要があるのではないか。……（そこで、）23年の改正を片付けると、それに引き続いて授権資本と無額面株式の研究に取り掛かったのです」。

ともあれ商法改正準備調査会における検討に基づき、昭和23年10月、法務庁より「株式会社法改正の根本方針」が公表され[73]、以上の授権資本制度の採用と無額面株式の発行に係る諸提案が明らかにされた。授権資本制度を採用するについては、会社設立後の株式発行の権限を誰に与えるかが問題となるが、この根本方針ではそれが取締役に与えられることとされている（根本方針一）。ここで注意しなければならないのは、次の点である。すなわち、この改正方針に従うと取締役の権限は従来に比して強大となるため、これに対応するための改正意見として、取締役会の組織の問題を法律上明瞭にすべきとの意見もあった。だが、根本方針においては、今般の改正が全面改正を行うものではないから（根本方針はしがき）、ここでの課題とはしない、とされた点である（根本方針十一）。つまり取締役会制度の導入というのは、当初、新

---

[71] なお、昭和24（1949）年1月、GHQはこの委員構成に不満を持ち、法務庁以外の関係省庁の代表を入れること、通商産業界を代表しうる委員を入れること、そして弁護士会を代表する委員を入れることが求められたという（中東・前掲**64** 228頁参照）。
[72] 鈴木＝竹内・前掲**26** 143〜144頁。
[73] 法務庁調査意見第一局「株式会社法改正の根本方針（昭和23年10月7日）」鈴木＝竹内・前掲**26** 605頁。

たな資金調達制度の導入と関連して議論がなされたが、見送りとなった事項だったわけである。

(2) 以上のような議論を基礎として、法務庁では改正要綱の立案に入る。だが、すでに昭和23年8月、集中排除審査委員会（DRB；Deconcentration Review Board）の勧告により、アメリカからわが国に対して適切な会社法の制定——ここには何ら具体性を伴う指示はない——が求められていた。そして、これを受けたGHQの経済科学局反トラスト・カルテル課は、同年11月以降法務庁との協議を重ね、会社構造の民主化、および外国からの資本投下の容易化をその方向性として設定した[74]。具体的には、昭和24（1949）年1月31日、いわゆる「シックス・ポインツ」と呼ばれる協議のための仮項目として示されることになる[75]。そこでの主要6項目は、株主の書類閲覧権（項目Ⅰ・1）、株式の譲渡性（項目Ⅰ・2）、議決権（項目Ⅰ・3）、資本増加（項目Ⅰ・4）、少数株主の権利と救済（項目Ⅰ・5）、そして外国会社（項目Ⅱ）からなっていた[76]。だが、取締役会の問題はこの文書には直接あげられておらず、かろうじて取締役と役員に関する項（項目Ⅰ・9）があるほか、取締役の義務の問題が、少数株主の権利と救済の項に小項目としてあげられるにとどまっていた（項目Ⅰ・5・b）。

GHQからあげられた会社法改正の方向性には、とりもなおさず会社運営の民主化、そして独占禁止法制との調和といった観点が反映していたのだが、いずれにせよ、それまでの商法準備調査会の設定した改正課題とは必ずしも一致しない。そこで、これらの要請を受けた商法改正準備調査会——昭和24年2月より商法改正審議会——は、GHQの要請によりその構成員を充実させつつ[77]、以上の仮項目の方向性を取り入れた議論を行う。そして、審議会での議論をふまえて法務庁側で作成された案は、事項ごとに逐一GHQとの折衝にあげられ、同年7月18日、法務府（当時）原案となる「商法を改正

---

74 以上について、中東・前掲64 221～225頁。
75 Tentative Points for Agenda (25. Jan. 1949). この内容については、鈴木＝竹内・前掲26 615～616頁に原文があるほか、中東・前掲64 225～226頁を参照。
76 中東・前掲64 227頁。

する法律案」が完成する[78]。しかし、GHQからの要請事項を法律案としたこの段階では、なお取締役会制度の導入は問題とされていなかった。

(3) 昭和24年7月の法務府原案は、「商法の一部を改正する法律案要綱」（案）として法制審議会――これは同年6月に設置された――に諮問される[79]。そして当該審議会は、さらなる検討のため、この原案に基づく要綱（案）を商法部会における審議に委ねることとなった[80]。

実は、本項の検討対象である取締役会制度の導入というのは、この法制審議会商法部会の段階に至って、ようやく具体的な改正課題として現れるものである。具体的には、同年10月29日の要綱修正案において[81]、これが改正課題とされることとなる[82]。すなわち要綱修正案の第十九の二は、「取締役会の制度を設け、会社の業務執行は、取締役会が決すること」とし、取締役会の手続（要綱修正案第十九の三～五）や権限事項（要綱修正案第十九の六、三十七の二～三、三十七の五）等について提案を行うこととなった。

もっともこの段階に至って、取締役会なる制度の導入が主張された理由は必ずしも明らかではない。ただ、すでに昭和23年の根本方針の段階で、その導入を検討する議論があったことは確かである。また、実務的に経営者たる取締役からなる合議体組織を設ける例があったのも事実である[83]。加えて、特に経団連などは、取締役会制度の導入を主張するわけではないものの、そ

---

77 法務庁以外の官庁関係者として、大蔵省、商工省、経済安定本部、証券取引委員会、および公正取引委員会から、それぞれ1名ずつ（大蔵省のみ2名）委員が出されている。また、通商産業界を代表しうる者として、東京商工会議所、経済団体連合会、日本経営者団体連盟、そして東京証券業協会からそれぞれ1名ずつ委員が選ばれた。さらに弁護士会からも、3名の委員が加えられた。以上については、中東・前掲64 228～229頁のほか、前掲71の記述を参照されたい。
78 以上について、当時の議論の詳細も含め、中東・前掲64 229～253頁を参照。
79 法務府「商法の一部を改正する法律案要綱（案）（昭和24年8月13日）」鈴木＝竹内・前掲26 616頁。
80 中東・前掲69 254頁。
81 法務府「商法の一部を改正する法律案要綱を修正し又は之に追加すべき事項」鈴木＝竹内・前掲26 620頁。
82 鈴木＝竹内・前掲26 163頁、中東・前掲64 257頁参照。
83 さしあたり、鈴木＝竹内＝石井・前掲62 13頁参照。

の存在を前提とした意向・要望を明らかにしていた[84]。以上のような事情もあって、法制審議会商法部会としても、その審議を進めるなか、根本方針の段階で先送りした議論を積極的に改正課題として取りあげたということはあるだろう。

2－2－2 改正法の成立

(1) 法制審議会商法部会における議論を経て、修正を加えられた法務府原案は、再びGHQとの折衝に回されることとなる。ここでは、帳簿閲覧権や累積投票といった問題が主たる論点となったが、こと取締役会の導入に関しては、GHQ側から何らの異論も唱えられなかった[85]。その後もGHQとの折衝の結果を経て、昭和24（1949）年12月23日、法制審議会は「商法の一部を改正する法律案要綱の修正案」を採択し、これを法務総裁に答申するに至る[86]。GHQ側との折衝は、法律案の作成段階、そして国会での審議段階でもなお続けられたが、昭和25（1950）年5月、ようやく改正法として日の目をみることとなる。そして昭和26（1951）年7月1日、取締役会制度の導入も含め、この改正法は施行されるに至ったわけである[87]。

以上のような背景をもって導入された取締役会制度について、鈴木竹雄と石井照久の手による改正法に対する解説書は、次のように述べている[88]。

「従来の取締役は原則として意思決定と執行及び代表との権限を合わせ有したが、かかる法律上の原則にかかわらず、実際上は非常勤の取締役を認める必要上、定款を以て取締役会の制度を設ける会社が多かった。その意味においては、新法は、実際上の制度を法律上の制度にまで高めたものとなすことができる」。

(2) 以上のような経緯で導入された取締役会制度というのは、それが改正

---

[84] 経団連商法改正委員会「商法改正に関する意見（昭和24年10月15日）」は、その九項において、株式の発行について取締役会の決定によって行うべきことを前提とした意見を提示している（この意見については、鈴木＝竹内・前掲26 622頁）。
[85] 中東・前掲64 265頁。
[86] 中東・前掲64 269頁。
[87] 以上について、中東・前掲64 270～286頁参照。

課題とされた経緯が明確ではないため、そこに働いている利害関係者の力学もわかりにくい。ただし、次の点については、かなりの確かさをもって論ずることが可能ではないかと思われる。

第一に、取締役会制度の導入というのは、GHQ側のイニシアティヴで出てきたものではなく、日本側のそれとして出てきた、ということである。取締役会導入に関する議論は、当初、商法改正準備調査会において、授権資本制度の導入をめざし、新株発行にかかる権限を取締役に付与することを論じていた段階で現れたものである。そして、この新たな資金調達方法をめぐる議論自体は、GHQの機先を制すべく進められたという性格を有していた。実際問題として、昭和23（1948）年10月の根本方針の段階でこの議論が改正課題から外された後、昭和24年10月の要綱修正案の段階で改正課題とされるまで、GHQの意向として取締役会の導入が求められたこともない。このことから、取締役会制度の導入が、もっぱらわが国の側の意向・要望として実現しているということが理解できる。

第二に、わが国の側の意向・要望として実現しているという場合、それは経済界のそれというよりは、法務庁（法務府）・裁判所関係者、および商法研究者のそれがより強く反映しているのではないか、ということである。繰り返すように、取締役会導入に関する議論は、新たな資金調達方法の導入に向けた昭和23年10月の根本方針までの議論のなかで、あくまでも取締役の権限強化の裏返しとして出てきたものである。そして、この資金調達方法の導入

88　鈴木＝石井・前掲62 13頁。もっとも、このような説明の方法については、一定の留保も必要である。終戦後、持株会社の解体と財界追放の措置が矢継ぎ早にとられた結果、わが国大企業の経営組織は、分散した株式所有を前提に、すでに内部昇進者中心の専門経営者によって構成される傾向にあった。すると、「非常勤取締役の存在を前提として取締役会を設ける例があった」という理由で、アメリカの取締役会制度を参考とした制度を取り入れるという説明はかなり不思議である。もちろん、戦前から非常勤取締役を置いていた会社はあったし、取締役による会議体組織を有していたものも多いだろう。その意味では当該会議体組織を立法化することをもって、実務の慣行を法律上のものに高めたということは間違いではない。しかし、当時のわが国大企業の経営組織が、内部昇進者を中心とするものに大きく変化しつつあったということからすると、明らかに以上の説明に実態との齟齬が生じることは否めない。

に関する議論自体は、当初、法務庁（法務府）・裁判所関係者、および商法研究者が、GHQの機先を制すべく、経済界の便宜を慮って進めていったものである。それゆえ、当該制度の導入もこれに付随する取締役会制度の導入も、法務庁（法務府）・裁判所関係者、および商法研究者が「頭で考えて」行った面があり、経済界の積極的な意向・要望に由来するものではないといえるだろう。もっとも経済界とて、資金調達方法の柔軟化に反対する理由はないし、その後の経団連の意見にもみられるように、これに付随する取締役会の導入も、それはそれとして受容する姿勢があったのも事実ではある。

2-3 監査役制度の改正

(1) 監査役制度の改正が改正課題として論じられるのは、やはり新たな資金調達制度の導入を検討した昭和23(1948)年10月の根本方針においてであった。それは、資金調達にかかる取締役の権限が強化されることに鑑みて、株式発行における取締役の権限行使にあたっては、監査役の同意を求めることが提案されていたわけである（根本方針五）[89]。ただし、監査制度のありようについては、当該改正が全面改正ではないため、これ以上に手を加えるものではないことを明らかにしている（根本方針十一）。

その後、GHQからの「シックス・ポインツ」のなかにおいて、監査役は、少数株主の権利と救済に関する項に検討のための小項目としてあげられた（項目I・5・c）[90]。そのため、監査役制度自体は、この後も大枠としては改正課題のなかにとどまり続けることとなる。だが、その後の議論を経た昭和24（1949）年7月の法務府原案、そしてこれに基づく要綱（案）においては、監査役について特段の改正のための提案はなされていない。

(2) 監査役制度のありようについて、具体的な動きがみえるのは、取締役会導入に関する議論と同じく、昭和24年10月の要綱修正案の段階である。ここでは、取締役会の導入と同時に、監査役制度を廃止して、会計監査役制度の導入が提案されたわけである（要綱修正案第十九の七）[91]。要綱修正案段階

89　法務庁調査意見第一局・前掲73参照。
90　シックス・ポインツについては、前掲75参照。

において、監査役制度の廃止と会計監査役制度の導入が提案された背景には、現実に置かれている監査役が職務を果たしていないのではないかという認識から、権限の縮小が主張されたという事情があった。このような監査役制度の廃止と会計監査役制度の導入に関する提案は、一部の商法研究者からは批判的な見解も提起されたが[92]、その後も維持され、国会でも衆議院通過段階まで残ることとなる。参議院では、監査役制度の廃止について議論がなされたが、最終的には「会計監査役」の名称を単に「監査役」とし、その権限は会計監査権限のみとすることで落ち着くこととなった[93]。

　このような監査役権限の限定について、事後的には次のように説明がなされるに至った[94]。すなわち昭和25（1950）年改正は、取締役会とこれによって選任される代表取締役という制度を設けた結果、取締役会において業務執行にあたらず、その監督を行う取締役の存在が想定されている。加えて、当該改正では株主の地位が強化されて——株主の地位の強化はGHQの強い意向であった——単独株主権、あるいは少数株主権として直接業務執行の監督にかかる強力な権利を行使しうることとされている[95]。このように業務執行の監督に関して、すでにこれを任せるに足る法的な手当てがなされていること

91　中東・前掲64 257頁。
92　この点については、鈴木＝竹内・前掲26 181頁参照。
93　この点については、鈴木＝竹内・前掲26 181～182頁、中東・前掲64 281頁参照。
94　以下の説明について、鈴木＝石井・前掲62 190頁。
95　昭和25年改正において、株主権強化という観点からなされた改正は多岐に及ぶ。共益権の関係では、株主総会決議要件の厳重化（たとえば、昭和25年改正商法239条1項・343条。この限りでは一部の少数株主のみによる決議ができない）、少数株主権の要件緩和（たとえば、株主総会招集権について、昭和25年改正商法237条（10分の1から100分の3へ）、検査役選任権について、昭和25年改正商法294条（株式保有期間の要件の排除））、累積投票制度（昭和25年改正商法256条ノ3）、少数株主による取締役の解任請求権（昭和25年改正商法257条3項）、株主による違法行為の差止請求権（昭和25年改正商法272条）、株主の帳簿閲覧権（昭和25年改正商法293条ノ6）のほか、本文でも後述する取締役の責任強化（昭和25年改正商法266条）と株主代表訴訟制度の導入（昭和25年改正商法267条）などがあげられる。自益権の関係では、定款における新株引受権の絶対的記載事項化（昭和25年改正商法166条1項5号）、株式の譲渡性の保障（昭和25年改正商法204条1項）、あるいは組織再編行為等に反対する株主の株式買取請求権（昭和25年改正商法245条ノ2以下）などがあげられる。以上については、鈴木＝石井・前掲62 13頁以下参照。

を考えて、商法は、監査役を会計監査の任務に専念させた、というわけである。

(3) 監査役制度については、以上のような立法の経緯、趣旨から帰結すべき点として、次の二点を指摘しておく必要がある。

第一に、昭和25年改正の段階における監査役制度というのは、取締役会制度の導入と株主権の強化という二点の影響を間接的に受けているという点である。いうなれば、これは取締役会制度の導入を主導した法務庁（法務府）・裁判所関係者、および商法研究者の意向と、株主権の強化を強力に主張したGHQの意向とによって、その権限が侵食されたといってもよいくらいである。当該制度自体は、立法過程において廃止論が存在したにもかかわらず、わが国の株主の地位がアメリカのそれに比して強力でないことなどに鑑み、株主のために会計監査の任にあたる機関は必要だろうとの配慮から残されたという事情がある[96]。以上の事情を総合的に鑑みると、昭和25年改正当時、監査役制度について、積極的にこれを設置すべき意向や要望があったわけではないことがわかる。従前から存在した権限を他の機関に譲りつつ、最小限必要な会計監査の範囲でこれを残したというものである。

第二に、第一の点と関連して、すでに昭和23年の段階で証券取引法と公認会計士法が成立しており、証券取引法上、財務計算に関する書類について公認会計士による会計監査を受けるべきこととされていた点を指摘しなければならない（証券取引法193条の2）。これは、いうまでもなく、証券取引法上の会計監査を受けるべき会社について、商法における監査役の監査と重複を生じさせることになる。もとより、これら立法当時にはきわめて公認会計士の数が少なく、証券取引法上の会計監査も本格的に実施される前であったため、強く問題として認識されることはなかった[97]。だが証券取引法上、一定の会社については公認会計士による会計監査が要求されるにもかかわらず、商法

---

[96] 鈴木＝石井・前掲62 190頁。
[97] 商法の求める監査役の資格について、この公認会計士に限ろうという議論もあったにもかかわらず、これも公認会計士の数の少なさゆえ、この当時は実現しなかったという事情がある（この点について、鈴木＝竹内・前掲26 181～183頁、鈴木＝石井・前掲62 190頁等を参照）。

が重ねて会計監査のための機関を別途用意するという潜在的問題は、ほどなく顕在化することになる[98]。

3．昭和49(1974)年改正

本節の冒頭にも述べたように、昭和49年の商法改正は、主として監査制度に関する改正であった。とりわけ大きな改正点は、監査役に業務監査の権限が与えられたこと（昭和49年改正商法274条参照）、そして商法特例法の制定により会社を規模に応じて類別し、このうち資本金5億円以上の大会社には、会計監査人の会計監査が義務づけられたことである（商法特例法2条）。またこれに伴って、大会社における監査役は、原則として会計監査人の会計監査を信頼することを前提とした制度となった。すなわち会計監査人は、必要に応じて監査役に対し監査に関する報告を行い（商法特例法8条）、会計監査人の監査の方法や結果が相当でないと認めたときには、監査役が独自の会計監査を行うものとされたのである（商法特例法14条2項1号）。

さて、ここからの検討課題は、なぜ昭和40年代後半のこの時期に、以上のような監査制度の改正が行われたのか、そしてその改正にはどのような利害関係者の要望や意向が影響を与えているのか、である。そこで以下では、昭和49年改正に至る具体的な経緯をみることとしよう。

3－1　改正の背景

3－1－1　改正の前提となる議論

監査役をめぐる制度上の問題は、すでにみたとおり、昭和25(1950)年改正の当時から潜在的に存在していた。その問題を改めてまとめると、次の二点である。第一に、監査役は従前の権限の多くを失いつつ、株主保護の観点か

---

[98] このような屋上屋を架すという問題は、当初、立法関係者にはさほど意識されていなかったが、証券取引法に基づく会計監査が本格的に実施される方向の下、次第に関係者に問題として認識されていくようになる（この点については、本章第3節2．において後述するほか、鈴木＝竹内・前掲26 336頁以下参照）。

ら最低限必要な権限として会計監査の権限が残されたが、そこには必ずしも積極的な制度の存置理由を見い出しにくいという点。そして第二に、唯一残された会計監査権限も、証券取引法に基づく公認会計士による会計監査と重複する、という点である。昭和25年改正以降、監査役制度を含め、わが国大企業における経営監視のあり方について、これを直接規律するための改正はなされなかった。だが、このことは立法に向けた動きが全くなかったことを意味するわけでもない。監査役制度の改正に向けた動きとしては、さしあたり先の二つの問題点と関連して、次の二つの動きを指摘しておくことが有益だろう。

(1) 第一に、法制審議会商法部会において——とりわけ法務省・裁判所関係者および商法研究者において——商法の根本改正への意欲がきわめて強かったということをあげておく必要がある[99]。

これは、昭和30 (1955) 年改正以降顕著となる動きであるが、監査役制度についても、機関全体の問題の一環として議論が提起され、そこでは株主総会権限の縮小や取締役会機能の強化と並んで、監査役機能の強化といったことが論じられていた[100]。この議論をより具体的に敷衍すれば、監査役を経営監視のための機関として積極的に位置づけていこうとする動きであり、監査役にも業務監査を行わしめるべきではないか、との主張がなされていたわけである[101]。それは、株主総会機能の限界に鑑みてその権限を縮小しようとする議論、および取締役会が実際に経営監督機能を果たしていないとの認識を前提として、監査役による監査を今一度実効性のあるものに変えていこうという議論にほかならなかった[102]。

99 この根本改正に向けた議論の端緒については、鈴木＝竹内・前掲26 330頁を参照。
100 当時の議論については、法務省民事局参事官の手による、上田明信「株式会社の機関に関する若干の問題(1)～(4)」商事法務9号3頁 (1955)、13号5頁 (1956)、18号5頁 (1956)、22号6頁 (1956) を参照。また、昭和31 (1956) 年5月の私法学会でも株式会社の機関に関する改正問題が取りあげられており、これについては、田中誠二「株式会社の機関についての改正の方向」商事法務25号2頁 (1956) 参照。以上のほか、当時の動きについては、第1編、鈴木＝竹内・前掲26 339頁以下等を参照。
101 上田・前掲100 18号8頁以下、22号6頁以下参照。
102 上田・前掲100 22号6～7頁。

その後、この監査役の権限強化に関する議論は、大会社と中小会社との間での規律の区分という問題とも関連を有するようになる。もとより、大会社と中小会社との間での規律の区分という問題自体も、昭和30年改正以降、早くから論じられているものである[103]。実際に法制審議会商法部会でも、大会社を対象としてなされる立法を中小会社にも適用していくことが可能かどうかという方向で、立法を検討する発想がみられた[104]。この発想の背景には、もとより税制上の理由や戦後のインフレによる株式額面の相対的な低額化ゆえに、戦後、商法の規定になじまない中小株式会社が大量に現れたという事情があったわけである[105]。ただこの議論が、監査役制度の改正論議と結びついたのは、監査役をめぐる今一つの問題、すなわち証券取引法に基づく公認会計士監査と監査役監査との重複問題について、実際上、解決を迫られたためであった。昭和30年代後半以降、顕在化してきたこの問題の解決は、すぐ後にも述べるように、証券取引法に基づく公認会計士監査を商法上も反映すべきという方向性を有していた。だが反面で、昭和40年代初頭の段階で、証券取引法に基づく公認会計士の監査を受ける会社は、わずか2,300社程度であった[106]。それでもなお、証券取引法に基づく公認会計士監査を商法にも反映させようとなると、どうしてもこれを大会社に限定する必要があったし、それは大会社と中小会社の区分立法という方向性と結びつかざるをえなかったわけである。

昭和30年改正以降にみられる、商法の根本改正と監査役制度をめぐる議論のありようは以上のとおりである。だが、実際のところ、そのような根本改正を行うにしては、当時の商法改正にかける人的・物的資源は十分でなかっ

---

103 鈴木＝竹内・前掲26 344頁に掲げられた議論を参照。
104 鈴木竹雄ほか「〈座談会〉商法改正の動きを語る」商事法務400号8頁〔味村治発言〕（1966）。また、従前の商法改正を審議する国会でも、大会社と中小会社を分けて、その取扱いを変えるということから始めなければならない、という声のあったことが指摘されている（前掲8頁〔居林次雄発言〕）。
105 このような指摘をするものとして、たとえば、原安三郎ほか「〈鼎談〉商法改正は如何に進められるべきか」商事法務86号5頁〔原発言〕（1958）。
106 鈴木ほか・前掲104 10頁〔安井誠発言〕。

た[107]。そして、限られた資源で改正を行わなければならない状況で、経済界からは、会計制度にかかる改正（昭和37（1962）年改正）や新株発行制度の改正（昭和41（1966）年改正）にもみられるように、緊急の改正要望が出てきていた。そのような環境では、とても根本改正などは実現しようもなかったわけである[108]。

(2) 第二に、当時の大蔵省から、商法改正を担当する法制審議会、そして法務省に対して、監査役制度のあり方について継続的に提言が行われていたことを指摘する必要があるだろう。そしてこの提言は、当初、先の法務省で検討されていた商法の根本改正に含まれる内容と全く逆の方向性をもっていた点で、注意を要するものである。

監査役制度をめぐる問題としては、監査役監査と公認会計士監査の重複を解消するという問題が当初より存在していたわけだが、昭和29（1954）年、大蔵省の側から法制審議会に対して、証券取引法上の監査会社は監査役監査を不要とし、監査役を任意機関とする旨の案が提議された[109]。そもそも、昭和26（1951）年から開始された証券取引法に基づく公認会計士監査については、当初の3年間、基礎監査にとどまっており、商法上の監査との抵触はほとんど生じなかった[110]。しかしその後、貸借対照表上の重要項目まで含めた監査

---

[107] その後、根本改正のための作業が困難となるなか、一部には商法改正の立案機構のあり方にまで踏み込んだ提言もなされていたところであったが（鈴木竹雄「商事立法の在り方について」商事法務360号4頁以下（1965））、その提言を行った鈴木も、根本改正をやるには機構が十分でなく、また機運が熟していなかったと述懐している（鈴木＝竹内・前掲26 342頁）。

[108] 根本改正から部分的改正の積上げへの方向転換に関しては、昭和30年改正以降に根本改正論が提起された後、立法担当者のなかでも早い時期から意識されていたようである（原ほか・前掲105 4～5頁〔吉田昂発言〕）。

[109] この点については、鈴木＝竹内・前掲26 336頁以下参照。なお当初の案は、経団連との意見調整ができず、結局は立法への流れとならなかったが、経団連との折衝を経て、昭和31（1956）年、再度同様の案が法制審議会に持ち込まれた（以上については、羽柴忠雄「企業監査をめぐる監査役と公認会計士の立場」商事法務16号8頁以下（1956）も参照）。

[110] 制度開始時のいわゆる第一次監査から第三次監査と呼ばれた期間である（羽柴・前掲109 9頁）。

を2年間行い、さらに昭和32 (1957) 年から正規監査に移行するとなると、実際に監査の重複を生じることになる[111]。もとより監査の重複は、それ自体が問題なのではない。重複してなされた監査について生ずべき、監査役・公認会計士間の意見の相違が問題なのであり、大蔵省はこの点を危惧して調整問題の解決に乗り出したのだった。しかし、監査役制度の扱いは、先の根本改正の議論にもみられるように、法務省では機関全体にかかわる問題としてとらえられ、また当時の公認会計士監査の充実度への疑問もあって、結局、改正につながるまでの大きな動きとはならなかったのである[112]。

しかし、監査役を任意機関とする大蔵省側の提案が商法の改正につながらなかったという事実は、何ら問題が解決したことを意味しない。たとえば、公認会計士が財務諸表に不適正意見を付けていても、これはあくまでも証券取引法上の問題にすぎない。したがって、監査役が決算書類について適正であるといった報告書を付けている場合、以上の不適正意見と関わりなく、それが株主総会で承認される可能性がある[113]。かくして、大蔵省がその後に意識した問題解決の方向性は、このような制度間の不整合をなくすべく、証券取引法で求められている公認会計士の監査を商法にも反映する手段が必要なのではないか、ということであった。とりわけ、昭和30年代後半から粉飾決算の問題が生じた当時、監査役の監査がおざなりになっていた例も散見されたようであるし、昭和41 (1966) 年末の段階で企業会計審議会では公認会計士と監査役との調整の問題を審議するに至っていたから、大蔵省の関係者には相当に強い問題意識があったことがうかがえる[114]。

このような議論の方向性は、先もふれたように、商法の根本改正を議論していた法務省にも受け止められていく。そして、その延長線上にこそ、大会

---

111 つまり、第四次監査から第五次監査と呼ばれる移行期間を経て、制度の本格的開始となる正規監査に移行するということである(羽柴・前掲109 8〜9頁)。
112 鈴木=竹内・前掲26 338頁、上田・前掲100 18号8頁等参照。
113 このような問題意識については、鈴木ほか・前掲104 10頁〔安井発言〕。
114 この点については、安井誠「証券取引法における公認会計士監査の充実策について」商事法務422号44頁以下 (1967) のほか、鈴木ほか・前掲104 9頁〔味村発言〕、11頁〔安井発言〕等を参照。

社における会計監査人制度の導入という話が出てきたわけである。

3−1−2　粉飾決算問題に対する政治的対応

(1)　さて、監査役制度の改正論議自体は、以上のとおりしばしば停滞をみせていたわけであるが、これに再度火を点けたのは、昭和30年代末から40年代初頭にかけての不況下における大型企業倒産の頻発、そしてこれに伴う大量の粉飾決算の発覚であった[115]。以下では、この事情を確認するところから始めよう。

昭和30年代、資本の国際間移動が制限されていた当時、日本銀行はドル需要を制限する必要から、金融引締め政策により景気調整を行わねばならなかった[116]。とりわけ、昭和39（1964）年前後からの金融引締め政策によって生じた景気調整は、翌昭和40（1965）年にかけて深刻化し[117]、そのなかで倒産企業が続発することとなる。景気調整局面で倒産企業が出現すること自体は、経済変動において当然の事理である。だが、この時期の倒産がとりわけ社会的に問題となったのは、倒産企業が軒並み悪質な粉飾決算をしていたゆ

---

[115]　日本特殊製鋼、サンウェーブ工業、富士車輛、そして当時としては戦後最大の負債額といわれた山陽特殊製鋼など、上場企業が次々と倒産に追い込まれていった。そして、そのような倒産企業には少なからず粉飾決算がみられたのである（以上につき、並木俊守『新商法の逐条解説』3頁（中央経済社、1974）、上田純子「日本的機関構成への決断──昭和49年の改正、商法特例法の制定」浜田編著・前掲**28** 369〜370頁）。

[116]　好景気が続くと工業生産のために必要な原材料等の輸入が増加してドルの需要が高まったが、資本の国際間移動が制限されていたため、これを無制限に供給することはできなかった。そこで日本銀行は、ドル需要を制限する必要がある場合には、生産の増加率を落とすべく、金融引締め政策をとることとなったわけである（これは、経常収支の赤字によって経済成長率の上限が画されるという現象で、「国際収支の天井」と呼ばれた。岩田規久男『国際金融入門』151頁（岩波書店、1995））。たとえば、昭和34（1959）年から36（1961）年にかけては、いわゆる「岩戸景気」の影響で経常収支赤字が発生し、その結果、昭和36年からは金融引締め政策が取られると同時に、民間設備投資の調整が行われることとなった（この点について、香西泰「高度成長期の経済政策」安場保吉＝猪木武徳編『日本経済史8 高度成長』216頁（岩波書店、1989）、岡崎哲二ほか『戦後日本の資金配分』175頁以下（東京大学出版会、2002））。

[117]　戦後のわが国経済における景気循環については、尾高煌之助「成長の軌跡」安場＝猪木編・前掲**116** 163頁以下。

えであった。そして、この粉飾決算の事実は倒産企業にとどまらず、大蔵省が昭和40年から昭和46 (1971) 年まで、有価証券報告書提出会社1,185社を対象に審査をしたところ、169社から粉飾の事実が明らかになったというほどであった[118]。

(2) 粉飾決算を行っていた企業が多数倒産する。倒産に至らないまでも、その他の大企業において広く粉飾決算の事実が明らかになる。ひいては、これに少なからず公認会計士が関係していた[119]。こうなると、政治的にも一定の対応を迫られざるをえない。そのなかで、まず改正課題として取りあげられたのは、公認会計士制度のあり方であった[120]。

時系列に沿って具体的になされた対応を列挙すると、大蔵省企業会計審議会における議論を経て、昭和40年9月には監査実施準則の改正、翌41 (1966) 年4月には監査基準および監査報告準則の改正、さらに同年6月には公認会計士法の改正がなされた。この公認会計士法の改正においては、社団法人日本公認会計士協会が特殊法人化されたほか（昭和41年改正公認会計士法43条）、監査法人制度が新設されて（昭和41年改正公認会計士法34条の2以下）、公認会計士の資質向上と監査体制の充実が図られた[121]。これは、粉飾決算に助力した公認会計士が少なからず存在したなかで、公認会計士に対する規律を強化するもので、社会的批判を汲み取った政府機関および立法府による対応という見方ができるであろう。

これに対して監査役制度に関しては、当時、昭和41年商法改正が大詰めの

118 河本一郎＝大武泰南『金融商品取引法読本』11頁（有斐閣、2008）。
119 大蔵省が粉飾決算の実態を審査するなかで、169の粉飾経理会社が判明したことは本文にもに述べたとおりであるが、その中で210人の公認会計士が虚偽の証明をしていることも明らかになった。そのうち、悪質な52人が懲戒処分を受け、特にひどい3人は登録抹消処分になったという（以上につき、河本＝大武・前掲118 11頁）。
120 以下については、酒巻俊雄『改正商法の理論と実務』2頁（帝国地方行政学会、1974）。
121 公認会計士協会の特殊法人化とは、社団法人たる公認会計士協会が公認会計士の任意加入であったものを強制加入団体とし（昭和41年改正公認会計士法46条の2）、これと同時に公認会計士の自治機能を通して公認会計士の立場を高めていこうとするものであった。また、監査法人制度の導入は、被監査会社の規模が大きくなっていくなかで、組織的な共同監査が行えるようにするための制度的基礎をつくったということである（以上につき、鈴木ほか・前掲104 4頁〔安井発言〕）。

段階に入っていたこともあって、そもそもの議論の開始がやや遅れることとなる[122]。実際には、先に述べた公認会計士法の改正に際しての衆議院での附帯決議に基づき、昭和41年11月、ようやく監査制度のあり方が法制審議会商法部会において扱われることになった。公認会計士法改正に際して、衆議院の附帯決議で求められていたのは、公認会計士制度が社会の要請に応えるようにするための商法の検討であった[123]。この附帯決議を受けた法制審議会商法部会が、商法改正に向けてどのような議論を行ったのか、以下、項を改めて検討することとしよう。

3−2 監査役制度の改正と会計監査人制度の導入

3−2−1 改正の選択肢

(1) 法制審議会商法部会における審議は、昭和42（1967）年3月、法制審議会商法部会に幹事より提出された案により実質上開始されることとなった[124]。この案では、監査役制度の改正についてA案からD案まで、四つの案が検討されたことが明らかになっている。簡単に内容を紹介すると、A案は、監査役が会計監査を行うことを維持したうえで、その権限を強化する、B案は、監査役が業務監査も行うこととして、その権限を強化する、C案は、取締役の選任・解任権限を有する監査役会を設けて、その監査機能を強化する、そしてD案は、監査役制度を廃止して、取締役会の業務監督権限を強化するというものである。

いうまでもないことだが、これらの案は、当該改正論議の段に至って突然出てきたというものではない。従前の制度を維持することを前提としたA案

---

[122] 鈴木＝竹内・前掲**26** 480頁。
[123] 昭和41（1966）年の公認会計士法改正に際して、衆議院でなされた附帯決議は以下のとおりである（この点について、味村治「商法の一部を改正する法律の解説(1)」法曹時報26巻10号4頁（1974）参照）。
 「四 政府は公認会計士制度が一層社会の要請に応えるために、更に商法、証券取引法、税法、企業会計原則等について引き続き検討を行い、速やかに総合的改善を行なうべきである。」
[124] 以下の説明については、味村・前掲**123** 7頁参照。

をひとまず措くと、たとえばB案は、昭和25（1950）年改正以前の制度に戻るというもので、商法の根本改正論議のなかにも監査役の権限強化として主張されていたものである[125]。またC案は、ドイツ法の制度を導入するものであり、D案は、アメリカ法の制度を導入するものであるが、これらはいずれもやはり商法の根本改正論議のなかで検討されていたものである[126]。つまりいずれの案も、すでに昭和30年改正以降の商法の根本改正論議のなかで扱われていたものであって、それが粉飾決算問題を契機とする改正の議論が進められるなかで、改めて出てきたにすぎないのである。

(2) さて、ドイツ法やアメリカ法の制度を導入しようとするC案とD案は、実務的に導入困難との判断から早々に排除され[127]、法制審議会商法部会ではA案とB案を残し、昭和42年5月、「監査制度に関する問題点」を公表する。この「監査制度に関する問題点」は、A案とB案を基礎に、監査役制度、取締役会制度、そして小会社の扱いについて論点を提示したものである[128]。本節の検討との関係で特に重要な点は、第一に、監査役に業務監査権限を付すか否か、第二に、証券取引法上の公認会計士監査を受ける会社において、監査役およびその監査の扱いをどうするか、そして第三に、監査役が会計監査のみを行うとした場合には、取締役会の機能強化のため、取締役の資格・選解任・報酬や取締役会議長についてどのような規律を置くかといった点であろう。

A案においては、第一の点につき、従前のとおり会計監査のみを行うこととし、業務監査権限を付さないことが前提とされている。したがって、監査役制度のありようとしては、あくまでも監査役の独立性の保持その他、会計

125 　以上の点については、味村・前掲123 7頁のほか、上田・前掲100 22号6頁以下、田中・前掲100 4頁等を参照。
126 　以上の点については、味村・前掲123 7頁のほか、田中・前掲100 4頁を参照。なお、D案については、大蔵省が一時期主張した監査役の任意機関化とも親和性を有しているようにもみえるが、立法担当者の解説にはこの点に関する直接の言及はない。
127 　この点についての詳細は、味村・前掲123 7頁参照。
128 　その内容については、「監査制度に関する問題点」商事法務413号8頁（1967）、およびその解説である味村治「監査制度に関する問題点について」商事法務413号2頁（1967）を参照。

監査機能の強化をめざすこととなり（A案一〜五）、業務監督の機能強化をあげて取締役会に委ねられることになる。以上から由来する帰結として、第二の点に関しては、監査役監査と公認会計士監査の重複の問題が残ることから、監査役廃止の可能性を採る議論になる（A案六）。さらに第三の点に関しては、取締役会機能の強化が必要となることから、取締役の使用人兼務の制限、取締役の選解任における少数株主の意向の反映（それは社外の人間が取締役となる可能性をも示唆する）、各取締役の報酬に関する取締役会による決定、あるいは取締役会議長からの代表取締役の排除といったことが検討の対象となった（A案七〜十）。

これに対してB案においては、第一の点について、監査役には業務監査権限も付すこととしたうえで、監査役の独立性の保持その他、監査機能の強化をめざすことを前提とするため（B案一〜五）、会社訴訟の提起権限をはじめ、監査役における業務執行に関する種々の監督権限が認められるかどうかが検討の対象とされている（B案一）。以上から由来する帰結として、第二の点に関しては、監査役監査と公認会計士監査の重複を解決すべく、監査役による会計監査を不要とするかどうかを探ることになる（B案六）。さらに第三の点に関しては、監査役が業務監査も行うことで経営監督機能の強化を図る以上、取締役会の機能強化に向けた検討事項は存在しない。

(3) この「監査制度に関する問題点」については、その後、昭和42年6月から11月まで、法制審議会商法部会を構成する委員のうち11名によって構成される小委員会で、その内容が検討された[129]。

その間、当該問題に強い利害関係を有する経済界でも、東京商工会議所と大阪商工会議所において意見の聴取が行われたのだが、前者の意見聴取では、監査役が業務監査を行う案が優勢であり[130]、後者のそれでは、現状維持を含め、監査役が会計監査のみを行う案と業務監査をも行う案とが拮抗していた[131]。ただし、経済界の意向としてより注目すべき点は、監査役の廃止論が非常に弱かったということであろう。これは、以上の商工会議所における

---

[129] 味村・前掲123 13頁。

意見聴取でも顕著であったし、経団連も同様の意向を示していた[132]。そもそも、この当時の監査役の会社内における位置づけはかなり微妙で、会計監査自体がおざなりになっている例はあるにせよ、人事の便法として使われる例あり、あるいは金融機関が融資先に人を派遣する手段となっている例ありで、実務的にはそれなりの利用価値のある地位だった[133]。しかも、監査役の廃止論は取締役会権限の強化を伴わざるをえないが、取締役会議長からの代表取締役の排除、取締役の選解任に対する少数株主の意向の反映（社外重役の導入）、あるいは使用人兼務取締役の禁止等は、どれも当時のわが国企業が享受していた経営の自立性を脅かすものであって、到底経済界には受け入れ

130　東京商工会議所における意見聴取は、昭和42（1967）年10月からその会員企業に対するアンケート調査の形で行われた。そこでは、監査役のあり方について、「A　現在と同様、会計監査だけ行なうものとする」、「B　会計監査のみならず、業務監査全般を行なうものとする」、「C　廃止する」という選択肢が与えられた。この調査の回収率は必ずしも芳しいものではなかったが（調査対象2,000社のうち、回答があったのは222社にとどまる）、ともあれ回答の割合は、Aが34.6パーセント、Bが55.3パーセント、そしてCが9.1パーセントという割合であった（以上については、味村・前掲123 14頁のほか、伊沢実「監査制度改正に関する企業の意向——東商のアンケート調査に基づく——」商事法務439号7頁以下（1968）に詳しい）。

131　大阪商工会議所における意見聴取は、昭和42（1967）年11月からその会員企業に対するアンケート調査の形で行われた。そこでは、監査制度の改善の要否について、「イ　現在のままでよい」、「ロ　現在のとおり会計監査のみを行うものとして会計監査機能を強化する」、「ハ　現在の会計監査のみにとどまらず、業務監査をも行うものとして、監査機能を強化する」、「ニ　全面的に監査役制度を廃止する」、「ホ　その他」という選択肢が与えられた。これに対する回答数104件のうち、回答の割合は、イが23.3パーセント、ロが20.4パーセント、ハが41.8パーセント、ニが8.7パーセント、そしてホが5.8パーセントであった。つまり、監査役が会計監査のみを行うことを前提とするイとロを合わせて43.7パーセントで、業務監査をも行うことを前提とするハを少し上回る数字だったわけである（以上については、味村・前掲123 14〜15頁）。

132　東京・大阪の両商工会議所における監査役廃止論の少なさについては、前掲130、および131を参照。経団連は、昭和42（1967）年7月、その経済法規小委員会において、監査役に会計監査権限のみならず業務監査権限を与え、監査役を存置することを求める意見をまとめている（この点については、商事法務422号62頁（1967）参照）。そのほか、この点については、鈴木ほか・前掲104 11頁〔居林発言〕も参照。

133　鈴木ほか・前掲104 11頁〔居林発言〕のほか、昭和42（1967）年に商事法務研究会が行った詳細なアンケート調査につき、浦野雄幸「監査役に関するアンケート調査の集計とその分析」商事法務422号2頁（1967）を参照。

られる余地がなかった[134]。そうであるとすれば経済界として、監査役は残すという方向性にならざるをえないし、残すとなれば公認会計士との調整として、業務監査権限を付すという方向性にもならざるをえないわけである。

ともあれ、先の小委員会における検討、そして以上の経済界の意向もふまえ、法制審議会商法部会は、昭和43（1968）年1月、B案を前提として審議を進めることを決定する[135]。そこでは、大要次の五つの理由があげられていた[136]。第一に、業務執行の意思決定機関である取締役会による業務監査では、業務執行と業務監査の密着性ゆえ、監査役の場合より監査の独立性が保たれないおそれがある。第二に、取締役会の業務監査機能充実には一定割合の社外重役を導入する必要があろうが、わが国の企業の実情からみて著しく困難であり、監査役に人を得ることの方が容易である。第三に、監査について、取締役会における多数決で意思決定をなすことは、公正な意見であっても多数の賛成が得られないと監査権の発動ができないことになる。第四に、業務執行に関する意思決定を行う取締役会において業務監査を行う場合、事前のコントロールを行う機会が多かろうが、監査役に取締役会出席権を与えれば、同様のことが監査役の監査でも可能である。そして第五に、証券取引法による公認会計士監査の結果について、これを株主総会による計算書類の承認決議に反映することが粉飾決算の防止に効果的であるところ、監査役が会計監査のみを行うという場合、監査役を廃止するか、公認会計士を監査役とする必要がある。しかし、前者の方法では、決算時の計算書類以外の会計事項について監査をする会社機関がなく、また後者の方法では公認会計士監査が第三者監査であるべき要請に反することになる、というのである。

ここで思い出すべき点は、この商法改正作業が、あくまでも粉飾決算への対応を契機となって現れたことであり、しかも政治的には、公認会計士法改

---

[134] 以上の点について、たとえば東京商工会議所のアンケート調査では、いずれも強い反対があったことが示されている（伊沢・前掲130 8～9頁）。また、社外重役については、経団連の検討でも賛成意見のなかったことが報じられている（この点について、商事法務422号62頁（1967）参照）。
[135] 味村・前掲123 15頁。
[136] 味村・前掲123 15～16頁。

正時の衆議院附帯決議にもみられるように、公認会計士監査の商法への反映という点が直接の検討課題となっていたことである。粉飾決算への対応という観点から商法改正を行うのであれば、監査役の有する会計監査権限を強化するというA案も、選択肢としては十分ありうるところである。しかし、これと同時に公認会計士監査の商法への反映という政治課題を実現するとなると、いよいよ監査役との調整問題は避けられない。この調整問題の観点から考えると、実は監査役のあり方について考えるべき点は、会計監査か（A案）業務監査か（B案）という二者択一の前に、監査役制度を廃止するか、あるいは監査役制度を残すかという選択肢であろう。しかし、これは先の経済界の意向にもみられるようにその答えは明らかであって、取締役会機能の強化を必然とする監査役制度の廃止論は、経営の自立性を脅かすものであって、およそとりうる状況にはなかったわけである。したがって、経営の自立性を確保したい経済界にとって、監査役は存置の方向が好ましいのであり、監査役を存置するのであればこれに業務監査権限を付与すべきことになるのであり、そして公認会計士との調整問題も監査役の存置を前提として解決すべきだ、ということになる。もとより経済界では、公認会計士を会計監査人として商法のなかに入れることについてはかなり抵抗があったということであるし、監査役についてもあまり強力な権限をもつことは望んでいなかったとされる[137]。しかし、B案が採用になったということは、それでも経済界の経営の自立性維持に向けた意向が、当該改正の議論のなかで如実に反映されていることを意味しているといえるだろう。それは、B案が選択された理由としてあげられている五つのうち四つまでもが、取締役会機能強化に伴う問題点等を指摘して監査役存置論につなげているところからもわかるものである。

3－2－2　改正に至る経緯

(1)　その後、法制審議会商法部会小委員会においては、B案を基礎とした

---

[137] 当時の経済界内部における議論については、居林次雄「株式会社の監査制度に関する経団連の商法改正再要望について」商事法務490号9～10頁（1969）のほか、鈴木＝竹内・前掲26 491～492頁を参照。

審議が重ねられた。そして昭和43（1968）年9月、法務省民事局参事官室は、これらの審議を参考として、「株式会社監査制度改正に関する民事局参事官室試案」を公表し、関係各団体に意見照会を行った[138]。この段階では、意見照会を受けた大学や経済団体等の大半は、監査役が業務監査を行う方向での機能強化についても、大会社における公認会計士監査の導入についても、おおむね賛成の意見が優勢であったとされる[139]。

なお、試案「第十一　大会社の特例」によれば、ここでの大会社というのは、株主、債権者その他の広範な利害関係人を有することが想定される会社である。ここでは、その経理内容の複雑さに鑑みて独立した専門家の監査を受けることが望ましい会社として理解され、具体的には資本金1億円以上の株式会社を想定していた。また、この1億円という基準は、株式会社の貸借対照表および損益計算書に関する規則において、規則の一部適用除外が認められる基準であって、会計監査人による会計監査もこの基準に合わせられたものであった[140]。

法制審議会商法部会および小委員会は、監査制度の改革とこれに伴う計算規定の改正について、意見照会の内容をふまえて審議を重ね、昭和44（1969）年7月、株式会社監査制度改正要綱案を決定する[141]。その後商法部会では、以上の要綱案に基づく商法改正法案が国会に提出されるまでの間をぬって、取締役の選任・解任、あるいは有限会社の監査役等の付随問題を審議し[142]、昭和45（1970）年3月、商法の一部を改正する法律案要綱となる[143]。その後、この要綱にはさらなる緊急改正項目として、準備金の資本組入れによる抱き

---

[138] 法務省民事局参事官室「株式会社監査制度改正に関する民事局参事官室試案（昭和43年9月3日）」商事法務459号2頁（1968）。
[139] 味村・前掲123　19頁。ただし、経済界の一部に反対があったことについては、居林・前掲137　9～10頁を参照。
[140] 味村治「株式会社監査制度改正試案の解説」商事法務460号13頁（1968）。
[141] 法制審議会商法部会「株式会社監査制度改正要綱案」商事法務492号21頁（1969）。
[142] この点の経緯につき、味村・前掲123　21～23頁。
[143] その内容については、法制審議会商法部会「商法の一部を改正する法律案要綱案」商事法務517号7頁（1970）を参照。これが、昭和45（1970）年3月30日、法制審議会にて可決され、法律案要綱となった（商事法務521号31頁（1970））。

合わせ増資、あるいは転換社債の発行等の事項が追加され、昭和46（1971）年3月、この追加要綱は法制審議会で可決された[144]。

(2) しかし、よく知られるとおり、この要綱案に基づく商法改正法案は昭和46年から昭和47（1972）年まで国会に提出することすら実現せず[145]、実際に法律として成立するまでが難産であった。その理由には、当時の国会に係属されていた重要法案の存在などもあげられるが、最大の理由は、税理士会による強力な反対運動であった。それは、商法上、大会社に対する会計監査人の設置が義務づけられることにより、自らの職域を侵食されることに対するおそれに由来するものであったことは間違いない。

その反対運動の詳細については、すでに本書でもふれられているところであるから、ここではふれないが[146]、たしかに税理士会による強力な抵抗は、いくつか立法の内容に影響を及ぼした形跡をとどめている[147]。だが、この反対運動によっても、監査役に対する業務監査権限の付与、そして大会社に対する会計監査人の導入という大枠自体が変じられたわけではない。その意味では、従前からの改正の方向性それ自体が損なわれたわけではないのも事実であり、本節の基本的な問題関心に対してはさほど大きな影響を与えるものでもないだろう。

(3) ともあれ、税理士会との調整もついた昭和49（1974）年に至り、ようやく商法改正が成立する。この改正については、以上の経緯一つとっても、その分析角度によってさまざまな評価が可能である。ただ、本稿の問題への関心からは、次の3点を指摘しておくことが必要だろう。

① 第一に、昭和25（1950）年改正における監査役の地位の便宜性が、当該

---

144 これは要綱案が、昭和45年10月28日に法制審議会商法部会で可決され、それが昭和46（1971）年3月8日、法制審議会でも可決されるに至ったものである（商事法務553号32頁（1971））。なお、その内容については、法制審議会商法部会「商法の一部を改正する法律案要綱案（追加項目）」商事法務539号2頁（1970）。
145 上田（純）・前掲115 388頁。
146 この反対運動については、第1編第2節のほか、鈴木＝竹内・前掲26 493頁以下、上田（純）・前掲115 392頁以下を参照。
147 たとえば、大会社の範囲が資本金5億円以上と変じられた点は、その典型である（商法特例法1条・2条参照）。

改正によって、ひとまず解消されたということである。そのことの意味は、さらに二つに分けることができる。一つには、その存在意義自体に疑問もあったなか、会計監査権限に限定する形でその存在を認められた監査役に、業務監査権限をも与えることで、より積極的な位置づけを与えていったということである。

　そして今一つは、昭和25年改正以来、当初は潜在的に存在し、昭和30年代以降は顕在化することとなった、証券取引法に基づく公認会計士監査と監査役による会計監査との重複監査の調整問題が、当該改正によってひとまず片付いたことである。もっとも、監査役に業務監査権限を与えたことは、新たに業務執行の監督権限を有する取締役会との間での調整問題を生じさせることにもなった。そして、これは例の監査役の監査対象として適法性監査に限定していくという——今となってはやや神学論争的な観もあるが——解釈論で乗り切っていこうとしたわけである[148]。

　②　第二に、第一の点と重なる点があるが、昭和30年代以降の商法改正論議との関係では、部分的にであれ、その論議の内容が実現されたということがいえる。昭和30年代以降の商法改正論議には、一方で、昭和25年改正時のようなGHQの影響を脱して、自らの手によって根本改正を行いたいとの要請があり、他方で、先の大蔵省からの影響を受けつつ、会計監査の重複問題の解消をすべきだという要請があったわけである。実際のところ、監査役に業務監査権限を与える点、そして大会社に対する規律を中小会社のそれと区分するという点は、いずれも先の根本改正の方向からなされる議論に含まれていたものであって、いわばその議論の一部が部分的に実現したという側面を有している。また、商法上会計監査人の地位を認めることで、大会社については公認会計士監査の結果を反映し、監査役はこの監査を信頼するという立法は、会計監査の重複問題の解消というもう一つの改正論議が実現してい

---

[148]　たとえば、法制審議会商法部会長であった鈴木竹雄は、立法前の法律案要綱段階で、監査役による監査報告書の記載事項は適法性の問題に限られるとの考え方を示していた（鈴木竹雄「商法の改正——新監査制度を中心として——」商事法務532号17頁(1970)）。

るわけである。

　つまり昭和49年改正は、昭和25年改正の段階で含んでいた立法上の問題について、単なる緊急改正ではなく、根本的に解決していこうとする方向性を実現した最初の立法だったともいえるだろう。

　③　そして第三に、商法改正に際して、経済界の要望が「伏在」するという現象が起こったのもこの改正の特徴である。そもそも、この改正の直接の端緒は、政治的には粉飾決算問題への対応にあったのであり、これに伴って公認会計士監査の商法への反映ということが求められたわけである。しかし、実際に改正の内容として実現しているのは、昭和30年代以降の商法改正論議の内容であって、よく考えると、この点の流れは論理的に自明の話ではない。思うに、この改正に際して働いていた利害関係者の力学というのは、本節で論じてきた内容から考える限り、次のようにいえるのではないだろうか。

　まず、一方の利害関係者としては、昭和30年代以降の商法改正を求めた利害関係者がある。これは、さらに複線的な利害関係者であって、一つは、法務省・裁判所関係者および商法研究者のそれであり、今一つは大蔵省関係者のそれであった。これら利害関係者の意向、要望は、前者が監査役の機能強化を含めた商法の根本改正であり、後者が監査役の任意機関化も含めた重複監査問題の解消であって、その内容において必ずしも一致するものではなかった。だが、少なくとも、粉飾決算問題の勃発を機にこれらの意向・要望を実現しようと動いたことは間違いない。

　そして、もう一方の利害関係者としては、これらの意向・要望を自らのそれに一致させようとした経済界がいたわけである。経済界は、すでに本節1．でも詳しくみたとおり、株式相互保有の構造やメインバンクシステムのなかにあって、高度の経営の自立性を獲得していた。そして、それ自体は時期に応じて一定の合理性を見い出しうるものでもあって、当時の彼らの意向・要望とは、とりもなおさずこの自立性の確保にあったと考えられる。つまり経済界にとって、粉飾決算問題を突破口として、昭和30年代以降検討されてきた商法改正論議が実現し、その結果、経営の自立性を失わせるような

取締役・取締役会制度改革につながることは何としても避けなければならなかったのである。したがって、根本改正論に由来する監査役の機能強化は、取締役・取締役会制度の改革を回避できる限りで受容できるし、重複監査制度の解消論も、取締役会機能の強化を伴いうる監査役制度の廃止という形をとらない形で実現しなければならなかった。

その意味で、昭和49年改正というのは、次の二面性を有していると評価できるだろう。つまり一方で、法務省・裁判所関係者および商法研究者の意向である商法の根本改正、あるいは大蔵省関係者の意向である重複監査問題の解消に由来する、監査役制度の改正と会計監査人制度の導入という評価がある。そして他方では、経済界の意向である経営の自立性確保に由来する、取締役・取締役会制度の改革の回避とそのための監査役制度の道具化という現象である。これをいいかえれば、監査役制度改正の受容を「道具」として、取締役・取締役会制度改革の回避という意向・要望を「伏在」させたということである。

4．昭和56(1981)年改正

4－1　改正の概要

4－1－1　改正の内容

昭和49（1974）年改正に引き続いて行われた昭和56年の商法改正は、大別して、株式、機関および計算・公開の分野を中心になされたものであるが、本節と関連する事項は、いうまでもなく機関に関する改正である。ただ、機関に関する改正一つをとってみても、その内容はきわめて幅広く、全般としてみれば会社運営機構の合理化として理解することが可能である[149]。

まず、取締役・取締役会制度について、取締役による競業行為や利益相反取引について、その承認を得るための手続を合理化するとともに（昭和56年改正商法264条・265条)、取締役会の権限事項を列挙することで（昭和56年改正商法260条)、その権限内容の明確化や機能の充実を図っている。

また、監査役については、報告請求権の拡大（昭和56年改正商法274条2項）、取締役会に対する報告義務およびその招集権（昭和56年改正商法260条ノ3第2項～4項）、そして特例法上の大会社における会計監査人に対する報告請求権（昭和56年改正商法特例法8条2項）等、監査役権限の拡大が図られている。そのほか、監査費用の確保（昭和56年改正商法279条ノ2）、あるいは監査役報酬の決定方法の合理化（昭和56年改正商法279条）によりその独立性を保障し、さらに特例法上の大会社においては、複数監査役制、常勤監査役制を定める（昭和56年改正商法特例法18条）等、監査の充実を図るための措置が多々講じられている。

本節では、検討の対象とする内容に即して、まず取締役会権限の明確化の点を中心に論を進めることとし、監査役制度については、その後必要な範囲で説明するという形をとることとしたい。

4-1-2　改正の背景

以上の改正が施された背景には、第一に、内在的要請としての会社法の全面的・根本的見直しの要請、第二に、大企業の反社会的行動に対する不信、そして第三に、より直接的な背景として、昭和49（1974）年改正に際しての国会でなされた附帯決議の存在といった点があげられる。これら三つの背景の相互関係については、もともと会社法の全面的・根本的見直しの内在的要請があったところに、大企業のあり方に対する社会的論議が高まり、その結果、国会での附帯決議を契機として改正作業が開始されていった、と説明される[150]。

---

[149] 以下の説明も含めて、竹内昭夫『改正会社法解説（新版）』12頁（有斐閣、1983）参照。なお、昭和56年改正では機関に関する改正として、株主総会制度も大幅に改正されている。たとえば、株主提案権（昭和56年改正商法232条ノ2）、取締役・監査役の説明義務（昭和56年改正商法237条ノ3）、そして総会議長の権限法定（昭和56年改正商法237条ノ4）等、総会議事の活性化を図るための策を講じている。また、株主数の多い特例法上の大会社については、参考書類を送付させ（昭和56年改正商法特例法21条の2）、また書面投票制度を導入するなど（昭和56年改正商法特例法21条の3）、総会に出席しない株主の意思を総会意思決定に反映させる手段を講じている。これら株主総会制度の改正については、第5編も参照されたい。

[150] 以上につき、竹内・前掲149　1～4頁。

第一の会社法の全面的・根本的見直しの要請というのは、すでに本節2.でも繰り返し言及してきたとおり、すでに昭和30（1955）年改正以降の当時からいわれてきた話であるが、この当時の立法関係者、おそらくは法制審議会商法部会にいるいわば内在者は次のように認識していたようである[151]。そもそも会社法は、昭和25（1950）年の全面的・根本的改正後、昭和49年改正に至るまで、数次にわたって部分改正が重ねられてきた。その結果、会社法の諸制度におけるひずみ、制度間の不整合、あるいは実務とのずれといったものが存在するかもしれない。したがって、ここで会社法のあり方について根本的な再検討を行わなければならないのではないか、というのである[152]。

　第二の大企業の反社会的行動に対する不信というのは、本来的には昭和40年代後半にみられた企業の問題行動、すなわち土地の買占めであるとか、あるいは石油ショックに便乗した値上げであるとか、そういった当時の激しい企業批判に由来する[153]。しかも、改正に向けた作業が始まった後も、ロッキード・グラマン事件が明らかになるなど、企業不祥事の防止は改めて課題となったため、昭和54（1979）年には政府からも早急な会社法改正が要望されるようになった。むろん、会社法のみの改正をもってしては、企業の非行防止には必ずしも十分ではないにしても、その対策の一環として会社法を早急に改正し、企業の自主的な監視機能を強化すべきだと要請されるに至ったのである[154]。

　以上のとおり、内在的要請と企業不信への対応要求というのは、すでに昭

---

[151] 竹内・前掲149　1～2頁、10～11頁。

[152] ここでは、竹内昭夫が次のように根本改正の背景を説明している点をあげておきたい（竹内・前掲149 10頁）。「部分改正、緊急改正を重ねれば重ねるほど、わが国の現代における最も合理的な企業形態に関する規制はどうあるべきかという根本命題に遡って検討を行い、そのうえに立って会社法の再構成を行いたいという願望は、外からの批判をまつまでもなく、立法関係者が最も強く感じていたところであった」。

[153] 矢沢惇ほか「〈座談会〉会社法改正に関する問題点の研究」『会社法根本改正の論点』8頁〔矢沢発言〕（商事法務研究会、1976）のほか、橋本・前掲41 191～192頁、竹内・前掲149 3頁参照。

[154] 当時の古井嘉実法務大臣から法制審議会商法部会に対して、速やかな立法審議を行うべき要請がなされた旨が伝えられている（元木伸『改正商法逐条解説（改訂増補版）』7～8頁（商事法務研究会、1983））。

和49年改正が実現に至る前から存在したものであり、そのような前提の下でなされたのが、第三の背景である、昭和49年改正法の審議を終えるに際しての国会での附帯決議である。まず、昭和48（1973）年7月3日の衆議院法務委員会附帯決議では、「会社の社会的責任、大小会社の区別、株主総会のあり方、取締役会の構成……等について所要の改正を行なうこと」が求められた。さらに、昭和49年3月19日の参議院法務委員会附帯決議では、「大規模の株式会社については、その業務運営を厳正公平ならしめ、株主、従業員及び債権者の一層の保護を図り、併せて会社の社会的責任を全うすることができるよう、株主総会及び取締役会制度の改革を行うため、政府は、すみやかに所要の法律案を準備して国会に提出すること」とされている[155]。以上のうち、大小会社の区分立法であれ、株主総会・取締役会制度を含む機関をめぐる改正であれ、これは昭和30年代以降の根本改正論議の内容にほかならない。これは、この時期に至ってようやく、政治的課題として根本改正に向けた作業をするよう求められたと理解することも可能かもしれない。

かくして、このような附帯決議を受けた法制審議会商法部会は、昭和49年9月から審議を再開し、ここでは全面的・根本的見直しを行うという観点から基本的な問題点が総ざらいされた[156]。そして昭和50（1975）年6月には、法務省民事局参事官室として「会社法改正に関する問題点」を公表して広く意見照会を行い[157]、その結果をふまえて、順次、昭和52（1977）年に株式の分野について、そして昭和53（1978）年には機関の分野について、改正試案を公表するに至った[158]。なお、先に述べた政府からの会社法改正の要請というのはこの段階で出されたものであり、そこで法制審議会商法部会は、昭和54（1979）年、当時審議中であった計算・公開の項目について検討の結果を改

---

155 以上の附帯決議については、竹内・前掲149 2頁。
156 以下の経緯については、竹内・前掲149 4〜5頁。
157 法務省民事局参事官室「会社法改正に関する意見照会──会社法改正に関する問題点（昭和50年6月12日）」商事法務704号6頁（1975）。
158 法務省民事局参事官室「株式制度に関する改正試案（昭和52年5月16日）」商事法務769号6頁（1977）、法務省民事局参事官室「株式会社の機関に関する改正試案（昭和53年12月25日）」商事法務824号6頁（1978）。

正試案として公表し[159]、これをもとに改正作業を進めていったわけである。

　以上の一般的な背景をふまえ、以下では個別の領域について、とりわけ取締役会を中心とした機関の分野の改正について、そこで働いている利害関係者の力学をみていくこととしたい。

4-2 取締役・取締役会制度の改正

　昭和56（1981）年改正においては、先も述べたとおり、取締役による競業行為や利益相反取引について、その承認を得るための手続を合理化するとともに（昭和56年改正商法264条・265条）、取締役会の権限事項を列挙することで（昭和56年改正商法260条）、その権限内容の明確化や機能の充実を図っている。このうち競業行為規制の合理化は、親子会社や関連会社における役員兼任の場合を念頭に置いたものであり[160]、また利益相反取引規制の合理化は、昭和40年代に出された最高裁判例の結論を受けてなされたもので[161]、ここでの説明はひとまず割愛する。そこで、取締役・取締役会制度に関する改正で重要なポイントは、取締役会の権限事項の列挙という点になるので、以下ではこの点を中心に検討する。

4-2-1 法務省民事局参事官室による意見照会

　(1) 本改正の背景にあるのは会社法の根本改正への意図であって、それは当時の「最も合理的な企業形態に関する規制はどうあるべきか」という発想

159　法務省民事局参事官室「株式会社の計算・公開に関する改正試案（昭和54年12月25日）」商事法務858号7頁（1979）。

160　昭和56年改正以前、取締役の会社との競業取引は株主総会認許事項であって、しかもそれには発行済株式総数の3分の2という多数を必要とするきわめて厳格な要件だったが（昭和56年改正前商法264条1項）、この改正により、当該取引が取締役会承認事項となった（昭和56年改正商法264条1項）。これは、製造会社の取締役が販売会社の代表取締役を兼ねるとか、支店の子会社に際して親会社取締役が子会社代表取締役を兼ねるなど、形式上、競業関係の生じる場合は少なくないことから、このような場合に競業の承認を得られるようにするためになされたものである（竹内・前掲149 142〜143頁）。

161　いわゆる間接取引について、これも利益相反取引に当たると判断した最大判昭和43年12月25日民集22巻13号3511頁を受けて、昭和56年改正商法265条1項後段は、取締役の債務を会社が保証する行為その他の間接取引を規制対象に含めた。

から出発して、わが国企業の実態に即して企業形態の現代化を図ることを目的としていたわけである[162]。もっとも、このような理念はあくまでも抽象論にすぎないから、この昭和56（1981）年改正に向けた作業がなされた当時、立法に携わる利害関係者が、わが国企業の実態をどのように把握し、これをどのように現代化しようとしていたかをみなければならない。これはなかなか難しい作業であるけれども、先にふれた法務省民事局による意見照会の内容をみると、少し理解が容易になるだろう。

　法務省の意見照会では、取締役・取締役会制度について6項目があげられているところ、本節の検討で特に重要な点は次の3項目である[163]。第一に、取締役会決議事項の明確化、第二に、取締役会の構成（人数制限、使用人兼務の禁止、および社外重役の義務付け）、そして第三に、常務会の法制化である。これらをみると意見照会の根底には、当時のわが国大企業の経営組織について、次のような発想があったことがわかる。

　まず、第一と第三の照会事項より、次のような考え方がうかがえる[164]。取締役会は、会社の業務執行を決定する要であるにもかかわらず、その決定事項が不明確であるゆえに、業務執行に関する決定の大部分は代表取締役や一部の取締役に委任されてしまう。その結果として、取締役会は形骸化し、会社経営は一部役員の専断に陥る危険を有している、と。そこでここでは、このような問題点に対処すべく、取締役会の決議事項を明文で規定するか、あるいは常務会という別個の意思決定機関を認めるか、どちらか（あるいは、どちらも）が必要だと考えられていたのだろう。

　また、第二の照会事項は、昭和30（1955）年改正以降の根本改正論議にもみ

---

[162] 竹内・前掲149 10～11頁。
[163] 法務省民事局参事官室・前掲157参照。なお、本文に重要として掲げた3点以外の意見照会事項は、取締役の欠格事由、取締役の会社および第三者に対する責任、そして競業取引・利益相反取引である。取締役の欠格事由の改正は、商法旧規定における解釈の対立を解消するためになされたものであって、本節の検討対象とはほとんど関係がない（昭和56年改正商法254条ノ2参照）。取締役の責任も、本章の検討対象ではないのでここでは割愛する。なお、競業取引・利益相反取引については、前掲160・161を参照されたい。
[164] 以下については、矢沢ほか・前掲153 34頁、36～37頁〔清水湛発言〕を参照。

られるものであり、また昭和49（1974）年改正の段階でも検討事項とされていたものであるが[165]、昭和50年代の状況に照らし合わせれば、次のような分析が可能である。すなわちわが国大企業においては、取締役の人数が多く、しかもそれが従業員からの昇進者であることもあって、取締役会が非常に形骸化している[166]。また、理論的には問題があるにもかかわらず、報酬等の配慮から使用人兼務取締役といった存在がいる[167]。このような問題に対処するには、取締役会の構成を適正化して、社外の人間を入れて取締役会の監視機能を高める必要がある、ということなのだろう。

(2) だが周知のとおり、以上の3項目のうち最終的に改正にまで至ったのは、唯一、第一の取締役会決議事項の明確化だけである。では、なぜほかの二つは脱落したのだろうか。とりわけ、第二の取締役会の構成をめぐる諸問題は、戦後のわが国大企業の経営組織のあり方と密接に関連しているところであり、経営の自立性にも関わる問題であるから、非常に興味深いところである。実は、この項目は昭和53（1978）年末の改正試案に至る段階ですでに脱落しており、この改正試案の段階まで残存した常務会（改正試案の段階では「経営委員会」）と比しても、かなり早い段階で落ちている。

そもそも、わが国大企業の経営組織が内部昇進者中心で構成されるようになった事情は、本節1－1で述べたとおりであるが、この内部昇進者優位の構造は、社長まで上り詰めた者の統計などをみても歴然としている[168]。他方、役員の数に関しては、若干、面白い傾向がみられる[169]。まず、役員の数それ自体の絶対数は、高度成長期以降、増加の傾向を続けていた。しかし、従業員数に対する役員数という比をとると、高度成長期にはこの数字が小さ

---

165 昭和30年代の根本改正論議について、上田・前掲100 13号7～8頁、昭和49年改正時の議論について、本節3.を参照。
166 この点について、矢沢ほか・前掲153 39～40頁〔清水発言〕参照。
167 この点について、矢沢ほか・前掲153 44頁以下〔矢沢発言、竹中正明発言〕参照。
168 森川英正「概説　1955年－90年代」森川＝米倉編著・前掲20 35～36頁。
169 以下の説明は、伊丹敬之「戦後日本のトップ・マネジメント」森川＝米倉編著・前掲20 107～108頁によるものである。この研究は、利益額を基準に日本を代表する優良50社を取り上げ、統計をとったものである。

くなっていった——つまり従業員にとって役員になることは難しくなっていった——のに対し、石油ショック以降の数字をみる限り、これは大幅に数字が大きくなる——従業員から役員になるのが相対的に容易になった——のである。このような安定成長期に、役員数が絶対数、従業員数との比率いずれをとっても増加した理由については、従業員の処遇、とりわけ勤労へのインセンティヴを高めるためであったとの説明が可能ではある[170]。ただ、いずれにせよわが国の取締役会が内部昇進者中心で占められ、かつその数が大きくなって意思決定のための機能を果たしにくくなっていたことは間違いないだろう。加えて、この当時、社長の就任・退任がパターン化して、人材も平準化していく傾向がみられ、いわば社長の「ポスト」化も進んでいったことが指摘されている[171]。その意味において、意見照会からみられる立法関係者の事実認識は、当時のわが国大企業の経営組織の実態とそう乖離したものではなかったように思われる。

　それにもかかわらず、意見照会におけるこの項目に対して、経済界はきわめて批判的な立場を明らかにした[172]。その結果、意見照会段階で存在した問題意識は早々に立法課題から姿を消し、立法に至らなかったわけである。そこには、一方で、わが国大企業の経営組織のあり方を問題視して、これを何らかのあるべき姿に誘導しようとした利害関係者が存在し、他方で、これを経営の自立性を脅かすものとして回避しようとした利害関係者がいるという構図がみられる。つまり、昭和56年改正に対する説明として用いられる「最も合理的な企業形態に関する規制はどうあるべきか」という発想は、あくまでも利害関係者の一方当事者——法務省・裁判所関係者および商法研究者

---

[170] たとえば、米倉・前掲45 335頁参照。ただし、それでもこの当時にはすでに役員登用が高齢化していた——それはポストの絶対数の少なさを象徴するものであろうか——という事実があったのは、見過ごせない点である（この点につき、伊丹・前掲169 115頁、133頁参照）。
[171] 伊丹・前掲169 125～126頁、131～134頁参照。
[172] 意見照会段階で、取締役人数の制限、取締役の使用人兼務の禁止、そして社外重役の導入といった点について、経済界はきわめて批判的な立場を表明している（稲葉威雄「会社法改正に関する各界の意見——法務省の意見照会に対する回答結果について——」商事法務725号13～14頁（1976））。

――のそれにすぎず、他方の利害関係者である経済界としては、決して受け入れられるものではなかったわけである。経済界の側からすれば、社長を頂点、新卒入社の従業員を末端とした人事のヒエラルキーには、内部昇進者を中心とした経営組織を前提とする限り合理性があるだろう。そして、それを前提とする限り、取締役の人数増加も[173]、使用人兼務取締役も――後者は取締役報酬に関する税法上の扱いと関連するところが大きいが[174]――、それはそれとしての説明の論理を有することになる。また、社外からの役員受入れも、メインバンクその他の金融機関との関係で必要な場合には受け入れるけれども、それ以外の場合にはむしろ相互に理解しあった内部昇進者で経営組織を構築した方がよいとの判断になるだろう。このような説明の論理に従えば、以上の問題意識は筋違いだということにもなりかねない。

　ここで注意を要するのは、意見照会にみられる問題意識、あるいは経営者側の論理のいずれが正しくいずれが正しくないかということではない。むしろここでは、意見照会にみられる問題意識の一つが、経営者側の論理によって立法に至らなかったという事実が強調されるべきであろう。その意味するところは、商法の根本改正に向けた強い意向というのは、少なくとも当時の問題意識を前提とする限り、法務省・裁判所関係者や商法研究者を中心としたそれであって、経済界の側から出たそれではないということである。

　(3)　取締役・取締役会制度にかかる法務省民事局参事官室の意見照会のうち、もう一つ、立法に至る前に脱落した項目が、常務会の法制化である。もっとも、こちらについては昭和53（1978）年末の改正試案の段階でまだ「経営委員会」という形で生き残っていたから、その意味では取締役会の構成のように経営側の抵抗が強かった事項ではないということがうかがえる。ただし、意見照会段階における常務会の法制化というのは、それ以上の具体性を伴っ

---

[173]　足利繁男ほか「〈座談会〉取締役会制度運営の実情」商事法務802号12～13頁〔玉木六郎・足利発言〕（1978）参照。

[174]　税法上、取締役報酬ならば益金扱いだが、使用人の賃金なら損金扱いになる、という違いに着目しているわけである。この点に関しては、上田明信「使用人兼務取締役について」商事法務725号34頁（1976）のほか、足利ほか・前掲173 14頁〔竹内昭夫・足利発言〕も参照。

ていたものではないのに対して[175]、改正試案段階における経営委員会とは、取締役会決議により任意機関として設置されるものとして想定されていたことに注意する必要がある[176]。

　安定株主の増加により高度に株式相互保有関係が成立し、経営者は、株主から経営の自立性を確保している。メインバンクは、経営・財務状況が健全な限り日常的に経営に介入してくることはないし、しかも融資先企業への交渉力は相対的に低下しつつある。労働組合とは、石油ショック後に労使一体化の傾向が強まり、基本的にその意思決定に対する信認を得ている。そして、取締役会は内部昇進者で固められ、しかもその人数は広がりをみせて、形式的な意思決定に終始している。むろん、これはあくまでも一般的な言明であって個別の企業ではそれぞれに異なった事情はあるだろうが、わが国大企業のいわば上級役員——社長・副社長・専務クラスの役員——が、その意思決定において高度の自立性を有していたのは事実であろう。経営委員会制度の試みは、これに対する法的規律の必要性を感じたからこそ出てきたのであろうし、企業不祥事が社会問題化している状況であれば、それなりに意味のある制度とも評しうるかもしれない。経営側としても、実際には一部の上級役員で意思決定をしていたのだから、少なくとも任意機関であるという点を考えれば、比較的これを受け入れる余地はありえただろう[177]。

　しかし、これも立法にまでは至らなかった。その理由は、取締役会に加えてこのような組織を認めることは屋上屋を重ね、かえって取締役会の形骸化

---

[175] 意見照会では、「いわゆる常務会を法制化すべきであるとする意見があるが、どうか。どのような職務権限を有するものとして、法制化することになるか。」という尋ね方であって、その内容は非常に漠然としていた（法務省民事局参事官室・前掲157第三・三）。
[176] 法務省民事局参事官室・前掲158機関改正試案第二・三参照。ここでは、経営委員会の設置について、「経営委員会の設置は、定款に定めのある場合を除き、取締役会が決定する」とされており、任意機関であることが明らかである。
[177] むろん経営側のなかには、任意機関であっても反対する意見もあったが（元木伸「株式会社機関改正試案に対する各界意見の分析〔四〕」商事法務861号34頁（1980））、他方で、任意機関としてならば受容するという意見があったのも事実である（商事法務研究会＝経営法友会「『株式会社の機関に関する改正試案』に対する意見」商事法務842号26〜27頁（1979）、東京商工会議所「『株式会社の機関に関する改正試案』に対する意見」商事法務851号39頁（1979））。

をもたらすからだ、というのである[178]。実はこの理由は、経済界の一部から主張されていただけでなく、商法研究者の一部からも出されていた理由で、そういう意味では支持の受けにくい提案であった[179]。そもそも取締役会の形骸化という場合、取締役会における意思決定までに会社内でさまざまな稟議を経てきているため、それが形式化している、という理解がありうる[180]。このような理解を前提に「形骸化」を批判する者にとっては、取締役会における議案に対する積極的な議論が求められるわけだから、たしかに取締役会以外の機関を設置して議論をすることはもってのほかということになるのかもしれない。

4−2−2　取締役会決議事項の明確化

　以上のような事情もあって、結局、先の3項目のうち実際に立法にまで至ったのは、取締役会決議事項の明確化だけであった。これは、取締役会機能充実の観点から、取締役会決議事項を明確化すべきか否か、という形で意見照会にかけられたものである[181]。経済界では、業務執行の重要事項というものは会社により千差万別であるから、決議事項については自治に委ねるべきとの意見が強かった[182]。それでも、改正試案段階でこの提案は生き残り、取締役会が業務執行の決定と取締役の職務執行の監督とを行う旨を明らかにすること、そして取締役会権限として一定事項を列挙して明確化することを提案していた[183]。経済界は、この提案に対してもなお反発を示し、経営機構のあり方を法律で規律することへの抵抗は相当強かったようである[184]。そ

178　鈴木竹雄＝竹内昭夫『会社法（第3版）』277〜278頁注(3)参照（有斐閣、1994）。
179　元木・前掲177 34頁。
180　むろん商法研究者のなかにも、以上のような事情をもって「形骸化」と評することに疑問を呈する向きがあったことはここでふれておくべきであろう（足利ほか・前掲173 8頁〔竹内発言〕）。
181　法務省民事局参事官室・前掲157 第三・一参照。ここでは、「業務執行の決定に関する取締役会の機能の充実強化を図るため、会社の業務執行について取締役会で決定しなければならない事項を明らかにすべきであるとする意見があるが、どうか。」という形で照会がなされている。
182　稲葉・前掲172 12〜13頁。

れは、経済界に一貫してみられる、経営の自立性を脅かす立法への警戒感であったともいえよう。

それでも、この事項が立法にまで至ったことについては、第一に、決議事項を明確化すること自体に利点が存したこと、そして第二に、新たに規定される列挙事項は、従前の規定でも本来取締役会で決議すべき事項であったとの理解が存したことがあげられる[185]。特に後者については、意見照会がなされた当初より、取締役会の決定事項を拡大する趣旨だと理解する向きもあったようだから[186]、重要な点であるように思われる。ただし、従来からの決議事項を明確化したにとどまるのだとの理解は、結果として、昭和25（1950）年改正における立法の内容を何ら変じていないことを意味する[187]。それは、必ずしも経済界が強く望んだものではない、法務省・裁判所関係者および商法研究者の「頭の中で考えた」立法の延長線上にあることを意味するものでもあった。

4－3　監査役制度の改正

昭和56（1981）年改正において、監査役制度については、その権限拡大（報告請求権の拡大〔昭和56年改正商法274条2項〕）、取締役会に対する報告義務およびその招集権（昭和56年改正商法260条ノ3第2項～4項）、そして特例法上の大会社における会計監査人に対する報告請求権（昭和56年改正商法特例法8条2項）等）が図られると同時に、独立性確保の手段（監査費用の確保（昭和56年改正商法

---

[183]　法務省民事局参事官室・前掲158機関改正試案第二・一参照。この段階で取締役会決議事項として列挙されていたのは、計算書類及び附属明細書の作成、営業の譲渡及び譲受け、代表取締役の解任、重要な財産の譲渡及び譲受け、重要な寄附・出資・貸借・保証及び担保の供与、会社の重要な組織及び重要な業務の執行計画の策定、そしてその他業務に関する重要な事項である。
[184]　元木・前掲177 30～32頁。
[185]　竹内・前掲149 155～156頁。
[186]　稲葉・前掲172 12頁、東京商工会議所・前掲177 39頁等参照。
[187]　竹内昭夫は、改正法の解説において次のように述べている（竹内・前掲149 138頁）。
　　「取締役・取締役会に関する今回の改正は、それほど大幅なものではなく、基本的な仕組みには手をつけないで、従来問題とされてきたいくつかの個別的な問題点の解決を図ろうとするものとなっている」。

279条ノ2)、監査役報酬の決定方法の合理化（昭和56年改正商法279条))が講じられている。これに加えて、特例法上の大会社においては、複数監査役制、常勤監査役制を定める（昭和56年改正商法特例法18条）等、監査の充実を図るための措置が多々講じられている。

4－3－1　改正に至る経緯

(1)　監査役制度については、昭和49（1974）年改正で業務監査権限が認められ、業務執行の監視にかかる取締役会権限との調整問題が生じたが、それは監査対象論として解釈論に委ねられた[188]。監査役が、業務執行の監視を真剣に行おうと思えば、「適法性」「妥当性」という観念的な枠組みでその監査対象を区切ることはできないことが実務でも意識されていたから[189]、そのための何らかの手当ても考えうるところであったろう。だが、本改正では当初よりこの点には踏み込んでいない。

というのも、そもそも監査役制度の改正に関しては、昭和50（1975）年の法務省民事局参事官室による意見照会の段階では、何らの言及もなかった。それは、本改正の端緒となった昭和49年改正における衆議院、および参議院の附帯決議において、監査役制度に関する言及がなかったことからすれば当然のことともいえようが、少なくとも改正作業の当初に監査役制度の問題が存在しなかったことは間違いない。

(2)　監査役制度の改正が、具体的な課題となって現れるのは、昭和53(1978)年の「株式会社の機関に関する改正試案」の段階からである[190]。この試案「第三　監査役」の項で主なものをあげると、複数監査役制（試案第三・一。以下、本項において、カッコ内は試案第三の内容を指す）、常勤監査役制（二・a）、社外監査役制度の導入（二・b）、会計監査人・使用人に対する報告請求権（三・2）、取締役会招集請求権の付与（三・4）、あるいは監査役の報酬決定について取締役の報酬決定からの独立（六・1）といった事項がある。

---

[188]　本節3－2－2、あるいは前掲148を参照。
[189]　足利ほか・前掲173 19～20頁〔玉木・足利発言〕。
[190]　法務省民事局参事官室・前掲158 機関改正試案参照。

もっとも、このように改正試案の段階で監査役制度の改正をも議論の対象とするに至った理由については、必ずしもわかりやすいものではない。立法担当者による解説によれば、株主総会制度や取締役・取締役会制度に関する検討はこれと相互に関連する監査役制度の検討を要する、あるいは昭和49（1974）年の監査役制度の改正後も企業不祥事の防止が政治課題となっていた、という理由があげられている[191]。そこで、実際に立法課題となっている事項をみると、一方で、意見照会の段階で取締役について検討された事項が監査役に横滑りしており、他方で、昭和49年改正の過程で見送りになった事項が少なからず含まれている。たとえば、社外の人間を導入するというのは（二・b）、すでにみたように、意見照会段階で取締役について検討されていた事項である。また、報告請求権の拡大のうち（三・2）、使用人に対するそれについては、すでに昭和49年改正法における取締役に対する報告請求権の延長線上で可能と解されていたものを明文化するものである（昭和49年改正商法274条2項）。さらに取締役会招集権や報酬決定の問題は、昭和49年改正にかかる法律案要綱の段階では、立法が予定されていたものであった[192]。

そうなると、監査役制度の改正が改正試案段階で現れたという背景には、第一に、意見照会段階で取締役・取締役会制度としては実現不可能とされた事項について、これと「相互に関連する」監査役制度のなかで検討せざるをえなくなった、ということが指摘できる。そして第二に、意見照会段階においてすでに、取締役・取締役会制度に手をつけるのが難しくなった以上、企業不祥事対応としては監査役制度の改正によらざるをえず、その結果、昭和49年開始段階で見送られた事項を再度検討する必要も認識された、ということなのだろう[193]。

(3) 昭和56（1981）年改正における監査役制度の改正作業が、一方で、意見

---

[191] 以上の点については、元木伸「株式会社の機関に関する改正試案の公表」商事法務824号2頁(1978)、あるいは稲葉威雄「監査役――職務執行・構成」商事法務836号30頁(1979)等を参照。
[192] 取締役会招集権につき、法制審議会・前掲143法律案要綱第一・八、報酬決定の問題につき、同要綱第六を参照。その他、監査費用の問題なども、昭和49年改正段階の議論が（同要綱第七）、再び昭和56年改正段階の試案に表れている（改正試案六・2）。

照会段階での取締役・取締役会制度からの影響を受け、他方で、昭和49年改正段階での積残し事項を扱っているのだとすると、次のような利害関係者の意向をうかがうことができる。というのも、意見照会段階での取締役・取締役会制度の改正提案も、昭和49年改正における監査役の権限強化も、原則として昭和30年代以降の根本改正論議に由来するものであるからである。それは、以上の改正課題が、とりもなおさず法務省・裁判所関係者や商法研究者の意向・要望に基づくものであって、昭和56年改正の段階でも、結局のところこれら利害関係者の意向や要望が働いているということである。

　以上のような経緯からもわかるように、経済界は、監査役制度の改正に関して、監査の充実を図ることには賛成だが、監査役の権限拡大等については、積極的な賛成の態度は表明していないものが多い。たとえば改正試案の段階では、複数監査役制・常勤監査役制については賛意をみせるものの、社外の人間を入れることには反対であったし、そして報告請求権の拡大、取締役会招集権の付与、あるいは取締役と独立した報酬の決定等については否定的な意見がみられたわけである[194]。

4－3－2　改正法の成立

　監査役制度について改正試案にみられた事項については、以上のとおり経済界が少なからず反対の意向を示しはしたものの、結果として、社外監査役制度以外のほとんどの事項が実現するに至る。経営監視システムに関する立法提案でも、取締役・取締役会に係る改革は経済界の強い抵抗にあって、ほとんど実現しなかったのに対して、監査役制度については、それが実現するのはなぜか。

　経済界が強く求めているのは何よりも経営の自立性確保であり、安定株主工作であれ、あるいはメインバンクとの関係であれ、結局のところ、ここに

---

[193]　昭和49年改正段階で見送られた事項の扱いにつき、竹内・前掲149 166頁、稲葉・前掲191 31頁も参照。

[194]　詳細については、濱崎恭生「株式会社機関改正試案に対する各界意見の分析〔六・完〕」商事法務863頁12頁以下（1980）。

尽きるわけである。監査役制度というのは、社外の人間を入れたり、取締役選解任に対する意思決定に関与する権限を与えたりしない限り、究極のところ、経営の自立性を脅かすものではない。それゆえ経済界も、最終的には監査役の権限拡大等に強い抵抗を示さず、立法にまで実現したのだといえるだろう。したがって、昭和56 (1981) 年改正でも、昭和49 (1974) 年改正時と同様、取締役・取締役会制度の改革を回避すべく監査役制度改正が「道具」として用いられるという構造はみられるのであって、そこには経済界の意向・要望が「伏在」しているという評価ができよう。

第3節　伝統的枠組みに基づく改正

いよいよここからは、前節までの検討を前提として、本章の主たる対象であるコーポレート・ガバナンス論にまつわる改正と、そこに働く利害関係者の力学をみていくこととする。まず本節は、本章の問題とするコーポレート・ガバナンス概念のうち、企業不祥事に対応するための改正を扱う。これは、企業経営における適法性の問題に係る改正と呼んでもよいし、伝統的な枠組みによる改正と呼んでもよいだろう。なお、本節でも前節までの例にならい、わが国大企業をめぐる経営組織のあり方について、その変容をふまえたうえで、各々の改正内容について検討を加えることとする。

1．わが国大企業における経営の自立性の高度化——バブル期

高度成長期から安定成長期を通じて、着実に構築されてきた株式相互保有の構造は、昭和60年代に入ってもなお維持され、高度化していく[195]。この背景の一つとしてあげられるのは、この時期に盛んに行われたエクイティ・ファイナンスであった[196]。すなわち新株発行、転換社債の発行、および新株

---

[195]　橋本・前掲20 62頁参照。
[196]　以下につき、橋本ほか・前掲33 228～231頁参照。

引受権附社債（ワラント債）の発行といった方法で、市場からの資金調達を盛んに行ったわけである。その反面で、わが国大企業においては銀行借入れの方法による資金調達の割合が低下し、銀行をはじめとする金融機関の企業に対する影響力も低下していく。つまり、昭和60年代から平成に至るいわゆるバブル経済の時期は、株式相互保有構造の一段の高度化、そして金融機関の企業に対する影響力低下により、わが国大企業の経営組織が二重の意味で自立性を高めていくことになった。以下では、この当時盛んに行われたエクイティ・ファイナンス、そして当時の金融機関がおかれた状況を詳らかにしながら、わが国大企業の経営組織のあり方を考えてみることとしたい。

1−1 株式相互保有構造のさらなる高度化

1−1−1 プラザ合意とブラックマンデー

　昭和60（1985）年、日本、アメリカ、西ドイツ（当時）、イギリス、およびフランスの5カ国（G5；Group of Five）の大蔵大臣と中央銀行総裁は、ドル相場の引下げのための政策協調を行うことで合意した[197]。これが有名なプラザ合意であるが、その意図するところは、アメリカの高金利に伴うドル高、そしてそれによって生じたアメリカと日本・ヨーロッパ間との経常収支の不均衡を是正する点にあった。この合意が公表され、各国がドル売り・自国通貨買いの協調介入を行うなかで、為替相場はドル安の方向で推移した。加えて、アメリカは長期金利の低め誘導を行ったため、アメリカへの資金流入の圧力は弱まり、ドル安はみるみるうちに進行していったのである。

　これをわが国の側からみれば、円高が急激に進むことを意味する。だが、このような自国通貨の上昇は、輸出数量の減少、輸入数量の増加を意味し、不況に陥る可能性をも有していた[198]。すでに前節1−3でもみたように、安定成長期に積極的な投資を行っていた企業というのは加工組立型の輸出産業のそれであったから、急激な円高は当該産業群に直接影響することとなる。そこで日本銀行は、昭和61（1986）年以降、アメリカとの金利差の縮小を図り

---

[197] 以下につき、鈴木・前掲41 84頁以下。
[198] 以下につき、鈴木・前掲41 87頁以下。

つつ公定歩合の引下げを行い（協調利下げ）[199]、また円売り・ドル買いの為替市場への介入を盛んに行って、不況に陥ることを回避しようとした。しかしこの後、昭和62（1987）年に入っても円高は進行したため、同年2月に日本銀行はさらに公定歩合を2.5パーセントにまで引き下げ——この当時においては前代未聞の「超」低金利であった——ようやくわが国の景気も持直しの兆しをみせることになる。

　このとき、市場を通じて金利を高めに誘導し、金融緩和の行き過ぎを防ごうとしていたわが国を襲ったのが、同年10月19日のブラックマンデーであった。わが国における金利先高感の高まりゆえに、アメリカの金融市場から資金移動が一挙に起こり、市場が崩壊したわけである。この市場崩壊は、各国の金融市場、為替市場への介入により食い止められたものの、昭和63（1988）年も円高の傾向は持続することとなる。かくして、金利引上げの機会を失ったわが国では、低金利が継続することへの期待が強くなっていったのである。

1-1-2　エクイティ・ファイナンス

　さて、このような金利引下げの進行は、長期金利と株価収益率の差を縮小させ、金融資産の保有形態として株式保有を相対的に有利にする。しかも、円売り・ドル買いの市場介入は、大量の円資金を市場に放出することを意味し、このような資金は株式や不動産へと向かったのである[200]。わが国企業の収益率自体は、昭和62（1987）年以降、円高不況を克服して回復に向かっていたところ、以上のような状況を前提として、わが国大企業が盛んに利用した資金調達の方法が、先に述べたエクイティ・ファイナンスの方法であった[201]。

　だが、この当時、大企業が行ったエクイティ・ファイナンスについて注意すべき点は、これが必ずしも設備投資に充てられていたのではなく、少なか

---

[199] 昭和61（1986）年は、1月、3月、4月、および11月と全部で4回の公定歩合引下げが行われ、5パーセントであったそれが3パーセントにまで引き下げられた（野口悠紀雄『バブルの経済学　日本経済に何が起こったのか』101頁（日本経済新聞社、1992））。
[200] 橋本・前掲41 217～218頁。
[201] 以下の点につき、野口・前掲199 118頁以下。

らず金融投資に回されていたという点である。そのことの意味するところは、ある企業がエクイティ・ファイナンスの方法によって調達した資金が、究極的には他の企業によるエクイティ・ファイナンスのために用いられることが少なからずあったということである。いうまでもなく、これはA株式会社がB株式会社の株式を引き受けるという単純な形態をとるだけではない。この当時、自由化が進んで選択肢の広がったさまざまな自由金利商品を通じて、大企業から金融機関に資金が動き、この資金が株式に流れた場合もあるだろう[202]。ともあれエクイティ・ファイナンスの盛行は、振り返って統計を見ると、昭和62年頃から平成元 (1989) 年がピークとなるのだが、これこそが株式相互保有の構造をバブル期にもなお維持・進展せしめた一つの原因であった。

さて、この時期にさらに進展した株式相互保有の構造についていえば、もはや積極的な意義をそこに見い出すことは困難であったといわざるをえない。なぜなら、経営の自立性を確保すべく高度成長期に株式相互保有の構造が果たしていた役割はもちろんのこと、安定成長期における役割すら、バブル期には見い出すことができないからである。繰り返すように、バブル期に企業が調達した資金は金融投資に積極的に回されていたのであり、そこで進展した株式相互保有の構造というのは、その結果にすぎない。つまり、経営の自立性確保による長期的・戦略的意思決定の必要、安定配当政策による内部留保の確保、あるいは国策としての外資排除などといった理由は、この時期に進展した株式相互保有の構造には看取できないのである[203]。それは、もはや特段の理由なくわが国大企業の経営組織に与えられた経営の自立性にほかならなかった。

1－2 メインバンクの企業に対する影響力の変化

以上のとおり、バブル期に理由なく経営の自立性が高度化したことは、メ

---

[202] この当時の金融自由化と企業の金融投資との関係について、野口・前掲199 121頁以下参照。
[203] 以上の点については、本章第2節1－2－1、および1－3－1を参照。

インバンクによる大企業に対するコントロールが弱くなっていた当時の事情を考えると、その有するインパクトはより大きくなる。次に、このメインバンクの側から、わが国大企業の経営組織をめぐる問題を考えてみることとしたい。ここでは、さらに二つの視点から議論を進めることとする。一つは、大企業とメインバンクとの関係という伝統的な視点、いま一つは、メインバンクそれ自体の経営組織に対する監督という、これまで論じられていない視点である。

1－2－1　大企業とメインバンクとの関係

　わが国経済が安定成長期に入って以降、大企業が有利子負債の削減に取り組み、内部資金や市場を通じた資金調達を進めていたことは、すでに前節1－3－2でも述べたとおりである。とりわけ金融自由化が進展し[204]、国内外の市場における資金調達が容易になればなるほど、製造業を中心とするわが国大企業では、市場からの資金調達に傾斜していった[205]。通常の場合、市場で有利な資金調達が可能なのは財務状況の優良な企業であるから、優良企業ほど銀行離れを起こしていったわけである。

　さらにバブル期には、株式や不動産の含み益も発生して大企業の財務状況は強化され、経営者の裁量で利用できる資金も増加したため、メインバンクによる状況依存的ガバナンスの機能も低下していくこととなる。経済史・経営史の研究によれば、現に昭和60年代に入り、金融機関から事業会社への役員派遣は減少し、企業における経営者の交代に対する金融機関の影響力低下も指摘されている[206]。もちろん、相対的に中小の企業、業績の良好ではない企業は、なお銀行からの借入れに依存し、ここではなお銀行からの経営組織に対する影響力が維持されたのも事実である[207]。だが、こと大企業に関する

---

[204] 金融自由化の背景については、第３編第１章にも若干の言及があるほか、橋本・前掲41 193頁以下、堀内昭義「日本経済と金融規制――変遷と課題」堀内昭義編『講座・公的規制と産業５金融』21頁以下（NTT出版、1994）等を参照されたい。

[205] 野口・前掲199 122～123頁。

[206] 以上の点につき、橋本ほか・前掲61 374～375頁。

[207] 野口・前掲199 123頁。

限り、株式相互保有構造の維持・進展による経営の自立性が高まったのみならず、金融機関からの影響力からも自由になっていく傾向が強まったわけである。

1－2－2 メインバンクの経営に対する監督

バブル期におけるわが国金融機関のあり方をみる場合、金融自由化の流れのなかで大企業との力関係が変わってきたことも重要であるが、今一つ、金融機関それ自体の経営組織のあり方もみておくことが大切である。なぜなら、ここには平成5（1993）年改正を検討するために必要な情報が存在するからである。

高度成長期以降、経営の自立性を確保したわが国大企業に対して、これを緩やかに監視したのがメインバンクであったとしても、考えてみれば、このメインバンク自体も銀行という株式会社形態の大企業である。したがって、この経営組織も株式相互保有構造のなかで経営の自立性を獲得しているはずであるが、銀行にはメインバンクが基本的に存在しない。すると、銀行は民間主体から強く独立した存在として現れることになり、誰がこれをコントロールするのかという問題が生じることになる。そこで登場するのが、規律づけを行うべき金融当局、つまり大蔵省と日本銀行であった。これら金融当局は、銀行に対して役員を派遣するとともに、銀行法24条・25条による検査等の権限に基づき、日常的な監視を行ってきた[208]。加えて、昭和50年代後半以降の金融自由化が始まる前は、銀行業に対しては、業務分野規制、金利規制、および内外市場分断規制といった基本的な競争制限的規制のほか[209]、営業時間から営業所の数まで行政指導等に基づく規制が敷かれていた[210]。これこそ、金融当局による強力な銀行監督の裏付けとなっていたわけである。

しかし、経済史・経営史における研究によれば、昭和50年代後半以降金融

---

[208] 岡崎・前掲38 173頁以下。
[209] 以上の規制の概要については、第3編第1章のほか、日本銀行金融研究所『新版わが国の金融制度』43頁以下（日本信用調査、1986）に詳しい。
[210] 野口・前掲注119 100頁。

自由化が進展するなかで、金融当局による役員派遣も、銀行経営の安全性や効率性に与える影響力を失ったことが示されている[211]。加えて、店舗規制の緩和等によって昭和50年代以降、銀行検査における一店舗当たりの検査員数も低下しており、金融自由化の時期には、金融当局の銀行に対する規律づけが低下し、銀行における経営の自立性も高まっていたわけである。ただ、この時期に銀行における経営の自立性が必要かつ合理的なものであったかどうかについては、一般企業の場合と同様、むろん疑問の残るところであった。

2．平成5(1993)年改正

2－1　改正の概要

2－1－1　改正の内容

　平成5年の商法改正は、コーポレート・ガバナンスという概念から論を起こそうとする者、とりわけ当該概念をもって会社の適法な経営を意識する者であれば、きわめて重要な改正だということができるだろう。このことは、わが国経済におけるバブルの発生と崩壊という改正当時の背景をみても、あるいは改正内容それ自体をみても、容易に推察できることである。

　平成5年改正における主要な改正点は、第一に、株主代表訴訟制度の改正をはじめとする株主の監督是正機能の強化であり、第二に、監査役制度の改正による会社監査機能の強化であり、そして第三に、社債制度の改正であった。以上のうち、株主の監督是正機能の強化、あるいは社債制度の改正については、本書の別編で検討している[212]。そこで、以下では、第二の会社監査機能の強化を中心に論ずることとし、必要な範囲で株主代表訴訟制度の改正についてもふれることとする。

　監査役制度については、ここまで繰り返しみたとおり、昭和49 (1974) 年改

---

[211] 以下の記述については、岡崎・前掲38 176頁以下を参照。
[212] 株主の監督是正機能の強化について、第1編、社債制度の改正について、第3編第1章第5節参照。

正、および昭和56（1981）年改正と、一貫してその機能強化が図られてきたところである。そして、この平成5年改正でもやはり監査役制度は機能の強化が図られた。すなわち、監査役任期の2年から3年への伸長（平成5年改正商法273条1項）、大会社における監査役の3人以上への増員（平成5年改正商法特例法18条1項）、大会社における社外監査役制度の導入（平成5年改正商法特例法18条1項）、そして大会社における監査役会の法制化（平成5年改正商法特例法18条の2）といった策が講じられたのである。

2－1－2　改正の背景

平成5（1993）年の商法改正に至る改正作業は、小規模な株式会社にも適合する法制度等を整備した平成2（1990）年の商法改正後、速やかに法制審議会商法部会で始められ、会社法小委員会では合併法制の見直し、株主権の強化、そして自己株式取得・保有規制の見直しといった事項が改正課題として設定された[213]。以下では、平成5年という時期に改正が行われた直接の経済的・社会的背景として、第一に、日米構造問題協議の存在、そして第二に、バブル期以降頻発した企業不祥事を確認しておくこととしたい。

(1)　日米構造問題協議

日米構造問題協議（SII；U.S. － Japan Structural Impediments Initiative）とは、端的にいえば、平成元（1989）年から2年にかけて日米間で行われた、両国の国内経済制度を調整するための手法である[214]。すなわち、企業活動が国境を越えて行われることが常態となるなかで、国家間での経済制度の相違が企業活動の国際的な展開を阻害することのないよう、日米両国間で国内制

---

[213] 吉戒修一「平成5年商法改正法の解説〔1〕」商事法務1324号9頁（1993）。なお、平成5年改正では社債法の改正も実現しているが、これは社債法小委員会で検討されてきた事項である。

[214] 当該協議は、形式的には平成元（1989）年5月、当時のブッシュ（父）大統領から日本の構造問題についての「交渉」提案があり、日本側が日米双方の問題の「協議」であれば応ずるとして、同年7月のアルシュサミットにおける日米首脳会談でその開催が合意されたものである。この点も含め、当該協議一般については、松下満雄「日米構造問題協議と経済制度調整」ジュリスト965号15～17頁（1990）、道垣内正人「日米構造問題協議の法的位置づけ」商事法務1258号25～26頁（1991）の記述を参照。

度の制度調和を図るための措置を取るべく要請していくものである。その背景には、わが国の対米経常収支が大幅な黒字を続け、わが国からの輸出の抑制のみならず、アメリカ製品の輸入を抑制するとみられるわが国の制度に切り込もうとするアメリカの意図があったとされる[215]・[216]。

当該協議に基づき、平成2（1990）年6月、最終報告がまとめられた。ここには、日本側措置、アメリカ側措置のそれぞれが盛り込まれ、日本側措置の具体的内容としては、貯蓄・投資パターン、土地利用、流通、排他的取引慣行、系列関係、そして価格メカニズムといった事項があげられている[217]。本節の記述との関係で重要なのは、以上のうち系列関係の部分に会社法の見直しに関する事項が盛り込まれ、「商法によるディスクロージャーの制度及び株主の権利の拡充並びに合併の弾力化」について、法制審議会において検討すべきこととされている点である。そして、この最終報告に基づき、日米間ではその後もフォローアップの会合がもたれ、ディスクロージャー制度の拡充および株主の権利の拡充という観点から、株主代表訴訟制度の合理化と株主の会計帳簿閲覧制度の改善という改正事項が位置づけられていくことになる[218]。

先に述べたアメリカ側の意図が、会社法の見直しにどう結びつくのかとい

---

[215] 橋本ほか・前掲33 349～350頁。

[216] なお、アメリカ連邦議会は、昭和63（1988）年、包括貿易・競争力法（Omnibus Trade and Competitiveness Act of 1988）を通じて1974年通商法（Trade Act of 1974）を改正し、301条（いわゆるスーパー301条）を設けた。これは、平成元（1989）年・平成2（1990）年の時限立法として設けられたもので、通商代表部が諸外国の貿易障害について年次報告書を議会に提出し（通商法181条。これは時限立法ではない）、通商代表部はこれを基礎として、優先交渉をすべき慣行（priority practices）とその相手国（priority foreign countries）を特定して調査を行うこととなる（通商法301条（b））。そして、この調査と関連して、通商代表部は当該優先交渉相手国と協議し、以上の慣行を除去することを内容とする協定の締結をめざすこととされている（通商法301条（c）(1)）。わが国は、平成元年5月、以上の優先交渉相手国として指定され、スーパーコンピュータおよび人工衛星の政府調達、そして林産物の技術的障害（規格）が優先交渉慣行とされた。以上の点については、その後の解決の経緯も含めて、松下・前掲214 17頁、道垣内・前掲214 27頁以下に詳しい。

[217] 本文に掲げた内容のほか、その詳細については、松下・前掲214 17～18頁を参照されたい。

うことも大変興味深い点ではあるが、ともあれ平成5年改正につながる改正作業の端緒、そして改正課題の設定について、日米構造問題協議の影響が存在していることは確かである。もっとも、日米構造問題協議に基づく最終報告それ自体は、条約その他の日米間の合意事項を定めたものではない。したがって、その内容が遵守されなかったとしても、それが国際法上直ちに何らかの法的な問題を生じさせるという類のものではない[219]。だが、最終報告に盛られた日本側措置について、国内的には、これが閣議了解を得て行政府としての政策決定に含められている[220]。また、アメリカとの関係でも、これを実施されない場合には通商法上の何らかの措置がとられることも予想されるという状況の下では[221]、以上の最終報告が政治的に有する意味はきわめて大きい。すなわち、それが法的な拘束力を有するものではなく、日本側としてその報告内容を最終的に実現すべき義務はないにせよ、少なくともそれを実現するための一定の措置を取るべきことは政治的配慮の問題として必要となったということである。その意味で、当該協議の最終報告において会社法に関する言及がなされたということは、日本政府としてその改正のための措置を取るべき政治的責務を負ったということであって、やはりここに改正に向けた大きな力が働いていることは否定できないであろう[222]。

(2) 企業不祥事の頻発

バブル期に至り、わが国大企業の経営組織をめぐる環境は、以下のようになっていた。株式相互保有の構造が高度化するなかで、株主や市場から高度の経営の自立性が確保されている。また、有利子負債の削減に取り組んでき

---

[218] この具体的な改正課題については、株主の権利の拡充という観点からアメリカ側から提起されたものであることが明らかにされている（吉戒・前掲213 11頁）。最終報告において日本側に求められた検討事項として、商事法務1257号43頁（1991）を参照されたい。その他、日米構造問題協議フォローアップ・第1回年次報告（平成3年5月22日）V・5 会社法の見直し（その抄録につき、商事法務1251号30頁以下（1991））、同・第2回年次報告（平成4年7月30日）V・5 会社法の見直し（その抜粋につき、商事法務1298号33頁以下（1992））参照。
[219] この点について、松下・前掲214 17頁、道垣内・前掲214 26頁。
[220] 道垣内・前掲214 26頁。
[221] 松下・前掲214 17頁。

た大企業は、資金調達も資本市場を通じて行うなかで、メインバンクからの経営の自立性を確保してきた。さらにその金融機関自体に関しても、金融自由化のなかで金融当局からの影響力が弱まり、経営の自立性が確保されるという状況に至った。

そしてバブル崩壊後、以上のような状況に置かれていた企業において、次々と不祥事が明らかになっていく。平成3（1991）年、新聞報道に端を発してきわめて大きな社会問題となった損失補塡問題以降[223]、暴力団との不明朗な取引[224]、偽造債券などを担保とする巨額融資[225]、無担保による巨額の債務保証[226]、いわゆる飛ばし[227]、そして総会屋に対する利益供与に至るまで[228]、短期間に実に多くの企業不祥事が明らかになった[229]。以上の違法行為、あるいは問題行動の少なからぬ部分がいわゆるバブル期に行われており、とりわ

---

[222] なお、平成5年改正が外圧によって成立したという向きもあるが、本文に述べたような政治的責務を日本政府が負っていたという事情からすれば、そのような説明も直ちに間違いと断ずることはできないかもしれない。しかし、いくらアメリカからの要求がなされた事項であっても、それが国際法上の拘束力を伴わない要請である以上、立法化するには国内的に相応の説明責任を果たせる事情が必要であるから——本改正では企業不祥事の頻発がそれにあたるだろうが——外圧によって改正が実現したという単純な図式でまとめることはやはり妥当ではないように思われる。またこのことは、後の株主代表訴訟、および監査役制度の改正に関する個別の検討からも明らかになるであろう。なお、日米構造問題協議の商法改正との関係については、吉戒・前掲213 10〜11頁参照。

[223] 平成3（1991）年にわが国で大きな社会問題となった、証券会社による損失補塡の問題には、その前提として、いわゆる「営業特金」の存在が関係していた。これは、投資家が投資顧問なしに証券会社に運用を一任した特定金銭信託を指し（この点についての詳細は、河本＝大武・前掲118 458頁以下）、この取引のなかには、平成2（1990）年以降の株価暴落により投資家に損失の出ているものがあった。しかし、重要な大口顧客に対しては、その手数料収入等を確保するという観点から、証券会社として生じている損失を補塡せねばならないという状況に陥った。

一部にはこの損失補塡については、大蔵省が平成元（1989）年12月に通達で禁じていた反面（この通達については、河本一郎ほか「〈座談会〉損失補塡に関する法的諸問題」商事法務1263号20頁以下〔河本発言〕（1991）を参照）、営業特金を解消させたいという大蔵省の側からの指導があったという話もあり（この点について、「91年商事法務ハイライト」商事法務1271号39頁（1991））、問題の構造はきわめて複雑であったともいえる。

なお、損失補塡をめぐっては役員の責任を追及する株主代表訴訟も提起されており、そこからも事件のあらましを知ることができる（たとえば野村證券の事件につき、最判平成12年7月7日民集54巻6号1767頁参照）。

け金融自由化以降、収益機会を模索していた金融機関が関与する例が多くみられたことは[230]、いかにも当時の時代背景を象徴していたといえそうである。

224 これは、広域暴力団稲川会の元会長が東急電鉄株式を買い占めた際に、野村証券および日興証券のグループ会社から融資がなされていたほか、価値のほとんどないゴルフ会員権をやはりグループ会社が買い取ることで、資金提供がなされていたという問題である。この点については、野村證券、日興証券の社内処分の内容（商事法務1256号37～38頁）、「〈スクランブル〉企業活動からの暴力団の介入排除」商事法務1261号43頁（1991）などを参照されたい。

225 これは東洋信用金庫の偽造定期預金証書を担保に、尾上縫なる人物に対して、日本興業銀行が巨額の融資を行うなど、大手銀行における一連の不明朗な融資に関する事件である。なお、この点については、田中誠二「金融・証券不祥事と商事法学の基礎理論」商事法務1265号2頁（1991）も参照。

226 これは、暴力団と関係の深い小谷光浩なる人物が、蛇の目ミシン株式を買い占め、その非常勤取締役に就任するなか、銀行や蛇の目ミシンを脅迫しつつ、自らが代表取締役を務める光進グループの1,000億円を超える債務を蛇の目ミシン、およびその関連会社に債務保証、担保提供、あるいは債務引受をなさしめたというものである（前掲224商事法務1261号43頁参照）。平成2（1990）年、小谷は逮捕され、刑事責任を問われるに至っている。

　なお、これら取引については取締役の責任を追及する株主代表訴訟が提起され、担保提供申立てをめぐって裁判がなされたほか（東京高決平成7年2月20日判例タイムズ895号252頁）、本案訴訟についても取締役の義務違反とこれに対する過失が認められている（最判平成18年4月10日民集60巻4号1273頁）。

227 「飛ばし」は、平成3（1991）年に損失補塡の問題が社会を騒がせて間もなく明らかになり、政治問題化するに至ったものである（上村達男「国会審議録からみた証券問題の論点〔下〕」商事法務1269号14頁（1991））。平成4（1992）年には、この問題で大和証券が東急百貨店に金銭を支払うことで解決を図り、社長が引責辞任しているし、山種証券の会長も同じく辞任などをしている（商事法務1280号53頁（1992）参照）。

　その取引の内容は、評価損の出ている有価証券を保有している企業が、損失を表面化させないために当該有価証券を決算期の異なる企業に転売するというもので、株価の回復を待って損失の計上を先送りするための手段であった。もとより、評価損の出ている有価証券をその損失分も含めて買い取る企業はありえないので、そこには証券会社が関与して、自らが将来的に引き取るか、他の転売先を紹介することを約束するのが通常であった（以上について、河本＝大武・前掲118 374～375頁）。

228 利益供与事件は、それ以前からも散発的にみられたものであるが、平成4（1992）年10月、流通大手のイトーヨーカドーで、数年間にわたる2億円規模の総会屋に対する利益供与が発覚した。これには、監査役も関与して逮捕されており、大きな社会問題となったわけである（当該事件については、商事法務1302号36頁～37頁（1992）参照）。

229 以上につき、吉戒・前掲213 10頁。

かくして、このようなバブル崩壊後の経済的・社会的情勢は、大企業を中心として、株式会社の経営組織に対する監督について、何らかの政治的な対応を要求することにもなった。この点について、立法担当官の説明によるならば、「広範かつ複雑化しつつある株式会社の経営に対する既存の商法上の経営監督制度に対する再検討を強く促す」ことが、改正の前提に置かれている、ということである[231]。

2-2 監査役制度の改正

2-2-1 大小会社区分立法との関係

(1) 監査役制度は、すでに第2節でみたように、昭和49 (1974) 年と昭和56 (1981) 年の商法改正において繰り返し権限の強化が図られ、制度の充実がみられたところである。それにもかかわらず、再び監査役制度の改正が行われるまでの過程については、やはり株主代表訴訟制度の場合と同様、昭和59 (1984) 年「大小（公開・非公開）会社区分立法及び合併に関する問題点」（以下、「問題点」という）まで戻らねばならない[232]。

法務省民事局参事官室では、昭和56年改正が成立した後、昭和50 (1975) 年の「会社法改正に関する意見照会――会社法改正に関する問題点」における積み残し事項についての検討を再開する[233]。そこで取りあげられた課題の一つが、上記の大小会社の区分の問題であった。この大小会社区分立法の問題というのは、昭和56年改正までの改正がいわゆる株式会社らしい株式会社を対象とする立法であったのに対して、そうではない小規模の会社にも適切な法的規律を行おう、という話にほかならない[234]。したがって、ここでの基

---

[230] 平成3 (2001) 年に露見した損失補填をはじめとする企業不祥事について、「証券・金融不祥事」とこれが呼ばれ、当該問題に対応するための審議がなされた国会が「証券国会」と呼ばれていたことがこれを物語るものである。このあたりの事情について、「91年商事法務ハイライト」商事法務1271号36頁以下 (1991) を参照。

[231] 吉戒・前掲213 10頁。

[232] 「大小（公開・非公開）会社区分立法及び合併に関する問題点」(昭和59年5月9日法務省民事局参事官室) 商事法務1007号13頁 (1984)。

[233] 以上の意見照会について、法務省民事局参事官室・前掲157参照。

[234] 稲葉威雄「大小会社区分立法に関する諸問題(1)」商事法務970号2頁 (1983)。

本的な改正課題は小規模な会社のための規定である。ただ、この観点から、監査役制度の改正を検討するとなると、とりもなおさずそのような会社において監査役を設置する必要があるか否か、という問題につながる（問題点三・1）。かくして、ここに監査役の任意機関化という議論が登場し、ひいては、このような形式的な存在に会計監査を行わせるのが妥当かという問題にもつながるわけである（問題点三・2）。

ただし、ここからの議論が若干特殊である。「問題点」は、任意であれ小規模会社でも監査役を置く場合には、大規模な会社で設置の強制される監査役と同様の権限を有するものとし、また複数の監査役を置く場合には、監査役会という会議体を構成するものとする、という（問題点三・3）。ここにおいて、小規模会社にとどまらない監査役会の議論が登場する。これは、実のところ、すでに昭和30（1955）年改正以降の会社法根本改正の議論のなかでとりあげられていた事項である[235]。また、昭和56年改正では複数監査役制が認められたが（昭和56年改正商法特例法18条1項）、当該改正の際には複数の監査役の職務分担の問題も議論された[236]。結局、この職務分担は、監査役の独任制との関係で立法が難しく見送りとされたのだが[237]、監査役会制度というのは、これとも密接に関連を有する問題であった。

(2)　さて、公表された「問題点」に対して関係各界からの意見照会を募ったところ、意見照会における監査役会制度の評価は、やはり法曹界、学界等の意見と経済界のそれとが対立する事項となった[238]。経済界がこの点について反対する理由は、とりもなおさず監査役の独任制を維持したいという意向があったからである[239]。これは、昭和56年改正段階における職務分担に関

---

[235]　上田・前掲100 8頁。
[236]　法務省民事局参事官室・前掲158機関改正試案第三・一・a参照。
[237]　稲葉威雄「大小会社区分立法に関する諸問題(8)」商事法務987号25頁（1983）。
[238]　それぞれの意見については、稲葉威雄「『大小会社区分立法等の問題点』に関する各界意見の分析(3)」商事法務1030号55頁（1985）参照。
[239]　経済界の懸念については、稲葉・前掲238 55頁のほか、江頭憲治郎ほか「〈座談会〉商法改正要綱案の第三読会を終えて〔1〕」商事法務1154号20頁〔阿部一正発言〕（1988）などからうかがえる。

する議論でも問題となった点であるから、実現困難な改正課題の一つであることは明らかだった。

　以上の意見照会をふまえて作成された昭和61 (1986) 年の「商法・有限会社法改正試案」においては、監査役会制度がなお改正課題としてはそのまま残されていた[240]。だが、学界等の改正に対する積極意見と経済界等の消極意見とが対立する構造は、全く変わらなかった[241]。以上のような議論の対立状況をふまえて、商法部会の小委員会レベルの議論では、監査役の独任制の長所を活かし、各監査役の独自性、主体性に基づいた監査を認めることとし、監査役会はあくまでも各監査役の監査の結果を報告し、情報を共有するという方向に議論が変化していった[242]。

　しかし、それでも経済界等からの消極意見は変わらなかった。また、以上のような意見集約の場としての監査役会制度では意味がないという意見もあったようで、かくして監査役会制度の採用は、すでに平成元 (1989) 年秋の段階では法制審議会商法部会として見送りとされることになる[243]。これは、平成2 (1990) 年改正において経営管理（運営）機構の改正を行わず、これを先送りにするということとは別の次元で動いた話であった[244]。

2－2－2　改正に至る経緯

(1)　以上のとおり、監査役制度の改正について、小規模会社に関する改正課題については平成2 (1990) 年改正からはずれ、監査役会制度に関する改正課題については見送りとなった。前者の改正課題については、小規模会社を対象とした平成2年改正に入らなかったことで一段落してしまうのだが、後者の改正課題については、平成5 (1993) 年改正に至る過程で再び姿をみせることになる。それは、なぜだったのだろうか。

---

[240] 法務省民事局参事官室「商法・有限会社法改正試案（昭和61年5月15日）」商事法務1076号16頁（1986）。監査役会については、試案二・17を参照。
[241] 大谷禎男「『商法・有限会社法改正試案』に関する各界意見の分析(3)」商事法務1100号33～34頁（1987）。
[242] 大谷禎男「商法改正作業の進捗状況について」商事法務1119号37～38頁（1987）。
[243] 大谷禎男「会社法改正作業の最近の動向について〔1〕」商事法務1192号6頁（1989）。

その理由としては、再び日米構造問題協議における議論をあげなくてはならない。アメリカ側は、株主権の拡充の一環として、東京証券取引所および大阪証券取引所における上場基準に社外取締役から構成される監査委員会の設置を含めるよう求めていた[245]。加えて、金融・証券不祥事の問題が起こった以降は、このような社外取締役導入に関する議論が金融制度調査会などでもなされていたようであり[246]、当時の経済界にとっては強く対応を迫られた課題だったわけである。

もっとも前節でもみたように、社外取締役の義務づけに関しては、昭和56（1981）年改正に至る改正作業のなかでも取りあげられ、これは経済界からの強い反対にあって早々に改正課題のなかから姿を消したものである[247]。そして、この日米構造問題協議において、アメリカ側から出された提案に対しても、取締役会のなかに監査役と別の監査機能を担うものを置くことはな

---

[244] 改正試案は、意見照会、そしてその後の困難な調整を経た平成2（1990）年、商法改正要綱となる（法制審議会商法部会「商法等の一部を改正する法律案要綱案（平成2年2月28日）」商事法務1209号9頁（1990））。

　だが、当該要綱には、合併当時会社の計算の継承等について対立意見を集約することができなかったため、合併法制の整備が盛り込まれなかった（大谷禎男「商法等の一部を改正する法律の解説〔1〕」商事法務1222号2～3頁（1990））。

　また、経営管理機構については、平成元（1989）年秋まで詳細な検討がなされたものの（大谷禎男「会社法改正作業の最近の動向について〔1〕商事法務1192号4頁以下（1989））、やはり先送りとされた。平成2年段階で経営管理（運営）機構について立法をできなかった理由は必ずしも詳らかではないが、推察するに、日米構造問題協議の存在があげられよう。日米構造問題協議は、平成元年9月から東京で第一ラウンドが、同年11月からはワシントンで第二ラウンドが行われている（「89年商事法務日誌」商事法務1203号36頁（1989）参照）。アメリカ側は、わが国の系列問題の見直しとして、協議の当初から代表訴訟制度の改善や帳簿閲覧権の特殊要件緩和といった要望を出してきたようである（岩原紳作ほか「〈座談会〉株主代表訴訟制度の改善と今後の問題点」商事法務1329号6頁〔吉戒修一発言〕（1993））。これらは、とりもなおさず従前からの経営管理（運営）機構に関する改正作業は進めることができない。後にふれるように、アメリカは、その他に社外取締役の導入についても一定の要望を出してきたといわれており、その意味でも平成2年段階での経営管理（運営）機構について立法することは困難であったといえるだろう。

[245] 「日米構造問題協議と会社法の見直し――日米構造問題協議フォロー・アップ会合――」商事法務1296号45頁（1992）、江頭憲治郎ほか「〈座談会〉監査役制度改正の方向と論点」商事法務1309号23頁〔吉戒修一発言〕（1993）。

[246] 「91年商事法務ハイライト」商事法務1271号37頁（1991）。

[247] この点の経緯については、本章第2節4－2－1参照。

じまないとして、日本側は強く拒絶の意思を示した[248]。その結果として、協議の報告書自体でも、社外取締役に関する内容は盛り込まれずに終わっている[249]。

(2) だが、アメリカ側から出された以上の提案について、これを無視できなかったのも事実である。なぜなら、わが国には経営監視を担当する機関として監査役が存在するにもかかわらず、以上のような社外取締役に関する提案がなされたというのは、監査役が果たしている経営監視機能への疑問が存在するからである。加えて、バブル期にみられた金融・証券業界を中心とした企業不祥事との関係で、平成3 (1991) 年以降、企業経営に対する監督機能の強化が叫ばれ、これに対するわが国としての、そしてわが国経済界としての答えを要求された。かくして、法制審議会商法部会では、再び監査役制度の改正という課題が検討対象として論じられるに至ったわけである[250]。

以上のような経緯を受けて、経済界をはじめとする関係各方面では監査役制度の改正についての積極的な検討が重ねられ、意見や提言が公表されるようになる[251]。これらの議論のなかで一致して提示されていたのは、任期の延長による監査役の地位の安定化であった。そして、一部に意見のばらつきはあるものの、監査役会の設置、あるいは社外監査役制度の導入といった事項

---

248 江頭ほか・前掲245 23頁〔吉戒発言〕。
249 日米構造問題協議の最終報告はもとより、フォローアップ会合の第一回、第二回年次報告とも、会社法の見直しに関する項における社外取締役に関する言及はない（以上については、前掲218商事法務1251号35頁、1298号37頁参照）。
250 前田庸「平成5年商法の改正要綱について〔上〕」商事法務1315号40～41頁 (1993)。
251 時系列に沿って並べると、まず、経団連が平成4 (1992) 年3月10日に自らの見解を公表している（経済団体連合会「会社法制のあり方についての見解——望ましい企業の経営管理の視点に立って——」商事法務1279号50頁 (1992)）。その後、同年10月23日に経済同友会（経済同友会「企業法制の国際的ハーモナイゼーションを目指して——グローバル視点からの商法・独占禁止法の見直し——」商事法務1302号37頁 (1992)）、同年10月28日に日本内部監査協会（日本内部監査協会監査役制度等特別検討委員会「監査の本質と監査役制度の強化に関する意見書（中間報告）」商事法務1303号41頁 (1992)）、あるいは同年11月12日に日本監査役協会（社団法人日本監査役協会「監査役制度に係わる商法改正の要望について」商事法務1304号38頁 (1992)）といった団体から、提言がなされるに至った。

にも、積極的な意見がみられるようになった[252]。

(3) 以上の議論をふまえ、平成5年、監査役任期の2年から3年への伸長（平成5年改正商法273条1項）、大会社における監査役の3人以上への増員（平成5年改正商法特例法18条1項）、大会社における社外監査役制度の導入（平成5年改正商法特例法18条1項）、そして大会社における監査役会の法制化（平成5年改正商法特例法18条の2）といった改正が実現するに至る。本改正で実現した以上の事項の少なからぬ部分は、昭和30（1955）年改正以降、繰り返し議論されていたものであり、改正内容それ自体はさほど新しいものではないのかもしれない。たとえば、監査役任期の3年への伸長は、昭和49（1974）年改正の段階における検討事項の一つである[253]。あるいは、社外監査役制度の導入は、昭和56年改正の段階における検討事項である[254]。そして監査役会制度も、先にもふれたとおり、昭和56年改正の段階における複数監査役の業務分担と結びついた議論で、しかも平成2年改正以前に繰り返し論じられてきたものであった。

とはいえ、平成5年改正における監査役制度の改正については、何点か付言しておくべき重要な点があるのも事実である。その第一は、日米構造問題協議と企業不祥事の有するインパクトの大きさである。こと監査役会制度に関しては、昭和59（1984）年の段階から議論が続けられながらも、経済界の反対によって、平成元（1989）年の段階ですでに改正が見送りとなった事項であった。そこには、法務省・裁判所関係者、および商法研究者の意向・要望

---

[252] これらに依然消極的だったのは経団連であり、社外監査役制度に関しては、日本監査役協会も制度化に消極的であった。これに対して、経済同友会や日本内部監査協会は、監査役会制度、社外監査役制度のいずれに対しても、積極的であった。以上については、前掲251の文献を参照されたい。

[253] その内容については、法制審議会商法部会・前掲143商事法務517号8頁参照。その要綱第三によれば、監査役の任期は3年とされていた。しかし、これは昭和48（1973）年に提出された改正法案の段階では脱落した。なお、この点については、上田（純）・前掲115 389頁も参照。

[254] 法務省民事局参事官室・前掲158機関改正試案（商事法務824号13頁）参照。その試案第三・二・bでは、社外監査役の義務づけが提案されている。なお、この点については、本章第2節4－3－1を参照。

と、経済界のそれとが対立する場合には、後者の意向に従って、立法が実現しないという、昭和49年改正や昭和56年改正にみられたのと同じ現象があったわけである。しかし、日米構造問題協議と企業不祥事の頻発という事情の存在ゆえに、経済界の要望は「伏在」せず、結果として、監査役会制度はその他の監査役制度に関する改正とともに具体的な立法に結実するに至る。その意味では、平成5年改正で導入された一連の改正事項は、内容において昭和49年改正や昭和56年改正段階の検討事項と重なるとはいえ、経済界の望まなかった事項の一部が改正につながったという点で特殊だったといえるだろう。

　第二は、それでも平成5年改正には、経済界の要望が「伏在」するという構造がなおみられる。繰り返すように、平成5年改正に向けた議論のなかで、会社機関のあり方として経営監督機能を高めるという際に、日米構造問題協議でも提起された取締役・取締役会制度の改善には結びつかなかった。これは、とりもなおさず経済界が社外取締役の導入に対する強い警戒感を有しており、これを理解している日本政府がアメリカ側に強い拒絶の意思を示したからである[255]。反面で、日米構造問題協議や一連の企業不祥事への対応として、会社機関制度の改正が必要であることは変わりない。そこで、従前は見送りとなっていた改正課題である監査役会制度を復活させてまで、監査役制度の強化が図られたわけである。ここには、再び、経済界が自らの経営の自立性を確保するという観点から、取締役・取締役会制度に手をふれさせず、積極的に監査役制度の改正に動いた、という面がみられる。結局のところ、ここには経済界の経営の自立性確保に向けた強い意向・要望が「伏在」し、そのために監査役制度は「道具」として用いられたわけである。

3．平成13(2001)年改正(法律第149号)

　さて、平成5（1993）年に改正された監査役制度は、平成13年（法律第149号）

---

[255]　江頭ほか・前掲245 23頁（吉戒発言）、経済団体連合会・前掲251 51頁。

によりさらなる改正を受けることとなる。この改正は、議員立法という形式による点でかなり特殊な改正であり、取締役の責任制度、および株主代表訴訟制度をめぐる改正と密接に関連している。そこで、記述の内容が第1編と重なるところもあるが、これら周辺の制度改正とあわせて、監査役制度の改正をみていくこととしたい。

3－1　改正に至る経緯

3－1－1　経済界の要望

(1)　平成5（1993）年に監査役制度とともに改正された株主代表訴訟制度は、その後、少しずつ利用される例が増えていくこととなった[256]。実際に提起された株主代表訴訟において、具体的に問題とされる取締役の義務違反行為としては、バブル期に行われた違法行為や不適切な行為はもちろんのこと、その後の不況下で企業業績が低迷するなかで行われた種々の行為──バブルの後始末としての行為が多い──が含まれていた[257]。

もっとも、これらの訴訟のうち、取締役の責任が部分的にであれ認められる事案はきわめて少なかったのも事実である。たとえば、取締役の責任が肯定された事案としては、贈賄事案[258]、関税法・外為法等に違反した取引がな

---

[256] 商事法務の株主総会白書が、主に大企業を中心として訴訟に関する情報を紹介しているが、制度が改正された平成5(1993)年以降、株主代表訴訟については年数件から十数件のペースで提起されている（たとえば、商事法務編「1994年版株主総会白書」商事法務1373号17頁以下（1994）、同「1995年版株主総会白書」商事法務1408号16頁以下（1995）、同「1996年版株主総会白書」商事法務1441号16頁以下（1996）等を参照）。これが多いのか少ないのかは評価の分かれるところであろうが、平成5年改正以前の平成4（1992）年12月末、全国の下級裁判所に係属していた株主代表訴訟が──これは大企業をめぐるものに限られない──全部で31件であったことを考えると（この点については、岩原ほか・前掲244 12頁の資料を参照）、かなりの数が提起されるようになったのは事実であろう。

[257] たとえば、制度改正から3年を経過した平成8（1996）年段階で、裁判所に係属している大企業関連の株主代表訴訟をみると、損失補塡問題にかかるもの、違法・不適切な融資にかかるもの、あるいは金融投資の取引損にかかるものなどが多々みられる。商事法務編・前掲256商事法務1441号16頁以下を参照。

[258] 東京地判平成6年12月22日判例時報1518号3頁（ハザマ事件）。

された事案[259]、あるいはアメリカの連邦銀行規制に違反して情報が隠蔽された事案[260]など、具体的な法令違反行為のある場合にほぼ限られていた。逆にいえば、取締役の経営上の判断について、その善管注意義務違反が争われるような事案においては、その意思決定過程と決定内容についてある程度の裁量を認めていくことで——これを下級審裁判例ではいわゆる経営判断原則の問題として扱っているようである——、取締役の義務違反を否定するものが多くみられた[261]。

それでも株主代表訴訟により、被告とされるリスクに対する企業経営者の懸念は大きく、平成5年改正当初から、経済界ではさまざまな意見が表明されてきた。制度改正間もない頃は、経営判断原則の確立が望まれるといった意見が中心であり、あくまでも訴訟が提起された場合の裁判所の判断、そしてそれを支える理論への提言が中心であった[262]。しかし、訴訟提起の数が増加するなか、次第に経済界の要望は直接に制度改正に向けた提言となって現れるようになる。たとえば、平成7（1995）年に経済同友会によってなされた提言をみると、そこでは会社の被告取締役への補助参加に関する問題のほか、原告株主の持株要件等の見直し、取締役の責任軽減・免除制度の創設、あるいは株主代表訴訟制度の見直しに伴う監査役制度の見直し、といったことがあげられている[263]。このような制度改正によって株主代表訴訟制度への対応を望む意見は、その後、企業の法務担当者にもみられるようになる[264]。

---

259 東京地判平成8年6月20日判例時報1572号27頁（日本航空電子工業事件）。
260 大阪地判平成12年9月20日判例時報1721号3頁（大和銀行事件）。
261 平成5年改正以前から経営判断原則の問題は論じられてきたが、改正後に出された裁判例として、たとえば東京高判平成7年9月26日判例時報1549号11頁（野村證券損失補塡事件）参照。ただし、この時期の下級審裁判例においては、未だ経営判断原則の内容そのものが流動的である。その後の裁判例の動きも含め、この点の詳細については、江頭憲治郎『株式会社法（第3版）』434頁以下（有斐閣、2009）を参照されたい。
262 たとえば、経団連関係者によるものとして、小山敬次郎「代表訴訟制度の改正と濫用防止への提言」商事法務1360号3頁〜4頁（1994）、企業法務担当者によるものとして、阿部一正「企業法務の課題と展望」商事法務1343号79頁（1994）参照。
263 経済同友会「商法と企業経営のハーモナイゼーションを目指して——株主代表訴訟制度の見直しと監査役制度活性化の施策」商事法務1386号42〜43頁（1995）。
264 たとえば、足立博「企業法務の課題と展望」商事法務1445号76〜77頁（1997）。

(2) ここから検討されるべき問題は、経済界がこのような改正に向けた要望を実現しようとした方法である。平成5年改正後、株主代表訴訟の提起数が爆発的に増加したということはなかったが、それがコンスタントに提起されるという状況において、経済界がこれに対してかなり神経質になっていたのは事実であった。その意味で、株主代表訴訟制度の改正というのは、経済界にとって緊急に対応を要する課題となっていったわけである。

そこで、経済界が利用しようとしたのは、議員立法という立法チャネル——すなわち法制審議会という従来からの立法チャネルとは異なるそれ——であった。この議員立法という立法チャネルは、ストック・オプションの導入にかかる平成9（1997）年法律第56号の商法改正で利用されたのが最初である。このストック・オプション立法に関しては、その立法手続上の問題点について多数の商法研究者による批判もなされたところであり[265]、それ自体が興味深い研究対象である。ただ、この点については本書のしかるべき場所で検討されているので[266]、ここでは平成9年の段階で法制審議会という立法チャネル以外のそれが存在していた、ということを確認しておくことが重要である。なぜなら、この年を境として、株主代表訴訟制度の改正に向けた動きが、にわかに現実化していくからである。

3-1-2 政治領域での動き

(1) 株主代表訴訟制度の改正に向けて、政治領域でその動きが顕在化するのは、繰り返すように平成9（1997）年である。この年は、かつてない規模での利益供与事件が発覚し[267]、これに対する政治対応が求められるに至った。かくして、政治的な課題として適法経営確保の意味におけるコーポレート・

---

[265] この点については、「開かれた商法改正手続を求める商法学者声明」（平成9年5月12日）商事法務1457号76頁（1997）参照。

[266] 第1編第3節、第3編第2章第2節以下参照。

[267] 平成9（1997）年は小池隆一、あるいは鄭照謨といった総会屋に関係する事件が大量に摘発され、これに関係していた会社にわが国を代表する企業が多数含まれていたことから、やはり社会問題となった。その後の裁判も含めた詳細については、商事法務編「1999年版株主総会白書」商事法務1544号16頁以下（1999）の表を参照されたい。

ガバナンスの問題が取りあげられ、自民党は、同年9月8日、以上の問題をめぐる商法等の改正試案骨子を公表する[268]。この骨子は、大別して二つの部分からなっており、第一が「監査役の独立性確保」、そして第二が「株主代表訴訟の見直し」である。

　より具体的にこの内容をみると、まず監査役制度に関しては、その機能強化をめざしているようにみえる[269]。規定に関する提案としてあげられているのは、取締役会・監査役会の株主総会に対する説明責任（規定1）、取締役会の監査役会に対する説明責任（規定2）、会計監査人との契約における監査役会の関与（規定3）、任期伸長・員数増加・社外監査役の増員等を内容とする監査役の独立性強化（規定4）、取締役における忠実義務違反行為に関し、監査役会の取締役会に対する報告義務（規定5）、忠実義務違反行為ある取締役の留任に関する監査役会の同意（規定6）、監査役選任提案に関する監査役会の同意（規定7）、株主代表訴訟の当否に関する監査役会の判断権（規定8）、監査役の和解提案権（規定9）、そして監査役による取締役の責任減免提案権（規定10）である。

　これに対して株主代表訴訟に関しては、次のような内容が提案されている[270]。すなわち、具体的な改正項目としてあげられているのは、訴訟原因行為時の株主への原告適格限定（項目(1)）、会社の被告取締役への補助参加をはじめとする会社による被告取締役への訴訟支援（項目(2)、(4)、(5)）、監査役の考慮期間延長（項目(3)）、取締役の会社に対する責任の減免（項目(6)）、取締役の責任に関する短期消滅時効・死亡時の責任消滅（項目(7)、(8)）、経営判断原則の明定（項目(9)）、そして株主代表訴訟における和解の許容（項目(10)）である。

　以上の骨子の構造は、漫然と読むならば次のように理解できそうである。利益供与事件の発覚を端緒として、適法経営確保という意味におけるコーポ

---

[268] 自由民主党法務部会商法に関する小委員会「コーポレート・ガバナンスに関する商法等改正試案骨子」（平成9年9月8日）商事法務1468号27頁（1997）。
[269] 以下の点について、自由民主党法務部会商法に関する小委員会・前掲268 28～29頁。
[270] 以下の点について、自由民主党法務部会商法に関する小委員会・前掲268 29～30頁。

レート・ガバナンスの問題が政治問題化したところ、これに対しては監査役制度の強化によってこれに対応する。これと同時に、平成5年改正によって改正された株主代表訴訟制度については、その機能を減殺しないように配慮しつつも、運用のなかで顕在化してきた問題について経営マインドの委縮をさせないように立法上の対応を行う、というものである[271]。

(2)　ここで注意を要する点は、当該骨子の内容にみられる発想が、経済界の要望とほぼ内容において一致するという事実である。平成5年改正以降、経済界からの株主代表訴訟制度に関する要望や提言はすでに紹介したとおりであり、これと照らし合わせてもその内容の一致は看取できる。そして、先の自民党の骨子のわずか2日後である平成9年9月10日に公表された経団連からの提言をみると、このことはより明らかになるだろう。この提言は、「コーポレート・ガバナンスのあり方に関する緊急提言」と題するものであって、大きな柱として、やはり監査役機能の強化と株主代表訴訟制度の見直しという二つを有するものである[272]。

まず、監査役機能の強化について内容を簡潔に紹介すると、以下の内容を含んでいる[273]。第一に、社外監査役要件の厳格化、第二に、社外監査役の増員、第三に、監査役選任議案に対する監査役会の同意、第四に、任期途中に辞任する監査役がいる場合の監査役会の株主総会における説明義務、そして第五に、会計監査役監査充実のための諸措置である。

他方で、株主代表訴訟制度の見直しについては、以下のとおりである[274]。それは、第一に、訴訟原因行為時株主に原告適格を限定する方向での原告適格見直し、第二に、訴訟参加をはじめとする会社による被告取締役への訴訟支援、第三に、取締役の損害賠償責任の免除・軽減、そして第四に、アメリカにみられる経営判断原則の明確化といった事項である。そのほかにも、勝

---

[271]　この点の考え方については、自由民主党法務部会商法に関する小委員会・前掲268　29頁に示された、株主代表訴訟制度「改正に当たっての考え方の原則」を参照。

[272]　経済団体連合会コーポレート・ガバナンス特別委員会「コーポレート・ガバナンスのあり方に関する緊急提言」（平成9年9月10日）商事法務1468号30頁（1997）。

[273]　経済団体連合会コーポレート・ガバナンス特別委員会・前掲272　30〜31頁。

[274]　経済団体連合会コーポレート・ガバナンス特別委員会・前掲272　31頁。

第3節　伝統的枠組みに基づく改正　459

訴取締役の訴訟費用の会社負担、和解の許容性、取締役の損害賠償責任の時効・相続といった問題にも言及している。

(3)　もっとも、ストック・オプション立法の際にみられた動きとは異なり[275]、コーポレート・ガバナンスの問題に関して、政治領域では直ちに立法にまで結びつけるという動きがとられなかった。それは、当該立法時のように、規制緩和推進計画の工程表が存在し、政治的に達成年度が決定されていたという事情がなかったことが影響しているのかもしれない[276]。ともあれ、自民党の骨子公表以降、当該問題に対しては多方面からの意見が出され、議論が深められていくことになる。このような議論の進め方は、今から振り返ってみるならば、ストック・オプション立法の際に、商法研究者からの強い批判を浴びたことに対する政治領域からの答えであったとも評価しうるだろう。

さて、自民党の骨子公表後、これを前提として株主代表訴訟制度に関する研究を進め、精力的な議論を展開したのは、商法、民事訴訟法、および民法研究者を中心に形成された株主代表訴訟制度研究会であった[277]。当該研究会は、株主代表訴訟制度の機能や現状をふまえて、自民党の骨子公表後、早々にこれに対する詳細な検討を意見の形で公表した[278]。当該意見については、コーポレート・ガバナンスに関して重要な機能を果たしうるであろう株主代表訴訟制度について、安易にその機能を減殺するような改正を戒める意味が含められていた[279]。またこの時期、商法研究者を中心として当該骨子に対する検討が行われる例は、以上のような組織的な研究を含め多くみられる[280]。

275　この点については、第1編、第3編第2章を参照。
276　第1編参照。
277　そのメンバーについては、商事法務1471号3頁（1997）参照。
278　株主代表訴訟制度研究会「株主代表訴訟に関する自民党の商法等改正試案骨子に対する意見」商事法務1471号2頁（1997）。
279　株主代表訴訟制度研究会・前掲278　2〜3頁参照。
280　江頭憲治郎「自民党の商法等改正試案骨子と監査役・監査役会」商事法務1470号17頁（1997）、北村雅史「コーポレート・ガバナンスに関する商法改正問題」商事法務1477号2頁（1997）、黒沼悦郎ほか「コーポレート・ガバナンスに関する商法等改正試案骨子の検討」商事法務1477号11頁（1997）等参照。

以上のとおり骨子公表後の議論は、少なくとも表面的には、政治の側からの提案と、それに対して商法研究者を中心とした意見が返されるという形で進められていくことになる。それは、従来の法制審議会商法部会における経済界と商法研究者との意見の相違が、経済界の要請を受けた自民党と商法研究者との対立という形に転位したものと評することも可能であろう。その後も自民党の側から、平成10（1998）年に「企業統治に関する商法等の改正案骨子（平成10年6月1日）」[281]、さらに平成11（1999）年に「企業統治に関する商法等の改正案要綱（平成11年4月15日）」[282]が公表され、株主代表訴訟研究会がこの要綱に対する批判的検討を意見の形で公表している[283]。

3－1－3 商法研究者からの反応

 経済界の意向を受けた政治領域の議論と商法研究者を中心とした議論とのやりとりは、実際にどのように展開していったのか、ここで確認しておくこととしたい。ここでは取締役の責任免除に関する問題、株主代表訴訟における補助参加と和解に関する問題、そして監査役制度の強化に関する問題について確認をしておくこととする。本稿の主題からすれば、最後の監査役制度の強化に関する問題のみを論ずれば足りそうであるが、その他の問題も監査役制度の強化と密接に関連しているため、ここではやや詳細にふれることとする。

 (1) 第一に、取締役の責任免除に関して、まず平成9（1997）年の骨子では、次のような枠組みが設定されていた[284]。すなわち、取締役の会社に対する損害賠償責任について、忠実義務違反、犯罪行為、あるいは故意・重過失のある場合を除き、定款の定めまたは株主総会決議によって減免を認める

---

281 自由民主党法務部会商法に関する小委員会「企業統治に関する商法等の改正案骨子」（平成10年6月1日）商事法務1494号54頁（1998）。
282 自由民主党政務調査会法務部会商法に関する小委員会「企業統治に関する商法等の改正案要綱」（平成11年4月15日）商事法務1524号37頁（1999）。
283 株主代表訴訟制度研究会「自民党の『企業統治に関する商法等の改正案要綱』に対する意見」商事法務1526号4頁（1999）。
284 自由民主党法務部会商法に関する小委員会・前掲268 30頁。

（骨子Ⅱ・(6)）。すでに判決の出ている案件については、監査役会が株主総会に減免の提案をできるようにする、というものである（骨子Ⅰ・規定10）。

　この骨子を受けた株主代表訴訟制度研究会の検討は多岐にわたるが、大枠としては、次のようにまとめられようか[285]。まず、すでに発生している個別的・具体的な責任について十分な情報を開示したうえで、株主総会において減免することは検討に値する、としている。他方で、事前的・包括的な免責、とりわけ全部免責を認めることについては、想定外の免責をなしうる可能性があることから、強く疑問が提起されている。また、個別的・具体的な責任の免責についても、少数株主保護や債権者保護の観点からは問題が残ることが指摘されている。そして何より、取締役の責任減免につき立法を必要とする事態——たとえば、アメリカにおけるような取締役に就任する者の減少といった事情——が、本当にわが国で生じているかどうかも含めて、取締役の責任免除制度そのものに対する慎重な検討を求めていた。

　これを受けた自民党による平成10（1998）年の骨子では、株主総会、もしくは定款の定めによる減免という枠組みは残し、ただし定款の定めによって責任軽減できる範囲について限定を付す方向で検討がなされている。また、監査役会の関与については、取締役会が株主総会に責任軽減提案を行う際に、監査役会の同意を得るものとされた[286]。そして、平成11（1999）年の要綱段階では、悪意・重過失、もしくは犯罪行為となる行為がある場合を除き、株主総会特別決議、もしくは定款規定に基づく取締役会決議により、取締役報酬の2年分を限度として、取締役の会社に対する損害賠償責任を軽減できるものとされた。また、これらの定款変更を行う場合も含め、取締役の免責関

---

[285] 以下について、株主代表訴訟制度研究会・前掲278 14〜17頁。また、事前の全部免責への疑問、あるいは株主総会決議による免責についての限定的な賛同については、北村・前掲280 7〜8頁。その他、商法研究者による検討としては、定款の定めによる責任免除は注意義務違反行為に対する抑止効を失わせることから疑問だが、株主総会特別決議による責任限度額の定めを置くことを前提に認めてよいという議論がある。もっとも、ここでも債権者保護の問題は別途懸念されている（以上について、黒沼ほか・前掲280 20頁）。

[286] 以上について、自由民主党法務部会商法に関する小委員会・前掲281 54〜55頁。

連の議案を取締役会が株主総会に提案するには、監査役全員ないし監査役会の同意を得るべきものとしている（以上について、要綱第5・第6参照）。要綱は、これらの措置が必要となる背景として、取締役に対する高額の損害賠償請求がなされており、経営の委縮を招いているとの認識を説明している[287]。

さらにこの要綱に対して、株主代表訴訟制度研究会から直ちに意見が公表された[288]。まず、事後の株主総会決議による免責については、取締役報酬の2年分という点が低すぎるという点を除けば、評価する方向の議論が示されている。他方、事前の定款規定に基づく取締役会決議による免責については、社外取締役を念頭に置いて免責を認めるアメリカの例と比較しても、きわめて規律が甘いとして批判をしている。また、議案提出時の監査役の同意についても、監査役の独立性の強化が限定的であることをふまえて、これによる議案の公正さの担保が不十分であると指摘している。何より経営の委縮を招いているというそもそもの認識について、同研究会は強い疑念を提起しており、それが以上の強い批判のトーンとなって表れている面があるだろう。

(2) 第二に、株主代表訴訟における補助参加と和解に関する問題については、平成9年の骨子が次のような方向性を提示していた[289]。まず補助参加の問題については、一定の場合には会社が被告取締役に補助参加できるものとし（骨子Ⅱ・(2)）、その判断については、監査役会が問題となる株主代表訴訟の妥当、不当を評価したうえで行うべきものとされた（骨子Ⅰ・規定8）。また和解の問題については、これが法律上可能であることを前提に所定の整備を行い（骨子Ⅱ・(10)）、監査役会が株主総会に対してその提案を行うことができるものとしていた（骨子Ⅰ・規定9）。

骨子の以上の点に対する株主代表訴訟制度研究会の意見は、おおむね次のようにまとめることができるだろう[290]。まず、補助参加の問題については、

---

[287] 以上について、自由民主党政務調査会法務部会商法に関する小委員会・前掲282 38頁。
[288] 以下について、株主代表訴訟制度研究会・前掲283 12〜17頁。
[289] 自由民主党法務部会商法に関する小委員会・前掲268 29〜30頁。

会社における判断の利益相反性その他の問題があることを認めながらも、参加を認める方向で論ずる有力な学説や実務上の必要性などにも鑑みて、次のように論じている。すなわち、十分に独立性を保障された監査役全員一致の判断に基づき、不当訴訟や不法不当目的訴訟など限られた場合において、会社として被告取締役への補助参加を認めていくという議論である。次に、和解の問題については、その必要性にも鑑みて、法的に和解の可能性を認めていくことには賛成の立場が表明されている。ただし、方法として株主総会の判断にそれを委ねることについては反対の意見が表明され、原則的には裁判所の関与が好ましいとしている。しかし、それが制度的に困難だとすれば、株主代表訴訟提起時の公告を要求し、これによって他の株主が訴訟に参加して和解を阻止する可能性を認めるのがよいのではないか、という提案が示されている。

このような議論を経た平成10（1998）年の骨子、および平成11（1999）年の要綱では、会社による被告取締役への補助参加についての提案は、基本的に監査役会ないし監査役全員の同意を前提として、なお大枠において継続している（たとえば、要綱第7参照）。これにあわせて、当該要綱の補助参加の問題に対してなされた株主代表訴訟制度研究会からの意見も、同様に従前からの意見を引き継いでいる[291]。これに対して、制度のありようそれ自体が問われ直された和解の問題については、提案内容からいったん脱落するに至った[292]。

(3) そして第三に、監査役制度の強化について、平成9年の骨子では、すでに第一と第二にふれた内容のほか、取締役会・監査役会の株主総会に対す

---

[290] 以下について、株主代表訴訟制度研究会・前掲278 10〜12頁、18〜20頁を参照。そのほか、補助参加の問題について、会社にその権限を創設的に認めることを批判し、また和解の問題について、株主総会にその判断を委ねることに疑問を提起するものとして、黒沼ほか・前掲280 18〜19頁参照。

[291] 株主代表訴訟制度研究会・前掲283 17〜19頁。

[292] 以上のうち、平成10年骨子について、自由民主党法務部会商法に関する小委員会・前掲281 55頁、平成11年要綱について、自由民主党政務調査会法務部会商法に関する小委員会・前掲282 39頁。

る説明責任（規定1）、取締役会の監査役会に対する説明責任（規定2）、会計監査人との契約における監査役会の関与（規定3）、任期伸長・員数増加・社外監査役の増員等を内容とする監査役の独立性強化（規定4）、取締役における忠実義務違反行為に関し、監査役会の取締役会に対する報告義務（規定5）、忠実義務違反行為ある取締役の留任に関する監査役会の同意（規定6）、そして監査役選任提案に関する監査役会の同意（規定7）といった内容があげられていた。

監査役制度に関しては、株主代表訴訟制度研究会がその主たる検討対象として扱っていなかったこともあって、平成9年の骨子の段階ではこれに対するまとまった評価が明らかにされていない。ただし、その他の商法研究者の議論をみると、以上の規定のうち、規定5や規定6については、忠実義務違反行為の有無の判断が困難であること、そしてとりわけ規定6については、監査役会の取締役再任に関する拒否権となることから、批判が大きかった[293]。他方で、監査役の独立性強化に対する規定4や監査役選任提案に関する監査役会の同意を認める規定7などには、具体的に反対提案を示しつつ、部分的に好意的な評価をするものもみられた[294]。これ以上に詳細を論ずることは避けるが、監査役制度の強化については、商法研究者のなかでも、全般的に個別に賛否が分かれる状況にあったといえよう。

これらの議論を受けた平成10年の骨子ではかなり提案内容が整理され、とりわけ忠実義務違反行為に関する提案は削除されている。すなわちその内容

---

[293] 特に規定6について、積極的に賛成する意見はないといえるだろう。江頭・前掲280 20頁、北村・前掲280 6頁、黒沼ほか・前掲280 16〜17頁等を参照。

[294] 規定4について、任期の伸長については好意的な意見を示すものもあった（黒沼ほか・前掲280 16頁）。社外監査役の社外性要件を明確化、厳格化することについても一定の評価がみられたが（北村・前掲280 5頁、黒沼ほか・前掲280 16頁）、その要件の具体的内容については、議論の分かれるところであった（江頭・前掲280 20〜21頁、北村・前掲280 5頁、黒沼ほか・前掲280 16頁）。

規定7については、監査役の独立性確保の試みとして注目すべきものとの評価もあったが（江頭・前掲280 21頁、北村・前掲280 5頁。ただしこれらの意見も、なお提案内容では独立性確保が不十分であることを指摘する）、取締役会との意見対立などを危惧する意見もあった（黒沼ほか・前掲280 17頁）。

として、代表取締役の監査役会に対する説明責任、社外監査役の要件厳格化とその増員（監査役の半数を社外監査役とする）、監査役の任期伸長・仮監査役制度・任期途中辞任時の株主総会における説明責任、そして株主総会における監査役選任議案についての監査役会の同意といった事項があげられている。この平成10年骨子の提案は平成11年要綱においてさらに整理され、以上の事項から仮監査役制度の提案が脱落するに至った（要綱第1〜第4参照）[295]。

株主代表訴訟制度研究会は、平成11年要綱に対する意見の段階では、監査役制度の改正が有効か否かについて検討対象に加えており、以上の要綱に対する意見を公表するに至った[296]。ここでは、社外監査役の増員が監査役の過半数ではなく半数とされたことに疑問を提起しているほか、監査役選任議案に対する監査役会の同意については、取締役会とのデッドロックが生じることを懸念している。それは、当該同意に関する改正提案が監査役の独立性確保には十分ではないとの考えを示すものでもあったわけである。

3-2　改正法の内容

(1)　平成9（1997）年以降、以上のように政治領域と商法研究者を含めた各界とのやりとりが続けられた。これをみると、政治領域からなされた立法提案が、商法研究者からの意見によってどのように影響を及ぼされ、あるいは及ぼされなかったかがうかがえるだろう。

そして、議論が開始されて3年半が経過した平成13（2001）年3月、連立与党である公明党からも「企業統治に関する商法等の改正案」が公表され[297]、同年5月には改正法案が国会に提出されるに至る[298]。その後、野党である民主党との調整もふまえて取締役の責任免除の上限を変更したうえで[299]、平成

---

[295]　以上のうち、平成10年骨子について、自由民主党法務部会商法に関する小委員会・前掲281 54頁、平成11年要綱について、自由民主党政務調査会法務部会商法に関する小委員会・前掲282 37〜38頁。

[296]　以下について、株主代表訴訟制度研究会・前掲283 10〜11頁。

[297]　公明党「企業統治に関する商法等の改正案（中間とりまとめ）」商事法務1589号45頁（2001）。

13年11月、法案は可決、成立することになった。

なおその後も、株主代表訴訟制度研究会は、法案に対する意見を公表するなど、精力的な活動を行っていたことをここに付言しておく[300]。

(2) かくして成立した平成13年改正（法律第149号。以下、本項の記述に限り法律番号を省略する）は、取締役の対会社責任の一部免除、株主代表訴訟における補助参加・和解、および監査役制度の強化といった内容を含んでいる。

第一に、取締役の対会社責任の一部免除に関しては、原則として取締役が善意・無重過失の場合に限って認められた。その免除額の上限は、原則として使用人部分の賃金も含め報酬の4年分、退職慰労金の4年分の相当分、そしてストック・オプションに伴う利益である（平成13年改正商法266条7項・12項）[301]。また、免除の方法としては、株主総会の特別決議によるか（平成13年改正商法266条7項以下）、定款規定を根拠として取締役会決議によることとなる（平成13年改正商法266条12項以下。なお、社外取締役に関する事前の責任制限契約について、同266条19項以下参照）。

第二に、株主代表訴訟における会社の取締役側への補助参加と和解については、従前の解釈上の問題点を立法的に解決することとした。まず、補助参加の問題については、監査役の同意を前提として、会社が取締役側に補助参加することを許容する規定を置いている（平成13年改正商法268条8項）。また、和解に関しては、株主限りでこれができること、また会社がこの和解を承認

---

[298] 自民党の太田誠一衆院議員ほか4名の議員により、平成13（2001）年5月30日、衆議院に提出された（「企業統治関係商法改正法案の国会提出」商事法務1597号4頁（2001））。
[299] 代表取締役について報酬の6年分、通常の取締役について4年分、そして社外取締役について2年分とされた。以上の調整については、民主党が修正協議に加わって、長勢甚遠衆院議員ほか3名の議員から修正案を出す形で行われた（以上について、「企業統治関係商法改正法案の修正・国会審議状況──取締役の賠償責任限度の引上げ等──」商事法務1614号4頁（2001）、「2001年商事法務ハイライト」商事法務1616号23頁（2001）を参照）。
[300] 株主代表訴訟制度研究会「株主代表訴訟および監査役制度に関する商法等改正法案に対する意見〔上〕・〔下〕」商事法務1605号36頁（2001）、1606号17頁（2001）。そのほか、岩原紳作「株主代表訴訟」ジュリスト1206号122頁以下（2001）も参照。
[301] 前掲299にもあるように、代表取締役に関してはこれが6年分となり（平成13年改正商法266条17項）、社外取締役に関しては2年分となる（平成13年改正商法266条18項）。

している場合には、取締役の責任免除に総株主の同意を求める規定が適用にならないことを明らかにしている（平成13年改正商法268条5項〜7項）。なお、この前提としては株主代表訴訟が提起された場合、株主は会社に訴訟告知を行い、その告知を受けた会社は訴訟提起があった旨の公告を行うものとして、和解に反対する株主の保護を図っているということがある（平成13年改正商法268条3項・4項）。

そして第三に、監査役制度の強化に関しては、監査役の任期を4年としたほか（平成13年改正商法273条1項）、監査役の辞任について意見を述べる権利の法定（平成13年改正商法275条ノ3ノ2）、また特例法上の大会社における社外監査役の増員（全監査役の半数）、社外性要件の強化（平成13年改正商法特例法18条1項）、監査役選任議案に対する監査役会の同意（平成13年改正商法特例法18条3項）等が規定されるに至った。

(3) 昭和年間、経済界が緊急の改正課題を抱えている場合、これがすべて法制審議会という立法チャネルを通じて実現されたことは、すでに第1編で詳細に述べられているところである[302]。しかし、昭和年間に用いられた法制審議会という立法チャネルは、ある特徴を顕著に有していた。それは、本章でみてきたところからすれば、次の3点に集約できるのではなかろうか[303]。第一には、その物的・人的資源が限られるなか、法務省・裁判所関係者、および商法研究者の意見が一定の影響力を有しているという点があげられる。それは、改正のための問題点整理や原案作成が、法務省関係者によって行われることとも関連するだろう。第二に、以上の法務省・裁判所関係者、および商法研究者の有する影響力を前提に、審議会での審議過程では、多方面の意見を集約しつつ、経済界の要望との調整を行うという側面がある点である。なおこの点については、経済界が要望を出す際には、きわめて限定的にその要望を出すことが要請されていたことを想起されたい[304]。そして第三に、その結果として立法に一定の時間を要するという点である。

---

302 第1編第2節参照。
303 そのほか、より一般的な分析として、第1編第5節の分析も比較、参照されたい。
304 この点については、第1編第5節参照。

それでも、昭和30（1955）年改正時の新株引受権の問題や昭和41（1966）年改正時の買取引受の問題のように、実務が工夫をしながら法の運用を行っている問題について、裁判所が否定的見解を出したため、改正を迫られているというのであれば改正への道筋は開ける。しかし、株主代表訴訟制度の運用というのはそのような性格の問題ではなく、これを法制審議会商法部会における改正課題とした場合、これに対する法務省・裁判所関係者、および商法研究者の反対、とりわけ後者の一部からの強い抵抗は容易に推察できるところであった。たとえば、平成5年改正以前、株主代表訴訟制度が改正課題となった際に、法務省・裁判所関係者、および商法研究者の意向・要望と経済界のそれとが鋭く対立したこと[305]。あるいは、担保提供命令や会社の被告取締役側への補助参加に関する下級審裁判例に対して、商法研究者から強い批判があったこと[306]。そして、実際問題として、自民党の骨子公表以降の商法研究者の批判の存在、等々。

　以上のような法務省・裁判所関係者、および商法研究者からの反対、抵抗が予想される状況下では、かりに法制審議会商法部会の審議にのせられたとしても、審議過程で調整を行うためにかかる時間とコストは測りしれないだろう。つまり同じ緊急の改正課題といっても、株主代表訴訟制度に関する経済界の要望というのは、昭和年間のそれとは質的に異なるのであって、法制審議会という立法チャネルでは、経済界の緊急の改正課題は実現できない可能性があったわけである。

第4節　新しい試みによる改正

　前節では、適法経営の観点から論じられるコーポレート・ガバナンス論との関係で、わが国の会社法改正とそこに働く利害関係者の力学を検討した。

---

[305] 第1編第3節参照。
[306] この点の議論については、たとえば高橋宏志ほか「〈座談会〉株主代表訴訟における担保提供をめぐって」商事法務1397号8頁以下〔岩原紳作発言〕（1995）参照。

これを受けて本節では、効率的経営の観点から論じられるそれとの関係で、前節と同様の検討を行うこととしたい。以下にみる改正は、その内容においても、そこに働く利害関係者の力学の点においても、従前のものとは異なっており、その意味で新しい試みによる改正と呼ぶことができるであろう。なお、繰り返すとおり、本節でもわが国大企業をめぐる経営組織のあり方について、その変容をふまえたうえで、各々の改正内容について検討を加えることとする。

1．わが国大企業における経営の自立性の消滅
——バブルの崩壊

バブル崩壊後、いわゆる「日本型企業システム」なるものも崩壊したといわれる。はたして、このようなシステムと評すべきものがそもそもわが国に存在したのか否かについては、経済史・経営史の研究領域でも争いのあるところであろう[307]。ただ、本章が繰り返し論じた株式相互保有の構造、あるいはメインバンクシステムの問題は、以上の「日本型企業システム」の重要な要素とされ、その意味で本章の議論は以上のシステム論に依拠してきた。そこで、当該システムの存在や厳密な定義等にかかる議論はひとまず措き、以下では、これまで本章の議論が前提としてきた以上の諸要素が、バブル崩壊後にどのような変化をたどったかをみていくこととする。

1－1　株式相互保有の構造の崩壊

1－1－1　株価の低迷

東京証券取引所の平均株価は、平成元（1989）年12月をピークとして、平成2（1990）年初頭からなだれをうったように下落する[308]。この背景には、景気過熱感が高じるなか、平成元年に入って三度にわたって行われた公定歩合

---

[307] この点については、さしあたりウィリアム・ラゾニック〔日高千景訳〕「所有と経営：戦後——三つ組の制度と日本の発展——」工藤章ほか編『現代日本企業1 企業体制（上）』55頁以下（有斐閣、2005）をあげておく。

の引上げがあった[309]。今から振り返れば、この株価下落こそバブル崩壊の序曲だったわけである。その後、平成2年後半からは地価も下落を始め、これは平成3 (1991) 年に入るとさらに顕著となる[310]。前節でもみたとおり、バブル期にはエクイティ・ファイナンスが盛んに行われたが、平成2年以降の株価の大幅な下落はこれを困難なものとし、株式相互保有の構造の進展もこれ以上はみられなかった[311]。

　バブル期に頂点を記録した株式相互保有の比率は、平成初期から次第に低下し、平成7 (1995) 年の段階で、石油ショック当時の水準まで戻ることになる[312]。このように相互保有の比率が漸減した理由として指摘されるのは、一方で、事業法人の銀行株売却であり、他方で、銀行の金融機関株売却、生命保険会社の上場会社株式売却であった。事業法人と生命保険会社を含む金融機関との株式相互保有が弱化していった理由は、景気低迷の長期化で株価も低迷し、長期的取引関係の裏付けの弱いところから徐々に株式を売却していったという点にある。

　株式相互保有の構造には、株主や市場からの圧力を緩和し、経営の自立性を確保する機能がある。そして、わが国大企業の経営者がそれを必要とする限り、相互保有が徐々に弱まっていったとしても、以上の経営の自立性が確保される範囲で、なお相互保有構造は維持されるはずである。そして、バブル崩壊後しばらくは、わが国の経済界でもそのような認識が一般的であった

308　平成元 (1989) 年12月、3万8,915円まで上がった平均株価は、平成2 (1990) 年後半には、2万2,000円前後まで下落する。この点については、橋本ほか・前掲33 225頁の表、および313頁参照。

309　公定歩合は、昭和62 (1987) 年2月に当時としては前代未聞の2.50パーセントという低金利まで引き下げられ、その後、2年余りにわたってこの低金利が続いた。そして平成元 (1989) 年5月に至り、ようやく公定歩合は3.25パーセントにまで引き上げられ、その後、同年10月、12月にもそれぞれ0.5パーセントずつ引き上げられた。その後、平成2 (1990) 年に入っても公定歩合は引き上げられ、同年3月に1パーセント、同年8月に0.75パーセントという大幅な引上げが続けられた結果、公定歩合は6.00パーセントという高金利に至ったわけである。以上について、野口・前掲199 101頁。

310　野口・前掲199 167頁以下。

311　橋本ほか・前掲33 424頁以下、ラゾニック・前掲307 63〜65頁等を参照。

312　以下については、橋本ほか・前掲33 377頁。

といえるだろう[313]。しかし、わが国の経済状況はそのような根拠のない経営の自立性を許さない状況にあり、株式相互保有構造の解消の漸次的性格は、やがて決定的に変わることになる。その一つの背景が、金融機関の経営悪化であり、そして今一つの背景は、時価会計の波の到来であった。

1－1－2　金融機関の経営悪化

不景気の長期化に伴う株価の下落は、わが国経済がマイナス成長に落ち込んだ平成9（1997）年以降深刻化する。その結果、相互保有状態にあるものも含めて、事業会社や金融機関の保有する株式には含み損を抱えたものが増えるようになった。とりわけ平成9年から平成10（1998）年にかけて、不良債権を抱えた金融機関の大型倒産が起こり、銀行をはじめとする金融機関の財務状況の改善が急務となる。その結果、金融機関の保有する株式のうち含み損を抱えたものの処理が課題となったわけである[314]。

また、次項でも述べるように、時価会計の流れがわが国にも押し寄せるなか、平成13（2001）年9月から、銀行の保有する株式は時価による評価が強制されることとなった[315]。これが実現すると、取得原価で付されている株式の含み損が明らかになるため、金融機関の経営状況の悪化が顕在化しかねない。それは、平成9年から平成10年にかけて生じた金融不安の再燃につながるという危惧を生じさせることにもなった。かくして平成13年、政府の緊急経済対策においては、銀行による株式保有を制限すると同時に、これによる

---

[313] 当初は、バブル期に必要以上にもちすぎた株式の整理として、相互保有株式の売却が進められていた（橋本ほか・前掲33 378頁）。そして、高度成長期に形成された相互保有部分まで売却が進むことはないだろうとの認識があったわけである（たとえば、このような指摘をするものとして、川北英隆「株主構成──現状と将来──」ジュリスト1050号49頁（1994））。

[314] 以上について、岩原紳作ほか「〈座談会〉経営環境の変化と企業の取締役会改革」商事法務1505号12頁以下（1998）の議論、吉川満「株式買上機構の創設に関する提言」商事法務1592号15頁（2001）以下、大和総研制度調査室「銀行の株式保有制限とリスク管理〔上〕」商事法務1609号15頁以下（2001）等を参照。

[315] 以下の事情については、吉井敦子「銀行法の改正・銀行等保有株式取得機構の創設」ジュリスト1220号46頁以下（2002）に詳しい。

株式放出が株式市場の短期的な需要と価格形成に悪影響を及ぼさないよう、公的枠組みを検討することとされた。これを受けて、金融審議会金融分科会第二部会、およびその下に設けられた「金融機能の向上に向けたワーキング・グループ」は、銀行の株式保有の制限について検討を加える[316]。そして、当該審議会からの報告を経て、平成13年11月、銀行等の株式等の保有の制限等に関する法律（以下、本項において「法」という）が制定されるに至った。

　法によれば、銀行は原則として自己資本額を超えて株式等を保有することが許されず（法3条1項）、これによって放出される株式は、民間拠出によって設立される銀行等保有株式取得機構が買い取ることを予定された（法5条以下参照）[317]。なお、株式保有制限に関する法3条は、平成14（2002）年1月4日から施行することとされ（法附則1条但書）、これまでに銀行は自らの保有する株式を市場なり、機構なりに放出することが求められたわけである（なお、機構が当該株式を買い取ることができるのは、法3条の施行日までである。法38条1項）。銀行等が市場で株式を放出した場合にはもちろんのこと、機構に放出した場合も、機構自体の存続期間は設立後10年とされ――その後の改正で平成29（2017）年3月31日まで存続するものとされた――から（法57条1項1号・19条2項1号・1項11号）、この機構保有株式は当該期間内に市場に放出されることになる[318]。その結果、銀行等の金融機関が保有する株式のうち、自らの自己資本額を超える部分は市場に放出されることになり、この範囲において、銀行と事業会社との間に構築されていた株式相互保有の構造は

---

[316] この点については、大前恵一朗「銀行の株式保有についての金融審議会報告の概要」商事法務1600号27頁以下（2001）参照。

[317] 法5条は、銀行等保有株式取得機構の設立目的として、「銀行等による株式等の保有の制限の実施に伴う銀行等によるその保有する株式の処分及びこれに伴う当該銀行等と相互にその発行する株式を保有する銀行等以外の会社による当該銀行等の株式の処分が短期間かつ大量に行われることにより、株式の価格の著しい変動を通じて信用秩序の維持に重大な支障が生ずることがないようにするため、銀行等の保有する株式の買取り等の業務を行うことにより、銀行等による株式の処分等の円滑を図る」ことを掲げている。ここにみられるように、金融機関による株式保有の制限は、事業会社との株式相互保有の構造に影響を与えることが予定されている。

[318] 存続期間より前でも、機構が買い取った株式をすべて処分した場合、機構は解散する（法57条1項1号・19条2項2号・1項11号）。

第4節　新しい試みによる改正　473

消滅することになった。

1-1-3　時価会計の波

わが国の企業会計をめぐる法的規律については、本書の別の箇所で詳しく扱われるところであるから[319]、ここでは株式相互保有構造の変化を論ずるに必要な範囲でふれることとしたい。さしあたり商法の規律する計算書類についていえば、会社の保有する資産の評価は、かつて原価主義を基調とし[320]、株式については次のような規律がなされていた。すなわち株式は、その取得価額を付すことを原則とする（昭和37年改正商法285条ノ6第1項）。取引所の相場がある株式については、時価が著しく下落し回復の見込みがないとき、時価に切り下げなければならない（昭和37年改正商法285条ノ6第2項・285条ノ2第1項但書）。そして、株式相互保有の状態にある株式は長期的保有が想定されるため、以上の規定を前提としつつ、発行会社の資産状態の悪化による市場価格の下落でもない限り、時価に切り下げる必要はないとされてきたわけである[321]。

しかし、デフレーションが現実化するなか、金融機関、事業会社を問わず、その保有する資産価値が下落していくと、帳簿に取得価格で表示されている数字は当該企業の現実の資産状況を反映するものではないとして、その信憑性を失っていくことにもなる。企業をめぐる情報について、株主、債権者、あるいは投資家に対して、より真実に近い内容を開示すべきであるとすれば、わが国経済のおかれた客観的状況で、価値の下落の激しい株式等の資産について原価主義を基調とすることは困難がある。とりわけ、金融市場に外国人投資家の参加することが常態化するという国際化が進むなかで、会計基準の国際的調和も求められ、時価主義への要請は年を追って強まっていくこととなった。

以上のような議論が進むなか、前項で述べた金融機関はもちろんのこと、

---

[319]　第4編参照。
[320]　鈴木＝竹内・前掲178 340頁。
[321]　鈴木＝竹内・前掲178 342〜343頁。

金融機関に自社の株式を売却された事業会社も、バランスシートに影響を及ぼす含み損の出た株式——とりわけ銀行株——を市場で売却するようになる[322]。もとより、時価主義を想定した会社法の改正がなされるのは、平成14（2002）年改正により先の商法285条ノ6が削除され、財産評価方法が商法施行規則に移された際である[323]。だがそれ以前から、実務では時価主義の規定が導入されるのを見越して、株式の売却を進めていた。その結果、金融機関のみならず、事業会社の側からも株式相互保有を解消する動きが強まっていったのである。

1－1－4　機関投資家・外国人投資家の存在

当初、バブル期に行き過ぎた株式保有を解消するところから始まった株式相互保有の構造のゆらぎは、株式保有の主たる担い手であった金融機関の危機とこれに対する株式保有の制限、そして時価会計の導入によって本格化し、その構造は崩壊するに至った。

この過程は、バブル崩壊時の平成2（1990）年の時点を基準とすれば、10年以上の時間をかけて進んでいった。その間、市場に放出された株式を取得した重要な主体の一つが、機関投資家、とりわけ外国人投資家であった[324]。そ

---

[322] この時期の経済界が置かれた状況について、「98年商事法務ハイライト」商事法務1513号12〜13頁（1998）のほか、岩原ほか・前掲314 12頁以下〔岩原発言〕、大和総研制度調査室・前掲314 15頁以下等を参照。

[323] 商法施行規則は、株式の評価について、その取得価額を付さなければならないとしつつ（規則32条1項）、市場価格のある株式については、時価が取得価額を著しく下回った場合に、それが取得価額まで回復すると認められる場合を除いて、時価を付さなければならないとしていた（規則32条2項・28条1項但書）。その限りにおいては、従来の商法285条ノ6と同様であるが、ただし商法施行規則は、市場価格のある株式について、以上の規定にかかわらず時価を付すことができるものとし（規則32条2項・30条3項）、金融商品に関する会計基準は、これを前提として相互保有株式の時価評価を求めているため、その結果、株式は時価評価が原則となったわけである（以上につき、江頭・前掲261 593頁参照）。

[324] この点について、ラゾニック・前掲307 63〜65頁、岩原ほか・前掲314 12頁〔須藤岳史発言〕のほか、吉川・前掲6 65頁以下、加護野忠男「企業統治と競争力」伊丹敬之ほか編『リーディングス日本の企業システム第II期第2巻企業とガバナンス』297頁以下（有斐閣、2005）等参照。

のなかには、いわゆるウォール・ストリート・ルールに従ってこれを短期的に売買する投資家もあり（いわゆる exit の選択をする）、また取得した株式を長期にわたって保有し、企業経営に対して発言する（いわゆる voice の選択をする）投資家も少なからずあった[325]。

　以上のような外国人投資家を中心とする機関投資家の株式取得が意味するところは、次の２点である。第一に、株式相互保有の構造が崩壊し、自らの発行する株式が市場に大量に流通するようになった会社においては、投資家の売買とこれに伴う株価変動に対して、自らの経営の感応度を上げる必要が生じた、ということである。つまり会社経営を行うにあたって、株主、そして市場からの影響力を無視することができなくなった、ということである。第二に、以上のような会社において、長期保有を前提に発言を行う投資家が存在する場合、これに対して説明責任を果たしうる経営をすべき必要が生じるようになった、ということである。つまり会社経営を行うにあたって、大株主たる機関投資家の影響力を無視することができないということである。今日では、かなり当り前のことに思えるような以上の理屈も、株式相互保有の構造とメインバンクの存在を前提に、高度の経営の自立性を維持していた時代からみれば、やはり新しい状況の到来を意味していた。

１－２　メインバンクシステムの崩壊

　バブル崩壊後、銀行をはじめとする金融機関の置かれた状況の厳しさは、前項の株式相互保有の崩壊に関する記述からもうかがえるところであるが、ここで改めてその状況について確認をしておくこととしよう。

１－２－１　不良債権問題

　これまでみてきたとおり、安定成長期から進展していた金融自由化の流れのなかで、大企業を中心に銀行離れが進み、メインバンクと企業との関係は

---

[325] この点について、吉川・前掲６ 65頁以下参照。なお、退出（exit）と発言（voice）の概念については、A.O.Hirschman, Exit, Voice, and Loyalty　3，21，30（1970）を参照されたい。

従前よりも緩やかになっていった[326]。そしてバブル期には、大企業が市場からの資金調達を図るなかで、この関係がさらに弱くなっていったわけである[327]。かくして大企業との結びつきを弱め、優良な顧客からの収益が見込みにくくなった銀行が、バブル期にその資金を投入した先が、第一に不動産であり、第二に中小企業であった[328]。

　とりわけ前者についていえば、バブル期の地価高騰に伴い、不動産取引が実需よりは投機的取引として行われ、そのための資金が銀行から、あるいは銀行からノンバンクを経由して、不動産業者に貸し付けられた[329]。だが、バブル期における銀行を起点とした不動産関連融資は、多くの点で問題を抱えていた。日本全体のレベルでいえば、投機的な不動産取引によって地価は極端に高騰し、バブルを発生させたし、個別の銀行のレベルでいえば、十分な担保もとらずに与信を行うなど、規律の弛緩が顕著に現れたのである[330]。そして、平成2（1990）年後半から始まった地価の下落は、この銀行の問題行動を露見させ[331]、この後、銀行をはじめとする金融機関は、バブル期の問題ある与信に端を発する深刻な不良債権問題に悩まされることになる[332]。

　バブル期以前と金融機関の置かれた状況が異なることを象徴的に表したのが、平成3（1991）年、経営不振に陥った東邦相互銀行の救済であった。高度成長期以降バブル期に至るまで、金融機関の経営危機が生じた場合、金融当局は、相対的に経営状態の良好な民間銀行等が救済し、あるいは合併することで処理してきた[333]。これは強固な規制体系を前提に、金融当局の強い指導

326　本章第2節1－3－2(2)参照。
327　本章第3節1－2－1参照。
328　野口・前掲199 125頁以下。
329　野口・前掲199 123頁以下。
330　金融自由化期以降、規律を十分になしえなくなっていた金融当局は、バブル期における銀行をはじめとする金融機関の問題行動について、やはり十分な規制に基づく監督をなしえなかった（この点については、橋本・前掲41 199頁のほか、堀内昭義『金融システムの未来――不良債権問題とビッグバン――』112頁以下（岩波書店、1998）を参照）。
331　本章第3節2－1－2(2)に述べた企業不祥事について、少なからず金融機関が関与していた事実を想起されたい。
332　この点については、堀内・前掲330 101頁以下参照。

力の下で行われてきたものである。しかし、以上の東邦相互銀行の場合、これを伊予銀行が合併するという方法をとりながらも、預金保険機構からの低利資金融資が行われている[334]。そして、その後もしばらくは金融機関の救済にあたり、預金保険機構からの支援が行われている[335]。これは、金融自由化が進展して、金融機関に生じるレントが減少するなかで、民間銀行に生ずる救済の余力が縮小したことを示している[336]。

そして、バブル崩壊後の景気低迷が長期化すると、今度は、経営状態の良好な民間銀行等による救済、あるいは合併という手法それ自体がとれなくなっていく。なぜなら、地価の下落により不良債権を抱え、また株価低迷により自らの保有する株式の含み益が消滅していくなかで、わが国のほとんどの銀行は、経営状態が悪化していったからである。たとえば、平成6（1994）年から平成7（1995）年にかけての東京協和信用組合と安全信用組合の破たん、清算にあたっては、東京共同銀行という新銀行を設立し——この銀行は、その後、整理回収銀行・整理回収機構へと展開していく——その他の金融機関はこれら信用組合に対する債権放棄等の側面支援を行うにとどまった[337]。その後の金融機関の破たんについては周知のとおりであり、平成8（1996）年の住専（住宅専門金融会社）問題を経て、平成9（1997）年の三洋証券、北海道拓殖銀行、山一証券等の破たん、そして平成10（1998）年の日本長期信用銀行、日本債券信用銀行の破たんにおいて、わが国の金融危機はピークを迎

333　バブル崩壊前の例として近いところでは、昭和61（1986）年、住友銀行による平和相互銀行の救済合併の例がある（堀内・前掲330 76頁参照）。

334　堀内・前掲204 31頁。

335　たとえば平成4（1992）年、経営破たんした東洋信用金庫の処理にあたった三和銀行に対して、あるいは平成5（1993）年、経営破たんし、清算することになった釜石信用金庫の処理にあたった岩手銀行に対して、預金保険機構からの贈与が行われている（以上、堀内・前掲204 31頁）。

336　高度成長期以降、銀行に生じていたレントについては、岡崎・前掲38 183頁以下を参照。

337　この時期の金融機関の破たん処理については、堀内・前掲330 76頁のほか、内藤純一「金融システム安定化のための諸施策の概要」商事法務1412号19頁以下（1996）、掛谷建郎「金融システムの安定化と銀行行政〔中〕」商事法務1414号16頁以下（1996）などを参照。

えることとなった[338]。

1－2－2　金融危機とメインバンクシステム

すでに第3節でも説明したとおり、メインバンクシステムの要は、いわゆる状況依存的ガバナンスにあった。つまり、企業の経営状況および財務状況が健全、好調な段階は経営に介入せず、これが悪化した場合には役員を重要な地位に派遣して監視し、さらにこれが深刻化すれば人員整理を含む強度の介入に踏み切るというものである[339]。このようなガバナンスのあり方は、石油ショック後、大企業とメインバンクとの関係が弱くなっていく時期にもなお残っており、メインバンクがその役割を効果的に果たしたことはすでに述べた[340]。だが、バブル期以後の長期的な景気低迷に伴う企業業績の悪化は、その規模において個々の金融機関の救済の余地を越えていた。何より、当該金融機関自体にすでに救済の余力が残されていなかった以上、貸出先の経営・財務状況悪化時に効果的な介入を果たすことができなかったわけである。

かくして、高度成長期以降、銀行に期待されてきたメインバンクとしての役割は、バブル崩壊以降果たせなくなり、当然のことながら、事業会社に対する金融機関からの規律は期待できない状況となった。ただし、ここで注意すべき点は、以上によって相対的に事業会社における経営の自立性が高まった、ということを意味するものではない。先の株式相互保有構造の崩壊と相まって、事業会社に対する規律が、株主なり市場なりから直接及んでくる仕

---

[338] 経営危機のなかで、短期金融市場での資金調達ができなくなった三洋証券は、平成9（1997）年11月、会社更生法の適用を申請した（その後の翌年6月、会社更生法による再建を断念し、清算作業に入る）。同様の状況に置かれた北海道拓殖銀行、山一証券も、同じく平成9年11月、それぞれ営業譲渡、自主廃業の形式により、企業としての存続を断念することになった。さらに平成10（1998）年に入ると、金融危機は本格化し、緊急措置として同年制定された金融機能の再生のための緊急措置に関する法律36条に基づき、10月に日本長期信用銀行、そして12月には日本債券信用銀行が、一時国有化の措置となる特別公的管理の下におかれ、経営破たんすることとなった。

[339] 以上につき、本章第2節1－2－2、および1－3－2参照。

[340] 本章第2節1－2－2(1)参照。

2．平成14(2002)年改正

2-1 改正の概要

2-1-1 平成期の会社法改正の流れ

　前節において検討した平成5（1993）年改正以降、わが国では会社法改正のペースが加速していく。まず、昭和49（1974）年改正後に始まった会社法の根本改正の流れ自体は、昭和56（1981）年改正における株式・機関・計算等の改正、平成2（1990）年の大小会社区分立法、そして平成6（1994）年に実現した自己株式取得規制の緩和をはさんで[341]、合併に関する平成9（1997）年改正（法律第71号）で一段落する[342]。

　以上の改正の流れとは別に、すでに前節でもふれたように、平成9年に発覚した例をみない大規模な利益供与事件[343]は、これに対する政治的対応を要求し、これは結果として二つの会社法改正に結実することとなった。一つは、利益供与罪の法定刑引上げ・利益供与要求罪の創設を行った平成9年改正（法律107号）であり[344]、今一つは、前節において検討した、取締役の責任制限・株主代表訴訟制度の合理化・監査役制度の機能強化を行った平成13（2001）年改正（法律第149号）であった[345]。

　さらに、バブル崩壊後のわが国における経済状況によって迫られた会社

---

[341] 当該改正については、第3編第2章参照。
[342] 当該改正については、第2編第1章参照。
[343] 本章第3節3-1-2(1)、および前掲267参照。
[344] 昭和56年改正で創設された利益供与罪は、その法定刑が「六月以下ノ懲役又ハ三十万円以下ノ罰金」であったが（平成9年法律第107号改正前商法497条1項）、この改正によって「三年以下ノ懲役又ハ三百万円以下ノ罰金」となった（平成9年法律第107号改正商法497条1項）。これに加えて、この改正では利益供与を要求した者についても、犯罪になる旨が規定され（平成9年法律第107号改正商法497条3項）、その処罰の範囲が広げられた。
[345] 本章第3節3参照。

の改正の流れも存在する。この点の改正は、経済界からの要求に基づいてなされるのが通常であり、そのいくつかは議員立法の形をとっていた。これを時系列で列挙すると、平成9年の株式消却特例法の制定、ストック・オプションを許容する改正（平成9年法律第56号）、平成10（1998）年の株式消却特例法改正[346]、土地再評価法の制定[347]、平成11（1999）年改正による株式交換・株式移転制度の創設、そして平成12（2000）年改正による会社分割制度の創設[348]と続く。以上の流れは平成13年以降も続き、株式制度の改正に係る平成13年改正（法律第79号）[349]、新株予約権制度の創設等に係る平成13年改正（法律第128号）[350]、そして本節が論ずる企業経営組織に係る平成14（2002）年改正も、おそらくはこの流れのなかに位置づけることが可能であろう。

2-1-2 改正の内容

さて、ここではまず本節の主たる検討対象である平成14（2002）年改正の内容を確認しておくこととしよう。当該改正の中心は、何よりもまず委員会等設置会社に関する特例の導入であった。当該制度は、商法特例法の改正によって設けられたものであるが、具体的にその採用が可能なのは、大会社であって、委員会等設置会社の特例の適用を受ける旨の定款を採用したものであった（平成14年改正商法特例法1条の2第3項1号）[351]。当該制度導入の意義は、それが選択的な制度として入っている点、これまで経済界が決して手をふれさせなかった取締役・取締役会制度に関する根本的な改革を含む点、あるいは監査役の不設置を認めている点など、さまざまにあげることが可能である。ただし、ひとまず委員会等設置会社制度の特徴を簡潔にまとめると、大

---

[346] 以上三つの改正については、第3編第2章参照。
[347] 当該改正については、第4編参照。
[348] 以上二つの改正については、第2編第1章参照。
[349] 当該改正については、第3編第1章、および第2章参照。
[350] 当該改正については、第3編第2章参照。
[351] この大会社には、資本額5億円、もしくは負債額200億円という通常の大会社のみならず、中会社であって会計監査人の監査を受ける会社（平成14年改正商法特例法2条2項・1条の2第3項2号）をも含む（これを「みなし大会社」といい、平成14年改正において認められたものである）。

別して次の3点をあげられよう[352]。

(1) 執行役・代表執行役

第一の特徴は、会社の業務執行に係る権限の多くを、新たに創設する「執行役」に委ねた点である。執行役とは、取締役会によって選任され（平成14年改正商法特例法21条の13第1項）、会社の業務執行を担当する機関である（平成14年改正商法特例法21条の12）。とりわけ、従来は取締役会の意思決定権限とされていた事項の多くについて、これが執行役に委任可能となる点が重要な改正点である（平成14年改正商法特例法21条の7第3項参照）。

また、代表執行役も取締役会によって選任される（平成14年改正商法特例法21条の15第1項）。委員会等設置会社においては、この代表執行役が代表取締役と同様の代表権や業務執行権限を有する結果（同条3項、商法78条）、取締役は業務執行ができないものとされた（平成14年改正商法特例法21条の6第2項・21条の7第2項）。

(2) 各種委員会と社外取締役の義務づけ

委員会等設置会社においては、執行役に委任可能な権限が広範であることに鑑み、制度的な経営監督機能の強化として、指名・監査・報酬の各種委員会の設置が義務づけられた（平成14年改正商法特例法21条の5）。このうち指名委員会とは、株主総会に提出する取締役の選任、解任議案の内容を決定する権限を有する委員会であり（平成14年改正商法特例法21条の8第1項）、報酬委員会とは、取締役および執行役が受ける個人別の報酬の内容を決定する委員会である（同条3項）。なお、監査委員会については次項で詳細に述べるので、ここでは説明を省略する。

各種委員会は3人以上の取締役によって構成され（平成14年改正商法特例法21

---

[352] 委員会等設置会社の特徴の最たる部分は、本文に述べた3点にまとめられるものと思われる。ただし、これに補足すべきものとして注意すべき点は、委員会等設置会社における執行役および取締役の対会社責任の一部が、従来の規定から修正されて過失責任化されていることである（修正されていないのは利益供与に基づく責任であって、これは従前と同じく無過失責任である（平成14年改正商法特例法21条の20）。また、一般的な責任原因については、任務懈怠責任の形で置かれることとなった（平成14年改正商法特例法21条の17第1項））。

条の8第4項本文)、その委員は取締役会の決議により定められる(同条5項)。ただし、当該委員の過半数は社外取締役であって、執行役でないものでなければならないとされており(同条4項但書)、この点は従前の改正における経済界の意向・要望の所在に鑑みると重要な点である。

(3) 監査役の不設置

委員会等設置会社では、監査役を設置することができない(平成14年改正商法特例法21条の5第2項)。そして、この監査役の役割に代わるのが、先に説明を省略した監査委員会である。

監査委員会とは、すべて業務執行権限なき者から構成され(執行役や支配人等は資格がない。平成14年改正商法特例法21条の8第7項)、おおむね次の権限を有する委員会である。第一に、取締役および執行役の職務の執行の監査に関する権限(同条2項1号・21条の10第1項～4項)。第二に、会社と取締役・執行役との間での訴訟における会社の代表、その他取締役・執行役の責任軽減、代表訴訟における会社への補助参加への同意等、取締役・執行役関連の会社訴訟に関する権限(平成14年改正商法特例法21条の10第6項・7項等参照)。第三に、株主総会に提出する会計監査人の選任および解任議案等の内容の決定に関する権限(平成14年改正商法特例法21条の8第2項2号)。そして第四に、計算書類の監査に関する権限(平成14年改正商法特例法21条の26第4項)である。

委員会等設置会社における監査委員会の構成員は取締役である。したがって、従前の監査役のような適法性監査と妥当性監査といった解釈上の領域問題は、制度上存しない。ただし、監査委員会の構成員は業務執行権限を有せず、そして過半数が社外の人間であって会社の常務から距離を有する。したがって、業務執行に関し妥当性を含めた監査が可能であるといっても、現実に個々の業務執行行為についてこれを行うことは不可能である。それゆえ監査委員会に期待されているのは、業務執行の適法性、妥当性の問題も含めて、会社内部においてその適正を確保するためのシステム構築がなされているか否かのチェックであり、法も、監査委員会の職務遂行に必要な事項として、取締役会をして内部統制システムに関する事項を定めるよう求めている(平成14年改正商法特例法21条の7第1項2号、商法施行規則193条)。

2-2　改正に至る経緯

　以上のとおり、平成14 (2002) 年改正の内容は、従前のわが国の株式会社に認められた経営組織のあり方を大幅に変容させるものであった。このような改正が実現した背景には、どのような事情が存在したのだろうか。以下では、バブル崩壊後、わが国大企業が実務的に行ってきた経営組織のあり方に関する工夫、そして法務省における具体的な立法への動きについてみることとする。

2-2-1　実務における経営組織のあり方に関する工夫
(1)　経済界の意識

　バブル崩壊後、未曾有の不景気が継続するなか、わが国大企業は軒並みその収益性を低下させていく。その反面で、わが国大企業の経営組織は、株主相互保有の構造が崩れていくなか、かつてのような高度の経営の自立性は確保できず、次第に機関投資家を中心とする株主、あるいは株式市場の動きに影響を受けるべき状況となっていた。

　そのようななかで、各企業は収益性を向上させるべく努力を重ねていくことになるが、その一つの動きが、経営組織の効率化であった。そもそもわが国大企業においては、取締役への昇進が古参従業員優遇の便法となっていった。しかも、社内各部門における利害代表者がこれを占めるために、いきおい取締役の人数は過大となり、せいぜい取締役会は各利害の調整機能を果たすことしかできない、と指摘されてきた[353]。しかし、このような意思決定にかかる経営組織は、収益機会を機動的に確保し、そのための意思決定や業務執行が求められる今日のわが国大企業にとって、非効率きわまりないのも事実であった。

　かくしてわが国大企業においては、過大となった取締役の数を減らし、効率的な経営組織を構築せねばならないとの意識が高まってきたわけである[354]。その実務の意識は、平成10年代に入り、具体的な経営組織改革として結実するようになる。この時期、多くの企業で進められてきた経営組織改革

は、おおむね次の二つの方向性にまとめることができるだろう。第一は、取締役の数を減らし、執行役員という地位を新たに設けるというものである。第二は、少数の取締役で構成される取締役会に、社外の人間を登用するという方向性である。そして、ここで何より重要なことは、経済界が以上の改革を各企業の運用として行ってきた、という点である。

(2) 執行役員の実務

第一の経営組織改革の例である執行役員の実務は、平成9 (1997) 年6月、ソニーがその地位を創設したのが端緒である。ソニーには、以下に述べる経営組織改革を実行する以前、38人の取締役が存在した[355]。しかし、デジタル技術がわが国の製造業に急速に浸透するなか、ソニーは経営環境や事業内容の構造改革を迫られ、企業グループとして企業経営の適切な管理メカニズムを構築する必要があった。そこでソニーが選択したのは、取締役会をグループ全体の経営方針決定と監督に特化し、その規模の適正化を図るという方針だったわけである。これは、多数の取締役の存在ゆえに取締役会が形骸化していたというわが国の特殊性に鑑みて、アメリカ大企業の経営機構を参考にしつつ[356]、わが国独自の仕組みを構築しようとする試みであった。

ところで、アメリカの大企業にみられる取締役会（board of directors）と業務執行を担当する役員（officer）との関係は、わが国における取締役会と代表取締役の関係と比較して、似て非なるものだといえる[357]。アメリカ大企業における経営組織をみた場合、日々の業務執行は役員に委ね、取締役会は

---

353 以上について、「〈スクランブル〉執行役員導入以前の問題」商事法務1503号58頁 (1998)。なお、取締役の人数の増加については、本章第2節4-2-1(2)も参照。
354 44人の取締役がいた日産自動車の社長は、これだけの取締役がいても構わないと発言していた。だが、その経営上の非効率性が市場においてきわめて低い評価を受け、その後、ルノーの資本参加を受け入れることとなった（荻野博司ほか「〈シンポジウム〉21世紀の商法とコーポレート・ガバナンス」〔荻野報告〕商事法務1539号61頁 (1999) 参照）。
355 西村茂「ソニーグループの経営機構改革——取締役会改革と執行役員制導入——」商事法務研究会編『執行役員制の実施事例』別冊商事法務214号10頁 (1998) 参照。
356 アメリカの株式市場に上場し、その製品市場も少なからず海外に存在するソニーにとって、アメリカの経営組織を参考にすることは十分ありうる選択肢だっただろう。
357 以下の説明については、武井一浩「米国型取締役会の実態と日本への導入上の問題〔I〕」商事法務1505号77頁以下 (1998) を参考としている。

大所高所的な経営判断を行うほか、業務執行者に対する指示および監督機構に特化しているのが実際である[358]。他方、業務執行を行う役員は、各企業においてその実態はまちまちだが、一般的にいえば取締役会の行った経営判断を執行に移す代理人として位置づけられる。そして、この役員の最高責任者は最高執行役員（chief executive officer；CEO）と呼ばれ、このCEOを取締役会長が兼ねるという場合等のごく一部を除いては、業務執行を行う役員は取締役の地位に立たない。このことからもわかるように、アメリカにおける取締役会とは、業務執行に関する指示・監督のための機構なのであって、業務執行とは分離されているのである。

ソニーは、以上のアメリカ企業における経営機構を参考として、次のような執行役員制度を導入した[359]。すなわち、従来、業務執行の責任を有していた取締役は、その地位から退く。そして、この者は新たに「執行役員」という地位に就任し、個々の事業運営、業務執行の役割を明確に与えられる。他方で、取締役会は、社外取締役を拡充し、経営方針決定および監督の機能をより充実する。ちなみに、ソニーが創設したこのような執行役員というのは文字どおり会社の業務執行を担う者であるが、これを法的にみた場合、代表取締役の業務執行を補助すべき使用人と解することになり、会社と執行役員との関係は雇用契約だということになる[360]。なぜならわが国の会社法は、業務執行機関として代表取締役を用意していたところ（平成17年改正前商法261条）、執行役員というのはその義務も責任も契約によって律すべき存在として創設されているからである。

ソニーによって導入された執行役員の実務は、平成9年から平成10（1998）

---

[358] その意味で、アメリカの取締役会は監督機能にかなり特化している（いわゆるモニタリング・モデル）。この点については、武井・前掲357 81頁も参照。

[359] 西村・前掲355 9頁以下参照。

[360] この点につき、澤口実「執行役員制度導入上の問題点」商事法務1494号7頁（1998）。ちなみに、当該契約関係に労働契約法理があるかどうかに関しては、その法的な契約形態によって左右されない。したがって、この契約を雇用契約と理解しようと、あるいは取締役と同様に委任契約と理解しようと、議論を行う実質は乏しい（多くの場合、代表取締役の指揮命令に従って労務に従事する平執行役員は、労働契約法理の適用を受けるだろう）。

年にかけて、瞬く間にわが国の企業に波及していった[361]。この経営組織改革が、一般に広がった理由には、アメリカと異なり取締役と執行役員との兼務が認められたことや、取締役から外れても「役員」としてモラール維持が可能であったことなど、きわめて各企業において導入しやすい側面があったからだろう。また、背景的なこととして、株主や市場との関係で説明責任を果たすうえで、従来の取締役会形骸化対策としてそのねらいが明確だったということもあろう[362]。ただし、以上の改革のねらいに必ずしも自覚的ではない会社においては、形式を追随してもそれが機能しない可能性も指摘されたところである[363]。

(3) 社外取締役の導入

次に、実務で行われた経営組織改革の第二の点、社外の人間を取締役会に導入する動きをみることとしよう。各企業レベルで執行役員制度を導入して、取締役会の機能を基本的な戦略決定や監督機能に特化するにしても、従来の取締役会が十分にその機能を果たしてきたわけではないことを考えると、その実効性を高める方策が必要となる。それが、いわゆる社外取締役の存在である。経営組織改革に先鞭をつけたソニーは、この点においても取締役会に独立性ある取締役を導入するというアメリカで発展してきた考え方を参考にしつつ[364]、当初、10人からなる取締役会に3人の社外の人間を入れている[365]。もっとも執行役員の実務とは異なり、社外の人間を取締役会に積極的に導入することは、経済界でも人材がいない等の理由をあげて躊躇する例

---

[361] 執行役員制度の当初の導入状況について、澤口・前掲360 5頁の表を参照。
[362] 以上について、澤口・前掲360 6〜7頁。
[363] 岩原ほか・前掲314 35頁〔久保利英明発言〕。
[364] 周知のとおり、1960年代から70年代にかけて、国際競争力の低下、そして相次ぐ不祥事の発生に悩んだアメリカ企業は、経営監督機能向上を図るべく、社外から取締役を迎え入れた。さらに90年代に入ってからは、取締役会による経営効率性監督の重視という考え方が強まり、より社外取締役の存在がクローズアップされていったのである。アメリカでは、取締役会の下に指名委員会、報酬委員会、そして監査委員会などが設置され、これらの委員会は少なからぬ数の社外取締役によって構成されている（委員会によっては、社外取締役が過半数を超える）。以上につき、武井・前掲357 78頁以下のほか、武井一浩「米国型取締役会の実態と日本への導入上の問題〔II〕」商事法務1506号34頁以下（1998）参照。

が多かった[366]。この実際上の理由は、とりもなおさず、経営の自立性に直接影響を与える可能性を経済界が感じていたからかもしれない。

ところで社外取締役の意義については、平成13 (2001) 年改正 (法律第149号) によりその定義が置かれるまで (平成13年法律第149号改正商法188条2項7号ノ2)、法律上何らかの明確な定義がなされていたわけではない[367]。そして、これを社内から抜擢されて取締役に就任した者以外の者と考えるならば、このような社外取締役は以前から存在していたともいえる。たとえば、なお状況依存的ガバナンスが実効性を伴った時代、メインバンクが業績の悪化した企業に送り込む取締役とて、社外取締役であることに変わりない[368]。しかし、この時期に議論として注目されるようになった社外取締役とは、このような特殊な関係に基づき、会社同士の親密性の表れとして就任している者を指すのではない。あくまでも経営監督の実効性向上のため、当該企業と利害関係をもたない者を取締役とすることに主眼が置かれたのである。

法的な議論をすれば、執行役員の場合とは異なり、社外取締役はあくまでも取締役であって、その法的地位は商法上の取締役である。したがって社外取締役の場合、商法上の取締役に関する規定がすべて適用になるが、たとえば取締役会の専属権限を定める規定をはじめ (昭和56年改正商法260条2項参照)、この当時の会社法は社外の人間が取締役になっている事態を想定していない。考えてみれば、当該規定が取締役会に決定を要求する詳細な事項につき、実際に社外の人間が決定を行うには困難が伴うのであり[369]、ソニーのように取締役会の監督機能を重視する方向性がみえるようになると、それまでの会社法の規定では対応できない事態が出てくるわけである。

---

365 岩原ほか・前掲314 30頁〔須藤岳史発言〕。なお、平成10 (1998) 年秋に行われた当該座談会における発言によれば、その後1名の社外取締役が死亡し、9人の取締役に対して2人の社外取締役という割合になっていたようである。
366 岩原ほか・前掲314 39頁以下の議論を参照。
367 平成13年改正 (法律第149号) は、前節で検討した取締役の責任制限等に関する改正である。ここでは、社外取締役に対する責任制限、ないしそのための契約を規定する関係上 (平成13年法律第149号改正商法266条18項以下参照)、定義が必要となった。
368 この点については、本章第2節1-2-2、および1-3-2参照。
369 武井・前掲357 83頁。

2－2－2　経済活動に関する民事・刑事基本法制の整備

(1)　株式相互保有の構造、あるいはメインバンクシステムにみられるように、高度成長期以降に構築されたわが国経済のさまざまなシステムは、バブル崩壊後、変容し、あるいは消滅していった。当然のことながら、このような経済構造の変化は、わが国の経済活動にまつわる民事・刑事の基本法制のあり方について、新たに見直すべきではないかという認識を生むようになった。そこで法務省は、平成12（2000）年4月1日、経済関係民刑基本法制整備推進本部を設置し、5年の間に経済活動にまつわる民事、刑事の基本法制整備に乗り出すこととした[370]。

たとえば、本書が検討の対象としている会社法制のあり方を例にとれば、立法に関係する者のなかで、以下のように認識が醸成されていたことが記されている[371]。すなわち、従前の会社法は、いわば「事前規制型」の法制であって、取引安全の保護を配慮しつつ、株主や債権者の利益を保護するための種々の規制を置くものだった。しかし、冷戦終結やIT革命といった過程を経て、世界的に熾烈な経済競争の時代を迎え、会社法もいわゆる「事後救済型」の法制に転換することが求められるようになった。それは、企業経営に対して事前に厳格な規制を課すのではなく、リスクをとり、積極的な経営判断を行うことを求め、これと同時に株主等に対しても、自らリスクを判断して、行動することが要求されるようになった、というのである。

ともあれ以上のような認識を基礎として、会社法に関しては、平成13（2001）年1月、法務大臣から法制審議会に対して会社法制の見直しを行い、商法改正法案の要綱を示すよう諮問がなされるに至る[372]。本章の検討課題であるコーポレート・ガバナンスの問題については、企業統治の実効性確保という観点から検討が進められることとなった[373]。すなわち企業の国際的競争が激化するなか、国際的に整合性のとれた制度の構築、これをふまえた株式会

370　原田晃治「会社法改正の課題と展望」商事法務1617号36頁（2002）。
371　以下の認識については、原田・前掲370 35～36頁。
372　原田・前掲370 36頁。
373　以下の点につき、原田・前掲370 36頁。

社の経営の効率化、そして業務執行の適正の確保といったことを念頭においで、会社機関のあり方、あるいは会社情報の適切な開示が検討されることとなったのである。まさにこれこそ、効率的経営の意味におけるコーポレート・ガバナンスのあり方を問う改正にほかならないだろう。

(2) ところで、以上のように会社法のあり方について、事前規制型——regulation 的発想——から、事後救済型——enabling act 的発想——への変化を認めていくという背景には、法務省・裁判所関係者、および商法研究者のもっている理論や発想に変化がみられてきたということがある。そもそも、わが国における会社法の改正作業において、法務省・裁判所関係者、および商法研究者といった立法関係者は、株主であれ、債権者であれ、経済界以外の組織化されにくい利害関係者の利益を汲み取り、代弁する形で立法に反映させてきた節がある[374]。かりに会社法のあり方を事後救済型に変じていくとした場合、以上の組織化されにくい利害関係者の利益保護のありようは大幅に変わるのであって、それには以上の立法関係者の発想それ自体が変わることが必要なはずである。

この点について、もとよりここで厳密な実証を試みることは困難であるが、思いつくままにあげるだけでも、次のような点がその発想の変化を呼んだといえるかもしれない。第一に、わが国の不景気が未曾有の規模のものであり、これに伴う経済・社会構造の変化は、立法関係者の発想の変化を呼んだ[375]。第二に、バブル期前後までの立法関係者とは、世代交代が進み、伝統的な発想法にとらわれなくなった[376]。そして第二の点と関連するが、第三に、1980年代から90年代にかけてアメリカで進展した法の経済分析の手法な

---

[374] この点に関しては、第１編も参照されたい。

[375] これまでみてきたところからもわかるように、裁判所関係者などは、伝統的に株主・債権者保護のための事前規制型の発想が強かったが、この時期には変化がみられるようになったことが指摘されている（岩原紳作「新会社法の意義と問題点 Ⅰ 総論」商事法務1775号９頁（注１）（2006）参照）。

[376] 昭和37年改正から平成２年改正まで、法制審議会商法部会の部会長は鈴木竹雄が務めていたのに対して、平成５年改正から平成14年改正までは前田庸がこれを務めていた点も、以上の点を象徴するものかもしれない。なお、この点については、本書・資料編「第４部　法制審議会商法（会社法）部会委員・幹事名簿」等も参照。

どがわが国にも理論面で浸透するなか、立法にあたって、効率性の追求を基礎とした機能的発想が優位になりつつあった[377]。

(3) この会社法改正にかかわる立法関係者の役割については、さらに付言しておくべきことがある。それは第一に、立法作業に携わる者の絶対数が増員されていることであり、そして第二に、その出身母体が多様になっていることである[378]。担当者の増員であれ、あるいはそのための人材を外部から連れてくるのであれ、何らかの予算措置が必要となるから、それが可能になったということは、経済関係の基本法に関する立法作業が、この当時の喫緊の政治的課題となっていたことがわかる。

第一の立法担当者の増員については、実際の法案作成作業にあたる法務省民事局参事官室の会社法担当者が増員されていることがあげられる[379]。従前、同室の商法担当者は、判事出身の参事官1名、その下に判事もしくは検事出身の局付検事が2～3名という、総勢3～4名程度の体制であった。これに対して本改正にあたっては、判事出身の参事官1名、判事もしくは検事出身の局付検事がそれぞれ2名、経済産業省出身の局付1名、商法研究者出身の局付1名、そして弁護士出身の局付1名という、総勢8名の態勢となっている。

さらに重要なのは、第二の出身母体である[380]。すでに第一のところでみたように、法務省民事局参事官室の会社法担当者すら、その出身母体の多様化がみられる。法制審議会の構成もきわめて多様であり、その委員・幹事には、官庁・裁判所関係者、商法研究者のほか、弁護士会代表、経済界代表、中小企業団体代表、公認会計士協会代表、税理士会代表等が含まれるところ、このなかで、従前からの発想を比較的保持していたのは商法研究者や一部の弁護士にとどまり、その影響力が低下したということがある。つまりその分だけ、経済界等の政治的影響力が高まっていたということがあるわけである。

---

377 この点について、岩原・前掲375 5頁参照。
378 以下につき、岩原・前掲375 8頁のほか、第1編を参照。
379 以下の点について、岩原・前掲375 8頁。
380 以下の点について、岩原・前掲375 8頁。

2－2－3　中間試案と意見照会

　会社法制の見直しに関して諮問を受けた法制審議会は、会社法部会において検討を行い、平成13（2001）年4月、商法等の一部を改正する法律案要綱中間試案（以下、「中間試案」という）を公表する[381]。この中間試案中「会社の機関関係」の節においては、会社の経営組織にまつわる提案も数多くなされており、本節で特に取りあげるべきは、経営委員会制度（中間試案第十四）、商法特例法上の大会社における社外取締役の選任義務（中間試案第十五）、あるいは商法特例法上の大会社における各種委員会制度および執行役制度の導入（中間試案第十九）といった事項であろう[382]。

　(1)　まず、経営委員会制度については、一見、昭和56（1981）年改正当時の提案が復活したような趣もある[383]。しかし、当時とは議論の前提が異なることにも注意する必要があろう。ここでは、昭和56年改正で設けられた取締役会の法定意思決定事項（昭和56年改正商法260条2項）について検討を加えておくことが重要である。当該規定は、取締役会の意思決定を経るべき取引として、「重要ナル財産ノ処分及譲受」（1号）、あるいは「多額ノ借財」（2号）をあげている。しかしこれらは、「重要」、「多額」といった相対的な概念を用いていることから、実務的にはいかなる範囲で取締役会の意思決定を経るべきかについて苦慮してきた[384]。平成6（1994）年、1号について最高裁の判断が示されたものの[385]、なおその範囲が明確になったとはいえない面があった

---

[381]　法務省民事局参事官室「商法等の一部を改正する法律案要綱中間試案（平成13年4月18日）」商事法務1593号28頁（2001）参照。

[382]　会社の機関関係では、そのほかに、株主提案権の行使期限の繰上げ等（中間試案第九）、株主総会等の特別決議の定足数の緩和（中間試案第十）、子会社の株式の譲渡等（中間試案第十一）、株主総会招集手続の簡素化等（中間試案第十二）、取締役の報酬規制（中間試案第十三）、商法特例法上の大会社以外の株式会社における会計監査人による監査（中間試案第十六）、会計監査人の会社に対する責任についての株主代表訴訟（中間試案第十七）、そして商法特例法上の大会社の利益処分案等の確定等（中間試案第十八）が改正課題として掲げられている。以上について、法務省民事局参事官室・前掲381 37～40頁。

[383]　本章第2節4－2－1参照。

[384]　改正当時の議論として、元木伸＝稲葉威雄ほか「取締役および取締役会に関する問題点」商事法務918号26頁（1981）、成毛文之「取締役会規則の改正をめぐる問題点」商事法務948号57頁以下（1982）等を参照。

のも事実であった。ここで提案された経営委員会制度は、とりもなおさず機動的にこの意思決定をなさしめる手段として想定されていたように思われる[386]。そうであるとすれば、経営委員会の組織構造等は昭和56年改正段階での議論と似ているものの、その果たすべき機能は、昭和56年改正によって生じた実務上の問題点解決にこそ向けられたものであったといえよう。

次に、社外取締役制度に関していえば、これが提案された前提として取締役会に対する代表取締役の支配が問題としてあげられ、当該問題への対応としてその義務づけが提案されている[387]。その意味で、この提案は、昭和56年改正当時ときわめて似通った問題意識の下でなされている提案だといえそうである。

各種委員会制度と執行役制度の導入については、従前の改正論議にはない、本改正においてはじめてみられる提案である。これは、取締役の監督機能強化という観点から提案理由が説明され[388]、執行役への大幅な権限委譲（中間試案第十九・二・2）、社外取締役を中心とした各種委員会の設置（中間試案第十九・二・1）、そして監査役の不設置（中間試案第十九・一・2）という内容を含むものである。しかも、これは各会社の任意の判断で、現行の制度と選択的に採用ができるものとされており（中間試案第十九・一・1）、その意味においてきわめて画期的な提案であった。

(2) この中間試案は、関係機関、団体等に個別の意見照会にかけられた[389]。

---

[385] 最判平成6年1月20日民集48巻1号1頁。
[386] もっとも中間試案の段階では、いかなる事項を経営委員会の決議事項とすべきかについてはなお検討事項とされていたから（中間試案第十四注3）、どこまで商法260条2項の問題を意識していたか、表面上はわからない。だが、経営委員会制度に関するその後の議論の展開、そしてこれが重要財産委員会制度（平成14年改正商法特例法1条の3以下）になったという経緯からは、これが以上の条文を念頭に置いていたことがうかがえる。
[387] 法務省民事局参事官室「商法等の一部を改正する法律案要綱中間試案の解説」商事法務1593号5頁（2001）参照。
[388] 法務省民事局参事官室・前掲387 第十七・一参照
[389] 中間試案に対する意見の内容については、原田晃治ほか「会社法制の大幅な見直しに関する各界意見の分析〔上〕・〔下〕」商事法務1604号4頁以下・1605号14頁以下（2001）参照。

順次、その内容をまとめると、経営委員会については、経済界は賛成、他方で商法研究者は反対という結果となっている[390]。経済界が賛成するのは、これが選択的制度とされていることのほか、以上のとおり商法260条2項への対応が必要とされていることからすれば理解のしやすいところである。

次いで、商法特例法上の大会社に対する社外取締役の義務づけについては、商法研究者や弁護士関係からは賛成、これに対して経済界は反対という態度が明確に出ている。実務的な経営組織改革において、なお経済界が社外取締役の導入に慎重であることはすでにふれたとおりであるが、当該問題は各会社の自治の問題に委ねたいという経済界の意向が表れているといえよう[391]。

このことは、各種委員会制度および執行役制度の導入に関する経済界の意見をみるとより明らかになる。なぜなら、これら制度は社外取締役を置くことが前提となる制度でありながらも、基本的に経済界は賛成の態度を表明しているからである[392]。細かいところをみれば各種委員会の一体導入などには否定的であるにせよ、制度導入に賛成したというのは、とりもなおさずそれが「任意選択」に委ねられているからであろう。経済界は、経営の自立性確保を旨とし、経営組織のあり方は各会社の自治に委ねられるべきだとのスタンスを、ここでも強力に打ち出しているわけである。なお、各種委員会制度および執行役制度の導入に対しては、その他の関係機関、団体の多くも賛成意見を表明している点を付言しておく[393]。

2-2-4 改正法の成立

(1) 中間試案に対する関係機関、団体等への意見照会を経て、平成14(2002)年2月、法制審議会は商法改正のための要綱を決定する[394]。要綱において

---

[390] 原田ほか・〔上〕前掲389 1604号26頁。
[391] 原田ほか・〔下〕前掲389 1605号14頁。
[392] 原田ほか・〔下〕前掲389 1605号20～22頁。
[393] 原田ほか・〔下〕前掲389 1605号20頁。
[394] 法制審議会総会「商法等の一部を改正する法律案要綱(平成14年2月13日)」商事法務1621号22頁以下(2002)。

は、おおむね以上の意見照会の結果をふまえて、次のような内容とされていた。

　まず、選択的制度として経済界から支持を得た経営委員会制度は、重要財産委員会（仮称）制度という名に変更されつつ（要綱第九）、その内容が維持されている。また、同じく選択的制度として広く賛成を得た各種委員会制度および執行役制度の導入は、委員会等設置会社（要綱第十一）に関する特例として、やはり中間試案からの連続性を維持している。他方、経済界が反対した商法特例法上の大会社に対する社外取締役の義務づけに関しては、要綱の段階で脱落するに至った。

　この要綱は、その後直ちに法案化されて同年3月に国会提出され、同年5月に成立、公布の運びとなった[395]。これにより、わが国の商法制定以来、初めて選択的な会社機関の制度が導入されたのである。

　(2)　かくして成立した平成14年改正は、会社機関に関する規定の改正として内容が画期的であったのももちろんのこと、従前とは異なる利害関係者の力学のなかで成立したものであったと評することができるだろう。法制審議会において審議される改正課題について、それが取締役・取締役会制度の改正に関わる場合には、改正を行おうとする法務省・裁判所関係者、および商法研究者の意向・要望と、経済界のそれとが鋭く対立するのが、それまでの改正作業における常であった。しかしこの改正において、そのような従前と同様の対立が生じたのはごく一部の提案に限られたわけである。

　その理由はさまざまにあげられようが、ここでは利害関係者をめぐる次の事情を指摘しておきたい。第一に、最大の利害関係者たる経済界にとって、経営の自立性確保がかつてのような至上の要請ではなくなっているということである。それは、株式相互保有の構造もメインバンクシステムも失われた現実を前提に、経済界が経営組織のありようを考えなければならなくなっているということでもある。執行役員制度であれ、あるいは一部にみられる社外取締役の導入であれ、経済界が自主的に経営組織の改革を行っていたとい

---

[395] 法案化から成立までの経緯については、商事法務1630号86頁（2002）参照。

う事実は、ここに由来するものと考えることができるだろう。

　第二に、もう一つの利害関係者である法務省・裁判所関係者、および商法研究者における意向・要望も、従前のように必ずしも一様なものとして理解することができなくなったということである。それは、わが国の経済構造が変化するなかで、立法作業に携わる法務省関係者それ自体が多様化した事実——法務省の立法担当者が裁判所出身者を中心に構成されていない——もあろう。あるいは、法の経済分析に典型的にみられるように商法理論が深化するなかで、商法研究者を含めた立法関係者の依って立つ理論も多様化したということもあろう。いずれにしても、法務省・裁判所関係者、および商法研究者の意向・要望のなかにも、経済界のそれと少なからず一致するものがあった。それは、中間試案の段階から選択的な機関構造を認めるといった点からもわかるように、すでに改正課題の設定の段階から顕著に表れていたわけである。

　かくして、法務省・裁判所関係者、および商法研究者を中心に、取締役・取締役会制度の改正に向けた提案が出され、これに反対する経済界の存在によって監査役制度の改正にこれが変化するといった状況は、平成14年改正において非常に弱い特徴として表れているにすぎない。そこには、取締役・取締役会制度の改正を回避することで経済界の要望を「伏在」させ、そのために監査役制度の改正を「道具」化するといったことはみられないのである。

3．補論：平成17(2005)年会社法

3－1　会社法制定の背景

3－1－1　制度間調整の必要

　平成14（2002）年改正の実現が近づいた同年2月、法務大臣から法制審議会に対して、会社法制の現代化に関する諮問が出された。その背景としては、第一に、片仮名文語体の法文について、わかりやすい平仮名文語体に改めること、第二に、会社を規律する法制が商法、商法特例法、および有限会

社法に分散している状況について、これをわかりやすい形で整理すること、そして第三に、短期間に積み重ねられた会社法制の改正について、全体的な整合性を図り、体系的にその全面的な見直しを行うこと、といったことがあげられている[396]。

以上の背景のうち、第一および第二の点は会社法制の体系全体にかかわる点であるからひとまず措くと、ここで問題とすべきは第三の点である。すでに詳しくみたように、平成14年改正では委員会等設置会社の制度が導入され、わが国大企業に会社機関構成に関する選択の余地が認められることとなった。そして、従来型の株式会社形態にとどまるか、あるいは委員会等設置会社の形態を採用するかは、各会社の事情に応じて「任意」に委ねられた。しかし、委員会等設置会社には、従来型の株式会社には認められていないいくつかの特徴があったのも事実である。そのうち本稿との関係で特に重要な三点をあげると、委員会等設置会社においては、第一に、内部統制システムの構築義務が規定された点（平成14年改正商法特例法21条の7第1項2号、商法施行規則193条）、および第二に、利益処分案の決定権限が取締役会に認められた点（平成14年改正商法特例法21条の31第1項参照）があげられよう[397]。

従来型の株式会社と委員会等設置会社の間に存するこれらの差異が、経営組織構造の違いから当然に導かれるものであって、その選択に対して中立的であれば、特に問題とされる必要もない。しかし、そうではないとしたら、選択的な制度とて各企業の「任意」に委ねられたとはいえないのであり、制度間での差異は調整の必要が生じることになる[398]。実際のところ、経済界は委員会等設置会社に認められた以上の特徴のうち、利益処分案に関する取締役会の決定権限などは、従来型の株式会社に対しても認めるよう主張してい

---

[396] 相澤哲＝郡谷大輔「会社法制の現代化に伴う実質改正の概要と基本的な考え方」相澤哲編著『立案担当者による新・会社法の解説』別冊商事法務295号1～2頁（2006）。

[397] そのほか、取締役・取締役の会社に対する責任が一部過失責任化されている（平成14年改正商法特例法21条の18第1項・21条の21第1項。なお、違法配当に関する規定は業務執行権限のない取締役に対しては適用がない）。

[398] 会社の機関設計と個々の取締役が責任を負うべき場合とが合理的な関連性を有しないことを指摘するものとして、相澤＝郡谷・前掲396 10頁（注10）。

たが、それは以上のような観点から唱えられたものであった[399]。

3－1－2　制定に至る経緯

会社法制の現代化について諮問を受けた法制審議会は、その調査審議を行うための会社法（現代化関係）部会を設け、平成15（2003）年10月、「会社法制の現代化に関する要綱試案」を公表した[400]。これは、関係各界からの意見を募るためのものであるが、本節との関係では、委員会等設置会社と監査役設置会社との間で規定の調整を図るという点が重要である。

たとえば利益処分案の決定権限について、委員会等設置会社と監査役設置会社との間で差異が生じていたところ、要綱試案ではこれを制度間調整をする方向性を示していた（要綱試案第4部・第5・4・(1)）。そもそも委員会等設置会社において、利益処分案について株主総会の承認を要しないとされている前提には、会計監査人と監査委員会による適正な監査の存在があるが、裏返せばこれらの存在をもって足りるものである（平成14年改正商法特例法21条の31第1項参照）。そして、このような監査のあり方は、監査役設置会社における会計監査人と監査役による適正な監査との間で優劣を論じうるものではないとの考えから、要綱試案では以上のような制度間調整を提案するに至っている[401]。そして、この要綱試案は、関係機関、団体に対する意見照会にかけられた。利益処分案の決定権限の点については、ごく一部の商法研究者を除いて賛成意見が多数を占めた[402]。

以上の結果をふまえて、平成16（2004）年12月、法制審議会会社法（現代化関係）部会では、「会社法制の現代化に関する要綱案」を決定、公表するに至る[403]。利益処分案の決定権限等の制度間調整に関しては、要綱試案の内容が

---

[399] たとえば、遠藤博志「経済界からみた経済法制整備の課題」商事法務1685号86頁（2004）。

[400] 法制審議会会社法（現代化関係）部会「会社法制の現代化に関する要綱試案（平成15年10月22日）」商事法務1678号4頁（2003）以下。

[401] この点に関して、法務省民事局参事官室「会社法制の現代化に関する要綱試案補足説明」第4部・第5・4（商事法務1678号（2003））。

[402] 相澤哲ほか「『会社法制の現代化に関する要綱試案』に関する各界意見の分析〔Ⅳ〕」商事法務1692号46頁以下（2004）。

維持されたほか（前者につき、要綱案第2部・第3・3・(8)、後者につき、要綱案第2部・第6・4・(3)）、要綱案の段階では、新たに内部統制システムの構築義務について、やはり制度間調整の観点から新たに提案がなされている（要綱案第2部・第3・3・(5)）。この要綱案をふまえて作成された会社法案は、平成17（2005）年3月に国会に提出され、同年6月、法律として成立する。

3−2　会社法の規定内容

3−2−1　制度間調整にかかる規定

以上にみてきた制度間調整の観点からなされた改正についていえば、従来型の株式会社である監査役設置会社と会社法において名前を改められた委員会設置会社との間での差異は、消滅することとなった。

第一に、監査役設置会社でも、大会社には内部統制システム構築に関する義務が課せられる（会社法362条5項・4項6号。委員会設置会社につき、会社法416条2項・1項1号ホ）。そして第二に、会計監査人設置会社であれば、監査役設置会社か委員会設置会社かを問わず、剰余金配当を取締役会で定めることが可能となっている（会社法459条）。

3−2−2　その他の規定

新しく制定された会社法では、株式会社の機関設計の選択肢が大幅に拡大されている（会社法326条）。これは、従前の有限会社の規律を株式会社法のなかに取り込んだことや、小規模な会社には強い規制を及ぼさないという発想などに由来しており[404]、こと本章が検討対象としている大規模な会社についていえば、この点での変更点はほとんどない（会社法327条参照）。

また、ほとんど利用例がみられなかった重要財産委員会制度については[405]、特別取締役制度というより利用のしやすい形に改正されている（会社

---

[403]　法制審議会会社法（現代化関係）部会「会社法制の現代化に関する要綱案（平成16年12月8日）」商事法務1717号10頁以下（2004）。

[404]　相澤哲＝石井裕介「株主総会以外の機関」別冊商事法務・前掲396 90頁。

法373条)。すなわち特別取締役制度とは、取締役6人以上、かつ社外取締役1人以上の取締役会設置会社において、取締役会があらかじめ選定した3人以上の特別取締役の過半数をもって、取締役会の一定の法定決議事項について決定することができる旨の制度である。

第5節　分析と考察

　本章では、わが国の株式会社における業務執行、およびその監督に関する会社法規定について、初期条件を設定した昭和25（1950）年改正を起点として、その変遷をたどってきた。まず、前史として昭和49（1974）年改正から昭和56（1981）年改正を概観し、そして会社における適法経営確保に向けられた平成5（1993）年改正、および効率的経営の確保に向けられた平成14（2002）年改正までをみてきたわけである。加えて、平成5年改正の延長線上にある平成13（2001）年改正（法律第149号）、そして平成14年改正の延長線上にある平成17（2005）年会社法の制定についても、適宜、ふれてきた。

　最終節にあたる本節は、コーポレート・ガバナンスをめぐる以上の法改正につき、そこから把握できる利害関係者の力学に関して、一定の分析を加え、また評価を行うことが目的となる。この分析で着目すべき鍵は、これまでの叙述からすると、二つである。第一に、利害関係者の対立構造であり、第二に、その背景にある経営の自立性に関する問題である。以下、それぞれについて検討することとしよう。

405　当初の利用例は、本田技研工業の1例にとどまったことが報告されている（商事法務編集部「主な『委員会等設置会社』移行会社一覧」商事法務1669号33頁（2003））。

1．利害関係者の対立構造

1－1　アメリカ合衆国政府

　コーポレート・ガバナンスに係る会社法改正の利害関係者として、最初にアメリカ合衆国政府の存在をあげるのが適切かどうかは微妙なところである。ただ、これを最初にあげる理由は、二つある。第一に、昭和25（1950）年改正におけるGHQであれ、平成5（1993）年改正における日米構造問題協議であれ、これらがその後のわが国における会社法改正の前提を設定している面があるからである。そして第二に、第一の点と関連して、以上の存在がわが国内部における利害関係者間の対立構造を表面上消滅させている面があるからである。

1－1－1　GHQ

　本章が、初期条件として設定した昭和25（1950）年改正において、GHQの存在が絶対的であったことは改めて述べるまでもない。ただし、本稿の検討対象である会社の業務執行、およびその監督に関する問題について、GHQがわが国の立法担当者に与えた影響は、あくまでも間接的なものである。

　第2節でもみたとおり、取締役会制度の導入はもちろんのこと、監査役制度の改正についても——前者がアメリカ法に由来する制度であるにもかかわらず——、これらはGHQ側の強い意向や要望に従ってなされた改正ではない。これらは、あくまでも日本側のイニシアティヴによって実現したものである。取締役会制度導入の表向きの理由は、資金調達手段の柔軟化に伴う取締役の権限拡大に対して、当該権限を適正に行使できるよう、会議体によるコントロールを制度的に組み込んだ、というものである。また、監査役制度の改正は、業務監督権限ある取締役会制度との関係、および株主保護の観点から、その権限を会計事項に限定しつつ残された、というものである。

　消極的な改正理由しか与えられていない監査役制度はともかく、取締役会

制度の導入が実務上どうしても必要だったかといえばそうではない。そこに存在した改正への動因は、GHQ の絶対的な圧力のなかで改正作業を強いられた当時の立法担当者——主として法務庁（法務府）・裁判所関係者や商法研究者——における、GHQ の機先を制したいという意向・要望であった。だからこそ、法務庁（法務府）・裁判所関係者、および商法研究者は「頭で考えて」実務の便宜を慮った資金調達制度の柔軟化を行い、これに伴って取締役会制度の導入を実現したのである。そして経済界の側からすれば、資金調達手段が柔軟化されることそれ自体は反対する理由はどこにもないし、会議体組織を設けることは従来から実務であったことだから、抵抗も少なかったであろう。

当時の立法関係者において、商法改正に際して、アメリカから横文字の法文を突き付けられて、これを翻訳して縦の法文に直すという作業を行うことへの抵抗感があったことは、今日でも知られるとおりである。そして取締役会制度の導入も、可能な限り日本側で制度の研究、検討をしたうえで改正を行いたいという、GHQ からの要望とは独立した課題として設定されたものであったのである。

1－1－2　日米構造問題協議

わが国の会社法改正の作業において、今一度、アメリカ合衆国政府の存在が強い影響力を発揮したのは、平成 5 (1993) 年改正の契機となった日米構造問題協議である。もっとも第二次世界大戦後の占領下とは異なり、この段階におけるアメリカ合衆国政府というのは GHQ のような絶対性を有してはいない。しかし、日米構造問題協議においてアメリカが取りあげた提案は、その背景に通商法上の措置を伴いつつ、わが国における高度の政治的課題となさしめた。この点について、監査役制度改正の問題からみることとしたい。

昭和57 (1982) 年以来、大小会社区分立法の改正課題として取りあげられた監査役制度の改正は、複雑な経緯をたどった。大小会社区分立法に関する議論においては、監査役会制度の導入にかかる改正課題が存在したが、経済

界は当該改正についても強く反対し、平成元（1989）年の段階ですでにこれは見送り事項とされていた。いったん改正課題から外れたにもかかわらず、平成5年改正において監査役会制度の導入も含めた監査役制度の改正が実現したことについては、日米構造問題協議におけるアメリカからの要望が影響していたというべきだろう。アメリカ側は、当該協議において社外取締役の義務づけについて問題提起を行う。経営の自立性を確保したい経済界としては、これが直接に政治的課題となって、取締役・取締役会制度の改正に踏み込まれることを回避すべく、積極的に監査役制度の改正に動かざるをえなかった。つまりここには、アメリカからの要望に対して高度の政治的課題として応える必要があり、他方で取締役・取締役会制度改革の回避の必要があり、以上二つの考慮の下で、監査役制度の改正が用いられることとなったわけである。

1－1－3　利害関係者の対立構造に与える影響

　以上、アメリカ合衆国政府の存在について、昭和25（1950）年改正における例と平成5（1993）年改正における例をみたが、興味深いのは、それが国内における利害関係者の対立構造に与える影響である。実は、この対外的な圧力に対抗する関係上、国内における利害関係者の対立構造は消滅し、それはアメリカ合衆国政府がGHQのような絶対的な存在で現れた場合、日米構造問題協議のように一応は対等な関係として現れた場合を問わなかったのである。

　(1)　昭和25年改正におけるGHQとの関係では、こと取締役会制度の導入にみられるように、法務庁（法務府）・裁判所関係者や商法研究者を中心とした立法関係者の間に、GHQの機先を制したいという意向・要望が存在していた。これは、絶対的な存在であるGHQが、わが国の事情と無関係に立法を行おうとすることへの強い抵抗感の表れでもあったわけである。むろん、この意向・要望に基づく改正課題は、当時のわが国がおかれた状況もあってアメリカ法研究の結果に由来しており、以上の立法関係者における「頭で考えた」ものにすぎない面があった。だが、こと取締役会導入に関する点につい

ていえば、経済界もそのような改正課題について否定的な意見を出すことはなかったのである。

その背景としては、もとより経済界にとってその課題が受入れ可能なものであったということが大きかろう。そして、GHQと対抗しつつ折衝を重ねた法務庁（法務府）・裁判所関係者や商法研究者の意向・要望について、経済界としても支持するという方向性をみせていたと理解することもできよう。

(2) アメリカとの協議の関係で、国内の意見対立が表面上消滅する──とりわけ経済界の意向・要望が退く──という意味では、平成5年改正も似たような位置づけが可能である。監査役会制度の導入にみられるように、当時の改正課題は、元来、法務省・裁判所関係者や商法研究者の積極意見と、経済界の消極意見とが対立する構造にあったわけである。そして、このような対立構造が生じている場合、従前の昭和49 (1974) 年改正や昭和56 (1981) 年改正の例であれば、改正が実現せずに終わることになったであろう。

しかし、日米構造問題協議に関するアメリカ合衆国政府の要望は、以上のような利害関係者の力学に明らかに影響を及ぼすこととなった。それは、上場会社に対する社外取締役の義務づけを求める要望は、それを受け入れられない日本側において、代替の検討を行うことを高度の政治的課題となさしめた、ということである。かくして、いったん見送りとなった監査役会制度の導入とあわせて、監査役制度の改正が審議の対象となったのである。

とりわけ、このアメリカから社外取締役の義務づけを求められた際のわが国の対応は面白い。そもそも社外取締役制度の導入は、従前からわが国でも繰り返し改正課題としてきたものである。その意味では一定の利害関係者──法務省・裁判所関係者や商法研究者──にとっては「渡りに舟」とみる向きもあったかもしれない。しかし日本政府としては、これが実現不可能であるとして断り、代わりに監査役制度の改正に向けた検討に入ったわけである。つまりこの日本政府の対応は、従前の経済界の意向・要望に寄り添っていたわけである。他方で、監査役制度の改正に向けた検討に入るとされた後は、従前、消極意見を提示していた経済界が積極的な検討に入る。もとよりこの背景には、企業不祥事対応のなかで、経済界が積極的に進めざるをえな

かったという面がある。だがここで経済界は、わが国の高度の政治的課題に対して協力姿勢をみせたことは間違いない。かくしてここに、国内の利害関係者の対立構造は消滅することになったわけである。

(3) もっともアメリカ合衆国政府の存在が、国内における利害関係者の意見対立を消滅させる作用を担うにしても、そもそもアメリカ合衆国政府がわが国の会社法改正における利害関係者として現れることの意味は問題となる。つまり、なぜアメリカがわが国の会社法改正に口を出してくるのかが問題だということである。昭和25年改正については、第二次世界大戦後の特殊事情で語ることが可能であろうが、そのような事情の存在しない平成5年改正についてはどう説明すべきだろうか。この点は、2-2において改めて検討をすることとしたい。

そのほかにも注意すべきこととして、以上のような利害関係者における対立構造の消滅というのは、あくまでも一時的な作用にすぎなかったということがある。しかも、その消滅例のいずれもが、経済界の意向・要望が積極的に表明されない、あるいは背景に退くことによって、その対立が解消されている。かくして、当該制度を運用して、現実に企業活動を行うべき経済界は、ほどなく自らの意向・要望を実現する必要に迫られることになる。そして、ここにこそ昭和25年改正、および平成5年改正後の改正にみられる利害関係者の利害対立構造の根があるわけである。次項では、この点についてみていくこととしよう。

1-2 経済界

前項では、アメリカ合衆国政府の存在を念頭に置きながら、初期条件である昭和25 (1950) 年改正、および平成5 (1993) 年の改正において、これとわが国との間で働いた力学を分析してきた。ここからは以上の点を所与として、国内の利害関係者間の力学を検討することとする。以下では、昭和25年改正を前提とした議論と平成5年改正を前提とした議論に分けるのがさしあたり便宜である。そして、会社法改正にあたって最も重要な利害関係者である経済界と、これと対立する構造にあった利害関係者——法務省・裁判所関

係者、および商法研究者——との関係をそれぞれみていくこととしたい。

1－2－1　要望の伏在——法制審議会チャネル

　昭和25 (1950) 年改正以降、会社法の改正を検討する場として存在したのは、法制審議会商法部会であった。まず最初に、この立法チャネルにおける利害関係者の力学をみていくこととする。

　(1)　GHQ の機先を制するというところから出発し、制度化された取締役会制度というのは、あくまでも法務庁（法務府）・裁判所関係者、および商法研究者が「頭で考えて」導入したものであった。たしかに、戦前から経済界には重役会組織を設ける例があったのも事実である。だが、昭和25年改正で導入された取締役会制度というのは、非常勤取締役（社外重役）が入ることで監督機能を果たすことが想定されたもので、戦後のわが国大企業における経営組織とは明らかに前提が異なっていたといえよう。

　ともあれ経済界としては、昭和25年改正に基づく会社法の規定を所与として、日々企業活動を進めていかなければならない。一般論としていえば、GHQ からの強い意向・要望に従った制度であれ、日本側のイニシアティヴで GHQ の機先を制するために導入された制度であれ、昭和25年改正に対する経済界の態度は次のようなものであったと考えられる。

　第一に、日々の企業活動を行っていくなかで、昭和25年改正に基づく規定との摩擦が生じ、しかもそれを運用によって解決できない場合には、緊急要望として改正を求めていく。昭和30 (1955) 年改正における新株引受権制度の改正、昭和37 (1962) 年改正における計算制度の改正、そして昭和41 (1966) 年改正の買取引受の扱いにまつわる改正などは、このような例として理解することが可能であろう。あるいは、昭和49 (1974) 年改正における重複監査問題の解消も、この点に限定するならばこちらに含めることは可能かもしれない。

　第二に、日々の企業活動を行っていくなかで、昭和25年改正に基づく規定との摩擦が生じ、しかしそれを運用によって解決できる場合には、改正を求めない。まさに、法務庁（法務府）・裁判所関係者、あるいは商法研究者が、

実務の便宜を慮った結果として導入した取締役会制度などは、摩擦が生じたが運用によって問題が解決されていたと理解していいだろう。この点に関しては、次により敷衍して検討することとしたい。

(2) 戦後のわが国大企業が必要としたのは、経営の自立性であった。これは、戦後間もない時期から高度成長期にかけてはもちろんのこと、安定成長期に至ってもある程度はその合理性を見い出せるものだったのである。そうであるからこそ、株式相互保有の構造やメインバンクの存在を前提に、株主、市場、あるいは債権者からの影響力を削いでいったわけである。そして、後に詳しく検討するように、経営の自立性を志向するわが国大企業の経営組織のありようのなかで、取締役会の監督機能は有名無実化していった。

ここに、立法担当者たる法務省・裁判所関係者、および商法研究者との利害対立が生じることになる。彼らは、GHQ の呪縛から解き放たれた後、改めて自ら会社法の根本改正に向けた論議を開始し、昭和30年代以降、それは活発化する。取締役会制度に関しては、元来が日本側のイニシアティヴで入ったものであり、この機能を経済界が運用によって有名無実化しているのであれば、これを実質化していくことが必要だろうという認識になる。会社法の根本改正論が、会社機関を中心に展開されていたという事実は、このような背景から生じたものだと考えると、合点のいくところであろう。

以上のとおり、昭和25年改正以降における経済界の取締役会制度の運用は、GHQ の縛りから解き放たれた法務省・裁判所関係者や商法研究者において、制度の当初の想定に沿って、実質化するための改正論議を生み出した。しかし、それが経済界にとって必要な経営の自立性を脅かす限り、経済界には受容できない。これら意見の対立構造が、昭和25年改正以後のわが国における会社法改正論議の根底にあるわけである。

(3) ここに、昭和年間の会社法改正が法制審議会チャネルで行われていたという事実を重ねてみよう。この法制審議会のシステムにおいては、改正課題を取りあげ、これを検討することについて主導権を担っていたのは、法務省・裁判所関係者、および商法研究者である。したがって、「問題点」という形態であれ、「試案」という形態であれ、改正課題の原案は、法務省・裁判所

関係者、および商法研究者の意向・要望に基づいて作成されることになる。

　しかし、経済界としては、取締役会機能を実質化する内容が含まれる限り、このなかに現れる改正課題を受容することができないわけで、これを排除することにエネルギーを費やすこととなる。実際問題として、当該改正課題が実現しないとしても、経済界は自らの必要を満たす形で昭和25年改正時の立法を運用しているから、何も困らないのである。

　そして、法務省・裁判所関係者、および商法研究者の側も、このような経済界の事情に配慮を示し、最後まで改正課題をゴリ押しするといったことはなかった。だからこそ、経済界の意向・要望と明確に対立が生じる改正課題は、しばしば立法に至らないという結果になる。ここでは、昭和56（1981）年改正に向けた会社機関改正試案が公表された際に、竹内昭夫がある座談会で次のように語っている点を紹介しておきたい[406]。

　「私は、……日本の企業経営を健全かつ合理的に行うためのルールを積極的につくり出していくために、各方面の方々に建設的な協力をしていただきたいと考えておりますし、おそらく法務省の方のお気持ちもそうだろうと思っております。

　したがって、企業経営をがちがち押さえようとか意地悪しようなどというつもりは全くないわけであります。もしそういう結果を生ずるような点があるとすれば、それはわれわれの本来意に沿わないところですから、どうかご指摘いただいて、直すような方向にもっていって欲しいと思います」。

　(4)　もっとも、以上のような力学によって取締役会制度に関する改正が実現しないという場合、それは単に改正課題の利害調整ができなかったというだけで、それは経済界の要望が「伏在」したとすら呼べないかもしれない。そして、以上をもって分析を終えることも可能であるが、これではわが国の会社法改正における利害関係者の力学を明らかにしたとはいえない面がある。ここで付言しなければならないのが、企業不祥事の問題である。

　昭和30年代以降、会社法の根本改正に向けた議論が、法制審議会商法部会

---

[406] 竹内昭夫ほか「〈座談会〉経済界からみた会社機関改正試案の問題点」商事法務836号6頁〔竹内発言〕(1979)。

でいくら続けられてきても、一方で、緊急に処理すべき改正課題が存在し、他方で、改正のための人的・物的資源が限られている限り、根本改正の実現味は乏しい。何より、昭和25年改正の規定を運用する主体である経済界が、かりに法の想定していたものとは異なるにせよ、適宜それを運用しているのであれば、改正をすべき必要性などどこにもないだろう。これを裏返せば、会社法の根本改正のための議論が具体的な改正課題として上がってくるためには、そのための理由が必要だった、ということである。そして、とりもなおさず企業不祥事というのは、その一つの契機になりえたわけである。法務省・裁判所関係者、および商法研究者が検討してきた内容が、企業不祥事を契機として改正課題の原案に現れるという現象は、昭和40年代以降、しばしばみられるようになる。粉飾決算問題に端を発する昭和49年改正、ロッキード・グラマン事件その他企業不信が高じるなかで行われた昭和56年改正、そしてバブル期の金融・証券不祥事を受けた平成5（1993）年改正、どれも以上の枠組みで説明が可能である。

　しかし、いくら企業不祥事を契機に根本改正に向けた議論が出てきたとしても、経済界が経営の自立性を必要としている限り——そして、それが客観的にも正当化可能である限り——、取締役会制度の実質化に向けた改正はこれを脅かすものとして困難である。その反面で、政治的には企業不祥事に対応する会社法上の対応も不可避である。そこで用いられた手段こそ、経営の自立性への影響を最小限にとどめることができる、監査役制度の改正であった。昭和49年改正において重複監査問題を解決する際には、取締役会機能の強化を回避すべく、監査役制度の存置とこれに対する業務監査権限の付与が行われた。また、昭和56年改正において業務執行の監督機能強化を図った際には、やはり取締役会機能の強化を回避すべく、結局は監査役機能のさらなる強化で落着した。そして平成5年改正で、アメリカから社外取締役制度の導入を求められた際も、それは社外監査役制度の導入で解決をしたわけである。

　ここには、監査役制度の改正を「道具」として、経営の自立性確保のために取締役・取締役会制度の改正を回避するという経済界の意向が、まぎれも

なく「伏在」しているわけである。そうなると、残るはこの企業不祥事発生という事実の意味するところ、すなわち会社法改正を呼び込む企業不祥事はなぜ発生するのか、ということが問題となる。これはきわめて難しい問いであるが、これについては、後の2－1において改めて検討を加えていくこととしたい。

1－2－2　要望の顕在化──議員立法チャネル

(1)　平成5 (1993) 年改正以降、経済界は、難しい現実に直面することとなった。第一に、この時期にその合理性や正当性を肯定できるか否かはともかく、経営の自立性を確保したい経済界にとって、株主からの影響力が直接的に及ぶ株主代表訴訟制度の機能が実質化されてしまった。そして第二に──おそらくはこちらがより重要なのだが──、株主代表訴訟制度は、それが裁判所で運用されることが前提となる制度である以上、経済界にとっては自らの運用により有名無実化することが容易ではなかったということである。そして何より、株主からの訴訟提起を制約できない以上、経済界としては、取締役の責任制限・免除といったより直接的な方法の立法化が悲願となっていったわけである。

　以上のように自らの意向・要望が次第に明らかになっていくなかで、経済界には別の壁が立ちはだかることとなる。それは、以上の意向・要望を法改正で実現しようにも、法制審議会という立法チャネルが利用できないという事態である。むろん、法制審議会商法部会という組織は、経済界からの意向・要望を汲みとった立法を行うことも想定されてはいる。だが、その要望を具体的な改正課題とするにあたっては、法務省・裁判所関係者、および商法研究者にこれを汲みとってもらい、その原案を作成してもらわないことにはどうにもならない。しかし株主代表訴訟制度は、法務省・裁判所関係者、および商法研究者の意向・要望と経済界のそれとが、もともと決定的に対立していた改正課題であって、平成5年改正では前者のそれに従って改正法が成立した、というものである。つまり経済界にとって、法制審議会というチャネルを用いる限り、これを立法に結びつけていくには大きな困難が存在してい

たといえるだろう。

(2) かくして経済界は、株主代表訴訟制度の改正を実現するには、自ら主導権を発揮して改正課題の原案を文書化する必要があり、そのために法制審議会とは異なるチャネルを用いるほかなかったわけである。そのチャネルこそ、直接に政治領域に働きかける議員立法のチャネルであった。むろん、政治領域が経済界のこのような意向・要望を汲みとるについては相応の理由が必要であり、バブル崩壊後の時期におけるこのメカニズムについては、きわめて慎重な検討を要する点である。だが、この検討は将来の筆者の課題としてひとまず措くこととし、以下では経済界の意向・要望が政治領域に汲みとられることで変化した、利害関係者の力学をみることとしよう。

経済界が政治領域に働きかけることで、改正課題の原案を文書化する主導権を得た結果、法制審議会チャネルにおける立法の場合と、議論の主客は逆転することになる。すでにみたように、法制審議会チャネルの場合、法務省・裁判所関係者、および商法研究者が主となって改正課題の原案を作成し、これをふまえて経済界は、自らの経営の自立性を損なうことのないよう意向・要望を明らかにしていく。その結果、監査役制度の改正が「道具」として用いられ、経済界の意向・要望は「伏在」してきたわけである。これに対して、議員立法チャネルの場合、経済界の意向を受けた与党が主となって改正課題を明らかにし、多様な利害を勘案すべき立場にある商法研究者が意見を提起していくという形となった。ここで注意を要するのは、議員立法チャネルが用いられ、政治領域が動いている場合、法務省・裁判所関係者からこれに対抗する意見を表明することは、事実上不可能だという現実である。その意味で、議員立法チャネルが利用される場合、経済界の意向・要望は、法制審議会チャネルの場合に比して、それが単に主客逆転するというだけではない。これに対抗する利害関係者が減少する分だけ、その意向・要望はより強く立法過程で反映することになるわけである。

ともあれ平成13（2001）年改正（法律第149号）において、株主代表訴訟制度のある部分については、経済界という特定の利益のみを過度に会社法に反映しないよう求めた、商法研究者の意向が「伏在」しているとも評しえなくも

ない。だが、以上にみられる平成13年改正に至る議論の力関係からもわかるとおり、商法研究者の意見によって押しとどめられた経済界の意向というのは、きわめて限定的であるのも事実である。

(3) なお、このような議員立法チャネルも、それが政治的課題とされる必要上、何らかの契機が存在しなければならない。経済界がその契機として見い出したのが、平成9（1997）年の利益供与問題の発覚であった。つまり、ここでも会社法改正の契機として企業不祥事が存在していたわけである。

しかし、ここでの企業不祥事が有する意味は、法制審議会チャネルが用いられた平成5年までの改正とは若干異なる。経済界は、自らの不祥事を機にコーポレート・ガバナンス問題の改革に乗り出すこととし、そのなかに株主代表訴訟制度の改革を含ませたうえで、政治領域に働きかけることとなったのである。その意味で、あくまでも利益供与問題の発覚は、立法に向けた議論を喚起するための一つの手段にすぎなかった。したがって、この問題を解決するための政治的対応と株主代表訴訟制度の改正とは、目的・手段の関係において適切に合致しているかどうか、相当に議論の余地があるだろう。これに対して監査役制度の改正は、経営監視機能の強化という意味において、一応、説明可能な範囲にあるかもしれない。だが現実には、この改正作業における主たる議論が株主代表訴訟制度の部分に集中したことからもわかるように、監査役制度の改正はあくまでも改正論議の大義名分を確保すべく、やはり「道具」として用いられた感を拭いきれないのも事実である。

1－3　利害対立構造の消滅

以上のような、アメリカ合衆国政府の影響を直接的、あるいは間接的に受けた会社法規定について、これをめぐり法務省・裁判所関係者や商法研究者と経済界とが対立するという構造は、平成14（2002）年改正に向けた議論の流れのなかでは顕在化しない。ここには、経済界における自主的な経営機構改革の流れと、法務省における経済活動に関する民事基本法制の整備に向けた流れが存在したのだが、ここに表れた利害関係者の意向は対立的構造をとらなかったのである。それは、なぜだったのだろうか。

(1) 従前の経済界の戦略は、法務省・裁判所関係者、および商法研究者の意向・要望が反映した会社法の規定について、これを運用によって有名無実化するか、以上の意向に逆らって改正の道筋をつけるか、いずれかの方向性を有していた。それが会社法改正にあたって、利害関係者間で対立の構造を発生させる根となったわけである。

しかし、バブル崩壊後にみられた自主的な経営機構改革の流れというのは、取締役の数を減らす取締役会機能の強化であれ、あるいは一部にみられた社外取締役導入の動きであれ、制度本来の趣旨を実質化する動きであった。また、社外取締役の位置づけに典型的にみられるように、この動きによって、従前の商法の規定では適切に規律を行えない場合があることも明らかになっていた。

(2) 従前の法務省——裁判所関係者を含めてもよいだろう——の考え方は、取締役会制度の扱いにみられるように、経済界が有名無実化しようとする会社法の規定について、これを実質化する方向で改正課題を設定しようとするものであった。これが、経営の自立性を確保しようとする経済界の意向・要望と合致しないがゆえに、対立構造を生じさせることとなったわけである。

したがって経済界が、自主的に規定の趣旨を実質化する方向で経営機構改革を行っているという環境下においては、法務省としてあえてこれに対立する改正課題を設定すべき必要性はどこにもない。その意味で、法務省・裁判所関係者の意向・要望と経済界のそれとが対立すべき要素は低く、ある種、昭和年間における緊急改正の場合と似た面があったわけである。もっとも昭和年間の緊急改正とは異なり、経済界からの意向・要望も含めた改正課題が網羅的に扱われている点は、この平成14年改正に向けた議論の特徴であろう。

かくして法務省側では、経済界から出てきた動きについて、これを適切に法的な基礎づけを与える方向で提案を行うようになる。たとえば、執行役員制度は多くの会社が導入したものの、社外取締役の導入については会社によってかなりの温度差がみられるという状況を例に考えてみよう。このような実務の状況を法的に支える提案としては、社外取締役の設置が義務づけら

れる委員会等設置会社について、それを導入したい会社は導入すればよいし、導入したくない会社は導入しなければよい、という話になる。これが、改正課題として委員会等設置会社の選択制という提案に結びつく。このような点一つをとってみても、法務省関係者からの提案に対して、経済界が強い抵抗を示す必要性を減じることとなったわけである。

(3) そして、以上のような法務省の改正に向けた議論の契機には、企業不祥事のようなものも存在していない。逆にいえば、経済界が自主的な経営機構改革を行うなかで顕在化した意向・要望について、これを政治的な課題とすることが当時のわが国の経済・社会状況において求められていたということなのだろう。それこそが、法務省における経済活動に関する民事・刑事基本法制の整備に向けた流れだったといえる。そして、以上のような事情は、利害関係者の対立構造と関連して、次のような副次的効果を導き出した。

第一に、改正作業に投じられる人的・物的資源の充実度が圧倒的に高かったということである。従前の限られた資源のなかでなされた改正の下では、法務省の立法担当者が裁判官出身者を中心として構成されていたところ、担当者の増員に伴って、その出身となる母体も他の官庁も含めて多様となった。それは、立法に携わる法務省関係者の意向・要望は、必ずしも裁判所関係者のそれと一致するものではないし、いわんや商法研究者のそれとも一致するとは限らない、ということを意味する。

第二に、基本法制の整備が必要となったということは、わが国の経済なり社会なりが前提とし、これを支えてきた理論や考え方――パラダイムといってもよいだろう――が動いていることを意味する。つまり、従前の立法を理論的に支えてきた法務省・裁判所関係者、および商法研究者の前提とする理論や考え方も、当然の所与ではなくなっていることを意味し、そこに従前とは異なる理論や考え方が入ってくる可能性、そしてそれが多様となる可能性を示唆する。これは、以上の人的・物的資源の充実とも相まって、法務省関係者、裁判所関係者、そして商法研究者間で、当然に前提とする理論や考え方が一致するものではない、ということを意味しよう。

(4) かくして平成14年改正においては、法制審議会チャネルで取締役・取

締役会の改正に関わる改正課題が扱われたものの、その大枠の課題設定の段階で、すでに経済界の意向・要望がある程度反映されていた。後は、法務省関係者が文書化した個別の下位課題について、裁判所関係者、商法研究者、経済界、その他利害関係者が意向・要望を出し、審議を重ねることになったのである。しかも、これらそれぞれの利害関係者の内部すら、必ずしも一枚岩ではない——たとえば抽象的にいえば、効率性確保のための改正について賛成するか否かは、商法研究者内部にも相当の温度差があろう——という状況にあったといえるだろう。

経済界としては、法務省・裁判所関係者、および商法研究者の意向・要望が反映した改正課題に対して、取締役・取締役会改革を回避させるべく、自らの意向・要望を強く主張し、「伏在」させる必要がなくなった。これと同時に、監査役制度改正をその「道具」に使う必要もなくなったのである。もちろん平成14年改正の段階でも、大会社に対する社外取締役の義務づけといった一部の改正課題では、経済界が自らの意向・要望を強く主張し、これを排除している。その意味では、従来からの構造が全く消滅したわけではないだろう。だが従前のように、監査役制度の改正を道具に使って経済界の要望を「伏在」させるという状況が、改正の全体に生じているわけではないのである。

そうすると残る課題は、なぜ経済界が会社法規定を自ら実質化するような方向で経営機構改革を行ったか、そして法務省はなぜこれを正面から改正課題として受け止めていったか、という点に尽きる。これは、先もふれたようにわが国の経済・社会構造がそれを必要としたということになるのだろうが、このことの意味は2-3においてみることとしよう。

2．経営の自立性

以上、アメリカ合衆国政府の存在が有する意味、経済界とそれ以外の利害関係者——法務省・裁判所関係者や商法研究者——の対立構造、そして当該対立構造の消滅について、順次、分析を加えてきた。これら利害関係者の存

在、そして対立構造の発生・消滅については、もちろんすべて歴史の偶然として説明することも可能である。だが、やはりそこにはある利害関係者が登場する背景、そして利害関係者の対立構造が発生し、消滅する事情があると考える方が、より自然であるように思われる。そして、本章において概観したこれまでの会社法改正に関する変遷からすると、利害関係者の登場と対立に強い影響を与えた背景事情こそ「経営の自立性」にあるのではないかと考えられる。そこで、以下ではこの点を手がかりにさらに分析を深めてみることとしたい。

2-1 経営の自立性の確保と企業不祥事

議論の順序は前後するが、1．における検討のうち、会社法改正が企業不祥事への政治的対応を契機としてなされた点について、その意味を考えてみよう。ここで問題となるのは、昭和49（1974）年改正、昭和56（1981）年改正、そして平成5（1993）年改正である。

(1) 戦後間もない時期から高度成長期を経て、そして安定成長期に至るまで、わが国大企業の経営組織に確保された経営の自立性は、時期に応じてその合理性を看取できるものであった、というのが本章の議論の前提である。しかし、株式相互保有の構造であれ、メインバンクシステムであれ、わが国大企業が構築し、また組み込まれていたシステムというのは、企業の経営組織が高度の自立性を享受する反面、その自立性を維持するための業績を必要とするシステムでもあった。なぜなら、ある一定の業績を下回ると、次第にメインバンクの介入が予定されたシステムだったからである。そしてここに、企業経営者をして、自立性喪失を回避するための違法行為等に走らせる誘因を発生させる。高度の経営の自立性が存在する状態とは、これを制約する直接の規律が弱いことをも意味するから、業績悪化時にこの違法行為等を行う誘因は高まるわけである。以上の点をもう少し具体的にみていくこととしよう。

会社法改正のように政治的対応を要求される企業不祥事とは、粉飾決算であれ、贈賄であれ、企業経営者なり使用人なりによる違法行為が伴うのが通

常である。たとえば粉飾決算を例にとると、会社経営が順調である場合にあえて粉飾決算をすべき必要性は低いから、このような粉飾決算を行う会社というのは、少なからず経営状況が悪化した会社である。その場合に、会社経営陣が、自らの責任追及を逃れるため、あるいは取引先や銀行に知られることによる経営上の不都合を免れるため等、虚偽の会計情報を開示することは可能性としてありえないことではない。あるいは、贈賄のような違法行為のみならず、石油ショック時の便乗値上げなどに典型的にみられるように、企業の社会的責任が論じられるような問題行動は、やはりいずれも利益追求のために「きわどい」手段を用いるものであって、究極のところ企業の業績確保に向けられている。戦後のわが国大企業における経営者が、株主や債権者からの高い自立性を確保している限り、短期的な利益追求を行うべき理由は少ない。結局のところ、違法行為等の最大の誘因は経営状態の悪化の回避にあったというのは、一つの説明の可能性としてありうるところだろう。

　ただし、このことは高度の経営の自立性確保のために違法行為等を行うのが必然だった、ということを当然には意味しない。そのような行為を実際に行うかどうかは、経営者個人の資質による場合もあるだろうし、当該行為が露見する可能性――大企業に関係する主体のなかにこれを露見させるインセンティヴを有する者は少ないだろうが――にも依存するだろうからである。ただ、高度成長期には企業不祥事が発覚した際にそのワンマン経営が指摘される例がみられたが、当時のわが国大企業の経営組織が享受していた高度の自立性を考えると、あながちこの指摘もうなずけなくはないわけである。

　(2)　むろん、政治課題化するような企業不祥事は、数多くある大企業のなかでも例外的事例であろう。だが、それが経営の自立性を確保するシステムを前提としてこそ起こるものなのだとすると、会社法改正によって当該問題に対応するというのは、今から考えればあまりにも無力な話である。なぜなら、株式相互保有の構造であれ、メインバンクシステムであれ、それ自体は会社法による対応、とりわけ会社機関に関する規定の改正によって対応するには、あまりにも対応の困難な問題だからである。ここにいう対応の困難には、さらに二つの問題がある。

第一に、会社機関をどのようなありようにしようとも、株式相互保有の構造がある限り、株主や株式市場からの自立性は維持される。また、メインバンクシステムが残る限り、銀行をはじめとする金融機関からの自立性も確保される。もっとも、社外の人間を役員に入れる、とりわけ取締役会に入れるというのは、例外的に会社法による対応が可能な部分であった。これは、株主利益を保護する主体として、経営の自立性を直接的に制約する存在になりうるかもしれないからである。だからこそ、法務省・裁判所関係者、および商法研究者も、繰り返しこれを改正課題の原案に盛り込んだのであろう。しかし、これに対する経済界からの反発が大きかったのは、歴史が明らかにするところである。

第二に、より深刻な問題は、わが国大企業における経営の自立性が、わが国の経済システムなり企業システムにおいて一定の合理性を見い出せる限り、かりにこれが違法行為等を招く誘因になるとしても、根本的に手を入れることは大局的にみて好ましくないという点である。そして、少なくとも高度成長期には時期に応じてその合理性を看取できたし、安定成長期にも業種によってはなおこの合理性を維持できたことは、すでにみてきたとおりである。経済界が、経営の自立性を制約する立法に対して抵抗するのも、そして結果として法務省・裁判所関係者、および商法研究者がこの意向を容れるのも、以上の観点からすれば自然なことなのである。

以上のような観点から考えると、企業の不祥事によって会社法の改正が課題となったときに、不祥事に直接に対応するために改正課題を取り上げるのではなく、従前からの根本改正論議から改正課題を導くというのも、実はわからなくはない。企業不祥事に際して、直接的に経営の自立性に影響を与えるような改正課題を設定すること——たとえば株式相互保有を大きく制約するような立法を考えてみればよい——は、企業からの抵抗が激しく立法自体が実現困難となるし、かりに強行的に立法を実現したとしても、それは当時におけるわが国の経済システムなり企業システムにとってプラスとなる保証はない。それよりは、企業不祥事を機に政治的対応が必要とされた場合に、法務省・裁判所関係者と商法研究者が長らく検討した根本改正論議のなかか

ら改正課題を提示し、そのなかで経済界が受容できるものに限って立法化する方が、少なくとも当時のわが国の状況には適していたとも考えられるわけである。

2−2 経営の自立性の高度化と外圧

次に、日米構造問題協議を一つの契機に含む平成5（1993）年改正の構造について、本稿では詳しく扱わなかった株主代表訴訟制度の理解も含めて、前項とは異なる観点からみてみることとしよう。そして、平成13（2001）年改正（法律第149号。以下、本項においては省略する）については、この平成5年改正の意味をふまえて検討を加えることとする。

(1) ここで想起されたいのは、日米構造問題協議で会社法の見直しが迫られた際、これが系列関係のなかで論じられていたことである。系列関係とは、とりもなおさず株式相互保有を前提とした関係であって、アメリカはここに貿易不均衡が生じるべき一つの障壁を見い出していた。もとよりこのアメリカの分析の妥当性には疑問を提起できるだろうし、かりにこの分析が的を射ていたとしても、会社法の見直しが問題解消の手段として適切かどうかもわからない。

ただし、次のことは客観的に指摘できる点であろう。それは、安定成長期に入ってわが国経済を支えていたのは、加工組立て型の輸出産業であった。当該産業に属する企業の活動、そして当該産業それ自体に対する国内的施策は、少なからず国際的な側面をもちうるものであった。つまりわが国大企業が収益を確保するための企業活動は、少なからず国際的な側面を有するものであって、業績が良好であればあるほど——それは経営の自立性確保には必須の要件である——外国企業、ひいては外国政府との軋轢を生じさせるものであった。そのような軋轢が生じたときに、わが国の歴史的事情に応じて構築された株式相互保有の構造が、外国の目からみて説明不可能な経営の自立性を与えるものであり、不合理な参入規制の一因として、異なる評価がなされることはありうるだろう。

(2) わが国大企業に確保されていた以上の経営の自立性は、バブル期のエ

クイティ・ファイナンスを可能にした一つの原因であった。そして大企業の少なからぬ部分が、自ら金融市場で調達した資金を金融投資に回していた。この取引は、金融自由化が進んでいた当時、少なからず海外市場でも行われ、その意味でもわが国大企業の活動は国際的な側面をもちうるものであった。これに、裏返せば好業績である限り経営への介入が存在しない——場合によっては露見しない限り違法行為も辞さない——という前項での議論を改めて重ねてみることとしよう。以上のような状態の下では、違法行為を行うかどうかは、役員であれ使用人であれ、もっぱら個人の倫理性に依存することになる。

そうであれば、違法行為の多くが、自由化と国際化の影響を強く受けて収益性が低下し、しかも構造上メインバンクによる監督を受けない金融機関で現れたのは、ある意味自然なことであろう。つまり平成3（1991）年に発覚した未曾有の企業不祥事が、金融機関を中心とした不祥事だったのは、説明できない経営の自立性が招いた側面が否定できないわけである。

(3) 繰り返すように経済界が、高度成長期から安定成長期を通じて確保してきた経営の自立性は、それ自体が目的となるものではなく、経営の自立性を確保することによって何を実現するかが問題となるものである。かりに経営の自立性を確保することで実現されるべき目的なしに、結果として高度の自立性が経営組織に与えられた場合、そこに存在するのは規律する主体なき意思決定組織の存在にほかならない。

そして、株式相互保有の構造とメインバンクを基礎とした経営の自立性の高度化は、国際的な活動を行う企業にとっては外国企業・外国政府との軋轢を招く原因となり、他方で国内金融機関を中心に違法行為を誘発する原因となっていたのではないか、というのがここでの趣旨である。またそのゆえにこそ、行き過ぎた経営の自立性を修正する方向での議論——本章では詳細には扱わなかった株主代表訴訟制度の改正論——が現れ、実現したと評することができるように思われる。先も述べたとおり、株式相互保有の構造、あるいはメインバンクシステム、経営の自立性を確保するいずれの仕組みも、会社法の問題としては対応が困難である。株主代表訴訟制度の改正というの

は、このような状況で会社法としてほぼ唯一対応可能な手段であったともいえるかもしれない。

　ただし経済界は、監査役制度の改正にみられるように、なお取締役・取締役会制度の改正には手を付けさせず、経営の自立性確保にこだわる面もみられた。その意味で平成5年改正というのは、なお過渡的な性格を有しているといえるのかもしれない。

　(4)　以上のように株主代表訴訟制度の改正が、行き過ぎた経営の自立性の修正として機能しうるのであれば、平成13年改正に向けた経済界の動きというのは、当時の経済界が置かれていた客観状況に逆行する動きとも評価できなくはない。株式相互保有の構造が崩れ、メインバンクシステムも維持できないなか、もはや経営の自立性を確保すべき必要のない局面において、これを確保しようとする動きとも評価できるからである。

　しかし、現時点においてこれに消極的な評価を与えるのは、拙速にすぎるようにも思われる。平成13年改正の本格的な評価は、当該改正によって導入された諸制度の今後の運用次第でなされるべきであろうが、筆者の暫定的な意見は次のとおりである。平成13年改正において、株主代表訴訟制度に関しては、取締役の責任軽減制度と補助参加・和解に関する制度の整備が行われている。このうち、後者に関しては、実務上、理論的に解決を迫られている問題が生じており、これを解決するという側面があった。その限りにおいては、経営の自立性確保とはひとまず切り離して考えることが可能である。他方、前者に関しては、経営の自立性を再び高める側面があるようにもみえる。だが、悪意・重過失ある行為については責任軽減が認められず、他方で軽過失にとどまる行為については経営判断原則に関する議論が蓄積し、裁判例でも一定の方向性がみられるようになっている。高度の経営の自立性との関係で特に問題となるのは、とりもなおさず違法行為や問題行為への対応であって、これは今般の改正でも救済される可能性は低いのである。

　したがって、経済界の意向を受けた与党の議論と商法研究者の議論の対立は、ともに高度の経営の自立性によって生ずべき違法行為等は株主代表訴訟で対応することを前提にしたうえで、より合理的な制度はどこにあるのかを

見い出す作業だったと考えることができるのではないか。その意味で筆者には、経営の自立性をなお確保するか、その修正を図るか、というレベルの議論とは異なるものであったように思われるのである。

2－3 経営の自立性の消滅と経営機構改革

最後に、経済界が自主的な経営機構改革を進めるなかで行われた平成14（2002）年改正について、この背景となったわが国の経済・社会状況との関連で検討を加えることとしよう。

(1) 高度成長期からバブル期まで、経済界が一貫して追求してきた経営の自立性は、バブル崩壊後の経済状況のなかで失われていった。それは、株式相互保有の構造然り、メインバンクシステム然り、である。経営の自立性が失われた経済界は、正面から株主、あるいは株式市場を意識した経営を求められざるをえず、それゆえに効率的経営確保のために経営組織改革も自主的に進められていったといえる。

他方で、経営の自立性を確保するための収益確保といった問題は消滅するため、当然のことながら、違法行為や問題行動によりその収益確保に走る誘因は下がる。また、平成5（1993）年改正による株主代表訴訟制度の改革は、違法行為等に基づく責任追及を容易にした——これは平成13（2001）年改正（法律第149号）でも何ら変わらない——ことから、その意味でもこの点の誘因は下がったといえるだろう。つまり平成14年改正が、効率的経営の確保という観点から行われているのは、経営の自立性が失われた経済環境において、経済界に対して単なる適法経営の確保を越えた法的枠組みを提供しようとしたものに他ならない。

(2) ところで本章では、コーポレート・ガバナンスにかかるわが国の会社法改正について、その初期条件の設定を昭和25（1950）年改正に求めた。それは、とりもなおさずコーポレート・ガバナンスの問題と結びつきの深い会社機関に関する枠組みを設定しているのが、当該改正だったからである。しかし、昭和25年改正というのは、その時代背景ゆえ GHQ の影響下に置かれ、今から振り返れば——当時の立法担当者も感じていたことではあるが——問

題含みの改正であった。第一に、取締役・取締役会制度の改正については法務庁（法務府）・裁判所関係者、および商法研究者が、アメリカの制度を「頭で考えて」導入したものである。そして第二に、監査役制度の改正については、積極的な制度の存在意義を与えられず、会計監査人との調整問題を残したものであった。当該改正に自らの意向を反映させる余地のほとんど存在しなかった経済界は、以上の初期条件で出発した制度について、経営の自立性確保の観点から運用によってこれを克服してきたわけである。それは、取締役会制度も監査役制度も、いずれも制度として期待されたところとは異なる形で運用されることを意味していた。

　かくして昭和25年改正以降の会社法改正は、制度を本来とは異なる形で運用する経済界との関係で、これをより適切に機能させようとする方向で課題が設定されてきたわけである。そして、理論的な検討や研究を基礎としてこの課題設定を行った主体こそ、法務省・裁判所関係者であり、また商法研究者だった。ここに法務省・裁判所関係者、および商法研究者の意向・要望と対立する根を生じることとなり、このような構造は、昭和30（1955）年改正以降の根本改正論議に始まり、昭和49（1974）年改正、昭和56（1981）年改正、そして平成5年改正まで続くこととなった。

　しかし、昭和25年改正で設定された初期条件を改めるための根本改正論議は、ひとまず平成9（1997）年（法律第71号）の改正で一段落する。こと会社機関に関する立法についていえば、すでに初期条件の改定が昭和56年改正と平成5年改正で終わっていた。その組み替えられた初期条件とは、経営の自立性を確保したわが国大企業の経営組織を前提とした、次のようなものであったろう。第一に、取締役・取締役会制度は、もともと経済界の意向に沿った制度ではないため、昭和25年改正段階の初期条件のまま残して、経営の自立性を確保する方向で運用に委ねる。第二に、監査役制度は、本来からその位置づけの困難な制度であったため調整問題の解決を図り、経営の自立性を確保するに必要な限りで政治的な道具とする。

　繰り返すように、経済界は、自らが最も強い利害関係者でありながら、その意向・要望を反映させられなかった制度については、経営の自立性確保の

観点から運用で克服してきたわけである。逆に、この経営の自立性確保の問題が後退した新しい環境下では、昭和25年改正の初期条件、そして平成5年改正までの改定条件を前提に、もはや運用のみをもって対応することはできなくなったわけである。ここに、平成14年改正に向けた課題が生じることとなった。そこでは、法務省・裁判所関係者、および商法研究者が、初期条件や改定条件を所与として理論的に改正課題を設定するということもできない。経済界も参加したうえで、制度の構築に向けて自らの意向・要望を提出することが必要となったわけである。

3．おわりに

　以上、本章ではコーポレート・ガバナンスの観点から、無色透明とされてきた会社法を歴史的に分析してきた。そこでは、その運用主体として最も重要な立場にある経済界が、ときには監査役制度を「道具」に使って自らの意向・要望を「伏在」させ、また時には外国政府からの要求という国外的要因によってその意向・要望が後退し、そしてまたあるときには自らの意向・要望を政治領域に働きかけて直接的に反映する行動をみせたことが明らかになっている。

　本章での分析は、少なからず筆者の歴史認識にかかわる部分が多く、読者のなかには――とりわけ本章で扱われた利害関係者に属する者のなかには――とても受け入れられないという部分もあるかもしれない。あるいは、分析が過度に単純化されすぎているために、重要な視点が脱落しているという指摘もあるかもしれない。しかし、そのような点も含めて、本章の記述に対して忌憚なく反論、批判がなされ、わが国の会社法のありようについてより深い認識が得られるのであれば、それこそ筆者の望みであり、喜びとするところである。

第 3 編
資本市場と会社法

第1章 資金供給者と会社法

第1節 はじめに

　本章では、会社法に定められた株式会社の資金調達制度について、これが資金の出し手である供給者のありようをどのように反映しているのか、あるいはそれを反映していないとすればその理由はどこにあるのかを考察する。以上の検討は、いうまでもなく、次章の資金需要者の側からみた当該制度の検討と対をなすものである。これら二つの章をもって会社法に定められた制度に働いているであろう利害関係者の力学について、全容が明らかにされることを期待されている。

　以上のような編の構造に配慮して、本章の筆者と次章の筆者とは、相互に意思疎通を行いつつそれぞれの章を執筆することとした。だが、執筆者が異なる以上、箇所によってはその主張する内容に差異の生じている場合もあるかもしれない。これは、執筆者の見解が完全に一致するものではない以上、当然生じうるものであって、それはそのようなものとしてご寛恕いただければ幸いである。

　なお、会社法に定められた制度の分析ということから考えた場合、通常ならば、資金需要者たる会社の側から検討を開始するのが筋かもしれない。しかし、資金供給者の側から制度を眺めた場合、これを純粋に資金の流れの観点から観察することが可能となるのに対して、資金需要者の側からそれを行うと、資金調達の動機以外にさまざまな考慮が必要となる。そこで本編では、より単純な観察が可能な資金供給者の側からの検討を最初に行い、次いで、より複雑な検討が必要となる資金需要者の側からの検討を後に行うもの

としたわけである。

1．検討対象の設定

1－1 資金供給者

　企業が必要とする資金を供給する主体は、海外部門をひとまず措くと、究極的には家計である。すなわち余剰資金を有する個人が、この資金を将来の支出にあてるため貯蓄する場合、通常、その資金は将来の収益を期待して金融投資にまわされることになる。そしてこの個人が行う金融投資の対象には、銀行預金、債券、株式といった基本的な金融商品から、投資信託や住宅投資に至るまで、無限の選択肢が与えられているわけである[1]。もっとも家計の余剰資金が、以上の金融商品を購入して企業に提供される方法自体はそれほど多様ではなく、大きく分けて二つしかない。第一は、いわゆる直接金融であって、証券会社などを利用して、家計自ら、直接に資金需要ある企業の提供する金融商品を購入する場合。そして第二は、いわゆる間接金融であって、家計が、預金や投資信託といった銀行等の金融仲介機関の提供する金融商品を購入し、資金を受け取った当該金融仲介機関が、資金需要ある企業の提供する金融商品をさらに購入する場合である。

　そこで、本章が利害関係者たる資金供給者の側から企業の資金調達にかかる制度を把握する場合も、以下の二点を念頭に置いて議論を出発する。第一に、繰り返しになるが、国内の家計部門こそが究極の資金供給主体であることである。それは、家計における資金余剰の態様、その余剰資金の提供される態様が、企業の資金調達にかかる制度にも影響を与えうるということを意味しよう。もとよりこのような前提は、外国人投資家の存在が制度のありように影響を与える可能性に目を背けるものではない。本章でも、この点については、必要に応じて言及することとしたい。そして第二に、こと家計の余

1　以上につき、J・E・スティグリッツ（藪下史郎ほか訳）『ミクロ経済学（第3版）』250頁以下、および530頁以下参照（東洋経済新報社、2006）。

剰資金が企業に提供される態様については、家計が、直接的に資金需要ある企業が提供する金融商品を購入する主体として現れる場合と、いったん家計の資金が金融仲介機関に入り、この金融仲介機関が当該金融商品を購入する主体として現れる場合があるということである。企業の資金調達をめぐる制度のありようも、前者を念頭に置く場合と後者を念頭に置く場合とでは、当然のことながら異なりうる。

　もっとも、家計の資金余剰の態様、あるいはその余剰資金が提供される態様は、地理的・時代的背景のありようや、政治的・経済的背景の変化、ひいては文化的な事情などさまざまな事情に拘束される[2]。したがって、本章におけるわが国の制度分析にあたっても、地理的・時代的背景、政治的・経済的背景、あるいは文化的事情など、可能な限り種々の背景的事情をふまえて論ずべきことが必要となるだろう。その際には、経済史・経営史の研究に基づく知見も手掛かりとしながら、検討を加えることとしたい。

1－2　会社に用意された資金調達手段

　さて、本章における検討対象は、本書の性格上、原則としてわが国会社法の制度に限られる。そして、この会社法が提供している資金調達のための金融商品は、ひとまず株式会社の場合を念頭に置くと、株式と社債である[3]。つまり本章では、家計に存する余剰資金が、株式もしくは社債という金融商品の購入に充てられて会社の資金需要を満たすという場合——それには直接購入の場合もあれば、金融仲介機関を経る場合もあるだろう——を念頭に置い

---

[2] ただし、金融システムの担っている資源配分機能を前提に、当該システムが提供する諸機能自体は以上の背景や事情によって変化がないということはここで確認しておく必要がある。以上の点も含め、Z・ボディ＝R・C・マートン（大前恵一朗訳）『現代ファイナンス論（改訂版）』34頁以下（ピアソン・エデュケーション、2001）を参照。

[3] むろんわが国の会社法が、会社の資金需要に対して、新たに株式や社債を発行することによってこれを満たすことを認めている理由は、決して自明のことではない。比較法的にみた場合、会社法上、社債に関する制度が用意されていない例はいくらでもある。

　これを裏返していえば、わが国の会社法が、株式会社の資金調達のための制度として、株式の発行と社債の発行について規定を用意していることは、ある特定の時期におけるわが国なりの事情があったはずだ、ということを想起させる。

て、会社法上の制度に関する分析を行うことになる[4]。

　もっとも、株式会社に用意された資金調達手段は、先に少しふれたように株式や社債といった金融商品を発行する方法に限られるものではない。外部資金を調達するのであれば、金融機関等から借り入れることも可能であるし、他企業間との取引に際して支払いを猶予してもらうことで信用供与を受けることも可能である。あるいは外部資金のみならず、内部留保を用いて自らの投資に回すことも可能であり、これもある種の資金調達の方法ということができるだろう[5]。株式会社において利用できる資金調達手段のこのような多様性は、それら資金調達手段相互において補完関係を形成することを意味する。つまり会社の資金需要を満たすうえで、ある資金調達手段Aを利用すれば、その他の資金調達手段Bは利用する必要がなくなる、ということである。そして以上のことは、資金供給者の側からみた場合でも同様であり、家計がある金融商品aを購入すれば、その他の金融商品bを購入できる可能性は減少することになる。それゆえ、会社法に規定された資金調達手段――金融商品といい換えてもよい――である株式発行、社債発行も、これが独立に制度として存在しうるものではなく、会社法の外部に存在しうる資金調達手段と相互に関連をもつことになる。したがって、本章の検討においては、それ以外の資金調達手段との相互関係――それはとりもなおさずわが国の金融システムといい換えられる――についても言及しつつ、株式発行、社債発行にかかる制度を検討していくことが必要になる。

2．検討の順序

　以上のとおり本章では、わが国の金融システムとの相互関係に配慮しつつ、家計という資金供給者との関係を中心に、時系列に従って会社法に規定

---

[4] なお現在の会社法には、新株予約権という金融商品も予定されており（会社法236条以下）、これをもって資金調達の手段とすることは可能ではある。これについても、本章の記述に必要な範囲で、適宜取りあげることとする。
[5] 以上について、神田秀樹『会社法（第12版）』120頁（弘文堂、2010）。

された株式・社債の発行制度について検討を進めていく。以下では、便宜上、家計のありよう、会社法の制度、そしてわが国の金融システムに大きな変化が生じたポイントとなる時点を区切りながら、説明を加えていくこととしたい。

　第一のポイントは、第二次世界大戦の前後での変化である。戦争を経てわが国経済は疲弊したし、戦後の経済改革によりわが国の家計における資産保有の状況は一変した。また、会社法上の制度についても、昭和25 (1950) 年の改正において、とりわけ新株発行制度を中心に、わが国株式会社における資金調達制度は大幅な変更を加えられている。さらにわが国の金融システムは、戦時統制を経て、それ以前とは異なる規制体系の下に置かれるに至った。以上のような意味で、第二次世界大戦の前後で区切りを置くことには一定の合理性があるだろう。

　第二のポイントは、バブル前後での変化である。戦後しばらくしてからの高度成長期、石油ショック以降の安定成長期を経たわが国経済は、バブルが崩壊して以降、長い構造転換の時期に入る。この時期、わが国家計に蓄積した余剰資金の状況は大きく変化したわけではないものの、会社法に関しては経済構造の転換と歩を合わせて相次いで改正が行われた。また、何よりわが国の金融システムは、昭和50年代後半からの金融自由化、そして平成8 (1996) 年以降の金融ビッグバンによって、劇的な変化を遂げた。その結果、家計の余剰資金が向かうべき投資対象にも大きな変化が生じたわけである。その意味で、この時期を第二のポイントとすることが適当であると考えられる。

　以上、2点のポイントを置いて、以下では会社法に定められた資金調達手段をめぐる制度について、わが国の金融システムとの関係を考慮しつつ、次の順序で検討を加えていくこととする。最初に、第二次世界大戦以前の状況について、前史としてまとめることとする（第2節）。次いで、第二次世界大戦以降バブル期に至るまで、わが国の金融システムが強固な規制体系の下にあるなか、会社法上の資金調達手段に関する制度のありようを概観する（第3節）。そして、バブル崩壊以降、大幅な規制緩和が進められ、会社法上の資金調達手段が制度としてどのように変化したかについて、簡単にまとめてい

くこととする（第4節）。最後に、以上の検討をふまえて、若干の考察を加えることとしたい（第5節）。

第2節　前史──第二次世界大戦以前

　平成17（2005）年に会社法が制定されるまで、わが国の株式会社を法的に規律していたのは、明治32（1899）年に制定された商法の規定である（以下、この商法を「明治32年商法」、「新商法」、もしくは単に「商法」と呼ぶ）。この商法は、明治23（1890）年に制定された商法（以下、この商法を「明治23年商法」、もしくは「旧商法」と呼ぶ）を受けて制定されたものである。

　本節では、明治中期に以上の二つの商法が制定されてから、第二次世界大戦に至るまでの時期を検討対象とする。とりわけここでの関心は、当時の資金供給者の態様がどのようなものであったのか、そしてこれが資金調達に関する制度的規律にどのような影響を与えたのか、という点にある。

1．初期条件としての商法制定

1－1　明治中期までの企業と資金調達

1－1－1　株式会社類似の団体により営まれた事業

　ヨーロッパやアメリカにおいて、個人では調達することが難しい巨大な資本を集結して、さまざまな事業が営まれていることを知った明治の要人は、早くから会社制度に関する必要性を認識していた[6]。そして実際にも、すでに明治初期、あるいは10年代頃から、多くの資本を必要とする事業が、株式会社類似の団体で営まれていたことが知られている[7]。株式会社類似の団体で営まれた事業の端緒は、後に述べるように明治5（1872）年に制度化され

6　高村直助『会社の誕生』6頁以下、および29頁以下（吉川弘文館、1996）参照。

た国立銀行を典型とする、銀行業である[8]。そして明治10年代に入ると、鉄道（日本鉄道会社）、海運（日本郵船会社）、紡績（大阪紡績会社）、あるいは保険（東京海上保険）といった事業において、株式会社類似の団体で営まれる企業がみられるようになる[9]。これらは、当時においていずれも巨大な資本を必要とする事業であり、そのために株式会社（類似の団体）のような大資本を集めるための団体形態が用いられたわけである[10]。

その後、明治10年代末から20年代にかけて、金融仲介業である銀行業をひとまず措くと、先にあげた鉄道業、あるいは紡績業の分野においては、さらに株式会社類似の団体の設立が盛んになる[11]。このような傾向は、明治27（1894）年に勃発した日清戦争がわが国の勝利に終わって以降、さらに明確に現れる。日清戦争後の相次ぐ不況ゆえ、紡績業では間もなく大手企業への企業再編が進むものの[12]、鉄道業ではこの間も会社設立に向けた動きが強くみられるようになるのである[13]。

7　ここにいう株式会社類似の団体とは、出資者の出資に基づく資本金の存在、これに対して発行される株式の譲渡可能性、あるいは出資者の有限責任性などが備えられているか否か、という点から定義づけられるものである（宮本又郎＝阿部武司「概説1880年代―1915年」宮本又郎＝阿部武司編『日本経営史2 経営革新と工業化』25頁（岩波書店、1995））。

8　国立銀行については、高村・前掲6 40頁以下のほか、三枝一雄「明治商法発達史試論（一）」法律論叢43巻4・5号99頁以下（1970）、田付茉莉子「工業化と商社・海運・金融」宮本＝阿部・前掲7 141頁以下等を参照。

9　宮本又郎＝阿部武司「明治の資産家と会社制度」宮本＝阿部・前掲7 265頁、浜田道代「『会社』との出会い――幕末から明治初期」浜田道代編著『日本会社立法の歴史的展開』（北澤正啓先生古稀祝賀論文集）27頁（商事法務研究会、1999）。そのほか、本文にあげた個別の会社については、粕谷誠「近代企業の移植と定着」石井寛治ほか編『日本経済史1 幕末維新期』103頁以下（東京大学出版会、2000）に詳細な記述がある。

10　他方で、製糸業のように大資本を必要としなかった事業はもとより、清酒や醤油などの醸造業、あるいは畳表や足袋などの製造業等、輸出入品関係以外の産業は開国による影響を受けず、株式会社形態を必要としなかった（安岡重明「概説　江戸期―1880年代」安岡重明＝天野雅敏『日本経営史1 近世的経営の展開』44～45頁（岩波書店、1995））。

11　この点につき、宮本＝阿部・前掲9 265頁、粕谷・前掲9 113頁・126頁のほか、花井俊介「軽工業の資本蓄積」石井寛治ほか編『日本経済史2 産業革命期』122頁（東京大学出版会、2000）、高橋亀吉『日本近代経済発達史第1巻』87頁以下（東洋経済新報社、1973）等を参照。

以上のとおり、旧商法制定以前は株式会社類似の団体形態で営まれ、旧商法制定後には法的裏付けある株式会社として営まれた事業は、鉄道業であれ、海運業であれ、あるいは紡績業であれ、いずれも莫大な資金——とりわけ設備投資のための長期資金——を必要とするものであった。本章の検討との関連で問題となるのは、この長期資金を提供した者は誰だったのか、という点である。次に、この点について確認をすることとしよう。

1－1－2 資金供給者と金融システム

(1) 資金供給者としての資産家層

明治初期から明治中期までの時期、さまざまに勃興した株式会社（類似の団体）に対して、その資金を提供したのは基本的に「資産家」層であった。そしてこの層には、おおむね次の三つが含まれるとされる[14]。第一に、江戸期以来、あるいは明治期以降、富を蓄積させてきた商人層[15]。第二に、金禄公債を受領していた華族層[16]。そして第三に、地方を中心に存在する地主層である[17]。

殖産興業政策を進める明治政府にとって、以上の資金供給者層が有する余剰資金をいかにさまざまに勃興している事業に対して供給するかが一つの課題であった[18]。貿易金融の分野を除けば[19]、明治初期から中期にかけてのわが国産業は、外国の資金に依存する傾向が弱かったこともあり——この傾向は後に述べるように日露戦争期から変容する——必要な資金を基本的に国内から調達することが前提となっていたのである。ここに、株式会社制度設計

---

12 花井・前掲11 144頁。

13 高橋・前掲11 284頁以下。

14 明治中期における、株主層の実態として本文の三つの層について検討を加えるものとして、石井寛治『近代日本金融史序説』504頁以下（東京大学出版会、1999）参照。そのほか、資産家層、出資者層については、谷本雅之「在来産業の変容と展開」石井・前掲9 191頁以下、高村・前掲6 75頁以下等を参照。

15 江戸期の商人層における富の蓄積につき、石川健次郎＝安岡重明「商人の富の蓄積と企業形態」安岡＝天野・前掲10 61頁以下を参照。また、明治期以降の商人層における富の蓄積につき、石井寛治「幕末化以降と外圧への対応」石井ほか・前掲9 30～31頁を参照。

16 華族層の金禄公債については、小岩信竹「明治維新期の経済政策」石井ほか・前掲9 65頁を参照。

のありようにつながる一つのポイントがある。

(2) 銀行制度

　殖産興業政策の推進、あるいは軍費調達のため、明治政府は、当初より欧米型の近代的銀行制度の導入に熱心であった[20]。早くは明治2（1869）年の為替会社に始まり、明治5（1872）年には、国立銀行条例に基づいて発券銀行としての国立銀行の制度が設けられている[21]。その後、銀行は自由に設立ができるようになるが[22]、そのなかには基盤の怪しいものも多かったため、明治23（1890）年、これら銀行に対する規律を及ぼすために銀行条例が制定される[23]。そして同年、零細な家計の資金を預金として吸収していた貯蓄銀行に対しても貯蓄銀行条例が制定され、それぞれ普通銀行、貯蓄銀行のための法的枠組みを定めるに至ったわけである[24]。

　ここで注意しなければいけないのは、そもそも明治初期から中期の普通銀行に期待されていた役割である[25]。明治政府が導入した銀行制度というのは、イギリスのそれを範としたものであり、原則として預金を原資に商業手形の割引を行って、短期資金を提供するという商業銀行を念頭に置いていた。そして、今後勃興する産業に長期資金を提供するには、一つには株式会

17　地主階層の形成と富の蓄積については、大門正克「農村社会と都市社会」石井ほか・前掲11 341頁以下を参照。

18　田付・前掲8 141〜142頁。

19　貿易金融は、幕末維新期より外国貿易が外国商人の手に握られていたために、もっぱら外国銀行によって行われていた。これが変わるのは、明治13（1880）年に横浜正金銀行が設立され、これが政府の資金的支えを得て為替取組みを積極的に行うようになってからである（以上について、石井・前掲14 15頁以下、233頁以下参照）。

20　詳細については、日本銀行金融研究所『新版わが国の金融制度』489頁以下（日本信用調査、1986）。

21　国立銀行条例（明治5年太政官349号）2条は、株主から株金を募り、これによって元金（資本金）を構成することを予定している（同条第1節・第3節）。また、同条例5条では、役員の譲渡承認を前提として株高（株式）の譲渡を予定しているほか（同条第3節）、会社の損益の株主に対する帰属が株高に比例すべき旨の規定も置かれていた（同条第5節）。

22　日本銀行金融研究所・前掲20 491頁以下。

23　銀行条例（明治23年法律第72号）1条によれば、（普通）銀行とは、公に開く店舗において、営業としての証券割引、為替事業、または（金銭等の）預りと貸付をともに行う者を指すとしていた。

社制度を整備する必要があり、今一つには債券を発行する専門銀行の設立が必要だと考えていたわけである。

　しかし、明治初年度から明治中期までの銀行、とりわけ普通銀行は、国内資金を預金として吸収し、これを短期資金の需要ある企業に貸し付けることを前提として営まれてはいなかったといえる[26]。むしろ、日本銀行の低利貸付に基づく資金を企業により高い利息で貸し付け、鞘取りを行っていたのである[27]。加えて、明治10年代から構想されていた長期資金を提供する専門銀行の設立はなかなか実現せず、結果として短期資金を提供するはずの普通銀行は、長期の産業資金を提供すべき役割をも担っていった[28]。そのためには、銀行自らがさまざまな事業に進出して企業に直接出資する方法のほか[29]、会社の発行する株式を取得するための資金を貸し付けて、この見合いに当該株式を担保にとるという方法が用いられた[30]。後者の方法は株式担保金融、あるいは株式抵当金融と呼ばれ、明治20年代以降制定された商法の規定とも密接に関連するものであった。

---

[24] 以上について、日本銀行金融研究所・前掲20 494〜495頁。貯蓄銀行条例（明治23年法律第73号）1条1項によれば、複利の方法で預金事業を営む者を貯蓄銀行とし、これには資本金が3万円以上で株式会社形態をとるべきこと（同条例2条）、資金の運用方法が貸付・証券割引・国債地方債買入に限定されること（同条例5条）等、普通銀行よりも規制が厳しかった。なお、普通銀行でも1口5円未満の金額を定期預り、もしくは当座預りとして引き受ける場合には、貯蓄銀行業務を兼営するものとみなされていた（同条例1条2項）。

[25] 以下の記述全般については、神山恒雄「財政政策と金融構造」石井ほか・前掲11 94頁以下のほか、日本銀行金融研究所・前掲20 492頁を参照。

[26] 第一国立銀行などでは、明治10年代からかなりの預金を受け入れていたことが資料より明らかであるが（粕谷・前掲9 137頁）、その他の銀行が同様に預金を熱心に吸収することを前提として設立がされていたとはいい難い。

[27] 日本銀行金融研究所・前掲20 495〜496頁、神山・前掲25 98頁以下等参照。

[28] 松方正義、そして大蔵省は、明治10年代から銀行の分業構想を考えていたが、農商務省との対立等で議論がまとまらず、長期金融専門の金融機関は日清戦争後まで設立されなかったのである（神山・前掲25 95頁）。

[29] この点については、高橋亀吉『日本近代経済発達史第2巻』542頁以下（東洋経済新報社、1973）。

1-2　商法の制定とその規律

1-2-1　明治23(1890)年商法の制定

(1)　旧商法の提供する資金調達制度

　明治初期から10年代にかけて設立された会社類似の団体については、国立銀行条例のような規定に基づき、あるいはそのような規定なしに、個別に官庁の免許付与によって設立されていた[31]。あるいは、日本銀行や横浜正金銀行のように特別法によって設立根拠を与えられた株式会社類似の団体もみられる[32]。以上のとおり、明治の初期からさまざまな会社類似の団体が設立するなか、明治政府は、一方で勧業行政——そこには殖産興業政策が存在している——との関連で、他方で濫立する会社群を規律するために、会社法制定の必要性を認識するようになる[33]。そこで、ドイツから法律顧問としてロエスレル（レースラー；Roesler, Hermann）を招聘し、明治14（1881）年から

---

[30]　その前提としては、日本銀行が公債を担保とする金融を行っていたところ、明治23（1890）年以降は担保品付手形割引として株式を担保とする金融を認め、金融機関に対する資金提供を行っていたということがある。つまり株式を担保に、日本銀行を起点として民間銀行、およびこれから貸付を受けた出資者を経由して、企業に資金が流れる仕組みとなっていたわけである（以上の点については、神山・前掲25 98頁以下参照）。

　なお、日本銀行条例（明治15年太政官布告32号）は、その12条1項において、株券を抵当とする貸付を禁止しており、明治23年以降の担保品付手形割引は当該規定に違反するものであった。

[31]　当初の原則では、中央政府による個別の許可によって設立することとされていた（官許による設立例として、浜田・前掲9 27頁）。だが明治11（1878）年の府県職制後、一般的な条例・規則に基づかない会社設立のうち、先例あるものについては府県における許可により、場合によっては届出によって処理することが認められる例がみられるようになる（この点については、三枝・前掲8 112頁以下のほか、利谷信義＝水林彪「近代日本における会社法の形成」高柳信一＝藤田勇編『資本主義法の形成と展開3』32頁以下、および48頁以下（東京大学出版会、1973）を参照）。

[32]　中央銀行たる日本銀行、および貿易金融を担う横浜正金銀行は、それぞれ日本銀行条例（前掲30参照）、横浜正金銀行条例（明治20年勅令29号）によって設立され、株式会社類似の団体形態を採用していた。なお、横浜正金銀行それ自体は、すでに明治13（1880）年に設立されており、この条例はこれに法的な根拠を与えたものである（この点につき、利谷＝水林・前掲31 57～58頁）。

[33]　その嚆矢は、明治8（1875）年、内務省において編纂が進められた会社条例草案である。この点も含め、詳細は利谷＝水林・前掲31 50頁以下、85頁を参照。

17 (1884) 年まで、会社法制を含む商法典の起草にあたらせた[34]。ここから紆余曲折を経て[35]、明治23年にわが国初めての商法典が成立する。

　明治23年に制定された旧商法は、株式会社設立後の資金調達、すなわち長期資金の調達方法に関して、若干の規定を置いていた。これが資本増加に関する規定であり、その方法として株券の金額増加、新株券の発行、あるいは債券の発行が列挙されていた（旧商法206条）。この内容は、すでにロエスレル草案の段階でもみられるところ[36]、その説明によれば、資本金を増加させる厳密な意味での資本増加（以下、「狭義の資本増加」という）は、以上のうちあくまでも株金額の増加にのみよるものと考えられていた。すなわち新株券の発行や債券の発行は、会社に対する債権関係を発生させるのみであり、この債権関係は株主に優先する権利をもつものとして、狭義の資本増加とは区別されていたのである[37]。また、旧商法206条の規定に基づく債券の発行については、別にこれを規律する法律が制定され、これにより発行に係る細目が決せられることとなった[38]。以上のような説明を前提とする限り、旧商法206条にいう「資本増加」とは、会社の「資金調達」程度の意味（以下、「広義の資本増加」という）であると理解すれば足りるように思われる。

　なお、旧商法が正面から株式会社の資金調達手段と認めていたのは、以上のとおり広義の資本増加の規定に定められた3点であるが、そのほかに事実上資金調達手段として用いることができたのが、株金分割払込制度であった（旧商法167条2項・180条等参照）。ただし当該制度も含め、旧商法における資金

---

[34] 利谷＝水林・前掲31 86頁。

[35] この点については、高村・前掲6 47～59頁・68～73頁、三枝・前掲8 135～149頁、利谷＝水林・前掲31 84～126頁のほか、伊藤紀彦「近代的会社法の出発――レースラー商法草案と明治23年商法」浜田編著・前掲9 47～49頁、今井潔＝淺木愼一「法典論争と国産会社法の成立――明治32年商法制定」浜田編著・前掲9 79～108頁等参照。

[36] ロエスレル商法草案254条参照（ロエスレル氏起稿『商法草案上巻（復刻版）』426頁（新青出版、1995））。

[37] 以上について、ロエスレル・前掲36 426～427頁。

[38] 商法二百六条ニ依リ発行スベキ債券ニ関スル件（明治23年法律第60号）。ここでは、社債の発行について、総株金の半額以上の払込みがなされていること（1条）、債券発行額は株金払込金額を上限とすべきこと（2条）、債券の記載事項（4条）、あるいは債券原簿の記載事項（5条）等の規定が置かれている。

調達制度一般についての検討は、新商法におけるそれと重なるため、これについては後述する。

(2) 社債制度の淵源とその特殊性

では、なぜ債券発行に関する文言は、旧商法における広義の資本増加の規定中に存在していたのだろうか[39]。そもそも株式会社類似の団体による債券発行例は、旧商法の施行以前、明治23年の大阪鉄道会社を端緒とする[40]。しかし、これは当該会社が自生的に行ったものではなく、旧商法が制定され、これに債券発行による資金調達が可能とされていることを前提として発行されたものであって[41]、その意味では法の規定が優先している。つまり旧商法の債券発行に関する文言は、実務における慣例をもとに条文化されたものではない。

以上の疑問を解き明かすにはなお詳細な研究を要するところであるが、ひとまずここでは、旧商法における債券発行の規定がロエスレル草案段階で言及されている点から推論を試みてみよう。ロエスレルが、わが国の旧慣を前提とせず、イギリス法を中心とする外国法を参照して草案を編んだことはよく知られているところである[42]。この前提に外国における社債発行例を重ねてみると、次のようなことが明らかになる。まず、彼が最もよく参照したというイギリス法においては、すでに19世紀初頭から会社による債券発行例があり、19世紀後半にはそれが広く一般化したとされている[43]。また、ドイツあるいはフランスにおいても、19世紀後半の段階になるとその重要な例がみられ、その有用性が認識されるようになっている[44]。ロエスレルが、以上のようなヨーロッパ諸国における事情を勘案して、わが国の商法草案に債券発

---

39 この問いは、もとより株式会社による債券発行について、その内容や手続に対して法的規律を及ぼすべき必要があるか否かを問うものではない。会社法の内容としてこれを規律する必要があるか否かことの意味を問うものである。
40 鴻常夫『社債法』68頁（有斐閣、1958）。
41 高橋・前掲29 598頁。
42 利谷＝水林・前掲31 101頁。
43 鴻・前掲40 66頁。
44 鴻・前掲40 66～67頁。

行の文言を入れたことは十分に想定できよう。

　旧商法に債券発行に関する文言が入った背景に、以上のイギリスを中心とするヨーロッパの実例が存在していたとしても、なお次の点は注意を要する。すなわち旧商法206条は、「会社ノ資本増加ハ……債券ヲ発行シテ之ヲ」なすと規定していたが、旧商法本体にこれ以上の規律が存在しなかったという事実である。つまり旧商法が規定していたのは、株式会社は債券を発行して資金調達をしてよいというだけのことであって、それ以上の詳細については別の法律による規律を必要としていたということである。逆にいえば、当時の考えによる限り、株式会社の債券発行について旧商法本体としてはそれが可能であることを示せば足り、その詳細について規定すべき必要性や必然性は存在しないとされていた、ということである。

　周知のとおり、そもそも明治23年の旧商法では、株式会社の設立には免許が必要とされていた(旧商法156条)。以上のような規定のありようからすれば、当時の建前では株式会社の設立は原則禁止なのであって、免許を受けた会社のみが、法律に書いてある範囲において活動をなしうるものとなる。これを前提とすると、わが国の政策上、かりに会社が債券を発行して資金調達をすべきものとするのであれば、何より商法で規定すべきことは「債券発行が可能である」旨を明らかにすることであって、その詳細を規定するか否かではない。なお、別途制定された債券発行にかかる法律において[45]、債券発行自体も別途主務省の認許を要するものとされていることから（商法206条ニ依リ発行スベキ債券ニ関スル件3条）、実は債券発行による資金調達も原則禁止事項とされていたわけである。

　そこで本章では、次のような理解を前提として議論を進めていくこととする。旧商法の段階においては、イギリスをはじめとする諸外国における社債の発行例を参考に、株式会社が債券発行により資金調達をすることが認められた。そして、株式会社の設立が許可制であった当時、この方法による資金調達が可能であることを示すため、広義の資本増加の規定のなかに債券発行

45　この法律については、前掲**38**参照。

に関する文言が取り込まれた。ただし、それ以上に旧商法本体で詳細を規定すべき必然性はなかったことから、債券発行については別途法律が定められ、発行に関する詳細が規定された、ということである。

1－2－2　明治32(1899)年商法の制定

　明治26（1893）年の旧商法施行後間もなく、法典調査会が発足する。ここでは、明治23（1890）年に制定されながら施行が延期されていた民法はもとより、一部施行に至った商法も修正が検討されることになった[46]。当該修正において、株式会社の設立が免許主義から準則主義に移行し、あるいは合併に関する規定が導入されるなど、当時の経済事情に応じた大きな変更が加えられている。そして資金調達制度に関していえば、旧商法において並列的に扱われていた株金額の増加、新株券の発行、そして債券の発行が、明治32年に制定された新商法では区別して規定されるに至った。

(1)　株式を通じた資金調達制度

　新商法でも、株式を通じた資金調達の方法としては、資本増加に関する規定が置かれている（明治32年商法210条以下）。その内容をみると、株金額増加と株式発行による方法とが想定され、旧商法では資本増加の部分に存在していた社債発行による資金調達方法は、独立の規定を設けることとなった。このうち株式を通じた資金調達について理解するには、当時の資金供給者との関係で次の二点をふまえる必要があろう。第一が、株金額の大きさや株式の譲渡性といった株式の商品性であり、第二が、株金分割払込制度である。

①　株式の商品性

　新商法は、株金額が50円を下回ることを認めず、一度に全額払い込む場合に限り20円でもよいとしていた（明治32年商法145条2項）[47]。この50円や20円という額が、当時の経済・社会環境においていかなる意味を有する数字なのか、

---

[46] その経緯についてたとえば、今井＝淺木・前掲35 108～113頁のほか、三枝一雄「明治商法発達史試論（二・完）」法律論叢43巻6号1頁以下（1970）等を参照。

[47] 当時の貨幣価値と資産家層の生活水準等につき、中西聡「文明開化と民衆生活」石井ほか・前掲9 217頁以下参照。

容易には測りかねる。ただ当時、家計の零細な資金を貯蓄として吸収することを目的としていた貯蓄銀行が、制度上、5円未満の金額を定期預り、もしくは当座預りとして受け入れるとしていたことは、これを考える手掛りとなるだろう[48]。つまり50円や20円という額は、当時の立法者の意識として、家計の零細な資金が直接投入されるべき水準をはるかに超えるものと想定されていたということである。

　つまりこの株金額の水準こそ、株式会社に対して株式を通じて資金供給を行う主体を先の資産家層に限定する機能を果たしていたわけである。そもそも、新商法制定に至る当時の株式会社形態で営まれた事業というのは、鉄道業であれ、紡績業であれ、巨大な初期投資を必要とする反面で、その事業の成功可能性は未知数であった。その意味において、長期に資金を提供することになる株式投資について、ある程度のリスクに堪える者のみが参入できる仕組みを整えておくことは必要不可欠である。そして、それが相対的に高額な水準の株金額を設定したことにつながっていると考えられるわけである。もとより投資した資金が、株式会社において長期資金として利用されるにしても、資金供給者としてもこれを回収する術が全く存在しないのでは、リスクに堪えることが難しくなる。そのための制度が、株式の譲渡性の保障であり（明治32年商法149条）、その便宜のための有価証券化（明治32年商法148条）であったと考えられよう。

　以上をより一般的に論ずるのであれば、次のようにまとめることができるだろう。明治政府の殖産興業政策の下、株式会社は、あくまでも巨大な資本を用いて設備投資を伴う事業を行うために用いることが予定されていた。そして当時、長期のリスクに堪える資産を有し、そして投資に対する合理的な判断能力を有する者のみが、そのための資金提供を株式を通じて行うことが可能だった。これを裏返せば、零細な資金の保有者は、銀行預金という形式で公的な監督の及んだシステムを通じて資金を提供すべきだと考えられていたことを意味する。このような一定の判断能力を有する資産家層のみに、投

---

[48] 前掲24参照。

資者としての適格を認める制度のありようというのは、わが国の民法や商法が想定する人間像にも合致するもので、理論的・思想的な裏付けを容易に獲得できるものでもあった[49]。

もっとも、以上の原理原則的な説明も、現実には株式分割払込制度の存在によって制約を受けていた。次に、この制度との関係で、株式会社の資金調達の問題を考えてみよう。

② 株金分割払込制度

新商法において、資本の額は定款の絶対的記載事項であったから（明治32年商法120条3号）、株金額を増加する場合、新たに株式を発行する場合、いずれの方法で資金調達を行うにも定款変更手続が必要であった。いうまでもなく、このように資金調達のために必ず株主総会特別決議による定款変更手続を要求するのは、機動性において非常に劣る。これを補うのが、未払込株金請求による資金調達の方法であった。すなわち新商法の規定によれば、株式会社は、株金分割払込制度を前提として（明治32年商法123条・128条2項参照）、未払込株金の請求を通じて資金調達することも可能だったのである。そして会社の資本は、株金全額払込みの後でなければ増加できないものとされていたから（明治32年商法210条）、資本増加手続に基づく株式発行による資金調達は、あくまでも二次的な手段だった。

株金分割払込制度というのは、旧商法にもすでに存在していたもので、新株引受人の払込みの便宜のために設けられたものである[50]。新商法は、設立時（あるいは資本増加時）に引き受けられた株式について、発起人、あるいは株式引受人に対し、遅滞なく払込みをなすべき義務を課していた（明治32年商法123条・129条1項・219条）。ただし、この段階で払い込むべき金額というのは、最低限、株金額の4分の1でよいものとされていた（明治32年商法123条・128条2項・219条参照）。そこで会社としては、設立後（あるいは資本増加後）、

---

49 この点については、近代市民社会における人間像との関係で、村上淳一『ドイツ市民法史』2〜6頁（東京大学出版会、1985）を参照。
50 株金額の4分の1を払い込めばよいという制度を前提とすると、株金額を最低額の50円とした場合、当初12円50銭を払い込めばよく、資金提供者からすれば出資にあたっての障害が小さくなることになる。これが、当該制度を採用する場合の重要な点である。

その資金需要に応じて未払金部分を株主に請求し、これによって資金調達を行うことが可能とされていたわけである。旧商法はもちろんのこと、新商法がこのような制度を採用したそもそもの背景には、当時の資金の社会的蓄積が低位であったという事情がある[51]。当該制度は、とかく批判的に語られることも多かったものであるが、このような当時の経済・社会状況や、株式会社の事業が抱えていたリスクを考えると、これもあながち不合理ともいえない面がある。

さて、この制度を前提とした場合、会社が事業を展開するなかで新たな資金需要が生じ、株主に対して未払金の払込請求を行う段階で株主には次のような選択肢が生じる。それは、当該請求に応じるか否かは、従前の事業の状況、そして新たな資金に基づく事業の成否を勘案したうえで決することができるということである。つまり、これまでの事業状況をふまえて、かりに資金提供をしても事業の成功が期待できないと判断した場合には、請求に応じないという選択肢を有しているということでもある。これは、株式会社形態で営まれる事業のリスクが高く、これに提供される資金が長期に固定されてしまうことを前提とすると、資金提供者が負うべきリスクを最小限にとどめるための一つの方法だったとも考えられよう。そして、このようなリスク回避という視点から考えると、これに株式担保金融が組み合わせられた理由もよくわかるだろう。銀行から金融を受けた投資家が株式を購入し、この見合いで当該株式を銀行への担保に供する場合、投資家はより少ない元手で投資が可能となる。これは、自らに生ずべきリスクを限定しつつ、会社へ資金を提供できる方法として、当時としてはそれなりの合理性のあった仕組みであったと考えられる。また、銀行としても、株主が一定の資産家であることからその信用力を期待することができたので、これに助力をすることは十分考えられるところだった[52]。

③　資金供給者との関係

以上のとおり、新商法における株式を通じた資金調達に関する制度につい

51　高村・前掲6 150頁。
52　この点については、高村・前掲6 150頁以下参照。

て、資金供給者の視点からこれを観察すると、次のような事実が浮かび上がってくる。

　第一に、株金額の存在が、株式による資金調達について、一定の資産家層を資金供給者として想定し、これを選別していたということである。これは、19世紀末に制定された民法や商法の想定する主体が、そのような層にあったという理論的・思想的な背景とも関連するが、より実際的には次のような意味を有している。一つには、資産家層こそが長期資金を提供するにあたって生じるリスクを負担できる層だったということ。そしていま一つには、この層は、そのための投資にあたって、一定の合理的判断能力を有する層としても想定できたということである。なお、以上の長期資金を提供するという点との関連で、株式の有価証券化や譲渡性の問題を考えられることも、先に述べたとおりである。

　とはいえ第二に、株式分割払込制度と株式担保金融の実務が、現実問題として以上の原則に変更を加えていたということがある。資金供給者層の側からみれば、これらの制度は、投資にあたっての金銭的な障害を緩和すると同時に、その負うべきリスクを回避する手段を与えることとなった。そして当時、長期資金を必要とする産業界、また当該資金を供給すべき任務を負うこととなった銀行との関係で、資金提供にあたっての障害を緩和することは、それなりに意味のあることであった。

　そして第三に、株金額50円、ただし、払込みは4分の1でよいという新商法における株式制度のありようは、まさに明治中期におけるわが国の資金供給者層と株式会社の利用されるべき事業――そのリスクの高さといってもよい――によって決せられていた面があるということである。それは、特定の時代における資金供給者の層と株式会社の利用形態によって、株式という金融商品の性格が決せられている、ということを意味する。ひいては、ある制度が一定の時代的・地理的状況に拘束されること――それは会社法が決して価値中立的ではないことをも意味する――も明らかになるだろう。

(2)　社債を通じた資金調達

　社債を通じた資金調達について、旧商法では債券の発行によってこれを行

うことができることのみ本体で規定され（明治23年商法206条）、その詳細については別途の法律によって規律がなされていた[53]。これに対して新商法では、わずか9カ条であるが、発行総額の制限（明治32年商法200条）、社債券の記載事項（明治32年商法205条）、あるいは社債原簿の記載事項（明治32年商法173条）等、社債発行に係る詳細について定め、これを資本増加の規定の前に配置するに至った。

旧商法の段階では別途の法律によって規定されていた事項が、なぜ新商法において商法本体による規律を及ぼされるに至ったかは、必ずしも詳らかではない。新商法では株式会社の設立について準則主義が採用され、原則として会社の設立やその活動が禁止事項ではなくなっている。したがって、債券発行が可能かどうかという点を商法で規定する必要はなく、あとは社債権者保護の観点から特に規律すべき事項があれば、別途法律で規定すればよいだけのことである。さしあたりここでは、この理由を推測するに重要な鍵として、株式会社法の意味と社債に投資する資金供給者層の問題をあげておきたい。

かりに、株式会社は長期資金を集結するための機構であり、会社法はそのための金融商品を提供すべきだとの前提から出発してみよう。すると、長期資金の供給手段である社債は、やはり会社法がその規律を担当すべきことになりはしないか。そして、社債を購入して資金を供給すべき層というのは、やはり長期の投資が可能であって、かつそのための合理的判断能力を有する資産家層だが、これも会社法制を含む民商法が規律を想定する主体ではないか。このような前提の下で、新商法が社債に関する規律を引き受けるとすると、各社債の金額は20円を下回ることができないという最低単位の規定（明治32年商法201条）──株式と同様、相対的に高額である[54]──は、必要不可欠である。それは、まさに社債という金融商品を通じて資金を供給すべき層を

53　前掲38参照。
54　ちなみに旧商法には社債の最低金額に関する規定はなく、別途の法律として制定された商法二百六条ニ依リ発行スベキ債券ニ関スル件（前掲38参照）にも、そのような規定は置かれていなかった。

選別するための仕組みにほかならない。つまり、ここでも株式の場合と同様、社債の最低単位が一定の資産家層、つまり長期資金を提供するにあたって生じるリスクを負担できる存在を想定されていたわけである。現に、明治20年代から30年代初頭にかけて発行される鉄道会社や紡績会社の社債は、株主が引受を勧誘される例も多かったようであり、その資金供給者は株主の場合と同様の資産家層だった[55]。また、社債についても有価証券化や譲渡性が認められていたのは、やはりそれが長期資金を提供するための金融商品であったことと関係している。

だが、新商法の規定には、一つ注意すべき点がある。それは、社債発行限度規制がその規律として取り込まれている点である。旧商法下における債券発行は、特別法により払込株金額を上限として可能であったところ（商法206条ニ依リ発行スベキ債券ニ関スル件2条）、当該規律は新商法にも引き継がれた（明治32年商法200条1項）。これは、社債権者保護を払込株金額の範囲において図るものである。だが、資金供給者が長期の投資に対して合理的判断能力を有する資産家層として想定されるならば、このような規律の存在は自明ではない。ここでは以上の指摘にとどめるが、社債制度における以上の社債権者保護規定の存在は、後により大きな問題として現れることになる。

2．新商法制定後の展開

2－1　企業の事業展開と資金供給者層の拡大

2－1－1　日露戦争期
(1)　企業の事業展開

明治32（1899）年の新商法制定後、わが国経済にとって影響を与えた最大の出来事の一つが、明治37（1904）年に勃発した日露戦争であった。この戦争は、明治38（1905）年、ポーツマス条約の締結により決着をみるが、日清戦

55　高橋・前掲29 598頁以下参照。

争の場合とは異なり、この条約では賠償金の形で外貨を獲得することができなかった。このような外貨不足の状況下で、明治政府は外債による資金調達を盛んに試みつつ[56]、積極的な戦後経営を行う[57]。

この時期、わが国における産業革命の進展に伴って、このような経済の基盤を整備する動きが進み、会社数、払込資本金のいずれにおいても際立った拡大をみせたものの一つが電気ガス工業であった[58]。また、鉱山業においても、払込資本金額が急増して、高度の成長部門となっていた[59]。あるいは、日清戦争後からの電信電話事業、あるいは日露戦争後の電力事業の展開は、鉱山から産出する銅に対する需要を高め、これに応じて電線製造の事業が勃興するといった展開をみせることもあった[60]。さらに機械工業や金属工業などの重工業部門は、これが勃興し始めた日清戦争後の時期に比して成長率こそ鈍るものの、会社数において著しく増加をみせることとなる[61]。

以上のとおり、日露戦争からそれ以後の時期、わが国でも産業革命が進展するなか、政府部門や企業部門には多額の長期資金に対する需要が生じていた。この需要を満たすための資金供給者のありようがどのようなものであったか、次にみることとしよう。

---

[56] 日清戦争とは異なり、莫大な戦費が必要となった日露戦争においては、巨額の外債が発行され、戦後もこの方法による外貨調達が継続された（日清戦争期について、神山・前掲25 70頁以下、日露戦争期について、同・79頁以下を参照）。

[57] 明治39（1906）年から明治40（1907）年にかけてなされた鉄道国有化の措置はその典型である。鉄道国有化については、渡邉恵一「鉄道国有化と地方鉄道」経営史学会編『日本経営史の基礎知識』112〜113頁（有斐閣、2004）参照。

[58] 以下の点については、武田晴人「多角的事業部門の定着とコンツェルン組織の整備」法政大学産業情報センターほか編『日本経済の発展と企業集団』57頁（東京大学出版会、1992）。

[59] 鉱山業における事業者の規模拡大について、鈴木淳「重工業・鉱山業の資本蓄積」石井ほか・前掲11 234頁参照。

[60] このような鉱山業からの重工業部門への投資は、財閥という多角的経営体の展開にもつながるものでもあった（本文の記述も含め、武田・前掲58 63頁、鈴木・前掲59 235頁参照）。

[61] とりわけ戦時に軍需が拡大し、これに関与して規模を拡大していた民間の造船所や中小の工場が、戦後の軍需減少に対応して市場開拓を図るようになったわけである（本文の記述も含め、武田・前掲58 55〜56頁、鈴木・前掲59 225頁以下参照）。

(2) 資金供給者層の拡大

① 株式による資金調達

ここではまず、日露戦争後の時期においてなお一般的に行われていた株式担保金融の意味について確認しておこう。この実務の有する意味の一つは、相対的に資産の少ない層が株式の投資に参加することを可能にした点にある[62]。ただし、株式担保金融を通じて入ってきた新たな投資家層は、そのための十分な資産を保有する層ではないから、次のような行動をとる可能性があった。たとえば株式投資が熱を帯びれば[63]、株式を担保とした銀行借入によって積極的に株式を取得する。他方で、景気後退などでひとたび株価が暴落すれば[64]、株式を担保にして株式投資をする投資家は、担保価値が劣化するわけであるから直ちに株式を売却する。これは、株式を積極的な投機売買の対象とするものであって、もとより会社からなされる未払込株金の支払請求には応じないことにもつながる。その結果、企業からすれば株式を通じた資金調達には少なからず困難を生じ、企業としてはこれに代わる長期資金の調達方法として、銀行貸出か社債発行に頼ることともなったのである[65]。

② 外債発行による外資の導入

明治政府は、基本的に殖産興業や軍事費に充てる資金を国内資金で賄なっ

---

[62] その理由として、国民の間に株式会社に対する認識が広まったこと、国民の所得が高まってきたこと、そして経済関係の情報が国民の間に行き渡るようになってきたことなどが指摘される（高橋・前掲11 419頁）。

[63] たとえば、明治39（1906）年から明治40（1907）年にかけての株式投資熱について、高橋・前掲11 417頁以下参照。

[64] たとえば、明治40（1907）年秋からの景気後退と株価暴落について、神山・前掲25 84頁参照。

[65] 明治30（1897）年の金本位制の採用、そして近代的通貨・信用制度の確立といった要請から、日本銀行は自ら企業への貸出を行って普通銀行との競合関係に立ち、普通銀行が自らの努力により市中の滞留資金を預金に吸収するよう誘導した（日本銀行金融研究所・前掲20 496頁、神山・前掲25 101頁）。かくして普通銀行の預金銀行化は、三井、三菱その他財閥につながる大銀行において進展するが、それでも従前からの長期の産業資金提供はなお行われた。なぜなら、社会的な資本蓄積が低かったわが国経済においては、短期資金である預金を原資として、銀行は長期資金を貸し出す形で産業に提供せざるをえなかったのである。これこそ、戦前のわが国において「機関銀行」と呼ばれる状況につながっていくものでもあった（武田・前掲58 62頁）。

てきたわけであるが、日露戦争期の巨額な資金需要はこのような方向性の転換を余儀なく迫ることとなった。すなわち政府部門、企業部門とも、その莫大な資金需要に応えるべく、国外の資金を導入する必要にも迫られるようになったわけである。

　明治政府は、明治37（1904）年から明治38（1905）年にかけて、戦費調達のために5回にわたり総額10億円余りの戦時外債を発行するに至る[66]。日露戦争後も積極的な財政政策を採用した明治政府は、その資金需要を高めていたが、これと同時に戦後には民間経済も拡大していたゆえ、企業部門でも資金需要は旺盛であった[67]。このような政府部門と企業部門における資金調達の競合は、国内における資金不足を深刻化させ、ひいては明治40（1907）年後半からの景気後退の一要因ともなる[68]。ともあれこの時期は、政府部門であれ、企業部門であれ、以上の資金需要を満たすべく、外債を発行して外資を導入することが不可欠の選択肢となっていた。また外資の導入は、逼迫している国内資金をその分だけ解放することになることから、その意味でも当時のわが国においては必要な措置として認識されるに至っていたわけである。

2－1－2　両大戦間期

(1)　企業の事業展開

①　第一次世界大戦期

　日露戦争期以降、わが国経済は景気高揚と恐慌を循環的に繰り返していたが、明治末年になると、従前からの外債発行による資金調達も限界に達して金融は逼迫し、わが国経済は極度の停滞に陥った[69]。このような状況を一変させたのが、大正3（1914）年、ヨーロッパに勃発した第一次世界大戦だった。ヨーロッパにおける大戦の勃発は、よく知られるとおり、わが国の工業化に大きく寄与し、不景気にあえいでいたわが国経済を一気に好転させた[70]。

66　神山・前掲25 81頁。
67　神山・前掲25 82〜84頁。
68　神山・前掲25 84頁。
69　この時期のわが国経済における慢性的な不況状態について、橋本寿朗『大恐慌期の日本資本主義』24頁（東京大学出版会、1984）。

なぜならヨーロッパ諸国がアジア市場に輸出していた製品については、わが国において生産、輸出する必要が生じ、またヨーロッパ諸国における軍需品に対する需要も、わが国からの輸出によってこれを満たしたからである。

このように、ヨーロッパ諸国やアジア諸国における需要をわが国企業が満たすことを前提とした場合、何より、そのための貿易に従事する商事企業が必要である。そして、現実に物資を輸出するには、これを運送する海運企業が必要であるが、戦時下で船舶需要が逼迫するなかでは、これを提供する造船企業も必要となるし、運送貨物を付保するための保険企業も必要となる。さらに船舶製造のためには、鉄鋼が必要となるため、そのための企業も必要となる。このように第一次世界大戦期には、基本的に貿易——海運——造船——鉄鋼という産業連関的に重工業が発展していった点で特徴的だった[71]。そのほかにも、紡績等の従来からの消費財産業の生産も高まったし、ヨーロッパからの輸入が止まった製品については自給の必要が生じ、化学工業などの発展の萌芽はこの時期からみられるようになっていた[72]。

② 戦間期

大正7（1918）年に休戦が実現すると、先の貿易を起点とする海運——造船——鉄鋼という産業連関は成り立たなくなる[73]。その反面、戦時期には制約の存在ゆえに投資が進まなかった分野で、投資が拡大するようになる[74]。その例が紡績業や電力業であり、この発展は戦争の終結によって機械輸入の道が開かれたことによるものであった。とりわけ、この電力業における投資によって生じた電力供給は料金の低下につながり、かくして電力多消費の重化学工業の進展につながっていくことにもなった[75]。

---

70 以下の説明については、武田晴人『財閥の時代』151〜152頁（新曜社、1995）。
71 以上の産業連関については、武田晴人「景気循環と経済政策」石井寛治ほか編『日本経済史3両大戦間期』4頁（東京大学出版会、2002）のほか、橋本・前掲69 24頁以下、武田・前掲70 151頁以下参照。
72 橋本・前掲69 39頁以下。
73 橋本・前掲69 88頁。
74 制約の内容については、橋本・前掲69 42頁以下。
75 以上について、橋本・前掲69 89〜90頁、武田・前掲71 13〜14頁参照。

その後、大正9 (1920) 年以降の相次ぐ不況と恐慌を経て[76]、わが国経済が本格的に回復に向かうのは、昭和5 (1930) 年に再開した金輸出を翌昭和6 (1931) 年末に再度禁止した後、昭和7 (1932) 年からである[77]。これは、赤字公債の発行を伴う政府の財政出動により有効需要を創出するという政策に基づくもので、支出増大の核は軍事需要の増大にほかならなかった[78]。かくしてこの時期の景気回復を牽引したのは、この軍事需要に関連する重化学工業における投資の拡大であり、この時期にわが国経済の鉄鋼業や機械工業をはじめ重化学工業化は一気に進展することとなる[79]。

(2) 資金供給者層の拡大

以上のとおり、第一次世界大戦期の産業連関を通じた経済発展の時期はもちろんのこと、昭和期に至ってからも、わが国では経済のインフラストラクチュアを担う産業や重工業における企業が勃興し、発展していった。これらの企業がやはり莫大な長期資金を必要としていたことはいうまでもなく、その資金の流れがどのように変化していったかがここでのポイントである。

① 財閥系企業における内部資本市場

第一次世界大戦の勃発とともに、貿易――海運――造船――鉄鋼という産業連関を通じた経済発展がみられ、重化学工業を中心にその後もわが国の産業は展開していく。これらの産業発展を支えた長期資金の流れをみるうえで重要な点の一つが、いわゆる財閥のコンツェルン形成である[80]。これは、明治42 (1909) 年の三井合名の設立に始まり、大正12 (1923) 年の鈴木合名まで

---

76 大正9 (1920) 年の恐慌の後、大正12 (1923) 年に起こった関東大震災を経て、大正末年には少なからず財務状況の悪化した企業とそれに資金を貸し込んだ金融機関が存在していた。このような企業や金融機関を淘汰したのが、昭和2 (1927) 年の金融恐慌であった。さらに昭和4 (1929) 年秋、ニューヨーク株式市場の暴落に端を発する世界恐慌が起こると、すでに不況局面に入っていたわが国では、昭和5 (1930) 年以降、再度恐慌状態に陥ることとなったわけである (大正9年以降の恐慌については、橋本・前掲69 88頁以下、武田・前掲71 9～10頁、関東大震災の震災処理については、武田・前掲70 189頁以下、金融恐慌については、高橋亀吉『大正昭和財界変動史〔中〕』549頁以下 (東洋経済新報社、1955)、そして世界恐慌以後の状況については、橋本・前掲69 165頁参照)。

77 橋本・前掲69 203頁。

78 武田・前掲71 38～39頁。

79 橋本・前掲69 277頁以下、武田・前掲71 40～41頁。

続く流れであり、この下に株式会社化された直系会社、そして傍系会社の網がめぐらされることになった[81]。

このような財閥の下に組織化された企業の場合、資金の流れはこれに特徴的な動きをみせることになる。なぜなら、財閥の特徴の一つは直系会社における封鎖的所有にあるため[82]、必然的に資金供給方法もこの所有形態を守ることができる方法に限定されるからである。したがって、傘下企業に発生した資金需要ゆえに、株式を通じた資金調達を行う場合には、財閥本社に未払込株金の支払請求を行うか、資本増加の株式を引き受けてもらうか、いずれかの必要が生じることになる。しかし、財閥本社やその背後にいる同族にとって、そのための原資はもとより傘下企業株式か、ここからの配当金に限られる。そこで、財閥内のある傘下企業Aに長期資金の需要が生じた場合にとられた手法は、次のようなものであった。第一に、財閥内の他の傘下企業Bに資金的余裕がある場合には、特別の配当を行わせ、当該資金を傘下企業Aに払い込むことでその資金需要を満たす[83]。第二に、そのような資金的余裕がない場合には、傘下企業株式を担保として、財閥本社が財閥内の系列銀行から長期の借入れを行い、これを傘下企業Aに払い込むこととなる[84]。あるいは第三に、第二の場合に類するものとして、同じく財閥内の系列銀行に

---

[80] 三井、三菱、あるいは住友といった、後に巨大な財閥を形成する一族は、明治中期以降、事業の多角化を図ってきたところ、これはその事業の地域性に拘束されながらそれぞれに独立性の高い事業体として成長してきた。しかし、明治後期から交通や通信手段が発達していくなかで、増大する利益を管理し、事業全体の調整を可能とするための持株会社の設立を行い、株式保有を通じてこの下に参加企業を連ねる形態を採用するようになる（以上につき、橋本寿朗「財閥のコンツェルン化」法政大学産業情報センターほか・前掲58 91頁以下、武田晴人「大企業の構造と財閥」由井常彦＝大東英祐編『日本経営史3 大企業時代の到来』102頁（岩波書店、1995）のほか、武田・前掲70 101頁以下・108頁以下を参照）。

[81] 橘川武郎「財閥のコンツェルン化とインフラストラクチャー機能」石井ほか・前掲71 145頁以下。

[82] たとえば三井ならば、三井物産や三井鉱山といった直系会社は三井合名の100パーセント子会社となる。

[83] ここまでの記述については、武田・前掲70 108～114頁、橋本・前掲80 108頁、武田・前掲80 87～88頁の記述を参照。

[84] この点については、武田・前掲80 104頁。

発行引受や担保受託を依頼して、傘下企業A自身が社債発行により資金調達を行う[85]。以上のうち、配当を資金調達の原資に用いる場合、資金供給者は原則として財閥本社となり、それは大きな目でみれば財閥における内部留保資金によることになる。他方、長期借入れであれ、社債発行であれ、系列の銀行を通じて資金調達がなされる場合は、その原資は預金ということになり、その資金供給者は零細な資金を提供した家計だということになるわけである。

　財閥は、以上のようにいわば内部資本市場を通じて、財閥傘下企業の資金調達を可能ならしめていたのだが、これに変化が生じるのは、昭和初期に軍事需要の増大に伴って重化学工業が発展してからである。この時期、自ら株式会社化した財閥本社やその直系企業は株式公開を行うようになるが[86]、その背景には、重化学工業化の進展により、財閥本社のみではもはや傘下企業の資金需要に応えられなくなったということがある[87]。つまり昭和初期に至って、財閥は、内部資金のみならず外部資金――家計の広い層の資金――を調達する必要に迫られたわけである[88]。

　② 企業への資金の流れ一般

　ここからは、より一般的に視野を広げていくこととしよう[89]。第一次世界

---

[85] 三菱における例として、橋本・前掲80 110頁。そのほか、大正期から昭和期にかけての社債発行例に関する詳細は、橘川・前掲81 154頁以下を参照。

[86] ここには、いわゆる財閥転向ともいうべき現象も関わっている。財閥の転向というのは、昭和7（1932）年頃からみられる現象で、財閥の家族支配的性格を希薄化させるための組織改革や制度改革の措置を指す。このような動きは、昭和7年の血盟団事件によって三井合名の理事長団琢磨が暗殺されるといった、当時の時代背景に由来するものであった（以上について、武田・前掲70 249頁以下参照）。

[87] この点については、武田・前掲70 255頁以下、橋本・前掲80 130頁以下等を参照。

[88] もっとも昭和10年代に入ると、株式出資者の利益を制約する立法がなされるようになり、株式を通じて広く資金調達を行うという方法自体が困難となっていく（武田・前掲70 267頁以下）。

[89] なお、大戦による設備機械の輸入困難に直面していた紡績業などは、高収益部門であったにもかかわらず投資が制限され、この時期には分厚い内部留保が形成されて外部資金の導入が不要となっていた（橋本・前掲69 54頁、橋本・前掲80 92頁）。あるいは、この当時の株式市場が投機的な市場となっていたこともあって、造船業などでも自己資金による投資が行われる例がみられた（橋本寿朗『戦間期の産業発展と産業組織Ⅰ戦間期の造船工業』29頁以下（東京大学出版会、2004））。

第2節　前史——第二次世界大戦以前　555

大戦が勃発して以降、企業は高利潤、高配当を重ね、また賃金の上昇や農村の活況を通じて貯蓄も蓄積していく[90]。このように第一次世界大戦期に家計のより広い層に蓄積した資金は、その後、戦後の電力業等への設備投資の際には、株式発行の方法により——株式担保金融の形態などを利用して[91]——企業に供給されていくこととなる。他方で、第一次世界大戦後、大正年間においては、電力業や鉄道業などで広く社債による資金調達が行われた[92]。これは、個人資金や海外資金を吸収することも少なからずあった[93]。財閥系列の銀行や日本興業銀行が社債の引受に広く関与した当時、家計から提供される預金の絶対量も拡大していたから[94]、この経路を通じて吸収された資金の一部が、社債の形で企業の長期資金に提供されていったことが想像されるわけである[95]。

　昭和期に入ると、企業は、景気好転時には設備投資資金として株式による資金調達を行い、社債は借換えのために行われることが多かった[96]。そしてこの時期に至ると、株式や社債に対する資金の出し手としては、従前からの資産家層のみならず、法人投資家——具体的には生命保険会社や信託会社の存在——が重要となる[97]。個人株主よりも法人大株主へ保有株式が集中する現象は大正期からみられるが[98]、それがより顕在化するのは昭和期に入って

---

[90] 武田・前掲71 5頁。
[91] この時期の株式担保金融の容易さについて、武田・前掲70 170頁参照。
[92] 橘川・前掲81 154頁以下。
[93] 鴻・前掲40 69頁、橋本・前掲69 123頁。
[94] 武田・前掲80 85〜86頁。
[95] もっとも、大企業の社債が、最終的にどのように消化されたのかは、今日なおわからない面がある（麻島昭一「大企業の資金調達」由井＝大東・前掲80 262頁）。そのほか、社債引受に対する銀行の関与のあり方については、橘川・前掲81 156頁以下参照。
[96] 以上の点については、橋本・前掲69 277頁以下参照。
[97] この点については、橋本・前掲69 233〜234頁、武田・前掲80 85〜88頁を参照。なお、信託会社は、大正11（1922）年に制定された旧信託業法が翌12（1923）年から施行され、これによって本格的に設立、発展が進んでいったものである（この点については、橋本・前掲80 125〜126頁参照）。
[98] 武田・前掲80 85頁以下。なお、第一次世界大戦後、大正9（1920）年以降の恐慌が始まるまでの時期にブームが生じ、その間に電力業に株式市場を通じて資金が流れたことについて、橋本・前掲69 90〜91頁参照。

からである。これらの会社の原資も本来的には家計の零細な資金であるところ、この時期に至って、その集中が銀行のみならず生命保険会社や信託会社等、多様な金融機関を通じて行われるようになったわけである。

2－2　環境の変化と制度的対応

わが国における重化学工業の発展と資金供給者層の拡大が、株式や社債を通じた資金調達制度に対して、どのような制度上の対応を要求したかが次の問題である。概略すれば、日露戦争期の対応が、明治38（1905）年の担保附社債信託法（以下、「担信法」という）制定と明治44（1911）年の商法改正であり[99]、昭和期の対応が、昭和8（1933）年の担信法改正と昭和13（1938）年の商法改正である[100]。このようにみると、第一次世界大戦後の経済状況に対応するための商法改正がないことに気づく。これは大正9（1920）年から慢性化していく不況のなかで、大正11（1922）年の破産法や和議法の制定等、倒産法関係の法整備がなされたことによるものである。

2－2－1　担信法の制定と明治44（1911）年改正
(1)　外資導入と担信法制定

外資導入が必要不可欠だった日露戦争期のわが国の環境において、明治政府は、社債をめぐる制度的整備を進めていくこととなる。その結果として制定されたのが、明治38（1905）年の担信法であった。そもそも明治32（1899）年の新商法における社債関連規定は、これが無担保社債であることを前提として規定が置かれていた。だが、対外的に信用の乏しい当時のわが国企業

---

[99] 明治44（1911）年の商法改正に至るまでの経緯その他、詳細については、藤井信秀「日露戦争後の経済発展への対応——明治44年の改正」浜田編著・前掲9　125頁以下参照。

[100] 具体的に商法改正の動きがみられるようになるのは、金融恐慌を経て、世界恐慌のなかにあった昭和4（1929）年である。これは、東京商工会議所に設置された商事関係法規改正準備委員会における検討を端緒とするものである。このような経緯で始められた検討が、昭和13（1938）年の商法改正となって実現した。以上の経緯については、鈴木竹雄＝竹内昭夫『商法とともに歩む』19頁以下（商事法務研究会、1977）、淺木愼一「大正バブルの崩壊と経済的矛盾の露呈——昭和13年の改正・有限会社法の制定」浜田編著・前掲9　152頁以下等を参照。

が、外国人投資家に社債を発行することは、担保を付さない限り困難であった。この社債に担保を付すための制度的仕組みとして制定されたのが担信法であり、そのためにイギリス法における信託の仕組みが取り入れられたのである[101]。以上のとおり担信法は、外債発行を想定しつつ、わが国の株式会社が発行する社債に物上担保を付せるようにしたという点に主たる目的があるが、なお立法の内容と形式について、次の二点を付言しておきたい。

　第一に、この当時の商法には存在しなかった受託会社や社債権者集会の制度（担信法48条以下。以下、本項において「担信法」という場合、制定当時のものを指す）を導入し、社債権者の保護やその利害調整を図っていることである。信託の形式で物上担保を付す以上、担保の受託会社に関する詳細な規定が置かれるのは当然である。他方で、社債権者集会の方法により社債権者の利害調整を図る法制は大陸法に特徴的にみられるものであるが[102]、担保付社債に限ってわが国でもこのような制度が導入されたわけである。

　第二に、担保付社債の制度を認めるにあたって、これを商法本体で規定せず、担信法という特別法の形式を採用していることである。そもそも、社債に担保を付すことができる旨を法の主たる目的とするのであれば、これは資金供給者との関係で社債の商品性を規定するだけであるから、商法本体に規定を置くことも可能だったはずである。それにもかかわらず特別法となったことについては、担信法が、担保付社債に関する信託事業に対する監督規定を多々有していたことが重要であろう（担信法5条以下参照）[103]。以上のような事情ゆえ、担信法は、社債権者保護という政策目的を強く帯び、長期資金を提供するに堪える資産家層を念頭に置いて、社債の商品性を設定するという

---

[101] 担信法においては、外資導入のための制度的仕組みとして、社債発行会社が信託会社と信託契約を締結し（担信法2条）、これに基づいて社債に物上担保を付すことができるものとしている（担信法4条）。そして、この信託契約に基づく物上担保は、信託証書に記載された総社債のため、受託会社に帰属するものとされている（担信法70条）。また、わが国の株式会社が外国において物上担保を付した社債を発行する場合を想定して、外国会社との信託契約の締結（担信法17条）、あるいは信託事務を承継すべきが外国会社の場合（担信法97条2項）といった規定も置かれるに至っている。
[102] この点について、鴻・前掲40　79頁。

商法の原則にとどまらない側面を有していた。それゆえ、担信法という特別法の形態を採用したのだろうと考えられる。

(2) 明治44（1911）年改正

さて、外債発行を念頭に置いた社債制度の改正は、明治44年の商法改正においても行われている。明治44年改正における社債に関する改正事項は、社債の分割払込みの許容（明治44年改正商法204条・200条ノ2）、社債申込証制度の導入（明治44年改正商法203条）、そして社債募集の委託の許容（明治44年改正商法203条ノ2・204条ノ2）といった点が中心であるところ、これらの改正も少なからず海外における社債の発行を念頭に置いたものである[104]。

新商法は社債に投資する層について、その最低単位を設定していたことからもわかるように、資産家層を想定していた。だが、日露戦争期のわが国における資金需要の高まりが外国資本の導入を不可避とした結果、その層として海外の投資家をも想定せざるをえなくなった。もっとも、そのような投資家層の拡大によって、社債の分割払込が許容されたり、社債申込証の制度が導入されたりしても、社債の金融商品としての商品性が根本的に変化を受けたわけではない。

なお、明治44年商法改正においては、株式関係の改正もいくつかなされて

---

[103] そのほかの理由として、担信法が無担保社債に関する商法の一般規定に対する例外を定めていることや、信託に関する詳細な規定ゆえに商法本体に入れるには異質かつ巨大な要素であったこと等をあげることが可能であろう。とりわけ担信法は、制定当時より120カ条にも及ぶ大きな法律であった。それは、この当時は信託法のような一般的な信託に関する規定を置いた法律がなかったため、担信法に信託の一般的枠組みを定めた規定を置いたためである。たとえば、信託証書に関する担信法18条以下の規定、信託契約の効力に関する担信法68条以下の規定、あるいは信託事務の承継や終了に関する担信法97条以下の規定等がそれである。

[104] 社債の分割払込みというのは、英米における社債額の一部払込みに関する慣例を念頭に置いたものである。また、従前の社債発行に関する公告では、海外における発行において意味をなさないことから、社債申込証の制度が導入されたものである。さらに、外資導入のために設けられた担信法においてすでに規定されていた社債募集の委託にかかる制度について（担信法23条）、これを普通社債に関しても設けるなど、いずれも外国人投資家の存在を念頭に置いてなされた改正だったわけである（以上については、藤井・前掲[99] 148～149頁も参照）。

いる。具体的な改正事項としては、記名株式の移転に関する対抗要件（明治44年改正商法150条）、株金払込懈怠株主に関する失権予告附催告・失権公告（明治44年改正商法152条3項・153条ノ2）、そして無記名株主の権利行使（明治44年改正商法155条ノ2）といったものである。以上の改正は、株金払込懈怠株主に対する失権予告附催告・失権公告の導入からもわかるように、投機的な株式投資をする者を念頭に置いて、このような投資家への対応を手続的に整備した面がある[105]。そもそも株式担保金融の実務は、会社法が本来的に想定しない形で株式投資を図る存在を認めることとなった。そこで明治44年改正商法は、基本的には資金供給者層を本来の資産家層に維持しつつも、例外的な参入者が生じさせる問題には相応の対応を行うという態度を採用したわけである。

2−2−2　担信法の改正と昭和13（1938）年改正

(1)　社債浄化運動と担信法改正

社債は、第一次世界大戦の時期からは国内でも盛んに発行例がみられるようになり、この場合は商法の規定による無担保社債として発行される例が少なからず存在していた[106]。ところが大正9（1920）年以降慢性化した不況と、昭和初期の金融恐慌は、このような社債について償還・利払不能となる例を多々生じさせた。その結果として生じた昭和初期のいわゆる社債浄化運動では、社債に対する不信を払拭すべく、社債発行を担保付、もしくは減債約款付とすることが主張されるに至る。そしてこのような主張は、昭和8（1933）年、金融機関の間で将来の社債引受につき、以上の趣旨を容れることで申合わせがなされて決着をみた[107]。

以上のような動きに連動する立法の流れが、昭和8年の担信法改正であった。この改正においては、社債に付すことのできる物上担保の範囲が拡大されたほか（昭和8年改正担信法4条10号・11号。漁業財団抵当と自動車交通事業抵当が追

---

[105] この点について、藤井・前掲99 132頁。
[106] 戦間期の社債発行に関して、担保付社債と無担保社債の割合等については、橘川・前掲81 155頁参照（ただし、ここでは担保付社債が増加する昭和期以降とそれ以前との統計が分離されていない）。
[107] 以上について、鴻・前掲40 69頁。

加された)、担保付社債の分割発行(オープン・エンド・モーゲージ制度)が導入されている(昭和8年改正担信法19条ノ2～19条ノ5等)。担保付社債の分割発行とは、同一の担保で発行されるべき社債の総額を分割して発行するものであり(昭和8年改正担信法19条ノ2参照)、担保付社債をより利用しやすくする方向での改正にほかならなかったわけである。

この昭和8年の担信法改正は、社債の償還不能・利払不能が多発した経験を経て、社債発行を担保付の方向へ誘導する意義を有する。その意味では、改正の意図は、資金供給者たる社債権者保護——その資金は直接供給されるのであれ、金融機関を通ずるのであれ、もとは家計の零細な資金であることが多い——に向けられていると考えられよう。

(2) 昭和13(1938)年改正

① 社債制度の改正

社債制度は、昭和13年の商法改正において大幅な改正を受ける。その内容として、転換社債制度(昭和13年改正商法364条～369条)のように従前存在しなかった制度を導入するための改正もある[108]。だがここで重要なのは、担信法にすでに存在していた制度を、無担保社債に関する商法の規定にも適用するための改正である。その例として、社債の受託会社に関する規定(昭和13年改正商法309条～314条)、および社債権者集会に関する規定(昭和13年改正商法319条以下)をあげることができるだろう。

社債の受託会社は、実務的にはその発行が担保付で行われるか否かを問わず設置されるのが通例であった[109]。ただし、担保受託業務を含め信託契約の効力として、担信法には受託会社の権限等に関する詳細な規定があったのに対し(担信法68条以下参照)、商法には、受託会社を設置した場合の公募、払込みに関する特則規定が1カ条置かれているにすぎなかった(明治44年改正商法204

---

[108] これは、資本増加規定の一環として規定が置かれたもので、英米の制度を研究した成果として、会社における資金調達の便宜のために取り入れられているものである(鈴木=竹内・前掲100 45頁、淺木・前掲100 173頁参照)。

[109] 社債の受託会社は、社債発行が担保付か否かを問わず社債の引受業務を行い、それが担保付の場合にはその担保の受託業務を行ったわけである(この点について、橘川・前掲81 156頁以下参照)。

条ノ2)。しかし、無担保社債について償還不能・利払不能の例が現れると、社債権の管理を行う受託会社の権限、あるいはその管理が不適切だった場合の解任・事務承継等について、適切な法的規律を及ぼす必要が生じる。そこで置かれたのが、社債権者のためにも社債の受託会社を活動させるべく、その権限や辞任・解任時の処理に関する一連の規定であった（昭和13年改正商法309条〜314条)[110]。

　さて、昭和13年改正における社債制度の改正は、かなり特異なものである。それは、この改正における受託会社の規定やこれと関連した社債権者集会の規定が、担信法に由来するものであることと無関係ではない。繰り返すように、担信法というのは、そもそも信託の形式により社債に物上担保を付し、受益者たる社債権者を保護するための枠組みを提供する法律である。担信法が担保の受託会社について強力な監督を及ぼしているのも、そのゆえである[111]。たしかにこのような担信法の規定について、受託会社に対する業法的監督を裁判所によるそれに変換してはいる[112]。だが、受託会社と社債権者集会の枠組みを商法にも導入したことは、商法の社債規定に社債権者保護の枠組みを取り入れることにつながっている[113]。むろん、そのことをもってしても、商法における私人間の利害調整という枠組みを超えるものではないかもしれない。だが、資金供給者として資産家層を念頭に置き、従前のような社債の最低単位や譲渡性といった基本的商品性のみを規律するにとどめるという段階は脱することとなった。それは、社債に投資する層が拡大し、現実に償還不能・利払不能となった社債が多々現れるなかで、事後的な社債権者保

---

[110] この点に関しては、岡光民雄「社債法改正作業と受託会社」商事法務1190号41頁以下（1989）の記述に詳しい。
[111] たとえば、やむをえない事情による受託会社の辞任には、主務官庁の許可が必要となる（担信法98条）。また、受託会社の義務違反等の場合に、これを解任する権限を有しているのはやはり主務官庁である（担信法99条）。
[112] 受託会社の辞任や解任に関して、主務官庁に代わる裁判所の関与を前提としつつ、原則として社債権者集会による監督を想定している（昭和13年改正商法312条・313条）。
[113] 社債権者集会の規定は、受託会社の存在を前提とし、これが決議内容を執行することを想定して置かれている（昭和13年改正商法330条）。これは、担信法の規定と同様の構造である（担信法63条）。

護の枠組みを提供すべき要請がきわめて強かったことを意味していたといえよう。

② 株式制度の改正

株式を通じた資金調達制度をめぐる改正も、昭和13年商法改正において幅広く行われている。ここでも転換社債の場合と同様、外国の制度の研究成果を取り入れた改正が取り入れられているほか[114]、株式分割払込制度と関連した改正がなされている。ここでは、未払込株金がある場合の処理について、若干ふれておくこととしよう。すなわち、未払込株金の請求に対してその支払いがなされない場合について、従来は失権するものとされていたのに対して（昭和13年改正前商法152条）、この改正では会社において競売の方法により当該株式を処分するものと改められている（昭和13年改正商法213条2項・214条）。そして、この競売によっても株式の取得者が得られない場合には、資本減少の方法によって当該株式の消却をなしうるものとした（昭和13年改正商法216条）。この改正の主眼は、とりもなおさず未払込株金の請求による資金調達が円滑に進まない場合に対応するところにある。

株式を通じた資金調達に関して、以上のような昭和13年改正商法の態度からは、次の点を指摘することができるだろう。それは、一定の資産家層を資金供給者層として考えていた新商法制定以来の原則的な考え方を、なお維持しているということである。むろん、株式担保金融の存在や資金供給者層の拡大により、現実には当初の規律が意図していた意味が希薄化したのも事実である。しかし、昭和13年改正では、この点に関して根本的な対応を行うものではなく、あくまでも未払込株金請求が奏功しない場合の問題――繰り返

---

[114] その例として、無議決権株式（昭和13年改正商法242条）や転換株式制度（昭和13年改正商法359条以下）の導入をあげることができるだろう。加えて、優先株式の発行について資本増加時に限定しない旨の改正（昭和13年改正商法222条）もなされている。さらに株式を用いた資金調達との関係では、従前、株金の残額払込みの方法によるか、あるいは資本増加の方法による必要があったところ、後者の手段は株金の全額払込みの後にのみ許されていた（昭和13年改正前商法210条）。だが、昭和13年改正ではこの規定が削除された。なお、鈴木＝竹内・前掲**100** 45頁、淺木・前掲**100** 172〜173頁、175〜176頁等を参照。

すとおりこれは株式担保金融とも少なからず関係する話である——に限って、対応を行っているわけである。

第3節　規制体系下における資金調達をめぐる制度
　　　——戦後からバブルまで

1．戦後の経済改革と商法改正

1－1　戦時統制経済から終戦後における企業とその資金調達

1－1－1　戦時統制経済

　わが国経済は、昭和6（1931）年の満州事変を端緒に準戦時体制に移行する。この時期、わが国では軍事需要の存在を前提に重化学工業を中心とした生産力の拡充が求められたが、当時の限られた外貨準備の下でこれを行えば、一気に物資不足と物価騰貴を招く危険もはらんでいた[115]。かくして昭和12（1937）年の日中戦争以降、戦時における経済統制の下、物価騰貴抑制の観点から企業の資金調達は大きく制約を受けることとなった。その統制の最初の形は、昭和12年に制定された臨時資金調整法であり、ここでは、企業における長期資金の調達について政府の許可が必要とされた[116]。企業の必要とする資金に対する統制はその後も強化の一途をたどり、昭和14（1939）年の会社利益配当及資金融通令の制定[117]、昭和15（1940）年の会社経理統制令、銀行等資金運用令[118]の制定と続く[119]。

---

[115] 以下について、中村隆英「概説　1937—54年」中村隆英編『日本経済史7「計画化」と「民主化」』5～6頁（岩波書店、1989）。

[116] 臨時資金調整法（昭和12年法律第86号）の趣旨として、基本的には軍需、あるいは基礎物資等の生産に携わる産業を優先し、繊維業・製紙業・商業等の平和産業における投資を抑制することがあった（中村・前掲115　8頁）。

[117] 会社利益配当及資金融通令（昭和14年勅令179号）は、昭和13（1938）年に制定された国家総動員法11条を基礎として発せられ、勅令の定める基準配当率以上の増配を制限することにより会社に資金を留保し（同令2条以下）、これによる会社経理の放漫化防止のため、政府に会社経理に対する干渉権限を認めることとされた（同令7条以下）。

以上の経済統制は、企業に対する資金供給の流れのありようを大きく変化させることとなった。とりわけ昭和14年以降にみられる配当規制の強化は、一方で、企業の内部留保を潤沢にしてこれによる資金調達を可能とするものの、他方で、株式を通じた外部資金の調達を困難とするものであった。このような株式を通じた企業の資金調達が困難となるなか、政府が早くに採用した方策の一つが、特殊銀行である日本興業銀行の利用である。すなわち、日本興業銀行に企業に対する生産力拡充資金の強制融資を行わせ、そのための原資は当該銀行における資本増加と興業債券発行限度の大幅拡張とによって手当てされることとなった[120]。このように日中戦争勃発後、わが国では企業への資金統制が強化されるなか、日本興業銀行を中心とした軍需金融が行われ、現実には政府による資金割当てが強い影響力を担うに至ったのである[121]。

　太平洋戦争開始後は、公債発行に基づく政府による資金配分が強調され[122]、国民貯蓄等をいかに動員して公債消化資金と産業所要資金に回すかという資金配分計画が問題となっていく[123]。これは裏返せば、あらゆる層の家

---

[118] これらの勅令も、国家総動員法11条を基礎として発せられた。前者の会社経理統制令（昭和15年勅令680号）は、従前からの配当制限を強化するとともに、役員賞与にも制限を加えている。後者の銀行等資金運用令（昭和15年勅令681号）は、金融機関の資金運用について主務大臣が関与することを認め、金融機関に対する資金運用計画の変更や運用方法の指定等が可能とされている。以上については、原朗「戦時統制」中村・前掲115 83頁、野口悠紀雄『1940年体制　さらば「戦時経済」』25頁（東洋経済新報社、1995）、山崎広明「概説　1937—55年」山崎広明＝橘川武郎編『日本経営史4「日本的」経営の連続と断絶』11頁（岩波書店、1995）等も参照。

[119] さらにこの傾向は、昭和16（1941）年12月の太平洋戦争開戦後も続き、昭和17（1942）年の日本銀行法（昭和17年法律第67号）、あるいは金融事業整備令（昭和17年勅令511号）の制定が、その例としてあげられるだろう。日本銀行法1条1項は、日本銀行の目的として、「日本銀行ハ国家経済総力ノ適切ナル発揮ヲ図ル為国家ノ政策ニ即シ通貨ノ調節、金融ノ調整及信用制度ノ保持育成ニ任ズルヲ以テ目的トス」と述べ、産業金融の調整を可能とすべく、日本銀行に強力な権限を与えていた。また金融事業整備令は、国家総動員法16条ノ3を前提として発せられ、同令2条は、「主務大臣金融事業ノ整備ヲ図ル為必要アリト認ムルトキハ金融事業ヲ営ム者（以下金融機関ト称ス）ニ対シ金融事業ノ委託、受託、譲渡若ハ譲受又ハ法人ノ合併ヲ命ズルコトヲ得」と規定していた。

[120] 以上につき、原・前掲118 79頁。

[121] 原・前掲118 83〜84頁。

計資金が、公債なり金融機関なりを通じて産業資金として提供されることを意味していた。そして、観念的には資産家層とそれ以外とで区分されていた資金供給者層が、一体として認識されていく過程でもあった。そして昭和19（1944）年には、軍需融資指定金融機関制度が開始される。これは、一会社に一金融機関を指定して、これを中心とした融資協力団を結成するものであった[124]。ここに、家計資金が、公債や預金を通じて企業ごとに指定された金融機関から、軍需生産のための資金として企業に提供されるという一連の仕組みがみられるようになったのである[125]。

1－1－2　終戦と経済統制の帰趨

(1)　財閥解体措置と統制的手法の残存

　昭和20（1945）年8月15日、わが国はポツダム宣言を受諾し、第二次世界大戦は終結する。GHQ（General Headquarters；占領軍総司令部）は、以上のポツダム宣言を基礎とした当初の対日占領政策の内容として、戦争遂行能力の除去、日本の農業国化といった観点から厳しい賠償方針を採用していた[126]。そもそもポツダム宣言において許されたわが国経済のありようというのは、日本経済を支持し、公正な実物賠償の取立てを可能にする範囲での産業維持であった。もとより、戦争のための再軍備を可能とする産業は認められず、貿易への参加も将来的に許されるべきものではあったが、当初からそれを認められるものではなかったのである（ポツダム宣言11項参照）。その結果、復興に必要な生産設備は消費財生産が中心であり、重工業に関してはその大半が撤去の対象とされることとなった[127]。

---

[122]　たとえば昭和17（1942）年、戦時金融金庫法（昭和17年法律第32号）の制定による当該機関の政府保証債券の発行、これを通じた生産力拡充・産業再編成資金の供給などが施策として行われる。
[123]　原・前掲118 87～88頁、92頁。
[124]　原・前掲118 97～98頁。
[125]　この点について、宮崎正康＝伊藤修「戦時・戦後の産業と企業」中村・前掲115 196頁参照。
[126]　アメリカ政府内の対日占領政策についての詳細は、橋本寿朗『戦後の日本経済』79頁（岩波書店、1995）、三和良一「戦後民主化と経済再建」中村・前掲115 109頁以下参照。

かくしてこの終戦後間もない時期にわが国経済に課された課題というのは、わが国に残された限られた資源について、GHQの対日占領政策の制約の下でいかに生産活動に振り向けるかにあった。つまり現実問題としては、この当時のわが国の疲弊した経済や社会状況において、目的は異にしつつも、なお手段としての経済統制は必要であったわけである[128]。この点と関連して、金融機関のあり方について、GHQが戦時以来の状態を残存させたことにもふれておく必要がある。当初GHQは、財閥解体によって戦争遂行能力を除去するとともに[129]、昭和22（1947）年の独占禁止法制定にもみられるとおり、わが国経済に競争的構造を設けようとしていた。しかし、東西冷戦構造が明確になるなか、昭和22年から昭和23（1948）年にかけて、アメリカにおける対日占領政策の重点が、日本の非軍事化から経済復興に転換される[130]。このようななかで、こと財閥解体措置が当初の構想から後退し、その分だけ統制的手法の残存する余地が生じたわけである。本章との関係では、とりわけ銀行が独占的市場構造の解体、すなわち集中排除措置から外れた点が重要である[131]。なぜならこれは、金融機関を通じて経済運営に対する政府の意向を反映させるシステムが残ることを意味したからである。

(2) 資金の流れ

戦後間もない時期の企業にとっては、ポツダム宣言で認められた生産活動

127　物的に戦争遂行能力を除去するため、昭和20（1945）年から21（1946）年にかけてアメリカ側で作成されたわが国の賠償計画案は、日本人の生活水準をその15年前から20年前の水準にとどめようとするものであった（その内容については、三和・前掲126 114頁）。
128　原・前掲118 70頁。
129　周知のとおりGHQは、財閥解体措置の一環として、持株会社の解体、独占的市場構造の解体、あるいは財界追放措置を行った。なお以上のうち、独占的市場構造の解体、すなわち集中排除措置については、本文の記述と後掲131を参照されたい。
130　この背景事情に関しては、野口・前掲118 86頁以下、三和・前掲126 120頁以下等参照。
131　昭和22（1947）年12月に制定された過度経済力集中排除法（昭和22年法律第207号）に基づき、金融機関も含め、独占的支配力ある企業は分割の対象とされた。そして戦時に三井銀行と第一銀行が合併して成立した帝国銀行、三菱銀行、安田銀行、および住友銀行の四行はその対象であった。だが、GHQによる先述の政策転換が行われ、金融機関の解体は帝国銀行が新帝国銀行と第一銀行に分離されるのみで、結局、その他の金融機関は分割されなかったのである（野口・前掲118 88〜89頁）。

第 3 節　規制体系下における資金調達をめぐる制度——戦後からバブルまで

のための資金すら、調達は容易ではなかった[132]。昭和21（1946）年の段階で、わが国は政府部門、企業部門、そして家計部門のいずれもが資金不足の状態にあり[133]、また基礎物資が不足するなか、わが国は極度のインフレーションに見舞われていた[134]。このようななか、企業の資金調達をかろうじて支えてきたのは戦時補償[135]と戦時以来の指定金融機関の存在であった[136]。

戦後のわが国において、産業への資金配分のあり方が明確に変化し始めるのは、昭和21年12月、傾斜生産方式の導入が閣議決定された頃からである。よく知られるとおり傾斜生産方式というのは、アメリカからの輸入重油の鉄鋼生産への投入、増産鋼材の炭鉱への集中投入、そして増産石炭の鉄鋼生産への集中投入というサイクルが想定され、復興金融金庫[137]の傾斜金融と一体となって進められた[138]。この傾斜金融は、復興金融金庫が債券を発行して資

---

[132] 金融機関からの預金の引出しは生活に必要な限度に限定され（いわゆる預金封鎖。金融緊急措置令（昭和21年勅令83号）1条1項参照）、資産家層には高率の財産税（後掲142参照）が賦課されるなど、本文に述べた内容のほかにも企業の資金調達を妨げる要因は多々存在していた。

[133] 岡崎哲二「戦後日本の金融システム」森川英正＝米倉誠一郎編『日本経営史5 高度成長を越えて』139～140頁（岩波書店、1995）、橋本・前掲126 77頁。

[134] 橋本・前掲126 85頁。

[135] 戦時補償というのは、戦時中に政府から徴用されて政府向け生産を行った軍需会社や民間企業に対し、支払われるべき戦争保険や各種の企業補償等を指す。しかし、その支払額は巨額に上るおそれがあり、それゆえにインフレーションを悪化させる危険があったため、昭和21（1946）年5月、GHQは戦時補償の打切りを大蔵省に指示した。最終的には企業の有する戦時補償請求権に対して、100パーセントの戦時補償特別税を課すこととして、その打切りが決定された（以上につき、三和・前掲126 126～127頁参照）。

[136] 昭和19（1944）年に設けられた軍需融資指定金融機関制度は、昭和21（1946）年5月に廃止されたが、実態としては、この指定金融機関が企業に対する融資を行ううえでなお重要な役割を担っていた。具体的には、戦時補償打切り決定後、企業再建整備のための特別理財人として、旧勘定債務の処理のため、残存資産能力の策定、将来の生産計画、資金計画、そしてこれに基づく予想貸借対照表・損益計算書の作成に至るまで関与し、企業に関する情報を蓄積していった（宮島英昭『産業政策と企業統治の経済史』389頁（有斐閣、2004）参照）。

[137] 復興金融金庫というのは、復興金融金庫法（昭和21年法律第34号）によって設立された特殊法人であり、国内における資金不足と極度のインフレーション等、企業の資金調達に対する障害が多々存するなか、昭和22（1947）年1月に開業した政府系金融機関である。

金調達を行い、この資金を石炭業、鉄鋼業、あるいは電力業といった分野に重点的に貸し出すことによって、当該産業の資金需要を補うものであった[139]。もっとも先にもふれたとおり、この当時の家計に当該債券を引き受けるだけの余剰資金はないから、結局のところ、この復興金融金庫債を引き受けたのは日本銀行であった[140]。

ところでGHQ自身は、企業の資金調達を証券市場経由で行わせようと考えていた[141]。しかし、戦争、そして戦後の改革——財産税[142]と農地改革——を経て、少なくとも資産家層は崩壊し、企業の発行する証券を購入できる層は存在しなかった[143]。その結果、当時のわが国において存在した選択肢は、銀行をはじめとする金融仲介機関を通じて家計の零細資金を集め、企業の生産活動に結びつけるというものだけであった[144]。所得水準も低く、資金不足に陥っていた家計にとって、インフレで資産価値が減価するなか、リスクの高い、情報コストのかかる株式等の証券取得は敬遠せざるをえない[145]。当然のことながら、当時の家計が選好したのは、流動性の高い安全資産である預

---

138 三和・前掲126 142頁。
139 橋本寿朗=長谷川信=宮島英昭『現代日本経済（新版）』39〜40頁（有斐閣、2006）。
140 三和・前掲126 144頁、橋本ほか・前掲139 40頁。また、傾斜金融の際に複数の金融機関による協調融資も行われたが、ここでの幹事行の役割も事実上日本銀行が果たし、貸出先企業へのモニタリングも行った（宮島・前掲136 389頁）。
141 GHQが持株会社を解体して、財閥保有証券を従業員、工場周辺地域住民、そして一般大衆の順で処分したこと、あるいは昭和22（1947）年に証券取引法を制定させたことなどからもうかがえるように、アメリカは、わが国における証券の民主化を図り、証券市場をわが国企業の資金調達の場として利用させることを考えていた（以上、香西泰「高度成長への出発」中村・前掲115 312頁のほか、野口・前掲118 84〜85頁参照）。そのほか、戦前の特殊金融機関の閉鎖、および民営化・普通銀行化等の金融制度改革について、宮島・前掲136 387頁、橋本ほか・前掲139 22頁参照。
142 財産税というのは戦後特別税の一つとして、当初、戦後財政の危機打開とインフレーション抑制目的から、大蔵省によって構想されたものである。これに対してGHQは、国民財産の再配分という観点からその導入に強い意向を示し、昭和21（1946）年11月に法制化された。これは免税点が10万円（大蔵省案では2万円）、累進税率が25パーセントから90パーセント（大蔵省案では10パーセントから70パーセント）というもので、資産家層に対する厳しい課税であった（以上について、三和・前掲126 127〜128頁参照）。
143 野口・前掲118 85頁、橋本ほか・前掲139 26頁。
144 香西・前掲141 311〜312頁。

第3節　規制体系下における資金調達をめぐる制度——戦後からバブルまで　569

金等の金融商品であった[146]。かくして、証券市場を通じた企業の資金調達に関する GHQ の構想は、当初よりわが国でも強く抵抗を受け[147]、結局のところ当面は日の目をみなかったのである。

(3)　ドッジ・ライン

　復興金融金庫経由の企業の資金調達は、大幅な日銀券の増加をもたらし、これはもともと物資が極端に不足していたわが国に、猛烈なインフレーションをもたらした[148]。そのため昭和23（1948）年からは、日本政府のみならずGHQ にとっても、経済安定のためのインフレ対策が最重要政策課題の一つとなる[149]。これに対する転機は、昭和24（1949）年、西ドイツの通貨改革に手腕を発揮したドッジ（Dodge, Joseph）の来日であった。ドッジは、いわゆるドッジ・ラインを実行に移し[150]、財政面の政策転換を図る。つまり、インフレのなかで膨張した財政規模を均衡させるための施策として、復興金融金庫の債券発行禁止、そして新規融資停止の措置を行ったのである[151]。

　しかし、復興金融金庫の存在がインフレの要因の一つであって、この機能を停止したとしても、当時のわが国経済に、企業部門への資金供給が自律的に行われるだけの状況がそろっていたわけではない。そこで、これに代替する措置としてとられたのが、復興金融金庫融資に代わる見返り資金であっ

145　このことは、財閥解体の措置によって従業員に処分された株式のうち、2年以内にその50パーセントが売却されたという事実からもわかるところである（宮島英昭「専門経営者の制覇——日本型経営者企業の成立——」山崎＝橘川・前掲118 109頁。そのほか、野口・前掲118 85頁も参照）。

146　宮島・前掲145 109頁。

147　昭和22（1947）年、GHQ から提示された経済力集中排除法草案は、金融機関や個人・家族における富の集中も対象としていたところ、これに対して日本政府は、金融業の適用除外を求めていた（三和・前掲126 123頁）。

148　三和・前掲126 144頁。

149　三和・前掲126 146頁。

150　ドッジ・ラインとは、以下の三つの柱に基づく政策である。第一に、国内総需要の抑制による過剰購買力の削減および輸出の拡大。第二に、単一為替レートの設定と補助金廃止による市場メカニズムの回復。そして第三に、政府貯蓄と対日援助による民間投資資金の供給と生産拡大である。ドッジは、これらの政策によって、日本経済の復興と安定・自立をめざしたのである（詳細については、三和・前掲126 155頁以下参照）。

151　三和・前掲126 156頁。

た。アメリカからの対日援助物資を売却した対価相当分は、政府の見返資金特別会計で管理され、これが日本銀行を通じて民間へ還流されるべき資金とされたのである[152]。もっとも、この見返り資金に基づく融資活動も活発ではなく、結局のところ、しばらくは日本銀行から借り入れた資金を民間金融機関が貸し付ける——というぎりぎりの状況が続いたわけである[153]。

1－2　GHQの意向と昭和25(1950)年改正

1－2－1　株式制度の改正

(1)　株金分割払込制度の廃止と授権資本制度の導入

　昭和21（1946）年末の段階で、わが国の株式会社については未払込株金が120億円余り存在し、公称資本金の約18パーセントを占めていたといわれる。だが、この究極的な徴収対象たる家計が預金を封鎖され、一般的に資金不足に陥っている状況を考えれば、実際に資金調達の頼みとすることは難しかった[154]。それゆえ、先にもみたように、企業の資金調達は政府・日本銀行の強力な統制下で、復興金融金庫と民間金融機関の貸出に頼るほかなかったのである。

　このような状況下の昭和21年、GHQ は、経済民主化政策の観点から株金分割払込制度廃止を日本側に要請し[155]、これは昭和23（1948）年の商法改正において実現する[156]。これにより、株金分割払込みを前提としていた規定（昭和23年改正前商法170条・177条・350条4号等参照）は削除されるに至ったのである。

152　見返り資金については、岡崎哲二ほか『戦後日本の資金配分』39頁（東京大学出版会、2002）、橋本寿朗『戦後日本経済の成長構造』199頁（有斐閣、2001）のほか、三和・前掲126 156頁を参照。

153　その結果、民間金融機関にはオーバーローンの状態が生じることとなった（香西・前掲141 311頁参照）。

154　池野千白「戦後会社法への第一歩——昭和23年の改正」浜田編著・前掲9 208頁。なお、預金封鎖については、前掲132参照。

155　GHQ がその廃止を要請した背景には、戦前の財閥が、未払込株式を利用してわずかな出資で大きな支配機構を形成しており、これがわが国の非民主的な経済構造の一端をなしているといった理解があったようである（この点については、鈴木＝竹内・前掲100 137頁以下のほか、池野・前掲154 209頁参照）。

156　昭和23年改正に関する詳細な研究として、池野・前掲154 206頁以下参照。

第3節　規制体系下における資金調達をめぐる制度——戦後からバブルまで　571

そして企業の資金調達手段のあり方について、商法改正に携わる立法関係者の側にも、株金分割払込制度に代わる何らかの制度的な手当てが必要だという認識が存在していた[157]。これは、未払込株金の請求による資金調達に代わるものとして、授権資本制度を整えるというものである[158]。そもそも株金分割払込制度が廃止された昭和23年改正の段階で、GHQの側からは授権資本制度、および無額面株式制度の導入が要請されていたようである[159]。それゆえ、わが国における商法改正の担当部局である法務庁の側でも、昭和23年8月の段階で商法改正準備調査会を設け、早々に以上の制度に関する検討が開始されることとなった[160]。かくして昭和25年改正では、授権資本制度（昭和25年改正商法166条1項3号・6号）、あるいは取締役会決議による新株発行の許容（昭和25年改正商法280条ノ2第1項）といった資金調達の機動化と銘打たれる制度が導入されるに至る。

なおGHQは、以上の制度を導入するにあたって、新株引受権制度のあり方について非常なこだわりをみせることとなった。商法の改正にあたって、株主の地位の強化を重視していたGHQは、新株発行に際して既存株主が新株引受権を有すべきことを原則とするよう望んでいたからである。だが立法を進める過程で、株主は新株引受権を有しないことが原則とされる（昭和25年改正商法166条1項5号）[161]。昭和23年改正以前、当時のわが国の株主が、未払込株金の原資すら賄えないという状況にあったことを考えると、原則として既存株主に新株引受権を付与することは資金調達を阻害することはあっても、これを利することは考えにくい。このような経緯一つをとっても、わが国の企業をめぐる資金調達のありように対して、GHQが適切な現状認識から議論を出発しておらず、理念から出発していた感は拭えない。

---

[157]　第2編第2章参照。
[158]　この点については、中東正文「GHQ相手の健闘の成果——昭和25年・26年の改正」浜田編著・前掲9 218頁以下のほか、鈴木・前掲100 149頁以下を参照。
[159]　池野・前掲154 209〜211頁。
[160]　中東・前掲158 219頁のほか、第2編第2章参照。
[161]　この経緯については、中東・前掲158 226、247、259、271頁等を参照。

(2) 資金供給者との関係

　以上のとおり、昭和23年改正や昭和25年改正において、株式を通じた資金調達制度が改正されたものの、この当時、当該制度を利用した効果的な資金調達は、事実上不可能であった。所得水準が低く、資金不足の状態にあったわが国の家計にとって、極度のインフレーションが発生して資産価値が目減りするなか、株式のようなリスクある証券を購入するという選択肢はとれなかったのである。それにもかかわらず、株式分割払込制度の廃止、あるいは授権資本制度の導入といった実態と無関係な改正が行われた背景には、少なくとも当時のわが国の資金供給者のありようとは別に、特殊な要因——GHQとわが国の立法関係者の存在[162]——があった。つまりGHQもわが国の立法関係者も、株式発行による資金調達が現実味のない当時において、「頭で考えた」立法を行っていたわけである。

　それでもなお、資金供給者のありようで会社法の規定を考察するという本章の立場からすれば、重要なのは以下の二点である。第一に、戦後のインフレーションと資産家層の消失により、株金額を通じた投資家層のコントロールが意味を失ったことである。そもそも戦前の段階から、一方で株式分割払込制度と株式担保金融の存在が株金額の有する意義を減殺させ、他方で資金供給者層の拡大という現象がそれを増幅していた。その意味で、明治32（1899）年に商法が制定された際の株金額の有する意味は、実質的には戦前の段階ですでに意味を失っていたともいいうる。だが、戦後の経済状況の変化は決定的であった。昭和25年改正は、株金額を500円に引き上げたものの（昭和25年改正商法202条2項）、そもそも資産家層は壊れている以上、この株金額は資産家層を選別するものでも、投資に対する合理的判断能力を有する者を参入させるものでもなかったのである。

　第二に、株式発行を通じた資金調達が困難となる以上、資金供給者層のありようをふまえて株式の商品性を規律してきた会社法の規定が、相対的にそ

---

[162] この立法関係者として念頭に置くべきは、主として法務府（法務庁）・裁判所関係者、および商法研究者の存在である（なお、この点の利害関係者に関しては、第2編第2章参照）。

の重要性を失ったことである。かくしてこの後、資金供給者のありように合わせた資金調達制度の設計という問題は、主として銀行を中心とした金融システムの問題に委ねられ、会社法の改正は資金供給者とはほぼ無関係に——それは株式という金融商品の商品性とも、究極的には企業の資金調達とも無関係だということである——進んでいくこととなる。

1−2−2　社債制度の改正

　戦後の商法改正において、最初に社債制度の改正が扱われたのは昭和25（1950）年のそれにおいてである。最も重要な改正点は、社債発行に係る意思決定権限が株主総会から取締役会に移されたこと（昭和25年改正商法296条）、そして会社の発行できる社債の総額に関する制限が、資本の総額から資本に準備金を加えた額にまで緩和されたことである(昭和25年改正商法297条1項)[163]。

　ところで、戦後のわが国において社債発行が再開されたのは昭和24（1949）年である。しかしこれは、日本銀行と受託銀行が毎月の起債銘柄の量と質を管理し、金融仲介機関が引き受けるという形をとっており、実質的には銀行貸出にほかならない状況にあった[164]。それは、昭和22（1947）年の臨時金利調整法——これについては後述する——に基づく金利規制の下、社債はこの規制を侵食しない形式でのみ発行することが許されたからである[165]。その意味するところは、いくら立法関係者が商法改正によって社債発行の機動性を高め、発行限度規制を緩和したところで、これとはいわば無関係に、金利規制のあり方によってその金融商品としての特性が決せられたということである。

　このような戦後の社債制度を資金供給者のありようから考察した場合、そ

---

[163] 社債法の改正に関して伝えられるところは必ずしも多くはないが、その改正内容からもわかるように、わが国の側のイニシアティブにおいて——つまるところ法務府（法務庁）・裁判所関係者と商法研究者の「頭で考えた」配慮において——企業の資金調達の便宜を慮った面があることは間違いない（この点については、中東・前掲158 256〜257頁を参照）。

[164] 日本銀行金融研究所・前掲20 540頁。

[165] 日本銀行金融研究所・前掲20 540頁。

の評価は原則的に株式による資金調達について述べたことと変わらない。戦前の会社法における社債制度は、資産家層が投資することを前提に、基本的には投資に対する合理的判断能力を有する資金供給者を念頭に置いて、社債の商品性に対する規律を行っていた。しかし第二次世界大戦後、資産家層が消失し、加えて内外市場分断規制——これについても後述する——によって外国投資家による投資も不可能となる。かくして、戦後のインフレーションとも相まって、社債の投資単位に対する規律は意味を喪失し、戦後も20円のまま据え置かれたのである（昭和13年改正商法299条1項・同改正前商法201条参照）。しかも、社債の商品内容は金利規制との関係で決められる以上、いよいよ会社法が社債の商品性を決することの意味は薄くなる。

なお社債に関しては、昭和13（1938）年改正において導入された社債権者保護の措置は、昭和25年改正を経てもそのまま維持された。戦後の資金供給者層の変化は、このような措置の意味を実質化しそうにも思えるが、実はあまり意味をもたない。なぜなら、社債という金融商品の内容が金融規制を前提に決せられる限り、資金供給者たる社債権者保護は、基本的に金融規制のなかで適宜処置がなされるからである。

2．高度成長と新株発行制度をめぐる改正

2－1　高度成長期のわが国企業とその資金調達

2－1－1　産業合理化と基幹産業の発展

戦後間もない時期のわが国の閉塞的な経済状況を打破する転機となったのは、周知のとおり、昭和25（1950）年の朝鮮戦争勃発に伴う特需であった。この特需は、アメリカ軍による修理・補給などの現地調達を内容とするもので[166]、紡績業や鉄鋼業の輸出が一時的に伸長することになる[167]。しかし、このような特需は一時的なものにすぎないため、政府は、経済自立のために産業合理化を推進する方策を打ち出し、そのための設備近代化投資を進める政策をとる[168]。その中心に据えられたのが、輸出産業として成長してきた鉄鋼

第3節　規制体系下における資金調達をめぐる制度——戦後からバブルまで　575

業であった。そして、鉄鋼業の輸出競争力を高めるためには、鋼材価格の引下げが必要であるが、そのためには鋼材製造に必要な国内石炭価格を引き下げ、同時に鉄鉱石輸入のための海上輸送コスト、ひいては船舶価格のコストを引き下げる必要があった。かくしてここには、鉄鋼業合理化——石炭業合理化——海運業再建——造船業合理化という産業連関が成り立ち、これが昭和20年代後半からのわが国の産業政策の標的の一つとなっていくのである[169]。以上のような産業合理化に向けた政策は、昭和30年代以降も継続する[170]。とりわけ鉄鋼業の発展は、これに対する大きな需要をもつ自動車工業や電機工業などの耐久消費財の製造業や機械工業の発展に支えられることとなった[171]。

　この時期の産業合理化について、もう一つ確認すべき点が、電力業である[172]。戦時中に日本発送電株式会社に統合された電力業は、昭和26（1951）年、地域別の九電力会社体制に再編されたが（電力再編成）、この時期には経済活動の活発化等と相まって電力不足が問題となっていた。そのための電源開発の重点は、当初の水力から火力へ、原料も石炭から石油へと移行し[173]、いわゆるエネルギー革命が進展していく。この転換は、わが国の化学工業の基盤を石油化学工業に移行させ、その石油化学工業は、前提となる石油精製

166　香西・前掲141 287頁。
167　宮崎＝伊藤・前掲125 190頁、香西・前掲141 293～294頁。
168　以下の記述については、香西・前掲141 292頁以下参照。
169　鉄鋼業・石炭業に関して、香西・前掲141 297頁。海運業・造船業に関して、橋本・前掲152 198頁。
170　この時期、鉄鋼第二次合理化計画、電力五カ年計画、あるいは石油化学第一期計画等、次々と大型の投資を必要とする計画が打ち立てられていく（安場保吉＝猪木武徳「概説1955—80年」安場保吉＝猪木武徳編『日本経済史8 高度成長』11頁（岩波書店、1989））。
171　橘川武郎「戦後型企業集団の形成」法政大学産業情報センターほか編・前掲58 276～277頁、安場＝猪木・前掲170 25頁。
172　以下の記述については、香西・前掲141 300頁以下参照。
173　電源開発は、当初水力発電を中心に考えられていたが、電源開発に適した場所が限定されているというわが国の地理的要因もあり、次第に火力発電所の建設に重点が移行していく。そして、その原料も当初の石炭から——石炭業は炭鉱の自然条件悪化、あるいは労使間関係の不安定化等により合理化に失敗する——石油が用いられるようになっていった（以上について、香西・前掲141 299頁）。

業、あるいはその製品である合成樹脂や合成繊維の製造と強い連関をもって発展する[174]。

さて、本章の主題はここからである。鉄鋼業、石炭業、造船業、そして電力業から出発した産業合理化の動きは、石油化学工業の発展、あるいは自動車工業や電機工業といった耐久消費財産業の発展とともに展開していく。そして、高度成長期を支えた以上の諸産業は、いずれも大型の長期投資を必要とする産業であった。ここに長期資金の確保という、まさにわが国経済の伝統的な課題が再び出現することになる。だが、戦後のわが国においては、この課題に対する対応が戦前とは決定的に違っており、それを確認するのが次の課題である。以下、昭和20年代後半から昭和30年代にかけての成長産業に向けられた資金の流れをみていくこととしよう。

2−1−2　いわゆる日本型金融システムの形成

(1)　前提条件

ここで改めて確認すると、企業がその事業を行うにあたって必要とする資金には、短期のそれのみならず長期のそれがある。そして、その供給源はいずれも究極的には家計に求めるほかない。昭和20年代後半のわが国では、朝鮮戦争勃発による特需、そしてその後の産業合理化の流れ以降、企業に巨大な資金需要が生じていたが、当該需要の中心となる資金――長期資金――が決定的に不足していた[175]。

本章が検討の対象としている金融商品についていえば、株式も社債も、これは長期資金を調達するための手段である。しかし、すでに前項において述べたように、資産家層が消滅し、所得水準が低く、なお余剰資金が十分ではない当時の家計にとって、株式に対する投資を行うことは容易ではなかった。したがって零細な家計の資金について、これを株式経由で企業に提供するためには、特別の仕組みが必要だったわけである。他方、社債の発行は金利規制を前提とした体系に組み込まれており、これを経由した資金の流れ

174　橘川・前掲171 276〜277頁。
175　以上の点について、たとえば橋本・前掲152 275頁参照。

は、銀行による貸付金と同列で考える必要があった。

　以上の与件の下、企業の必要とする長期資金を提供するために、戦後のわが国では銀行貸付を中心にさまざまな制度設計がなされていくことになる。それは、業務分野規制、金利規制、そして内外市場分断規制といった、高度成長期におけるわが国の金融システムそのものにほかならなかった。

(2)　業務分野規制

　わが国の金融システムにおける業務分野規制は、種々の内容を含むものであるが、ここでは長期金融と短期金融の分離についてふれることとする[176]。基本的にわが国の家計部門の資金フローは、昭和25（1950）年から資金余剰に転じた[177]。そして、戦争を経て資産家層が衰退したわが国において、個人の貯蓄は零細に分布しており、銀行はこの余剰資金を預金として積極的に吸収した[178]。だが、預金という短期性の資金として吸収される家計のそれは、原則として短期の資金としてしか企業に貸し出すことができない。昭和20年代後半以降、企業が必要としたのは設備投資のための長期資金であるから、そこで家計の資金を長期資金として企業に提供するための手段が課題となったわけである。そして長期の高いリスクに耐えられない家計にとって、制度として提供される金融商品は、基本的に元本保証のあるものか、少なくとも家計が許容できる程度にまでリスクを低減できるものでなければならなかった。

　かくして設けられた家計からの長期資金吸収ルートは、大別して四つである。第一に、昭和26（1951）年に制定された証券投資信託法に基づく証券投資信託制度[179]。第二に、昭和27（1952）年に制定された貸付信託法に基づく貸付信託制度[180]。第三に、昭和27年に制定された長期信用銀行法に基づき、長期信用銀行が発行する金融債[181]。そして第四に、日本開発銀行等の企業への長期資金貸付を行う政府系金融機関について[182]、その貸付原資となる財政

---

[176]　その他の業務分野規制としては、銀行業務と証券業務の分離、そして銀行業務と信託業務の分離といったものがあげられる（日本銀行金融研究所・前掲20 46頁以下）。

[177]　岡崎・前掲133 139頁。

[178]　香西・前掲141 313頁。

投融資資金[183]の支えとなった郵便貯金等の存在である[184]。これらの金融商品は、元本保証であるか、少なくともリスクが低減されたもので、家計の零細な資金を長期資金として企業に提供することが予定されていた。そして以上の金融機関と金融商品は、預金という金融商品をもとに、普通銀行が行う短期金融と分離されて、ここに長期金融と短期金融との業務分野の棲み分けが生じることとなったのである[185]。

179 証券投資信託とは、委託者の指図に基づき、証券取引法に定める有価証券をその運用対象とする信託であるが（証券投資信託法2条2項）、株券がその運用対象となった点で重要であった。家計の零細な資金は、これを直接に株式として投資するには適していない。だが、証券投資信託であれば分散投資によりリスクが縮小されるから、元本保証はなくとも、家計の資金を株式経由で企業に流す可能性を開くことになる。証券投資信託法が、一般投資者による証券投資を容易にすることを目的とすると謳うについては（証券投資信託法1条）、家計の株式投資の困難を除去することを意図していたわけである。
180 貸付信託とは、受託者が信託契約により受け入れた金銭を貸付または手形割引の方法によって合同運用するものである（貸付信託法2条1項）。この金融商品の何より重要な点は、家計の零細な資金を産業投資のための長期資金に提供することを目的としている点にある（貸付信託法1条）。そのために、貸付信託の基礎となる信託契約は2年以上という長期の期間を前提としつつ（貸付信託法3条3項）、家計に対しては元本保証商品として提供することが可能だったのである（貸付信託法3条2項11号）。
　なお、貸付信託を提供したのは信託銀行であるが、これは終戦後に苦境に陥った信託会社が、GHQの提案によって銀行に転換し、「普通銀行ノ信託業務ノ兼営等ニ関スル法律」に基づき信託業務を営むこととしたものである（日本銀行金融研究所・前掲20 300頁）。
181 長期信用銀行とは、預金の受入れに代えて債券を発行して、企業の設備資金や長期運転資金を貸し付けることを主たる業務とする銀行である（長期信用銀行法4条1項）。この債券こそ、金融債という社債の一種として長期を前提に家計から資金吸収するための金融商品であり、ゆえに長期資金を企業に貸し出すことを可能にするものであった。
182 日本開発銀行は、昭和26（1951）年に制定された日本開発銀行法に基づき、「長期資金の供給を行うことにより経済の再建及び産業の開発を促進するため、一般の金融機関が行う金融を補完し、又は奨励することを目的とする」特殊法人として設立された（日本開発銀行法1条）。これは、戦後間もない時期に企業への長期資金供給を行った復興金融公庫、そして見返り資金を引き継ぐ形で発足したもので（復興金融公庫については、前掲137、見返り資金については、前掲152参照）、経済再建・産業開発に寄与する設備の取得・改良・補修に必要な長期資金で、銀行による貸付や証券業者による証券引受によることが困難なものを提供することとしていた（日本開発銀行法18条1項）。

(3) 金利規制

高度成長期にとられた金利規制とは、文字どおりには、銀行預金金利やその貸出金利が法律上の規制に基づき金融当局によって人為的に決定され、市場の需給のバランスで自由に決まらなかったということである。預金金利規制に限っていえば、預金金利引上げによる銀行の預金獲得競争を防止するという観点——それは銀行の資産内容悪化を防止するということにもつながる——から、比較制度的にも広くみられたものである[186]。

戦後、わが国における預金金利規制の根拠となったのは、昭和22（1947）年の臨時金利調整法である[187]。ここで興味深いのは、同法の金利規制が——短期金融に限ってではあるが——貸出金利についても規制を及ぼしていたという事実である[188]。貸出金利規制の本来の理由は、当時の深刻なインフレーションの防止にあったものの[189]、金利規制が預金の側のみならず貸出の側に

---

[183] たとえば日本開発銀行は、預金受入れも債券発行も行わず、その貸付原資をもっぱら自らの資本金と政府借入によるものとしていた。この後者の借入は、政府の財政投融資計画によって規模を定められるものであった（日本開発銀行の役割については、橋本・前掲152 273頁以下参照）。

[184] 郵便貯金として預け入れられた貯金の払戻し・利子支払い、そして簡易生命保険契約に基づく保険金・年金等の支払いについては、いずれも政府保証が付されている（かつての郵便貯金法3条、簡易生命保険法3条。なお、現在については、独立行政法人郵便貯金・簡易生命保険管理機構法20条参照）。

[185] 当時の立法者が、以上のような業務分野の棲み分けを前提として金融制度を整備しようとしていたことは、次の長期信用銀行法の条文からもうかがえる（長期信用銀行法1条）。「この法律は、長期金融の円滑を図るため、長期信用銀行の制度を確立し、その業務の公共性にかんがみ、監督の適正を期するとともに、銀行業務の分化により金融制度の整備に資することを目的とする。」。

[186] 銀行が、預金獲得のためにその金利を引き上げれば、結果として高利回りのリスクの高い貸出や証券投資をする必要が生じ、それは銀行の財務内容を悪化させることにもなる。このような現象を防止するための預金金利規制は、世界的にも戦間期から戦時中にかけてみられるようになった（以上につき、日本銀行金融研究所・前掲20 54～55頁）。

[187] この法律が制定された目的にも、預金獲得競争による資産内容悪化防止があったが、より直接的には、戦前からのわが国の預金金利にかかる銀行間の預金協定が、同じく昭和22（1947）年に制定された独占禁止法に違反するおそれを指摘された、ということがある。ただ、戦前の預金協定は、預金獲得競争防止、これによる銀行の資産内容悪化防止を目的としていたから、これに代わるものとして制定された臨時金利調整法も、本来的目的は以上の点にあった（この点について、日本銀行金融研究所・前掲20 55～56頁）。

も及ぼされたということは、これを調節することによって、確実に銀行に利潤を発生させることが可能になることを意味した。つまり、預金金利を市場で均衡すべき金利より低く設定し、同時に貸出金利を一定幅に制限することによって、恒常的に銀行にレント（過剰利潤）を発生させることが可能となったのである[190]。実際のところ、日本銀行政策委員会の決定を通じて預金金利が規制された結果（臨時金利調整法2条1項・2項）、高度成長期を通じて預金金利はほぼ一定であった[191]。貸出金利は、短期金利について、預金金利と同じく臨時金利調整法の規定を基礎として上限が設定され、下限——これが優良貸出先に対する短期プライムレートとなる——は、各銀行によって公定歩合に連動して決定されていた。ちなみに長期金利は、臨時金利調整法の対象外であったが、やはり政策当局を含めた関係者間の合意に基づき、長期信用銀行と信託銀行の5年物調達金利に一定の利ザヤを上乗せした水準で、優良貸出先に対する長期プライムレートが設定されていた[192]。

わが国において、このような政策がとられた理由としては次のような点が指摘されている[193]。当時、企業に資金を提供すべき役割を担えたのは、預金という流動性が高くリスクの低い金融商品を提供できた銀行しかなかった。この銀行に、預金を獲得させ、企業に貸し出すべき資金を確保させるためには、レントを発生させる仕組みは有効であった。なぜなら臨時金利調整法の規制により、預金を集めれば集めただけ貸し出すことで利ざやが保障されたから、銀行としては預金を集めるインセンティヴが高かったし、それはその

---

[188] 臨時金利調整法2条1項は、「大蔵大臣は、当分の間、経済一般の情況に照し必要があると認めるときは、日本銀行政策委員会をして、金融機関の金利の最高限度を定めさせることができる」旨定めていたが、この「金利」には預金金利のみならず貸付金利も含まれていたのである（臨時金利調整法1条2項）。

[189] 日本銀行金融研究所・前掲20 56頁。

[190] 岡崎・前掲133 184頁。

[191] 6カ月もの定期預金金利5パーセント、1年物5.5パーセントで固定されていた（香西泰「高度成長期の経済政策」安場＝猪木・前掲170 229頁以下）。

[192] 以上について、日本銀行金融研究所・前掲20 207〜211頁参照。

[193] 以下の理由のほか、戦後の銀行の資産・負債構成は、国債などの安全な資産が少ないうえに、自己資本も乏しいというリスクの高い状態であったため、これに対処する必要があったことも指摘されている（以上の点について、岡崎・前掲133 184頁）。

まま企業への資金調達のための原資となったからである。つまりこの金利規制こそが、金融機関をして、企業の資金調達における重要な役割を担わしめた中心的規制であったわけである。また、銀行内部におけるレントの使用方法を適切ならしめるためにこそ、大蔵省・日本銀行といった金融当局は、銀行に対する監視を強力に行ったということになったのである[194]。

(4) 内外市場分断規制

内外市場分断規制は、国内と国外との金融取引の制限により市場の分断を図ることにあるが、以上に述べた業務分野規制や金利規制に比すると、その意味は付随的である[195]。昭和24（1949）年に制定された外国為替及び外国貿易管理法（以下、「外為法」という）は、外国へ向けた支払いをはじめとする対外取引を原則としてすべて禁止し、政省令で例外的にこの禁止を解除するという方式を採用していた（外為法27条1項）。外貨が不足していたうえに、貿易が制限されていたわが国において、限られた外貨を適切に配分するためには、このような規制はある意味当然のことではあった[196]。もとより将来的には規制の緩和が予定され（外為法2条）、実際にも後述のとおり昭和30年代後半から徐々に緩和されていった。

この規制の意味は、わが国国内で採用されている業務分野規制や金利規制の体系が国外市場を通じて空洞化されるといった、国外市場からの国内市場に対する影響を遮断した点にある。その意味において、当該規制は、業務分野規制、金利規制等の国内のそのほかの規制を側面から守る意味をもつ規制

194 岡崎・前掲133 187〜188頁参照。
195 わが国におけるこのような規制の端緒は、昭和7（1932）年の資本逃避防止法（昭和7年法律第17号）にある。しかし、その規制の緩さゆえに資本逃避防止法の実効性は低かったため、翌昭和8（1933）年、これを廃止し、新たに外国為替管理法（昭和8年法律第28号）が制定された。
196 外為法1条は、当該法律の目的について、「外国貿易の正常な発展を図り、国際収支の均衡、通貨の安定及び外貨資金の最も有効な利用を確保するために必要な外国為替、外国貿易及びその他の対外取引の管理を行い、もって国民経済の復興と発展とに寄与することを目的とする」と述べていた。これを前提に、政府の作成する外国為替予算は、「外国為替の使用可能量の慎重な予測にも基づいて、不足の発生に因り債務不履行又は予備費の望ましくない減少に陥ることのないように作成されなければならない」とされたのである（外為法16条・3条1項参照）。

であった[197]。

2−2　新株発行制度をめぐる改正

2−2−1　昭和30(1955)年改正

(1)　新株発行制度の利用

　以上のとおり、企業の長期金融を支持する仕組みが会社法の外に整えられ、企業が株式発行を行って資金調達を行うについては、証券投資信託制度という受け皿が用意された。ところでこの当時、株式会社が新株発行を行った背景については、複数の動機を指摘することができる。第一が、戦後のインフレーションの激化をふまえてなされた資産再評価との関係である[198]。第二が、株式配当を通じた資金調達との関係である。株式配当の制度は、昭和25（1950）年改正によって導入されたもので、新たに発行する株式をもって配当とすることを認めるものである（昭和25年改正商法293条ノ2）[199]。そして第三が、安定株主工作である[200]。

---

[197]　以上について、日本銀行金融研究所・前掲**20** 57〜58頁。

[198]　昭和25（1950）年に制定された資産再評価法（昭和25年法律第110号）に基づく資産再評価は、これにより「適正な減価償却を可能にして企業経理の合理化を図り、資産譲渡等の場合における課税上の特例を設けてその負担を適正にし、もって経済の正常な運営に寄与することを目的と」していた（同法1条）。この資産再評価によって生じた再評価積立金は、企業資本構成の是正、および経営安定の観点から資本に組み入れることが強く求められた。とりわけ昭和29（1954）年に制定された「企業資本充実のための資産再評価等の特別措置法」（昭和29年法律第142号）は、一定範囲まで再評価積立金の資本組入れを行わない場合には、利益配当に制限を設ける旨の措置を設け（同法18条）、その資本組入れを促進した（以上については、野本実「再評価積立金資本組入促進措置の内容——資本充実法及び資本組入法の改正について——」商事法務128号3頁以下（1959）、野本実「企業資本充実法の一部改正案について」商事法務206号2頁以下（1961）参照）。

　また、昭和26（1951）年に制定された再評価積立金の資本組入に関する法律（昭和26年法律第143号。以下、「資本組入法」という）は、資産再評価法109条の規定に従った再評価積立金の資本組入れについて、その手続とこれに伴う新株発行に関する規律を定めていた（資本組入法1条参照）。この再評価積立金の資本組入れに際して株主割当の方法による新株発行の行われる例があり（資本組入法2条・3条等参照）、これが「小刻み無償交付」とも呼ばれた当時の新株発行の一つの形態であった（その法的性質について、味村治「小刻み無償交付と株式配当　その法律的性格」商事法務5号2〜3頁（1955））参照。

第3節　規制体系下における資金調達をめぐる制度——戦後からバブルまで

　ここで問題となるのは、第三の安定株主工作に伴う新株発行である。もとよりこの当時に新株発行が行われる場合、ほとんどの場合は株主割当の方法をとったため[201]、その限りでは安定株主化に直ちに役立つものではない。ただ、当時の一般的な定款規定によれば、株主に新株引受権を認めつつ、取締役会決議によってその一部を制限して、役員や従業員等に与えることができたため[202]、株主割当の方法でも彼らに一部割り当てることも少なからずあった[203]。また株主割当でも、失権株が生ずればこれを公募する必要が生じるが、この場合には証券業者が一括で引き受け、系列会社や役員・従業員に割

---

[199] 株式配当の理論的な位置づけはともかく（この点については、竹内昭夫「株式配当と無償交付」商事法務137号21頁以下（1959）、竹内昭夫『剰余金の資本組入』（東京大学出版会、1962）参照）、当時は現金配当の代わりに株式配当を行う例がみられた（味村・前掲198 2頁）。これは会社の側からみれば、強制的に株主に株式をもたせることによって、内部資金を用いた資金調達を行うことにほかならなかった（吉田昂「当面する株式実務上の諸問題」商事法務97号5頁（1958）のほか、味村・前掲198 2頁参照）。

[200] 財閥解体により個人に処分された株式が市場に放出されるなか、企業にとっては、安定株主による株式保有により企業経営の自立性を確保する必要があったのである（この点に関する詳細は、第2編第2章参照）。

[201] 従前から株主割当が通常であった理由として、株主割当であれば時価を下回る価格で発行することが可能となるため（昭和25年改正商法280条ノ3但書参照）、株主による引受を半ば強制できる面があったこと、つまり消化が容易であったからである（善積道三「公募及び引受に関する若干の覚書」商事法務53号7頁（1957））。

[202] この定款記載には、法務省民事局長通達が影響を与えている。そもそも当時の学界は、株主割当の例外として新株引受権を与えるべき特定の第三者については、新株引受権付与時に特定できればよく、定款記載時に特定する必要はないとの立場にあった（大住達雄「新株の第三者割当」商事法務167号3頁（1960））。しかし法務省民事局は、「特定の第三者」は定款に具体的に記載するよう求め、その反面で、当該第三者に与えるべき新株引受権の範囲は取締役会に一任できるという見解を採用した。これが、登記事務取扱通達となった結果、多くの会社の定款では以上の趣旨の規定が置かれるに至ったわけである（以上につき、大住・前掲3頁のほか、浜田道代「新株引受権騒動への緊急対策——昭和30年の改正」浜田編著・前掲9 294〜295頁参照）。

　なお、具体的な当時の定款につき、阿川清造「新株引受権に関する定款規定の変更例についての具体的検討」商事法務11号4頁以下（1956）。なお、役員や従業員への割当てが安定株主工作の一環であるという点については、昭和30年改正以降の文献ではあるが、「企業動向　最近の新株発行をめぐつて　1957　No.2」商事法務69号13頁（1957）参照。

[203] 浜田・前掲202 294頁。

り当てられるのが通常であった[204]。さらに、まれではあるが第三者割当が行われれば、これはやはり系列会社や金融機関を中心に割り当てられることとなった[205]。

(2) 新株引受権に関する定款規定

さて、すでに述べたとおり昭和25年改正は、新株引受権に関する事項を定款の絶対的記載事項とし、株主の新株引受権の有無および制限に関する事項、そして特定の第三者に新株引受権を与える場合にはこれに関する事項を定款に定めるべきこととしていた（昭和25年改正商法166条1項5号）。だが、以上をみてもわかるとおり、当該規定はGHQとの折衝を経た結果、著しく理解の困難なものとなっており、経済界も定款の記載について苦慮していた。かくして新株引受権を絶対的記載事項とする以上の規定に対しては、早くから批判がなされると同時に[206]、昭和27（1952）年以降はこれを削除することで立法の議論が進められていた[207]。

以上のような検討が進んでいた昭和30（1955）年、株主に新株発行時に新株引受権を認めつつも、取締役会決議によって新株の一部を公募し、または役員や従業員等に新株引受権を認める旨の定款の規定を無効とする判決が出されるに至る[208]。だが、以上のような定款は、法務省民事局長通達に則って一般的に用いられていた規定であったから[209]、これにより混乱した経済界は、直ちに早急な改正を求めるに至ったのである。かくして成立した昭和30

---

204 この点については、昭和30年改正以降の記述ではあるが、「本年上半期における新株発行の実態とその問題点の検討」商事法務25号15頁（1956）参照。
205 橋本ほか・前掲139 102～103頁。
206 この点については、浜田・前掲202 293頁。
207 昭和27（1952）年、法務省は商法再改正の要否について意見照会を行い、そのなかには新株引受権に関する事項について、定款の絶対的記載事項からの削除が含まれていた。これに対しては、削除に賛成する意見が多かったところ、その後、昭和29（1954）年、法務大臣から法制審議会により商法改正の諮問がなされ、商法部会では新株引受権規定について既存株主にこれを認めるか否かが検討された。そして規定を削除した場合に、株主に新株引受権を与えることを原則としつつ、取締役会決議によりこれを制限することを認めるか、与えないことを原則としつつ、同決議により既存株主にこれを与えることを認めるかで議論が分かれていた（以上につき、浜田・前掲202 295～296頁、大住・前掲202 4頁）。

年改正においては、新株引受権に関する事項について、これが定款の絶対的記載事項からはずされた（昭和25年改正商法166条1項5号の削除）。その一方で、株主以外の第三者に新株引受権を与える場合には株主総会特別決議が必要とされ、その決議にあたっては株主以外の者に新株引受権を与えることを必要とする理由を述べるべきこととなる（昭和30年改正商法280条ノ2第2項）。これは、商法の規定が、新株引受権が与えられる場合には有利発行をなしうることを前提としていたため（昭和25年改正商法280条ノ3但書）、このような手続規定が設けられたわけである。

(3) 資金供給者との関係

以上のとおり当時の新株発行は、株主配当や株主割当てによって企業の資金需要の一部を賄うために行われつつも、再評価積立金の問題や安定株主化の問題等、少なからず資金調達以外の動機が入り込んでいることがわかる。その意味するところは、当時の新株発行制度の問題に対応すべくなされた昭和30年改正も、資金供給者の観点が後景へ退いているということである。この改正は、安定株主工作と密接に関連した新株引受権問題の処理が主眼であって、資金供給者のありように応じて株式の商品性を決するという契機は存在しない。そもそも家計の資金の圧倒的部分が、預金を通じて金融仲介機関経由で企業に提供される以上、新株発行という方法が資金供給者たる家計のありようから切り離されるのはやむをえないのである。

(4) 補論・額面株式と株金額

なお、この昭和30年改正前後の時期には、額面株式の株金額引上げの問題も議論の対象とされていた[210]。だが、ここには戦前の株金額が意図していたところの、投資に対する判断能力を有する資産家層の選別、といった視点は存在しない。ここに存する発想は、再評価積立金の資本組入れに伴う新株発行や株式配当を行うなかで大量の端株が発生し、これを整理するために株金

---

208 東京地判昭和30年2月28日下民集6巻2号361頁。これは、定款変更の事案であったため、当該定款変更にかかる株主総会決議が無効である旨、確認する判決が出されることとなった。その理由は、取締役会決議によって制限を受ける株主の新株引受権の量的上限が明示されていないことを理由とするものであった。

209 前掲202参照。

額を引き上げるというものである[211]。

この株金額の引上げは昭和56（1981）年改正で実現するが（昭和56年改正商法166条2項）[212]、以上の議論をみてもわかるように、戦後の貨幣価値の変化と資産家層の消失という状況のなか、株金額の有していた従前の意味はすでに失われていた。それは制度的にも、昭和41（1966）年改正以降の額面株式と無額面株式との転換許容（昭和41年改正商法213条、昭和56年改正商法213条参照）、そして平成13（2001）年改正（法律第79号）による額面株式の廃止によって貫徹されていく流れであった。

2－2－2　昭和41(1966)年改正

(1)　買取引受問題

昭和30年代に入っても、株式を通じた資金調達は、社債とあわせてもなお長期資金調達の20～30パーセント程度にとどまっていた[213]。ただ、新株発行実務の詳細をみた場合、徐々に公募による時価発行が増加していたことを指摘する必要がある[214]。従前、失権株の処理などにほぼ限られてきた公募による時価発行が[215]、昭和30年代前半から盛んに行われるようになる。その背景

210　株金額を5,000円に引き上げるべきか否かについて、昭和25年改正以降、論議の対象となっていた。この点に関する当時の意見については、吉田昂「額面株式の券面額引上げに関する諸問題」商事法務29号2頁以下（1956）、「商事法務情報」商事法務29号10頁（1956）、関西経済連合会「株式会社法改正に関する意見」（昭和38年2月11日）商事法務271号15頁（1963）等を参照。

211　結局のところ、ここでは問題が発行会社の株式事務の煩雑さという観点から把握されており、当時の経済界からすら必ずしも支持を受けるものではなかった。この点については、吉田・前掲210 3頁、関西経済連合会・前掲210 15頁を参照。

212　昭和56年改正における株式制度の改正には、単位引上げの問題が含まれていたところ、設立時に発行する株式の株金額を5万円に引き上げること（昭和56年改正商法166条2項・168条ノ3）、1株あたりの純資産額を5万円以上とするための株式併合の許容（昭和56年改正商法293条ノ3ノ3）、端株制度の導入（昭和56年改正商法230条ノ2以下）、そして単位株制度の導入（昭和56年改正商法附則16条以下）といった点が、株式の単位引上げと関連するものである。

213　たとえば電力業をみた場合、昭和30年代半ばの証券ブームの際には株式による資金調達も行われたが、それ以外の時期には必ずしも重要な役割を果たしていないとの指摘もある（以上について、岡崎ほか・前掲152 22頁、207頁参照）。

には、昭和30（1955）年の商法改正によって第三者割当が株主総会特別決議を要するものとされたこと[216]、多額の資金を必要としている会社でも公募による時価発行であればより容易にこれを調達できたこと[217]などがあげられる[218]。

さて、資産再評価などを行った企業は資本金が増大していたが、このような状況で行われる公募というのは、その事務量の膨大さゆえ新株発行事務を発行会社自体で行うことを困難とし、証券業者の買取引受[219]の方法を用いる契機ともなった[220]。注目すべき点は、この契約を前提として証券業者は、株式を割り当てる先として安定株主を選択していった[221]——当時の割当自由の原則のもつ意味はここにある——ということである[222]。そして経済界は、

---

[214] もとより再評価積立金の資本組入れに基づく小刻み無償交付や、利益の資本組入れに基づく株式配当は継続して行われていた。だが、再評価積立金の資本組入れに伴う新株発行は、昭和30年代前半から、再評価積立金自体が減少するにつれ、次第にその率を下げていくようになる（前掲202商事法務69号10頁）。これに対して、株式配当は、内部留保による資金調達であることから、金融引締め政策がとられた昭和29（1954）年、昭和32（1957）年、昭和36（1961）年に増加する傾向がみられたという（山一証券調査部「増資形態の回顧と展望」商事法務322号16頁（1964））。

[215] 失権株の処理と公募による新株発行との関係については、たとえば「昭和31年中の新株発行の特徴的傾向と法律上の問題点」商事法務46号4頁（1956）参照。

[216] 昭和30年改正以前、役員や従業員に対する割当てがなされる例があったことはすでに述べたが、これが公募の形態で——割当自由の原則に従って役員や従業員に割り当てることを前提としつつ——行われるようになったわけである（この点については、善積・前掲201 7頁参照）。

[217] それは、昭和30年代前半に証券市場が好調であったため、発行する株式の消化が容易であるという事情によることでもあった（善積・前掲201 7頁）。

[218] そのほか、すでに再評価積立金の資本組入れ等によって資本金が膨大となった結果、1対1の比率での株主割当による新株発行が容易ではなくなった、ということもある。さほど大きな資金需要がない場合など、小刻み無償交付や株式配当で端数の出ている資本金を区切りのよい数字に変えつつ、公募の形態で必要な範囲で資金を調達するということがあった（この点については、善積・前掲201 7頁、「最近の公募の実態」商事法務145号26頁（1959））。

[219] 買取引受契約というのは、証券業者が発行会社の発行する株式の全部、または一部を引き受け、これを払込期日までに引受価額と同一価額で一般第三者に売り出し、これについて証券業者が発行会社から引受手数料をえるものである（吉田昂「契約書から見た買取引受契約」商事法務275号4頁（1963）の買取引受契約に関する契約書A参照）。

[220] 善積・前掲201 10頁、前掲202商事法務69号10頁等を参照。

以上の証券業者による買取引受を公募の一形態として捉え、株主以外の第三者に新株引受権を割り当てる場合ではないと理解していた（昭和30年改正商法280条ノ2第2項参照）。その結果、この新株発行は、株主総会特別決議を経ることなく行われていたわけである[223]。だが、このような実務の扱いに対しては、これが第三者に対して新株引受権を割り当てるものではないかとの観点から、議論が提起されるようになった[224]。そして、この点を争点として新株発行の効力を争う訴訟が複数提起されるに至るなか、昭和37（1962）年、横浜地裁は株主総会特別決議が必要である旨判断し[225]、その後、控訴審段階でも同様の判断を示すものが現れた[226]。このような裁判所の判断を受けて、経済界としては買取引受の形態による公募を控えつつ[227]、複数の団体が緊急の改

---

[221] 家計の資金も証券投資信託を通じて企業に流れる限り、それは安定株主からの資金提供となるところ、この昭和30年代前半は証券投資信託が非常に伸びた時期だった（この点について、橋本ほか・前掲139 103頁のほか、山一証券株式会社調査部「増資形態の回顧と展望」商事法務253号3頁（1962）参照）。もっとも昭和30年代後半に入ると、株式市場の低迷とともにブームにかげりがみえるようになり、昭和40年代に入るとそれが終焉して、証券不況の引金ともなった（日本銀行金融研究所・前掲20 551頁、岡崎・前掲133 140～141頁参照）。

[222] たとえば、昭和31（1956）年になされた三井銀行、住友銀行、第一銀行、および富士銀行の公募においては、証券業者の買取引受の形式で行われたが、その約80パーセントは関係方面に取得され、一般に売り出される株式は約20パーセントにとどまったという（「7月上場店頭各社の新株発行の諸態様」商事法務26号9頁（1956））。あるいは昭和34（1959）年の三井不動産の例では、株主割当の方法で半額無償、半額有償の倍額抱き合わせ増資を行うとともに大量の公募を行ったところ、その公募株式は野村證券の買取引受によって安定株主への処分が一任されたという（橘川・前掲171 262～263頁、前掲218商事法務145号26～27頁）。

[223] 戸川成弘「高度経済成長と開放経済体制への移行——昭和41年の改正」浜田編著・前掲9 352頁。

[224] この点の議論に関しては、さしあたり吉田昂「買取引受契約と新株引受権」商事法務218号2頁（1961）のほか、本文に後述する昭和37年横浜地裁判決以降のものとして、鈴木竹雄「買取引受と商法280条の2第2項」商事法務268号2頁（1963）、大隅健一郎「東京地裁の判決と買取引受」商事法務271号2頁（1963）、および吉田・前掲219 2頁等を参照されたい。

[225] 横浜地判昭和37年12月17日下民13巻12号2473頁。ただし当該判決では、買取引受が第三者に対する新株引受権の付与になるとしても、当該新株発行が取締役会の決議を経たうえ、対外的に会社を代表する権限ある取締役によって発行されている以上、新株発行自体の効力には影響しないとして、請求を棄却している。

正要望を発するに至った[228]。かくして成立した昭和41（1966）年の商法改正では、株主総会特別決議を要すべき新株発行というのは、第三者に対して特に有利な価額で新株を発行する場合であって、時価で発行する場合にはこれを要しないとされたのである（昭和41年改正商法280条ノ2第2項参照）[229]。

(2) 外資導入にまつわる改正

昭和41年改正においては、以上の買取引受にまつわる改正のほか、本章との関係でもう一つ興味深いものがある。それは、新株引受権の譲渡を認める旨の改正と議決権の不統一行使を可能とする旨の改正である。

昭和30年代半ば頃から、次第に外国資本による株式取得、あるいはアメリカやヨーロッパの市場における預託証券（ADR・EDR）や転換社債の発行例がみられるようになった[230]。ところで、わが国企業の発行する証券を外国に居住する投資家が保有している場合、いくつか難しい問題が生じることとなった。たとえば、アメリカに居住する投資家がわが国会社の発行する株式を保有する場合を考えてみる。この場合、その後の新株発行で株主割当てにより取得すべき新株引受権について、発行会社としては連邦証券規制による届出をしないと、その行使の催告を行って新株を発行することができなかった[231]。あるいは、同様の投資家がわが国会社の発行する預託証券を保有する

---

[226] 東京高判昭和39年5月6日高民17巻3号201頁、大阪高判昭和39年6月11日高民17巻4号248頁等参照。ただし、これらの判決においても、当該新株発行が取締役会の決議を経たうえ、対外的に会社を代表する権限ある取締役によって発行されている以上、新株発行の自体の効力には影響しないとして、請求を棄却している。この点の判断は、上告審でも維持された（最判昭和40年10月8日民集19巻7号1745頁）。

[227] 公募を行う場合、証券業者が発行会社の募集事務を代行し、広く一般投資家から新株に対する申込みを受け付けたうえで、売残りが出た場合には証券業者が自己の計算でこれを取得するという残額引受の方法がとられた（山一証券調査部・前掲214 6頁）。

[228] たとえば、東京商工会議所（昭和38年1月5日）、日本証券業協会連合会（昭和38年1月12日）の要望を参照（商事法務268号16〜17頁（1963）参照）。

[229] 昭和41年改正の内容については、「商法の一部を改正する法律案要綱」（昭和40年3月25日閣議決定）商事法務376号7頁（1966）のほか、その解説として、味村治「商法の一部を改正する法律案要綱案の解説」商事法務304号2頁以下（1964）、同「商法改正要綱案について」商事法務334号2頁（1964）を参照。また、改正に関する全般的説明として、戸川・前掲223 334頁以下を参照。

[230] 山一証券調査部・前掲214 30頁。

場合、その常任代理人は各投資家の要望に従って議決権を行使する必要があるが、これには議決権の不統一行使を認める必要があった[232]。これを受けた昭和41年改正では、新株引受権の譲渡を正面から認める規定を置き（昭和41年改正商法280条ノ4第2項）、議決権行使についてはその不統一行使ができることを前提とした規定に変えたわけである（昭和41年改正商法239条ノ2）。これは、後述するように昭和30年代後半からわが国経済が再び開放体制に移行するなか、外国人投資家という資金供給者を念頭に置いて制度を設計する必要が再び生じたことを意味していたといえよう。

(3) 資金供給者との関係

昭和41年の商法改正のうち、新株発行制度に関する改正を当時のわが国における資金供給者のありようと結びつけて考えた場合、やはり商法が株式という金融商品の商品性を決するという契機は存在しない。当時の経済界にとっては、安定株主工作が重要な課題の一つとなっていたところ、その手段として用いていた買取引受による公募が昭和30年改正によって設けられた規定と抵触したため、改正が導かれたという面があったといえよう。そして当該改正によって、有利発行にあたらない限りは、第三者割当の方法による新株発行が機動的に行えるようになり、後述するように資本自由化による内外市場分断規制が緩和されるなか、安定株主を求めた企業にとってより好都合な改正となったわけである。

しかし、この昭和41年改正においては、昭和30年代半ばから外国人投資家が資金供給者として有力に現れてくるなかで、これを見据えた改正が含まれていたことを忘れてはならない。新株引受権の譲渡性であれ、議決権の不統一行使であれ（そのほか、転換社債の転換権行使に関して後述する）、それは

---

[231] この点について、味村・前掲229商事法務304号5頁。なお、特別法において新株引受権の譲渡が認められている場合を別として、一般的に新株引受権の譲渡が認められるか否かについては、当時、権利株の譲渡制限規定（商法190条）や株券発行前の株式譲渡制限規定（商法204条2項）との関係で議論となっていた（戦後の特殊事情における議論も含め、その詳細については、星野孝「新株引受権の譲渡についての一見解」商事法務25号10頁以下（1956）、同「新株引受権市場の周辺」商事法務258号22頁以下（1962）参照）。

[232] この点について、味村・前掲229商事法務334号4頁。

商法の提供する金融商品の商品性そのものに関わる改正にほかならない。ここに、規制体系下における商法改正においても、資金供給者を意識した内容が少しずつ改正のなかにみられるようになっていくのである。

3．金融自由化と社債制度をめぐる改正

3－1　安定成長期のわが国企業とその資金調達

3－1－1　二つのショックからバブルまで
(1)　二つのショック

　昭和30年代末から昭和40年代初頭にかけての証券不況を乗り越えて、わが国経済は、化学、金属、電気機械、自動車、そして造船等、重化学工業を中心に高度成長を続けていった[233]。このような重化学工業に支えられた高度成長に変化をもたらしたのが、昭和40年代後半に生じたいわゆる二つのショック、すなわち昭和46（1971）年のニクソン・ショックと昭和48（1973）年の石油ショックであった。とりわけ石油ショックによる石油価格の高騰は、わが国に未曽有の不景気をもたらし、高度成長の終わりを告げるものとなった[234]。

　昭和50年代以降、石油ショックの安定成長期において、わが国経済の牽引役となったのは、自動車工業や電機工業等の加工組立型の輸出産業であり、また製造業の活動領域は、半導体製造や医薬品など知識集約型産業に拡大していった[235]。これら企業群においては、昭和50年代以降も積極的な設備投資が行われたものの、それ以外の伝統的な産業群では資金需要が低下し、有利子負債の削減に取り組むようになる（いわゆる減量経営）[236]。かくして、こ

---

[233]　岡崎哲二「資本自由化以後の企業集団」法政大学産業情報センターほか・前掲58 305頁。
[234]　詳しくは、鈴木淑夫『日本の金融政策』31頁以下（岩波書店、1993）、橋本・前掲126 187頁以下等を参照。
[235]　この点については、米倉誠一郎「共通幻想としての日本型システムの出現と終焉」森川＝米倉・前掲133 332頁のほか、安場＝猪木・前掲170 51頁参照。

れまで圧倒的な資金不足主体であったわが国の企業部門の資金フローに変化が生じるようになった[237]。つまり長期資金に対する需要が、高度成長期のように旺盛ではなくなったのである。

これに対して昭和40年代以降、家計部門は貯蓄を中心に金融資産の蓄積が順調に伸びており[238]、圧倒的な資金余剰主体となっていた。それにもかかわらず、この時期の家計の資金は、従前と同様、預金や金融債をはじめとする金融仲介機関の提供する金融商品に流れていた[239]。昭和50年代半ば頃から、預金への資金流入は減っていくものの、これも資金が株式のようなリスク商品に直ちに流れていったわけではなく、国債や保険といった金融商品に流れたものであった[240]。

さて、企業部門がその資金需要を低下させるなかで、この家計の資金を吸収したのは、大幅な資金不足主体となった政府部門である[241]。高度成長期、潤沢な税収に支えられた政府部門は、石油ショック後の不況下で税収不足に悩み、他方で不況対策の必要から大量の国債発行に迫られることとなった。この大量発行される国債の引受資金は、もとより究極的には資金余剰主体の家計に求めるしかないが、つまるところこれは家計の資金を受け入れていた金融機関が引き受けることになったわけである[242]。この国債発行の意味は、従前の金融規制を揺るがす大きなものであったが、これは金融自由化に関する説明の部分で後述する。

---

[236] 橋本ほか・前掲139 167頁。
[237] 石油ショックの後も、企業部門が資金不足主体であること自体には変化がなかったが、昭和40年代末から50年代初頭にかけて、その不足の程度が一気に低下した（日本銀行金融研究所・前掲20 6頁）。
[238] 日本銀行金融研究所・前掲20 10頁以下・20頁の表、および安場＝猪木・前掲170 22頁等を参照。
[239] 岡崎・前掲133 141頁の表を参照。
[240] この点については、岡崎・前掲233 307頁、鈴木・前掲234 70～71頁。
[241] 日本銀行金融研究所・前掲20 5頁以下、岡崎・前掲133 140頁の表のほか、安場＝猪木・前掲170 48頁を参照。
[242] 以上について、橋本ほか・前掲139 177頁以下参照。

(2) バブルの発生

その後のわが国経済の展開でふれておくべきことは、やはりバブルの発生と崩壊であろう。このメカニズムそれ自体を確認するには、昭和60（1985）年のプラザ合意以降、昭和62（1987）年のブラックマンデー、低金利政策と続く流れをみる必要があるが、これは本書の別編ですでに述べた[243]。

ここでふれておかなければならないのは、バブル期に、大企業がエクイティ・ファイナンスの形態で証券の発行を行い、これによって調達した資金をさらに金融投資や不動産投資等に回すという、いわゆる「財テク」が行われた事実である[244]。そして興味深いのは、金融機関がこの証券を少なからず購入し、また不動産投資のための資金を融資していたことである。その結果、銀行や証券等の金融業はもとより、不動産業、建設業、そしてサービス産業には、大量の資金が流入し、積極的な投資、開発が進められていく[245]。ここでも高度成長期の構造——設備投資のための旺盛な資金需要を有していた重化学工業分野に対し、家計由来の限られた資金を配分する構造——とは、明らかにベクトルの向きが反対であることがわかるだろう。バブル期には、当時の低金利政策を背景として、市場に大量に存在する資金がより高い利潤機会に動いていったわけである。

以上の事実を漫然と現象として観察すれば、次のような分析も可能である。第一に、一方で、資金供給者となっている家計の側では、すでに十分な貯蓄の蓄積があるにもかかわらず、従前と同様、金融仲介機関が提供する預金その他元本保証の金融商品を購入することを優先した。第二に、他方で、資金需要者となっている企業の側では、利子負担を伴う金融仲介機関からの借入よりも株式関係の金融商品を提供して資金を調達することを望んだ。そ

---

[243] この点については、第2編第2章を参照。
[244] 以下の記述については、野口悠紀雄『バブルの経済学　日本経済に何が起こったのか』121頁以下（日本経済新聞、1992）。
[245] これらの業種は、昭和40年代後半以降、時の政府の政策にもよって高い利潤を上げていたところ、バブル期には以上の特殊な事情で資金が大量に流入し、不動産開発が行われていったのである。この点に関しては、岡崎ほか・前掲152 33～34頁、野口・前掲244 118頁以下を参照。

して第三に、この需要と供給のミスマッチについて、金融仲介機関が預金を原資に有価証券投資を行い、また不動産投資資金を貸し付けることで「仲介」していたということである。つまり第一、第二の点からすれば、高度成長期の金融システムの前提条件が崩れているにもかかわらず、第三の点にみられる金融仲介機関の行動が、従来型のシステムを温存していたのである。

3－1－2 金融自由化

　高度成長期におけるわが国の金融システムは、業務分野規制、金利規制、そして内外市場分断規制を軸に、銀行をはじめとする金融仲介機関を通じて、零細な家計の資金を旺盛な資金需要ある企業に配分するシステムであった。とりわけ、重化学工業を中心に巨大な設備投資を必要とする企業のために、長期資金を確保することがわが国の喫緊の課題だったわけである。しかし、安定成長期に入って企業の資金需要が従前よりも低下し、家計資金の蓄積は進む。さらに、政府部門が新たな資金不足主体として現れる。以上のような環境変化を反映したのが、昭和50年代半ばからのいわゆる金融自由化の流れであった。以下では、規制のありようが変化した時間的順序に沿って、内外市場分断規制、金利規制、そして業務分野規制の順でみていくこととしよう。

(1)　内外市場分断規制の緩和

　国内の金融規制を維持する機能を果たしていた内外市場分断規制は、実は、すでに高度成長期からわが国の経済力の高まり、あるいは企業活動の国際化等に伴い、漸次、緩和されてきた[246]。その大きな変化の始まりは、日本の貿易が黒字基調となり、諸外国から自由化の圧力が強まった昭和30年代後半からである[247]。昭和35（1960）年に「貿易・為替自由化大綱」を公表した政府は、昭和38（1963）年、GATT11条国となって国際収支上の理由に基づく輸入数量制限を排除し、さらに昭和39（1964）年のIMF 8条国への移行とOECD加盟に伴い資本移動制限を撤廃する方向に動き出す[248]。

---

[246]　わが国は、昭和27（1952）年にIMF（国際通貨基金）に加盟し、昭和30（1955）年にはGATT（関税と貿易に関する一般協定）に加入していた。

[247]　この点については、安場＝猪木・前掲**170** 38頁、香西・前掲**191** 232頁以下。

とりわけ昭和40年代以降は、わが国製造業の輸出が貿易摩擦を引き起こすようになり[249]、企業も海外で現地生産を行うようになる。これに伴って、従前は貿易金融を行うにとどまっていたわが国の外国為替銀行も、海外の営業拠点を充実して資金供給を行うなど、企業や金融機関の国境を越えた活動が盛んになっていった。このように、わが国の国際的な経済的地位の高まりや企業活動の国際化とも相まって、内外市場分断規制は緩和が繰り返されてきたのである[250]。

以上のような流れを受けた昭和54（1979）年、外為法は大改正を受ける。ここでは、国境を越えた資本取引が原則禁止から原則自由に変更され（昭和54年改正外為法20条以下参照）[251]、内外市場分断規制は原則として撤廃されるに至った。ただそれは、わが国の金融システムが、海外市場の変動の影響を受け、また外国との政策協調を求められること――バブル前夜のプラザ合意以降の流れを想起されたい――をも意味していたわけである[252]。

(2) 金利規制の緩和

金利規制についてその緩和の契機となったのは、安定成長期に入ってから

248　国際通貨基金協定8条2項は、加盟国の一般的義務として、経常的国際取引に対する支払いや資金移動に対する制限を認めない。この点については、橋本ほか・前掲139 105頁、安場＝猪木・前掲170 38頁。

249　わが国をめぐる貿易摩擦は、昭和40年代半ばにアメリカとの間で繊維・鉄鋼製品についてこれが起こったことが知られている。さらに、昭和50年代に入ると、アメリカのみならずECとの間でも問題が深刻化し、対象も自動車、カラーテレビ、工作機械、あるいはベアリング等にまで広がりをみせるに至った。以上について、橋本ほか・前掲139 175頁以下。

250　橋本・前掲126 198頁。なおその緩和は、原則禁止の建前を採用する外為法等の規定を前提としつつ、政省令等でその制限を解除することで、実質的な自由化を進めるという方法が採用されてきた（関要「外国為替及び外国貿易管理法の改正について〔上〕」商事法務861号2頁（1980））。

251　昭和54年法律第65号により改正された外為法では、その1条に定める目的が次のように改められた（従前の目的については、前掲196参照）。「この法律は、外国為替、外国貿易その他の対外取引が自由に行われることを基本とし、対外取引に対し必要最小限の管理又は調整を行うことにより、対外取引の正常な発展を期し、もって国際収支の均衡及び通貨の安定を図るとともに我が国経済の発展に寄与することを目的とする。」。

252　この点については、第2編第2章を参照。

の国債の大量発行であった。すなわち赤字国債の発行が続くなか、企業部門に回るべき資金が政府部門に回る状況に危機感を抱いた金融機関は、国債の割当引受に抵抗するようになる。その結果、昭和52（1977）年、ついに大蔵省は金融機関保有の国債売却を認めるに至った[253]。これは、国債流通市場、ひいては発行市場の形成を導き、自由金利市場の成立を意味するものであった。そして、この自由金利市場の成立は、高度成長期の規制体系下で厳格に守られてきた金利規制に風穴を開けたことも意味していた。

　このことの帰結は次のとおりである。自由金利の金融商品となった国債は、金融引締め期には規制金利との間でより有利な利回りをみせたことから、規制金利の下にある短期金融商品からの資金シフトを起こすこととなる[254]。この短期から長期へ、規制金利から自由金利へ、という資金のシフトは、とりもなおさず銀行の預金吸収力を低下させることを意味する。それは、家計の資金を資金不足主体に仲介する銀行において、自由金利の金融商品を提供すべき必要が生じることとなった[255]。その嚆矢として、昭和54（1979）年、自由金利金融商品である譲渡性預金（CD；Certificate of Deposit）が導入され、その最低発行単位額が徐々に引き下げられていった。

　さらに、昭和59（1984）年に発表された日米円ドル委員会の合意（US－Japan Accord）は、過小評価されている円の為替レートを適正水準に是正することを目的としつつ、そこでは金利自由化のスケジュールが設定された[256]。かくして昭和60（1985）年、自由金利金融商品である市場金利連動型

---

[253] この点の記述については、日本銀行金融研究所・前掲20 472頁以下、橋本・前掲126 195～196頁。

[254] 日本銀行金融研究所・前掲20 224頁以下参照。

[255] 堀内昭義「日本経済と金融規制——変遷と課題」堀内昭義編『講座・公的規制と産業5 金融』22頁（NTT出版、1994）。

[256] 日米円ドル委員会の合意では、そのほかに内外資本移動の一層の自由化、円の国際化、国内金融業の外国金融機関への開放、そして国内金融資本市場の自由化といった内容が盛り込まれていた。この合意内容が、為替レートの是正にどれだけの効果をもちうるかは疑問が提起されたところであって、アメリカ側の真意は、日本国内の金融規制の枠組みを変更させる点にあったのではないかとも指摘される。以上について、堀内昭義「金融国際化と金融規制」堀内・前掲255 283～284頁のほか、堀内・前掲255 22～23頁。

預金(MMC；Money Market Certificate)が導入されたほか、大口定期預金金利の自由化等、預金金利の自由化はさらに進められていった[257]。そして平成5(1993)年、定期預金金利の完全自由化、そして平成6(1994)年、普通預金金利の完全自由化によって、金利規制の自由化は終了するに至った[258]。なお、以上のような預金金利の自由化に伴い、貸出金利の決定方式が変化したことはいうまでもない[259]。

規制金利体系から自由金利体系に移行したことの意味は、とりわけ銀行をはじめとする金融機関の位置づけが変化したことにある。高度成長期に設けられていた金利規制は、資金需要の旺盛な企業が必要とする資金について、これを銀行に確保すべく、レントを発生させるための仕組みだった。しかし、もはや企業は必ずしも銀行から資金を確保する必要がなく、他方で、銀行はレントが圧縮され、集めた預金のより有利な運用先を確保する必要が生じた。これが、先に述べたバブル期の企業や金融機関の行動と密接に関連することはいうまでもないだろう。

(3) 業務分野規制の緩和

金融自由化が進展し、また金融技術が発展すると、証券化商品や金融派生商品にみられるように、当該商品を扱う業務がいかなる業務に属するのか——たとえば銀行業務なのか、証券業務なのかといった点——を定義すること自体が困難となる[260]。かくして業務分野を基準に規制を加えることの合理性が問われるようになり、先の日米円ドル委員会の合意内容とも相まっ

---

257 以上につき、日本銀行金融研究所・前掲20 227頁。
258 この点について、日本銀行金融研究所『新版わが国の金融制度』43～46頁(日本信用調査、1995)参照。
259 自由金利預金による資金調達比率が上昇するにつれ、これに連動する貸出金利の設定が必要となって、平成元(1989)年、銀行の平均資金調達金利を基礎として新短期プライムレートが設定される。そして平成3(1991)年、この新短期プライムレートを基礎として貸出期間等を参考にマージンを上乗せした新長期プライムレート(短期プライムレート連動長期変動貸出金利)が設定された(以上について、日本銀行金融研究所・前掲258 48～49頁)。
260 そもそも、貸付と社債の引受という従来型の金融形態ですら、経済的実態がどう異なるのかはほとんど説明不可能である(神田秀樹「金融市場の業務分野規制」堀内・前掲255 125頁以下)。

て[261]、昭和60（1985）年頃から業務分野規制に関しては見直しが進められる。この見直しを実現したのが平成4（1992）年の金融制度改革であり[262]、銀行業務と信託業務の分離の緩和、そして銀行業務と証券業務の分離の緩和が図られた[263]。ここでは、長期金融と短期金融との分離という観点から、前者の銀行業務と信託業務の緩和について簡単にみることとする。

普通銀行や長期信用銀行が信託業務に参入することは、これまで大蔵省の行政指導によって制限されていた。だが、当該制度改革により、地方銀行は本体で、普通銀行や長期信用銀行も子会社を通じてであれば、これに参入することを認めた（平成4年改正銀行法16条の2）。つまり大銀行は、新たに銀行子会社を設立し、これが信託業務の免許を得ることで信託業務を行えることとなったのである（平成4年改正金融機関ノ信託業務ノ兼営等ニ関スル法律（以下、「兼営法」という）1条）[264]。金融制度改革において、本体による参入ではなく子会社形態による参入という形で規制緩和をしたのは、銀行業務と信託業務とを分離する元来の趣旨である利益相反問題自体が、なお存在しうると考えられたからである。その意味で、子会社形態による参入の方が、各種の監督コスト

---

[261] 前掲256参照。

[262] 当該改革は、「金融制度及び証券取引制度の改革のための関係法律の整備等に関する法律」（平成4年法律第87号）によって行われた。その内容は、商事法務1282号6頁以下（1992）を参照されたい。

[263] 銀行業務と証券業務との分離の緩和は、法律上、銀行が扱える証券業務が拡大したということのほか（平成4年改正証券取引法65条2項参照）、信託の場合と同様、銀行・証券会社間における子会社を通じた相互参入が可能となる形で行われた（平成4年改正銀行法16条の2、平成4年改正証券取引法43条の2・65条の3参照）。ただし、銀行の証券子会社が行える証券業務の範囲については、やはり一定の制限が課され、株式の発行業務、流通業務（ディーリング、ブローキング）は制限された。そのほかにもエクイティ物（転換社債、新株引受権付社債など）の流通業務に関しては制限を受けたのである（金融制度改革法附則19条）。そこには、従来の業務分野に属する企業の保護の観点が存在したのであり、それゆえに限定的な自由化にとどまっていたのである（以上については、堀内・前掲255 31頁、神田・前掲260 114頁以下参照）。

[264] 銀行本体が信託業法による免許を受けるという形は認められず、あくまでも兼営法によることになることに注意されたい。なお、この法律については、平成4（1992）年の金融制度改革において法律名が改められると同時に（前掲180の記述を参照）、証券会社も信託銀行子会社を保有できるようになった（平成4年改正兼営法1条、平成4年改正証券取引法43条の2参照）。なお、神田・前掲260 115頁も参照。

の面ですぐれていると同時に、利益相反問題を解決するうえでより望ましいというのである[265]。

信託銀行というのは、高度成長期のわが国金融システムにおいて、貸付信託のように長期金融の有力な担い手となるべき金融商品を提供する主体であった。その規制が緩和されたということは、企業における長期資金に対する需要の低下、あるいは金融市場や金融技術の発展に伴うさまざまな金融商品の登場による代替手法の拡大等、当該業務分野規制に対する疑義が生じていたことを意味しよう。もっとも、銀行等の保有する信託銀行子会社が行える信託業務には、従前の信託銀行の主力商品である貸付信託などが除外されていたから[266]、その意味では当時の自由化はきわめて限定的なものであったのも事実である。

3-2 社債制度をめぐる改正

さて、ここからは、以上のわが国の経済状況の変化をふまえて、会社法における資金調達手段をめぐる改正がどのように進められていったのかを確認する。昭和41（1966）年改正以降は、主として社債制度を中心に改正が進められているため、以下の説明でも当該制度の改正を軸に据えることとし、それ以外は必要に応じて補うという形で論ずることとしたい。

3-2-1 昭和56(1981)年改正までの流れ

(1) 外資導入と昭和41年改正

高度成長期における社債発行は、繰り返すように強固な金利規制の下、事実上、銀行貸出の一変型となっていた。だが、昭和30年代半ば頃から、転換社債を外資導入の手段として用いようという動きがみられるようになる[267]。他方、社債制度の枠組み自体は、昭和13（1938）年改正のそれが維持されてきた。しかも担信法と商法との重複規定なども、多くはその調整がなされてい

---

265 以上について、神田・前掲260 118頁以下参照。
266 大蔵省「金融制度改革実施の概要について」商事法務1309号82頁（1993）のほか、日本銀行金融研究所・前掲258 26頁を参照。

ないということがあった。そこで、社債制度の見直しが立法課題として検討されるようになり、その端緒として、昭和36（1961）年、法務省民事局長から経済団体に対して、社債法という単行法の制定可能性も含め、意見照会がなされるに至った[268]。

これに対して経済界からは、社債制度の改正に関する幅広い意見が出された。ただ、社債法の全面改正は時間を要する作業であることから、当面は従来の立法形式を維持し、経済の実情に適していない部分を緊急に改正するように望む声も多かった[269]。そのような意見が具体的に立法に結実したのが、昭和41年改正における株主名簿閉鎖期間中の転換社債の転換権行使である。わが国会社の発行する転換社債を保有する外国人投資家には、株主名簿閉鎖期間中でも転換権を行使したいという要望があり、だがこれに応えて発行会

---

[267] そもそも昭和13年改正で導入された転換社債の制度は、戦前には全くその利用例がなく、戦後もその利用は限られたもので、株主優先募集、額面転換という特殊な形態をとっていた（矢沢惇「転換社債の国際的発行」商事法務258号26頁（1962））。これに対する転機が、昭和37（1962）年、新三菱重工と日立製作所がアメリカで発行した転換社債であって、以後、次々とアメリカ市場やルクセンブルク、ロンドンなどのヨーロッパ市場で転換社債を発行する例がみられるようになった（以上について、山一証券調査部・前掲214　34～35頁、山一証券株式会社調査部・前掲221 28頁以下等を参照）。

[268] ここでは、当時の経済事情との適合性、そして担信法と商法の調整といった観点から、担信法、商法の社債規定、そして社債登録法を統合することも含めて、抽象的に意見照会がなされたのである（法務省民事局長「担保付社債信託法の改正について（依頼）」商事法務215号16頁（1961）参照）。

　そのほか、社債の買入消却、起債単位の大型化、あるいは発行条件の合理的決定――これは金利規制との関係が正面から問題となる――などを実施しつつ、社債の流通市場を育成しようというのが昭和30年代中頃から後半にかけての状況であった（この点については、前田多良夫「最近の社債市場における諸問題――発行条件の改定と流通促進措置等――」商事法務214号3頁（1961）、大蔵省理財局「社債の買入消却実施要綱試案」商事法務215号18頁（1961）、証券取引審議会「公社債市場正常化のための当面の問題について」（昭和38年6月11日）商事法務284号5頁（1963）、証券取引審議会「当面の社債市場のあり方について」（昭和41年4月11日）商事法務378号21頁（1966））。

[269] この詳細については、関西経済連合会「社債関係法改正に関する意見」（昭和36年9月25日）商事法務224号39頁（1961）、全国銀行協会連合会「社債関係法律の改正に関する意見」（昭和38年4月16日）商事法務280号54頁（1963）、公社債引受協会「社債関係諸法の改正に関する意見」（昭和38年12月18日）商事法務303号10頁（1964）、東京商工会議所「社債関係法改正に関する意見」（昭和39年12月18日）商事法務336号13頁（1965）。

社が基準日の制度を採用すると、事務負担が重くなるという問題があった[270]。そこで昭和41年改正では、転換社債については株主名簿の閉鎖期間中でも転換請求ができることを前提とした規定に変えたわけである（昭和41年改正商法341条ノ7は、株主名簿閉鎖期間中に転換株式の転換請求を認めない同法222条ノ5第3項を準用しないこととした）。これは、先にも述べた新株引受権の譲渡や議決権の不統一行使と同様、資金供給者としての外国人投資家が、会社法制に影響を与えた一つの例である。

(2) 社債発行限度規制の緩和

高度成長期の旺盛な資金需要の下、時価転換社債をはじめとした社債発行例が増加し、またその発行量も大きくなると、次第に商法の設定した社債限度枠が企業にとっての足かせとなっていく。すなわち当時の商法は、原則として社債発行を資本および資本準備金の総額の範囲内でのみ認めていたため、このような問題が生じたわけである（昭和25年改正商法297条1項）。もっともこの問題は、昭和30年代の社債法改正論議の段階ではさほど認識されておらず[271]、昭和40年代に入って発行枠が残り少なくなった企業（ないし産業）において強く認識されるようになったものである。

社債発行枠拡大に関する改正は、昭和51 (1976) 年、電気・ガス事業会社に発行枠拡大の特例が認められたのが端緒である[272]。これらの事業は、安定成長期に入っても需要増大、あるいは公害防止投資等、さまざまな必要から設備投資資金の調達について社債発行による必要があった[273]。むろんその他

---

270 この点について、山一証券調査部・前掲214 33頁、味村・前掲229商事法務304号3頁。
271 昭和36 (1961) 年の法務省民事局長からの意見照会に対する経済界の意見として、担保附社債について発行限度を緩和すべきだとの意見もあったが（関西経済連合会・前掲269 39頁）、発行限度を設けること自体に対する強い異論はなかったのである（この点については、前掲269に掲げた諸文献を参照）。
272 これは、「一般電気事業会社及び一般ガス事業会社の社債発行限度に関する特例法」（昭和51年法律第59号）の制定によるものである。同法2条は、一般電気事業会社・一般ガス事業会社について、それぞれ商法297条による社債発行限度の4倍（一般電気事業会社）、2倍（一般ガス事業会社）の範囲での社債募集を許容した。
273 この点について、長尾梅太郎「電気・ガス事業会社の社債発行限度に関する特例法の解説」商事法務744号2頁 (1976)。

の企業においても、石油ショック時の国内金融引締めの影響や事業の国際展開によって外債の発行を積極化させ、昭和50（1975）年には大幅な伸びを示すに至った[274]。かくして多くの企業において社債発行枠が逼迫することになり、経済界からはその緩和に向けた強い改正要望が出されるようになった[275]。そこで実現したのが、昭和52（1977）年の社債発行限度暫定措置法である[276]。この法律では、担保附社債、転換社債、および外国で募集する社債について[277]、商法297条の定める発行制限の2倍まで発行できるものとされたのである（社債発行限度暫定措置法1条）。

ところで理論的に考えた場合、社債発行限度規制というのは社債権者保護の手段であるから——それが不完全なものであるにせよ[278]——経済界の要望に従ってこれを緩和するとなれば、改めて体系的に社債権者保護の問題を考えなければならない[279]。これは、後の会社法改正論議にも何かと影響を与えていく問題となり、それは社債制度の改正のみならず株式制度のそれにも影響を及ぼすこととなったのである。

(3) 新株引受権附社債制度の導入

さて、昭和49（1974）年の商法改正によって監査制度の大改正のほか、転換社債制度の改正が成立した後[280]、法制審議会商法部会では、当時の企業批判

---

274 竹久正照「日本企業による海外資金調達の現状と見通し」商事法務746号16頁以下（1976）。
275 たとえば、日本機械工業連合会、日本自動車工業会、日本造船工業会、日本電機工業会、および日本電子機械工業会五団体による、社債発行限度に関する商法の緊急改正に関する要望書について、商事法務712号48頁（1975）。そのほか、改正要望については、商事法務編集部「社債発行限度改正について」商事法務750号2頁（1976）。
276 社債発行限度暫定措置法（昭和52年法律第49号）については、稲葉威雄「社債発行限度暫定措置法の解説」商事法務771号2頁（1977）参照。
277 当時、わが国において無担保社債は転換社債の場合しか発行されていなかったから、これらの社債でほぼ企業の発行するものは網羅されていた。
278 当時の批判的議論は、以下のとおりである（この点について、稲葉・前掲276 3頁）。すなわち、商法の規制は発行時のみの規制にすぎず、その後の個別の借入などは全く規制されていない。また、会社の現存する資力を基準として規制を設けるにしても、資本・準備金を基準とするよりは純資産を基準にすべきである、というのである。
279 社債市場の成熟度なども見極めて、来るべき会社法の全面改正作業のなかで改めて発行限度枠の問題は考える、というのが当時の考え方だった（稲葉・前掲276 4頁）。

の風潮の下、会社法の全面的・根本的見直しに向けた改正のための検討が行われるに至る[281]。そして、この会社法の全面的・根本的見直しに向けた作業は、昭和56（1981）年改正に結び付いていく[282]。一方で、社債法の全面改正に関しては、きわめて技術性も強い分野であることから以上の検討には含められず、昭和45（1970）年に発足した社債法等研究会が行っていた検討に委ねられることとなった[283]。だが、社債法の全面改正はその利害関係者の調整が容易ではないこともあって、昭和56年の段階でこれを実現することはでき

---

[280] 昭和40年代に入り、転換社債も時価転換を条件としたものが増加していくほか、配当制限と担保留保の財務制限が付されたうえで無担保によるものも認められるようになる（高度成長期の社債発行は、戦前の社債浄化運動の流れも引きつつ社債権者保護の観点から有担保原則がとられていた）。しかし転換社債は、当時の商法の規定によれば定款の規定に基づくか、株主総会特別決議によって発行できるものとされていたことから（昭和25年改正商法341条ノ2第2項参照）、その発行例が増加するにつれて、この点の機動性の低さが問題とされるようになった。そこで昭和49年改正では、経済界からの要望を容れて、転換の条件が株主以外の者に対して特に有利な条件となっていない限り、取締役会限りで転換社債を発行できるものとされたのである（昭和49年改正商法341条ノ2第2項・3項）。

なお、当時の転換社債発行状況とこれをめぐる議論については、角谷正彦「時価発行増資および時価転換社債に関する当面の諸問題〔Ⅱ完〕」商事法務523号8頁（1970）、竹中正明「商法改正と転換社債の発行手続」商事法務546号46頁（1971）、鏡味徳房「時価転換社債の現状と問題点」商事法務607号2頁（1972）等を参照。また、無担保社債の発行状況とこれをめぐる議論については、望月嘉幸「無担保転換社債発行に至る経緯とその発行要綱について」商事法務622号6頁以下（1973）のほか、具体的な発行例については、商事法務617号37頁（1972）参照。

[281] 当時の商法に関して基本的な問題点を総ざらいし、関係各方面への意見照会を経て（法務省民事局参事官室「会社法改正に関する意見照会——会社法改正に関する問題点」（昭和50年6月12日）商事法務704号6頁（1975））、まず昭和52（1977）年、「株式制度に関する改正試案」が公表された（法務省民事局参事官室「株式制度に関する改正試案」（昭和52年5月16日）商事法務769号6頁（1977））。その後、昭和53（1978）年には「株式会社の機関に関する改正試案」（法務省民事局参事官室「株式会社の機関に関する改正試案」（昭和53年12月25日）商事法務824号6頁（1978））、さらに昭和54（1979）年には「株式会社の計算・公開に関する改正試案」が公表された（法務省民事局参事官室「株式会社の計算・公開に関する改正試案」（昭和54年12月25日）商事法務858号7頁（1979））。

[282] 改正作業中に明らかになった企業不祥事により、商法改正に向けた政治的要請が高まったため、昭和54（1979）年の計算・公開試案までの内容に従って具体的な商法改正の作業が進められることとなったのである。この点については、第2編第2章を参照。

[283] 稲葉威雄「社債関係法規の改正に関する諸問題〔上〕」商事法務1054号2頁（1985）。

なかった。ただし、昭和56年改正においては、新株引受権附社債という新しい社債制度が導入されている。当該制度はどのような経緯で立法に結び付いたのか、それをここで簡単に確認しておこう。

新株引受権附社債というのは、ワラント債とも呼ばれるが、文字どおり社債が新株引受権を伴った形で発行され、社債権者に起債会社の新株引受権が付与されるものである[284]。これに類する制度の導入に向けた議論は、すでに昭和40年代後半から株式買取権付社債に関するものがみられ、そこでは企業の資金調達手段の多様化、あるいは投資家の投資対象の多様化といったことが主張されていた[285]。しかし、昭和56年改正で導入された理由はこれとは異なる。その経緯もかなり特殊であって、立法のための作業がかなり進んだ段階で、経済界の要望を受けた形で緊急改正事項として取り入れられた[286]。その背景には、企業活動が国際化し、国境を越えた資金移動が増えるなかで——昭和54年に外為法が改正されたことを想起されたい——わが国企業の保有する長期外貨建金銭債権の額が高まっていた、ということがある。すなわち昭和52年以降、円の対ドル相場が急激に上昇し、以上のような債権を多く保有する企業においてはこの為替リスクをヘッジする手段を確保する必要に迫られた[287]。短期の債権であれば為替先物取引によるヘッジが可能であるが、長期の債権ではそのような方法がとれないゆえに、外貨建で機動的に長期債務を保有する手段が必要となっていたわけである。むろん、昭和56年改正以前でも、普通社債や転換社債の制度が商法上設けられていた（昭和56年改正前商法296条以下）。だが、リスクヘッジに使うためには、相対的に高率の利息を付す必要があってコストのかかる普通社債や、社債が株式に転換されて債務部分が減少する可能性のある転換社債は、使い勝手が悪いという面が

---

[284] 竹中正明「新株引受権付社債制度案について（上）」商事法務879号23頁（1980）、元木伸「商法等の一部を改正する法律の概要〔中・3〕」商事法務911号17頁（1981）。
[285] たとえば、江坂元穂「株式買取権付社債について」商事法務570号12頁（1971）、佐久間景義「株式買取権付社債普及への提言——証券発行の多様化について〔下〕——」商事法務729号8頁（1976）などを参照。
[286] 元木・前掲284 17頁。
[287] 竹中・前掲284 31頁以下。

あった[288]。そこで、普通社債に比して低い利率で発行でき、かつ債務部分の消滅しない社債として、新株引受権とともに発行できる社債制度が経済界から強く求められるに至ったのである[289]。

以上の要望を受けて、昭和56年改正で導入された新株引受権附社債の制度（昭和56年改正商法341条ノ8以下）は、ほぼ資金供給者のありようとは無関係に改正がなされている点で特徴的である。第一に、国内の資金供給者である家計との関係でみれば、その余剰資金を積極的に導入するために設けられた制度ではない。第二に、これまでの社債制度の改正にしばしばみられるように、海外資金を導入するために外国人投資家との関係で設けられた制度かというとそうでもない。あくまでも経済界は、リスクヘッジ目的で当該制度を必要としたのであって、喫緊の資金需要を満たすためにそれを求めたものではないのである。

3－2－2　平成2（1990）年改正

(1)　改正に至る経緯

昭和56（1981）年の商法改正が実現した後、法制審議会商法部会は、会社法の全面的・根本的見直しの積残し事項として、大小会社区分立法に取りかかった[290]。そして法務省民事局参事官室によって公開されたのが、昭和59（1984）年の「大小（公開・非公開）会社区分立法及び合併に関する問題点」（以下、「問題点」という）であり[291]、これを基礎に関係各界に対する意見照

---

[288]　竹中・前掲284 32頁。

[289]　以上のような緊急性をもった経済界からの要請は、昭和55（1980）年、改正作業を進めていた法制審議会商法部会に伝えられたところ、部会は従前からの立法作業に支障を及ぼさない限りにおいて、当該改正作業に組み入れることを承諾した（稲葉威雄「商法等の一部を改正する法律の概要（上）」商事法務907号4頁（1981））。そこで、以上の要請は当該社債の発行・流通に携わるべき証券業界で受け止められ、日本証券業協会自ら、経済法規特別委員会のなかに新株引受権付社債研究会を設置した。そして、ここで取りまとめた具体案を法制審議会商法部会長と法務省民事局長に提出し、立法へと結びつけられたのである（以上について、竹中・前掲284 22頁）。

[290]　稲葉威雄「大小会社区分立法等の問題点公表について――大小（公開・非公開）会社区分立法及び合併に関する問題点――」商事法務1007号6頁（1984）。

会を行った。他方で、前項でも述べたとおり、社債法の改正については社債法等研究会における検討がなされていたため、このなかでは社債法に関する問題は扱われていない[292]。それでも意見照会に対して、経済界からは社債に関する改正要望が出され、そこでは社債関係法規の整備と社債発行限度規制の撤廃が求められた[293]。

このような議論の状況のなか、昭和61（1986）年、社債法等研究会は、長らく行われた検討の成果として社債法改正試案を公表する[294]。ここでは、経済界が要望するとおり、もちろん担信法と商法の関係も含めて社債法に関する網羅的な検討が行われている。また、社債の発行限度規制についても、これを最終の貸借対照表に現存する純資産額まで発行できる旨の提案がなされ、一定の方向性が提示された。

平成2年の商法改正は、以上、二つの作業の延長線上にある改正である。前者の方向性は、その後、法制審議会の商法部会会社法小委員会で検討が重ねられ、後者の方向性は、同部会社債法小委員会で検討が重ねられることとなった[295]。以下では、社債制度に関して平成2年改正で実現した改正内容を確認するとともに、これと密接に関連する優先株制度の改正にふれることとしよう。

---

[291] 法務省民事局参事官室「大小（公開・非公開）会社区分立法及び合併に関する問題点」（昭和59年5月9日）商事法務1007号13頁（1984）。

[292] なお、社債法について扱っていないという点は、意見照会をふまえてまとめられた昭和61年の「商法・有限会社法改正試案」でもほぼ同様である（法務省民事局参事官室「商法・有限会社法改正試案」（昭和61年5月15日）商事法務1076号11頁（1986））。ただし、この改正試案においては、社債発行限度規制の扱い等について若干の言及がなされるに至った（改正試案九・7参照）。

[293] 社債関係法規の整備を要望したのは証券界であり、社債発行限度規制の撤廃を求めたのは経団連である。この点に関しては、竹内昭夫ほか「〈座談会〉新株発行、計算・公開等に関する事項」商事法務1045号20頁以下（1985）の議論、および竹内昭夫ほか「〈座談会〉社債、企業結合等に関する事項」商事法務1047号13頁以下（1985）の議論も参照。

[294] 社債法等研究会「社債法改正試案」商事法務1085号28頁（1986）。

[295] この点の説明については、稲葉威雄「社債法改正の方向〔上〕——発行限度と受託会社について——」商事法務1141号3頁（1988）。

(2) 社債制度の改正

　平成2年改正における社債制度の改正は、先の経済界の要望のうち、社債発行限度規制の点にとどまるものである。その内容は大きく分けて二つからなるが、第一は、商法上定められていた社債発行限度額の緩和である。従前の限度は、資本および準備金の合計額か、または最終の貸借対照表上の純資産額か、以上いずれかの少ない方であった（平成2年改正前商法297条1項・2項）。これに対して平成2年改正では、端的に最終の貸借対照表上の純資産額が限度額とされた（平成2年改正商法297条1項）。第二は、社債発行限度暫定措置法による社債発行限度額の緩和である。すでに述べたように社債発行限度暫定措置法は、担保付社債、転換社債、および外国で募集される社債について、当分の間、商法の発行限度の2倍まで発行できることを規定していた。平成2年改正では、これについても商法と同様の純資産額基準に統一したうえで、特例の認められる社債について新株引受権附社債を含めた（平成2年改正社債発行暫定措置法1条）。

　社債発行限度規制の緩和については、社債権者保護の枠組みを含めた社債法の全面的な見直しが前提となる、というのが従前からの議論の趨勢であった[296]。それにもかかわらず、発行限度規制に関する改正のみが平成2年改正で切り離されて実現した理由については、次のような事情が存在した[297]。それは、バブル期にエクイティ・ファイナンスが盛んに行われるなか、国内でも新株引受権附社債が多数発行される例が相次ぎ、すでに経済界において社債の発行限度が逼迫していたということがあげられる。社債発行暫定措置法の特例について、新株引受権附社債が加えられた——外国で発行する社債であれば特例措置の対象となる——というのも、この点に理由があるわけである。

　以上のような経緯からすると、平成2年改正における社債発行枠の拡大に

---

[296] このような考え方については、竹内ほか・前掲293商事法務1047号13頁〔竹内発言〕、17頁〔稲葉発言〕を参照。
[297] 以下の記述については、大谷禎男「商法等の一部を改正する法律の解説〔9〕」商事法務1230号21頁以下（1990）参照。

ついても、これは基本的に経済界の要望が中心となって成立しており、さしあたり資金供給者たる社債権者の視点は退いている。もっともこの当時の社債制度の改革は、わが国の金融自由化の流れと平仄を合わせて進んでいたことにも注意する必要がある。一方では、昭和59（1984）年の日米円ドル委員会の合意などを前提に、昭和60（1985）年には格付機関が発足していた[298]。他方で、適債基準を見直して有担保原則を廃し[299]、財務制限条項などを活用しつつ無担保普通社債の発行可能性が探られる状況にあった[300]。そうした大局的観点からは、社債制度はすでに金融規制の厳格な体系から外れ始めていたのであり、商法の制度設計にあたって、資金供給者たる家計の存在——個人投資家としての家計——は無視できない状況にあったはずである。その意味では、あくまでも平成2年改正は、昭和52（1977）年の社債発行限度暫定措置法と同様の暫定性を否定できないのである。

(3) 優先株制度の改正

平成2年改正においては、数種の株式に関する規定のうち、特に優先株式について、定款において優先配当額を定める必要はなく、優先配当額の上限のみを定めれば足りる旨の規定が置かれた（平成2年改正商法222条2項但書）[301]。これは、昭和59年に公表された「問題点」のなかには含まれていない事項で、

---

[298] このあたりの事情については、竹内ほか・前掲293商事法務1045号20頁〔竹中発言〕のほか、「〈スクランブル〉格付機関の信頼性確保」商事法務1026号39頁（1984）等を参照。
[299] 伝統的にわが国の社債発行は、発行市場における有力な受託銀行と引受証券会社が中心となって（起債会）、人為的に社債の質と量を調整してきた（起債調整）。その際には、適債基準や格付基準といわれる基準によって、一部の優良企業にのみ社債発行が可能となるようにして、厳しい発行条件の制限などを行ってきたのである（以上について、証券取引審議会基本問題委員会「望ましい公社債市場の在り方に関する報告書（下）」商事法務787号22頁（1977））。
[300] この点に関する当時の議論状況については、竹内昭夫「社債発行市場のあり方」商事法務1100号5頁以下（1987）、藤原武平太「産業界が望む社債市場改革の方向」商事法務1107号6頁以下（1987）、鈴木良之「社債発行市場改革の進展状況——証券取引審議会報告に伴う改善措置の概要——」商事法務1117号17頁以下（1987）等を参照。
[301] そのほか、数種の株式に関しては、株式分割、転換社債の引受、および新株引受権附社債の引受について、定款の定めなくとも、株式の種類に従って格別の定めができる旨の改正がなされている（平成2年改正商法222条3項）。

昭和61（1986）年に公表された「商法・有限会社法改正試案」でも[302]、検討事項とはされたものの具体的な提案までは至っていない事項であった（改正試案三・9）[303]。しかし、経済界はその後もこの点の改正を実現するよう強く求め、平成元（1989）年には商法改正研究会から「優先株制度改正試案」が出され[304]、結果として立法にまで至ったという事情がある[305]。

そもそも優先株制度に対する改正の要望が経済界から出てきた背景には、社債の発行が厳しく規制されてきた状況において、優先株をその代用として用いたいという事情があった[306]。また、こと金融機関に関しては、昭和63（1988）年、国際決済銀行（BIS；Bank for International Settlements）の銀行規制監督委員会において、自己資本比率規制の国際的統一をすることについて合意がなされ（いわゆるBIS規制）[307]、自己資本充実の観点から優先株式の発行が問題となっていたのである。

ともあれ、優先配当額を定款で定める必要があるという従前の規定では、その発行ごとに株主総会特別決議を経なければならず、市場の金利情勢に合わせて機動的に優先株式を発行する——それが社債の代用として想定されていたことを想起されたい——ことが困難であった。以上の経済界の要望に応えるべく、優先配当額の上限を示すことで普通株主の利益を守りつつ、優先

---

302 当該改正試案については、前掲292参照。
303 改正試案に至るまでは、商法研究者を中心に構成される商法改正研究会において、優先株に関する外国の実情調査や問題点の検討が行われた。この点の経緯については、竹内昭夫「優先株式制度改正試案について」商事法務1173号2頁（1989）、商法改正研究会の構成については、商事法務1173号7頁（1989）を参照。
304 商法改正研究会「優先株式制度改正試案」（平成元年2月2日）商事法務1173号6頁（1989）。
305 大谷禎男「商法等の一部を改正する法律の解説〔4〕」商事法務1225号35頁（1990）。
306 上柳克郎ほか編集代表『新版注釈会社法　補巻平成2年改正』144頁〔山下友信〕（有斐閣、1992）。経済界が出していた要望については、竹中正明「株式会社の資金調達」商事法務1223号19頁以下（1990）参照。なお、すでに社債発行枠が逼迫し始めていた昭和51（1976）年当時、日立造船による優先株発行はこのような背景があったようである（「優先株は誰のためのものか」商事法務743号70頁（1976））。
307 この点については、金融制度調査会金融制度第二委員会・作業部会「我が国金融機関による優先株の発行について」（昭和63年12月20日）商事法務1170号49頁（1989）参照。

配当額を定款記載事項から外すことで、取締役会限りで機動的に優先株式を発行できるようにする改正が行われたのである[308]。

以上のような説明からもうかがえるとおり、平成2（1990）年の優先株制度に関する改正は、社債発行限度枠が逼迫しているという当時の状況に色濃く影響を受けていることが理解できよう。それは、経済界の強い要望を受けて成立した改正であって、資金供給者たる家計のありようが考慮された様子はないといってよいだろう。

3-2-3 平成5（1993）年改正

(1) 序

周知のとおり平成5年改正は、株主代表訴訟制度の導入、社外監査役の義務づけ、あるいは監査役会制度の導入等、コーポレート・ガバナンス関連で注目されるべき改正であった。また、これは日米構造問題協議やバブル期の未曽有の企業不祥事をふまえて行われた改正であり、その意味でも特筆すべきものであった[309]。そしてこの改正では、コーポレート・ファイナンスの面でも、懸案だった社債法の全面改正が行われており、その意味でも見過ごすことのできないものとなっている。

これまでみてきたとおり、社債に関しては、高度成長期の後半以降、発行量が一貫して増大するとともに、質的にも転換社債の時価発行、無担保転換社債の発行、あるいは新株引受権附社債の発行等、徐々に変化をみせてきた。そして、社債発行の量的増大に伴って問題となったのが、社債発行限度規制であり、社債発行の質的変化に伴って問題となったのが、金利規制や適債基準などにみられる社債発行市場のあり方であった。これら量的規制・質的規制のいずれも、一方には社債権者保護の要請があり、他方には企業への適正な資金配分の必要があり、高度成長期にはそれなりの合理性があったとも評

---

[308] 山下・前掲306 145頁。なお、優先株式は無議決権株式として発行することができるところ、平成2年改正により、無議決権株式の発行枠が従前の発行済株式総数の4分の1から、3分の1に拡大されている（平成2年改正商法242条3項）。

[309] 以上の点については、第2編第2章参照。

しうるだろう。しかし、社債発行量が増大すると、社債発行限度規制は企業への適正な資金配分の要請と衝突し、これを緩和すれば社債権者保護の問題が顕在化する。また、金融自由化の流れのなかで金利規制が緩和されたにもかかわらず、社債発行条件が従前のように硬直的であれば、やはり企業への適正な資金配分の要請と衝突し、これを柔軟化すれば社債権者保護のための仕組みが要請される。

社債発行による資金調達をめぐっては、昭和50年代以降、おおむね以上のような議論状況にあったといえる。以上の課題を解決すべく、まず量的規制については、社債発行限度暫定措置法により、暫定措置として社債発行枠が拡大され、企業の資金調達の便宜が図られてきた。次に質的規制については、社債発行条件の柔軟化を図るべく、昭和60年代に入って、適債基準の緩和や格付機関の設立とそれによる格付の定着がめざされ[310]、やはり企業の資金調達の便宜が図られてきた。他方で、社債権者保護の問題を含めた社債法の全面的見直しのための作業も、当初は社債法等研究会、昭和61（1986）年からは法制審議会商法部会社債法小委員会において進められてきた。この議論が進められるなかでは、格付機関の運用や財務制限条項の活用に関する状況、あるいは一般投資家の社債に対するリスク感覚といったものが、慎重に検討されてきたのである[311]。

このような経緯を経て成立したのが平成5（1993）年の社債法に関する改正であった。そこでは、量的規制としての社債発行限度は撤廃され、他方で社債権者保護の仕組みとしての社債管理会社制度が導入された[312]。以下、それぞれについて説明を加えることとしたい。

---

[310] 適債基準については、大西哲也「社債の適債基準改訂の概要」商事法務1169号47頁（1989）、大門匡「適債基準および財務制限条項の見直し」商事法務1233号37頁（1990）等を参照。また、格付の定着については、格付についての懇談会「格付けの定着に向けて（元年12月報告）の概要」（平成元年12月6日）商事法務1204号85頁（1990）、團藤丈士「格付の一層の定着に向けて——『格付についての懇談会』平成3年12月報告の概要——」商事法務1274号2頁（1992）、團藤丈士「格付をめぐる最近の動向——『格付についての懇談会』平成4年12月報告について——」商事法務1310号16頁（1993）等を参照。

[311] 稲葉・前掲295 3頁。

(2) 社債発行限度規制の撤廃

　社債発行限度規制自体は、すでに明治期の社債制度導入時から存するものであるが、この規制が置かれた理由は次のようなものである[313]。すなわち応募者である一般公衆は、会社の資産状態や収益力を判断する能力を欠くため、会社の自己資本の範囲で社債の発行限度を画して、社債権者を保護しようとした、というのである。むろん社債発行限度規制というのは、発行時にのみかかる規制であるし、借入その他の債務負担を制限していないから、そもそもの規制の合理性には疑義もあるところである[314]。だがこの点の指摘に対しては、社債の対公衆性ゆえに求められる規制である、との説明が充てられたりしていた[315]。

　ところで、規制体系下におけるわが国企業の資金調達のありようからすれば[316]、そもそも発行限度規制の意味は問題となりにくかったのも事実である。第一に、金利規制との関係で銀行借入の一変形となっていた社債は、家計の資金を直接導入するための積極的手段ではなく、一般公衆を応募者として想定する必要性が低かった。第二に、適債基準その他の事前規制によって、社債はきわめて財務状況の優良な企業しか発行できず、会社の資産状態や収益力を改めて考慮する必要性も低かった。そして第三に、何より企業の資金調達が銀行借入中心であって、社債による調達それ自体が補完的な位置づけを有するにすぎなかった。以上のような事情ゆえ、発行限度規制の合理性すら問われる余地はなかったのである。

　しかし、高度成長期の後半からみられるように、企業の発行する社債が実

---

[312] 平成 5 (1993) 年の社債法改正の内容としては、以上のほかに社債権者集会における議決権の不統一行使等もあげられるが、ここでは扱わない。なお、社債制度の改正の概要については、吉戒修一「平成 5 年商法改正法の解説〔1〕」商事法務1324号11頁 (1993) を参照。

[313] この点の説明については、吉戒修一「平成 5 年商法改正法の解説〔6〕」商事法務1330号36頁 (1993) のほか、鴻・前掲40 95頁参照。

[314] 前掲278の記述のほか、吉戒・前掲313 36頁参照。

[315] 鴻・前掲40 95頁。

[316] そもそも商法は、第二次世界大戦後のように自己資本比率の低い株式会社を想定していなかったはずだ、との指摘がある (稲葉・前掲276 3頁)。

際に増加すれば、その消化先として個人投資家が想定されざるをえないし、政策的にもそれを推進する方向性がとられてきた[317]。かくして社債発行限度規制の合理性が正面から問われるようになると、昭和52（1977）年の社債発行限度暫定措置法の制定以来、企業の資金調達の要請と対立しうるこの規制をいかに処すべきかが検討されてきたわけである。そして平成5年改正の段階に至ってとられた判断は、次のようなものであった[318]。社債発行に際しての一般公衆の保護は、商法以外のものとして証券取引法上の開示制度や格付制度が存在する。そして商法上の制度としては、次に述べる社債権者保護のための社債管理会社の制度によって図ることも可能である。したがって、平成5年の商法改正においては、企業の資金調達に強い制約をかける社債発行限度規制は廃し（平成5年改正前商法297条全面改正）、社債権者保護はこれに代わる法的規律に委ねる、ということである。

(3) 社債管理会社制度の導入

社債発行限度規制の廃止にあたり、これに代わる社債権者保護の仕組みとして商法に導入されたのが、社債管理会社の制度である（平成5年改正商法297条）。社債管理会社とは、社債発行後の社債管理事務を担当するもので、社債権者全体の利益のために権利保全や債権回収の権限を行使することが予定されている（平成5年改正商法309条・309条ノ2・309条ノ3等参照）。この制度が、家計の担い手たる多くの個人投資家が社債権者となり、これが権利保全を十分になしえない場合を想定していることは、社債管理会社の設置強制に対する例外をみると明らかであった（平成5年改正商法297条但書）[319]。

そもそも従前の社債発行においては、募集の受託会社が存在し、通常はこ

---

[317] 証券取引審議会基本問題委員会・前掲299 23頁以下参照。あるいは、平成5（1993）年1月に個人消化のための普通社債発行を行った東芝の例として、野村克文「個人消化の普通社債の発行——企業財務の新たな課題——」商事法務1314号2頁以下（1993）参照。
[318] この点について、吉戒・前掲313 36～37頁。なお、証券取引法による開示の充実に関しては、平成4（1992）年の金融制度改革法において図られたところである（金融制度改革法における証券取引法関係の改正の概要については、「金融制度及び証券取引制度の改革のための関係法律の整備等に関する法律案要綱」商事法務1282号6頁（1992）参照）。また、格付機関による格付の充実に関しては、前掲310を参照。

れを銀行が受託するものとされていた（昭和13年商法改正法施行法56条参照）。これは、かつて発行会社から募集の委託を受けるだけの存在として位置づけられていた受託会社に対して、担信法に用意されていた社債権者のための諸権限を付したものである[320]。昭和13（1938）年の商法改正において、発行会社のための募集委託事務と社債権者のための管理という二面的性格を与えられた受託会社は、さらに戦後の金融システムにおいて複雑な位置づけを与えられた。すなわち、戦後の金融システムにおける業務分野規制によって、銀行業務と証券業務が分離され（平成4年改正前証券取引法65条）、証券業務たる社債の募集の取扱い（平成4年改正前証券取引法2条8項6号参照）は銀行が行えなくなったため、募集の受託会社たる銀行は、募集事務（発行事務）とその後の社債管理事務を行っていたわけである[321]。むろん、それでも銀行が発行会社のための事務と社債権者のための事務の双方を扱っていたことに変わりはない。ただ、社債が金利規制体系の範囲で発行が厳格に管理され、その債務不履行もきわめて例外的だった時代には、この二面性——双方代理性、あるいは利益相反性ともいえようか——は、さして問題にならなかったといえよう[322]。

ところで、社債発行が規制体系から解放されて必ずしも銀行借入の一変形

---

[319] 商法297条但書では、社債の金額が1億円以上の場合、あるいは社債総額を社債の最低額で除した数が50を下回る場合には、社債管理会社の設置強制がかからないものとされた。社債金額が高額となる場合は機関投資家が社債権者となる場合であるし、また少人数の私募債の場合は発行会社との交渉を想定でき、この場合には自ら権利保護のための措置をとることが期待できることから、以上の設置強制をはずされたわけである（吉戒修一「平成5年商法改正法の解説〔7〕」商事法務1331号30頁（1993））。
[320] 岡光・前掲110 42頁。
[321] 吉戒・前掲319 27頁以下。
[322] 例外的に社債を発行している企業が倒産することはあったが、社債発行が厳格に管理されていた高度成長期には、それが担保であったうえ、発行額自体も小さかったため、受託銀行がこれを買い取ることで対応してきた（この点の事情に関する指摘については、「〈スクランブル〉銀行の興人社債買取りと社債市場」商事法務712号51頁（1975）のほか、稲葉・前掲283 4頁、竹内・前掲300 7頁等を参照）。受託銀行においてこのような対応を行うことが可能な限り、社債発行会社と社債権者の双方の事務とを扱うことによる受託会社の利益相反性は問題となりにくかったのである。

第3節　規制体系下における資金調達をめぐる制度——戦後からバブルまで　615

とは呼べなくなると、社債は改めて相応のリスクある金融商品だということになり、ここに家計の資金が直接流入する場合を想定して制度を設計する必要が生じる[323]。この点をふまえて、受託制度によって社債権者保護を図るのであれば、入口の段階において危険な社債については受託をせず、発行を阻止する必要がある[324]。他方で、個人投資家を想定した社債権者保護のために重要なのは、自ら権利行使、擁護することが困難であることを前提に、彼らのために発行後の長期にわたる社債の管理を行うべき者の存在である。この社債管理事務は、募集事務に関与すべき存在である必要はない[325]。このような観点から社債権者保護の問題を考えた場合、制度としては、発行会社・社債権者双方のために事務を行うという存在よりも、原則として社債権者のための存在が必要だ、という方向になる[326]。

　以上のような議論の方向性から設けられた制度こそ、平成5年改正における社債管理会社制度にほかならなかった。その主眼は、次の二点にある。第一に、入口の段階における募集事務（発行事務）——これは発行会社のための事務である——は、発行会社と受託会社の任意の契約に委ねる。つまり商法としては、発行会社のための事務と社債権者のための事務の双方を行うことを前提とした制度とはしない、ということである（受託会社に関する平成5年改正前商法304条の全面改正）[327]。第二に、社債発行後の社債管理事務を行う者として社債管理会社の設置を強制し、これには純粋に社債権者保護の役割を果たす者としての地位を与えられた（なお、社債管理会社の資格は、原則とし

323　竹内ほか・前掲293商事法務1047号15～16頁〔竹内発言〕。
324　稲葉威雄「社債関係法規の改正に関する諸問題〔下〕」商事法務1056号4頁（1985）。
325　稲葉威雄「社債法改正の方向〔下〕——発行限度と受託会社について——」商事法務1142号11～12頁（1988）。
326　岡光・前掲110 42頁。
327　発行会社と受託会社の任意の契約の余地が認められていることからもわかるように、社債権者保護の趣旨に反しない限りで、契約に基づいて、後述する社債管理会社が発行会社のための募集事務を行ってもよいということである（この点について、岡光・前掲110 42～43頁、吉戒・前掲319 30頁参照）。なお、平成4（1992）年の金融制度改革法によって、銀行が社債の募集事務を行うことについては認められている（平成4年改正銀行法10条2項7号、平成4年改正証券取引法65条2項1号）。

て銀行と信託会社に限定される。平成5年改正商法297条ノ2参照）。この社債管理会社は、発行会社との間で社債管理委託契約を締結することで、商法の定める社債管理に関する権限を有することになる（平成5年改正商法309条・309条ノ2・309条ノ3等参照）。

(4) 資金供給者との関係

　平成5年改正における社債法の改正には、如実に個人投資家保護の視点が表れており、その意味で資金供給者としての家計を念頭に置いた改正だということができる。このように資金供給者の存在が正面から意識された立法は、第二次世界大戦後の規制体系の下では――外国人投資家という特殊な存在を除けば――ほとんどみられなかったものである。

　もっとも、ここでの家計という資金供給者に対する視点が、第二次世界大戦前のそれと同じであったかといえば、そうではない。第二次世界大戦前、会社法が念頭に置いていた資金供給者とは、原則として一定の資産を有し、投資に対する合理的判断能力があると想定される資産家層――いかにも19世紀的である――であった。それは、株金額なり社債の最低金額なりを定めた規定に顕著に現れ、いわば入口の段階で主体に関する選別を行ったわけである。そして会社法は、その入口を通過した者に対して、利害関係者相互間における調整の仕組みは用意していたものの、保護すべき対象としてそれを認識することはなかった。そもそもそのような保護を必要とする主体は、商法の提供する金融商品を購入すべきではなく、預金をはじめ、規制の存在を前提としたより安全な商品――戦前の規制がきわめて不完全であったにせよ――を購入すべきだという発想だったのである。

　これに対して、昭和50年代から議論が展開し、平成5年改正で実現した社債法改正においては、資金供給者としての家計につき、より広い一般の個人投資家を想定している。その個人投資家を集団としてみた場合、戦後の高度成長を経てきわめて多額の貯蓄を有し、一定の資産を築いていることは間違いない。しかし、この一定の資産なる個人投資家が投資に対する判断力を有するという想定は、もはや成り立たない――いかにも20世紀的である――であろう。この認識に基づけば、制度的な保護を与えることなくリスクある金融商品

第3節　規制体系下における資金調達をめぐる制度——戦後からバブルまで　*617*

を購入することを認めてよいとはいえず、会社法には、正面から社債権者保護のための仕組みが導入されるに至ったわけである。

　ところで、こと社債制度というのは当初から社債権者保護の発想を内包し、建前との矛盾を抱えたものであった。それは、明治32（1899）年商法における社債発行限度規制然り、昭和13年改正における担信法由来の受託会社制度・社債権者集会制度の導入然りである。これら会社法に導入された制度は、投資に対する合理的判断能力ある資産家層を資金供給者として想定する限り必要不可欠とはいえない。他方で、資産家層が消滅した戦後においては、そのような社債権者保護の必要性は肯定できないこともない。ただ、強固な金融規制体系の下では、会社法に存する以上の制度の合理性——とりわけ会社法の規定として存することの合理性——を議論の対象にする余地はなかった。以上の規制体系が緩和されてはじめて、社債権者保護が問題として顕在化してきたといえよう。そして、平成5年改正において社債管理会社制度が導入されたことにより、会社法は、社債権者保護を自らの問題として規律する旨の意思表明を行うに至った。これは、多分に昭和13年改正、ひいては明治32年の商法制定からの慣性による部分もあるが、これをどう評価するかは難しい問題である。この点は、最終節の検討において、改めてふれることとしよう[328]。

---

[328] 以上の問題は、実は国際的な社債発行の局面で、社債管理会社（平成17年会社法では「社債管理者」）を設置すべきか、という例の問題と密接に関連する。この点の議論については、さしあたり、松井秀征「国際的な社債発行をめぐる法的問題」商事法務1675号59頁以下（2003）を参照されたい。

第4節　規制緩和と資金調達をめぐる制度
　　　　——バブル崩壊以降

1．経済構造の転換

1－1　バブル後のわが国企業と金融機関

1－1－1　長期的不況

　平成元（1989）年末にピークを迎えた東京証券市場の株価は、翌平成2（1990）年から反落に転じる。また、同年3月、大蔵省が銀行に対して不動産関連融資の総量規制を行うと、地価もこれを追って下落を始めた[329]。ここにバブルは崩壊し、周知のとおり、その後のわが国は長らく停滞の時期を迎えることになる[330]。このような長期の停滞が続いた理由については、それを需要不足に求めたり、規制の存在に求めたり、あるいは金融システムの不安に求めたりと、今日なお議論が収斂したわけではない[331]。ただし、バブル崩壊後の平成期（以下、この語を用いる場合は1990年代を想定する）において、株価や地価の低下、あるいは労働分配率の上昇といった事情により、わが国の企業収益率が著しく低下したという事実はひとまず指摘しておくことができるだろう[332]。

---

[329]　平島健司「企業・政府間関係：グローバル化の中の銀行政策——日独の比較——」工藤章ほか編『現代日本企業　1　企業体制　上』333頁（有斐閣、2005）。
[330]　バブル崩壊後、平成期のわが国経済をより正確にみると、以下のような流れになる。平成4（1992）年から平成6（1994）年にかけては景気停滞期、平成7（1995）年から平成8（1996）年にかけては景気回復期、そして平成9（1997）年半ばから平成11（1999）年にかけてはマイナス成長になり未曽有の景気後退期という流れである（以上について、吉川洋「1990年代の日本経済」伊丹敬之ほか編『リーディングス日本の企業システム　第Ⅱ期　第5巻　企業と環境』277頁（有斐閣、2006））。
[331]　以上の議論については、橋本寿朗「巨額キャピタル・ロスと利潤圧縮メカニズム」伊丹ほか・前掲330 316頁のほか、吉川・前掲330 276頁等を参照。
[332]　橋本・前掲331 318頁以下を参照。

以上のような長期的な経済停滞のなかで、企業の収益率が低下したという事実は、企業の生存可能性を低めることでもあった。これもよく指摘されるところであるが、バブル崩壊後の平成期に入ってからは、開業率の低下と廃業率の上昇といった現象がみられ、いわば企業の「寿命」が短くなった[333]。これは、わが国経済がマイナス成長に転じた平成9（1997）年前後から顕著となった現象であり[334]、これに対する対応がわが国の経済政策の喫緊の課題となっていった。なお、バブル崩壊後のわが国においては、その産業構造として第三次産業がいっそうの重要性を高め、平成10年代頃からは通信業や情報サービス業が伸長していく[335]。当然のことながら、政府が政策を講じる際も、この点を念頭に置く必要があった。

1－1－2　不良債権問題

　バブル崩壊後の平成期において、景気回復のほかに政府に与えられた大きな政策課題は、金融機関の抱える不良債権問題の解決であった。前節でもみたとおり、銀行は、預金で集めた資金を株式等の市場リスクを伴う金融商品や不動産関連融資という形で運用していたところ、それがバブル崩壊後に大量の含み損や不良債権につながっていったわけである[336]。

　それが政治問題として大きく取り上げられた契機は、平成8（1996）年の住宅専門金融会社の問題（いわゆる住専問題）であった。金融機関が、バブル期に子会社や関連会社である住宅専門金融会社を通じて行った不動産関連融資が、バブル崩壊後の地価下落のなかで軒並み不良債権化したというのが問題の核心である。住宅専門金融会社に農業協同組合関係の資金も少なからず流れていたこともあり、きわめてデリケートな政治問題となった住専問題は、最終的に約6,800億円に及ぶ公的資金を投入することで解決された[337]。

---

[333]　この点について、清水剛「企業の寿命：日本企業の短命化とそのインパクト」工藤ほか・前掲329 180頁以下。
[334]　清水・前掲333 185～187頁。
[335]　以上について、橋本ほか・前掲139 355～357頁参照。
[336]　この点については、本章第3節3－1－1参照。

しかし、不良債権をめぐる金融機関の経営危機はこの後も続き、平成9（1997）年から平成10（1998）年にかけては大手金融機関が次々と破たんする[338]。このようななかで、いよいよ金融システムの根本的な改革は不可避となったのである。

1−2　金融システム改革——いわゆる金融ビッグバン

1−2−1　金融システム改革の概要
(1)　改革の背景

　平成8（1996）年11月、当時の橋本龍太郎内閣の下で、金融分野における大幅な自由化をめざした、金融制度改革構想が明らかにされる。そこでは、わが国の金融システムの根本的改革が大蔵大臣および法務大臣に指示され、「金融ビッグバン」と呼ばれる金融システムの改革が始まることとなった[339]。それは、先に述べた住専問題をはじめ、わが国の金融機関に深刻な不良債権問題が生じていたときの施策であった。

　たしかに高度成長期の規制体系は、昭和50年代半ばから自由化の方向に進み、これは平成4（1992）年の金融制度改革でその流れを一段落させた。大蔵省の意図は、金融自由化の流れのなかで預金金利の自由化に15年もの歳月をかけ、あるいは平成4年の金融システム改革で業務分野規制の撤廃も完全に行わないなど、既存の金融機関の権益保護にあったといわれる[340]。これに対して、アメリカやイギリスをはじめとする先進諸外国では、1980年代、金融分野における技術革新を前提に、金融の自由化、国際化、証券化を急激に進めていった。この結果、わが国の金融システムは、バブル期までは非効率なシステムを温存し、バブル崩壊後は金融機関の不良債権問題に追われて、国際標準に適合したわが国の金融システム改革を行う機会を逸したとも評価さ

---

[337]　住専問題については、さしあたり大阪市立大学商学部編『ビジネス・エッセンシャルズ4金融』62頁（有斐閣、2002）のほか、橋本ほか・前掲139　385〜387頁を参照。
[338]　この点については、第2編第2章参照。
[339]　具体的な指示の内容については、「我が国金融システムの改革〜2001年東京市場の再生に向けて〜」商事法務1637号5頁（2002）を参照。
[340]　以上について、堀内昭義『金融システムの未来』120頁以下参照（岩波書店、1998）。

れた[341]。

かくして始められた改革が、以上の金融ビッグバン構想であった[342]。この改革が「ビッグバン」と呼ばれるのは、従前の漸進主義的改革に対比してのことである[343]。その理念は、「フリー」「フェア」「グローバル」の三原則に置かれ、平成13（2001）年までに金融機関の不良債権処理を進めるとともに、わが国の金融市場をニューヨーク、ロンドン並みの国際金融市場とすることが想定されていた。

(2) 改革の特徴

この金融ビッグバン構想について、改革としての特徴をあげるとするならば、さしあたり次の二点が指摘できるであろう[344]。

第一に、その改革範囲の広範さと改革内容の急進性である。従来の金融システムが、規制当局による業務分野ごとの事前規制を原則としていたのに対して、当該改革では、当局による事前規制が原則として排除され、市場機能を最大限重視し、市場参加者の自己責任を徹底するという方向性を有している。ただし、このような改革によっても金融市場や金融取引の公正さを確保するルールは別途必要になる。その意味では規制の「緩和」というよりは、規制の「再構成」といってもよいだろう。

第二に、その改革のプランが実現すべき時期が明定されていることである。従前の金融自由化がきわめて緩慢に進められてきたのに対して、この金融システム改革は、平成13年を目標として進められることとなり、その改革

---

[341] その象徴が、わが国の経済復興後にはすでに存在理由を失いつつあった長期信用銀行の扱いだといわれる。この点については、花崎正晴＝堀内昭義「日本の金融システムは効率的だったか？」伊丹敬之ほか編『リーディングス日本の企業システム 第Ⅱ期 第2巻 企業とガバナンス』165頁（有斐閣、2005）を参照。

[342] 以下について、神田秀樹「金融ビッグバンと取引法制」法学教室220号31頁（1999）参照。

[343] なお、この用語は、1980年代後半のイギリスにおける金融制度改革で用いられ、わが国でもそれにならったものである（神田・前掲342 31頁）。

[344] 以下の点に関しては、さしあたり池尾和人「日本の金融システムはなぜ機能不全に陥っているか」堀内昭義＝池尾和人編『日本の産業システム 9 金融サービス』45頁以下（NTT出版、2004）参照。

のスピードがきわめて速かった[345]。

1－2－2 金融システム改革の内容

以上の金融システム改革は、平成9（1997）年から早速実行に移され、手始めにクロスボーダー取引を全面自由化すべく外為法が改正された[346]。次いで平成10（1998）年には、金融監督の仕組みを整える一連の措置がとられたほか[347]、金融機関の経営危機が次々と明らかになるなか、金融機関の破たん処理の仕組みが整えられた[348]。だが、何といっても、この金融システム改革の中心となるのは、平成10年6月に制定された四つの法律である[349]。そのうち、とりわけ金融システム改革のための関係法律の整備等に関する法律（いわゆる金融システム改革法）は、銀行法、証券取引法をはじめとする、金融関連法を広範に改正する非常に重要なものであった。その要点は、以下の四点にまとめられる[350]。

---

[345] ただし、ペイオフの問題については、金融システム改革が進められるなか、わが国の経済状況をみながら、平成11（1999）年、平成14（2002）年と二度も先送りがなされ、最終的には平成17（2005）年に実施されることとなった（この点については、平島・前掲329 337頁）。

[346] なお、この平成9（1997）年の改正（平成9年法律第59号）に伴い、法律名も「外国為替及び外国貿易法」に変更された（旧名称については、本章第3節2－1－2(4)を参照）。

[347] 戦時中に制定された日本銀行法が全面改正され（平成9年法律第89号）、これが平成10（1998）年4月から施行されたほか、金融監督を担当する組織として、平成10年6月、金融監督庁が設置された（なお、平成13（2001）年より金融庁が発足）。

[348] 金融機能の安定化のための緊急措置に関する法律（平成10年法律第5号）、金融機能の再生のための緊急措置に関する法律（平成10年法律第132号）、金融機能の早期健全化のための緊急措置に関する法律（平成10年法律第143号）、といった臨時立法がなされたほか、預金保険法の改正といった措置がとられている。なお金融機能安定化緊急措置法は、金融機能の再生のための緊急措置に関する法律の制定により廃止された。

[349] 四法とは、本文中に述べた金融システム改革法（平成10年法律第107号）のほか、「特定目的会社による特定資産の流動化に関する法律」（平成10年法律第105号）、「特定目的会社による特定資産の流動化に関する法律の施行に伴う関係法律の整備等に関する法律」（平成10年法律第106号）、そして「金融機関等が行う特定金融取引の一括清算に関する法律」（平成10年法律第108号）である。

[350] 神田・前掲342 32頁。

(1) 業者規制の緩和

　第一に、高度成長期以来の競争制限的規制として残っていた業務分野規制が撤廃された[351]。金融システム改革においては、平成4（1992）年の金融制度改革においてなお残存していた競争制限的な規制は排除され[352]、従前から厳しく規制されていた保険業をめぐる相互参入も、業態別子会社を通じて認められることとなった（金融システム改革法10条・22条等参照。平成10年改正銀行法16条の2、平成10年改正保険業法106条等参照）。

　また、市場機能の重視という方向性を前提とした場合、市場における仲介者たる証券会社の有する役割が大きいことから、証券会社について組織・業務の自由化が図られた[353]。すなわち競争力ある証券市場の構築には、証券取引の仲介業者たる証券業者の競争も促して、多様なサービスの開発・提供を可能にする必要がある。かくして証券会社については、まず、従前の免許制から登録制に移行して（平成10年改正証券取引法28条以下）、新規参入が容易にできるようになった。これとともに証券業の専業制を廃止して（平成10年改正前証券取引法43条、平成10年改正証券取引法34条参照）、証券会社が多様なサービスを提供できるようにしたのである。

(2) 資産運用方法の多様化

　第二として、国民の資産運用方法の多様化があげられる。これは、資金供給者に対して正面から焦点を当てる改革として重要な点である。その背景の

351　以下の点については、黒沼悦郎「新規参入・組織・業務の自由化」ジュリスト1145号11頁以下（1998）。

352　平成4（1992）年の金融制度改革では、業態別子会社形態を通じて、銀行業務、信託業務、そして証券業務は相互参入が可能となった。しかし、銀行等の信託銀行子会社および証券子会社に関しては、その業務範囲について行政指導や改革法附則により制限され、しかもその制限業務とは、信託銀行および証券会社の主力部分であった（この点については、本章第3節3－1－2参照）。

　これに対して金融システム改革では、信託銀行子会社の業務制限に関し、金融庁の事務ガイドラインにより排除され、また証券子会社の業務制限に関しては、附則の廃止という形で排除されるに至ったのである（金融システム改革法5条参照）。なお、この点については、川口恭弘「業務分野規制の新展開」江頭憲治郎＝岩原紳作編『ジュリスト増刊　あたらしい金融システムと法』104頁、106頁（有斐閣、2000）も参照。

353　以下の点については、黒沼・前掲351　11頁以下参照。

一つには、平成8（1996）年当時、すでに家計の担い手たる個人の金融資産は1,200兆円に至っていたということがある[354]。したがって、金融システム改革においては、その運用手段を充実するための方策が必要とされていた。他方で、その資金供給先となる企業の側からみれば、経済の収縮が生じて廃業率が開業率を上回っていた当時、新規産業への資金の供給が必要とされていた。その結果、リスク・テイクやリスク分散に適した証券市場に向けて、以上の資金を流入させる仕組みが求められていたのである[355]。

以上のような観点からは、何より多様な金融商品が用意されることが肝要であった。その結果として、金融システム改革においては証券投資信託の制度を充実すると同時に[356]、銀行においても投資信託の販売を認めることによって、その一助となることを目標とされたのである。

(3) 市場に関する法律整備

わが国の従前の証券取引所の定款では、証券取引所の会員証券会社に対して、上場証券の取引所外での取引を原則として禁止するという取引所集中義務が課せられていた。いうまでもなく、これは上場証券の取引に関して競争制限的効果を有するものである。それでもこのような制限が許容されてきたのは、市場取引に厚みをもたせることによって、取引を円滑にするとともに、公正な価格形成を達成するという公益的観点が考慮されてきたからであった[357]。

だが金融システム改革においては、市場間競争が起こりつつある状況を前提として[358]、市場に関する法整備が行われている。まず証券取引所は、定款

---

354 この点の数字については、吉野直行ほか編『日本型金融制度改革』98頁（有斐閣、1999）。
355 前掲349にみた特定目的会社に関する二法は、債権等の資産の流動化を促進し（いわゆる証券化（securitization））、企業の資金調達を証券市場経由で行わせ、その経済活動を活性化せしめるものであった。なお、以上の特定目的会社に関する立法は、平成12（2000）年、より一般的に「資産の流動化に関する法律」という形に改められた。
356 証券投資信託法は、名称を「証券投資信託及び証券投資法人に関する法律」と改められ、私募投資信託を認めることとしたほか、証券投資信託制度と並んで証券投資法人制度（会社型投資信託）を認めるなど（同法61条以下）、資産運用方法の多様化を図っている。
357 以上については、黒沼・前掲351 17頁。

を変更して取引所集中義務を廃止することとし、顧客が明示的に取引所外取引を希望した場合には取引所外取引が可能とされた（平成10年改正証券取引法37条）。また、これと合わせて店頭市場の機能強化が図られるとともに[359]、私設取引システム（PTS；private（proprietary）trading system）が導入されるなど[360]、市場間競争を充実させるための方策が実施されるに至っている。

(4) 市場参加者の保護

金融システム改革法では、市場参加者の自己責任を徹底する方向性が採用されている。しかし、このような方向性を採用するにあたっては、市場に参加する投資家が、投資対象のリスクとリターンを適切に判断、予想するための情報が必要となる。そのため、情報開示（ディスクロージャー）の充実[361]や公正取引ルールの拡充・整備[362]が行われた。また、市場参加者の不測の損害に対処すべく、証券会社や保険会社破たん時のセーフティネットの整備も

---

[358] 市場間競争とは、次の二つの意味で用いられる（以下につき、黒沼悦郎「店頭市場・ネット市場の今後」江頭＝岩原・前掲352 74頁）。

第一に、複数の有価証券市場における上場企業の獲得競争である。たとえば、取引所市場と店頭市場との関係は、このような関係にあるといえる。第二に、同一銘柄の取引を、有価証券市場を通じて執行するのか、市場外の取引システムにおいて執行するのか、という競争である。私設取引システムを用いた取引は、以上の意味で市場外の取引システムに該当するものである。

[359] 店頭市場とは、証券会社の店頭で、顧客が当該証券会社もしくは他の証券会社を相手方として、相対で非上場株式を売買する市場をいう。この金融システム改革においては、証券業協会が開設する店頭市場は、店頭売買有価証券市場と定義され（平成10年改正証券取引法67条2項）、取引所の開設する取引所有価証券市場と同列に位置づけられることとなった。そして、取引所市場が競争売買を行うのに対して、店頭市場では証券会社が自己売買を行って流動性を確保する機能を強化するなど（マーケット・メイク機能）、その市場改革を図っている。以上について、黒沼・前掲358 75頁以下参照。

[360] 私設取引システムとは、民間業者がコンピューター・ネットワークを利用して、有価証券の取引を執行するシステムをいう。取引所集中義務の撤廃により、私設取引システムが開設される可能性が生じたため、これに対する法的規制として、証券取引法は、私設取引システムを証券業にあたるものとし（平成10年改正証券取引法2条8項7号）、証券会社がこれを行うには認可を要するものとした（平成10年改正証券取引法29条1項3号）。以上について、黒沼・前掲351 17頁以下参照。

[361] 証券投資信託の受益証券に対する開示制度の適用（平成10年改正証券取引法3条・2条1項7号参照）、あるいは連結ベースでの開示への移行（平成10年改正証券取引法5条1項）といった措置がとられている。

行われている[363]。

2．資金調達手段の多様化に向けた改正

以上のとおり、バブル崩壊後の平成期におけるわが国経済政策は、大別して二つの目標があった。第一に、長期的な不況のなかで企業の収益性が低下するなか、景気回復のために企業業績を回復させ、また開業率を高めること。第二に、バブル期における金融機関の問題行動に端を発する不良債権問題が深刻化するなか、金融システム改革と金融機関の破たん処理を行うことである。以上のために根本的な構造改革が進められる一方、商法改正の頻度も上がっていく。企業の資金調達との関係でふれるべきものとしては、平成6（1994）年の自己株式規制の緩和に関する改正、平成9（1997）年のストック・オプション制度導入に始まる一連の議員立法、そして平成13（2001）年・平成14（2002）年の株式制度をめぐる大改正があげられよう。

これらの立法の経緯、および内容については、次章の資金需要者の観点からなされる分析において、詳細に記述することが予定されている[364]。そこで本章では、資金供給者の観点からの分析として、自己株式規制の緩和、新株予約権制度の導入、そして種類株式制度の改正に限り、最低限の情報と評価を述べるにとどめることとしたい。また、平成17（2005）年の会社法の内容には必要に応じてふれていくこととしたい。

---

[362] 現物市場と先物市場のように異なる市場にまたがる相場操縦の禁止（証券取引法159条1項参照）、あるいはインサイダー取引禁止規定を適用する基礎となる重要事実や会社関係者の範囲の拡大（平成10年改正証券取引法166条1項・2項参照）が図られたほか、不公正取引による財産の没収・追徴規定（平成10年改正証券取引法198条の2）を設けるなど、不公正取引規制の整備を行っている。

[363] 証券会社が破たんした場合の投資家保護基金（平成10年改正証券取引法79条の20以下参照）、あるいは保険会社が破たんした場合の保険契約者保護機構が設けられた（平成10年改正保険業法259条以下参照）。

[364] 第3編第2章を参照。

2−1　自己株式取得規制の緩和

(1)　わが国の商法は、伝統的に自己株式の取得を禁じ、とりわけ昭和13（1938）年改正以前は、質権の目的とすることも含めてこれを全面的に禁止していた（昭和13年改正前商法151条）。その後の改正で徐々に緩和されはしたが、それはきわめて限定的なものであった[365]。このような厳格な規制が置かれていた理由としては、周知のとおり、資本維持、資産としての危険性、株主平等、会社支配の不公正防止、あるいは株式取引の公正確保等があげられていた[366]。

ところで、戦前も高度成長期も、わが国の企業には数多くの投資の選択肢があり、そのために必要な資金、とりわけ長期資金をいかに確保するかが課題となっていた。そしてすでに述べてきたとおり、戦後の安定配当政策や株式配当を行う会社実務は、このような資金確保の観点から、会社資産の払戻しを最低限にとどめることが課題であったことを如実に表している[367]。漫然と考えると、そのような状況のなかで、会社資産の払戻しとなる自己株式取得規制の緩和を語ることは、経済界の主張としては一貫しない。これをより直接的にいえば、経済界が自己株式取得規制の緩和を語るとき、資金確保とは異なる意図や動機——安定株主工作や株価対策——があるのではないか、という疑義が生じることにもなるわけである[368]。

その意味で、旺盛な資金需要が企業にあり、その資金を用いて高い収益率

---

[365] 当初は、株式消却のためにする場合、合併等による場合、権利実行目的達成のために必要な場合（以上、昭和13年改正商法210条1号〜3号）、あるいは株式買取請求権が行使された場合（昭和25年改正商法210条4号）等、自己株式の取得がやむをえない事由による場合に限って、その取得が緩和されたにすぎなかった。以上のような厳格な規制に対して経済界が緩和を求めるなか、昭和56年改正においては、自己株式の質受けに限って、5パーセントという数量制限の下で認めるに至った（昭和56年改正商法210条本文）。しかし、以上の場合でも、遅滞なく株式失効の手続なり、処分の手続を執るべきことが求められていた（昭和13年改正商法211条）。

[366] この点については、岩原紳作「自己株式取得規制の見直し〔上〕」商事法務1334号46頁（1993）。

[367] この点については、本章第3節2−2−1参照。

[368] この点については、第3編第2章参照。

を期待できる限り、自己株式取得規制の緩和というのは、いくら経済界が主張したところで優先順位の低い改正課題としかなりえなかったといえよう。なぜなら、それを緩和することは企業にとって有力な資金調達方法の一つを——おそらくは資金の問題とは異なる動機のために——失わせる可能性があったからである。

(2) かりに自己株式取得規制の緩和について、これが改正課題として強い説得力をもちえなかった理由が以上の点にあるとすると、企業の資金需要が低下し、あるいは高い収益率を期待できる事業がない場合には、事情が変わってくることを意味する。バブル崩壊後間もなく、バブル期における投資の行き過ぎによってストック調整に入ったわが国企業にとって、非製造業を中心に設備投資が落ち込み、以上のような資金需要の低下、あるいは収益性の低下が生じていたことは間違いない[369]。そうなると企業が抱えている内部留保は、バブル期のように金融投資や不動産投資に振り向けることもできないため、もはや行く先を失うことになる。

かくして、すでにこの当時進展していたファイナンス理論などを助けにしつつ、多方面で規制の見直しが主張されるようになる[370]。平成4（1992）年以降、法制審議会商法部会で開始された議論は、平成5（1993）年1月、法務省民事局参事官室名で「自己株式の取得及び保有規制に関する問題点」として公表され、意見照会に付されることとなる[371]。この議論をふまえて成立したのが、自己株式の取得規制の緩和を行った平成6（1994）年の商法改正であった。これによって、配当可能利益による株式任意消却のための自己株式

---

369 吉川・前掲330 286頁以下参照。
370 この点に関しては、さしあたり梅原克彦「自己株式の取得・保有規制の緩和のあり方——企業法制研究会報告書の概要——」商事法務1322号2頁以下（1993）のほか、岩原・前掲366 47頁に紹介されている議論を参照されたい。
371 法務省民事局参事官室「自己株式の取得及び保有規制に関する問題点」(平成5年1月28日)商事法務1311号7頁（1993）。その解説について、吉戒修一「『自己株式の取得及び保有規制に関する問題点』について〔上〕・〔下〕」商事法務1316号2頁・1318号7頁（1993）。これに対する各界意見については、吉戒修一＝小野瀬厚「『自己株式の取得及び保有規制に関する問題点』に関する各界意見の分析〔上〕・〔下〕」商事法務1333号2頁・1334号65頁（1993）。

取得が定時総会普通決議でできることとなったほか（平成6年改正商法212条ノ2）、使用人に譲渡するための自己株式取得——従業員持株制度を念頭に置いている——などが認められることとなった（平成6年改正商法210条ノ2以下参照）。

もとより、ここにも純粋な資金の問題とは異なる動機があることは、立法過程の段階から否定できない[372]。ただし、こと資金供給者の観点からこの改正をみた場合、次のような点が重要である。それは、内部留保による企業の資金調達というのは、バブル崩壊後の平成期においては自明の選択肢ではなくなった、ということである。それは設備投資の選択肢が減少し、そもそもその収益性すら下がるなかで、分厚い内部留保に基づく資金供給の方法を抱えておく必要性が低下したということを意味しよう。そして、この点を押し進めていくと、資金返還のターゲットとしていよいよ家計の個人を意識する必要が生じる——事業会社や金融機関に資金を返還しても問題が移転するだけである——し、株式配当や安定配当政策をとるべき必要性も下がっていくということである。

(3) 周知のとおり、その後も、自己株式に関する規制については緩和の一途をたどる。ただ平成6年改正において、会社余剰資金の返還方法として自己株式取得規制が緩和され、消却目的であれば配当可能利益の範囲でこれが取得可能になったことにより、質的には原則禁止という建前はほぼ除去されたともいえよう。その意味において、当該改正以降の自己株式取得規制の緩和は、質的には自己株式取得の目的をどこまで拡大するか、量的にはどこまで自己株式取得を認めるかという点が焦点であった。

その後の改正としては、議員立法の形式によるストック・オプション立法、すなわち平成9年改正（法律第56号。以下、単に「平成9年改正」という）がまず特筆すべきものである[373]。これは、質的な面からいえば、特定の取締役や使用

---

372 法務省民事局参事官室による問題点のなかでも、自己株式取得規制の緩和が必要とされる理由として、株式への利益還元や余剰資金のより適切な運用という資金面での説明のほか、従業員持株制度、ストック・オプション制度、企業買収への対抗策、株式需給の適正化、株価対策、そして株式相互持合い解消の受け皿といったものがあげられている（前掲371「問題点」一参照）。

人に対するストック・オプションを認めるにあたって、定時総会の決議によって、会社が取得した自己株式を付与する形式を認めたものである（平成9年改正商法210条ノ2第2項本文・3号）。ただ量的にも、自己株式取得の限度について、従業員持株制度の際には発行済株式総数の3パーセントであったものが、10パーセントまで拡大されている（平成9年改正商法210条ノ2第1項）。

このような自己株式取得目的の質的拡大、および取得量の拡大という経緯を経て、平成13年改正（法律第79号）は、自己株式取得についてその目的による制限を外すとともに、定時総会決議を基礎として、もっぱら配当可能利益に基づく量的制限のみをかけることとした（平成13年改正（法律第79号）商法210条）。そして平成15年改正によって、手続的に定款による取締役会に対する授権（平成15年改正商法211条ノ3第1項2号）が認められ、これは平成17（2005）年の会社法制定によって市場取引等による取得（会社法165条）の場合について引き継がれている。

自己株式取得が目的の如何を問わずに自由になり、手続的には取締役会限りでこれを行えるということの意味は、会社の側からみれば余剰資金の利用についての裁量が増えたことを意味する。資金供給者の観点からこれをみると、内部留保に基づく資金供給の方法が常に市場動向との比較考量で決まるようになったことを意味する。そして究極の資金供給者である家計との関係でいえば、これに対して相応の説明を果たしうる前提でのみ、内部留保を資金源として利用できるようになったということでもあろう。

2－2 新株予約権制度の導入

(1) 新株予約権制度は、平成13（2001）年改正（法律第128号）によってはじめてわが国の商法に導入された制度である。これは、当該権利を有する新株予約権者が、会社に対してこれを行使したときに、新株予約権者に対して新株を発行し、または自己株式を移転する義務を負うものを指す（平成13年改正（法律第128号）商法280条ノ19第1項）。

373　当該改正の経緯が特殊であることについては、本書の別の個所で詳細な検討がなされたとおりである。第1編を参照。

この改正自体は、平成13年1月、法務大臣から法制審議会に対して会社法制の見直しを行い、商法改正法案の要綱を示すよう諮問がなされたことを端緒とするものである[374]。以上の会社法制の見直しに関して諮問を受けた法制審議会は、会社法部会において検討を行い、平成13年4月、商法等の一部を改正する法律案要綱中間試案（以下、「中間試案」という）を公表する[375]。この中間試案のなかでは、「新株引受権の発行」なる項があり（中間試案第五）、新株引受権を単体で発行できることが提案され、これが最終的に新株予約権制度の導入につながっていった。

　そもそも新株引受権それ自体の発行は、すでに昭和56（1981）年改正における新株引受権附社債制度の導入に際して論じられていた。だが当時は、その投機性にも鑑みて、あくまでも社債とともになされる場合についてのみ容認されたという事情があった。そして初めて新株引受権のみの発行が認められたのは、ストック・オプション制度の導入にかかる平成9年改正（法律第56号）である。しかし、これもストック・オプション制度との関係で、あくまでも「正当ノ理由」がある場合に、取締役や使用人に対する新株引受権の付与が認められたにすぎない。しかも、そこには発行済み株式総数の10パーセントまでという量的制限が付されていた（平成9年改正（法律第56号）商法280条ノ19）。ここでも、あくまでもストック・オプションという目的による制限を前提に、先に述べた自己株式取得規制のありようと横並びで制度が設計されていたのである。

　(2)　これに対して平成13年改正（法律第128号）では、新株予約権の発行について、ストック・オプション制度を念頭に置いた目的による制限はなく、授権株式枠との関係を別とすれば、量的制限が置かれているわけでもない。このような制度のありようになった理由について、中間試案段階における法務省民事局参事官室の説明をみると、次のように述べられている[376]。

---

[374]　原田晃治「会社法改正の課題と展望」商事法務1617号36頁（2002）。

[375]　法務省民事局参事官室「商法等の一部を改正する法律案要綱中間試案」（平成13年4月18日）商事法務1593号28頁（2001）参照。

[376]　法務省民事局参事官室「商法等の一部を改正する法律案要綱中間試案の解説」商事法務1593号9頁以下（2001）。

まず、形式的な面からいえば、ストック・オプションとしての新株引受権付与と、新株引受権附社債におけるそれとを統一的に整理する、という説明が与えられている[377]。これは、ストック・オプションとしての新株引受権付与が、新株引受権附社債との統一的理解のなかに置かれることで、従前存在していた付与対象や量的制限等に関する種々の制約が取り払われることを意味する。すでに述べたように、長期にわたってわが国経済が停滞し、廃業率が開業率を上回っていた当時、起業意欲を高めることはわが国の一つの政策課題であった。そして、ベンチャー企業における人材確保のためには、ストック・オプションが有効であるという考え方があり、そのためにはストック・オプションの付与対象の拡大、そして量的制限の撤廃は不可避だったわけである[378]。

　ただ、本章の主たる関心である資金供給者の観点からすれば、次の実質的な面からの説明がより重要であろう。新株引受権を単独で発行できるようにすることで、他の金融商品と組み合わせて会社の資金調達方法を多様化できる、ということである[379]。それは、とりわけ社債に付された際に、従来の転換社債や新株引受権附社債では実現できない商品性を実現できるということを意味していた。そして、このような改正に対して、家計の金融資産が1,200兆円を超え、多様な資金運用方法を提供すべき必要性があったという当時の事情を重ねると、これはまさに資金供給者のありようを念頭に置いて、商法が新たな金融商品を提供したものにほかならないといえるだろう。これは、家計から企業への資金の流れについて、もはや厳格な規制体系の下になく、わが国の幅広い家計の層のそれぞれに対して、相応の金融商品を提供できるようにする必要がある、ということを意味していたわけである。そして、このような新株予約権制度のありようは、平成17（2005）年に制定された会社法においても、そのまま維持されている（会社法236条以下参照）。

---

[377] 法務省民事局参事官室・前掲376第三・一参照。

[378] 以上の点に関しては、宍戸善一「種類株式、ストック・オプション等の自由化」ジュリスト1206号44頁以下（2001）も参照。

[379] 法務省民事局参事官室・前掲376第三・二・1参照。

2－3　種類株式制度の多様化

(1)　以上のような家計に対する金融商品の選択肢の拡大という考え方は、平成13（2001）年改正（法律第128号）、および平成14（2002）年改正における種類株式制度の改正にもみられるところである。これらの改正に先立つ平成13年1月の法制審議会に対する諮問段階では、株式関係のあり方については、資金調達の円滑化、流通性の確保、そして投資家保護の観点から制度の見直しが検討されている[380]。そしてその前提には、資金調達手段の間接金融から直接金融への移行、新規企業の新規調達の需要の増大、そして株式等の証券についての店頭市場の整備といった事情が念頭に置かれている。かくして中間試案では、数種の株式、転換株式、そして種類株主の取締役の選解任権といった事項が改正課題として掲げられるに至った[381]。

ところで、このような種類株式制度に関する事項が改正課題として掲げられるにあたっては、実務における次の二つの動きを指摘しておく必要がある。第一に、ソニーにおけるトラッキング・ストックの利用にみられるように、大企業における資金調達手段の多様化に向けた動きがある。それは、企業の収益性が低下するなか、より有利な資金調達方法が模索される動きであったということもできるだろう[382]。そして第二に、ベンチャー企業において議決権と利益の分配をより柔軟に決したいという要望にみられるように、資金供給者の権利をより柔軟に設計するための動きがある。それは、先も述べた起業意欲を高めることが政策課題となるなかで、制度的に株主間で締結される契約の有効性を明確にすることによって、以上の政策課題を実現する動きにほかならなかった[383]。

(2)　かくして平成13年改正（法律第128号）においては、種類株式制度について、おおむね次のような改正が実現するに至っている。第一に、議決権を行

---

[380] 以下の点については、原田・前掲374 36頁。
[381] 法務省民事局参事官室・前掲375第二〜第四参照。
[382] この点に関しては、法務省民事局参事官室・前掲376第二・一参照。
[383] 以上については、法務省民事局参事官室・前掲376第二・一参照。

使できる事項について制限のついた株式について、これを独立に株式の種類として認め、発行済み株式総数の2分の1まで発行できるものとする(平成13年改正(法律第128号)商法222条1項・5項)。第二に、利益配当に関する種類株式については、定款において配当額の算定の要綱を定めれば、その株式の発行を決定する機関で具体的な額を定めればよいものとする(平成13年改正(法律第128号)商法222条3項)。第三に、拒否権付株式の発行を認める(平成13年改正(法律第128号)商法222条7項)。そして第四に、転換株式——これは株式の種類を構成しないが——について、転換の請求を株主から行える場合(転換予約権付株式)と会社から行える場合(強制転換条項付株式)をそれぞれ規定する(平成13年改正(法律第128号)商法222条ノ2以下)。以上のうち、第二と第四の事項は、大企業であるかベンチャー企業であるかを問わないが、第一や第三の事項は、後者の企業を強く念頭に置いた改正だということができるだろう。さらに平成14年改正においては、前年の改正において積残しとなっていた、取締役等の選任にかかる種類株式が導入された(平成14年改正商法222条1項6号・7項)。これは、もとよりベンチャー企業等において利用されることが念頭に置かれた株式である。

　このような企業における資金調達手段の柔軟化については、新株予約権について述べたのと同様、資金供給者の側からみれば、資金運用方法の柔軟化にほかならない。それは、幅広い家計の層のそれぞれに、相応の金融商品の提供を可能ならしめるということを意味する。他方で、ことベンチャー企業の資金調達を念頭に置いた種類株式の改正は、資金供給者——ここではベンチャー・キャピタルの場合もあれば、いわゆるエンジェルと呼ばれる個人資産家の場合もある——の議決権と利益の分配にかかる権利を自由に設計できるものである。このような制度は、とりもなおさずベンチャー企業に資金を供給する者が、自らの権利を保全することを容易にするためのものであって、まさに資金供給者を念頭に置いて株式の商品性を高めるものであった。

　(3)　以上のような種類株式制度の多様化という方向性は、平成17(2005)年に制定された会社法において、より徹底化されているといってよい。すなわち平成17年会社法においては、従前の譲渡制限や転換に関する事項が独立

に株式の種類を構成するものとされているほか（会社法108条1項4号～6号）、会社は、株主総会決議による全部取得条項のついた種類株式も発行できるものとされている（会社法108条1項7号）。後者の全部取得条項はやや特殊な場合を想定しているため、ここではひとまず措くとしても、譲渡制限や転換に関する事項が株式の種類とされることによって、種類株式の商品設計は格段に多様化しうる。このような株式の商品性の高度化は、資金供給者のありように応じて、会社ごとにきめ細かい商品設計を可能とするものである。

むろんその反面で、家計に属する個人にとっては、株式の商品性が極度に複雑化して、これを直接に理解するには困難を伴う可能性は否定できない。株式に投資を行う個人が、当然にその商品性に関する知識を有し、また投資についての判断力を有するという前提は成り立たない以上、制度上、これにどう対応するかが問題となる。現時点では、会社法の外の枠組み、すなわち金融商品取引法や金融商品販売法上の適合性原則や説明義務によって対応する、というのが制度の方向性なのであろう。つまり、かつて明治時代に会社法における株金額や社債の最低単位が果たしていた役割は、前提とする資金供給者層が変化するなかで、別の法的枠組みに委ねられることとなったのである。

第5節　まとめと考察

ここまで、明治23（1890）年の旧商法制定から平成17（2005）年の会社法制定まで、会社法に定められた株式会社の資金調達制度の変遷について、資金供給者のありように焦点を合わせながら概観してきた。最後に本節では、以上の記述を前提として、当該制度が資金供給者のありようをどのように反映しているのか、資金供給者層の変化に応じて、改めて考察を加えていくこととする。

1. 資金供給者としての資産家層

1-1 制度設計の前提

　本章では、まず明治23（1890）年商法、次いで明治32（1899）年商法が設定した制度の初期条件から概観してきた。その条件とは、おおむね次のような前提を含むものであった。

　第一に、明治期にとられた殖産興業政策との関係で、民間部門にも大規模な事業を行わしめる必要がある。そのためには莫大な資金が必要となるところ、当該資金を吸収するための機構として、株式会社制度が必要となる。そして、事業を行うには一定の長期資金と短期資金が必要であるが、この株式会社が必要とするのは、その事業の性格上、とりわけ設備投資のための長期資金である。したがって、株式会社制度というのも、この長期資金を確保するための制度として設定される必要がある。

　そして第二に、明治期のわが国の資金供給者のありよう——それはわが国の模範としたヨーロッパでもおおむね同様であった——を考えた場合、ひとまず外国人投資家を考慮の外に置くと、商人・地主・華族等を典型とする資産家層と、それ以外の零細資金を保有する層とが存在していた。このうち、企業が必要とする長期資金として固定化することが可能な資金は前者の保有する遊休資金であって、株式会社制度はこの資金を吸収するために資金調達の仕組みを整えなければならない。そのために会社法が用意した資金調達手段——金融商品といい換えてもよい——が、株式であり、社債であった。これらは、長期資金の供給方法であるから、資金供給者のための換金手段、ないし投下資本の回収手段が必要であり、そうであるからこそ有価証券の形態をとり、市場性が付与されることを想定されていたわけである。他方で零細資金は、銀行制度を通じて預金の形で吸収され、短期資金として企業に提供されるべきものとなる。

1−2　商法・会社法の中立性

　以上のとおり、わが国の株式会社制度というのは、殖産興業政策の下、莫大な長期資金を結集するための機構として制度化された。そして、そのための資金調達制度を構築するにあたって、資金供給者として資産家層を想定するという制度のありようは、近代法としての民商法の理論的・思想的背景にもきわめて合致するものであった。そこにある人間像は、一定の資産保有を前提に、その資産の使途について合理的判断能力を有している存在──近代の民法や商法が想定している近代市民社会の構成員──であり、この者こそが株式会社という団体の構成員として参加すべき資格を認められるというものである。つまり理論的・思想的背景として、以上のような近代の合理的判断能力ある資産家としての人間像を後景に備えつつ、巨大な額の長期資金を確保するための仕組みとして株式会社制度は存立しているわけである。

　そして会社法が、株主や債権者をはじめ、会社をめぐる利害関係者の利害調整法であるというとき、そのような言明、ないし会社法の像（イメージ）の原型は、ここにあるといってよい。それを無色透明と呼ぶべきものか否かは言葉の問題であるが、以上の理論的・思想的背景、そしてその理論や思想を制度化したという政策的価値判断が、当該言明の前提にはあるわけである。かくして、会社法が株式と社債を規律対象として取り込むとき、そこには合理的判断力ある資産家としての人間のみを選別して、株式会社に参入する仕組みを要求することになる。そして、その仕組みこそ株金額であり、社債の最低単位であって、後は株式や社債について有価証券化による流通可能性を規定しさえすれば足りたわけである。

1−3　社債に関する規律の特殊性

　ただし社債制度に関していえば、すでに明治の段階より、その理論的・思想的な背景と制度のありようとの間に離齬が生じていたといってよい。明治23（1890）年商法の段階では、社債について、商法上、それを株式会社が「発行することができる」旨の規定しか存在せず、その他の詳細については、特

別法によって規律がなされていた。

ところが明治32（1899）年の商法では、商法本体で社債に関する若干の規律を行う際に、明治23年商法の段階では特別法によって規律されていた事項を取り込んだ。より具体的にいえば、社債の発行限度規制という社債権者保護のための仕組みを商法本体に取り込んだわけである。これを、株主と社債権者との間での利害調整の仕組みとして理解するのであれば、それは先に述べた理論的・思想的な背景と合致するのかもしれない。しかし、社債という金融商品を購入すべきものと考えている層が合理的判断力ある資産家層であるとするならば、このような社債権者保護の仕組みは不要な――というよりも存在しない方が理論的にすっきりする――はずである。

社債制度について、単に一定の資産家層を選別する仕組みのみならず、早くからこのような社債権者保護の仕組みを取り込んだことは、その理論的・思想的な純度の低下を招いたのみならず、後の制度設計や解釈にも影響を与えるものであった。

2．資金供給者層の拡大

2－1　制度設計と実態との乖離

以上にみられる「資産家層――投資に対する合理的判断能力――長期資金の供給主体」という連関は、商法制定当初の建前としては実態との関連性を有していたであろう。だが、近代法にみられる宿命的性格として、その連関が所詮フィクションのうえに成り立っていることも事実であった。ある資産家が、投資に対する合理的判断能力を有しているという仮定も、そしてその判断能力に基づき、自らの保有する遊休資金が長期資金として直接に会社へ提供されるという仮定も、いうまでもなく自明ではない。そこから生じる矛盾と問題は、制度の建前と実態との関連性が希薄化し、以上に生じた乖離の度合いが拡大すればするほど、顕在化し、立法者に対応を迫ることになる。

新商法制定後、とりわけ戦間期に至る頃になると、一方で、当初の資産家

層以外にも投資に参加する層が拡大し、これが株式をはじめとする株式会社の提供する金融商品を購入するようになった。この意味するところは、投資に対する合理的な判断能力の乏しいであろう層が株式会社に参入してくるということである。他方で、銀行制度の脆弱さ、そしてこれに対する規律の弱さもあって、株式担保金融に典型的にみられるように、本来は短期性資金として想定された資金が、長期性資金として流入するという現象もみられるようになる。これは、長期に固定されることが本来許容されない資金が、究極的には零細な資金供給者の負担において、会社に提供されることを意味していた。

2－2 制度的対応

論理的に考えた場合、以上のような状況に対して期待されるべき制度的対応は、次の二つである。第一は、株金額や社債の最低金額を大幅に引き上げることである。これは、長期資金と短期資金の供給者層を分離し、長期資金を結集する機構である株式会社に対して投資への合理的判断能力を欠く者が参入する可能性をできる限り減じるという方策である。第二は、資金供給者の保護を図ることである。これは、投資に対する判断能力を欠く者が参入することは容認しつつ、このような者が参入した場合、あるいは短期性の資金が長期資金に供された場合について、一定範囲で法的保護を与えるという方策である。

商法上の対応をみる限り、この点については、株式制度と社債制度との間で対応が分かれたといってよいだろう。まず株式制度についていえば、商法は何も対応をしなかったというのが実際のところである。もちろん明治44（1911）年改正や昭和13（1938）年改正にみられるとおり、株金分割払込制度の弊害に伴う技術的な改正はなされている。しかし、株金額の引上げはもとより、その他に基本的な商品性の変更も株主保護のための施策も具体的にはなされていない。株式に投資する層が拡大していくなかで、株金額の引上げを行わないことは、事実上、法が想定する資金供給者層を拡大するという機能を有する。それと同時に、新たに拡大された層に対して、特段の措置を講じないということは、その層がなお投資に対する判断能力を有し、そこから

提供される資金は長期に堪えうる資金であることを当然の前提とし、当初のフィクションを維持することを意味していた。

　これに対して社債制度についていえば、外資導入手段として担信法が制定され、外国人が資金供給者となる場合——これも資金供給者層の拡大である——を想定し、この場合には担保を付すものとして、社債権者を保護するための種々の仕組みが整えられた。この意味するところは、長期資金の供給主体として、投資に対する合理的判断能力を有する資産家層を当然の前提とはしないということである。つまり社債権者は、長期資金の供給主体ではあるけれども、一定の保護を受けるべきことも想定されているわけである。もっとも、これは担信法という特別法が用意した枠組みであるし、主に外国人投資家を念頭に置いた制度枠組みであるから、国内の資金供給者との関係ではさしあたり従前の連関が維持されていたといえなくもない。しかし昭和13年改正の段階に至り、担信法に規定されていた受託会社や社債権者集会の制度が商法本体にも規定されるとなると、社債権者は保護を想定された主体となった。むろん昭和13年改正で導入された以上の制度とて、なお会社＝株主と社債権者との利害調整の仕組みであると強弁することは可能であろう。だが、繰り返すように、この制度枠組みが社債権者保護を前提とした担信法のそれを基礎としていること、そして昭和恐慌時に多くの社債が債務不履行に陥った経験をふまえて制度が導入されたことを考えると、やはり社債権者保護の発想が全くないとはいいにくい。

　戦前の制度対応が株式と社債とで全く異なっているのは、もともとの金融商品としての特殊性——株式のリスクの高さ——や、あるいは流通市場の成熟度——株式流通市場の相対的な成熟度の高さ——にもよるだろう。ともあれここでは、昭和13年改正の段階に至り、資金供給者層の拡大に伴う保護の必要が認識され、それが商法の規定に一部反映したことを確認しておこう。それは、投資に対する合理的判断能力ある資産家層のみを長期資金の供給者として予定し、そのための入口規制を設けつつ、あとは金融商品の最低限の商品性と流通性を規律するというありようから、一歩踏み出したことを意味するものであった。

3．資金供給者としての資産家層の消滅

　第二次世界大戦後、戦前のような資産家層が消滅したが、この意味するところはきわめて大きい。第一に、投資に対する合理的判断能力を有する者を資金供給者の前提に置くことができない。第二に、そもそも長期資金の供給を頼ってきた層そのものが、名実ともに消えてしまった。そして第三に、戦後の貨幣価値の変化と相まって、会社法が制度として用意していた資産家層を選別するための仕組み——株金額や社債の最低金額——を無意味ならしめた。そして、これらを総合して導かれる何より重大な帰結は、株式会社制度に用意された資金調達のための仕組みを、企業に対する長期資金供給の手段として使えない、ということである。このことは、株式会社という制度による資金の集中には、一定の資産を保有した層の存在することが前提条件として必要であるという、きわめて興味深い事実をも浮き彫りにする。

　かくして、わが国に唯一存在する資金供給者層というのは、零細な資金を保有する家計のみということになり、これが提供する短期に親和的な資金を、長期資金として供給することがわが国の戦後の課題だったわけである。その課題を解決するための仕組みは、株式会社制度の外に設けられた。そして、以上の家計は投資に対する合理的判断能力をもたないことが前提となった資金供給者層であるから、当該資金供給者、ないしその提供する資金を保護するための仕組みが必要となる。当然のことながら、そのための仕組みも株式会社制度の外に設けられることになる。それが、戦後のわが国の金融システム——強固な金融規制の体系——であって、このような前提の下では、会社法に存在する株式や社債という資金調達手段＝金融商品は、二次的な資金調達の方法としかなりえなかったのである。したがって、以上の規制体系を前提として企業に対する資金供給がなされる限りは、かりに何らかの理由で会社法の制度改正がなされるとしても、それは資金供給者層のありようとはさしあたり無関係になされることとなったのである。そしてその唯一の例外は、外資を念頭に置いてなされた株式や社債の商品性にかかわる改正——

昭和41（1966）年改正——であった。

4．家計における資金の蓄積

4−1　新たな資金供給者層の出現

　以上に述べた第二次世界大戦後の状況が変わるには、会社法の定める金融商品を資金調達手段として利用することを許容する資金供給者層が再び現れてこなければならない。それは、高度成長期後半、あるいは安定成長期以降、家計が莫大な貯蓄を蓄積するなかで次第に立ち現れてきたともいえる。しかし、金融分野における規制緩和がきわめて緩やかな速度で進められるなか、家計の資金はなお保護の厚い株式会社外の導管を通じて企業に提供される傾向をみせる。

　潤沢な資金を有するに至った家計について、これを株式会社制度が資金供給者層として想定したうえで制度的対応が行われるようになったのは、平成期に入ってから、とりわけ平成5（1993）年の社債法改正以降であるといってよいだろう。しかし、当然のことではあるが、ここでの前提は従前とは大きく異なっていることに留意する必要がある。第一に、資金需要者である企業の側からすれば、これに長期と短期の資金需要がそれぞれ存することは論を待たないが、わが国の経済構造が大きく転換するなかで、明治期以降、あるいは戦後の高度成長期のように長期資金に対する旺盛な需要が存在するわけではない。むしろベンチャー企業の育成といった政策課題にもみられるように、高いリスクの事業における資金需要を満たすことができるかどうかが問題の一端として存在する。第二に、資金供給者である家計をみても、明治期のように資産家とそれ以外の零細な資金供給者という層の分化を前提として、これを把握することはあまりにも実態にそぐわない。多額の資産を保有する層から零細な資金を保有する層まで、幅広いグラデーションがあるといってよいであろう。

　以上をいい換えるならば、資金需要者たる企業の側からすれば、長期か短

期か——この問題は金融技術の発達による金融商品の設定により解決可能である——あるいは巨額か否かもさることながら、各企業、ひいては各事業の負っているリスクに応じて資金を調達できるか否かが重要である。ここに至り、株式会社のための資金調達制度に担わされた課題は、莫大な長期資金を調達する手段の提供のみならず、事業のリスクに応じた資金調達手段の提供にある、といってよいだろう。また、資金供給者たる家計の側からすれば、一定の資産家層のみが会社法の提供する金融商品を購入するという現実離れした想定——平成13（2001）年改正において株金額を必要とする額面株式を廃止したことを想定されたい——は馴染まない。各自がそれぞれの資産状況に応じて参入する可能性があるし、それだけに各自の状況に応じて必要な保護を与えることも求められることになるわけである。このような資金供給者の事情に応じて、株式会社の資金調達制度の設計を行う際には、何が会社法によって提供されるべき問題であり、何が会社法の外で対応されるべき問題かが議論になりうるところである。

4－2　株式制度の対応

資金需要者の事業に関する事情と資金供給者の資産状況に応じて、さまざまな金融商品を設計できるように新株予約権や種類株式の制度が多様化されたのは、以上の観点から理解できる。とりわけ、特殊なリスクの伴った事業に対する資金供給との関係では、これに応じて支配権のありようも設計できるようになっている点が特筆すべき点であろう。ここまでは、会社法が対応すべき問題として認識されている。

他方で、資金供給者層の資産状況と購入する金融商品の商品性に応じて、これに与えられるべき保護のありようも変わる。たとえば、投資に対する合理的判断能力が乏しい者には強い保護、この能力の高い者には相応の保護を与えるといった工夫が必要となる。そのための法的規律は、もとより会社法には——少なくとも株式制度には——存在しない。これは、金融商品取引法、金融商品販売法、そしてその他の金融規制に委ねられることとされたわけである。

以上をみると、会社法は、なおその提供する資金調達制度が果たすべき課題——事業のリスクに応じた資金調達手段の提供——を解決すべく、金融商品の基本的商品性を多様化するという点に特化して規律を及ぼしていることがわかる。もとより、長期資金の提供という課題がおよそ消滅したわけではないので、なお有価証券化とそれに伴う流通性の確保という規律も一部には有しているものの、それのみが会社法の規律すべき対象ではない。また、金融商品購入者、つまり資金供給者の属性に応じて与えられるべき保護の問題については、会社法が規律対象としていない。以上より会社法の規律は、株式の商品性に関する一般的な規律に限ってこれがなされるという、ある種の政策的価値判断がなされていることがわかるだろう。

4－3　社債制度の対応

さて、このような考察を加えると、やはり問題となるのが、社債の規定である。社債については、伝統的に発行限度規制の形で社債権者保護が図られてきたほか、受託会社や社債権者集会の仕組みを通じた保護も昭和13（1938）年改正以降存在している。さらに平成5（1993）年改正においては、社債発行限度規制を廃止しつつ、多数の零細な社債権者が登場する場合には社債管理会社という社債権者保護の枠組みを設けて、まさに「社債権者の属性」に応じて、「与えられるべき保護」のありようを変ずるという仕組みを設けたわけである。このような会社法の規律のありようは、株式制度における規律のありようと明らかに異なる。

社債に関する規定について、このような株式会社との相違が生じた理由は、本章のこれまでの分析による限り、次の3点にあるといえるだろう。第一に、明治32（1899）年の新商法制定段階で、もともと商法の外にあった社債発行限度規制という社債権者保護の仕組みを——おそらくは無意識に——導入した点があげられる。第二に、昭和13年改正の段階で、担信法というやはり商法の外にあった受託会社や社債権者集会の仕組みを導入した点があげられる。第二次世界大戦前の商法は、株式会社における長期資金調達のために、資産家層の遊休資金を導くことを想定していた。したがって、この者が

投資についての合理的判断能力を有する以上、基本的には投資に対しては自己責任を貫徹すればよいのであり、それを超えた保護の発想は不要のはずだった。しかし、会社法が株主と社債権者の利害調整法であるという前提の下、この一見もっともらしい前提に合致するような体裁で、社債発行限度規制や受託会社、社債権者集会の制度が商法本体に規定された。そして第三に、以上を所与とした平成5年改正が、社債発行限度規制の廃止と引き換えに、受託会社の制度を社債管理会社制度に変じ、社債権者保護の仕組みを維持した点があげられる。

　わが国の会社法の提供してきた社債制度が、社債権者保護の仕組みを意識、無意識に内包してきたことは、平成17 (2005) 年の会社法制定時に社債の定義を置く段になって、さらに問題を顕在化させた。そもそも社債に関しては、明治23 (1890) 年商法の経緯をみてもわかるように、一般的な会社法が存在しなかった当時、会社が長期資金の調達方法として債券を発行できることを明らかにするために、商法のなかに規定が置かれたものである。その意味では、当時のわが国における法的不備が存したという状況、そして経済状況が、明治23年の商法をして社債に関する規定を置かしめたにすぎない。そして明治32年商法の段階で考えても、当時の理論的・思想的背景を前提とすれば、かりにこれを会社法で規律するとしても、それを株式会社が発行できること、長期投資に堪える資産家層のみが投資できるようにすること、そして資金回収のために有価証券化して譲渡可能とすること（あるいは会社による償還）といったことが規定されていれば十分であった。しかしこの段階で、商法は社債発行限度規制というある種の社債権者保護の仕組みを商法本体に取り込んだ。このことによって、会社法の社債の規定は、「それを取得した者が商法に規定した保護を受ける金融商品」として位置づけられる余地を生じたのである。したがって、かつて社債について、集団的、大量的、長期的、かつ公衆的なものであるがゆえに、会社法が技術的な処理のほか社債権者保護の仕組みを設けたのだ、という説明をしているものがあるが、これはあまり正しくない。会社法は、たしかに集団的、大量的、長期的、かつ公衆的なものとして債券発行をできるよう制度設計をした。だが、社債権者保護の仕

組みを商法自体が規律すべきか否かはまた別の話なのである。

　以上のようにみると、社債というのは法が一定の目的をもって仕組んだ金融商品であって、前法律的に存在するものではない。集団的、大量的、長期的、公衆的であったのも、それは明治期以降に、資産家層から広く長期資金を集めたかったからそのような設計になっているだけであって、別の目的に使いたいと思えば、当然に制度設計は変わることになる。つまり社債の定義というのは、一定の目的に応じ、そこに置かれた法律の規定の内容によって拘束されざるを得ない。その意味で、平成17年会社法2条23号が「この法律の規定により会社が行う割当てにより発生する会社を債務者とする金銭債権であって、第676条各号に掲げる事項についての定めに従い償還されるもの」というきわめて形式的な定義をしたのは、至極当然のことである。つまり集団性、大量性、長期性、そして公衆性といった属性は、明治期のわが国が、社債と名づけた金融商品を長期資金の調達手段として使ったから出てきただけのことである。社債と名づけた金融商品を、それ以外の手段に用いることを認めるのであれば、当然、以上の属性は社債の属性からは脱落するし、定義には用いることができないのである。

4－4　内部留保と資金調達

　さて、一応、本章の分析は以上に尽きるが、最後に内部留保に基づく資金調達の問題について、若干の付言をしておきたい。第二次世界大戦以前にも、内部留保を資金調達に利用した例はあるが、大株主からの配当に対する要求が強かった当時、財閥系企業をひとまず措くと、相対的にその資金調達手段としての意義は低かった。

　しかし、戦後の長期資金不足は、内部留保による資金調達の意義を格段に上昇させたといっていいだろう。株式配当の方法によって、社外流出を免れた利益は、会社資本に組み入れられて、長期資金として活用されたわけである。ここで問題となるのが、自己株式取得規制との関係である。つまりわが国企業に長期資金に対する旺盛な需要があった当時、そこで叫ばれる自己株式取得規制緩和というのは、どうしても会社の財務政策とは異なる動機を想

定せざるをえない。なぜなら、ことさらに会社資金を外部に流出させる制度は、長期資金不足に悩む経済界にとっては、およそ必要のない制度にもみえるからである。逆にいえば、平成6（1994）年改正以降の当該規制の緩和は、会社の資金供給源としての内部留保がその意味を失っていったことと平仄を合わせており、非常に合点が行くところでもあるわけである。

　いずれにしても、この点については、次章の資金需要者の側からより詳細な分析がなされるところであるから、ここでは以上のような分析視点を述べるにとどめたい。この自己株式取得規制の緩和に関する規律に限らず、わが国会社法の規律について、資金需要者に視点を置いてこれを眺めると、また本章で述べたこととは違った見え方がするはずである。読者においては、次章における叙述を合わせてお読みいただいて、本章でなされた分析と比較して、制度のありようについてどのように理解が変化しうるか、楽しんでいただければ幸いである。

第2章　資金需要者と会社法

第1節　はじめに

　われわれの市場で何かがはじけた。バブルの崩壊である。平成元（1989）年12月29日に3万9,815円87銭をつけた日経平均株価は、平成2（1990）年10月1日には一時2万円を割った。半値近い水準にまで下落するのに要した期間は、わずか9カ月にすぎない。こうした株価の暴落に引きずられるように、好調であった景気も急速に悪化し、深刻な長期経済不況の幕開けを迎えることになる。それは会社法制の変革期の幕開けでもあった。

　とりわけ、企業金融をめぐる法改正は、過去に例をみないほど頻繁に行われ、また、改正の規模も大きいものであった。そうした改正は、おおよそ規制を緩和する方向にあり、より具体的には、種類株式制度の改正および新株予約権制度の創設によって、会社のエクイティ・ファイナンス手段が多様化され、投資家から会社への資金の流れが後押しされた。また同時に、自己株式に係る規制も緩和され、余剰資金の返却方法の多様化を通じて、会社から投資家（株主）への資金の流れも促されることになった。そこで強調されたのは、もっぱら資金需要者たる会社の自由度を高めるという観点、あるいは調達資金の運用者としての経営者の裁量権を広げるという観点であり、それがベンチャー企業の育成はもとより、「資本市場（証券市場）の活性化」という名の株価対策にも資すると考えられた。企業金融をめぐる平成改正は、経済政策実現のためのツールとしての会社法制の位置づけが先鋭化していく過程であると同時に、会社法制の内容いかんが資本市場のあり方に大きな影響を及ぼすことが広く認識されていく過程でもあったといえる。

本章の直接的な目的は、これらの平成改正を取り上げ、それがどのような背景事情の下で実現したのかを考察することにあるが、かかる考察を通じて、会社法制と資本市場ないし資本市場法制との相互関係の一端を明らかにすることもまた、目的の重要な一部を構成する。なお、こうした問題設定との関係上、上場会社を検討対象の中心に据え、それ以外の会社については最小限の言及にとどめることにしたい。

第2節　自己株式と会社法

1．平成以前の商法のスタンス

　自己株式取得規制の歴史は一貫して規制緩和の歴史であったといわれる[1]。昭和13（1938）年改正前商法は、自己株式取得の取得・質受けをまったく禁止していたが（昭和13年改正前商法151条1項）、昭和13年改正によって、株式消却のための取得、合併・営業譲受けによる取得、権利の実行のための取得という三つの例外的取得事由が明文で認められた（昭和13年改正商法210条）。次いで昭和25（1950）年商法改正で、合併・営業譲渡について反対株主の株式買取請求権の制度が導入され、昭和41（1966）年商法改正では株式の譲渡制限を設ける定款変更についても反対株主の株式買取請求権が認められたのに伴い、それぞれ株式買取請求権の行使に応じて会社が自己株式を取得できる旨が規定された（昭和25年改正商法210条4号、昭和41年改正商法210条4号）。さらに昭和56（1981）年改正商法は、自己株式の質受けについて、発行済株式総数の20分の1以内という数量規制を設けて、これを許容した（昭和56年改正商法210条）。

　しかし、これらは、規制緩和といっても例外的な取得事由を追加するものにすぎない[2]。取得禁止の原則は堅持されてきたことに鑑みると、平成以前の商法は、会社による自己株式の取得に消極的なスタンスをとってきたと

1　岩原紳作「自己株式取得規制の見直し（上）」商事法務1334号46頁（1993）。

いってよいであろう。そのようなスタンスは、自己株式取得規制について、一般予防の観点を重視した結果にほかならない。当時に予防すべき弊害と考えられていたのは、資本の空洞化、株主間の不公平、二重の損失の危険、会社支配の不公正、そして相場操縦やインサイダー取引などの不公正取引の危険であった。

　このうち二重の損失の危険は、会社の業績がよいと自己株式の資産価値は増加し、業績が悪いと資産価値が減少することから、会社にとって、投資（余剰資金の運用）のための自己株式の取得はリスクが大きすぎるということを意味する。当時の会計上、会社が保有する自己株式に資産性が認められることを前提に、自己株式の取得それ自体よりも、むしろ自己株式の長期保有を問題視するものであった。他方、会社支配の不公正は、典型的には、敵対的買収防衛策として自己株式が取得されるケースで問題となる。一般に、会社支配をめぐる紛争が生じると株価は高騰するが、そのように株価が高騰した時点で自己株式の取得がなされることによって、会社が経済的な損失をこうむる——株主間の不公平が生じる——可能性も高いとされた[3]。

　これに対し、経済界は事前規制の緩和を折に触れて要望してきた。とりわけ昭和40年代に入ると、資本自由化が進められるなかで外国資本による企業買収の脅威が強まったことから、その対抗手段としての自己株式取得が必要であると主張された[4]。また、従業員持株制度を推進するためには、会社が自己株式を取得して従業員持株会に譲渡できるよう、自己株式の取得・保有規制を緩和すべきであるとも主張されたが[5]、その主たるねらいは、企業買収に対抗するための安定株主対策にあったといわれる[6]。経済界による規制緩和論の最大の理由は、企業買収からの防衛であったとみてよいであろう。もとより、従業員持株制度の推進は、従業員に対するインセンティブの付与を企図するものでもある。ストック・オプション制度のための自己株式取得[7]は、

2　昭和13年改正前にあっても、解釈上、株式消却や合併のケースでは一時的な自己株式取得が許されるとされていた（大森忠夫「自己株式の取得」法学論叢29巻5号797頁(1933)）。

3　江頭憲治郎「自己株式取得規制の緩和問題について」商事法務1302号2〜3頁(1992)。

その延長線上に位置づけられる。しかし他方で、経済界が規制緩和の突破口を開こうとして、比較的説得力が大きいと考えられた従業員持株制度やストック・オプション制度を持ち出した感があることは否めない[8]。

株価の維持もまた、経済界が主張した自己株式取得の効用である[9]。想定されていたのは、時価発行増資にあたり、引受証券会社だけでなく発行会社自らが安定操作取引を行うケースのほか、相場暴落時に緊急措置として自己株式を取得するケースであった。もっとも、後者のケースについて、時価発

---

4 平成6年改正に向けた動きが本格化する平成4年であるが、それ以前における経団連の改正要望のうち、敵対的企業買収ないし株式買占めの対抗手段としての自己株式取得の必要性を述べるものは、①「今後の商法改正について（商法改正追加改正に関するメモ）」（昭和46年6月30日）、②「商法・有限会社法改正試案に関する意見」（昭和61年11月25日）、③「会社法改正問題に関する意見」（平成元年6月6日）である。これら自己株式に関する経団連の改正要望については、龍田節ほか「〈座談会〉自己株式取得の規制緩和をめぐって」商事法務1285号8頁（1992）にまとめられている。なお、昭和40年代には、買収の脅威を免れるため、事業会社が金融機関の協力を得て、金融機関や関連会社などに株式をはめ込む安定株主工作を積極的に進めた結果、株式相互保有も急速に拡大した。その背景にあったのは、資本自由化に伴う外資による買収の脅威であるが、その脅威をより高めたのは、昭和40年不況に際して証券市場で株式を買い支えた日本共同証券株式会社や証券保有組合が保有していた株式を大量に放出したという事情であったとされる（北條裕雄「日本における金融システムの再編と株式持ち合い」渋谷博史＝北條裕雄＝井村進哉編著『日米金融規制の再検討』191頁以下（日本経済評論社、1995））。後述するように（本節2－2）、バブル経済崩壊後に株価が下落するともに、株式持合いが崩れて買収の脅威が高まるなか、この昭和40年不況時における証券市場での株式買い支えのいわば代替手段として、上場企業による自己株式取得に期待が集まり、それが平成6年商法改正による規制緩和を導くことになるのは歴史の皮肉である。
5 平成4年以前における経団連の改正要望のうち、従業員持株制度の推進のための自己株式取得・保有の必要性を述べるのは、①「株式会社の文書事務合理化等に関する商法改正意見」（昭和43年12月26日）、②「今後の商法改正について（商法改正追加改正に関するメモ）」（昭和46年6月30日）、③「会社法改正問題に関する意見」（昭和50年12月23日）、④「『株式制度改正試案』にかんする意見」（昭和52年10月12日）、⑤「商法・有限会社法改正試案に関する意見」（昭和61年11月25日）、⑥「会社法改正問題に関する意見」（平成元年6月6日）である（龍田ほか・前掲48頁）。
6 龍田ほか・前掲47頁〔遠藤博志発言〕。
7 平成4年以前における経団連の改正要望のうち、ストック・オプション制度のための自己株式取得の必要性を述べるのは、①「『株式制度改正試案』に関する意見」（昭和52年10月12日）、②「次期商法改正に関する意見」（昭和59年10月23日）である（龍田ほか・前掲48頁）。

行増資の予定があるならともかく、そうでないときに、なぜ相場暴落時に会社が自己株式を取得してまで株価を維持しなければならないのかは明らかではない。仮に敵対的買収をおそれてのことならば、それはむしろ買収防衛のための自己株式取得というべきであろう。

商法学界にあっても、上記のような自己株式取得の効用を前提に、規制緩和を支持する見解が現れた。自己株式取得には厳格な規制が課されているとはいえ、その脱法行為を阻止するのは容易ではない。そうであれば、むしろ自己株式の取得を許容したうえで、取得状況を開示させる方が現実の政策としてはより適切であるという考え方である[10]。こうした立法論の基礎にあるのは、脱法的な自己株式取得が少なからず行われているという現状認識であり、それを裏付けるかのように、昭和33年には税法違反容疑が調査されるなかで、多くの上場会社が証券会社の名義貸しを受けて違法な自己株式取得を行っていたことが明らかにされていた。増資に際しての株価操作や買占め株の引取りなどを目的とするものであり、そうした証券会社名義による自己株式取得は、戦後の商慣習であるとまでいわれていた[11]。

しかし、自己株式取得規制が緩和されたとしても、その取得状況が正しく開示される保証はどこにもない。事前規制の緩和は、かえって濫用的な制度利用を導く可能性が高く、その分、それをどのようにして事後的に是正するかが重要になるが、そうした事後的な是正には実際上の困難が伴いやすいと

---

8 龍田ほか・前掲4 10頁〔竹中正明発言〕は、経団連の改正要望において従業員持株制度の円滑な運用が目的に掲げられているのは、「いわば突破口を開くため説得性が高いと思われることから選ばれた感なしとしません」と述べている。

9 平成4年以前における経団連の改正要望のうち、株価対策のための自己株式取得・保有の必要性を述べるのは、①「株式会社の文書事務合理化等に関する商法改正意見」(昭和43年12月26日)、②「今後の商法改正について (商法改正追加改正に関するメモ)」(昭和46年6月30日)、③「次期商法改正に関する意見」(昭和59年10月23日)、④「商法・有限会社法改正試案に関する意見」(昭和61年11月25日)、⑤「会社法改正問題に関する意見」(平成元年6月6日) である (龍田ほか・前掲4 8頁)。

10 福岡博之『自己株式論』244頁 (千倉書房、1960)、河本一郎「自己株式の取得禁止緩和論の背景とその根拠」商事法務535号9～10頁 (1970)。

11 河本・前掲10 8頁、「商事法務情報」商事法務104号13頁、105号17頁、122号12頁 (1958)。

考えられた。事後的な是正の困難というときに重視されたのは、不公正取引の危険である。もとより相場操縦規制などの資本市場規制が実効的にエンフォースメントされる限り、この問題は生じないが、実際上そのエンフォースメントはいかにも不十分なものであり、証券会社名義による自己株式取得の横行はむしろそれを裏付けるものと理解することができる。平成以前、商法上の厳格な自己株式取得規制は不公正取引の抑止に資するものであり、資本市場規制のエンフォースメントの非実効性を補う役割をも果たしていたとみるべきであろう[12]。

2．規制緩和時代の幕開けと方向づけ

2—1 規制緩和のシュプレヒコール

平成 6 (1994) 年商法改正による自己株式取得規制の緩和に向けた動きが本格化したのは、平成 4 (1992) 年のことであった。その契機となったのは、自民党の綿貫民輔幹事長の表明である。同幹事長は、同年 1 月31日の自民党四役会議の席上、景気回復のためには資本市場の活性化が必要であるとして、そのための具体策の検討を行う方針を明らかにした。政界の要人が景気回復と資本市場の活性化との関係にふれたのは、いわゆるバブル崩壊後、ほ

---

[12] 昭和56年商法改正の立案担当者は、同改正にあたって厳格な自己株式取得規制が基本的に維持された理由について、「アメリカ法のように自己株式の取得を原則的に自由とするという取扱いのバックグラウンドには、証券取引法やその規制を実効あらしめる SEC といった機関がしっかりしていて、株価操作なども起こらないという保障がある。ところが、日本においては、そういう条件が整っていない。大蔵省当局も、証券取引法の運用のうえで自己株式の取得によって生ずる証券取引法上の弊害を完全に除去する自信はないといっている。このような状況下で、自己株式の取得制限を緩和することは、現段階ではむずかしいという結論に達したので、自己株式の取得については特に変更を加えていない」と説明している（稲葉威雄『改正会社法』112頁（金融財政事情研究会、1982））。なお、内部者取引についても、平成 6 年改正前は商法上の規制が厳格であったために、商法の規定が守られる限り、内部者取引の弊害をそれほど重視する必要はなかったといわれる（川口恭弘「金庫株制度と内部者取引規制」同志社法学53巻 9 号55頁（2002））。

とんど初めてのことであったといわれる[13]。綿貫幹事長は、自己株式取得規制の緩和には言及しなかったが、その方針表明を受けて、自民党・経済動向調査プロジェクトチームが具体策の検討に着手することになった。同プロジェクトチームは、同年2月5日に初会合を開き、経団連、日本証券業協会、全銀協、全国商工会連合会などの代表からの意見聴取を行った後[14]、早くも翌週には、商法改正による自己株式取得・保有規制の緩和などを盛り込んだ具体策をまとめた。この具体策は、綿貫幹事長に報告され、同月12日には自民党四役会議で[15]、同月14日には自民党総務会で了承された[16]。総務会での了承に先立つ同月13日には、自民党・証券市場育成党議員連盟(松本十郎会長)も、綿貫幹事長に対し、自己株式取得・保有規制の緩和のために早急に検討を解すべき旨の申入れを行っていた[17]。当時の新聞報道によれば、こうして自民党が景気対策を全面に押し出した背景には、共和事件などの逆風のなかで、相次ぐ補選選挙や夏の参院選に向けた好材料にしたいという思惑が働いていたとされる[18]。日経平均が高値から半値まで下げてから1年4カ月が経過していたにもかかわらず、戻り相場らしい戻りはなく、景気の先行きに対しても悲観的な見方が一段と強まっていた[19]。

　このような政界の動きに対して、敏感な反応を示したのは経団連であった。経団連経済法規委員会(委員長:歌田勝弘味の素名誉会長)は、社債の発行限度枠撤廃などとあわせ、自己株式取得・保有規制の緩和を求める意見書の作成にとりかかり、すでに同年2月末の時点で、翌月10日の常任理事会で承認を得て公表する予定であることが報道されている[20]。また同年3月3日には、電力業界・商社・製造業など64社で構成する「企業の資金調達の円滑化に関する協議会」(会長:岩佐凱夫東京電力副社長)も、自民党商工部会幹

13　日本経済新聞1992年1月31日夕刊1面。
14　日本経済新聞1992年2月6日朝刊2面。
15　日本経済新聞1992年2月13日朝刊1面。
16　日本経済新聞1992年2月14日夕刊3面。
17　日本経済新聞1992年2月13日夕刊1面。
18　日本経済新聞1992年2月13日朝刊1面。
19　日経金融新聞1992年2月14日朝刊20面。

部や通産省に対して、同様の事項の要望を行った[21]。これを受けて、自民党商工部会（浦野烋興部会長）は、同月10日に、産業金融の効率化を図るため、自己株式取得の解禁などを政府に求めることを決議した。自民党財政部会もまた、党として一致して政府に実現を働き掛けることを確認している[22]。

同日には、上記の経団連の意見書が予定どおり常任理事会で承認された[23]。こうした経団連の改正要望は、従来から繰り返し行われてきたものであり、自己株式取得に伴う弊害については他の規制による防止が可能であること、先進国諸国のなかで日本法上の規制が最も厳格であることを述べる点では、過去の改正要望と共通する。ただ、過去の改正要望と異なるのは、規制緩和が「喫緊の課題」であるとしたうえで、「とりわけ、我が国資本市場の活性化が緊急を要する重要課題になっている折、自己株の取得は、流通株式の減少に伴う1株当たり利益の向上により、結果的に株主への利益還元となることを認識すべきである」ことを述べる点であった[24]。そこには、自己株式取得を株主への余剰資金返却のための手段とする考え方——後述するように、その考え方が平成6（1994）年商法改正以降における自己株式取得規制の緩和を正当化した——の萌芽を見い出すことができる。その後、平成4（1992）年3月17日に日経平均株価が2万円割れし、一部に「四月危機説」が根強く囁かれるなか[25]、政府は同月31日に緊急経済対策をまとめ、そこに自己株式取得・保有規制の緩和が盛り込まれた。

このような状況の下、法制審議会商法部会では、平成4年4月から、平成5年商法改正作業と並行して、自己株式取得・保有規制の見直しのための検討作業が開始された[26]。同年4月2日の新聞では、自民党が法制審での審議

20　日経金融新聞1992年2月28日朝刊1面。
21　日経金融新聞1992年3月4日朝刊7面。
22　日経金融新聞1992年3月10日夕刊1面。
23　日経金融新聞1992年3月11日朝刊7面。
24　経済団体連合会「会社法制のあり方についての見解——望ましい企業の経営管理の視点に立って——」（平成4年3月10日）。なお、この意見書では、自己株式取得の効用として、株主への利益還元のほかに、従業員持株制度の運営の円滑化、ストック・オプション制度の利用、余剰資金のより適切な運用があげられている（龍田ほか・前掲48頁）。
25　日本金融新聞1992年3月23日朝刊16面。

を急ぐよう強力に働きかける考えであるという報道がなされている[27]。同年4月7日には、自民党法務部会商法小委員会（太田誠一委員長）でも協議が始まった。そこでは、当初、自己株式取得・保有規制の性急な見直しに対する慎重論が強かったが[28]、間もなくすると、規制緩和のための具体的な検討が進められることになった[29]。

規制緩和に向けた動きは、各省庁にも波及した。まず通商産業省が、自己株式取得・保有規制の緩和を検討するため、同月9日に企業法制研究会（座長：森本滋京都大学教授）を設置した[30]。羽田孜大蔵大臣の意向を受けた大蔵省も、規制緩和に向けた法務省との調整を開始し、新設する証券取引等監視委員会や証券業界の自主規制団体を活用すれば、不公正取引の危険は小さいとして、前向きに取り組む姿勢をみせた[31]。証券取引等監視委員会の設置構想は、不公正取引の是正を目的とするものであったが、皮肉なことにその目的が現実に達成される前に、自己株式取得――当時それは不公正取引の温床になりかねないと危惧されていた――を正当化するための根拠づけに利用されたのである。また、日本証券業協会でも、規制緩和の検討グループが設置された。同協会で自己株式取得規制について、業界全体の意見をとりまとめる検討グループが設けられたのは初めてのことであった[32]。なお、みなし配当課税について、当初大蔵省は存続させる方針を示していたが[33]、その後、平成7（1995）年6月末に、政府が「緊急円高・経済対策の具体化・補強を図

---

26 吉戒修一「平成6年商法改正法の解説(1)」商事法務1361号2～3頁（1994）、吉戒修一「商事法改正 今年の課題」商事法務1343号57～59頁（1994）参照。
27 日本経済新聞1992年4月2日朝刊2面。
28 日本経済新聞1992年4月7日夕刊2面。
29 日本経済新聞1992年4月21日夕刊1面。なお、自民党・法務部会商法に関する小委員会「自己株式の取得及び保有について」（平成4年6月4日）商事法務1288号44頁（1992）参照。
30 日本経済新聞1992年4月8日朝刊5面。企業法制研究会・報告書の概要については、梅原克彦「自己株式の取得・保有規制の緩和のあり方――企業法制研究会報告書の概要――」商事法務1322号2頁以下（1993）参照。なお、通産省の諮問機関である産業構造審議会は、その約8カ月前の平成3年6月にまとめた中間報告書で、「企業の財務健全化の手法として積極的な検討が必要」と提言していた。
31 日本経済新聞1992年4月8日朝刊5面・1992年4月18日朝刊2面。

るための諸施策」を公表し、みなし配当課税の凍結の措置が打ち出された[34]。

このような状況のなか、自民党は、平成4（1992）年4月21日に利益消却のための自己株式取得にかかる規制緩和を翌夏までに実現する方針を固めた。自民党は、法制審議会商法部会に商法改正案の答申を早急にまとめるよう求めるとともに、自己株式取得を容易にするため、証券関連税制の見直しを翌年度の税制改正要求に盛り込むことも決めた[35]。これらの事項は、自民党が同年8月28日にまとめた緊急総合経済対策にも掲げられたが、この間、同年5月7日には経団連[36]、7月7日には証券団体協議会[37]が、それぞれ自己株式取得規制の緩和を要望していた。まさに自己株式取得規制緩和論は、「政経一致のシュプレヒコール[38]」といった状況であった。

2－2　政財界と商法学者の同床異夢

それでは、政界と経済界が追い求めた「青い鳥[39]」はどのようなものであったのであろうか。その第一は、買収防衛という観点からの安定株主対策としての自己株式取得である。日本経済新聞社が平成4（1992）年4月17日に上場企業50社の経営者を対象に実施したアンケート調査によると、それが自己株式取得の有用性として最も多い回答であった[40]。当時、株価が低迷し、株式持合いの解消に向けた動きがみられる一方で[41]、外国人株主の持株比率が徐々に高まるなか[42]、経営者は敵対的買収の脅威を敏感に感じ始めていた。

第二の「青い鳥」は、株価対策としての自己株式取得である。自己株式取得の有用性としては、ほかに株式持合い解消の受け皿になるとも主張されたが、それは買収防衛としての側面と株価対策としての側面をあわせもつもの

32　日本経済新聞1992年4月16日朝刊7面。
33　日本経済新聞1992年5月13日朝刊5頁。
34　吉川満「株式の利益消却に係るみなし配当課税の凍結」商事法務1406号2頁（1995）。その後、平成7年11月から実際にみなし配当課税が凍結された。
35　日本経済新聞1992年4月21日夕刊1面。
36　日本経済新聞1992年5月7日夕刊2面。
37　日本経済新聞1992年7月8日朝刊7面。
38　龍田ほか・前掲4　6頁〔龍田発言〕。
39　龍田ほか・前掲4　10頁〔龍田発言〕。

と理解される。株式持合いが解消され株式が市場に放出されるとき、その株式を発行会社自身が取得すれば、安定株主の持株比率を維持することができる。また、持合株式の市場への放出は、少なくとも短期的には株価の下落要因となるが、それに対処するためにも自己株式取得が有効であると考えられた[43]。

　買収防衛はともかく、自己株式取得がどのように株価対策となるのかのメカニズムは必ずしも明らかではない。ただ、当時の政財界が期待していたのは、自己株式取得を通じた株式の需給関係の好転であったように思われる[44]。平成4年8月以降、株価維持のために、大蔵省が金融機関に対する売止め措置を実施していたほか、公的資金による株式買支えも行われていたといわれるが[45]、こうしたPKO（Price Keeping Operation）とも揶揄される政策が実施されたのとほぼ同時期に、自己株式取得規制緩和論が唱えられたことを偶然の一致とみるべきではないであろう。

---

[40] 日本経済新聞1992年4月17日朝刊1面・17面。同アンケート調査（複数回答）において、自己株式取得の有用性として買収防衛をあげた会社は83％に上る。なお、ほかに回答が多かったものを順に並べると、①「株式持ち合いの解消に伴う放出株の受け皿になる」(61％)、②「企業が株式の需給を調整できる」(44％)、③「市場心理に好影響を与える」(44％)であったが、これらはいずれも、「第二の青い鳥」を別の言葉で——あるいは別の側面に着目して——表現したものと理解できる。

[41] ニッセイ基礎研究所の調査によれば、「持合株式」——2社間で相互に保有していることが確認された株式——が全国証券取引所の上場普通株式に占める割合は、1987年度は18.5％（金額ベース）・14.6％（単元数ベース）であったのが、1992年度は17.8％（金額ベース）・14.8％（単元数ベース）、1996年度は16.3％（金額ベース）・13.7％（単元数ベース）、1998年度は13.3％（金額ベース）・12.4％（単元数ベース）、1999年度は10.9％（金額ベース）・11.5％（単元数ベース）、2001年度は9％（金額ベース）・9.2％（単元数ベース）、2003年度は7.6％（金額ベース）・6.3％（単元数ベース）と毎年減少している。また、安定保有株式——「持合株式」、「金融機関が保有する株式」、「事業会社が保有する金融機関株式」および「親会社などに関係会社として保有されている株式」——の割合も、1987年度は45.8％（金額ベース）・42.5％（単元数ベース）であったのが、1992年度は45.7％（金額ベース）・42.8％（単元数ベース）、1996年度は42.2％（金額ベース）・39％（単元数ベース）、1998年度は39.9％（金額ベース）・36.6％（単元数ベース）、1999年度は38％（金額ベース）・34.1％（単元数ベース）、2001年度は30.2％（金額ベース）・30.5％（単元数ベース）、2003年度は24.3％（金額ベース）・22.4％（単元数ベース）と、同様に毎年減少している（ニッセイ基礎研究所「株式持ち合い状況調査（2003年度版）」(2004)〈http://www.nli-research.co.jp/report/misc/2004/mochiai03.pdf〉）。

自己株式取得を通じた株式需給調整への期待は、昭和40年代不況からの脱却の再現をねらったものともいえる。昭和40年不況のときには、日本共同証券株式会社や証券保有組合が総額で4,214億円、当時の東証一部時価総額の6.37パーセントを買い上げて、それが株価の安定とその後の上昇につながったという見方がある。もっとも、平成4年4月2日現在の東証一部の上場時価総額は約283兆円であるから、昭和40年並のボリュームの買支えを実施するとなれば、18兆円の資金が必要になる。そのため、当時のような株式買支え機関の創設は非現実的であったが[46]、他方で、東証一部上場会社の法定準備金以外のその他の剰余金は平成4年2月末で66兆円、時価総額の20パーセント強に相当する。仮にそれを自己株式取得に振り向けることが許されるとすれば、そのこと自体だけで、かなりのインパクトがあるはずであり、自己

---

[42] 全国証券取引所の調査によれば、全国証券取引所の上場普通株式の保有者のうち、外国人が占める割合は、1987年度は4.1%（金額ベース）・3.6%（単位数ベース）であったのが、1992年度は6.3%（金額ベース）・5.5%（単位数ベース）、1996年度は11.9%（金額ベース）・9.8%（単位数ベース）、1998年度は14.1%（金額ベース）・10%（単位数ベース）、1999年度は18.6%（金額ベース）・12.4%（単位数ベース）、2001年度は18.3%（金額ベース）・13.7%（単位数ベース）、2003年度は21.8%（金額ベース）・19.7%（単元数ベース）と、おおよそ毎年増加している（全国証券取引所「平成15年度株式分布状況調査の調査結果について」東京株式懇話会会報635号95頁以下（2004）、〈http://www.tse.or.jp/market/data/examination/distribute/h15/distribute_h15a.pdf〉）。

[43] 同様の発想から、いわゆる株式買上げ機構が構想され、株式持合いの解消の動きがピークを迎えた平成13年以降、その受け皿として稼働することになる。こうした構想については、川口恭弘「株式買い上げ機構」ジュリスト1206号140頁（2001）参照。

[44] 日経金融新聞1992年1月16日朝刊24面では、「『企業の自社株買いが実現すれば…』——市場関係者の間で時々ため息まじりに出る言葉だ。金利低下など外部環境はかなり改善しているのに、株式相場がいっこうに出直るきざしを見せないのは、株式需給関係の悪さが背景にある。三月期決算を控えて特金や投信から強制的な売り物が出る一方、上値の重さを嫌気して買い方は不在のまま。需要を増やせないから、供給を削減してバランスを取り戻したい、という発想だろう」とされていた。

[45] 森田章「機関投資家」商事法務1466号33頁以下（1997）、日本経済新聞1992年9月28日朝刊5面、日経金融新聞1992年12月7日朝刊16面参照。また、自民党法務部会商法に関する小委員会の報告書が、基本的な考え方として、「株式を市場で発行する自由があるなら、株式を市場から吸収する自由も相応に認められてよいとの考えにも理由があると言うべきである」（自民党・法務部会商法に関する小委員会・前掲29 44頁）とするのも、株式需給関係の好転を目論むものとみることができる。

株式取得が市場活性化策の一つとされるのも決して理由がないことではないといわれた[47]。

自己株式取得が株価の上昇をもたらしうることは、シグナリング理論の立場からも支持された[48]。株価が会社の真実を反映せずに過小評価されているとき、会社の真実を最もよく知っているはずの経営者によって自己株式の取得が実施されれば、株価が過小評価されているというシグナルを市場に送ることができる[49]。こうした投資家と経営者との間の情報の非対称性を前提としたシグナルに応えて、株式が買われることで株価は上昇すると期待された。もっとも、商法学界には、これらの株式需給調整やシグナリング効果をねらった自己株式取得について、資本市場法制で禁じられている相場操縦との関係を問題視する見解も根強かった[50]。

他方、商法学界で比較的早くから多くの支持を集めていたのは、株主への「余剰資金」返却のための自己株式取得である[51]。会社に「余剰資金」があるときに、それを自己株式の取得という形で株主に返却することは、資金の効

---

46 日本経済新聞1992年2月17日夕刊5頁の記事では、「昭和40年の証券不況の時のように、株式の買い支え機関をつくってはどうかという議論は、永田町や証券界でも折にふれて出る。しかし当時に比べると時価総額が50倍にふくれ上がり、先物取引の比重が高まった今の市場では、荒唐無稽といわざるを得ない」とされていた。

47 龍田ほか・前掲4 17頁〔竹中発言〕。

48 龍田ほか・前掲4 15頁〔遠藤発言〕では、アメリカにおける自己株式取得による株価上昇には、シグナリング効果による部分と浮動株の吸収による需給関係の好転による部分とがあるのではないかという認識が示されていた。

49 神田秀樹「自己株式取得と企業金融（上）」商事法務1291号4～5頁（1992）。

50 吉原和志「自己株式取得規制の緩和に関する論点——取得目的の観点から——（一）（二・完）」民商法雑誌107巻3号346～350頁（1992）、108巻3号340・366頁（1993）。平成6年改正後も、相場操縦との関係は問題視され続けた。たとえば、岩原紳作「緊急経済対策としての平成10年商法関連法の改正（上）」商事法務1492号7頁（1998）、第151回参議院法務委員会15号〔平成13年6月21日開催〕議事録〔参考人・末永敏和発言〕参照。また、野村修也「金庫株の解禁」ジュリスト1206号107頁（2001）が「株式の相互持ち合いの解消が進む中、急激に供給過多になった自己株式を、単に株価を維持するためだけに買い付けることが株価対策なのだとすれば、極端な場合には、それは株価操縦の誹りを免れない」とするほか、品谷篤哉「自己株式（金庫株）買受と商法」法律時報75巻4号42頁（2003）も「需給関係の安定についても、自己株式買受による株価維持を意味するのであれば、相場操縦の懸念は避けがたい」とする。

率的利用を促進させるから望ましいと考えられた。ファイナンス理論の影響を色濃く受けるものであり、バブル崩壊後の経済状況の下では、とりわけ大きな説得力を感じさせるものであった。

　当時しばしばみられた言説として、「自己株式取得は、社外株式数の減少をともなうから、1株あたり利益や1株あたり配当などの指標が向上し、ひいては株価の上昇ももたらされる」[52]というものがある。しかし、1株あたり配当はともかく、自己株式が有償で取得される限り、1株あたり利益は当然には改善しない。会社財産――それは会社の利益の源泉である――が流出する分、会社の利益も減少する可能性があるからである。1株あたり利益が改善するとすれば、それは典型的には、「余剰資金」が自己株式取得の財源とされたケースである。ここで「余剰資金」とは、会社が資本コスト以上の利益率をもつ投資機会をすべて採用したうえで、それでもなお会社に残る資金――簡単にいえば有益な使途のない資金――のことを意味するが、そうした余剰資金が自己株式の取得を通じて株主に返却されれば、会社資金の効率的な利用が促される――エージェンシーコストが削減される――ことを期待しうる。市場がそう信じれば、株価は上昇するであろうから、結果的に株価対策にもなりうると考えられた。

---

[51] 小林量「企業金融としての自己株式取得制度(一)(二・完)」民商法雑誌92巻1号1頁以下、92巻2号189頁以下（1985）、神田秀樹「自己株式取得と企業金融（下）」商事法務1292号9頁以下（1992）。また、一般に自己株式取得に消極的なスタンスをとりつつも、余剰資金返却のための自己株式取得については支持する見解、あるいは反対しない見解として、吉原・前掲50 367頁、森本滋「日米構造問題協議と株式会社法の改正」商事法務1309号42頁（1993）、岩原・前掲1 12頁以下、浜田道代「企業金融と多数決の限界」商事法務1398号37～38頁（1995）などがある。これに対し、中東正文「企業統治と企業金融の接点――フリー・キャッシュ・フローの返却を巡って――」同『企業結合・企業統治・企業金融』382頁（信山社、1999、初出1996）は、余剰資金返却の必要性を強調しながらも、その手段として利益配当よりも自己株式取得の方が明らかに効率的であるとはいえないとして、余剰資金返却のための自己株式取得にも消極的であった。

[52] 通商産業省産業政策局産業資金課編『90年代の産業金融（産業構造審議会・産業金融小委員会中間報告書）』33頁（通商産業調査会、1991）、竹中正明「自社株（自己株）取得規制の緩和問題をめぐって」月刊資本市場80号50頁（1992）、経済団体連合会「会社法制のあり方についての見解――望ましい企業の経営管理の視点に立って――」（平成4年3月10日）商事法務1279号50頁参照。

株主への余剰資金の返却方法としては、すでに利益配当が用意されていた。しかし、わが国における1株あたり配当額の維持という安定配当の実務を前提にすると、自己株式の取得は、社外株式数の減少をもたらす分、将来の配当負担を軽減することができる。利益配当では安定配当が重視され、年度ごとに1株あたり配当額を増減させるのは難しいが、自己株式の取得によれば株主への資金返却額を柔軟に調整することもできる。また、当時の商法上、利益配当については、その時期・回数が制限されていたのに対し、自己株式取得の方法によれば、機動的な余剰資金返却も可能になる。これらの意味で、余剰資金の返却を促進する観点からは、そのための自己株式の取得を認めるべきであると主張された。

　こうして規制緩和論が高まりを見せるなか、平成4(1992)年6月から法制審議会商法部会会社法小委員会（小委員長：竹内昭夫筑波大学教授）で具体的な検討作業が始められた。それを受けて、平成5(1993)年1月28日には法務省民事局参事官室名で「自己株式の取得及び保有規制に関する問題点」[53]が公表され、同年2月4日に意見照会に付された。この「問題点」は、自己株式取得を原則自由化することまで検討対象に含めた、包括的な問題提起を行うものであったが、実際の小委員会での議論は一貫して規制緩和に慎重なものであり、自己株式取得の原則禁止というスタンスを維持するという基本方針にも揺らぐところはなかったとされる。既述のように、平成4年4月の時点で自民党から商法改正案答申の早急なとりまとめが求められていたにもかかわらず、現実には、それから相当に遅れたスケジュールとなったこともまた法制審議会の慎重さの反映であって、規制緩和への消極性を裏付けるものといえそうである。こうした法制審議会の慎重なスタンスや審議スピードの遅さは、やがて強い批判を受けることになるが[54]、それはさておき、「問題点」に寄せられた77団体からの意見をみると、数的には規制緩和に積極的な意見が多数であったが[55]、大学や弁護士会などの専門家団体の意見は

---

[53] 法務省民事局参事官室「自己株式の取得及び保有規制に関する問題点」商事法務1311号7頁以下(1993)。その解説として、吉戒修一「『自己株式の取得及び保有規制に関する問題点』について(上)(下)」商事法務1316号2頁以下・1318号7頁以下(1993)参照。

総じて規制緩和に消極的であったとされる[56]。その後、平成6（1994）年2月16日に法律案要綱が法務大臣に答申された後、同年6月には衆参両院での審議・可決により商法等改正法が成立した。

平成6年商法改正法の内容は、三つの柱からなる。その第一は、株式譲渡制限会社における自己株式取得について、会社の閉鎖性を維持する観点から、特例的な手続が定められたことである。具体的には、株主から株式譲渡承認請求および買受人指定請求があった場合に会社自身が自ら買受人になること（平成6年改正商法204条ノ3ノ2）、株主に相続があった場合に相続株主と会社との間で合意により自己株式を取得すること（同210条ノ3）が認められた。

第二の柱は、例外的に自己株式を取得できる場合として、使用人に譲渡するための取得が新たに追加されたことである（同210条ノ2）。想定されていたのは、会社が自己株式を取得したうえで、それを従業員持株会に譲渡するケースである。従業員持株制度の運営上の問題を解決することをねらったものであり、そうした問題として、従業員持株制度の下で、上場会社等の従業員持株会が毎月一定の日に株式買付けを行うことが相場の定期的変動要因となっていたこと、賞与の支給時に従業員持株会の買付資金に見合うだけの売却株式がないことが指摘されていた[57]。裏からみれば、これらは安定株主の

---

54 第1編第3節参照。

55 吉戒修一＝小野瀬厚「『自己株式の取得及び保有規制に関する問題点』に関する各界意見の分析（上）（下）」商事法務1333号2～8頁、1334号65～76頁（1993）参照。

56 吉戒＝小野瀬・前掲55 商事法務1333号4頁。ほかに、日本弁護士連合会、日本公認会計士協会、日本司法書士会連合会、日本税理士会連合会などの専門家団体もまた、規制緩和に消極的なスタンスであったとされる。なお、法務省民事局参事官室「自己株式の取得及び保有規制に関する問題点」の「一」には、規制緩和の必要性として考えられるものとして、①株主への利益還元の充実、②従業員持株制度の運営の円滑化、③ストック・オプション制度の利用、④余剰資金のより適切な運用、⑤企業買収への対抗策、⑥株式需給の適正化、⑦株価の不当な低落への対応策、⑧株式相互持合い解消の受け皿が掲げられていたが、②を除くと、およそ大学の意見は反対意見であった。もっとも、そうした反対意見には、株式の利益消却制度の改善によって対処すべきことを理由とする意見が少なくなかったことからすると、取得した自己株式が消却されずに保有されるケースを問題視するものであって、自己株式取得を通じた株主への利益還元ないし余剰資金の返却に反対するものではなかったといえる。

存在のために浮動株の割合が著しく少ないことの反映であるとともに[58]、自己株式取得による人為的な需給関係の操作の危険を示すものといえるであろう。

　第三の柱は、配当可能利益による株式の任意消却のための自己株式取得[59]について、手続規制が緩和されたことである（同212条ノ2）。従来、その手続規制として定款の定めが要求されていたが、学説上、そこでいう定款とは原始定款または総株主の同意によって変更した定款を意味するとする見解も有力であったため、過去に利益消却がなされた例はみられないとさえいわれていた[60]。それが平成6年商法改正によって、上場会社と店頭登録会社は、定時株主総会の普通決議により、その決議後最初の定時総会までの間、利益消却のための自己株式取得を取締役に授権することが認められたのである。過去に利益消却がなされた例がないとされていたことからすると、実質的には、同改正によって初めて、利益消却のための自己株式が認められたといえなくもない。自己株式の取得方法は、取引所取引・店頭売買取引または公開買付けに限定されており、そのような自己株式取得として想定されていたのは、本来的には、余剰資金の返却を目的とするケースのはずであった。

　この手続で取得した自己株式は当然に消却され、保有することは許されないから、たとえばストック・オプション制度や余剰資金の運用のために——自己株式の売却益を目的として——自己株式取得を行うことはできない。しかし、平成6年改正商法の下で、利益消却の目的それ自体には制限が課されなかったために、取得目的規制は後退し、自己株式取得の原則的許容のスタンスに接近することになった[61]。実際、平成6年商法改正の立案担当者によれば、株主への余剰資金返却だけでなく、企業買収への対抗策、株式需給の適正化、株価の不当な低落への対応、株式相互持合い解消の受け皿など、経済界から出された要望——それらには商法学界からの批判も強かった——に

57　吉戒修一「平成6年商法改正法の解説(2)」商事法務1362号2～3頁（1994）。
58　江頭・前掲3 7頁。
59　もともと鉱山会社などで、清算手続を容易にするための制度利用が想定されていたが、規定の文言上は、そのようなケースでの利用に限定されていなかった。
60　吉戒修一「平成6年商法改正法の解説(4)」商事法務1364号35頁（1994）。

は、基本的にこの利益消却の制度で対応できるとされたのである[62]。

しかし他方で、仮に利益消却の目的をたとえば余剰資金の返却に限るとする規制を設けようとしても、そうした規制のエンフォースメントには困難を伴ったに違いない。利益消却の真の目的がどのようなものであれ、利益消却がなされると余剰資金の返却という効果がもたらされる以上、会社が余剰資金返却のために利益消却を行ったと主張する限り、その主張を覆すのは難しいからである。もとより、利益消却時に余剰資金がなかったのであれば――そもそも利益がなければ財源規制違反である――、そうした会社の主張は通らない[63]。しかし、会社の余剰資金の有無は、会社が資本コスト以上の利益率をもつ投資機会をどれほど有しているのかに依存するところ、その判断は決して容易でない。この後自己株式取得の原則自由化（取得目的規制の撤廃）に向けた規制緩和が進展していくが、そうした方向性は、余剰資金返却のための自己株式取得が正当化され、それを促進するための規制緩和がなされた平成6年改正の時点で、すでに定まっていたといえそうである。

---

61 野村・前掲50 104頁は、自己株式取得を消却型と保有型とに分類したうえで、すでに平成6年改正の時点で消却型の場合には目的規制が緩和されていた、とされる。
62 吉戒・前掲26 商事法務1361号5～6頁。
63 証券取引法研究会「自己株式取得規制に関する商法・証券取引法の改正(3)――違法な自己株式取得の効果・取締役の責任――」インベストメント48巻5号57頁〔龍田節報告〕(1995) は、許される事由なしに自己株式を取得した会社は、利益消却のために取得したと主張すると予測されるところ、常にそうした主張が許されるとすれば、平成6年改正商法の下で目的規制の違反というべき場合はなくなるとする。そのうえで、定時株主総会決議の手続を経ず、しかも財源規制に違反するケースについては、利益消却のための取得ではなく、許されない事由による取得とみるべきであると主張していた。

3．緊急経済対策としての規制緩和の先鋭化

3－1　自己株式保有規制の緩和とストック・オプション

　平成6（1994）年改正商法は、経済界の要望に応えたものであったが、その要望のすべてを容れたわけではない。ストック・オプション制度のように、会社が取得した自己株式の保有を必要とするケースでの利用に応えるものではなかったからである。もともと保有規制の緩和については、平成4（1992）年以降における規制緩和のシュプレヒコールのなかで、自己株式取得規制の緩和とほぼワンセットの形で唱えられていた。

　当時の経済界が保有規制の緩和にどのような意味があると考えていたのかは必ずしも明らかでないが[64]、経団連の改正要望のうち、明らかに保有規制の緩和が前提とされているのは、ストック・オプション制度のほか、余剰資金の運用のために自己株式を取得するケース[65]である。このうちとくにストック・オプション制度については、経済不況が長期化するなか、アメリカの好況を横目にみながら、平成6年改正の前後からその必要性を主張する声が日増しに大きくなっていた。ストック・オプション制度は、平成7（1995）年11月に改正された特定新規事業実施円滑化臨時措置法の下で、新株の有利発行の特例という形での制度利用が認められていた[66]。しかし、それを利用できるのは通産大臣の認定を受けた会社に限られていたため、ストック・オプションが商法上の制度として導入されれば、その利用が促進され、企業経営の効率化ないし活性化に資すると主張されたのである[67]。

64　龍田ほか・前掲4 19頁〔竹中発言〕は、「大体これまでの議論は、緩和を求めることで精一杯というところで、その先の問題までまだみんな考えていない」としていた。

65　経済団体連合会・前掲52。このほか、従業員持株会の円滑な運営のための自己株式の取得もあげられるが、それに関連する保有規制の緩和は、すでに平成6年商法改正で実現されていた。

66　商事法務研究会編『ストック・オプションの実務〔新訂版〕』25頁〔川島いづみ〕（商事法務研究会、2000）。

これに対し、もともと商法学界では、自己株式の取得それ自体よりも、むしろ自己株式の保有——取得された多数の自己株式が消却されずに保有されること——が問題視される傾向が強かった。会社による自己株式の保有に向けられた批判は、①会社に二重の損失が生じる危険がある、②自己株式が安い価格で第三者に処分されることで株主が損失をこうむる危険がある、そして、③自己株式の処分がインサイダー取引や相場操縦などの不公正取引に利用される危険がある、というものであった。既述のように、このうち①は、会社の業績がよいと自己株式の資産価値は増加し、業績が悪いと資産価値が減少することから、会社にとって、投資（余剰資金の運用）のための自己株式の取得はリスクが大きすぎるということを意味する。当時の会計上、会社が保有する自己株式に資産性が認められていたことを前提にするものであった。また、②は、商法上、自己株式の処分が売買であるとしか認識されておらず、新株発行とは異なり、たとえば有利発行規制等の特別な規制が課されていなかったことに由来する。これらの批判は、裏返せば、余剰資金の運用のための自己株式取得への反対論の根拠でもあった。

　ストック・オプション制度のための自己株式の取得・保有についても、学界には慎重論が強かった。企業経営の効率化にとって業績連動型インセンティブ報酬が有用であるとしても、それは何もストック・オプションに限られない[68]。また、市場における株価形成が公正になされない限り、ストック・オプションはインセンティブ報酬として適切に機能しえないが、わが国の資本市場にそのような前提が備わっているかは疑わしい[69]。結局、自己株式の長期保有には問題が多く、それをあえて許すほどの強い合理性がストック・

---

[67] 経済審議会・行動計画委員会・金融ワーキンググループ「わが国金融システムの活性化のために」（1996年10月17日）。なお、当時の実務では、新規事業法上の制度のほか、いわゆる疑似ストック・オプションも利用されていた。それについては、本章第3節2-1-1参照。

[68] 吉原・前掲50民商法雑誌108巻3号349頁。

[69] 江頭憲治郎＝森本滋ほか「〔座談会〕わが国会社法制の課題——21世紀を展望して——」商事法務1445号30頁〔吉原和志発言〕（1997）、商法学者有志「開かれた商法改正手続を求める商法学者声明」（1997年5月12日）商事法務1457号77頁（1997）参照。

オプション制度には認められないと考えられていたのである[70]。

　もともとストック・オプション制度は、過去に経済界が自己株式に関する規制緩和を要望するにあたっても、度々その理由として持ち出されてきたという経緯がある[71]。いわば保有規制の緩和の突破口を開こうとするときに、比較的説得力が大きいと考えられたストック・オプション制度が持ち出された感は否めない。たしかに、もし取得した自己株式の保有が許されるならば、企業経営者の行動選択の幅は広がる。自己株式を取得した上場企業は、株価が低迷しているときはひたすら自己株式の保有を続け、一方で株価が上昇したときにはその一部分を市場に放出したり、安定保有先に譲渡することができる。当時の法制の下では、保有自己株式の譲渡に新株発行規制は適用されず、低価格での譲渡にも総会決議は必要とされないから、その意味でも安定株主対策は容易となる。結局のところ、ストック・オプション制度導入論の目的は自己株式保有規制の緩和の突破口とすることにあり[72]、さらに、その最終的な目的は、取得規制の緩和論と同じく、株式の需給調整を通じた株価対策と買収防衛策ないし安定株主対策とにあったとみることもできる[73]。商法へのストック・オプション制度導入論には、「何かうさん臭いという感じ」が漂っていたといえよう[74]。

70　江頭ほか・前掲69 30頁〔森本発言〕。

71　前掲7 参照。

72　第1編第3節1でも、平成9年商法改正によるストック・オプション制度の一般的導入は、ストック・オプション制度の導入自体を目的とするよりも、自己株式取得・保有規制の緩和が主要な目的であったという分析が示されている。

73　川北英隆＝田宮俊治「自己株式取得とその効果」商事法務1399号7頁（1995）は、平成7年の時点で、平成6年商法改正を振り返って、「もしも商法で金庫株が認められていれば、自己株式を取得した上場企業は、株価が低迷しているときはひたすら自己株式の保有を続け、一方で株価が上昇したときにはその一部分を市場に放出したり安定保有先に譲渡したりすることが可能となっていただろう。……企業が一時的に安定株主としての役割を果たせるということであっただろう」と述べている。また、吉原・前掲50民商法雑誌108巻3号368頁は、「相互保有解消の受け皿としての取得および敵対的企業買収に対する防衛策としての取得は、取得とした自己株式の保有を前提とはしないが、保有が許容されれば目的と関連した行動選択の幅が広がる」という分析を示したうえで、保有規制の緩和に警鐘を鳴らしていた。

74　江頭ほか・前掲69 30頁〔森本発言〕。

このような状況のなか、平成9（1997）年の商法改正によってストック・オプションの制度が導入された。初めての議員立法による商法の改正である。そのような立法形式がとられたのは、ストック・オプション制度の導入に対する商法学界の反対が強いだけに、従来のような「法制審議会集約型立法チャンネル」では、迅速な改正に大きな困難が予想されたからであった[75]。学界の反発は必至であり、同年5月15日に改正法が議会で成立するのに先立ち、同月12日に225名の商法学者の賛同を得た反対声明が公表されることになった[76]。

平成9年改正商法がストック・オプション制度で用意したのは、自己株式方式と新株引受権方式の二つである[77]。自己株式方式に関する改正規定は平成9年6月1日から施行されたのに対し、引受権方式に関する規定の施行は同年10月1日とされた。前者の施行期日が早い時期に設定されているのは、上場会社の大半が3月決算であり、6月に開かれる定時株主総会に間に合わせようとしたためであった。

自己株式方式の下では、上場会社等であれば、定時株主総会の普通決議の授権に基づいて取締役が市場から自己株式を取得しておき、それをストック・オプションが行使されたときに取締役・従業員に譲渡する（平成9年改正商法210条ノ2）。会社は、自己株式を取得してから取締役等がストック・オプションを行使するまでの間、自己株式を保有することができる。ストック・オプションの権利行使期間は最長で10年とされたから、会社が自己株式を保有する期間が最長で10年に及ぶ可能性があるが、それは、商法が例外的に自己株式取得を認めるときに想定していた短期間の保有とは相当に異なる事態であった[78]。

平成9年の商法改正はまた、明白な形での規制の不均衡をもたらした。ストック・オプション制度として、自己株式方式と新株引受権方式とを導入し

---

[75] 議員立法の形式がとられた背景事情の詳細については、第1編第3節1参照。
[76] 商法学者有志・前掲69 76頁以下。
[77] その内容については、本章第3節2－1－1参照。
[78] 川村正幸「ストック・オプション制度および株式消却制度の意義と評価」商事法務1569号22頁（2000）。

ながら、それら二つの方式について、大きく異なる手続規制を課していたからである。また、報酬規制との整合性も図られていなかったから、これらの点で、平成9年改正が規制の不均衡を解消するための次期改正を伴うのは必然であったといえる[79]。

3－2　自己株式取得の機動性と株主総会の関与の排除

平成9 (1997) 年には、「株式の消却手続に関する商法の特例に関する法律」（株式消却特例法）の制定によっても、自己株式に関する規制が緩和された。この株式消却特例法は、同年の商法改正と同時に、ほぼワンセットの形で立法手続が進められたものである。議員立法であることも平成9年商法改正と変わらない[80]。

株式消却特例法は、上場会社・店頭登録会社が利益による株式消却を行うために、取引所取引・店頭売買取引または公開買付けによって自己株式を取得するケースについて、平成6 (1994) 年改正商法からさらに手続規制を緩和して、定款授権に基づく取締役会決議での取得決定を許すものである（株式消却特例法3条）。その第1条には、「資本市場の効率化と活性化を図り、もって国民経済の健全な発展に寄与することを目的とする」とする規定が置かれた。立案者によれば、それはより具体的には、自己株式の取得・消却を通じて、株主資本利益率（ROE）が改善して投資対象としての株式の魅力が向上するほか、株式市場の需給も改善され、また自己株式の取得・消却が株式持合い解消の受け皿となることを指した。また、自己株式の取得・消却には、余剰資金のある成熟産業から資金需要が旺盛な新規産業への資金の流入を円滑化するという機能もあるとされたから[81]、株式消却特例法の制定は、まさに平成6年商法改正の延長線上に位置するものであった。

株式消却特例法が制定され、平成6年改正商法からさらに手続規制が緩和

79　詳細については、本章第3節2－1－1参照。
80　保岡興治「ストック・オプション制度等に係る商法改正の経緯と意義」商事法務1458号2頁以下 (1997)。
81　保岡・前掲80　6頁。

された背景には、株価のいっそうの低迷があった。他方で、利益消却のための自己株式取得については、株価対策として期待されたにもかかわらず、同改正後、平成7（1995）年11月にみなし配当課税が凍結された後でさえ、実施を発表した企業は23社にとどまっていた。株式消却特例法の立案者は、制度利用の少ない一因が平成6年改正商法によって定時株主総会決議という「厳格な」手続規制が課されていたことにあると考えたのである[82]。株式消却特例法の下、いったん定款で定めれば、定時株主総会決議を経なくても自己株式の取得を行えるとなると、「年度途中に、定時株主総会時には予想できないような（金利、為替、株価等の変動等）経済情勢の変化や会社の業績等の変化が起こって」自己株式の取得・消却の必要性が生じるケースにも対応できるとされた[83]。そこでは、株価の変動に応じて、企業が機動的に自己株式を取得することが想定されており、直接的な株価対策としての色彩が濃い立法であったといえる。

このような株式消却特例法もまた法規制の不整合をもたらした。もともと平成6年改正商法が、利益消却のための自己株式取得について定時株主総会決議を要件としたのは、当時、利益配当が一律に株主総会の決定事項とされていた以上[84]、配当可能利益を原資とする自己株式取得も株主総会の決議事項とせざるを得ないという判断に基づくものであった[85]。ところが、株式消却特例法は、それを定款の枠内とはいえ、取締役会決議をもってなしうるとしたからである[86]。

この点、株式の利益消却は、会社が発行した株式を回収して失効させる手続であり、それが新株発行と裏腹の関係にあることに着目すれば、利益消却に株主総会決議を要求するのは厳格にすぎるとも考えられる。そのような考え方は、比較的早くから指摘されていたが[87]、それならそれで抜本的に規制

---

[82] 保岡・前掲80 2頁。
[83] 保岡・前掲80 10頁。
[84] もっとも、いわゆる中間配当については、当時から株主総会決議の手続が不要とされていた。
[85] 吉戒・前掲57 4頁、吉戒・前掲60 35頁。なお、神田・前掲51 10頁参照。
[86] この点を問題視する見解として、岩原・前掲50 12〜13頁参照。

を改めるべきであり、株式消却特例法の下で規制の整合性が欠ける状況は問題であるとされた。

 もっとも、手続の面で利益配当との規制ギャップが生じるのは、ある意味で自然な流れであったかもしれない。既述のように、自己株式の取得目的として商法学界で比較的早くから多くの支持を集めていたのは、株主への余剰資金返却である。平成6年の商法改正で利益消却の手続規制が緩和されたのも、もっぱら余剰資金の返却を目的とするケースを想定してのことであった。利益配当の方法とは別に、自己株式の取得・消却という方法を通じた余剰資金の返却を認めようとするものであるが、利益配当と比べて自己株式取得の方が機動的になしうるという差別化が図られなければ、そうした余剰資金返却メニューの多様化がもつ意味も薄れてしまう。このような観点からすると、利益消却のための自己株式取得について、なるべく株主総会の関与を排除する方向で手続規制が緩和されたのは、いわば自然な流れであったともいえる[88]。また、仮に上場会社の株主総会に不当な自己株式取得を阻止する役割を期待するのであれば、株主総会の無機能化の現状からして非現実的であり、株主総会の関与は余剰資金返却コストを増加させる要因でしかない。それは平成9年商法改正に際し、国会で株主総会の無機能化を前提に、その適切な運営を確保すべき旨の附帯決議がなされた[89]のと表裏の関係にあった。

 株式消却特例法による手続を利用できるのは、「経済情勢、当該会社の業務又は財産の状況その他の事情を勘案して特に必要があると認めるとき」に限定されていた（株式消却特例法3条1項）。このような規制が設けられたのも、商法上の利益消却制度や株主総会の利益処分権限との調整が不十分なままに

---

[87] 神田・前掲51 9頁以下、浜田・前掲51 37～38頁。なお、吉戒・前掲60 35頁参照。
[88] このことを逆にいうと、利益配当の手続規制が緩和され、機動的になしうる状況では、その分、別に自己株式取得という余剰資金返却メニューを用意する必要性は弱まることになる。
[89] 第140回衆議院法務委員会第6号（平成9年5月7日開催）議事録、第140回参議院法務委員会第9号（平成9年5月15日開催）議事録。ほかに、不公正取引への対処、税制上の取扱いの改善についても、附帯決議がなされた。

改正がなされたためであるが[90]、いずれにせよ、そのエンフォースメントには大きな困難を伴う。そのことは、株式消却特例法の適用を受ける上場会社等に関する限り、いったん定款で定めれば、事実上は取得の目的を問われることなく、おおよそ自己株式取得については取締役会決議で決定できるということを意味した[91]。発行済株式総数の10分の1までという数量規制（同3条3項）とともに、中間配当可能額から実際に中間配当した金額を控除した額の2分の1という厳格な財源規制（同3条5項）が課されていたのは、そのような批判をかわすためであったといえる。

これら二つの立法に際しても、やはり資本市場での不公正取引の危険が問題視された。ストック・オプションは、資本市場での価格形成の公正性が確保されない限り、合理的なインセンティブ報酬として機能しえない。また、株式消却特例法の目的は、資本市場の効率化と活性化にあったが、不公正取引はそうした市場の効率化と活性化の最大の阻害要因であった。

すでに平成6（1994）年商法改正の時点で、相場操縦行為を予防する観点から、自己株式の取得方法を規制する必要があることは認識されていたが、そうした規制は、平成13（2001）年9月に「上場等株券の発行者である会社が行う上場等株券の売買等に関する内閣府令」が制定されるまで待たなければならない。この間、平成6年2月7日に証券取引審議会・公正取引特別部会が「自己株式取得等の規制緩和に伴う証券取引制度の整備について」と題する報告書[92]を公表し、市場における自己株式取得の方法として相場操縦のおそれのある行為を列挙したほか、平成10（1998）年12月に東京証券取引所・大阪証券取引所がそれぞれ「自己株式取得に関するガイドライン」[93]を示すこ

90　森本滋「議員立法によるストック・オプション制度」商事法務1459号6頁（1997）。立案者は、当該要件は「本来定時株主総会に利益処分権があることを念頭に」置いたものであると説明していた（保岡・前掲80 10頁）。

91　こうした問題意識から、学説上、「特別の必要性」を厳格に解すべきとする見解も唱えられていた（牛丸興志夫＝黒沼悦郎ほか「資本準備金による自己株式の取得と消却（下）」商事法務1500号71頁（1998））。

92　資本市場研究会編『自己株式取得等の規制緩和に伴う証券取引制度の整備について：証券取引審議会不公正取引特別部会報告』（資本市場研究会、1994）。

とによって、市場の公正が支えられていた。

3—3　未曾有の金融危機と株式消却特例法の改正

既述のように、平成9 (1997) 年5月に制定された株式消却特例法は、利益消却のための自己株式取得について、実質的に消却目的を限定することなく、取締役会決議限りでの決定を許す一方で、厳格な数量規制と財源規制を課すことにより、無限定な制度利用を阻止しようとしていた。しかし、平成9年の年末以降、金融危機の不安が深刻化するなか、数量規制と財源規制の緩和に向けた動きが急激に広がることになった[94]。

その契機は、平成9年11月、三洋証券の会社更生法適用申請に続き、北海道拓殖銀行の事業譲渡、山一證券の自主廃業決定と大型金融破たんが相次いだことにある。金融システムは揺らぎ、日経平均株価は、夏場の2万1,000円を超える水準から年末には一時1万5,000円割れまで3割前後の大暴落を演じた。こうした株価の下落は、金融危機を映す鏡であると同時に、その一因でもあった[95]。債権の不良化に伴う損失がかさみ、自己資本が減少した金融機関は、保有する株式の株価が下れば、国際決済銀行（BIS）規制などの自己資本比率規制を満たすことができなくなるおそれがあったからである。平成4 (1992) 年にBIS規制が導入されて以来、株価が下落するたびに規制達成が危ぶまれてきたが、平成9年末から平成10 (1998) 年にかけての時期ほど、深刻な事態は過去にみられなかった。また、平成8 (1996) 年の「金融機関等の経営の健全性確保のための関係法律の整備に関する法律」の制定によって導入が決められた早期是正措置についても、その実施時期とされた平成10年4月が間近に迫っていた。この早期是正措置は、銀行をBIS基準の自己資本

---

[93] 証券取引所のガイドラインは、証券取引審議会・公正取引特別部会報告書を参考に策定されたものであった（五十嵐正治「自己株式取得に関するガイドラインの概要」商事法務1516号22頁以下 (1999) 参照）。そして、平成13年9月に制定された自己株式買付府令は、証券取引所のガイドラインの内容を参考にしている。

[94] 以下の記述は、岩原・前掲50 4～5頁によるところが大きい。

[95] 植田和男「日本経済金融危機の構造を考える(5)(6)〔やさしい経済学〕」日本経済新聞1998年2月3日朝刊29面、2月6日朝刊31面。

比率に応じて四つのレベルに区分したうえで、たとえば最低レベルの区分（第三区分）に該当する銀行には、業務停止命令を下し、破綻処理に移行させるというものであった[96]。

他方で、金融機関の多くは、破たんや規制当局による経営介入を回避すべく、自己資本比率の維持を優先的に考えるようになった。自己資本比率を維持するためには、分子（自己資本）が小さくなったのなら、それに合わせて分母（リスク資産）を減らすしかない[97]。こうして貸出が抑制される傾向が強まり、それが事業会社の経営を圧迫する要因となった。また、株価の下落はより直接的に、株式持合いを通じて形成された膨大な株式資産の価値減少という形でも事業会社の財務を悪化させる。仮に金融機関や事業会社が株価の下落に伴う財務悪化を避けるために株式持合いを解消しようとすれば、それ自体が株価の下落をもたらして、金融機関や事業会社の財務をさらに悪化させるという負のスパイラルが生じかねない。平成10年3月末の株価をもとに作成される同3月期の決算次第では、金融恐慌が生じてもおかしくない状況であった。

このような状況の下、平成10（1998）年1月13日に、宮沢喜一元首相（自民党緊急金融システム安定化対策本部長）と経団連首脳との懇談の席で、経団連の次期会長に就任予定である新日本製鉄・今井敬社長が自己株式取得規制の緩和を要望したところ、それに宮沢氏は飛びついたとされる[98]。その後の政財界の動きは驚くほど迅速であった。同月27日に経団連が具体的な緊急提言[99]をまとめたのを受けて、自民党法務部会商法に関する小委員会（小委員長：太田誠一衆議院議員）は、早くも同月29日には株式消却特例法の改正案の骨格を固めた。経団連の緊急提言とほぼ同内容であり、その主眼は、財源

---

[96] 池尾和人『開発主義の暴走と保身――金融システムと平成経済――』275～278頁（NTT出版、2006）。
[97] 池尾・前掲[96] 166頁。
[98] 日本経済新聞1998年1月13日夕刊1面。
[99] 経済団体連合会「自己株式消却に関する緊急要望」（平成10年1月27日）〈http://www.keidanren.or.jp/japanese/policy/pol160.html〉。なお、「〈スクランブル〉急展開する利益消却の財源規制問題」商事法務1481号43頁（1998）も参照。

規制を緩和して、法定準備金を自己株式取得・消却の原資とすることを認めることにある。新聞報道によれば、同小委員会では法務省幹部が慎重論を述べたにもかかわらず、議論は規制緩和の内容よりも特例法の施行時期に集中しすでに流れは決していた、という。経団連が公表した試算によると、この改正法案が実現すれば、東証一部上場企業1,293社ではすでに原資としての利用が認められている配当可能利益55兆円に加えて、約34兆6,000億円の自己株式取得・消却が可能であった[100]。

「平成10年3月の金融危機をどう乗り切るかが国家的な課題である」[101]とされる限り、改正株式消却特例法は同年3月末までに施行されなければならない。「法制審議会集約型立法チャンネル」[102]ではそれに間に合わないことが明らかであるとき、採用されたのはやはり議員立法の形式であった[103]。改正法案は、同年3月9日に自民党、社民党、新党さきがけ、新党平和、改革クラブ、自由党の六党共同案として衆議院に提出されたうえ、同月30日に成立して、即日施行されたのである。同改正法は、平成12年3月31日までの時限立法とされた。

この改正の結果、上場会社・店頭登録会社について、実質的に、消却のための市場または公開買付けによる自己株式取得の財源は拡大され、資本準備金と利益準備金の合計額から資本の4分の1に相当する金額を控除した額を取得財源とすることが認められた（平成10年改正株式消却特例法3条の2）。しかも、それを財源とする自己株式取得に対しては数量規制が課されなかった。

100　日本経済新聞1998年1月30日朝刊7面、1998年2月12日朝刊3面。
101　自民党・法務部会商法に関する小委員会で、太田誠一委員長が「自社株買いの特例法を創設するにしても、6月の株主総会で株主の同意を得た上で実施するのが筋ではないか」と述べたのに対し、保岡興治議員は「3月の危機をどう乗り切るかが国家的な課題である以上、3月末までに特例法の効力を発生させるべきだ」と主張したとされる（日本経済新聞1998年2月12日朝刊3面）。
102　第1編参照。
103　平成10年2月20日に自民党・臨時経済対策協議会が公表した「緊急国民経済対策（第四次）」では、「公開会社について、資本の欠損に備えるための法定準備金を超える資本準備金を財源として、自己株式の取得・消却が出来るよう時限の特例措置を、本年3月の企業決算に間に合うように、議員立法で商法の改正を図る」とされていた。

平成10年株式消却特例法改正は、過去の規制緩和とは異なり、はじめて財源規制の面での緩和を図った点で特徴的であった。

改正法施行後、最初の株主総会までの特例として、定款の定めがなくても、取締役会決議だけで法定準備金を原資とする自己株式取得を行うことも認められた（同附則3条）。このような定款にも株主総会決議にも基づかない自己株式取得は、過去に全くみられなかったものである。改正の経緯といい、施行の時期といい、平成10年の株式消却特例法改正が緊急経済対策であることは明白であった[104]。この改正の結果、株式消却特例法と商法との規制バランスの不整合は拡大し、それが商法学者の強い批判を招いたが、いわば不整合の拡大——特別法による実質的な規制緩和——こそが同改正の目的であった。

平成10年の株式消却特例法改正にあたっても、表向きは、株主への余剰資金返却の促進という観点が強調された。実際には改正の主たる目的が別のところにあったとしても[105]、余剰資金の返却を促進すべきであるとする大義名分が掲げられる限り、数量規制と財源規制の緩和もまた必然であったといえるかもしれない。余剰資金とは、資本コスト以上の利益率をもつ投資機会をすべて採用したうえで残る残余の資金のことをいうが、余剰資金の返却という観点からすると、各会社がどれくらいのボリュームの自己株式を取得すべきかは、どれくらいの額の余剰資金があるのかによって決まるべきものである。それは貸借対照表で算出される配当可能利益——従前自己株式の取得財源とされてきたもの——とは全く一致しないし、取得すべき自己株式の数が発行済株式総数の一定割合という形で一義的に定まるわけでもない。こうした意味で、自己株式取得の数量規制や財源規制は、余剰資金返却のための障害でしかなく、そのことは規制緩和の正当化根拠となりえたように思われる。

もとより、余剰資金の返却という観点からは、法定準備金さえも聖域とは

---

[104] 上村達男「資本準備金による自己株式消却をめぐる問題点」ジュリスト1132号67頁(1998)、岩原・前掲50 9頁。

[105] 岩原紳作「自己株式取得規制の見直し（下）」商事法務1335号9頁(1993)は、改正の経緯からして、その目的は余剰資金の返却ではなく株価維持にあるという疑いが拭えないとされる。

みなされない[106]。バブル経済期に時価発行増資が繰り返された結果、多額の資本準備金が積み立てられている状況では、自己株式の取得財源として、資本準備金に目がつけられたのも自然な成行きであろう。過大な資本準備金は、その大部分がいわゆるプレミアム（払込剰余金）であって、経営者がいかに資本コストに対する認識を欠くままに資金調達を行っていたのかの象徴であった。

　また従前、資本準備金は資本維持の補強機能を通じた会社債権者の保護を期待されながらも、時価発行増資等における自主ルール[107]の下、実際上はむしろ新株の無償交付（無償交付型株式分割）の財源として機能することが多かったとされる。新株の無償交付は、従前の1株あたり配当額が維持される限り、実質的には増配に等しいが、そうした増配効果が求められたのは、株主への配当が十分でなかったからにほかならない[108]。いわば資本準備金は、もともと株主への余剰資金返却の調整弁としての機能をも果たしていたのであり、自己株式取得の財源としての利用は、そうした機能の延長線上に位置するといえるかもしれない。

---

[106] 岩原・前掲50 8頁は、資本準備金が企業金融論でいう余剰資金化した場合は、むしろ株主に返還することが取締役としての義務であろうとする。

[107] 引受部長会「株主への利益配分について」（平成元年5月1日）、証券引受部長会「新株引受権付社債発行に関する考え方の大綱」（昭和56年10月）東洋信託銀行証券代行部編『株式実務ハンドブック』336・334頁（商事法務研究会、1990）によれば、時価発行増資を行った発行会社が株式無償交付も考慮しながら基準配当性向を公約することや、新株引受権附社債を発行した企業はプレミアムの一定割合を還元する利益配分を行うこと、などが取り決められていた。なお、こうした自主ルールの推移については、篠秀一「エクィティファイナンス諸規制についての歴史的考察」証券経済研究17号75頁以下（1999）参照。

[108] 尾崎安央「法定準備金制度の発展と機能的変化」早稲田法学57巻2号98～102頁(1982)。

4．規制緩和の後始末と規制の抽象化

4－1　議員立法による規制の整理とその背景

　平成10（1998）年3月に株式消却特例法が改正された結果、上場会社・店頭登録会社は資本準備金を財源とする自己株式の取得・消却を認められたが、それは平成12（2000）年3月31日までの時限措置とされていた。平成10年4月から平成12年3月までの間、特例法上の制度を利用して、取締役会で利益による自己株式取得・消却を決議した会社は504社、資本準備金による消却を決議した会社は184社を数える。同様の期間に、商法上の制度を利用して、定時株主総会で利益による自己株式取得・消却を決議した会社が21社にすぎない[109]ことからすると、その当否はともかく、株式消却特例法が上場会社の実務に及ぼした影響は小さくない。時限措置の延長を求める声が強いのも当然であり、かかる経済界の要請を受けた平成12年3月の株式消却特例法改正によって、平成14（2002）年3月31日までの2年間、時限措置の期限が延長されることになった[110]。もとより議員立法によるものである。

　その後、新しい期限である平成14年3月31日が近づくにつれ、経済界には何らかの形で同日以後も制度の継続を望む声が高まっていったことは前回と変わらない。ただ、前回と異なるのは、制度の継続が、株式消却特例法上の時限措置の再延長という形ではなく、商法本体の改正によって実現されたことである。その背景にあったのは、株価がいっそうの低迷をみせるなか、経済界が自己株式保有規制の一般的な緩和（いわゆる金庫株の解禁）をも要請したという事情であった。すなわち、経団連は、平成12（2000）年12月25日に「金庫株（及び自己株式取得）に関する論点整理」を公表して、機動的な企

---

[109]　大和証券エスビーキャピタル・マーケッツ編「増資白書　1999年版」商事法務1530号129～131，139頁（1999）、大和証券エスビーキャピタル・マーケッツ編「キャピタル・マーケッツ・レビュー　2000年版」商事法務1564号128～129頁（2000）。

[110]　資料版商事法務192号237頁（2000）。

業再編の実現、機動的ストック・オプションの実施、株式市場の安定、敵対的買収に対する防衛などを理由とする保有規制の緩和を求めたのである。

この要請を受け、平成13（2001）年1月12日には平沼経済産業大臣、同月14日には森総理大臣が相次いで株式市場の活性化のためには金庫株の解禁も検討する必要がある旨を述べたのを経て、同月15日には自民党政調会長の下に証券市場等活性化対策特命委員会（委員長：相沢英之衆議院議員）が設置され、さらに同月22日には、自民・公明・保守の三党が与党証券市場活性化対策プロジェクト・チームを発足させた。同プロジェクト・チームは、早くも同年2月9日に「証券市場活性化対策中間報告」[111]を公表して、金庫株解禁を実現するための商法改正法案を平成13年の通常国会に提出する方針を示し、それが平成13年6月の商法改正に結実することになった[112]。

同改正の以前、自己株式にかかる規制は、大きく分けて六つのパートから構成されていた。自己株式の取得目的の規制、取得手続の規制、取得方法の規制、取得財源の規制、取得数量の規制、取得した自己株式の長期保有禁止（早期処分の強制）の規制である。取得目的と取得数量の規制は、自己株式取得の禁止の原則を前提とするものであった。平成6年の商法改正以降、度重なる改正により、それらの規制内容は複雑化しただけでなく、規制の不整合も少なからず生じていた。それに対し、平成13年6月改正商法は、取得目的、取得数量、長期保有禁止の規制を廃止して、取得手続、取得方法、取得財源という三つの規制のみを自己株式の取得に横断的・統一的にかけようとするものであり、ここに自己株式取得・保有の禁止の原則が撤廃されることになったのである。

商法の基本的スタンスを転換させたという点で、たしかに同改正は規制緩和の象徴ないし集大成であるといえなくはない。しかし他方で、後述するように、同改正は上場会社・店頭登録会社に関する限り、実質的には規制緩和を進展させるものではなかった。平成6（1994）年の商法改正以降、特例法

---

111 自由民主党＝公明党＝保守党「証券市場等活性化対策中間報告」商事法務1587号51頁（2001）。
112 この間の経緯の詳細については、第1編参照。

を通じた規制変更によって、上場会社・店頭登録会社に関する規制内容は複雑化しただけでなく、規制の不整合も顕著であったが、むしろそうした複雑な規制を整理して、規制の不整合を解消することに平成13年6月改正の主眼は置かれていた。規制の複雑化と不整合は緊急経済対策としての規制緩和の産物であったから、同改正はそうしたなし崩し的な規制緩和の後処理という側面も有していたといえる。これらの意味で、平成13年6月の商法改正はそれまでの平成改正とは性質を異にしていたが、それは同改正が外形上は議員立法の形をとりつつも、実際には法務省や法制審議会会社法部会のメンバーが少なからず関与していたという事情と無縁ではないであろう。

平成13年6月改正に際しては、与党政策責任者会議からの協力要請を受けて、当時の高村正彦法務大臣から法務省民事局に対して早急に議員立法用の原案を作成するよう指示が出されている[113]。その後、政府として議員立法に協力するという決定がなされたのを受け、法務省は、基本法制を所管する立場として、適切な改正がされるように最大限の努力をしていく方針が示された[114]。法制審議会会社法部会には適宜情報が提供され、その主要なメンバーには非公式ながら意見の聴取もなされた[115]。自己株式取得の財源規制と関連する法定準備金制度の規制緩和に至っては、会社法部会での内容の検討も経ていたのである[116]。

4—2　株式消却特例法上の時限措置の恒久化

既述のように、株式消却特例法上、資本準備金を財源とする株式消却が認められていたが、そうした財源規制の緩和は平成14（2002）年3月31日までの時限措置とされていた。経済界には何らかの形で同日以後もその制度の継

113　原田晃治「会社法改正の課題と展望」商事法務1617号37頁（2002）。
114　法制審議会会社法部会第2回会議（平成13年2月14日開催）議事録。
115　第151回参議院法務委員会15号（平成13年6月21日開催）議事録〔参考人・神田秀樹発言〕。自民党・証券市場等活性化特命委員会においても、会社法部会のメンバーが意見を陳述したとされる。
116　江頭憲治郎「法定準備金制度の規制緩和」ジュリスト1206号118頁（2001）、法制審議会会社法部会第3回会議（平成13年3月14日開催）議事録。

続を望む声が強く、これが平成13（2001）年6月改正を導くことになったから、同改正の一つの目的は、資本準備金を用いた自己株式取得を恒久的に許容することにあったといってよい[117]。もっとも、改正商法が実際に採用したスタンスは、より一般的な制度として法定準備金の減少手続を新設したうえで、減少した法定準備金のうち資本の4分の1を超える金額[118]については、使途の制約を撤廃するというものであった（平成13年6月改正商法289条2項）。減少させる法定準備金は、自己株式の取得の財源として利用できることは株式消却特例法上の取扱いと変わらないが、そのほかに利益配当の財源としての利用なども認められたのである。

そうした規制の整理ないし抽象化は、以下の二つの考え方に基づくものであった[119]。その第一は、法定準備金よりも拘束性の強い資本に減少手続が設けられているにもかかわらず、法定準備金に減少手続がなく、資本の欠損塡補または資本組入れの場合にしか取り崩すことができないとされているのは不合理であるという考え方である。改正前商法の下でも、法定準備金を資本に組み入れた後に資本を減少させることによって、法定準備金を減少させるのと同じ経済的効果を得ることはできたが、そうした手続は迂遠であると批判された。第二の考え方は、自己株式取得と利益配当とでは株主への会社財産の払戻しという点で変わらない以上、法定準備金を自己株式取得の財源にできるのであれば、利益配当の財源にもできるとしなければ規制の整合性がとれないというものである。平成13年6月改正商法は、法定準備金を自己株

---

[117] 平成12年に株式消却特例法の時限措置を延長するための改正が行われた際、その附帯決議でも、「資本準備金をもってする自己株式の消却については、今後2年を目途に、その運用状況を踏まえ、資本準備金制度の趣旨及び社会経済情勢の変化等を考慮して、具体策を検討し、必要な措置をとること」とされていた。

[118] 資本の4分の1を超える金額という限定が付されているというのは、利益準備金は資本準備金の額と合わせて資本の4分の1に達するまで積み立てなければならないとする規制（平成13年6月改正商法288条・498条1項21号）に対応するものである。資本の額自体を減少できる以上、法定準備金について減少できる金額を資本の4分の1に限定しても無意味であるという考え方もできるが、改正法は、慎重・保守的な行き方をとったとされる（江頭・前掲116 119頁）。

[119] 江頭・前掲116 117頁以下。

式取得の財源にできること——それは平成10年改正株式消却特例法の下で、もともと時限措置として認められたものであった——を所与の前提としたうえで、規制の整理が行われた結果であった。平成13年改正において、平成10年改正株式消却特例法が時限措置であったことは、定款による取締役会への自己株式取得決定の授権を認めず、自己株式を取得する都度、原則として定時株主総会の決議を要求する（平成13年6月改正商法210条1項）[120]という形で考慮されることになった。

しかし、いわば財源規制の緩和を恒久化する代償として、手続規制が強化されたことに対し、経済界はすぐさま規制緩和を要望する。それを受け、平成14（2002）年の政府提案による商法等の改正を審査していた自民党政務調査会法務部会商法に関する小委員会では、定款授権に基づく取締役会決議による自己株式取得の手続の復活について、可及的速やかに検討する旨が決議され[121]、そこでの検討が議員立法による平成15（2003）年商法改正に結びついた。平成15年改正法は、商法上の制度として、定款による取締役会への自己株式取得決定の授権を許容したのである（平成15年改正商法211条ノ3第1項2号）。なお、こうした手続は、利益配当の決定手続との整合性が問題となる[122]。ただ、平成14年改正によって、委員会等設置会社は定款の定めにより利益配

---

[120] 株主総会決議事項は、決議後最初の決算期に関する定時総会の終結の時までに買い受けることのできる株式の種類、総数および取得価額の総額（平成13年6月改正商法210条2項）、決議要件は、市場取引または公開買付けによる場合は普通決議で足りるが、特定の者から相対取引で買い受けるときは特別決議とされた（同法210条5項）。なお、株主からの株式買取請求に応じて取得する場合などには、定時総会の授権決議は不要であるとされていた（同法210条1項）。

[121] 同小委員会では、西川元啓（経団連経済法規委員会企画部会長）、神田秀樹、岩原紳作の三氏が招かれ、改正要望の内容および法制的な問題点等に関するヒアリングも行われたとされる（郡谷大輔「平成15年商法改正の概要」ジュリスト1258号6頁（2003））。

[122] 従前、消却特例法の下で、利益配当にはその都度定時株主総会決議が必要であるのに、自己株式の取得については定款で取締役会に授権することができた。いわば不平等に利益を分配する方が平等に分配するよりも手続が緩かったことから、平成13年6月改正商法が定時株主総会決議に手続を一本化したことによって規制の均衡が図られたといえるが（藤田友敬「自己株式取得と会社法（上）」商事法務1615号13頁注27（2001））、平成15年改正でそれが元に戻されたことになる。

当の決定権限を取締役会に授権することができるとされ（平成14年改正商法特例法21条の31第1項）、さらに平成17（2005）年会社法制定によって、そうした取扱いが委員会設置会社以外にも拡大された結果（会社法459条）、規制の不均衡は緩和されたといえる。

4—3　規制の整理の帰結としての金庫株解禁

　平成13（2001）年改正商法はまた、自己株式の取得目的規制と取得数量規制を撤廃して、自己株式取得を自由化するものであった（平成13年6月改正商法210条参照）。しかし、商法と株式消却特例法のいずれに基づくものであれ、消却のための自己株式取得については、どのような目的のために消却を行うのかは制限されていなかったから、会社が取得した自己株式を消却する限り、実質的には自由に自己株式を取得することができた。数量規制にしても、平成10年改正株式消却特例法の下での資本準備金を財源とする自己株式の取得・消却には規制が課されていなかった。したがって、平成13年6月改正商法による実質的な変更点は、会社が取得した自己株式を消却しない場合についても、自己株式の取得が自由化された点に求められる。それがどのような意味をもつのかは、「取得した自己株式を消却し、その後に新株発行を行うケース」と「消却せずに保有した後に処分するケース」との法的取扱いの異同に依存するが、後述するように、同改正法は、自己株式の長期保有禁止規制の撤廃との関係で、それら二つのケースの取扱いを統一化しようとするものであったから、この点での変更の意味も大きくない。

　平成13年6月改正では、自己株式の長期保有も認められた。いわゆる金庫株の解禁である。経済界は古くから保有規制の緩和を求めていたのに対し、学界では、自己株式の取得よりもむしろ保有が問題視される傾向が強かった。会社による自己株式の保有に向けられた批判は、二重の損失の危険、自己株式処分時における株主間の不公平、そして資本市場での不公正取引の危険である。それらは裏返せば、余剰資金の運用のための自己株式取得への反対論の根拠でもあった。

　もっとも、本来、「取得した自己株式を消却し、その後に新株発行を行う

ケース」と「消却せずに保有した後に処分するケース」とでは、経済的実体に何ら異なるところはない。もし両者に差があるとすれば、それは商法や会計のルールが両者を完全に同一に扱っておらず、規制の不均衡が生じているからにほかならない[123]。最大の不均衡は、商法上、自己株式の処分が売買であるとしか認識されず、新株発行に関するルールと同様のルールが適用されないことにあった。また、会社が自己株式を消却した後に株価が下落したとしても、その会社に二重の損失は生じないが、そうであれば、自己株式を取得して保有している会社にも、やはり株価の下落による二重の損失は生じないはずである。会計上は、二重の損失が生じるとしても、それは保有自己株式に資産性が認められているためであると考えられた[124]。

かねてより経済界は自己株式保有規制の緩和を要望してきたが、それは少なからず、これら規制の不均衡を利用したいという意図に出たものであったように思われる。自己株式に資産性が認められるなかで、自己株式保有規制が緩和され長期保有が許されるならば、自己株式を取得した上場企業は、株価が低迷しているときはひたすら自己株式の保有を続ける一方、株価が上昇したときには自己株式を売却して売却益を計上することで、財務内容を改善できたかのような外観をつくり出すことができる[125]。また、保有する自己株式の譲渡に新株発行規制が適用されず、安定株主に低価格で譲渡するときでも総会決議が必要とされない法制の下でならば、自己株式の長期保有が認められることは、安定株主対策も容易となることを意味するであろう。その実、学界に保有規制の反対論が強かったのは、そうした経済界の意図が警戒

---

[123] 藤田・前掲122 6～7頁、藤田友敬「いわゆる『金庫株』の解禁と会社法」神田秀樹責任編集＝資本市場研究会編『株式持ち合い解消の理論と実務』319～321頁（財経詳報社、2001）。

[124] 藤田友敬「自己株式取得と会社法（下）」商事法務1616号4頁（2001）。なお、古くから会計学の分野では、自己株式の取得は資本の払戻し、自己株式の売却は資本の増加であるとして、保有する自己株式の資産性を否定するとともに、自己株式処分は資本取引として処理すべきとする見解が有力であった（大森忠夫＝矢沢惇編集代表『注釈会社法(3)』228頁〔蓮井良憲〕（有斐閣、1967））。なお、元木伸＝稲葉威雄「株式制度改正試案に対する各界意見の分析（3・完）――法務省の意見照会に対する回答結果について――」商事法務800号23頁（1978）における日本公認会計士協会の意見も参照。

された結果であったように思われる[126]。しかし、そのことは逆に、仮に規制の不均衡が解消されるならば——自己株式の処分に新株発行と同じ規制が適用されるとともに、会計上、保有中の自己株式の資産性を否定されるのであれば——、長期保有を認めても問題ないという考え方を導くことになった[127]。

自己株式取得がきわめて狭い例外的なケースにしか許されていなかったときは、上記のような規制の不均衡は認識しづらいものであったであろう[128]。また、不均衡を解消する必要も薄かったともいえるが、自己株式の取得が広

---

[125] 経済界は余剰資金の運用手段としての自己株式取得・保有も求めていたが（経済団体連合会・前掲52）、それは保有自己株式に資産性が認められていることを前提とするものであった。また、金庫株解禁を審議する第151回衆議院法務委員会17号（平成13年6月21日開催）において、参考人として招致された西川元啓（経団連経済法規委員会・経済法規専門部会長）は、過去の経団連の改正要望の理由について、「金庫株なるものが認められますと、保有をしておいて、後は新株発行手続をとることなく市場で売れるような制度、こういうものがありますと、極めて企業の財務に良い影響を与えるだろう、こういうふうなことでひとつ主張してきたこともあるわけでございますけれども」と説明していた。なお、西川は、自己株式処分に株式発行と同様の手続規制が課されると、「経済界から要望しております、金庫株の保有による財務に与える自由度といいますか、それについてはなくなっている、こう申し上げなければなりません」としたうえで、「本当のメリットは何かということでございますけれども、……企業再編のときに、新株を発行するのではなくて、既に取得してある金庫株を使うことによって、発行済み株式総数を上げることがない、配当負担がふえない、そういう中で機動的な再編成ができるということが一番大きなメリットでございます」とするとともに、「私どもは、今の発行済み株式総数は適正であるというふうに考えている中で、だけれども今の株価は極めて低い。これは、アナウンスメント効果からして、株主に対しても今の株価は低いんだということを意思表示するために買いたい。だけれども、消却ということになりますと、今の発行済み株式総数を適正なものと考えている経営者にとっては、これはできない。そういう中で、金庫株として持たさせていただければ、今の発行済み株式総数は正しいということを考えながら、株価が異常に低くなったときにそれを取得できるという効果、こういう心理的な面が極めて大きい」と述べていた。

[126] 本章第2節2-3-1参照。

[127] 規制の不均衡が解消された結果、自己株式の保有規制を撤廃した理由は乏しくなったと表現することもできる（高橋真弓「自己株式取得・保有・処分規制の改正」法律時報74巻10号37頁（2002））。

[128] 早くから、これらの規制の不均衡を指摘していたものとして、たとえば神田・前掲51 10頁、龍田ほか・前掲4 19頁〔龍田発言〕参照。

く許容されるにつれて状況は変化した。平成13年6月改正法が自己株式の長期保有（金庫株）を許したのは、経済界の要望に積極的に応えようとした結果というより、むしろそうした状況の変化を受けた規制の整理の帰結であったといえる。たしかに同改正法は経済界の改正要望に端を発したものであり、議員立法の形がとられてもいるが[129]、経済界の要望は規制の不均衡を解消する契機としての役割を演じたにすぎないとみるべきであろう。

　なお、金庫株解禁の目的として、改正法の提案者は、株式需給関係の調整、安定株主対策ないし敵対的買収防衛のほか、企業再編の容易化も強調していた[130]。企業再編の容易化とは、保有する自己株式を組織再編の対価として用いることによって（代用自己株式の利用）、新株発行に伴う配当負担の増加や、既存株主の持株比率の希釈化を防ぎながら、企業再編を機動的に行えるということを意味するようである。しかし、そこには大きな誤解がある。会社が保有する自己株式には、利益配当はなされず議決権も認められないが、自己株式が処分されるとそれらの権利が復活する以上、代用自己株式を組織再編対価として交付すれば、1株あたり配当額が維持される限り会社の配当負担は増えるし、既存株主の議決権比率にも影響が及ぶからである[131]。

　ともあれ、こうした規制の整理の結果、平成13年改正法の下で、会社が保有する自己株式には資産性が否定され、貸借対照表上、資本の部に控除項目として計上されることになった（平成13年改正計算書類規則34条4項）。そのことは平成17（2005）年制定会社法の下でも同様である（会社計算規則108条2項5号）。また、自己株式の処分については、平成13年改正で新株発行に関する規定の多くが準用された（平成13年6月改正商法211条3項）[132]のを経て、平成17年の会社法制定により、募集株式発行等として新株発行と統一的な規制が設けられ

---

[129] 平成13年6月改正による金庫株解禁の経緯については、三枝一雄「金庫株解禁の意義」法律論叢74巻4・5号55頁以下（2002）に詳しい。
[130] 相沢英之ほか『一問一答　金庫株解禁等に伴う商法改正』7頁（商事法務研究会、2001）。また、前掲125参照。
[131] 伊藤靖史「自己株式の買受と処分について」同志社法学53巻9号88〜89頁（2002）、中東正文「結合企業と自己株式」同『企業結合法制の理論』353頁以下（信山社、2008、初出2003）。

るに至った（会社法199条以下）。なお、会社法制定の過程では、市場での自己株式処分を許すべきかどうかが問題とされたが、結局許されなかった[133]。それは資本市場での不公正取引の予防という観点に、久方ぶりの注目が集まった瞬間でもあった。

　平成17年制定の会社法は、一定の場合に限って自己株式の取得を認めるという規定ぶりをしている（会社法155条）。しかし、自己株式取得が認められる場合のうち、「株主との合意に基づく取得」については取得目的が制限されていないから（会社法155条3号・156条）、やはり自己株式取得を一般的に許容していることになる。

　会社法の下では、より精緻な形で規制が整理されるとともに、自己株式取得コストを下げるべく、ミニTOBともいうべき手続による取得が新たに認められた（会社法160条）。他方、自己株式取得と剰余金配当とが株主に対する払戻しであるという点では変わらないことに着目して、規制の統一が図られた。その結果、剰余金配当手続が柔軟化され、時期・回数の制限も撤廃されたことにより、剰余金配当の方法でも相当程度機動的に余剰資金を返却することが可能になったのである。

第3節　新しいエクイティ型金融商品と会社法

　株式会社は自社が発行するエクイティ型金融商品についてどの程度設計の自由度をもつのか、現在それを定めているのは平成17（2005）年制定会社法である。たとえば、（普通）株式について、会社法は、定款に別段の定めがない場合に、株主が有する権利内容について定めている。株主総会における議

---

[132] もっとも、自己株式の処分について、新株発行の現物出資の検査役調査に関する規定は準用されていなかったが、それは「自己株式の処分の際に現物出資がされることを想定していないためであると思われる」とされる（原田晃治＝泰田啓太＝郡谷大輔「自己株式の取得規制等の見直しに係る改正商法の解説（上）」商事法務1607号18頁（2001））。

[133] 相澤哲＝豊田祐子「新会社法の解説(4)　株式（株式会社による自己の株式の取得）」商事法務1740号53頁（2005）。

決権などの「会社のコントロールに関する権利」のほか、剰余金配当を受ける権利、残余財産の分配を受ける権利などの「会社のキャッシュフローに対する権利」である（会社法105条1項）。とりわけ議決権については、会社法上、定款に定めがなくても、株主が株主総会で議決権を行使できる事項のほか、定款に定めを置いても、株主が株主総会で議決権を行使できない事項（総会決議事項とできない事項）も――解釈によるが、少なくとも部分的には――規定されている[134]。

株式会社はそれぞれ、定款に定めを置けば、種類株式として一部の株主の権利内容を別に定めることができるが、その場合でもなお、会社法は、定款の定めをもって株主に与えることのできる権利を規定するとともに（会社法108条）、定款の定めをもってしても株主から奪うことのできない権利をも規定している（会社法105条2項）[135]。また会社は、自社の株式そのものではなく、自社の株式の交付を受けることのできる権利（コール・オプション）をもつ金融商品を発行することもできる。現行法上は、取得請求権付種類株式などの種類株式のほか、新株予約権や新株予約権付社債がそうした金融商品に当たるが、その内容について定めるのもやはり会社法である。ここに会社法が「金融商品の仕組み法」[136]といわれる所以がある。

わが国の会社法――平成17年会社法制定前は商法――は、伝統的に、株式会社におけるエクイティ型金融商品設計の自由度を厳しく制限してきた。その典型は、種類株式に関する規制であろう。平成13年商法改正前、株式会社に発行が認められた株式の種類はわずかなものであったうえ、厳格な手続規制も課されており、実際の発行に先立ち、原則として種類株式の内容を具体的に定款に記載しなければならないとされていた。また、コール・オプションについては、平成9年商法改正で業績連動型報酬としてのストック・オプ

---

[134] たとえば、株主総会がその法定決議事項の決定権限を総会以外の機関に委譲する旨を決議することは許されない（会社法295条3項）。

[135] 会社法上、剰余金配当を受ける権利と残余財産の分配を受ける権利のいずれも株主に与えない旨の定款の定めは無効であるとされている（会社法105条2項）。

[136] 上村達男『会社法改革――公開株式会社法の構想――』85～89頁、136～137頁（岩波書店、2002）。

ションの発行が認められたとはいえ、平成13年11月改正前、金融商品としては転換社債と新株引受権附社債とを発行できたにすぎない。

しかし、そうした商法のスタンスは、平成13年11月の商法改正を契機に大きく転換した。新株予約権制度の創設という形で、株式会社によるコール・オプション発行が自由化されただけでなく、多様な種類株式の発行も認められたのである。さらに種類株式については、平成17年会社法制定によって自由化が進展したうえに、種類株式の内容に関する定款規定の簡素化も許容されるに至った。この結果、株式会社におけるエクイティ型金融商品設計は大幅に柔軟化されたといえるが、このような基本的スタンスの転換はどのような事情によるものなのであろうか。本節では、新しいエクイティ型金融商品として、コール・オプションと種類株式を取りあげ、まず、平成以前の伝統的な商法のスタンスを再確認したうえで、スタンス転換の背景事情を明らかにすることにしよう。

1．平成以前の商法のスタンス

1―1　コール・オプション

商法は、伝統的に、株式会社によるオプションの発行について消極的なスタンスをとってきたといってよい[137]。たしかに平成に入る直前にも、昭和56（1981）年改正によって新株引受権附社債（発行会社の株式を目的とするコール・オプション〔新株引受権〕が付された社債）の制度が導入されている。しかし、その当時も、新株引受権附社債の発行は例外的に認めるが、オプショ

---

[137] 藤田友敬「オプションの発行と会社法（上）――新株予約権制度の創設とその問題点――」商事法務1622号18〜19頁（2002）。なお、昭和56年改正以前の改正動向として、株式会社のオプション発行については、昭和13年商法改正により転換社債・転換株式の制度が導入された後、昭和49年商法改正によって転換社債の発行手続規制が緩和されたが、それらの内容については、家田崇「種類株式・新株予約権に関する会社法制の史的展開」淺木愼一＝小林量＝中東正文＝今井克典編『検証会社法』（浜田道代先生還暦記念論文集）348〜349頁（信山社、2007）、第3編第1章第3節3－2－1参照。

ン発行の原則的禁止という立場は堅持すべきであって、オプション発行のなし崩し的な許容は阻止すべきであるという観点が強調された[138]。実際、昭和56年改正法は、新株引受権行使による株式の発行価額の総額が新株引受権附社債の総額を上回ってはならないという規制を課していたが（昭和56年改正商法341条ノ8第3項）、それもオプションがメインの新株引受権附社債の発行を防止するためであったといわれる[139]。他方、昭和56年改正法では、新株引受権部分のみを社債から切り離して譲渡できる、分離型の新株引受権附社債の発行も認められたが、その発行手続規制は厳格であり、原則として株主総会の特別決議による承認が要求されていた（同法341条ノ8第2項5号・第4項本文）[140]。また、昭和56年改正の立案担当者は、当初から実質的な単体オプション発行を目指すような分離型新株引受権附社債の利用は、脱法行為として制限されるという解釈を示してもいた[141]。

このような商法の消極的なスタンスは、二つの理由によるものであった。その第一は、既存株主の保護である。会社が株式のコール・オプションを発行した後、それが行使されるのは、行使するとオプションの保有者が経済的

---

[138] 竹内昭夫『改正会社法解説（新版）』272〜278頁（有斐閣、1983）、元木伸『改正商法逐条解説（改訂増補版）』232頁（商事法務研究会、1983）。

[139] 稲葉・前掲12 410〜413頁、竹内・前掲138 272〜273頁、元木・前掲138 232〜233頁。もっとも、このような規制が既存株主の保護にどれほど資したのかは明らかではない。真の問題は、オプションの発行それ自体ではなく、既存株主の持株価値の希薄化を防ぐ観点から、オプションの発行価格の適正性をどのように確保するかであった。しかし、当時は、オプション評価モデルの認識が必ずしも普及しておらず、適正な発行価格の算定も困難であったために、上記の規制を用いてオプションがほとんど無償で社債権者に付与されること（たとえば、総額10万円の社債に権利行使価額1億円の新株引受権を付した新株引受権附社債を発行すること）を防止しようとしたものと理解できるが、それも腰だめの規制にすぎなかったと評されている（江頭憲治郎『株式会社法（第3版）』714頁注(2)（有斐閣、2009））。

[140] 新株引受権が行使された場合に発行される株式の発行価額が、残存社債の金額を超えない場合に限って、社債の償還または消却ができるとする社債については、例外的に総会特別決議は要しない（昭和56年改正商法341条ノ8第4項但書）。そうした新株引受権附社債は、分離型で発行されたとしても、新株引受権の単体譲渡は事実上制限され、実質的には非分離型と異ならないからであるとされる（元木・前掲138 233頁）。

[141] 稲葉・前掲12 414頁。

に利得するときである。少なくともその行使の時点では株価がオプションの権利行使価額を上回っているはずであるから、オプションの行使に伴い安値で株式が発行されることになる。この点に着目すると、オプションの発行は将来の株式有利発行をもたらすものであり、既存株主保護の観点からは、オプションの発行それ自体をあまり認めるべきではないと考えられた[142]。

そうした考え方の基底にあるのは、既存株主に損失が生じるのはあくまでストック・オプションとしての新株引受権が行使された時点であるという見方である。オプション保有者（新株引受権附社債権者）にとっては、たとえ将来の権利行使時期が到来したときに実際にオプションを行使することができなかったとしても、オプションとしての新株引受権の交付を受けること――オプションを行使して安い価格で株式の交付を受けられる可能性が与えられること――自体が利益になるのであって、オプション自体に価値があること――その価値はどれほどの確率で、どれほど安く株式の交付を受けうるかによって決まる――は認識されていなかった。

オプション価値が認識されていなかったことは、オプションの有利発行に関する議論にも反映されている。当時、オプションの有利発行の問題は、転換社債や新株引受権附社債の発行についての有利発行規制――有利発行の場合には株主総会特別決議の手続が要求される（昭和56年改正商法341条ノ2第2項・341条ノ8第5項）――の解釈として論じられていたが、発行時の株価と転換権・新株引受権の権利行使価額とを比較して判断すべきとする見解[143]が多数であった。この多数説の発想は、本来、転換権・新株引受権の権利行使価額と権利行使時の株価とを比較すべきであるが、発行時には権利行使時の株価が予測できないために、いわば次善の策として発行時の株価と比べるというものであったといえる。

商法が株式会社のオプション発行に対して消極的であったのは、第二に、オプションは投機的にすぎるから、それを資本市場で流通させるのは投資家

142　稲葉・前掲12 402頁、409〜410頁。
143　上柳克郎ほか編集代表『新版注釈会社法⑾』41頁〔鴻常夫〕（有斐閣、1989）、河本一郎『現代会社法（新訂第8版）』290頁（商事法務研究会、1999）など参照。

保護の点で問題であると考えられていたからである。昭和56（1981）年改正の後も昭和60（1985）年まで、日本証券業協会が自主規制として分離型新株引受権附社債の国内発行・国内取引を禁止していた[144]のも、そのような考え方に基づく行政当局の示唆を受けた結果である[145]。オプションの取引が投機的であるとされたのは、一つに資本市場でのオプションの価格形成が公正に行われないのではないかという懸念によるものであろう。そこにも、当時、オプション価値が認識されず、その価値を算定するためのオプション評価モデルに対する認識も普及していなかったことが影響を及ぼしている。

ところで、もともと昭和56年改正にあたり、経済界が要望していたのは、株式買取権付社債の導入であった。株式買取権付社債とは、その基本的な商品性は新株引受権附社債と変わらないが、ただ、保有者が権利行使して発行会社から交付を受けられるのが株式だけでなく、会社の保有する自己株式や他社の株式まで含まれるというものである[146]。当時、自己株式の長期保有は原則として禁じられていたから、この株式買取権付社債を導入するためには、自己株式保有規制を緩和し、あるいは、権利行使に備えるための自己株式取得も認めなければならない。しかし、学界ではそれに対する反対が強く、商法部会における審議でも自己株式規制は緩和しないことが早くから明らかにされていたので、株式買取権付社債よりは問題が比較的少ないと考えられた新株引受権附社債について、例外的にその発行が認められることになったという経緯がある。

当時の経済界が、新株引受権附社債制度につながる株式買取権付社債の導入を要望したのは、わが国の輸出額の拡大とともに外貨建債権を有する企業

---

[144] 昭和56年9月30日の日本証券業協会理事会決議により、「新株引受権証券の流通市場の受入体制が整備されるまでの間、分離型の新株引受権附社債の一切の取引を行わない」とされた。

[145] 篠・前掲107 87頁、水口宏「新株引受権附社債の制度・手続の概要（上）——国内市場での非分離型を中心に——」商事法務934号3頁（1982）参照。

[146] 江坂元穂「株式買取権付社債について」商事法務570号15頁（1971）、佐久間景義「証券発行の多様化について（下）——株式買取権付社債普及への提言——」商事法務729号8頁（1976）参照。

が多くなっていたところ、円が高騰する方向に向かっており、それによって生じる為替差損リスクのヘッジを可能とするためであった[147]。会社に新株引受権附社債の発行が認められれば、それを外貨建で発行することにより、為替リスクをヘッジすることができるというわけである。単にリスクヘッジのためだけであれば、普通社債を外貨建で発行するのでもよさそうであるが、ただ、新株引受権附社債であれば、新株引受権（コール・オプション）が付されている分、金利を低く抑えることができるので都合がよい[148]。転換社債の場合には、金利を低く抑えることはできるが、社債権者の転換権の行使によって社債が消滅し、上記の機能を期待することができないため、やはり新株引受権附社債の制度を導入すべきであると主張されたのである[149]。

このような改正の経緯からすると、昭和56年商法改正もまた、緊急経済対策としての色彩を帯びるものであったことは否定できない。しかし、オプション価値が認識されないなかで——そのこと自体は当時の状況からしてやむを得ない面があったと思われる——、経済界における現実の実務ニーズに応じる形で、必要最小限の規制緩和が施されたにすぎないという点では、後述するような、その後の平成改正とはスタンスを異にするものであった。

1－2　種類株式

オプションに対してと同じく、種類株式に対してもまた、伝統的な商法のスタンスは消極的なものであった[150]。株主平等原則を、株主の権利はその有

147　元木・前掲138 231～232頁、竹中正明「新株引受権附社債制度案について（上）——改正試案への追加提案——」商事法務879号31～32頁（1980）。

148　こうした経済界の主張にも、当時、オプション価値が認識されていなかったことが示されている（藤田友敬「株式会社の企業金融(5)」法学教室268号117～118頁（2003））。後掲211 およびそれに対応する本文も参照。

149　元木・前掲138 230頁、元木伸ほか編『商法改正に関する各界意見の分析』別冊商事法務51号199・214頁（商事法務研究会、1981）。

150　種類株式に関する商法上の規制の変遷については、全般的に、加藤貴仁『株主間の議決権配分』3～33頁（商事法務、2007）、家田・前掲137 319頁以下、若林泰伸「平成改正と種類株式」稲葉威雄＝尾崎安央編『改正史から読み解く会社法の論点』197頁以下（中央経済社、2008）参照。

する株式の数に比例して定められ、各株式の内容をなす権利はすべて同一であるとする原則と理解しつつ、種類株式はこの株主平等原則の例外であると位置づけられていた。そうした例外としての種類株式の位置づけ——それは株主平等原則を重視すべきとする考え方の裏返しでもある——は、株主平等原則を衡平の理念から導かれる高次の原則とみる見解[151]によって理論的に補強されながら、種類株式について抑制的な立法および解釈を導く根拠として援用されてきた[152]。

しかし、本来、「種類株式は株主平等の原則の例外である」というテーゼは、種類株式に制限的な立法・解釈をなすべきとする立場の根拠というよりは、むしろそうした立場をとるべきとする価値判断の表明にすぎない[153]。したがって、かかる価値判断の背景こそが重要であるが、そこにみられるのは種類株式の濫用的利用への懸念である。種類株式は、多様な投資家のニーズに応えることを通じて会社の資金調達の便宜に資する一方、会社支配の歪曲化や少数株主の抑圧の手段になりうるものとして危険視される傾向にあった[154]。会社が株主を不平等に取り扱う——持株数に応じた平等取扱いをしない——ときには、少数株主の利益が害されるケースが少なくないと考えられるが、種類株式はそうした株主の不平等取扱い——持株数に応じたのとは別の形での権利配分——を許すものだからである。

このような基本的なスタンスの下、伝統的に、種類株式に関する商法の規制は、大きく以下の二つの規制から構成されてきた。その第一は、会社が設計・発行できる種類株式の内容を制限するという規制である。平成13（2001）

---

[151] 鈴木竹雄「株主平等の原則」同『商法研究Ⅱ　会社法(1)』233頁以下（有斐閣、1971、初出1930）。
[152] 野村修也「株式の多様化とその制約原理」商事法務1775号29頁（2006）。
[153] 大杉謙一「優先株の実務的問題〔Ⅰ〕」商事法務1442号22頁（1996）は、「種類株式は、株主平等の原則の例外である」という命題は、本来はただ現象を説明するものにすぎない、とされる。
[154] 上村達男「株主平等原則」竹内昭夫編『特別講義商法Ⅰ』25頁（有斐閣、1995）。過去の英米をみても、相対的には最もその保護が問題になりにくい社債型優先株式の株主でさえ、常に弱者であって、その保護は不十分であったといわれる（洲崎博史「優先株・無議決権株に関する一考察(2・完)」民商法雑誌91巻4号81～83頁（1985））。

年11月に商法が改正されるまで、商法上、種類株式としては、利益配当や残余財産分配にかかる優先株式・劣後株式のほか、償還株式[155]（配当可能利益で消却することが予定されている株式）、転換株式（他の種類株式への転換を請求する権利が付された株式）および無議決権株式が規定されていたにすぎない。

しかし、無議決権株式とすることができるのは配当優先株式に限定されていたうえ[156]、無議決権株式の発行数にも上限が付され[157]、一定期間優先配当がなされない場合には議決権が復活する旨の規定も置かれていた。もともと種類株式には、会社の「キャッシュフローに対する権利」（利益配当請求権や残余財産分配請求権など）の配分と「コントロールに関する権利」（典型は株主総会における議決権、とりわけ取締役の選任権）の配分という要素がある。伝統的な商法は、会社の資金調達の便宜と種類株式の濫用の防止のバランスを図るという観点から、それらの権利の配分についても一定の組合せを定め、そうした一定の型のみを許容するアプローチ（「型アプローチ」）を採用してきたといえる[158]。

---

[155] 当時の商法上、他の権利については内容が同一であり、償還の有無だけが異なる種類株式——を発行することは許されず、その意味で、償還株式は種類株式（平成13年11月改正前商法222条にいう「数種ノ株式」）そのものではなく、種類株式の「属性」であるという概念整理がされていた。なお、後掲156参照。

[156] 当時の商法上、他の権利については内容が同一であり、議決権の有無だけが異なる種類株式——たとえば配当優先のない無議決権普通株式——を発行することは許されず、その意味で、無議決権株式は種類株式（平成13年11月改正前商法222条にいう「数種ノ株式」）ではなく、配当優先株式の「属性」であるという概念整理がされていた。「数種ノ株式」と「属性」とは、その保有者だけで種類株主総会を構成できるかどうかという点でも異なるとされていたが、当時から、こうした「数種ノ株式」と「属性」の区別には合理性がないとする批判がみられた（大杉謙一「優先株式の法的問題」落合誠一＝江頭憲治郎＝山下友信編『現代企業立法の軌跡と展望』（鴻常夫先生古稀記念）46～47頁（商事法務研究会、1995））。それはまた、当時の商法が採用していた「型アプローチ」に対する批判でもあった。

[157] 平成2年商法改正前は上限が発行済株式総数の4分の1とされていたのが（平成2年改正前商法242条2項）、同改正によって発行済株式総数の3分の1（平成2年改正商法242条3項）に引き上げられた後、平成13年11月改正で議決権制限株式が導入され、議決権制限株式の発行数上限が発行済株式総数の2分の1とされた（平成13年11月改正商法222条5項）。

第二に、商法は、会社が種類株式を発行しようとするときは、あらかじめ種類株式の内容および数を定款で定めるよう求めてきた。平成以前、この定款の記載は例外なく具体的なものでなければならないとされ、たとえば利益配当優先株であれば、優先配当の金額まで具体的に定めなければならず、単にその上限や下限を定めるだけでは足りないと解されていた[159]。

　これら二つの規制は、平成2（1990）年商法改正、平成13（2001）年11月商法改正および平成17（2005）年会社法制定を通じて緩和されていくが、後者の規制についていえば、その緩和の嚆矢となったのは平成2年商法改正である。もっとも、同改正は昭和60年代からの検討の成果であり、そこには多分に伝統的な立法スタンスの色彩が強く認められる。その意味で、商法の基本的スタンスを転換させたのは平成13年11月改正であるとみるべきであり、したがって、ここでは商法の伝統的なスタンスを明らかにする観点から、平成2年の改正を取り上げることにしよう。

　後述するように、平成2年商法改正では、配当優先株式を中心とする種類株式について法規制の変更が行われたが、それはもともと同改正の作業のなかで当初から企図されたものではなかった。昭和59（1984）年5月に法務省民事局参事官室から公表された「大小（公開・非公開）会社区分立法及び合併に関する問題点」にも取り上げられておらず、この「問題点」が意見照会に付された際に、経済界を中心に改正要望が出されたのが端緒となっている。もっとも、法制審議会商法部会には、「問題点」に盛り込まれなかった追加的な改正検討事項を正面から審議する時間的余裕がなかったため、商法部会での審議のいわば準備作業として、商法改正研究会（会長：鈴木竹雄東京大学名誉教授）に優先株式制度の改善をはじめとする追加的改正要望事項の検討が依頼されたとされる。この商法改正研究会で本格的な検討が開始されたのは昭和63（1988）年のことであったから、昭和61（1986）年に公表された「商法・有限会社法改正試案」でも検討事項とされるにとどまり、具体的な

---

[158] 前田庸ほか「『デットとエクイティに関する法原理についての研究会』報告書」金融研究20巻3号39頁（2001）。
[159] 上柳ほか編集代表『新版注釈会社法(3)』318頁〔菅原菊志〕（有斐閣、1986）。

提案は行われていない。その後、平成元（1989）年に商法研究会は検討の成果を「優先株制度改正試案」[160]としてまとめ、それが平成2年改正商法に具体化されることになった[161]。

　平成2年改正法はまず、種類株式の内容は定款で具体的に定めなければならないとする規制の例外として、配当優先株については、優先配当額を定款で定めることを要せず、その上限のみを定めれば足りるとした（平成2年改正商法222条2項但書）。定款で優先配当額の上限を定めておけば、具体的な優先配当額の決定は取締役会決議でなしうるというわけである。また、それと同時に、種類株式に他の種類株式への転換権を付して発行するケースについても規制が緩和され、転換の条件や期間は定款の定めによらずに取締役会で決定できるとされた（同222条3項）。当時の実務上、転換権は配当優先株式に付されるのが通例であったことからすると、実質的には優先株式に関する手続規制の緩和をねらったものといってよい[162]。さらに、平成2年商法改正によって、無議決権株式の発行数上限が従前の発行済株式総数の4分の1から3分の1に引き上げられた（同法242条3項但書）。

　ここで注目すべきは、このように平成2年改正による種類株式制度の変更は、もっぱら配当優先株式を対象とするものであった点である。それは、優先株式について実務の改正要望がとくに強かったからであり、その背景にあるのは、第一に、いわゆる上場子会社の流行である。優先株式についてのみ無議決権株式とすることが許される法制の下で、親会社が子会社を上場させて、その上場子会社に資本市場で資金調達をさせる一方、上場子会社の支配権を維持するための方策として、無議決権優先株式の利用が提唱された[163]。

160　商法改正研究会「優先株式制度改正試案」商事法務1173号6頁（1989）。
161　この間の経緯については、竹内昭夫「優先株式制度改正試案について」商事法務1173号2頁（1989）、大谷禎男「商法等の一部を改正する法律の解説(4)」商事法務1225号35頁（1990）参照。
162　竹中正明「株式会社の資金調達」商事法務1223号19頁（1990）。
163　経済団体連合会・理財部「優先株式の規定整備について」（昭和61年4月9日）、経済団体連合会「商法・有限会社法改正試案に関する意見」（昭和61年11月25日）。また、窪内義正「経済団体連合会の改正要望について」商事法務1034号6～7頁（1985）も参照。

第3節　新しいエクイティ型金融商品と会社法　699

　第二の背景事情として、当時の厳格な社債発行限度枠規制の下、いわば社債の代替物として配当優先株式が利用されていたという事情があげられる[164]。種類株式のなかでも、とりわけ配当優先株は、その設計次第で社債に近似した経済的実質をもつが、それだけに、優先株式の価値は市場の金利動向による直接的な影響を受けやすい[165]。社債のように、市場の金利動向をみながら機動的に優先株式を発行するためには、優先配当の金額を定款で定めなければならないとする規制が障害になっていると主張された。

　もとより、取締役会が優先株式の発行価額を全く自由に定めることができるのであれば、たとえ定款で優先配当の金額を定めた後に市場金利が上昇（下降）したとしても、発行価額を高く（低く）設定することで対処できる。しかし、当時の実務では、優先株式の発行価額は普通株式の市場価格と近似するように設定されるのが通例であった。それは、配当優先株式に議決権が付されている場合だけでなく、無議決権とされていても優先配当がなされない場合には議決権の復活がありうる以上、一株一議決権原則との関係で、優先株式と普通株式の発行単位を大きく違えることは認められないと解されていた[166]からであろう。このように、普通株式の時価と優先株式の発行価額とのバランシングが要求される一方、将来の普通株式の時価を予測することは困難であるために、定款で優先株式の優先配当額を定めるよう強制されると、普通株式の時価の動向いかんによっては、市場金利に見合ったような配当利回りの優先株式の発行ができなくなるおそれがあった[167]。

164　上柳ほか編集代表『新版注釈会社法　補巻平成2年改正』144頁〔山下友信〕（有斐閣、1992）、第3編第1章第3節3-2-2(3)参照。
165　典型的には、非参加的・累積的な利益配当優先株で、議決権はなく、さらに残余財産分配についても優先的で非参加的な、いわゆる社債型優先株であれば、その価格は普通株式ではなく、むしろ社債の価格に連動するといわれる（森本滋＝神崎克郎ほか「〈座談会〉優先株発行の機動性確保と商法改正(1)」民商法雑誌97巻1号4頁〔洲崎博史発言〕(1987)）。
166　神田秀樹「改正商法と優先株」代行リポート95号9～10頁（1991）、稲葉威雄「優先株に関する諸問題」神崎克郎ほか『優先株制度』240～242頁（有斐閣、1992）。
167　このことは、平成2年改正商法がそうであるように、定款で優先配当額の上限を定めれば足りるとする法制の下でも同様に問題となりうる（森本ほか・前掲165 30頁〔神崎発言〕）。

優先株式の実質が社債に近似するとしたとき、理論的な一貫性をめざす立場からすれば、銀行借入の条件や社債の発行条件は取締役会で決定しうる以上、優先株式の内容もすべて取締役会で決定しうるとする立法も考えられないではない。経費から利息として支払うにせよ、利益から優先配当として付与するにせよ、普通株主に対する配当に優先して支払う点では変わりないからである[168]。また、無議決権株式の発行限度を、発行済株式総数の4分の1にするか3分の1にするか、いずれにせよそうした数字に理論的根拠があるわけではないから、思い切って法律上の制限を廃止するという考え方も成り立ちえないではない。しかし、平成2年商法改正にあたっては、そうした立法スタンス、すなわち、特定の理論的立場を定め、そこから演繹的に一貫した理論的結論を導くという考え方は採用されていない。現実に採用されたのは、実務ニーズに応じて必要な範囲で改善を図るというスタンスであった。同改正に際しては、実務の求める以上の規制緩和が実務も予想していない弊害の発生につながらないかどうかが懸念され、そのような観点から、理論に即してドラスティックな改革をするのではなく、実務に即してプラクティカルな改善がなされるにとどまった[169]。当時から経済界では、種類株式についての商法上の制限は撤廃し、市場メカニズムと会社の私的自治に委ねるべきであるという主張[170]もなされていたが、そのような考え方は採用されなかったのである[171]。

---

[168] 森本ほか・前掲165 31〜32頁〔神崎、洲崎発言〕参照。
[169] 竹内・前掲160 4頁（1989）。
[170] 窪内・前掲163 8頁。
[171] これに対し、後述するように、種類株式の自由化を実現した平成13年11月改正は、そのような考え方を採用するものであった。同改正は、上場会社に関しては、各会社による種類株式設計の自由度を高めることで、金融商品設計のイノベーションが生じることを期待する一方、株主・投資家の保護は、もっぱら資本市場による規律づけに委ねたうえで、仮に問題が生じたとしても証券取引所の自主規制で対応しうるとされたのである（本章第3節2-2、第4節2-1参照）。

2．規制緩和と商法の基本的スタンスの転換

2－1　コール・オプション発行の自由化と新株予約権制度の創設

2－1－1　規制緩和と規制の不均衡
　　　　　　──双子のストック・オプション制度

　既述のように、商法は伝統的に、株式会社によるコール・オプションの発行に対して消極的なスタンスをとっていたが、平成9（1997）年5月改正以降、株式会社のオプション発行にかかる規制緩和が進展することになる。その最初の対象とされたのはストック・オプション、とりわけ自己株式方式のストック・オプションであり、かかる規制緩和の主眼はむしろ自己株式取得規制・保有規制にあった[172]。しかし、それによって会社が取締役・従業員にストック・オプションを付与しやすくなったのであるから、その意味ではオプション発行にかかる規制も緩和されたといってよい。

　もとより、平成9年改正前にあっても、会社は取締役等にストック・オプションを付与することができなかったわけではない。第一に、平成7（1995）年11月に改正された特定新規事業実施円滑化臨時措置法（新規事業法）には、ストック・オプションの制度が設けられていた。主たる目的は、いわゆるベンチャー企業による人材確保を後押しすることにある。この制度は、通商産業大臣の認定を受けた事業者だけが利用できるものであり、商法上の新株有利発行規制の特例という形をとっていた。当時の商法では、新株の有利発行に株主総会特別決議の手続が要求されるとともに、その決議の効力は6カ月とされていた。それに対し、新規事業法に基づくストック・オプション制度の下では、取締役・従業員に発行できる新株の数が発行済株式総数の3分の1以内に抑えられる。その一方で、新株の有利発行を承認する株主総会特別決議の効力は、決議の日から10年内に払い込まれる新株にまで及ぶとされた

---

[172]　本章第2節3－1参照。

から、最長で10年間の権利行使期間をもつストック・オプションを取締役・従業員に付与することができた[173]。

　第二に、一部の企業では、分離型の新株引受権附社債を機関投資家に発行したうえで、ワラント部分だけを買い戻し、いわゆる疑似ストック・オプションとして取締役に付与する実務が行われていた。新株引受権附社債が用いられたのは、商法上、オプションの単独発行が許されていなかったからである。たとえば、そうした実務の先駆者であるソニーは、平成7年9月にいったん分離型新株引受権附社債を発行したうえで、新株引受権部分のみを買い戻して社内役員36名に支給した[174]。この新株引受権附社債の発行価額は総額10億円、新株引受権の権利行使価格は5,330円であり、同社の株価は当初5,100円程度でこれより低かったが、翌年1月には7,000円前後に上昇し、その時点で権利を行使していれば、一人平均800万円近い手取り利益が得られたとされる[175]。また、ソフトバンクのように、大株主である社長が自ら保有する自己株式を拠出して、付与対象者との間でストック・オプション契約を締結するケースもみられた[176]。

　しかし、新規事業法に基づくストック・オプション制度は、それを利用できる企業の範囲が限定されていた。新株引受権附社債を用いた疑似ストック・オプションは株式会社一般で利用できるが、社債部分の発行コストがかかる分、利用しにくいものであった。また、法的位置づけが不明確であったため、そこから生ずる法的リスクは採用企業が負担しなければならないという難点も指摘されていた[177]。このような状況のなか、株価の低迷が長引くにつれ、ストック・オプション制度を株式会社一般にとっても利用できるよう

---

[173] 商事法務研究会編・前掲66 25頁。
[174] 日本経済新聞1995年8月11日朝刊1面。
[175] 日本経済新聞1996年1月8日夕刊1面。千葉良雄「業績対応型の取締役報酬制度の概要——ソニーの事例について——」商事法務1402号66頁以下（1995）参照。
[176] 商事法務研究会編・前掲66 24頁。
[177] 商事法務研究会編・前掲66 24頁。なお、新規事業法に基づくストック・オプション制度には、課税上の優遇措置が認められていたのに対し、疑似ストック・オプションには、そうした優遇措置が認められておらず、この点も実務上のネックとなっていた。

なものとするため、商法上の制度として導入すべきとする声が高まりをみせ、平成9年にそのピークを迎えることになったのである。インセンティブ報酬としてのストック・オプション制度の利用が促進されれば、企業経営の効率化に資するし、ひいては株価の上昇がもたらされるであろう。また、仮に自己株式方式のストック・オプションが認められるならば——会社がストック・オプション計画を実現するために、自己株式を取得することが認められるならば——、資本市場での株式の需給調整にも役立つから、その意味でも、株価低迷のてこ入れ策になりうると考えられた[178]。

こうして平成9年の改正によって、商法にストック・オプションの制度が導入されることになった。これは商法の改正として初めての議員立法によるものであり、改正法がストック・オプション制度に用意したのは、自己株式方式と新株引受権方式の二つであった。このうち自己株式方式の下では、会社は取締役・従業員にストック・オプションを付与したうえ、そのストック・オプションが現実に行使されたときに、あらかじめ取得しておいた自己株式を取締役・従業員に譲渡する。会社は、自己株式を取得してから取締役等がストック・オプションを行使するまでの間、最長10年にわたって自己株式を保有することが認められた。他方、新株引受権方式の下では、会社はストック・オプションとして新株引受権を取締役・従業員に発行する。その新株引受権の行使期間はやはり最長で10年であり、後述するように新株引受権の発行には株主総会特別決議の手続が要求されたから、この方式の実質は、前記の新規事業法に基づくストック・オプション制度と変わらない。

会社はいずれの方式を利用してもよいが、同時に両方を併用することは許されない。一方を用いることができれば、ストック・オプションの用には足りるので、併用を認めないことにしたのであろう[179]。たしかに、いずれの方式も会社がストック・オプションを発行することには変わりない。付与され

---

[178] 自己株式方式のストック・オプション導入論は、自己株式保有規制の一般的緩和をその真の目的としていた可能性があることについては、本章第2節3-1参照。

[179] 龍田節「ストック・オプションの制度・計画そして契約」神戸学院法学28巻2号147頁(1998)。

た取締役・従業員にとって、会社から自己株式を譲り受けるか、新株の発行を受けるかが異なるが、それは実質的な違いをもたらさない。既存株主に及ぼす影響にも変わるところはなく、いずれの方式のストック・オプションであれ、既存株主の持株価値の希薄化をもたらしうる。しかし、それにもかかわらず、会社が自己株式方式と新株引受権方式のいずれを採用するのかによって、商法上、ストック・オプションの付与手続には大きな差異が設けられていた。

まず、新株引受権方式のストック・オプションを付与するためには、あらかじめ定款にその定めを置かなければならないが、自己株式方式のストック・オプションには、そうした定款の定めは不要である。また、新株引受権方式の場合には、上場会社・店頭登録会社であるか、それ以外の会社であるかを問わず、常に株主総会の特別決議で一定の事項を決定しなければならない。株主総会で決定すべき事項は、ストック・オプションとしての新株引受権の発行価額、付与対象者の氏名、目的株式の種類・数、権利行使の期間・価額・条件などである。

これに対し、自己株式方式の場合には、上場会社・店頭登録会社であれば株主総会の普通決議で同様の事項を決定すればよく、それ以外の会社については株主総会特別決議が要求されるにすぎない一方、それらの株主総会は定時総会でなければならないという制約が課せられていた。なお、自己株式方式については、取得しうる自己株式数が発行済株式総数の10分の1以内とされ、新株引受権方式については、新規発行分と既発行・未行使分を合計してその目的株式数がやはり発行済株式総数の10分の1以内とされていたから、この点では実質的な相違はない。

総じて、新株引受権方式のストック・オプションの方が、自己株式方式よりも付与の手続が厳しいといってよいが、こうした差異が設けられたのはどのような考え方に基づくのであろうか。新株引受権方式のストック・オプションの付与に株主総会特別決議の手続が要求されたのは、将来そのストック・オプションが行使されると新株の有利発行がもたらされるという意味で、ストック・オプションとしての新株引受権の付与それ自体が新株の有利

発行の一場面と捉えられたからのようである[180]。そのうえで、通常の新株有利発行のケースと比べると、現実に有利発行がなされるのが遠い将来の時点であり、既存株主にとっては、自己がどのような損失をこうむりうるのかの予測が難しいことから、より慎重な手続を要求すべく、定款の定めまで要求されたのであろう。そこには、昭和56（1981）年商法改正時と同じく、依然としてオプション価値に対する認識は認められない[181]。

他方、自己株式方式のストック・オプション付与について株主総会決議の要件が普通決議とされたのは、当時の商法上、従業員持株制度の運用のために自己株式が取得される場合に株主総会普通決議の手続が要求されていたことから、それとの整合性が考えられた結果のようである[182]。そこでもオプションの価値は認識されておらず、取得される自己株式がストック・オプションの行使に応じて交付され、既存株主の持株価値の希薄をもたらしうることへの配慮もなかった。

このように、平成9年商法改正の立案者は、自己株式方式については自己株式取得の面だけを考え、新株引受権方式については新株の有利発行との並びだけを考え、ストック・オプション制度全体の整合性は考えなかった[183]。もっとも、既述のように、これら二つのストック・オプション制度ではオプション価値が認識されておらず[184]、ストック・オプションの付与にあたって、その理論価値が株主総会決議事項とはされていなかった点では共通してい

---

[180] 第140回参議院法務委員会第9号（平成9年5月15日開催）議事録〔参考人・江頭憲治郎発言〕、証券取引法研究会「ストック・オプションに係る平成9年商法等の改正について(1)」インベストメント51巻3号137頁〔黒沼悦郎報告〕(1998)、龍田・前掲179 149頁。なお、平成7年改正特定新規事業円滑化臨時措置法も、同様のスタンスを採用していた。
[181] 前掲143とそれに対応する本文を参照。
[182] 第140回参議院法務委員会第9号（平成9年5月15日開催）議事録〔参考人・江頭憲治郎発言〕。
[183] 龍田・前掲179 162頁注13。
[184] この問題を早くから指摘していたものとして、江頭憲治郎「ストック・オプションのコスト」岩原紳作＝神田秀樹編著『商事法の展望――新しい企業法を求めて』(竹内昭夫先生追悼論文集) 161頁以下（商事法務研究会、1998）参照。また、明田川昌幸「転換社債・新株引受権附社債の構造の株主の地位」独協法学36号51頁以下（1993）は、転換社債・新株引受権附社債について、やはりこの問題を早くから詳らかにしていた。

た[185]。また、いずれの制度にあっても、役員に付与されるストック・オプションが役員報酬としての側面をもっていることも十分には考慮されていなかった[186]。

2―1―2　オプション価値の認識、そして原則自由化へ

　平成9（1997）年5月の商法改正で、ストック・オプション発行にかかる規制緩和が行われた後、平成13（2001）年11月改正で新株予約権制度が創設されたことによって、株式会社のオプション発行にかかる規制緩和は決定的なものとなる。ここに新株予約権とは、要するに、コール・オプションのうち、その目的株式の発行会社自身が発行するものをいう。この平成13年11月改正の結果、転換社債の転換権、新株引受権附社債の新株引受権、そしてストック・オプションというコール・オプションにかかる発行規制の統一化が実現されるとともに、従来、コール・オプションは、それら三つの目的のためだけに発行することができたのに対し、そうした発行目的の制限は撤廃され、コール・オプションの発行が自由化されることになった。この新株予約権の制度は、平成17（2005）年制定会社法にもほぼ変わらない姿で受け継がれている[187]。

185　江頭憲治郎は、衆議院法務委員会に参考人として招致された際に、平成9年商法改正法について、この点を批判するとともに（第140回参議院法務委員会第9号（平成9年5月15日）議事録）、立法論として、株主総会でストック・オプションの公正価値を開示させるべきであると主張していた（江頭・前掲184 172～173頁）。

186　川村・前掲78 26頁は、「報酬」としての側面を重視し、立法論として普通決議に統一すべきとされる。なお、江頭憲治郎も、第140回衆議院法務委員会第9号（平成9年5月15日開催）で参考人として、「このストック・オプションの現在の時点で見た理論価格は幾らでありますということを公示すれば、まあこれは報酬と同じと見てすべて普通決議でよいのではないかと今のところちょっと考えておりますが、また考えが変わるかもしれません」と述べていた。

187　ただし、会社法上、すべてのコール・オプションについて発行規制が統一化されているわけではない。株式会社が発行できるコール・オプションのうち、当該会社の株式を目的とするものとしては、ほかに、取得請求権付株式に付された取得請求権で、取得対価が株式と定められているもの（会社法108条1項5号）もあるが、その発行については新株予約権発行規制とは別の規制が設けられている。

第3節　新しいエクイティ型金融商品と会社法

もっとも、注目すべきことに、新株予約権制度の創設の出発点になったのは、ストック・オプション制度をめぐる改正要望であった。そのストック・オプション制度の改正に向けた動きが表面化したのは、経済界の要望を受け、行政改革推進本部・規制改革委員会が平成11（1999）年7月30日に「規制改革に関する論点」[188]を公表して、制度改善の検討を促したことに端を発する。規制改革委員会は、平成11年12月14日「規制改革についての第2次見解」[189]の公表を経て、「規制改革推進3か年計画（再改定）」をまとめ、それが平成12（2000）年3月31日に閣議決定された[190]。さらにその後も、平成12年7月26日「規制改革に関する論点公開」[191]、平成12年12月12日「規制改革についての見解」[192]を公表したうえで、「規制改革推進3か年計画」をまとめ、それが平成13年3月30日に閣議決定されたが[193]、そのいずれにおいてもストック・オプション制度が検討すべき対象として掲げられていた。この間、経団連が平成11年11月24日と平成12年10月17日にそれぞれ「国際競争力ある資本市場の確立に向けて」[194]と「商法改正への提言」[195]とを、平成13年2月9日には自民党、公明党、保守党が「証券市場等活性化対策中間報告」[196]を公表して、やはりストック・オプション制度の改正を求めている。これら

188　行政改革推進本部規制改革委員会「規制改革に関する論点」（平成11年7月30日）〈http://www.kantei.go.jp/jp/gyokaku-suishin/11730ronten/06-09.pdf〉。
189　行政改革推進本部規制改革委員会「規制改革についての第2次見解」（平成11年12月14日）〈http://www.kantei.go.jp/jp/gyokaku-suishin/2jikenkai/01hyousi.html〉。
190　総合規制改革会議「総合規制改革会議の主な成果事例」〔会社法に規定する諸制度の整備〕〈http://www8.cao.go.jp/kisei/siryo/040324/2.pdf〉参照。
191　行政改革推進本部規制改革委員会「規制改革に関する論点公開」（平成12年7月26日）〈http://www.kantei.go.jp/jp/gyokaku-suishin/12nen/ronten/120726ronten.pdf〉。
192　行政改革推進本部規制改革委員会「規制改革についての見解」（平成12年12月12日）〈http://www.kantei.go.jp/jp/gyokaku-suishin/12nen/1215kenkai/index.html〉。
193　「規制改革推進3か年計画の概要」（平成13年3月30日閣議決定）〈http://www.kantei.go.jp/jp/gyokaku-suishin/12nen/0330kiseikaikaku.html〉。
194　経済団体連合会「国際競争力ある資本市場の確立に向けて」（平成11年11月24日）〈http://www.keidanren.or.jp/japanese/policy/pol252.html〉。
195　経済団体連合会「商法改正への提言」（平成12年10月17日）〈http://www.keidanren.or.jp/japanese/policy/2000/050/honbun.html#3-1〉。
196　自由民主党＝公明党＝保守党・前掲111　52頁。

に示された具体的な検討事項は、①付与対象者を拡大すること、②新株引受権方式の株主総会決議要件を特別決議から普通決議に緩和すること、③ストック・オプションの行使に対して自己株式を交付することを認めること、④付与対象者の氏名・付与数を株主総会決議事項から除外すること、⑤ストック・オプションの目的株式数の上限規制（発行済株式総数の10分の1）を撤廃すること、であった[197]。

　商法学界でも、ストック・オプションの新株引受権方式と自己株式方式について、規制の不均衡が問題視される向きが強かった[198]から、いずれにせよストック・オプション制度の改正は避けられない状況であったといえる。しかし、その当時、会社が発行するコール・オプションのうち、経済界が改正を要望していたのはストック・オプション制度にとどまる。コール・オプション全般にわたる規制変更は求められていなかったにもかかわらず、新株予約権制度の創設という形でオプションの発行が自由化されたのは、どのような事情によるものなのであろうか。

　平成13年11月改正で創設された新株予約権制度は、法制審議会会社法部会での検討を通じて考案されたものであるが、もともと同改正に向けた検討作業は、以下の二つの方向性をもっていた[199]。その第一は、これまでの同部会における長年の改正作業をふまえ、改正事項に掲げられながらまだ実現して

---

[197] ほかに新株引受権方式と自己株式方式の併用の許容も検討事項として掲げられていたが、それは、平成12年5月に成立した会社分割制度に関する商法改正のなかで別個認められた（平成12年改正商法210条ノ2第4項・280条ノ19第3項）。たとえば、吸収分割にあたり、分割会社が新株引受権付与方式のストック・オプションを付与しており、他方、承継会社が自己株式方式のストック・オプションを実施している場合には、承継会社に分割会社が付与したストック・オプションの承継を認めるのが簡便であるが——ストック・オプション計画の再設計には小さくないコストがかかる——、そのためには両方式の併用を許す必要があるからである。

[198] 第140回衆議院法務委員会第9号（平成9年5月15日開催）議事録〔参考人・江頭憲治郎発言〕、森本・前掲90 5頁、龍田・前掲179 148頁以下、川村・前掲78 25〜26頁。

[199] 法制審議会商法部会第146回会議（平成12年9月6日）議事録、前田庸「会社法改正の展開と今後の課題」商事法務1574号6頁（2000）、原田晃治「新しい会社法制の構築に向けて」商事法務1583号33〜34頁（2001）。これら二つの方向性に基づく改正の全般については、第1編第4節参照。

いない事項や検討を要するとされていた事項を精査して、改正すべきは改正するというものである。第二は、近時の社会・経済を取り巻く環境の変化に伴い、新たに改正が必要とされるものを取りあげるという方向性である。

新株予約権制度の創設が第二の方向に属することは疑いないが、それは直接的には、平成12年7月11日に保岡興治法務大臣から法制審議会商法部会の事務当局に対し、企業の競争力の確保、高度情報化社会への対応、資金調達手段の改善、企業活動の国際化への対応という視点から会社法制を大幅に見直す必要があるとして、平成14（2002）年春の通常国会への法案提出を目途に法案作成の検討をするよう、指示がなされたことに基づく[200]。同年4月から検討を行っていた同部会会社法小委員会は、この保岡大臣からの指示もふまえて「今後の商法改正」と題する改正検討事項をとりまとめ、それが平成12年9月6日に開催された法制審議会商法部会で承認され、平成13年・14年改正に向けた検討作業の基礎に据えられた。

その後、平成13年1月12日には、高村正彦法務大臣から法制審議会に対して、「企業統治の実効性の確保、高度情報化社会への対応、資金調達手段の改善及び企業活動の国際化への対応の観点から会社法制を見直す必要があると思われるので、その要綱を示されたい」という諮問がなされたのを受け、法制審議会会社法部会に審議の場を移して商法改正要綱案の原案策定のための作業が開始された[201]。この諮問の内容に照らしていえば、上記のストック・オプションに関する改正要望は、「企業統治の実効性の確保」と「企業活動の国際化への対応」——企業の国際競争力の強化——と関係するにすぎない。それが最終的に新株予約権制度という形で具体化されたのは、「資金調達手段の改善」と結びついた結果である[202]。

平成13年改正の当時、資金調達の多様化の遅れのゆえに、企業は過度に間接金融に頼らざるをえず、そのことが景気回復の足枷になっているという批

---

[200] 法制審議会商法部会第146回会議（平成12年9月6日）議事録、前田庸「商法等の一部を改正する法律案要綱の解説（上）——株式制度の見直し・会社関係書類の電子化等——」商事法務1606号3頁（2001）。

[201] 前田・前掲200 4頁、法制審議会会社法部会第1回会議（平成13年1月17日）議事録。

判を招いていた[203]。直接金融や市場型間接金融の活性化を図ることが急務とされたが、そのためにエクイティ・ファイナンス手段を多様化する一つの方策として、新株予約権の制度が位置づけられたといえる。たしかに、オプション発行にかかる目的規制が撤廃され、オプション発行が自由化されるならば、会社はオプションを組み込んだ金融商品を柔軟に組成して発行することが可能になる。転換社債や新株引受権附社債のほかに、オプションを用いた資金調達について具体的な実務ニーズがあったかどうかは明らかでないが[204]、むしろオプション発行を一般的に解禁すれば、そうした利用も可能となるから望ましいという考え方の下、いわば抽象的なニーズに基づいてオプション発行が自由化されたといえる。オプション発行規制の緩和と「資金調達手段の改善」とを仲介したのは、金融商品組成のイノベーションへの期待であった[205]。

　他方で、オプション発行の自由化を正当化したのがファイナンス理論である。既述のように、昭和56（1981）年商法改正で新株引受権附社債の制度が導入されたときには、既存株主および投資家の保護という観点から、オプ

---

[202]　平成13年11月改正の立案担当者によると、新株予約権の単独発行の許容は、新株予約権を他の金融商品等と組み合わせて利用することで会社の資金調達方法を多様化できるとする意見に対応するものであると説明されている（法務省民事局参事官室「商法等の一部を改正する法律案要綱中間試案の解説」商事法務1593号5頁以下（2001））。なお、中間試案の段階では、新株予約権は「新株引受権」と呼ばれていた。

[203]　経済団体連合会・前掲194。

[204]　経団連も行政改革推進本部規制改革委員会も、エクイティ・ファイナンス手段の多様化を主張しながら、具体的には種類株式、それも無議決権優先株式とトラッキング・ストックをあげていたにすぎず、オプションを組み込んだ金融商品には言及していない。この点については、後掲222とそれに対応する本文を参照。

[205]　宍戸善一「種類株式、ストック・オプション等の自由化」ジュリスト1206号39頁（2001）は、平成13年11月商法改正について、「かなり先端の実務を意識した需要牽引型改正になっている」とされる。また、神田秀樹「資本市場からみた会社法」商事法務1398号4頁（1995）は、先進諸外国では様々な新金融商品が花咲いているのにわが国でそうでないことに着目したうえで、「問題は、……会社法が足を引っ張っているからか、それとも市場にニーズがないからなのかということであるが、この点は必ずしも明確ではない」としていた。平成13年商法改正は、それを明らかにするための実験的な改正であったと評することもできる。

ション発行の一般的許容を阻止すべきとする考え方が強調されていた。しかし、平成に入り、オプションについてはオプション評価モデルで価値評価できるということが広く認識されるようになった結果、昭和56年改正時の主張は、その根拠が薄弱であると受け止められるようになった。正しくオプションの価値を評価できる限り、公正価額でオプションを発行させれば既存株主の保護は問題にしなくてもよいと考えられるからである。これを詳述すれば、オプションを発行する時点で、当該オプションの保有者には将来のオプション行使によってどれほどの利益が生じると期待されるか——逆にいえば、オプションが行使されて株式価値が希薄化することによって既存株主にどれほどの損失が生じると予想されるか——をオプション評価モデルで算定したうえで、その評価額（公正価額）を会社に払い込ませる限り、少なくともオプション発行の時点では、既存株主の利益は害されていない。もとより、そのような予想は確実なものではなく、オプション保有者に予想以上の利益が、株主には予想以上の損失が生じることもありうるが、それは結果論にすぎない——仮にそのことまで問題にするなら、オプションの発行自体が許されないことになる——。また、オプション評価モデルでオプションの価値を算定できるのであれば、投資家が不測の損害をこうむることはないし、資本市場における価格形成も適正に行われる、と考えられたのである[206]。

新株予約権制度の下でオプション発行が一般的に解禁されるときには、もはや発行目的に応じた個別的な規制を設けることはできないから、オプショ

---

[206] もっとも、平成13年改正に際して、オプション評価モデルおよび新株予約権の有利発行の判断基準についての理解が錯綜していたことはよく知られている。当時の立案担当者（第153回参議院法務委員会8号（平成13年11月20日）議事録〔政府参考人・山崎潮法務省民事局長答弁〕）および法制審議会商法部会長（前田庸「商法等の一部を改正する法律案要綱の解説（下）——株式制度の見直し・会社関係書類の電子化等——」商事法務1607号67頁（2001））による改正法の説明をみる限り、新株予約権の権利行使期間中における発行会社の平均株価を予想し、その合理的な予想額と行使価額とを比べることで有利発行かどうかを判断すべきとする見解に立ったうえで、当該合理的な予想額をオプション評価モデルで算出するものと理解していた形跡がみられるとされる（藤田・前掲137 22～25頁、仮屋広郷「新株予約権・新株予約権付社債——有利発行の問題を中心に」ジュリスト1220号25頁以下（2002））。

ン発行に係る統一的な規制が欠かせない。そして、かかる統一的な規制として、新株発行規制に類似した規制が構築されることになったのも、いわば必然的な成行きであったといえる。オプション発行を一般的に許容するとともに、オプション発行規制を統一化しようとするときには、既存株主に及ぼす効果に着目するしか方法がなく、既存株主に及ぼす効果として、オプション発行と新株発行には類似性が認められるからである[207]。また、オプション発行規制を統一化するにあたり、オプション価値評価の透明性を確保すべきことが強調された[208]のも当然であろう。オプション価値評価の適正性が確保されない限り、オプション発行を一般的に許容したことの正当性が失われてしまうからである。

　こうしてオプション価値評価の適正性確保が強調された背景には、さらに、過去のオプションとりわけ転換社債と新株引受権附社債については、発行後すぐに流通市場での価格が上昇するケースが少なくなく、それは発行条件が適正に定められないまま実質的な有利発行が行われていたからではないかという深刻な疑念[209]も認められる。すなわち、日本の上場企業は、1980年代後半から90年代はじめにかけて、巨額の転換社債および新株引受権附社債を発行した。両者合わせると、1988年度には国内発行で約6兆9,000億円、国外発行で約437億ドル、ピークとなった1989年度には、国内発行で約7兆6,400億円、国外発行で約678億ドルがこのような方法で調達された[210]。なぜ

---

[207] ただし、株主割当てについて、新株予約権発行の場合には権利行使時に新株予約権の保有者と株主とが乖離しうることから、株式発行の場合とは既存株主に及ぼす影響に大きな差がみられるとする指摘がある（家田崇「新株予約権制度の導入と会社法制の再構築」稲葉＝尾崎・前掲150 252〜255頁）。

[208] 江頭憲治郎「〔講演録〕平成13年通常国会・臨時国会による商法改正について」商事法務1617号79頁（2002）。

[209] 江頭・前掲184 174頁、江頭憲治郎＝前田雅弘ほか「〔座談会〕新株予約権・種類株式をめぐる実務対応（上）」商事法務1628号18頁（2002）〔江頭発言〕。また、川北英隆「転換社債発行条件の適正化」商事法務1148号18頁以下（1988）、明田川昌幸「エクイティ・ファイナンスとバブルの構造——転換社債・新株引受権付社債の発行の観点から——」岩原＝神田編著・前掲184 1頁以下も参照。

[210] 山一証券経済研究所「増資白書　1989年版」商事法務1186号74・126・135頁（1989）、山一証券経済研究所「増資白書　1990年版」商事法務1220号94・123・135頁（1990）。

大量に発行したかというと、これらの社債につける金利は普通社債の市場金利よりもかなり低くできたからである。この差は収益への貢献とみなされ、発行企業の財務部の功績となったといわれる。しかし、社債の金利を低く抑えることができたのは、社債に転換権または新株引受権（コール・オプション）が付されているからにほかならない。大量の転換社債・新株引受権附社債の発行は、上場企業の経営者がコール・オプション発行のコストを認識していないことの帰結でもあり、したがって、発行時の価格づけも正しくなされず、オプション評価モデルで評価すると、多くの転換社債・新株引受権附社債は目的株式の価格水準と比べて非常な安値で発行されていた。それらの裁定取引を行う相対価値ファンドにとって、日本の転換社債・新株引受権附社債市場は史上稀にみる規模の収益源であったといわれる[211・212]。新株予約権制度の創設は、そのような過去を清算しようとするものでもあり、オプション評価モデルを通じたオプション評価の適正性の確保という点では規制を強化する面をも有していた。

2-2 種類株式の自由化と「座標軸アプローチ」の採用

2-2-1 政策目標としてのベンチャー企業の育成

平成13（2001）年11月の商法改正では種類株式制度にも変更が加えられたが、その経緯は新株予約権制度の創設——オプション発行規制の緩和——と近似しており、改正に向けた具体的な作業は、法制審議会商法部会会社法小委員会でとりまとめられた改正検討事項のなかに種類株式が含められた[213]ことに始まる。それは、平成12（2000）年7月11日になされた保岡興治法務

---

[211] 三上芳宏＝四塚利樹『ヘッジファンド・テクノロジー』158～159頁（東洋経済新報社、2000）。

[212] なお、新株引受権附社債については、平成6年に会計処理の基準が変更され、新株引受権部分の対価と社債部分の対価を区別して会計処理する、いわゆる区分法が適用されることになった。それにより、新株引受権の対価部分は社債発行の調整部分と把握され、社債発行差金として計上されて償還期限までに償却すべきものと取り扱われたために、従前と比べて、新株引受権附社債の発行によって計上すべき費用が増加した結果、新株引受権附社債の発行は激減したといわれる（岩村充＝鈴木淳人『企業金融の理論と法』182～183頁（東洋経済新報社、2001）、家田・前掲137　352～353頁）。

大臣からの指示[214]をふまえたものであったが、その後、平成13年1月12日に高村正彦法務大臣から法制審議会に諮問[215]がなされたのを受け、平成14(2002)年春の通常国会への法案の提出を目途に、法制審議会会社法部会での審議が行われることになった[216]。

　この間、行政改革推進本部規制改革委員会が、平成12(2000)年7月26日に「規制改革に関する論点公開」[217]、平成12年12月12日には「規制改革についての見解」[218]を公表して、種類株式制度の改善のための検討を促しており、そのことは平成13年3月30日に閣議決定された「規制改革推進3か年計画」においても変わらない。また、経団連が平成11(1999)年11月24日と平成12年10月17日にそれぞれ「国際競争力ある資本市場の確立に向けて」[219]と「商法改正への提言」[220]とを、平成13年2月9日には自民党、公明党、保守党が「証券市場等活性化対策中間報告」[221]を公表して改正を求めていたという事情も、新株予約権制度の創設につながるストック・オプション制度の場合と共通する。

　ただ、これらに示された具体的な改正検討事項は、①無議決権優先株の発

---

[213] 法制審議会商法部会第146回会議(平成12年9月6日)議事録、行政改革推進本部規制改革委員会・前掲188〔第2部各論　法務　テーマ別論点公開　1エクイティ・ファイナンス手段の多様化〕。

[214] 保岡法務大臣の指示は商法部会事務局に対してなされたものであり、その内容は、企業の競争力の確保、高度情報化社会への対応、資金調達手段の改善、企業活動の国際化への対応という視点から会社法制を大幅に見直す必要があるとして、平成14年春の通常国会への法案提出を目途に法案作成の検討をするよう求めるものであった(前掲200参照)。

[215] 高村法務大臣の諮問の内容は、「企業統治の実効性の確保、高度情報化社会への対応、資金調達手段の改善及び企業活動の国際化への対応の観点から会社法制を見直す必要があると思われるので、その要綱を示されたい」というものであった(前掲201参照)。

[216] 法制審議会会社法部会第1回会議(平成13年1月17日)議事録参照。

[217] 行政改革推進本部規制改革委員会・前掲191〔第2部　各論　法務　テーマ別論点公開(1)エクイティ・ファイナンス手段の多様化〕。

[218] 行政改革推進本部規制改革委員会・前掲192〔第2章　各論4法務　【各論】(1)エクイティ・ファイナンス手段の多様化〕。

[219] 経済団体連合会・前掲194。

[220] 経済団体連合会・前掲195。

[221] 自由民主党＝公明党＝保守党・前掲111 52頁。

行枠を拡大し、優先株発行手続を簡素化すること、②トラッキング・ストックを導入すること、③ベンチャー企業での利用を念頭に、拒否権付種類株式のような議決権行使に関わる種類株式を創設すること、にすぎない[222]。しかし、法制審議会会社法部会での審議を経て、実際に実現した平成13年11月商法改正では、新株予約権制度の創設という形でコール・オプションの発行が自由化されたように、種類株式についても自由化と呼べるほどの大幅な規制緩和が行われたのである。

　同改正の概要は以下のとおりである。第一に、議決権制限種類株式の発行が認められた（平成13年11月改正商法222条1項）。これは以下の点で改正前の無議決権株式と異なる。まず、改正前は議決権を完全に与えるか、完全に与えないかしかできなかったのに対し、改正後は、株主総会の決議事項ごとに議決権の有無を定めることができるようになった。たとえば、利益配当議案に関してのみ議決権をもち、その他については議決権を有さないといった定めである。次いで、改正前は配当優先株式に限って議決権なき株式とすることが許されていたのに対し、改正法はそのような制限を撤廃して、議決権の制限と配当優先とのつながりを切断した。さらに、発行限度が発行済株式総数の2分の1に拡大されたほか（同法222条5項）、改正前は、あらかじめ定められた内容の優先配当が行われない場合には常に議決権が復活するとする規定が置かれていたが、その規定も削除された。

　平成13年11月改正では、第二に、拒否権付種類株式の発行も認められた（同法222条7項）。その拒否権の対象は、取締役会決議事項や株主総会決議事項であり、拒否権とは、それらの決議事項について追加的に種類株主総会の決議が必要とされることを意味する。第三に、優先株式や劣後株式以外にも、た

---

[222] 具体的な改正検討事項として、①を掲げていたのは、経済団体連合会「国際競争力ある資本市場の確立に向けて」、行政改革推進本部規制改革委員会「規制改革に関する論点公開」、行政改革推進本部規制改革委員会「規制改革についての見解」、②を掲げていたのは、経済団体連合会「国際競争力ある資本市場の確立に向けて」、行政改革推進本部規制改革委員会「規制改革に関する論点公開」、行政改革推進本部規制改革委員会「規制改革についての見解」、自由民主党＝公明党＝保守党「証券市場等活性化対策中間報告」、③を掲げていたのは、経済団体連合会「商法改正への提言」である。

とえばトラッキング・ストックなど、利益配当や残余財産分配について内容の異なる種類株式を発行できることが明らかにされた（同法222条3項）。第四に、ある種類の株式から他の種類の株式への転換については、株主側にオプションがあるもの（転換予約権付株式）と、会社側にオプションがあるもの（強制転換条項付株式）とが考えられるが、改正によって、後者の転換条項付株式を発行できることが明らかにされた（同法222条ノ8）。なお、平成13年11月改正に先立つ同年6月改正では、自己株式の取得が自由化されたのに伴い、株式の買受けに関して内容の異なる種類株式（買受株式）の発行も認められている（平成13年6月改正商法222条1項）。

これらの類型の種類株式が認められた結果、それを相互に組み合わせることで、無数の内容の種類株式をつくり出すことが可能になった。平成13年11月改正によって、種類株式が自由化されたといわれる所以であるが、こうした種類株式の自由化は、その主たる目的をベンチャー企業の育成に置くものであったとされる[223]。たとえば、議決権制限株式を利用すれば、利益配当議案についてだけ議決権のある株式をベンチャー・キャピタルに保有させることにより、経営権を保持したい創業者株主と少なくとも利益配当の決定には関与したいベンチャー・キャピタルとの調整を図ることができる。このように議決権制限株式の利用可能性は無議決権株式よりも高いといえるが、その発行限度が引き上げられたのは、現実の利用をさらに後押しするためであった[224]。

一般に、ベンチャー企業では、創業期の企業に共通する特徴として、起業

---

[223] 宍戸善一「種類株式制度の自由化」法律のひろば55巻4号24頁（2002）。
[224] 議決権制限株式は無議決権株式と比してその利用可能性が格段に高まったことのほかに、諸外国の法制でも、議決権制限株式の発行限度を少なくとも2分の1まで認められている例が多いことがあげられていた（原田晃治＝江原健志ほか「改正商法の解説──株式制度の改善・会社関係書類の電子化等──」登記研究650号42頁（2002））。なお、資本多数決主義の原則の下では、50パーセント以下の出資しか行わない者は株主総会での意思決定に自らの意思を結実できない。2分の1という発行限度は、そうした資本多数決原則の消極的な機能を理論的根拠とするものであり、資本多数決の原則を維持しつつ議決権制限株式の発行を認めるときの限界値であるとされる（川島いづみ「種類株主の取締役等選任・解任権と資本多数決原則の修正」ジュリスト1229号16頁（2002））。

家に関する情報も乏しく、その経営能力に対する評価が定まっていないことから、起業家株主とベンチャー・キャピタルなどの資金提供者との間の情報の非対称性が大きく、過大なエージェンシー・コストが生じる危険がある。他方で、そうしたエージェンシー・コストを削減するためにベンチャー・キャピタルに大きな発言権を認めると、アイディア等を提供してきた起業家を経営から締め出すといった機会主義的な行動をとる危険もあるとされる。こうした問題に対処するためには、ベンチャー・キャピタルと起業家株主の間で「キャッシュ・フローに対する権利」の配分と「コントロールに関する権利」の配分について、両当事者のインセンティブを勘案した精緻な取決めを行わなければならない。このようにベンチャー企業では、「キャッシュ・フローに対する権利」と「コントロールに関する権利」を株主間で柔軟に配分したいというニーズがあることが以前から指摘されていた[225]。もとより、それは株主間契約でも実現できなくはないが、株主間契約には債権的な効力しかなく、契約違反の効力を会社に対しては主張できないとする見解が多い[226]。株主間の合意をより確実に実現できるようにするためには、ベンチャー企業に多様な種類株式の発行を許すべきであると考えられた。

　無議決権株式についての議決権復活の規定が削除された——議決権制限株式について議決権復活の規定が設けられなかった——のは、議決権の制限と配当優先とのつながりが切断されたことによるものであるとともに[227]、ベン

---

[225] 宍戸善一「株式会社法の強行法規性と株主による会社組織設計の可能性——二人会社の場合——」商事法務1402号32頁（1995）、通商産業省・プライベートエクイティファイナンス事業環境整備研究会（宍戸善一座長）『プライベートエクイティファイナンスの意義とその普及に向けての課題』18〜25頁（通商産業省産業政策局、2000）、大杉謙一＝樋原伸彦「ベンチャー企業における種類株式の活用と法制」商事法務1559号19頁（2000）、前田ほか・前掲158 8〜12頁。なお、より詳しくは、森田果「株主間契約(1)〜（6・完）」法学協会雑誌118巻3号396頁以下（2001）、119巻6号1090頁以下、同9号1681頁以下、同10号1926頁以下（2002）、120巻12号2319頁以下（2003）、121巻1号1頁以下（2004）参照。

[226] たとえば、ある株主が契約に違反した議決権行使を行ったとしても、その契約違反は、当該株主に対する損害賠償請求の発生事由になるにとどまり、株主総会決議の取消事由には該当しないと解されていた（宍戸・前掲225 32頁）。

[227] 鈴木隆元「種類株式の多様化」ジュリスト1220号17頁（2002）。

チャー企業を中心とする実務に配慮した結果である。創業期は無配であることが多いベンチャー企業では、画一的な議決権復活制度があると、ベンチャー・キャピタルから出資を受ける場合にその議決権を制限することが事実上困難になるといわれていたために、議決権復活の有無や条件については定款自治に委ねられることになったのである[228]。

　このように種類株式の自由化が導かれたのは、第一次的には、ベンチャー企業の育成という政策目標を実現するためであるとともに、商法が伝統的に採用してきた「型アプローチ」に合理性が薄いと考えられた結果でもあったように思われる。ベンチャー企業では種類株式の効用——「キャッシュ・フローに対する権利」と「コントロールに関する権利」を株主間で柔軟に配分したいとするニーズ——が大きいにもかかわらず、商法が「型アプローチ」——種類株式を通じた株主間の権利配分についても一定の組合せを定め、そうした一定の型のみを許容する法制——を採用するために、ベンチャー企業の育成が阻害されている。そのことは、従来認められてきた種類株式の「型」に必ずしも十分な合理性が備わっていないことを示唆する。たとえば、伝統的に商法は、一つの「型」として無議決権と配当優先とのつながりを要求してきたが、そのことはベンチャー企業の資金調達の障害となっているうえに、議決権の代償として配当優先権を要求するとしても、どの程度の代償が適切なのかを一義的に定めることは難しい[229]。許容すべき「型」を設計するときに、伝統的に重視されてきたのは一株一議決権原則であるが、そもそも

---

[228] 野村修也「種類株式制度の見直し」金融・商事判例1160号99頁（2003）。また、ベンチャー企業の無議決権株式を引き受ける者は、短期的な優先配当よりも、将来公開したときの値上り益を期待しているのが通常であるうえに、業績が不安定で会社資産が十分でないベンチャー企業で、無議決権を維持するために成長発展に必要な投資よりも優先配当を要求するのは会社の成長を阻害し、全株主に不利益を強いる制度である、ともいわれていた（通商産業省・プライベートエクィティファイナンス事業環境整備研究会・前掲225 25頁）。

[229] 加藤・前掲150 27頁。仮に無議決権ないし議決権制限と配当優先とのつながりを強制するとしても、どの程度の配当優先が必要なのかが決められない以上、些細な配当優先を付して、規制を回避しようとすることを阻止できず、規制の厳格なエンフォースメントが難しかったといえる。

同原則の内容や存在意義自体が実は自明でないなかで[230]、「型アプローチ」を維持しつつ、許容する「型」を変更し、あるいは拡大しようとしても、どのような「型」を新たに認めるべきなのかは判然としない[231]。そうであれば、むしろ種類株式の設計を柔軟化し、株主の自治に委ねる――ベンチャー企業では起業家とベンチャー・キャピタルなどの資金提供者との間の交渉に委ねる――ことが望ましいと考えられたといえる。

2—2—2　トラッキング・ストックと上場会社

　平成13（2001）年11月商法改正による種類株式の自由化は、その主たる目的をベンチャー企業の育成に置くものであったといわれるが、新しい種類株式制度は、その対象がベンチャー企業に限定されていたわけではない。改正の当時、ベンチャー企業で用いられるような種類株式をそのまま上場会社に導入するのが合理的であるとは限らないという考え方も強かったが[232]、それにもかかわらず、上場会社が発行会社となるケースも含めて種類株式が自由化されたのは、どのような理由に基づくものなのであろうか。

　その理由としてあげられるのは、第一に、ベンチャー企業の概念を明確に定義することが難しいために、ベンチャー企業に自由化の対象を限定するの

---

[230]　このような問題意識の下、一株一議決権原則の内容と存在意義（機能）を詳らかにした研究として、加藤・前掲150参照。なお、平成13年6月商法改正により、単元株制度が導入されたうえ、種類株式ごとに単元株を設定できるとされ、実質的な複数議決権株式をつくることが可能になった結果、一株一議決権原則はほとんど廃棄されたに等しい状況が生まれていた（洲崎博史「平成13年・14年商法改正と一株一議決権原則」森本滋編『比較会社法研究』321頁以下（商事法務、2003）、若杉・前掲150 198～199頁）。

[231]　大杉＝樋原・前掲225 29頁参照。上場会社についても種類株式が自由化されたことにも、こうした事情が影響していると考えられる（本章第3節2－2－2参照）。なお、近時アメリカのファイナンス理論では、「証券設計」の議論が盛んであるが、会社のキャッシュ・フローに関する権利とコントロールに関する権利とをどのように組み合わせるのが望ましいのかについて、投資家のインセンティブに即した分析に成功した理論的枠組みはみられないといわれる（森田果「セキュリティ・デザインと法学」民商法雑誌132巻6号746頁以下（2005））。

[232]　そのような考え方の下、種類株式の自由化に積極的な論者も、上場会社についてはむしろ慎重な立場をとっていた（宍戸・前掲223 24頁）。

が困難であること[233]、第二に、仮に上場会社のケースで不都合があるとしても、それは証券取引所の自主規制などで対処できると考えられたこと[234]、第三に、上場会社にも種類株式を発行するニーズがあると考えられたこと、であろう。第三の理由について、なかでも上場会社のニーズの象徴とされたのはトラッキング・ストックであり、改正法が優先株や劣後株以外に利益配当にかかる多様な種類株式を認めたことの直接的な目的も、上場会社によるトラッキング・ストックの発行を正面から許容することにあったといわれる[235]。

　ここにトラッキング・ストックとは、その価値が発行会社の特定の子会社や事業部門などの価値に連動するよう設計された株式をいう。平成13年11月改正に先立つ同年5月には、ソニーがトラッキング・ストックを発行して話題を呼んだが、同改正前のトラッキング・ストックには以下のような問題が

[233] 尾崎安央「株式制度の改正と閉鎖的株式会社法制」民商法雑誌126巻4・5号467頁注3（2002）、大杉謙一「新しい事業組織形態（日本版LLC）の構想〔Ⅱ〕——国際競争力を持つ企業法制の模索として——」商事法務1649号19頁注47（2002）参照。もっとも、商法とは別に、ベンチャー企業に適した組織形態のための法律を制定するという方法であれば、ベンチャー企業とそれ以外との区分規制は比較的容易となる。そのような方向性に属するものとして、宍戸善一「ベンチャー・ビジネスのための組織法作りを試みて——『創造会社法私案』の解説」ジュリスト1125号4頁以下（1997）、大杉謙一「新しい事業組織形態（日本版LLC）の構想〔Ⅰ〕～〔Ⅳ〕」商事法務1648号4頁以下、1649号14頁以下、1650号19頁以下（2002）、1652号26頁以下（2003）参照。なお、ベンチャー企業の法的定義のあり方については、森田章「ベンチャー企業」ジュリスト1155号115頁以下（1999）、砂田太士「ベンチャー企業における運営機関——その実態と立法論——」法学新報109巻9・10号373頁（2003）、宍戸善一「ベンチャー企業育成の仕組と法的課題」ジュリスト1218号6頁注1（2002）参照。

[234] 当時、上場会社による種類株式発行について、証券取引所の自主規制の必要性を述べるものとして、宍戸・前掲223 24頁、黒沼悦郎「公開会社における種類株式・新株予約権の効用と問題点」民商法雑誌126巻4・5号445頁（2002）参照。もっとも、会社法上は許容されているのに、なぜ取引所の上場基準に抵触するのか——どのような観点から取引所は規制を課すべきか——は必ずしも明らかではない。証券市場が株式の価格を形成する場であることからすれば、株式内容の差別化がその価格形成に反映されうるメカニズムが整っている限り、株式の多様化を制約する必要はない、とも考えられるからである（野村・前掲152 34頁）。この問題については後ほど改めて取りあげる（本章第4節2）。

[235] 江頭・前掲208 80頁。

あったとされる[236]。第一に、通常のトラッキング・ストックの商品設計では、トラッキング・ストックに対する利益配当は、子会社からトラッキング・ストック発行会社に対してなされる利益配当額に連動する形に設計される。したがって、子会社からの利益配当がゼロであれば、トラッキング・ストックへの利益配当がゼロというケースもありうるが、そのように配当額がゼロになる可能性のある利益配当優先株式がありうるのかが疑問視された。第二に、定款でトラッキング・ストックの内容をどのように定めるべきかも問題であった。もとより配当額は固定額ではありえないが、当時の法務省の商業登記実務は、定款に種類株式の内容を特定的に記載するよう厳しく求めていたから[237]、そうした登記実務との関係で、定款の記載方法は悩ましいところであった。

このようにソニーによるトラッキング・ストックの発行は、その適法性を疑う議論をも導いたから、過去に発行例のない新しい種類株式を設計・発行するに際して、会社法上の規制がその障害になることを広く認識させるに十分であった。とりわけ平成11年商法改正で株式交換・株式移転の制度が新設され、平成12年の商法改正で会社分割制度が導入されて組織再編法制の整備が一段落した状況[238]では、トラッキング・ストックの発行によって、有望な事業部門や完全子会社に対する市場評価の高さを活かした資金調達をなしうることの便益は大きく評価される傾向にあったであろう。そのことは反面、会社法上の規制が障害になっていることの問題点をより強く浮彫りにするという効果をもたらしたように思われる。

しかも、会社法でトラッキング・ストックの発行を正面から認めるためには、利益配当に係る多様な種類株式を許すだけでは十分ではなかった。トラッキング・ストックは、トラッキング・ストックの株主とそれ以外の株主との間の緊張関係をもたらしうるが、発行会社がそれを緩和するような仕組

---

[236] 江頭・前掲208 80頁。
[237] 法務省は、たとえば残余財産分配優先株式について、「残余財産分配優先額は払込金相当額とする」という定款規定は違法であると解していた(川見裕之「利益配当・残余財産分配に関する優先株式の定款の定め方(下)」商事法務1437号39頁(1996))。
[238] 第2編第1章参照。

みを設けるためには、種類株式の議決権を柔軟に定めることができなければならない[239]。また、トラッキング・ストックの連動対象である子会社や事業部門が譲渡される危険からトラッキング・ストックの株主を保護するために、トラッキング・ストックの株主にその拒否権を与えたり、あるいは逆に、会社が強制的にトラッキング・ストックを普通株式に転換させたうえで、子会社や事業部門を譲渡できるようにする必要もある。経団連が平成12年10月17日に公表した「商法改正への提言」のなかで、トラッキング・ストックを導入すべきであるとしつつ、「そのためには、配当、議決権、償還・転換などについて、自由に設計できるような法整備をすべきである」[240]と主張したのは、かかる事情によるものと考えられ、それが実際に平成13年11月改正で実現したといえる。ここでは、上場会社にトラッキング・ストックの発行を認めようとするときには、伝統的な商法のスタンス（型アプローチ）を維持しつつ、許容される種類株式の「型」を拡充するという立法政策をとるのが難しかったことに注目すべきであろう[241]。

もっとも、そのことは何もトラッキング・ストックの発行を認めるためだけに、上場会社についても種類株式が自由化されたということを意味しない。むしろ、種類株式の自由化は、上場会社にも多様な種類株式を発行するニーズがあると考えられた結果であるとみるべきである。たしかに、平成13年11月改正の当時、上場会社のニーズとして、具体的には唯一トラッキング・ストックがあげられていたにとどまるから[242]、上場会社のニーズといってもそれは潜在的なものにすぎない。種類株式を自由化すれば、そうした潜在的

---

[239] トラッキング・ストック株主への配当額が、子会社からトラッキング・ストック発行会社（親会社）に対してなされる利益配当額に連動する形に設定されているケースを考えてみよう。たとえば発行会社が、トラッキング・ストックの株主以外の株主への配当額を増やすために、連動の対象である子会社の利益を低く操作して、トラッキング・ストックの株主への配当額を減らそうとするかもしれない。それを防止するための一つの方策は、トラッキング・ストックの株主に監査役や会計監査人の選任権を与えて、子会社の利益が操作されないよう監視させることであると考えられた（江頭・前掲208 81頁）。

[240] 経済団体連合会・前掲195。

[241] 前掲231とそれに対応する本文参照。

なニーズが掘り起こされ、エクイティ・ファイナンス手段の多様化という政策目標が実現されるものと期待されたのである。

エクイティ・ファイナンス手段の多様化は、新株予約権制度の導入と同じく、最終的には資本市場の活性化を通じた景気回復を目的とするものであり、それらを仲介したのは金融商品組成のイノベーションへの期待であったといえる。それは、行政改革推進本部規制改革委員会の表現を借りれば、「企業がさらなる成長を遂げていくためには、法的インフラとしての商法を自由化および多様化という形で規模が拡大しつつある資本市場の動向に適合させ、市場の発展を促す方向で整備・拡充することが不可欠である」[243]とする考え方に依拠するものであった。また、平成13年11月改正の立案担当者も、「経済社会のあるべき変化を妨害するような企業法制は論外であり、古い殻から一歩も出ないという姿勢は許されない」[244]という立場を示していたが、まさに種類株式の自由化は、そのような立場の体現であった。

他方で、上場会社についても種類株式が自由化されたことは、種類株式の善し悪しを金融商品の市場競争力の問題と捉えたうえで、発行された種類株式が真に市場競争力を備えた商品なのかは資本市場で判断されるだけのことであるとする考え方が採用されたと評することもできる。仮にある種類株式が市場競争力に乏しく、投資家にとって魅力のない──株主・投資家を害するような──金融商品であったならば、その種類株式ひいてはその発行会社も資本市場での競争に敗れて、淘汰されるにすぎない[245]。当時、法律の果たすべき役割としては、投資家に十分な情報提供をすることにより、投資家自らがその投資についてのリスクを判断することが可能な枠組みを提供することで足りるとする考え方が強まっていたが[246]、種類株式の自由化もそうした

---

[242] 当時、行政改革推進本部規制改革委員会、経団連、自民党・公明党・保守党がそれぞれ種類株式制度の改正を求めていたが、いずれも上場会社の新しい金融商品としてはトラッキング・ストックをあげていたにすぎない（前掲222参照）。

[243] 行政改革推進本部規制改革委員会・前掲192〔第2章　各論4法務　【各論】(1)エクイティ・ファイナンス手段の多様化〕。

[244] 原田・前掲199 34頁。

[245] 尾崎・前掲233 33頁。

考え方に沿うものであったといえる。

これまでみてきたように、平成以前の法改正が理論に即したドラスティックな改革ではなく、実務に即したプラクティカルな改善を志向していたのに対し[247]、平成に入ってからの法改正は、少なくとも上場会社に関する限り、まったく正反対の方向性を示していた。そうした方向性は、平成14年改正で取締役等の選任に関する種類株式が導入された[248]後、平成17年の会社法制定において一応の完成をみることになる。

2—2—3 平成17年会社法制定と規制柔軟化の徹底

平成17年制定会社法は、種類株式設計の柔軟化をさらに進めた。より具体的には、第一に「座標軸アプローチ」を徹底したといえる。すなわち、会社法は伝統的に、会社の資金調達の便宜と種類株式の濫用の防止のバランスを図るという観点から、会社のキャッシュ・フローに対する権利の配分とコントロールに関する権利の配分についても一定の組合せを後見的に定めたうえで、その一定の型のみを許容してきた（型アプローチ）。しかし、そうしたアプローチは、平成13年11月改正を経て、平成17年会社法制定によって廃棄された。代わりに採用されたのは、キャッシュ・フローに対する権利の配分とコントロールに関する権利の配分といった座標軸を設定し、座標軸ごとの規整を付したうえで、その組合せは自由とするアプローチ（座標軸アプローチ）[249]である。

会社法では、座標軸に株式譲渡制限、全部取得条項、拒否権などを新たに加えることで、「座標軸アプローチ」がより徹底されている。より具体的に、

---

246 原田晃治「新しい世紀の会社法制の整備」商事法務1548号35頁（2000）。
247 本章第3節1‐2参照。
248 平成14年改正商法は、合弁企業の設立や、ベンチャー・キャピタルからの投資を受けることをしやすくして、新規事業を行おうとする会社の資金調達を容易にするという観点から、全株式譲渡制限会社について、種類株主総会における取締役または監査役の選解任について内容の異なる株式を発行することを許容した（始関正光「平成14年改正商法の解説(1)」商事法務1636号6頁以下（2002））。
249 前田ほか・前掲158 39頁。

会社法が座標軸として定めているのは、①剰余金の配当（会社法108条1項1号）、②残余財産の分配（同項2号）、③議決権の制限（同項3号）、④株式譲渡の制限（同項4号）、⑤会社に対する取得請求権（同項5号）、⑥会社による一部または全部の強制取得（取得条項、同項6号）、⑦株主総会決議に基づく会社による全部の強制取得（全部取得条項、同項7号）、⑧拒否権（同項8号）、⑨取締役または監査役の選解任権（同項9号）、である。⑤と⑥については旧法から設計の自由度が拡大され[250]、④と⑦は会社法で新たに導入された[251]。なお、⑨の種類株式を発行できるのが全部株式譲渡制限会社（「公開会社でない会社」）に限

---

[250] ⑤の種類株式（取得請求権付種類株式）とは、株主が会社に対して、あらかじめ定められた対価での取得（買取り）を請求する権利が付されたものをいう。会社による取得対価とすることができるのは、社債、新株予約権、新株予約権付社債、他の種類の株式、その他の金銭等の財産であるから、ほとんど制限がないに等しい（会社法108条2項5号・107条2項2号）。このうち、他の種類株式を取得対価としておけば、旧法の下での転換予約権付株式と変わらない。また、取得対価を金銭とすれば、旧法下でのいわゆる義務償還株式に類似するが、取得請求権付種類株式が会社によって取得されたときには、それは会社の自己株式となるにすぎず、常に消却されるわけではないから、その点では異なる。

⑥の種類株式（取得条項付種類株式）とは、あらかじめ定められた一定の事由が生じたときに、会社が強制的に取得できる株式のことをいう。会社による取得対価とすることができるのは、⑤の取得請求権付種類株式と同じく、社債、新株予約権、新株予約権付社債、他の種類の株式、その他の金銭等の財産である（会社法108条2項6号・107条2項3号）。このうち、他の種類株式を取得対価とすれば、旧法の下での強制転換条項付株式と変わらない。また、取得対価を金銭とすれば、旧法下でのいわゆる強制償還株式に類似するが、取得条項付種類株式が会社によって取得されたときには、それは会社の自己株式となるにすぎず、常に消却されるわけではないから、その点では異なる。

[251] 旧法の下では、会社は、すべての株式に譲渡制限を付すか、それともすべての株式について譲渡制限を付さないかを選択できるにすぎなかった。これに対し、平成17年制定会社法の下では、④の種類株式（譲渡制限種類株式）の発行が認められた結果、一部の株式についてのみ譲渡を制限する——ほかの点では内容が同一であり、譲渡制限の有無だけが異なる種類株式を発行する——こともできるようになった。

⑦の種類株式（全部取得条項付種類株式）とは、株主総会の特別決議により会社がその全部を取得することができる株式のことをいう。⑥の取得条項付種類株式とは異なり、あらかじめ取得事由を定めておく必要はなく、会社による取得対価についても、当該種類株式を取得する決議を行う株主総会で定められることになる（会社法171条1項）。この全部取得条項付種類株式は、倒産手続によることなく、株主総会の特別決議によって、いわゆる100パーセント減資を行う——全株主から株式を強制取得する——ために用いることなどが想定されている。

られ、「公開会社」による発行が許されないのは（会社法108条1項柱書但書）、旧法から変わらない。また③の種類株式についても、「公開会社」は、やはり旧法と同じく、発行数の上限が発行済株式総数の2分の1までしか発行できないとされている[252]。

この結果、種類株式の自由化はさらに進展したが、平成13年改正の後、ベンチャー企業はともかく、上場企業には優先株式のような伝統的な金融商品以外にほとんど種類株式の発行例がみられなかったことにかんがみると、やはり自由化の進展は現実のニーズに基づくものとは考えにくい[253]。全部取得条項付種類株式にいわゆる100パーセント減資のためのニーズがあったほか、現実の実務ニーズが認められるとすれば、それは敵対的買収防衛策としての利用であった[254]。

第二に、会社法は、種類株主総会の制度を整備し、法定種類株主総会の開催が必要となる定款変更の範囲を限定ないし明確化するとともに（会社法322条1項）、定款変更以外の事項については、株主に株式買取請求権を認める代わりに、定款の定めによって種類株主総会を排除することを認めた（会社法322条2項・3項）。これは、もともとどのような場合に、ある種類の株主に損

---

[252] 平成17年制定会社法上、公開会社で、議決権制限種類株式の数が発行済株式総数の2分の1を超えた場合には、その公開会社は直ちに議決権制限種類株式の数を発行済株式総数の2分の1以下にするのに必要な措置を講じなければならない（会社法115条）。違法状態の是正義務が課される反面、議決権制限種類株式の発行それ自体が無効になるわけではないが、それは取引の安全（違法に発行された議決権制限種類株式の引受人や転得者の保護）を図ったものといわれる。

[253] 後掲261参照。

[254] たとえば、会社法が拒否権を株式の「種類」と構成した点について、江頭憲治郎「新会社法制定の意義」ジュリスト1295号6〜7頁（2005）は、敵対的買収にする防衛策としてその方が使いやすいからではないかと誰もが推測する、とされる。実際、拒否権付種類株式については、平成17年会社法制定前後から買収防衛策としての利用（いわゆる黄金株）が盛んに論じられ（浜田道代「黄金株」法学教室306号3頁以下（2006）、久保田安彦「敵対的買収防衛策としての黄金株とその問題点」商事法研究34号28頁以下（2006）参照）、証券取引所の上場基準等の改正まで導いたのである（東京証券取引所「買収防衛策の導入に係る上場制度の整備等に伴う株券上場審査基準等の一部改正について」（2006年3月7日）2頁、飯田一弘「買収防衛策の導入に係る上場制度の整備」商事法務1760号18頁以下（2006年）参照）。

害を及ぼしうるとして法定種類株主総会の開催が要求されるのかが明確でないと指摘されてきたが[255]、そうした問題が種類株式の自由化によっていっそう深刻なものとなる危険があることに対処するためのものである[256]。

　会社法は、第三に、種類株式の内容に関する定款規定の簡素化を認めることを通じても、種類株式の設計を柔軟化している。すなわち、平成13年11月改正により、トラッキング・ストックを含む利益配当に関する種類株式について規制が変更された[257]のを経て、平成17年会社法制定により、およそすべての種類株式について定款規定の簡素化が許されることになった。平成17年制定会社法は、まず108条1項で、種類株式の内容として定めることができる事項を掲げたうえ、同条2項において、種類株式の内容のうち定款で具体的に定めなければならない事項を列挙している。他方、会社法108条3項は同条2項の例外として、定款に定めを置くことにより、一定の事項については定款で「内容の要綱」のみを定め、具体的な内容の決定は取締役会等の決議に委ねることを許している。この一定の事項以外の事項、すなわち、定款の定めをもってしても取締役会決議等に具体的内容の決定を委ねることができ

---

[255] 松尾健一「種類株主総会制度と優先株主の経済的利益保護——アメリカ法を手がかりとして——」同志社法学55巻7号454頁以下（2004）参照。

[256] 相澤哲＝郡谷大輔「新会社法関係法務省令の解説(2)　株式・新株予約権・社債」商事法務　1760号10頁（2006）。もっとも、会社法322条1項は限定列挙と解すべきかどうかについては争いがある（山下友信「種類株式間の利害調整——序説」新堂幸司＝山下友信編『会社法と商事法務』81頁以下（商事法務、2008）参照）。平成17年改正前商法の下での議論も影響しているが、その議論については松尾・前掲255 454頁以下参照。

[257] 既述のように、平成2年改正商法は、利益配当優先株式の内容のうち、優先配当額については定款で具体的な額を定める必要はなく、その上限のみを定めれば足りるとした（本節1-2参照）。それに対し、平成13年11月改正商法は、①定款で定めるべき事項を「上限」ではなく「上限その他の算定の基準の要綱」に改めるとともに、②そのような定款の定めが許される種類株式を利益配当優先株式だけでなく、利益配当に関して内容の異なる種類の株式全体に拡大した（平成13年11月改正商法222条3項）。こうした改正の契機になったのは、やはりトラッキング・ストックである。トラッキング・ストック——これは必ずしも利益配当優先株には該当しない——については、その商品性からして、配当額の上限ではなく、むしろ「配当額の算定基準の要綱」が定款に記載されない限り、既存株主が自己にどのような影響を及ぶのかも把握できないと考えられるからである（江頭憲治郎＝神作裕之＝藤田友敬＝武井一浩編『改正会社法セミナー・株式編』389頁〔藤田発言〕（有斐閣、2005））。

ず、常に定款で具体的内容を定めるべき事項を規定しているのが、会社法施行規則20条である。
　この会社法施行規則20条各号に掲げられた事項はきわめて限定的であるため、種類株式全体について広い範囲で定款規定の簡素化が認められたことになる[258]。たとえば、残余財産分配に係る種類株式についても、剰余金配当に係る種類株式の場合と同様の規定が置かれた結果、常に定款で具体的内容を定めるべき事項とされているのは「残余財産の種類」だけにすぎない（施行規則20条1項2号）。このため、条文上、当該種類の株主に交付する残余財産の価額の決定の方法、および残余財産の分配に関する取扱いの内容（会社法108条2項2号）については、定款で「内容の要綱」のみを定めることが認められる。また、議決権制限種類株式については、「株主総会において議決権を行使することができる事項」のみを定款に具体的に定めたうえで、「議決権の行使の条件」などは、定款で「内容の要綱」を定めることで足りるとされている（会社法108条2項3号、施行規則20条1項3号）。

第4節　企業金融をめぐる平成改正と資本市場

1．平成改正のアクター

1－1　自己株式

　規制緩和は、平成の商法改正の一つの特徴である。事前規制から事後救済へ、というフレーズで語られることも少なくない。もともと自己株式にかか

---

[258] もっとも、定款規定について、どの程度の簡素化が認められるのか――「内容の要綱」の記載としてどの程度の記載が必要なのか――は、重要な解釈問題である。会社法の下での議論は多くないが、たとえば久保田安彦「株式・新株予約権」ジュリスト1315号26～28頁（2006）、山下・前掲256参照。なお、平成13年改正商法の下での解釈論については、江頭ほか・前掲257 382頁以下に詳しい。

る規制の歴史は、一貫して規制緩和の歴史であったといえ、平成以降に進展した規制緩和は過去に類をみないものであった。

自己株式に係る過去の規制は、大きく分けて六つのパートから構成されていた。自己株式の取得目的の規制、取得手続の規制、取得方法の規制、取得財源の規制、取得数量の規制、取得した自己株式の長期保有禁止（早期処分の強制）の規制である。取得目的と取得数量の規制は、自己株式取得の禁止の原則を前提とするものであった。既述のように、平成の改正ではこれらの規制のすべてが緩和されたが、ここでは、本書のコンセプトに従い、改正に関与した主体（アクター）と関連づけながら、その背景事情を振り返ってみよう。

背景事情の第一は、バブル崩壊後の長期経済不況である。それに最も敏感に反応したアクターは政財界のメンバーであり、経済不況から脱却するためには、株価を維持ないし上昇させなければならないという認識が強まるにつれ、政財界では、そうした「資本市場の活性化」を実現すべく、上場会社による自己株式取得を促進すべきであるという声が高まっていった。自己株式取得がどのように株価対策につながるのかのメカニズムは必ずしも明らかではないが、当時の政財界が期待していたのは、市場における株式需給関係の改善を通じた株価の上昇であったように思われる。自己株式取得規制の緩和は、平成4（1992）年8月以降に実施されていた、金融機関に対する株式売止め措置や公的資金による株式買支えなどを内容とする株価維持政策（いわゆるPKO）の延長線上に位置づけられていた。

もっとも、平成6（1994）年の商法改正後、みなし配当課税が凍結されて以降も自己株式取得のボリュームは期待ほどには膨らまず、その一方で、株価の下落は続いていた。これらに一定の相関関係を見い出した政財界は、上場会社による自己株式取得を促進すべく、取得手続規制だけでなく、取得ボリューム規制の緩和を主導することになる。こうして株価の下落に伴い金融危機の不安が深刻化するなか、平成9（1997）年の株式消却特例法制定、翌10（1998）年の株式消却特例法改正と相次いで行われた議員立法によって、自己株式に係る規制緩和は緊急経済対策としての側面を先鋭化させていくので

ある。

　株価の下落傾向は、景気回復への障害となるだけでなく、上場会社の経営者に敵対的買収の脅威をもたらすものであった。外国人株主の持株比率が徐々に高まる一方で、究極の買収防衛策ともいうべき株式持合いの解消に向けた動きが進行するにつれ、持合い解消の受け皿としても、自己株式の取得に期待が集まることになる。株式持合いが解消され株式が市場に放出されるとき、その株式を発行会社自身が取得すれば、安定株主の持株比率を維持することができる。また、持合い株式の市場への放出は、少なくとも短期的には株価の下落要因となるが、それに対処するためにも自己株式の取得が有効であると考えられた。

　平成改正の第二の背景事情は、ファイナンス理論、そして、ファイナンス理論の商法学者への浸透である。買収防衛策や株価対策としての自己株式取得は、古くから経済界が主張してきたものであったが、これに平成以前の大多数の商法学者は一貫して否定的なスタンスをとってきた。経済界の度重なる要望にもかかわらず、昭和年間に自己株式取得規制の緩和が小幅なものにとどまっていたのは、商法学者がいわばブレーキとしての役割を果たしてきたからにほかならない。これに対し、平成に入って以降、過去にはみられなかったような規制緩和が進展したのには、ファイナンス理論に賛同した商法学者――実際には消極的な賛同者も少なくなかったが――が大きな影響を及ぼしている。

　自己株式取得を通じて株主に余剰資金が返却されれば、会社資金の効率的な利用が促される――エージェンシー・コストが削減される――ことを期待しうる。市場がそう信じれば、株価は上昇するであろう。また、株価が会社の真実を反映せずに過小評価されているとき、会社の真実を最もよく知っているはずの経営者によって自己株式の取得が実施されれば、株価が過小評価されているというシグナルを市場に送ることができる。市場がそのシグナルを信じれば、やはり株価は上昇するであろう。ファイナンス理論の下、これらの意味で、自己株式取得は結果的に株価対策になりうると考えられた。

　シグナルとしての自己株式取得はともかく、余剰資金の返却方法としての

自己株式取得は、会社資金の効率的な利用を導くことに主眼があるだけに、商法学者にも受け入れやすい——少なくとも反対しにくい——ものであった。そして、それが結果的に株価対策になりうるというだけであれば、商法学者にとって、経済不況にあえぐ経済界の改正要望に強い異論を唱えることは難しい。こうした経済界と商法学界のバランスのなかで実現した平成6年商法改正は、最小限の規制緩和を志向して、自己株式取得の原則禁止のスタンスを維持したはずであり、その主眼は、株主への余剰資金の返却を促す観点から、定時株主総会決議に基づく利益消却のための自己株式取得を認めることにあった。

　しかし、他方で、長期保有（いわゆる金庫株）の禁止規制を別にすれば、株主への余剰資金返却を促進すべきとされ、そのための自己株式の取得が正当化された平成6年改正の時点で、その後の規制緩和への道筋はつけられていたといえる。第一に、同改正法は、定時株主総会決議に基づく利益消却のための自己株式取得について、何のために消却するのか、利益消却の目的それ自体は制限しなかったから、実際上は幅広い目的のために自己株式を取得することが可能になった。他方、仮に利益消却の目的をたとえば余剰資金の返却に限るとする規制を設けようとしても、そのエンフォースメントが難しい以上、そうした規制にはあまり意味がない。平成6年改正では、自己株式取得の原則禁止のスタンスが維持されたといいつつも、いったん利益消却のための自己株式取得が認められてしまえば、もはや取得目的規制は撤廃されたに等しかった。第二に、利益配当と比べて自己株式取得の方が機動的になしうるという差別化が図られない限り、自己株式取得の規制を緩和して余剰資金返却メニューを多様化したとしても、それがもつ意味は薄れてしまう。平成6年改正の後、なるべく株主総会の関与を排除する方向で自己株式取得の手続規制が緩和されていったのも、いわば自然な流れであったといえる。第三に、余剰資金とは、資本コスト以上の利益率をもつ投資機会をすべて採用したうえで残る残余の資金のことをいうが、余剰資金の返却という観点からすると、各会社がどれくらいのボリュームの自己株式を取得すべきかは、どれくらいの額の余剰資金があるのかによって決まるべきものである。それ

は貸借対照表上の配当可能利益——伝統的に自己株式取得の中核的な取得財源とされてきたもの——とは全く一致しないし、取得すべき自己株式の数が発行済株式総数の一定割合という形で一義的に定まるわけでもない。規制緩和の対象がボリューム規制としての財源規制や数量規制に及ぶのも時間の問題であった。

　平成改正の第三の背景事情として、規制が複雑化し、あるいは規制の不均衡が拡大するのに伴い、規制を整理し、規制の不均衡を解消すべきとする要請が強まったことがあげられる。平成における自己株式に関する規制緩和は、その過程で、幾多の規制の不均衡をもたらし、それが次の改正を導くという流れがみられた。規制緩和を行うにあたって他の規制との整合性が必ずしも十分に考慮されなかった結果であるが、それは規制緩和が緊急経済対策としての色彩を帯びており、立案に割くことのできる時間的余裕に乏しかったことと無縁ではない。法制審議会の審議を経る時間的余裕がなく、政財界の主導の下、議員立法の形がとられたことも大きな要因である。

　その意味で、この面でのアクターは政財界のメンバーであるともいえるが、他方で、規制の不均衡の是正を最も強く求めるとともに、実際の是正作業のなかで中心的役割を果たしたのが商法学者である点に着目すれば、むしろ主要なアクターは商法学者であるとみるべきであろう。

　とりわけ多くの規制の不整合を生んだのは、平成9年商法改正、平成9年株式消却特例法制定および平成10年株式消却特例法改正であり、平成13年以降の商法改正は、商法学者の実質的な主導の下、それらの規制の不整合を解消するための規制の整理にあてられたといえる。規制を整理するときにベースとなったのは株式消却特例法上の規制であり、それは商法上の規制と比べて緩和されたものであった。まずは株式消却特例法上の規制を商法本体に組み込んだうえで、その規制をベースに、他の規制との整合性が図られた。緩い規制がベースになっているから、こうした規制の整理は、その当否はともかく、他の規制についても緩和する方向に作用しやすい。法定準備金の減少手続の新設は、かかる例の典型であろう。

　自己株式の長期保有（いわゆる金庫株）の許容もまた、規制の整理の帰結

である。経済的実質が同じ行為については、同じ規制をかけるのが望ましく、別の規制をかけることによって生じる不均衡は解消されなければならない。そのような考え方の下、「取得した自己株式を消却せずに保有し、その後に処分するケース」と「取得した自己株式を消却し、その後に新株発行を行うケース」とで規制の統一化が図られた結果、もはや長期保有を認めても問題ないとされたのである。

1−2 新しいエクイティ型金融商品

平成以前の商法は、オプションと種類株式についても、例外的にしか株式会社による発行を認めないとするスタンスをとっていた。これに対し、平成に入ると規制緩和が進展し、最終的には一般的に許容されるまでに至った。かかる改正の背景事情とアクターは、おおよそ自己株式に関するものと符合するが、その比重は必ずしも同一ではない。

すなわち、第一の背景事情は、やはりバブル崩壊後の長期経済不況である。経済不況からの脱却にとって、ベンチャー企業の育成が欠かせないが、そのような政策目標を実現するためには、ストック・オプションを役員等に付与しやすい法環境を整備しなければならない[259]。それとともに、ベンチャー・キャピタルをはじめとするプロ投資家からの出資を促すべく、「キャッシュ・フローに対する権利」と「コントロールに関する権利」を株主間で柔軟に配分できるような法環境を整えるべきであり、そのためには種類株式の自由化が必要であると考えられた[260]。

バブル経済崩壊後の状況で、資本市場の活性化もまた、景気回復のための重要な政策目標であった。資本市場の活性化は、資金需要者(証券発行体)たる会社の側に着目すれば、間接金融の困難、すなわち金融機関の体力低下に伴う金融機関のリスク負担の困難を背景に、会社のエクイティ型金融商品設計の自由度を高めることによって、魅力ある金融商品の組成を促進し、投

---

[259] 特に平成9年商法改正について、保岡・前掲80 2〜4頁参照。
[260] このことはファイナンス理論の立場からも支持されたから(前掲225の文献参照)、第二の背景事情としての側面も有しているといえる。

資家からの会社への資金の流れを後押しすることを意味していた。そのためには、「金融商品の仕組み法」たる商法（会社法）の規制緩和が必要であるとされ、そうした要請がコール・オプション発行の自由化──新株予約権制度の創設──と種類株式設計の柔軟化に結実したのである。

　第二の背景事情は、ファイナンス理論を含む経済学の影響である。コール・オプションについては、平成13（2001）年11月改正によって新株予約権制度が導入された当時、金融商品としての現実の実務ニーズは転換社債と新株引受権附社債しかなく、経済界が規制緩和を求めていたのはストック・オプションだけにすぎない。それにもかかわらず、オプション発行が自由化されたことには、ファイナンス理論とその商法学者への浸透が決定的な影響を及ぼしている。オプションの価値をオプション評価モデルで算定できるのであれば、その評価額（公正価額）でオプションが発行される限り、既存株主の保護は問題にならない。資本市場における価格づけも適正に行われるはずであるから、現実の実務ニーズが認められるものについてだけ例外的にオプション発行を許容するのではなく、オプション発行を一般的に解禁することにしても差し支えないであろうと考えられた。むしろ、ファイナンス理論に同意した商法学者は、こうしてオプション評価モデルによる価値評価を強調することにより、過去、目的株式の株価水準と比して非常な安値で転換社債・新株引受権附社債が発行され、既存株主の持株価値の希薄化がもたらされていた実務が是正されることを強く期待したのである。

　また、上場会社が発行体となるケースに関する限り、コール・オプション、そして種類株式の自由化は、それら金融商品の設計について、資本市場での競争が生まれることに期待するものであったとみることもできる。仮に投資家にとって魅力のない──株主・投資家を害するような──金融商品が設計され発行されれば、その金融商品ひいては発行会社も資本市場での競争に敗れて、淘汰されるにすぎない。したがって、法律の果たすべき役割は、投資家に十分な情報提供をすることで足りるとされ、そうした考え方がエクイティ型金融商品の設計・発行にかかる事前規制の緩和を正当化したと考えられるが、このように、市場での競争に最大限の価値を置くアプローチは、経

済学に由来し、あるいは理論的に補強されたものであった。

　いずれにせよ、過去の法改正が理論に即したドラスティックな改革ではなく、現実の実務に即したプラクティカルな改善を志向していたのに対し、近時の法改正は、経済学の影響の下、過去の改正とは異なる方向性を有していたといえる[261]。

　第三の背景事情として、オプションや種類株式についても、自己株式の場合と同じく、商法学者を中心に、規制を整理し、規制の不均衡を解消すべきとする意思が強まったことがあげられる。オプションについては、平成13年11月改正前商法の下でも、分離型の新株引受権附社債を利用すれば、新株引受権の単独での取引もできたのであるから、ストック・オプション以外にも、オプションの単体発行を認めない理由は乏しい[262]。他方で、転換社債、新株引受権附社債、ストック・オプションは、いずれもオプション発行を伴うものであり、既存株主に及ぼす影響という点では変わらないはずである経済的実質が同じ行為については、同じ規制をかけるのが望ましく、別の規制をかけることによって生じる規制の不均衡は解消されるべきであると考えられた。とりわけ緊急経済対策としてストック・オプションを導入した平成9年改正商法は、同じストック・オプションのなかでさえ、自己株式方式と新株引受権方式との間に顕著な規制の不均衡を内包していたために、――緩い方に規制をあわせるべきであるとする経済界の要望もあって――規制の整理の要請を加速させることになった。この意味で、平成13年11月改正による新株

---

[261] 種類株式制度の改正について、こうした対称性を強調するものとして、若林・前掲150 202～204頁参照。なお、平成17年制定会社法は平成改正の一応の集大成といえるが、その立案担当者は、「少なくとも、私どものような役人や、学者の先生方というのは別に会社を動かしているわけではありませんから、われわれが勝手にニーズがあるかどうかを議論すること自体、適当ではないと思います。会社を利用しているわけでもないわれわれが、想像できる範囲のニーズがないからといって制度化しないという考え方は、法制的には全く合理性はないものですし、やや傲慢な考え方だと思います」(稲葉威雄＝郡谷大輔「〔対談〕会社法の主要論点をめぐって」企業会計58巻6号177頁(2006)〔郡谷発言〕)と述べて、必ずしも現実の実務ニーズの有無を考慮していないことを明らかにしている。

[262] 原田晃治「平成13年改正商法(11月改正)の解説〔Ⅱ〕――株式制度の改善・会社関係書類の電子化等――」商事法務1636号20頁(2002)。

予約権制度の導入は、それ自体が規制緩和を導くものであると同時に、過去の規制緩和の後処理としての側面を有するものでもあったといえる。

　規制整理の要請は、種類株式の自由化にも影響を及ぼしている。平成13年11月改正の立案担当者が述べるように、同改正前商法の下でも、わずかな額の配当優先さえ定めれば無議決権株式とすることができる以上、無議決権普通株式も認められてもよい。しかも、配当優先無議決権株式が認められるということは、普通株式について利益配当請求権という自益権を制限するのを認めるのに等しい。自益権という重要な権利の制限が許されるならば、自益権確保の手段たる共益権、とくに議決権を制限することを認めない理由はない、と考えられたのである[263]。そして、このような考え方の基底をなしていたのは、伝統的な商法が採用してきた「型アプローチ」の合理性への疑念——種類株式の内容として、理論上どのような「型」を許容すべきかは一義的には決められないとする見方——の、商法学者間における高まりであった。

2．平成改正と資本市場

2−1　資本市場の活性化、資本市場による規律付け、そして商法の規制緩和

　既述のように、企業金融をめぐる平成の商法（会社法）改正は、おおよそ規制緩和の方向性を有していた。そこで強調されたのは、資金需要者たる会社の自由度を高めるという観点、あるいは調達資金の運用者としての経営者の裁量権を広げるという観点である。それは、会社、実質的にはその経営者が「よいこと」——自己株式の取得や新しいエクイティ型金融商品の設計・発行——をしようと考えたとしても、会社法がその障害となっているために、経営者の考えが十分に実現できないという問題意識に基づくものであっ

---

[263] 原田晃治「平成13年改正商法（11月改正）の解説〔Ⅵ〕——株式制度の改善・会社関係書類の電子化等——」商事法務1642号28頁（2002）。

た。それは反面で、会社法が経営者に対して、会社法上の規制があるために「よいこと」ができないといういい訳の余地を与えているという認識であったといえる。

　上場会社に関する限り、こうした規制緩和の第一次的な目的は、「資本市場の活性化」という名の株価対策に置かれていた。それは、上記の問題意識との関係でいえば、法改正で可能ならしめるべき「よいこと」かどうかの判断基準として、「資本市場の活性化」に資するかどうかが重視されたことを意味する。そして、何が、その意味での「よいこと」なのか、商法学者も賛同するような解——実際のところは消極的な賛同も少なくなかったが——を与えたのが経済学であった。

　もっとも、上場会社の自由度、あるいは経営者の裁量権が拡大したとしても、実際に「よいこと」が行われるかどうかはわからない。あるいは逆に、濫用の危険を増やすだけかもしれないが、こうした懸念が唱えられるときに持ち出されたのは、やはり資本市場であった。市場の規律付けを前提とした規制緩和が求められたのである[264]。

　この点、巨視的にみれば、商法（会社法）上の規制緩和は、経済構造改革の一環として位置づけられる。当時における経済構造改革の推進力の一つとなったのは、平成6（1994）年12月に行政改革委員会・規制緩和小委員会として設置された後、平成9（1997）年12月の閣議決定「規制緩和の推進等について」に基づき、行政改革推進本部の下に設置された規制緩和委員会[265]である。平成11（1999）年4月6日に規制改革委員会に名称変更された同委員会によれば、バブル経済崩壊後、わが国は経済の「ソフト・ランディング」を名目に、経済構造改革を先送りにし、短期的な景気浮揚策や経済システム安定策を優先してきた。その結果を総括すれば、一定の景気維持効果は達成されたが、構造改革が十分に進展していないため、自律的な景気回復への切替えが

---

[264] たとえば、浜田・前掲51 39頁は、自己株式取得規制が緩和されれば、株価低迷という市場からの厳しい評価に直面した経営者は、自己株式の取得によって機動的に株価のてこ入れを図ることが予想されうるから、利益留保の適切さに関する取締役会の判断の誤りは市場で糺されやすくなる、とされていた。

達成できず、市場規律重視のグローバリゼーションの流れからも大きく取り残されていた。景気循環のなかで、不況期には必要な経済構造の転換が図られ、次なる好況期の準備がなされることが持続的な経済発展には不可欠である。より具体的に、めざすべきは、「市場原理を積極的に活用し、才能、能力の発揮や努力が報われる競争社会の構築」であり、わが国がそのシステム・制度を変革することにより、人材や資源・資金が市場原理に則ってより有効に活用され、また、画一的な制度や過剰な規制から解放されて個人の創意工夫、企業の自由な活動が十分になされ、そのポテンシャルが実現すれば、わが国の経済は必ず立ち直る[266]と考えられた。

　ここで想定されているのは、市場による規律付けを前提とした規制緩和である。企業金融との関係に立ち戻れば、商法（会社法）上の規制が緩和され、エクイティ・ファイナンス手段が多様化されれば、上場会社は、財務状況や事業リスクなど自社の特性に最も適した手段を、金融機関との共同作業によって、多様な選択肢のなかから能動的に選択することが可能となる。反面で、上場会社にとっては、これまで以上に資金調達コストに見合うリターンを確保することが重要になる。基本に据えられるべきは、資本市場で形成される会社の評価が、株価、格付け、金利等を媒介として会社の行動を規律付けるという、資本市場と上場会社との間の緊張関係であるとされた[267]。

---

[265] なお、規制緩和委員会には、平成10（1998）年9月22日以降、商法学者である神田秀樹東京大学法学部教授も委員として加わった。「金融・証券・保険」の分野を中心にした審議への貢献を期待されたものである（平成10年度第4回規制緩和委員会議事概要〈http://www.kantei.go.jp/jp/gyokaku-suishin/981001dai4.html〉）。神田は、その後、規制改革委員会にも委員として参加するとともに（平成11年度第1回規制改革委員会議事概要〈http://www.kantei.go.jp/jp/gyokaku-suishin/990430dai1.html〉）、法務・金融担当ワーキング・グループの責任者を務めている（平成11年第3回規制改革委員会議事概要〈http://www.kantei.go.jp/jp/gyokaku-suishin/990603dai3.html〉、平成12年第1回規制改革委員会（平成12年4月10日）議事概要〈http://www.kantei.go.jp/jp/gyokaku-suishin/12nen/dai1/1gaiyou.html〉）。

[266] 行政改革推進本部規制改革委員会・前掲192〔第一章総論序〕。

[267] 通商産業省産業政策局編『創造・革新型コーポレート・システムと金融・資本市場の役割（産業構造審議会総合部会基本問題小委員会報告書）』（東洋経済新報社、1998）24頁以下。

第4節　企業金融をめぐる平成改正と資本市場

　資本市場を通じた評価がシビアに行われるようになるなかで、上場会社が効率的な資金調達を行おうとすれば、資本コストの認識が欠かせない。これまでは市場型資金調達が未発達であったこと、長期保有の持合株式等に支えられた内部留保に大きく依存していたこともあり、経営者による資本コストの認識は不十分なものであった。しかし、経営者が資本コストを認識するよう求められるとともに、自己株式の取得が自由化された状況では、余剰資金を内部にため込むような経営は許されなくなる。上場会社が資本コスト以上の利益率をもつ投資機会をすべて採用したうえで、それでもなお会社に資金が残るのであれば、そうした余剰資金は株主に返却されなければならない。従来は、余剰資金の返却を拒む理由として、安定配当の維持を持ち出すこともできたが、自己株式取得が自由化された状況では、自己株式取得を通じて余剰資金を返却すればよいだけであるから、もはやいい訳は許されないはずである。これが商法学者の同意したストーリーであった。

　たしかに、こうしたストーリーは、少なくとも部分的には実現されているようにみえる。上場会社のエクイティ・ファイナンス手法は多様化し、新しい金融商品の発行例が増加した。顕著なのは新株予約権が発行されるケースであり、なかでもいわゆるMSCB（権利行使価額修正条項付転換社債型新株予約権付社債）は、平成15（2003）年以降、上場会社による発行が急速に拡大した。このMSCBは、特定の証券会社に対して第三者割当ての方法で発行された後、当該MSCBを引き受けた証券会社が、株価への影響を極力抑えつつ随時株式に転換し、一定の時間をかけて市場で売却するか、あるいは機関投資家等に相対で販売するものとされている。当初は、再建をめざす経営不振企業による発行が中心であったが、次第に、自己資本の円滑な拡充をめざす経営が堅調な企業においても、多様化する資金調達手段の一つとして有効に利用される事例が多くみられるに至った。証券会社とそのグループ会社を引受先とするMSCBの発行規模は、株式市場における相場環境の好調さにも起因して、平成17（2005）年度上期には発行件数61件、発行金額5,079億円、平成17年度下期には発行件数73件、発行金額5,426億円となり、エクイティ・ファイナンス全体に占める割合も、平成17年度上期には57パーセントにまで

達している[268]。MSCBの発行は、過剰債務に悩む企業にとって、調達資金で借入を返済し負債比率を改善するための手段としての役割を果たしており、そのことは実証分析でも裏付けられるとされる[269]。こうしたMSCBはすでに1990年代に発行例がみられる[270]から、必ずしも平成の商法(会社法)改正によって初めて発行が可能となったものではないが、それでも規制緩和によって設計の柔軟性が高められたことが発行例の増加の要因としてあげられるであろう。近時、新株予約権の単体発行による資金調達の例[271]が増加していることも、その延長線上に位置づけられる。また、種類株式についても、平成19(2007)年9月に、伊藤園が無議決権剰余金配当優先株式を東京証券取引所第一部に上場させて話題を集めた[272]。

他方、上場会社による自己株式取得のボリュームも着実に大きくなっている。生命保険協会アンケート調査によれば、東証一部・二部上場企業による自己株式取得の総額は、平成7年度1,000億円、平成8年度1,000億円、平成9年度5,000億円、平成10年度4,000億円、平成11年度5,000億円、平成12年度7,000億円、平成13年度1兆4,000億円、平成14年度3兆1,000億円、平成15年度2兆5,000億円、平成16年度2兆5,000億円、平成17年度4兆4,000億円、平

---

[268] 日本証券業協会「会員における引受審査のあり方・MSCBの取扱いのあり方等について——会員における引受審査のあり方等に関するワーキング・グループ最終報告——」(2007年2月22日)16頁〈http://www.jsda.or.jp/html/houkokusyo/pdf/hikiuke4.pdf〉。

[269] 広瀬純夫=大木良子「日本におけるエクイティ・ファイナンスの実情」商事法務1874号21頁以下(2009)、田中亘=広瀬純夫=大木良子「資金調達手法の選択と既存株主の利益——CB、MSCBと時価発行増資の比較——」東京大学GCOEソフトロー・ディスカッション・ペーパー・シリーズ(GCOESOFTLAW-2009-1)1頁以下(2009)。

[270] 松本啓二『クロス・ボーダー証券取引とコーポレート・ファイナンス』93~100頁(金融財政事情研究会、2006)。

[271] 新株予約権の単体発行による資金調達スキームについては、松尾順介=大杉謙一=岡村秀夫「新しいファイナンスをめぐる問題について——MSCBおよび新株予約権をめぐって——」証券経済研究64号67~70頁(2008)参照。

[272] もっとも、同社の優先株式の価格は、同社の普通株式の価格と比べて、相対的に低迷しているようにみえる(谷川寧彦=久保田安彦「会社法における種類株式設計の柔軟化とそのコスト」宮島英昭編『企業統治分析のフロンティア』(日本評論社、2008)204頁以下参照)。

成18年度4兆円、平成19年度4兆5,000億円、平成20年度4兆1,000億円とおおよそ一貫して増加傾向にある[273]。本当のところ、会社が自己株式を取得する目的は明らかではないが、それにもかかわらず、自己株式の取得は、株主への余剰資金の返却という（副次的）効果を伴うのが通例であろう[274]。会社が余剰資金を抱えている限り、自己株式を取得すれば、結果的に株主に余剰資金を返却したことになるところ、わが国の上場会社で全く余剰資金をもたない会社は少数にとどまると考えられるからである。

このように企業金融をめぐる平成の商法（会社法）改正は、資本市場の機能を最大限に利用しようとするものであり、そうした目論見は一定程度の成果を収めているといえる。しかし、それにもかかわらず、平成改正が逆に資本市場の機能発揮を阻害している可能性も否定できない。一つは株主構成の問題であり、もう一つは、投資家が負担すべきコストとリスクの増加によるものである。以下、順次みてみよう。

---

[273] 平成19年度から21年度にかけての、生命保険協会アンケート調査結果「株式価値向上に向けた取り組みについて」参照。これらの調査結果は、同協会のHP〈http://www.seiho.or.jp/data/news/index.html〉から入手できる。

[274] 柳川範之『法と企業行動の経済分析』212頁以下（日本経済新聞社、2006）は、1995年度から1999年度までにわが国の上場企業が実施した株式消却のための自己株式取得が株価に及ぼす影響について、イベント・スタディの分析手法を用いて実証研究を行った。その結果、上場企業による自己株式取得によって当該企業の株価が上昇し、かつその効果は一時的なものではないことが観察されるとして、それらはもっぱら余剰資金返却またはシグナリングの効果によるものである、とする。また、牧田修治「わが国上場企業の自社株買いに関する実証研究——フリーキャッシュフロー仮説の検証——」現代ファイナンス17号63頁以下（2005）も、1996年度から2001年度までの間の東証一部上場企業による自己株式取得について、同様の手法で実証研究を行った結果、余剰資金が豊富な企業で自己株式が取得されていること、自己株式取得の決定をアナウンスした企業では設備投資の増加がみられないことなどから、もっぱら余剰資金の返却のために自己株式が取得されている、とする。他方、花枝英樹＝芹田敏夫「日本企業の配当政策・自社株買い——サーベイ・データによる検証——」現代ファイナンス24号129頁以下（2008）は、上場会社を対象にペイアウト政策についてのサーベイ調査を行い、自己株式取得について、日本企業の平均的な認識として本来の役割に関する理解が十分でないが、フリーキャッシュフロー仮説は棄却できないこと、シグナリング仮説は支持されることのほか、自己株式取得・配当というペイアウト政策を敵対的買収防止手段として考えている企業が多いといった結果を導いている。

2－2　資本市場を通じた金融資源の効率的配分と会社法

　株式市場や債券市場といった資本市場には、限られた金融資源をさまざまな用途に効率的に配分するといった機能が期待されている。ただ、実際に資本市場がそうした機能を十全に発揮するためには一定の条件が必要であり、金融商品取引法の目的も、情報開示規制や不公正取引規制などを通じて、かかる一定の条件を整備することに置かれているが[275]、なかでも重要なのは、市場の効率性と呼ばれる条件であろう。株式などの金融商品の市場価格にその「実体価値」に関する情報が即時に偏りなく反映されているとき、市場は「情報に関して効率的」、あるいは単に「効率的」である、といわれる。

　市場が効率的であれば、とりわけ株式の市場価格は、経営者、投資家、債権者など、会社を取り巻く利害関係人にとって有益なシグナルとなる。株式という金融商品が、会社のキャッシュ・フローに対する「残余権」（residual claim）を本質的な要素としており[276]、多くの場合、残余権の価値の大きさは企業価値の大きさに比例するからである。たとえば、あるプロジェクトを実行するために上場会社が株式発行によって資金を調達するケースを考えてみよう。仮に「時価」で株式を発行するとしても、そのプロジェクトが見込み

---

[275] 金融商品取引法の目的については、平成18年改正の前後を通じて、見解の対立がみられる。ただ、平成18年改正により、1条の目的規定も修正され、「資本市場の機能の十全な発揮による金融商品等の公正な価格形成等を図り」という文言が追加されたことに鑑みても、金融商品取引法の目的（少なくとも重要な目的の一つ）が資本市場の機能発揮のための条件整備にあることは疑いない。なお、立案担当者によれば、上記の文言追加は、資本市場が大きく発展していることをふまえて、いわゆる市場法としての性格を有することを明確にするためであるとされる（小島宗一郎＝松本圭介＝中西健太郎＝酒井敦史「金融商品取引法の目的・定義規定」商事法務1772号18頁（2006））。

[276] 一般に、デットと対比させたときのエクイティの特徴としては、(1)デットはその保有者が会社から受け取るキャッシュフローがあらかじめ契約で定められているのに対し、エクイティには会社が債務を支払った後に残った分のすべてが帰属するという意味での「残余権」の性質をもつことのほか、(2)デットは弁済期に利息等の支払いがないとデフォルトになるのに対して、エクイティはそのようなことがない点があげられる（藤田友敬「社債の多様化——エクイティ性のある社債を中心に——（上）」月刊資本市場162号40頁（1999）、神田秀樹「株式の性質および社債との比較」浜田道代＝岩原紳作編『会社法の争点』24頁（有斐閣、2009））。

のないものであり、投資額に見合うほどの利益が会社に期待できないのであれば（NPVがマイナスであれば）、当該会社の株式の実体価値は希薄化することになる[277]。そうした情報を株価が反映して、株価の下落が生じれば、経営者は当初の計画を思いとどまって、株式発行やプロジェクトの実行を中止したり修正したりするかもしれないが、市場が効率的でなく、株価が下がらなければ、経営者はそうした行動はとらないであろう。

　この意味で、市場の効率性は、金融資源の効率的配分のための必要条件であるが[278]、他方で、市場が効率的であればそれで十分というわけではない。上記のケースで、仮に株価が下落したとしても、経営者がそれを厭わないのであれば、やはり見込みのないプロジェクトのための株式発行は中止・修正されないからである。もとより、プロジェクトの見込みについて、市場の評価が常に正しいわけではない。とりわけ当該プロジェクトに関するすべての情報が開示されるわけではないため[279]、情報の非対称性のゆえに、経営者の評価の方が正しいということは十分にありうる[280]。しかし反面で、常に経営者の評価の方が正しいとはいえないし、むしろ市場の評価の方が正しい場合

---

[277]　小宮隆太郎＝岩田規久男『企業金融の理論〔第3版〕』263～295頁（日本経済新聞社、1978）、吉本健一「新株発行のメカニズムと法規制のあり方」同『新株発行のメカニズムと法規制』3～26頁（中央経済社、2007、初出1985）、倉澤資成＝広田真人「時価発行増資におけるプライス・メカニズム（上）（下）」商事法務1323号2頁、1324号19頁（1993）、藤田友敬「Law & Economics 会社法(6)──株式会社の企業金融(1)──」法学教室264号95頁以下（2002）。なお、ここでいう「時価」としては、大別して、①株式発行（計画）に関する情報（調達資金がどのようなプロジェクトに投資されるのかという調達資金の使途（計画）に関する情報も含む）が開示され、その情報が反映された株式の市場価格と、②そうした情報が反映される前の株式の市場価格──その典型は株式発行（計画）の開示前の株価である──とが考えられる。公募増資（時価発行）で、ブックビルディングの方法によって払込金額が決定される場合の「時価」は①を指す一方、時価による第三者割当増資の場合の「時価」は②を指すことが多いが、「時価」をそれら①と②のいずれの意味にとったとしても、本文で述べたような既存株主の持株価値の希薄化は生じうる。ただし、藤田・前掲277 99頁以下で詳らかにされているように、①と②のいずれの価格で発行するかによって、株式価値の希薄化（株価の下落）が生じたときに、それによる損失を既存株主と新株主（株式引受人）とがどのような割合で負担するのかは異なる──したがって、株式発行方法としてどのような方法が採用されるかによって既存株主の損失の大きさも異なる──。

は少なくないと考えられる。だからこそ、資本市場に金融資源の効率的配分という機能が期待されるのである。そうであれば、そうした資本市場の機能を十全に発揮させるためには、経営者に株価の動向に示される市場の評価を考慮させて、会社の価値の最大化に向かわせるための仕掛けが追加的に用意されるのが望ましい。

現在、そのような仕掛けを第一次的に提供する役割を担っているのは会社法であり、かかる仕掛けの最たるものとして、会社法は、株主に株式会社のコントロール権を与えている。そして、そうした制度設計の基底にあるのは、歴史的な要因を別にすれば、やはり株式という金融商品が会社のキャッ

---

278 よく知られているように、市場の効率性は、その程度によって三つの段階（ウィーク型、セミ・ストロング型、ストロング型）に分けられるが、本文に記したように、プロジェクトの見込みが株価に反映されるためには、少なくともセミ・ストロング型――公表され利用可能になったすべての情報が、即時にかつ偏りのない形で証券の価格に織り込まれる――の効率性が市場に備わっていなければならない。ただし、実証研究の結果からみても、そもそもわが国の市場が、そうした意味で効率的なのかどうかは明らかではないとされる。他方、アメリカでは、セミ・ストロング型の効率的資本市場が成り立っているとする実証研究結果もみられるが、そうした研究結果は、必ずしも資本市場における証券価格が本質的価値（証券保有者への期待収益の現在価値）を反映していることを意味するものではないとする見方も有力であるといわれる（岩原紳作「証券市場の効率性とその法的意義」貝塚啓明編『金融資本市場の変貌と国家』99頁以下（東洋経済新報社、1999））。このように、わが国の資本市場がセミ・ストロング型の効率的市場ではない、あるいは、本質的価値は証券価格に反映されていないとすれば、プロジェクトの見込みについても、市場の評価を信頼できる程度は小さくなり、市場による規律付けに多くを期待することはできなくなるであろう。しかし反面で、プロジェクトの見込みについて、常に市場の評価よりも経営者の評価を信頼できるというものではないし、少なくとも、いずれの評価が正しいのかを事前に判別するのが難しい以上、経営者に株価の動向に示される市場の評価を考慮させる必要が失われるわけではない。

279 なお、会社法には、株式発行や社債発行による調達資金（手取金）の使途について、その情報を開示すべきとする規定は置かれておらず、過去の商法にもかかる規定が置かれたことはない。それが開示されるのは、取引所規則による適時開示の対象とされるとともに（東京証券取引所・有価証券上場規程402①ａなど）、金融商品取引法上の有価証券届出書などの記載事項とされていることによる（金融商品取引法51条、開示府令8条、なお、会社法201条5項参照）。

280 また、前掲278で触れたように、そもそもわが国で、セミ・ストロング型の効率的資本市場が成り立っていない、あるいは、本質的価値は証券価格に反映されないとすれば、プロジェクトの見込みについても、市場の評価を信頼できる程度は小さくなる。

シュ・フローに対する「残余権」(residual claim) を本質的な要素としており、株主は残余権者であるとされているために、会社の価値を最大化させるインセンティブが比較的大きい[281]という考え方であると理解される。こうした考え方からすれば、株主のコントロール権はその有する残余権に比例して与えられるのが望ましく、一株一議決権原則はそれを具体化したものであるとされている。また、経営者を会社価値の最大化に向かわせるための仕掛けとしては、敵対的買収があげられることも多いが、敵対的買収がそうした経営の規律付け機能を果たしうるのも、株主に会社のコントロール権がその有する残余権に比例して与えられているからにほかならない[282]。

しかし、平成改正による自己株式取得規制の緩和は、上記のような会社法の設計思想を損ない、株主総会や敵対的買収による経営の規律付けを弱めるだけでなく、それを通じて、金融資源の効率的配分という資本市場の機能発揮をも阻害しているかもしれない。というのも、規制緩和の結果、上場会社の経営者が、自己株式の取得を通じて、会社の株主構成を制御しようとする危険が大きくなったからである。過去にその典型例として懸念されていたのは、現実に敵対的買収のターゲットとされたとき、それを防衛するために上場会社が自己株式を取得するケースであった[283]。そうした有事のケースは極端であるとしても、平時に安定株主の持株比率を維持ないし増加させるために、上場会社が市場で自社の浮動株を取得しようとすることは十分にありうる[284]。現行会社法上、上場会社が市場から自己の浮動株を取得するケース

---

[281] 落合誠一「企業法の目的」岩村正彦ほか編『岩波講座 現代の法(7) 企業と法』(岩波書店、1998) 4頁。より正確には、会社の価値を最大化させるインセンティブは、会社の価値の限界的な増減に応じて自らの損益が増減する者(限界損益の帰属者)にあるが、多くの場合、株主の保有する残余権は会社の限界損益に一致するからであると説明される(得津晶「持合株式の法的地位(5・完)」法学協会雑誌126巻10号2034頁(2009))。

[282] 加藤・前掲150 67〜68頁・449頁。

[283] この問題について詳述したものとして、中東・前掲131 366頁以下参照。

[284] ブルドックソース事件最高裁決定(最決平成19年8月7日民集61巻5号2215頁)が、株主総会決議(特別決議)による承認を受けていることが買収防衛策の適法性の要件となる旨を示唆したことも、上場会社に安定株主対策を促す大きな要因になっている可能性がある(田中亘「株式持合いと買収防衛策——法規制のあり方」NBL872号36〜37頁(2008))。

では、市場価格つまり適正価格での取得であるとされて、取締役会決議限りで取得することができるから、その意味でも、そうした自己株式取得がなされる可能性は小さくない。実際、これまで経済界が規制緩和を要望してきた一つの理由は、株式持合い解消の受け皿として自己株式を取得し、安定株主比率を維持したいと考えたからであった[285]。

一般に、安定株主としては、従業員持株会のほか、持合株主があげられるが、それらの者は、議決権を行使する際に、株式保有割合に応じて分配される会社のキャッシュ・フローだけでなく、それとは無関係な——したがって、企業価値の最大化とも無関係な——私的利益をも考慮する危険が小さくない。持合株主の場合であれば、株式持合いによって生じる取引関係の安定化などのほか、お互いの株主総会での経営者提案について見込まれる賛成票の議決権が重要である。そうした私的利益の考慮は、彼らに株主としてのコントロール権を与えることの正当化根拠を弱めるであろう。

すでに指摘されているとおり[286]、これは株主に私的利益（private benefit）が生じる場合、つまり、株主が株主以外の地位を兼ねている場合一般に生じる問題である。たとえば、特定のプロスポーツ球団のファンが、当該球団を保有する会社の株主となった場合についても、その株主が、会社の価値の最大化とは直接的な関係のない、球団の最強化を求めるのであれば、やはり彼らに株主としてのコントロール権を与えることの正当化根拠は弱められるとされる。

ただ、それにもかかわらず、やはり株式持合いは、特に問題が大きいように思われる。株式持合いの場合には、構造的に経営者の地位保全に有利に働くのに対して、株主が株主以外の地位を兼ねている場合一般については、必

---

[285] 既述のように、こうした安定株主対策のための自己株式取得は、経済界の改正要望の主たる理由であった。また、平成13年商法改正の立案担当者は、「会社が自らの長期的利益の観点から、敵対的買収の脅威にさらされることが、会社にとっても必ずしも利益にならないと判断し、かかる判断に基づいて、敵対的買収をいわば一般的に予防するために、会社が自己株式を取得することは、商法上、特に問題ない」としていた（原田＝泰田＝郡谷・前掲132 11頁注3）。

[286] 得津・前掲281 2048頁以下。

ずしもそうとはいえないという違いが認められるからである。たとえば、上記の球団ファンである株主の場合であれば、その者は経営者が球団の強化に成功しなければ、その経営者を支持しないであろう。つまり、その株主は、球団の最強化という別のゴールを経営者に求めるだけであり、その存在が必ずしも経営者の地位保全に有利に働くとは限らない。これに対し、古くからいわれてきたとおり、持合株主は、その私的利益の一つがお互いの株主総会での経営者提案について見込まれる賛成票の議決権であるところ、それを実現するために、経営者が常にお互いを支持しようとするであろうから、株式持合いの場合には、おおよそ経営者の地位保全に有利に働く可能性が高いといえる[287]。そして、そのことは、経営者が安定株主対策を講じようとするインセンティブを有すること、それゆえに、私的利益の問題が顕在化しやすいことを意味する。

たしかに、いったん株式持合いが形成されれば、それは私的利益が問題となる場面の一つにすぎないから、株式持合いだけを取りあげて、特別な規制をかけることに合理性は乏しいかもしれない[288]。しかし他方で、上記のように、経営者には株式持合いを進めるインセンティブがあり、株式持合いが形成されやすいとすれば、その形成プロセスだけを取り上げて、特別な規制をかけることには合理性が認められるように思われる。従来の厳格な自己株式取得規制は、そうした形成プロセスの規制として位置づけられる。

もともと商法（会社法）上の株式発行規制は、会社支配の問題に十分に対処できておらず、株式発行を通じた安定株主対策が幅広く行われるのを許し

---

[287] 経営者の地位保全に有利に働く可能性が高いのは、敵対的買収をかけられた場面でも同様である。胥鵬＝田中亘「買収防衛策イン・ザ・シャドー・オブ株式持合い──事例研究」商事法務1885号4頁以下（2009）は、わが国の防衛策は、1回の株主総会における委任状争奪戦により、取締役全員を交替させることによって克服できるものであり、たとえ企業があらかじめ防衛策を導入していたとしても、株主の多数派が敵対的買収を支持する限り、委任状争奪戦を通じて防衛策は排除されて買収は成立することから、買収防衛策の導入の有無にかかわらず、支配権争奪戦の結果を決めるのは、株主構成すなわち株式持合いであり、そのことは近時のブルドックソースおよびアデランスホールディングスのケースでも示されているとされる。

[288] 得津・前掲281 2048頁以下参照。

てきた[289]。それに加えて、平成改正によって自己株式取得規制までが緩和されたから、法制度上、経営者による株主構成の制御の危険はさらに高まっているといえる。仮に現実に安定株主対策が進むことになれば——いったんは弱まった株式持合いも元に戻ることになれば——、その分、株主総会や敵対的買収による経営の規律付けは弱まることになる。経営者に株価の動向に示される市場の評価を考慮させて、会社価値の最大化に向かわせるための仕掛けが劣化することを意味するが、そのことは、資本市場が金融資源の効率的配分といった機能を十全に発揮することをも阻害しうる。それはまた、商法（会社法）上の規制緩和が市場による規律付けを前提としていたにもかかわらず、そうした前提条件が崩れるということでもある[290]。こうした意味で、自己株式取得に係る平成改正の評価は、国際会計基準の導入や株式保有状況に関する開示規制の強化などを受けて、株式持合いがどのように帰趨するのか[291]、あるいは、株式持合いに対して、法制度や法理論でどのような対応をなしうるのか[292]によって定まるといえるであろう。

---

[289] 過去のわが国においては、第三者割当てという形でだけでなく、いわゆる公募（時価発行増資）においてさえ、割当自由の名の下、発行される株式の一部についてその最終取得者が予め決まっているケースが公然とみられ（いわゆる親引けないし法人はめ込み）、そうした株式発行が株式持合い形成を促進してきたといわれる（若林泰伸「証券取引法における公正な公募について——米国における証券の不正な配分行為をめぐって——」早稲田法学77巻3号125頁以下（2002）参照）。なお、親引けないし法人はめ込みが規制されることになったのは、引受証券会社間の自主ルールないし日本証券業協会のルールによってであり、それも比較的最近のことにすぎない（篠秀一「エクイティファイナンス諸規制についての歴史的考察」証券経済研究17号75頁以下（1999）参照）。しかも、現在においてさえ、支配株主や業務提携関係にある株主などに対する優先配分は規制の適用除外とされている（日本証券業協会・公正慣習規則14号「有価証券の引受け等に関する規則」31条3項）。

[290] 龍田節『会社法大要』254頁（有斐閣、2007）は、「支配の公正は微妙である。どこから先が不公正なのか、……境界は元々分明でなく、不公正支配の弊害も顕著な現れ方をするわけではないのに、蓄積すると取返しのつかない害悪をもたらすのが不公正支配の特色である。このつかみどころのない怪物は、〔自己株式取得に関する〕目的規制の下で登場する機会が限られ、数量規制の下で目立った動きを封じられていた。両規制とも葬り去った現在、出番をうかがうのが不公正支配という名の怪物である」とされる。

2-3　株式価値の希薄化リスクと資本市場の情報効率性

　伝統的な商法（会社法）は、株主保護の名の下、エクイティ型金融商品の商品性（実体的内容）を厳格に制限してきた。平成13 (2001) 年11月に商法が改正される以前、コール・オプションについて、金融商品として会社が発行できるのは転換社債と新株引受権附社債だけであった。種類株式についても、会社に発行が認められる種類はわずかなものにすぎないうえに、配当優先株式に限って無議決権株式とすることができるなどの制限も課されていた。

　しかし、強行法規という形での法の介入がなされると、ルール変更をした方が当事者にとって望ましい場合でも、ルールの変更が許されないために、それによるコストの増加が生じうる。既述のように、平成改正が、種類株式の自由化や新株予約権制度の導入を通じて、エクイティ型金融商品の設計規制を柔軟化したのは、そのようなコストの増加を問題視するとともに、商品性の制限が必ずしも株主の保護に資するものではないと考えた結果であった。

　他方で、上場会社については、商品性の制限に代えて、資本市場による規律付けに株主保護の役割が期待されたが、後述するように、そうした期待が実現されるかどうかは明らかではないうえに、エクイティ型金融商品について、もともと会社法上の発行手続規制には機能的限界があるところ、それに起因する問題が設計規制の柔軟化によって増幅されるという問題も認められ

291　大和総研が実施したアンケートによると、企業・市場関係者の6割が国際会計基準の導入により、持合株式の売却が加速するものと予測しているとされる（日本経済新聞2009年10月3日朝刊14面）。また、平成22 (2010) 年3月には、「企業内容等の開示に関する内閣府令等の一部を改正する内閣府令」（平成22年内閣府令第12号）が公布・施行され、株式保有状況に関する詳細な情報を有価証券報告書等で開示するよう求められることになった。

292　たとえば、田中・前掲284 37頁は、株式持合いの相手方企業に敵対的買収がしかけられた場合における持合株主（の経営者）の行動に対する司法審査のあり方が重要であるとして、持合株主を敵対的買収者に売却しないとか、別の持合先なり取引先に対して低い価格で売却するといった経営判断を裁判所はたやすく尊重すべきでないとされる。

る。

　すなわち、第一に、古くから、会社法は会社支配の問題に十分に対処できていないといわれてきた[293]。誰に、どのような方法で株式・新株予約権が発行されるかによって、会社の株主構成が変化して、エージェンシー・コストが高まる可能性もあるが、現行会社法上も、公開会社では、株式であれ新株予約権であれ、その発行方法および割当先について取締役会に広範な裁量権が認められている。有利発行に当たるため株主総会決議による承認が求められるときも、割当先は決議事項とはされていない。事前規制のなかで、会社支配の問題は、不公正発行が株主の差止めの対象に含められているという形で考慮されているにすぎないが、そうした差止（仮処分）請求はごく限られた期間にしか許されないうえに、不公正発行かどうかの判断は容易でなく、株主が不公正発行であることを立証（疎明）するのが困難であるケースが少なくない[294]。仮に事後的なサンクションが与えられれば、それに抑止的効果も期待できるが、支配的利益に関する損害額の立証は難しいから、株主が事後的に取締役等の損害賠償責任を追及するのには困難を伴う[295]。また判例は、不公正発行は発行無効原因にあたらないと解しているので[296]、それによ

---

[293] この問題を指摘する文献は多いが、たとえば森本滋「新株の発行と株主の地位」法学論叢104巻2号20頁以下（1978）、洲崎博史「不公正な新株発行とその規制（2・完）」民商法雑誌94巻6号721頁以下（1986）、吉本健一「株式会社の資金調達と会社支配」同『新株発行のメカニズムと法規制』159頁以下（中央経済社、2007、初出1995）、戸川成弘「新株発行」淺木ほか編・前掲137 312頁以下参照。

[294] 洲崎・前掲293 722〜733頁。そもそも過去の裁判所は、不公正発行かどうかの判断にいわゆる主要目的ルールを用いることで、事実上、何が不公正発行なのかの言明、ひいては支配権争いについての価値判断を避けてきたという見方もある（松中学「主要目的ルールの検討（1）（2・完）——主要目的ルールとは何か、そしてなぜ裁判所はそれを採用したのか——」阪大法学57巻6号1011頁以下、58巻1号87頁以下（2008））。

[295] 学説上、不公正発行を発行無効原因と解すべきであるとする見解も有力であるが、それは、このような事情のゆえに、不公正発行における株主の保護は発行を無効とすることで図らざるをえないという問題認識に基づくものである（洲崎・前掲293 739〜740頁、吉本健一「新株発行による既存株主の法益侵害とその救済」同『新株発行のメカニズムと法規制』63頁以下（中央経済社、2007、初出1989）参照）。

[296] 最判平成6年7月14日判例時報1512号178頁、最判平成6年7月18日裁判集民172号967頁。

れば株主は原状回復を求めることもできないことになる。

　会社法上の規制の機能的限界として、第二に、発行される金融商品の価値評価が難しい場合は、それに市場価格があればともかく、そうでない限り、有利発行規制がその本来的な役割を果たすのも難しくなる[297]。というのも、有利発行規制が有効に機能するためには、前提として、どのような払込金額であれば有利発行に該当するのか——有利発行とされない公正な金額とはどのような金額なのか——が把握できなければならないが、発行される金融商品の価値評価が難しければ、有利発行にあたるかどうかの判断にも困難を伴うからである。また、有利発行かどうかの判断にあたっては、金融商品の価値に関する情報をどれほど有しているかが決定的に重要であるにもかかわらず、取締役会（あるいは引受証券会社）が知っている情報を株主（投資家）は知らないという情報の非対称性もみられる。そのため、本当は——少なくとも取締役会の認識では——有利発行であるのに、株主総会決議の手続がとられず、株主もそれを差止請求権の行使などによって是正するのは難しいというケースが少なからず生じうる[298]。

　これらの点で、現行会社法上の規制には機能的な限界がみられるために、既存株主は、持株価値が希薄化するリスクにさらされていることになる。もとより、投資家・株主がそのような株式価値の希薄化のリスク——どれくらいの確率で、どれくらいの規模の株式価値の希薄化が生じるのか——を推計できるのであれば問題はないかもしれない。投資家はそのリスクの分だけ割り引いた価格で株式を取得することになるため、現実に株式価値の希薄化が生じたとしても、それによって株主（株式を買った投資家）が不当な損失をこうむったとはいえないと考えられるからである。しかし、そうしたリスク

---

[297] 神田秀樹『会社法（第12版）』129頁注(1)（弘文堂、2010)、藤田友敬「Law & Economics 会社法(7)——株式会社の企業金融(2)——」法学教室265号80頁（2002)、松井秀征「新株有利発行規制に関する一考察」小塚壮一郎＝高橋美加編『商事法への提言』（落合誠一先生還暦記念論文集）400頁（商事法務、2004)。

[298] 大杉謙一「ニッポン放送の新株予約権発行をめぐる法的諸問題」金融法務事情1733号14頁（2005）は、このような問題を解決するため、解釈論として、新株予約権については、仮処分債務者に有利発行でないことの疎明責任を負担させるべきであるとされる。

の推計は著しく困難であるし、たとえ可能であったとしても大きなコストを必要とするであろう。そのことは、情報にも市場価格に反映されやすい情報とそうでない情報とがあるとすれば[299]、株式価値の希薄化リスクは、その推計が難しく市場価格に反映されにくい情報であるために、資本市場による規律付けに馴染みにくいこと、したがって、新たな規制――弊害が小さい規制であることが前提であるが――の導入によって対処すべきであることを示唆する[300]。

他方で、これまでみてきたように、近時の商法（会社法）改正では、会社の資金調達の便宜を図る観点から、金融商品設計にかかるイノベーションを期待して、エクイティ型金融商品の設計規制が柔軟化された。種類株式が自由化されるとともに、新株予約権制度の導入という形で、株式会社によるコール・オプション発行も自由化された。こうした規制緩和は、株式会社が投資家のニーズに合った多様な内容の種類株式や新株予約権を発行することを可能とした反面、会社が発行するエクイティ型金融商品の内容が複雑になればなるほど、投資家がその内容を調査するために負担すべきコストは増えることになる。

しかも、エクイティ型金融商品の内容が複雑になれば、それらの発行が会社の株主構成にどのような影響を及ぼすのか――ひいては、エージェンシー・コストを増加させるかどうか――の判断も、経済的な価値の評価も難

---

[299] 岩原・前掲278 99頁以下は、そもそも資本市場の効率性の意義に関して、情報効率性と本質的効率性――市場価格が証券の本質的価値（証券保有者への期待収益の現在価値）を反映していること――とを区別して論じるべきであり、情報効率性があるということは、情報が証券価格に反映されていることだけを意味するのであって、情報の質は問われておらず、したがって、直ちに本質的効率性が成立していることを意味するものではないことに留意すべきであるとされる。

[300] 藤田友敬「社債の管理と法」財団法人公社債引受協会編『公社債市場の新展開』（東洋経済新報社、1996) 340頁は、社債に関する会社法上の規制の合理性を分析するなかでの言及であるが、第一に、市場による評価を受けやすい事項とそうでない事項とがあるならば、後者についてのみ規制することも意味があること、第二に、市場による評価が働くかという点は同じであっても、規制――そこで具体的に問題にされているのは一定の社債契約の内容を強制する法規制であるが――による弊害の大きさが異なることがありうる、とされる。

しくなるために、上記のような会社法上の規制の機能的限界に起因する問題が増幅される可能性がある。つまり、会社が発行するエクイティ型金融商品の内容が複雑になればなるほど、その内容を調査するためのコストが増えるというだけでなく、株式価値の希薄化リスク——あるいはその推計にかかるコスト——も増えるというように、調査コストの増加と株式価値の希薄化リスクの増加との間には一定程度の相関関係が認められるのである。

　問題は、それだけではない。会社が複数の種類のエクイティ型金融商品を発行しているとき、それらのエクイティ型金融商品の内容はすべて連動するために、会社が一種類でも内容が複雑なエクイティ型金融商品を発行すると、その会社がすでに発行している他の種類のエクイティ型金融商品の内容まで複雑化しうる。上場会社の株主・投資家は、新たに発行される複雑な金融商品を保有ポートフォリオに組み入れるかどうかにかかわらず、既発行の他の種類のエクイティ型金融商品（普通株式など）を保有し続けるだけであっても、大きなコストとリスクを負担しなければならないのである。

　このような問題に対処する方向性としては、エクイティ型金融商品について、設計規制を厳格化する、または、発行手続規制を充実化する、という二つが考えられる。既述のように、発行手続規制には機能的限界があるところ、それに起因する問題が設計規制の柔軟化によって増幅されるという関係があるからである。しかし、平成改正の過程で明らかにされたように、エクイティ型金融商品の内容のある程度の統一化が望ましいとしても、どのような内容に統一化すべきなのか——エクイティ型金融商品の内容として、どのような「型」を許容すべきなのか——が一義的には決められない以上[301]、事前規制について、より現実的な選択肢は後者であろう。すなわち、発行手続規制の充実化である。

　近時、東京証券取引所で、株式や新株予約権といったエクイティ型金融商

---

[301] もっとも、たとえばMSCBについて、下方にのみ転換価額の修正が行われるものなど、経験則上株式価値の希薄化につながりやすいスキームもみられるとしたうえで、そうした「悪い」スキームをもつMSCBの発行は法令違反——取締役の善管注意義務（会社法330条、民法644条）違反——にあたるとみて、発行差止めの対象とすべきとする見解も唱えられている（松尾＝大杉＝岡村・前掲271 80頁）。

品の第三者割当発行に関する新しいルールが制定されたが[302]、そこで指向されたのも、主として発行手続の充実であった。より具体的には、大量の株式や新株予約権の第三者割当発行がなされ、既存株主の議決権が25パーセント以上希釈化する場合または支配株主の異動が生ずる場合に、原則として、経営者から一定程度独立した者による当該割当の必要性・相当性に関する意見の入手、または、株主総会決議などによる株主の意思確認の手続が求められることになった（東京証券取引所・有価証券上場規程432条）。さらに、株式・新株予約権の第三者割当発行について、その払込金額をどのように算定したのか、その根拠や具体的な内容の適時開示が義務づけられ、必要に応じて監査役等の意見の開示も要求されたほか（同規程402条、同施行規則402条の2）、既存株主の議決権の希釈化率が300パーセントを超える第三者割当の決定などが上場廃止基準として追加された（同規程601条1項17号、同施行規則601条13項6号）。これらのルールは、東京証券取引所で平成21（2009）年8月から施行されただけでなく、大阪証券取引所でも同様のルールが制定され施行されている。

このような市場規制の強化は、MSCBに象徴される複雑な金融商品の第三

---

[302] これに先立ち、金融庁・証券会社の市場仲介機能等に関する懇談会「論点整理」（2006年6月30日）〈http://www.fsa.go.jp/singi/mdth_kon/20060630.pdf〉が、第三者割当増資やいわゆる私募CB（MSCBを含む）等について、「発行条件及び利用方法次第で希薄化による既存株主に対する不利益が生じるリスクもあることから、証券会社がこうした案件を取扱う場合（自社（関連会社）が買受ける場合、他のファンド等が買受ける場合を含む）に留意すべき事項を整理・明確化することにより規範形成を行うことが望まれる」としたのを受けて、平成19（2007）年5月に日本証券業協会の自主ルール（『会員におけるMSCB等の取扱いについて』理事会決議）が策定され、引受証券会社は発行会社との契約で、原則として新株予約権の行使に伴い交付される株式数を1カ月で発行済株式総数の10分の1に制限することなどが定められた。また東京証券取引所も、同年10月に有価証券上場規程等を改正して、上場会社に対し、MSCB等の発行条件や新株予約権の行使状況等について適切な情報開示を行うよう義務づけるとともに（東京証券取引所・有価証券上場規程410条）、上記の日本証券業協会ルールと同様の転換スピード制限に関する措置をとるよう求めている（同規程435条2項、同施行規則436条）。また、平成21（2009）年12月には、金融庁も「企業内容等の開示に関する内閣府令の一部を改正する内閣府令」を改正して、株式や新株予約権の第三者割当てについて、有価証券届出書等に当該第三者割当てに係る割当予定先や資金使途に関する詳細な情報を記載するよう求めるとともに、MSCB等について、有価証券届出書等に当該MSCB等の内容やその行使状況についての記載を求めている。

第4節　企業金融をめぐる平成改正と資本市場　755

者割当発行が行われ、既存株主の利益が侵害されるケースが少なからず生じたことを受けてのものであるが、会社法上の規制の機能的限界が露呈されたことから、そうした限界を補おうとした結果であるとみることができる。また、平成改正による規制緩和にあたり、上記のような問題が予見されなかったわけではなく[303]、仮に上場会社のケースで問題が生ずるとしても、それは証券取引所の自主規制などで対処すべきであると考えられたのは既述のとおりである[304]。いわば規制緩和の条件として、取引所の自主規制の強化が位置づけられていたともいえるが、今回の新ルールの制定はそうした条件がようやく一応の実現をみたことを意味するであろう。

　こうした会社法と市場規制の相互補完関係は、会社法制の内容いかんが資本市場のあり方に大きな影響を及ぼしうること、エクイティ型金融商品に関していえば、投資家が負担すべき株式価値の希薄化リスクの増加について、資本市場規制が無関心ではいられないことを示している[305]。そして、それは、株式価値の希薄化リスクが市場価格に反映しにくい情報であること、より一般化すれば、資本市場の効率性には限界があるという認識を基礎とする

---

[303]　前田ほか・前掲158 58頁は、種類株式の設計規制について「座標軸アプローチ」（キャッシュフローに対する権利の配分とコントロールに関する権利の配分といった座標軸を設定し、座標軸ごとの規整を付したうえで、その組み合わせは自由とするアプローチ）を採用するならば、かなり柔軟な証券設計が可能となろうが、「座標軸アプローチ」の採用の可否および同アプローチにおける具体的な規整を考えるにあたっては、「投資家の『限定合理性』をどの程度勘案すべきか（たとえば、投資家は将来の事態すべてを予見することはできないといったことをどの程度勘案すべきか）」という視点、すなわち、「自由かつ柔軟な『証券の設計』を認めつつ、市場における淘汰に任せれば十分なのか、それとも投資家の『限定合理性』を重視し、投資家保護のための規整を整備する必要があるのか」といった視点が必要であろう、とする。そのうえで、さらに「市場性」といったその他の軸が必要となる可能性もあるとして、「市場性」という座標軸からは、証券市場での取引の円滑化を図るべく、証券の設計において画一化・標準化を要求するルールが規定されることになろう、と述べていた。また、上村達男「株主平等原則」竹内昭夫編『特別講義商法Ⅰ』24頁以下（有斐閣、1995）は、古くから、マーケットの論理として、流通する商品に対する均一性・同質性の要請が働くと主張していた。

[304]　前掲234とそれに対応する本文参照。なお、前田ほか・前掲158 58〜59頁でも、種類株式について規整が必要であるとしたときに、会社法と取引所制定ルールのいずれの規整によるべきかという問題が検討されている。

ものであるといえる。

　理論的には、資本市場が健全に機能すれば、その限度において、会社法が強行法的に関係者の利害調整を行う必要性は減少するといわれ[306]、そうした考え方が、近時の会社法における規制緩和の正当化根拠の一つとされてきた。もとより、それは一つの欠かせない視点であるが、反面で、会社法の規制──伝統的に会社法の領域とされてきた事項に関する規制──のあり方が資本市場の機能発揮にも影響を及ぼしうるとすれば、そうした視点だけではなく、資本市場の健全な機能発揮を阻害しないための規制のあり方をも同時に検討することが求められるであろう。今まさにその第一歩は踏み出されたばかりである。

---

[305] より根本的な問題は、なぜ資本市場規制が、投資家が負担すべきリスクやコストの増加について関心を有するのかである。資本市場規制の目的の一つに投資家保護を掲げたうえで、そうした投資家保護という目的から説明されることも少なくないが、その場合には、なぜ資本市場規制が投資家保護という目的を掲げるべきなのかが問題とされなければならない。

　他方、金融資源の効率的配分といった資本市場の機能発揮、あるいは、その前提条件としての資本市場の情報効率性の確保を重視する立場からは、それらのために投資家の保護、すなわち投資家が負担すべきリスクやコストの低減が要請されることになろうが、なぜそうなのかは必ずしも明らかではない。今後の検討課題としたいが、ただ、一つのありうる説明は、情報生産に必要なコストが高い一般の投資家、あるいはかけたコストを回収できない小規模の投資家は、負担すべきリスクやコストが増加することへの合理的な対応として、よくわからないものを避けて通るという「あいまい性」回避行動をとって、市場から退避する危険があり、そのことが市場の機能発揮に悪影響を及ぼしうるからである（谷川＝久保田・前掲272 199～201頁参照）、というものであろう。

[306] 神田・前掲205 6頁。

第4編
会計基準と会社法

第1節　はじめに

　本編＊では、会計分野における会社法の立法の変遷について検討する。

　会計と会社法との影響関係を考えると、会計学ないし会計実務の発展が会社法の変化を誘発する場合がある一方で、会社法改正が会計学ないし会計実務（特に後者）に影響を与えることもありうる。その意味で、会計と会社法は相互に影響を及ぼしうるのであり、一方から他方への影響を検討したのみでは両者の関係を解き明かしたことにはならない。しかし、両者の関係を双方向的に一気に論じることは筆者の能力を超えるので、本編においては会計の発展ないし変化がどのようにして会社法改正に結実したかという点について、資産評価規定を中心にして検討を行うとともに、その意味についてささやかな考察を加えることにしたい[1]。

　本編の記述の順序は次のとおりである。まず第2節として、平成期に入るまでの企業会計に関する会社法改正について瞥見する。その後第3節として、平成11（1999）年・平成14（2002）年商法改正について、国際会計基準の動向などもふまえながらみていくことにする。そして第4節では、平成10（1998）年3月に成立したいわゆる土地再評価法について述べる。そののちに、第5節として若干のまとめを試みたい。

＊　本編は、中央大学特定課題研究費（2005年度）による研究の成果の一部である。

[1]　日本の企業会計制度の変化を考える際に、会計学ないし会計実務との関係と並んで、税法に基づく会計が重要な意味をもつことは夙に知られている（いわゆる『トライアングル体制』）。したがって、本来であれば、税法から会社法へのインパクトも検討しなければならない。その意味で、本稿は未だ不十分なものであるが、これは偏に筆者の能力不足によるものである。読者のご海容を乞う次第である。

第2節　明治〜昭和期の会社会計法改正史

1．第二次世界大戦前の会社会計法改正

　平成期の立法史を追う前に、商法の制定から平成に入るまでに行われた会社会計法改正についてふれておきたい。それによって、平成期の立法との異同を明らかにすることができると考えるからである。

　わが国最初の一般会社法である明治23（1890）年商法、そしてそれを（会計に関しては）ほぼ継承している明治32（1899）年商法においては、会社が作成すべき財産目録および貸借対照表を作成する場合に、時価を付すこととされていた（明治23年商法32条2項、明治32年商法26条2項）。そして、そのようにして作成された貸借対照表に基づいて配当可能利益が計算された（明治23年商法219条1項、明治32年商法195条1項）。明治23年商法の草案を作成したロエスレルの説明によれば、法律によって時価による財産評価を求める理由は、会社の「毎歳の事務執行の実跡」を示す書類である財産目録や貸借対照表を偽って記載することを防止し、それによって資産の増減や事業の先行きなどについての実情を示させるためである[2]。このように、初期の商法は会社の実情の開示を強調した立法であったと評価してよいと思われる。

　これに対して明治44（1911）年商法改正では、資産評価規定の意義として配当可能利益算定目的が重視されるようになる。同年の改正は明治32年商法の施行・適用において生じた多くの疑義の解消のためであるとされる[3]が、会計の分野で改正の対象となったのは時価評価を定めた26条2項であった。立案を担当した法律取調委員会では、時価以下主義の導入が提案された。同委員会では、岡野敬次郎や若槻禮次郎などの政治家、原嘉道といった法律家、阿部泰蔵や志村源太郎、内田嘉吉といった企業家などが賛成意見を述べた。これに対し、反対意見の主張者は梅謙次郎や横田國臣、江木衷、岸本辰雄な

---

[2]　司法省『ロエスレル氏起稿商法草案第一』201〜202頁（発行年不明）。
[3]　志田鉀太郎『日本商法典の編纂と其改正』116〜117頁（明治大学出版部、1933）。

ど法律家出身の委員が中心であった。

　賛成意見の論拠として主張されたのは、財産を時価以下に見積もることによって会社の財産的基礎を強固にすることができる、時価を確知することは困難である、現実に行われている減価償却を認めてほしい、などといった点である。ここで、「会社の財産的基礎の強化」という主張に注目したい。この意見の背景には、当時、株主からの配当圧力が非常に強かったことがあるようである。つまり、時価主義によって評価益も利益として表示されてしまうと、その分だけ配当を要求されてしまい、投資に必要な内部留保を確保できないという経営者の危惧[4]の表れだったのである。また、「時価の確知の困難」や「現実の容認」といった観念は、実務の便宜を優先すべきだという考えの表れとみることも可能である。

　これに対して反対意見の論拠となったのは、株主に対する情報提供機能が損なわれる、企業買収や行政目的においては財産目録が重要な役割を果たすのにその機能が損なわれる、経営陣に計算書類の操作可能性を与えるものである、などといった点であった[5]。

　時価以下主義導入の是非をめぐる議論は非常に激しいものであったが、最終的には原案が承認され、その後の帝国議会での審議を経て立法されている。

　昭和13（1938）年商法改正でも、明治44（1911）年改正のような「配当可能利益算定目的重視」「企業の会計慣行重視」の傾向がみてとれる。昭和13年商法改正において改正された会計事項としては、商人全般における営業用固定資産に対する取得原価主義の許容や、株式会社における営業用固定資産に対する取得原価以上の評価の禁止、創業費の繰延計上の容認などがある。これらのうち商人全般における取得原価主義の許容については、店舗や工場のような固定資産について時価を算出することの困難さや、大きな企業において時価以下主義を強制した場合には事業開始の当初から巨額の欠損を強いるこ

4　たとえば、法務大臣官房司法法制調査部・後掲5　63～64頁〔阿部泰蔵発言〕を参照。
5　議論の詳細については、法務大臣官房司法法制調査部監修『〔第二次〕法律取調委員會商法中改正法律案議事速記録　一』12～71頁（日本近代立法資料叢書第20巻所収（商事法務研究会、1985））を参照。

とになること、現実に実務は取得原価主義（＋減価償却）によって会計処理をしておりその違法性も問題とされていないため、規定と実務の矛盾を除去すべきことなどが理由としてあげられている[6]。また、株式会社における取得原価以上の評価の禁止については、取得原価以上の評価を認めると評価益の計上を認めることになること、会社の業績が固定財産の時価の変動に左右されるという結果を生み適切でないことがあげられている[7]。そして創業費の計上容認については、かかる計上が広く行われている慣行であり、この計上を禁止することは会社創立当初から損失の計上を要求することになって実際の便宜に反する、ということが根拠としてあげられている[8]。このように、企業の実務を是認するとともに、それが配当可能利益算定において及ぼす影響を考慮する、という形で法改正が行われているのである[9]。

このように、戦前の法改正は主として企業実務の容認と配当可能利益の算定を軸にして動いてきたと評価することが可能であろう。

2．第二次世界大戦後の会社会計法改正

戦後の企業会計をめぐる法制度において戦前と異なるのは、商法上の会計制度と並んで証券取引法による会計制度が成立した点である。すなわち、昭和24（1949）年7月の経済安定本部企業会計制度対策調査会による「企業会計原則」「財務諸表準則」の公表と、昭和25（1950）年証券取引法改正におけ

6　松本烝治「商法改正要綱解説㈠」法学協会雑誌49巻9号120～121頁（1931）。
7　松本烝治「商法改正要綱解説㈣」法学協会雑誌49巻12号129～130頁（1931）。もっとも、取得原価主義をとった場合、時価がそれよりも低い場合にはいずれにしても評価益を発生させてしまうわけで、その点を捉えて同改正を批判するものもあった。たとえば、高窪喜八郎「商法改正要綱に対し反対すべき点（一九・完）」法学新報44巻4号90～92頁（1934）を参照。
8　松本・前掲7 131頁。
9　もちろん、昭和13年商法改正が企業の会計慣行を法のなかに取り入れることのみに心を砕いていたわけではない。たとえば、取引所の相場ある有価証券については決算月の平均価格を評価額とする旨の改正がなされているが、これは市場操作による評価吊上げを防止するためであった。松本・前掲7 130頁。

る193条改正、そしてそれに伴う「財務諸表規則」の制定などによって、商法上の会計制度と並立する形で証券取引法上の会計制度が形成されたのである[10]。そしてこのようにして導入された証券取引法上の会計制度は、財産目録を作成する必要がない点、固定資産・流動資産を問わず取得原価主義によることが原則である点、剰余金の計算が貸借対照表ではなく損益計算書を基礎としてなされる点などにおいて、時価以下主義を基本とし、貸借対照表を基礎として配当可能利益を計算する商法会計とは大きな違いがあった。このことが、戦後の会社会計法改正を方向づけることになる。つまり、いかにして両者の差異を埋めていくのか、という点が重要な課題となったのである。

そして両会計制度の接近への試みは、商法会計をいかにして証券取引法会計に近づけるか、という方向で模索された。昭和26 (1951) 年には、経済安定本部企業会計制度審議会が「商法と企業会計原則との調整に関する意見書」を公表し、財産目録作成義務の廃止、資産評価における取得原価主義の採用、繰延資産計上可能費目の拡大など、損益計算思考に基づく会計規制を商法にも導入すべきであるという主張を展開した[11]。また法律学の立場からも、財産表示型の企業会計よりも期間損益計算型の企業会計の方が、継続企業を前提とした場合には適切なのではないか、という主張がなされるようになった[12]。このような機運の下で、法制審議会商法部会は昭和33 (1958) 年に計算

---

10 もっとも、企業会計原則や財務諸表準則は、当初から証券取引法を補うためのものとして作成されたわけではない。これらは当初、企業会計を一元的に管理する「企業会計基準法」構想の下、その下準備として作成された「中間報告」であった。「企業会計基準法」構想は、独立の行政委員会として企業会計基準委員会を設置し、その下で組織的に会計基準の設定を行う、というものであった。しかし、主管官庁をどことするかが決まらぬままに同構想は後退を余儀なくされ、ついには消滅してしまった。そのために、昭和25年の改正証券取引法が、すでに「中間報告」として公表されていた企業会計原則や財務諸表準則の法制上の受け皿となったのである(以上の記述は、千葉準一『日本近代会計制度――企業会計体制の変遷』101～135頁、および172～178頁(中央経済社、1998)によっている)。

11 黒澤清『新商法と会計原則』115～133頁(国元書房、1951)。

12 矢沢惇「企業会計法の基本問題」我妻榮=鈴木竹雄共編『商法の基本問題』(田中耕太郎還暦記念論文集) 513頁以下(有斐閣、1952)、並木俊守「商法の会計規定の一考察」日本法学21巻5号532頁(1955) など。

規定の改訂に着手した[13]。

　ところが、昭和35（1960）年8月に法務省民事局が公表した「株式会社の計算の内容に関する商法改正要綱法務省民事局試案」は、必ずしも企業会計原則を全面的に取り入れたものではなかった。たとえば流動資産の評価について、取得原価による評価を前提としつつ、時価が当該取得価額よりも低い場合には時価による評価を強制するという規範（＝低価主義）を提案していた。立案担当者の解説では、取得原価は恣意的な評価を避けるための「時価の近似値」として導入するものであって、根本的な考え方は時価主義であるとしていた[14]。そしてその背景には、評価益はなるべく排除しつつ評価損をなるべく考慮させることで、企業の健全性維持や債権者保護に役立つとともに損益計算原理と財産計算原理との妥協を図ることができる、という考え方があった[15]。

　しかしこのような考え方に対しては、低価主義の強制は適正な期間損益計算を阻害する、多種多様な流動資産について取得原価と時価を比較するのは煩瑣であり実行は困難、などといった反対意見が経済界を中心にして強く主張された。このためか、昭和37（1962）年2月に法制審議会が決定した「商法の一部を改正する法律案要綱」においては、時価が著しく低い場合を除いて、低価主義は強制されないこととなった。それでもなお時価評価をすべき場合について企業会計原則との違いがなくなったわけではないものの、基本的には流動資産の評価について商法の評価原則は企業会計原則とほぼ等しい内容をもつに至ったのである。そして、このような「粘る立案担当者を経済界が押し切る」という構造は、引当金の計上範囲でもみられた。

　他方で、資本準備金とすべき項目については、対象を拡大すべきだとする

13　昭和37年商法改正の過程については、森光雄「高度経済成長と計算規定の近代化」浜田道代編著『日本会社立法の歴史的展開』（北澤正啓先生古稀祝賀論文集）308頁以下（商事法務研究会、1999）に詳しい。

14　吉田昴＝上田明信＝味村治「株式会社の計算の内容に関する商法改正要綱法務省民事局試案について（二・完）」企業会計12巻13号103頁（1960）。

15　上田明信「株式会社の計算の内容に関する商法改正要綱試案」商事法務190号1〜2頁（1960）。

会計側の主張にもかかわらず、立法では拡大されることはなかった。また、繰延資産として計上できる資産の範囲についても、限定すべきではないとする経団連など経済界の意見に対して、最終的に立案担当者は限定的にのみ計上を認めるという態度を崩さなかった。とりわけ強く主張されていた臨時巨額の損失の繰延計上を認めるべきであるという立法提案に対しては、資本充実の原則と相容れないこと、損益計算原理からしても繰延べを認める理由が明確ではないこと[16]、企業の堅実性を害し債権者の利益を著しく損なうこと[17]などをあげ、真向から反対している。

以上をまとめると、昭和37年商法改正における改正の軸は、商法会計を証券取引法に近づけるというものであった。そしてそこでは、流動資産の評価に関する要綱試案から要綱への変更においてみられたように、財産法的思考に踏みとどまろうとした立案担当者に対して、経済界が実際上の便宜を強く主張し、結果として期間損益計算的思考へとより大きく移行する、ということがまま生じていた。つまり、「配当の制限」か「期間損益計算」かという実質的な目的の違いこそあれ、企業の実際の便宜を重視しようという点においては戦前の立法とほぼ同様の立場に立っていたということができよう。

その後、個別の資産評価規定について特段の改正は行われることがないまま、平成の時代に入ることになる。

第3節　平成11(1999)年・14(2002)年商法改正

1．背景となる事実

さて、本節において取り扱う平成11年・14年商法改正の背景として、国際会計基準の影響力の増大について述べておかなければならない。

---

[16] 上田・前掲15　8頁。
[17] 上田明信＝味村治「株式会社の計算の内容に関する商法改正要綱法務省民事局試案について(一)」企業会計12巻12号130頁（1960）。

国際会計基準(International Accounting Standard：IAS)[18]は、昭和48(1973)年に設立された非政府の民間組織である国際会計基準委員会 (International Accounting Standard Committee：IASC)[19]によって設定される会計基準である。国際会計基準委員会は、昭和50 (1975) 年に国際会計基準第1号を公表して以来、平成元 (1989) 年に至るまでに29の基準を公表していたが、当初はほとんど顧みられることがなかった。その原因としては、多数の代替的会計処理基準を認めていたために事実上基準として機能しない[20]こと、国際会計基準が取り扱っていた範囲が限定されていたこと、経済において大きな影響力をもつ国、とりわけアメリカが国際会計基準を無視するような態度をとっていたこと、国際会計基準の設定に各国政府機関等が参加していないために強制力をもちえなかったことなど[21]である。

　しかし1980年代後半、このような状況に変化が訪れる。すなわち経済活動の国際化を背景として、国境を越える資本移動を促進するために、証券監督者国際機構 (International Organization of Securities Commissions：IOSCO) と国際会計基準委員会との間で、国際会計基準が十分な質を有していることを条件として、IOSCOが上場目的の外国企業の財務諸表は国際会計基準に準拠して作成するように勧告する旨の協定を結んだのである[22]。

---

[18] なお、後注に掲げる国際会計基準委員会改組の後は、国際財務報告基準 (International Financial Reporting Standard：IFRS) の名称で会計基準が作成されるようになったが、現在でも国際会計基準の多くは有効である。

[19] 中島省吾編『体系近代会計学Ⅹ　国際会計基準』257頁（中央経済社、1981）。同258～270頁に、国際会計基準委員会設立に至る歴史的経緯が解説されている。なお、現在では国際会計基準審議会 (International Accounting Standard Board：IASB) に改組されている。

[20] 初期の国際会計基準において代替的会計基準の幅が大きくならざるをえなかった原因として、専従スタッフの数が少なく調査能力が欠けていたことや、自国において認められている会計基準が認められないために国際会計基準から離反する国が出てしまうのをおそれたことなどが指摘されている（広瀬義州『会計基準論』255～256頁（中央経済社、1995））。

[21] 村山徳五郎「『国際会計基準』の新様相」JICPAジャーナル405号4頁 (1989)、白鳥栄一「国際会計基準の新しい展開」経理情報563号35頁 (1989)、平松一夫『国際会計の新動向』220頁（中央経済社、1994）。

第3節　平成11(1999)年・14(2002)年商法改正　767

　この協定を受けて、国際会計基準委員会は国際会計基準の改善に乗り出した。その最初の試みが昭和62（1987）年に開始されたいわゆる「比較可能性改善プロジェクト」である。これは、国際会計基準の選択肢の幅の広さを解消しようとするものであった[23]。平成元（1989）年に公表された公開草案E32「財務諸表の比較可能性」では、13の国際会計基準における計29項目が最終的な見直し対象とされた[24]。そして、一項目について一つの会計基準のみを認めることを原則としつつ、13項目について「優先的処理」と「認められる代替的処理」という形で、優劣を示しつつも複数の会計処理方法を認めることとし、その結果として合計して23の会計処理を除外した[25]。その後の審議の結果、一部変更などを経て平成5（1993）年には改訂版の国際会計基準が承認された[26]。

　平成6（1994）年には、IOSCOからさらに会計基準として最低限有すべき一連の項目（いわゆるコア・スタンダード）が示され[27]、これに関する国際会計基準の作成を国際会計基準委員会が終了した場合には、IOSCOはそれらの会計基準を国境を越えて行われる株式の募集や上場に利用することについて検討する旨の合意が国際会計基準委員会との間で翌平成7（1995）年になされた[28]。IOSCOがコア・スタンダードの一覧表を公表した背景には、それまでに国際会計基準が取り扱っている会計事項の範囲が網羅的でなく、通用させるには未だ不十分との認識があるとされる[29]。つまり、今度は取扱範囲の狭さの問題が俎上にされたのである。

22　広瀬・前掲20 260・256頁、広瀬義州「企業会計の国際的調和化と国内的調和化」商事法務1500号62頁（1998）。なお、白鳥栄一＝平松一夫「『財務諸表の比較可能性』と国際会計の展望」企業会計41巻12号87頁〔白鳥発言〕（1989）では、IOSCOが国際会計基準委員会に対してアプローチをかけてきたという。

23　平松・前掲21 227頁。

24　その内容については、平松・前掲21 229～233頁の図表参照。

25　白鳥・前掲21 36頁。

26　審議の過程についての詳細については、平松・前掲21 261・226～240頁、広瀬・前掲20 260・256～257頁および271頁を参照。

27　その項目の一覧表は、剱持敏幸「IOSCOによるIASに関する決議について」JICPAジャーナル541号98頁（2000）に掲載されている。

28　白鳥・前掲21 16頁。

そして、この1995年合意に基づいて国際会計基準のさらなる設定・改訂が行われた結果、平成12（2000）年5月のIOSCOの総会決議によって、IOSCOメンバーに対して、多国籍企業による国境を越えた募集・上場の際にコア・スタンダードの利用を認めるよう勧告された[30]。これによって、多国籍企業においては、国際会計基準に準拠して作成された財務諸表を複数国で利用できる可能性が広がったことになる[31]。

もっとも、このコア・スタンダードの承認によって各国の会計基準の調和化が一段落したわけではない。むしろ、現在では単なる調和化を超え、会計基準を統一化していこうとするいわゆるコンバージェンス（収斂）の動きが加速している[32]。

2．平成11(1999)年商法改正——金融商品に対する時価評価の導入

さて、以上の状況を前提として、まず平成11年商法改正について、その経緯を述べることにする。同改正は、まさしく会計基準の国際的な動向を出発点とし、金融制度改革という追い風を受けて行われた改正であった。

29　白鳥・前掲21 13頁および16頁。
30　劔持・前掲27 269・94〜97頁。なお、決議の仮訳も同論文に掲載されている。
　　なお同決議は、かかる推奨の対象となる会計基準をコア・スタンダードに含まれた30の国際会計基準およびその解釈指針に限定しており、国際会計基準全体を承認したわけではないこと、および各国・各地域における必要に応じて、国際会計基準とは異なる処理による影響の注記（調整：reconciliation）や追加的開示を求めること、あるいは国際会計基準に対して各国当局がその解釈を示すことなどの補完的措置をとることを認めている。
31　上西順子「会計基準設定主体の考察」JICPAジャーナル544号54頁（2000）。
32　国際会計基準委員会の結成から近時のコンバージェンスの進展までを概観するものとして、橋本尚『2009年国際会計基準の衝撃』（日本経済新聞出版社、2007）。また、企業会計基準委員会（ASBJ）による日本の会計基準のコンバージェンスに向けた近時の動向については、遠藤博志「FASF・ASBJの活動と課題——コンバージェンス・相互承認と工程表」商事法務1788号71〜73頁（2007）、および西川郁生「企業会計基準委員会（ASBJ）におけるコンバージェンスへの取組み」企業会計59巻1号44頁以下（2007）などを参照。

2−1　金融商品の評価についての海外における動向

　金融商品の時価評価導入の背景となったのは、何よりも海外における会計基準の動向であった。すなわち、当時わが国においていわゆるグローバル・スタンダードないしデファクト・スタンダードであると目されていた[33]アメリカの会計基準（US-GAAP）と国際会計基準の双方で、金融商品への時価評価の動きが相次いでいたからである。

　アメリカにおいては、平成5（1993）年6月に財務会計基準審議会（Financial Accounting Standard Board：FASB）が基準書115号「一定の条件を満たす負債証券及び持分証券に対する投資に係る会計」を公表した。このなかでは、持分証券（株式など）や負債証券（社債など）について、売買目的で保持されるか、あるいは容易に確定できる適正価格が存在する場合には、原則としてその適正価格すなわち時価で評価されなければならないものとされた[34]。つまり、当該有価証券に市場価格がある場合、その保有目的が（負債証券における）満期までの保有でない限りは時価を付さなければならない、ということになったのである。このような「金融商品は公正価値でこそ最もよく評価される」という考え方は、平成8（1996）年6月にFASBが公表した公開草案「金融派生商品等およびヘッジ活動の会計」のなかでも強調されていた[35]。

　国際会計基準においても、平成元（1989）年に金融商品についての会計基準設定プロジェクトが開始された。平成3（1991）年6月には公開草案40号「金融商品」が、また、平成6（1994）年にはこれを改訂した公開草案48号「金融商品」が公開された。この二つの草案のなかでは、株式等の金融商品はその保有目的（ヘッジ目的、長期または満期まで保有する目的、それ以外の目的）によって評価方法が異なるものとされた。ヘッジ目的の場合にはヘッジ会計が適用され、長期・満期保有目的の場合には取得原価ないし償却

---

[33]　このような評価を加えるものとして、広瀬・前掲22 62頁。
[34]　吉川満「米国新会計基準書による有価証券の時価評価」商事法務1327号26〜29頁（1993）。
[35]　川村義則「FASB公開草案『派生金融商品等およびヘッジ活動の会計』の概要」COFRIジャーナル24号47頁（1996）。

原価による評価がなされるが、それ以外の場合には公正価値すなわち時価で評価されなければならないものとされたのである[36]。その後、日本において金融商品に関する会計基準が検討されていた平成9（1997）年2月には公開草案48号をさらに改訂するための討議資料（ディスカッションペーパー）「金融資産及び金融負債の会計処理」が公表されたが、そのなかでは保有目的の如何にかかわらず公正価値で評価するという案が示された[37]。

このような国際的な動向のなかで、日本における時価評価導入への具体的な動きとして、大蔵省（当時）が金融商品について時価会計を導入する方針を決めたと報じられたのは平成8年6月であった[38]。大蔵省がそのような決断をした背景には、決算操作を許すような不透明な会計のままだと日本市場が海外投資家から敬遠され、市場空洞化がいっそう進展してしまうのではないかという危機感[39]や、金融商品に関する包括的な会計処理基準がないと新しい金融商品を開発しにくいため、証券市場活性化の障害となってしまうという認識[40]があった。

時価会計の導入のため、大蔵省は企業会計審議会に特別部会を設け、平成8年7月には第1回会合を開いた。そこでは、国際的な会計処理と国内の会計処理の整合性をとることが重要であるという認識で一致した、と報じられている[41]。つまり、国際的な会計基準へのキャッチアップという目標が、審

---

36 加藤厚「E40『金融商品』再公開への経緯と改訂公開草案E48の概要」JICPAジャーナル463号17頁（1994）。

37 坂本道美「国際会計基準の金融商品プロジェクトの概要」JICPAジャーナル501号53頁（1997）、同「国際会計基準ディスカッションペーパー『金融資産及び金融負債の会計処理』の概要」JICPAジャーナル504号59頁以下（1997）。なお、その後、公正価値の算定方法などについてなお検討すべき課題があり、コア・スタンダードを平成10（1998）年中に完成させるためには妥協として保有目的によって評価方法に差異を設けるような基準を導入することもやむをえないとして、平成10年12月にIAS第39号「金融商品：認識と測定」が公表された（山田辰己「IASC金融商品プロジェクト及びJWGプロジェクトの経緯」JICPAジャーナル529号17～19頁（1999））。

38 日本経済新聞1996年6月21日朝刊1面。

39 日経金融新聞1996年8月26日1面。

40 日経金融新聞1996年12月26日1面。

41 日本経済新聞1996年7月11日朝刊19面。

議の当初から共有されていたということができよう。これを受けて特別部会の委員会として金融商品委員会が組織され、同年9月20日にその第1回会議が開催された[42]。これによって金融商品に関する会計基準設定のための本格的な審議が開始されたのである。

ここで、企業会計審議会が商法との関係をどのように意識していたのかについて付言しておこう。先に述べた7月の特別部会のなかでは、商法への働きかけを行うことを検討すべきである旨の議論がなされていた[43]。また、平成9年1月24日開催の特別部会金融商品委員会において、商法会計・証券取引法会計・税法会計を今後もうまく調整していくことができるか、という問題提起がなされ、「税務に関しては、たしかに商法、証券取引法会計とは異なるロジックがある部分もあろうが、商法会計と証券取引法会計を分離することは異なる決算数値を公表することになり大きな問題である」旨の発言がなされている[44]。このように、企業会計審議会のなかでは当初より、商法会計を証券取引法会計にあわせて調整すべきであるという意見が強かったと考えられるのである。

2-2 金融ビッグバン

このような動きに対する追い風となったのが、いわゆる「日本版金融ビッグバン」である。これは、平成8 (1996)年11月11日、橋本龍太郎内閣総理大臣（当時）から三塚博大蔵大臣・松浦功法務大臣（いずれも当時）に対して出された指示「わが国金融システムの改革──2001年東京市場の再生に向けて」（以下、「ビッグバン指示」と呼ぶ）を契機としてなされた、一連の金融制度改革の総称である。ビッグバン指示のなかでは、平成13 (2001) 年度までにわが国の金融市場をニューヨーク・ロンドンと並ぶ国際金融市場として再

---

[42] 企業会計審議会特別部会第1回金融商品委員会議事要旨〈http://www.fsa.go.jp/p_mof/singikai/kaikei/gijiyosi/1a006ga1.htm〉。

[43] 企業会計審議会特別部会議事要旨〈http://www.fsa.go.jp/p_mof/singikai/kaikei/gijiyosi/1a006f1.htm〉。

[44] 企業会計審議会特別部会第5回金融商品委員会議事要旨〈http://www.fsa.go.jp/p_mof/singikai/kaikei/gijiyosi/1a006ga5.htm〉。

生させることを目標とし、そのためには金融機関の不良債権処理とともに、市場原理を機軸とした透明な金融行政への転換と市場自体の構造改革によって、市場の活性化を図ることが必要である、という認識を示した。そのうえで、構造改革の三原則として、「Free, Fair, Global」という三つの標語をあげている。すなわち、市場原理が働く自由な市場の実現に向けては参入・商品・価格等の自由化を、また、透明で信頼できる公正な市場の実現に向けてはルールの明確化・透明化や投資家保護を、そして、国際的で時代を先取りする市場の実現に向けてはグローバル化に対応した法制度・会計制度・監督体制の整備を、それぞれ検討すべきものとしているのである[45]。

　いかなる経緯によってビッグバン指示が出されたのかについては、政治経済学的あるいはジャーナリズム的な観点からさまざまな分析がなされているが、本論文においては主に戸矢哲郎の分析に従って紹介することにしたい。

　戸矢によれば、金融改革のタイミング、範囲、スピードを決定したのは橋本総理大臣自身であったという[46]。平成8年6月のリヨン・サミットにおいて日本の金融自由化そのものの遅れを痛感した橋本総理大臣は、金融改革の構想を温め始めた、という[47]。また当時の政局も、改革の旗を振らざるをえない状況であった。当時、小沢一郎が率いる新進党や新たに結成されたばかりの民主党が、行政の抜本的改革を主張していた。また、連立与党の一角をなしていた新党さきがけも、改革のいっそうの進展を主張していた[48]。このようななかで近く行われると思われていた（そして実際に平成8年10月に行われた）衆議院総選挙に勝利して政権を維持するためには、行財政改革の姿勢を示さなければならなかった。平成8年7月に田中秀征経済企画庁長官（当時）が金融・土地住宅・物流・雇用・高度情報通信・医療福祉の六分野での規制緩和と構造改革について根回しなく閣僚懇談会に乗せた際に、大方の予想に反して橋本総理大臣が積極的な対応をしたのは、改革の姿勢を明確

45　橋本総理大臣の指示の全文は、西村吉正『日本の金融制度改革』346～347頁（東洋経済新報社、2003）によった。
46　戸矢哲朗『金融ビッグバンの政治経済学』210頁（東洋経済新報社、2003）。
47　日経金融新聞1996年11月12日1面。
48　戸矢・前掲46 208頁。

にすることによって、当時取り沙汰されていた新党（民主党）の独自色を消すためである、という分析もされていた[49]（なお、この閣僚懇談会をもとにして経済企画庁の経済審議会行動計画審議会の下に六分野それぞれについてのワーキング・グループが結成されることとなった[50]。金融分野については経済学者の池尾和人が中心となり、同年10月に「わが国金融システムの活性化のために」と題した報告書を公表している[51]。この報告書では、改革すべき事項の一つとして時価会計の導入が取りあげられ、平成10（1998）年中に実施すべきものとされている[52]）。

このように改革の旗を振った以上、平成8年10月の総選挙で勝利した結果として同年11月7日に発足した第二次橋本内閣では、何らかの制度改革を打ち出さなければならなかった。この際、それまでに検討の蓄積があり、短期間で結果を出すことが可能であると考えられた金融制度改革が、早々に打ち出されることになったのである[53]。

また戸矢は、金融改革のタイミングについては自民党の行政改革推進本部が、また、改革の範囲とスピードの決定については大蔵省の功績が大きい、とする[54]。自民党行政改革推進本部は平成8年夏から抜本的包括的な金融改革案の作成にとりかかり、同年9月には党の選挙綱領に織り込むことに成功した[55]。このように、ある意味で「かつての盟友」であった大蔵省の権限を損なうような行動をとったのは、偏に激しい選挙戦に直面して公衆からの支持を回復するためのものであった、と戸矢は分析している[56]。

49　日本経済新聞1996年7月13日朝刊2面。
50　日本経済新聞1996年7月13日朝刊5面。
51　〈http://www5.cao.go.jp/j-j/keikaku/kinyu1-j-j.html〉。
52　ただし戸矢・前掲46 199頁は、インタビューの結果として池尾が「ワーキング・グループは実際に金融システム改革関連法案が準備された政治世界における動きからは分離して機能していたことを認めている」とし、ワーキング・グループの作業は金融ビッグバンに直接的なインパクトを与えるものではなかった、としている。
53　西村・前掲45 345〜346頁。
54　戸矢・前掲46 211頁。
55　戸矢・前掲46 205〜207頁。
56　戸矢・前掲46 214〜217頁。

一方で大蔵省では、証券局や国際金融局を中心として改革の議論が進められていた。そして、橋本首相が構造改革を具体化し始めた際に、大蔵省から派遣していた首相秘書官を通じて、金融改革の大蔵省案を示した、という[57]。このような「身を切る」改革案を自ら提示する、という行動も、戸矢の分析によれば大蔵省という組織を存続するための選択であった。当時、いわゆる住専処理によって生じた大蔵省批判、さらには大蔵省解体論に対抗して組織を存続するために、改革を阻止するよりも改革に協調することを選んだ、とするのである[58]。

　以上のような戸矢の分析については、異論もありうるであろう[59]。とりわけ、自民党や大蔵省における金融改革立案の動きが組織防衛を主目的とするものであるとする点については、(特に当事者から)反論がありうるかもしれない。しかし少なくとも、ビッグバン指示が、当時の大蔵省に対する不信、そして改革への期待という状況の下で、行政改革を実現しようとする政治側の動きに大蔵省が乗った形で実現した、ということはいえそうである。

　いずれにせよ、ビッグバン指示を受けて、平成8年11月15日には、証券取引審議会や企業会計審議会などの五審議会に対して、平成13 (2001) 年までの間に金融システム改革が完了するプランを早急にとりまとめるよう要請された[60]。この指示に応えて、企業会計審議会は平成9 (1997) 年6月6日、「金融商品に係る会計処理基準に関する論点整理」を公表する[61]。このなかでは、先に述べた金融商品会計に関する国際的な状況が紹介されたうえで、金融市場改革の三原則 (Free, Fair, Global) の観点から金融商品に関する会

---

[57] 戸矢・前掲46 201〜203頁。大蔵省側から金融改革案が提示されたことについては、江田憲司＝西野智彦『改革政権が壊れるとき』48頁 (日経BP社、2002) でも述べられている。

[58] 戸矢・前掲46 211〜214頁。

[59] たとえば西村・前掲45 345頁は、大蔵省の行動について基本的には戸矢の見方と同じ立場に立ちつつも、同頁注33において「行政現場にいたことのある者の感覚からすると、(戸矢の) シナリオは事実を仮説に当てはめようとしすぎる傾向があり、またプレーヤーの役割をやや過大評価しすぎている。最大の主役は『環境』と『群集』であって、現にアジア通貨危機と山一破綻がなければ、その後の展開は淡々としたものになっていたのではないか」と指摘している。

[60] 西村・前掲45 347頁。

計処理基準を検討することが必要である、としている。とりわけグローバルという観点からは、わが国企業の国際市場における資金調達、あるいは海外投資家によるわが国への投資の活発化という状況の下で、企業情報の国際的な同質性・比較可能性が強く求められており、そのためにはわが国の会計処理基準を国際的に調和したものにする必要がある、と指摘しているのである[62]。そのうえで、金融商品については時価の変動を財務諸表に認識させることによって、財務活動の実態をより的確に反映した情報を投資家に提供することが必要であるとし、その適用範囲や差額の処理、あるいはヘッジ会計といった多くの論点を提示しているのである。

　金融商品について時価会計を導入すべきであるという主張は、先に述べたように、平成8年10月の段階ですでに経済審議会行動計画審議会金融ワーキング・グループからもなされていた。また、企業会計審議会が上記論点整理を公表した1週間後である平成9年6月13日に証券取引審議会が公表した報告書「証券市場の総合的改革」のなかでも、市場改革の一環としてディスクロージャーの充実が謳われており、その具体策の一つとして会計制度の見直し、とりわけ連結決算中心主義への移行と時価会計のあり方を含めた金融商品に係る会計基準等の検討を通じて、「国際的に遜色のない会計基準・開示内容を整備することが必要である」とし、さらに「企業会計審議会において、……検討が行われており、今後の審議を推進すべきである」として、上記の企業会計審議会の動向を支持する主張がなされた[63]。

　このように、時の政治的潮流は、金融商品会計への時価会計の導入にとって大きな推進力として働くことになったのである。

2-3　商法改正への道

　さて、「金融商品に係る会計基準に関する論点整理」の最後に、次のような

61　「金融商品に係る会計処理基準に関する論点整理」（平成9年6月6日企業会計審議会）商事法務1460号35頁（1997）。

62　前掲61 35〜36頁。

63　証券取引審議会報告書「証券市場の総合的改革〜豊かで多様な21世紀の実現のために〜」〈http://www.fsa.go.jp/p_mof/singikai/shoken/tosin/1a505.htm〉。

記載がある。

> 「金融商品の時価評価は、……有用な投資情報の提供という立場からは適切な会計処理方法であると考えられる。
>
> このような会計処理方法を導入する場合には、現行の商法の計算規定との間に不一致が生じることから商法との調整を行うことが必要になると考えられる」[64]。

これは、当時の商法が、株式や債券などの金融商品について原則として取得原価主義（低価主義を選択することも可。著しく価値が下がり、回復の見込みがないときには低価主義を強制）を採用していたこと、そして後に述べる昭和49（1974）年商法改正に伴う企業会計原則改訂において表れているように、「商法は会計に関する強行法規」であって、会計基準といえども商法に反することはできないと考えられていたことによる。したがって、商法と異なる会計基準を策定しようとする場合、商法改正が不可避であると考えられたのである[65]。

そのため、大蔵省と法務省は共同で「商法と企業会計の調整に関する研究会」を発足させた[66]。この研究会においては、上述の金融商品の時価評価、そして、企業会計審議会がほぼ同時期に公表した「連結財務諸表制度の見直しに関する意見書」において同じく商法との調整が必要とされた「個別財務諸表における税効果会計の導入」について、商法上の問題点を検討することとされたのである[67]。

そして平成10（1998）年6月16日、検討の結果が報告書として公表された[68]。そのなかでは、「情報提供」が商法会計と証券取引法会計に共通する機能であ

---

[64] 前掲61 38頁。

[65] このことが、後に平成14年商法改正の主因となる。

[66] 商事法務1465号98頁（1997）。

[67] 「商法と企業会計の調整に関する研究会報告書」（平成10年6月16日大蔵省・法務省）商事法務1496号29頁（1998）。なお、税効果会計について同報告書は、企業会計上の基準が明確化されるならば、公正な会計慣行を斟酌する立場から商法上も計上が認められる、としている。なお、税効果会計の導入に伴う法改正は行われなかった（当時の商法32条2項の解釈問題として扱われた）ことから、本編では検討の対象としていない。

[68] 前掲67 29頁。

り、両者の間で異なる情報が提供されることは利害関係者の判断を誤らせるおそれがある、という認識が示されている[69]。そして、配当規制機能を商法独自の機能であると位置づけたうえで、個々の資産評価と配当可能利益額の算定の問題とは分けて考えられる問題であり、したがって、資産評価規定についてはまず会計処理方法としての適否の観点から検討し、そのうえで配当規制の観点からの問題を検討するのが適当である、とした[70]。そして、金融商品の時価評価については、非上場会社にも時価評価を強制すべきか[71]、あるいは時価評価の対象となる金融商品の範囲をどうするか[72]などの問題はあるものの、情報提供の観点からは基本的には商法においても金融商品の時価評価を導入することが望ましい、という結論に至っている[73]。そのうえで配当規制との関係から生じる問題として、時価評価差額をいかなる会計項目として取り扱うか、あるいは評価益を配当可能利益とすることが妥当であるかどうかなどの問題があることを指摘している[74]。

これによって、商法サイドからも時価評価について事実上の「Goサイン」が出たことになる。企業会計審議会は平成10年6月16日（調整意見書公表の日と同じ日）に「金融商品に係る会計基準の設定に関する意見書（公開草案）」を公表して意見聴取を開始した[75]。一方、法制審議会商法部会においても、

---

[69] 前掲67 29頁。

[70] 前掲67 30頁。

[71] 前掲67 30〜31頁。このなかでは、非上場会社（報告書の用語法では「非公開会社」だが、当時は非公開会社は非上場会社の意味で使われていた）では利害関係者が限定されていること、金融商品の取引や保有の状況からみて時価評価を行う必要性が乏しいと考えられることから、中小会社に対しては時価評価を行わないことが直ちに違法となることのないように検討されるべきである、としている。

[72] 前掲67 31頁。報告書は、時価評価すべき金融商品の範囲は企業会計審議会の設定する会計基準によって明確化されるべきであり、そのうえで当時の商法において評価規定がおかれていた流動資産・金銭債権および有価証券（株式・社債）については時価評価に関する規定をおく必要があるが、それ以外（たとえばデリバティブなど）については「公正な会計慣行の斟酌」（当時の商法32条2項）によって対応することとして差し支えない、としている。

[73] 前掲67 30頁。

[74] 前掲67 31頁。

平成9年12月以降、親子会社法制のあり方と並行して時価評価の是非について検討を進めていた[76]が、これも調整報告書の公表を受けるような形で平成10年7月8日に「親子会社法制等に関する問題点」を公表した。そのなかでは、調整報告書において要検討とされた事項について言及する形で、次のような問題提起を行っている[77]。

「(時価評価の必要性)
1　一定の資産について、時価による評価を認めるべきであるとの意見があるが、どうか。
(注)　1　「一定の資産」の範囲については、株式、社債その他の債券等が考えられるが、なお検討する。
　　　2　一定の資産については時価による評価を認める旨の規定を設けた場合、どのような場合に時価による評価をしなければならないかは、公正な会計慣行を斟酌して判断される(商法第32条第2項)。
(配当可能限度額との関係)
2　時価による評価による評価益から評価損を控除した額は、配当可能限度額(商法第290条第1項)の計算上、純資産額から控除すべきであるとの意見があるが、どうか。
(注)　評価益から評価損を控除した額の具体的な取扱い(中略)については、なお検討する」。

「親子会社法制等に関する問題点」は、公表の後直ちに意見照会がなされ、10月にはその結果が公表された。そのなかでは時価評価を認めることについては賛成意見が圧倒的多数であり、消極的意見はきわめて少数の団体に限定される、と分析されている[78]。もっとも、(注)にあげられた問題については、公正な会計慣行に委ねるべきであるといった意見も含めて、意見が分かれていた[79]。また、配当可能限度額との関係については、評価純益を控除すべき

75　商事法務1494号56頁(1998)。
76　検討を開始したことにつき、商事法務1479号126〜127頁(1998)。検討の必要性につき菊池洋一「会社法改正の動向」商事法務1479号36頁(1998)。
77　「親子会社法制等に関する問題点」(平成10年7月8日法務省民事局参事官室)商事法務1497号22頁(1998)。

であるとの意見が大多数であったものの、日本会計士協会や全国銀行協会、複数の大学などからは、当期利益とされる評価益については配当可能利益に算入すべきである、あるいは換金性や流動性の高い金融資産の評価益については算入しても弊害は少ないなどの意見が寄せられていた[80]。

いずれにしても賛成意見が多数であったことで、金融資産の時価評価が改正要綱に取り入れられる方向性は固まったといえよう。また、平成11(1999)年1月22日に企業会計審議会が「金融商品に係る会計基準の設定に関する意見書」を正式に決定・公表し、原則として平成12(2000)年4月1日以降に開始する事業年度から時価評価基準が適用されるものとした[81]ことも、もはや時価評価にかかる商法改正の遅れを許さない状況をつくったといえる。法制審議会商法部会は平成11年1月27日、「商法等の一部を改正する法律案要綱案」をとりまとめたが、そのなかでは債権金額より高い代金で買い入れた金銭債権、市場価格のある公社債および市場価格ある株式について、時価による評価を許容するものとされた[82]。そして、時価の総額が取得価額の総額を超えた額について配当可能利益から控除することとされた[83]。

この法律案要綱案は、平成11年2月16日の法制審議会総会において可決され、要綱として法務大臣に答申された。その後、3月9日に「商法等の一部

---

[78] 原田晃治ほか「『親子会社法制等に関する問題点』に対する各界意見の分析」商事法務1506号20頁(1998)。なお、消極的意見のうち具体的に紹介されているのは、生保会計の特殊性を強調した生命保険協会の意見のみである。

[79] 原田ほか・前掲78。たとえば時価評価の対象となる資産の範囲について、日本公認会計士協会や広島大学法学部は公正な会計慣行に委ねるべきであるとしたのに対して、日本クレジット産業協会や定期航空協会、大阪府立大学経済学部私法講座担当は市場性のない有価証券・子会社株式・持合株式等を対象資産から除くべきだと主張していた。一方で、山口大学経済学部は市場性ある子会社については時価評価の対象とすべきだとしている。

[80] 原田ほか・前掲78。

[81] 商事法務1516号49頁(1999)。なお同意見書の全文は、「金融商品に係る会計基準の設定に関する意見書」企業会計1999年3月号付録2頁以下を参照。

[82] 「商法等の一部を改正する法律案要綱案」(平成11年1月27日法制審議会商法部会決定)商事法務1516号14～15頁(1999)。

[83] 前掲82 15頁。

を改正する法律案」として閣議決定され、翌10日に国会に提出された[84]。そして同年7月23日に衆議院本会議で、また8月9日には参議院本会議で可決され、成立したのである。

3．平成14(2002)年商法改正——評価規定の省令委任

3－1 総 説

これまでみてきた平成11（1999）年商法改正は、立法の手法としてはそれまでの伝統的な計算規定と同一の手法をとっていた。すなわち、資産の評価基準を法律の文言として直接に規定していたのである。このことは、後にみる平成10（1998）年土地再評価法においても同様であった。

これに対して平成14年の商法改正では、資産評価規定を商法から削除し、法務省令に委任することとした。つまり、評価規定が置かれる位置を「一段下げた」のである。このような立法が行われた理由として、立案担当者は次のような説明を行っている。

「最近は、証券取引法会計に関して、国際的に整合性のある基準の確立が求められている上、国際的な会計基準自体も変更が加えられつつあることから、……証券取引法についての会計基準の変更のための作業が広範かつ迅速に推し進められている状況にある。こうした中で、……これと整合性を確保するための商法会計の変更（変更後の証券取引法会計が商法会計としても許容されるようにするための商法会計の変更）を、これまでのように、商法自体の改正という方法で行うと、そのためには相当の時間を要するので、証券取引法会計の迅速な変更を阻害することとなるおそれがある。

そこで、今後生ずることが予想される会計基準の変更に際し、証券取引法会計が適用される会社が、これと異なる基準による商法上の会計処理を

---

[84] 以上の経緯につき、「商法等の一部を改正する法律案の国会提出」商事法務1520号4頁（1999）。

もしなければならないという事態が生ずることがないようにするための商法会計の迅速な対応を可能にするために、……財産価額の評価方法についての規定と、……繰延資産と引当金に関する規定を、法務省令で定めることとした……」[85]。

つまり、国際的な会計基準の調和化が進展し、それらに日本の会計基準を合致させていこうとする際に、平成11年商法改正においてなされたような商法との調整作業をいちいち行わなければならないということでは迅速な対応が困難なので、より改正手続の容易な法務省令に落とそう、ということである。

本項では、まず同様の立法がめざされた昭和49（1974）年商法改正の過程を瞥見する。そのうえで、平成14年改正の経緯をみることにする。

3－2　過去の経緯──昭和49(1974)年商法改正瞥見

「商法の計算規定は、会計規範に委任されなければならない」という考え方自体は、かなり古くから存在していた。たとえば、会計学者である木村重義は、法と会計の関係をめぐる論争において、会計という方法を法律として取りあげる際には「会計の全体系は一体として取上げられるべき」[86]であるとして、会計規範を法に取り入れる際には法目的からの再評価を受けると主張した田中耕太郎に反論している。また同じく会計学者の黒澤清も、会計は単なる技術の体系ではなく法律と対等の論理的体系であることを強調し、法と会計との融合は「会計への法の委任」を意味するものでなければならない、と主張していた[87]。また、昭和24（1949）年の企業会計原則設定に際しては、設定にあたった企業会計制度対策調査会の中間報告「企業会計原則の設定について」のなかで「企業会計原則は、将来において、商法……等の企業会計に関係ある諸法令が制定改廃される場合において尊重されなければならないものである」としている。実際、先にも述べたように、昭和37（1962）年の商法改正は、証券取引法会計を商法に大幅に取り入れるものであった。

85　始関正光「平成14年改正商法の解説〔Ⅹ〕」商事法務1649号5頁（2002）。
86　木村重義「会計における法と技術」会計学研究7頁（1956）。
87　黒澤清『近代会計学』286頁（春秋社、1951）。

昭和49年商法改正の過程における企業会計審議会の動きは、このような動きをいっそう強めようとするものであった。そもそも昭和49年商法改正は、昭和39（1964）年から40（1965）年にかけて次々と露見した粉飾決算に対する商法上の対策として、監査制度を強化しようとするものであった。そして、昭和43（1968）年9月に法務省民事局参事官室から公表された改正要綱試案[88]では、資本金1億円以上の株式会社について公認会計士による監査を導入しようとしていた。

　このような動きに対して、企業会計審議会が昭和43年12月に公表した報告書が「監査制度改善に関する『商法改正試案』について」である[89]。このなかで企業会計審議会は、導入されるべき商法監査と証券取引法監査との一体化をめざして、商法の計算規定と企業会計原則との調整を図ることとした。そしてそれを前提として、「商法に定めのないものについては、一般に公正妥当と認められる企業会計の基準によるものとする」旨の規定を置くことについて検討することを要望することとなったのである[90]。このような要望を行う理由として同報告書は、「『商法に明文の規定のない事項』については、両者（商法と企業会計原則：筆者注）が一致しているかについて疑義を生じるおそれが多分にあるので、このような包括的規定をおくことにより法律解釈の指針を明らかにすることが必要」と指摘していた[91]。このような意見は、会計学者からも聞かれるものであった。たとえば山桝忠恕は、商法と企業会計原則の間の不一致を放置したままで会計監査人監査が始まれば公認会計士は必ず矛盾に悩むことになると指摘し、さらには「ぎりぎりのところまで法自体として何とか計算規定……の精密化を試み、それでもなおかつ手に負えぬときに、漏れた点について『一般に公正妥当と認められる企業会計の基準による』というような感覚でございますと、これはまことに困るのです」。「何よりも健全なる会計慣行というものを尊重し、それに包括的に委任する。こう

---

[88] その全文および理由書は、「株式会社監査制度改正に関する民事局参事官室試案」（昭和43年9月3日）商事法務459号2～11頁（1968）を参照。
[89] その全文については、産業経理1969年2月号6頁を参照。
[90] なお、昭和49年改正の展開については、第1編第2節2.を参照。
[91] 前掲89　8頁。

いうことにならなければ本当はおかしいのではないか」[92]と主張しているのである。

　しかし、このような包括規定については、経済界から猛烈な反対が寄せられた。ここでいう「一般に公正妥当と認められる企業会計の基準」が基本的には企業会計基準を指すと考えられていたため、必ずしも企業の会計慣行とは一致しない企業会計原則が商法の一部とされることをおそれたのである。そして、企業会計原則に違反することが直ちに商法違反となるとすると企業会計の柔軟性が失われてしまう、と主張したのである[93]。

　その結果、企業会計審議会が昭和44（1969）年12月の報告書「商法と企業会計原則との調整について」のなかで示した企業会計原則修正案では「商法が強行法規たることにかんがみ」[94]内容面について大幅に商法の歩み寄りがなされた一方で、包括規定の案については「公正妥当な企業会計の基準によって計算を行わなければならない」などといった、拘束度の弱い文言へと後退せざるをえなかった。そして、法制審議会における審議を経た後に、「商業帳簿ノ作成ニ関スル規定ノ解釈ニ付テハ公正ナル会計慣行ヲ斟酌スベシ」とする商法32条2項の規定となったのである。

　しかも、ここでいう「公正ナル会計慣行」は、企業会計原則等の会計基準に限られるとは解釈されていなかった。すなわち、会社の形態や業種などの個別的事情に応じて発展してきた会計慣行も、「公正ナル会計慣行」たりうると理解されていた[95]。つまり、企業会計審議会が当初意図していた（そして経済界がおそれた）と思われる「企業会計原則を始めとする会計基準体系への全面的な依拠」をもたらすものではなかったのである。

92　黒澤清ほか「『意見書』をめぐる問題点」企業会計21巻3号46〜47頁（1969）。この発言に中西旭・黒澤清といった会計学者も賛意を示している。また岩村一夫は、「それがなければ第三者監査というものの意味もないわけでございますね」と述べ単なる職人的監査ではないところに企業会計の難しさがあるのだ、と主張している。

93　たとえば、黒澤清＝矢沢惇＝日下部與市＝居林次雄「企業会計原則と商法」産業経理30巻1号166〜167頁〔居林発言〕（1970）、佐土井滋「企業会計原則修正案に対する批判」産業経理30巻2号74〜75頁（1970）など。

94　企業会計審議会報告書「商法と企業会計原則との調整について」企業会計22巻1号別冊付録2頁（1970）。

以上の動きをアクターの動きを中心にまとめると、次のようにいえよう。昭和49年商法改正における包括規定導入は、商法監査をも担うこととなった会計側が、商法会計と証券取引法会計の一致をめざして推進したものであった。しかし当初めざした完全一致は、経済界の反発もあって後退せざるをえなかった。

3－3　平成14(2002)年改正をもたらしたもの

では、資産評価規定に関する平成14年商法改正を動かし始めたきっかけは何だったのであろうか。実のところ、「この意見書によって動き始めた」というような、明確なきっかけのようなものは存在しないように思われる。現に、平成10 (1998) 年に公表された大蔵省と法務省の共同研究会「商法と企業会計の調整に関する研究会」の報告書では、「今後さらに商法及び企業会計において調整を図ることを検討することが必要となる問題が生じた場合には、必要に応じて商法と企業会計の調整について検討していくことが望まれる」[96]と述べられている。先にも述べたように、同研究会報告書では「資産評価の問題と配当可能利益の算定とは分けて考えうる」としている点で商法会計と証券取引法会計を一致させることに親和的であるが、少なくともここで掲げた報告書の記述からは、資産評価規定の委任立法化が検討されていたと読むことはできないであろう。

一方で、平成12 (2000) 年9月6日に開催された法制審議会商法部会の場においては、「今後の商法改正について」と呼ばれている資料をもとにして報告が行われた。この「今後の商法改正について」は、平成12年4月から4回にわたり、商法部会の下部組織である会社法小委員会において審議のうえとりまとめられたものである[97]。報告では資料を引用しつつ、「企業の国際的な競争が激化し、また国際的に整合性のとれた制度の構築が求められる中で、

---

[95] たとえば、矢沢惇「監査制度改正をめぐる諸問題〔下・Ⅱ〕要綱案に関連する改正問題」商事法務524号4頁（1970）、日下部與市「会計慣行に関する斟酌規定の意味するもの」産業経理30巻5号61頁（1970）など。

[96] 前掲67 32頁。

株式会社の経営の効率化とともに、その業務執行の適正を図ることにより、企業統治の実効性を確保し、また国際的に整合性のとれた制度を構築するという観点から、会社の機関の在り方、会社情報の適切な開示の在り方等について検討する」ことが会社法見直しの視点の一つとしてあげられている。そして、その視点から改正を検討すべき事項の一つとして「総論的な問題として商法の計算規定と証券取引法に基づく会計原則との調整をどのように行うべきかという指摘（がある）」と述べられている[98]。このような「商法会計と証券取引法会計との調整」については、すでに平成12年4月の会社法小委員会においても議論されていたようである[99]。そうであるとすると、遅くとも会社法小委員会におけるとりまとめの時点で、基本的な考え方が形成されていたと考えるのが自然であるように思われる。とすると、平成10年6月から平成12年7月までの間に、法令委任という基本的な考え方が形成されていたのではないか、と考えられるのである。

またこの間にも、日本の会計基準に対する国際的な信認が低いのではないかと思わせる出来事が発生している。すなわち、国外の大手会計事務所から日本の監査法人に対する要請に基づいて、平成11（1999）年3月期決算企業において日本の会計基準・監査基準に基づいて作成された英文の財務諸表について、それに添付される監査報告書において、日本基準に基づいて作成された決算書である旨、あるいは日本国外で認められている会計基準とは重要な点について異なる場合がある旨などの警句（レジェンド：legend）が付されているということが報道されたのである[100]。このことは、日本の会計基準の非国際性を示すものであり[101]、海外での資金調達に影響が出かねないものと心配された[102]。会計学者のなかには「監査史上、過去に例を見ない由々しき事態であると解されている」と指摘するものもあった[103]。これによって、

---

[97] 資料の性格についての説明は、法制審議会商法部会平成12年9月6日議事録。また、会社法小委員会開催情報については、商事法務1558号47頁、1560号44頁、1565号55〜56頁、1567号38頁（いずれも2000）。なお、筆者は実際に資料を入手できていないため、本文の記載はあくまでも議事録の記載に基づいている。

[98] 法制審議会商法部会平成12年9月6日議事録。

[99] 商事法務1558号47頁（2000）。

国際的な会計基準とわが国の会計基準との調和化は喫緊の課題であり、そのためには商法会計を証券取引法会計に合わせるべきであるという考え方が強くなったとも考えられるのである。

いずれにしても、「商法会計と証券取引法会計との調整」が改正を検討すべき事項の一つとしてあげられることについては、平成12年9月の商法部会において了承された。その後、会社法小委員会の下に設置されていた研究会、さらに会社法小委員会における検討を経て、実際に省令への委任が具体的な提案として法制審議会会社法部会（平成13（2001）年1月に商法部会から名称変更）に上程されたのは平成13年3月28日の会議であった。この際に、事務局は次のような説明をしている。

「大会社を前提とした立法技術的な限界、それから企業会計をめぐる国際的な動きの速さと法改正の速さとのギャップなどを前提として、商法中には一般的な規定のみを置くこととし、現在の会社の計算規定の多くを省令に委任することとするものでございます。（中略）

また、会社の計算に関するもう一つの論点として、最初に申し上げました商法と証取法の調整の問題でございますが、証取法第24条の規定により有価証券報告書を内閣総理大臣に提出すべき株式会社は、財務諸表等規則の定めに従い、貸借対照表及び損益計算書を作成しなければならないものとするのが適当であると考えております。これは、経済界等から、我が国では商法と証取法という二つの法律が企業会計を規制しており、そのた

---

100 日本経済新聞1999年7月28日朝刊19面。なお、具体的な警句の例については、たとえば、平賀正剛「レジェンド付き英文監査報告書に関する一考察」早稲田商学387号497～498頁（2000）を参照。

101 後の評価ではあるが、粥川和枝「わが国おけるレジェンド問題の現状」経済科学53巻4号63頁（2006）。同様の評価は、日本経済新聞・前掲100も行っている。もっとも、平賀・前掲100 505～518頁は、他のアジア諸国や南欧諸国における警句付与の実例調査から、会計基準の問題というよりも国外の大手事務所（当時のいわゆる「ビッグ・ファイブ」）が自ら監査を行っていないために責任回避の手段として、あるいは自己の業務拡大のための圧力として付与しているのではないかと指摘する。

102 日本経済新聞・前掲100。

103 八田進二「財務報告の信頼性をめぐる諸問題――会計士監査の果たす役割についての検討を中心に――」會計157巻4号503頁（2000）。

め、各企業にとって、商法に基づく計算書類と証取法に基づく財務諸表という二種類の書類を作成しなければならない、これが企業の負担になっているとの指摘がありますが、今申し上げたような対応をすることにより、法の趣旨を実現しながら企業の負担を軽減することができるのではないかと考えております。すなわち、商法と証取法とで評価基準について実質的に差異がないことから、証取法適用会社の開示については証取法の財務諸表に加えて商法の計算書類の作成を要求する必要はなく、配当についても財務諸表から算出された純資産額を基準に、商法の配当規制を行うということで足りるのではないかという考えに基づくものでございます。また、この考え方は、証取法における会計と商法における計算については、情報提供機能という両者に共通する目的の観点から、企業の財産状態及び経営成績をあらわす基礎となる利益計算に違いが生じることは、逆に利害関係者の判断を誤らせるおそれがあるとして、両者の財産計算及び利益計算は基本的に一致するように調整すべきであるとの「商法計算と企業会計の調整に関する研究会」の提言の趣旨にも沿うものだろうと思います」[104]。

　この説明においては、大要において本項の冒頭に掲げた立法担当官の説明とほぼ同様の内容に加えて、商法会計と証券取引法会計との二重規制が会社の負担となっている旨を経済界から指摘されており、本改正がそのような指摘に対する対応であることが述べられている。そうだとすると、この改正は経済界からの要請に基づくものではないか、とも推定できるのである。

　実際、平成13年3月9日に開催された企業会計審議会第一部会[105]において、財務諸表作成者として意見を述べた経団連の八木委員、財務諸表利用者として発言した渡辺委員とも、商法会計と証券取引法会計の統一を要望していた[106]。すなわち、八木委員からは、

　　「私どものように証券取引法適用企業から考えますと、証券取引法の開

104　法制審議会会社法部会第4回会議議事録。
105　企業会計審議会第一部会は平成12年9月28日に第1回が開催され、企業結合会計が審議事項とされていた（企業会計審議会第一部会第1回議事録〈http://www.fsa.go.jp/singi/singi_kigyou/gijiroku/dai1/f-20000928-1.html〉。

示が有用な情報だという決断のもとに連結主体の開示へ転換したのでございますが、にもかかわらず商法では相変わらず個別を中心とした開示が求められ続けている。商法と証取法の目的の違いを勘案してもそういうことに違和感が生じておりまして、これが増幅しつつあるわけでございます」。

「さきの商法の資産評価規定の改正は、これは金融商品の関係等でございますが、当審議会での時価会計が導入されたから商法を改正したという経緯であると認識しておりまして、本末転倒の動きがあるわけでございます。今回の企業結合の会計につきましても、商法の評価規定との関連が論点となる可能性がございます。したがいまして、基本的には、商法は会計処理については触れずに、会計慣行にゆだねるべきではないか。計算規定のところでございますが、そこまで感じている次第でございます」。

などと、商法会計と証券取引法会計との並立への違和感が示されたうえで、

「商法との関連につきましては、先ほど来申し上げましたとおり、会計処理については全面的に公正な会計慣行にゆだねるという形で、商法、税法の二元規制の弊害を解消する必要があるのではないか、そのための法改正をお願いしていきたいというふうに考えております」。

と、二元規制の解消に向けた働きかけを積極的に行っていく意思があることを明らかにしている。

また、渡辺委員も、商法会計について、

「情報開示を目的とした企業会計、証取法の会計ですが、この会計基準が商法会計と税法会計の規定に圧迫されて、適切な情報開示をするという観点から見ると、その目的が貫けなくなっているということであります。だれが迷惑をこうむるかということになりますと、公開企業の投資家が迷惑をこうむっているということであります」。

「商法の決めている会計規定は限られたものしかありませんで、ほとんどは斟酌規定という規定によって、証取法の規定が商法の中に流れ込むと

---

106 以下の八木委員・渡辺委員の発言は、いずれも企業会計審議会第一部会第6回議事録〈http://www.fsa.go.jp/singi/singi_kigyou/gijiroku/dai1/f-20010411-2.html〉によっている。

いう格好になっております。その結果、商法決算で出されてくる情報開示はほとんど証取法と同じでありまして、実質を考えると、債権者にとって商法決算だけから知りたいという情報はほとんどない、ある意味では全然ないということであります」。

「配当規制をするためにわざわざバランスシート、損益計算書をつくる必要があるのかということがいえると思います。配当規制をする、それも純資産をベースにして規制するということであれば、何もバランスシート、損益計算書をつくらないでも、証取法決算のデータをベースにして、それを計算していって結果だけを出す、必要があれば計算過程も書いて出すということで十分だと思います。十分というより、利用者から見ると、その方がよほどわかりやすい。今はバランスシートを見て足したり引いたりして計算しなさいということですが、それができる人はそういないと思いますので、実態上も配当可能額の計算結果だけを開示するということで十分だと思います。そういう意味で、証取法決算をしている公開会社について商法決算は要らないと思います」。

というように、証券取引法会計とは異なる独自の有用性を認めることはできない旨の発言をしている。このような発言からもわかるとおり、経済界においては証券取引法に基づく財務諸表のほかに改めて商法に基づく計算書類を作成する意義はほとんどなく、単なる負担にすぎないと考えられていたのである。

話を法制審議会に戻そう。平成13年3月28日の法制審議会会社法部会では、「商法の資産評価規定を法務省令に委任すること」について、「この方が、今後の計算書類に関する規定の仕方としては使いやすいということで、御了承いただいたということでよろしゅうございますか」[107]という部会長の総括のみで、まったく議論のないままに承認された。そして、同年4月18日にとりまとめられた「商法等の一部を改正する法律案中間試案」において、試案第二十の一として、「株式会社の会計帳簿に記載すべき財産の価額について

---

107 前掲104。

は、(商法)第34条の規定は、適用しないものとし、財産、繰延資産及び引当金の額並びに記載の方法は、法務省令で定めるものとする」こととし、これに伴って配当限度額・中間配当限度額の算定においても、控除すべきとされていた額のうち法務省令に移される部分(当時の商法290条1項4〜6号・293条ノ5第3項3〜5号)を法文から削除して、法務省令で定める額を控除するものとする旨の試案が作成されたのである[108]。

　この中間試案は直ちに公表され、パブリック・コメント手続がとられた。その結果、立案担当者による意見のとりまとめによれば、資産評価規定の省令委任について反対意見を述べたものは日本弁護士連合会(日弁連)のみであり、その他はすべて賛成意見であった、とされている[109]。日弁連は、根本的な株主権の一つである利益配当の内容について商法の本則から導けない結果となることは大きな問題である、と指摘している[110]。また、配当可能利益算定において純資産額から控除すべき額の一部を法務省令で定めることについては、株主と債権者の利害調整規定であることを理由として疑問を呈する見解が寄せられていた[111]ものの、総体としては賛成意見の方が多い状態であった。

　これを受けて法制審議会会社法部会では、違法配当の処罰における罪刑法定主義との関係を担当部局と調整したうえで、平成14年1月16日に「商法等の一部を改正する法律案要綱案」を決定し、同年2月13日には法制審議会総

---

[108] 「商法等の一部を改正する法律案要綱中間試案」(平成13年4月18日法務省民事局参事官室) 商事法務1593号43頁 (2001)。

[109] 原田晃治ほか「会社法制の大幅な見直しに関する各界意見の分析〔下〕」商事法務1605号23頁 (2001)。

[110] 原田ほか・前掲109。ただし、第一東京弁護士会法律研究所会社法研究部会は賛成意見を出しており (原田晃治ほか「会社法制の大幅な見直しに関する各界意見の分析」別冊商事法務244号145頁 (2001))、弁護士界が反対意見で一致していたわけではないことがうかがわれる。また、実際には明治大学法学部も反対意見を呈しているが(前掲296〜297頁)、原田ほか・前掲109ではそのことにふれていない。

[111] 原田ほか・前掲109 23頁。ただし、ここではそのような意見を呈したものとして慶應義塾大学商法研究会のみがあげられているが、実際には名古屋商科大学総合政策学部企業法担当教官 (原田ほか・前掲110 260頁) なども疑問を呈している。

会で要綱として了承、法務大臣に答申された。その後、改正案は同年4月23日に衆議院で、また同年5月22日には参議院で可決され、成立したのである。

第4節　平成10(1998)年土地再評価法

1. 総説

これまでみてきた平成11(1999)年・14(2002)年商法改正が会計基準の国際化に対応するための改正であったのに対して、これからみていく平成10年の土地再評価法は、いわば国内政策推進のための「内向き」な改正と評価することができよう。もっとも、平成10年に至る以前にも、土地の再評価については導入論議が行われていた。ここではまず、平成4(1992)年から平成5(1993)年にかけての土地再評価論の高まりと沈静化について述べる。そして、その後の金融危機による早期是正措置制度の導入、そして、それが平成10年土地再評価法へとつながっていく過程をみていくことにしたい。

なお、資産の再評価については、わが国においてすでに一度経験があった。昭和25(1950)年から昭和32(1957)年にかけて実施された資産再評価制度がそれである。すなわち、昭和25年に資産再評価法が公布施行された後、翌昭和26(1951)年に改正資産再評価法が、昭和28(1953)年には再度改正された資産再評価法が公布施行された。これらは、戦後のインフレーション亢進に伴って、減価償却により資産の名目額を維持するだけでは企業の実質的な生産力を維持できなくなることを防止しようとするものであった。しかし、いずれも再評価の実施を任意としたために、企業体力の問題から再評価を見送る企業もあり、不十分な結果となった。このため、さらに翌昭和29(1954)年に「企業資本充実のための資産再評価等の特別措置法」(いわゆる「資本充実法」)によって一定の企業に対して資産再評価を強制した。その後、中小企業を対象として昭和32年に公布施行された「中小企業の資産再評価の特例に関する法律」によって、一連の資産再評価は終了した。これによって、企業に

とって有利な資本蓄積が実現し、企業の内部資金が充実したと評価されている[112]。

2．平成4(1992)年から5(1993)年にかけての土地再評価論の高まり

土地再評価法が制定される数年前に、土地などの資産の再評価を認めるべきであるという議論（ないし期待）が高まった時期があった。平成4年の夏から平成5年前半にかけてである。前述のようにこの時期は、国際会計基準委員会における比較可能性改善プロジェクトが進行していた時期であり、早ければ平成8（1996）年にも国際会計基準が日本にも導入されるのではないか、と考えられていた。

先にも述べたように、この比較可能性改善プロジェクトでは、基本的にはある取引・事象について原則的には単一の会計処理のみを規定しようとしていたものの、会計処理を一つに絞りきれない場合には優先処理（preferred treatment）と代替処理（alternative treatment）とを認めたうえ、代替処理を適用した場合には優先処理との差を開示すべきものとされていた[113]。そしてこのような代替処理を認める項目のなかには、有形固定資産や投資不動産が含まれており、そこでは取得原価（必要であれば減価償却を行う）による測定が優先処理とされる一方で、再評価額による測定が代替処理として認められているのである[114]。再評価額を代替処理として認めた背景には、イギリスをはじめとした英連邦諸国において過去に資産再評価が行われていることが考慮されたものであるとされている[115]。

このような資産再評価に関しては、企業実態のより的確な開示に資すると

112　嶋和重「合理化投資促進の制度・政策と企業会計制度――戦後日本の会計制度形成過程（その4）――」拓殖大学経営経理研究72号85頁および86～90頁、松本譲「資産再評価について」明大商学論叢81巻3・4号276～277頁）。

113　稲垣冨士男編著『国際会計基準――日・米・英会計基準との比較解説――（三訂版）』357～358頁（同文館出版、1996）。

114　稲垣・前掲113 362～365頁。

いう観点から賛成する意見もあった[116]が、経済界、特に銀行などの金融業界が資産再評価（とりわけ土地の再評価）に対して期待を寄せていたのは、決して開示という観点からではなかった。資産再評価益を用いて、自己の財務指標を健全化しようという期待があったのである。

多くの金融機関がねらっていたのは、土地などの再評価額を用いて国際決済銀行（BIS）の自己資本比率規制をクリアすることであった[117]。当時すでに土地バブルが崩壊していたとはいえ、古くから市街の一等地に有する店舗の敷地などの地価は、取得価額を大きく上回っていた[118]。これを再評価したうえで自己資本に算入すれば、自己資本比率規制を容易にクリアできると考えていたのである。

また、再評価益を不良債権償却のための原資としたい、という希望もあった[119]。なかには、不良債権の担保不動産を時価よりも高く買い取ったうえでこれを時価で再評価し、損失分を他の不動産の再評価益で相殺する、といった構想を語る銀行関係者もいたと報じられている[120]。

また、資産再評価が有効な株式相場対策になる、という意見も取り沙汰されている。つまり、資産の再評価益を株式分割の原資として用いる[121]ことによって株主への利益還元の強化が期待できる、と主張されたのである[122]。株

115　白鳥栄一「〈インタビュー〉土地の簿価と時価の乖離がひどすぎる」エコノミスト1993年2月16日号18頁。

116　たとえば、醍醐聰「原価会計から時価会計への転換を」日本経済研究センター会報1993年10月15日号15頁、弥永真生のコメント（日本経済新聞1993年1月12日朝刊3面）など。また、当時の企業会計審議会会長であった新井清光も「個人的な意見」として、土地の実際の価値について再評価まではしないまでも注記のような形ではっきり示す必要がある、とコメントしている（日本経済新聞1992年12月18日朝刊15面）。

117　日本経済新聞1992年10月26日朝刊23面。

118　日本経済新聞1993年1月12日朝刊3面が伝える推計によれば、1992年の公示価格をベースに都市銀行・長期信用銀行・信託銀行の営業用店舗の土地含み益を計算すると、その総額は約10兆5,800億円であった。

119　日本経済新聞・前掲118。

120　日本経済新聞・前掲117。担保不動産を時価よりも高く買い取ることによって、当該不良債権から発生する営業損失を抑制し、営業成績を悪化させないようにするための処理であろうと考えられる。

式分割を行うことが株主への利益還元につながるという論理は必ずしも明瞭ではないが、おそらくは1株あたり配当額の維持を前提として、株式分割による株式数の増加によって株主の受け取る配当額が増加することを意味しているのであろう。株式市場においては、含み益が大きいと考えられた会社の株式が「資産再評価」を材料として買われるといった現象も発生した[123]ほどである。それに、自己資本の増加によって社債発行限度が高くなれば、一般企業にもうまみがある、とも主張された[124]。

しかし、経済界は必ずしも資産再評価待望論ばかりではなかった。経団連専務理事であった小山敬次郎は、資産再評価論に対して慎重な態度を示していた。その理由として小山は、当時の経営環境において企業が再評価後の減価償却の負担に耐えられるかどうか不安であること、すでに銀行は企業の正味の体力を評価して貸出をしており資産再評価を改めて行うべき理由がないこと、単なる含み益の公開であれば他にも方法があること、金融機関において資産再評価を一斉実施した場合は金融機関ごとの体質の強弱がはっきりしてしまい、かえって金融不安を煽るおそれもあること、をあげている[125]。

また、含み益経営を排除できることはメリットであるものの、短期的には倒産が増えるのではないかという不安や、経営者が地価の下落に神経質になってしまい、その結果として地価が正常な水準へと下落することを妨げるのではないか、といった心配も指摘された[126]。逆に経営者の立場からは、含み益をすべて吐き出してしまういざというときに頼るものがなくなる、という不安もあった[127]。

---

[121] 当時は、株式分割後の1株（単位株制度を採用している場合には1単位）あたりの純資産の額が5万円を下ることとなる株式分割を行うことができなかった（平成13年法第79号改正前商法218条2項、昭和56年改正法附則21条）。そのため、株式分割を行うにはかかる純資産規制をクリアするための原資が必要とされたのである。

[122] 日本経済新聞・前掲118。

[123] たとえば、日本経済新聞1992年12月15日朝刊18面（NTTの買い材料として資産再評価による含み益があげられている）、日本金融新聞1992年12月15日19面（日本通運の買い材料として含み資産株を物色する流れがあったことを指摘する）など。

[124] 日本経済新聞・前掲117。

[125] 日本経済新聞・前掲118。

加えて、資産再評価が認められると、そこから課税されることになってしまうのではないか、という警戒感が経済界にはあった。実際、石油危機時の狂乱物価の際にも資産再評価論が高まったものの、再評価益に課税すべきであるという議論にあって主張が急速にしぼんだ、という経験があった。そのため、産業界にはここで再び再評価益課税論が行われることに対する強い警戒感があったとされる[128]。

実際、大蔵省（当時）は、再評価益への課税は資産売却益に対する課税とほぼ同じであるべきだと考えていた。金融機関側は、過去に行われた資産再評価におけるようなごく低率（6パーセント）による課税を期待していたようである[129]が、大蔵省側は、それでは課税の公平性を欠くと考えていた[130]。もし計上された評価益に対して法人税（当時の税率は37.5パーセント）を課されるということになれば、わざわざ評価益を計上するメリットは小さくなってしまう。

また、当時の大蔵省も日本銀行も、不良債権の増大による金融システム不安については、銀行の自助努力などで対応可能という立場をとっており、資産再評価を認めることはこの見方と矛盾するので採用しづらい、という面もあった。もし再評価を検討することとなれば、銀行の不良債権問題が簡単に処理できる規模ではないことをなかば認めることとなってしまうからである[131]。また大蔵省は、土地という不安定な資産の評価益に基づいて銀行が行動するのは好ましくない、とも考えていた[132]。

資産再評価の本丸である自己資本規制対策という点においても、大蔵省の分析は冷淡であった。BIS基準では営業用不動産の再評価益は補完的項目に分類されるため、資本金や準備金、剰余金といった基本的項目と同額までし

126　日本経済新聞・前掲117。
127　日本経済新聞・前掲118（大手商社の消息筋の話）。
128　日本経済新聞1992年12月18日朝刊15面。
129　山本守之「国際会計基準なる"黒船"利用に疑問」エコノミスト1993年2月16日号21頁。
130　日本経済新聞・前掲118。
131　日本経済新聞・前掲118。
132　日本経済新聞・前掲118。

か算入することができない。大蔵省が平成4（1992）年9月末に都市銀行について調査したBIS基準による自己資本比率の速報値は8.86パーセントで、基本的項目は4.72パーセント、補完的項目は3.96パーセントであった。このため、基本的項目を増やさないまま補完的項目を限度一杯まで増加させても、自己資本比率は9.44パーセントまでしか上がらない、ということになってしまう。さらに長期信用銀行の平均においてはすでに補完的項目が限度一杯まで使われており、自己資本比率が向上する余地はきわめて小さい、と分析されていたのである[133]。

　また経済同友会による検討においては、金融機関に関しては一定の評価をしつつも、一般企業においては資産再評価による経営上のメリットはほとんどない、とされていた。その理由として、含みを吐き出せば長期的視点での経営の弾力性を失う、再評価によっても現実に差益を手にするわけではないので配当や事業資金にあてることは不可能である、仮に再評価益に課税されれば負担が大きい、といった理由である[134]。さくら総合研究所のレポートにおける試算でも、金融機関を除く企業において保有地を時価の80パーセントで再評価した場合に、自己資本比率は17.9パーセントから31.7パーセントに上昇するものの、自己資本利益率（ROE：自己資本に対する税引後利益の割合）は7.97パーセントから3.73パーセントに、総資産利益率（ROA：ここでは総資産に対する税引前利益率）も3.32パーセントから2.76パーセントに低下する、とされた。同レポートは、収益性に関するこれらの指標の低下によって株価の下落を招くおそれがあり、再評価実施の可能性については慎重に検討すべきだ、と結論づけていた[135]。

　このように、大蔵省や日本銀行、金融機関以外の経済界は、資産再評価について乗り気ではなかった。では、政界はどうであったか。平成5年2月末の段階では、自民党において資産再評価について検討を始める旨の報道がなされたことはある[136]。ところが、その後に検討結果が出された旨の報道はな

133　日本経済新聞1993年1月24日朝刊5面。
134　日本経済新聞1993年4月22日朝刊5面。
135　日本経済新聞1993年8月11日朝刊4面。

されていない。これは、同年初夏に発生した政界再編によって自民党が分裂したうえ、総選挙によって下野せざるをえなくなったため、検討作業が自然消滅してしまったからではないかと思われる。

このようにして、平成5年末には資産再評価論に関する動きはほとんど報じられなくなった。ときとして資産再評価の提言が行われたことはあったようだ[137]が、少なくとも報道レベルでは具体的な形で検討された形跡を発見できなかった。

3．早期是正措置の導入

平成5（1993）年末に資産再評価論が沈静化した後、金融業界における規制のあり方は大きな変容を受けることになる。それが、早期是正措置の導入決定である。

平成6（1994）年末の東京協和信用組合・安全信用組合の破たんに端を発し平成7（1995）年にかけて相次いだ金融機関の破たんや、住宅金融専門会社の巨額の不良債権処理問題などによって、それまでの「護送船団方式」、すなわち体力の弱い金融機関を保護しつつ、破たんの際には救済金融機関を募って合併するという形で裁量的に監督していくという行政手法に対して強い批判がなされるようになった[138]。護送船団方式、とりわけ救済合併という手法が通用しなくなった背景には、規制業種であったがゆえに破たん金融機関がもっていた免許の特権的な価値（たとえば、破たん金融機関の店舗網を

---

136 日本経済新聞1993年2月28日朝刊2面によれば、自民党法務部会商法小委員会（太田誠一小委員長）の下で検討を始め、春の間に結論を出す予定であった。その間、財政部会の会計監査検討チームと合同で、再評価実施の是非や価格の基準、対象となる資産の範囲、再評価税の税率などを検討する予定であったという。なお、太田は平成5（1993）年4月21日の衆議院法務委員会で、ディスクロージャーの観点からも資産再評価を導入すべきではないか、という質問を行っている。

137 日経金融新聞1997年12月16日20面における野村アセット・マネジメント投信の田辺孝則専務（当時）のコメントによれば、「95年に野村グループとともに資産再評価の実現に向けて政界などに働きかけたことがある」とのことである。

138 鹿野嘉昭『日本の金融制度』100・148頁（東洋経済新報社、2001）。

獲得することにより、救済側は新たに免許を獲得するより低いコストで営業規模を拡大できる）が、金融自由化の進展によって失われてしまったという事情があるといわれる[139]。また、不況の深刻化によって破たんの規模も巨大化し、ために吸収合併のコストが大きくなりすぎた、という点もあったとされている[140]。

このような状況の下で金融システムの安定化の方策について諮問を受けた金融制度調査会は、平成7年に「金融システム安定化のための諸施策」[141]と題する報告書を答申として提出した。この答申では、金融機関の破たん処理制度を導入するとともに、市場規律の発揮と自己責任原則の徹底、そしてそれらの補完的役割としての透明性の高い行政への転換によって、透明性の高い金融システムを構築しなければならない、としている。そして早期是正措置は、この透明性の高い行政手法の一つとして導入が主張されたのである。

早期是正措置とは、自己資本比率等の客観的な指標に基づいて、金融機関が破たんする前に業務改善命令等の措置をとることによって、金融機関の経営の健全性を確保しようとする制度である。それまでのように、破たん金融機関の処理に際して大蔵省の指揮の下その都度関係金融機関が協議して決定するのではなく、最終的には法的手続による破たん処理がありうることを前提としたうえで、経営状態が悪化した時点で早めに改善のための措置を命じることができるようにし、早期の介入によって破たんを防止するとともに、監督当局が行う処分等の内容を明確化することで裁量の幅を狭め、行政の透明性をも確保しようとするのである。

この早期是正措置は、翌平成8（1996）年6月に成立した「金融機関等の経営の健全性確保のための関係法律の整備に関する法律」によって正式に導入された。そして早期是正措置の実施に向けて、同年9月には「早期是正措置に関する検討会」が設置され[142]、12月には制度の骨格がまとめられた[143]。そ

---

139 西村・前掲45 307～309頁。
140 西村・前掲45 309頁。
141 その全文については、金融財政事情1996年1月15日号22頁以下を参照。
142 日経金融新聞1996年9月30日3頁。

こでは、自己資本を総資産（資産のリスクに応じて処理を行った額）で除した比率が、国際的に活動を行う金融機関においては8パーセント、国内活動のみの金融機関においては4パーセントを下回ったときに、何らかの是正措置（経営改善計画の作成、さらに悪化すると個別の措置命令など）がなされるべきものとされた。なお、当該法律の施行日は翌平成9（1997）年4月であったが、早期是正措置については、同法の骨子をまとめた段階ですでに、周知期間を置いたうえで平成10（1998）年度から施行する方針とされた[144]。

4．平成10(1998)年土地再評価法の制定

4－1　立法の背景事情──早期是正措置の導入と「貸し渋り」、金融不安

　早期是正措置が平成10年度に導入されることが決まると、各金融機関はその対応に迫られることとなった。その過程において発生したとされるのが、いわゆる「貸し渋り」である。早期是正措置における重要な指標の一つである自己資本比率を向上させるためには、分子である自己資本を高める方法と、分母である資産を小さくする方法とが考えられる。しかし、当時の経済情勢や株式相場からして増資はまず不可能である。そうなると、資産を圧縮する方向で動くことが必要になる。しかし、手持ちの株式を売却することは、売却損の発生に加えて相場下落によるさらなる評価損の発生を招くため、困難であった。不動産の処分も市況の冷込みで困難、ということになれば、結局は貸出債権を圧縮するしかない、ということになる。それゆえ、既存債権の回収を強化するとともに新規貸付を抑制することになるのである[145]。平成9（1997）年夏に相次いでなされた東海興業[146]や大都工業[147]の会

143　日本経済新聞1996年12月27日朝刊1面。なお、検討会の報告内容の詳細については日経金融新聞1996年12月27日15面を参照。

144　日本経済新聞1996年2月24日朝刊5面。

145　「銀行貸し渋り　「早期是正倒産」の危険な迷路？」東洋経済1997年11月15日号72～73頁。

社更生法申請は、それまで経営支援を続けてきたメインバンクが支援を打ち切ったために行われたのであるが、支援打切りの背景には銀行による取引先の選別がある、といわれた。また、地方銀行や信用金庫などでも、早期是正措置導入に向けて与信の抑制を行うところが出るようになっていた[148]。このような貸し渋りによって中小企業は苦境に立っているとして、大胆な景気対策、具体的には数兆円規模の所得減税を要望する経済界の声もあった[149]。

　このような状況のなかで、自民党が平成9年10月21日、および11月14日にまとめた緊急国民経済対策では、景気対策として規制緩和などのほかに、貸し渋り対策として中小企業に対する融資制度の拡充を盛り込んでいた[150]。これに従って、政府もほぼ同様の経済対策を打ち出した[151]。

　しかし、平成9年11月に入ると、3日に証券準大手の三洋証券が破たんしたのに続いて、17日には北海道拓殖銀行、24日には山一證券、26日には徳陽シティ銀行と、金融機関が相次いで破たんした。特に北海道拓殖銀行は都市銀行であり、また山一證券は国内四大大手証券会社の一角であっただけに、その衝撃は大きかった。金融機関の破たんが今後も続発するのではないかという不安が一気に高まり、市場においても根拠のない風説が拡がるといったことも起こった[152]。

　このため政府や自民党では、金融機関に対する公的資金の導入が検討されるようになる。11月25日に自民党の金融システム安定化小委員会が固めた方針は、預金保険機構の資金調達に政府保証をつける形で公的資金を導入する[153]という限定的なものであったが、その後12月1日に自民党の緊急金融システム安定化対策本部が提示した金融不安解消策の原案のなかでは優先株や

146　日本経済新聞1997年7月5日朝刊3面。
147　日経産業新聞1997年8月20日28面。
148　日経金融新聞1997年7月1日3面、同1997年7月30日2面。
149　日経産業新聞1997年10月21日1面（日本商工会議所の稲葉興作会頭（当時）へのインタビュー）。
150　日本経済新聞1997年10月22日朝刊1・7面、同1997年11月14日夕刊1面。
151　日本経済新聞1997年11月18日夕刊1面。
152　飯野裕二「金融システム不安の発生メカニズム」日本銀行銀行論研究会編『金融システムの再生にむけて』51頁（有斐閣、2001）。

劣後債による資本投入が検討課題とされ[154]、12月15日に打ち出された「金融システム安定化のための緊急対策」では、公的資金による優先株・劣後債の購入が正式に表明された。これによって自己資本の充実を支援するとともに、貸し渋りを抑制しようとしたのである[155]。

4－2　土地再評価法への動き[156]

このような状況の下で土地の再評価について提言を行ったのは、大原一三衆院議員であった。大原によれば、金融システム安定化委員会において、銀行の自己資本比率規制において株式が補完的項目として自己資本に算入されているのに、同じくバブルで膨れ上がった土地を再評価しないのはおかしい[157]と指摘したところ、ぜひ進めてくれということになった、とのことである[158]。これがいつの話であるのかについては明記されていないが、平成9年12月1日に自民党の緊急金融システム安定化対策本部が提示した金融不安解消策の原案のなかでは土地再評価にはふれられておらず、緊急経済対策としての土地の再評価についての動きが初めて報じられたのが12月4日のことである[159]ので、おそらくその頃のことであろう。

そして、12月10日に発表された自民党の金融システム安定化対策小委員会による金融不安解消のための検討項目として、金融機関に対する資本注入などと並んで不動産の再評価があげられている[160]。もっとも、税制改正などの措置が必要であることから、16日の「金融システム安定化のための緊急対策」

153　日経金融新聞1997年11月26日1面。
154　日本経済新聞12月1日夕刊1・2面。
155　日本経済新聞1997年12月16日朝刊1面、日経金融新聞1997年12月16日15面。
156　なお、本法の制定過程については、辻川尚起「1998年土地再評価法の設定過程分析」香川大学経済論叢79巻3号525頁（2006）も参照。
157　なお、当時のBIS規制における自己資本比率の算出方法の概略については、岩原紳作「緊急経済対策としての平成10年商法関連法の改正〔下〕」商事法務1493号4頁（1998）を参照。
158　大原一三「土地再評価法と貸し渋り対策①資産再評価法導入は本当は強制にしたかった」エコノミスト1998年4月28日号93頁。
159　日本経済新聞1997年12月4日夕刊1面。
160　日本経済新聞1997年12月10日夕刊1・2面。

のなかには盛り込まれなかった[161]。

ところが、12月22日に日経平均株価が急落すると、政府や自民党のなかでは新たな対応策を模索するようになった。その一つとして土地再評価構想がとりあげられたのである。橋本総理大臣は大原に対して「(自民)党内で前向きに検討してほしい」と述べて、税制上の措置の検討にも積極的な姿勢を示したという[162]。大原はその後、中曽根・竹下・宮沢の3人の元総理大臣や、林義郎自民党税制調査会長を訪ねるなどして、根回しを進めている[163]。

大原を委員長とする「資産再評価小委員会」が自民党財政部会の下部組織として設置され、平成10 (1998) 年1月14日に初会合が開かれた。そこにおいて、大原から「土地再評価法案骨子(私案)」が提示され、質疑応答が行われた[164]。

この骨子では、政策目的として「対象法人における不動産の長期保有に伴う資産価値の評価の適正化、経営の健全性向上」があげられており、それによって「BIS規制上の自己資本比率を高め、目下問題となっているいわゆる銀行等金融機関の貸渋り対策に寄与することとなる」と、BIS規制対策目的が随伴的な目的であるかのように書かれている。しかし、ここまでの検討経緯をみてもわかるように、元来はこの二つめのBIS規制対策こそが主要目的であった。

資産再評価の対象法人は商法監査特例会社（商法特例法2条による大会社。なお立法時には、同条の規定を準用されることとなる法人を含むこととされた）および預金取扱金融機関とされている。対象法人を金融機関に限定しなかったことについて骨子は、ドイツにおいて銀行・証券業についてのみ土地の再評価を認めたところバーゼル委員会からクレームがついたことを指摘して、「本法案の対象を銀行等に限定することは、BIS対象上(ママ)問題があるので、その他の企業についても適用を認めることとする」とされている[165]。

161　日本経済新聞1997年12月23日朝刊2面。
162　日本経済新聞・前掲161。
163　日本経済新聞1998年1月3日朝刊2面。
164　「金融」1998年2月号65～66頁（骨子の全文も掲載されている）。
165　土地再評価法案骨子（私案）「1．政策目的」の注記参照。

もっとも、当初は金融機関のみを対象にするつもりであったものの、自民党商工部会などから一般企業にも対象を拡大してほしい、と要望されたのを容れたという説明もされている[166]。

再評価を行うかどうかは、各法人の任意とされた。これについても、大原自身は強制にしたかったものの、新たに土地を取得した法人は不利となるため任意とした、と説明されている[167]。

骨子では、資産再評価法の対象となるのは事業用の土地のみであり、売買目的の土地は含まれないものとされた。また資産再評価法を行う場合、当該法人が有するすべての事業用の土地を再評価しなければならないものとされた。評価益を含む土地だけを再評価する「つまみ食い」を防止する趣旨である[168]。再評価差額は、再評価準備金として特別勘定によって管理されるとともに、税制上は再評価前の簿価を引き継ぐこととして課税を繰り延べることとされた。

そして、本法案は緊急対策であるという位置づけにより、再評価の期間は法施行後1年から2年に限定するものとされた。これは、「そのうち機会を見てやろうというのでは、緊急対策にならない」[169]という発言に表れているとおり、本法が当時の経済情勢回復のために制定されることを示すものであった。その後の法案では、法律施行の日から2年を経過するまでの間のいずれか1回の決算期において再評価できるものとされた（5条）。これによって、再評価は平成12（2000）年3月30日までということになった[170]。

自民党が土地の再評価を認める方針を固めたのを受けて、都市銀行の多くは直ちに、含み益を自己資本に組み入れる方向での検討に入っている[171]。土地の含み益の自己資本算入と優先株・劣後債引受とがセットで行われるなら

166　大原・前掲158 92頁。
167　大原・前掲158 92頁。
168　大原一三「（インタビュー）カネはかからず効果は大」東洋経済1998年2月14日号16頁。
169　大原・前掲168 16頁。
170　もっとも、翌年の土地再評価法改正によって、適用期限は平成13年3月30日まで延長された。なお、平成11年土地再評価法改正については、第3編第2章をも参照のこと。
171　日本経済新聞1998年1月15日朝刊1面。

ば、金融安定化や信用収縮緩和にも効果がある、と評価する声もあった[172]。また、一般企業にとって再評価そのものにはあまり魅力はないものの、評価益を自社株式の財源として用いることができるならば、株価対策と財務効率化の一石二鳥となると期待する向きもあった[173]。

　平成10（1998）年1月21日に自民党資産評価小委員会が行った経済五団体（経団連、全銀協、生保協、損保協、日証協）に対するヒアリングでも、各団体から早急な実施を求める声が相次いだ。経団連からは「土地再評価は銀行の自己資本対策として急務であり、日本経済全体にプラスの影響があるので急いで実施してほしい」という要望が出され[174]、全銀協からも「3月末に間に合わないと意味がない。確実に実施できる安心感があれば、信用収縮対策の意味は大きい」と早期成立に向けた要望が行われたという[175]。

　このように経済界からの支持もとりつけたため、2月20日の自民党臨時経済対策協議会がとりまとめた第四次緊急国民経済対策において、金融システム安定化策として土地再評価法の制定が正式に決定された[176]。そして3月19日に衆議院で可決され、3月31日に参議院で可決・成立し、同日に公布施行されたのである。

4－3　土地再評価法に対する評価

　このようにして制定された土地再評価法に対しては、土地に関する時価情報を開示させることによって企業の財務状況の実態を示させる意味で意義がある[177]、あるいは金融機関の土地が有する巨大な含み益を利用できるようになる点で意義がある[178]、といった評価もなされている。

172　日本経済新聞1998年1月15日朝刊3面（山田能伸メリルリンチ証券シニアアナリストのコメント）。
173　「自社株買いとの合わせ技に期待高まる」東洋経済1998年2月14日号14〜15頁。
174　日本経済新聞1998年1月22日朝刊5面。
175　「土地再評価のカラクリ」東洋経済1998年2月14日号9頁。
176　日本経済新聞1998年2月20日夕刊1面。法案の内容については、商事法務1483号40〜41頁（1998）を参照。
177　黒沢泰「土地再評価法の会計学的意義と土地の時価概念」不動産研究41巻1号36頁（1999）、弥永真生「土地再評価法構想と商法・税法」税理41巻4号10頁（1998）。

しかし、積極的な評価をするのはむしろ少数であり、多くの論考は同法に批判的であった。たとえば、適用対象となる企業が大会社と金融機関に限られた点に関連して、中小規模の会社、特にいわゆる店頭公開企業のなかには大会社に該当しない会社も存在することから、証券市場でその株式が流通する会社の間でも再評価の可否が分かれることになることが指摘されている[179]。また、連結決算のなかにおいても適用対象となる会社とならない会社が混在しうる結果、連結財務諸表において再評価された土地とされない土地が混在する結果となり、情報開示と非常に不備なものになるという批判も受けている[180]。さらに、再評価をするかしないかは各企業の任意とされた結果、再評価を行った企業と行わなかった企業とが存在することになり、比較可能性が損なわれる、とも指摘された[181]。

さらに、再評価の対象となる土地が事業用土地に限定され、販売用土地や遊休土地などが再評価の対象とされなかった点についても、企業の財務状況を全体として正確に把握するためには全資産（少なくとも全土地）の再評価が必要ではないかという批判がなされている[182]。また、時価の評価方法がきわめてあいまいであり、その基準が明示されないままに恣意的に評価されてしまうと時価に対する信頼性が失われるという批判もなされた[183]。

さらに、そもそもこのような改正によって本法が目的とした「金融の円滑」や「企業経営の健全性の向上」といった効果が上がるのかといった疑問[184]や、緊急経済対策としての立法が基本法としての商法のあり方をゆがめ、法令上

178　弥永・前掲177。
179　青木茂男「会計情報利用者からみた『土地の再評価に関する法律』」企業会計50巻6号103頁（1998）。
180　青木・前掲179、岩原・前掲157 7頁。
181　岩原・前掲157 8～9頁、岸田雅雄「株式消却特例法の改正と土地再評価法」税経通信1998年5月号21～22頁。もっとも、弥永真生「資産評価規定の改正と土地再評価法の改正」ジュリスト1163号108頁（1999）は、土地の再評価を認める諸外国の立法例でも再評価の実施は任意であることを指摘する。
182　岩原・前掲157 9頁、醍醐聡「土地の再評価と自己資本評価」企業会計50巻6号98頁（1998）。
183　青木・前掲179 104頁。同様に時価のあいまいさに対する批判として、岩原・前掲157 10頁、岸田・前掲181 23頁。

の不整合を招いたのではないかといった批判[185]もなされているのである。

第5節 まとめにかえて

　以上、平成期において会計基準に関してなされた三つの商法改正についてみてきた。これらのうち平成10（1998）年土地再評価法はすでに失効したが、平成14（2002）年商法改正による資産・負債評価基準の省令委任は会社法にも引き継がれている。これらの改正の評価については後にふれるとして、平成期の企業会計に関する商法改正については、さしあたり次のような特徴を指摘することができよう。

　第一に、国際化の顕著な影響をみてとることができる。すでにみてきたように、平成11（1999）年改正は金融資産の時価評価化という世界的な潮流に歩調を合わせるための改正であったし、平成14年商法改正による資産・負債評価基準の省令委任は、その後に起こると予想されていた会計基準の国際的調和化に迅速に対応するためにとられた方策であった。これらは、民間レベルで主導されてきた国際的な基準の進展が、国内法の内容、ひいては国内法の規定のあり方にまで影響した顕著な例である、といえるであろう。

　一方、平成10年土地再評価法は、直接的には金融不安を解消するためになされた政策立法であり、一見すると国際化とは関連性をもたないようにみえる。しかしこれもすでにみてきたように、平成10年土地再評価法は金融機関に対するいわゆる自己資本比率規制をクリアさせるために成立させたといってもよい立法であった。そして、その自己資本比率規制はそもそも国際的に活動する銀行についてのBIS規制に端を発するものであった。そのように考えると、平成10年土地再評価法もまた、経済の国際化の顕著な影響の下に

---

[184] 岸田・前掲181 25頁。なお、土地再評価を行った事業会社（非金融会社）の財務特性にに関する実証研究としては、加井久雄「土地再評価実施企業の財務的特性」新潟大学経済学年報28号17頁以下（2004）がある。

[185] 岸田・前掲181、岩原・前掲157 15〜16頁。

行われた立法であるといってよいように思われるのである。

　第二に、各改正におけるアクターの動きについてであるが、いくつかの点についてふれておきたい。

　まず大蔵省についてである。大蔵省は、平成11年商法改正に際しては、その最初の動きとなった平成8（1996）年の会計基準審議会特別部会の設置以来、一貫して時価主義の導入を後押しする立場に立っていた。このことは、日本の金融市場を国際的に開かれたものにしようとする政策の下では、当然の態度であったといえよう。

　一方、土地再評価をめぐっては、大蔵省は異なる動きを示している。すなわち、平成4（1992）年から5（1993）年にかけての土地再評価の動きに関しては、その効果は限定的であるとして消極的な態度を崩すことがなかった。ところが平成10年土地再評価法制定の際には、大蔵省は強い抵抗を示していないのである。土地の再評価によって得られる効果について大きな変化があったとは考えられない。だとすると、累次の金融不安と、それによって生じた大蔵省に対する強い批判によって、金融行政の方針決定に対する大蔵省の影響力が減殺されたことが、平成10年における大蔵省の「沈黙」と、政治家主導による土地再評価法の制定を導いたのではないか、と考えられる。

　次に、経済界の動きである。経済界は、本編でとりあげた平成期の商法改正については、いずれも賛成する立場に立っていた。平成11年・14年改正に関していえば、従来からいわれていた商法会計と証取法会計の「二重の手間」の解消が期待されたし、国際的な資金調達を行う会社にとっては、日本の会計基準が国際的な通用力をもつことは、国内向けと国外向けの二つの財務諸表の作成という「二重の手間」の解消にもつながりうるものであった。また、平成10年土地再評価法に関していえば、金融機関にとっては財務指標、とりわけ自己資本比率の改善が焦眉の急であったし、その他の一般企業にとっても、選択的に認められる限りは、有利にはなりえても不利にはならない改正であり、反対する理由はなかったといえよう。

　しかし、経済界が常に「会計基準の味方」であったかというと、必ずしもそうはいい切れないかもしれない。平成14年商法改正に関連して述べたよう

に、昭和49（1974）年商法改正に際して会計基準審議会側が商法における「準拠規定」を求めた際に、経済界はこれに反対する態度を示していたからである。その際に経済界は、従来の慣行とは異なる会計基準に拘束されてしまうことをおそれたのである。

　経済界が会計立法に対して示したこのような姿勢の違いからは、二つの興味深い点を読みとることが可能であろう。第一に、経済界が立法に対する場合に、自らの行動の自由を拡大するか、少なくとも自由を縮小させない立法に対しては、積極的に賛成するか、少なくとも反対を示さないのに対して、自らの自由を縮小する方向に動く立法に対しては積極的に反対する方向で行動していたということである。このような姿勢は、本書における他の編および章においても指摘されるとおり、他の分野における立法に関しても一貫してみられるものである。

　第二に、以上の見方が正しいとして、昭和49年商法改正に際して経済界が示した姿勢と平成14年商法改正におけるそれとの違いを想起した場合に、その違いはおそらく、大企業における会計基準の浸透度の違いによるものなのではないか、と考えられる。昭和49年商法改正も平成14年商法改正も、ともに商法会計と証取法会計の一致をめざすものであった。そしていずれも、商法会計を証取法会計に向けて移動させる方向での改正をめざしていた。方向性としては同一であるにもかかわらず、昭和49年改正の時点では拒否反応がみられた一方で、平成14年商法改正の時点ではむしろ熱烈歓迎の姿勢が示された。もし経済界が上記の行動原則に忠実に行動しているとすれば、昭和49年改正の時点では会計基準に従うことが企業にとって不利と考えられたのに対して、平成14年の時点では企業にとって少なくとも不利ではない（むしろ有利になりうる）と考えられた、ということになる。昭和49年改正における経済界の反対理由、そして平成14年商法改正に向けた経済界からの発言内容などを考え合わせると、昭和49年改正時点では未だ受容されきっていなかった会計基準が、平成14年改正時点までには企業の会計実務として十分に受容されたものと推察することが可能であろう。もちろん、実際にはどうであったかについては企業実務をつぶさに検証しなければならないが、少なくとも

仮説として上記のようなテーゼを立ててもよいように思われるのである。

最後に、平成期の商法諸改正、そしてそれらを受けた平成17（2005）年会社法について、多少の評価を加えることにしたい。

まず、平成10年土地再評価法についてである。すでに述べたとおり、この立法は緊急経済対策としての色彩が濃厚な立法であった。当時の絶不況の下で財政出動を行うことが困難であったことを考えれば、この立法はやむをえなかったのかもしれない。しかし、これもすでに紹介した多くの批判にあるように、政策目的によって資産評価基準を動かすことは、企業の業績の公正な表示をその目的の一つとする商法会計のあり方とはそぐわない、という批判が可能であろう。

これに対して、平成11年改正と平成14年改正は、会計基準を国際的な基準に合致させていくためには必要な改正であったといわざるをえないであろう。少なくとも資産や負債の評価のあり方については、政策判断の問題というよりは、当該資産・負債をいかにして金銭的に評価し表示するかという専門知識の支配する分野であるように思われる。そうであるとするなら、必ずしも法律という形式にこだわる必要はなく、省令にその決定を委ねても差し支えはないのではないか、と考えられるからである。また、法律の改正という手続を経る必要がなくなったことは、会計基準の変化に対して迅速に対応しうる体制という観点からも評価してよいように思われる。

もっとも、現在の法務省令である会社計算規則においてすら、会計処理のすべてを細かく定めているわけではない。会社計算規則3条は、規則中の用語の解釈や規定の適用に関しては、一般に公正妥当と認められる企業会計の基準その他の企業会計の慣行を斟酌すべきこととしており、ルールの具体化の少なからぬ部分を会計基準に依存していることがみて取れる。そうだとすると、法務省令という導管を通して会計基準を取り入れるという迂路を使うのではなく、むしろ直截に法文上に「会社の会計は会計基準による」といった規定を入れてしまい、企業会計の自律的な基準設定にすべてを委ねるほうがよいのではないか、とも考えられる。新しい会計基準とのすり合わせのために会社計算規則が改正されることもたびたびである現実を考えると、全面

的な委任によって立法コストを下げ、会社法会計をよりスムーズに会計基準に適合させられるようにするという考え方には一定程度の魅力がある。

しかし他方で、平成10年土地再評価法制定においてみられたように、何らかの政策的な目的のために会計基準が制定される可能性も否定できない。そこから、次の二つの点について留意すべきであると考える。

第一に、そのような可能性の存在は、会計基準の規範としての正統性（legitimacy）に影響を与えるおそれがある。実際、過去にアメリカにおいて私的団体による会計基準設定プロセスに対する信認が危機に陥ったケースが何度かあるし、実際に私的団体が崩壊したこともあるが、それらのケースの多くは、会計基準設定の公正さに対する批判、すなわち「会計基準が公益ではなく、誰かの私的利益のために制定されているのではないか」という疑いの眼差しに端を発している[186]。そのようなときに会計基準の正統性を保護するためには、その設定過程において何らかの公的機関の関与を織り込むべきなのかもしれない。

無論、ここで筆者は「私的団体による会計基準の設定は私的利益に奉仕するものである」と主張しているわけではないし、公的機関に関与させれば私的利益追求がなくなると主張しているのではない。むしろ、立法手続や行政手続のほうが業界団体等によるロビイングの影響を強く受けることになるかもしれない。しかし、一般に規範の内容についての紛議が発生した際に、それでも当該規範が何らかの公的機関の関与を経て制定されたことにより「正統性の契機」を与えられているか否かは、ルールの安定性に大きな影響を与えると考えられる。

なお、ここで「公的機関の関与」というとき、筆者は必ずしも立法手続によることを意味していない。確かに立法によって会計規範を決定するなら、当該規範の正統性は疑いのないものになる。会計基準の変化に対して迅速に

---

[186] アメリカにおける最初の私的会計基準設定主体である会計手続委員会（Committee on Accounting Procedure：CAP）の崩壊過程について、大石桂一『アメリカ会計規制論』59～63頁（白桃書房、2000）。また、1975年に財務会計基準審議会（Financial Accounting Standards Board：FASB）による会計基準設定に対する政治の側からの批判として出されたいわゆる「メトカーフ委員会報告書」について、同書149～152頁。

対応するためには、法律という形式にこだわることはむしろマイナスになる可能性が高い。そう考えると、立法によらずになお正統性を確保しようとする点で、省令による規律というのは巧妙なやり方であるといえる。あるいは金融商品取引法に基づく連結財務諸表規則1条3項、あるいは連結財務諸表規則1条3項のように、会計基準設定主体が設定した会計基準について一定の条件に基づく認定を行うことによって正統性を付与することも考えられる[187]。それを越えて、何らかの手続を経れば公的機関の関与がなくとも正統性を付与しうるかどうかは、法的規範に対する民主的コントロールの問題とも関係する非常に微妙な問題であり、今後、公法理論との整合性も視野に入れながら検討していかなければならない。

　第二に、会計基準が開示目的に資する形で適切に設定されたとしても、会社法会計の目的との関係において、会社法においても全面的に受け入れることが可能かどうかはなお検討する余地がある。とりわけ分配可能額の算定において、株主有限責任に伴う債権者保護のために、開示目的のための利益算定とは異なる何らかの算定基準を設けることの必要性があるかどうかである。

　現行の会社法制では、平成11年商法改正（第3節2．）の流れを引き継ぎ、開示目的の会計基準を受け入れたうえで、分配可能額の計算において一定の項目を控除するという形をとっている（会社法461条2項）。いわば、利益算定のための会計基準を「控除項目の決定」という形で裏から定めており、開示される利益の額と分配可能な利益の額が異なることとなっている。このことは、留保財産をより増やすことがより厚い債権者保護につながると考えるのであれば、適切な措置であろう。しかし他方で、二つの利益額が存在するこ

---

[187] 同様の方法は、日本と同じく会計規範が立法によって定められていたドイツにおいても、連結財務諸表に関して私的団体による会計基準の設定を認める際にも採用されている（ドイツ商法典342条2項）。ただし、その法的効力については、いわゆる「正規の簿記の諸原則」（日本における「一般に公正妥当と認められる企業会計の慣行」に相当する概念）に適合することの推定にとどまる（適合性が保証されるわけではない）、との見解が強い（議論の状況については、Beck'scher Bilanzkommentar, 6. Aufl. §342 Rdnr. 9を参照）。

とで投資者や債権者に何らかの混乱をもたらすことはないのか、二つの利益計算を強いることで会社に余計なコスト負担を強いていないのか、「裏から」会計基準を定めることの立法コストを正当化できるのか、といった論点も考えられる。

現在のような「二つの利益額の並立状態」を今後も維持すべきか、あるいは会計基準を基礎とした利益算定に統一すべきかについては、以上に述べたさまざまな観点からの検討が不可欠である。とりわけ、会計基準に基づき開示のために算定された利益額が、債権者保護という会社法独自の目的においても使用可能であるのか、あるいは独自の基準を用いなければ債権者保護目的は達成できないのかどうかは、実証研究に基づく判断が必要であるし、加えて、債権者保護とは何かという根本的な議論も必要であるように思われる。

このように、会社法会計（そしてその研究）の過渡期は、まだまだ続いているといえるのではなかろうか。

第 5 編

技術革新と会社法

第1節　はじめに

　本編においては、会社と株主・債権者が互いの存在を把握し、また国家が法人の存在を把握するために会社法が用意してきた諸制度の変遷を取り扱う。国家からみれば、会社は許可状により設立を許可され、貿易独占権を通じて、国家政策と結びついて大きく発展した。これら特権の源泉となったのが、会社ごとに発行された憲章であった[1]。事業活動自体が特権に基づくものでなくなるにつれ[2]、会社は設立準則主義に移行したが[3]、訴訟の観点から[4]、あるいは租税法上の観点から[5]、法人が登録を契機に法主体性を獲得する制度は存続している。また、会社からみれば、株主を特定する作業は、配当の分配の点から重要であるだけでなく、ある時点の株主に株主総会での議決権、経営陣や経営方針の大枠の決定権を与えるという枠組みを通じてガバナンスのあり方にも直結していた。

　いずれかの国家主権が当該主権に属するものとして法人を把握し登録するという制度、および、個々の会社が株式取引・配当分配の記録や総会時の株

1　"Charter" の用語法については、Arthur Machen, Jr., "*A Treatise of the Modern Law of Corporations 4*"（1908）参照。

2　初期の事業会社の憲章は、法人格のない団体による事業が先行しており、実情としては設立法の制定により法人成りするものが多かったようである。伊藤紀彦『ニュー・ヨーク州事業会社法史研究』87頁（信山社、2004）。

3　設立準則主義は、19世紀半ばに英米で導入された。日本では、基本法導入当初から法人設立について特許主義・準則主義・自由主義の選択肢が視野に入っており（富井政章『民法原論　第一巻』201頁（合冊・有斐閣、1913）、梅謙次郎『民法要義　巻ノ一（訂正増補25版）』83頁（和仏法律学校、1906））、会社制度は明治23年の旧商法における免許主義から明治32年の商法における準則主義へと変化した（江頭憲治郎『株式会社法（第3版）』57頁（有斐閣、2009）参照）。

4　たとえば、ドイツ法における行政の関与（Aktiengesetz Para.26（商業登記所による定款の確認）、Para.29（引受けによる成立）、Para.38（裁判所による設立の認証）など）は、法人設立を裁判所に把握させ、訴訟上の便宜を図っていた側面を強くうかがわせる。

5　二重課税制度の成立については、水野忠恒『所得税の制度と理論』（有斐閣、2006）参照。

主の特定のために株主を登録するという制度は、会社の歴史に常に付随するものであった。ただ、興味深いことに、これらの制度の趣旨は時代を追って変遷している。そしてその変遷は、株式の分散化による株主有限責任の確立や、企業の国際展開による規制の困難化といった、社会インフラの革新によるところが大きい。変遷の過程にもいくつかの節目があるが、われわれの生きる時代の節目としては、1970年代におけるインターネット技術の登場と、冷戦終結によるその普及とをあげることができよう[6]。情報処理技術の発展は、会社法の前提する諸登録制度に劇的な影響を及ぼした。株式会社という法人を把握する制度である登記所および登記手続は、代替的かつ安価な情報発信源が登場したために変化を余儀なくされた。また、株主を把握するための諸制度も、株式取引記録が電子化され（株式のペーパーレス化）、また機関の手続（たとえば株主総会の招集や当日の議事進行）がIT化される（株主総会のみならず取締役会でもIT化が進んでいる）など、そのあり方を大きく変えた。これら制度の運営の事実としての変化は、株主と会社のあり方の変化を促し、さらには株主名簿や法人登記の制度の趣旨をも変化させ、会社ガバナンスのあり方を左右するに至っているのではないか。

　このように、本編においては、技術の革新が会社法が前提としていた制度のコスト分布を変え、そのことが会社法自体の変化を促した例を、まとめて取り扱うこととする。具体的には、第2節で株式の流通、第3節で会社の運営、第4節で法人登記の制度の変遷について取り扱う。これらの変遷では、法改正を志向するアクターによる直接的な働きかけでなく、国際社会の競争圧力等が大きな役割を果している。そのため、平成年間の改正の歴史的位置づけについて正しい認識を得るために、会社制度の初期からの比較考察が必要となる。他の編や章とは若干タイムスパンや扱っている範囲――本編の

---

[6] 現在のインターネットは、統御コンピュータをつくらずに情報を数カ所に分散させ、その間で情報をやりとりするために、アメリカ国防総省が開発した技術を応用したものである。冷戦が終了した後、米国政府はベンチャー企業を育成する意味もあって、ネットワークを一般に開放した。1980年代のネットワークは利用に専門知識が必要であり、利用者は限られていたが、その後、ブラウザの開発や、あるいはハイパーテクスト形式の登場により、1990年代に入って商業インターネットが一般家庭に普及した。

叙述には外国における歴史的制度の考察が含まれる――が異なるが、これは、本編の性格上必要なものである。

第2節 株式の流通と法

1．末端決済の利便性――株主名簿と株券の分化

　会社は、その黎明期において、都市政府内での独占的取引権を打ち破る働きをした[7]。その後、イギリスにおいて、会社は地域性とともに排他性を薄れさせてゆき、同時に国家の貿易・課税の統制システムの一翼を担う中間団体たる regulated company に発展した。市場統制や管理の特権を都市を超えて行使するために、王権が利用された[8]。貿易や国家間関係の構築を行いうる排他的団体として国家が company を利用したことで、16世紀後半以降 joint stock company が成立する[9]。ギルドのような自治体的な組織から発展した会社において、株主総会が定期的に開催されるのは、当初から当然であったともいえる[10]。

　一方オランダにおいては、仲介貿易に先駆会社が利用された。そこでは、事業を行う商人に対して、そのプロジェクト――個々の遠征――に興味をもつ仲間の商人が出資を行った。企業家はこの先駆会社の債務について責任を負い[11]、資本は船舶帰還のあとに、利益があればそれとともに出資者に払い戻された[12]。このような企業形態における出資者は、会社事業の永続も、定

---

[7]　松井秀征「株主総会制度の基礎理論(1)」法学協会雑誌117巻10号8頁（2000）以下参照。
[8]　松井・前掲7 16頁参照。
[9]　松井・前掲7 19頁参照。
[10]　イギリス東インド会社は、1613年には全社員からの出資によって資本運営がされるようになり（当座会社からの移行）、1657年のクロムウェルの清教徒革命政権による勅許によって、出資が広く国民一般に開放され、株主総会が開かれるようになり、事業の継続性が確立された。
[11]　松井・前掲7 35頁参照。
[12]　松井・前掲7 31・40頁参照。17世紀までは当座制以外の出資方法は存在しなかった。

期的な会合での事業のチェックも、予定してはいなかった[13]。出資者達は、他の出資者がどのような人間かよりは航海の収益に関心があり、また、出資は、仲間の企業家がはたしてあるハイリスクな航海を成功させられるかどうかに関する商人の予測に依存して引き受けられ、出資単位は流通するものではなかったと思われる。ところが、コショウ輸入の競争を管理するためにオランダ東インド会社が成立すると[14]、株式会社は国家の財政・貿易管理・治安維持の一端を担って継続的な事業の遂行を目的とするようになり、利益償還に関する株主の権利は、会社の継続が国家利益に資するという名目の下で企業家の裁量のもとに置かれ[15]、企業家の無限責任は排除された[16]。これにより、企業家の専制的な企業体が誕生した。その後、貿易品の横流しや利益の秘匿といった企業家の専制を排除する必要性が痛感され、国家の介入の下17世紀前半に出資の会計報告、利益相反の否定、各種委員会が順次制度として整えられていったという[17]。

　英蘭いずれの制度にも、利益の払戻しや自治的な会合の開催という形で株主を会社が名簿形式で把握することが必要であった。しかし、それはまだ、株主の頻繁な交代を予定したものとはいえなかった。これが、市民に蓄積された資本と結びつくのは、17世紀末のイギリスにおいてである。ウィリアム3世は、従前の借上金への利子の支払を認めると同時に、国債を発行し、そ

13　松井・前掲7 39頁参照。
14　1594年、最初の東インド貿易会社としてアムステルダムに遠国会社が設立された。これを契機に東インド貿易へ関心が高まり、貿易会社が数多く設立され、それらが統合されてオランダ東インド会社（合同東インド会社）が成立されたといわれる（1602年）。この会社は、ネーデルランド連邦議会から東インド貿易独占の特許状を得て設立され、喜望峰の東からマゼラン海峡の西までの地域の商業独占権を与えられた。イギリス東インド会社は、1600年に設立され、一回の航海ごとに資本を集め、終われば解散するという形式をとっていた。オランダ東インド会社は、この当座制を脱して社員の有限責任制をとるなど最初の近代的株式会社といわれる経営形態をもっていた。同社は、株主に対して平均で年25パーセント、最大75パーセントの利益を還元したという。
15　松井・前掲7 33・40頁参照。
16　会社制度上の有限責任の歴史については、Robert W. Hillman, *Limited Liability in Historical Perspective*, 54 Wash & Lee L. Rev. 615 (1997) 参照。
17　松井・前掲7 41頁参照。

の償還のために商人に一定期間の独占的操業権を与える特許状（Exclusive Charter）を積極的に活用し、収入を確保したとされる[18]。同時に、国債を引き受ける市場として、16世紀末の Royal Exchange に代わってロンドンの取引所が台頭した。ここでの取引の多くは債券であったが、18世紀初頭の南洋会社と東インド会社株式をめぐる取引の熱狂はよく知られている[19]。

会社関係者間の権利義務関係および義務者明確化の動機

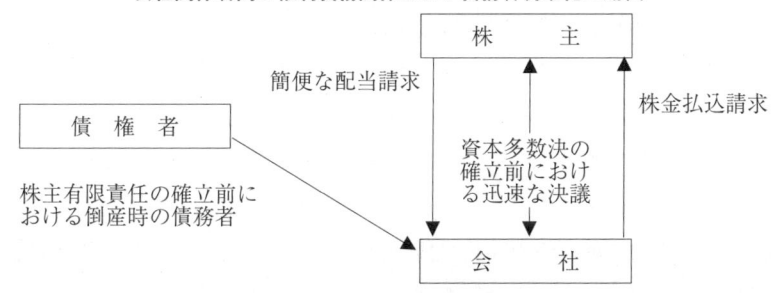

```
                         株    主
                 簡便な配当請求 ↑↓ 株金払込請求
  債 権 者                資本多数決の
  株主有限責任の確立前に    確立前における
  おける倒産時の債務者      迅速な決議
                         会    社
```

　株主が交替する制度下で、会社関係者には配当の支払義務や株金払込義務の履行の管理、および議決権行使権者であることの証明を行う必要が生まれ、株主名簿（list of stockholders）上の株主を権利者と扱うことが実務となったと思われる。もっとも、配当に関しては、株主の側から、無記名株券の呈示に代えて、あるいは記名株券所持人の配当受領権の取引方法として、配当札を利用して請求権を証明すればよいから[20]、会社の側が株主を常に把握する必然性はない[21]。だが、"会社の有する株金払込請求権の債務者リスト" として、通知を条件として株金を払い込まない株主を株主名簿から抹消したり[22]、定款により支払いの完了していない株式の譲渡を禁ずることで払込強

---

[18] 高窪喜八郎『取引所法ヲ論ス』35頁（三書樓、1919）。南洋会社は1717年に1,200万ポンドを国債償還のために政府に提出した。これにより、政府は3,100万ポンドもあった国債のすべてを会社に引き受けさせる提案を衆議院に提出したという（同38頁）。国債の償還原資が会社の収益に依存していたことをよく示す例である。

[19] 高窪・前掲18 37頁参照。

[20] 配当札については、竹田省「配当札の法律関係」同『商法の理論と解釈』550頁（有斐閣、1959、論文初出・1926）参照。

[21] *Lesseps v. Architect Company*, 13 La. 414 (1839).

制の効果をあげる場合[23]、現在より厳格な議決権要件の下で株主を確実に把握しようとする場合[24]、さらに、会社倒産時の責任追及のために株主変更の都度名簿を債権者に提出する場合などには[25]、株主名簿は必要不可欠のものであった。つまり、名簿制度には会社や債権者の権利・インセンティブに基づく株主把握と株主の権利行使に必要な株主把握の契機の両者が結びついていた[26]。

債務者リストとしての株主名簿の機能は、大規模なインフラ建設に従事する会社に対する融資を確保する必要があったことを背景としていよう[27]。しかし、19世紀における零細な投資家の出資と株式譲渡の活発化、一般事業会社の普及、および20世紀の水割り株式問題や会社整理実務の発展を通じて、当初の払込後に株主に責任を負わせることは難しくなった[28]。こうして、一括払込の後は株主が一切の義務を負わない制度が成立した。このことは、株主の出資意欲を高め、株主分散を進める素地となった[29]。

19世紀末にアメリカで徐々に一括払込みと有限責任の制度が確立する

---

22 *Delacy v. Meuse River Navigation Co.*, 8 N.C.274 (N.C.1821).

23 逆にいえば、会社制度の初期から株式譲渡の効力発生自体で株主名簿への登録が効力要件とされていたことは、このような強制を簡便にする効果をもっていた。なお、日本では昭和23年改正により株式全額払込制の強制がなされた。

24 *Robert T M'Neely v. George Woodruff*, 13 N.J.L.352 (1833).

25 *Middletown Bank v. Magill*, 5 Conn.28 (1823).

26 このような諸契機の存在に対応して、会社の書類は分化し、紛争の種類に応じて参照される書類も異なっていた。払込みの有無を判断する際には会社の会計書類や州の税収に関する帳簿（treasurer's list）が参照されたし（*Central Turnpike Corp. v. Valentine*, 27 Mass 142, (Mass. 1830)）、議決権を行使できる株主の特定と株主総会の決議の有効性に関する紛争では、譲渡を記録する transfer book などが参照されていた（*Dowing v. Potts*, 23 N. J. 66 (N. J. Supp. Ct. 1851)）。後者の分化は、20世紀を通じてさらに顕著になっていく。

27 被告会社は、融資の条件として銀行に対し変更の都度株主名簿を提出することを約定している。

28 この19世紀初期の判例では、債権者は請求の対象を会社と株主との間で選択でき、債務者となる株主は法令の定めを根拠として訴訟提起時の株主とされていた。前後の株主の払込責任の実態については、Warren, *Safeguarding the creditors of corporations*, 36 Harv.L.Rev.509 (1923) 参照。また、払込担保責任の限定について、Israels, *Problems of Par and No-Par Shares, A Reappraisal*, 47 Conm.L.Rev.1279 at 1280 (1947) 参照。

と[30]、債権者や会社からは積極的に債務者である株主を把握するインセンティブは失われる。所有と経営の分離が顕著になっていくなかで、株主名簿は、債務者把握ではなく、株主の権利行使の武器としての性格を強めていく。株主は、他の株主の存在を知るために、名簿閲覧権を認められてきた。だが、そのような権利自体は古くから観念されていたものの、その位置づけはあまり明確なものではなかった[31]。20世紀前半のアメリカ州法上の株主名簿閲覧権は、特に非公開会社の株主が、他の株主に対して株式（しばしば配当が支払われていない）を他の株式等と交換に手放すよう営業員を雇って勧誘してもらうことが必要であるために認められていたと説明される[32]。すなわち、株主総会経由で誰もが権利行使できるようにするためではなく、経営者等の一部有力株主による会社の再建や合併等の組織再編を可能にし、反射的に少数株主が対価を回収できるように、閲覧権が存在していたわけである。だが、数次のMBCAの改訂により、名簿閲覧権の根拠付けと強化とが図られ[33]、現在の株主名簿は会社株主のコミュニケーションツールとしての機能を強化しつつある[34]。

---

[29] Margaret M. Blair, *Locking in Capital: What Corporate Law Achieved for Business Organizers in the Nineteenth Century*, 51 UCLA L. Rev.387(2003). ただし、有限責任の役割や背景について、全く異なる説明もある。Herbert Hovenkamp, *The Classical Corporation in American Legal Thought*, 76 Geo. L.J.1593（1988）.

[30] Morton J.Horwitz, "*The Transformation of American Law,1870-1960*"（1992）, at 94においては、アメリカにおける真の株主有限責任は、1900年になっても到底確立されたとはいえない、と評価されている。追加出資としての二倍額責任等を実質的な有限責任と評価するかどうかによって、有限責任の成立時期についての評価は分かれようが、追加出資の請求が完全になくなったことが、証券市場の発展に大きく貢献しただろうことは想像に難くない。

[31] *Hatch v. City Bank of New Orleans*, 1842 La. LEXIS 437 (La. 1842).

[32] Dewing, "*The financial Policy of Corporations 5th ed.*"at 90(1953), *citing Hauser v. York Water Co.*, 278 Pa.387（1924）.

[33] § 29 of 1960 Act; § 31 of 1969 Act; § 7.20 of 2000 Act.

[34] 株主の閲覧権に関する論文は、前掲33参照。閲覧権を利用した委任状勧誘は、現在の公開会社でもなお政策課題となっている。Robert S. Frenchman, *The Recent Revisions to Federal Proxy Regulations:Lifting the Ban on Shareholder Communications* 68 Tul.L.Rev.161（1993）.

以上をまとめると、株主名簿は、ギルド参加者やパートナーシップのメンバーの記録として出発し、株式の流通性の高まりとともに、ガバナンスの基礎としてのみならず、一方で株主からの配当請求・他方で会社ないし債権者からの株金払込請求を円滑化する役割をも担った。しかし、会社や債権者から株主に対する請求の契機がなくなると、株主名簿は会社が自主的に整備するものでなく、株主の権利・ガバナンスの道具へと機能を変化させたといえる。

　日本商法においても同様の変遷が存在した。明治32（1899）年の日本商法においては、株式は、相当程度高額なものであった。その金額は50円を下ることができず[35]、また譲渡性については、昭和25（1950）年商法が絶対的譲渡禁止を不可能とする以前の制度のため、定款により制限が可能であった[36]。譲渡手続・株主名簿の書換え手続について具体的な規定はないが[37]、株主名簿制度はすでに存在した。同商法によれば、「記名株式」の譲渡は譲受人の氏名、住所を株主名簿に記載しかつその氏名を株券に記載しなければ、会社その他の第三者に対抗できないとされた[38]。株主名簿への記載事項は、種類株式を前提としていないほかはほぼ戦後と同様である[39]。しかし、払込みが終われば、株主は株券を無記名とすることを請求できた[40]。ここからは、株主名簿の維持は払込義務者の確定のための会社の権利であったという事情を読み取ることができる[41]。

---

[35] 明治32年法145条2項。一括払いの場合のみ20円が認められた。
[36] 明治32年法149条参照。なお、昭和25年法204条参照。
[37] 昭和41年法により、204条ノ2以下が新設された。昭和13年法でイシューとなったのは、むしろ登記前の株式の譲渡の有効性であり、明治32年法では登記前の譲渡・譲渡予約は有効とされた（149条2項）。昭和13年改正により、会社に対して効力を有しないものとされた。
[38] 明治32年法150条。なおその後、明治44年改正により譲渡は移転とされ、昭和13（1938）年には裏書による移転とそれ以外および株金滞納の場合が区別され（206条）、さらに昭和25（1950）年には当該区別が廃されたうえで名義書換代理人等の制度が新設された（206条）。平成2（1990）年になって記名株券と無記名株券の区別が廃止された（平成2年法206条1項参照）。
[39] 明治32年法172条、昭和13年法223条、昭和41年法224条。
[40] 明治32年法155条1項参照。

無記名株式の保有者は、会社に把握されなくなる。だが、名簿による把握は株主の総会出席権の一部であったとしても、有価証券として流通する株式の呈示が優先する世界では、株主名簿の備置を強制する必要はなかった。彼らに対しては、公告による株主総会通知制度が担保として存在したし[42]、無記名株主の権利の証明方法は明治44（1911）年法で初めて定められたが[43]、考え方としては従来から存在したと思われる。株主名簿閲覧権は、株主が議決権を有効に行使するための前提となる権利として当初から認められていた[44]。さらに、代表訴訟提起権のような継続保有要件は、明治32年法にはない[45]。株主が株主総会に関する情報を個別に受領する権利は、株主が記名株券を選択した場合にのみ与えられた[46]。全体としてみれば、簡便かつ対抗力のある株券流通と株主たる地位の安定性を株主が選択する制度だったといえる。なお株券の流通性は、この当時それほど斟酌されておらず、昭和13（1938）年改正において初めて、株主権の行使と有価証券としての流通（小切手法の準用）の両機能が明文で商法中の株式規定に現れた。ただし、この立法においては、「一足飛ビ」に善意取得者の保護に走るのには問題があるとして、裏書が偽造等である場合について、会社が調査をすれば事実関係が容易に明らかになる場合には善意取得が生じないとの整理がなされている[47]。

---

41 明治32年商法152条参照。153条により、譲受人が株式の払込みをしないときは、各譲渡人に払込みの催告をし、最も先に払込みをした譲渡人が株券を取得することが定められていた。払込みがないときは株式の競売ができたが、会社に損害賠償および違約金の請求権が与えられており（同条3項、昭和13年改正後214条・217条参照）、会社が株主を突き止める経済的な理由が存在した。

42 明治32年法156条3項参照。ただし、株主に対する通知を株主名簿によって行えばよい（名簿株主がそれ以外の住所を通知した場合はそれによる）との処理は、従前の株主や株式の譲渡人等についての通知については規定されておらず、免責の可否について疑義が残っていた。昭和13年改正によってこの点が整備された。

43 明治44年法155条ノ2。なお、昭和13年法で228条のほか小切手法の規定の準用（ただし、株主名簿に記載ある株主の裏書が真正でなく、調査によって真偽判別が可能な場合には準用しないとする）に関する229条が定められた。

44 明治32年法171条2項参照。

45 少数株主による提訴請求権に関する研究については、江頭・前掲3 452頁参照。

46 明治44年法156条2項参照。

ここで、分散した株主の投資をひきつけるのに貢献したとされる株式システムのもう一つの側面、株券の流通に目を移してみよう。株券という仕組みは、権利の移転の円滑化に常に有効なものだったのだろうか。民法においては、従来、ある債権の所在は債務者に情報を集中することによって管理されてきた[48]。これは、債権者の債権移転の簡便性、ひいては資金繰りの容易さよりも、債務者の過誤払いを問題とするシステムである。これに対して、有価証券を用いた債権の移転においては、証券の保有者が、自分が権利者であることの情報をもっており、その情報は株券の移転に伴って保有者から保有者へと移転する[49]。現代では、債権譲渡の対抗要件を登録するシステムが整い、地理的時間的懸隔にかかわらず債務者や利害関係者が債権者情報にアクセスすることが可能になってきているが[50]、このような制度を低いコストで提供できるようになったのは、つい最近のことである。債権移転の利便性を重んじる限りは、株券所持に信頼した債務者の免責は強く保証されなくてはならなかった[51]。

　アメリカでは19世紀末以降金融機関がプロモーターを通じて広く投資家を募っていたが[52]、第一次世界大戦を通じて多くの株式取引が市場を媒介するようになり、出資者は急速に分散していった[53]。同様に日本でも、第一世

47　第六類第一〇号　商法中改正法律案外二件委員会議事録　第七回　昭和一三年三月一一日二七頁以下参照。

48　民法467条参照。

49　前田庸『手形法・小切手法』14頁（有斐閣、1999）は、法的根拠のない「有価証券」の発生を解釈により認めうるかを議論する。これは、流通性を高めるべく一定の法理に服させることが望ましい債権について、当該法理の適用を認めていく考え方であるが、権利者の管理と権利の市場における流通性が確保されれば、端的に契約上定められた債務者（発行体）の義務に法律が介入する余地があるかどうかを検討することが適切となる。そのような作業としては、岩原紳作『電子決済と法』（有斐閣、2003）がある。

50　動産及び債権の譲渡の対抗要件に関する民法の特例等に関する法律（平成10年6月12日法律第104号）参照。

51　株金額払込未了は、手形では原因関係の不存在に該当する。しかし、その処理については、一般則でなく、前掲41でみた特則が手当てしている。

52　Enrich and Buzl, *Promoters' Contracts*, 38 Yale L.J. 1011 (1929) ; *See also*, the articles *cited* in Dewing *supra* note 30 at　418.

界大戦後に急速に金融が発展し、大正9（1920）年の金融恐慌につながっている[54]。同時に、分割払込みの廃止等を通じて会社が株主の所在を確認するインセンティブは薄れた。株券は株主総会での議決権行使や配当受領の円滑化といった株主利益にもっぱら仕えるものとして株主に株券発行請求権（株券所持の選択権）が与えられた。だが、発行・流通も会社への通知のタイミングもまちまちな株券の所在を主、株主名簿の記録を従として株主を特定する実務では、株主把握は会社にコスト要因として認識されざるをえない。その帰結として、株主は、会社に対して株券を呈示し自らが株主であることを証明する費用（株主を把握させる費用）や、流通に伴う危険性（株券管理費用）を、負担することとなった[55]。株式保管振替制度が導入された後では、株券を流通におく費用は、保振制度の利用料等の形をとるようになったが[56]、

---

[53] 株式市場の発生と発展について、日本証券経済研究所『図説　アメリカの証券市場（2002年版）』2頁以下（日本証券経済研究所、2002）参照。

[54] 資金供給が大幅に増加したことによる投機物価ののち、1920年に株式市場の暴落とともに反動恐慌が発生している。

[55] 会社法においては、名簿を備え置く費用は会社の負担となる（閲覧者の多寡にかかわらず一定のコストがかかる）。しかし、名義を書き換える費用を株主が負担することとされている場合がある（名義書換に株券発行が伴う場合については負担するとされていることが多く、株主平等の観点からは説明がつくものの、取扱規程レベルで定めてよいかが従来から問題となっていた。稲葉威雄ほか『株式取扱規則の改正事項』別冊商事法務58号50頁（1982）参照。ただし、この負担は当然のものではない。現在では特に問題視されていないが、株主の権利の実質的部分にかかわるため、株式取扱規程の一部分として手続細則のなかで扱ってよいのか、それとも定款記載事項とすべきなのかが問題とされたことがある。同15頁参照。

[56] 従来の保振利用料については、「株券等に関する手数料及びその料率」〈http://www.jasdec.com/download/finance/Newfeetable.pdf〉参照。現在は、同規則は廃止されている。情報提供料率については「口座管理機関の定める情報提供料率一覧表」〈http://www.jasdec.com/download/ds/jouhouteikyou.pdf〉参照。また、cp については、「参加形態ごとの主な手数料」〈http://www.jasdec.com/system/cp/rule/fee_l/index.html〉参照。利用状況については、同「証券保管振替制度の現状と改善に向けた取組みについて」平成17年3月〈http://www.jasdec.com/download/news/20050331.pdf〉（以下「現状と取組み」）6頁参照。ただし、保管振替制度は利用が強制されたわけではないので、保護預かりとしての費用や、個人での管理の費用を負担する株主もいた。振替制度を用いずに各銀行に開封状態で保護預かりする場合、証書1枚につき年額500円程度の手数料、公共債については年額1,200円の手数料がかかる（後者は現在は無料化）といわれる。

株券不所持の申出などにより、流通性と引換えにその費用を節約できるという枠組みは、従来と変わらなかった。

株主名簿は、有限責任の確立前後でその機能を大きく変化させた。その後、株主の分布が広がった際に（株主間の移転が券面上に現れるか否かを問わず）株券が投資の流動性と株主から会社への権利行使可能性とを両立させる役割を果たした。ファイナンスの利便性を追求するなかで株主名簿と分化した株券は、その後権利の移転や行使に券の呈示を必要とする有価証券として発展するが[57]、そのことは流通リスクと株主管理コストの問題を生じさせた。議決権行使については第2節で論ずることとして、以下では株主たる地位を流通させるシステムである株券制度の日本における変遷について考察を続けることとする。

2．株式流通に伴うコストの変容

株券の利用は、有限責任制度の確立と相まって出資への敷居を下げるに有益ではあったが、一方で、株主の増加は議決権の点からなお必要とされた会社の株主管理に不確実性とコストを発生させ、また有価証券形態での権利移転は盗難や偽造などのリスクを高めた。

たとえば、継続保有に基づく一連の株主の権利は[58]、株主名簿での管理とは別に株主の株券保有期間を確認する義務を生じさせる。また、証券市場から少ない流通単位で大量の株式を流通することを要望されれば[59]、株主管理コストは相対的に高まる。これを株主に負担させたとしても、極端な場合には名簿の書換えコストにすら見合わないような株式が生じ、株主不在の状況が生ずることになる[60]。ここでは、流動性と株主情報アップ・デートのためのコストのトレードオフが生じている。このコストは株券を用いなくても生

---

[57] この定義自体は、BrunnerやJacobiの功績によるものと説明される。彼らの活躍は20世紀初頭にかけてであり、有価証券一般に関する理論ではあるが、株券の流通にも影響を受けていたことは考えられる。

[58] 継続保有要件の導入は、株主総会招集（237条1項）や代表訴訟提起権（267条）などにみられ、その後昭和56年改正で拡充された（同法237条ノ2・232条ノ2など）。

ずるものではあるが、株券の利用が株主の増加を通じて引き起こしたものとはいえよう。

　また、投資家間の流通に株券の有価証券性がもたらすメリットは、同時に盗難や偽造、所持人の倒産などによる市場混乱のデメリットと背中合わせであった。裁判所は株券取引の静的安全を保護しようとしてきたが、証券会社による株券の保護預かり等なしに株券の流通の安全性と流動性を両立させ、株主の地位の安定を確保することは困難だった。

　出資単位の引下げや株主の分散が進み、株主権行使のコストについての法の態度は大きく変化している。他方で、株券の流通度およびそれを支えるインフラについての法の態度は、証券決済に関する国際的な潮流に大きく影響を受けている。以下では、それぞれについて順次検討を加えることにしよう。

2－1　投資単位と議決権行使コストの分離

　日本においては、無記名株券は一般化せず、株主総会においては株主への通知が必要とされた。一株あたり株主管理コストは、一貫した貨幣価値の下落と株主の分散によって上昇していった。株主総会において株主が権利を行使する際に有用であるはずの参考書類の送付制度の導入が昭和56（1981）年改正までは商法上手当てされていなかった理由の一端も、コストにある[61]。

---

[59]　大阪証券取引所〈「投資単位の引下げ」の意義とアクション・プログラム〉〈http://www.jasdaq.co.jp/list/list_36.jsp〉、全国証券取引所・証券業協会「株式投資単位の引下げ促進に向けたアクション・プログラム」平成13年9月14日〈http://www.jasdaq.co.jp/data/support_Tsuchi_data/hikisage-action_09_04.pdf〉。もっとも、その後は急激な株式分割による株価変動が悪用されたことから、東京証券取引所が「大幅な株式分割の実施に際してのお願い」〈http://www.tse.or.jp/old_news/200503/050307_a.html〉を出し、上場規定で株式分割割合を制限するなど、上記アクション・プログラムの軌道修正がなされている。

[60]　前注にいう投資単位の引下げは、50万円以下を目安とするものであったが、ライブドア株式は、非常に小額で流通したのち上場廃止となり、流通性を失った。これにより、名義書換が進まない状況が発生しているといわれる。また、株主管理コストも不合理に高くなっており、打開策として、平成18（2006）年12月22日の株主総会にて、株式併合が付議されている。

[61]　竹内昭夫『改正会社法解説』112頁（有斐閣、1981）参照。

昭和56年改正では、一株あたりの価値に占める株主管理コスト——株券発行と総会招集コストとがその主たるものであるが——の引下げのために投資単位の引上げが必要と説明された[62]。

投資単位引上げのもう一つの理由は、投資家保護である。この改正当時、どのような投資家を市場に受け入れるかに関する日本の政策態度は、矛盾に満ちたものであった。それは、一方において、「大衆がその零細な貯蓄を株式投機で失うことのないようにする」という明治商法以来の目標を掲げ[63]、株金額を50円から500円、さらに5万円へと引き上げてきた。株式発行額は株金額を下回ることができなかったため、当時は株金額が間接的に投資家選別の役割を果たしていた。同時にその利用が広く認められるようになった株式併合制度も[64]、同様の機能をもつものと説明された[65]。だが現実には、一株あたり価格が高騰した場合の投資家へのアピール力の低下を無視するわけにはいかず、同じ改正で株金額の下限が——一株あたり純資産額の制限は維持したうえで——撤廃されている[66]。つまり、株式分割をしやすくする改正が同時並行的に行われていたわけである。

ただ、この改正は株単価の引上げおよび株式併合の導入に伴って多くの端数の発生が予測されること、端株主の投資単位も拡大したことを考慮して[67]、端株の存続を認め、「個人株主増大の必要」という政策に応えて彼らをつなぎとめつつ株価低落を防ごうとした[68]。併合によって生ずる端数はすべて金銭的処理をすることも可能であったところ、従来の株主が将来的な会社の成長に与る機会を保障するために、投資単位あたりの会社の純資産価値が500円

---

62 竹内・前掲61 33頁参照。
63 竹内・前掲61 32頁参照。
64 昭和56年商法293条ノ3ノ3。
65 竹内・前掲61 36頁参照。
66 改正前商法202条2項の削除。
67 昭和56年改正においては、一株の単位が引き上げられたことに伴い、一株の端株の経済的価値も相当な大きさになり、無視できなくなったため、端株制度が強制されることとなった。これが、本文で後述する小規模株式の投資ツールへの特化と株主のコスト負担についての独特の問題を生じさせている。
68 改正前商法280条ノ4第1項。竹内・前掲61 41頁参照。

を超える場合に[69]その単位を端株原簿に記載して、一定の権利を与えることが義務づけられたのである。端株主は株主ではないという立場は維持されたものの[70]、単なる金銭的価値を超えた一定の保証が端株に与えられ、結果として株主管理コストは僅少ながら残ることとなった。この制度は、株主管理コストの引下げという目的だけを残して単元株制度に統合され、廃止された[71]。

　同様のアンビバレンスは、同年改正附則の設けた単位株制度にもみてとることができる。この改正は、従来の株式のうち一定単位に満たないものから議決権等の共益権を奪い、市場の投資家に投資単位の引上げを促そうとするものであった。独自の制度としての導入のねらいは、法律の効果として投資単位をいっせいに引き上げることで混乱や足並みの乱れを防止することにあり、改正法施行前に成立した上場会社に対して強制された[72]。この制度は、株主が一株主として有していた各種の権利を制限することによって、株主が持株を単位にまとめるよう誘導する[73]、平易にいえば議決権を餌に投資単位引上げを促そうとするものだった。その趣旨を貫徹するならば、単位未満株式の流通は、単位をまとめる方向にのみ許されることになる。しかし、改正法は、単位株主が単位未満での株式取引を行い、新たに単位未満株を生じさせて名簿を書き換えることを制限せず[74]、株主でないものが単位未満株のみを取得することのみが禁じられた[75]。改正後、単位未満株式の減少は予測された速度では進まず、零細株主にとって共益権は十分に魅力的なインセンティブでなかったことが明らかになった。

　株式を細分化し、投資家にアピールすることと、経営に参画する資格をもつ「一株」という単位での流通を奨励し、その単位を高めに維持して株主管

---

[69] 平成13年改正において、5万円要件は廃止された。
[70] 前田庸『会社法入門（第12版）』135頁（有斐閣、2009）参照。
[71] 江頭・前掲3 277頁参照。
[72] 江頭・前掲3 279頁参照。
[73] 竹内・前掲61 55頁参照。
[74] 竹内・前掲61 64頁以下参照。
[75] 商法改正法附則18条3項参照。

理コストに配慮することとは、相反する要請である。一方で極端な株式分割が起こり、他方で管理コストの削減が許されないまま開示内容が増えれば、一株一議決権という原則から出発する限り、要請の両立は困難になっていく[76]。

微妙な均衡は、平成13 (2001) 年改正によって破られた[77]。投資家誘致が積極的に行われた時期でもあり、零細投資家の排除は政策目標から明確に外された。会社法が取引単位や量を抑制することで間接的に果たしてきた投資家保護や円滑な取引処理の保障はなくなり、金融行政に任されたわけである[78]。また、急激に成長したIT企業等の株式は高騰し、一株あたり純資産額の制限さえもクリアできない状態になっていた。平成13年改正は、株主管理コストの負担が会社により千差万別となった状況をにらんで、すべての会社が定款をもって自由に投資単位を設定できる恒久的な制度を導入した。これが、単元株制度である。単元株制度についてしばしば言及されるのは、単元株主に代表訴訟の提起権が認められた点であるが、この制度の最大の特色は、会社が、株式の種類ごとに自由に単元を設定し、権利制限を受ける株主の持株単位を設計できるという点にあった[79]。単元株は、単元未満の投資単位にも原則として株券発行請求権が与えられ、したがって交付譲渡による投下資本回収も容易にできるなど、将来的にも存続する投資単位として、その利便性

---

76 ただし、株券を不発行とした場合の株主管理がコスト削減と株主権の保障を両立できるかは自明ではない。そのため、改正に際して実態調査が行われている。清水弘紀「株券不発行制度下の株主管理に関するアンケート調査結果」別冊商事法務編集部編『株券不発行制度、電子公告制度』別冊商事法務286号244頁（2005）以下参照。
77 単元株制度との対比については、江頭・前掲3 278頁、前田・前掲70 139頁以下参照。
78 東京証券取引所は、平成18 (2006) 年1月18日、売買注文が急増してシステム障害が発生する危険があるとして、同日午後2時40分に東証1部、2部、マザーズの全銘柄の取引を強制的に停止した。これは、ライブドアの摘発を受けて、細分化されて取引量が極端に増していた同社株式等に売り注文が殺到し、システム処理能力の上限に達する危険があったからである。また、東京証券取引所による実務上の注文価格の制限措置は、そのシステム上の欠陥について、東証の負う法的責任をめぐってみずほ証券から訴訟が提起されている。会社法の撤退による投資単位の自由な設定というメリットは、このようなコストの発生と背中合わせであったということができる。
79 神田秀樹『会社法（第12版）』115頁以下（弘文堂、2010）参照。

に配慮がなされている[80]。

また、同改正で株式の種類は多様化し、無議決権普通株式など議決権の仕組み方も多様化した。単元制度は、株式ごとに内容の異なる定めを置くことができたから、たとえば従来の株式の投資単位を引き下げる代わりに議決権を制限し、別の一株未満株式は議決権を与える代わりに発行数を減少させたり投資単位を引き上げるといった設計も可能になったわけである。株主管理コストの主要部分は、株主に総会で議決権を行使させる費用であったが、限られた種類の株式の議決権を、価格との連動性を通じてコントロールすることは、株主管理コスト削減の唯一の手段ではなくなったのである[81]。

なお、昭和56年改正においては、株主が単位株式を単位未満ごとに買取請求することをも認めたために、会社が割高な買取りを強制されるという弊害が予測され、実務ではこれを防ぐために株主に一定の手数料を徴求し始めた[82]。ここでは、株主の会社からの投下資本回収に伴う費用が株券単位で生ずる手続費用に置き換えられてリンクされ、株主が負担するよう会社の規程に定めることが肯定されている[83]。これを当時は、名義書換未了の者が買取請求してくる場合がありうるために、株主の権利行使について株主名簿主義ではなく株券主義がとられたためであると説明している。単位未満株式について、規程レベルで株主管理を放棄し負担を株主に負わせることを認めたわけであるが、極端に安価な株式が存在しない当時は、名簿書換等の諸費用を株主負担とする規程の意義は特に意識されなかったものと思われる。

なお、株主への通知および株主とのコミュニケーションのコストは、投資単位の調整だけでなく、インターネットの利用によっても大きく削減が可能になる。この点については、第3節で別途検討を加えることとする。

80　前田・前掲70 141頁参照。
81　もっとも、種類株主総会や議決権復活の可能性など、種類株式法制を利用した株主管理コストの削減には、当時はさまざまな法的リスクが伴った。
82　従来から、合併や商号変更等の会社都合の場合と異なり、株券の汚損等顧客都合による再発行については、会社の株式取扱規則に従い、再発行手数料が徴求されることがあったが、どのような場合まで請求可能かについては議論は少なかった。
83　稲葉ほか・前掲55 100頁参照。

2－2　株券形態による流通のデメリット拡大[84]

　では、次に、流通面での株券のメリットを検討しよう。流通の過程で起こる盗難や偽造の問題は、譲渡制限をせず、かつ店頭や取引所で取引を行う会社と、株主がしばしば同族から成り立っている小規模閉鎖会社とで異なる。閉鎖会社においては、そもそも株券は譲渡されず、議決権も収益も一定の株主に帰属することが前提である。したがって、そのような会社は自然と株券を発行しないことを選択するようになる。このような株式の「未発行」は、会社法上比較的早くから積極的に認知され、株券発行前の株式の譲渡や[85]、株券発行請求権の差押えといった法理によって解決されてきた。これらについて大きな保護を加えたのは昭和41（1966）年の改正であり、株式の絶対的な自由譲渡性を廃止し、定款による株式の譲渡制限を可能とするとともに、株券の裏書廃止(205条)や株券不所持制度の導入(226条ノ2)なども行われた[86]。結果として、上場をしていない会社は、かなり昔から、相当の割合が譲渡制限会社となり、株券を発行しないことを選択できたといえる。ただし、譲渡が強く制限されている同族会社と上場会社との間には、マージナルではあるが相当数の株式を発行している未上場会社が存在した[87]。

　他方、公開会社においては、株式の取引速度があがり、証券会社に預けら

---

[84] 木南敦＝天野佳洋「個別報告　株券不発行制度と金融実務」金融法研究22号9頁（2006）によれば、コクドが個人名義による株式保有を株券不発行制度導入前に解消しようとしたことから、西武鉄道の有価証券報告書虚偽記載が発覚したという。当該事件の経緯については、平成16年11月12日西武鉄道株式会社プレスリリース「コクド管理株の発生の原因・経緯等について」〈http://www.seibu-group.co.jp/railways/company/ir/disclosure/2004/_icsFiles/afieldfile/2009/12/16/ka-04-33.pdf〉を参照のこと。なお、平成16（2004）年5月にはMOK株式会社株券の偽造事件が起こっており、偽造株券等対応検討WGが証券業協会に設けられているという。

[85] 最大判昭和47年11月8日民集26巻9号1489頁、龍田節「株券発行前の株式譲渡(1)（2・完）——判例を中心として——」民商法雑誌41巻6号1342頁・42巻2号20頁（1960）参照。

[86] 改正前商法204条（昭和25年）は、定款による譲渡制限をも禁止していた。

[87] 多くの上場審査基準は株主数を最低800名以上としているため（たとえば、東京証券取引所上場審査基準概要（1・2部）〈http://www.tse.or.jp/rules/listing/stlisting.html〉、直前に株式を大量に発行する会社が多い。

れた株式の現物決済を実際に行うことが不可能になった。そこで、大券を不動化し、帳簿上だけで株式を決済する制度が自然発生的に発展した。これらの会社の株式取引は、昭和50年代初頭には、その普及率はあまり高くなかったものの、すでに自主的に構築された株式振替決済制度を利用してなされていたようである[88]。そこでは、買い手は取引相手の株券を手に入れるとは限らず、また、当該株券が事故株券であるかどうかの認識を有することはなかったため、除権判決等の手続中に株式が証券市場を介して流通し、善意取得される可能性が生じた[89]。この問題は、株券保管振替制度の導入によって保管振替機構経由の株券は実質株主の共有にかかるものとの推定を受けることが法的に認められ[90]、さらに根の深いものになった。

株券保管振替制度は、投資家が証券会社との取引の際に同制度の利用を契約上で選択し、保管振替機構に株券の保管を委託する形で利用される。投資家は、取引されている大量の株券のうち自分が買った一部に相当する持分を、共有により所有する。会社との関係においては、株券保管振替機構と呼ばれる機関が株主名簿上の株主として登録される（したがって、期中の取引は株主名簿に反映されず、株券は不動化する）。ただし、従来約定ベースで行われてきた振替決済では中央預託機関が株主として扱われざるをえなかったのに対し、保管振替法では株主の権利保護が図られており、議決権行使の権限や配当受領権は、1年に1回、保管振替機構名義の株券の実質株主を確定する作業によって、当該時点における株式の株主にもたらされることとなった。

このようなシステムが一般に広がったことにより、公開会社の株主名簿に記載された株主と株券の関係は、非常に多様なものとなった。まず、当初から振替システムによる決済が予定されている一定割合の株式については、株

---

[88] 矢沢惇ほか『会社法根本改正の論点』62頁（商事法務研究会、1976）参照。
[89] 除権判決と善意取得の関係については、最二小判昭和29年2月19日民集8巻2号523頁。この判例までの経緯については、東京地判昭和27年3月24日下民集3巻3号390頁、東京地判昭和27年12月26日下民集3巻12号1872頁など参照。
[90] 株券等の保管及び振替に関する法律（昭和59年5月15日法律第30号、平成21年1月5日廃止）24条・27条参照。

券は最初から大券として発行され、不動化される。それ以外の株券は、保振ないし当該投資家と取引のある証券会社の保護預りの対象となり、それぞれの金庫に保管される。最後に、最初からそのようなシステムに乗らなかった株式の株券は、個別の投資家の管理下に置かれるが、投資家には事後的に保管振替制度を利用する途が開かれている。したがって、保有者が証券会社に株券を持ち込み、それが順次保管振替機構の保有へと移されることがある。また、保管振替制度のもとにある株券はもはや引き出しえないこととされたわけでもない。取引は口座に反映されるだけで、原則として投資家は株券を手にすることはないが、株券発行請求権をもつ以上、投資家は契約解除によって株券の引出しを請求することができるとされた。したがって、株券は、発行後も株券保有者の意向次第で保管振替制度での流通に移行したり、そこから出たりすることになる。

　株券の現物が売買される場合には、盗難された株主が株式を失うだけのことである。しかし、盗難株券が証券会社への持込みを通じて株券保管振替機構の保管にかかるものとなった場合には、大量の株券に対して共有持分を有することとされた実質株主の集団全体に影響が及ぶことになる。このような弊害を防ぐため、法律上、事故株券の預託は保管振替機構への「効力を生じない」ことと整理され、証券会社は、有効でない株式の受入れを行ったこととなるため、株式の填補義務を履行すべきこととされていた[91]。事故株券が発覚した場合、まずはそれを受け入れた証券会社が自らの負担で填補を行い、機構内から所有関係の不明瞭な株券を除去する。証券会社は、その後、保振への取次ぎや買取りを依頼して持ち込んだ顧客に損害賠償を求め、紛争中で当事者の重過失の有無が争われる。証券会社が善意取得を行っていれば、受入れにはそもそも瑕疵がなかったこととなる。

　公開会社の株券が盗まれた場合には、したがって、事故株券の調査に重過

---

[91] 振替後に事故株券が発覚したときも、後述のとおり、受入れを行った証券会社が填補する制度となっていた。振替法に基づく業務規程には、事故株分の填補義務を定める条項が存在した。その後、「証券決済制度等の改革による証券市場の整備のための関係法律の整備等に関する法律」（平成14年法律第65号）により加入者保護信託制度に移行した。

失があれば証券会社が、取次ぎや買取りに瑕疵がなく、保管振替機構に株券が有効に預けられていれば株券所持人が、最終的に損失を負担することになる。損失は、機構への預託によって、第三者が当該株券の共有持分権を取得するまでの流通の段階で分配されるのである。もっとも、株券現物を保有する名義株主は、証券会社を通ずることで簡単に対価を回収できるので、公開会社の株式が、あえて現物かつ私人間で取引される場合、その株券の入手経路には相当の疑問がつきまとうことになる。

　証券会社としては、持込みの有効性が事後的に左右されるという不都合を防ぐためには、受入れに際しての証券会社の株券の精査を従来以上に行おうとすることになる。だが、現実に瑕疵ある株券が受入れの段階で発見できる機会は、除権判決をファーストシステムと呼ばれる自動照会システムを用いて証券会社がチェックする場合[92]および警察からの照会によって特定される場合以外には存在せず、保管振替機構へ預け入れられる株券の安全性を担保するためのインフラは、整っていなかった。

　以上のような実務に対して、株券の盗難等について最終的に正当の所持人の救済の主役を担ってきたのは、裁判所であった。会社が名義書換を拒否できないとした以上、それ以前の流通段階での善意取得の有無は重大な問題になる。証券会社や民間の譲受人が善意取得の有無を問われ、あるいは不法行為の被告とされた事件は多い。裁判所は、証券会社が株券を引き受けた際の不法行為について、1950年代から不法行為の成立を認めてきている[93]。ただし、その後は不法行為は一般論として認められつつも、具体的に証券会社の責任が認められた例はない[94]。かえって、証券会社に対しては、前述のとお

92　吉戒修一＝高木祥吉編『Q&A 株券保管振替実務ハンドブック』（金融財政事情研究会、1992）参照。
93　名古屋地判昭和34年9月30日判例時報208号55頁参照。
94　東京地判平成14年6月24日金融法務事情1679号45頁参照。株券を盗取された原告が、株券の売付注文を受託し執行した証券会社に対し、本人確認や事故株券の確認を怠った過失があるとして、不法行為に基づき損害賠償を求めた。ここでは、疑いをもつ特段の事情の不在、FIRSTによる確認・保険証の確認などを理由に、過失の存在が否定されている。

り、事故株券は申合せによって保管振替機構内での流通から排除し、事後的な損害賠償を請求することが可能とされ[95]、また、取引関係のある安全な客からの取得であれば承継取得を認められるとされた[96]。

　一般的な不法行為責任が認められている以上、安全を期そうとするならば、証券会社は、従来取引関係のなかった顧客が証券会社に株券の現物を持ち込むことを、実質的に制限するほかはない[97]。これは、従前の取引関係がなければ証券を現金化できないという意味で、小切手の線引と類似する。しかし、証券会社は迅速な取引を望む顧客との取引を拒絶し、新規の顧客を開拓するチャンスを失うといったデメリットをある程度受け入れなくてはならなかった。こうして、証券会社が一見の顧客（盗取者）から直接に株式売却の取次ぎを行うことは減り、事故株券は、いったん民間の金融業者等に取得され、当該業者が株式売買の常連として証券会社に売買の仲介を委託するようになっていく。

　証券会社以外の仲介業者に対する裁判所の態度は厳格化する傾向にある。たとえば、質店については、20年以上前には重過失を否定する判例も出ていたが[98]、東京地裁平成16年9月16日判決[99]は、副業として金融業を営んでいた原告が、株式の買取りによる融資を行った事案について、原告が過去に盗難株券を扱った経験もあることからすると、取引を持ち込んだ人物の身元につ

---

[95] 大阪高判平成12年7月31日判例時報1746号94頁参照。控訴人が、証券会社である被控訴人に対し売却を依頼した株券につき、盗難届が提出されていたため、被控訴人が、証券取引所の会員間の申合せである「東証申合」に従い、当該株式を買い戻し、控訴人にその費用等を求めたところ、控訴人が被控訴人主張の損害賠償の不存在の確認等を求めて、訴えを提起したが、棄却されたため、控訴した事案で、本件株券は、市市場における申合せに従って取引されるのは当然であるところ、被控訴人が盗難株券を売買した場合、買戻義務を負担することになるから、控訴人がその損害を賠償すべき義務があるとして、控訴の一部を棄却した事例。
[96] 東京地判平成10年8月25日判例タイムズ1003号262頁参照。
[97] そのため、あらかじめ他人名義の株券の持込みを拒否する証券会社も生じたようである。なお、証券会社の注意義務については、遠藤東路「盗難株券の占有者から売却取次を受託した証券会社の注意義務について」判例タイムズ1166号4頁（2005）参照。
[98] 東京地判昭和55年8月25日判例時報991号104頁参照。
[99] 判例時報1906号164頁。

いて勤務先に連絡する等して調査するほか、特に、株券名義人との関係等、株券の真の所有者が誰であるかについて確認し、さらには証券会社に持ち込んで換金していたのでは間に合わない切迫した状況等、何故取引を急ぐのかといった資金調達の理由についても確認するなどし、本件各株券の権利関係について原告として一応納得できる説明を受けたうえで取引を行うべきであったという。そして、本件のようなきわめて異常な取引についてみる限り、株式を買い取った行為は金融業者として通常行うべき調査確認義務を怠ったものといわざるをえないとし、原告に重過失を認めて善意取得を否定している。また、名古屋高裁平成16年11月1日判決[100]では、株式取引の経験の乏しい資産家Aと、暴力団員とAの売買を仲介した第三者B、および仲介証券会社Cが、不法行為責任を問われた。Aは株式入手の経緯についての説明に不審を覚え、証券会社に依頼して照会システムを用いてチェックを行ったが異常がなかったため、株式を取得したものであった。裁判所は、相手方が暴力団員であることが風体等から明らかであること、出所が不明であることなどの事情がある場合には照会システムの利用だけでは足りないと判示し、Aの重過失を認め、善意取得を否定し、さらにAが十分な注意義務を尽くさないまま証券会社を通じて第三者に株券を善意取得させ、控訴人に所有権を失わせたことに不法行為の成立を認めているのである[101]。これは、証券金融業者などは盗難株券を——私人間売却の必然性がないのに——ほとんど面識のない者から譲り受けることが多く、重過失が認められやすいのに対して、その者から依頼を受けて同株券の売却を取り次いだ証券会社には、同金融業者との間の従来の取引関係や本件取引の性格に照らして不審を抱かせる事情がないということになり、取次ぎの際に必要とされる調査義務を怠った過失が否定される[102]という構造を背景とする。

　昭和初期に認められた小切手法の準用に対して戦後まもないころから積み

100　判例タイムズ1191号326頁。
101　前注平成16年名古屋高裁判決は、Bについては、あえて取引に加担した場合にのみ不法行為を認めうるとし、また、Cについては一般論として不法行為責任を認めつつ、本件の事情の下では調査が尽くされているとして不法行為を否定した。
102　東京地判平成13年1月18日判例タイムズ1073号194頁。

重ねられた判例による修正は、有価証券としての株券から、円滑な流通というメリットを大きく失わせることとなった。取引速度が上がったために試みられた株券の不動化は、皮肉にも株券という道具を用いることのデメリットをより際立たせる役割を果たすこととなった。

　なお、以上の判例は平成16年改正に先立って、株券の大規模な盗難などが増えたことを背景とする。この傾向は改正後も続き、保管振替機構は名義書換期間を短縮することで証券事故を予防しようとした。また、保振レベルで仮事故株制度の利用による機構への事故株券流入阻止が試みられるだけでなく[103]、証券会社ベースで株券受入れの際の精査の厳格化も見られた[104]。前掲各判例の示すとおり、裁判所は、平成16年改正前後を通じて、これらの各機関の動きに対応しつつ証券会社の悪意重過失の認定を調整し、株券の流通に伴う危険の抑制に努めたといえる。

　この間、裁判所だけでなく立法府も、株券に係る危険が克服されないのは、除権判決情報の提供システムの提供する情報が古いことに一因があると考え、平成14年に事故株券情報が直接証券会社に提出されるよう法改正を行っている[105]。この法改正は、従来裁判所が公示催告という形で担ってきた盗難株券の権利処理を、会社と証券会社ベースで行うこととし、盗難株券を受け入れないようにするインフラを整えることを促すものであった[106]。この改

---

[103] 平成16年改正直後にも、DHC社の未公開株式につき大規模な偽造事件が発生した。機構の対応については、平成16年12月24日の株式会社証券保管振替機構によるニュースリリース「偽造株券等の未然防止及び早期発見に向けた当機構の対応について――偽造株券等対応検討WGの報告を受けて――」〈http://www.jasdec.com/download/news/20041224.pdf〉に詳しい。

[104] 証券会社レベルでの扱いについては、前注103に掲げた保管振替機構の報告のベースとなっている、平成16年8月23日付の日本証券業協会「偽造株券等の未然防止及び早期発見への対応について『偽造株券等対応検討ワーキンググループ』報告書」〈http://www.jsda.or.jp/html/oshirase/gizoureport.pdf〉に詳しい。

[105] 近年の例では、東京簡判平成15年3月15日平成11年(ハ)第2912号公示催告申立事件（判例集未登載）において、株券の最終所持人が、盗難により株券を喪失したとして除権判決のための公示催告の申立てをしたところ、証券の提出があり、公示催告手続が中止され、その後申立人勝訴の判決が確定している。同一性ある証券の存在が認められたので、公示催告は却下された。

正は、株券喪失者が裁判所ではなく会社に対して喪失の登録を行うこととし、証券会社から名義書換代理人への喪失株券等登録照会制度などの新しいシステム整備を促し、株券の事故率の引下げや、事故情報の安価な提供、迅速な紛争解決をめざそうとした。現実には、情報は——証券会社が頻繁に照会を行う必要があるところから——名義書換代理人からさらに集約され、証券保管振替機構が、株券喪失登録情報等照会システムの兼業承認を受けて、平成15（2003）年3月末から当該システムを運営した[107]。

　このシステムは、名義書換代理人等より提供された株券喪失登録情報等をそのままの形で機構の有するデータベースに登録し[108]、参加者たる証券会社等のユーザーからの照会に対して回答を行っていた。しかし、事故自体が増加していることと、ユーザー負担の増加を考えれば、株券による流通のメリット・デメリットについて考慮しないままデメリットをこのような形で克服することは、長期的・根本的な解決とはならないのは明らかである。したがって当該改正は、最初から株券廃止の過渡的措置としての色合いが濃かった。

---

[106] 従来も、たとえば、岡山地判昭和53年9月26日判例時報919号97頁にあるように、顧客が証券会社に盗難株券についての情報を周知するよう依頼することは事実として存在したが、法令上の根拠はなく、十全な対応を期待することは難しかった。

[107] 同システムはSITRAS(Securities Information Tracing System) と呼ばれ、そのコストはユーザー（照会をかける証券会社、ひいては株券を持ち込んだ顧客）が負担している。保管振替機関は、信託協会・証券代行専門委員会および日本証券業協会の要請を受けており、また、保振法の改正により、株券喪失登録がある場合には株券の預託を受けることができないこととされたため、当該システムを同機構が運営するのは、社会的にも法的にも理由があった。内容と稼働状況については、前掲56「現状と取組み」17頁以下参照。照会件数は、1日あたり平均7～8万件で推移しているが、突発的な事故の際には大規模な照会が起こることがある。平成16年12月24日には、1日で67万件の照会が行われた。

[108] 保管振替機構には健全性の維持が要請されるため、情報掲載過程で過誤があった場合の負担を負うことのないようにする措置と考えられる。

3．証券決済をめぐる社会システムの変革

　以上のように、株券がほとんど流通しない会社においては、株券の発行には当初からメリットがなかった。他方、株券の流通が盛んで株主の多い会社においても、株券形式での流通はコスト削減に限界があり、また安全性で問題が生じてきており、株券廃止の可能性が検討される素地となっていた[109]。前者についての改正、すなわち閉鎖会社の株券不発行制度の導入は、昭和の終わり頃から改正の視野に入っていたという[110]。昭和61（1986）年の商法・有限会社法試案においてもまた、譲渡制限会社に限定して株式不発行制度を導入することが提言されていた[111]。この提言は、他の優先課題との関係で先送りされていたが、平成14（2002）年改正に向けた中間試案に再び盛り込まれ、大方の賛同を得ていたものとされる。これが、平成16（2004）年改正まで実現しなかったのは、後述する決済関連法案との調整が考慮されたためにすぎない[112]。

　だが、株式の流通の盛んな会社の株式制度についての改正の提言は、国際水準にキャッチアップするための決済のスピードアップや装置産業の規制といった、上記の理由とはまったく別の観点からなされた。昭和年代の日本における決済関連法規は、ばらばらに整備された。まず、昭和55（1980）年に国債振替決済制度が発足し、続いて昭和59（1984）年5月に保管振替法が制定され、同年12月にこの制度の中核となる財団法人証券保管振替機構が設立さ

---

[109] リスク・コストの低減については、始関正光「電子公告制度・株券等不発行制度の導入〔Ⅱ〕」商事法務1707号12頁（2004）以下に記されている。一方、新發田信良「株券電子化の経済効果」野村総合研究所編 IT＆オペレーション5〈http://www.nri.co.jp/opinion/kinyu_itf/2005/pdf/itf20050206.pdf〉では、事務費用・保険費用等の直接的費用の削減効果を1,067億円と見積もっているが、本文はその他間接的コストをも考慮に入れている。

[110] 始関正光「株券等不発行制度・電子公告制度の導入」別冊商事法務編集部編・前掲76　11頁以下参照。

[111] 始関・前掲110 12頁。

[112] 始関・前掲110 13頁。

れた。その後、社債登録制度の改正を行うはずであったところに、統一的証券決済が求められたのである[113]。決済制度が証券の種類ごとに異なる点は、コスト等の点からも問題ではあり、学者からも改革の提言がなされていた[114]。株券の保管振替システムは、現在の制度運用のうえでは大きな不都合はなかったものの、共有構成・単層構造・他証券との業務分断は、将来的な発展可能性の点で問題があるとされた。

　これに対して厳しい目標を掲げ、証券決済システム改革の火付け役となったのは、平成元（1989）年のG30勧告、そしてそれに続く平成7（1995）年のISSA勧告である。世界の主要な証券取引国の金融機関、証券取引所等の意見を集約する民間団体である両団体は、取引の効率化とリスクの低減について不可欠な決済速度の改善を提言した[115]。このような目標は、国際的なリスクの波及防止のために協調して達成することが必要であるだけでなく、これらインフラが達成されていない市場での取引の地盤沈下を予想させるものであった[116]。また、1990年代からの証券決済関連産業の効率化も、証券決済システム改革の行方に大きな影響を及ぼした。情報を取り扱う装置産業である各国の取引所や保管振替機構は、規模拡大による限界費用が極端に低く、業務の集中による効率性アップが見込まれるところから、急速に提携を進め出したのである。取引所については、それは、現在までに、株式会社化および持株会社化、さらにはIPOによる資金の創出と買収を通じた国際的提携という形にまで進行している[117]。株券の保管や振替については、国際的に株券

---

[113] 平成9年5月に閣議決定され、以降平成13年までフォローアップされた「経済構造の変革と創造のための行動計画」の平成12年12月1日閣議決定（第3回フォローアップ）に、統一的証券決済法制整備が盛り込まれている。
〈http://www.meti.go.jp/policy/newbusiness/downloadfiles/koudou1.pdf〉。
[114] 江頭憲治郎「社債の決済制度」落合誠一ほか編『現代企業立法の軌跡と展望』（鴻常夫先生古稀記念）247頁以下（商事法務研究会、1995）参照。
[115] 勧告の詳細については、中島真志＝宿輪純一『証券決済システムのすべて』81頁以下（東洋経済新報社、2002）参照。
[116] 国際的な金融取引の大部分は債券であり、株式取引の国際化がこれら勧告の主要かつ直接的背景となったとはいえないかもしれないが、金融機関の破たんの波及を抑えるために事業のリスク低減が課題とされ、株券決済にも迅速化が要望されたと説明できる。

を移動させる必要はないものの、国内レベルでは、user-utility を維持し、不適切な運営に走らないように、持分や利用率に応じた株式保有が実現されているようである[118]。このような提携は、保振や清算機関の制度設計に関する法の態度を左右するに足りるものだった。

　さて、これらの国際的な潮流を受けて、日本では平成11（1999）年 3 月に規制緩和推進 3 カ年計画が出された。この計画に基づく改革は、多様な主体に属する審議会が連携して提言を集積していくことで、段階的に行われていった[119]。問題提起は当初「企業の資金調達の円滑化に関する協議会（企業財務協議会[120]）」によってなされ[121]、これが平成11年 4 月設立の法務省・大蔵省共催による「CP のペーパーレス化に関する研究会」（電子登録方式による電子CP を提言）、平成11年 9 月設立の金融庁下の「金融審議会第一部会　証券決済システムの改革に関する WG」（社債登録制度の見直し・廃止を検討し、管理機関の一元化と競争的効率化の選択については社債登録制度の廃止と統一決済法制（保振化ペーパーレス研究会のあげる電子登録制度）への移行を提言）、日本証券業協会の設立にかかる「証券受渡・決済制度改革懇談会」（決済期間の短縮化については決済機関の単一化と横断的機関の必要性を検討し、DVP と清算機関のあり方に関しては Real Time Gross Settlement（RTGS）か、証券グロス・資金ネット方式か[122]を検討）に引き継がれた[123]。

117　株式会社化の進行度と問題点については、IOSCO "*Issues Paper on Exchange Demutualization; Reports of the Technical Committee of the International Organization of Securities Commissions, June 2001*" 参照。なお、株式会社化と提携とは現在も進行中であり、たとえば2006年 3 月に NYSE が上場し、2007年 1 月31日には東京証券取引所とニューヨーク証券取引所が相手市場に上場している株式や金融商品を相互に売買するなどの業務提携を基本合意している。

118　中島＝宿輪・前掲115 53頁以下参照。

119　犬飼重仁ほか編著『電子コマーシャルペーパーのすべて』（東洋経済新報社、2004）参照。

120　同協議会は、平成 3（1991）年の通商産業省産業構造審議会の審議結果と、大蔵省の金融制度調査会・証券取引審議会の検討結果から抽出された優先課題についての働きかけを目的とした民間団体である。〈http://www.cftaj.org/〉

121　平成12（2000）年 5 月29日に日本 CP 協議会（後の日本資本市場協議会）を形成し、有価証券市場の電子化について集中的に検討を行っている。

第 2 節　株式の流通と法　843

　関係省庁は、これらの事項に政治家の関心を向けさせ（平成11年 7 月「自民党金融問題調査会・債券問題小委員会」提言）、閣議決定マターとすることによって期限を切り（平成12（2000）年 3 月のペーパーレス CP 法制化の閣議決定）、迅速な法整備に向けて緊密な連絡・協力態勢を敷いた。この連携・期限付の立法手法は、立法の形式に影響を与えることになる。この時期に、金融庁が直面していたのは、①電子 CP と社債振替制度、さらに株式を、証券振替決済については同一の法律構成により電子決済とすること（保振を制度として利用しないことは、具体的な運用主体として保管振替機構を利用するかどうかとは別問題である[124]）、②参加証券会社等のオペレーショナル・リスクが相互波及するのを遮断するパーティション方式を導入すること（海外証券会社等の参入を可能とするため）、③多階層構造（直接に取引所に取次のできない証券会社も他の証券会社に口座を開くことで取引を仲介できるようにする仕組み）での運用を予定した決済法制とすることといった課題であった[125]。現実にはこれらの課題が立法者に全体として共有された時期は遅く[126]、法形式としての信託方式の採用についての意見のすれ違いなどもあって[127]立法スケジュールに間に合わない状態となっていた。しかし、立法

---

[122]　日本においては、現在は平成16（2004）年 6 月から一般振替 DVP が稼動しているが、証券はグロス、清算はネットベースで行われている。前掲56「現状と取組み」12頁参照。
[123]　以上、犬飼ほか・前掲119 158頁以下参照。なお、各報告書は、高橋康文編『逐条解説短期社債等振替法』（金融財政事情研究会、2002）巻末に掲載されている。
[124]　法務省サイドからは、法として保管振替法改正の形式をとり、改正の内容を UCC 型のブックエントリーとする（信託的構成の実現）ことが提案されたが、新法ベースでの対応が要望されたようである。
[125]　犬飼ほか・前掲119 168頁によれば、CP・一般債の新決済法制についての実務的要望事項という改正留意事項の一覧表は平成13（2001）年 2 月時点に出され、ファイナリティ確保のための振替記帳取消禁止、PRIMA（仲介機関の口座簿所在国の準拠法）といった考慮も盛り込まれていたとされる。
[126]　証券取引法研究会編『証券のペーパーレス化の理論と実務』別冊商事法務272号 1 頁（2004）・黒沼報告では、平成12（2000）年 6 月時点で決済システム改革 WG の報告書が挙げた課題は、決済機関の統一化、有価証券の流通リスクおよび券面保管コストの削減、DVP と STP の達成であった。たしかに、株券と社債を同一で扱うならば、複層構造が必要となることは予測可能であったが、これだけであればペーパーレス化を保振で行うという構想も不可能ではない。

をしないわけにはいかないので、結局 CP についてのみ、しかも直接に市場に取次を行う証券会社についてしか規定しない単層構造での立法——それ自体はあまり大きな前進とはいえない——が実現することとなったのである[128]。これが、平成13（2001）年6月に成立した、短期社債等の振替に関する法律であった。

　この年度で立法に関する議論はすでに詰まっており、翌年は議論をもとに社債等振替法の立法作業が行われると同時に[129]、パーティション構造が実現した場合の投資家保護のための基金づくり[130]などが進められた。こうして、短期社債等の振替に関する法律は、平成14年6月には早くも社債等の振替に関する法律に改正された。同時にクリアリングシステムの整備など、市場全体の刷新を行う一群の「証券決済システム改革関連法案」が国会を通過した。

　このような一連の改正は、整合性等についての緻密な議論を偏重することなく、実務要望の反映・立法の実現を重視して行われたきわめて現実的なものであり、柔軟性とスピードの点で際立っていた。金融庁監理官・法務省管理官レベルのリーダーシップの発揮が大きく作用したといわれるが、技術革新による国際的競争力の維持という要望を各省庁が十分に認識していたことが大きい。また、このような改正経緯は、比較的業界の意見を集約・伝達し

127　法務省は、混蔵寄託から信託的な構成への移行については積極的であったが、保振法改正で実現可能かどうか等について意見が合致せず、結局、新しい振替制度はいずれの法形式とも説明されないこととなった。これは、理論構成上は違和感の残る構成となったようである。証券取引法研究会編・前掲126 18頁参照。ただし、ペーパーレスの世界での善意取得については、従来の法理の継承によるのではなく、あらたに法律効果を規定上書ききることが望ましい場合がありうるとの提言もある。神田秀樹「ペーパーレス化と有価証券法理の将来」岸田雅雄ほか編『現代企業と有価証券の法理』（河本一郎先生古稀祝賀）155頁以下（有斐閣、1994）参照。
128　法務省サイドでは、広く証券一般につき多層構造での立法を行う構成について議論が重ねられており、数カ月以内に閣議決定の要請に応えるという観点には沿わなかった。犬飼ほか・前掲119 169頁参照。
129　なお、社債等の分野でも大券化等が起こっていたこと、それにかかる問題とその将来的展望については、岩村充「転換期を迎える日本の決済制度」江頭憲治郎ほか編『あたらしい金融システムと法』ジュリスト増刊61頁以下（有斐閣、2000）参照。
130　加入者保護信託など、業界で意見がまとまりにくいものについては、金融庁がリーダーシップを発揮したといわれる。犬飼ほか・前掲119 171頁。

やすい環境があったために、それほど大きな不都合をもたらさなかったと思われる。監督官庁との意思疎通・連携がスムーズであり、段階的な改正の先を見越した実務対応が可能であったからである。

　大規模・集約的なインフラの必要な環境では、官庁がリーダーシップをとること自体が大きな意義を有する。業界は、その競争力を強化するために、最終的に決済速度の向上（DVP）とリスクの低減（RTGS）を必要としていた。それ自体は、事実としての導入で足り、ストレートな法による義務づけを必ずしも必要としないといわれる[131]。そのような解釈は、DVPでの決済の義務づけが、証券移転のシステムと清算のシステムとについて、それぞれどの方式のものを導入するのか、そして、両システムをどのように連携させるのか、参加者全員にそれらシステムへの加入や負担を強制するのか、といった、実務の制度づくりとコスト分担に直結しており、産業界によって経済合理的な配分が自主的に達成されることが望ましいという考えに基づいていよう。しかし、システム導入にあたっては、大きなシステム産業のいずれを新設し、特定の既存のシステムのいずれを活かし、いずれを廃止するか、また、会員となる証券会社の形づくる階層構造に対して、リスクをどこまで及ぼし、どう基金をつくるのかについての政策的決断が必要である。関係産業の利害は鋭く対立するため、自主的かつ迅速な解決は困難な場合がある。迅速な対応が必要な状況下では、研究会で実務の要望を吸い上げ、閣議によって立法予定を対外的に確約することのできる官庁が方向性を指し示すという立法過程が有効になりうる。

　なお、実現に必要な実務的課題の抽出は日本CP協議会（その提案は経団連金融委員会で採択）および証券決済制度改革推進WG（日証協）といった民間団体に委ねられた[132]。経団連等は、保振に所要の対応を求めた。こうして、保振においてシステム稼動の準備が進められることとなったのである。保管振替機構は、昭和60（1985）年に法務大臣および大蔵大臣から保管振替

131　証券取引法研究会編・前掲126　13頁〔黒沼発言〕参照。
132　WGは証券決済制度改革推進センターの下で平成12年12月から平成15年5月まで組織され活動した。

機関の指定を受け、平成 3（1991）年からわが国で唯一の保管振替機関として業務を開始している[133]。参加先を集約したい金融機関にとっては、このような業務の独占は必然の要請であるが、法律上は独占業務ではない[134]。そのため、特定の規格を備えることを、将来の潜在的参入者も含めたすべての業者に対して法で要望することはせず、具体的なシステム実現を実務家に任せたものといえる。

　最終的目標である DVP の実現については、振替決済のほかに清算機構の導入が必要である。ここでは、有価証券の流通とは直接関係がないので、簡単にふれるにとどめるが、業界の一致協力した新決済システム導入努力が進み、シームレスなプロセス（Straight Through Processing）が準備された。また、一般債振替の新システムが導入される（平成16年 3 月）と同時に、組織としても、平成15（2003）年以降日本証券クリアリング機構が業務を開始するに至っている[135]。従来、日本で証券が取引され決済される際には、各証券取引所において取引ごとに約定照合、ネッティング、および決済照合が行われ、これらの結果が証券保管振替機構と銀行の双方に送信されていた[136]。日本では、証券取引における取引データ照合は決済照合システムが[137]、また、特に投資信託についての証券の約定等に関する事務連絡については FIRST（信託・証券等データ交換システム）が[138]、担当してきた[139]。決済は、これらの別々のルートによってデータを受けた信託銀行や証券会社が、保振および決済銀行に振替指図・支払指図をなすことによってなされており、完全に

---

[133] なお、同機構は平成14（2002）年 6 月に株式会社化しているが、独占の状況は変わらない。
[134] 証券取引法研究会編・前掲126 16頁参照。
[135] 証券取引法研究会編・前掲126 23頁以下参照。
[136] 金融情報システムセンター編『平成15年版金融情報システム白書』（財経詳報社、2002）参照。
[137] 株式会社証券保管振替機構が開発したもので、売買成立後における機関投資家・証券会社・信託銀行等の取引データの照合を行う。
[138] 投資信託の約定連絡、売買報告、受渡金額および基準価格の連絡に用いられ、利用者は信託銀行、証券会社および投資信託委託会社のうち、運営協議会の承認を得た者。
[139] その後、決済照合システムとの統合や、クロスボーダー取引での海外の情報仲介機関のデータとの連動も行われている（New-FIRST）。

シームレス（STP）ではなかった。また、異なる取引所で行われた取引のために証券会社が資金の受渡しを省略できないなどの不都合もあった。そのため、決済におけるペーパーレス化に目途が立ったあとは、清算機関の分断[140]とSTPシステムの導入の遅れとが、日本での取引と決済との間の時間的懸隔が長すぎる主たる理由であると認識されるに至り、それが、決済法制整備に引き続いての清算制度整備を促したといえよう[141]。

4．平成16(2004)年改正へ

4－1　改正の社会的背景

以上のように、国際的トレンドを背景とし、短期社債を嚆矢として急速に拡充された決済法制の整備の流れは、当然のこととして、株式にも及んでくることとなる。閉鎖会社を中心とする株券の流通しない会社についてはその事実を追認する必要性、公開会社については株主管理と決済の円滑化の要請をそれぞれ背景として、株券の電子化に関する検討が始まった。この検討は、平成14（2002）年の春から実務家検討会の形で開始され、固まった内容は、順次法制審議会会社法部会へと上程された。

しかし、株式は機関投資家以外にも個人投資家を抱え、彼らの定期的な直接権利行使を可能としてきた背景があった。また、株券が個人の間を流通することを前提とした、証券代行などの一定の産業も発達していた。これらの権利や社会構造をどの程度維持しつつ、株券についての無券面化――完全無

140　JASDAQが清算機能業務を開始したのは、平成13（2001）年4月である。その後、この清算機能を移行して、株式会社日本証券クリアリング機構が平成15（2003）年1月には業務開始をしている（移行には、店頭売買有価証券の売買その他の取引に関する規則（公正慣習規則第1号の2）の改正を伴っている。証券取引法研究会編・前掲126 34頁参照）。

141　金銭決済の迅速化については、統一清算機関の利用に向けて日証協などで公正慣習規則等にかかる制度の見直しが行われ、平成14年1月16日「統一清算機関設立要綱」に至る〈http://www.kessaicenter.com/kokunai/touitu.pdf〉。なお、証券取引法研究会編・前掲126 25頁参照。

券面化か一部かを含め――を実現していくかが、主たる問題となったといえる。

そこで、以下では、平成16年改正に至る直前の段階で、ガバナンス上必要な株主管理がどのようになされていたかについて、その周辺に発達していた産業に目配りしながら概観し、次に問題点を指摘しておくことにしよう。

株主管理には、定期的に行われる、定時株主総会の基礎資料たる実質株主名簿の作成手続と、臨時総会・所在不明株式の処分や株式併合等に伴う期中の株主との連絡[142]、あるいは株主による代表訴訟提起等の際に当該株主の資格――6カ月の保有――を確かめるための手続といったように、複数の異なったパターンが存在する[143]。

まず、定期的把握については、保管振替制度を利用する株主について実質株主名簿を作成し、通知を行うことと、株券ベースで流通している株式の名義書換請求への応答とが必要である。ただし、実務上四半期配当が広がってきたこと、また、株式に関する改正の後新会社法が成立し株主総会の複数回開催が現実化したことで、この処理は以下に述べる不定期の株主把握に近づくこととなる。不定期の株主通知等の業務は、株式併合等の場合のほか、たとえば、敵対的買収に対する対策の一環として会社が株主の分布状況をリアルタイムで知りたいといったニーズがある場合に行われる。

株主把握作業は、実質株主については、名寄せ[144]等の問題があるほかはきわめて機械化されている。他方で、保管振替をあえて利用せず、株券を手元にもっていた投資家については、問題が残る。そのような投資家は、書換えを希望する場合には、多くは期末近くになって名義書換代理人に請求を行う。取得された株券と名義書換請求書および株主票（印鑑の印影を伴う）は、証券代行業者に提出される。機械化されたシステムにより、書換請求株式数と提出された株券とが照合され、該当する株券番号の株主名簿の書換えが行

---

142 吉戒＝高木・前掲92およびUFJ信託銀行証券代行企画部編『株式実務』（商事法務、2003）参照。

143 前掲56参照。

144 異なる口座・証券会社を通じて保有されている株式等を株主ごとに編成し直す作業で、名義書換代理人が行う。

われる[145]。他方では、当該株主が本人であることを確認するための情報（株主票情報および印鑑イメージ）が処理され、保管される。証券代行業者はまた、実質株主等についてはアップデートの高速化（株主情報オンラインサービスでは、委託会社のパソコンを通信回線で結び、株主情報や名義書換状況等をリアルタイムで提供する）、株主総会について出席株主集計システムなど、付加的サービスをも提供し、前述の会社のニーズに応えている[146]。

証券代行業務を行っているのは、信託銀行の証券代行部ないし独立した代行会社である。これらの会社は、相続や取得による株式の名義書換、（実質）株主名簿の管理、住所変更や改印、予備株券の保管、株券の再発行、株主総会の招集および配当金の支払い等に関する事務といった、株券の存在を前提としている業務としていない業務を併せ扱ってきた。また、いわゆる端株原簿をも管理している場合には、単元未満株式の買取・買増請求の受付のように、投資単位の引上げ手続とそれに伴う株券発行実務との両側面を併せもつ事務も行っていた。

定時株主総会ベースでの株主管理をベースにする限り、株主把握の実務のように季節性が高く[147]、専門性が強い業務は、会社が自身で扱うに適しない。代行業者に集約した方が低コストでの対応が可能である。株主は、会社の本社に連絡を取る代わりに、名義書換えや届出、配当金の受取りに、信託銀行や代行会社が証券会社と提携して用意した窓口を利用できたから、その利便性もプラスであった。これらの会社は、法改正に対応したシステムも導入し、たとえば株主名簿と実質株主名簿の双方に単位未満株式を保有する株主に対する不足株式の買増端株整理など、複雑な処理にも通暁していた。代行業は、券面を前提とした株主把握が必要だった社会で、コストの集約化と節減の志向が生み出したニッチ産業であったといえる。

だが、株主把握作業は、株券の確認と情報処理の二側面に比較的明瞭に分

---

145 それぞれの証券代行で行われている事務処理には若干差があると思われる。
146 これにも、会場に持ち込める小型OCRを用いて株券ベースで出席株主の議決権株数の集計処理を行うものと、株券を前提としないものとがあろう。
147 特に保振に対する預託を行った株主の名義書換請求は、権利の空白期間を嫌うため、基準日直前に集中するといわれる。

かれる。実質株主以外の株券所有株主情報のアップデートについては、株主情報のアップデートに株券の確認と処理を併せ行わなければならず、そのため業務処理の軽減に限界が生ずる。株券ベースでの株主名簿の書換えには多くの人手を要し、数日を要し、預かった株券の保管もまた（予備株券、手続中の株券や預かり株券等の保管に際しては、盗難等に備え保険がかけられる）、証券代行から企業への請求額を押し上げる要因となっていた。

以上のような業務が必要なことから明らかなように、株券には他の有価証券と異なり株主把握という独自の要請が伴い、無券面化に際して検討しなくてはいけない課題にも固有のものがあった。第一に、社債等についてもすでに議論されてきた課題——過大記帳を回復するために生ずる可能性のある権利の縮減——は、株式については単元を割り込むと議決権の縮減という独自の効果を発生するため、株主の議決権保護の点から問題となりえた[148]。株券の「所有権」という整理は、自分の権利を守る方法が残されている必要がある、少なくとも投資家が個人レベルで当該スキームに入らない可能性を残す必要があるという結論に結びつきやすい[149]。

また、縮減リスクの程度については、機構の外に券面が存在しうることを前提とした従来の整理でも、機構での有効な受入れが生じていない事故株券ないし過大記帳された株券は発生しえた。だが、それは同数の株式を市場から責任のある証券会社が買い取ることによってバランスを保てる点で、改正後とは大きく異なる[150]。機構外株式が存在せず、消却処理が間に合わなければ権利の縮減は避けられない。社債等振替法と別途の改正を行ったため、社振法にある振替機関等の過大記録部分の支払義務の不在が目立ち、問題がク

---

[148] 証券取引法研究会編・前掲126 16頁。ただし、従来も証券会社の株式買取処理が間に合わなければ権利が縮減せざるをえなかった点は変わらない。参加証券会社の水準が下がらないということを前提すれば、共有構成か、一定の範囲のみで分担するかの変化のみが重要な変化ということになる。なお、過誤記帳の処理については、始関正光『Q&A平成16年改正会社法　電子公告・株券不発行制度』155〜156頁および233頁以下（商事法務、2005）参照。

[149] 証券取引法研究会編・前掲126 18頁参照。

[150] 填補する株式の入手方法は定まっておらず、買取りのほか自己保有株式の充当もありえた。

ローズアップされやすくなったといえる[151]。

　第二に、取引量の多くない一般私人が証券会社を通じて株式を保有することが多いことから、パーティションにより、権利の縮減リスクが顧客の経由した証券会社ごとに異なって生ずる点が問題とされた。従来のリスク分担は共有構成であり、その妥当性はそれはそれとして検討すべき問題ではあったが、現行法からの改正がリスク負担の変更になることは間違いなかった[152]。

　第三に、移行期に所在不明となっている株主の権利を消滅させてよいかが問題となる。不発行制度への足慣らしとして、平成14年改正は、保管振替制度を利用していない株主であって相続等により所在不明となり、確定が困難となっていた者を洗い出し、権利を消滅させる作業（所在不明株主の株式売却）を可能とした。従来から、未払配当金等は会社ごとに適宜権利を失うものとして処理できたし、古くは株金未払の株主の株式を売却することも行われていた。しかし、株主たる「地位」は権利行使がなければ時効にかからないのではないか、それを売却してもよいのか、という理論的問題も存在しえた。

4－2　平成16(2004)年改正の理論的背景

　上述した問題から、株主が券面システムをも利用できる可能性を制度として残しておくことが必要だ、という提言は当然に予想しえた[153]。彼らの前提としてきた、券面システムによる権利の処分・行使方法からの移行は、どのように考えれば正当化できるのだろうか。

　まず、変更を越えるメリットがシステム改革全体に存在するという説明は、インフラ共有による他の決済法制の効率化や国際競争上の有利性といったスピルオーバー的な効果が、券面廃止によるシステム利用とコスト・リスク負担の強制というイシュー自体とは微妙にずれているところから、妥当し

151　始関・前掲148 98頁参照。
152　ただし、証券会社が加入者保護信託へ出資することから、その拠出ルールが適正であれば全体として帳尻がとれていることになる。証券取引法研究会編・前掲126 16頁。
153　証券取引法研究会編・前掲126 15・18頁〔大武発言〕参照。

にくい。考えられるのは、①従来から、不所持の申出をした株主以外の株主は、流通性と引換えに盗難等のコストを負担していたのであり、株主間に不均衡は存在した、②必要なときだけ株券を引き出す株主は、他の株主の負担によって会社に株券保管を任せていたにすぎない[154]、③逆に、多少とも株券の流通性を望んだ株主は、適正なコストであれば負担する用意があり、システム利用の強制により生ずる不利益はマージナルなものであるという説明であろう[155]。ただし、このシステムで最も利益を受けるのは取引の多い機関投資家であり、不発行や券面所持を選択してきた長期保有者のメリットは小さい、立法は一定の株主を優遇するものである、との意見はなお残る。

　理論的には、この改正は、会社が株券自体を株主の請求等にかかわらず不発行とする、つまり、株券ベースでの、末端の当事者のみがかかわる権利移転——有価証券の発行を会社に対して当然の権利として要求できることを前提とした流通——を、禁止するものである。言い換えれば、有価証券方式は、会社に対する権利所有者についての情報が、中央の会社に伝達されることなく末端で自律的に伝達されるシステムであった。これを振替システムでの集中管理に切り替え、株主情報と取引情報の両者を一箇所に集中させることは、リスクの増加を含めて考えても、潜在的加入者を含めたネットワーク利用者に便益をもたらすことが予想される。その利益は、ネットワークを最小限しか利用したくない株主の利益をどの程度上回りうるのか、ということである。

　一定のネットワークの利用を強制する場合に、ネットワークに入るための費用とネットワーク利用の便益に関する個々人の比較・判断にはバイアスがかかる。どのような決済システムについてもいえることだが、情報処理の効率化にかかるコストと、そこから得られるベネフィットとは、連続的に増大するものではない。優れたシステムは、往々にして従来と全く異なる原理に基づいており、導入に際してはまず大規模な先行投資が行われる[156]。取引に

---

[154] 始関・前掲148 138頁参照。
[155] 取引を行わなくとも、市場性のある株式の保有データがあれば担保などの利用可能性がある。

際しての意思表示形式や決済時点が変われば、取引が実行されるまでに当事者が負担するリスクも変化する。新旧制度に断絶があれば、当事者のコスト・ベネフィットも急激に変化する。しかも、システム変化の際に、参加当事者も大幅に入れ替わる。そこで、システムを乗り換えた時点の利用者達は、追加的費用ないしリスクを負担することになる。保振制度の利用であれば、振替ミスのリスクであり、間接的には、システムの管理会社が会社に対して請求するバックアップや照会にかかる費用の——発行企業の剰余金の減少を通じた——負担であろう。だが、大規模な先行投資によるインフラ整備が行われる時点では、その将来的ベネフィットがどれほど大きいかについての予測はつけがたい。

　このような不確実性と初期費用の存在ゆえに、もし、このようなシステムの導入を漸進的に行いつつ、参加者にシステム入れ替えの便益を評価するよう求めたならば、当該参加者には、新システムの便益を低く見積もるバイアスが働くだろう（これは、ネットワーク外部性と呼ばれる[157]）。ネットワーク型サービスは、その加入者数が増えれば増えるほど、一利用者の便益が増加するという特質をもっている。サービス網に追加的に加入しようとする個々人は、既存のネットワークに自分が参加することによる便益だけを認知するが、実際には、当該参加者の追加的加入によって既存のネットワーク自身が価値を高めるため、当該個人の加入の客観的な便益は、認知されるより大きいものになっている。追加的参加者個人にもたらされる便益が、当該集団全体が得るであろう便益より常に少ないのであれば、この加入者は、加入に対して過少なインセンティブしかもてないことになる[158]。ネットワーク

---

[156] 全国銀行協会理事会報告書「大口決済システムの構築等資金決済システムの再編について」〈http://www.zenginkyo.or.jp/news/entryitems/news160323_1.pdf〉参照。

[157] 会社法の世界では、自由なフォーマットを選んだ方が個々の会社のメリットが大きいにもかかわらず、同一の法形式を利用することによる全体としての便益が大きいために、結局のところ同一内容の会社定款が作出される、といった文脈で、"network externality" という言葉が用いられることがある。Marcel Kahan and Michael Klausner, *Standardization and Innovation in Corporate Contracting (or "The Economics of Boilerplate")*, 83 Va.L.Rev.713 (1997).

の移行に際しては、同様の理由で、従来のサービスの利用継続の便益が相対的に高く認識される（加入時の便益と脱退後それぞれの時点でネットワークの便益の差は、脱退者が脱退により感ずる便益の逸失分より大きい）。

　新規加入者にとっての便益は既存加入者の数に依存する[159]。したがって、加入者の少ないネットワーク型サービスは当初はなかなか普及しないが、ある程度以上に増えれば一気に普及する。だが、株券は、租税対策や継続的提携等他のさまざまな考慮によっても保有されるので、保振ネットワークへの利用者の移行は、緩やかにしか進んでいない。そこで、①株券を利用することに関する保護すべき利益は少ないこと、②株主が新システムに加入することで生ずるメリットを正確に測れていない可能性があること、③流通システムを選択可能な形で複数併存させていると、サービス加入者数が分散することで、保振システムの利用者もメリットを十分享受できない可能性があること[160]、④顧客（株主）の集団としての利益に加えて、証券取引高速化・取引手数料の削減が実現すれば、それによって国際競争力が高まり、潜在的顧客層（外国人投資家）自体が増加することなどを考慮して、株主の便益は若干制約してでも、新システムを導入することを決断すべき場合が生じてくるのである[161]。

　会社法ないし決済基本法が、株式の流通にどのような態度をとるべきかは、国際的にみてもきわめて難しい問題のようである。フランスの株券決済

---

[158] ネットワーク「外部性」という言葉は、加入という行為が、当事者に還元されるよりも多くの便益をもたらすという外部「経済」を意味している。なお、消費者が同種の財の消費者に与える外部経済としてよく知られているものに、バンドワゴン効果などがある。

[159] 経験的に、メトカーフ（Robert M. Metcalfe）の法則が知られている。これは、ネットワークの価値が、当事者の数の二乗に比例する（n人加入の場合に成立するネットワークがn2乗－nであるため）というものである。

[160] 保振を利用しない株券保有者が、もし株券売買に全く興味がないのであれば、加入による限界便益の増加はないが、株券システムも保振システムも導入費用に比べて限界費用が低いことから、少なくとも企業の負担までを考えれば、統一的システムが望ましくなる。

[161] もっとも、本改正時点でこのような事情が実際に存在したかは、別途慎重に検討されなくてはならない。新發田・前掲109などでも、これらは検討されていない。

制度は、導入時に会社に対して不発行を強制した。これに対して、アメリカでは、1940年代の券面による流通システムが現状に沿わず、取引所取引を大きく制約していることを認識して[162]、1978年および1994年に投資証券の移転に関する UCC 8章を大改正し、券面を伴わず、かつ権利行使が間接的な株式の流通態様を規定した[163]。しかし、それまでに券面を伴う流通および伴わない直接保有型の流通について法改正を重ねてきた UCC は、その前文において、同国では将来的にいずれのシステムが優位に立つかがわからないため、いずれかのシステムが優位に立つような法制をつくることはしなかったと明言している[164]。

券面優位の世界と無権面の取引のいずれにも社会が進みうるように配慮する（複数決済システムを競わせる）という立場は注目に値するといえよう。しかし、日本では、そのようなアプローチはとられなかった。

まず、日本では当初から横断的な決済システムの構築が目標とされていた。次に、株券無券面化の検討が開始されたのは平成14（2002）年時点であり、法が決済システムを強制するというアプローチが必然なのか、それ自体が問題となっていた UCC 改正当時からは 8 年の年月が経過していた。この 8 年間での国際証券市場の統合のスピードは目覚しいものがあり、国際競争力の強化が強く志向された。また、個人株主の株式市場参入やオンライン取引利用の飛躍的増加など、株式の振替システムへの移行の趨勢が顕著になっていた時期でもあった。なお、平成14年以降の数年の間にも、インターネット普及率は急速に高まり[165]、個人の小額での株式取引高は激増した[166]。無券面の決済システムが趨勢的に有力であることは、——予測されたよりも短期

---

[162] 1960年代の後半には、券面処理により証券取引が滞る "paperwork crunch" が発生したとされている。UCC Article 8 Prefatory Note 1-C.

[163] 1978年改正は発行の省略を認めたが、権利行使は直接的なものであった。これに対して、実務が行っていた DTC（Depository Trust Company）利用型の株式取引は、株式を発行しつつ、かつ直接の株主を DTC とし、実質株主の権利行使態様を間接的なものとしていた。

[164] UCC Article 8 Prefatory Note 2-A.

[165] 始関正光「電子公告制度・株券等不発行制度の導入〔Ⅰ〕」商事法務1705号37頁（2004）参照。

間に──明らかになったのかもしれない[167]。

　さらに、株券無券面化以前に、社債等振替法において既発行社債を旧登録制度から強制的に電子登録制度へと移行させることや投資信託の完全ペーパーレス化への移行も決定されており、立法当局にとって、システム移行という考え自体は馴染みのないものではなかった[168]。制度の二重化による決済煩雑化のコストは、それらの証券についてすでに検討済みであり、金融機関等の従来の社債保有者の便宜が一定程度制約を受けることは[169]容認されていたのである。株券についての決済システムは券面ベース管理の社債等登録法のそれよりは進んだものであり、また、投資家が一般個人に裾野を広げつつあったから、同様の考慮が当てはまるかどうかには疑問が生じえたが、右の事情から、それは深刻な障害とはならなかったのであろう。

　検討に際しては、一定程度保管振替システムの利用が進めば、株券がない方が社会全体にとって負担が少なくなるという認識はあったものの、どこまで利用が進めば負担が減るかについての閾値を示すことは困難であった。国際的に目標とされたＴ＋１も、至上命題ではなくインフラ整備のコストを勘案して導入すべき性格のものであった。そのため、導入を必要と結論する報告書に対してコストを過小評価しているとの批判も存在した[170]。だが、株券

---

[166] 取引量の激増はライブドアによる大量の株式分割によるものであり、平成18（2006）年１月27日には同社のスキャンダルによって東京証券取引所の約定件数が400万件に達し、全銘柄の取引が停止された。これは注文約定ではなく、清算データの処理がシステム容量を超えたためとされている。東京証券取引所は清算システムの能力を増強した。〈http://www.tse.or.jp/news/200605/060508_a.html〉ただし、東京証券取引所の処理能力不足はこれ以前から深刻化しており、前年11月１日にもシステムの全面停止が起きていた。

[167] 片山謙「新たな段階に入った米国の証券決済Ｔ＋１化──資産運用会社の対応課題を中心に──」資本市場クォータリー2002年春号〈http://www.nicmr.com/nicmr/report/repo/2002/2002spr05.pdf〉。

[168] 犬飼ほか・前掲119 171頁参照。

[169] 新法施行後５年で登録債にかかる非課税措置は廃止することとされた。犬飼ほか・前掲119参照。

[170] 平成12（2000）年７月にSIAが公表したＴ＋１ビジネスケース白書は、コスト予測の前提が甘いといった批判の対象となった。片山・前掲167参照。

の発行者である企業自体が「商法226条の新株の払込期日後に株券を発行する旨の規定、商法280条ノ9の払込期日の翌日に株主となる旨の規定をDVPの実現に相応しいものに改正していただきたい[171]」など、DVPによる取引を会社法株式編がデフォルトとして受け入れることを望むような声明を出すようになっていた。平成16年の改正は、このような要望のなかで、コストは不確実ながらも国家が立法によりシステム移行の決断を行うという側面を、強くもつものとなったといえよう。

4−3 改正過程

さて、以上の問題はどのような検討・決定手続を経たのだろうか[172]。平成14（2002）年の通常国会（6月5日）を「証券決済制度等の改革による証券市場の整備のための関係法律の整備等に関する法律」が通過し、これによって社債等振替法等によるペーパーレス化、多層構造の振替決済制度の構築および清算機関の成立が立法上手当てされる以前の平成14年3月の段階で、法務省は株券不発行に関する内部検討会を立ち上げた。

検討会でまず問題となったのは、このようなインフラ整備によってどのような――正負両面の――社会的影響が考えられるか、そして、電子化のメリットが少ない段階で任意で株券の無券面化に移行することとした場合には、予期した集中が起こらないのではないか、という点であった。

改正検討開始時、株券の預託化の進展割合は6割程度で、進展しつつあったが、それが十分な集中度かどうかについては判断が難しかった[173]。もし、普及が進まなければ、株券ベースでの流通の余地を残さなくてはならないが、それでは改正のメリットは半減するからである。株券での流通を選択できる会社をどのような範囲で認めるべきかについては、さまざまな意見があ

---

[171] 日本経済団体連合会経済法規委員会企画部会「株券不発行制度及び電子公告制度の導入に関する要綱中間試案に対するコメント（2003年4月28日）」
〈http://www.keidanren.or.jp/japanese/policy/2003/039.html〉。
[172] 改正の過程は、山下友信ほか「〈座談会〉株券不発行制度に関する論点と対応（上）」商事法務1705号6頁以下（2004）に詳しい。
[173] 前掲56「現状と取組み」6頁以下参照。

りえた。ただし、この時期には、インターネット取引の導入により個人株主の急激な増加が予測されていた。取引される株式数が増えれば、システムのメリットは増す。デイトレーダー型の取引の頻繁な個人投資家は、自然と保振制度を利用することになると予測された[174]。なお、平成17（2005）年12月現在の預託率は77パーセントであるが、預託比率が低いのは事業法人等の保有証券であって、個人の預託率はかなり高かったようである[175]。

　このような個人投資家の増加は、一面では吉であったが、どのような株主通知を行うかの検討においてはネックとなった。当初検討会では、実質株主名簿制度の維持を前提とし、新システムでは株券ベースの株主名簿書換請求がなくなること、継続保有期間の要件充足の確認の必要があること、四半期開示への移行の諸点を考慮に入れ、1年に2回の現行実質株主通知よりも実質株主通知の頻度を上げていくことが検討された。しかし、担保目的保有株主等の整理を行う等の関係で、通知の回数を月に2・3度以上に上げることはできず、また株主の流動性・小口化が進んでいることで処理コストも上昇することが予測された。当時、保管振替機構は、3月末の時点で実質株主名簿を作成していたが、これは、いったん担保目的株式等についての仕分けを行った後個別の参加者ごとに確認の照会をかけ、参加者レベルで記載の誤りや基準日の移動等の修正事項をチェックした後で実質株主名簿に載せるべき株式数を確定し、名義書換代理人に通知するという作業であって、1回あたりの実質株主通知には、1週間程度の日数が必要であるとされた[176]。そのため、現実にも中間決算日から臨時株主総会基準日の異なる2回の実質株主通知を希望する場合、企業が15日以上の間をおくことが実務上要請されていた[177]。さらに、名寄せを行う負担も考慮しなくてはならなかった。

　そこで、概念整理として実質株主名簿のようなものを観念する——いわば「株主」概念を権利の出発点とする——のではなく、株券を購入したものは、

174　株主の定着をめざす会社にとっては望ましい帰結ではないかもしれないが、会社法は政策的に株主の定着をめざすことはしなかった。
175　前掲56「現状と取組み」2頁以下参照。
176　前掲56「現状と取組み」12頁は、8営業日かかるものを6営業日に短縮する取組みを行っているとする。電子化後は、これが3営業日に短縮可能とされた。

期日の株主等通知のためのデータ[178]に乗ることによって行使できる権利と、日々の取引データ上株主として確認されることによって保証される権利との二種類の権利をもつ、という発想に切り替えることが提案された。この提案により、開示に際しての株主情報をどの程度の頻度で更新するかは会社の選択に任せ、個別の株主の継続株式保有については、別途属人的に保有の調査をするものとし、総株主通知が必要な会社にはその都度対応すればよいというように、企業が必要に応じて株式情報処理システムを構築していくことを認め、会社法は最低限必要な情報は何かということを呈示することとなったのである（総株主通知と個別株主通知の切分け）。

続いて問題となったのは、機関投資家の将来的趨勢である。投資信託やインターネット取引を糸口として外国人投資家の急激な増加が生じつつあった。外国人株主に関しては歴史的にさまざまな問題が生じており、預託証券保有者と口座管理機関経由で保有する株主の権利の整理が必要だと指摘されたこともある[179]。当時、外国人投資家の株式取得率の高まりにより、外国人保有制限銘柄の取扱いが問題となっていた。従来は、投信の購入や株券受渡しによって株主となった場合など、ばらばらな入手ルートを名義書換代理人

---

[177] 前掲56「現状と取組み」参照。ただし、8日に短縮する努力が行われているとのことである。後掲181「要綱」9頁参照。ただし、ここでいうデータは、同頁や現在の保振におけるデータ管理に際して「株主等通知用データ」といわれるものとは異なる。後者は「総株主通知」時の「株主情報」として会社に通知されるものおよび、「個別株主通知」および会社による「情報提供請求」に使用されるものの両者を含む概念として整理されている。〈http://www.jasdec.com/download/ds/bessi_8.pdf〉
[178] 現在の社債、株式等の振替に関する法律151条に規定する「総株主通知」に相当する。
[179] 第51回国会衆院法務委員会第29号　昭和41年4月21日（木）の審議においては、外資法の17条の2の2項（新株の引受権の譲渡は書面による会社の承諾がなければ会社に対抗できない）の適用において、外国でADR方式によって株式が保有されている場合が問題とされた。同条はADRだけでなく一般に外国株主に対して引受権譲渡の道を開いたものであり、引受権を特に譲渡できるようにしたうえで、会社で引受権譲渡についての承諾書を発行すること（対抗要件）を要求していた。ADRについては、新株の割当てを受けた受託銀行が自己の判断に基づいて新株を引き受けても、また新株引受権を譲渡して、金銭でもってADR財産に組み込んでもよいとされた。ただし、実際には、改正以前から対抗要件を備えず、ADR発行証券の流通、新株引受証券の流通が行われていた。

が把握していたが[180]、株券の保有者管理が保振の手に大幅に移管されることとなったため、期中公表などをどのような手順で行うかが問題となった。企業側としても、外国人株主構成をリアルタイムで知るニーズは高かった。ただ、この点の処理をどう行うかが問題となった。平成18（2006）年１月時点では、結局、外国人株主については日々銘柄ごとの保有総数と保有比率を公表するとの要綱が発表されており[181]、個別株主通知と同様の要領での株主把握を試みるということになったのではないかと思われる。

　もっとも、もともと、システムの準備に数年かかることを前提とした改正事項の検討である。したがって、無券面化を実施するのが適切な会社の範囲もまた、数年後の日本の預託率と株主分布如何によって決まることになる。これらについては、官庁が政策判断を行う余地がある。平成16（2004）年改正における立法過程での折衝は、無券面化の導入範囲と移行方式、そして通知の形式についての会社法の方向性を、実務上の制約と調整するという性格のものだったといえる。

　保管振替実務にかかわる右の諸問題がクリアされれば、DVP が実現した世界を前提に、株主たる地位の取得等に関する商法規定の変更が必要かどうかが問題となる。たとえば、券面のない世界では、株式取得・払込みの翌日から株主となるとする必然性はもはや存在しない。会社は払込期日に資本ないし資本準備金を増加させ、株主は払込期日において取得した株式を有価証券として会計処理することが可能になるはずだからである。担保として用いられていた現物株券についての新たな法的手当てが必要かどうか、匿名性を

---

[180] 株主総会での定足数確保のために議決権行使促進が必要であり、信託銀行等は海外の調査会社を活用して外国人株主調査や招集通知等英文資料の発送等を行っていた。一定銘柄を保有している外国人については、証券保管振替機構において実質株主報告の対象とならず、実質株主として配当金・分割等の権利を受けられないため、当該発行会社の決算期に別途名義書換えをしてもらう必要があった。ただし、法的な規制により、一定の外国人保有比率を超えると名義書換を拒否され、配当金・分割等の株主としての権利を受けられなくなるおそれがあった。また、権利確定日直前の買付も、名義書換が時間的に間に合わないおそれがあった。

[181] 保管振替機構業務委員会株券電子化小委員会「株券等の電子化に係る制度要綱」2006年３月〈http://www.jasdec.com/download/ds/ds_060327_1.pdf〉48頁参照。

保護すべきかといった点[182]、あるいは制度移行時の過渡的考慮事項として、株主名簿に自らの地位を反映させずにきた株主や、あるいは登録質としての登録を行ってこなかった担保取得者の保護（所有する株券が無価値となる事態の救済）も問題となりえた[183]。だが、これらは基本的に受動的な整備の問題である。

　これらの方針に、株券不発行に関する法制審議会会社法部会は支持を与え、公開会社の一斉移行方式にゴーサインを出した。こうして平成16年改正は成立した。この改正は、法務省が会社法部会を通じて行った改正ではあるが、国会を通過した法律は「株式等の取引に係る決済の合理化を図るための社債等の振替に関する法律等の一部を改正する法律」（決済合理化法）であり、「商法」の改正はその２条で扱われるにすぎない。またその細則は、きわめて実務と密接に連動している。保管振替機構は、株券の電子化に関する政省令会合（平成17年３月17日）[184]において決定された方針、①情報の標準化、②株主の名寄せの一元的管理、③口座管理機関による株主対応窓口機能の分担、④実質株主表・印鑑表について、⑤コストの合理性の確保を実現すべく、直後に株券電子化小委員会を結成し[185]、検討課題の洗い出しを行っている。

　この改正により、上場・公開会社については、合理化法が公布された平成16年６月９日より５年以内の政令で定める日において、新しい振替制度に一斉に移行することが強制された。流通している株券は無効となり、以後は株主名簿に記載された情報をもとに発行会社が開設する特別口座で管理される

---

[182] 導入方法については、大野正文「株券電子化に伴う株式担保について」証券決済制度改革推進フォーラム（2006年２月15日）。
　〈http://www.kessaicenter.com/kokunai/20060407r.pdf〉９頁以下参照。
[183] 株主名簿に記載を行わない株主が積極的保護に値するかどうか自体が問題であるとして、これは強制的な制度移行の選択肢を放棄する理由とはならなかった。
[184] 政省令会合については、証券保管振替機構「第２回株券電子化小委員会」
　〈http://www.jasdec.com/download/ds/050705_data.pdf〉。
　また、村井博美「証券決済改革実現への取組み」（2006年５月31日）
　〈http://www.kessaicenter.com/kokunai/20050531n.pdf〉参照。
[185] 証券保管振替機構「第１回株券電子化小委員会」
　〈http://www.jasdec.com/download/ds/050426_data.pdf〉。

こととなった。

5．新しい社会に向けて──改正の評価[186]

　平成16（2004）年改正後、株券廃止を受けて保管振替の実務は急速に変化し、決済システムの整備も進んだ。保管振替機構の株券保管残高は、平成14（2002）年度末から平成16年度末にかけて10パーセント上昇し、71.7パーセントとなり、さらに平成20年末の時点では91.1パーセントにまで達した。保管振替機構は預託された株券中出庫要請がないと見込まれるものについて不所持化を進め、その比率も平成20年末で66パーセントに上昇した[187]。担保などについては課題が残っていたが、実務上の取扱いについて全銀協が指針を示すに至った[188]。決済については、保管振替の取扱対象は取引所取引だけでなく、一般振替についても拡大してきた。一般振替とは、非居住者の有する株券の銀行から証券会社への受渡しや信託銀行間の株券決済などについて保管振替機構のシステムを利用するもので、平成16年度の取扱株式数は、平成14年度の倍に達している[189]。

　平成16年度の初頭に、証券保管振替機構は、株式・転換社債について一般振替のDVP化を実施した。そこでは、保管振替機構での決済照合システム

---

[186]　本稿は、2007年初頭に大むね脱稿したものであり、現時点（2010年）の不発行制度実施後の状況を評価するものとなっていない。2007年時点での直近の取組み状況については、村井・前掲184参照。また、平成18（2006）年1月に一般債の振替制度が開始している。

[187]　〈http://www.jasdec.com/download/statistics/kabusiki.pdf〉参照。

[188]　日本証券業協会・証券決済制度改革推進センター「株券の保管状況に関するアンケート調査結果」2006年10月〈http://www.kessaicenter.com/kokunai/20061018-2.pdf〉および、小林悟＝大野正文「株券電子化に係る株式担保の取扱いの検討状況──『株券電子化後の新振替制度における有価証券担保差入証に係る留意事項』および『株券電子化に伴う株式担保の一斉移行対応（Q＆A）（第二版）』の概要」銀行法務21・684号31頁（2008）参照。

[189]　平成16（2004）年の一般振替株式数は6,770億株であり、取引所取引にかかる振替株式数であった3,380億株の倍以上である。さらに、平成21年度の一般振替株式数は1兆3,880億株、取引所取引株数は3,690億株である（前掲187参照）。

と保管振替システムとの連携、さらに日銀ネットを通じた資金決済までのシームレスな取引が実現し、保管振替機構参加者との間の証券決済は1件ごとに行う（多くは保振預託株券の登録替え）とともに、決済価額については証券振替の終了後にネットベースで行っている。導入直後から取引所取引の6割がこのDVP決済を利用しているという[190]。日本の証券業界は順調に決済改革スケジュールを実践し、ほとんどの場合についてT＋1での取引が可能になったといえる。16年改正後は、株券の券面廃止へのスムーズな移行が関心の焦点になるだろう。

そこで、改正後2年を経過した現時点から、16年改正および決済関連法制の改革を振り返ってみよう[191]。

改正内容については、一連の改革を通じて、「株券をもつ株主の権利」という考え方から「さまざまな流通方式とそのコスト負担」のという考え方への「コペルニクス的転回」が生じたと評価できよう。改正後は経営陣が上場を決断すれば、株主は株券の交付により投下資本を回収することを否定され、また、将来的に株式の取引をする意図があるかどうかにかかわりなく、システム維持のために相当の負担をする必要が出てくる。考え方の変化を必要以上に強調すべきではないが、会社法が投資家と会社との間の流通インフラ維持コストの負担を変えたことは間違いがない。会社が全株式について登録をする保管振替のシステムの利用料と、各顧客の取引記録費用との切分けが問題となるし、その料金体系は、小口取引量の増加などにより不断に改訂され、

---

[190] 一般振替DVP決済の利用状況に関するデータは、ほふりクリアリング機構統計データ〈https://www.jasdec.com/download/statistics/dvp.pdf〉参照。

[191] なお、本文では平成17年改正については特にふれていない。同年改正においては、有限会社が株式会社の一部として取り込まれ、閉鎖会社の株式法制と一体化する運びとなった。ここでは、平成16年改正においては全く問題となっていなかった有限会社の持分についての考え方の変更が行われた。すなわち、新しい会社法は、従来持分であったものの、株式形式での流通──譲渡制限はかかるものの、当事者間では有効──を可能とした。平成16（2004）年までの閉鎖会社に関する株式法制の改正は、株式を発行せずに株主の権利を管理してきたという事実を追認する改正であったと評価できるが、有限会社については、以上のような切分けが将来的にどのような変化をもたらすかは、必ずしも明らかでない。

取引量に応じた負担が実現しつつある[192]。そして、分配しきれなかった増加費用分の一部は、株主集団が全体として負担することになるかもしれない。

　第二に、その立法過程については、改正を望む関係者の固有の利益が正面に出てこない改正と整理することができる。本改正では、閉鎖会社についての不発行と公開会社についての不発行が明らかに分かれ、決済合理化法は特に後者のみを念頭において立法された。決済制度改革を通じて語られることは、国際的な情報インフラの整備と取引システムの飛躍的効率化、そして競争であり、特定業種の利益ではない。

　強いていえば、改正の原動力は、業界団体による国際規格の設定とその遵守への圧力である。金融機関は、個別には負担調整が難しいものの、官庁による調整を受ければこのような規格競争に対処する意思はあった。他方で、株券のある取引の存続とないシステムへの移行との間で個々の市場参加者がこうむる負担は、比較的些細なものである。会社も、株式の流動性や同族株主の集中の程度に応じて、無券面化による恩恵をこうむるものとこうむらないものとの間にばらつきがあるため、負担の軽減を望む企業はあってもその方策を欠き、また、全企業がシステム移行の統一モデルをつくりあげられる体制にはない。株券を集中的に扱ってきた有力な証券代行業者・信託銀行などについていえば、証券関連業務が失われることにより、従来の株主管理業務のコストは削減し、受託に際しての手数料収入は減少するかもしれない[193]。このように、社会全体に散らばる関係者にとって、競争力強化のためのインフラ整備は、目にみえない負担の増減や明らかな収益減にしか結びつかず、意見の集約は望めない状況にあった。平成16年改正を含む一連の決済法制整備は、このような国際的競争力というみえにくい圧力が業界団体を通じて可視化され、それを視野に入れた立法担当者が、立法に積極的に意見を述べる業界内部および立法に加わらないその他関係者の利害について、一定

192　前掲56「株券等に関する手数料及びその料率」、「口座管理機関の定める情報提供料率一覧表」、「参加形態ごとの主な手数料」参照。

193　今後は、上場会社からのＯＣＲ業務の委託はなくなる。また、株主名簿の随時更新作業もなくなる。ただし、株主通知を保管振替機構に請求する窓口となったり、特定口座の株式の管理を行うなどの業務が生ずると考えられる。

の判断を下し、市場維持コストの再分配を行ったものといえるのではないか。

　第三に、他の分野とのかかわりという目でみた場合、この改正は、「会社法の守備範囲はどこまでか」という問題に面白い示唆を与える。まず、本改正の経緯は、会社法の株式関係法制が、従来から、株主の権利に関する部分は会社組織に関連をもつものの、それ以外の部分は本質的に決済法制の一部であり、決済関連産業の業務指針規程や料金体系協議などと一体化して働くものであったことを明らかにする。それはちょうど、かつての商法中の会計規定が、株主および債権者の権利保護という点でのみ会社法と接点をもつものの、機能的には会計実務規制であり、会計士の行為規範にどこまで影響を与えるべきかという課題を抱えていたのと同じである。

　決済の効率化と集中を促す業務指針は、構造的にある企業の決済業務の独占を許しかねないという問題をもっている。清算機関等、決済機関は一般に集中する傾向にあり、リスクおよびコストの削減、清算基金の拡充による担保強化は、実務にとってメリットでもある[194]。ただし、自主的に各業界団体が一つの機関にサービス提供を要望するという趨勢があるにせよ、証券保管振替システムは、競争を前提した法制度がつくられており、独占の場合にも不適切な業務が行われないような担保が要望される。その意味では、会社法は、決済法制の一部として装置産業である決済機関に健全性やガバナンスに関する一定の政策的規制を要望する契機をももっている。

　立法により投資家に負担させるべきとされたコストは、振替機構や階層システムが適正に業務を遂行するための付加的な装置費用やリスクに対応するための基金などを賄うものでもある（たとえば、小口取引の増加に対応して、保管振替機構の手数料率もまた株数ベースから件数ベースへと変更されたが、これは利用者の負担割合の変更を意味する[195]）。すなわち、会社法は、従来株主たる権利を移転させる費用を「株主の権利の取得（私法的効力）に伴

---

[194]　証券取引法研究会編・前掲126 34頁。
[195]　趨勢としては今まで減少の一途をたどってきた。前掲56「現状と取組み」8頁以下参照。

う負担」として考え、個々の会社がそれを特定の者に負担させる規則をつくるのを許してきた（新株主による名義書換手数料の支払など）。だが、決済法制は個々の会社の枠を超えてシステム維持のための費用負担をも基礎づけるものに変質している。しかも、改正は、すべての株券発行会社に等しく不発行への移行を強制するのでなく、一定の類型の会社についてだけ、不発行による社会インフラ負担への参加を強制した。もちろん、たとえば一部の株主のために開示やIR情報発表の頻度をあげ、その費用を株主全体に負担させる、といったことをすれば、常に株主間の費用移転が生ずる。だが、決済インフラについては、その健全性を維持するためのレギュレーションによって要求される信託基金や清算機構などの付加的制度のコストもまた、利用者が自前で負担している。これは、政府が決済システムの監督を行えば税金が投入されるはずのレギュレーション分野を、利用者がファイナンスしているとみることができる。効率性や競争力に資するための私法と規制との棲み分けの一つの例といえよう。

　平成16年の改正は、完結した世界でのありうべき合意の探求、あるいは「会社関係者の利害調整」と名づけるのに適しているものではないかもしれない。それはあくまで「決済の合理化」の一実現形としての商法改正であり、他の制度とあわせてみて初めて理解される価値を追及している。そうだとすれば、「会社法が扱うべき範囲」あるいは「会社法」とは何か、という問いかけは、非常に難しいものとなる。保管振替法は商法の一部であった。では、「CPが証券取引法に乗るか」どうかの問題は、商法の一部だろうか。あるいは、仲介機関の口座簿所在地に着目する準拠法決定のアプローチ「PRIMA」は、商法の一部だろうか。

　今後は、金融商品の取引の種類は国境を越えて拡大し、また国内外で新たな金融商品が開発され、投資家はさまざまな商品を購入するようになるだろう。証券取引法は、海外からの直接株式取引の拡大を志向しているし（片面的許容。金融商品取引法155条[196]）、振替制度においても一般振替DVPなどと外国の決済照合システムとの提携が進んでいる。決済インフラに関連して改正を評価する際には、今後ともこれらの背景を巻き込んだ判断が必要とな

り、たとえば公開株式会社全体を対象とした、一斉移行型の決済システムを創設すべきかどうか、といった判断が、会社法としても語られるということになるだろう。ただし、その判断にあたっては、株主固有の権利とは何か、といった議論のほかに、従来認められていた権利を制限し、あるいは新たな制度導入による負担を導入する場合の手続的・実質的正統性や改正後の産業構造・競争力の変化などについての理論的検討が欠かせないだろう。さらに、収集される各界意見の正統性、立法プロセスの妥当性といった視点——民事法としての会社法には必ずしも馴染み深くなかった視点——をも、吸収する必要があるかもしれない。

本節で述べた立法プロセスは、実務家等によって一般にも知られ、また学者の活発な議論をも引き起こしているものであるが、改正の背景の多様性はまた、会社法という制定法の機能の多様性をも示唆するといえそうである。

第3節　電子化と株主参加

第2節では、会社法の決済法の一部としての側面を、立法経過に即して描いてきた。そこでは、投資単位の設定に影響を与える要素として株主管理コストがあげられた。株券廃止にあわせて、1年に1回のアップデートでよかった株主名簿制度は、従来と全く異なるコンセプトに基づいて株主を把握する新しいシステムにとって代わられた。そこで、株主管理コストもまた——増加にせよ削減にせよ——大きな影響を受けることになった。しかし、株券廃止は決済速度の上昇・産業競争力の強化という会社にとってのメリットをもっていた。そのようなメリットのない場面では、会社と株主とのコミュニケーションにかかる費用は誰が負担し、その負担はガバナンスにどの

196　改正趣旨につき、金融庁「証券取引法等の一部を改正する法律案要綱」〈http://www.fsa.go.jp/houan/156/hou156_02b.html〉。外国有価証券市場を開設する者は、内閣総理大臣の認可を受けて、その使用する電子情報処理組織と証券会社等の使用に係る入出力装置とを電気通信回線で接続することにより、当該証券会社等に有価証券の売買等の取引を行わせることができることとする。

ような影響を及ぼすのだろうか。

　平成期に株主ガバナンス面で技術革新が反映された例として、会社からの通知催告や株主総会招集・株主の議決権行使の、電子公告や電磁的書類による代替があげられよう。以下では、書面化・電子化に関する一連の法改正を振り返ってみることとする。ここでは、特殊な経緯が、改正の内容ひいてはガバナンスのあり方に関する議論に、微妙な影響を与えている。日本における会社関係実務電子化の波は、平成13 (2001) 年以降集中的に行われたIT化社会への対応立法の推進によって到来した。いわゆるIT基本法を根拠とするIT戦略本部は[197]、平成13年1月27日にe-Japan戦略を策定し、5年以内にネットワークインフラの点で日本を世界最先端のIT国家とすることを目標とした。同時に、公法分野では電子政府の実現により有権者のアクセス改善がめざされ、民事法分野では、電子商取引の活性化に向けて法整備が要請された。株式会社法制についてもIT化が可能な部分はないかが照会された。会社法も、このような変化と積極的に歩調を合わせた[198]。IT化できる項目を増やし、同戦略に盛り込まれることを選択すれば、立法延期は許されず、急速に制度が整備されることとなる[199]。会社法の改正は、平成13年改正における株主総会招集通知等会社関係書類の電子化（商法232条2項等）、書面による議決権行使制度（商法239条ノ2）、電子投票制度（商法239条ノ3）と平成14 (2002) 年改正における招集手続の簡素化（商法236条等）、特別決議の定足数緩和（商法343条）、書面または電磁的記録による株主総会決議（商法253条）、そ

---

[197] 平成6 (1994) 年8月2日の閣議決定により設置された高度情報通信社会推進本部を引き継ぎ、IT基本法に先立つ平成12 (2000) 年7月7日に設置された。概要やプロジェクトについては、内閣官房情報セキュリティセンターのHP〈http://www.nisc.go.jp/conference/it/index.html〉参照。IT基本法と同時に国会に複数のIT法案が上程されている。IT書面一括化法もその一つである。

[198] 「商法等の一部を改正する法律案要綱中間試案」の第二十五では、株式会社の公告、株主等に対する通知催告、株主から取締役・会社に対する請求または通知の電子化、株主の代理権証明と議決権行使、会社債権者間の通知催告および請求、さらに社債権者の議決権行使をすべて電磁化することが課題としてあげられている。要綱中間試案の内容については、法務省民事局平成13年パブリックコメント資料〈http://warp.da.ndl.go.jp/info:ndljp/pid/275388/web.moj.go.jp/PUBLIC/MINJI12/pub_minji12-2.html〉参照。

して、平成16（2004）年改正における電子公告（商法166条ノ2）の、大括りにして2回の改正に分けて行われた[199]。

まず、平成13年6月26日にIT戦略本部が策定した「e-Japan2002プログラム　平成14年度IT重点施策に関する基本方針」に、平成13年度臨時国会での商法改正事項（平成13年法第128号商法改正）が盛り込まれた[201]。会社法分野の電子化の課題として抽出されたのは、会社関係書類の電子化（定款や貸借対照表などの書類を電子データにより作成）、会社・株主間の通知等の電子化（招集通知等をインターネット等で行う）、株主総会における議決権行使の電子化、貸借対照表等の公開方法の拡大（貸借対照表等についてインターネットを利用した公開）[202]だったが、このうち電子公告は、この年度では成立せず、改正は次年度に持ち越されることとなった[203]。電子公告法は、「規制改革推進3か年計画」と「e-Japan重点計画2003」が、この課題を引き続いて同年度中提出法案としたため、平成15（2003）年国会提出を予定していた[204]。ただし、国会が解散となったことで同年中の改正は見送られ、結局改正が実現したのは平成18（2006）年となったのである。

e-Japan戦略の採用は急なものであり[205]、当該プロジェクトに乗ることは、

---

[199] たとえば、IT一括法は、IT戦略会議第1回会議のわずか3カ月後に各省協議を開始し、同年11月27日に公布に至っている。また、IT一括法の一環として、当時の通商産業省では、「民一民間の書面の交付・手続義務の負荷は、法律に基づくものだけでなく、政令・省令・告示・ガイドライン等に基づくものもあり、これらについても電子商取引等の妨げとなりうる」との判断から、これらについても同法施行日の平成13（2001）年4月1日に同時施行される一括政令の形で改正を進めることとした（通商産業省「書面の交付等に関する情報通信の技術の利用のための関係法律の整備に関する法律案について」平成12年10月プレスリリース〈http://www.meti.go.jp/kohosys/press/0001048/0/1020syomen1.htm〉）。

[200] 岩村充＝坂田絵里子「わが国における株主総会電子化の可能性と課題」岩村充＝神田秀樹編『電子株主総会の研究』63頁（弘文堂、2003）参照。

[201] 神田秀樹「電子化時代の法整備と民事法」ジュリスト1215号16頁（2002）参照。

[202] 神田・前掲201 17頁参照。

[203] その理由として、法務省自前での公告リンク集を維持運営する予算措置をしておらず、また、電子官報の利用が考えられたが当該制度が未成立であって、概要が明らかになるのを待つ必要があったことがあげられる。

[204] 始関・前掲148 6頁、ただし、国会解散により平成16年成立。

国会日程や予算等の面での立法過程の円滑化というメリットがある一方で、スケジュール内での立法を余儀なくされるというデメリットがある。そのため、すべての法案が必要性や費用対効果を十分に吟味して国会に上程されたわけではなく、電子化された行政事務のなかには、早々に見直しが図られたものもある[206]。また、このような改正は、インターネット技術を利用できそうな通知にはすべて電子化を導入するなど、ITの導入それ自体が目的となりやすい要因を孕んでいた。

　e-Japan戦略の一環とされた会社法改正からも、以上のような事情は読みとることができる。たとえば、本節で扱う改正は、すべて、会社や株主の選択肢を増やす任意規定の導入として行われている。株主が使えるコミュニケーションのチャネルが増えれば受け手である会社が、会社のチャネルが増えれば株主が（ただし後者の場合、公告方法は定款に記載される）、指定されたチャネルをチェックする費用を負担する。平成13年の改正は株主のオプションを増やす内容とされ、電子化の有無は株主管理費用と株主総会活性化効果の兼ね合いにおいて会社が個別に判断することとされた。このように、法制的に株主の負担が問題とならず、会社にも負担のない内容で立案された法案は、早い日程での立法スタイルに適していた。ただし、オプション増加型の改正とされたために、逆に株主と会社の「どのような内容のコミュニケーションを」「なぜ」促進しなくてはならないのか、それは「技術の導入」により適切に促進されうるようなものなのか、といった議論はあまりなされなかったようにも思われる。逆に、平成16年改正における会社のオプションを増やす効果をもつ電子公告の導入は、案件によっては会社関係者保護の水

---

[205] ただし、前年の書面一括化法（「書面の交付等に関する情報通信の技術の利用のための関係法律の整備に関する法律」（平成12年法律第126号））が成立した時点で、政策的に推進されるべきことが了解されていた。

[206] 財務省は平成18（2006）年7月4日、平成18年度の国の予算の無駄を点検する予算執行調査の結果を発表した。なかには、旅券（パスポート）の電子申請システムが含まれていた。導入3年で133件しか使われていない旅券（パスポート）の電子申請では「旅券1枚あたり経費は1600万円」とされた。財務省「予算執行調査調査結果（平成18年7月）」〈http://www.mof.go.jp/jouhou/syukei/sy180704/1807a.htm〉。

準を低める可能性があると懸念され、立法直後の時点ですでに会社・債権者双方の利用の見込み（公示の実効性）があることの論証が試みられている[207]。

以上の点をふまえて、以下では、まず、会社と株主間のコミュニケーションの質の問題を検討し、平成13年改正におけるIT化の位置づけを検討する。また、不定期の情報発信による少数株主や小規模債権者等不特定多数者の保護の問題という観点から平成16年改正におけるIT化の位置づけを試みることとする。

1．株主総会の書面化と電子化

1－1　昭和56（1981）年改正と株主総会活性化

株主の総会参加方法の拡大の意義については、昭和56年に導入された書面決議からの議論の流れをみていくことが必要である。昭和56年改正中で、株主参加についてどのような議論がなされ、株主管理・通知費用との関係についてはどのような考慮が払われたのだろうか。

まず、この時期の株主総会の状況について整理しておこう。株主総会出席率の低下は、会社法が戦後直後から抱えていた大きな悩みの種であったといわれる[208]。特に昭和50年代には、株主総会の形骸化が問題とされていた。当時は、株主総会は著しく無機能化していた[209]。株式の利回りが極端に低く、時価発行になっても株主還元が増えなかったこと、株価が高かったこと、税制上配当が利子より不利に扱われていること、証券会社が大口顧客を優先し

---

[207]　平成16（2004）年度の電子公告法案について、参議院では、「電子公告制度の導入や各債権者保護手続における個別催告の省略等が株主や債権者等会社の利害関係人に重大な影響を与えること」から、保護に欠けることのないよう周知徹底を図ることのほか、電子公告調査機関の登録基準等について適正な運用に努めるとともに、施行後の実績をふまえ、必要に応じその見直しを含め適切に措置することが附帯決議されている（始関・前掲165 40頁注2参照）。

[208]　岩村＝坂田・前掲200 4頁。

[209]　西山忠範「株式会社無機能化の象徴——株主総会」商事法務856号2頁（1979）。

ていること等が原因となって、個人株主は市場から撤退した[210]。この時期は総会屋の活動が盛んであり、一般株主の株主総会離れを促進していた。法人株主の比率が増大し[211]、彼らは会社のガバナンスに介入しなかったので[212]、反対提案等は出る可能性がほとんどなかった。大規模会社における大株主懇談会は盛んでなく、また大株主との接触も実質的な意見表明を伴わなかった[213]（小規模会社においては、支配力のある大株主が比較的弱かったため大株主懇談会も比較的活用され、総会以外のルートで経営是正が行われたようである[214]）。

　昭和56年改正においては、株主提案権や取締役・監査役の説明義務の法定と同時に、参考書類規則による大会社への書面投票制度の導入も行われた[215]。株主の意見表明の要件や手続を緩和する提案権や説明義務は、小規模株主の声を会社に届きやすくする。立法過程や実務解説でも、この改正が個人株主の長期保有と経営参画を促す制度であるとの指摘があった[216]。また、書面投票制度はすでに存在する上場会社の委任状制度をベースとしており、義務化という要素を除けば、株主の総会という「場」への参集を不要とすること自体を目的とするのではなく、株主の権利の行使可能性を拡大するとい

210　大和證券調査部編「株主総会白書　1979年版」商事法務853号12頁（1979）参照。
211　西山・前掲209　3頁によれば、個人株主と法人株主の比率は戦後60対40であったものが、昭和54（1979）年の段階ではほぼ30対70になっていたという。
212　法人の株主保有の集中は好ましくないという評価は政府レベルでも表明されている。昭和51（1976）年5月11日の証券取引審議会は、「企業と国民の結びつきを弱めて企業の経済的機能に対する正しい理解が失われ、ひいてはピープルズ・キャピタリズムに基づく資本主義経済の健全な発展を阻害する」としたという。西山・前掲209　3頁参照。
213　西山・前掲209　4頁参照。
214　西山・前掲209　4頁参照。平成年間の株主総会について統計を取った角田大憲「変わりゆく会社と株主の関係」神田秀樹編『コーポレート・ガバナンスにおける商法の役割』116頁（中央経済社、2005）が示している株主懇談会開催比率（10パーセント未満から10パーセント超へ増加）に比べると高い。
215　当時の解釈論として、菅原菊治『株主総会における説明義務』商事法務919号18頁以下（1981）参照。
216　中央会計事務所編『昭和56年商法等改正関係衆参両院法務委員会議録（抄）』別冊商事法務52号111頁（1981）。また、橋本孝一「新しい株主総会のあり方を探る（上）」商事法務931号2頁（1982）参照。

うメリットを追求したものと理解される。委任状と異なり自律的な判断を促せる点がこの制度の特色であるとすれば[217]、この改正も個人小規模株主の発言の比重を拡大する趣旨であったと理解できる。

　参考書類規則は、昭和56年改正における特例法上の大会社設置に伴って制定された法務省令であり[218]、株主数が1,000人を超える大会社についてのみ、招集通知より格段に情報量の多い参考書類の株主送付を強制していた（旧特例法21条の3第1項、会社法298条2項）。この規則の趣旨は、このような会社においては通常株主の地域的分散の程度が高いため、直接に株主総会に出席できない株主が多いということを考慮して、株主の負担を軽減することにあった。改正趣旨の説明では、①証券取引法上の委任状勧誘規則適用対象が拡大しない一方、②委任状は株主に対する開示手段として有効であるため、商法で拡大を試みる余地があることが導入の根拠となっている[219]。この改正では、参考書類の送付が会社の「義務」とされ、取締役会は決議事項が何であるかにかかわらず株主に意見を求めなくてはならず、株主の意見反映の機会は拡大した[220]。制度導入の負担を考慮して、改正当初は、大会社は従来の委任状と同等の制度を利用すればよいものとされたが[221]、株主の意思をより直接的に反映した運用が要望されていた[222]。また、対象となる会社を拡張すれば議決権行使の推進の要素が薄れ、逆に株主参集が不必要であるというメッセージが強くなる性質のものであるため、小規模会社については余計なコスト負担が生ずること、他に株主の意向を反映させる途があることを理由に、

---

[217] 神作裕之＝菊地伸ほか「新会社法下における株主総会の招集・運営（下）」商事法務1780号11頁（2006）。

[218] 大会社の株主総会の招集通知に添付すべき参考書類等に関する規則（昭和57年法務省令第27号）。同規則はその後、平成14年改正に伴って計算書類規則や監査報告書規則と一本化され、平成17年の会社法改正に伴って再び別個の省令として独立した。

[219] 竹内・前掲61 112頁以下。

[220] 前田重行「株主の企業支配と監督」竹内昭夫＝龍田節編『現代企業法講座(3)企業運営』204頁（東京大学出版会、1985）。

[221] 中央会計事務所編・前掲216 111頁。

[222] 竹内昭夫＝稲葉威雄ほか「〈座談会〉商法改正に伴う基本問題の検討」商事法務914号17頁（1981）。

同制度は導入されなかった[223]。なお、③委任状制度では受任者が誰であるかはっきりしない、④受任者が株主の指示どおり行動しなかった場合[224]の株主総会決議の効力が不明である、といった問題の解決も、改正の重要な要素であったが[225]、これらの改正理由からも株主総会による規律を強化しようとする動きをみてとることができる。

　実務は既存の委任状制度の利用からあえて移行を図ることに懐疑的であり、会社の負担を考えて同年導入の単位株制度の採用を前提とし、単位未満株主には送付の必要がないとも主張された[226]。つまり、実務は、決議事項に影響を与えない株主に自らの負担で情報を開示することを嫌った。そこで、改正にあたっては、これら少数株主が株主総会制度を利用する際の負担を情報開示の面から会社がサポートする理由として、株主総会が「株主への情報開示に有用」であるというもう一つの意義が盛り込まれている。株主による意見是正自体については、立法者にも実務にもその効果を疑問視する意見が多かったとしても、立法者は、同年の改正の正当性をコミュニケーション機能（現在でいう IR）の促進という評価により補強することができた[227]。ここでは、会社が株主提案により経営決定できるという実際の効果よりも、株主が質問や意見を提出する動機づけとなることが重視された[228]。当時、長期的には株主の裾野の広がりが予想される一方（国際化や投資促進政策など）、不

---

[223] 竹内・前掲61 113頁。なお、新会社法においては、取締役非設置会社において議事の制限が特にないこと等から、株主総会の招集通知の方法自体定められていない。このような会社においては、株主の積極的出席が前提となっていたといえる（相澤哲＝細川充「新会社法の解説(7)株主総会等」商事法務1743号21頁（2005）参照）。

[224] 公開会社において委任状は任意の制度にすぎず、使われる場合も必ずしも株主の意見を忠実に反映するよう行使されていないとも指摘される。上柳克郎ほか編集代表『新版注釈会社法(5)』408頁〔酒巻俊雄〕（有斐閣、1986）参照。

[225] 竹内＝稲葉ほか・前掲222 16頁参照。

[226] 元木伸ほか『商法改正に関する各界意見の分析』別冊商事法務51号100頁（1981）。結局、参考書類は招集通知に付随して送られるため、株主総会出席権のない株主には送付されない扱いとなった。

[227] 菅原・前掲215 23頁、竹内・前掲61 97頁以下。

[228] 経営是正に際しては、議案が可決されることは特に必要ではない。倉沢資成「株主総会の決定プロセス」三輪芳朗ほか編『会社法の経済学』119頁（東京大学出版会、1998）。

祥事が続いた後で、大株主や取締役の行動の厳重なチェックと是正――不満の会社への伝達、取締役のそれへの株主総会の「場」での直接の対応（株主総会存続が前提）――も同時に望まれていた。立法者は討議を伴うと否とにかかわらず株主総会参加者が拡大すること、および可決されると否とにかかわらず経営者の資質や責任を問う質問や動議の提出が活発化することを支持していただろう。しかし、総会屋の「質問権の濫用」を警戒して、そのような可能性をあえて強調せず、決議書面に添付される参考書類を通じて情報収集・開示といった言葉で改正を正当化しようとしたのではないか。

　理論的には、株主総会は最高意思決定機関であり、「株主総会が企業経営の効率化に寄与する主たる理由は、株主総会を通じて株主が経営者の行動を監督・チェックしたり、重要な決議案に株主の意見が反映される」という点に求められ、そのような状態の実現が重要であるといわれてきた[229]。だが、上記の説明義務に関する解釈は、会社の収益性に関係する配当議案等に関する質問を広く認めた。株主は、会社の利益を検討して議決権を行使するだけでなく、取締役の私的利益追求行為や経営姿勢・戦略の当否について公開の場で問いただし、あるいは単に投資のための情報を集めることを推奨されるようになった。

　このことは、株主間の相対的な発言権の分布を変化させる。株主総会の意思決定は、会社の経営が株主の利益と相反するのを防ぎ、また、会社の重要な決定には、株主の多数派の意見を反映させる機能をもつ。そのことは、企業経営に現在存在する株主の集団としての意思をよりよく反映させる。多数派株主の意思が経営効率化を実現させるとは必ずしもいえない[230]。株主総会を最高決議機関としてでなく、会社活動におけるインプットの一つである資本を提供する投資家集団が経営に与える影響の増幅装置（レバレッジ）として捉えた場合、株主総会の監督・チェック・意見反映機能は、資本という等質な資源の拠出者の大部分の望む経営を実現する。そして、会社法は投資家のもつこのレバレッジをどの程度、どのように強化するかを、政策的に決

---

[229] 前田（重）・前掲220参照。

定できる[231]。

　持合い等のために株価が実態と乖離し、株式市場が経営方針に影響力を与える有効な手段とならなかった時代には、会社離れを加速しがちな株主に、議決権行使や質問等の手段で適法・効率的な経営の実現に助力させるためのてこ入れが行われた。昭和56年改正はその一環といってよい。上のような株主総会の意思決定を尊重する考え方は、結果よりもプロセスとして株主がより多く参加し、その声が会社の経営陣に届くことを、それ自身一つの価値と捉えているといえる。しかもそこでは、持合関係にあってモニタリングを期待できない大口株主でなく、「一般株主」すなわち少数かつ分散している株主について、株主総会の場を利用した意見の表明や会社経営の監視の強行法的な保護強化が重視された。小規模株主が安価に意見を述べることのできる数少ない機会は、提案権と株主総会での発言であるから、この考え方は、法定事項の議決や違法な経営陣の活動是正以外に会社経営に意見を述べようとしたとき、参加者数の多い場で意見を述べられる（他の少数株主が当該少数株主の意見を聞ける）ことを保障しようとしていたのかもしれない[232]。

　投資家は、経営陣が会社の利益と乖離する行動をとるのを効果的に是正できる手段（株価の下落など）を事実としてもつ場面でのみ、経営を実効的に

230　完全情報・競争的市場の下では、労働や資源の追加的な1単位の投入が1単位以上の価値をもつアウトプットにつながる限り、資金は実質利子率ゼロ・取引費用ゼロで無制限に流入し、利益は最大化する。だが、現実にはこのような前提は成り立っていないことが多い。そのようななかでリスクに対してレバレッジのきいている資本は、利益より自らへの分配（利益率）の最大化を望む可能性がある。たとえば、企業が現在保有する資本1単位を賃金か配当に投入し、それが次期の労働力ないし資本の調達価格の減少につながるとする。株主が経営陣に対して制度的に力を与えられていることから、経営陣は配当を増して株価を上げる（資本調達コストを下げる）かもしれないが、それは生産効率を高める効果が相対的に低いかもしれない。会社を生産過程におけるさまざまな取引の集積とみる考え方は、古典的には Armen A. Alchian, Harold Demsetz, *Production, Information Costs, and Economic Organization,* The American Economic Review, Vol. 62, No. 5(Dec., 1972), pp.777-795にみられる。

231　前田雅弘「会社の管理運営と株主の自治――会社法の強行法規性に関する一考察――」龍田節＝森本滋編集『商法・経済法の諸問題』（川又良也先生還暦記念論文集）139頁（商事法務研究会、1994）参照。

232　倉沢・前掲228 124頁、前田重行『株主総会制度の研究』47頁（有斐閣、1997）参照。

効率化できる。この場合、経営陣は議決権行使率の高低にかかわらず株主の意見に耳を傾けるだろう。また、そのようにしてIRへ感度が上がり、株主の意見が結果として経営に反映され、違法な行動も含めて是正されるならば、法定事項を決議する機関としての株主総会上をある程度バーチャル化してもかまわないかもしれない。「法定の決議機関」である株主総会の「意見交換・情報公開の場」としての役割の強調は、株主の発言が経営に影響を与えなかった時期に、株主総会の空洞化を食い止めようとするものだったとも考えられる。この改正ののち、日本は長期の不況を経験し、それを通じて株主総会は、「徐々にではあるが、従前よりも、その形式性を脱し」ていった[233]。そして、平成10年代に入って株主総会は思いがけず盛況を迎えることになる。

1−2 改正による選択肢拡大の意義

　平成13（2001）年の株主の権利にかかわる開示や電磁的通知、特に株主総会電子化の案件については、いくつかの立法の方向性があった。たとえば、株主が参考書類や議決権行使書面などの書面の電磁化に賛同すれば、その後はこれらをインターネットを通じてしか閲覧・行使できないこととすることもありえた[234]。だが、前述のとおり、立法においては、書面投票制度において委任状を提出しつつ出席することもありうるものとした考え方と同様、株主はインターネット・書面および現実の株主総会への出席のいずれをも選択できることとされた。

　不可逆的・強制的移行を行わない「株主に優しい」改正をするにあたって

---

[233] 上柳ほか編集代表・前掲224 18頁〔谷川久〕参照。
[234] 情報開示を会社のHPで行うことは、株主の手元に書類を届けることとは質的に異なっているのではないかということが問題となった。しかし、国民の識字率が低い場合に株式投資ができる国民の割合が低くなるのと同様の理屈である。投資インフラとして国民に必要なスキルを身につけさせることが必要ならば、現在行われつつある投資教育やインターネット教育が長期的にその目的を果たすであろう。短期的には、そのようなスキルを身につけてこなかった世代がインターネットからの情報取得を他人に委託することにより追加的負担を強いられる、いわゆるデジタル・ディバイドが問題となると考えられた。インターネットの普及は急であるが、株主の年齢層が高いため、問題は軽視できないと指摘される。神作＝菊地ほか・前掲217 8頁。

は、整理を要する問題が生じ、また場合によっては株主総会関連費用が増加
することが考えられた。整理を要する問題としては、株主が電磁的方法によ
る通知を受けることについてどのような同意をしたものとするか（選択した
以外の方法の放棄についての同意は有効か）、インターネットを利用した場
合の重ねての委任状行使や株主総会出席の可否（二重三重の議決権行使をど
う防ぐか、優先順位を法定するか、合意で決めるか）、インターネットでの議
決権行使をする場合の株主の特定方法（成りすましや代理議決権行使の防
止、他の方法による議決権行使の場合の同様の問題への対処法との平仄）、電
磁的方法による参考書類の提供方法にかかるトラブル（ダウンロード形式と
するか添付ファイル形式とするか、送信失敗のリスク、リンク切れやシステ
ムがダウンした場合の処理）といった問題が考えられた[235]。

　費用の点については、会社にとってどの程度のコスト削減が見込めるの
か、したがってどの程度の会社がこれを利用することが見込まれるか、とい
うことが問題となった。法務省自身の予算措置が不要としても、法制的には
ニーズのない改正が自由にできるわけではない。まず、株主が少ない会社で
は、株主が無機能化している場合（全員一致による株主総会省略が見込まれ
るような場合）以外は、株主は株主総会出席も含め機会を捉えて影響力の行
使を行おうとするだろう。逆に、株主の交替や意思の変更の多い会社では、
株主総会関係の連絡をインターネットで行うことについての株主の了解を得
る手続、その後の仕分け自体が、煩雑となりコストを伴うことがある[236]。後
者の場合、議決権行使の電子化を一度導入した後でも、招集通知の電子化（招
集通知書面と添付書類のインターネット上開示）について郵送の書類で告知
する方式をとれば[237]、その後送付する書面のボリュームは減少するにせよ、

---

[235] 当該年度に新たに株主となったもの、前年度に電磁的方法を利用したが今年度は利用
しない株主、逆に今年度からこれを利用したい株主は、すべて会社に意思表示をするこ
とになる。証券代行会社は毎年、当該年度に新規に株主になったものの名簿を作成しな
くてはならないことになる。名義書換代理人が当該事務を受託していることについて
は、商事法務研究会編「株主総会白書　2005年版」商事法務1749号119頁（2005）参照。

[236] 商事法務研究会編・前掲235 120頁参照。

[237] 岩村＝坂田・前掲200 116頁。

少なくとも一度は発送手続が必要である。そこで、この制度は、会社が株主の固定化率と添付書類のボリュームとの睨み合わせで導入することになる[238]。電磁的方法を勧誘できる対象株主が少なかったり不確実であれば、企業にとって導入のハードルは高くなるだろう。

　総会の電子化には、保証や投票内容の管理、さらに積極的な企業では総会の映像の転送などのシステムに先行投資が必要で、自己負担が重ければ、株主との連絡コストの削減効果が十分見込まれない限り、導入を試みることも難しくなる。さらに、会社がインターネット通知・投票を決定した場合、現実には名義書換代理人が電磁的方法の利用について株式会社と契約を結ぶ。当該代理人の扱う企業全体の将来的な IT 導入率が不確実で、かつ最初に電磁的な議決権行使を選択する会社が少ないならば、設備投資は割高なものとなり、代理人の集中を促すか、IT 総会を導入する会社に請求される費用負担が重くなるだろう[239]。導入企業数についての見通しが不透明ななかで、商法は、おそらくオプション増加型の改正は制度的に望ましく、予算措置も伴わないという理由により、利用予定者数を公式には特に調査しないまま改正された。e-Japan 戦略のようなプロジェクト先行型の改正は、経済効果が不透明な制度をとにかく導入してみるには、格好の契機であったろう。

　改正後電子通知制度の公開会社での導入は進まず[240]、オプション改正の問題点が浮彫りになった。ところが、これとは別に、インターネットによる議決権行使制度の導入企業は、順調に増え続けている[241]。インターネット通知

---

[238] 申込みについての現実的な方法は、株主が自発的に会社に連絡し、電磁的方法での通知の受領や総会参加を選択したときに限って、インターネットの利用ができるようにすることであろう。株主の有するオプションであるから、IT での議決権行使を多大の費用を使って呼びかける必要もない。現在、証券代行会社はこの方法をとり、ホームページに問合せ・申込受付ページを用意している。

[239] 導入企業が少ないことが導入率を下げるという悪循環について、商事法務研究会編・前掲235 121頁参照。

[240] 商事法務研究会編・前掲235 120頁図表143参照。

[241] 商事法務研究会編・前掲235 120頁図表144参照。大手の証券代行会社のホームページには、大抵インターネットでの議決権行使を受け付けている会社の一覧とIDの入力画面が備えられている。

の可能な株主をリストアップすることにはコストがかかるが、株主が自発的にサイトにアクセスし議決権を行使することは比較的安価であるうえ、議決要件で会社が直接のメリットを享受しやすい。その導入割合は、上場会社の平成18（2006）年株主総会で20パーセントに迫る勢いである[242]。

会社法は、総会屋の取締りを引き続き強化するとともに、株主総会期日を分散させるための積極的措置を制定するなどの側面支援も行っている[243]。だが、まだ法案が設置していなかった電子公告の定着も進み、2006年時点の貸借対照表のウェブ開示実施企業は80パーセントにのぼっていること[244]、さらには法には定められていない招集通知・営業報告書・出席御礼等の公開が顕著であることや[245]、数としては少ないもののインターネットで株主総会の様子を中継する会社も出現していることなども考えると、この導入がこうした会社法側の働きかけによるものであると考えるのは適切でなく、会社の変化すなわち持合いの解消と、株価低落の場合のM&Aのリスクが現実化したことが強く影響していると思われる。会社は、配当・株主優待・株主総会で得られる特典に敏感な個人株主を引きつけ、株主の総会出席率は上昇の速度を速めている[246]。自己株式法制や買収防衛法理など、会社法の別の側面が株式市場に経営方針への実質的な影響力を与え、それが会社のガバナンス上、株主の占める地位を向上させ始めたといえるのではないか。

会社は、自発的に、特に小規模な株主の声を収集しようと努力し始め、その際に法の認めた株主とのコミュニケーション手段である総会を活用しようとしていると考えられる。

---

242 商事法務研究会編・前掲235 120頁図表144参照。
243 第二集中日についても、著しく多い日であれば開催日の理由の開示を要求する。相澤哲＝葉玉匡美＝郡谷大輔編著『論点解説　新・会社法』473頁（商事法務、2006）参照。
244 商事法務研究会編・前掲235 122頁参照。
245 商事法務研究会編・前掲235 123頁参照。
246 中西敏和「本年株主総会の動向と今後の問題点」商事法務1779号60頁（2006）は、株主とのコミュニケーションが必要であることをいう根拠として、このほかに株主提案議案の否決が突如発生した点をあげている。

1－3　株主参加と株主利益最大化

　昭和56（1981）年改正ののち、株主総会の活用度は格段にアップしたわけだが、当時の立法に際して「経営是正」が十分機能していない状況を克服しようとする努力には実務の支持が集まらなかったため、「投資家への情報公開」という導入根拠がつけ加えられたことで、会社法がどのような態様での株主総会活性化を予定していたかはあいまいとなった。一方、その後の株主のプレゼンスの増大はIT化とは異なる理由で生じているようにも思われた。以下では、望ましいステイク・ホルダーや一定の株主の声を経営に反映させるための会社法の取組み方について考えることにしよう。それにはまず、なぜ会社が株主とガバナンスに関するコミュニケーションをとらなくてはならないのかを考えることが必要である。

　第一に、なぜ他のステイク・ホルダーではなく、株主が株主総会を組織し経営者やM&Aについての決定権が与えられているのだろうか。コーポレート・ガバナンスの理論においては、債権者でなく株主に決定権が与えられているのは、残余財産請求権者としての株主の利益の最大化が会社の利益最大化につながる点で望ましいと説明される[247]。しかし、これは債権者との比較において株主の収益構造が会社の収益増加と連動しやすいものであることを説明するものではあるが、株主による会社のコントロールが常に望ましいことを説明しきるものではない。たとえば、株主の意思決定は効率的生産より資本利益率の最大化に重点を置くかもしれない[248]。また、経営陣には経営スキル等の移転不可能な人的投資が発生しており[249]、株主の介入は彼のイ

---

[247] Oliver E. Williamson, *Organization Form, Residual Claimants, and Corporate Control*, Journal of L. and Econ., Vol. 26, No. 2, (1983), pp.351-366.

[248] 前掲230参照。なお、意思疎通費用、集合行為問題、短期収益の優先等に由来する歪みをも伴うが、これは「合理的な株主意思」の探求に対する障害と整理すべきだろう。集合行為等による歪みは、倒産を前にした場合に限定されないほかは、社債権者のそれと類似する。藤田友敬「社債権者集会と多数決による社債の内容の変更」落合ほか編・前掲114 217頁参照。合理的個人株主が、個人資産の税引後増加率の最大化を指向するといった税制による歪みも存在する。

ンセンティブに影響を与えることも考慮すべきである[250]。残余財産に関する上記の説明は、「会社の利益ともっとも合致するインセンティブをもつものに企業のコントロールを任せるべきである」という形に修正することもできるといわれる[251]。完全に会社の利益最大化とインセンティブが合致するプレーヤーも、常にそのような関係者に経営コントロール権を配分できる絶対的な定式も存在しない以上、会社の利益を最大化させるためには、会社は売上に応じた報酬を設定するなど会社関係者のインセンティブに関して企業の規模や産業の構造など場合に応じて望ましいコントロールの配分を模索するほかない[252]。

　株主総会制度の目的は、歴史的には株主自治の貫徹であった時期もあったかもしれないが、現在では、産業インフラの一部としての会社法の位置づけが強まりつつある。会社法の最終的な目的を会社の利益最大化の円滑な実現と考えても、不都合ではないだろう。そのような目的に照らすと、意思決定を経営の専門家に委ね、それによって効率的な経営を促進するための工夫である株式会社について、法律上、株主ないし株主総会にいくつかの権限が与

---

[249] 労働技術の蓄積によりロックアップ状況が生ずることが予測されると、労働者は技術の蓄積に適正な投資をしなくなる。清水＝堀内・後掲251では、このような要素も勘案し、企業活動における所有権は、物的資産と人的資産の総和の蓄積がもっとも効率的に可能となる（モノもヒトも効率的に稼動する）ように配分されるべきであることが結論される。

[250] もちろん、経営陣の収入を社外を源泉とするものも含めてコントロールし、インセンティブを会社全体の利益と完全に一致させるといったことをしない限り、取締役についても利害の完全な一致は望めない。

[251] 清水克俊＝堀内昭義『インセンティブの経済学』（有斐閣、2003）参照。

[252] このような観点から、株主のインセンティブを会社経営に「一定程度」反映させることは正当化される。株主の影響力を会社法が補強していると捉え、その理由を株主の保護手段が他に存在しないことに求める例として、Juca Enriques & Jonathan R.Macey, *Creditors versus Capital Formation: The Case Against the European Legal Capital Rules*, 86 Cornell L. Rev. 1165（2001）がある。日本では、平成18（2006）年の「新コーポレート・ガバナンス原則」は、取締役の独立性を高める一方でCSRや従業員の役割などについての視点を盛り込み、どの関係者が最も会社の価値を高めるかについての意見の推移を反映している。落合誠一「『新コーポレート・ガバナンス原則』の公表に当たって」商事法務1790号40頁以下（2007）参照。

えられるのは、定型的にあるいは経験則的に、そのような権限付与が、経営者に委ねられた企業経営を効率化させるうえで有効なことが認められることからルールとして導入されたのだと説明できる。そのような法制度は、以上の有効性が認められる限度でのみ正当化される[253]。

　第二に、上のような留保の下で株主が株主総会で多数決による意思決定をすることには、どのような意味があるのだろうか。株主総会決議と会社の利益の間には、二つの障壁がある。まず、前述のとおり、「合理的な株主が結んだであろう」契約が実現するように、株主総会決議事項や招集手続や議決権行使の方法等を設計することを要求したとしても、合理的な株主の決定が会社の生産を最も効率的にするとは限らない[254]。次に、「株主利益の最大化」というとき、それは理念的な「残余財産分配権者」の利益を意味している。理念上の株主は統一的に意思を形成するが、現実に存在する株主は[255]個々の株主の収益構造[256]、多数派・少数派の対立、集合行為やフリーライドの存在、種類株式の存在[257]といった制約の下にある。具体的な株主集団の決定は会社にとって最適かどうかはわからない。さまざまな利害関心をもった株主の集まりである株主総会での支持率や投票率の高さは、多岐にわたる会社活動への指示が常に適切であることを意味しない。会社利益への貢献の視点からは、株主の声を反映させるにしても、それが株主総会での意思決定を通じて会社に届くことは必要ないかもしれない[258]。

　そのようななかで、多数決による意思決定方法に正統性を与えている会社

---

[253] 倉沢・前掲228 119頁。
[254] デフォルトルールとして会社法をみる考え方の例として、Melvin A. Eisenberg "The Structure of the Corporation: A Legal Analysis"（1976）がある。だが、実際にはそれは無理があり、株主総会は株主多数派の意見の反映とならざるをえない。閉鎖会社における株主間契約を会社にとって好ましい制度設計を多数決を迂回して導入する機能をもつものと指摘するものとして、前田（雅）・前掲231 参照。
[255] 経済学的な議論では、この可能性は注意深く仮定において排除される。たとえば、柳川範之「株主総会と取締役会」三輪ほか編・前掲228 41頁。
[256] 租税法により、所得やその他の投資からの収益に課税されるため、個々の株主にとっての収益構造は異なる。
[257] 合理的な株主が議決権の個数や内容を正しく判断したと考えれば問題を生じないが、合理性に限界があれば問題となりうる。

法の役割は何か。法が株主総会手続を要求しなければ、株主のうち経営を是正できる実質的な発言力をもつものが経営陣にその意見を伝えるだろう。だが、経営陣や株主に、最適な株主総会決定事項や決議要件を定めさせ、一部の株主の決定に委ねてよい場合と株主総会で決定すべき場合とを事前に切り分けさせることは難しい。株主総会から取締役への授権、取締役決定事項から株主総会決議事項への変更をどのように認めるかについての立場は伝統的に分かれてきたが[259]、法は会社にとって最適な権限配分を実現させる交渉のスタートラインとして株主総会の権限とその決議方法（すなわち、ステイク・ホルダー中一定の株主層とその発言権の拡大）を政策的に決定しているとも考えられる。その場合、政策は、最終的に株主総会で決議される事項が利益の実現に結びつくことや経営を現実に左右することを期待していない。決定権の配分は、出資者や取引相手、あるいは経営者としての属性をもたない少数株主の声をアンバランスに拡大する機能をもっており[260]、それが提案権等の形をとると否とを問わず、経営陣に株主総会での議事進行への配慮を強制するというレバレッジを得て一種の threat となる[261]。そしてそれで、立法目的は十分に達成されることになるのである[262]。

ただし、以上の趣旨に基づくレバレッジの付与は絶対的な株主の権利保護などを目的とするものではないから、提案権・議決権等の行使の簡便化のた

258 　前田（雅）・前掲231 158頁の引用する Eisenberg の理論では、経営陣と株主の利益調整は法以外にさまざまな市場によって行われる。株主総会が「脅し」となるという考え方は、株主総会が決議機関でなく、そういった市場の一部の装置として働くという整理に相当するだろう。

259 　株主総会自治の拡大と、迅速な経営判断の保護の問題である。第6編は、会社法が大規模な変遷のなかでも「バスケット」として株主総会制度を株主に残すことの意義をいう。

260 　たとえば、株主提案と書面による議決権行使の組み合わせを法が認めたことにより、一般的株主の提案の影響力は拡大する。不合理な影響力をもつことの問題点について、神作＝菊地ほか・前掲217 10頁参照。

261 　取締役の謝罪や株主からの糾弾への返答が多くの株主の目にさらされることが重要なのであれば、提案権や議決権すら存在しない株主にも、株主総会の場へ出席する権利は必要ということになる。

262 　倉沢・前掲228 119頁参照。

めの無制限なコスト増は許されない。株主は、市場での売却により株価を通じて経営陣を規律するというもう一つのコミュニケーション手段をもっている。したがって、経営陣は、それとの比較のうえで適切な負担と考えられる限りで株主総会を活性化し、経営者の経営判断を是正できる適切な程度で株主の声を取締役に伝えることをめざしているであろう[263]。経営に興味も発言力もない小規模株主にさらに発言力を与えるのはなぜか。取締役が株主に利益相反の疑いを指摘され、業績に文句を言われる場面が多くの株主の目にさらされることが重要なのであれば、株主総会の場は必要であるが、株主総会の決議事項を増やして会社の負担を増すべきではないことになろう。違法行為や特定の取引先・銀行へ利益を横流しするなどの利益相反行為を実際に摘発させることが目的なのであれば、株主総会よりも取締役の責任等に関する制度の充実が効果的である。

　昭和56年改正当時の株主は、経営を現実に是正できない状態だった。そのようななかで、書面による情報開示は、マージナルな追加費用で、個々の株主による議案提出の活性化を行えるメリットがあった。株主提案権について、参考書類・書面投票制度の下においては総会の活性化という効果を越えて、現経営陣に反対する株主が会社の費用と事務機構を利用しつつ経営権の争奪を試みることを可能とするものだと指摘するものもある[264]。「書面」という「技術革新」は、意思伝達が簡便にかつ会社負担で行われることで、少なくとも株主の threat を顕在化させる効果的な脇役としての役割を果たしたといえる。

1－4　近年の株主総会

1－4－1　株主・株主総会・情報開示の変質

　前項で述べたように、株主は、株主総会ルートと市場ルートの両面から、経営陣に自らの意見を伝えることができる。会社法は、参考書類を、議決権

263　倉沢・前掲228 126頁。
264　倉沢・前掲228 127頁は、森本滋『会社法（第二版）』199頁（有信堂高文社、1995）を引用している。

行使の資料としてだけでなく、決議に必要な基礎知識として、会社の収益性等の情報を株主に前もって周知させる手段としても活用することを構想した。学説もまた、開示機能の充足のために、決議事項とされていることについてはもちろん、報告事項についても、一定の範囲での記載が必要と解した[265]。そこで、昭和56（1981）年改正の段階で情報は開示の性格を強め、株価や投資家としての株主の動向に影響を与える可能性をもつようになった。

　どのような方法でこれを活用するかは、会社に委ねられた。ところが、平成初頭の不況下で、日本の会社は急速に持合いを解消した[266]。これにより、会社は個人の固定株主創出に本腰を入れることとなった。近年の株主総会の特徴は、しばしば「ビジュアル化」「IR・イベント性」といった言葉で表現される[267]。すなわち、会社は、株主総会に一般株主の出席と発言を促し、そこで会社の業績をPRすることは、株価を下支えする固定株主の層に絞り込んだ情報発信となると考えた。そして、そのための応分の負担は、いまや当然のことと考えられ始めたのである。まとめれば、昭和56年改正時の書面投票制度は発言力のない少数株主へのレバレッジとして導入され、実務がコスト上昇を嫌ったため、一部の会社に対する強行法規とされた。これに対し、平成年間のIT化改正は、株主、特に分散した少数株主の相対的発言力が増している状況でオプションとして導入され、実務が自主的に行う趨勢にあった情報開示や議決権行使の勧誘について、低コストでの執行を可能とした。当

---

[265] 酒巻・前掲224 410～412頁および龍田節「議決権行使の参考書類と議決権行使書面」企業会計34巻6号59頁（1982）参照。なお、開示書類としての位置づけはされたが、招集通知発送対象でない無記名株主に対しては議案を公開することはもちろん、交付の義務も一般には否定されていた。

[266] ただし、敵対的企業買収の増加などを背景に、ここ数年の株式持合いは再度増加しているともいわれる。日本経済新聞2007年1月24日記事によれば、事業会社の株式保有は平成18年9月末に前年比17パーセント増の12兆8,000億円に達したという。この持合いは、系列会社や親密な取引先および大手銀行などによるものであるが、保有銘柄数の減少など構造的変化もみられるという。

[267] 角田・前掲214 117頁以下。ただし、現実の会社の動向としては、株主総会をIRの場として実際に活用することは少なく、比率的にはやや減少すらしているという。商事法務研究会編「株主総会白書　2006年版」商事法務1784号44頁（2006）参照。これは、株主懇談会の活用が広がっているという点と関係しているかもしれない。

時のガバナンス課題に有効な改正は、会社によって選択的・積極的に取り込まれた[268]。

ただ、株主総会自体に多義的な位置づけを残したまま技術的なオプションを増加させれば、それは将来的な問題の温床となっていくかもしれない。以下では、書面あるいは電磁的方法による提案権・質問権の行使と、IR とがどのように関連しているかを考えていくことにしよう。

第一に、株主総会の議事進行についてである。株主総会は、本来は IR のための場ではない。現実の株主総会が限られた時間で行われ、その時間内で株主の質問に答えることが必要であり、また、解釈論として、「現状はどうあれ、少なくとも制度の建前論としては、単なる提案の説明と多数決の場ではなく、質問と説明という形式での意見交換の場であり、そうした意見交換を踏まえて議決を行う場なのであるから、株主総会の一刻一刻においては常に一つの質問か一つの説明が行われ、参加者はそれに耳を傾けているという意味での議事進行が必要」とされ[269]、投資家からの質問は、時間的制約により一部しか答えられないことになる。また、株主の「権限」だけ（説明義務の履行を求める権利）だけでなく、「場」についても、問題が提起される。場の共有を前提として、議長に議事進行の裁量（秩序維持権限）が与えられている（即時に是正を求めることが可能）とすれば、不公正な議事運営を監視する出席株主が存在しないインターネット主体の株主総会は、従来よりも形式的な基準によって議事進行されなくてはならず、質問をアトランダムに受け付ける必要が出てくるのではないかとか、回答の優先順位や一括回答について新たなガイドラインが必要ではないかといった問題である[270]。このほかにも、電子株主総会の手続があくまで議事に対する株主の決議を得ることを

---

[268] IT 化のほか株主総会での決議内容を含めた分析として、神作裕之「会社法施行下の株主総会」商事法務1787号5頁（2006）がある。
[269] 岩村＝坂田・前掲200 92頁。ただし、株主が株主総会中に個別に質問に対する答えを検索できる FAQ づくりは妨げられないが、これは説明資料閲覧に準じる行為である（事前閲覧も可能とすべきであろう）とする。このような整理をすると、共通のフォーラムに提出される質問の数は絞られることになる。
[270] 岩村＝坂田・前掲200 92頁。

目的として組み立てられている結果として、たとえば出席者の確認が定足数との関係で重要となり、質問の時間等を通じ、株主数をログイン・ログオフで厳重に管理する（株主が机の前を離れれば実質的な参加の確保は不可能だが）とか、電磁的方法により参加している株主の無責任な動議を株主に監視させ、場合によっては外部監査役の立会いを認めるといった対応が必要になるといわれている[271]。

第二に、株主へのあるべき情報開示形式と株主総会の性質・機能についてである。IRにおいては株主からの質問内容に制限はなく、開示情報量は費用対効果や他社との競合のなかで過少・過多を廃して追及されるものである[272]。これに対して、株主総会における開示情報量は、会社法に定められた議題があり、株主把握・通知に伴うコスト（株主の出資額低下とのバランス）、および株主総会という一箇所で行われる集会を通じて伝達する際に開催者および参加者に生ずるコスト（定足数に影響する限りにおいて開催者に考慮される）を逃れられない。また、経営陣や機関株主に、議案に対する株主の投票に圧力をかけるインセンティブがあるため、委任状勧誘行動のコントロールも必要である。商法上の株主総会制度は、以上のような要請があって情報内容がある程度制度的に規格化されうる委任状制度と、議決に影響力をもたない投資家へのPR活動であるが、投資家が力をつければコストの許す限り情報の盛り込まれるIRの制度とを融合した[273]。株主総会での情報開示は解釈上極限まで少なくすることが認められたのは、決議機関としての株主総会運営を考慮した結果である[274]。だが、株主の発言への意識が高まった現在で

271　岩村＝坂田・前掲20091頁参照。

272　この開示は、証券取引等のレギュレーションに服さない自由な開示であるが、最適な情報量が開示されているとは限らない。藤田友敬＝松村敏弘「〔講演〕取引前の情報開示と法的ルール」北大法学論集52巻6号2112頁（2002）参照。

273　ただし、前節で述べたとおり、この改正では同時に株主管理コストの上昇が問題とされていた。投資額あたり株主数が増加したことで、事務手続は飛躍的に複雑化するし、株主に対する会社からの連絡のうち削減できない固定費（定時株主総会の招集通知等郵送費および配当を支払う郵便為替等の費用）も増加する。この改正では、議決権行使の可能な株主を限定する代わりに、提案や情報の開示を詳細にすることを選択したわけである。

は、この制度は、議決に関する少量の連絡部分と会社から投資家への株主総会ルートを通じた大量の情報発信との性格が併有されたものとなる。インターネットを通じて開示の程度にめりはりをつけられるようになったことで、その切り分けの曖昧さが顕在化したといえる[275]。

　株主総会における二つの異質な活動が現在結びついているのは、主として長期保有個人株主の維持という株主政策の根本的変更により、そのような株主候補にアピールするという目的で株主総会予算が増加したことを理由としよう。このような──決議させるための開示からIRとしての開示という──傾向を、情報量が増加しても通知費用がほとんどかからないIT通知は、さまざまな形で肥大化しうる。漫然とした開示実務が行われる場合には、開示される情報の質や開示の必要性の異質性が整理されずに放置されるだろう。一方、開示のための理由を明らかにしようとする実務においては、株主の所有者あるいは投資家としての行動により適した情報開示が実現する可能性がある[276]。もしも、IRへのITの活用が実務で先行していれば、平成13（2001）年法改正は同様の技術を株主総会にも導入した単純な規制の緩和と評価されただろう。改正が先行したことで、同法は、企業がIRのために株主のアドレスを取得し通知を行うという行動を正当化する格好となった。

　ITの活用はまた、昭和56年改正により発生した問題を顕著にした。書面投票の導入においては、リアルタイムでの質問でなくなることから提出される質問のボリュームが増えること、質問の取捨選択が必要だが、株主が議事進行を見張れない一方で会社側が事前に出された質問を吟味することができるため、回答する質問の取捨選択が恣意的になる余地があることの二点が問題とされた。ITにより、株主総会自身に関心のない株主が投資判断に資するための質問の割合を増やすことによって、この問題はさらに深刻化する。会社の側でもインターネットを利用することでリアルタイムで大量の回答を

274　回答の整理や省略、開示済み情報の回答の拒否等、議事進行上に必要な省略は可能と解されてきた。
275　結果として、紙ベースの開示では株主が議決の際の判断材料として必要以上の情報が発信されることにもなり、不満が生じた。神作＝菊地ほか・前掲217 8頁参照。
276　神作＝菊地ほか・前掲217 8頁参照。

発信することも可能になり、株主総会の場で口頭で説明をする必然性が薄れているからである。

　「業績に関する質問に答えてもらえる場」を確保するために法定された説明義務は、近年の株主総会のイベント化により、大きく活用されている。同時に、①質問と回答を電子株主総会の議事進行の一部と捉えると、複数の質問に対する説明を同時並行して行うことはできないが、IRのイベントとしてであれば、インターネット等を用いてより多くの株主の質問に会社が説明を与えられるし、適切と思われる質問を柔軟に選別することも認められるのではないかという問題（株主総会とIRの切り離しによる効率化）、②株主総会という手続に乗せることによって、質問への回答が虚偽であったために適正な議決権行使ができなかったことを理由とする総会決議取消の訴えが可能となり、それがIR情報に緊張感と信頼性をもたらしているので、IRを株主総会と切り離すことはマイナスなのではないかという問題（IRへの株主総会の規律効果の波及）、また、③IRのために投資に関する質問にはすべて随時・公開で回答するといった行動を奨励すれば、逆に会社としての見解は公表済みであるから株主総会での回答は省略するといった議事運営が行われるのではないか（IRの充実が株主総会に及ぼすマイナスの影響）といった問題も生じている。

　第三に、IRと決議機能の並存は、議事進行のあり方を超えて、どのような株主をエンパワーメントすべきかという、株主総会のあり方に関するより大きな問題をも惹起している。会社は、議決権行使者でなく株式保有者や「株主総会」出席者にさまざまな特典を提供している[277]。議決権行使者の増加が無条件に好ましいわけではないが、インターネットでの議決権行使が広まったり、大規模株主の積極化が進めば——平成12（2000）年の年金福祉事業団の議決権行使ガイドラインを嚆矢として[278]白紙委任は一気に減少し、株主権

---

[277]　機関投資家にとっては優待は意味をもたないことが多いにもかかわらず、株主優待の負担の増大がいわれている。中村直人「株主総会の議事運営への対応」商事法務1730号21頁（2005）参照。

[278]　山崎明美「商法改正と機関投資家の議決権行使」神田編・前掲214 174頁。

を行使する機関投資家が増えている[279]——「議決権行使の場」としての株主総会を活性化する一環として「出席者」を優遇するという理屈もまた通りにくくなる。現在では株式の種類および数によらない株主の区別や、「権利行使」に際しての利益供与は会社法上許されない。長期保有株主にストレートに議決権行使を強制することを提唱する意見があるが[280]、投資家が短期保有に流れないよう特典を与えている現在の実務から、旨味なしの議決権行使の強制への移行は反発を招こう。

　そこで、議決権行使を促進すべき議題や株主とIRとがどう結びつけられるべきかが問題となる。株主総会の議事に参加しない株主（投資家）による意見表明と、それによる株主総会の変質の問題は、日本では昭和56年改正当時から論じられていたといわれる。ただし、その当時は「いずれにせよ株主が株主総会に出席する可能性は小さい以上、直接に意思を表明する仕組みの存在はむしろ望ましい、という結論が共有されて」いた[281]。昭和56年改正が説明義務を株主総会の義務的プロセスの一部として認識したことで、小規模株主の発言は積極的にエンパワーメントされた。それは「議決による影響力」よりは「脅し」として、さらには「投資判断資料の収集」として、利用される可能性をもった。インターネットは、さらなる質問の積極的利用を誘発する。すなわち、議決を通じたエンパワーメントの点では少数株主の議決権行使を促し、また価格やボラティリティを通じた影響力の点でも投資に関する質問に関してのリアルタイムでの回答に量的制約のない新手法を提供している（ただし、臨場感からくる「脅し」の効果は減少する）。

　株主総会の「最高決定機関」という建前は、定足数を引き下げ、あるいは取締役の選解任や会計を通じた最低限の「モニタリング機能」のみを留保して総会決議事項を削減するといった改正によって、後退しつつある。決議要

---

[279]　神作＝菊地ほか・前掲217 4頁以下参照。
[280]　神田編・前掲214 191頁〔若杉発言〕は、長期保有の株主に議決権行使を義務づけることが考えられるという。
[281]　小塚荘一郎「株式会社運営の電子化・IT化」法学教室264号42頁（2002）参照。ただ、この考え方は、経営決定者の声の伝達が多ければ多いほどよいという議論——株主発言の際限のない尊重——とは異なる。

件を定款の定めにより変更できるようにしたこともまた、少数株主の反対投票を通じた影響力を低下させている。だが一方で、投資を通じた事実としての影響力は増加している。たしかに書面決議導入以降、投資家からの意見が出るタイミングは長期にわたることになったが、公開で会社が回答する時間と場の制約は、インターネットの利用によって初めて消滅したといえる。このような発言チャネルの変化は——現在はそれほど大きな問題ではないが——将来的には、会社法が少数株主の株主総会での議決や提案に何を期待してエンパワーメントを行ってきたのかを再考する契機となるのではないだろうか。「IT化が進んだ現在において、なぜIRを行う場が株主総会でなくてはならないのか」を考えたとき、どのような質問を株主総会の一部として回答するのでなくIRの場に括り出すのかの指針が明確化するだろう[282]。

1−4−2　株主の参集は必要か

　以上のように、株主総会の担う複数の機能は、技術革新によって顕著に乖離しつつある。それらの機能中「脅し」による経営権是正機能について、株主が議論する「場」がなお必要なのかどうかという観点から考えていくことにしよう。

　会社は、昭和13（1938）年改正商法以降、本店ないし隣接市町村で株主総会を開くことを法律によって強制されてきた。同改正前は開催場所について特段の規定はなく、解釈により、定款に定めればいずれの地であっても開催は可能である、ただし、株主の出席を困難とするような地の定款の定めは無効であって、外国は当然のこと、株主の出席を困難とするような僻地の定めも無効であるとされていた。このような解釈は、当時会社が株主の出席を避けるためしばしば僻地で株主総会を開いたことに起因するという[283]。

　閉鎖会社での議決権行使は、株主総会に出席して行うほかはなかったもの

---

[282] 株主総会の場での回答については、手続上の瑕疵が実務上留意される結果、間接的に内容についても真実性が担保されるといった相関があるならば、そのような株主総会機能の切り分けは適切でない可能性もある。もっとも、IR情報の真実性は株主総会手続で担保するよりも、証券取引所のサンクションによって担保すべきかもしれない。

の、株主数が少ない会社においては、株主は開催地が事前に明瞭である限り
は出席の努力をしたであろう[284]。したがって、開催地に関する上述の経営陣
の不適切な対応は、株主が比較的分散していた会社に生じたものと思われ
る。だが、株主が開催地まで足を運ぶコストについては、この時代の法律は
手の打ちようがなかった[285]。昭和13年改正においては、本店やその隣接市町
村での株主総会開催は、その近くに多くの株主が所在しているであろうと予
測できるからではなく、単に開催場所として予測しやすいからだと説明され
ていた[286]。したがって、この改正は、株主権の活性化というよりはむしろ、
業務が鉱山開発等であって本店が株主にアクセスしにくい場所にある会社に
おいて、地場産業に密接な利害をもつ株主の声が株主総会決議に反映されや
すくなるという効果をもった。したがって、この規定は結果的には、地域密
着型産業保護の産業政策的効果を有していたように思われる[287]。ただ、地方
に本店を置く産業は都市圏の株主に嫌われ、広範囲の資金調達活動を制約さ
れる可能性があった。株主の総会参加を求めてきた伝統的な会社法の下で
は、定足数が高く設定されており、株主の出席を促す努力をしないのは自由
だが、株主の出席数が伸びなければ会社の活動は承認を与えられない。株主
総会で有効に決議が成立しなければ、会社の活動は停滞し、業績が低下する
可能性がある。そのため、会社は株主の参加を促さざるをえない状況にあ
り、資金調達を重視する公開会社が登記簿上の本店を東京等に置く動きが加
速されたものと考えられる[288]。

---

283 戦後にも、総会屋対策として、僻地開催が真剣に検討された時期もあるようである。
北村稔「招集㈡（アドバイス　株主総会のはなし③）」商事法務223号22頁（1961）参照。
284 閉鎖会社の内紛では、反対派株主に告げずに秘密裏に株主総会を開催している例が多
い。たとえば、明星自動車事件第一審（京都地判平成元年4月20日判例タイムズ701号
226頁）では、招集手続の瑕疵が裁量棄却否定の理由となっている。
285 ただし、株主の権利の行使に関する利益供与の禁止規定はなかったので、交通費負担
はありえた。
286 相澤ほか編著・前掲243 471頁の解釈論は、このような株主の予測可能性に関する解釈
をそのまま引き継いでいる。
287 株主総会の招集地の限定は、判例上緩和が試みられたこともあったが（仙台高判平成
2年11月30日金融・商事判例937号24頁参照）、最高裁は招集地に関する法律の遵守を要
請している（最判平成5年9月9日判例時報1477号140頁参照）。

定款の定めがあったとしても僻地での開催が解釈により禁じられていたこと[289]、株主の期待を保護するために本店周辺での開催を強制していたこと[290]、招集地として定めてよいのは日本国内に限られ、取引の通念に照らして株主が容易に集会しえない地を定めた場合にはその定款は無効とされたこと等[291]の制限は、すべて株主の株主総会出席「権」を保障するためのものである。すなわち、会社の重要事項についての討議を眼前にみられることは、株主の権利であった。だが、参考書類規則の制定に明らかなように、証券取引法への譲歩としてではなく会社法自身も、分散した多数株主が議決権を行使することは望ましいとしても、その際に株主総会という場に参集し、その場で意見を表明する等の要素は本質的ではないと考えるようになった。「株主総会については、取締役会と異なり『場』の共有いわゆる『臨場感』の要求がさほど強くない一方、そこでの合意形成においては、現在のネットワーク技術……を応用すれば、実質的に臨場の会議体と同程度か、あるいはそれ以上に円滑な情報交換や厳正な意思表示が可能となることも期待できる」などとされるのである[292]。さらに学説は、取締役会についても、議論の「双方向性と即時性」が確保できる環境があれば法制度の手当てなくしてもバーチャルでの開催が可能であると考えてきたし[293]、現在の会社法はこの学説を前提とした規定ぶりとなっている[294]。討議の場として考えれば、もともと取

---

[288] 株主は議決権の行使に際しても、会社に関する情報を求めようとする場合にも、苦労することになった。従来開示されていた情報は、証券市場での開示情報のほか、日刊新聞紙や官報、そして会社の本支店における備置であり、株主がこれらの開示情報に照会をかけ、あるいは閲覧に出向く費用も――株主総会出席よりは簡単かもしれないが――また、相当なものであった。

[289] 大森忠夫=矢沢惇編集代表『注釈会社法(4)』39頁〔境一郎〕（有斐閣、1968）参照。

[290] 境・前掲289 40頁参照。

[291] 境・前掲289 40頁参照。

[292] 岩村充=坂田絵里子「電子株主総会の可能性と問題点」ジュリスト1215号88頁参照（2002）。

[293] ただし、名古屋地判平成11年4月23日金融・商事判例1069号47頁のように、取締役には取締役会出席義務があり、これを前提として招集通知による議事の拘束が否定されると考えられる以上、取締役会の電子化において要求される環境の水準は、株主総会より格段に高くなろう。

締役や監査役よりも発言機能の低かった株主には、質問への回答を得られ[295]、株主提案権や投票の利用が可能であれば、株主総会の「場」を共有することを保証しなくてよい、との結論が導かれるのも自然な流れといえた。

　株主総会という場における討論の必要性が低いとされた閉鎖会社に関しては、以上と異なる理屈が妥当する。政府は、昭和59（1984）年5月の「大小会社区分立法及び合併に関する問題点」において、閉鎖会社につき「民法上の社団法人におけると同様に」書面による議決権行使を一般的に認めることを提案し、さらに、昭和61（1986）年5月公表の「商法・有限会社法改正試案」では、書面による議決権行使を全株式会社・有限会社に認めることとしている。昭和56（1981）年改正導入の書面投票制度の拡張は、閉鎖会社については、投資情報開示が有用であるからではなく、株主間の意見形成が容易であるため、そもそも一定の場に参集して意見を述べる必要がないことを根拠とする。このような考え方は、平成14（2002）年改正により、株主全員の一致がある場合には株主総会それ自身を省略できるという制度の形で引き継がれている。平成14年改正は、閉鎖会社に限らず、議論を必要としないすべての株主総会について、その省略を認めたものである。意思形成が容易であるとは、議決権による影響力の行使も、株主の意向を伝えることによる経営陣への脅しも、株主総会の外で十分に機能しているということを意味するであろう。

　現在の法制度は、「場」の存在についてどのように考えているのだろうか。平成17（2005）年改正においては、株主総会開催地に関する規定が削除され

---

[294] 取締役会は、昭和25年改正において株主総会から万能決定機関としての地位を享受してきた。それゆえ、取締役会は経営の専門家でなくてはならず（取締役資格者制限の禁止）、個々の取締役が会議中にリアルタイムで意見を述べ、新しい議事や動議を提出できるのでなくてはならない（書面投票の禁止）とされてきた。しかし、これは現在実際に取締役会に出席することを強制する法制度があることの後付的説明にすぎず、ルーティンとなっている事項の持回り決議であれば可能ではないかという考え方が主流を占め、現在では書面決議が認められている。会社法施行規則101条3項1号、また監査役会につき同109条3項1号参照。

[295] 説明の拒絶や調査を理由とする説明拒否の可能性については、相澤＝細川・前掲223 28頁において、その実質を変えないことが明言されている。

た。この改正は、海外の会社の完全子会社等における海外での株主総会や、内国株主が大多数を占める会社であっても、本店にとらわれず株主総会開催地を設定することで、企業のイメージに沿ったIRを行うに適したリゾートや、アクセスのよい複数の大都会での株主総会などを可能とした。出席の機会を奪うような変更でない限りは、どこでの開催であろうとも、一つの会議体としての実態が保たれる限り開催地の変更が可能となったわけである[296]。

もちろん、恣意的な株主総会開催地の選択のリスクが否定しきれないので、株主総会開催地は定款に記載を必要とし、簡単に変更することができないように工夫されている。会社法施行規則63条2項は、「過去に開催した株主総会のいずれの場所とも著しく離れた場所」が株主総会開催場所である場合には、その場所が定款で定められている等の特段の事情がない限り、その場所を選択した理由を決定すべきことを求める。これは会社が株主の株主総会への出席を困難にする目的で開催場所を変更したかどうかが目的であるとされ、たとえば大阪から東京など、移動が困難で開始時間に到着できないような場所が不適切であるとされる[297]。ただ、平成13年改正当時と異なり、決議事項が減少し、さらに株主の大多数がインターネットでの株主総会参加が可能なような会社については、遠隔地にある開催地の選択についての説明が不適切であっても、株主総会決議不存在や取消の内容とはならないかもしれない[298]。

さらに、株主総会のウェブキャストおよびリアルタイムでのインターネット投票の可能性について、会社法の立案担当者は、「情報伝達の双方向性と即時性が確保されているといえる環境」があれば、個々の株主がインターネットを使って株主総会に参加できるとし、その場合には当該株主には電子投票ではなく出席による投票の規定が適用されるとする[299]。具体例としては、ビデオ会議や電話会議があげられており[300]、その所在は議事録上明らかになら

---

[296] 相澤ほか編著・前掲243 471頁Q636参照。
[297] 相澤ほか編著・前掲243 471頁Q635参照。
[298] 相澤＝細川・前掲223 22頁では、招集地の選択自体の不当性から、説明のいかんにかかわらず、決議取消の訴えが可能となりそうである。
[299] 相澤ほか編著・前掲243 472頁Q637参照。

なくてよいという見解を示している。ここからすれば、平成17年会社法は、株主総会の場所を設定することは必要としても、株主総会が限りなくバーチャル化していく可能性を認めているといえる。

会社法の解釈は討議の場の分散化・バーチャル化を認める一方で、出席者の確認等が可能なことを要求しており[301]、議決権行使株主数の増加と形式を問わず質問が可能であることとを優先して、公衆の前で取締役に臨場感のある「脅し」を与える効果はなくてもよいと考えている可能性がある[302]。だが、もし、コミュニティ等を代表する少数株主の出席の臨場性が経営陣に与える緊張感と、議事進行についての制度的な縛りとが、会社に経営上の問題点の念入りな点検とリハーサルを強制しており、またもし、特にそのような形での少数株主の発言の効果が増幅されることに正当な理由が存在するのならば[303]、株主数が多く議事に報告事項しかないからといって、現実の場を伴う株主総会開催を不要とするような解釈論を不用意に支持することは適切でないということになるだろう[304]。

どのような総会の形態が経営の監督や是正に効果的かは、立法とその解釈の両段階で、株主の動向を見極めつつ判断していくべきことである。ただ、株主機能の活性化を好まない企業に、柔軟な解釈が悪用される可能性には、警戒が必要であろう。

300　会社法施行規則72条3項1号の出席の方法に該当する。
301　相澤＝細川・前掲223 22頁参照。
302　昭和56年改正当時においては、叱責が不祥事の相当な抑止になったとの指摘もある。
303　前掲287参照。現在実務が検討しているのは、テレビ会議システムに双方向性を付与した形での第2会場の創設である。神作＝菊地ほか・前掲217 13頁参照。このような会場は討議の機会を奪うものではなく、またフロアからの質問に「臨場感」が伴うのであれば、脅しの点からも特に問題はないと考えるべきことになろう。
304　ただし、株主総会での株主プレゼンスの拡大による経営是正のメリットは、昭和56年の改正後に大きく問題とされた、総会屋の跋扈（「〈スクランブル〉提案権の行使と利益供与」商事法務945号46頁（1982）参照）等の古い問題と表裏一体である。提案権を梃子としなくとも、総会屋は不正規発言などにより影響力を行使できた。

2．電子公告

2－1　公告の理論的側面

　e-Japan 計画中のもう一つの課題であったインターネット開示は、当初は、計算書類公開義務の実効性確保、少なくとも促進を視野に入れていた。特に、負担を盾に計算書類の開示を嫌う小規模会社に対して、電子公告は負担が軽いため義務づけの論拠としやすいのではないかと期待された。もっとも、開示をそのような義務的なものと位置づけた場合には、電子公告制度の導入は難しかったであろう。一般公衆に対して会社の財務情報の一部を入手可能にすることには、経済的負担のほか課税、融資、取引の継続判断など多様な関係者から財務情報をチェックされやすくなるとして、小規模企業の強い反発があったからである。特に、一覧性を確保するためにそれらの株式会社の計算書類を法務省ないし公共機関のホームページにリンクし、常時閲覧可能にするといったアイデアについては、反発は必至であった。また、理論的にも、株式会社には規模別に開示すべき情報の内容に差異があるのではないか、上場会社の財務情報はすでに他の開示チャネルが整備されていて、公示は余計な手続を増やすだけだし、他方で小規模閉鎖会社については、商法規定に従った会計情報の開示が必ずしも事業体の内実を示していない。また、情報に興味をもつ者も少ないのではないかという声があり、開示制度の必要性自体が問題とされるに至ったことで、このような構想は断念された。

　また、構想の初期には、法人登記制度を単独で維持するコストが再考の対象となっている近年の状況をも勘案し、これら公示を法人登記制度のインターネット化と一括して行うことはできないかと考えられたこともあった。そのような運用は、休眠会社の整理等にも有効であっただろう。しかし、貸借対照表の公示と休眠会社の法人登記の抹消は、ともに強い反発が予想され、また、登記事項をインターネットでの公示するシステムについては平成13（2001）年の段階では法務省独自の予算を組めず、どのような制度にするかについてもまとまらなかった。そのため、このような考え方は外国会社の

支店設置義務の廃止との文脈でのみ生き残り[305]、通常の会社については、電子公告制度はいったん電子官報への掲載による公告の可能性とともに模索されたのち断念された。結局、平成13年改正は、貸借対照表（商法特例法上の大会社については、貸借対照表および損益計算書）の公示について、改正後商法283条7項、商法特例法16条5項により、個別に電磁的方法による公開をすることを可能とするにとどまった。この公示は平成16（2004）年株主総会白書ではすでに81パーセントが導入しており[306]、一定の効果をあげたといってよい。なお、平成16年の電子公告制度等関係改正法の改正中公告の方法に関する規定は、従来の「貸借対照表の電磁的公示」に関する規則10条と同様の規定となっているため[307]、これらの企業は新たな対応を免れている[308]。

計算書類は個別に電子化されたが、その開示の一覧性を保つためのサービスについては、行政サービスとしてのリンク集と、私的な調査機関という形で、2年後にあらためて立法するという可能性がまだ残っていた。そのような改正をする場合、導入されたばかりの制度について不備（一覧性を向上させる必要性）を指摘して、法務省から一定の予算を要求することになる。改正の論拠としては、当時先行する課題とは独立に導入されようとしており、だが同様のインフラのために予算措置を必要としていた電子公告（債権者の利益保護のため、彼らに向けて開示することが要求される組織再編等の経営上の重要なイベントに関する開示）と抱き合わせて立法を提言する方が、よ

---

[305] 外国会社の登記事項には、貸借対照表等が含まれることとなった。ただし、対照表登記義務は、継続的な登記庁とのコンタクトを保証してくれるという利点はあるものの、オンライン庁以外での登記であれば、その閲覧は確保されない。また、支店設置義務の撤廃においては、そもそも債権者保護上問題となるのは一箇所に多くの会社を設立したり、あるいは当初から登記をしていないような会社であって、開示をするかどうかが外国会社の実質的な質の向上に役立つとは考えがたいという指摘もあった。

[306] 商事法務研究会編「株主総会白書　2004年版」商事法務1715号125頁（2004）。銀行および銀行持株会社は銀行法57条で日刊新聞紙による掲載が義務づけられているなど、業種により若干の変則的事情はあるが、併用も含めればある程度正確な導入割合といえるだろう。

[307] パスワードや有料ページ不可との解釈も変わらない。江原健志＝太田洋「平成13年商法改正に伴う政令・法務省令の制定〔中〕」商事法務1628号34頁（2002）参照。

[308] 調査機関への依頼もいらない（商法457条）。

り有効だっただろう。だが、決算公告については、従来より開示を強化できなかったこと（また官報の電子化が進んだこと[309]）から、改正は実現しなかった。なお、この事実と対比すれば、わざわざリンク集を構築した債権者を対象とするイベント型開示は、他に頼るもののない債権者の救済策として、会社法上非常に重要視されていたといえる。

　しかし、翻って考えると、電子公告制度が、強制的な公告方法でなく、新しいオプションとして導入されたことは、「株主の」オプションを増やす株主総会関連改正とは異なり、そもそも対象となる決議の存在を債権者等が知る機会がない場面について「会社の」オプションを増やすことを意味するのではないか。そのような改正は、株主や債権者が定款をチェックし直し、パソコンを使用しなくてはならないという点で、彼らの負担となる。また、急激な不利益のない定期的な開示に比して、組織再編などのイレギュラーなイベントについての公告は、一見アクセスが簡単で債権者に有利にみえるが、周知が難しい会社の行為を正当化しないかが特に問題となる。

　ただそもそも、従来からの経緯でいえば、現実に債権者通知がなされてこなかった状況において株主や債権者に対する通知方法をどの程度簡略化してもよいかは、平成初期における組織再編法制改正時点からの議論の対象であった。会社の重要な決定については債権者が自らの努力で知るべきという方向性の転換は、従前から示唆されてきたものである。改正を通じて重要事項を知るための費用の負担に関する規範自体が転換され、電子公告制度はたまたまそのような転換と重なったにすぎないともいえる。そのような解釈は、関係諸制度の変遷から導かれる。公告等対象事項の減少（株主代表訴訟以外の訴え提起の公告（平成16年改正前商法105条4項の撤廃）、社債管理会社が社債の弁済を受けた旨の公告・通知（商法309条2項の削除）、担保付社債の受託会社が社債に付された担保の内容を変更する場合の公告・通知（担保付社債信託

---

[309] インターネット版「官報」は〈http://kanpou.npb.go.jp〉、官報情報検索サービスは〈http://kanpou.npb.go.jp/search/introduce.html〉で提供されており、平成15年7月以降過去の官報のPDF版も閲覧が可能になったことで、実質的には開示のレベルが向上したとも評価できる。なお、決算公告の立法経緯、登記所公開導入に対する小規模会社の反発の内容などについては、第6編参照。

法77条)、および株式会社有限会社間の組織変更決議に関する公告・通知の義務の撤廃)については、周知性が増した代償という説明はなされず、それぞれ個別の背景があって撤廃されたものといわれている。また、会社の基礎的変更における債権者保護については、平成9 (1997) 年改正で、合併について官報および定款紙への公告により個別催告を不要とできる旨が定められた後、会社分割に関する平成12 (2000) 年改正により、官報プラス定款に定める公告方法であれば個別催告がいらないとされた[310]。つまり、特に電子公告であることが個別の通知という枠組みを撤廃する理由とされてはいない。

だが、電子公告に使われるインターネットというメディア独特の周知性や利用者の負担の軽さといった要素が、制度をつくるうえで個別催告の廃止と完全に切り離されているとはいえない。「公告は閲覧者が自分の努力で見るもの」という考え方への割り切りは、国会審議の段階で附帯決議の対象となった。情報の受け手が制度変化に対応できるかどうかについての立法府の危惧が示されたわけである。それにより、改正の性質が閲覧者全体としてのアクセス可能性の上昇、インターネットのサーバダウンなどによる閲覧中断などの可能性の低減といった事実に基づかなくてはならないタイプのものに変化したとの理解もできる。

この改正後、インターネット公告で事業譲渡が知らされたために、株式買取請求権を行使できず被害をこうむったと非難する少数株主が現れた[311]。彼らは、被害の原因をインターネットでの公告導入という事実に求めている。だが彼らは、買取請求権の行使とたまたま時機を同じくする公告の導入に、不都合の原因を求めているだけで[312]、日刊新聞紙であれば被害を免れたかは定かでない。債権者が同種の主張を行う場合も、争点は公告メディアでなく個別催告を不要とした改正法の割り切りに求められるのではないか。附帯決議が、インターネット公告に個別催告に代替できるだけの保護機能を求

---

310 山本晴敏「電子公告制度への実務対応」商事法務1724号40頁 (2005) 参照。一般の公告と異なり、合併、会社分割、資本減少、準備金減少の場合においては、定款で公告方法として官報と定めていない場合でも、債権者保護手続に官報公告が必要となる。ただし、定款で公告方法として電子公告ないし日刊新聞紙に掲載すると定めていれば、官報と併せて定款で定めた公告方法を行うことで個別催告を省略できる。

めていたのであれば、インターネット公告制度は見直しの対象となるだろう。だが、附帯決議が他の手段と同等の周知性をインターネットに求めるものにすぎないのなら、不都合は、イレギュラーなイベントについて期間を限定して行われる公告に債権者からのクレームを免れさせる効果を付与し、保護水準を低めたこと自体にあることになる。もっとも、保護の必要性に関する社会の認識は将来的に変化する可能性がある[313]。

2－2　IT公告の特徴とそれを支える制度

では、開示の構造的な問題点と切り離して、制度としての電子公告に制約や特徴は認められるだろうか。

一般人の利用できる閲覧システムは、インターネットを閲覧できる人口とともに増加しているが、法的な根拠やサービス提供主体、費用負担のあり方はさまざまである。たとえば、東証は市場のクオリティ確保のために、自主的に適時開示宣誓書・確認書制度をつくり、ウェブで公衆縦覧している[314]。これは純粋に私的なシステムであり、費用が便益に見合う範囲で運営されていると考えられる。他方、有価証券報告書の電子開示法制という法的根拠を

311　「カネボウ告発　個人株主　置き去りに怒り」(読売新聞2006年12月5日)。
　　同記事は、カネボウの個人株主が平成18 (2006) 年12月4日に同社経営陣を刑事告発したとの内容である。告発の内容は特別背任とされているが、背景の事情として、投資ファンド主導の企業再編の内容に対する不満があり、その一端として、少数株主に不利な再生内容に関する取締役会決議がインターネットで公告され、パソコンが使えない高齢者などが公告を確認できず、反対の意思を表明する機会を奪われたという事情があるようである。株主および株主総会出席株主の年齢層の高さが、問題を大きくしている可能性がある。神作＝菊地ほか・前掲217　8頁参照。組織再編におけるこのような債権者・少数株主の損害は、藤田友敬「新会社法の意義と問題点　VI組織再編」商事法務1775号58頁以下 (2006) でも指摘されている。
312　債権者については、今までも、実際に個別催告を受けなかった者が多いと指摘されてきた。田淵智久＝濱田清仁『減資ハンドブック』(商事法務研究会、1998) 参照。
313　たとえば、個別催告を受けない債権者には詐欺行為取消権を認めてよいという解釈がある。相澤ほか編著・前掲243 690頁参照。
314　商事法務1725号67頁 (2005) 参照。また、記載の趣旨や留意点については、東京証券取引所ディスクロージャー資料「適時開示に係る宣誓書・有価証券報告書等の適正性に関する確認書」〈http://www.tse.or.jp/rules/lcdoc/index.html〉参照。

もつ EDINET は、公的サービスとして金融庁が外部に業務委託して運営し[315]、システム構築に予算がついているが[316]、提出者の登録料や閲覧者の利用料は徴収されていない[317]。

　制度の維持にコストのかかる IT 開示では、制度の効率性が問題となりやすい。EDINET は、情報の多様な利用が可能となるよう、さまざまな開示制度が上乗せされている[318]。たとえば、平成16（2004）年に証券取引法上導入された電子公告制度は、公開買付開始公告（電子公告）について、EDINET 利用を規定する。また、同制度では登録された情報が広汎に再利用されることが期待され、民間の側は、フォーマットを適合させたり、登録に適したシステムを導入するなどの費用を負担することになる。他方で、費用を度外視して完全な常時開示を追求すること等は難しくなる。EDINET 公告では、公開買付を行うこと自体はなお新聞公告による周知を要することとしながらも[319]、公告期間の中断については第三者機関の介在を要せずにリカバリーが可能とされた[320]。これは、公開買付に際しては周知が必要なこと、また、公開買付が始まれば URL を参照する積極的な利害関係者が多くいるであろうから、中断が認識されやすいことによる[321]。

　では、会社法に関する電子公告はどうだろうか。会社法に基づく公告に

---

[315] 「金融庁ネットワーク（共通システム）最適化計画」〈http://warp.da.ndl.go.jp/info:ndljp/pid/284573/www.kantei.go.jp/jp/singi/it2/cio/dai19/19siryou10_09.pdf〉。

[316] 〈http://warp.da.ndl.go.jp/info:ndljp/pid/283520/www.soumu.go.jp/s-news/ 2006/ pdf/ 060928_1_5.pdf〉。

[317] EDINET の利用方法は、同 HP〈http://www.edinet-fsa.go.jp/〉参照。

[318] たとえば EDINET 公告において、コーポレート・ガバナンス関係の記載の充実もあわせて行われているが、これは投資家への情報提供を超えて会社法上も重要な役割を果たしている。

[319] 平成15年12月24日金融審第1部会報告「市場機能を中核とする金融システムに向けて」〈http://warp.da.ndl.go.jp/info:ndljp/pid/233335/www.fsa.go.jp/singi/singi_kinyu/siryou/kinyu/dai1/f-20031224_sir_b.html〉。

[320] 公告期間の中断が生じた場合には、広告社の善意無重過失、中断期間が短いこと、および中断の旨と内容を公告すれば、公告の効力に影響がないこととされている（証券取引法施行令9条の3第5項）。

[321] 具体的な措置については、芳賀裕司「企業内容等の開示制度等に関する関係政令等整備の概要」商事法務1731号65頁以下（2005）参照。

は、公告事項や開示情報を拡大したり、閲覧者によるデータの再利用を含めて開示データにさまざまな役割を担わせたりするといったメリットがないため、公的サービスとして大きな予算を組むことはできない。だが、一度印刷してしまえば、追加的費用が不要な官報・新聞公告と異なり、IT公告の維持にも恒常的に費用はかかる。そこで、公告維持をチェックする制度の設立やその利用の費用の形で、民間の負担が要求される。公告者から費用を徴収する形で制度を仕組む以上、費用対効果の観念はさらに重要になり、制度にはさまざまな制約が生まれる。すなわち、電子公告には、債権者や株主周知性の向上という理念とは別に、企業の負担減というメリットを達成するものでなくてはならないという要請が発生する。

　そこで、第一に、電子公告を採用する会社には、フォーマットを統一したり推奨機種を使わせるといった費用負担を要求せず、異なる開示形式を許しつつ、リンク集を設けて民間に電子公告調査を行わせるという形で、企業の費用を削減できる価格体系が模索された。平成16年度改正により、民間の認可制調査機関が新たに設けられ（現在登録を受けているのはNTTデータ1社）、調査費用は3カ月未満20万円とされ、日刊紙公告からの費用低減が実現した[322]。電子公告調査機関が行う結果通知が手続が適法に行われたことの証明となるが、商法は登記所に当該通知を添付資料として提出する義務を課して（商業登記法90条1項3号・89条の7第1項4号・89条の8第1項3号など）公告の実行を担保している[323]。

　第二に、制度のメリットの維持という点からは、費用を度外視して完全な開示や漏れのない開示を追求することはできなくなる。調査機関は定期的にリンク集を巡回するが、その巡回のインターバル以下の間隔で開示が途切れると、公告が適切に実行できたと法的に評価できるかはともかくとして、登記に必要な証明書は発行されることになる。

---

[322] 3カ月未満は20万円、3カ月以上は30万円となっている（商事法務1725号67頁（2005）参照）。継続的公示書類は調査対象となっていない。日刊新聞紙への掲載費用は、日経新聞全国版で50万円から数百万円とされるところから、一定程度の費用削減効果が見込まれる。

[323] 山本・前掲310 40頁参照。

第三に、リンク集や調査機関制度という制度を汎用化することで効率性が上がると考えられるため、同様の公告方法がさまざまな法人に拡張されている。電子公告が利用できる法人の類型（会社法943条に列挙された法人類型）は、法改正後わずか9カ月で、旧商法459条1号から大幅に増加した。また、法人が持分会社の代表者となることが許容されるようになったこと（会社法576条）に対応する改正が行われ、電子公告調査システムに乗りうる制度や法人が広く同制度の対象に含められた。また、電子公告規則13条にいう、投資信託及び投資法人に関する法律25条1項に規定する信託約款等の変更についての公告が、約款に記載された公告方法になり、それを登記アドレスとみなして公示性を担保するという形になっており、調査制度の将来的な発展の可能性を示唆している[324]。

　ただし、対象の拡大という形での制度の汎用化は、法律の切り分けに微妙な影響を与えている。多様な公告形式を認めたうえでリンクを張る制度を採用した以上、さまざまな法律にリンクと調査機関という制度への相乗りを許すことは当然にも思われる。公告に関する省令が会社法施行規則の一部として会社法に授権された事項だけを立法するものという形をとると、他の法律から委任された事項を定めにくくなる。そのため、「電子公告に関する登記事項を定める省令」を制定する必要が生じ[325]、この電子公告規則に対して弁護士法および組合等登記令、中小企業等協同組合法が法務省令に委任するという形がとられた。省令が技術的事項に関するものである以上、このような形式に法的な問題があるとは必ずしもいえない。だが、これにより、理論的には好ましい検索キーワードや公示の継続性への要請の異なる法が同一の制度に運営される形となっている。たとえば「会社関係者の保護の観点から十分な」公告調査の水準と、他の観点から要求される公告調査水準とは異なるかもしれない、といった問題が潜在的には存在することに注意すべきである。「制度を担う組織・機関の効率性と、制度の担い手変化による利用者保護

---

[324] 相澤哲ほか「新会社法関係法務省令の解説（12・完）電磁的方法・電磁的記録、設立、清算、持分会社、電子公告」商事法務1770号14頁（2006）参照。
[325] 相澤ほか・前掲324 14頁。

の水準変化とのバランシング」という課題によって制度を担う組織ごとに法が編成されるという現象は前節でもみられたし、次節の商業登記にも妥当するものであろう。公示性・効率性の上昇という点からは、「民間事業者等が行う書面の保存等における情報通信の技術の利用に関する法律」による書面の電磁化と（同法4条）、縦覧と電子文書法の組合せによって（同法5条）、会社がリンクによって電磁化された書類の公示を行い、その内容を民間業者にチェックさせる制度などが考えられる[326]。ただし、公示内容と登記申請内容との一致性や公示が途切れた場合の責任等の問題を整理する必要が生ずるだろう。

3．小　括

本節の前半で扱った株主総会をめぐる問題の焦点は、株主に与えるべき「権限」とその効果的な「行使方法（場）」はどのようなものかというものであった。会社法は、ガバナンスについては一般に最低限の株主参加を担保するよう機能する（定足数等）。それを超えてガバナンスにどの程度費用をかけ、どう活用するかは、企業の意識次第である。たとえば、技術革新により利用が身近となったインターネットを活用して、株主総会手続の外で自発的に株主の質問を受け付け、その質問を株主全員に公開し、回答することは、会社法の規律の範囲外に属する事柄であろう。したがって、会社法が株主総会にかかる通信手段の選択肢を増やしたとしても、それだけでは当事者には

---

[326] 登記制度の効率性と高い公示性だけを追求すれば、登記申請の義務と登記内容公示の義務を分離し、後者の運営主体を完全に民間に移行し、公示システムを税金でなく会社が支払う料金により維持する制度も可能かもしれない。このような制度は、登記事項証明に関する事務の外郭団体への移行という形で、すでにある程度実現している。ただ、真実性の問題があるために、リンクという形はとられていないし、公示の維持のために会社から手数料を徴収する枠組みは実現していない。なお、会社法では、電磁的記録を本店に備え置いておき、インターネット等を通じて閲覧に供することができれば、支店における備置義務が免除されるなど（会社法31条4項・442条2項等）、閲覧対象書類も含めてすべての書面の電磁化が可能となっており、公示対象書類をインターネット上でリンクすることは法技術的には不可能ではない。相澤ほか・前掲324　5頁以下参照。

大きな影響はないように思われる。

　だが、持合いの解消、機関投資家の台頭と株式の流動性の上昇、さらに少数株主の株主総会参加コストの低下と連携した投票の質量の向上（情報通信技術の革新により、事実として戦略的な行動が可能となり、議決権投資主体としての地位が向上した[327]）などにより、事実として会社が小規模株主の固定化に取り組むようになると、会社は、株主総会に積極的に出席し、経営に理解を示してくれるような株式長期保有者を求め、そのような株主を優遇するようになる。会社は、株主総会への株主出席の活性化を通じて、間接的に「投票者数」だけでなく「出資者の質」を上げ、株価が下支えされることを期待する。このように、情報通信に関する技術の発展は、まず株式購入や売却を簡便にし、株主の構成や相対的な決議への影響力を変化させることで、会社の行動を事実上大きく左右している。

　次に、技術革新は法を通じてより直接的な影響を会社に与える。従来は、小規模株主の市場・議決を通じた影響力がほとんどないなか、IRの一環として書類決議制度を導入し、開示すべき最低限の情報を法によって強制的に確保しつつ小規模株主の株主総会参加を促進してきた[328]。だが、改正法は株主の影響力が上昇するなかで株主総会における電子的手段の利用をオプションとして導入し、株主の権利として規定した。このことは株主に質問権を行使しやすくし、会社にも株主総会（同時に開催される株主懇談会）を端緒として株主の意見を収集しようとするインセンティブが生ずる。さらに、情報開示の電子化は、情報増加による費用の増加がゼロに近いため、「最適な開示情報量」の考慮に影響を与える。また、株主総会の状況が場所を問わず送信できるため、地場産業においてコミュニティ代表としての株主の声を株主総会という場でどの程度吐露させるかが左右されるし、利用しやすい公示方法で

---

[327] 商事法務研究会編「株主総会白書　2006年版」商事法務1784号93〜96頁（2006）。
[328] 委任状勧誘に際しては、議案の重要度に応じて経営陣や機関投資家がめりはりのある活動を行うと考えられるが、書面決議については勧誘は制限される。単なる書面決議に関する情報提供については、株主管理コストが問題となる。投資額あたり株主数が増加したことで、事務手続が複雑化し、会社からの連絡について削減できない固定費（定時株主総会の招集通知等郵送費および配当を支払う郵便為替等の費用）も増加する。

あることにより、債権回収の場面での債権者や少数株主の会社経営への影響力を弱めるという決定を補強する機能をも果たす。つまり、情報通信に関する技術と法の変化は、小規模個人株主による投票や出席による影響力の行使、その他のステイク・ホルダーの経営への事実上の影響力行使を、相対的に強めたり弱めたりすることで、会社のガバナンスの構造を変化させる可能性がある[329]。

ただし、会社法は、株主総会ルートを通じた株主のチェックを強める方向にのみ働いているわけではない。株主分散により定足数の充足が困難になる状況を直視して、定足数の引下げを認め、また経営陣の交替等の経路による経営監督が可能であること等を根拠として株主総会決議事項を減少させている。つまり、ITの導入がある場合、ない場合を問わず、議決権行使者の減少に歯止めがかからない場合や、会社が株主の発言の拡大より迅速な経営陣の決定を優先するシナリオをも認識しているのである。このような場合、株主総会の機能も、投資家の質問の場としてではなく、たとえば経営陣是正のための「脅し」の場など[330]、会社によって全く異なるものとなるかもしれない。

一連の改正は、会社法の条文だけでは、株主への通知にIRの機能をもたせるべき会社、株主が分散している会社、決議事項の縮小が必要な会社、債権者や少数株主の個別保護がとりわけ重要な会社などを選別することができないことを明らかにする。これらの差は、裁判実務を含めた法の運用を通じて調整されてゆく。この調整は、本稿の取り扱った平成16年改正後数年で、急速に重要性を増しつつある。

会社法は、生産活動の効率性や社会的厚生の増大を阻害しないことが要請

---

[329] 参考書類は、決議事項の減少や複数回配当・四半期開示などによる財務情報開示の機会の増加に伴い、相対的な重要性を減少させている。日本郵政公社は、平成17（2005）年11月に、三菱UFJ信託と証券代行における封緘・発送業務の提携を発表した。これは、公社にとっては川上業務への進出を、信託にとっては事務処理の外注化を意味するが、効率化への希求は書面決議の市場の将来的縮小をも予言するものかもしれない。

[330] 中西・前掲246 57頁は、株主総会における不祥事の謝罪が目立つことを指摘し、再発防止の徹底を株主総会の場で約束させることには意味があるが、株主総会が単なる批判しか行わなければ、禊の場に堕してしまう危険性があると危惧する。

されるとはいえ、直接的には株主＝会社所有者の合意による自律的な財産処分を保護する。多数派株主や経営陣が法により認められた手続や授権範囲を超えて少数株主の合意を阻害することは警戒される。だが、株主参加の促進や、株主の自律の尊重は、ひいては株主が自ら会社の利益を害するような決定をした場合にも、通知・定足数・採決方法などに瑕疵がなければ、会社法が介入しないことにつながる。社会的に不適切な活動や有限責任を利用した倒産といった不都合（外部性）がある場合も、他法が対処していない限り、それに会社法が強い抑制をかけることはない。会社法と判例が主として救済を与えるのは[331]、株主集団内部の利益移転（大株主へのプレミアム移転など）がシステマティックに生じ、それが間接的に会社全体を害する場合であった。

しかし、外国人機関投資家が台頭した会社では、このような極限的状況に至らずとも、何が会社にとって有益な行為かについて、当該投資家が積極的に提案し、賛同する株主を募るようになる。特に敵対的買収防衛策の可否、取締役の責任免除、配当および取締役選任決議など、近年では争点となる議決の種類が増加してきている。現在でも業務提携から委任状勧誘に至るなど、裁判となる事例は必ずしもこうしたリターン重視の投資家がいる事例でないことに注意が必要であるが（東京地判平成19年12月6日[332]）、こうした会社に対しては、裁判所も「議案」の解釈など法律解釈を通じて、株主価値を左右する判断を求められるようになってきているといえる。

現実には、法律はコーポレート・ガバナンスを実現するという目的のためのさまざまな方法の一翼を担うにすぎない[333]。法を離れれば、会社が株主の

---

[331] 規定の任意法規化の議論は、定款に定めれば有効な事項と、会社法が強行法規的に規律すべき事項との境界を探る。Bebchuk, *The Debate on Contractual Freedom in Corporate Law*, 89 Colum. L. Rev. 1395 (1989). 判例が特に株主間紛争に介入して会社の利益を保護する場面を考察したものとして、宍戸善一「閉鎖会社における内部紛争の解決と経済的公正（1）〜（4・完）」法学協会雑誌101巻4・6・9・11号（1984）がある。

[332] 判例タイムズ1258号69頁（2008）。なお、同判例を通じて明らかになった会社法の株主取扱いの特色につき、田中亘「委任状勧誘戦に関する法律問題」金融・商事判例1300号2頁（2008）参照。

声に耳を傾けるのは、残余財産分配権者である彼らの抽象的な要望（取り分の最大化）に沿って会社を主宰することが、会社全体の利益につながりやすいからにすぎない。そうだとすれば、株主が法の定める経路でガバナンスに関わることが望ましいわけでも、会社に伝えられる現実の株主の意見（会社の価値や社会的な厚生にプラスになるとは限らない）の無制限な徴収が好ましいわけでもない。法が株主総会の位置づけの多様化を許しているなかで、経営陣には、自社にとって望ましい株主総会のあり方を自覚的に分析し運営することや、その前段階として会社の長期的利益をより正確に理解する投資家を探知しアピールすることが、ますます必要となるであろう。

第4節　商業登記

1．オンライン化とその限界

　本節では、法人の登記に関する近年の会社法の変容について考察する。このトピックもまた、会社からする情報発信——開示——の問題と密接に関わっている。

　ただ、平成年間の商業登記は、申請・届出等手続の電子化と歩調を合わせたより多くの企業経営情報の集中による利便性の向上という、商業登記の機能自体を刷新する構想が進まない一方で[334]、ここ数年に至っていわゆる電子政府による行政効率化の一環として議論されるようになったという点で、他の制度とは大きく異なっている。

　政府は、昭和63（1988）年以降登記実務にコンピュータを導入し、特に近年では全省庁横断的な政策として、a 各省庁等における行政手続のワンストップ・サービスへの移行、b 世界最高水準の高度情報通信ネットワークの形成、

---

[333] ただし、荻野博司「商法改正とコーポレート・ガバナンスの10年」神田編・前掲214 78頁は、近年は改正のスピード・アップにより法制度が経営を左右する度合いが大きくなり、同時に立法内容が政治化したと指摘する。

およびc行政の情報化・公共分野における情報通信技術の活用の推進等を目標に掲げた[335]。この政策の一環として、行政情報化推進基本計画の改定や[336]ミレニアム・プロジェクト[337]といった初期の決定、「インターネットによる行政手続の実現のために」[338]、「申請・届出等手続の電子化推進のための基本的枠組み」[339]、「法務省申請・届出等手続の電子化推進アクション・プラン」[340]といった各省レベルの取組み、そしてIT基本戦略[341]、e-Japan戦略[342]、e-Japan重点計画[343]などの高度情報通信ネットワーク社会推進戦略本部（IT戦略本部）[344]の課題への昇華が行われてきた[345]。しかし、そのような改革の

334 原田晃治「高度情報化社会における商業登記所の役割」清水湛ほか編『商法と商業登記』（味村最高裁判事退官論文集）648～649頁（商事法務研究会、1998）は、商業登記所のあり方として、「会社等に関する総合情報センター」としての機能を期待しており、会社情報の電子化は効率的な会社情報の入手による電子取引の促進の手段にすぎないとする。そのような手段がよりよく機能するためには、「重要な取引情報をできる限り多く提供できるようにする必要がある」とされる（656頁）。商業登記所の将来的な機能についての規範論は諸説ありうるが、平成13年度の商法改正要綱中間試案における計算書類の開示の試みはこのような構想の一環であった。

335 平成14年3月・財団法人民事法務協会「オンライン登記申請制度研究会中間報告書」〈http://web.moj.go.jp/MINJI/MINJI43/minji43.html〉。

336 行政情報化推進基本計画の改定について（平成9年12月20日閣議決定）〈http://warp.da.ndl.go.jp/info:ndljp/pid/258151/www.soumu.go.jp/gyoukan/kanri/kaitei9.htm〉。

337 ミレニアム・プロジェクト〈http://www.kantei.go.jp/jp/mille/index.html〉平成11年12月19日内閣総理大臣決定〈http://www1.mhlw.go.jp/topics/bosyuu/tp0203-1_b_6.html〉。

338 「インターネットによる行政手続の実現のために」平成12年3月共通課題研究会〈http://warp.da.ndl.go.jp/info:ndljp/pid/283520/www.soumu.go.jp/gyoukan/kanri/000316a.htm〉。

339 「ワンストップサービスの推進について」平成12年3月31日改定行政情報システム各省庁連絡会議了承〈http://warp.da.ndl.go.jp/info:ndljp/pid/258151/www.soumu.go.jp/gyoukan/kanri/990402a.htm〉。

340 「法務省申請・届出等手続の電子化推進アクション・プラン」平成12年9月29日情報処理連絡会議承認〈http://warp.da.ndl.go.jp/info:ndljp/pid/275388/www.moj.go.jp/PRESS/010706-1.html〉。

341 「IT基本戦略」平成12年11月27日IT戦略会議〈http://www.kantei.go.jp/jp/it/goudoukaigi/dai6/6siryou2.html〉。

342 平成13年1月22日　e-Japan戦略・高度情報通信ネットワーク社会推進戦略本部（IT戦略本部）〈http://www.kantei.go.jp/jp/singi/it2/〉。

343 平成13年3月29日　e-Japan重点計画・IT戦略本部・前掲342HP参照。

動きのなかで、商業登記はそもそも「行政サービス」の一部として「スリム化」を議論すべき制度なのか、「サービスの質」はどのような論理でどの程度維持されなくてはならないのかといった、制度自身の理論的な位置づけや将来的なあり方についての疑問が提起されてくる。

　日本には、およそ560[346]の登記所（法務局・地方法務局またはその支局・出張所）がある[347]。法務局は、商業登記のほかにも、不動産・動産譲渡・債権譲渡・成年後見登記などの諸登記や供託、電子認証、あるいは地図整備などのさまざまな業務を行っている。登記を行う官庁には、従来からブック庁とコンピュータ庁とが存在した。ブック庁は帳票によって登記事項を管理しており、登記は登記用紙への記載によって行われる。コンピュータ庁は昭和63年に不動産登記法及び商業登記法の一部を改正する法律により導入されたもので[348]、他庁とオンラインでつながっているため、他管轄地域の登記事項証明書発行や、本支店が両方コンピュータ庁の管轄地域内にある場合の本店に

344　前掲注335〜341のHP参照。同本部は法形式的には総理大臣を長とする内閣内政策会議であり、2010年4月現在も存続していて行政サービスの電子化のほか社会保障番号や新産業の創立促進を扱っている。
345　行政手続のオンライン化については、「電子政府・電子自治体の推進のための行政手続オンライン化関係三法について」〈http://warp.da.ndl.go.jp/info:ndljp/pid/235321/www.soumu.go.jp/gyoukan/kanri/sanhou.html〉参照。
346　平成18（2006）年時点の登記所数は600程度であり、現在も削減されつつある。登記・供託関係報告書1-2・後掲377 3頁参照。
347　登記所は、従来の統廃合基準を年間登記申請件数7,000件未満、受入登記所まで一般交通機関でおおむね90分程度としていたが、適正配置計画『統廃合（集約）』に従い、平成7（1995）年の民事行政審議会の答申の新統廃合基準（年間登記申請事件数（職権事件を除いた最近3年間の平均事件数）15,000件未満、および公共交通機関・自家用自動車でおおむね30分以内に改定された）をふまえ平成4（1992）年には全国で1,116庁あった登記所を、平成18（2006）年1月1日現在で603庁にまで減らしている。さらに、民事行政審議会の答申をふまえ、全国約120庁の統廃合を行うこととなる平成18年度以降の統廃合計画が進んでいる。
　「登記行政評価・監視改善措置状況調査の勧告に伴う改善措置状況（その後）の概要」〈http://warp.da.ndl.go.jp/info:ndljp/pid/283520/www.soumu.go.jp/hyouka/pdf/toukigyousei.pdf〉。
348　同年法改正趣旨についての国会質疑は、第112回国会衆議院法務委員会第13号（昭和63年5月10日）、参議院法務委員会第5号（昭和63年5月12日）参照。

おける登記申請と同時での経由申請が可能である。これに対して、近年の改革により、新不動産登記法等によってインターネットを使ったオンラインでの登記申請の制度が可能との指定を受けた、オンライン指定庁というカテゴリが登場した[349]。このように、コンピュータやインターネットの普及は登記事務を大きく変容させている。これらの改革、特に平成10（1998）年前後から始まった電子政府化プロジェクトは、利用者と登記所との関わりをどう変容させたのだろうか[350]。

　登記所の窓口で登記事項証明書の交付を受ける場面では、従来から、コンピュータ庁に導入されている商業・法人登記情報交換システムの利用が可能であった。これは、システムが導入されている登記所間において他の登記所管轄の登記事項証明書および印鑑証明書の交付を受けられるようにした制度であり、電子政府プロジェクトの発動前から、一定の登記所に関する限り、管轄法務局が遠方であっても出向く必要はなくなっていた[351]。プロジェクトの意味は、証明のみならず申請手続もオンライン化されたことにあるといえよう。

　しかし、そのオンライン化には限界がある。

　まず、提出文書について、オンライン化の困難なものが残っている。平成16（2004）年3月29日付法務省令第22号により、同年6月21日から商業登記のオンライン登記申請が開始された。しかし、その対象は登記の申請（登記の嘱託を含む）に限られ、印鑑の提出、電子証明書の発行の請求は対象とはならない[352]。会社の設立登記等、印鑑の提出が必要な登記申請については、オンラインで申請書に係る情報を送信するとともに、印鑑届書を管轄登記所

---

[349] ただし、オンライン庁であれば必ずしも事務が効率的となったり、他の行政手続への証明書提出が容易になったりするわけではない。「法務省に登記情報システム（不動産登記業務）の改善を要望する決議」（2005年（平成17年）6月24日日本司法書士会連合会第66回定時総会）〈http://warp.da.ndl.jp/info:ndljp/pid/240949/www.shiho-shoshi.or.jp/web/activities/opinion/resol_170624_04.html〉参照。

[350] 電子政府関係の歩みについては、石川敏行「電子政府——見えてきた『懐かしき未来』」ジュリスト1215号63頁（2002）参照。

[351] 「商業・法人登記情報交換システムについて」〈http://warp.da.ndl.jp/info:ndljp/pid/242664/web.moj.go.jp/MINJI/minji42.html〉参照。

の窓口に提出または送付する必要がある。その場合には、申請者は印鑑届書の余白に申請番号または受付番号を記入し、登記所は手作業でマッチングを行うことになる[353]。

次に、申請手続を行う主体に導入のインセンティブがない。司法書士は、特に不動産登記については申請の9割以上を担っている[354]。しかし、司法書士は必ずしもオンライン申請を活用していない。行政の電子化プロジェクトとしての申請・届出等手続のオンライン化は、利用者の負担軽減・利便性の向上および事務の簡素化・効率化・迅速化を図るため、申請件数の多いものから早期に検討・実施するとともに、情報システムの安全性・信頼性対策の充実強化を進めることとされた。したがって、商業登記については、平成12（2000）年と比較的早期から、法人代表者の認証のため商業登記に基づく電子認証制度、電子署名および認証業務に関する法律の運用[355]、法務省認証局および総合的な受付・通知システムの運用と、段階的に制度の浸透が図られた。だが、オンライン指定登記所における商業登記申請率は非常に低く、また、登記事項証明書の交付請求のオンラインでの交付手続も、平成17（2005）年現在でも11パーセント強にすぎないという[356]。

このような事態は、行政サービスの効率化を謳う政策にそぐわない。「IT新改革戦略」（平成18（2006）年1月19日 IT戦略本部決定）では、「世界一便利で効率的な電子行政」の目標の一つとして「利便性・サービス向上が実感

352　登記事項証明書交付請求は、平成17年3月22日より可能となった。「オンラインによる登記事項証明書等の送付請求（不動産登記関係）について」〈http:warp.da.ndl.go.jp/info:ndljp/pid/243775/web.moj.go.jp/MINJI/minji73.html〉、「オンラインによる登記事項証明書及び印鑑証明書の送付請求について（商業・法人等関係）」〈http://warp.da.ndl.go.jp/info:ndljp/pid/242664/web.moj.go.jp/MINJI/minji71.html〉。

353　「商業法人オンライン登記申請について」〈http:warp.da.ndl.go.jp/info:ndljp/pid/242664/web.moj.go.jp/MINJI/minji60.html〉。

354　商業登記については、後掲363全青司意見書は、税理士・行政書士等の登記申請代理権限のない者からの当事者名による申請が多く見受けられ、法務省が行動計画案中手続概要に記載する司法書士の代理申請率90パーセントというのは疑問があるとする。

355　平成13年の臨時国会における商法・商業登記法改正（14年4月施行）による会社関係書類の電子化により、登記申請書の添付書面に代えて、電磁的記録を作成し、これを登記の申請書に添付できるようになった。

できる電子行政（電子政府・電子自治体）を実現し、国・地方公共団体に対する申請・届出等手続におけるオンライン利用率を平成22（2010）年度までに50パーセント以上とする」ことを定め、その実現に向けた方策として「オンライン利用促進対象手続について、各手続の利用目標を含む利用促進行動計画を2005年度に策定・公表し、2010年度までにオンライン利用率50パーセント以上を達成する」こととした。これに先立って、平成17年末に各オンライン利用促進対象手続につき「オンライン利用促進のための行動計画」[357]が策定され、オンライン利用促進対象手続全体でのオンライン利用率の目標として、平成18年度16パーセント、平成19（2007）年度21パーセント、平成20（2008）年度28パーセントとの数値が定められた。なお、自民党法務部会もまた、平成18年6月21日、登記のオンライン利用促進について議論を行っている。同部会では、平成22年までに現状10パーセント程度の不動産登記や商業登記などのオンライン利用率を50パーセント以上とすることを目標として[358]、登記情報提供サービス手数料の引下げやオンライン指定登記所の拡大などの対策を講じていることが報告され、手数料引下げによる赤字を考慮し

---

[356] 読売新聞2006年5月10日記事によれば、2005年3月から始まった不動産登記のオンライン申請については、年間申請件数約1,410万件に対し、同年12月までの利用数は120件（利用率0.03パーセント）である。一方、法務省「電子政府評価委員会ヒアリング資料」平成18年10月12日〈http://warp.da.ndl.go.jp/info:ndljp/pid/284573/www.kantei.go.jp/jp/singi/it2/densihyouka/dai3/siryou2_2.pdf〉は、登記事項証明書の交付請求手続（乙号手続）でのオンライン利用率に着目するが、05年度末現在のオンライン利用率は、不動産登記が11.24パーセント、商業・法人登記で11.70パーセントであったという。

[357] CIO連絡会議事務局内閣官房・総務省）「報道資料『オンライン利用促進のための行動計画』について」平成18年3月31日〈http://warp.da.ndl.go.jp/info:ndljp/pid/286615/www.soumu.go.jp/menu_news/s-news/2006/060331_18.html〉、同「オンライン利用促進のための行動計画（法務省）」同日〈http://warp.da.ndl.go.jp/info:ndljp/pid/283520/www.soumu.go.jp/s-news/2006/pdf/060331_18_3.pdf〉参照。

[358] 総務省「平成16年度に行政手続オンライン化法に基づき行政機関等が公表した事項等の概要」平成17年7月27日〈http://warp.da.ndl.go.jp/info:ndljp/pid/258151/www.soumu.go.jp/s-news/2005/050727_2.html〉参照。行政手続オンライン化法（行政手続等における情報通信の技術の利用に関する法律（平成14年法律第151号）は、法令に基づく行政機関等の手続について、書面による手続に加えて、原則としてすべてオンラインによる手続も可能とするための法律である。同法10条2項において、総務大臣は、行政機関等が公表したオンライン化の状況についてとりまとめ、その概要を公表する。

て、財源についての議論も含めて利用率向上への対策が議論されることとなったという[359]。平成17年末に発表された「利用率50パーセント」の目標は――その必然性等を超えて――大きな政策課題として、登記行政にプレッシャーを与えることとなる。

2．登記における行政と私人の新しい境界？

2－1　司法書士の役割

以上のような流れに伴い、日本司法書士会連合会は、オンラインによる申請手続の現状分析と今後の普及方策について厳しい意見を述べるとともに、自らを積極的な申請手続運営主体として位置づけることを求めている[360]。特に不動産登記申請については、申請方式が従来の形式（共同申請、添付書面）を踏襲しているため[361]、司法書士が代理人として申請する場合であっても申請人（権利者・義務者双方当事者）本人が公的個人認証サービスを利用していなければならず、不動産登記申請のオンライン利用率を50パーセント以上にするためには、計算上国民の約70パーセント（70％×70％＝49％）以上が公的個人認証サービスを利用する必要がある。しかし、一生に2、3度

---

[359] 自民党「ニュース　平成18年6月21日　法務部会で登記のオンライン利用促進について議論」〈http://www.jimin.jp/jimin/daily/06_06/21/180621a.shtml〉。財源は、手数料引下げに際して不可避的に問題となることが予想されていた。読売新聞2006年7月1日記事によれば、登記業務は、手数料収入を前提とした特別会計で運営されており、法務省の試算によれば、来年度からオンラインでの手数料を半額まで引き下げれば、2009年度に約200億円近い赤字となるという。

[360] 日本司法書士会連合会「『IT新改革戦略――ITによる日本の改革――（案）』に関する意見の提出について」平成18年1月6日〈http://www.shiho-shoshi.or.jp/association/info_disclosure/opinion/opinion_detail.php?article_id=26〉参照。

[361] 商業登記については、商法改正（平成13年法律第128号）により会社関係書類の電子化が行われたので、商業登記法等でも登記申請書に添付すべき定款、議事録もしくは最終の貸借対照表が電磁的記録の情報の内容を記録した電磁的記録を登記申請書に添付しなければならないこととされた（商業登記法19条の2）。改正法により、電磁的記録を添付した登記所窓口での登記申請という形態が生じたわけである。

しか行わない不動産取引について、個人がそのような複雑なサービスを利用する見込みは薄いという。また、使い勝手やセキュリティ[362]、あるいは資格者代理人に生ずるリーガルリスクの大きさの点でもさまざまな不備が指摘されている。

そのうえで、オンライン申請を普及させる方法として、申請人本人の公的個人認証を利用しないまま申請できる方式の検討が推奨される。不動産登記業務をほぼ独占している司法書士の電子署名と電子証明書（以下、「司法書士の電子署名等」という）のみを利用してオンラインにより登記の申請を行うことを可能とすべきだというのである。司法書士の電子署名等のみで登記を申請するとは、具体的には、①添付情報の送信をすべて省略し、原本（書面）は司法書士が保管する方法、②PDF化した添付情報のみを送信し、原本（書面）は司法書士が保管する方法、③PDF化した添付書類のみを送信し、原本（書面）を後日送付する方法を指す。意見書は、すべてをオンラインで完結させるシステムであるがゆえに、業務が煩雑になっているのであり、「一部にアナログの手法を取り入れ、申請人の希望により登記識別情報の通知は本人限定郵便で行うことにより、登記識別情報の管理も容易になり、オンラインによる登記申請の普及率増加につながる」と述べる。

この意見書は、申請者本人に利用のインセンティブがないなかで、利用率向上が政策目標とされていることを盾にとり、司法書士に手続利用のインセンティブを与えること──添付書類等の業務の煩雑さを抜本的に除去し申請手続を簡略にすることは、司法書士に資料原本の真正性担保の権限を与え職責を負わせることを意味し、その地位の向上につながる──を要望しているということもできる。

同意見書は、商業登記については、申請者の層が異なるためもあって表立ってこのような提案は行わない。商業・法人登記については、むしろ、資

---

[362] 代表者・代理人はオンライン登記に伴って電子署名（商業登記規則33条の4）を送信しなければならない（商業登記規則116条ノ3第1項）。電子署名については、電子申請推進コンソーシアム代理申請検討委員会が「商業登記オンライン申請システムへのご提案」をまとめている（電子申請推進コンソーシアムHP「トピックス」2003年3月27日〈http://www.e-ap.gr.jp/topics/index.html〉参照）。

格者認証を交付する等により普及率が増加する、またオンラインによる登記事項証明書交付請求は、対応登記所の増加に伴い、登記情報サービスは手数料削減に伴い利用率が増加すると、比較的楽観的に捉えている。いってみれば、商業・法人登記は、申請者や運営者を同じくする不動産登記の利用促進に関する議論に巻き込まれた格好になっている。だが、制度の担い手が共通である以上、全国青年司法書士協議会（全青司）の意見書[363]のように、不動産登記と商業・法人登記とを程度の差こそあれ等しく導入することに問題ありとし、広く商業登記についても司法書士にインセンティブを与えるべきであり、また、手数料もより削減すべきだと主張する見解が現れるのも、自然の流れである。全青司は、利用促進のためのオンライン申請に対する登録免許税軽減措置・登記添付情報の簡素化措置をより明確に主張するとともに、商業登記のオンライン申請普及にも懐疑的な意見を示す。意見書は、オンライン申請手続の利用促進のためには、公的個人認証の普及や官公署等が発行する証明書の電子化の促進、登録免許税の引下げ、税の納入方法の容易化等の課題がある（法務省）とされるが、利用者の視点からはオンライン申請のメリットが感じられないのが問題であると指摘する。

「一般に、資格者代理人は登記申請すべき管轄登記所の周辺に事務所を構えており、かつ、これまで書面申請のみ認められていたこともあり、敢えてオンライン申請をする必要性がないのが現状である」。[364]

意見書はまず、司法書士は諸種の登記を扱うことが生業なので、登記所の近くで開業しており、現状でのメリットはほとんどないという。そこから発展して、意見書は、特に添付書類の電磁化が不可欠な不動産登記に関して添

---

[363] 全国青年司法書士協議会・全青司会発第88号「『オンライン利用促進のための行動計画（案）』に対する意見書」2006年3月26日〈http://www.zssk.org/archives/index.php?mode=view&id=41〉参照。

[364] 全青司意見書・前掲[363]。この指摘は、不動産登記における添付書類の電磁化義務の問題点とあわせて指摘されている（オンライン申請には当事者の電子署名が不可欠とされているため、資格者代理人としてはさまざまな電子化された添付情報が揃ったうえで、依頼者からオンライン申請の要望がない限り、申請しえない）が、引用部分は商業登記にも妥当すると思われる。

付書類の簡略化を要求する。電磁化が義務でないオンライン商業・法人登記申請についても、申請に際して添付書類の電磁化を選択する場合には、同様に簡略化が要望されよう。ただ、多くの場合、商業登記については登録免許税や添付書類を別送ないし登記所に持参することが選択され、その手続が残ることから、司法書士は結局オンラインを利用するインセンティブに欠け、利用率はここ数年微増にとどまっているようである。意見書は、公証人の電子定款認証における印紙税の取扱いと同様に、オンライン申請の登録免許税に一定の（申請当事者への）インセンティブ措置をとることが必要だと訴えている[365]。

そのほか、手数料の引下げが提案される。たとえば、登記情報提供サービスの全部事項証明は、平成18（2006）年4月1日以降、950円から770円に引き下げられ、これを司法書士会意見書は肯定的に捉えているが、全青司は、登記情報提供サービスには認証文がつかないため登記簿の閲覧ないしコンピュータ庁における要約書に代わり利用されるにすぎず[366]、その手数料である500円相当までの引下げが必要と主張する。

それだけでなく、意見書は、商業登記については、「無資格代理人」の排除をあわせて提唱する。同意見書の「そもそも資格者代理人には、申請当事者とその申請意思を確認し登記の真正性を担保し、不正な登記申請を防止することが職責とされており、国民の権利の保全と擁護を担っている。当事者がオンライン申請不能な書面を用いたとしても、これら職責とそれを担保する懲戒・保険制度を備えた資格者代理人が電子署名された電子データのみをもって申請することを可能とするならば、現行の登記の信頼性を維持しつつ

---

365 全青司意見書・前掲363参照。
366 民事法務協会報告書・前掲335によれば、登記情報を電子的に確認する手段として現在登記情報提供サービスが存在するものの、登記官による認証を得られず、かつ確認結果の保存も電磁的方法ではできない（印刷が必要な）ため、用途が行政機関に対する申請の添付情報等以外に広がっていないようである。報告書は、登記官の電子署名によって認証される電子的な登記事項証明書（電子謄本）の発行の制度を検討する必要があるとする。電子的な登記事項証明書に記載された情報の二次的利用の可否・当否の問題等についても検討する必要があるとする。

オンライン申請の利用率向上に寄与できると考える」との記述とあわせ考えれば、この提案は、司法書士に独占的な権限を付与することの要請ともとれるのである。

登記申請事務受託者に関する立法サイドの議論でも同様の検討が進みつつあるが[367]、同時にこの仕事に伴うリスクも認識されてきている。司法書士会意見書は、会社その他の法人を公示する制度には高度な真正性が必要であり、現在採用されている印鑑届出制度や申請者自身の作成する議事録を中心として、登記申請書添付書面を構成する制度には、登記の真正性担保に関する問題点が内在する（他人による書面の作成等）と指摘する。オンライン申請の採用によって、それが顕在化する可能性がある以上、より高度な本人性確認措置を用意すべきだとするのである[368]。登記事務の担い手を登記所外の機構へとシフトさせていくのであれば、このようなリスクを軽減できるソフト等の開発と同時に、登記サービスの真正性担保がどの程度必要であり、どのようにすればその要請が満たされるのかを検討しなくてはならない。

---

[367] どのような要件が整えば代理人によるオンライン申請を適切としてよいかは、民事法務協会報告書・前掲335でも重要な問題となっている。商業法人登記のオンライン申請においては、代理人による申請も可能とし、代理人が申請情報に電子署名をするとともに、委任状に相当する情報（申請人が作成して電子署名を行ったもの）を添付することとされる（実際の制度上は送信または当該委任状の送付または持参が可能（商業登記法18条））。また、代理人の機能の重点化に呼応して、無権代理人による申請を極力減らすため、登記実行前は本人による登記申請の直接の取下げ（オンライン・窓口）の機会を広く認めたり、委任撤回の場合には、登記申請前に電子証明書の失効（使用の廃止）の手続を用意するなどの措置が提案されている。

[368] 現在の商業法人登記においては、代表者が、登記申請の前または同時に代表者印を登記所に提出する。この印鑑と申請書または代理人への委任状に押印された印鑑を照合することで申請人代表者の本人性が確認されている。ただし、商業法人登記は法人自身の内容や状態を事実として申請するもので、通常は利害対立を含まず、中小の閉鎖会社において（当事者が合意のうえ）実体と異なる登記を行う危険性が回避できない。登記を信頼した第三者には一定の保護が与えられるが、紛争中の誤登記についての株主や役員の損害については、回復が非常に困難になるという性質をもつ。オンライン化により、この性質はさらに強く現れるため、本人性確認等の手段がより求められることとなるという。後掲377参照。

2−2　縮小する行政

　書面と申請者との真正性確保を重視したため、オンライン申請は非常に重い手続となり、普及率は向上していない。登記が不動産登記と並存して論じられてきたこともあって、司法書士の主張するように登記所から第三者への権限委譲をうまく仕組むことで解決しうるものなのか、あるいはコスト意識から真正性が軽んじられてはならないのかという問題は紛糾したままである。問題をクリアにするために、商業登記に絞って、制度運営者たる行政の側から、オンライン化はどのような影響をもつものだったのかを考えてみることにしよう。

　登記所では、コンピュータ庁の導入に伴い比重の増したバックオフィス業務を法務省の外郭団体である財団法人民事法務協会に委託した。この団体は、登記簿の謄抄本等の作成作業の受託（法務局および地方法務局との契約により、主要登記所で謄抄本作成・端末オペレータ操作による登記事項証明書等作成）や登記事務のコンピュータ化移行作業の受託（法務省の委託により、法務局および地方法務局における登記事務コンピュータ化の移行）、あるいは登記、国籍および供託の相談業務等の支援（法務局・地方法務局との契約により主要登記所で実施）を業務内容の一部とする[369]。しかしなお、窓口業務は、登記官の仕事として残されていた。これは、後述するように、窓口での手続による申請者の真正性担保という「準司法的」役割を担っているため、登記官以外の人間に同業務が不可能だという理由による。

　オンライン化は、登記官の仕事を減らしたとは必ずしもいえない。現在、オンライン指定されている登記所の職場実態は、従前の申請形態に郵送申請やオンライン申請が加わり、紙ベースでの処理とオンラインによる処理が混在することとなり、特に不動産登記については、オンライン指定庁となったことでむしろ繁忙度が増しているという[370]。仮にオンライン申請利用率が

---
[369] 民事法務協会の事業概要については、同協会HP「民事法務協会の概要」〈http://www.minji-houmu.jp/minjihoumukyoukai/gaiyou.html〉参照。
[370] 後掲380・全法務意見書参照。

50パーセントとなった場合でも、効率がどの程度上がるのか判断できない現状である。しかし、オンライン利用率を50パーセント以上とする目標に対し、行政手続全体の約7割を占めている登記関係手続の利用率アップは不可欠である。政府は、インターネットを使った登記関係手続の利用促進のため、平成18年4月1日に登記情報提供サービスの利用手数料を引き下げ、平成19年4月1日にこれを再び引き下げたほか、商業・法人登記の本支店一括登記の手数料なども引き下げた。引き続き、平成21年10月1日から登記情報の閲覧手数料を引き下げ、さらに平成23（2011）年にも謄抄本・証明書の交付手数料の引下げを予定している。手数料収入を前提とした特別会計で運営されている登記事務は、法務省の試算によれば、平成19年からの引下げで平成21年度には約200億円近い赤字となるとされた[371]。登記業務はよりいっそうの効率化を迫られることとなり、赤字を回避する方法として、実務処理の集約化が進めば、登記業務に関する雇用は減少することになる[372]。

　公務員としての登記官に対する、行政改革上の人件費削減圧力は、このような動きに追討ちをかけている。平成17（2005）年12月24日閣議決定された「行政改革の重要方針」[373]に基づいて、すべての行政サービスを対象とした

---

[371] 読売新聞・前掲359。なお、赤字についてはこのため手数料引下げだけでなく、ソフトウエアの改善、手続の簡略化などオンライン利用率を向上させる方策をあわせて検討し、利用率向上に伴う登記所の職員の削減など運営コストの削減を行う方針だとのことである。また、実際には、平成20年度の財務書類上、登記特別会計は黒字となっている。〈http://www.moj.go.jp/content/000001315.pdf〉

[372] 登記特別会計は、実際は不動産登記のコンピューター化や登記簿整理作業を賄うために使われており、地籍の整理は困難な作業であるため早期の集約化は生じないと考えられるが、長期的には本文のような動きがみられよう。登記特会については、「予算執行調査対象事業について（登記特別会計）」〈http://www.mof.go.jp/singikai/zaiseseido/siryou/zaiseih/150602a2.pdf〉および「登記特別会計について」〈http://www.mof.go.jp/singikai/zaiseseido/siryou/zaiseih/150602a1.pdf〉参照。なお、審査事務は一般税収からの繰入財源、登記情報管理事務は特定財源で賄われている。後掲428 1頁参照。

[373] 平成18年度から5年間の行政改革方針である。人員削減については、2005年11月14日の経済財政諮問会議決定「総人件費改革基本指針」〈http://warp.da.ndl.go.jp/info:ndljp/pid/286891/www.gyoukaku.go.jp/soujinkenhi/keii/051114.pdf〉参照。その一部に、特定独立行政法人の非公務員化や特別会計の見直し④総人件費改革の実行計画が含まれる。

官民競争入札制度の導入をうたう「競争の導入による公共サービスの改革に関する法律案(公共サービス改革法案)」[374]、「簡素で効率的な政府を実現するための行政改革の推進に関する法律案(行政改革推進法案)」[375]などが行われたが、登記との関係で重要なのは、総人件費改革の実行計画策定のための「行政減量・効率化有識者会議」の設置である。有識者会議は、平成18(2006)年1月31日の第1回会議において、「行政改革の重要方針」に掲げた個別具体的な取り組みを要する八つの事務・事業を重点事項と定め、各府省に検討要請を行った。また、同年2月8日の第2回有識者会議では、①特別会計の見直しの対象とした事務・事業[376]、②規制改革・民間開放推進会議がヒアリングを行った事務・事業、③行政改革会議において独立行政法人化の検討対象とした事務・事業、の三つの観点から、「登記・供託」を含む七つの事務・事業を追加決定し、同月10日の閣僚懇談会において検討要請を行っている。

　法務省を含む関係府省における検討結果の報告期限は3月20日とされていたことから、法務省は同日内閣官房行政改革推進事務局に検討結果を報告した[377]。同事務局からは、「登記・供託」にかかる定員純減に向けた検討(合理化)の方向について、登記については次のとおり発表された。

○　平成22(2010)年度末の登記特別会計の一般会計への統合に向けて、真に必要な業務にスリム化し、そのために必要な要員規模に縮減すること。その際、真に国家公務員をもって充てるべき業務とそれ以外とを精査し、後者については非公務員型独立行政法人化も含めて組織の在り方

---

[374] 2006年2月10日に、いわゆる「市場化テスト法案」に関する閣議決定が行われた。同法の成立経緯については、平成19年1月25日をもって終了した規制改革・民間開放推進会議の旧ホームページ〈http://www8.cao.go.jp/kisei-kaikaku/old/market/index.html〉参照。

[375] 2006年3月10日閣議決定。同法案の成立過程については、行政改革推進本部事務局HP「公表文書」〈http://www.gyoukaku.go.jp/siryou/kouhyou.html〉参照。

[376] 平成22(2010)年に特別会計が廃止されることに対応した事務の制限である。後掲380および第6編参照。

[377] 行政減量・効率化有識者会議　第8回提出資料「登記・供託関係について」報告書1-1および1-2、〈http://www.gyoukaku.go.jp/genryoukorituka/dai8/siryou1_1.pdf〉〈http://www.gyoukaku.go.jp/genryoukorituka/dai8/siryou1_2.pdf〉参照。

を検討すること。また、スリム化に当たっては、オンライン申請の普及率が上がるよう、システムの改良を含め所要の検討を行うこと。
○　民間委託を行う業務の範囲を拡大すること。また、民間委託の対象範囲に含まれる業務については、全国の官署においてもれなく民間委託を実施すること。

　続いて行われたヒアリングにおいては、法務省では登記事項証明書交付等の市場化テストにより最大1,181人、登記所統廃合で最大57人、登記のオンライン申請率の向上（50パーセントと試算）により最大約350人で、合計1,590人の削減が可能（このうち760人は定員合理化計画の内数）との報告がなされた[378]。有識者会議からは、さらに積極的な民間委託（現在市場化を考えていない窓口事務の民間委託）、統廃合される登記所数（120強）からみあったより多くの人員削減、オンライン申請率向上の実現可能性の向上、登記申請事務の能率アップ、あるいはそもそも公証人と同様非公務員でよいのではないかといった意見など[379]、厳しい指摘がなされている。ここにおいて、登記官の行っている仕事が——バックオフィスだけでなく窓口業務も含め——どのような性質のものか、民間委託は不可能かということが、改めて問題となってくる。

　全法務省労働組合の見解（平成18年3月28日）[380]は、登記サービスの公共性を強調する。現在行っている民間委託は、本来職員が行わなければならな

---

[378]　もっとも、後掲380・全法務意見書によれば、法務局の登記従事職員の定員は平成10 (1998) 年度以降純減が続き、平成18 (2006) 年度までの9年間に、平成9 (1997) 年度末定員 (10,117人) の11.6パーセントにあたる1,178人の削減が実施されており、とりわけ平成14 (2002) 年度以降の5年間では、平成13 (2001) 年度末定員 (9,840人) の9.2パーセントにあたる901人の削減となっている。さらに、平成17 (2005) 年度末定員 (9,164人) の11.1パーセントにあたる1,014人が定員合理化計画によって削減される予定であるということであり、人員整理に限界があるとすれば、登記官の民事法務協会等への所属替えが行われることになるのではないか。

[379]　行政減量・効率化有識者会議　第8回（平成18年4月7日）議事概要
　　〈http://www.gyoukaku.go.jp/genryoukourituka/dai8/gijigaiyou.pdf〉参照。

[380]　全法務省労働組合「行政減量・効率化有識者会議による『定員純減のための検討要請』に対する全法務の見解」2006年3月28日
　　〈http://www.cpi-media.co.jp/zenhoumu/teigen/060328.htm〉参照。

い業務であるが、必要な要員措置がなされていないために民事法務協会への委託を容認している、範囲や形態について再検討は考えうるが、委託方法について「公共サービス改革法案」に基づく民間企業からの要望による官民競争入札の実施は、公益性を有する事務を営利企業に任せるのは不適切で全国一律のサービスの実施に支障が生じると考えられるから反対する、とする。

また、登記官の地位については、次のように述べる。

「登記事務は、……不動産登記制度と、権利義務の主体となる法人を創設し、その組織と業務内容を明らかにして取引秩序を維持する商業・法人登記制度がある。このような登記制度は、国家の基本となる国土及び法人の管理を行う国家運営の基本をなす信用制度であり、国民経済の基本にかかわる行政であることから、国家公務員の資格を有する独立の国家機関である『登記官』によって、厳正・公平・中立に行う必要がある。

なお、登記は民法・商法等の民事実体法のほか、幅広い関連行政法規、さらに先例等を踏まえて行う高度な事務であり、審査の結果、登記すべき事項について無効又は取り消しの原因があるときは、自らの権限と責任において申請を却下することとなることから、専門的な知識と法的判断能力が必要であり、この点からも国家公務員たる登記官が行う必要がある。また、『登記官』を補助する職員についても、必要な法律知識及び実務経験を積ませる必要があることから、国家公務員たる『法務事務官』である必要がある」[381]。

2-3 登記制度の再検討

以上のように、登記制度の将来的あり方の問題は、申請と証明書交付事務の比重、不動産・商業登記おのおのの法的効果とそれを反映した申請者・代理人・添付書類等に関する要件の厳格さの違い、そして両登記を行う登記所

---

[381] 登記官が行う仕事には、このほかにもさまざまなものがある。意見書は、平成16(2004)年からの「平成地籍整備事業」について、登記官が国家公務員であるため、現場における土地の物理的状況の確認に土地所有者等の理解が得られること、登記官は登録免許税の徴収事務や、土地・建物の課税標準額認定、租税特別措置法の適用の有無の判断・税額確定を行っていること、成年後見登記制度、債権譲渡登記制度、動産譲渡登記制度の新設、供託事務は、国で行わなければならない事務であることをも根拠にあげる。

の地理的分布や登記官の地位とその維持費用といった、さまざまな問題の複合体である。「誰がサービスを担い、どのように効率化するか」「登記制度の役割はどうあるべきか、当該役割を果たすためにどの水準のサービスが提供されなくてはならないか」など、どの視点から検討を行うかは難しい問題であるが、以下ではさしあたり、商業登記事務の担い手に求められる要件という観点から議論を進めてみることにしよう。

　減量・効率化会議での法務省の報告書は、登記事務について、「全国的に統一された基本ルールに従い、正確かつ迅速に遂行すべき事務であり、国自らが企画立案から管理執行までを一貫して担う必要のある事務である。とりわけ……甲号事務（登記申請等事件処理）……は、いずれも真に国家公務員をもって充てるべき事務である」という[382]。その理由は、不動産登記におけるさまざまな要請、登録免許税等租税徴収や独任制機関であることの必要性のほか、商業登記については「商法や他の法人関係法所定の手続が履践されたかどうかを添付書類に基づいて審査した上で、これを一応確定し、設立や合併の組織法的な行為については登記についてその効力を生ぜしめ、これを公示するという準司法的な作用を行うものである」からと説明される。「準司法的な作用」という表現は、登記官が法の要件を満たしたかどうかを決定し、登記により私人の権利義務を発生させることに着目している。一方、「統一された基本ルール」「企画立案から管理執行までを一貫して担う」といった言葉は、「行政の行為には法の支配の要請が強く働くため、行政官が決定を行う制度であれば法の授権の程度や運用に際しての裁量についての解釈の矛盾や濫用が少ない」ことをいわんとしているように思われる。また、直感的には、行政によって担われていた事務が民間に移管されるときには、①質の確保（全国統一ルール・運用における裁量の制限・誤ったあるいは遅れた処理に起因する損害の補償などによる正確性への信頼）、②効率化とアクセシビリティの両立（全国統一料金・運営主体の破綻からの保護）、③制度の担い手の中立性の維持（登記権限をもつものが一部の申請者をクライアントとし、他

---

[382] 登記・供託関係報告書1-1・前掲377 1頁参照。

の申請者に不利益な取扱いをしてはならない）といった課題が生ずると思われ、「統一・一貫」等の言葉は、より広くこのような課題を念頭に置いたものとも思われる。

現実には不動産登記と運用主体を切り離して民営化することの効率性等の問題があるため、法務省の報告書以上の市場化には限界があるかもしれないが、商業登記については、甲号事務の民営化が、①不適切な裁量行使につながるか、②正確性を失わせるか、③アクセシビリティにマイナスか、④中立性を損なうか、そして、⑤身分保障やサンクションなどを勘案したとして、なぜ甲号事務については公務員のみが効率性や正確性等の課題を達成できるのか、⑥従来から行政が運営しても保障されない課題はなかったのか、という問題がなお残るように思われる。

3．登記の真正性・裁量排除・登記官の責任

商業登記には、特殊的効力（創設的効力（会社の設立登記（会社法49条）等）、補完的効力（登記が瑕疵の治癒のための時間経過の基準時点となる）、免責的効力（社員の責任に関して会社法583条4項）等）や一般的効力（解散について会社法750条2項）があり、その扱いについては従来からさまざまに議論されてきた。しかし、これらの法的効果は、誰をどの程度保護するためのものなのか、すべて同じように真正性の要請や登記手続の厳正を要請し、常に国家による運営に結びつくかが不明なうえ、事実として周知性がない制度を前提に、議論の対象とされてきた。

上述の法的効力に沿った分類は、登記申請者のインセンティブに沿った分類であると思われる。したがってこの分類は、証明書請求者の側からみた商業登記の二つの主たる使われ方[383]、すなわち法人格把握の効果（法人の権利主体性や独立財産性を認め、訴訟当事者適格等の前提となる）と代表者特定の効果（代表者の責任を追及する権利をもつ者との関係で責任を負う者を明らかにする）の違いを反映したものでは必ずしもない。このような商業登記の利用者においては、情報の利用頻度や正確性に関する期待は、登記原因や

登記事項とリンクして変動することはない。彼らは、登記事項の分類についての大まかな認識はあっても、雑多な情報を多様な目的で利用しがちだからである[384]。

　主たる登記申請者である会社には登記事項が多く、登記の効力は不遵守によって事後的に訴訟が提起された場合の損害の性質を異ならせる。そこで彼らは、登記の効力に応じてどれだけ迅速・正確に登記を申請するかの判断を調整するかもしれない。なお、個人商人と異なり会社は登記を怠ると罰則がかかるが、当該罰則は登記の効力とは連動していない[385]。

　つまり、登記効力論は利用者の信頼確保には結びつかないが、申請者の行動の規律に働いているとも整理できる。そうだとすれば、会社の存亡にかかわるような最も悪質な登記の懈怠や不実の登記に最も強いサンクションが必要となりそうである。だが、そのような場面では、当事者は明らかに無権限であることを知りつつ不実の登記を行っているかもしれない[386]。このような事案の当事者は多くの場合、経営難に陥り、期限内に資金調達の外観をつくることが必要であったとか[387]、支配権争いが続いていた等の事情を抱え[388]、登記の効果による経済的な不利益の可能性や刑罰による抑止の働かない申請者であるといえる[389]。登記には形式的審査という限界がある以上、こ

---

[383] 日本司法書士会連合会報告書は、現行商業登記の登記事項を「権利主体」と「行為者の権限」の情報に整理している（後掲408・日司連発第875号意見書参照）。

[384] 第112回国会参議院法務委員会第7号　昭和63年5月19日（国会会議検索システムより）［稲葉発言］によれば、オンライン化に伴う登記事項証明書制度の発足に際して、区ごとの情報の利用態様が比較的明瞭な不動産登記に比して、商業登記は何が重要な事項かが区別しにくいことが問題視された。そのため、商号、資本関係、会社の状態、役員の関係、会社の目的といった登記事項のグルーピングにより、必須事項とその他選択事項を記載した抄本に似たものを作成することが構想されている。

[385] 誤った登記をめぐっては、登記申請者に対して、取締役の責任（会社法429条2項1号ハ）、過料（同法976条1号）や公正証書不実記載罪などが問われるが、効果による書分けはない。

[386] 京都地判平成15年10月2日（平成15年(わ)第218号）。

[387] 最一小決平成17年12月13日刑集59巻10号1938頁。

[388] 最二小決平成15年12月18日刑集57巻11号1167頁。

[389] 東京地判平成15年2月18日刑集59巻10号1957頁では、懲役3年の罪が言い渡されている。

のような申請者の抑止のために登記原因等に応じて審査水準を厳格化しても、目的が十分に達成できない可能性が高い。資金繰りに困った会社の代表取締役Aが融資者Bに対して子会社Cの営業権とAの有するC株式を譲渡担保に供し、親族らとともに取締役を辞任したが、のちにBに無断でCの臨時株主総会議事録等を登記官に提出し、商業登記簿の原本にAがCの代表取締役に就任したとの記載をさせ、「譲渡担保においては株式の共益権はいまだAにとどまっており、経営陣の交替も可能であった」と主張するといった事例などは、契約の解釈に関するこじれも内包している[390]。だが、これとたとえばAがCが現物出資した孫会社設立に関する株主総会議事録を出してきた場合とで、審査の基準が異なるべきとも思われない。

　以上のように考えると、設立や新株発行等特定の登記に公示機能以外の特殊な効力が認められているからといって、そのような特定の登記原因・登記事項を事前にチェックする登記実務に特別な正確性を要請しても、効率的に閲覧者の期待を保護したり申請者の行動を抑止したりすることはできないことになりそうである。

　第三に、行政庁は国民の関心を集めやすい。誤登記等に際して、登記所の対応が訴訟上問題となることを避けようとして、行政庁は登記官の行為規範に敏感になる。特に、第三者に強い影響のある特殊的効力につながる登記については、登記を行う基準を明確化し、判断の画一性を高め、正確性を担保しようとするインセンティブをもつ。行政の運営は、その点で民間の運営する「情報センター」より格段に事後的な争訟の可能性が低いというメリットがあるかもしれない[391]。だが、実際には形式的審査や[392]不実の登記の職権抹消の制限などにより[393]、登記官に責任が発生する余地は最初から限られている。さらに、後述のとおり、登記の効力をめぐる争いを多数の閲覧者が起こす状況は考えにくいうえ、登記義務者が明確で、特殊な担保責任が法律上定められていたから[394]、私人間で訴訟が提起されやすく、登記官が当事者とな

---

[390]　最二小決平成17年11月15日刑集59巻9号1476頁。最高裁は、契約解釈に基づいて共益権を行使する権限はなかったと判断し、公正証書原本不実記載・同行使罪を肯定した。
[391]　登記・供託関係報告書1-1・前掲377参照。

る余地は絶対的に少ない。そのため、厳格な行為基準は実務上は必要とされにくい構造になっている。たとえば、創設的効力についていえば、設立後に設立中の行為の帰属が争われる紛争は多いが[395]、設立登記がされた・されなかったことが紛争の原因となることは少なかった。発起人は設立の有無にかかわらず同一額の債務を負担するので、誤登記による第三者の不利益はほとんどないし、法人登記を行わないまま企業活動を行う会社にも強いペナルティはなく、何より登記に信頼して法人と取引を開始する第三者がいなかった。なお、例外的に、外国会社に関しては営業実態があれば常に登記を要求し、登記と営業実態とを結びつけようとする態度がみられたが、外国会社の代表者は有限責任の魅力が小さい場合は登記せず事実上取引活動を行うことがありえ、強制にも限界があった[396]。また、登記に際して実質的な営業の事実があることは要求されてこなかったため[397]、結局、登記は経営の健全性等の証拠としてはハードルが低く、たとえば公共事業への申請資格などの十

392　最三小判昭和61年11月4日裁判集民149号89頁は、職権抹消処分（職権抹消手続（非訟事件手続法124条（当時）により準用される商業登記法110条ないし112条）における登記官の審査権限は、登記簿、申請書およびその添付書類のみに基づいてする形式的審査とされた）の取消訴訟につき、裁判所は形式的審査権限内で登記官が行った権限行使の適否を審理判断すれば足りるとし、登記官の審査権限に属さない資料に基づいて処分の適否を判断すべきでないとした。評釈として、加藤勝郎・民商法雑誌97巻1号119～122頁（1987）、鴻常夫『商業登記先例判例百選』（別冊ジュリスト124）20～21頁（有斐閣、1993）など。また、最二小判平成18年7月10日判例時報1948号69頁参照。

393　最一小判昭和60年2月21日（昭和59年（行ツ）第232号）判例時報1149号91頁。登記申請が商法19条の規定に反する（登記することができない商号の登記を目的とする）場合であっても、すでに登記が完了したときには、商業登記法24条13号・27条の規定（却下の義務）の違背は、同法110条1項により、同法109条1項2号所定の事由に該当する場合のみ職権で抹消可能である。そのため、登記官の処分に対して審査請求をすることは許されない。評釈として、國友順市・月刊登記先例解説集26巻12号91～108頁（1986）、永井和之「商法19条に反する登記」『昭和60年度重要判例解説』（ジュリスト臨時増刊862）88～90頁（有斐閣、1986）など。

394　当事者申請主義により、登記義務者にのみ登記を申請する資格があることで、誤った内容の登記が過失などによりなされる可能性はきわめて低くなっている。なお、後掲414参照。

395　東京高判平成12年2月29日（平成11年(ネ)第2408号）、最二小判平成12年6月16日（平成10年(オ)第1680号）労働判例784号16頁、東京地判平成4年4月21日判例時報1434号54頁など。

分条件となることはできなかった。新会社法は、未登記の外国会社の法的効果を認め、過料と連帯責任を整備した。この規定は規制や課税逃れを目的にした擬似外国会社における処置と同等であり、責任の明示によって登記が紛争の対象となる可能性はさらに低くなったとも考えられる（なお、外国会社の進出促進政策[398]との関係が問題とされ、擬似外国会社規定が取引の禁止にあたるという理解から[399]、証券会社やSPCの業務に支障があるとの議論が起こり[400]、国会で附帯決議が出されている[401]）。

登記の一般的効力に関する分野では、登記手続のトラブルが私人の権利を左右した紛争もみられるが[402]、前述のとおり、登記所や登記官は紛争の対象

---

[396] 活動が小規模散発的で継続取引の要件にあたらないか（旧商法上営業所もないような会社はこれに該当することも多かったかと思われる）、または擬似外国会社と認定された場合には設立のない会社が事実上国内で商取引をしたものとして扱われる（有限責任の否定）。いずれにせよ代表者が責任を負うことになる。江頭・前掲3 898頁参照。

[397] 「擬似外国会社」の制度は国内個人が外国法人格のメリットを悪用するなど限定的な場合にのみ法人格を強制的に認定するため、オフィスビルの一室などが何十社もの「営業所」となり、企業活動の窓口としての役割を果たしていない事態が指摘された。

[398] 平成15（2003）年1月の小泉総理の施政方針演説以降、5年間で対日直接投資残高の倍増をめざすとの政策に沿って、対日投資会議専門部会が報告書をとりまとめた。政府は、国際M&A、内外への情報発信（外国会社の日本進出方法、駐在員事務所の設置、営業所（支店）の設置を含む）等5つの重点分野における74項目の施策の推進をめざすこととされた。

[399] 会社法821条は、商法482条が「日本で活動する外国会社にも日本の会社法が適用される」とするのに対して、「（擬似）外国会社は日本で取引を継続できない」とした。この条文の解釈が、立法関係者と国会等とでは分離してしまった。

[400] 日経新聞2005年6月7日。

[401] 対日投資が重要であることをかんがみ、会社法821条の法的確実性を担保しなくてはならず、具体的には、①会社の活動に悪影響がないこと、および②事業体の形態の制限にあたらないことを周知徹底させることが要望された。

[402] 大阪地判平成2年10月19日判例時報1391号167頁は、正常に毎日の手形取引を繰り返しているなかで突然代表者の交替の変更登記がなされた、あるいは取引をする際にいったん登記を調査したが、取引当日までの短時日の間に登記が変更されたといった事情を、相手方に改めて登記の調査をすることが無理となる正当事由として認めている。また、釧路地判平成4年10月8日（昭和63年(ﾜ)第232号）は、債権差押通知書の送達完了までの間に取締役が辞任した例において、送達完了までに日時を要した場合は再度商業登記簿を確認する等の方法によって、送達先の代表者の変更を容易に知ることができるとして、差押えの効力発生を否定した。

とはなりにくい。また、悪意の擬制ないし対抗力の復活という通常の公示と異なる効力をどの程度維持すべきかの方向性がそもそも明らかでないため、登記官の責任による未登記や誤登記、注意不足による改ざんの放置などからどの程度の責任が発生すべきかという規範論も立てにくかった[403]。

以上のようなあいまいさの背景には、登記が通知等と同質の対抗要件具備制度としての実質を備えていないなかで、あえて登記を利用する者に何のニーズがあるのかが不明だったという事情があろう。

もっとも、訴訟が起きにくいからといって、第三者に登記事務をある程度委託しても、当該第三者が特段の注意義務を負わないというわけではない。たとえば、司法書士は、従来申請代理人として機能し責任を負ってきた。したがって、その注意水準は委任事務の内容等を勘案して定まってきており[404]、監査役の選任登記手続の懈怠などについても委任契約違反に基づく損害賠償請求以外は問われたことがなく[405]、登記の正確性担保のための責任の構築といった視点とは無縁であったはずである。彼らに「明確な基準で」「迅速に」登記を受けつける「義務」を含む登記事務を委託すれば、登記の失念や誤登記についての注意は十分であるとしても、登記の先後（アクセシビリティ）や利益相反の排除等の要素にも配慮が必要になるため、職務遂行上の注意水準は高くなると思われる[406]。

以上、登記の閲覧者・申請者・登記官の視点から検討を行ったが、登記の効果や内容の充実度・正確性などについて、申請者や利用者にどのようなニーズがあるのか、登記の周知性や手続の簡便性の向上、登記事務の担い手

---

[403] 実際には、登記所の事務に伴う事故は全く存在しなかったわけではなく、紙ベースの登記事務からの移行の一端に登記用紙の抜取りや改ざんを防げないといった問題があったことが指摘されている。前掲372「登記特別会計について」参照。

[404] 東京高判平成2年1月29日判例時報1347号49頁。司法書士は、登記義務者の代理人と称する者から登記申請の依頼を受けた。当該第三者は登記済証、実印による本人名義の委任状等登記申請手続に必要な書類を有しており、授権の存在を疑うに足りる事情が認められないと考えられたため、司法書士は登記原因となるべき契約書を子細に検討せず、また登記義務者本人に確認せずに申請を行った。これにより不実の登記が作出されたが、裁判所は、当該司法書士の注意義務違反の成立を否定している。

[405] 福岡高決昭和50年9月9日判例時報803号113頁。

などについての現行制度からの変化が関係者にどのような影響を及ぼすのかについて、不明の部分が多いという感は否めない。前述のとおり、このことは、具体的な解釈論が方向感を欠きやすい一因ともなっていると思われる。たとえば、登記事項の抽出などに際して[407]、商人と第三者との間の利益・不利益を考慮していっても具体的な施策に結びつかないといった状況が生まれる。もし、登記事項と法的効果について、利用者の意識が特に高くないと割り切って情報センターとしての登記所をめざすのであれば、「義務的」登記事項を法人格等に関する最低限に減らし、一方で任意の登記事項を広く受け付ける（ただし、真正性等について登記所は責任を負わないなどの差異を設ける）という形をとることになるだろう。証明の利用者側は、利用手数料が低廉であれば登記事項の増加を望みがちである[408]。たとえば、計算書類の登記所公開を視野に入れつつ、商業登記事項に「純資産額」や「役員の住所」の付加などが要望されたりする。閲覧者等の利用を重視する「情報センター」という政策をとった場合には、情報の開示の適否やセキュリティといった新たな問題に対処しつつ[409]、提供できる情報を充実させ、また低廉な費用での

---

[406] ただし、民事法務協会報告書・前掲335では、司法書士等を代理人とする委任契約の実質的内容は、登記の真正を確保するための登記原因等の調査・確認を含むとされ、オンライン申請において、代理人がこのような役割を果たしえないとすると、登記制度自体の信頼の低下を招くおそれがあることから、司法書士等の代理人が自ら添付書面情報の調査・確認を行うことを可能とするための方策について検討する必要があるとの指摘がされた。

[407] 動産譲渡の登録制度や、電子手形（電子債権譲渡）の登録制度においても、登録事項をどのようなものとするかは問題とされている。

[408] 日司連発第875号意見書（平成13年12月10日）、財団法人民事法務協会あて　日本司法書士会連合会「『商業登記オンライン申請制度に関する研究』に対する意見」参照。ただし、現在の会社法においては、株式の内容に関する定款の定めは大幅に増えたものの、①株券発行の有無に関する登記方法が変更となり株券に関する登録機関などの登記が不要となり、②議決権制限株式の議決権参入方法は法定され、社外取締役等経営機関に関する登記も限定され、③会計制度（建設利息）や株式消却（利益消却）なども法整備により不要となるなど、多岐にわたる多くの事項が登記事項から削られた。

[409] ただし、ニーズのほかに、プライバシーや企業テロ等への配慮も必要である。これらについては、一定の利害関係の疎明により開示する方法等、公示手続に差を設けること等が考えられる。

開示ができる組織形態を模索していけばよい。一方、オンライン化により公示が実効性を帯びることから、登記の趣旨を実体法との関係で必要な情報の集積と改めて捉え直し、審査を維持し、添付書類などの範囲を画するためにも登記所の役割を会社法上の行為が適法に行われたことを保障することに限定することも考えられる。その場合、登記事項は厳選され、審査ができることを保障するための登記所の配置が必要となり、費用の低減は優先課題ではなくなるかもしれない。

　会社法の施行以来、商業登記における登記事項を定める根拠であった会社法自体において、株主構成・経営態様などのガバナンス関係事項についての会社の選択肢が広げられている。公示の必要な事項の幅が広がり、そのチャネルとして登記が選ばれ、登記情報の閲覧に新たな意味が付与されたために、以上のような登記所の「あるべき機能」は深刻な問題とはなりにくいかもしれない。だが、将来的な登記制度の構想に際しては、誰の利益を保護する制度とするか、何を登記事項とし、なぜ・どの程度の真正性を担保するか、そして、登記官の行為規範をどう精緻化・明確化するかについての政策的判断も不可欠だろう[410]。

　なお、以上のような登記事項の申請・利用・審査とは別に、登記の正確性は、従来は当事者出頭主義を通じても一定程度担保されていた。これは法による担保でなく、登記事項の性質等を反映したものでもなかった。平成16（2004）年の不動産登記法改正[411]前には、商業・法人登記の申請は、支店所在地における登記の申請および嘱託による登記を除き[412]、郵送等による登記申請は認められず、当事者またはその代理人が管轄登記所に出頭してしなけ

---

[410] 第112回国会参議院法務委員会第7号、前掲384［稲葉発言］によれば、不動産登記法及び商業登記法の一部を改正する法律案（内閣提出、衆議院送付）について、他庁で請求された登記事項証明書の記載事項をどう構成するかについて、一般公衆が取引上重要として証明を要望する事項の見極めが困難であったと報告されている。

[411] 不動産登記法の施行に伴う関係法律の整備等に関する法律（平成16年法律第124号）参照。

[412] 商業登記の「支店における登記」は、郵送による登記申請ができた。本店申請を経由することにより、登記事項の真正性が担保できるとされたからである。

ればならなかった[413]。改正法により改正前商業登記法16条が削除されたため、郵送等による登記申請が、平成17 (2005) 年3月7日から全登記所で可能となった[414]。これに対し、改正商業登記法23条の2は新たに登記官の本人確認の規定を設け、申請人以外の者によるなりすまし等の疑いをもった場合に申請人を法務局に出頭させることを認めた。これは、会社議事録の偽造による代表取締役就任登記の申請などを、形式的審査主義によりつつも申請者の権限審査によって排除していた従来の実務を、登記申請時の申請人の対面確認が不可能になった後でも維持しようとするものと考えられる[415]。また、法改正後は、職権での出頭要請による民の負担増加には、たとえば警察や申請者本人からの連絡があるなどの正当化根拠が必要となりそうである。申請書類の偽造方法は精緻化しているため[416]、書類の偽造から登記原因の不存在、申請者の無権限を割り出すという形での正確性の担保は、今後は困難になっていくのではないか。

---

[413] なお、郵送による申請は原則として認められておらず、嘱託および支店の所在地においてする登記の申請のみ許容されてきた。民事法務協会報告書・前掲335においては、オンライン申請が可能になった後では郵送申請はもはやメリットを失うこと、また複数の郵送申請が同時にされた場合や休日に配達された場合の申請の先後関係、全部または一部紛失の場合の処理、補正の告知方法などの問題を避ける必要があることから、郵送申請は今後とも認めないとするのが多数の意見であった。

[414] 当事者出頭主義の廃止については、法務省「商業・法人登記の郵送申請について」〈http://warp.da.ndl.go.jp/info:ndljp/pid/260304/web.moj.go.jp/MINJI/MINJI90/minji90.html〉参照。不動産登記法改正により「登記所ニ出頭シテ」(旧26条1項) の文言が削除された (商業登記については、商業登記法16条のほか24条も参照)。なお、「商業法人オンライン登記申請について」前掲353、同「電子認証事務を取り扱う登記所」〈http://warp.da.ndl.go.jp/ info:ndljp/ pid/260304/web.moj.go.jp/ONLINE/CERTIFICATION/GLANCE/glance.html〉も参照。

[415] 当事者出頭主義は、改正前の制度調査においても真正性担保の手段として位置づけられている。法務省「我が国と諸外国の不動産登記制度における登記の真正担保のための方策について」〈http://warp.da.ndl.go.jp/info:ndljp/pid/275388/web.moj.go.jp/MINJI/MINJI43/minji43-7-2.html〉参照。

4. 商業登記のアクセシビリティ・利用者の負担

　登記の運営主体が民間に移った場合のもう一つの問題は、申請件数の少ない地域に恒常的に登記事務代行者を確保する制度的保障である。申請者がオンラインのみで登記所ないし代理人に必要なすべての情報を伝達できるシステムを整備するか、全国規模で人員を派遣できる主体が登記実務を行うのでなければ、地方での登記実務は滞り、登記手数料にも全国格差が生ずるだろう。前者については、他の登記所を経由して申請できるシステムもある以上[417]、オンライン登記申請においては、理念的には、概念上独立した複数の申請と整理されうるとしても当事者は一つの窓口からすべてのオンライン指定庁への申請を行えるはずだし、登記の処理も一箇所に集中して他庁には任せないことが考えられる。また、商号登記に関する市町村単位の制限の消滅なども[418]、このような集中化を後押しするように思われる[419]。

416　不動産の登記済証の偽造について、たとえば法制審議会不動産登記法部会第1回会議議事録（平成15年10月3日）参照。また、前掲408意見書は、不実登記においては通常登記簿（登記記録）に登載される者が、その裏付けとなる資料を自ら作成すると指摘し、オンライン申請においては真の発信者特定の困難性、物理的な痕跡が残らない点、さらに人的関与の希薄化により、いわゆる「なりすまし」の危険性が紙による申請の場合より顕著となるうえに誤登記の修正が容易でないことから、印鑑の提出を超える高度な申請者の本人確認の方法および会社実体を反映する真正の議事録等資料の確保の必要性を主張する。

417　支店所在地における登記は、出頭主義の規定は適用されない。規制改革3か年計画（平成13年3月30日閣議決定）以降オンラインにより本支店の登記を一括して申請することができるように改革されたし、法務大臣が指定する登記所の間での経由申請も可能であった（商業登記法113条の7）。

418　商号制限の根拠を、不正競争目的での商号使用の禁止に求める考え方のほか、営業主体を誤認させる他人の標識を不正の目的で利用することを禁止する趣旨の規定であって個人標識をも保護範囲に含めるとする説が存在した（中山信弘「商号をめぐる商法と不正競争防止法の交錯」竹内昭夫編集『現代商法学の課題（中）』（鈴木竹雄先生古稀記念）619頁（有斐閣、1975））が、いずれにせよ行政区画は保護の目安とはなりえなかった。

419　旧商法上の商号規制（20条）に対し、平成17年改正後会社法・商法における商号規制は、ともに市町村単位での登記済商号を対象とするのでない形へと移行している。

しかし実際には、オンライン登記申請の登記管轄は維持され、すべてのコンピュータ庁のオンライン化が図られる[420]。当事者への出頭を要請できる法制度などにより、登記申請者がアクセス可能な場所に窓口があること——安価に登記が申請できるメリットの確保——の要請が残るためと考えられる。後者については、申請代理人（司法書士）への登記申請委任が浸透しているとの前提のうえに登記所の配置を疎にした場合、現在では登記所の周辺で業務を行っている申請代理人が将来的に大都市に集中したり、地方ごとに申請費用に格差が生じたりする可能性がある[421]。こういった問題は、登記所自身が統廃合を進めている現在、現在の制度を維持したからといって避けて通ることの許されない問題ではあるが、登記所の削減はアクセシビリティを確保できる統廃合基準に従って行われているのに対して、特に人口の少ない地域などでは、申請代理人への同様のアクセスを制度的にどう保障するかはやはり問題である。

　類似の問題として、登記関連費用の問題が存在する。ここで、登記関連費用とは、申請、証明書請求、閲覧などの登記システム利用にかかる費用を指す。登記関連費用は登記事項や証明事項をどこまで自由化するかによっても影響を受けるだろうが、その点は捨象することにする。登記関連費用については、その負担者をどのような指針で決定するかと契約・法などどのような

---

[420] 民事法務協会報告書・前掲335の方針は、現在の利用状況や添付書類の電子化困難から、申請書を窓口に提出する方法による現行の登記申請の制度は否定しないものの、原則として、登記事務をコンピュータにより取り扱っている庁中指定を受けた庁におけるすべての商業登記をオンライン化することを目標とした。理由として、商業登記法１条と法務局及び地方法務局の支局及び出張所設置規則４条がそのように定めていること、オンライン申請により送信された申請情報等は、一度全国で１カ所設置された法務省総合受付通知システムで受信されたあとで、申請先登記所の登記情報システムに送信される形となる予定であって、登記管轄の登記所が登記事件を実際に処理することとなること、出頭による申請をも並行して取り扱うことなどが理由とされている（当事者出頭を登記官が要請できる規定はこれを支持する）。ただし、同報告書は、登記事項証明書については登記官の電子謄抄本発行が必要であるとし、その証明書・秘密鍵（署名鍵）の管理を集中化することを通して、登記管轄がまとめられる可能性も示唆している。

[421] もっとも、不動産登記業務とあわせて考えれば、必ずしも地方との業務量格差が大きくなるともいえない。

形式で負担者を拘束するかの双方について、議論が必要であろう。前者、すなわち登記関連費用をどこまで受益者に負担させるかは、あまり検討されてきていない。商業登記の謄抄本や不動産登記の閲覧は当初から有料制がとられていたため、商業登記閲覧の有料化に関する昭和63（1988）年の議論がこの点に関する数少ない先例となる。改正前には、無料での閲覧は公示の機能を効果的に果たさせるために政策的に採られてきた措置と説明されていたようであるが[422]、電算化に際して謄抄本交付と同様の機器を利用することになる閲覧について、公開という政策とサービスの無償性に必然的な結びつきがないということが認識され、むしろ商業登記の閲覧は、実際上はそれほど国民の需要がなく、事務量が少なかったために無料であったと説明されるようになった。改正の理由は、現在の閲覧の事務量が急増し、信用調査機関等が登記所を長時間占拠して大量の閲覧がなされると、税金の負担により登記所の人件費、物件費等に影響する点に求められた。ただし、一般人による商号閲覧、類似商号の検索などについては利用者の便宜を図ることが強調されており、頻度の低い利用者の負担はなるべく抑えることがめざされていたようである[423]。

　後者については、従来、登記手数料は法の下で政令が定めてきた。ただし、政令への白紙委任は不動産登記に関する最高裁判決により[424]、「手数料としての性質を超えない範囲で諸般の事情を考慮」することとされ、また、登記事務のコンピュータ化の経費を見込んだ手数料額の増額は、「役務の反対給付としての性質を逸脱しておらず」「租税に転化したといえない」ために許される、とされている。

　料金体系の問題は、登記所への地理的なアクセシビリティと同様に利用者の利便性を大きく左右する。だが、登記申請の機会の保障という点からは、異なる評価もできるかもしれない。料金体系は、低廉なことが必要なのだろうか。均一でなくてはならないのだろうか。公正ならば登記所間での多少の

422　第112回国会参議院法務委員会第 7 号、前掲384〔藤井発言〕参照。
423　前掲384〔稲葉発言〕参照。
424　最一小判平成10年 4 月30日訟務月報45巻 5 号1017頁。

差異は許されるのだろうか。登記制度の趣旨の理解は、このような問題にも大きく影響する。また、登記制度に独立採算性を求める場合には、独自の制約が加わるだろう。登記制度の将来を考える際には、運営主体と当該手数料の性質にも注意を払う必要がありそうである。

5．運営主体の中立性

　最後に、登記を行う主体の義務が問題となろう。申請を受け付けるにあたっては、特定の申請者の申請が優先されてはならないし、実質的な登記原因の欠如を書類上に残さないよう形式的瑕疵を治癒するための助言が与えられてはならない。登記事務を行う者を民間に委託したと仮定すると、その登記事務者は、たとえば、事後の資金補充の可能性があっても「見せ金」による設立の登記を拒絶すべきか[425]、公正証書不実記載罪の存在を知ったときの対応、定款の記載が会社法に沿うか明らかでない場合に登記を実行してよいか[426]、といった問題に直面することになる。この点からは、登記申請者をクライアントにもつ申請代理人が登記書類を作成した時点をもって登記受理とするなど、代理人の手元で登記の効果を発生させてしまうような大幅な登記事務の委託には問題があるといえよう。ただし、行政官である登記官には、このような点以外でも、中立・公正な視野の涵養や中立性の維持のための手当てがなされており、したがって、民間への委託等が不適切であると主張されることがある。たとえば、行政減量・効率化有識者会議行政減量・効率化有識者会議の法務省資料は、「民事法務行政全般に法務事務官を従事させることで」培われた専門的かつ「独任制」の登記官の必要性をいう[427]。登記実

---

[425]　大阪地判平成11年10月27日判例タイムズ1041号79頁。

[426]　東京地判平成9年10月13日判例時報1654号137頁では、「社員は他の社員の過半数の決議により退社する」と定めた合資会社の定款に基づいて退社させられた原告が、この定款の規定が商法違反であって無効であり、被告がした登記処分は違法であると主張した。定款の規定は退社事由を具体的に特定しておらず、単に他の社員との間に対立があるというだけで退社が可能となるものであったため、定款の定めは同法86条1項の規定を潜脱するとして無効とされた。

務以外の民事法務行政の経験や独任制がどの程度必要とされているのかについて、改めて検討する必要がある。

6．まとめ

　登記制度に関する近年の制度改革の特徴は、技術革新によって可能となった効率的な情報処理が可能となったことで、登記システムにおける公正性の要請および登記システムの果たすべき機能そのものが再検討の対象となってきていることであろう。登記制度についても、株式の決済と同様にそのシステムを支える費用を誰が負担するか——登記関係手数料や登記所・管轄の維持の是非——は大きな問題である。しかし、それに加えて、登記制度には、負担された費用を行政が使い、不動産登記と商業・法人登記、電子公告、債権・動産登記などを一体的に運営してきた（しかも、証明書交付などは登記特別会計により、比較的独立した採算構造となっており、審査や登録免許税は一般会計に属していた[428]）という大きな特徴がある。登記手続のオンライン化と並行して行政の減量化が課題となったことにより、制度の担い手の切分けや移管がどの程度可能か、行政による制度運営にどのような正統性があるかという問題が浮かびあがった。

　登記制度の下では、登記の性質すなわち「特に登記の真正性が要求される事項は何か、実体法や登記の効力と真正性とはどう関わっており、どのような手続であれば担保されるか」という問題と、登記の担い手すなわち「特定の事項に関する登記の誤りや遅れや改ざんについて誰がどのような責任を負うか、責任は登記に特別の信頼や効力を与える根拠となりうるか」という問題とは深く関わりあっている。これらの問題のゆえに、制度の担い手をシフトすることは従来から非常に難しい課題であった。しかし、オンライン化

---

[427] 登記・供託関係報告書1-1・前掲377 4頁。
[428] 財務省「特別会計のはなし」（平成21年度版）「第Ⅱ編　特別会計各論　2.登記特別会計」〈http://www.mof.go.jp/jouhou/syukei/tokkai2106/tokkai2106_07.pdf〉117頁。なお、平成22年度末をもって一般会計への統合が行われる予定である（同7頁）。

は、閲覧者の数や情報への信頼という実体法的な面からも、登記事務の収益性という手続的な面からも、登記手続・登記所管轄・登記事項に大きな影響を与えていく。このようななかで、登記の取引における役割と制度の行政法上の性格づけとは、誰が登記を受け付けるか、登記の効果を従前どおりとしてよいか、制度の性質を維持するために法を改正する必要はあるか（たとえば、添付書類や登記受付についての裁量は従前のままでよいのか）、登記先例の法的性質はどのようなものだったのか等を論ずるなかで、不可避的に背中あわせで問題提起されていくことになるだろう。

第6編

再選択をする会社法（変わらない会社法）

第1節　序　論

　前編までの議論においては、昭和56（1981）年改正以降、さまざまなアクターからの要求に応えた改正がその都度なされてきたことが明らかになった。そこでは、規制緩和、グローバル化、技術革新および会社法神話からの脱却といったキーワードをもって、会社法改正の流れを解明する作業がなされている。

　本編で中心的に取り扱うのは、タイトルにもあるように、（形式的または実質的に）改正されていない（ように思われる）分野についてである。もっとも、法改正との関係で思いとどめられるべきことは、改正後は、その都度、改正事項も改正されていない事項も含めて、（一応は論理的に説明可能な）一定の均衡状態が保たれているという点である。

　一定の均衡状態という表現を用いたが、別の表現をすれば、各改正の都度、その時点において、ある一定の「枠」が選択されていると評価することもできよう。ここでは、枠という表現は、その時点で改正されていない部分のイメージを比喩的に表現したものと考えていただきたい。

　もっとも、各改正において、そうした枠が選択されるには、一定の要因があったはずである。その枠の選択において、それが、会社法の根底を貫く一定の根本的な原理・原則によるものなのか（それを欠けば会社法とはいえないものなのか）、それとも他の枠に取り替えることもできるその時点での一定の均衡状態にすぎないのかを問うことができよう。かりに、それが一定の均衡状態であるとすると、それは改正を主導するアクターがいなかったからなのか、それとも他の法制度による規制では首尾よくいかないからなのか、といった点が問われるべきことになる。

　本編のタイトルにつけられた「再選択」という用語は、いわば、比喩的に、平成17（2005）年改正の時点で、どのような枠が選択されたかを問題にしようとするものである。何が選択されたのか、それは、どのような均衡状態と

なっているのかについて検討することは、これから起こるであろう改正、さらなる枠の再々選択の展開を見通すうえで重要な作業であるものと思われる。

もっとも、改正がなされていない分野について網羅的な検討を加えることは、簡単な作業ではない。そこで、以下では、形式的に変化がなさそうな分野として、決算公告のあり方と株主総会の権限のあり方を、また、実質的に変化がなさそうな分野として、取締役の責任規制を取りあげて検討することにしたい。

第 2 節　決算公告

1. はじめに

株式会社の計算書類をどのように開示すべきかについて、従来から、法は、貸借対照表その他の資料の定時株主総会における添付、および附属明細書の本店・支店での開示に加えて、株主総会決議終了後速やかに貸借対照表またはその要旨を公告すべきことを求めていた(決算公告、平成13年改正前商法283条)。

もっとも、計算書類の開示に関する法規制については、従来から異なるベクトルの改正要求がなされていた。有限責任を享受する株式会社については、利害関係者は一定の会計情報にアクセスする権利が保証されるべきであるとして、ヨーロッパ諸国並みの登記所における計算書類の開示を要求する立場がある一方で、決算公告の規定が中小会社ではコスト面の負担から遵守されていないこと、また、とりわけ銀行などの債権者は会社から別途、詳細な資料を得ることができることを実質的な理由として、一定規模以下の株式会社については決算公告義務を免除すべきであるとの立場も唱えられていた。

平成 2 (1990) 年の改正および平成17 (2005) 年の改正では、このような要求について議論され、一定の改正案等も示されたものの、最終的な立法にお

いては、従前どおり、決算公告の規定が維持される結果となっている（なお、平成13（2001）年改正においては、決算公告につき電磁的方法による開示が許容されている（旧商法283条5項））。決算公告の規定が維持されたのは、債権者保護のために必然的な規定であるからと説明されることも多いが、改正をめぐる議論や最終的な立法に至る背景をたどると、決算公告の規定が維持されたのは、それぞれの時点で、いわば妥協の産物として、一定の均衡点が維持されているだけであるとの評価も可能なように思われる。

以下では、決算公告の規定がいわば「変わらない」点を捉えつつ、そこでの議論を少し丹念に整理することにより浮かびあがってくる諸相を検討することにする。

2．平成2(1990)年改正

2－1　昭和59(1984)年の「問題点」の公表までの経緯

すでに昭和30年代から、決算公告の規定がいわば有名無実化している点は問題視されていた。昭和37（1962）年改正にあたっては、その当時においても貸借対照表の公告という公示方法を実行している会社は少数であったため、このような有名無実の方法に代えて、貸借対照表および損益計算書を登記所に提出させ、一般公衆の閲覧に供することが適当であるとの立法提案がなされた[1]。しかしながら、この提案は、登記所の人的および物的施設の制約から実現しなかった[2]（なお、登記所の予算的制約については、その後、昭和60（1985）年から登記特別会計が導入されたため、登記所開示の見通しがついたと説明されている[3]）。

1　昭和37年2月法制審議会決定の「商法の一部を改正する法律案要綱」第一三は、「株式会社は、貸借対照表及び損益計算書を登記所に提出するものとし、何人もこれらの書類を閲覧することができるものとすること」とする。

2　矢沢惇ほか「〈座談会〉会社法改正に関する問題点の研究〔5〕」商事法務709号14頁（清水湛発言）（1975）。

3　稲葉威雄「商法・有限会社法改正試案の解説(8)」商事法務1085号57頁（1986）。

その後、昭和50（1975）年6月12日に法務省民事局参事官室から公表された「会社法改正に関する問題点」[4]においては、計算書類の公示・公開方法についての改善すべき点があるかどうかが照会された。具体的には、決算公告以外の計算書類の一般公衆への開示方法を改善すべきか、また、貸借対照表の公告を一定以上の会社に限ったうえで損益計算書も公告させるべきか、その場合の公告の方法は現行法のとおりでよいか、という2点である[5]。

さらに、昭和54（1979）年12月25日の法務省民事局参事官室による「株式会社の計算・公開に関する改正試案」[6]では、貸借対照表、損益計算書に加えて業務報告書および附属明細書を商業登記所に提出しなければならないとされ、大会社については貸借対照表および損益計算書（またはその要旨）の公告を義務づけるとする立法提案がなされている[7・8]。このうち、昭和56（1981）年改正においては、大会社に限り、従来からの貸借対照表の公告に加えて損益計算書の公告も義務付けることとなったが（平成13年改正前商法特例法16条2項3項）、それ以外の改正試案の提案については実現しなかった。

昭和49（1974）年改正当時の衆議院および参議院の附帯決議において、小規模会社法制の見直しについては、多くの問題点が提起されており、全面見直しを含む商法改正の要請があった。また、昭和56年改正当時の衆議院において、多くの附帯決議が付されているが、そのなかで、中小企業に適切な規定を新設すること、あるいは、大小会社の区分等について検討すべきことが提言されている。

昭和49年および56年の改正の経緯にかんがみて、昭和57（1982）年から法

4　元木伸＝稲葉威雄＝濱崎恭生「商法改正に関する各界意思の分析」別冊商事法務51号321頁（1981）参照。
5　当時の議論を紹介するものとして、矢沢ほか・前掲2 16頁以下の議論を参照。ドイツのような会社公告紙の活用も議論されていた。
6　商事法務858号7頁（1979）参照。
7　当時から、証券取引法上の開示との関係について議論されていた。たとえば、矢沢惇「会社の計算・公開に関する改正問題」商事法務825号20頁（1979）参照。
8　なお、昭和50年当時目指されていた会社法の全面改正の方針が一部改正へと方針転換された点については、たとえば、元木伸「株式会社法の早期改正方針の決定について」商事法務844号2〜5頁（1979）など参照。

制審議会商法部会において、小規模会社法制の見直し、大小会社区分立法が中心テーマとなり、そのなかで決算公告のあり方および計算書類の公開の問題も議論された。

この議論を受けて、昭和59（1984）年5月9日には法務省民事局参事官室名において「大小（公開・非公開）会社区分立法及び合併に関する問題点」[9]（以下、この項において「問題点」とする）が公表され各界の意見が求められた。

2−2　昭和59(1984)年の「問題点」の公表およびそれに対する各界の反応

当時の立案担当者によれば、実際に決算公告を行っている会社は、非常に少なく、全株式会社の1パーセントにも満たないとされる。そこで、従来から、小規模な会社については、「官報」または「時事に関する事項を掲載する日刊新聞紙」における公告を義務づけることはややオーバーな公告の方法であって、むしろ決算公告を廃止して計算書類の登記所への提出、そこでの公開によって代置しようとする意見が強く出されていた[10]。

このような経緯から、昭和59年の「問題点」においては、決算公告について、一定規模以上の非公開会社[11]について、決算公告を廃止するとともに、それと引換えに、会社ないし商業登記所における公開を義務づけることについて照会がなされた[12]。

各界の反応としては、公告省略については、圧倒的に多くの意見がこれに賛成し、大規模な会社についても省略に賛成する意見も強かった。会社にお

9　稲葉威雄ほか「大小会社区分立法等の論点」別冊商事法務75号190頁以下（1984）参照。
10　稲葉ほか・前掲9 99頁〔稲葉発言〕。
11　非公開会社とは、「問題点」によれば公開（本質的）株式会社の対概念である。同一三A案によれば、公開（本質的）株式会社は株式の譲渡制限をすることができないのに対して非公開会社はこれが許されるなど、いわゆる閉鎖的な会社が念頭に置かれ、上場の有無は関係ない。会社法施行後の現時点から省みるならば、（ネーミングについて疑問の声も多々ある）会社法における公開会社でない会社と同様の使われ方をしている点が興味深い。

ける公開については反対が非常に強く、商業登記所における公開については消極意見も多かったが、これを支持する有力意見もあった[13]。

2－3　昭和61(1986)年の「試案」の公表およびそれに対する各界の反応

昭和61（1986）年5月15日には、この問題点に対する各界の意見および商法部会の検討結果を参考にして、「商法・有限会社法改正試案」[14]（以下、この項において「試案」とする）が法務省民事局参事官室名で公表され、各界の意見が求められた。「試案」では、上記の議論を反映し、すべての株式会社について貸借対照表および損益計算書の商業登記所における公開を義務づけるとともに、大会社については、なお、従来の公告を義務づけることが提案された[15]。

試案の基本的なコンセプトは、会社の財産・損益の状況が公開され、それに基づいて取引の相手方が会社の信用状況を判断し、取引をするかどうかを決定するというのが、取引秩序の公正確保の見地からみて当然である、というものである[16]。

12　別紙七において、次のとおり指摘された。
「1　非公開会社については、一定規模以上のものを除き、貸借対照表及び損益計算書の公告を不要とするとの意見、公告の方法を官報等に限定しないのであれば、特別扱いをする必要はないとの意見があるが、どうか……
　2　株式会社及び有限会社に備え置いた計算書類、附属明細書及び監査報告書……は、会社において一般公衆に対して公開し、その閲覧に供し、写しの交付をするとの意見があるが、どうか……
　3　株式会社の貸借対照表、損益計算書及び監査報告書（証明書）は、商業登記所へ提出し、公開するとの意見があるが、どうか……」
13　稲葉・前掲3　55頁。
14　稲葉威雄＝大谷禎男「商法・有限会社法改正試案の解説」別冊商事法務89号125頁（1986）参照。
15　試案の内容は、次のとおり。
「四1 a　商法特例法二条の基準に該当する株式会社にあつては、定時総会終了後、貸借対照表及び損益計算書又はこれらの要旨を定款に定めた時事に関する事項を掲載する日刊新聞紙又は官報に掲載して公告する。
　　　b　a以外の株式会社にあつては、aの公告を省略することができる。……
　　2 a　株式会社は、定時総会終了後、貸借対照表及び損益計算書を商業登記所に提出し、登記所でこれらの書類を公開する。……」

もっとも、小規模な会社では官報等に掲載して周知を図るほどの必要はなく、また、利用者にとっても、検索が容易でなく利用しがたい等の欠点がある。そのため、決算公告をしないとすれば、何かほかの方法で計算の公開を確保する必要がある。会社における計算の公開には反対意見が強く、また、会社の計算の内容を調査するのに会社に気がねしなければならないという欠陥があるが、登記所における公開であれば、利用者にとってアクセスが容易であり、会社に気がねしないですむ利点がある。さらに、決算公告と比べて、計算の公開が行われているかどうかを画一的に把握することができ、公開の履行を確保することができる。また、昭和60 (1985) 年から登記特別会計が導入されたため、制度の実現可能性についても、見通しがついたといわれる[17]。

　このように、理論的には抗いようのない制度設計および立法趣旨であるにもかかわらず、中小企業サイドからは商業登記所における公開の義務づけについて強硬な反対論が唱えられた。その中心は実態論である。債権者保護に重要な意味をもたないとか、現在とりたてて弊害が生じていないのに規制を強化する必要に乏しいとか、競争相手に経営状況を知られるとか、下請保護のためには下請企業の財務の内容を明らかにしない必要があるとか、財務内容が悪いことが明らかになると公共工事等の受注に不利になるとか、あるいは、経理能力の劣る中小企業に不利になる等の意見が出された[18・19]。

　これに対しては、先の基本的なコンセプトに基づく反論、および真の中小企業の成長のためには財務状況の公開が必要であるとか、現在の決算公告の義務づけを遵守しないことを前提にした主張はおかしいとか、公開される貸借対照表等だけで競争相手が悪用する情報を求めるのは無理であるとか、親会社の不当な圧力には公正取引委員会が是正措置を講じるとか、入札指名に参加できないというのは粉飾決算を正当化しようとするものである、といっ

16　稲葉・前掲3 55頁参照。
17　稲葉・前掲3 57頁参照。
18　江頭憲治郎ほか「〈座談会〉商法改正事項についての論点」商事法務1215号66頁〔岩原発言〕(1990)。

た指摘がなされている[20]。

このように法務省サイドと中小企業サイドには、基本的な考え方の差異があった。その背景として、決算公告が遵守されていない実態があることはいうまでもない。中小企業サイドの主張は、この事実をいわば既得権益的に主張するものである。

2-4　関連する改正提案

以上の記述では、決算公告に絞って改正提案の経緯をフォローしてきた。しかし、平成2（1990）年改正においては、登記所における計算書類の公開以上に、最も議論を呼んだテーマがある。最低資本金制度の創設がそれである。従来より、物的会社たるにふさわしい最低資本金を義務づけるべきであるとする意見が強力に主張されてきた[21]。中小会社にとってはいわば死活問題ともなる論点のゆえに、「問題点」の公表から、さまざまな議論が出された末、「試案」においては、新設の株式会社について2,000万円、新設の有限会社について500万円とする案が示された[22]。

19　たとえば、山本貢（全国中小企業団体中央会企画調査部長）は、江頭憲治郎ほか「〈座談会〉商法改正要綱案の第三読会を終えて〔2〕」商事法務1155号33～34頁（1988）において、次のように発言している。「有限責任である以上は当然第三者に対して計算が公開されてしかるべきであるというのは一つの法律上の基本なわけですけれども、現実に即して考えてみますと、中小会社を取り巻く環境というのでしょうか、社会的ニーズは必ずしもそうなっていない……。……公告しなかったとしても、それによって弊害が出て、損害を被る人が出てきて、社会的な非難が強まり、これを無視できない状態にまでは現在のところ達していない……。公開をした場合……中小会社等が総会屋的な人たちからの外部的攻撃にさらされたり、あるいは未知の競争相手の戦略的データに供されるということで……経営者としてはやはり神経質にならざるを得ない。……強制されて果たしてどういうメリットがあるのだろう」。

20　江頭ほか・前掲18〔岩原発言〕、江頭憲治郎ほか「〈座談会〉商法改正要綱案の第三読会を終えて〔3・完〕商事法務1156号16～18頁〔江頭発言、大谷発言〕（1988）。たとえば、大谷禎男法務省民事局参事官は「計算の公開の点だけについて……中小企業のメリットのためにやっているわけではなくて、会社の義務として設定されているわけですから、それがメリットがあるかないかというような観点から議論されるのは、全く見当外れではないか……」とコメントしている。

21　議論の詳細については、第1編も参照。

また、同じく議論を呼んだテーマとして、会計調査人に関する提案がある。これについても、「問題点」の公表からさまざまな議論があった末、「試案」においては、資本金3,000万円以上または負債額3億円以上の会社は、会計調査人の調査を受けなければならないとする案が示された[23]。

これらは、いずれも、中小企業サイドにとって、規制強化となるべき提案であったため、先の計算書類の登記所公開と同じく、強行な反対論ないし修正案が出されていた。

さらに、これらと関連して、計算書類が公開されない場合に、取締役に対する賠償を請求する場合の挙証責任を転換するという提案[24・25]および資本金が一定の金額（たとえば5,000万円）に満たない株式会社において、いわゆる機能資本家（支配株主等）が、労働債権または不法行為債権について直接責任を負うという提案もなされていた[26]。

これらは、先の基本コンセプトに従いつつなされた政策的・妥協的な提案と評価できる。すなわち、後者については、株式会社たるもの、債権者に迷惑をかけることが想定されるのであるから、少なくとも5,000万円程度の出資金を準備したうえで運営されるべきところであるが[27]、これを満たさない場合には、これを補完すべく、契約上自衛できない債権者について、一定の株主が直接責任を負うとするものである。もっとも、5,000万円という基準

---

22 「試案」一20ａ。なお、既存会社については、相当程度（3〜10年）の猶予期間を設ける等の経過措置を設けることとされた。
23 「試案」四3〜5。議論の詳細については、第1編も参照。
24 「試案」二12。
25 竹内は、次のような比喩を用いて説明する。「定期的な健康診断を受けていないために命取りになってしまったという場合には、やはり普段の心がけが悪いのですから、責任を負わされても仕方がないでしょう。……私はこの計算書類の開示とか監査・調査というのは、小さい会社の取締役にとっては一種の保険みたいなものだと思う……」竹内昭夫ほか「〈座談会〉商法改正要綱案作成の現況と問題点」商事法務1133号21頁〔竹内発言〕（1988）。
26 「試案」三14および15。立案担当者による解説として、大谷禎男「商法・有限会社法改正試案の解説(7)」商事法務1084号14頁（1986）参照。
27 竹内昭夫ほか「〈座談会〉商法・有限会社法改正試案をめぐって(11)」商事法務1090号39頁〔稲葉発言〕（1986）参照。竹内ほか・前掲25 26頁〔竹内発言〕。

の合理的意味合い、および従来個別具体的事案ごとに旧商法266条ノ3〔会社法429条に相当〕とか法人格否認とかで処理されていたものを、形式的・画一的基準で処理しようとすることについては疑問があった[28]。

また、前者についても、本来計算書類の内容は公開されるべきところ、このような（基本的な）要求を満たせない会社については、その代償として、取締役の責任を強化すべきであるとするのであるが、そもそも計算書類の不開示を取締役の責任でフォローすることの是非については、理論的な難点を包含するものであったといえよう[29]。

なお、この時期に実施された中小企業庁の調査によれば[30]、「最低資本金の導入」「計算書類の商業登記所における一般公開」「会計専門家による『調査』」「取締役の対外責任の強化」の4項目のいずれかを実施しなければならないとしたとき、どの項目を選択するかについて株式会社を対象として調査がなされた結果、最も制度実施について抵抗感が少ないのは「取締役の対外責任の強化」であり、以下、「最低資本金の導入」、「会計専門家による『調査』」と続き、最も抵抗感が強いのは「計算書類の商業登記所における一般公開」となっている。

「取締役の対外責任の強化」が受け入れやすいとされているのは、多くの中小企業において取締役の責任が実質的に無限化していることを反映したものであると分析されている[31]。4項目のなかで「計算書類の商業登記所における一般公開」が最も抵抗感が強いとされている点は、後の立法における経

---

[28] 江頭ほか・前掲19 28頁以下〔大谷発言、山本発言および江頭発言〕参照。

[29] 江頭憲治郎ほか「〈座談会〉商法改正要綱案の第三読会を終えて〔1〕」商事法務1154号17頁以下〔山本発言および大谷発言〕(1988) 参照。取締役の責任を強化することについて大谷は、制裁規定ではなく「株式会社たるものの本質的な性質と、そういうものから来る要請を維持するためのつじつま合わせのための一つの規定であると考えています」と発言している〔下線筆者付加〕。

[30] 大津幸男「商法改正に関する中小企業の意識・実態調査結果の概要」商事法務1078号31頁 (1986)。

[31] 大津・前掲30 31頁。もっとも、すべての取締役の責任強化ではなく、(実権を握っている) 代表取締役の責任強化であれば受け入れやすいとの見解もある。竹内昭夫ほか「〈座談会〉商法・有限会社法改正試案をめぐって(6)」商事法務1085号51頁〔佐藤千尋発言〕(1986)。

緯を含めて考えると興味深い[32]。

2−5　要綱案の公表

当初は、昭和61（1986）年11月までに「試案」に対する各界の意見が回収され、昭和63（1988）年春以降法案が国会に提出されるスケジュールであった。しかし、強い異論が出され、慎重な検討が続けられた[33]。とりわけ、社員有限責任の理論的根拠ないし基礎条件としての相当の財産の保有の確保あるいは計算の適正化、財産状態の開示という点の扱いについて、必ずしも関係各界の意見がまとまっている状況ではなかった[34]。

その後も改正要綱案の取りまとめのための審議が続けられたが[35]、平成元（1989）年の暮れの段階で、改正試案が取りあげた事項の全範囲を今回の改正において一時に処理することは困難であるとの判断に達し、それまでの改正事項として検討していたもののうち、設立、株式、計算・公開、組織変更等を中心とする事項についてまず改正を行うものとし、これについて平成2（1990）年3月に「商法等の一部を改正する法律案要綱案」（以下、「要綱」とする）として法務大臣に答申された[36]。それまでの議論のうち、経営管理機構の改正事項、会計専門家による計算の担保の制度等については、継続審議の扱いとなった[37]。上述の検討点に限ってみれば、会計専門家による「調査」制度が見送られ[38]、また、支配株主等の責任についても提案が見送られるこ

---

[32]　中小企業サイドの心情論を吐露する発言として、たとえば次のようなものがある。「貸借対照表・損益計算書といいますのは、どちらかと言うと、1年間の業績の結果、つまり学校で言えば通信簿なのですね。子供のころを振り返ってみますと、その通信簿を全然関係のない人にまで見せるということはなかったはずなので……」。竹内ほか・前掲27 47頁〔佐藤発言〕。他方で、江頭は、「中小企業の方がなぜそれほどこれをいやがられるのかという理由が、私にはもう一つわからない」と発言している。江頭ほか・前掲20 16頁〔江頭発言〕。

[33]　大谷禎男「商法改正作業の進捗状況について」商事法務1119号30頁以下（1987）。

[34]　竹内ほか・前掲25 9頁〔稲葉発言〕参照。

[35]　大谷禎男「会社法改正作業の最近の動向について〔1〕〔2・完〕」商事法務1192号2頁、1194号8頁（1989）参照。

[36]　商事法務1209号9頁（1990）参照。

[37]　「商法等の一部を改正する法律案要綱案の概要」商事法務1209号2頁（1990）。

ととなった。

　大きな問題が積残しになった点について、商法部会長の鈴木竹雄は「問題が難しいということもあり、ことに国会に法律案を上程する日取りの関係からいっても、できるだけ早く今度の要綱を決める必要があったので、こういうことになりました。この間の事情は皆さんにもわかっていただけると存じます」とインタビューに答えている[39]。

　さらに、要綱では、登記所公開についても大きな変更がなされている[40]。まず、公開すべき書類について、大会社以外の株式会社については、当分の間貸借対照表のみを登記所に提出すべきこととなった。第二に、要綱では、改正案と異なり、資本の額が3,000万円未満で負債が5億円未満の会社については、当分の間登記所での公開が義務づけられず、その代わりに従前の公告義務がなお課されることになった[41]。第三に、要綱では本支店双方における公開や手数料などの手続を設けている。第四に、計算を公開しない場合の取締役の責任などが落とされている[42]。

2－6　平成2(1990)年商法改正

　最終的に、商法改正案の段階では、改正の眼目の一つというべき、計算書

---

[38] その背景には、調査の具体的な内容、調査のあり方についての議論が進捗せず、また、調査の担い手である税理士および公認会計士の理解が得られなかったという事情がある。たとえば、竹内昭夫＝濱崎恭生「商法改正作業の動向と今後の対応」商事法務1169号12頁（1989）参照。

[39] 鈴木竹雄「商法等改正法案要綱の決定・答申について」商事法務1211号2頁（1990）。

[40] 前田庸「商法等の一部を改正する法律案要綱の概要〔下〕」商事法務1213号13頁（1990）参照。

[41] この点について整合性を問題視する見解として、弥永真生「計算書類の登記所における公開」商事法務1474号11頁（1997）。弥永は、この整合性のなさが、会計調査人とセットにして公開が論じられたことと並んで、登記所における計算書類の公開が実現しなかったことの理由である、とする。なお、座談会において、森本滋は「……未満の会社に登記所における公開義務は免除するけれども公告はしなさいという提案について……担当官の方には失礼なのですけれども、こういう提案はいやがらせ以外の何ものでもないと思います。この規定は、要するに担当官の憤りの表現であるというようにもいえると思います……論理的に筋が通らないと思いますが、そういう意味で一つの意味のある提案かなと思うほどのものです」と発言している。江頭ほか・前掲**18** 69頁。

類に関する商業登記所における公開についての提案が見送られた。登記所における公開の制度の改正が見送られたのは、改正要綱の答申後においてもこの制度については各界に反対意見があり、政府部門においても意見の調整がつかなかったためと推測されている[43]。

新聞報道では、「無念さ隠せぬ法務省」というタイトルの下、「商法改正案づくりで法務省が自民党に強引に押し切られた」、「中小企業の体質改善を迫ろうとする法改正の目的は半分も達成できない結果に終わった、と受け止める法曹関係者が多い」と報道された。その背景として、日米構造協議で大規模小売店舗法の3年後の抜本的見直しなどが決まり、自民党が中小企業をあまり刺激したくない時期であること、翌年の統一地方選挙を控えて中小企業の支持を失いたくないという危機感があると指摘する[44]。

その後の審議においては、野党から、法案について要綱案からの後退の理由を問いただした質問なども出されたものの、平成2（1990）年6月に可決・成立した[45・46]。

---

42 要綱第一によれば、以下のとおりである（商事法務1209号13頁（1990））。
　三1　貸借対照表等の商業登記所における公開等
　㈠　取締役は、貸借対照表及び損益計算書並びに監査報告書を、定時総会終結後、法務省令で定めるところにより、本店の所在地においては二週間、支店の所在地においては三週間内に、その所在地を管轄する商業登記所に提出しなければならない。
　㈡　㈠により書類を登記所に提出する場合には、手数料を納付しなければならない。
　㈢　何人でも、㈠により提出された書類につき、その提出後五年内は、法務省令で定めるところにより、手数料を納付して、写しの交付を請求することができる。
　㈣　資本の額が五億円未満で、最終の貸借対照表の負債の部に計上した金額の合計額が二百億円未満の株式会社にあっては、取締役は、法第二百八十三条第三項の規定による公告を省略することができる。
　㈤　㈣の会社は、当分の間、㈠にかかわらず、損益計算書及び監査報告書を提出することを要しない。
　㈥　資本の額が三千万円未満で、最終の貸借対照表の負債の部に計上した金額の合計額が五億円未満の会社は、当分の間、㈠にかかわらず、㈠に掲げる書類を提出しないことができる。この場合において、その書類を提出しない会社については、㈣を適用しない。
43　「商法等改正法案の国会提出について」商事法務1214号2頁（1990）。
44　日本経済新聞1990年4月15日朝刊2面。

もっとも、第118回国会衆議院法務委員会の附帯決議六[47]において、「有限会社の取締役及び監査役の任期制の導入その他有限会社法制の全体的見直しを図ること」および、第118回国会参議院法務委員会の附帯決議三[48]において、「小規模会社に関しては、その実情に応じた株式会社法の整備を検討するとともに、小規模会社制度としての有限会社については、取締役・監査役の任期等の制度を導入するなど抜本的な法改正を検討すること」と決議された。これらが、平成17 (2005) 年において、設立時における最低資本金制度が撤廃され、また、会計参与制度が導入されつつ、決算公告の制度は維持された（有価証券報告書提出会社では一部緩和）改正につながっていくものと評価することもできよう。

2－7　改正の評価および課題

平成2 (1990) 年の法律案要綱にまで盛り込まれた計算書類の登記所での公開というプランは、有名無実化している株式会社の計算書類の公開というシステムを、いわば「実質的に」変更しようとするものであったと評価することが可能であろう。これに対しては、結局、システムの担い手である中小企業側の理解を得られなかったことから、計画は頓挫するに至った[49]。中小企業というアクターの存在により、会社法が変化しなかったという評価も可能であろうし、いったん法律の不遵守状態が常態化してしまうと、これを実質的に変更することが難しい事例として位置づけることもできよう。

新聞報道にもあるように、法案の提出段階で政治的な圧力がかかったであろうことは想像に難くない。もっとも、法務省サイドとしては、中小企業サイドにおいて最も抵抗の強かった登記所公開を諦めることで、何とか、かねてより念願であった最低資本金制度の導入を勝ち得たという評価も可能であ

45　「商法改正国会審議状況(1)～(3)」商事法務1217号30頁、1218号34頁、1219号48頁 (1990) 参照。
46　永井紀昭「商法改正の成立と国会審議」商事法務1221号2頁 (1990) 参照。
47　平成2年6月8日法務委員会第9号。
48　平成2年6月21日法務委員会第8号。
49　その後も、計算書類の登記所における公開を主張するものとして、弥永・前掲41 8頁。

ろうか。もっとも、難産の末成立した最低資本金制度ではあるが、その内容について譲歩しすぎるとも評価できるものであったため、後日の理論的批判に耐えることができず、会社法改正において、再びその撤廃の議論がわきあがるのである。

2-8 平成13(2001)年改正

商法等の一部を改正する法律案要綱（いわゆる中間試案）では、すべての株式会社について、電磁的方法により貸借対照表、損益計算書および監査報告書を提供させることを提案するとともに、大会社以外の会社については、決算公告の義務を免除する提案がなされていた[50]。最終的な改正法では、ウェブ開示を選択的に認めるという形で決着する[51]。

3．平成17(2005)年改正

3-1 改正の経緯

平成17（2005）年改正の特徴の一つとして、中小企業向けの会社法制のあり方が正面から取りあげられた点がある[52]。その背景として、平成13（2001）年1月31日に中小企業政策審議会企業制度部会[53]が公表した「中小企業政策の視点からの商法改正について」（以下、「平成13年報告書」とする）および、

---

[50] 試案の二二は、次のように提案する（商事法務1593号45頁（2001））。
　一　株式会社にあっては、定時総会終了後、所定の期間内に、法務省令で定めるところにより、貸借対照表及び損益計算書並びに監査報告書を提供しなければならないものとする。
　二　何人でも、一の規定により提供された貸借対照表及び損益計算書並びに監査報告書につき、その提供後五年内は、法務省令で定めるところにより、閲覧等を請求することができるものとする。
　三　資本の額が五億円未満で、最終の貸借対照表の負債の部に計上した金額の合計が二百億円未満の会社にあっては、取締役は第二百八十三条第三項の規定による公告を省略することができるものとする。

[51] 第5編第3節2-1を参照。

同じく、平成15（2003）年5月に中小企業政策審議会企業制度部会[54]が公表した「中小企業政策の視点からの新しい会社法制のあり方について」（以下、「平成15年報告書」とする）の二つの報告書における提言が重要であると思われる。

平成13年報告書においては、平成14（2002）年度通常国会までに検討すべきものと、会社法制の全面的な見直しも含めた今後5年程度の期間内に検討すべきものとに整理し、各々について法制審議会等各方面に働きかけていくものとされた[55]。

また、平成15年報告書においては、当時の会社法制の問題点として、①枠組みが画一的で、法の想定と実態が合っていない。②過剰な規制が多く、現実には遵守されていないものが多い。③会社形態に対するイメージにより株式会社を選択する企業が多いというひずみが生じている点をあげている。

同じく平成15年報告書では、中小企業の創業や経営革新を進めるために、有限責任の下で運営される会社の最低限のルールを明確にし、成長する中小企業がその時々の実態・成長段階に応じて最適な運営ルールを選択できるようにすべきであるとする。さらには、中小企業の大部分が譲渡制限会社であり、一般に株主と経営者の信頼関係が強いことを念頭に置いた見直しが必要であるとする。具体的には、①過剰規制の緩和、②定款自治の拡大、③ひずみが生じない会社形態の名称・法形式をあげる[56]。

なお、そもそも平成13年以降、なぜ中小企業庁からの要望が顕在化したの

---

[52] なお、法制審議会における初期の議論では、経済産業省の委員の発言として、「多様な実験が可能になるようなシステムを、組織、資金調達の面でも、ガバナンスの面でも御用意していただいて、その中で、恐らく10年たてばある種の合理的なモデルが出てくるというようなインフラを商法の世界で用意していただきたい」との要望が出されていた。法制審議会会社法（現代化関係）部会第1回議事録〔経済産業省委員発言〕。

[53] 部会の委員は、産業界のメンバーが多いが、商法学者の委員として、前田庸が含まれていた。

[54] 部会の委員は、産業界のメンバーが多いが、商法学者の委員として、前田庸および江頭憲治郎が含まれていた。

[55] 中小企業政策審議会企業制度部会「中小企業政策の視点からの商法改正について」1頁（平成13年1月31日）。

かについても興味がもたれる。その背景としては、平成11年の臨時国会において[57]、中小企業基本法が改正（36年ぶり全面改正）され、政策目標が従来の「大企業との格差の是正」から「独立した中小企業の多様で活力ある成長・発展」に変更されたことがあげられる。

　従来の中小企業基本法の理念の中心は、スケールメリットの追求（中小企業構造の高度化）であり、「創業」等が位置づけられることはなかった。これに対し、新法では、資金、人材、技術、情報等の経営資源の面での支援を基盤的な施策とし（経営基盤の強化）、これに創業・経営革新等の前向きな事業活動を行う者への支援と大規模な金融危機等の場合のセーフティネットの整備が重点政策として位置づけられ、さらには、中小企業の定義の拡大も行われた。

　このような中小企業法制の全面的改正の流れのなかで、決算公告の問題が規制緩和の一つとして取り上げられた。もっとも、実際の改正作業においては、中小企業に関する規制が総合的に検討される。そこでは、たとえば、平成2（1990）年改正において導入された最低資本金制度の見直しが検討された。さらに、会社法制の現代化にかかるパブリック・コメント実施後の議論のなかで、中小企業の決算書類の適正性を担保することを主目的として、「会計参与」の制度の導入が検討されるに至った。これらの改正項目は、その理論的な背景もあるが、実務に対する影響が非常に大きいことからことさら中小企業団体の関心も高く、最終の法案のまとめの作業にあたって、それらが

---

[56] 報告書では、このほか、会社の目的記載の運用緩和、取締役の員数制限の緩和、中小会社における取締役会、代表取締役および監査役の設置の任意化、譲渡承認の対象に相続等による株式取得を加えることなどが提案されていた。

[57] 第146回国会は、中小企業国会とも呼ばれ、中小企業関連の立法が相次いで成立した。具体的には、①中小企業事業活動活性化法の改正（中小企業信用保険法及び信用保証協会法の改正……中小企業の発行する私募債への信用保証の付与等、中小企業金融公庫法及び沖縄振興開発金融公庫法の改正……担保に乏しいベンチャー企業への資金供給制度の創設等、中小企業近代化資金等助成法の改正……創業者と小規模企業者等の経営基盤強化に資する無利子融資制度の創設等、中小企業団体の組織に関する法律の改正……事業協同組合等から会社への組織変更規定を導入等）、②中小企業創造的事業活動促進法の改正、および、③新事業創出促進法の改正である。

総合的に考慮されたのではないかとの推察が可能であるように思われる。そこで、以下では、これらの項目についての改正の経緯をみることにする。

3－2　決算公告

決算公告に関する規制について、まず、先の中小企業政策審議会による平成13（2001）年報告書では、「官報又は日刊新聞で行わなければならないとされる公告方法については、コスト面及び公衆縦覧性において現実的な手段であるインターネットによる公告を選択肢として追加し、何れかを任意で選択できるようにする」との提言がなされている。

その提言が平成13年改正で実現されたのを受けて、平成15（2003）年報告書では、「計算書類の公告義務については有効性を検証し、義務の必要性も含め見直すべき」とされている。提案の背景は、そもそも、中小企業にとって公告の実益が感じられていないこと、また、公告の利用者の側からみると、金融機関や大手取引先は、中小企業から直接財務情報を入手していること、などがあるとされる。

平成15年報告書は、中小企業の信用判断の実態をみると、回答者の85パーセントが公告が行われていないことに特段不都合を感じていない、具体的には、業界での評判や過去の実績（56パーセント）、経営者個人の信用度（15パーセント）、民間の調査会社の情報（35パーセント）等により判断しているとする[58]。もっとも、中小企業の経営においてもディスクロージャーの重要性がますます高まっており、今後は自ら情報開示に努めていくことが必要であるとの認識はあるものの、それを法制度により強制すべきではないという見解である。

平成17（2005）年改正に向けての法制審議会における議論においては、費用の負担および遵守されていないという状況からして、何らかの見直しが必

---

[58] 少数意見ながら、取引先の信用判断をする手段がなく、不都合を感じているとの回答も11パーセントある。なお、同報告書が引用する、平成12年（財）中小企業総合研究所機構実施アンケートによれば、これまで一度も公告したことがない（83パーセント）、かつて公告したことがあるが、近年は行っていない（8パーセント）、毎年公告を行っている（5パーセント）などとなっている。

要であるとする意見が出されていた。他方で、ウェブサイトにおける開示が許容されてから状況が変化しているのではないかという意見があった。また、中小企業等に対する貸付債権を流動化する際に、債務者の財務情報等をどこまで売却先に開示できるかが問題となることがあったために、その際に、開示しても法律違反にならない範囲を画するという点からも財務情報の公告が義づけられるべきであるとも考えられ、企業としても債権等の流通の市場を活性化させるために進んで開示すべきではないかとの意見もあった。このように、当初から議論は激しく対立した[59]。

要綱試案では、決算公告について、下記のようにとりまとめられている。

　a案　株式会社・有限会社のすべてについて、決算公告を義務付けるものとする。

　b案　現行制度に準じ、一定の範囲の会社について、義務付けるものとする。

　c案　会計監査人による会計監査を受ける会社について、義務付けるものとする。

　d案　会計監査人の設置が義務付けられる大会社について、義務付けるものとする。

　e案　義務付けを廃止する。

（注1）　b案については、株式会社と有限会社との規律の一体化を図る場合における決算公告の義務付けの有無の区別の基準（例えば、商号、取締役会の有無、譲渡制限の有無等）について、なお検討する。

（注3）　e案については、任意の決算公告の法的位置付けについて、なお検討する。

5案が併記されたのは、法制審議会において最も議論が分かれた点であることの現れと評しうる。パブリック・コメントの回答も同様に、a案からe案までのそれぞれについて支持する意見がそれぞれ有力に寄せられている結果になった[60]。

---

[59] すべての会社に強制力をもって決算公告を要求するのはアンビリーバブルであるとの意見もあった（第9回議事録）。

3-3 最低資本金制度について

　最低資本金制度について、まず、先の中小企業政策審議会による平成13 (2001) 年報告書では、具体的な提言はなされていない[61]。これに対して、平成15 (2003) 年報告書では、「株式会社、有限会社について、最低資本金規制を大幅に引下げ又は廃止すべき」との提言がなされている。

　平成17 (2005) 年改正に向けての法制審議会の議論では、議論が激しく対立した。それを反映して、要綱試案でも、設立時における払込価額規制については、株式会社・有限会社の設立に際して払い込むべき金銭等の価額について、次の3案が示された。

　a案　株式会社について、現行の有限会社と同額の300万円とする。
　b案　株式会社・有限会社について、300万円よりもさらに引き下げた額(例えば100万円、10万円等)とする。
　c案　設立時に払い込むべき金銭等の額については規制を設けない。
　(注)　b案又はc案を採用する場合において、法人格濫用の防止の観点から、例えば会社の不法行為に関する会社関係者の責任の強化等の措置を講ずるかどうかについては、なお検討する。

　これについての、パブリック・コメントの結果は大きく分かれ、a案あるいはc案のいずれかを支持する意見が多数であり、それぞれの意見提出団体をみても、学界、経済界とも、それぞれ意見が分かれていると説明される[62]。

3-4 会計参与の提案

　上記のとおり、最低資本金および決算公告のあり方については、法制審議会における議論およびパブリック・コメントに寄せられた意見も分かれていたが、これらの問題に関連して、パブリック・コメント後に提案された制度

---

[60]　相澤哲ほか「会社法制の現代化に関する要綱試案に対する各界意思の分析」別冊商事法務273号56～57頁 (2004)。
[61]　設立については、検査役の調査の見直しおよび原始定款における取締役および検査役の指定のみが提案されていた。もっとも、中長期的な見直しの方向性の箇所では、株式会社と有限会社についての異なる扱いの例として、最低資本金もあげられている。

に、会計参与制度がある。

　会計監査人の任意設置の範囲について、パブリック・コメントとして寄せられた1,700余りの意見のうち、1,600余りが個人の税理士からの意見であるが、以下のような意見が多かったということである。すなわち、小会社を対象とし、当該会社における計算の適正担保の方法については、その計算書類の正確性を確保するため、実在性、網羅性、期間配分、適正性および表示の妥当性について検証する作業を行う。その担い手としては、少なくとも税理士、税理士法人が含まれるべきである。そして、そのような担い手となった場合の責任については、平成17年改正前商法280条2項の規定に準ずるようなものとするというようなアウトラインでの制度設計を求める、とする意見である。また、これに関連する意見として、小会社における計算の適正さの確保という観点から、計算書類についての直接的な保証というものを予定するものではないが、関与証明報告制度を導入してはどうかというような提案も寄せられている[63]。

　このような提案を受け、平成16（2004）年6月2日開催された第23回会議では、「会計参与」制度の提案が行われた[64]。すなわち、一定の資格者が就任することを前提にし、内部的な機関として位置づけつつも、内部の他の機関

---

[62]　なお、ある委員からの「意見が分かれた」というのと、「多数の意見を占めた」というのとのニュアンスはどのように違うのかという質問に対しては、次のような説明がなされている。「事務局限りで、意見分布に軽重があると断ずるにはちゅうちょを覚えるという程度に意見が分かれたと……。おっしゃるように、数だけで決めるということであれば簡単なのですけれども、そこは個人の意見を含めますとなかなかそうもいかないところがございます。ここに掲げられている意見は、どちらかというと私どもの方で個別に文書によって意見照会させていただいているところのものがほとんどでございまして──、我が国における有力な関係団体、関係機関になろうと思いますけれども──、それらの意見の中に賛否それぞれの意見があるという場合に、だれの目から見ても──と言うとまた語弊があるかもしれませんが──、それなりに数において差が開いていると言えそうな場合と、そうとも言えそうもない場合というのを事務局の方で適宜判断させていただいたものです。別に他意はございません」（本文中の記述も含め、第18回議事録参照）。

[63]　具体的な提案以外にも、専門家の関与による中小会社の計算書類の適正さを確保するための措置の必要性を指摘する意見は、ほかにも寄せられた（本文中の記述も含め、第18回議事録参照）。

からの独立性を確保し、いわば社外取締役と同様の立場に立たせ、その職務については、計算書類の取締役等との共同作成、それにかかわる株主総会における説明、計算書類の保存、株主等への開示に対する対応等とし、その職務を行うことを前提にして必要な権限をもたせる、という規律の制度としてはどうかというものである[65]。

3－5　事務局案の提示

注目すべきは、同日の資料として用意された「資料22」において、事務局から、最低資本金制度および決算公告について、最終案ともいえる案の提示があったことである。すなわち、設立時の最低資本金規制については撤廃する一方で、決算公告については、現行の株式会社についての規制を維持するという提案である。以下、少し長くなるがそのまま引用する。

「……最低資本金制度の見直しにつきましては、前回までの御議論の中で、試案の中で掲げておりました三つの機能に係る見直しのうち二つについてまでは試案と同じような整理をさせていただくということでほぼ御異論はなかったものと承知しておりますけれども、設立時の払込価額規制についてどのような見直しをするかということについては、試案を取りまとめるまでの間も大きく意見が異なり、試案に対する意見照会の結果におきましても、経済界・学界を含めて相当程度意見の隔たりがあったところでございます。今回、事務局といたしましては、設立時の払込価額規制についての見直し要望が実務上非常に強いということを踏まえまして、一応それについては制限を設けないということでどうかということをお諮りさせていただきたいと思います。

---

[64] 当日の会議の部会資料として用意されたのは「資料22」である。この資料は、それまで争いのあった、閉鎖会社についての分類ではなく、現行法上の両会社類型を一つの会社類型として規律するという方針をとった場合に生ずる諸論点について、それまでの議論をふまえて、その段階で議論の方向性を整理したものと説明されている。

[65] 第23回議事録。制度については賛成するものの、会社法上、そのような位置づけをするのであれば、税理士の資格試験の試験問題に商法（会社法）を入れるべきではないかとの発言もあった（第24回議事録）。

最低資本金規制の見直しをこの点も含めて全面的に行うということになりますと、剰余金の分配規制もそうですけれども、形式的な資本の額よりも、実質的な会社の財産状態自体が重要であり、計算の適正さの確保やその開示ということが更に重要になると思われるところでございまして、恐らく、4〔最低資本金について〕のような見直しをする前提としては、開示についての規制の後退ということはなかなか許され難いところではないかと思われます。

したがいまして、5の「決算公告」につきましては、ここもまた非常に大きな意見の隔たりがあったところでありますけれども、現行の株式会社についての規律を堅持するということでどうかと考えているところでございます。

実効性についての御議論は承知しているところではありますが、各種方面に今回の改正作業の内容を説明する機会がありますと、必ずしも規制緩和ということで評価を受けるばかりではなく、会社制度についての適切な規律の確保が必要であるという指摘もよく受けるところでございます。設立時における最低資本金の見直しを行うということであれば、当然配当規制についての実質的な最低資本金規制の維持という点も御承認いただいていると思っておりますけれども、それ以外の、会計監査人制度の利用範囲の拡大や新たな会計に係る機関の創設、更には決算公告制度の維持というような点を合わせることにより、関係各方面の理解が得られるのではないか、あるいは、そうでなければなかなか得にくいのではないかというように事務局限りで思うところでございまして、4と5を合わせてこのような形で議論の対象とさせていただきたいというところでございます」。

3-6　改正の評価および課題

上記のような事務局の説明からは、最低資本金制度の撤廃および最低限の計算公開制度——決算公告制度——の維持は、両者がセットであり、かつ政策的な判断からそのような制度設計がなされたとも評価しうる。平成17（2005）年改正で決算公告制度が維持されたのは、最低資本金制度の撤廃の

いわばバーターにすぎないという見方である。また、税理士界の強い要望を受けて、計算の適正性確保のための会計参与制度を創設する以上、それと同じベクトルをもつ決算公告制度の撤廃は難しかったという事情もあるであろう。これらの意味で、変わらない会社法としての決算公告制度は、原理原則に基づくものではなく、むしろ一種の妥協の産物にすぎないと説明することも可能なようにも思われる。

　こうした見方はいささかうがった見方ではないかという批判もありえよう。確かに、形式的には、決算公告の制度は、株主有限責任制を採用する限り、理論的に譲れない一線であるとの評価も可能である。最低資本金制度が撤廃された現状ではなおさら守るべき規制であると評価することもできる[66]。また、会計参与制度の創設にしても、将来における計算公開制度の充実への期待を残すものであって、それは原理原則論に適うものといえるであろう。

　とはいえ、上記のような改正の流れおよび今般の最低資本金制度の撤廃をめぐる議論をみると、その背景には、やはり一定の改正項目について総合的な見地から一種の政策的な判断が下されたとみる余地があるように思われる。

　先の平成2（1990）年改正との対比でいえば、平成17（2005）年改正は、有名無実化している株式会社の計算書類の公開というシステムを、小規模会社における計算書類の公開義務を免除することにより、いわば「形式的に」変更しようとする試みであったとの評価も可能であろう。しかしながら、このような変更は先にみたような政策的な判断により実現されなかった。法律の理念と現実の乖離という状態はなお残存しており、今後も異なるベクトルからの改正要求がなされる可能性が大きい論点であるといえよう。

---

[66] 稲葉威雄『会社法の基本を問う』164頁（中央経済社、2006）は、ITの発達により、貸借対照表等の公告の事実を特定のウェブサイトに届け出てそこで公示することは、会社にもあまり負担をかけず、行政側の負担も最小限の形でできるはずであり、実効性あるものにするよう、さらには、不履行については何らかの制裁・不利益と結びつけるような制度を、段階的でもよいから早急に検討すべきであるとする。

第3節　株主総会の権限に関する規律

1．はじめに

　平成17（2005）年改正においては、各分野において定款自治の拡大により規制緩和が図られている。そうした点からみると、株主総会に関する規律については、これといって「大きな改正は行われていない」との評価も可能である[67]。株主総会に関する改正項目として、若干目を引く点は、取締役会設置会社でない会社については株主総会の万能機関性が復活していること（会社295条1項）であろう[68]。もっとも、これらの会社でも、定款の定めにより法定事項以外については決議できないと定めることは可能であり、両者の区別は絶対的なものではないとの指摘もある[69]・[70]。

　これに対して、たとえば、株主総会の権限のあり方や少数株主権のあり方

---

[67] 中村直人「株主総会」川村正幸＝布井千博編集『新しい会社法制の理論と実務』108頁（経済法令研究会、2006）。

[68] そのほか、株主総会の招集地に関する制限を廃止し（旧商233条）、株主総会の議長の選任に関する規定をなくし（旧商237条ノ4第1項参照）、また、定款自治により、少数株主による議題提案権の行使期限等を短縮できることとした（会社法297条4項2号・303条2項・305条1項）。同時に、多様な機関設計に応じて適切な総会運営を可能とするような改正が行われた（全株式譲渡制限会社について、原則として株主総会の招集通知を1週間前に発すれば足りるとし（会社法299条1項）、取締役会を設置しない株式会社における招集手続について、従来の有限会社型の規律を定める（会社法299条1項・2項・4項、303条1項、437条）。また、大会社以外の会社であっても株主数が1,000人以上のものについては書面投票制度を義務づけた（会社法298条2項））。決議要件については、その機関設計を問わず、普通決議、特別決議、特殊決議の要件について、原則として旧商法における要件と同じとしつつ、特別決議・特殊決議について要件の加重その他の要件を定めることを許容するとともに（会社法309条1～3項）、全株式譲渡制限会社が従来の有限会社型の別段の定めを置く場合には、株主平等原則の例外として、その決議要件を加重して従来の有限会社における特別決議要件と同様の決議要件としている（会社法309条4項）。

[69] 相澤哲＝細川充「株主総会等」相澤哲編著『立案担当者による新・会社法の解説』別冊商事法務295号76頁（商事法務、2006）。

[70] ただし、その場合、招集通知の方式および内容について差異は生じる（会社法299条2項4項参照）。

を全面的に自由化すること、さらには、株主総会を会議として開催することを義務づけないこと[71]なども、規制緩和という流れのなかでは、当然、理論的には可能性があったはずである。しかしながら、会社法においては、そのような、いわば根本的な改正はなされず、従来の株主総会の規律を前提として若干の技術的な改正がなされているにとどまる[72]。

以下では、変わらない会社法の典型ともいうべき株主総会の規律について、改正されない背景を探ることにより、会社法の理念のあり方を模索することにしたい。

2．昭和期の議論

昭和25（1950）年改正において、取締役会が導入された結果、株主総会は商法または定款に定める事項についてのみ決議することができることとなった（昭和56年改正前商法230条ノ2、旧商法230条ノ10）。これは、企業の所有と経営の極度の分離現象が株主総会の形骸化を招来してきている実情に即して、株主総会の最高意思性を維持しつつも、その万能性を否定する方向を実現したものと評されている[73]。

その当時の伝統的な通説によれば、株主および株主総会は次のように説明されている。すなわち、「株式会社企業の実質上の所有者は株主である以上、企業の支配権もこの企業の実質上の所有者である株主に属するのが当然でなければならない……取締役の選任および解任自体は企業の実質上の所有者である株主の手に留保されていなければならない……もっとも、その株主は……多数なのを常とするから、それらの株主の意思を問うといっても、株主の全体によって構成される会議を開き、その会議における多数決によって

71　長谷部茂吉『裁判会社法』159頁（一粒社、1964）。
72　その一方で、会社法29条は、株式会社の定款には絶対的記載事項および変態設立事項のほか、会社法の規定により定款の定めがなければその効力を生じない事項およびその他の事項でこの法律の規定に違反しないものを記載し、または記録することができる、と定める。
73　上柳克郎ほか編集代表『新版注釈会社法(5)』7頁〔谷川久〕（有斐閣、1986）。

株主の意見を定めるほかない。そのために開かれる株主の会議が株主総会にほかならない」[74]。

もっとも、昭和期においても、すでに、株主総会の無力化および形骸化が指摘されるに至っている。昭和50（1975）年6月の「会社法改正に関する問題点」においては、株主総会について、株主総会は形骸化し、あるいはその運営が必ずしも適正に行われていないといわれているが、会社運営の適正を図るという見地から、どのような改善を加えるべきかという照会がなされており、例示事項として、権限に関する事項と運営に関する事項が列挙されていた。

株主総会の運営に関する事項としてあげられていたもののうち、㈠参考書類制度の導入、㈡質問権（説明義務）の明文化、㈢株主提案権の導入、および㈤株主総会の運営に関する罰則の強化については、昭和56（1981）年改正においてその改正が実現する運びとなった[75]。

これに対して、権限の拡大または縮小については、下記のような具体的な事項が列挙されていた。

㈠　業務執行に関する事項でも、取締役会の請求があれば、総会の決議により決定することができるように改めるべきであるとする意見があるが、どうか。

㈡　会計監査人の監査が強制される会社にあっては、計算書類の確定は、取締役会の権限とし、総会への報告事項とするのが合理的であるとする意見があるが、どうか、この場合、取締役の選任は、毎年行わせることが必要か。また、会計監査人の選任は、総会で行うよう改める必要はないか。

㈢　利益処分についても㈡と同様にすべきか。すべきであるとすれば、株主の利益配当請求権を保障するため、なんらかの措置を講ずる必要はな

74　大隅健一郎編『株主総会』4～5頁〔大隅発言〕（商事法務研究会、1969）。
75　積み残された課題としては、㈣総会の運営方法について、たとえば、議長には代表取締役その他会社の業務執行を担当する取締役は就任できないものとすべきであるとする意見があるが、どうかというものであった。

いか。

このうち、㈡の、計算書類の確定および会計監査人の選任については、昭和56(1981)年改正で実現したものの、その他の項目については、依然として積み残されたままであったといえる。

なお、㈠については、学説においては、定款で定めなくとも取締役会主導による一般ルールとしてはどうか、との意見が出されていた。これは、当時のドイツ株式法119条2項を参考とするものであり、たとえば、多額の寄付を行うような場合、取締役会が決議すれば、株主総会の決議を得ることができるとの一般ルールを定めるというものである。その当時は、株主提案権との関連性も指摘されていた。また、その当時社会的責任論が盛んであったことに考慮する必要があろう。もっとも、いったん、定款を変更しておきさえすれば、その定款に基づいて株主総会の権限とすることができるため、法改正が必要であるとは判断されなかったようである。

㈢の利益処分権限の取締役会への委譲の問題については、「問題点」に関する意見照会において、これを支持する意見も出された（日証協、東京株懇など）。しかしながら、大学や裁判所、弁護士会のほとんどは株主総会に残すべきであるとしていた。経済団体の多くも、株主の重要関心事項であること、経営者に対する心理的負担を与えることは株主総会の形骸化防止に有用であることなどを指摘して、株主総会に権限を残すことを支持している（全銀協、東京商工会議所、関経連など）[76]。この傾向は、その後の「株式会社機関改正試案」（昭和53(1978)年12月）に関する意見照会においてもほぼ同様である[77]。

3．株主総会の権限の委譲

株主総会の権限の委譲について、会社法295条3項は、株主総会の法定決議事項の決定を他の機関に委譲する旨の定款の定めは無効であると明文で定め

---

[76] 稲葉威雄「会社法改正に関する各界の意見」商事法務725号9頁 (1976)。なお、経団連は、両論を併記して結論を保留していた。

[77] 元木ほか・前掲4 94〜96頁。

ている。これについては、従来の解釈を明文化したものであり、実質的な改正ではないと評価できる[78]。

もっとも、剰余金の配当等に係る権限の委譲については、明文の規定で権限委譲が認められている（会社法459条1項）。その端緒となったのは、平成14（2002）年の商法改正である。従来から経済界からの要望事項として度々取りあげられてきた取締役会権限による利益処分が、委員会設置会社（当時は委員会等設置会社）について、一定の要件の下で許容されることとなった[79]。その理論的根拠としては、社外取締役導入による取締役会の監視機能の強化とセットで導入されていたことによる[80]。

これに対して、従来型の監査役を置く会社についても取締役会による利益処分を認めてほしいという経済界からの（いわばイコールフッティングを望む）強い要望があり、また学界においても、その整合性について疑問が唱えられていたことから[81]、会社法では、定款による権限委譲の例外として、定款に定めることにより、剰余金の配当等に係る権限を取締役会の権限とすることを許容した[82]。会社法による改正によって、委員会設置会社においても同様の定款の定めが必要とされることとなった（旧商特21条の31第1項参照）[83]。

この改正については、議案提出権限が取締役にあることを理由に、株主総会における多数決を通じた会社経営者の権限・裁量権の拡大の表れとみることができるとの指摘がある[84]・[85]。また、株主総会と取締役会の権限分配に

---

[78] もっとも、はたして、会社法の規定に明文の規定のない場合に、株主総会の法定権限を一切委譲できないと考えるべきかについては、異論の余地がないわけではない。たとえば、取締役会設置会社以外においては、定款で定めることにより、委譲を認めても差し支えないものもあるのではという指摘がなされている。神作裕之「新会社法の意義と問題点 Ⅳ会社の機関」商事法務1775号39頁（2006）は、ドイツ有限会社における議論を引いてきめ細かな解釈論が必要と示唆する。

[79] 委員会等設置会社においては、取締役会が指定した執行役の作成した計算書類について各会計監査人および各監査委員の適法意見（旧商特21条の31第1項1号・2号）がある場合には、取締役会がその利益処分（損失処理）案を承認した時点で、株主総会の承認なしに利益処分（損失処理）が決定した（旧商特21条の31第1項）。

[80] 始関正光「平成14年改正商法の解説〔Ⅷ〕」商事法務1644号16～17頁（2002）。

[81] 会社法制定以前のこの点に関する議論については、法務省民事局参事官室「会社法制の現代化に関する要綱試案補足説明」商事法務1678号114頁以下（2003）を参照。

ついての規制緩和および定款による自治の拡大ととらえることも可能であろう[86]。要は、そのような定款変更も、市場において適正に評価されるとの考え方に基づいている。実際、平成18（2006）年度の株主総会においては、剰余金の分配について特則を定める定款変更の提案が否決される事例が出現している[87]。

---

[82] 具体的には、会計監査人設置会社であり、取締役の任期が１年を超えず、また、監査役会設置会社または委員会設置会社であるという三つの要件を満たす会社は、剰余金の配当に関する事項を取締役会が決定できる旨を定款で定めることができる（会社法459条１項４号）。この定款の定めは、最終事業年度に係る計算書類についての会計監査報告の内容に無限定適正意見が含まれ、かつ、当該会計監査報告に係る監査役会・監査委員会の監査報告の内容（各監査役・監査委員の付記を含む）として会計監査人の監査の方法・結果を相当でないと認める意見がない場合に限り、効力が認められる（会社法459条２項、会社計算規則183条。なお、会社計算規則160条３項により監査を受けたものとみなされる場合は要件を満たさない）。

[83] この点のみを捉えれば、委員会設置会社については、改正前と比べて規制強化となっているとも評価することができよう。これは、委員会設置会社以外の株式会社について規制緩和を進めたうえで、両タイプの規制を整えるために起こった現象といえようか。もっとも、会社法施行当時、委員会等設置会社であった株式会社については、整備法により、定款において剰余金の配当等に関する特則の定めがあるものとみなされている（整備法57条）。立案担当者の解説によれば、旧商法特例法上の委員会等設置会社では、法律上、剰余金分配の決定権限を株主総会に委譲することができないこととされていることに基づくものと説明されている（山本憲光「商法の一部改正・商法特例法廃止に伴う経過措置」商事法務1739号57～58頁（2005））。

[84] 岩原紳作「新会社法の意義と問題点　Ⅰ総論」商事法務1775号15頁（2006）。

[85] もっとも、その背景としてあげられる、株式買取請求を通じて、相当な金銭的対価を支払えば経営者の経営判断を最大限発揮できるように、株主の権利を多数決により奪ったり変更することも可能という考え方そのものについては、金銭的な補償があっても多数決によっては奪いえない株主の権利の限界について検討が必要であるとの指摘があることにも留意しなければならない。野村修也「新会社法の意義と問題点　Ⅲ株式の多様化とその制約原理」商事法務1775号33頁（2006）は、多数決の濫用をメルクマールとすべきであるとする。

[86] すでに平成12年の段階で、わが国の会社法の領域では、アメリカ流の法と経済学の影響が支配的になり、経済学的な視点から様々な規制緩和を要求する主張がなされているとの指摘がある。そこでは、会社法が強行法規であるという原則を見直そうという動きが紹介されているほか、会社法は会社関係者間で結ばれるであろう契約内容のルールを予め用意して、契約締結費用を節約するものにすぎないという考え方のあることが示されている（以上について、岩原紳作「会社法改正　１会社法改正の回顧と展望」商事法務1569号6頁（2000））。

4．小括——株主総会の意義

　以上で論じたように、株主総会の権限を縮小する場合には、（程度の差はあるものの）一定の委譲できない範囲があるとの理解ができよう。この点は、規制緩和の流れのなかにあっても、今回の会社法においてもなお維持されている。株主総会の権限については、なぜ変化がないのか、将来的に変わる可能性はあるのかが問題となる。

　株主総会権限の基礎となる株主の議決権の由来について、従来は、株主＝所有権者であることから説明されてきた。もっとも、これに対しては、株主が実質的な所有権者であることには異論を差し挟まないものの、実質的な所有権者は「所有権者」ではないのであるから、その権限を説明するためには、何らかの実質的な理由づけが必要であるとの見解も有力に唱えられている[88]。

　実質的な理由づけとして、従来説明されてきたのは、株主が「残余請求権者」であるからというものである。債権者、従業員および消費者等の利益については、別途契約により調整することが可能である[89]。かえってこれらの利益を考慮した経営を許容することは、経営者に大幅な裁量権を与えることになってしまうと批判される。また、これらの者の利益を考慮しなければならないとすることは、善管注意義務の判断基準として不明確である点も批判されている。もっとも、これらの者の利益について法が考慮しないということではなく、そうした保護は、会社法とは別の、労働法、独占禁止法等の他

---

[87] 任天堂において否決されたほか、ミツミ電機では当初の提案を株主総会直前に取り下げた。このほか、神戸製鋼では賛成票が67パーセントとぎりぎりの票数での承認であった。日本経済新聞2006年6月30日朝刊3面。

[88] 落合誠一「企業法の目的」岩村正彦ほか編『現代の法7　企業と法』7頁（岩波書店、1998）。なお、松井秀征「株主総会制度の基礎理論（一）」法学協会雑誌117巻10号3～4頁（2000）は、株主の「所有者」性についてそれを個人企業の延長線上で論ずることに対する疑義を提起している。

[89] このような議論は、契約の不完備性がないことが前提となっている。

の法領域の規制に委ねるべきであるといえる。

　会社法の下では、株式会社の株主は、少なくとも「剰余金の配当を受ける権利」または「残余財産の分配を受ける権利」の一方を有しなければならないとされている（会社法105条2項）。残余財産の分配を受ける権利を有しないタイプの株主が許容されている点が、従前の議論にどのように影響するかが注目されるものの、この規定は、株式会社が対外的経済活動で利益を得て、得た利益を構成員に分配することを目的とする法人であることを示すものと解されており[90]、その意味で、現在なお株式会社は営利を目的とするといえよう。このことから、「株主の利益最大化」が会社を取り巻く利害調整の原則となる[91]。

　ある評者によれば、株主総会の規定が今回の改正でほとんど変わらなかった理由として、今回の改正が個別の改正項目を拾い上げたもので、必ずしも法と経済学の考え方を導入するというコンセンサスの下に行われたものではなかった点が指摘されている[92]。その意図するところは、要望されていない点についてまで規制緩和されたわけではないこと、また、今回の改正が一定の経済学理論に基づいて理論的に全体が構成されたわけではないことを示唆するものといえよう。

90　江頭憲治郎『株式会社法（第3版）』19頁（有斐閣、2009）。
91　もっとも、従来から、この原則には、理論的な例外があることが広く知られている。すなわち、会社に十分な資力が失われたときは、取締役は株主に対してではなく債権者に対して義務を負うというものである（以上について、落合・前掲**88** 25頁。なお、藤田友敬「株主の有限責任と債権者保護(1)」法学教室262号84頁（2002）も参照）。これは、解釈上は、会社法429条の問題として議論されている。取締役は、一定の場合には、直接的に債権者に対して責任を負う場合がある。たとえば、「株式会社が債務超過またはそれに近い状態である場合には、取締役・執行役がイチかバチかの投機的経営を行うことは、残余請求権者でありかつ有限責任である株主の利益を最大化する方策ではあるが、会社債権者の損害を拡大する蓋然性が高いので、取締役・執行役の任務懈怠となり第三者に対する責任を生じる」とされる（江頭・前掲**90** 21頁）。ただし、吉原和志「会社の責任財産の維持と債権者の利益保護（三・完）」法学協会雑誌102巻8号1514頁（1985）は、会社危機時において、債権者に対する取締役の一般的な善管注意義務を解釈論として導くことはできない、とする。
92　中村・前掲**67** 108頁。

もっとも、かりに、いわゆる法と経済学的な視点にたった場合でも、前述の考察からは、一定の例外的な場合を除き、株主に議決権を与えることが正当化されるようにも思われる。先の評者も、完全に自由化されることによる、取引コストの増大の懸念、および、市場原理によって適切に適用されるかどうかの不安をあげており、必ずしも自由化すべきであったと論じているわけではないようである。

　この点の評価は難しい。たしかに、改正にあたって明確な議論があった分野ではないものの、以上のような株主の議決権をめぐる一定の理論的な蓄積をもとに、暗黙の了解としてその延長線上に考えられる株主総会の権限について大きな見直しは行われなかったものと評価できようか。昭和期の議論においても、株主総会の権限についてどんな改正をするとしても、株主総会が取締役の選任・解任権限をもつということだけは、株式会社制度が存続する限りなくならないとの指摘があった。今後、株主以外の利益集団が参加する可能性は否定しがたいものの、この点においては、株式会社の根本原理に関するものとして整理することが可能なように思われる[93]。

第4節　取締役の責任規制

1．序　論

　会社法の理念が、会社の健全性を確保したうえでの効率的な企業運営の確保[94]にあるとするならば、経営者の責任をどのように規律するかは重要な問題の一つといえよう。一般論として、その権限に対しあらかじめ適切な責任

---

[93] もっとも、株主総会の実際の機能としては、取締役が自らの口でディスクローズを行うところに大きな意味があるとの評価もある。矢沢惇＝河本一郎＝清水湛＝竹中正明「会社法改正に関する問題点の研究」『会社法根本改正の論点』21頁〔河本発言〕（商事法務研究会、1976）。今後は株主総会におけるディスクローズの機能について再評価の余地がありうるようにも思われる。

[94] 稲葉・前掲66 12頁参照。

規制が置かれることにより、経営者の行動が適切に規律されると予想されるからである。もっとも、あらかじめどのような場合にどのような責任を負わせるかを、類型的に書ききることは理論的にも現実的にも難しく、この分野においては、判例法の役割が重要である。とはいえ、とりわけ、責任制限や一部の責任について類型的に他の責任と明示的に区別して規律を置く場合は、やはり立法によるその態度決定が重要性をもつことはいうまでもない。

取締役の責任規制は、昭和25（1950）年改正以後は、長い間手つかずの状態であった。しかし、平成14（2002）年改正において委員会等設置会社の取締役につき、従来型の会社とは異なる責任規制が導入されたのに続き、平成17（2005）年会社法制定において、従来型の会社とのイコールフッティングの観点から、従来型の会社の取締役の責任についても、統一的な責任規制が導入された。

その限りでは、法文上は、取締役の責任規制についても大きな変更がなされたという評価が可能である。もっとも、従来から、取締役の責任については、学説の対立が激しく、会社法制定により、法律が変わったというよりは、従来から正当であった解釈が明文をもって明らかとなったにすぎないという評価がなされることがある。そのような論者の立場からは、取締役の責任規制は、いわば「変わらない会社法」の一つとして考察することも可能なように思われる。

2．改正の背景（沿革）

2－1　昭和50(1975)年の「問題点」

昭和50年に法務省民事局参事官室から公表された「会社法根本改正の問題点」のなかでは、取締役の責任につき、まず、「第三　五、取締役の会社及び第三者に対する責任について、現行法上改めるべき点はないか」との照会がなされていた。

このような照会がなされた背景の議論としては、まず、その当時の取締役

の責任に関する規制については、過失責任および無過失責任をめぐる一連の学説の対立が存在しており、そのような見解の対立をなくすような形で法律をはっきりさせるべきではないかとの問題意識があった。

2－2　昭和53(1978)年の「機関試案」

　法制審議会商法部会は、昭和52（1977）年7月頃から、株主総会の改善に関する審議に入ったが、討議を重ねるに従い、株主総会制度は取締役および取締役会制度と深いかかわり合いがあるため、これを切り離して審議することができず、さらに取締役の権限はその責任と表裏をなすもので、その責任の明確化のために監査制度が欠かせないことから、それらの機関を一括して俎上に乗せることになった[95]。

　その後、昭和53年（1978）1月の部会で機関に関する討議を終了し、その審議に基づいて、同年12月25日に法務省民事局参事官室より「株式会社の機関に関する改正試案」が公表された（以下、「機関試案」という）[96]。

　「機関試案」では、競業取引および自己取引に関する規定を現実的なものとするほか、取締役の責任規制について、会社が取締役に対して、その職務の執行につき法令、定款の違背があったことを理由として損害賠償の請求をするには、取締役に過失があったことの主張・立証は不要であるとし、逆に、取締役の方で過失がなかったことを立証しなければ責任は免れえないとした[97]。

　これは、（昭和56年改正前）商法266条1項の規定が複雑であり、各号に掲げる責任が過失責任であるか明確でないうらみがあるため、取締役が会社に対し責任を負う場合を、①法令、定款違反、②金銭貸付に二分し、違法配当、競業取引、自己取引は①に含めて考え、①は過失責任として位置づけ、ただ

---

[95]　元木伸「株式会社の機関に関する改正試案の公表」商事法務824号2頁（1978）。
[96]　商事法務824号6頁（1978）参照。試案の性格について、同参事官室は商法部会の討議のなかにみられた基本的な方向に従いそれを現実の立法とするために必要な諸方策について整理したもので、試案は商法部会の議事録的なものではなく参事官室の責任において体系化し、今後の改正の動向を示そうとしたものであると説明されている。元木・前掲95　3頁。

し注意を怠らなかったことの立証責任は当該取締役が負うものとする一方で、②については保証責任の性格を明確にし、ただし損害賠償請求も妨げないとする趣旨である[98]。

この機関試案に対する各界の反応は、一部に違法配当責任についての免責に反対する意見もあるものの、概ね賛成の意見が大勢を占めていた[99]。

さらに、取締役に対する責任追及の方法として、会社更生手続中の取締役の責任追及の方法にならい、会社または一定数以上の株式を有する株主は、裁判所に対し査定の申立てができるものとされた[100]。これに対する各界の反応は、裁判所関係および経済界からは、①会社が裁判所の監督下にある倒産手続とは異なり、活動中の会社においては静的調査の前提を欠く、②活動中の会社において短期間に十分な資料を把握するのは困難であり、迅速な査定は難しい、③経営上の紛争が生のままで持ち込まれることが予想されるため、和解は見込めず、また査定の裁判に対しても異議申立てがされることが予想されるため、迅速な解決は見込めない、④本来訴訟事項であるべき経営権の争いが非訟事件として持ち込まれることになり、制度濫用の危険が大きい、などとして反対の意見が多く寄せられた。これに対して、弁護士会および大学関係は、民事訴訟手続による損害賠償請求権の実現の困難さを解決するには、査定制度による簡易迅速な責任追及を可能にすることは歓迎すべきであるとする賛成の意見が多かった。立法担当官は、総じて賛否は相半ばし

---

97 第二の六3において、次のとおり提案された（商事法務824号11頁（1978））。
「a 取締役は、法令又は定款に違反する行為により会社に損害を与えたときは、会社に対し、連帯してその損害を賠償する責めに任ずる。ただし、取締役が注意を怠らなかったときは、この限りでない。
（注）違法配当、競業取引及び自己取引についてもaによるものとし、商法二六六条ノ二の規定は存置する。
b 会社の取締役に金銭を貸し付けたときは、貸付けをした取締役は、会社に対し連帯して弁済の責めに任ずる。ただし、取締役に対する損害賠償の請求を妨げない……」

98 濱崎恭生「株式会社機関改正試案に対する各界意見の分析〔五〕」商事法務862号25頁（1980）。元木伸「取締役及び取締役会──責任〔一〕」商事法務833号16〜18頁（1979）。

99 濱崎・前掲98 25〜26頁。

100 「機関試案」第二の六4。

ている、と評している[101]。

2 － 3　昭和56(1981)年の改正案要綱

もっとも、その後の商法部会においての審議の過程を経てまとめられた昭和56（1981）年１月26日の改正案要綱[102]では、競業取引および自己取引に関する改正案は盛り込まれたものの、対会社責任の一般規定の変更および査定の申立ての制度は採用されていない。後者について、鴻常夫は、更生などの手続中はともかく、緊急を要しない取締役の責任追及のための一般的な制度として査定の申立てを認めることは適当でないと判断されたためである、と説明している[103]。

機関試案から改正案要綱までの審議過程の詳細は不明であるが、改正案要綱の全体を通して、判例法理に委ねられる点については、特に改正の必要がないとされている箇所が散見される[104]。取締役の対会社責任についての議論においても、おそらくは、そのような議論がなされたことが想像される。この結果、昭和56年改正では実質的な改正がなされず、平成14（2002）年改正に至るまで、取締役の責任規制については特に大きな改正がなされないままとなっていた。

101　以上の意見分布については、元木ほか・前掲４ 133～134頁。
102　商事法務896号４頁（1981）参照。
103　鴻常夫「商法等の一部を改正する法律案要綱について〔中〕」商事法務899号15頁(1981)。
104　たとえば、機関試案第二の六２ｂでは、取締役の利益相反取引について「取締役が取締役会の承認を得ないで、自己又は第三者のために会社と取引をしたときは、取締役会は、取引を取り消すことができる。ただし、善意の第三者に対抗することはできない」とする提案がなされていた。この部分は改正要綱案には盛り込まれなかったが、その理由として、鴻は「この点、経済界にもとくに反対はなかったのでありますが、違反行為の私法上の効力を、このような形で規定することについて立法技術上の無理があるという考え方もあって、今回の改正要綱は、違反行為の私法上の効力には触れないことにいたしました。商法265条の規定に違反する取引の効力については、直接取引についても、間接取引についても、最高裁大法廷判決が出ているところであり、いわゆる相対的無効……ということで判例上固まっているところであり、この際とくに規定を設ける必要のある問題ではないから……この処理を適切妥当と考えております」と解説する。鴻・前掲103 15頁。

3．平成14(2002)年および平成17(2005)年改正

　このように取締役の責任規制については、さまざまな立法提案がなされていたものの、戦後まもなくの改正の後、長い間その全体の構成に手が付けられることはなかった。あえて一つの見方を示すならば、学説の対立が激しい分野であるがゆえに、いわば、一種の均衡状態が保たれることとなり、その結果、いずれのベクトルに向かうにせよ、その立法作業がためらわれたためではないかとも考えられる。その一方で、裁判例においては、いくつかのハードケースが持ち込まれており、そこでは、学説の議論に必ずしも沿わず、独自の理屈から事案の妥当な解決を導こうとする判決も見受けられた[105]。

　このような一定の均衡状態が打ち破られるきっかけとなったのは、従来型の機関構成とは異なる新たな会社類型が導入されたことであった。当初、委員会等設置会社と呼ばれたこの類型の株式会社において、主たる経営を担うのは執行役であって、取締役は、主として執行役を監督する立場に立つことになる。このような取締役の監督権限を根拠として、委員会等設置会社の取締役の責任については、いわゆる過失責任原則が導入された。また、執行役については、執行と監督の分離を図る以上は、従来型の会社における取締役に対するようにその責任を厳重にする必要性は低くなることから、過失責任原則が採用された[106]。

---

[105]　旧商法266条1項4号の責任について、名古屋地判昭和58年2月18日判例時報1079号99頁（東海圧延工業事件）、大阪地判平成14年1月30日金融・商事判例1144号21頁（ロイヤルホテル事件）参照。

[106]　前田庸「商法等の一部を改正する法律案要綱の解説〔Ⅳ〕」商事法務1624号97～98頁（2002）。平成13（2001）年のいわゆる中間試案では、執行役の責任について、監督のシステムが整備されるのであるから責任を厳重にすることにより業務の適正を担保する必要性が低くなると説明する。法務省民事局参事官室「商法等の一部を改正する法律案要綱中間試案の解説」商事法務1593号19～20頁（2001）。これに対して、森本滋「コーポレート・ガバナンス関連立法の最近の動向（下）——委員会等設置会社制度を中心に」取締役の法務99号34頁（2002）は、取締役会の監督権限が強化されたことを理由として委員会等設置会社の取締役・執行役の責任を軽減することに批判的な立場をとる。

もっとも、平成14（2002）年改正に関して、衆参両議院で商法上の従来型の会社と商法特例法上の委員会等設置会社の間での役員の責任について差異を維持し続けるのが相当かどうか検討すべきであるとの附帯決議が付されていた。商法の取締役の責任に関する規定自体に、過度に厳格であって今日の会社の実態に合わないという問題があり、責任を緩和することが求められるという主張は、学説にも従前から広く存在した。委員会等設置会社の取締役および執行役の責任に関する規定は、そのような見解をかなりの範囲で採用するものであり、合理的な内容であれば商法上の会社にも改正を拡大する余地があると指摘された[107]。その一方で、委員会等設置会社の導入にあたり、いわば呼び水として、取締役の責任が緩和されたのであれば問題であるとの指摘もなされていた[108]。そこで会社法制定にあたっては、取締役の責任規制について、委員会等設置会社と従来型の会社の責任をどのように調整するかが主要な論点となった。

　会社法制の現代化について諮問を受けた法制審議会は、その調査審議を行うための会社法（現代化関係）部会を設け、平成15（2003）年10月、「会社法制の現代化に関する要綱試案」を公表した[109]。そこでは、取締役の会社に対する責任について、規定の調整を図るよう提案がなされている（要綱試案第4部・第4・7・前注）。そもそも従来型の会社において、取締役の会社に対する責任を規定する商法266条1項については、過失責任として理解されている法令・定款違反に基づく責任を除き[110]、一部には議論の余地もあったものの、違法配当等に基づく責任をすべて無過失責任として理解してきた[111]。これに対し、商法特例法に規定された委員会等設置会社においては、すでに

107　山下友信「委員会等設置会社における取締役・執行役の責任」民商法雑誌126巻6号99〜98頁（2002）、および、そこで引用されている諸文献を参照。
108　浜田道代「検証・会社法改正　Ⅵ役員の義務と責任・責任軽減・代表訴訟・和解」商事法務1671号36頁（2003）。
109　法制審議会会社法（現代化関係）部会「会社法制の現代化に関する要綱試案（平成15年10月22日）」商事法務1678号4頁以下（2003）。
110　最判昭和51年3月23日裁判集民117号231頁、最判平成12年7月7日民集54巻6号1767頁。

述べたとおり、取締役の会社に対する責任に関して変更が加えられた（平成14年改正商法特例法21条の17～21）[112]。しかし、商法および商法特例法が、従来型の会社と委員会等設置会社双方のガバナンス・システムを認めているのは、どちらも一定の合理性があるとの判断に基づいているからであって、その監督機能につきいずれかが優位であることを前提とするものではなかった[113]。その意味で、委員会等設置会社についてのみ取締役の責任を過失責任とし、従来型の会社はなお無過失責任とする合理的説明は見出しがたく、かくして要綱試案は、取締役の会社に対する各種の責任について、過失責任化の方向で制度間調整を図ろうとしたわけである[114]。

　以上の要綱試案は、関係機関、団体に対する意見照会にかけられた。まず、取締役の責任の過失責任化による制度間調整に関しては、経済界はもとより、商法研究者もおおむね賛成の方向にあった。ただし、利益供与責任を含めて過失責任化するか否かという点については、これに賛成する経済界等と反対する一部の商法研究者との間で温度差がみられた[115]。このような結果をふまえて、平成16（2004）年12月、法制審議会会社法（現代化関係）部会では、「会社法制の現代化に関する要綱案」を決定、公表するに至る[116]。そのなかで以上の取締役の責任に関する制度間調整に関しては、要綱試案の内容が維持されている（要綱案第２部・第３・３・(8)）。この要綱案をふまえて会社法案が作成され、平成17（2005）年３月、国会に提出された[117]。国会の審議

111　なお、違法配当に関しては、神戸地姫路支決昭和41年４月11日下民集17巻３・４号222頁等の下級審裁判例が、利益相反取引に関しては、最判平成12年10月20日民集54巻８号2619頁が無過失責任との解釈を採用していた。この点については、上柳克郎ほか編集代表『新版注釈会社法(6)』263頁以下・272頁以下〔近藤光男〕（有斐閣、1987）も参照。
112　始関正光「平成14年改正商法の解説〔Ⅶ〕」商事法務1643号18～19頁（2002）参照。
113　法務省民事局参事官室・前掲81 85頁以下、始関正光「平成14年改正商法の解説〔Ⅴ〕」商事法務1641号20～21頁（2002）参照。
114　この点に関しては、法務省民事局参事官室・前掲81 85頁以下も参照。
115　以上について、相澤ほか・前掲60 39頁以下参照。
116　法制審議会会社法（現代化関係）部会「会社法制の現代化に関する要綱案（平成16年12月８日）」商事法務1717号10頁以下（2004）参照。
117　この点については、「『会社法案』の国会提出と概要」商事法務1728号６頁（2005）参照。

の過程で特筆すべきことといえば、衆議院の審議において、野党の反対により、利益供与を直接行った取締役の責任に関してはこれを無過失責任にとどめるものとする修正がなされたことであろう[118]。そして、修正後の法案を衆議院で可決後、参議院での審議、可決を経て、同年6月、会社法は成立するに至る。

かくして、従来型の株式会社である監査役設置会社と会社法において名前を改められた委員会設置会社との間での差異は、消滅することとなった。すなわち取締役の会社に対する責任の過失責任化については、監査役設置会社か委員会設置会社で、その規定に差異は設けられていない（会社法120条4項・423条〜428条・462条・464条・465条等参照。直接の利益供与を行った者の責任、および直接取引たる利益相反取引を行った者の責任は、無過失責任とされている）。

4．改正の評価および残された問題点

まず、平成14（2002）年および平成17（2005）年の改正によって、違法配当の責任などが、無過失責任から過失責任に変更されたとの評価が可能である。もっとも、従来から、この点については、過失責任説も有力に唱えられており、解釈上の疑義が立法によって解決されたという評価も可能かもしれない。

次に、法文上は、取締役の責任についても、従来の監査役の責任と同様の、任務懈怠責任とされることとなった。従来から、取締役の責任については、具体的な法令違反の場合と善管注意義務違反の場合を区別して評価する考え方と、すべて任務懈怠（善管注意義務違反）というフィルターを通して評価する考え方の、二つの異なった考え方がある[119]。今回の改正により、法文上

---

[118] 当該修正事項も含め、会社法成立までの経緯については、「新会社法の成立までの経緯」商事法務1737号4頁（2005）参照。
[119] 潮見佳男「取締役の義務と責任　Ⅵ民法からみた取締役の義務と責任」商事法務1740号38頁（2005）は、前者の考え方を二元説、後者の考え方を一元説と整理する。

は、後者の考え方をとりやすくなったようにも思われるが、この点について
は、立案担当者は改正前後で変更はないと明言しており[120]、いまだ解釈に委
ねられているといえる[121・122]。

　以上の点については、それぞれ異なる学説の立場からの評価が可能であ
り、法文上の変更にもかかわらず、取締役の責任規制そのもののあり方が従
来から大きく変わったといえるかどうかは、その立場によって異なりうるよ
うに思われる。

　かりに、過失責任化が改正の眼目であったとするならば、以下のような考
察も可能となろう。すなわち、委員会等設置会社導入の経緯の詳細について
は、別稿に譲るとして[123]、一般的には、もともとこの類型の導入を主体的に
唱えていたのは経済界であったと評価されている。かりにそのような理解を
前提とすると、かなりうがった見方ではあるが、取締役の責任規制の緩和を
目論む立場が、委員会等設置会社という、傀儡的な会社類型において規制緩
和をめざし、その成果を本丸である従来型の監査役設置会社の方に取り込ん
だのではないかという見方もできなくはないであろう。規制緩和的な改正内
容について、なお、賛成論、反対論が拮抗しており、改正作業が難航してい
るような場合に、比較的影響が少ない分野において実績を積み、その実績を
もとにいわば本丸の改正を成功させるということは、政策的にはそれなりに
合理的な行動ということも可能であろう[124]。

---

[120] 相澤哲＝石井裕介「新会社法の解説(9)株主総会以外の機関（下）」商事法務1745号22頁
（2005）。
[121] 山下・前掲107 85頁は、委員会等設置会社における取締役の責任について、解釈論とし
て、善管注意義務違反とは別に法令違反も任務懈怠に該当し、その限りで旧商法266条
1項5号と変わりはないというべきであるとする。
[122] なお、平成17年改正後、一部の論者によって、その解釈の精緻化が試みられているの
が、会社法428条1項の規定についてである。任務懈怠がある場合には、責めに帰すべ
き事由により責任を免れえないものの（無過失責任）、そもそも、会社法423条3項にお
いては、任務懈怠が「推定される」のでその推定そのものを覆すことが可能となるので
はないかとの指摘である（田中亘「利益相反取引と取締役の責任〔上〕」商事法務1763号
5頁（2006））。今後の学説の反応が注目される。
[123] 第2編第2章を参照。

5．取締役の責任に関するその他の論点

　平成17（2005）年改正においては、代表訴訟制度についても一定の改正が行われた。そのなかでも実務上影響が大きいと思われるのは、代表訴訟係属中の組織再編行為にかかる原告適格の見直しであろう[125]。もっとも、金銭を対価とする企業再編の場合には、なお、原告適格は失われる。解釈上、株主総会決議取消訴訟の場合などをどのように解すべきかが議論の対象となるものと思われる。

　もっとも、組織再編行為における原告適格の見直しについては、かなり徹底的にその継続性が図られているのと対比すると、学説上、すでに指摘されている多重代表訴訟について、改正によって担保されなかったのは奇異に感じられるかもしれない[126]。さまざまな箇所で指摘されているように、わが国において企業結合法制が立ち遅れていることが指摘されていることとの関連でいうと、次期改正作業のなかでは、改正項目として取り上げられるにふさわしい論点であるように思われる。

　なお、取締役の責任については、対会社責任よりも、裁判実務上は、対第

---

[124] 委員会等設置会社について、監督責任強化の点から過失責任化されたのであれば、従来型の会社について過失責任化する場合には、さらなる監督機能の強化が図られてしかるべきであったのではないかとの指摘もある。福島洋尚「役員等の損害賠償責任・責任追及訴訟」川村ほか編集・前掲67 148頁（注11）。

[125] 原告が当該株式会社の株式交換または株式移転により当該株式会社の完全親会社の株式を取得したとき、および、原告が当該株式会社が合併により消滅する会社となる合併により、合併により設立する株式会社または合併後存続する株式会社もしくはその完全親会社の株式を取得したときには、原告適格を失わない（会社法851条1項）。同項の親会社には完全親会社の完全親会社も含まれる（会社法施行規則219条）。

[126] 二重代表訴訟を解釈論として認めるべきことを主張するものとして、浜田道代「サービス提供取引の法体系に関する一試論」浜田道代ほか編『現代企業取引法』32頁（税務経理協会、1998）、山田泰弘『株主代表訴訟の法理』325～327頁（信山社、2000年）、周劍龍「判批」金融・商事判例1127号66頁（2001）など。近時の文献として、高橋均「完全親子会社形態における完全子会社取締役の責任追及のあり方」商事法務1793号28～31頁（2007）を参照。

三者責任の扱いが最重要であるともいえる。変わらなかった会社法の典型例であり、その理由は、最高裁判決において両損害包含説がとられて以降、この問題について、理論的には一定のカタがついているからであるとも解される。もっとも、具体的な裁判事例の解決においては、なお、理論的な問題が残されているようにも思われる[127]。規定ぶりからは何でも入るような規定であるがゆえに、解釈論および立法論上、今後も機能面および実質面から検討が必要である。

さらに、事前規制型から事後救済型というかけ声の下、会社法成立により規制緩和が進められた結果、取締役の責任規制が果たす役割は大きくなっているとの評価も可能である。設立時における最低資本金制度が撤廃された今日、従来にも増して、取締役の責任規制の領域および重要性が増しているといえよう。

第5節　おわりに

最初に述べた「枠」の選択について、一定の整理を試みた。まず、決算公告については、形式的には何ら変化がないものの、その依って立つ原理原則はかなり危ういものであり、現時点では政策判断に基づくある種の均衡状態が保たれているにすぎないように思われる。これに対して、株主総会の権限については、その根本原理は株式会社の基本ともいうべきものであり、今後も大きな変化がないと予想されるものである。最後に、取締役の責任については、形式的には一定の変化があるように思われるが、その実質は、それほど変化しているとはいいがたいのではないかと指摘した。異なる言い回しを用いるならば、この分野については、法が何かを変えていける分野ではない

---

[127] 株式会社らしい株式会社については、基本的には旧商法266条〔会社法423条に相当〕と民法709条の責任とで対応すべきで、旧商法266条ノ3のような立法が有意義かどうかは疑問であるとの指摘もある。稲葉威雄「取締役の責任の新しいかたち」商事法務1690号16頁（2004）。

ということもできようか。

　こうした整理については、むろん異論もあろう。ともあれ、会社法が「枠」を選択したという事実に対して、その背景を探る視点として、異なった観点から考察する作業そのものには相応の意義があるのではないかと考えている。

資料編

第1部　商法（会社法）改正関連国会質問・出席者等一覧

1. 商法（会社法）改正関連国会質問一覧・凡例
(1) 本一覧表は、昭和56（1981）年商法改正から平成17（2005）年会社法までの会社法に関連する商法改正について、衆参両議院で行われた質問を要約したものである。
(2) 本表の作成にあたっては、底本として国立国会図書館が提供する国会会議録検索システム（http://kokkai.ndl.go.jp/）から、各法案名により検索したデータを使用した。また、質問者の所属政党については、各審議日に近い時点で発行された国会便覧（日本政経新聞社刊）を参照した。ただし、趣旨説明については、所属政党の如何にかかわらず国務大臣の肩書を所属とした。
(3) 本表は、法案ごとに審議日順・質問者順に並んでいる。ただし、法案に全く関係がない質問のみをした質問者は、割愛している。特に平成16（2004）年のいわゆる株券無券面化法案に関する審議に際しては、同時に審議された証券取引法改正に関する質問のみを行った質問者が多くあったが、上記の方針に従って割愛している。
(4) また、各質問者の質問は、質問順に並んでいるが、これも、法案に全く関係ない質問については割愛している。
(5) 参考人に対する質問については、備考にその旨を記している。
(6) 院名および委員会名の略号は、次のとおりである。

  衆＝衆議院　参＝参議院
  本＝本会議　法＝法務委員会
  財＝財務金融委員会（衆議院）、財政金融委員会（参議院）
  連＝法務委員会財務金融委員会経済産業委員会連合審査会（衆議院）
    法務委員会財政金融委員会経済産業委員会連合審査会（参議院）

2. 商法（会社法）改正関連国会政府・提案者側出席者等一覧・凡例

(1) 本一覧表は、昭和56 (1981) 年商法改正から平成17 (2005) 年会社法までの会社法に関連する商法改正について、衆参両議院で行われた委員会審議に出席した政府側・提案者側関係者を一覧表にしてまとめたものである。ただし、参考人については、質問一覧の末尾に記載しているため、本表には掲載していない。

(2) 本表の作成にあたっては、底本として国立国会図書館が提供する国会会議録検索システム（http://kokkai.ndl.go.jp/）から、各法案名および審議日により検索した会議録情報に掲載されている出席者一覧を参照した。なお、質疑が行われなかった日（趣旨説明のみ、あるいは討論・採決のみの日）については、審議日とはしていない。

(3) 会議に付された案件が商法(会社法)改正のみであった審議日については、上記の出席者一覧をそのまま利用することにした。他の案件も同日に会議に付されていた審議日については、出席者一覧に掲載された出席者のうち、商法改正案における質疑に対して回答を行った者のみを出席者として扱っている。ただし、副大臣・政務次官・政務官・官房長および委員会専門員については、回答がない場合でも出席者として扱っている。

(4) 肩書については、原則として上記底本の記載に従っている。ただし、国務大臣については、その担当分野を肩書としている場合がありうる。また、誤記と認められる場合には、年度の近い国会便覧（日本政経新聞社刊）を参照して訂正している場合がある。

なお、両表の作成にあたっては、データベース作成システムの構築に関して満居優君（作業当時、中央大学法学部学生）の献身的な協力を得た。さらに、質問一覧表の入力準備にあたっては善浪佑記君・高橋洋有君の、また出席者一覧表の入力および両表の校正にあたっては池本瑠さん・園部公紀君・大泉理貴君・窪田壮吾君（順不同：いずれも作業当時、中央大学法学部学生）の有能かつ多大な協力を得た。ここに記して感謝の意を表したい。もちろん、これらの助力にもかかわらず、両表に誤りや脱漏等があるとすれば、それは久保の責任である。　　　　　　　　（文責：久保大作）

●昭和56年商法改正「商法等の一部を改正する法律」(株式・機関・計算・社債関係)
　昭和56年6月9日公布（昭和56年法律第74号）

第94回国会		4・21	4・24	4・28	5・6	5・8	5・12	5・13	5・21	5・26	5・27	5・28	6・2
法務大臣	奥野誠亮	○	○	○		○	○	○	○	○		○	○
法務大臣官房長	筧　榮一	○	○	○	○	○	○	○	○	○	○	○	○
法務省民事局長	中島一郎	○	○	○	○	○	○	○	○	○	○	○	○
常任委員会専門員	奥村俊光								○	○	○	○	○
法務省民事局参事官	元木　伸		○	○		○						○	○
法務省民事局参事官	稲葉威雄												
国税庁直税部所得税課長	冨尾一郎		○										
法務政務次官	佐野嘉吉	○		○		○				○		○	○
大蔵省大臣官房審議官	小山昭蔵			○						○		○	
警察庁刑事局捜査第二課長	漆間英治	○				○				○		○	
大蔵省証券局企業財務課長	宮本英利			○		○				○		○	
国税庁直税部法人税課長	四元俊明		○				○						
国税庁直税部資産評価企画官	林　正夫		○										
法務委員会調査室長	清水達雄	○	○			○		○					
大蔵大臣官房審議官	梅澤節男											○	
国税庁直税部長	小幡俊介											○	
労働省労政局労働法規課長	中村　正		○										
労働省労働基準局監督課長	岡部晃三		○										
厚生省児童家庭局長	金田一郎												○
社会保険庁年金保険部長	新津博典												○
法務省刑事局刑事課長	飛田清弘			○									
大蔵省証券局総務課長	山田　実			○									
法務省刑事局長	前田　宏		○				○	○					
警察庁刑事局長	中平和水		○										
大蔵省銀行局中小金融課長	小田原定			○									
農林水産省構造改善局長	杉山克己			○									
大蔵省銀行局銀行課長	足立和基			○								○	
国税庁調査査察部長	岸田俊輔						○						
内閣法制局第二課長	関　守						○						

		4.21	4.24	4.28	5.6	5.8	5.12	5.13	5.21	5.26	5.27	5.28	6.2
内閣総理大臣官房参事官	山崎八郎					○							
国税庁長官官房総務課長	西内　彬					○						○	
国税庁調査査察部調査課長	谷　　始					○							
自治省行政局行政課長	田中　暁					○							
自治省行政局選挙部政治資金課長	緒方信一郎					○							
大蔵省主税局税制第一課長	内海　孚						○						
経済企画庁総合計画局計画官	加藤　雅											○	

第1部　商法（会社法）改正関連国会質問・出席者等一覧　997

会議名 (審議日)	質問者 (所属政党)	質 問 内 容	備考
衆(本) (昭56 4・17)	奥野誠亮 (法相)	・趣旨説明	
衆(本) (4・17)	沢田　広 (社)	・昭和49年改正以降も企業不祥事が多発しているが、この事態をどうみているのか。49年改正の際の附帯決議をどのように実現していくのか。社会的責任を明記することは重要ではないか。 ・諸外国の会社法体系との調整への対応。 ・総会屋への取締りの対応。 ・株式単位の引上げによって、零細株主の権利が締め出されるのではないか。 ・相互保有についての規制が緩いのではないか。 ・取締役等の欠格事由をもっと厳しくすべきではないか。連座制の導入は。 ・監査役や会計監査人の独立性は確保されたのか。 ・ディスクロージャーの充実。 ・経営委員会制度の改善が必要ではないか。 ・使用人と取締役の兼任を禁止すべきではないか。 ・会計監査人監査の対象会社を資本5億円に引き下げるのは妥当か。	
衆(法) (4・21)	奥野誠亮 (法相)	・趣旨説明	
衆(法) (4・21)	白川勝彦 (自民)	・改正案が国会に提出されるまでの経緯。大小会社規制を導入する考えは。 ・額面の最低限を5万円とし、既存会社についても単位株制度を導入することとした趣旨。 ・総会屋対策立法のポイントと効果の見通し。 ・企業の非行に対する取締役の責任の強化のポイントと効果の見通し。 ・新株発行価額の2分の1以上を資本に組み入れなければならないこととしたのはなぜか。 ・会計監査人監査の対象会社を拡大したのはなぜか。拡大によって新たに対象となる会社の数。会計監査人監査を拡大しても実効性があるのか。	
衆(法) (4・21)	稲葉誠一 (社)	・これまでの商法改正の経緯。 ・監査役の実態に関する資料の有無。監査役の人材源。監査役が監査の実を上げているのか。 ・法制審議会における審議の状況。 ・提案理由にいう「会社の運用の実態」の具体的内容。 ・株式会社法を単行法として独立させるべきではないか。 ・監査役と会社の間の契約の性質。善管注意義務の具体的内容。監査役はいつでも解任できるのか。監査役の責任は連帯責任か。対第三者責任における悪意重過失の意義。監査役は他の会社の役員と兼任できるのか。監査役の権限とその行使	

		・実態。常勤監査役の意義。選任しない場合に過料の制裁を科すのは問題があるのではないか。なぜ常勤監査役を登記事項としなかったのか。 ・子会社の定義。親会社監査役が子会社である外国会社の役員を兼ねることはできるか。監査役が労使調整を行うことは可能か。 ・監査役の業務監査とは何か。監査役が違法行為を発見した場合の処理方法。会計監査の内容は。監査が活きた実例はあるか。 ・会計監査人の選任に監査役は関与するのか。会計監査人と会社との関係。 ・監査役の報酬はどのようにして決めるのか。監査役の任期は。再任の際、正当な理由がなければ再任を拒否できないこととなっているのか。
衆(法) (4・21)	鍛治　清 (公明)	・今回の改正の主目的。社会的責任について直接の規定を置かないのはなぜか。すべての規模の会社を同じ商法で規制するのは限界にきているのではないか。 ・額面の最低限を5万円とすることと単位株制度との関係。端株制度は必要なのか。単位未満株主に自益権のみを認めることの合理性。株主平等原則違反ではないか。なぜ一挙に株式の併合ということにしなかったのか。 ・子会社による親会社株式取得禁止の趣旨。持合株式の議決権制限の趣旨。実際に相互保有制限の効果が上がるのか。環状の持合い状態では、実効性はないのではないか。 ・株主総会形骸化に対する今回の改正の眼目は。営業報告書について株主総会の承認権限を削除したり、大会社における計算書類承認権限を取締役会に移したりするのは、株主総会実質化に逆行するのではないか。 ・総会屋の実態。利益供与禁止規定の対象を株主以外の者にも拡大したのはなぜか。利益供与の推定規定の趣旨。罰則を総会屋側ではなく取締役側に設けたのはなぜか。 ・株主総会における取締役の説明義務は、株主の質問権ととらえてよいか。 ・書面投票制度導入のメリット。 ・営業報告書の記載内容は法律で決定すべきではないか。 ・取締役会の代表取締役に対する監督権限の強化について、どのような方策を用意しているのか。近時の不祥事はなぜ起こったのか。 ・常務会に関する立法の経緯。監査役が常務会をチェックできないと実効性が薄いのではないか。 ・監査役制度改善の方策。改正されても実態は変わらないのではないか。 ・新株引受権附社債の内容。それを認めることとした理由。 ・連結財務諸表開示制度が今回の改正にない理由。
		・会計監査人監査対象会社の拡大によって公認会計士と税理士との職域問題が発生しているが、しこりを残さない配慮をどこまでしているか。

衆(法) (4・21)	岡田正勝 (民社)	・総会屋を商法494条によって立件した数。「不正ノ」を削除しないこととなって、総会屋の検挙に影響があるか。商法497条によって完全に代替できるか。なぜ「不正ノ」を削らなかったか。 ・総会屋が経済取引を装う場合、商法294条ノ2でこれを防ぐことができるのか。有償取引で対価がアンバランスであることを誰が判断するのか。訴訟を起こすのは誰か。対価がバランスのとれたものである場合はどうなるか。 ・株主提案権は、単独人でないと行使できないのか。中小会社では、数人が集まって濫用的な提案権行使をすることが可能ではないか。持株比率と持株数を並列的に要件としているのはなぜか。 ・濫用的提案権行使を逃れるために単位株を導入すると、単位未満株式の買取請求をかけられることになり、問題があるのではないか。非上場株式の評価方法。買取請求に応じるのに、相当の負担を強いられるのではないか。 ・不正経理事件で、なぜ簿外保証債務の存在を明らかにできなかったか。なぜ取締役会の承認権限に保証契約の締結を明確に書かなかったのか。
衆(法) (4・21)	安藤 巌 (共産)	・社外監査役制度を導入すべきではないか。 ・今回の改正案のねらい。これまでの社会的責任についての附帯決議の趣旨が盛り込まれているのか。なぜ根本的な問題提起を行わなかったのか。 ・昭和50年の「会社法改正に関する問題点」のうち、何を採用し、何を採用しなかったのか。なぜそうなったのか。 ・単位株制度導入のねらい。株主あたりの管理費用はどれくらいか。大衆株主を整理するためではないか。コスト削減効果はそれほどないのではないか。単位株の基準を5万円としたのはなぜか。単位株制度は、零細株主を切り捨てることで株主総会の形骸化を推し進めるのではないか。早期改正に踏み切ったのは経団連の圧力ではないのか。 ・新設会社が、設立後に額面5万円を下げることは可能か。 ・大会社における計算書類の承認権限を株主総会から取締役会に移した後にも株主総会の承認を得なければならないのは、どのような場合か。事前に根回しして、不適正意見がつかないようにするのではないか。会計監査人の選任を第三者機関に委ねるべきではないか。株主総会が単なる報告集会になってしまうのではないか。経団連の圧力を受けた改正ではないのか。 ・説明義務の範囲。会議の目的事項に限る必要はないのではないか。「株主共同ノ利益」の意義。正当な理由なく説明を拒否した場合の効果。裁量棄却の規定によって、うやむやにされるのではないか。 ・株主提案権の持株要件は、零細株主の提案権を締め出すためのものではないのか。
		・なぜ商法は法務省の所管なのか。 ・今回の改正の目的と要点。なぜ全面改正でなく一部改正に

衆(法) (4・24)	小林　進 (社会)	・なったのか。拙速ではないか。今回の改正のスタンス。 ・総会屋の歴史と実態。総会屋にどれほどの金額が流れているのか。これまでの施策。今回の改正によって根絶できるのか。これまでの対策の成果。 ・総会屋を跋扈させている経営者が株主総会の議長となるような状態で、規制の実が上がるのか。零細株主を締め出した場合、取締役の責任を追及する者がいるのか。 ・SECのような制度を日本に導入することはできないか。 ・委任状勧誘制度に手をつけていないのは問題ではないか。 ・監査役制度は、昭和49年改正による新制度によってどのような実が上がったのか。監査役が取締役会を招集するような場面が考えられるのか。監査役選任決議の提案権を取締役会が握っているのは問題ではないか。 ・資本1億円以上の会社について、任意で会計監査人監査を導入できる旨の規定を導入しなかったのはなぜか。 ・会計監査人監査の対象会社拡大によって、無意味な負担を強制することになるのではないか。すでに税理士が入って適正な経理を助言しているのに、なぜ負担を強いるのか。 ・単位株制度の導入によって自益権と共益権を分離するのは間違いではないか。株主平等原則に反するのではないか。個人株主の育成につながらないのではないか。 ・取締役の競業を取締役会で許可できるようにするのは、株主の権利の縮小ではないか。 ・取締役会議事録の閲覧を裁判所の許可制にしたのは、株主の権利の剥奪ではないか。
衆(法) (4・24)	大島　弘 (社会)	・今回の商法改正は税理士業界にどの程度の影響を及ぼすのか。会計監査人監査の対象範囲を拡大し、非対象会社は株式会社とみなさないとする予定はあるのか。商法を全面改正する考えはあるか。 ・総会屋の雑誌等に対する支払いと通常の支払いとをどう区別するのか。大企業の経理について、国税庁の協力を得られないか。利益供与について、なぜ両罰規定を設けないのか。 ・常勤監査役制度の実効性。 ・会計監査人の地位の独立性とはどういうことか。選任機関を株主総会にしただけでは変わりないのではないか。監査に対する事後審査に配慮しないのはなぜか。SECあるいは公認会計士審査会のようなものをつくってはどうか。 ・日本のように、商法監査と証券取引法、税理士という制度が併存しているような国はあるのか。 ・大会社を資本金5億円以上とするのは、インフレが進行している現況では不適切ではないか。大会社の要件として負債200億円以上とした根拠。債権者の数を入れなかったのはなぜか。今回の改正によって新たに大会社となる会社の数。税理士の業務を圧迫することにならないか。
		・単位未満株式について株券を原則発行できないのは、譲渡の権利の不当な制限ではないか。端株券が発行される場合と利用目的、法的性質。

衆(法) (4・24)	鍛治　清 （公明）	・自己株式の取得制限は緩めずに質受けのみ緩和する理由。諸外国の状況。 ・書面投票制度と委任状勧誘制度との関係。 ・株主総会決議の内容が定款に違反する場合について、なぜ決議無効事由から決議取消事由にするのか。特別利害関係人の関与禁止規定を削除するのはなぜか。 ・法人を取締役の欠格事由とする提案が削除された理由。 ・取締役会の権限を列挙することとしたのはなぜか。権限の内容の記載が試案と比べて簡略化されたのはなぜか。「重要ナル使用人」の範囲。「重要ナル組織ノ設置、変更」の意義。業務担当取締役について法案で取りあげないのはなぜか。 ・取締役会議事録の閲覧に裁判所の許可を要することとしたのはなぜか。実際に議事録の記載が豊かになるのか。「権利ヲ行使スル為必要アルトキ」の意義。 ・取締役が未承認の競業を行った際に損害賠償推定規定を入れた理由。 ・計算書類の虚偽記載を過失責任とした理由。 ・書面投票において、会社が投票をどのように扱ったか確認する方法はあるのか。 ・監査報告書に会計方針の変更についての意見を記載させることとしたのはなぜか。附属明細書に対する監査報告書とそれ以外の書類に対する報告書を一本化したのはなぜか。 ・半期報告制度を取り上げなかったのはなぜか。 ・特定引当金に関する改正の趣旨。 ・新株引受権付社債制度の導入は、わが国にオプションを導入することにならないか。	
衆(法) (4・24)	岡田正勝 （民社）	・外国における株主提案権の状況。大企業にだけ株主提案権を認めるということにはできないのか。株主数を要件とすることはできないか。 ・株式無償交付の際に1株あたり純資産額5万円以上という条件を満たすことのできる中小企業はあるのか。 ・中小企業に単位株制度の導入を指導するのは、株式買取請求によって資金が枯渇するなど、問題ではないか。 ・取締役の労働者に対する義務。倒産した会社の大株主に、労働者に対する賃金支払義務等を課した方がよいのではないか。従業員監査役制度について。単位株制度が従業員持株制度に及ぼす影響。	
衆(法) (4・24)	林　百郎 （共産）	・企業の社会的責任が今回の改正に盛り込まれなかったのはなぜか。制度改正でなく倫理的な規定も必要ではないか。取締役・監査役の人事実務からみて、今回の改正だけでは実効性はないのではないか。執行機関と監督機関を分離すべきだという意見についてどう考えるか。計算書類の承認権限の剥奪や議題提案権の持株要件をみる限り、提案者自身が株主総会を形骸と考えているのではないか。 ・株主総会の権威を強調するなら、単位未満株主や端株主にも発言権を持たせるべきではないか。単位未満株主の切捨ては、株主法人化につながるのではないか。	

		・総会屋の動向と数。改正法によって捜査がやりやすくなるか。商法494条を従前のまま残して497条の規定を新設した経緯。 ・公認会計士の選任を公認会計士協会等で一元化することとしてはどうか。
衆(法) (4·28)	横山利秋 (社会)	・具体的な事例に即して取締役の責任を論じるとどうなるか。取締役会のあるべき姿、権限、任務は。 ・公認会計士による監査の方法。経営者に書類を強制的に提出させることは可能か。監査意見差控えの形式。裏取引の防止方法。 ・取締役会の権限強化によって社長を牽制することは可能か。企業に改正の趣旨を徹底させる方法。 ・外国人投資家の株主総会運営に関する不満に対する感想は。株主総会で手渡すお土産は、利益供与にあたるのか。株主総会の実質化について、法案作成の過程の議論の内容。 ・なぜ会計監査人をいつでも解任できることとしたのか。問題はないのか。 ・会計方針の変更が相当でない場合とは。引当金として計上することのできる準備金の種類。税法との差異。 ・自民党と税理士会との間で監査制度の抜本的見直しについて合意があったと聞いているが、政府は関知しているのか。監査の過当競争を防止すべきでは。
衆(法) (4·28)	稲葉誠一 (社会)	・商法と証券取引法との関係。有価証券報告書と計算書類の関係。なぜ企業会計原則を法制化しないのか。 ・特定引当金制度を商法で規定した趣旨。大蔵省との間で統一的な見解を形成したのか。 ・監査役の人材供給源。常勤監査役の「常勤」の定義。監査役と会計監査人との関係。 ・過去に各種の提案が法改正として実現しなかった理由。なぜ参考書類の記載内容は法律でなく省令で決めるのか。会計監査人の候補者を株主が提案することは可能か。 ・公認会計士の処分数とその内容、処分権者。公認会計士協会に自治権がないのはなぜか。公認会計士と税理士の兼務をなぜ認めているのか。 ・アメリカに監査役制度がないのはなぜか。SECが存在することと関係があるのか。SECの組織。日本の証券局の態勢。 ・計算書類の登記所備置の制度が提案されなかった経緯。 ・監査役の株主総会招集権は提案されないのか。取締役会招集権だけでは不十分ではないか。 ・取締役と会社間の取引の承認権を取締役会がもっているのはおかしいのではないか。 ・取締役会と代表取締役との関係。取締役会が本当に監督することができるのか。 ・監査役の任期を3年としなかったのはなぜか。 ・監査費用を株主総会で決定することとしないのはなぜか。 ・商法特例法の大会社に該当する会社の数。
		・今回の改正は昭和49年商法改正の附帯決議に十分応えたもの

衆(法) (4・28)	水田　稔 (社)	・であるのか。今回の改正によって取締役や監査役の権限を強化しても、粉飾やワンマン社長の暴走を完全に防止できないのではないか。 ・政治献金は、計算書類にどの程度記載しなければならないか。 ・公認会計士や税理士が一つの事務所から一体になって企業の面倒をみている実態があるなら、不正の温床はなくならないのではないか。監査役は出世コースから外れた人がなるもので、きちっとした監査は可能か。きちんと監査スタッフをつけることを法制上も手当てすべきではないか。 ・力の強い商社が取引を100パーセント支配しておきながら、容易に切り捨てるような事態をどう規制するのか。商法によって規制することが適切なのか。 ・株式相互保有規制を25パーセントという数字で行うことで、実効性を期待できるのか。一般株主を増やす施策を検討したのか。 ・営業報告書にどれだけの内容を記載させることを省令で規定するつもりか。 ・総会屋対策について、今回の法改正は実効性があるのか。	
衆(法) (4・28)	塩崎　潤 (自民)	・今回の改正を急いだ理由と今後の改正の見通し。中小会社に対する規制の見直しについての見通し。 ・株式会社に会計監査人監査を課しながら、同規模の協同組合等に監査義務を課さないのはアンバランスではないか。 ・日本で株式の持合いが進んだのはなぜか。今回の株式持合規制の25パーセントという数字は、実効性の観点からは意味がないのではないか。株式買占めの問題についてどう考えているのか。個人株主が増えた方がいいと考えているのか。 ・今回の商法改正によって、どのようなものが引当金として計上できるのか。 ・会計監査人監査を今後拡大していくつもりか。上場基準と連動させるのか。税理士との職域調整をどうするのか。	
衆(法) (5・6)	横山利秋 (社)	・使途不明金の問題について。 ・取締役の責任強化は実効性があるか。 ・自民党と税理士会との間でどのような約束があったのか。職域調整をどのように図っていくことを望んでいるのか。 ・財界として、総会屋の排除にどのように取り組むか。なぜ株主総会が長くなることを嫌がるのか。 ・公認会計士が規定に反して監査対象会社の税理業務を行うことがあるのか。公認会計士の監査は十分に行われているのか。	参考人質問 (午前)
衆(法) (5・6)	小林　進 (社)	・今回の法改正を機に、総会屋との癒着や政治献金を断つことができるのか。 ・税理士と公認会計士との職域問題。 ・公認会計士が経理の不正を正した例はあるのか。	〃
衆(法) (5・6)	稲葉誠一 (社)	・公認会計士の独立性の問題。公認会計士による税理士の職域侵食に対して内部基準を設けるつもりはないか。 ・今回の改正に対する税理士会のスタンス。	〃

衆(法) (5・6)	鍛治　清 (公明)	・ディスクロージャーをより強めると、不都合があるのか。細かい規制をかけた方がよいのではないか。 ・どのように規制をかけても、運営によって骨抜きにできるということなのか。経営者のモラル維持について、どのような努力をしているのか。 ・公認会計士が行っている監査は十分なものといえるのか。経営者からの独立性は本当にあるのか。税理士会との職域の重なりはどうなっているか。 ・税理士会は今回の改正にあくまでも反対なのか。会計監査人監査の対象会社拡大によって、税理士はどれほどの影響を受けるのか。中小会社に対する影響は。	〃
衆(法) (5・6)	岡田正勝 (民社)	・会計監査人監査の対象となる会社はどれほど増えるか。対象会社が増えることで税理士の仕事は減るのか。監査費用はどれくらいになるのか。 ・今回の改正に総会屋対策の実効性はあるのか。抜け道を見つけて利益供与するということはないのか。 ・単位株を評価するのはなぜか。中小企業に対する影響をどう考えるか。 ・公認会計士は、報酬を得るために気兼ねなく監査をすることができないのではないか。	〃
衆(法) (5・6)	安藤　巖 (共産)	・公認会計士の独立性確保のために、監査業務を公認会計士協会が一括して受託し会員に割り振る、あるいは裁判所が選任するという考え方をどう思うか。 ・今回の改正によって中小企業にどのような負担が増えるか。企業不祥事がどれほど払拭できるのか。 ・経営者としては、株主総会はなるべく早く終わらせたいものか。計算書類の承認権限を株主総会から取締役会に移すのも形骸化ではないか。監査役の人材の問題。	〃
衆(法) (5・6)	横山利秋 (社会)	・現在の日本で商法の精神が定着する土壌はあるのか。 ・改正事項で積み残した部分、今後の改正の方向。 ・公認会計士に公正な監査を期待することは可能か。 ・多国籍企業に対する規制のあり方。	〃 (午後)
衆(法) (5・6)	稲葉誠一 (社会)	・ディスクロージャーの内容を法律ではなく省令で決める点についてどう考えるか。企業はディスクロージャー制度に反対しているのではないか。 ・今回の改正によって総会屋を排除できるのか。総会屋排除の規定によって、正当な社会運動も排除されるのではないか。 ・企業結合をどのような方向で規制しようとしているのか。 ・日本にもSECのような機関を設けるべきではないか。 ・有限会社制度があるのに、なぜ中小会社立法が必要なのか。実際にはどう区分するのか。	〃
衆(法) (5・6)	鍛治　清 (公明)	・会社法を大中小で分けた方がいいのではないか。 ・今回の改正で、大企業の非行防止にどれだけのことができるのか。大企業の規制は別途に特別法で行うべきではないか。 ・公述のなかで述べられた「もっと進んだ形」の改正とはどのようなものか。会社による無償の利益供与について省令で営	

		・業報告書の内容として入れるべきか。開示させることが企業活動を減殺させるか。 ・取締役会議事録の開示に裁判所の許可を要求するのは、ディスクローズの方向に逆行するのではないか。 ・単位株制度は少数株主の権利侵害になるのではないか。 ・株主総会の権限が今回の改正によってだんだんと小さくなっていっているのではないか。 ・今回の改正が経営者のモラルに与える影響は。社会的責任の問題など今回改正できなかった点に関する考え方。	〃
衆(法) (5・6)	岡田正勝 (民社)	・大会社の監査役の定員は、デッドロックの危険を考慮して3人以上とすべきではないか。 ・利益供与禁止規定は総会屋排除に効果があると考えるか。商法494条の「不正ノ請託」の「不正ノ」を除くべきだという意見をどう思うか。497条は現実に適用可能なのか。 ・簿外保証債務の問題。 ・株主提案権制度を使って総会屋がいやがらせをすることはないか。単位株制度は中小会社にとって大きな負担になるのではないか。	〃
衆(法) (5・6)	林　百郎 (共産)	・企業の社会的責任について一般的な規定を置くことをどう考えるか。 ・単位株制度によって共益権を奪うことになるのは問題ではないか。議題提案権・説明義務・議長の退場命令権によって、株主総会の形骸化がいっそう進展するのではないか。 ・引当金規定の改正によって大企業の膨大な内部留保を解消することができるのか。	〃
衆(法) (5・8)	横山利秋 (社会)	・会計監査人をいつでも解任できると規定しているのはなぜか。正当な理由がない場合には損害賠償ができる、というときの「正当な理由」とは何か。監査役による解任事由の意義。私法上の理由でも監査役限りで解任できるのか。監査役の全員が解任に同意しない場合、どうなるか。会計監査人の選任における監査役の関与のあり方。会計監査人の欠格事由。解任された会計監査人による損害賠償の可否。 ・会計監査人が報告を求めた場合に、取締役や使用人が拒否等した場合にはどう対処するのか。訓示規定等が必要ではないか。 ・監査報告書の虚偽記載に対して損害賠償を請求できる第三者の範囲。 ・会計監査人が不正の事実を発見したことを報告しなかった場合は、解任事由となるか。	
衆(法) (5・8)	稲葉誠一 (社会)	・ディスクロージャーの語義。日本はヨーロッパ型か、アメリカ型か。 ・企業会計原則は法律が依拠できないものなのか。「公正ナル会計慣行」とは何か。 ・特定引当金に関するこれまでの法規制と今回の提案に至るまでの経緯。今回の法改正で全面解決するわけではないのか。改正によってどう変わるのか。改正後の商法287条ノ2による引当金は、企業会計原則の負債性引当金と一致するか。な	

		・ぜ両者はずれるのか。特定引当金について、「公正ナル会計慣行」に従うことにしてしまえばよいのではないか。役員の退職慰労金を引当金として計上することは可能か。電力会社の渇水準備金はどうか。 ・商法34条の対象に損益計算書が含まれないのはなぜか。会計帳簿の意義。営業報告書に会計帳簿は含まれるのか。 ・小商人の規定はなぜ残っているのか。会社でない商人の資本とは。どうやって商人の資本を調べるのか。 ・番頭・手代という言葉が使用された由来は。 ・営業報告書の記載内容について法律事項ではなく省令事項とした経緯。内容を定款でも定めることができるようにすべきとする提案があったが、どうか。「会社が無償でした利益の供与」の意義。 ・八幡製鉄政治献金判決の意義。限度はどう判断されるのか。限度を超えた場合にどのような効果が発生するのか。 ・政治献金の額等を明らかにさせないと意味がないのではないか。 ・利益供与に関しての前回の改正はいつか。商法494条に関してほとんど総会屋規制ができていないのに、新たな条文で規制が可能なのか。やはりディスクローズが必要なのではないか。 ・株主提案の招集通知記載要求の要件を300株としたのはなぜか。試案の段階で「趣旨説明は400字以内」としていたのはなぜか。	
衆(法) (5・8)	鍛治　清 (公明)	・会社設立後の株式単位のあり方。 ・特別利害関係人の扱いが株主総会と取締役会で異なることとするのはなぜか。 ・取締役の競業取引について遅滞なく取締役会に報告させることとした理由。 ・取締役会の招集権限を単純に各取締役に与えないのはなぜか。 ・計算書類承認後の責任解除規定を削除する理由。 ・会計監査人監査の適用要件に負債額を入れると、適用逃れのための粉飾などを誘発し不適切ではないか。 ・大会社について監査報告書・営業報告書の記載方法を法務省令に委ねた理由。試案の注記に書かれていた事項を省令で定める方向か。無償でした利益供与の額についてどうか。 ・自己株式の質受けの解禁によって、大会社が制度を悪用することはないか。実質的な自己株式所有の意図で行おうとしている場合、歯止めはあるのか。 ・今後の法改正への姿勢。	
衆(法) (5・8)	安藤　巖 (共産)	・株主提案権を行使する際に提出する「議案の要領」の内容。株主総会の場で口頭説明ができるのか。参考書類を添付しないでよい会社において、どれほどの記載を期待できるのか。 ・特別利害関係人が株主総会決議に関与した場合、事後的に不当な決議を取り消すよりも、現行のように一律に関与を禁止した方がよいのではないか。不当であるという判断はされに	

		・くいのではないか。野放しにはならないか。 ・総会屋への無償供与の財源は。附属明細書で示されることになるのか。財界の影響で開示内容が後退したのではないか。今後の方向性は。株主総会での質問権が規定されても、営業報告書に書かれていなければ質問できないというのでは意味がないのではないか。 ・説明義務免除における「相当ノ期間」の意義。調査の必要を言訳にするのではないか。 ・企業会計原則と「公正なる会計慣行」「一般に公正妥当と認められる会計処理の基準」などとの関係。商法・証取法・税法においてそれぞれ異なる利益が算出されるということはないのか。欠損申告をしながら配当を行っている例があるが、なぜそのようなことが可能なのか。もっとディスクローズを丁寧にさせる必要があるのではないか。
衆(法) (5・8)	林　百郎 (共産)	・政治献金は取締役の善管注意義務に違反しないか。最高裁判決のいう「相当の程度」はどのように判断するのか。附属明細書や業務報告書に記載させるのか。 ・インサイダー取引とは何か。現時点で規制を行えない理由は何か。今後検討する予定はあるか。 ・新株発行時の資本増加最低額を払込金額の2分の1以上としたのは、会社の配当よりも交際費の方が多いという現実に対応したものか。
衆(法) (5・12)	沢田　広 (社会)	・商法改正にあたって、詐欺や横領などの犯罪を抑止するための施策を検討したのか。行政的に対処していくのか。 ・これまでの判例をどれだけ点検し、活かしているのか。抹消された判例はどの程度あるのか。 ・自己株式取得禁止規定に反する取得の私法上の効果。 ・親子会社の支配関係について、十分な規定になっているのか。 ・営業報告書に記載すべき内容として、現在どの程度考えているのか。連結財務諸表はどうか。省令の内容を隠して国会審議にかけるというのは問題ではないか。 ・多国籍企業の法的地位。外国会社の代表者の意義。
衆(法) (5・12)	小林　進 (社会)	・今回の改正に向けての意見集約の経緯。立法府の意見を聞くということが少ないのではないか。 ・今回の改正は、企業の使途不明金の解明にとって何の役にも立たないのではないか。監査役や会計監査人の監査によって解明されないのはなぜか。重要性の原則からみて問題はないのか。 ・総会屋の定義。今回の改正によって総会屋を排除できるのか。やり方が陰湿になるだけではないか。
衆(法) (5・12)	稲葉誠一 (社会)	・整備法において調整対象となっている法律が成立しなかった場合はどうなるのか。 ・なぜ会計監査人監査の対象会社の要件に負債額要件が入っているのか。資本金額要件と負債額要件のどちらかを満たせばよいとした理由。負債額の基準を200億円とした理由。 ・会計監査人が使途不明金の内容を明らかにできないのはなぜか。取締役が監査役や会計監査人に対して明らかにしない場

		・合、違法の問題を生じるか。 ・休眠会社の売買を規制することはできないのか。 ・今回の改正によって、総会屋の活動にどのような影響を与えることになるのか。罰則の法定刑が軽すぎるのではないか。法定刑が軽く、立証も困難となれば、検察側が一生懸命にやることはないのではないか。 ・今回の改正によって、これまで行われたような1株運動について判決の結論が変わることがあるか。 ・営業報告書の内容に関して、経済界の圧力によって省令の内容が後退しないようにできるか。 ・計算書類の登記所開示が改正案に入らなかったのはなぜか。 ・計算書類の承認権限を株主総会に残すべきではなかったか。 ・提案権に関する改正によって、修正動議を提出する権利に影響が及ぶのではないか。 ・なぜ額面を1株5万円と統一しなかったのか。 ・少数株主が監査役や会計監査人の解任を裁判所に請求できる制度を導入すべきではないか。	
衆(法) (5·12)	岡田正勝 (民社)	・今回の改正で会計監査人の独立性がどれほど改善されることになるか。選任機関を株主総会に変えることにどれほどの効果があるのか。株主提案権を利用して株主が会計監査人の選任に実質的に関与することは可能か。監査人の独立性確保のために、監査業務は公認会計士協会が一括して引き受けるようにしてはどうか。SECのような制度を導入することについてどう考えるか。 ・公認会計士と税理士との兼業禁止の実態。兼業を完全に排除できるか。 ・証取法監査と商法監査の一本化は可能か。	
衆(法) (5·12)	安藤　巌 (共産)	・株主総会議長の退場命令権が1株運動株主などに濫用されるのではないか。 ・取締役会の権限の範囲。 ・取締役会議事録の閲覧に裁判所の許可を要することとしたのは公開の制限ではないか。裁判所に対する心理的な敷居が高いのではないか。 ・取締役の競業の許可機関を取締役会に移したのはなぜか。取締役会では馴合いになってしまうのではないか。 ・社外監査役制度を導入すべきではないか。 ・取締役会への代表取締役の3カ月に1度以上の報告義務は、中小企業に四半期決算を強制するものではないか。報告は書面でする必要があるのか。 ・商法特例法25条の適用範囲。計算書類等の備置義務が小規模会社の負担になることはないか。小規模会社に対する法規制のあり方を根本的に見直す必要があるのではないか。 ・自己株式の質受け禁止を緩和するのはなぜか。優良大企業の優遇ではないか。下請会社が親請の株式取得・質入れを強制されて、かえって金融を受けにくくなるのではないか。 ・偶発損失の引当金としての計上と企業会計原則の関係。 ・なぜ今回の改正で新株引受権附社債が急に浮上してきたの	

		か。本来の改正目的とは異質なものではないのか。	
衆(法) (5・12)	林　百郎 (共産)	・株式持合いの際の議決権制限は4分の1という要件で十分か。 ・商法287条ノ2の特定引当金の意義。どのような引当金であれば計上することが可能か。 ・商法の前近代的用語について。 ・総会屋の活動、暴力団との癒着の実態。今後の処対に対する決意。	
衆(法) (5・13)	横山利秋 (社会)	・今回の改正は企業の社会的責任という観点からは不十分ではないか。もっと企業内容の公開を進めるべきではないか。企業漏示罪(改正刑法草案)を規定しようとするのは、企業の社会的責任や企業内容の公開を後退させるのではないか。 ・今回の改正の趣旨を周知徹底させ、実効性をもたせることは可能か。省令の内容について、議会の意向がないがしろにされることはないか。改正に伴う弊害の発生について、適切な行政指導等を行う意思があるか。公認会計士と税理士の職域問題について、今後どのように対処していくのか。今後の商法改正の方向性。	
衆(法) (5・13)	稲葉誠一 (社会)	・反対討論	
衆(法) (5・13)	安藤　巖 (共産)	・反対討論	
参(法) (5・21)	寺田熊雄 (社会)	・全面改正ではなく部分改正になった経緯。汚職事件の問題も部分改正となった動機の一つか。昭和48年・49年の附帯決議は、今回の改正のなかでどのように織り込まれているか。附帯決議実現のためには法改正が必要な部分もあると思うがどうか。 ・上場会社株式の額面の実態。今後の整理の方向。いつ頃までに株式併合を行うつもりか。 ・一般株主が株主総会で質問しようとすると総会屋がつぶしてしまう実態があるが、どのような法的対応をするべきと考えているか。今回の法改正で、総会屋への利益の提供を包括的に規制できるか。利益供与が行われた際の責任を誰が追及するのか。会社乗っ取りに対しても、利益供与禁止規定は働くのか。 ・監査役が取締役の違法行為を指摘しても、取締役会が追認してしまっては実効性はないのではないか。 ・営業報告書の記載内容の充実について条文に直接に出てこないのはなぜか。	
参(法) (5・21)	円山雅也 (自民)	・単位株制度を導入する理由。非上場会社の場合、一挙に株式を併合しても市場の混乱は起きないのではないか。非上場会社において単位未満株式を買い取った場合、「相当ノ時期」に処分するのは困難なのではないか。 ・株主提案が可決される見通しは小さいにもかかわらず、あえて株主提案権を与えた意図。単位株制度を導入する会社としない会社とでは、提案権の持株要件にアンバランスが生じる	

		・のではないか。 ・特別利害関係人は株主総会で議決に参加できない状態から単に決議取消事由になりうるだけになるが、それによって「特別利害関係人」の解釈は変わるのか。取締役の解任が議題となった場合の当該取締役は特別利害関係人か。特別利害関係人の関与による不当な決議を取り消す場合。商法247条1項1号ですべて賄えるのではないか。 ・株主権行使に関する利益供与について、「会社ノ計算」ではなくポケットマネーでやった場合、罰則の対象にはならないのか。弁護士が株主でもある場合に、報酬等をもらう場合はどうか。商法294条ノ2の推定規定は不要ではないか。 ・税金対策で会社形態をとり、しかも有限責任で債権者に迷惑をかけるというのは問題があるのではないか。	
参(法) (5・21)	藤原房雄 (公明)	・当初の全面改正の方針から今回の部分改正提案へと変更になった経緯。今回の改正は、全面改正への道筋のなかでどのような位置づけをもつのか。昭和53年・54年に参事官室から公表された改正試案の改正審議のなかでの位置づけは。改正試案から答申に至るまでの過程は。改正試案のなかで今回の改正案から落ちたものについて、今後どのように検討されることになるのか。答申において盛り込まれながら法案に出てこなかったものがあるのはなぜか。準備会から答申に至るまでの審議に要した時間。準備会の構成と様子。商法部会幹事の役割。幹事に役人が多く、審議も役人主導になるのではないか。審議会の会議録は公開しないのか。 ・企業の社会的責任に関する審議の経過。昭和49年改正後も粉飾決算や企業不祥事が起きているのは、49年改正が不十分だったからではないか。	
参(法) (5・21)	近藤忠孝 (共産)	・戦後、個人株主が一貫して減少している状況をどう考えるか。個人株主が減少するとどのような問題が発生するのか。単位株制度の導入は個人株主の減少を促進することになるのではないか。株主から議決権を奪うのは基本的人権を奪うに等しいのではないか。憲法29条違反ではないのか。学者の多くも単位株制度に反対ではないのか。	
参(法) (5・26)	寺田熊雄 (社会)	・監査役会を設置せよという意見をどう考えるか。監査役監査が法の建前どおりに機能しない点についてどう思うか。実例として、使途不明金についてクレームをつける監査役がほとんどないが、この点をどう考えるか。 ・会社の金銭の無償供与についてのディスクロージャーは、法務省令ではどのような方向に規定されるのか。 ・自己株式の質受けを認めると中小企業の立場を弱めるという意見をどう考えるか。自己株式の取得禁止を緩めてほしいという意見があるが、どうか。 ・欧米と違い、日本の株主総会が儀式の如く短時間で終了するのはなぜか。好ましいと考えるか。総会屋の活動実態。総会屋排除の実績。今回の改正は総会屋撲滅の武器になるのか。総会屋は撲滅できるか。会社運営にさまざまな利害関係者を導入するというアイディアをどう思うか。	

		・大会社において計算書類を株主総会の承認事項から外したのはなぜか。株主総会の権限として残すべきではなかったか。 ・書面投票制度が導入されるのであれば、委任状勧誘制度よりも優先的に適用されるようにすべきではないか。 ・SECのような機関を設置すべきであるという意見を法務省としてはどう考えるか。 ・上場株式会社の株式保有割合において法人持株の割合が多い現状をどう考えているか。商法上、個人株主が増加するように手立てをとるつもりはないか。	
参(法) (5・26)	近藤忠孝 (共産)	・証券市場において不健全な現象が発生しているのは、個人株主の保有割合が減少しているからではないか。単位株制度の導入はこのような現象を加速させるのではないか。 ・配当政策に対する政府の考えは。キャピタルゲインの状況は。大手証券会社による独占の結果、株主は全般に損をさせられているのではないか。 ・株式相互保有における議決権制限制度を導入した趣旨は。法人は何のために持合いをするのか。持合いによって経済支配の問題が起こるのではないか。25パーセントという数の根拠。グループ保有という問題に対処できるのか。 ・ディスクロージャーに対する証券局の取組み。有価証券報告書の検査体制と実績。	
参(法) (5・26)	藤原房雄 (公明)	・単位株の株式数を基本的に1,000株とした理由。単位未満株式の整理の方案。売渡請求権を規定しなかった理由。単位株を1株に併合する時期の見通し。重要な問題を決定する際に単位未満株主が参加できないのは問題ではないか。制度に関するPRの態勢。 ・株券振替決済制度の仕組みと実現の見込み。単位株制度が証券市場に及ぼす影響。 ・株主総会における説明義務を質問権として規定しないのはなぜか。説明義務免除の要件としての「会議ノ目的」の意義。 ・総会屋が発生した土壌は何か。今回の改正によって総会屋はどのような動きに出るか。 ・利益供与の手口。取締役がポケットマネーを出した場合、罰則にはあたらないのか。総会屋の持株の状況。	
参(法) (5・27)	寺田熊雄 (社会)	・会社の社会的責任について規定を置くべきではないか。 ・小会社で計算書類の公告に関する規定が守られていない点についてどう考えるか。計算書類の登記所備置制度についてどう考えるか。 ・監査役としては、会計監査人の適正意見と監査役の承認があれば計算書類の株主総会における承認を不要とする制度についてどう考えるか。 ・公認会計士業界に、監査の仕事の範囲の拡大を吸収して賄っていく素地はあるか。計算規定の整備は中小企業にとって負担にならないのか。 ・税理士と公認会計士の職域の境をどうすればよいと考えるか。	参考人質問

参(法) (5・27)	丸谷金保 (社会)	・今回の改正に反対する学者はいるか。総会屋の根絶は可能か。 ・ディスクロージャーのあり方を大小会社間で分ける場合に、その境界はどのあたりに置くべきだと考えるか。 ・子会社に対する監査のあり方。 ・会計監査人を株主総会で選任することとしたことに、どれほどの意義があると考えているか。 ・参考人の公述は税理士会の統一見解なのか。	〃
参(法) (5・27)	円山雅也 (自民)	・単位株制度をとる会社ととらない会社で、少数株主権の行使要件にアンバランスが出る点についてどう考えるか。 ・株主に対する利益供与禁止規定は、顧問弁護士が株主総会出席のために株式を有している場合にも及ぶか。 ・大小会社区分立法が立法的に困難なのはなぜか。法人格を否認されるような会社との区分も困難か。区分立法をする際の規定の仕方。	〃
参(法) (5・27)	藤原房雄 (公明)	・今回の改正にあたって、制度間での整合性についてどう考えているか。国際化への対応に関する考え方。総会屋対策に関する今回の改正に対する評価。 ・経営者としては、今回の総会屋対策に関する改正をどう評価するか。財産の公開に関する問題について、経営者側としての意見はどうか。 ・昭和49年改正によって、監査役による監査のあり方はどう変わったか。 ・今回の改正に対する公認会計士協会の受入れ態勢。 ・税理士会の提唱する事後監査についての説明。公認会計士協会はどう考えるか。	〃
参(法) (5・27)	山中郁子 (共産)	・日本でもSECのような強力な機関を設けるべきではないか。 ・単位株制度による共益権の剥奪は財産権の侵害であり、法の下の平等にも反するのではないか。 ・株主総会の空洞化や総会屋の問題は、現代の株式会社制度にとって避けられないものなのか。 ・単位株制度は、経済界のご都合主義ではないか。 ・経営者のモラル向上のために、経営者団体としてどのような対策を講じてきたか。 ・監査制度の独立性についての意見は。	〃
参(法) (5・27)	中山千夏 (革新自由連合)	・総会屋の存在に対するこれまでの経営者の姿勢や事情。今回の改正に対する経営者の受止め方。 ・公認会計士のモラルを守るための具体的な努力の仕方。 ・職域問題に対する学者の捉え方。	〃
参(法) (5・28)	丸谷金保 (社会)	・今回の立法における税理士会との調整のあり方。 ・小商人の概念。純資産の額だけを基準にするのは問題ではないか。50万円という額は少なすぎるのではないか。 ・自己株式質受けの解禁は、歩積両建預金の禁止の抜け穴になるのではないか。 ・商法特例法の大会社の資本金基準は、物価上昇等を考慮すべきではないか。会計監査人監査の対象会社を増やすことは、	

		税理士界との分野調整を困難にするのではないか。不正経理の問題を根本的に解決するには、アメリカのSECのような制度を導入すべきなのではないか。	
参(法) (5·28)	寺田熊雄 (社会)	・個人株主比率の低下に対する対策。国債の大量発行との関係。法人相互の株式持合いを厳しく規制する必要があるのではないか。 ・公認会計士の独立性の確保は十分か。公認会計士の不祥事に対する民刑事責任・行政処分。外国の監査法人が会計監査人となることは可能か。今後の外国監査法人の日本への進出の見通しと、日本の公認会計士の国際競争力の必要性。 ・有価証券報告書の提出に関する規定は順守されているか。 ・商法上の書面投票制度ができた場合、委任状勧誘制度は全面的に書面投票に移行した方がよいのではないか。 ・個人企業が税制上の理由で株式会社になる現象の功罪。	
参(法) (5·28)	藤原房雄 (公明)	・監査役の取締役会招集請求権等導入に至る経緯。「常勤」の定義。監査役の兼務のあり方への影響。常勤監査役と非常勤監査役の責任の差異。監査役・会計監査人による調査の際に取締役等が妨害するとどうなるのか。親子会社間・海外子会社に対する監査のあり方。 ・取締役の欠格事由について、未成年者や各種犯罪者が法案から落ちたのはなぜか。禁錮以上の者となると、道交法の厳罰化によって零細企業が困るのでは。法人の取締役就任能力を否定した経緯。登記の際の欠格事由の判断の仕方。監査役の欠格事由に未成年者が入れられなかった理由。 ・委任状勧誘制度と書面投票制度の違い。書面投票の管理の方法。経過措置の内容。 ・親会社株式取得禁止の経過措置の期間としての「当分の間」はどれくらいにするつもりか。 ・営業報告書の内容として、無償でした金銭供与の額を掲載することを検討しているか。 ・今後の大小区分立法・国際化に向けての検討課題をどう認識しているか。	
参(法) (5·28)	近藤忠孝 (共産)	・営業報告書を承認事項から報告事項にしたのは、株主を愚民視し、株主総会の権限を縮小して個人株主を減らすことにつながらないか。株主総会の決議を要求しつつ、取締役の責任を免除しないという立法ができるのではないか。計算書類の確定の時期。営業報告書の内容として法務省令に盛り込む事項。計算書類の公告の要旨とはどの程度か。 ・株主総会における説明義務の規定化は、株主総会強化の一つと理解してよいか。質問権と規定しなかったのはなぜか。質問権と説明義務の範囲は同じか。質問権の濫用の問題というときに、1株運動も念頭に置いているか。説明義務の免除の範囲としての「会議ノ目的」とは何か。「株主共同ノ利益」とは何か。利益の有無の判断はかなり流動的ではないか。「説明ヲ為スニ付調査ヲ要スルトキ」の意義。説明義務を尽くさなかったときの株主総会決議の効力。 ・株主提案権に持株要件を付したのは、株主の権利の縮減では	

		・議長の退場命令権を規定した趣旨。不当に退場命令権が行使された場合の効力。 ・（これまで多く指摘された）株式会社の問題点は、個人株主が減少し、株式の持合いが増えていることに原因があるのではないか。今回の改正も企業の論理が優先されたものではないのか。 ・取締役会の権限強化がワンマン経営者のチェックとして有効に働くのか。取締役の責任の強化だけで大丈夫なのか。 ・取締役会の議事録閲覧に裁判所の許可を要することとしたのはなぜか。議事録に記載すべき事項。さらに改善するつもりはないか。 ・自己株式の質受けを一部認めるとなると、大企業による中小企業圧迫の一つの手段になりうるのではないか。 ・会計監査人・公認会計士の独立性確保のためには、監督懲戒権を公認会計士協会に移すべきではないか。	
参（法） (5・28)	中山千夏 （革新自由連合）	・総会屋排除については、今回の法改正で打てる手はすべて打ったと考えてよいか。企業側の自主的な防衛組織の発展の見込み。総会屋の現状と手口。 ・今回の改正で社会的責任の問題にふれられていない理由。 ・取締役会の閲覧拒絶理由にいう「損害」の内容。1株運動株主が閲覧を求めた場合、どうなるか。	
参（法） (6・2)	寺田熊雄 （社会）	・大小会社区分立法について、現在の所見は。職能団体の反対があっても、資本金額を基準とすべきではないか。 ・非上場会社におけるディスクロージャーについての方策。 ・新株引受権制度を採用した経緯。転換社債・株式買取権付社債との差異。利用は為替リスクヘッジ目的の外債が主で、内国債はあまり考えていないのか。発行価額の決定方法と決定時期。制度の実施によって法務局職員の事務量は増えるのか。負担が過重になった場合には何らかの措置をとるか。 ・単位株制度の導入は、零細株主の権利を圧迫するのではないか。経営者が単位株数を著しく上げて零細株主の議決権を取り上げた場合に、株主側の対抗策はないか。単位株を立法によって1株に併合する旨のみなし規定を附則に入れたのはなぜか。 ・新株発行時の資本組入れ最低限度額の改正は、資本充実の原則のうえからは問題ないか。株主に対する影響は。 ・取締役会の権限に関する規定は強行規定と考えてよいか。常務会にも委任できないか。取締役会を経ずになされた株主総会決議や各種取引行為の効力は。個々の取締役に監督権限はあるのか。 ・負債性引当金の計上は任意なのか、義務なのか。 ・商法特例法上の大会社の基準は、改正法で十分だという考えか。負債額基準は流動的なので、規定をすり抜けようとする場合があるのではないか。違反の場合の過料の額が低いのではないか。 ・商業帳簿をマイクロフィルムやコンピュータで保存すること	

		はできるのか。 ・商法特例法25条の法意。	
参(法) (6・2)	近藤忠孝 (共産)	・反対討論	

〈衆議院における参考人質問（5月6日午前)〉
　日本公認会計士協会会長　　中瀬宏通
　日本税理士連合会専務理事　　四元正憲
　経済団体連合会会社法問題小委員会委員長　　坪内　肇

〈衆議院における参考人質問（5月6日午後)〉
　東京大学法学部教授　　鴻　常夫
　神戸大学法学部教授　　河本一郎

〈参議院における参考人質問（5月27日)〉
　東京大学法学部教授　　竹内昭夫
　東京商工会議所商業法規委員会委員　　星野　孝
　日本監査役協会会長　　中野拙三
　日本公認会計士協会会長　　中瀬宏通
　日本税理士会連合会専務理事　　四元正憲

●平成2年商法改正「商法等の一部を改正する法律」（最低資本金・種類株式関係）
　平成2年6月29日公布（平成2年法律第64号）

第118回国会		5.25	5.29	6.1	6.5	6.8	6.14	6.19	6.20	6.21
法務大臣	長谷川信	○	○		○	○	○	○		○
法務政務次官	狩野明男	○	○							
法務大臣官房長※	井嶋一友	○	○	○	○	○	○			
法務大臣官房審議官	永井紀昭	○	○	○	○	○		○		
法務省民事局長	清水湛	○			○	○	○	○		○
法務委員会調査室長	小柳泰治	○	○		○	○				
法務省民事局参事官	大谷禎男		○		○	○				○
大蔵大臣官房企画官	大久保良夫		○							
大蔵省主税局税制第一課長	長野厖士		○		○	○	○			
大蔵省主税局税制第三課長	大武健一郎		○							
国税庁長官官房企画課長	増原義剛		○							
中小企業庁指導部組織課長	藤原治一郎		○		○	○	○			○
法務省入国管理局長	股野景親				○	○				
外務大臣官房外務参事官	内藤昌平				○					
農林水産省構造改善局農政部農政課長	窪田武				○					
法務大臣官房長	堀田力							○	○	○
常任委員会専門員	播磨益夫							○	○	○
警察庁刑事局保安部保安課長	平沢勝栄						○			
法務大臣官房司法法制調査部長	濱崎恭生							○		
大蔵省証券局企業財務課長	中川隆進							○		○
中小企業庁計画部下請企業課長	田中信介							○		

※ 6月14日以降の肩書は法務省刑事局長。

会議名 (審議日)	質問者 (所属政党)	質問内容	備考
衆(法) (平2 5・25)	長谷川信 (法相)	・趣旨説明	
衆(法) (5・25)	逢沢一郎 (自民)	・改正作業の経緯。 ・閉鎖的で小規模な会社にふさわしい法制度の整備。 ・新設会社の最低資本金の額。 ・5年間の猶予措置。税制面での配慮。 ・会計調査人による調査。 ・計算書類の登記所における公開。 ・今後の改正の見通し。	
衆(法) (5・29)	鈴木 喜久子 (社会)	・会社債権者保護の見地からの改正はどの程度の比重を占めているのか。 ・株式会社の実態および各会社の特質。会社と個人の税制上の違い。株式会社と有限会社の違いについての中小企業庁の認識。有限会社の設立数。 ・最も会社らしい会社というもののイメージを法務省はどのように考えているのか。 ・有限会社になぜ最低資本金を要求するのか。 ・有限会社の取締役にも任期制を考えるべきではないか。 ・登記所における公開や会計調査人制度などが改正で見送られたのはなぜか。 ・法制審で出た答申を削るよう法務省を説得したのは誰か。 ・債権者保護の観点からは最低資本金300万円や1,000万円程度では意味がないのではないか。 ・中小企業庁は最低資本金の額についてどのように考えるか。 ・なぜ一人会社を安易に許容するのか。 ・増資の際の各方法による税負担。みなし課税の是非。 ・物的会社から人的会社への組織変更。 ・譲渡制限会社における新株引受権。 ・相続税対策として持株比率を希釈化する実態。 ・利益準備金の積立基準の改正。 ・なぜ弁護士だけが現物出資の価格の相当性を証明できるのか。	
衆(法) (5・29)	冬柴鐵三 (公明)	・今なぜ大小会社の区分立法を行うのか。 ・株式会社と有限会社の社会的・経済的意義の相違。 ・一人会社の設立や存続をなぜ許容するのか。 ・弁護士による調査費用を原始定款に記載しなくとも会社に負担させうるとしなかったのはなぜか（検査役の調査対象外にしなかったのはなぜか）。 ・最低資本金に満たない会社はどれぐらいか。登記所は物理的に変更登記実務に耐えられるのか。 ・登記実務のコンピュータ化。 ・経過措置後の法人の法律行為および清算手続。 ・発起設立における資本充実の担保はどのような代替手段によ	

		・りなされるのか。 ・増資の際の課税の特別措置。 ・弁護士の証明の実務。 ・「現物出資ノ給付アリタルヤ否ヤ」というのは具体的にどのような状況を指すのか。 ・商法192条3項に基づく請求における訴状の請求の趣旨の書き方および判決主文。 ・見せ金に対する処罰規定を設けるべきではないか。	
衆(法) (5・29)	宇都宮 真由美 (社会)	・今回の改正の評価。今回の改正においては債権者保護の視点が大きかったのではないか。 ・計算の公開が除かれた点について、どういう方面からどういう意見が出て計算の公開が見送りになったのか。将来的に公開制度を導入する予定はあるのか。どのような努力をしてどの程度の時期に実現したいと思っているのか。 ・要綱から最低資本金額が下がった理由。中小企業界の意見によって下げられてしまったのではないか。一方で最低資本金を導入しつつ、発起人が一人でも設立できるというのは、実情に合わせて法を直すものであり、相反する点があるではないか。 ・会計調査人制度が提案された経緯について。会計調査人制度の背景は、公認会計士の不足等の理由か、それとも監査で要求されるほどのチェックは必要ないという理由か。監査と調査の具体的な違い。将来的には二本立てとするのか、監査に一本化するのか。会社の経理を預かる税理士が調査人になるのでは意味がないのでは。会計調査人制度についての税理士会以外の意見はどのようなものか。 ・大規模な有限会社に会計監査を義務づける試案について。 ・試案における任意監査の見送りについて。 ・監査役制度に関する試案から改正案作成までの検討事項について。大会社について1名は労働組合などの同意を得なければならないと定めることはどうか。 ・計算書類作成等に関する刑事罰強化は検討されたのか。 ・試案における支配株主の賠償責任制度について。 ・試案における貸付金を出資とみなす意見について。 ・会社制度を理想に近づけるために法曹界・学者の意見を尊重すべきでないか。	
衆(法) (5・29)	木島 日出夫 (共産)	・最低資本金制度の導入により増資を義務づけられる法人数。 ・最低資本金導入がどうして債権者保護になるのか。欠損が生じた法人についての規制はないから、債権者保護とは関係ないのでは。	
衆(法) (5・29)	中野寛成 (民社)	・今回の改正の理念・目的。 ・法制審の答申から見送られた部分が多いが、その経緯および法務省の見解。時期尚早として見送られた事項について、今後関係者の理解を深めるだけなのか、それとも実現させるための措置を講じるのか。 ・税制上の特別措置について。	

第1部　商法（会社法）改正関連国会質問・出席者等一覧

衆(法) (6·1)	簗瀬　進 （自民）	・新設会社と既存会社の取扱いを変えなかった理由。 ・小規模会社の運営機構の簡素合理化の施策ないし見通し。 ・監査と調査の質的相違について。 ・最低資本金制度改正は公認会計士の人数に影響するか。 ・社債の発行限度枠について。 ・税制面での優遇措置について。	参考人質問
衆(法) (6·1)	小澤克介 （社会）	・なぜ最低資本金制度が債権者保護をもたらすのか。実証的な資料はあるのか。 ・監査制度が欧州に比べて遅れていることによる実害。 ・西ドイツにおける税理士制度。 ・日本における公認会計士の数の少なさ。 ・最低資本金制度のみを導入して債権者保護をもたらすのか。 ・一人会社設立のメリットは大会社が100パーセント子会社をつくる場合にもあてはまるか。 ・みなし配当課税について。 ・率直に最低資本金制度についてどう思うか。 ・登録免許税に関して意見はあるか。	〃
衆(法) (6·1)	中村　巖 （公明）	・今回の改正における問題点について。 ・貸借対照表の公開の必要性に関する法制審の議論。 ・なぜ会計調査人制度や取締役・支配株主の責任強化が要綱には表れなかったのか。 ・小規模閉鎖会社の現実の管理運営の問題。 ・株式会社は新株を発行して資金調達するのが本来的なのに、なぜ社債などによる手段が盛んになってきたのか。 ・全国中小企業団体中央会が改正にあたり反対した点について、将来的にも反対し続けるのか。	〃
衆(法) (6·1)	木島 日出夫 （共産）	・なぜ日本で中小零細法人が増えるのか、税法上の理由。 ・ドイツおよびフランスの税制について。 ・今後5年間に資本金を1,000万円にするには厳しい企業が多いのではないか。 ・アメリカや従前の日本で最低資本金制度がないのはなぜか。	〃
衆(法) (6·1)	中野寛成 （民社）	・法制審や法務省の作業を含め商法改正の基本理念はいかにあるべきか。 ・税理士を簡略試験により公認会計士とする場合の問題。 ・会計書類作成に関する刑罰規定が日本法に馴染むか。 ・EC指令は、どのぐらいの頻度で、どのくらいの多角性をもって、どのくらいの分量で出ているのか。 ・真実かつ公正なる〔概観〕見解の原則が日本法に馴染むか。 ・監査強化等の中小企業への影響について。	〃
衆(法) (6·5)	小澤克介 （社会）	・法改正による権利の制約およびそれによる不利益に対する政策的配慮。 ・資本金とは何か。商法上具体的に資本を維持する手段はどうなっているのか。 ・最低資本金により具体的に誰のどのような法益が保護されるのか。最低資本金制度による債権者保護以外の制度目的。 ・外部監査あるいは計算の公開という制度が導入されてはじめ	

		・て最低資本金制度に意味があるのではないか。 ・実際の会社の設立はどのような類型になっているのか。設立にあたって社会学的な分析が必要ではないか。会社らしい会社とは何か。 ・配当可能利益と準備金の資本組入れと新株発行を完全に切り離した理由は何か。 ・所得税法25条2項2号の意味と根拠について。みなし配当の見直しの必要性。課税上の特別措置。登録免許税。現物出資による増資における譲渡所得税。 ・原価主義の問題点、資産再評価。
衆(法) (6·5)	沢田　広 (社会)	・提案にあたっての各省庁との調整の心構え。 ・資産再評価の問題。最低資本金の額。 ・法制審の答申が尊重されていないのでは、委員は辞職するのではないか。 ・税制の特別措置について。一人法人を認めたことについて。 ・農業生産法人について。 ・5年間の猶予期間中の増資手段の見込みについて。 ・外国法人について。無記名株券の有効性。 ・端株〔券〕の発行。大会社と小会社の区分。 ・通産省に対して各企業等に与える影響について。 ・租税特別措置法について。会計調査人について。
衆(法) (6·5)	仙谷由人 (社会)	・全面改正の理念および趣旨。商法等の規制の形骸化について。 ・改正試案における支配株主の責任などの提案趣旨。 ・資本金1,000万円がなぜ債権者保護になるのか。 ・中小企業いじめとの議論への法務省および通産省の見解。 ・正しい経理を公開するだけのことがなぜできないのか。計算書類の公開についての立法化の予定、その際の取締役の民事・刑事責任。 ・商法498条に基づく過料の制裁がなされたケースの有無。
衆(法) (6·5)	平田米男 (公明)	・法制審が計算書類の公開制度を導入しようとした理由。 ・設立手続を簡素化する一方で公開制度が削られたのは不完全ではないか。 ・改正作業に時間がかかりすぎていないか。世論に対するPRが不足しているのではないか。 ・公告制度の不遵守とこれに対する制裁が行われていない現実にどう対処するのか。早急に公開制度を提案すべきではないか。大会社について公開制度を導入すべきではないか。 ・登記所のコンピュータ化を進めるべきではないか。 ・取締役が公告を怠った場合、商法266条ノ3にあてはまるか。 ・今回の改正において商法等の形骸化に適合する法制度とはどの制度か。 ・有限社員の責任を有限とする根拠。小規模・閉鎖的な株式会社と有限会社の区別の理論的根拠。 ・非公開の会社では、取締役の責任を重くすべきではないか。 ・見せ金による払込みに何らかの処罰規定を考えては。

		・設立費用の特例に司法書士の手数料をなぜ含めないのか。 ・現物出資に際する鑑定費用は設立費用とすることは可能か。その場合、なぜ特例を認めないのか。 ・引受担保責任、払込担保責任について、払込みをなすべき日以降は遅延損害金が発生すると考えてよいか。 ・商法192条の「著シク不足スル」とはどの程度か。著しく不足とはいえない場合、その差額は誰が負担するのか。 ・商法173条ノ2と192条ノ2との関係。 ・横滑り監査役を規制する予定はないのか。 ・計算書類の登記所における公開が導入されなかったことについての意見。
衆(法) (6・5)	木島 日出夫 (共産)	・中小零細企業の法人成りの背景・原因。日本法における法人成りに伴う所得税額の相違。諸外国における所得税制。最低資本金制度は、個人事業家の節税の権利を侵害するものではないか。法人成りという傾向は積極的に評価すべきか。 ・会社代表者のための特別の融資制度の導入について。
衆(法) (6・5)	和田一仁 (民社)	・今回の改正の目的。 ・改正が見送られた部分の理由。近い将来の改正の見込み。 ・増資にあたっての特別措置について。 ・社債の限度額の変更の意味合い、撤廃することはないのか。 ・一人会社を認めたのは実態に合わせたのか。
衆(法) (6・8)	渡部行雄 (社会)	・最初の試案からなぜ改正が後退したのか。今回の改正はある意味で過渡的であり、暫定的な措置と解してよいか。抜本的な改正はいつ頃行われるのか。法案作成にあたって企業側に重点を置いたのか、債権者側に重点を置いたのか。 ・最低資本金制度を導入したことはどういう意味をもつのか。 ・会社の信用度を図るにはどういう調査をすればよいか。 ・貸借対照表などの公告の実態はどのようになっているか。純資産額を登記所で明らかにすべきではないか。 ・取締役・監査役の住所を登記させるべきではないか。 ・有限会社の取締役等にも任期制を導入すべきではないか。 ・コンピュータの時代に事務的な煩雑さはないのではないか。 ・現物出資における弁護士の証明責任について。
衆(法) (6・8)	小岩井清 (社会)	・最低資本金の額の根拠。最低資本金制度の導入による中小企業への影響。今回の改正により創業意欲を損ねることにならないか。増資のための税制措置。 ・大小会社区分立法により中小零細企業の振興、保護育成策を考えていくべきではないか。
衆(法) (6・8)	和田貞夫 (民社)	・改正案により債権者保護が図られるのか。 ・社債の発行限度を緩和したり一人株主制度を創設するのは、最低資本金制度の導入と矛盾しないか。それらは経済界からの強い要請によるものか。 ・中小企業は組織変更などにより大きなダメージを受けるのではないか。 ・会社形態の選択には税制の影響が大きいのではないか。
		・昭和59年の大小会社区分立法の問題点の流れがどうなってし

衆(法) (6·8)	中村　巌 (公明)	・まったのか。大小会社区分と最低資本金制度は直接の関係はないのではないか。 ・社債全体の見直しについて。発行限度の緩和という改正は中途半端な改正ではないか。 ・有限会社そのものをやめるという議論にはならないのか。有限会社の取締役・監査役にも任期を設けるべきではないか。 ・なぜ部分的な改正を行うのか。 ・計算書類の公開の問題について。開示について会社法上の制裁を強化すべきではないか。いくら以上の資本金の会社にのみ計算書類の公開を義務づけるという案はどうか。
衆(法) (6·8)	木島 日出夫 (共産)	・昭和49年の商法改正の目的と背景。 ・昭和56年の改正に関する問題点、社会的背景。 ・そのうち、大企業に対して社会的責任をきちんとさせるための規制が脱落して、最低資本金制度の導入という方向だけが一人歩きしたのではないか。 ・財団法人産業研究所・会社法改正問題研究委員会の報告書では、最低資本金制度は債権者保護に役立たないとしているのになぜあえて導入するのか。
衆(法) (6·8)	中野寛成 (民社)	・計算書類が登記所公開されると下請けいじめなどが起こりはしないか。下請代金支払遅延等防止法のような制度をあわせて導入すべきではないか。 ・外部監査の拡大と担い手の拡充について。 ・今回の改正により国際化に対応できるのか。
参(法) (6·14)	長谷川信 (法相)	・趣旨説明
参(法) (6·14)	北村哲男 (社会)	・日米構造協議の中間報告書における「会社法の見直し」のディスクロージャーの強化について。今回の改正とディスクロージャー制度の強化の関係。支配株主の責任問題、計算制度の問題について日米構造協議において外されているのはなぜか。 ・今後の合併法制の見直しのイメージについて。 ・ECの経済統合においても重要視されている計算書類の公開およびその前提としての監査制度の確立にあたり会社法等をどのように整備していく予定か。 ・最低資本金制度がなかったことによる弊害は何か。 ・諸外国、NIES諸国における最低資本金制度の実態。アメリカにおいて最低資本金制度がないことによる問題はあるのか。諸外国において最低資本金の額は定期的に見直されているのか。 ・最低資本金制度は必ずしも取引の安全に実質的に結びつかないのではないか。金額については、多い方が望ましいと考えているのか。 ・5年経過後に解散の予告を公告するまでの期間はどれくらいになるのか。 ・商法406条ノ3に基づく休眠会社の整理の実態について。 ・最低資本金制度の導入により実際にどのくらいの数の会社が影響を受けるのか。

		・詐害的な設立の実態について。 ・解散の公告にあたっては慎重な配慮が必要ではないか。 ・会社継続および組織変更における決議要件の差異。 ・物的会社から人的会社への組織変更は構成員の権利に及ぼす影響が重大なのではないか。 ・株式買取請求権で、はたして正当な評価で買い取られるのか。 ・解散したものとみなされる場合の法人の能力の範囲。 ・継続の決議のみをして登記をしない場合はどうなるか。 ・みなし解散後は清算人の登記義務があるのか。 ・決算公告および計算書類の備置義務と登記所における計算書類公開制度との関係。登記所公開の場合にも、決算公告と同じように不遵守の実態が生まれるのではないか。決算公告の不遵守による過料の例はあるか。計算書類の適正性はどのように担保するのか。なぜ登記所公開制度の改正が見送られたのか。 ・今後も同じ方針に基づく改正をめざすのか。
参(法) (6・14)	矢原秀男 (公明)	・法案の目的。 ・昭和61年の試案からの見送り事項について。法制審の答申から非常に変動した理由。 ・関係省庁との調整問題について。改正案の提出にあたり具体的にどのような問題点の処理があったのか。 ・各種団体の賛成、反対、陳情について具体的にどのように対応したのか。 ・法案が通ると小売店商店数の減少が加速するのではないか。 ・税制の特別措置について。 ・昭和49年の衆参法務委員会の附帯決議との関係。昭和61年の改正試案との関係。 ・現物出資を評価する弁護士の法的地位。なぜ弁護士だけに限ったのか。不動産鑑定士による鑑定評価についての政令を定める予定はあるのか。 ・最低資本金制度との関係で、現在欠損法人が51.3パーセントである点にどのように対応するのか。 ・法制審における有限責任の修正に関する議論(支配株主の責任)について。
参(法) (6・14)	橋本 敦 (共産)	・企業の社会的不正行為を許さないという商法の課題についてどのように考えるか。 ・光進(コーリン産業)の国際航業乗っ取り事件について。 ・不当な企業買収について会社法の立場から社会的責任を問う議論を進めるべきではないか。
参(法) (6・14)	山田 耕三郎 (連合参議院)	・今回の改正案はきわめて中途半端なものである。長期的な商法改正についてどのように考えているのか。 ・最低資本金制度の導入について、有限責任制を享受しながら義務は歓迎しないという風潮はいかがなものか。 ・赤字会社が6割近くになっている現状にどのように対応するのか。日本特有の閉鎖性は解消できないものか。 ・制度から利益を得る人は制度の目的を理解して義務や規制をも受け入れるべきだという風潮を醸成する必要があるのでは

		・ないか。	
参(法) (6・14)	紀平悌子 (無)	・商法改正全般について、どのような方向性で、主にいかなる点につき改正する方向で法制審に委ねているのか。 ・最低資本金の額について、初段階の5分の1という額の合理性は。諸外国の額の発想はどのようなものか。 ・中小零細企業に対して法改正をもってその規模に応じた会社形態をとらしめる必要性。 ・中小零細企業がなぜ有限会社等を選択しないのか。 ・長期間の猶予について経済的合理性はあるのか。 ・中小企業庁として今回の改正をどのように評価するか。 ・見せ金についての商法上の規制について、また、その規制強化は検討されたのか。 ・株式会社制度に対して濫用を防ぐため、たとえば支配株主の賠償制度についてどのように考えるか。 ・今回の改正の公益的なメリットはどのあたりにあるか。	
参(法) (6・19)	千葉景子 (社会)	・法改正の目的および将来的な認識。今後の法改正にあたっての問題点。 ・債権者保護の三つの柱(資本確保・充実、計算の透明性および明確性)。資本充実・維持についての現行制度の問題点。 ・現行の中小企業を含めた産業構造を前提とした場合の最低資本金制度の機能。最低資本金制度をとることによる企業活動への影響はないか。今後の見通し。 ・会社の計算の公開について現行制度は機能しているのか。諸外国における計算の公開制度について。法務省は今後の問題点をどう考えるか。公開制度についての中小企業庁の見解は。 ・会社の計算の適正性確保について、監査役制度は十分機能しているのか。 ・会計調査人制度の議論の経緯と問題点。中小企業庁の見解は。 ・監査役の権限および責任を現行法上どのように考えるか。 ・労働債権や不法行為債権は、現行法上どの程度救済の余地があるのか。 ・日本の産業構造上、子会社および下請会社の債権は優先的に保証されるべきではないか。 ・今回の法案では、債権者保護の問題などもう少し論議を進めたうえで法律案にすべきではなかったのか。	
参(法) (6・19)	櫻井規順 (社会)	・昭和59年の問題点および61年の改正試案から今回の改正に至る経緯。 ・日米構造協議およびヨーロッパの経済統合という背景のなかで今回の商法改正がどのように位置づけられるのか。 ・業界団体との折衝はどのようなものであったのか。 ・最低資本金の額を低くさせた直接的な要因は何だったのか。小売商業部門の意見は法案審議の過程でどのように反映されているのか。資本金1,000万円以下の株式会社、300万円以下の有限会社の実態は把握されているのか。 ・既存の株式会社で十分な実績を上げている会社に1,000万円	

第1部　商法（会社法）改正関連国会質問・出席者等一覧　1025

		・までの増資を義務づけるよう説得する根拠。 ・赤字会社も多いなか、具体的に総額としてどれぐらいの増資金額が必要となる見込みか。 ・税制面での特別措置について。 ・中小企業基本法に定める中小企業の定義規定の見直しの見込み。 ・資本金の引上げによる法人住民税への影響および交際費の欠損入への影響について。	
参(法) (6·19)	矢原秀男 (公明)	・中小企業の経営者の立場から今回の改正をどう評価するか。 ・法人税法51条の適用要件の改正の必要性。1人株主の場合の法人税法132条にいう課税方法。法人税法において大小法人区分制を導入しなかったのはなぜか。中小法人におけるパートナーシップ課税の導入。最低資本金制度は赤字法人課税導入への道を開くものでは。交際費課税の取扱い。税制の特別措置について。みなし配当課税の見直しについて。 ・最低資本金をクリアする方法として小会社同士が合併する方法も予想されるか。 ・合併の際の課税。増資にまつわる課税。 ・資産再評価の認可のために超えるべきハードルについて。 ・有限会社における内部留保された利益の資本組入れの便宜措置。 ・最低資本金制度の意義。	
参(法) (6·19)	山田 耕三郎 (連合参議院)	・取引の安全に関して法制審の答申から後退した部分については今後どのように対応するのか。 ・会社設立の登記による公示制度はどのような役割を果たすことを期待されるか。理想的にはどのような内容が公示されるべきか。 ・会社とプライバシーの問題の関係。登記簿上、取締役と監査役について住所の記載が要求されなくなったのはなぜか。 ・有限会社の設立の場合、領収書だけでよく、登記上確認のしようがないのではないか。 ・有限会社の取締役にも任期規制を導入すべきではないか。 ・現物出資の際の専門家の証明制度について、なぜ弁護士のみに限るのか。 ・労働債権を優先する施策について。	
参(法) (6·19)	紀平悌子 (無)	・資本金が1,000万円に満たない会社の具体的な数。 ・中小企業庁としての対応について。 ・現行法でなぜ発起人が7人以上要求されていたのか。一人会社を許容した場合、取締役を3人以上要求する商法255条と矛盾しないか。 ・株主総会開催の集中日をどのように考えるか。 ・株式会社と有限会社を一本化する考え方のメリット・デメリットについて。 ・審議会における女性登用の問題。審議会設置の目的・意義、行政組織上の位置づけ。法制審の答申と法案との間の対比。法制審に対する責任および対応。	
		・国会の附帯決議と今回の商法改正の関係。	

参(法) (6・19)	橋本　敦 (共産)	・大企業の社会的責任との関係。 ・裏金等の不正経理について計算書類で開示されないなど、商法上の計算は形骸化しているのではないか。 ・中小規模の業務運営の簡素合理化という目的が図られていないのではないか。 ・株式の譲渡制限を定めた会社の株主に新株引受権を認めるのはなぜか。 ・法務省が中小企業の実態を調査することは不可能ではないか。 ・最低資本金制度導入に対する各界の消極的な意見というのはどのようなものであったか。中小企業庁が委嘱をした会社法改正問題研究委員会での結論は消極的意見ではなかったのか。	
参(法) (6・20)	下稲葉 耕吉 (自民)	・法制審の答申と法案が異なる点について。 ・国際的にみた最低資本金額の妥当性。 ・今後の中小企業法制の整備にあたっての留意点。 ・中小企業における法律と実態の乖離につき今回の改正がどのような影響を及ぼすと考えられるか。 ・登記所において計算書類が公開されるようになれば、休眠会社の整理は進むと考えられるか。	参考人質問
参(法) (6・20)	千葉景子 (社会)	・調査人制度を含めた今後の監査制度のあり方。 ・大規模な会社と小規模な会社では必要とされる監査のランクも異なるのではないか。 ・中小企業からみて実現可能と思われる規制強化の範囲。 ・不法行為債権や労働債権については法的に特別の措置がなされるべきではないか。 ・監査役制度の問題点について。	〃
参(法) (6・20)	櫻井規順 (社会)	・中小企業団体中央会として全体的に今回の商法改正を歓迎するか。 ・どれくらいの中小企業団体に対して商法改正のアンケートが実施されているのか。小売業関係者に絞った業界団体での意見集約の例はあるか。 ・増資についての見通し。組織変更案件がかなり出るのか。増資できずに解散せざるをえなくなる比率は予測できるのか。 ・アンケートに基づく業界団体の意向はどのようであったか。行政当局でしかるべき調査を全国的にすべきではないか。 ・利益準備金の資本への組入れに関する税制処理。 ・アメリカはなぜ最低資本金制度を有していないのか。 ・国際的な観点から中小企業に関する商法改正に求めるべき点にはどのようなものがあるか。	〃
参(法) (6・20)	矢原秀男 (公明)	・最低資本金制度の実施は、開業率の低下また商店数の減少に結びつくのではないか。 ・計算書類の登記所公開、会計調査人による調査、取締役の責任強化、支配株主等の責任についての中小企業団体が問題とする点。 ・計算書類の公開と中小企業のプライバシーの関係。	〃

		・中小企業の国際化という観点からの問題点について。	
参(法) (6・20)	橋本　敦 (共産)	・法人と個人の税負担率の相違。 ・今回の最低資本金制度の導入が具体的にどのような意味をもつのか。 ・なぜ非常な苦労をしてまで増資をしなければならないのか。	〃
参(法) (6・20)	星野朋市 (自民)	・発起人の人数制限を外した点。 ・最低資本金の額については1億円位でもよいのではないか。 ・準備金の資本組入れについて減税措置は必要ないのでは。 ・5年位かければ増資はそれほど大変ではないのではないか。	〃
参(法) (6・20)	紀平悌子 (無)	・企業内容を開示するにあたって、一方でオープンにしたくないという要望と、他方でオープンにすべきだという要望の間でどのようなバランスが望ましいか。 ・一人会社設立が認められることにより、大会社等が系列会社のシステムを強化するという弊害が生じるのではないか。 ・今回の法改正によってどれほどの実効性が確保されるのか。 ・商法改正のスパンについて、今後どのくらいの段階で行われるのか。	〃
参(法) (6・21)	北村哲男 (社会)	・商法204条ノ2第1項に「譲渡を承認すべきこと」を加えた趣旨。譲渡制限の緩和によって、閉鎖的な会社の運営を混乱させないか。既存社員間での譲渡制限に関する株式会社と有限会社の規制強度の逆転をどう考えるか。相続・合併時の譲渡制限について規定がないのは、譲渡制限の尻抜けではないか。 ・譲渡制限会社における株主の新株引受権を特別決議で制限できることとした理由。 ・優先株式制度に関する改正点とその趣旨・効果。M&Aへの対処か。 ・自己株式の取得規制の緩和はなぜ今回排除されたのか。今後の検討は前向きなのか、慎重姿勢なのか。 ・優先株の発行例はあるのか。今回の改正によって優先株式の発行は増えるのか。 ・小規模会社の場合、株主が投下資本を回収するには会社に株式を買い取ってもらうくらいしか考えられないが、その他の資本回収方法は検討しているのか。 ・無議決権株式の発行枠を拡大した理由。 ・端株券の不発行を認めた趣旨とその実務的必要性。無記名株式を廃止する理由。 ・社債の発行限度額を拡大する目的。実際にはどれくらいの拡大幅になるか。社債発行限度特別措置法との関連は。発行枠を拡大することに伴う投資家への配慮は。 ・設立時の現物出資と設立後の現物出資の実質的差異。有価証券の現物出資の際に検査が不要となる「取引所の相場を超えない価格」は、どの時点を捉えるのか。相場操縦によって影響を受ける可能性があるのではないか。不動産・有価証券の現物出資について検査不要となる限度を定めなかったことに不安はないのか。「数日間の相場の平均」という考え方はとれないか。	

参(法) (6・21)	千葉景子 (社会)	・発起人の数が1人でも株式会社の設立を認めること、1人有限会社を認めることに問題はないのか。 ・現物出資における専門家の証明制度は機能するのか。 ・預合・見せ金規制の脱法として設立直後に出資者に貸しつけることが考えられるが、その規制を検討すべきではないか。 ・募集設立制度は不要ではないか。 ・実態に鑑みると、株券は不発行を原則とし、株主の請求があってはじめて発行するという形も可能ではないか。 ・発起人の払込担保責任の規定の中身。責任を履行した発起人に与えられる権利が、求償権から買受請求権に変更されたのはなぜか。 ・倒産した会社から報酬だけ受け取っていた名目的役員・従業員から受取利益を返還させる制度について、どのような検討がされているか。	
参(法) (6・21)	矢原秀男 (公明)	・日本企業が関係するM&Aの件数はどれくらいか。増加してきた背景とM&Aのメリット。M&A法制のさらなる整備について、どのように考えているか。 ・M&A事件から、日米構造協議で企業系列が問題とされるまでの経緯。系列取引の情報開示強化のメリットと影響。日米構造協議がディスクロージャーや合併法制弾力化に与える影響とその方向性。 ・株式の持合いに関する諸外国の傾向。企業防衛の方法としての第三者割当増資は、忠実屋・いなげや事件判決によってどのような影響を受けるか。	
参(法) (6・21)	山田 耕三郎 (連合参議院)	・一定規模以上の会社においては、労働組合に対して計算書類を公開することを義務づけられないか。 ・カタカナ書きの法律を現代化、ひらがな化できないか。	
参(法) (6・21)	星野朋市 (自民)	・株式譲渡制限会社において転換社債権者に新株引受権を与えた趣旨。転換社債を発行する際に、自主規制を含めた煩項な手続が多いが、今回の改正はこれにどう絡むのか。 ・非上場会社における転換価格の決定方法について。	
参(法) (6・21)	紀平悌子 (無)	・会社類型ごとの債権者に対する責任のあり方。株式会社と対比したときのデメリット。 ・いわゆる系列問題について、今後どのように商法に取り入れていくのか。 ・最低資本金額の再検討や計算書類の登記所公開などを速やかに取り入れるつもりか。アメリカにおけるディスクロージャー制度のあり方。 ・いわゆる「兼業商家」に対する法務省・中小企業庁の対応のあり方。 ・一人会社を認めると企業系列化を助長し、企業の国際化に逆行するのではないか。 ・一時的にでも資本金を揃えれば設立できてしまうことを考えると、最低資本金制度を導入する意義はないのではないか。 ・立法においてきめの細かい事前調査をできないものか。	

参(法) (6・21)	橋本　敦 (共産)	・節税対策として会社組織を使うのは不当でも何でもないではないか。 ・下請や求人の際の不都合を考えると、最低資本金制度は小企業に対する死刑執行ではないか。最低資本金制度は、債権者保護にほとんど資するところはないのではないか。中小会社に負担をかけてまで最低資本金制度を導入するメリットはどこにあるか。	
参(法) (6・21)	橋本　敦 (共産)	・反対討論	

〈衆議院における参考人質問（6月1日）〉
　東京大学名誉教授　　鴻　常夫
　TKC全国会会長　　飯塚　毅
　経済団体連合会資本市場部会長　　宮内康夫
　全国中小企業団体中央会常務理事　　錦織　璋

〈参議院における参考人質問（6月20日）〉
　神戸学院大学教授　　河本一郎
　日本大学教授　　稲田俊信
　弁護士　　家近正直
　全国中小企業団体中央会常務理事　　錦織　璋

●平成5年商法改正「商法等の一部を改正する法律」(株主代表訴訟・監査役・社債関係)
　平成5年6月14日公布(平成5年法律第62号)

第126回国会		4·6	4·13	4·16	4·20	4·21	4·23	4·27	5·25	6·1	6·3
法務大臣	後藤田正晴	○	○	○	○	○	○	○	○	○	○
法務大臣官房長	則定 衛	○	○	○	○	○	○	○	○		○
法務省民事局長	清水 湛	○	○	○	○	○	○	○	○	○	○
法務省刑事局長	濱 邦久	○	○		○		○	○			
法務省矯正局長	飛田清弘	○				○					
法務省入国管理局長	高橋雅二	○									
建設大臣官房会計課長	木下博夫	○									
衆議院法制局第一部長	内田正文	○									
国土庁土地局地価調査課長	藤田博隆	○									
国土庁土地局国土調査課長	段本幸男	○									
大蔵省主税局税制第三課長	渡邊博史	○									
農林水産省構造改善局農政部農政課長	菊池俊矩	○									
建設大臣官房技術調査室長	城処求行	○									
法務委員会調査委員長	平本喜祿	○	○	○	○	○	○	○			
公正取引委員会事務局審査部管理企画課長	上杉秋則		○								
大蔵大臣官房企画官	清水 治		○						○		
大蔵省証券局企業財務課長	松谷明彦		○						○		
国税庁調査査察部調査課長	藤井保憲		○		○		○			○	○
法務大臣官房審議官	森脇 勝			○	○	○	○	○		○	○
大蔵省証券局証券市場課公社債市場室長	東 正和			○	○		○	○			
通商産業省産業政策局産業資金課長	長島英雄				○						
最高裁判所事務総局民事局長兼最高裁判所事務総局行政局長	今井 功				○				○	○	
法務省保護局長	杉原弘泰				○		○				○
経済企画庁調整局国際経済第二課長	大守 隆				○						
経済企画庁調整局財政金融課長	筑紫勝麿				○						
大蔵大臣官房審議官	西方俊平				○		○	○		○	○
通商産業省産業政策局総務課産業組織政策室長	梅原克彦				○						
建設大臣官房審議官	小野邦久				○						
建設大臣官房技術審議官	小野和日児				○						

第1部　商法（会社法）改正関連国会質問・出席者等一覧　　1031

		4·6	4·13	4·16	4·20	4·21	4·23	4·27	5·25	6·1	6·3
法務省刑事局刑事課長	大泉隆史					○					
大蔵省主税局税制第一課長	渡辺裕泰					○	○				
建設省建設経済局建設業課長	風岡典之						○				
大蔵大臣官房審議官	田波耕治							○			
国税庁課税部審理室長	大西又裕							○			
最高裁判所事務総局人事局長	泉　徳治								○		
常任委員会専門員	播磨益夫								○	○	○
法務大臣官房司法法制調査部長	濱崎恭生										○
大蔵省銀行局保険部長	鏡味徳房										○
自治省行政局振興課長	松浦正敬										○

会議名 (審議日)	質問者 (所属政党)	質問内容	備考
衆(本) (平5 3・30)	後藤田 正晴 (法相)	・趣旨説明	
衆(本) (3・30)	鈴木 喜久子 (社会)	・政治献金の不透明性について。 ・今回の改正案が監査機能の強化にとって意味のあるものなのか。 ・帳簿閲覧権行使の持株要件が厳しすぎるのではないか。 ・社債発行限度規制撤廃にあたり、ディスクロージャー制度や格付制度の整備は不十分ではないか。社債管理会社として銀行は本当に信用できるのか。	
衆(法) (4・06)	後藤田 正晴 (法相)	・趣旨説明	
衆(法) (4・13)	鈴木 喜久子 (社会)	・談合、やみ献金と企業の使途不明金について。 ・今回の監査役制度の改正で十分か。人事権・情報収集システムなどの手当てが必要ではないか。監査役は誰の利益を守るのか。株主の利益を守っていればそれでよいのか。	
衆(法) (4・13)	伊東秀子 (社会)	・監査役の在任期間について。任期を長くしただけで監査機能が強化されるのか。監査の専門家の導入のようなことを考えているか。社外監査役の人材供給源は。社外監査役が不適格であった場合の監査の法的効力。商法特例法14条3項と同法18条の4第2項との関係について。監査役会と監査役の権限分配について。 ・会社の使途不明金について商法等で検討すべき問題ではないか。 ・社債管理会社を設置せずに発行された社債の効力。	
衆(法) (4・16)	中村　巌 (公明)	・今回の改正が限定的である経緯。なぜ自己株式取得については改正案を出さなかったか。 ・日米構造協議で問題となった点のうち、今回の改正でふれられなかった点は今後どのようにするのか。 ・累積投票制度は復活させないのか。 ・株主代表訴訟の提起数等について。なぜ数が少ないのか。勝訴時に償還される費用の内容。 ・帳簿閲覧権行使の持株要件を変更しても、実際に公開されることは少ないのではないか。 ・監査役の選任方法について抜本的に改革すべきではないか。 ・社債の発行状況について。	
衆(法) (4・16)	山田英介 (公明)	・有限会社においても取締役の任期の法定、監査役の設置強制が必要なのではないか。 ・取締役・監査役の住所も必要的登記事項とすべきではないか。閉鎖商業登記簿の保存期間を見直すべきではないか。	

第1部　商法（会社法）改正関連国会質問・出席者等一覧　1033

衆(法) (4・16)	正森成二 (共産)	・社債発行限度規制撤廃の理由について。 ・バブル期のエクイティ・ファイナンスの失敗を一般投資家に転嫁しようとするものではないのか。適債基準の緩和等と相まって、無担保社債権者の保護を不十分にするのではないか。	
衆(法) (4・16)	中野寛成 (民社)	・商法改正の基本的なスタンスについて。 ・日本の国民性からみて、制度をきちんと固めないと監査の実は上がらないのではないか。監査役の任期・資格制度について。監査結果の公開。	
衆(法) (4・20)	沢田　広 (社会)	・今回の商法改正の意図について。バブル経済前後の状況は今回の法改正に反映されていないのか。企業の社会的責任等について、今後検討されるのか。 ・計算書類における特別損益の記載内容は、もう少しわかりやすくした方がよいのではないか。いわゆる「飛ばし」「損失補填」について。それらは特別利益になるのか。ディスクロージャーのあり方について。 ・監査役会の権限等について、政省令で補充していくつもりはないのか。帳簿閲覧権の持株要件は厳しすぎるのではないか。監査役会へ株主が関与する可能性。 ・国際会計基準の導入について。 ・社債管理会社の受領する手数料について。	
衆(法) (4・20)	草川昭三 (公明)	・日米構造協議における商法改正の検討の経緯。いわゆる系列問題もクリアしたとみてよいのか。 ・今回の商法改正によって会社不祥事を防止することができるのか。 ・昭和初期の社債浄化運動の経過について。今回の発行限度枠撤廃は、不良社債の発生を誘発するのではないか。社債管理会社は社債権者保護にとって十分か。国際的にみて高額な受託手数料の平準化が必要ではないか。 ・監査役制度改正の経緯。監査役の現状とその評価。常務会への監査役出席権を認めるべきではないか。社外監査役の供給源。監査スタッフの充実について。	
衆(法) (4・20)	和田貞夫 (社会)	・自己株式取得が改正対象にならなかった経緯について。 ・社外監査役のいわゆる5年要件は、もっと厳しく設定すべきではないか。監査役会制度は、監査役の独立性を圧迫するのではないか。 ・詐欺的商法を商法上規制すべきではないか。 ・銀行等に社債管理会社としての能力はあるのか。本当に信用できるのか。	
衆(法) (4・20)	小森龍邦 (社会)	・日米構造協議前の商法改正の検討状況について。アメリカにいわれたから改正するのではないのか。 ・株主代表訴訟における印紙貼付額。株主代表訴訟勝訴時に株主に償還すべき費用。 ・会社の使途不明金について。 ・帳簿閲覧権行使の持株要件について、もっと透明性を高める方向で検討すべきではないか。 ・今回の法改正は、社会的正義について何らかの想定を置いて	

		いるか。	
衆(法) (4・21)	津島雄二 (自民)	・立法者が意図した株式会社像と現実の株式会社との乖離。株主強化策の考え方。社外重役制度の導入の可否。監査役ガイドラインを作成する意思はないか。 ・株式持合いの慣行についてどう考えるか。自己株式取得について検討する用意はあるか。みなし配当課税について。	
衆(法) (4・21)	亀井善之 (自民)	・取締役会・監査役の業務の実情について。今回の改正によって会社の不祥事を防止することができるのか。監査役の人事権のあり方。監査役の情報収集のあり方。 ・最低資本金制度導入に伴う資本組入れの非課税特例の不公平について。	
衆(法) (4・21)	太田誠一 (自民)	・社外監査役の外部性要件について。動向について今後調査・検証するつもりはあるか。 ・自己株式取得規制の緩和が必要ではないか。 ・国際会計基準等に鑑み、資産再評価を導入する特別法を導入する考えはあるか。	
衆(法) (4・21)	太田誠一 (自民)	・監査役の社外性について、上場基準のようなもので規制していくつもりはないか。 ・社外役員の人材供給源について。 ・法改正の哲学。 ・現実に監査役の発言力を強化するために必要なことは何か。	参考人質問
衆(法) (4・21)	小森龍邦 (社会)	・社債管理会社が社債発行会社と社債権者との相反する利益の板挟みになるのではないか。 ・国際摩擦を解消するためのポイントは何か。 ・株式会社の公共性について。 ・投資家保護と市場メカニズムの調整はとれているか。監査役会制度を導入するメリットについて。 ・海外での社債発行と社債管理会社の設置。社債管理会社による情報提供。	〃
衆(法) (4・21)	冬柴鐵三 (公明)	・有価証券報告書に使途不明金を記載させるべきではないか。 ・帳簿閲覧権行使の持株要件引下げは、経営者の視点からみた場合にどう評価されるのか。 ・バブル崩壊後の現況において、社債発行限度規制を外すのは投資家保護の観点から危険ではないか。	〃
衆(法) (4・21)	木島 日出夫 (共産)	・現況で社債発行限度規制を外すのは、大企業にとって有利すぎないか。メインバンクが社債管理会社を兼帯する場合には利益相反ではないか。利益相反に対する対処が不十分ではないか。社債管理会社の機能のあり方について。メインバンクが社債権者保護を名目にして労働者や中小企業に不利益を押しつけるのではないか。	〃
衆(法) (4・21)	中野寛成 (民社)	・社債発行限度規制を外すことによって証券市場にどのような影響が生じるか。 ・会計基準や会社法制の国際化についてどのように考えるか。 ・商法の抜本的改正の可能性について。 ・ESOP（従業員持株制度）についてどう考えるか。	〃

衆(法) (4・23)	渡辺嘉蔵 (社会)	・株主代表訴訟における原告の訴訟準備の方法について。帳簿閲覧権の行使要件を100分の3にしただけでは不十分ではないか。 ・監査役定員の逓増制導入の可否。 ・社債発行限度規制撤廃は必要か。社債管理会社制度の必要性、社債の手数料について。商法311条ノ2の法意。海外での起債における日本法の適用。	
衆(法) (4・23)	鈴木 喜久子 (社会)	・会社の使途不明金について。 ・帳簿閲覧権の持株要件。濫訴の危険と関係があるのか。株主代表訴訟の相手方の範囲。 ・発行限度規制の撤廃。格付機関の利用のされ方。 ・社債管理会社設置強制の例外。海外発行における法適用。 ・社債管理会社の利益相反について。	
衆(法) (4・23)	伊東秀子 (社会)	・社債の発行状況、ディスクロージャー等市場ルールの整備状況について。 ・監査役の第三者性の確保。今回の法改正は中途半端なのではないか。 ・社債管理会社の利益相反行為を事前に抑制する手立て。 ・株式代表訴訟制度をもっと強化する方向で検討すべきではないか。	
衆(法) (4・23)	小岩井清 (社会)	・日米構造協議における商法改正に関する議論について。 ・取締役会および監査役の業務監査機能の内容と実情。今回の改正の有効性。監査役の人事権。監査役の情報収集。 ・社外監査役の資格要件。監査役会制度導入の理由。監査役会と監査役の権限の振分け。 ・株主代表訴訟の勝訴株主に対して報酬が必要なのではないか。馴合い等の防止。 ・社債の発行手続について。 ・自己株式取得の方向性。	
衆(法) (4・23)	冬柴鐵三 (公明)	・いわゆる使途不明金は、商法の計算書類ではどのように扱われるのか、税法における扱いは。政治献金に流れているのではないか。特別背任にはならないのか。有価証券報告書上の取扱いは。 ・親会社の役員が子会社の社外監査役になれるのはおかしいのではないか。	
衆(法) (4・27)	沢田　広 (社会)	・これまでの審議の受止め方と商法改正の今後の課題。 ・配当のあり方について。	
衆(法) (4・27)	小森龍邦 (社会)	・監査役の任期を3年とした目安は何か。社外監査役の5年要件は短いのではないか。監査役会制度は監査役の独任性のどこを補うものなのか。監査役選任の方法について。 ・社債による資金調達の状況。社債管理会社の利益相反。	
衆(法) (4・27)	木島 日出夫 (共産)	・社債発行限度規制の撤廃は、社債権者保護をないがしろにするのではないか。適債基準の緩和によって、債権者保護はますます重要になるのではないか。社債管理会社の役割について。	

衆(法) (4・27)	塚本三郎 (民社)	・配当税制の見直しが必要なのではないか。それによって株主構造がいびつになっているのではないか。	
衆(法) (4・27)	木島日出夫 (共産)	・反対討論	
参(本) (5・12)	後藤田正晴 (法相)	・趣旨説明	
参(本) (5・12)	峰崎直樹 (社会)	・やみ献金疑惑や取締役らによる犯罪、使途不明金等監査制度は機能しておらず、徹底的な改革が必要なのではないか。 ・なぜ計算書類の登記所公開制度や中規模会社の計算書類の適正担保の制度を導入しなかったのか。 ・今回の改正によって監査機能の強化が本当に果たせるのか。 ・株主代表訴訟に限らず、クラスアクションそのものの導入を検討すべきではないか。 ・帳簿閲覧権の緩和は手ぬるいのではないか。 ・今後の商法改正のあり方について。	
参(法) (5・13)	後藤田正晴 (法相)	・趣旨説明	
参(法) (5・25)	大脇雅子 (社会)	・社債法全面見直しの経緯、利害調整の図られ方について。 ・社債発行限度規制の果たしてきた役割。なぜ廃止するのか。 ・社債管理会社の資格について。メインバンクが社債管理会社となることに問題はないのか。 ・ディスクロージャー制度の果たしている機能。社債格付機関。日本の証券市場の健全性について。 ・社債制度の改正によって社債権者の保護に危険はないのか。	
参(法) (5・25)	峰崎直樹 (社会)	・計算書類の登記所公開制度を導入したかったのは、どの点について議論が収斂していないからか。 ・なぜ監査役制度は「無意味に近い」と評されるまでになったのか。監査役の人事権を独立させないと監査役制度は機能しないのではないか。社外監査役の要件。 ・自己株式取得規制緩和の検討状況について。	
参(法) (5・25)	下稲葉幸吉 (自民)	・今回の商法改正の趣旨・目的。 ・株主代表訴訟の印紙の額。勝訴の場合の会社に対する費用償還における「相当の額」。帳簿閲覧権の要件緩和。濫訴の可能性。 ・監査役の任期延伸の意味。今後の監査機能の強化の方向。 ・社債管理会社の選定方法について。	
参(法) (5・25)	平野貞夫 (自民)	・一連の商法改正のねらい。 ・会社の社会的責任を果たさせるのに現行法で十分か。社会的責任について規定を設けることが必要ではないか。	
参(法) (5・25)	猪熊重二 (公明)	・株主代表訴訟制度の経緯と利用状況について。なぜ活用されていないのか。	

		・株主代表訴訟の訴額について。なぜ、株主代表訴訟になった途端に、非財産権訴訟と同様に扱うのか。会社が取締役に対して訴訟を起こすのと比べて不合理ではないか。	
参(法) (5・25)	紀平悌子 (無)	・使途不明金、とりわけ政治資金について商法上の手当をした方がよいのではないか。 ・監査役の独立性をもっと強化すべきではないか。	
参(法) (6・1)	真島一男 (自民)	・社外監査役の導入によってどのような運用上の変化が生じるか。 ・今後の商法の改正方向について。 ・会社は誰のものか。	参考人質問
参(法) (6・1)	竹村泰子 (社会)	・株主代表訴訟が利用されていない理由。今回の改正で利用されるようになるのか。 ・今回の改正によって、経営に対するチェック機能は働くようになると考えるか。会社経営の透明化は可能か。	〃
参(法) (6・1)	猪熊重二 (公明)	・会計監査人を導入した際に効果はあったと考えるか。	〃
参(法) (6・1)	紀平悌子 (無)	・社債発行限度規制の廃止は市場に混乱をもたらさないか。 ・会社の使途不明金について、今回の改正によって効果的なチェックができるようになるのか。	〃
参(法) (6・1)	竹村泰子 (社会)	・今回の改正提案の経緯とコーポレート・ガバナンスに対するこれまでの商法改正の効果。 ・計算書類の登記所公開制度の検討状況。なぜ今回の改正に盛り込まれなかったのか。 ・会社法制の抜本的な見直しについて。 ・会社の使途不明金について。 ・株主総会の活性化がされれば、株主代表訴訟も起きにくくなるのではないか。 ・株主代表訴訟の訴額を95万円とすることの目的について。住民訴訟との関連について。 ・社外監査役の要件。監査役の権限と現実の機能のギャップ。監査役人事の独立性について。	
参(法) (6・1)	猪熊重二 (公明)	・会計監査人制度の実効性について。監査制度の抜本的改革が必要なのではないか。	
参(法) (6・1)	紀平悌子 (無)	・今回の改正によって株主代表訴訟はどのようになっていくか。 ・経営者の責任のあり方は変化するのか。情報開示の強化等の規制強化が必要ではないか。 ・バブル期に発行された社債の償還状況は。社債発行限度額の廃止はミニバブルを再来させるのではないか。 ・監査役が負う注意義務について。	
参(法) (6・3)	角田義一 (社会)	・株主総会活性化について。持合いの解消が必要なのではないか。 ・企業の使途不明金について。 ・大企業において帳簿閲覧権行使の持株数要件が大きすぎるのではないか。	

		・監査役の人事権。たとえば、少数株主に監査役選任の提案権を与えるべきではないか。
参(法)(6・3)	竹村泰子(社会)	・今後の会社立法について。計算書類の登記所での公開や会計調査人制度を考慮すべきではないか。 ・仮に自己株式取得規制の緩和を行うなら、総合的な対策が必要ではないか。 ・社外監査役制度の周知徹底方法、および見直し等の時期。 ・役員保険の導入に関する見通し。 ・社債権者の保護のあり方について。
参(法)(6・3)	猪熊重二(公明)	・社債管理会社の機能。社債管理会社の委託契約と社債権者との関係。社債の合同発行における社債権者の権利。社債管理会社の利益相反行為。社債管理会社による訴訟行為。社債権者集会不招集による期限の利益の喪失。
参(法)(6・3)	紀平悌子(無)	・社外監査役・監査役会制度の導入と監査役の注意義務との関係。 ・監査役に対する株主代表訴訟の見通し。 ・役員保険の保険料を会社が負担した場合の問題。

〈衆議院における参考人質問（4月21日）〉
　東京証券取引所理事長　　長岡　實
　経済団体連合会評議員会副議長　　盛田昭夫
　立教大学法学部教授　　上村達男
　弁護士　　家近正直

〈参議院における参考人質問（6月1日）〉
　学習院大学法学部教授　　前田　庸
　経済評論家　　佐高　信

●平成6年商法改正「商法及び有限会社法の一部を改正する法律」
　（自己株式関係）
　平成6年6月29日公布（平成6年法律第66号）

第129回国会		6·7	6·8	6·21	6·22
法務大臣	中井　洽	○	○	○	○
法務政務次官	牧野聖修	○	○		
法務大臣官房長	原田明夫	○	○	○	○
法務大臣官房司法法制調査部長	永井紀昭		○		○
法務省刑事局長	則定　衛	○	○		○
法務省入国管理局長	塚田千裕				○
最高裁判所事務総局経理局長	仁田陸郎				○
常任委員会専門員	播磨益夫			○	
法務大臣官房審議官	森脇　勝		○		○
法務省民事局長	濱崎恭生	○	○		
警察庁刑事局暴力団対策部暴力団対策第二課長	村田保史		○		
大蔵大臣官房審議官	西方俊平	○	○		
大蔵省主税局税制第一課長	大武健一郎		○		
最高裁判所事務総局民事局長	今井　功		○		
最高裁判所事務総局刑事局長	髙橋省吾	○	○		
法務省人権擁護局長	筧　康生	○			○
警察庁刑事局保安部生活保安課長	瀬川勝久	○			
国土庁土地局土地利用調整課長	二木三郎	○			
法務委員会調査室長	平本喜祿	○			
法務省保護局長	杉原弘泰			○	
最高裁判所事務総局総務局長	涌井紀夫				○
最高裁判所事務総局総務局第一課長	服部　悟				
警察庁刑事局保安部生活保安課生活経済対策室長	片岡義篤				
警察庁警備局外事第一課長	上原美都男				
外務省総合外交政策局国際社会協力部人権難民課長	國方俊男				
運輸省鉄道局業務課長	岩崎　勉				
最高裁判所事務総局人事局長	堀籠幸男	○			○
防衛庁防衛局運用課長	野津研二				○
外務省北米局安全保障条約課長	鹿取克章				○
大蔵省証券取引等監視委員会事務局総務検査課長	中井省吾				○
運輸省鉄道局次長	戸矢博道				○
自治省行政局選挙部選挙課長	大竹邦実				○

		6・7	6・8	6・21	6・22
厚生省薬務局長	田中健次			○	
大蔵省証券取引等監視委員会事務局特別調査課長	立石久雄			○	
文部省初等中等教育局中学校課長	河上恭雄	○			
厚生省健康政策局看護課長	久常節子	○			
文部省高等教育局大学課長	工藤智規	○			

会議名 (審議日)	質問者 (所属政党)	質問内容	備考
衆(法) (平6 6·3)	中井 洽 (法相)	・趣旨説明	
衆(法) (6·7)	山本有二 (自民)	・逐次改正が必要な事情、社会的責任（公害、バブルの誘発、ゼネコン汚職、メディアによるプライバシー侵害など）が十分に果たされる改正になっているかどうか、自己株の規制緩和はこれらに悪影響を与えないか。	
衆(法) (6·7)	谷垣禎一 (自民)	・商法改正の長期的方向性について。 ・平成5年の株主代表訴訟の簡易化による変化はどうか。 ・計算書類の登記所における公開制度については附帯決議で検討を進めることになっていたと思うが、どうなっているのか。 ・今回、自己株式取得規制緩和を決定した背景は。平成3、4年頃に強い要望が出たが、同一の主張が維持されているのか。 ・付与対象としての使用人に役員は含まれるか。従業員持株制度の拡充でなく、自己株取得の緩和という方向性になったのはなぜか。 ・利益による株式消却についての課税措置はどうなったか。資本・授権株式数はどう変化するのか。 ・株価操作のおそれはないのか。持合い解消にはあまり資さないのではないか。譲渡制限のある株式については、相当の時期の処分というのは形骸化しないか。 ・企業の金融政策に与える影響は。	
衆(法) (6·7)	坂上富男 (社)	・自己株式は資本維持の原則からみて問題はないのか。相場操縦や内部者取引に利用されないか。株主平等からはどうなのか。従業員持株制度の円滑化は商法でやる問題でないのではないか。 ・ストック・オプションは新株発行によっても可能ではないか。企業買収へはどのように対抗するのか。株価対策・持合い解消の効果はあるのか。弊害については、資本空洞化の危険はないか。一部株主による不当な取得要求の可能性はないか。	
衆(法) (6·7)	正森成二 (共産)	・大蔵省は、自己株式取得がなぜ証券市場の活性化に役立つと考えているのか。配当を出さず、エクイティ・ファイナンスを活用した後で株価が下がったら、自己株取得というのはあまりに企業中心な理屈ではないか。 ・配当可能利益は、商法上配当できるものより広いのではないか（任意積立金など）。そうだとすれば、株を買える範囲は分配より広いということか。	
衆(法) (6·8)	津島雄二 (自民)	・消却型の自己株式の取得について数量制限がないのはなぜか。 ・将来に向けて持合いの解消等、株式市場の本当の合理化健全化につながる措置について、具体的な提案をしてほしい。 ・従業員組合の株式取得についての会社との関係に明文規定がないのはなぜか。 ・株式取得の要件たる正当な理由の内容は何か。	参考人質問

		・3パーセント基準と6カ月基準だけで弊害防止に十分なのか。 ・利益による消却の場合のみなし配当課税についての手当てはどうなっているのか。	
衆(法) (6・8)	冬柴鐵三 (公明)	・消却型自己株式取得について、配当可能利益の範囲内であれば目的数量にかかわらず取得できるという点が評価されているが、今の上場会社では、自己株のうち配当可能利益で消却できる範囲が20パーセント以上の会社が半分である。相当な消却がされる可能性があるが、どう評価するべきか。 ・使用人譲渡目的の自己株式取得も比較的厳しい数量制限があると評価されたが、上場会社で従業員持株会が株式を所有している比率は発行済み株式総数の1.02パーセントであり、3パーセントというのは相当緩やかな条件なのではないか。 ・消却後新株発行により持合い解消はできないか。 ・自己株式取得による株価操作への対策は十分か。	〃
衆(法) (6・8)	坂上富男 (社会)	・改正スケジュール、今後の課題について。 ・自己株取得の枠は相当大きい印象だが、審議過程はどうだったか。 ・自己株式取得の弊害についてはどう手当てされたか。 ・今回の改正は株式流通にどのような変化を生じさせるか。	〃
衆(法) (6・8)	正森成二 (共産)	・東京証券取引所・証券政策委員会「株式所有構造の変化と証券市場のあり方」(昭和49年6月報告)では、個人株主が減った理由として「一、株式投資魅力の減退。額面発行増資のもとでは増資が事実上の増配になり、これが株式の長期所有の要因として働いたが、時価発行増資のもとでそれがなくなり、増配や無償交付が十分に行われていない。また、額面発行増資は実質的に株式分割の役割を果たし、株価水準の引下げが行われてきたが、時価発行増資になって株式分割があまり行われず、株価は高水準に固定されがちとなり、投資金額との関係から一般投資家が投資しにくい状態になっている」等の指摘がある。わが国の配当性向は極端に低いが、配当性向の変化を知りたい。 ・従業員福祉のためのストック・オプションというのは名目にすぎず、総会屋対策なのではないか。 ・意見書における参考人の意見と国会における答弁が異なるのはなぜか。	〃
衆(法) (6・8)	津島雄二 (自民)	・従業員持株会のための自己株式取得は、保有期間制限と取得株式数の規制だけで弊害を抑えられるか。「正当の理由あるとき」の意義。 ・利益による消却において、取得株式数の制限を置かないのはなぜか。みなし配当規制のあり方。	
衆(法) (6・8)	山本有二 (自民)	・規制緩和の目的。国際的整合性。弊害防止策について。 ・取得予定日を公表すると証券市場の乱高下を招かないか。 ・自己株式取得は原則できるという、原則と例外の逆転が起きていないか。 ・自己株式は、残り1株になるまで取得できるのか。	

第1部 商法（会社法）改正関連国会質問・出席者等一覧　*1043*

		・自己株式の取得は、設立時厳格な規制の潜脱になるのではないか。 ・従業員持株会を前提とした法制度を商法上手当てすることの必要性はどこにあるのか。従業員との取引で会社に生じた利益は許されるのか。	
衆(法) (6・8)	枝野幸男 (民主の風)	・自己株式取得規制違反は賠償責任・株主代表訴訟の対象となるか。 ・株主代表訴訟に関した総会屋の態様・現状は。 ・株価操作や取締役による取得タイミングの操作のおそれはないか。 ・従業員持株会との取引における損益の会計処理は。 ・株式消却についてあえて立法した意図は。 ・発行済株式数と授権資本の関係は。 ・処分を要する相当の時期の解釈は。処分態様によっては取締役に責任が発生するのではないか。	
衆(法) (6・8)	小森龍邦 (社会)	・日米構造協議との関係での改正はどの時期のどの法律であったか。持合いについてどのような要望が出たか。対策の一環としての議決権制限とはどのような制度か。 ・持合いが70パーセント、グループ内役員派遣率が96.6パーセントという状態では、企業の社会性あるいは社会的責任が失われるのではないか。 ・ストック・オプションによって従業員に会社への帰属意識をもたせることは、労働組合が会社と平等に対話することの基盤を失わせるのではないか。	
衆(法) (6・8)	正森成二 (共産)	・従業員持株会に持株を奨励することは、福利厚生を超えて利益供与にあたるのではないか。 ・自己株式取得の方法で相手方が明示されず、公開買付けなどの場合の規制が難しくなるのではないか。 ・みなし配当課税の妥当性いかん。	
衆(法) (6・10)	正森成二 (共産)	・反対討論	
参(法) (6・20)	中井　洽 (法相)	・趣旨説明	
参(法) (6・21)	服部 三男雄 (自民)	・自己株式取得緩和の経済対策性。取得緩和について経済界の意見はどうか。取得事由を限定せず、保有を認めるなどの要望について、見直しを行う考えはあるのか。中小企業にとって、自己株式取得規制緩和の意義は。株主は配当の面で優遇されていないが、株主の利益保護の点からの評価は。従業員にとっての影響は。 ・取締役の不正行為の防止のための手当ては。 ・株主総会は著しく形骸化しているが、株主総会決議にしたことはどのような考慮に基づいているのか。 ・定款で規定すれば可能とするのを超えて、定時株主総会による株式の利益消却をわざわざ認めるのはなぜか。 ・バブル崩壊後の株価の低迷を受けて利益消却改正が導入されたと思うが、株価に与える影響は。本改正は株価にニュート	

		ラルであるべきという考え方には賛同するが、株式持合い問題などには影響を与えるのではないか。 ・今後の改正の見通しについて。
参(法) (6・21)	竹村泰子 (社会)	・自己株式取得の弊害防止措置は手当てされているのか。 ・総量規制がないと会社の財産的基礎が危殆化しないか。 ・遅滞なく失効とは具体的にはどの程度の期間か。 ・インサイダー取引については、日本商事事件が問題となっているが、株価の推移と売却益はどうなっているのか。自社株保有社員は何名か。一般の会社と比べて保有率が高くないか。SECはチェックしているのか。
参(法) (6・21)	木暮山人 (新生)	・経営権の防衛濫用について。 ・インサイダー取引等の防止措置は。
参(法) (6・21)	荒木清寛 (公明)	・現代化への取組みについて。 ・法律に違反をして自己株式を取得し、会社の財産を危うくした場合の取締役の責任。
参(法) (6・22)	瓢正敏 (護憲リベラルの会)	・総会屋対策の法律は有効に働いているか、その実情は。潜在化しているのではないか。 ・株主総会の形骸化は改善しているのか。自社従業員に株主になってもらうと、形骸化が進むのではないか。 ・商法の総会屋対策の罪にかかるかどうかについて、警察は調査をしているのか。運輸省など(JR東日本の総会屋問題との関係で)との連携は十分か。
参(法) (6・22)	紀平悌子 (無)	・機関投資家の拡充に伴って株主総会の活性化を図っていくべきではないか。 ・自己株式取得の弊害は何か。従来の制限とペナルティは。 ・法人献金制度についてどう考えるか。
参(法) (6・22)	安恒良一 (無)	・改正のねらい。持合いなど、株主構造を完全に変える目的が改正なのか。 ・M&A対策、増えすぎた株主の圧縮(株主1人あたり引当資産を増やす優遇策)、企業間株式持合いの解消の受け皿というメリットが考えられるが、利用はあまり期待できないのではないか。ROEやEPSへのインパクトはあるのか。 ・みなし配当課税の適用除外はなされるのか。 ・功労者への付与となると企業の恣意的な判断が入らないか。 ・経営賛成派従業員が積上げで大量の株式をもつ弊害は。

〈衆議院における参考人質問(6月8日)〉
 学習院大学法学部教授　　前田　庸
 経済団体連合会副会長　　歌田勝弘
 東京証券取引所副理事長　　井阪健一
 日本大学法学部教授　　稲田俊信

〈参議院における参考人質問はなし〉

●平成9年商法改正（議員立法）「商法の一部を改正する
　法律」（ストック・オプション関係）
　平成9年5月21日公布（平成9年法律第56号）

第140回国会		5・7	5・15
法務大臣	松浦　功	○	○
法務省民事局長	濱崎恭生	○	○
法務省刑事局長	原田明夫	○	○
大蔵政務次官	中村正三郎	○	
大蔵大臣官房審議官	尾原榮夫	○	
議員	保岡興治	○	○
議員	太田誠一	○	○
議員	坂上富男	○	○
議員	加藤卓二	○	
議員	鈴木淑夫	○	
議員	保坂展人	○	
議員	粟屋敏信	○	
議員	園田博之	○	
法務大臣官房参事官	菊池洋一	○	
大蔵大臣官房審議官	山本　晃	○	
労働省職業安定局業務調整課長	浅野賢司	○	
法務委員会調査室長	河田勝夫	○	
法務大臣官房司法法制調査部長	山崎　潮		○
常任委員会専門員	吉岡恒男		○
大蔵省主税局税制第一課長	伏見泰治		○
大蔵省証券局東京証券取引所監理官	藤井秀人		○
大蔵省証券取引等監視委員会事務局特別調査課長	滝本豊水		○
国税庁課税部法人税課長	小武山智安		○
労働省労働基準局賃金時間部賃金課長	小泉万里子		○

会議名 (審議日)	質問者 (所属政党)	質　問　内　容	備考
衆(法) (平9 5・7)	保岡興治 (自民)	・趣旨説明	
衆(法) (5・7)	横内正明 (自民)	・平成6年商法改正時にはストック・オプション制度の導入は問題が多いという理由で見送られたが、その後、問題は解決されたのか。 ・ストック・オプション制度導入に伴うインサイダー取引の危険の増大について、どう考えているのか。 ・株主総会の機能回復の必要性について、どう考えているか。 ・ストック・オプションが行使された場合の課税は。 ・ストック・オプション付与のための株主総会決議事項としての「取締役又は使用人の氏名」の意義。子会社の取締役や使用人に対するストック・オプションの付与も許されるのか。 ・消却特例法3条の「特に必要があると認めるとき」とは、具体的にどのような場合を意味するのか。	
衆(法) (5・7)	谷口隆義 (新進)	・ストック・オプション制度への税制上の優遇措置のあり方。 ・自己株式方式のストック・オプションの譲渡価額、新株引受権方式のストック・オプションの発行価額については、株主総会決議で確定額を決定する必要があるか。逆に、確定額の決定でもよいとすると、決定後付与までに株価が下がるとインセンティブ報酬プランとしての性質が弱まるのでは。 ・取締役によるストック・オプションの行使による株式取得は、証券取引法164条の適用対象になるのか。 ・ストック・オプション制度にかかる情報開示規制の内容。 ・ストック・オプション付与後に株式分割や株式併合が行われた場合の調整はどのようになされるのか。 ・ストック・オプションには、ストック・アプリエーション・ライツやファントム・プランのような多様な形態がありうるが、今後は、そうしたものも認めるかどうかも検討しようとしているのか。	
衆(法) (5・7)	佐々木秀典 (民主)	・議員立法の形をとるのはなぜか、性急にすぎるのではないか。 ・本法案は、中小企業の活性化に役立つのか。 ・ストック・オプション制度の導入は、雇用関係にどのような影響を及ぼすのか。労働基準法上の賃金現金支払いの原則との関係についてどのように考えているのか。	
衆(法) (5・7)	正森成二 (共産)	・本法律案の黒衣は、法務省と大蔵省ではないのか。 ・弊害の対処をすることなく、自己株式取得規制を緩和するのは問題ではないか。相場操縦やインサイダー取引の危険については、どのような対処をするのか。 ・ストック・オプションの自己株式方式と新株引受権方式とで、株主総会決議要件が異なるのはなぜか。 ・野村證券の利益供与事件についての捜査・立件のあり方。 ・従業員持株会に対する奨励金の支給と、利益供与との関係。	参考人に対する質問を含む

参(法) (5・13)	保岡興治 (自民)	・趣旨説明	
参(法) (5・15)	塩崎恭久 (自民)	・法制審の今後のあり方について。 ・自己株式方式に問題があるとされるが、新株引受権方式との選択制であるから問題ないのではないか。 ・自己株式方式と新株引受権方式とで株主総会決議要件が異なるのは問題であるとされるが、新株引受権方式については既存株主の株式価値の希薄化の危険がある以上、特別決議が必要なのではないか。 ・ストック・オプション付与の適正性を担保する仕組みとして、社外取締役のみから構成される報酬委員会の制度が考えられるが、そうした制度は日本の企業風土に合うのか。	参考人質問
参(法) (5・15)	浜四津敏子 (公明)	・議員立法についてのあるべき姿について。 ・日本で株価の変動をもたらす要因。 ・ストック・オプションが機能するための前提条件とは何か、日本でストック・オプションは機能するのか。 ・ストック・オプションにかかる情報開示のあり方。	〃
参(法) (5・15)	照屋寛徳 (社民)	・「商法学者声明」は、立法プロセスを問題にしているのか、それとも改正案の内容を問題にしているのか。 ・ストック・オプションの採用は、取締役・使用人の士気向上につながるのか。そのための前提条件とは何か。 ・ストック・オプション制度の濫用的利用を防止するために必要な具体的手当て。	〃
参(法) (5・15)	一井淳治 (民主)	・日本のコーポレート・ガバナンス・システムは機能しているのか。機能していないとすればどのような対策が必要なのか。 ・日本の証券市場規制は不十分ではないか。	〃
参(法) (5・15)	橋本 敦 (共産)	・ストック・オプションについては新株引受権方式だけを認めることでよいのか。 ・ストック・オプション付与については株主総会特別決議の手続を要求すべきではないか。 ・使用人へのストック・オプション付与と労基法24条の給与現金払いの原則との関係。 ・配当性向を高めることを考えるべきではないか。	〃
参(法) (5・15)	塩崎恭久 (自民)	・議員立法で早期に成立させようということになった趣旨。 ・使用人へのストック・オプション付与と労基法24条の給与現金払いの原則との関係。 ・ストック・オプション付与のための株主総会決議では、付与対象者の氏名などをどの程度具体的に明らかにすべきなのか。 ・ストック・オプションの相続や生前贈与は可能なのか。 ・新株引受権方式のストック・オプションについて、その「正当な理由」を定款に記載する必要はあるのか。 ・自己株式方式のストック・オプションを毎年付与するときに、たとえば、前年度の付与対象者への交付のために取得した自己株式を今年度の付与対象者の権利行使に応じて交付することはできるのか。	

		・消却のための自己株式取得について、定款を変更して取得限度株式数を定めた場合、その限度株式を買い入れない限り、再度の定款変更をすることはできないのか。 ・消却のための自己株式取得とストック・オプション付与のための自己株式取得とを同時並行的に行う場合には、それぞれ発行済株式総数の10パーセントまでの取得が認められるのか、それとも、合計で10パーセントまでの取得しか認められないのか。 ・ストック・オプションについて、税制上の優遇措置を設ける必要があるのではないか。そのような予定はあるのか。	
参(法) (5・15)	浜四津 敏子 (公明)	・議員立法に至った経緯と背景。 ・今回の議員立法は株主代表訴訟にかかる改正の前段階の地ならしであるという危惧の声があがっていることについて、どのように考えているのか。 ・法制審では、これまでストック・オプションについてどのような審議がなされていたのか。法制審とその他の審議会との相違について。 ・ストック・オプション制度の濫用的利用の防止策、また、ストック・オプションが機能するための前提条件は、現時点で整っているといえるのか。 ・ストック・オプションのための自己株式取得についても、証券取引法上の相場操縦規制などは適用されるのか。 ・自己株式取得に財源規制が課されていることとの関係で、自己株式を取得できる時期も制約されることになるのか。 ・自己株式取得にかかる10パーセントという数量規制の根拠は何か。10パーセントはいつの時点を基準に判断するのか。 ・自己株式方式と新株引受権方式とで、株主総会決議要件が異なるのはなぜか。 ・ストック・オプション付与のための株主総会決議事項としての「取締役又は使用人の氏名」の意義。 ・ストック・オプションについて一定の権利行使禁止期間が設けられていないのはなぜか。会社が保有する自己株式については、どのような権利の行使が認められるのか。 ・自己株式取得について、消却特例法のように、株主総会への報告義務などの情報開示規制を設けるべきではないか。 ・自己株式の貸借対照表の記載方法はどのようになるのか。それに関する規定を整備する必要があるのではないか。 ・自己株式の売買にかかる損益は、損益計算書上の特別損益の部に別項目を設けて記載させるべきであると考えられるが、その点はどのようになるのか。 ・自己株式取得について、営業報告書による情報開示はなされるのか。 ・規制違反の自己株式取得の効力。規制に違反して取得された自己株式について、通常よりも早期の処分を強制する規定を設けるべきではないか。 ・消却特例法3条の「特に必要があると認めるとき」とは、具体的にどのような場合を意味するのか、また必要性の判断は誰が下すのか。	

		・ストック・オプションを付与された取締役や使用人に対する課税は、どのようになるのか。 ・ストック・オプションの行使による株式取得について、証券取引法163条・164条は適用されるのか。 ・新株引受権方式のストック・オプションを行使して取得した株式を売却するときには、証券取引法166条のインサイダー取引規制が適用されるのか。また、自己株式取得にかかる取得予定日や予定数量などは同法166条の重要事実に該当するのか。	
参(法) (5・15)	照屋寛徳 (社民)	・ストック・オプションの採用は、取締役・使用人の士気向上につながるのか。 ・ストック・オプション制度についての経済界の要望の内容。制度導入に伴う証券市場規制上の手当ては。 ・新株引受権方式のストック・オプションについて、その弊害の大きさを指摘する声があることをどのように考えるか。 ・ストック・オプション付与のための株主総会決議事項としての「取締役又は使用人の氏名」については、厳格な解釈をすべきではないか。 ・ストック・オプションにかかる税制上の手当ては。	
参(法) (5・15)	一井淳治 (民主)	・今回の議員立法は株主代表訴訟にかかる改正の前段階の地ならしであるという危惧の声があがっていることについて、どのように考えているのか。 ・今回の議員立法は性急にすぎるのではないか。 ・本改正法案の中小企業にとってのメリットは。 ・会社経営に対する監視システムは不十分ではないか。 ・今後の証券市場規制の整備のあり方について。	
参(法) (5・15)	橋本 敦 (共産)	・平成6年商法改正時におけるストック・オプションをめぐる議論の状況。 ・本改正法案は、経済界の要望に偏重したものではないか。 ・ストック・オプション制度導入に伴う不公正取引の危険の増大について、真剣に対応策を考えるべきではないか。その対応策を整備してから制度を導入すべきではないか。 ・消却特例法3条の「特に必要があると認めるとき」とは、具体的にどのような場合を意味するのか、取締役会による恣意的な判断がなされる危険はないのか。 ・ストック・オプション制度の導入は富の偏在をもたらすのではないか。	
参(法) (5・15)	橋本 敦 (共産)	・反対討論	

〈衆議院における参考人質問（5月7日）〉
　日本証券業協会副会長　　関　　要

〈参議院における参考人質問（5月15日）〉
　東京大学法学部教授　　　江頭憲治郎
　一橋大学商学部教授　　　伊藤邦雄

●平成9年商法改正「商法等の一部を改正する法律」(合併関係)
　平成9年6月6日公布（平成9年法律第71号）

第140回国会		5·16	5·27	5·29
法務大臣	松浦　功	○	○	○
法務大臣官房長	頃安健司	○	○	○
法務大臣官房司法法制調査部長	山崎　潮	○		○
法務省民事局長	濱崎恭生	○	○	○
法務省刑事局長	原田明夫	○		○
法務省入国管理局長	伊集院明夫	○		
公安調査庁長官	杉原弘泰	○		
警察庁刑事局暴力団対策部暴力団対策第二課長	宮本和夫	○		
警察庁警備局外事課外事調査官	内田淳一	○		
法務大臣官房参事官	菊池洋一	○		○
外務大臣官房審議官	大島賢三	○		
外務大臣官房領事移住部旅券課長	花田吉隆	○		
大蔵省証券局証券業務課長	小手川大助	○		
大蔵省銀行局銀行課長	内藤純一	○		
証券取引等監視委員会事務局特別調査課長	滝本豊水	○		
国税省課税部法人税課長	小武山智安	○		
最高裁判所事務総局人事局長	堀籠幸男	○		
法務委員会調査室長	河田勝夫	○		
常任委員会専門員	吉岡恒男		○	○
最高裁判所事務総局民事局長兼行政局長	石垣君雄			○

会議名 (審議日)	質問者 (所属政党)	質問内容	備考
衆(法) (平9 5·16)	松浦 功 (法相)	・趣旨説明	
衆(法) (5·16)	栗原博久 (自民)	・商法改正には積残し事項があるのでは。改正の要点について。 ・今回の改正で債権者異議手続はどうなるのか。 ・債務超過会社の合併は認められるのか。資本増加限度額の規定の理由。資本は増加させなくてもよいのか。	
衆(法) (5·16)	西川公也 (自民)	・今回の改正のねらい。 ・「時事に関する事項を記載する日刊新聞紙」の意義。 ・「債権者を害するおそれがないこと」の判断者は。会社の判断が間違っていた場合の効果について。	
衆(法) (5·16)	西村眞悟 (新進)	・合併の簡素化における会社債権者・株主の権利保護に配慮はなされているか。	
衆(法) (5·16)	上田 勇 (新進)	・総会屋への利益提供がなお発生している状況について、担当大臣の所見は。啓蒙のあり方。株主総会のあり方。 ・持株会社の解禁によって、商法改正の必要はあるか。 ・株主代表訴訟のあり方。 ・合併報告総会・創立総会が廃止された後、株主の発言権はどこで確保されるのか。 ・会社とは性格の異なるさまざまな法人関連法が一括法で改正される理由。問題はないのか。	
衆(法) (5·16)	佐々木 秀典 (民主)	・「債権者を害するおそれがないとき」の意義。	
衆(法) (5·16)	坂上富男 (民主)	・営業目的の異なる会社間でも合併可能か。黒字会社と赤字会社との間ではどうか。	
衆(法) (5·16)	正森成二 (共産)	・現行法制と諸外国法制との比較。 ・存続会社が消滅会社の株式を有している場合に、株式を割り当てることは不当ではないか。	
参(法) (5·27)	松浦 功 (法相)	・趣旨説明	
参(法) (5·29)	長尾立子 (自民)	・今回の改正の位置づけ。今後、合併は増加するのか、その背景は。 ・法制審の構成は。開かれた審議会とすべきではないか。 ・商法の現代語化はしないのか。電子取引法制の検討状況は。	
参(法) (5·29)	浜四津 敏子 (公明)	・商法の法整備に関する担当大臣の所見。 ・新設合併において許認可手続や上場手続を簡素化するよう検討すべきではないか。 ・割当て比率説明書は、具体的にどのような記載を求めるか。 ・合併比率についての説明は、参考書類の内容になるのか。 ・新設合併において創立総会を排するのは問題ではないか。	

		・株式買取請求における「公正な価額」の算定基準について、通達等で何らかの基準を示すべきでは。 ・債権者に対する合併公告の内容を充実させるべきではないか。公告の方法によって簡略化できるかどうか差が出ることの整合性。各別の催告をすべき債権者の範囲は無限定か。「債権者を害するおそれがない」の意義。登記の際に「債権者を害するおそれがない」ことを登記官はどのように判断するのか。 ・合併により損害を被った消滅会社の株主・債権者の救済方法。 ・株券提供の手続・新株券交付をすべき時期。 ・合併における自己株式・合併先株式の処理。 ・合併時の資本の増加額。債務超過の会社を合併することはできるか。 ・合併比率の決定方法。企業価値の測定方法。資産の評価替え・のれんの計上。計算の承継の方法について。 ・なぜ人的会社間の合併による有限会社の設立を認めないのか。	
参(法) (5・29)	照屋寛徳 (社民)	・最近の合併件数について。 ・合併無効訴訟の件数。 ・現行法の合併手続と欧米における手続との比較。 ・合併を用いたリストラの事例はあるか。 ・法制審で論議された問題点は何か。	
参(法) (5・29)	菅野久光 (民主)	・昭和50年の「問題点」に含まれていたにもかかわらず、合併法制についての法改正がこれだけ遅れたのはなぜか。法制審の審議の迅速化についての考えは。 ・債権者保護手続における「時事に関する事項を掲載する日刊新聞紙」の意義。「債権者を害するおそれがないとき」の意義。弁済を受けなかった債権者の救済方法。 ・簡易な合併手続における株主の意思表明の機会は。特別決議を要求する現行法とのバランス。 ・合併時の備置書類の適正さの確保の方法。 ・今回の改正についての労働者側の反応は。 ・企業の社会的責任の法制化は。利益供与禁止規定の罰則は軽すぎるのではないか。	
参(法) (5・29)	橋本　敦 (共産)	・商法294条ノ2でいう利益供与の意義。銀行等による総会屋への巨額融資に対する対処。 ・合併報告総会を求めた趣旨。 ・「知レタル債権者」の意義。実際には債権者の異議は少ないのか。債権者に対する通知と公告の関係。債権者保護と登記手続。 ・債権者による合併無効の訴えについて。合併比率の不公正は合併無効の原因となるのか。	

〈両議院とも参考人質問はなし〉

●平成9年商法改正「商法及び株式会社の監査等に関する商法の特例に関する法律の一部を改正する法律」（利益供与関係）
平成9年12月3日公布（平成9年法律第107号）

第141回国会		11·5	11·7	11·18	11·25	11·27
法務大臣	下稲葉耕吉	○	○	○	○	○
法務政務次官	横内正明	○	○			
法務大臣官房長	頃安健司	○	○	○		
法務大臣官房司法法制調査部長	山崎　潮	○	○		○	
法務省民事局長	森脇　勝	○	○	○	○	
法務省刑事局長	原田明夫	○	○	○	○	
公安調査庁長官	杉原弘泰	○				
内閣官房内閣内政審議室内閣審議官	田中法昌	○				
警察庁刑事局暴力団対策部長	玉造敏夫	○				
法務大臣官房審議官	吉戒修一	○	○			○
大蔵大臣官房秘書課長	渡部博史	○				
大蔵省銀行局銀行課長	内藤純一	○	○		○	○
通商産業省産業政策局企業行動課長	久郷達也	○				
最高裁判所事務総局総務局長	涌井紀夫	○	○		○	○
法務委員会調査室長	海老原良宗	○	○			
警察庁長官官房長	野田　健	○				
警察庁刑事局長	佐藤英彦	○				
法務省矯正局長	東條伸一郎	○				
大蔵省証券局証券業務課長	小手川大助		○		○	○
大蔵省証券取引等監視委員会事務局総務検査課長	滝本豊水		○			
常任委員会専門員	吉岡恒男			○	○	
最高裁判所事務総局民事局長兼行政局長	石垣君雄				○	
警察庁刑事局捜査第二課長	縄田　修				○	
警察庁刑事局暴力団対策部暴力団対策第一課長	和田康敬				○	○
警察庁刑事局暴力団対策部暴力団対策第二課長	宮本和夫				○	○
大蔵大臣官房金融検査部審査課長	内村広志				○	
大蔵省証券局企業財務課長	三國谷勝範				○	
労働省職業安定局業務調整課長	浅野賢司				○	
最高裁判所事務総局刑事局長	白木　勇					○
大蔵省証券取引等監視委員会事務局特別調査課長	大前　茂					○

会議名 (審議日)	質問者 (所属政党)	質問内容	備考
衆(本) (平9 10·28)	下稲葉 耕吉 (法相)	・趣旨説明	
衆(本) (10·28)	上田 勇 (新進)	・罰則強化の実効性について。 ・罰金の額が少なすぎるのではないか。 ・企業経営者の意識を変えるための法整備について。 ・企業側の安全確保のための警察の対応。	
衆(法) (10·29)	下稲葉 耕吉 (法相)	・趣旨説明	
衆(法) (11·5)	赤松正雄 (新進)	・昭和56年改正以降の総会屋の動向とその犯罪における特徴。 ・企業トップによる利益供与の現状。 ・利益供与要求罪等の新設の効果。 ・総会屋との関係は企業経営に所与のものなのか。 ・銀行・証券界の特徴について。 ・政府における総会屋対策の責任者。	
衆(法) (11·5)	漆原良夫 (新進)	・昭和56年改正後の総会屋の実態調査・検挙実績。総会屋が発行する情報誌の購読について。なぜ大企業がやすやすと利益供与をするのか。罰則を強化するだけでは不十分ではないか。 ・企業経営者の株主総会に対する意識改革。捜査機関への告発義務・通報義務。両罰規定・連座制の導入の是非について。	
衆(法) (11·5)	西村真悟 (新進)	・罰金の額を不定額にして得た利益を取りあげるべきでは。 ・組織犯罪と通信傍受について。	
衆(法) (11·5)	福岡宗也 (新進)	・原因究明をせずに刑罰を強化しても意味がないのではないか。 ・株主総会における説明義務、少数株主権の要件、監査人の選任方法、監査役の独立性確保。 ・株主総会の所要時間。 ・刑罰引上げの合理性について。	
衆(法) (11·5)	佐々木 秀典 (民主)	・法制審を経なかった理由について。 ・経済界・金融界の対応。 ・諸外国における総会屋の事例。 ・利益供与要求罪により正当な要求をする株主に影響が出ないか。 ・司法の担い手が少ないのではないか。	
衆(法) (11·5)	北村哲男 (民主)	・総会屋は日本企業の構造的な病理現象ではないか。 ・総会屋対策のための関係閣僚会議の申合わせについて。	
衆(法) (11·5)	木島 日出夫 (共産)	・なぜ企業は総会屋や暴力団との関係を断ち切れないのか。総会屋への資金の流入の実態。 ・営業報告書(業務報告書)における無償の利益供与に関する記載(昭和54年法務省試案)について。	

第1部　商法（会社法）改正関連国会質問・出席者等一覧　　1055

		・株主代表訴訟の見直し。 ・インターネットと利益供与要求罪の解釈。	
衆(法) (11・5)	保坂展人 (社民)	・株主総会の集中開催は総会屋対策なのか。 ・金融機関の検査中の接待について。	
衆(法) (11・5)	渡辺喜美 (自民)	・組織犯罪法の制定。 ・自民党のコーポレート・ガバナンスに関する商法等改正試案骨子について。 ・株式交換制度・会社分割制度の導入の時期。	
衆(法) (11・5)	渡辺博道 (自民)	・総会屋と企業との関係に対する基本的な認識。その関係をより効果的に把握する方法。 ・不正の請託の要件について。利益供与要求罪について、供与を受ける側が株主であることが必要か。要求罪について申込罪や約束罪を設けなかった理由。 ・通報義務および告発義務。 ・株式会社以外の会社への適用。 ・株主優待制度と利益供与罪。	
衆(法) (11・7)	下村博文 (自民)	・総会屋は日本の精神文化という視点からどういう特異性があるか。日本の民主主義の問題点では。 ・改正によって総会屋をどの程度根絶できるか。	参考人質問
衆(法) (11・7)	上田　勇 (新進)	・集中日に関して、なぜ株主総会が形骸化しているのか。 ・企業側の安全対策および警察の対応は十分か。 ・罰則強化の抑止力。 ・一般論として罰則強化は有効なのか。 ・株主代表訴訟による責任追及。	〃
衆(法) (11・7)	佐々木秀典 (民主)	・利益供与要求罪の行為主体の解釈。 ・諸外国における総会屋・特殊株主。	〃
衆(法) (11・7)	木島日出夫 (共産)	・監査制度の実効性。 ・内部告発が監査法人に流れない問題。監査制度の独立性確保について。	〃
衆(法) (11・7)	保坂展人 (社民)	・日本の縦型社会構造の問題点。 ・重罰化だけで利益供与の構造を断ち切ることができるか。	〃
衆(法) (11・7)	西川公也 (自民)	・経団連の緊急合同会議の成果は上がるか。 ・総会屋の仲間に対する連座制の導入。 ・警察に対する上申書制度の導入。	〃
衆(法) (11・7)	上田　勇 (新進)	・企業の安全確保対策。 ・チェックシステムにおける取締役会・監査役の制度的問題点。 ・モラル向上の方策について。	〃
衆(法) (11・7)	北村哲男 (民主)	・コスト・ベネフィットの観点からみて、刑罰の程度は適当なのか。 ・証券取引等監視委員会の責任。 ・弁護士（あるいはその家族）が危険な目に遭うことはないか。 ・株主代表訴訟の制限の動向。	〃

衆(法) (11·7)	木島 日出夫 (共産)	・日本と欧米の企業社会において、ディスクローズの問題で異なる点について。 ・監査制度を機能させるための方策。	〃
衆(法) (11·7)	保坂展人 (社民)	・銀行検査の際の接待についてどう考えるか。 ・総会屋を含めた腐敗現象への対処方法は。	〃
衆(法) (11·7)	安倍基雄 (新進)	・企業犯罪の検挙率が低い状態では毅然とした態度がとれないのではないか。 ・なぜ法制審を経なかったのか。	
衆(法) (11·7)	若松謙雄 (新進)	・企業の不祥事防止。 ・社外監査役について。過半数にすべきではないか。	
衆(法) (11·7)	北村哲男 (民主)	・証券取引等監視委員会が総会屋対策のためにどのような役割を果たすのか。増員する予定はないのか。 ・弁護士の妻が殺害された事件について。 ・総会屋に関する情報の上申書制度。 ・情報誌の購読料および広告費支出と利益供与罪。 ・刑罰の加重と時効の延長。 ・社外取締役の機能。 ・利益供与事件における銀行・証券会社に関する行政処分。 ・組織犯罪法の整備状況について。 ・司法制度改革の必要性、司法試験合格者および裁判所の増員。	
衆(法) (11·7)	木島 日出夫 (共産)	・利益供与事件に関する銀行への行政処分。 ・行政処分による事件の調査報告書の内容。	
衆(法) (11·7)	保坂展人 (社民)	・検査中の銀行による官僚接待について。 ・利益供与罪が消費者運動、労働組合運動等に濫用されるおそれはないか。	
参(本) (11·14)	下稲葉 耕吉 (法相)	・趣旨説明。	
参(本) (11·14)	大森礼子 (新進)	・証券不祥事の原因について。 ・改正後の罰金額は低すぎないか。 ・告発義務の導入。 ・時効期間は延長しないのか。 ・株主代表訴訟の制限の動向。 ・利益供与事件の捜査体制。	
参(法) (11·18)	下稲葉 耕吉 (法相)	・趣旨説明。	
参(法) (11·25)	清水 嘉与子 (自民)	・総会屋の定義。 ・昭和56年改正による利益供与罪の新設による効果と実態。 ・企業幹部の殺傷事件の実態。保護対策の実施状況。 ・従来の懲役刑における執行猶予。 ・総会屋の株主権停止制度について。 ・会社内のチェック機構。	

		・総会屋対策のための閣僚会議における対策。	
参(法) (11・25)	林　芳正 （自民）	・総会屋はなぜ日本だけのものなのか。 ・「会社の計算において」の範囲。「株主の権利の行使に関し」の範囲。 ・利益供与を受けた側の告発義務・通報義務。会社トップの連座制・両罰規定の導入。 ・司法取引・刑事免責制度。公訴時効の延長。 ・社外取締役・社外監査役など諸外国における経営チェック体制。 ・株主主権。ステイク・ホルダー。 ・株主代表訴訟の行為時株主原則、会社側への補助参加。	
参(法) (11・25)	円より子 （新進）	・証券不祥事の原因。 ・総会屋の手口がさらに巧妙化するのではないか。 ・監督官庁の責任。監査が機能していなかったのではないか。 ・山一証券における飛ばし事件。 ・銀行・証券会社への天下り。 ・日銀特融について。	
参(法) (11・25)	大森礼子 （新進）	・総会屋事件における起訴罪名について。なぜ特別背任ではないのか。 ・利益返還についての没収、追徴。 ・総会屋摘発に関する警察の対応。 ・司法取引および刑事免責。 ・証券取引等監視委員会が機能しなかったのでは。 ・法務省と日弁連の連携対策。 ・総会屋事件の今後の摘発体制。 ・時効期間の延長。 ・法定刑が上がると実刑判決が出るようになるのか。 ・最高裁に21世紀における日本の司法ビジョンがあるのか。	
参(法) (11・25)	千葉景子 （民主）	・昨今の社会経済情勢における株式会社の運営の実態。不祥事の原因。 ・証券市場の根底に総会屋が付け入るすきがあるのではないか。 ・拓銀の破たんについて。金融検査が機能しなかったのではないか。金融サービス法が必要なのではないか。 ・株主総会の集中開催、総会屋との接点。 ・罰金刑のあり方について。	
参(法) (11・25)	照屋寛徳 （社民）	・総会屋の定義。総会屋類似の暴力団について。総会屋と暴力団のつながりの実態。 ・最近の検挙事例。利益供与事件の受理件数・判決件数。 ・総会屋の政治団体化。諸外国における総会屋。 ・利益供与に関する取締役の責任。 ・株主代表訴訟の件数。	
参(法) (11・25)	橋本　敦 （共産）	・山一証券事件の起訴・公訴事実。 ・野村證券事件について。 ・証券取引等監視委員会の機能。 ・金融秩序維持の機能。	

参(法) (11・27)	釜本邦茂 (自民)	・昭和56年改正にもかかわらず総会屋を根絶できなかった理由は何か。企業は政府に対してどのようなバック・アップを求めているのか。企業不祥事は経営トップの問題ではないか、その点についての所感は。	参考人質問
参(法) (11・27)	円より子 (新進)	・取締役会制度の問題点。 ・株主総会の機能および株主代表訴訟。	〃
参(法) (11・27)	千葉景子 (民主)	・法定刑引上げの効果。 ・株主総会のあり方。 ・総会における書面投票の問題点。	〃
参(法) (11・27)	照屋寛徳 (社民)	・与党総会屋・野党総会屋の実態。 ・企業側から総会屋を利用することはないのか。 ・調査業法・探偵業法の制定。 ・利益供与に関する連座制について。	〃
参(法) (11・27)	橋本 敦 (共産)	・会社経営者に弱みがあることが利益供与につながっているのではないか。 ・大蔵省による護送船団方式の問題点。 ・株主総会の活性化。 ・改正後の運用上の問題点。	〃
参(法) (11・27)	釜本邦茂 (自民)	・昭和56年改正による利益供与罪の趣旨。 ・改正後も総会屋を根絶できなかった理由。 ・今回の改正の効果的な点。 ・今回の改正以外の総会屋対策の制度。 ・株主総会の集中開催についての法務省の考え方。 ・株主総会の数年間の開催時間の平均。 ・監査役のチェック機能について、監査役の人事はトップの意向で決まっているのではないか。 ・社外監査役を増やすべきではないか。 ・総会屋対策についての政府全体の取組み。	〃
参(法) (11・27)	魚住 裕一郎 (新進)	・なぜ15年間も放置してきたのか。 ・株主総会の本来あるべき姿。 ・株主代表訴訟における行為時株主原則。 ・山一証券の問題。 ・株主代表訴訟の件数、担保提供命令の件数。 ・監査制度の問題。 ・総会屋の事件や簿外債務についての監査役の責任。 ・利益供与罪と正当な株主権の行使。 ・株主総会に対する警察の取組み。 ・集中日開催についての警察の立場。 ・企業幹部の安全対策について。	〃
参(法) (11・27)	千葉景子 (民主)	・威迫による利益供与罪の解釈。 ・懲役と罰金の併科。 ・法定刑の上げ方と他の罪との均衡。 ・裁判所の人的・物的体制について。	〃
		・野村證券事件の概要。 ・会社役員賠償責任保険の仕組み。	

参(法) (11・27)	照屋寛徳 (社民)	・企業における総務部などの総会屋対策。 ・社長連座制。 ・虚偽報告に対する罰則強化。	
参(法) (11・27)	橋本　敦 (共産)	・商法494条による事件の概要。 ・「株主の権利の行使に関し」の解釈。市民運動との関係。 ・四大証券事件の捜査および起訴状況。 ・証券取引等監視委員会の責任。	

〈衆議院における参考人質問（11月7日午前)〉
　評論家　　佐高　信
　学習院大学法学部教授　　前田　庸

〈衆議院における参考人質問（11月7日午後)〉
　弁護士　　久保利英明
　日本証券経済研究所主任研究員　　紺谷典子

〈参議院における参考人質問（11月27日)〉
　経済評論家　　神崎倫一
　元内閣広報官　　宮脇磊介
　弁護士　　渡邊　顯

●平成11年商法改正「商法等の一部を改正する法律」(株式交換・株式移転・計算関係)
平成11年8月13日公布(平成11年法律第125号)

第145回国会		7・9	7・21	7・23	8・5	8・6
法務大臣	陣内孝雄	○	○	○	○	○
公正取引委員会事務総局経済取引局長	山田昭雄	○	○	○		
警察庁刑事局長	林　則清	○	○			○
警察庁交通局長	玉造敏夫	○				
法務大臣官房長	但木敬一	○				
法務省民事局長	細川　清	○	○	○	○	
法務省刑事局長	松尾邦弘	○	○	○		
法務省人権擁護局長	横山匡輝	○				
郵政省電気通信局長	天野定功	○		○		
公安調査庁次長	書上由紀夫	○				
大蔵省主税局税制第一課長	清水　治	○				
大蔵省金融企画局企画課長	内藤純一	○				
労働省労政局労働法規課長	坂田　稔	○			○	
法務委員会専門員	井上隆久	○	○	○		
公正取引委員会事務総局審査局長	平林英勝		○			
警察庁長官官房長	野田　健		○	○		
大蔵大臣官房審議官	福田　進		○			
大蔵省金融企画局長	福田　誠		○			
中小企業庁次長	殿岡茂樹		○			
通商産業大臣官房審議官	林　洋和		○			
最高裁判所事務総局人事局長	金築誠志		○	○		
最高裁判所事務総局民事局長兼行政局長	千葉勝美		○			
最高裁判所事務総局刑事局長	白木　勇		○	○		
法務大臣官房司法法制調査部長兼内閣審議官	房村精一			○		
労働省労政局長	澤田陽太郎			○		
労働省労働基準局長	野寺康幸			○		
会計検査院事務総局第一局長	関本匡邦			○		
常任委員会専門員	吉岡恒男				○	○
司法制度改革審議会事務局長	樋渡利秋					○

会議名 （審議日）	質問者 （所属政党）	質 問 内 容	備考
衆（法） （平11 7・9）	陣内孝雄 （法相）	・趣旨説明	
衆（法） （7・9）	渡辺喜美 （自民）	・法制審は学者の先生が多いから、教科書を書くようなスピードで審議しているという指摘もあるが、株式交換・移転制度については非常に速いスピードで、予定より1年近く早くできあがった。その理由は何か。 ・銀行持株会社創設特例法もあるが、現行法で、持株会社を設立する際の問題点と持株会社をつくる意義は何か。 ・時価会計制度を導入する趣旨は何か。金銭債権等の時価評価をした場合の再評価差額金は貸借対照表のどこに組入れたらよいか。 ・会社分割制度についての検討の状況、法案提出の見込みについて。来年の通常国会にはできるという報道があるが、もっと早くできないか。	
衆（法） （7・9）	達増拓也 （自由）	・経済界からの期待に対する法案の成立の効果は。 ・持株会社の円滑のために、先端的な企業経営に対応した法整備を進めていたアメリカやヨーロッパにおいては、どういうものがあるのか。 ・現行法の枠内で持株会社をつくろうとすると、どのような問題があるのか。 ・株式交換に反対している株主に対する保護。株式交換無効の訴えで想定されている具体的な無効事由。 ・簡易株式交換制度の趣旨。 ・親会社の株主の保護を拡充する内容と趣旨。 ・金銭債権等に時価評価を認める部分の概要と趣旨。	
衆（法） （7・9）	上田　勇 （公明）	・企業会計審議会は原則として時価評価としているのに、法案が取得原価と時価評価の選択にしている理由は。選択性は妥当か。 ・平成9年独禁法改正以降の持株会社の設立状況。件数が少ないが、法改正の趣旨は達成されているのか。改正によって持株会社の創設が促進されるのか。 ・親会社株主の子会社取締役に対する選任権と株主代表訴訟提起権はないという理解でよいか。 ・子会社の経営の管理に対する親会社株主の権限が制限されるが、問題はないか。子会社の労働者の交渉の対象となる使用者は子会社取締役であるが、これで十分か。 ・株式交換にあたって個々の株主の意思が制限されるが、問題はないのか。 ・株式買取請求権の行使にあたって事前の通知を要求するのは問題ではないか。 ・株式交換比率の公正さの確保の方策。検査役による調査を相互乗入れで実施すべきではないか。	

		・株式買取請求権が行使された場合の公正価格の決定方法。 ・簡易株式交換制度で株主の保護は十分に尊重されるか。 ・株式交換にあたって、転換社債、新株引受権附社債、報酬としてのストック・オプションなどを有するものの取扱い。発言権を与えるべきではないか。 ・法制度が現実の経済活動を追認する形で進んでいる。会社法全体の体系の見直しが必要ではないか。	
衆(法) (7・9)	福岡宗也 (民主)	・株式交換制度の創設に伴う親会社株主の子会社取締役に対する権限等は。 ・子会社従業員が完全親会社に対して交渉する権利等はあるのか。 ・株式交換制度は現行法に基づく持株会社の設立に関する規制の潜脱にならないか。 ・株式交換により株式を強制収用することになるが、憲法の財産権の保障との関係で、許される根拠は。反対株主に交換を強制しない準交換制度的なものを検討したのか。 ・株式交換の無効原因について。	
衆(法) (7・9)	木島 日出夫 (共産)	・株式交換・株式移転制度を導入する政策の基本的目的は何か。持株会社ができない状況を打開するための商法改正か。 ・労働者保護がないがしろにされているのではないか。なぜ改正を急がなければならないのか。財界が急ぐのはなぜか。 ・なぜ完全親子会社関係にしなければならないのか。100パーセントである必要性。株主代表訴訟を封じるために完全子会社にするのではないか。	
衆(法) (7・21)	山本幸三 (自民)	・株式交換・株式移転制度を導入することの経済的な意味について。	
衆(法) (7・21)	達増拓也 (自由)	・子会社の範囲につき商法と証券取引法で齟齬があるが、矛盾は生じないのか。連結情報についても商法の計算書類で充実した開示が必要なのではないか。研究開発費の取扱いが商法と証券取引法で異なるが、矛盾はないのか。	
衆(法) (7・21)	谷口隆義 (公明)	・時価評価により持合株式が急激に市場に放出されると株価形成に大きな影響を与えないか。 ・含み益を貸借対照表に計上しながら配当可能利益からは除外するが、含み損について配当可能利益から除外しないのは、債権者保護の観点から首尾一貫しないのではないか。商法の目的である債権者保護と企業会計の目的である投資家保護は、企業会計が激動するなかで、今の枠組みで調整できるのか。 ・個別ベースの商法で連結ベースの会計に対応できるのか。 ・土地再評価差額金を自己株式取得財源として認める議員立法をしたが、法制審を経ずに改正がなされていくと商法の体系が崩れてしまわないか。	
衆(法) (7・21)	日野市朗 (民主)	・株式交換・株式移転制度を導入すべき経済的事象は。子会社が100パーセント子会社である必要はあるのか。 ・本日閣議決定した産業再生法案との関係は。	

		・子会社が不法行為責任を負った場合に、親会社は別法人だから責任を負わないということになるのか。 ・親会社の取締役の責任を追及する手段が必要ではないか。 ・銀行・証券・保険という金融資本が外国会社に支配されることにならないか。 ・株式移転によれば現物出資に伴う検査役の調査が不要になるが、検査役調査の実情は。	
衆(法) (7・23)	木島 日出夫 (共産)	・株式交換による株主権に重大な変更を特別決議で可能とするのはなぜか。合併とのアナロジーでは考えるべきでないのでは。 ・大企業や業界の利益に偏重して、子会社の少数株主の権利の根幹を踏みつぶすことになるのではないか。 ・憲法29条の財産権の保障に抵触するのではないか。 ・子会社の労働者や労働組合は親会社の取締役会と団体交渉をする権利や労働協約を締結する権利を有するか。親会社の団体交渉応諾義務を認める労働法制が必要では。 ・下請中小企業をどのように守るのか。	
衆(法) (7・23)	保坂展人 (社民)	・アメリカのような M&A の過度な競争社会は適切か。	
衆(法) (7・23)	木島 日出夫 (共産)	・反対討論	
参(法) (8・5)	陣内孝雄 (法相)	・趣旨説明	
参(法) (8・5)	小川敏夫 (民主)	・持株会社創設を認める法改正の必要性は。 ・株式交換・株式移転制度を導入するメリットは何か。 ・先進諸外国の制度の状況は。 ・反対株主の利益の保護は。 ・株式買取請求権が行使された場合の行使価格の算定を迅速かつ正確にする方策は。 ・経済界が株式交換・株式移転制度を求めている度合い。 ・親会社株主に子会社の議事録等の閲覧を認める必要性は。 ・時価評価を選択性とした理由は。時価が取得価額より上がった場合のみ時価評価を認めるが、下がった場合は認めない点で中途半端では。市場価格がある金銭債権、社債、株式等の「等」には何が含まれるか。 ・株式交換制度が経済の再生に寄与するのか、雇用問題への影響について。	
参(法) (8・5)	大森礼子 (公明)	・独禁法改正による持株会社の解禁と今回提案の商法改正との関係。 ・どのような経済効果が期待できるのか。 ・戦前の財閥の復活とまではいかないまでも、経済力の過度の集中による市場支配の危険性が生まれるのではないか。 ・株式交換等に反対の少数株主に対して保護の制度を周知徹底させることが必要ではないか。	

		・株式移転が行われた場合の利益配当は。 ・株式交換制度等において債権者保護手続が設けられない理由は。 ・子会社の範囲は形式的基準のままでよいのか。 ・時価評価益が配当可能利益から控除されるのはなぜか。 ・「取引所ノ相場」と「市場価格」との違い、商法全体での整合性について。	
参(法) (8・5)	橋本　敦 (共産)	・法案には現在の経済情勢の下における財界からの強い要望が背景にあるのか。 ・現行の商法の規定で100パーセント子会社実施がどう困難なのか、なぜこの法案が必要なのか。 ・完全子会社となる会社の少数株主の株主権の保障の問題はどうなるか。純粋持株会社が出てくると、株主代表訴訟などの株主権の行使が困難になり、重大な支障を来すおそれがあるのではないか。 ・企業結合から生ずるいわゆる少数株主権の問題、一般債権者との利害関係、資産の流出管理、不当な条件による融資の防止、取引制限などいろいろ不公正な取引に対処できる法整備ということをきちんと行っておかないと、大企業の経営活動等が野放しにならないか。 ・持株会社の解禁に伴う労使関係の対応に関する独禁法改正のときの附帯決議の具体化は。子会社の労働組合は100パーセント親会社に対して団体交渉権をもつか。	
参(法) (8・6)	橋本　敦 (共産)	・反対討論	

〈両議院とも参考人質問はなし〉

● 平成12年商法改正「商法等の一部を改正する法律」（会社分割関係）
　平成12年5月31日公布（平成12年法律第90号）

第147回国会		4・25	4・28	5・9	5・10	5・18	5・23
法務大臣	臼井日出男	○	○	○	○	○	○
法務政務次官	山本有二	○	○	○	○	○	
法務省民事局長	細川　清	○	○	○	○	○	
労働省労政局長	澤田陽太郎	○		○			
労働省職業安定局長	渡邉　信	○					
労働省職業能力開発局長	日比　徹	○					
法務委員会専門員	井上隆久	○	○				
金融再生政務次官	村井　仁		○				
大蔵政務次官	大野功統		○				
労働政務次官	長勢甚遠		○				
大蔵大臣官房審議官	福田　進		○				○
大蔵省金融企画局東京証券取引所監理官	新原芳明		○				
労働大臣官房審議官	石本宏昭		○		○	○	
最高裁判所事務総局総務局長	中山隆夫			○			
警察庁刑事局長	林　則清			○			
法務省人権擁護局長	横山匡輝			○			
労働省労働基準局長	野寺康幸				○		
衆議院議員	北村哲男					○	○
常任委員会専門員	加藤一宇					○	
内閣官房副長官	松谷蒼一郎						○
最高裁判所事務総局刑事局長	白木　勇						○
内閣法制局第一部長	阪田雅裕						○
金融監督庁長官官房参事官	小手川大助						○
金融監督庁検査部検査総括課長	本間　勝						○
法務省刑事局長	古田佑紀						○
通商産業大臣官房審議官	林　洋和						○

会議名 (審議日)	質問者 (所属政党)	質問内容	備考
衆(本) (平12 4・20)	臼井 日出男 (法相)	・趣旨説明	
衆(本) (4・20)	佐々木 陸海 (共産)	・会社分割制度の導入によって、慎重であった営業譲渡・現物出資等の手続を緩和することになるが、その理由は何か。 ・会社分割制度によって雇用の保障が脅かされるのでは。 ・簡易分割制度を設けた理由は何か。 ・労働者保護のためには、会社分割後も一定期間の事業継続を要求すべきではないか。	
衆(本) (4・20)	保坂展人 (社民)	・会社分割制度の導入により企業が受ける利点は何か。 ・会社分割による場合、包括承継であるので労働条件が切り下げられることはないのではないか。 ・会社分割が人員整理や不当労働行為のために濫用されるのではないか。 ・会社分割制度が下請中小企業等に与える影響は。	
衆(法) (4・21)	臼井 日出男 (法相)	・趣旨説明	
衆(法) (4・25)	与謝野馨 (自民)	・会社分割制度の類型について。 ・商法改正案の概要・経緯・成立を急ぐ背景。会社分割は現行商法ではできないのか、現物出資による分割にはどういう問題があるのか。どのように利用されるか。 ・株主や債権者の権利はどのように保護されるのか。債務超過会社は分割できるのか。商法では労働者の権利保護をどのように図っているか。民法625条は適用されるか、分割計画書に雇用契約は入るのか、法文上雇用契約という文言がないのはなぜか。当然承継という意見についてはどう考えるか。 ・分割対象を営業に限定した理由。分割計画書の作成と株主総会承認の規定、株式買取請求権、債権者保護手続、書面事後備置および無効訴訟規定の趣旨。人的分割と物的分割が両方認められている理由は。具体的な計画書・契約書記載方法は。労働者は債権者に入るか。簡易手続の趣旨は。 ・附則第5条の趣旨について。 ・整備法案の概要について。 ・外国における分割法制の概要について。労働省との協議の過程で困難はなかったか。商法改正の社会情勢での位置づけ。	
衆(法) (4・25)	倉田栄喜 (公明)	・分割法案の趣旨、競争に対応する立法なのか。協力も重要なのではないか。労働契約承継法の趣旨と内容は。今までの判例を変更するものか。雇用整理や解雇に関する不安はないのか。国際競争力のない会社が高い利益を上げているが、それらの会社の適切な処理と雇用シフトをどうするつもりか。 ・雇用保険の内容は。職業訓練等直接助成にとどまらない融資	

		等の支援は。	
衆(法) (4・28)	北村哲男 (民主)	・会社分割法創設の趣旨、分割の種類。 ・債権者への弁済を行う必要のない「害する虞のない場合」とは何か。 ・包括承継というと個別労働者の同意が不要なのはなぜか、民法625条を374条の10一つで否定できてよいのか。従来の営業と同一内容のものを移すというのであれば、従来の営業譲渡と同様労働組合との交渉が必要になるのではないか。 ・包括承継は労働者の利益にならない場合もあるはずである、労働契約承継法で別途整備をするという体制で、労働者保護は十全なのか。商法が改正され、承継法が改正されない場合の法律の適用関係はどうなるのか。 ・承継法2条にいう「主として従事する」の判断基準、同法3条に規定する異議権の制約の趣旨、組織再編法制全体に労働法分野として取り組む予定はあるかどうか。 ・商法において、承継権利義務のなかに雇用という言葉を挿入して注意喚起する可能性はあるか。分割計画書のなかで労働者の移転はどのように特定し記載されるのか。商法中に労働者との協議義務を書き込む、あるいはさらに労働組合との協議義務を書き込む可能性はあるのか。 ・修正案趣旨説明。	
衆(法) (4・28)	日野市朗 (民主)	・枝番号を多用した商法規定改正のあり方。 ・このような形で文語体での規定を置くのでは、経済状態の変化に対応できないのではないか。各国の経済法規は柔軟に対応しているところであり、商法の管轄事項等にとらわれてはならないのではないか。 ・企業組織変更法や共同決定法のような対応や、商法への労働組合という概念の導入も検討するべきではないか。 ・企業の社会的責任は重要であり、会社分割はたとえば伝統や商慣習などの生きている世界を切り捨てる方向に作用するのではないか。 ・みずほＦＧの分割のために改正を急ぐといった態度はあるべきではないと考えるが、どうか。 ・労働法としては、解雇法理の充実化、立法化などにも取り組まなくてはならないのではないか。 ・決議なかりせば有すべかりし公正なる価格というのは、株価の乱高下の多い昨今ではうまく運用できないのではないか。 ・労働者の債権のうち、金銭債権とならないようなものについては弁済の対象とならないのでよいか。 ・会社分割法制は税制上どのように扱われるか。 ・資本準備金や引当金についてどう手当てされるか。 ・信用供与等限度額および自己資本比率については、銀行法上どのように手当てされるのか。	
衆(法) (4・28)	西村真悟 (自由)	・改正の経緯、趣旨、必要性。 ・人的分割とは何か。みずほＦＧなどではどのように分割が使われることになるのか。分割における手続簡素化の内容。	

		・資本充実について検査役調査に代わる措置はあるか。 ・株主保護・債権者保護についてどのような変化があるか。雇用契約はどうなるのか。 ・修正案についての法務省の見解は。承継される権利義務の内容を例示するという形式は特異ではないか。	
衆(法) (4・28)	木島 日出夫 (共産)	・労働者保護についての会社法の基本的スタンスについて。 ・営業概念中には、労働者も含まれるが、規模が小さくても営業となるのか。逆に労働者が全くついていかないものも営業となるのか。いずれもイエスということだが、従来の営業譲渡と今回の営業概念の違いは何か。同じものだとすれば、労働者の地位の違いはどのように説明できるのか。 ・商法は労働法とは独立に成立し、単独で成立すれば包括承継は変更できないということか。そうだとすれば、625条の適用が商法ではあいまいであると考えてつくられた労働承継法なのだとすれば、分割の場合にも625条を用いて同意がなければ移転が行われないという趣旨の立法をするべきではなかったのか。 ・債務の履行の見込みというだけでは、不採算部門での労働条件切下げを食い止めることはできないのではないか。また、分割後に会社が倒産する場合にも、この解釈では歯止めにならないのではないか。	
衆(法) (4・28)	保坂展人 (社民)	・労働者は会社分割にどのように関与・権利行使できるのか。都銀懇話会では、会社分割は不良債権処理の一形態として活用されることが検討されているが、それでよいのか。採算のよい会社でも賃金カットのために清算を利用するような事例もあるので、会社分割が悪用される場面はいろいろあるのでは。 ・非正規雇用労働者の地位はどうなるのか。派遣労働者についてはどうか。 ・修正案中、商法で労働組合を相手方とすることはできないのはなぜか。労働者という場合に労働組合を含むということになるのか。不誠実団交や形式団交などはどのように解釈されるのか。解釈上許されないことになっているのか。 ・民事再生法の附帯決議にあるような、中小企業に対する法整備はどうなっているのか。	
衆(法) (5・9)	倉田栄喜 (公明)	・市場からみた会社分割の透明性は確保されているか。 ・会社法からみて労働者の働く場の確保についてはどう考えるべきか。 ・乱用的会社分割の内容、および必要と考えられるコーポレート・ガバナンス内容の整備とは。 ・終身雇用制が変化するなかで商法と労働法の関係はどう変わっていくべきか。	参考人質問
衆(法) (5・9)	佐々木 秀典 (民主)	・これまで会社分割という制度を採用してこなかった理由。 ・会社分割の中小企業における事業意欲に与える効果。 ・労働者保護のための法案について参考人はどう評価するか。合併や営業譲渡も外国は対象としているのではないか。	〃

第1部　商法（会社法）改正関連国会質問・出席者等一覧　1069

		・労働協約について労働組合との団体交渉義務を義務づけるべきか。	
衆(法) (5・9)	木島 日出夫 (共産)	・大企業の社会的責任をどう考えるか。 ・都銀懇話会は親子会社における支配やリスク遮断の問題を分割で解決しようとしているが、参考人はどう評価するか。 ・会社分割後に営業状態が悪化すると、不当解雇四要件をすり抜けることができるのではないか。移転に同意を求めるのが筋ではないのか。	参考人質問
衆(法) (5・9)	保坂展人 (社民)	・営業単位という概念は明確なのか。 ・合併と分割を組み合わせれば、リストラが強くなるし、下請先なども影響を受けるのではないか。簡易分割制度なども悪用される余地があるのでは。 ・協議が形式的になり、一方的通告のように使われるおそれはないのか。	〃
衆(法) (5・9)	杉浦正健 (自民)	・連合は大人になってほしい。この法案については、判例の保護が外れることはないと考えれば反対する必要はないはずだ。これについて、意見が聞きたい。 ・中小企業においても分割制度を利用する可能性はあるか。	〃
衆(法) (5・9)	日野市朗 (民主)	・労働者は会社の圧力に埋没して不利な立場になる可能性が高いのではないか。企業と労働者の関係についてであるが、社会的責任を果たしていくべきではないのか。	〃
衆(法) (5・9)	木島 日出男 (共産)	・今回の会社分割法制については、労働者の雇用を守ることと企業基盤の強化が両立しないところがあるのではないか。主たる営業部門の人間の同意が不要である点と、不採算部門の分割後の超過債務の取扱いについて、どう考えるか。 ・企業は労働者とともに生き抜く方策を考えるべきだと考えるが、どうか。	〃
衆(法) (5・9)	保坂展人 (社民)	・リストラ推進法の総仕上げという松浦参考人の言葉の意味は。 ・この法律は下請中小企業に悪影響があるのではないか。また、協議が一方的な伝達になったり、荒っぽい計画倒産に使われたりしないのか。	〃
衆(法) (5・9)	横内正明 (自民)	・法務省と大蔵省での税制についての調整は。営業の許認可について、どのような取扱いになっているか。ストック・オプションについては、自社株方式と新株引受権方式の併用が認められるようになったが、その理由、経済界からの要望の内容、これからの検討予定。 ・会社分割において債務の履行あることを開示することになっているが、この規定の意味。何が記載されればよいのか。最初から債務超過となる分割は認めないと書くべきだったのではないか。 ・商法についての口語化、コーポレート・ガバナンスや情報開示についての改正、法務省民事局商法担当の数の増加と集中審議を要望したい。	〃

衆(法) (5・9)	坂上富男 (民主)	・不当労働行為にあたるような不採算部門の分離への歯止めは。 ・修正案の「労働者の協議」について、協議が整わない場合どうなるのか。労働者の協議と労働組合の協議の関係は。複数の労働組合がある場合の効果は。労働者個人との協議について、多数労働者がいる企業での手続は。
衆(法) (5・9)	木島 日出夫 (共産)	・雇用契約を契約書等に明示させることで原案とどう変わるのか。移籍させられる労働者の氏名まで明示するべきと考えるか。協議の対象となる労働者の範囲は。全員だとすると、通知がないのに協議をするという矛盾が起きないか。 ・労働省は、主として従事する労働の基準をどう考えているのか。国鉄分割のような大量解雇や解雇四要件の潜脱が起こらないか。前倒しがされたのも、このような意図により出たものではないのか。 ・営業と事務系など、定量的な分け方では難しい部分はどのように分けるのか。熟慮期間は確保されているのか。労働協約に至らない協定を法律上どのくらいつくる義務があるのか。協定の承継は全くわからないというのは問題なのではないか。
衆(法) (5・9)	保坂展人 (社民)	・営業概念について、たとえば地域別分割もできるのか。客観的基準は示しにくいのではないか。 ・営業の単位について、取締役会のみでは決定できず、労働者と協議して決めていく問題と理解してよいか。労働者が労働組合に協議を委任しているのに、会社が労働組合を相手としない等の場合には、誠実な協議が行われないことになるが、どう解釈すべきか。労働組合の団交権の低下という影響は起きないか。 ・労使紛争が起きている部門だけを分割するということはできないという理解でよいか。人員を移動させたうえで地域別分割をすることは可能になるのか。不良債権を処理するための分割はできないと規定すべきではなかったのか。簡易分割の繰返しを規制するような規定があってもよかったのではないか。 ・協議が整わないときに分割が可能だとすると、協議の実効性についてどう考えればよいのか。 ・形骸化した説明で協議義務を果たしたと主張してはならないといった規定を用意する必要はないのか。
衆(法) (5・10)	佐々木 秀典 (民主)	・労働者の解雇に消長を来たさない運用についての周知徹底はなされるのか。事業者が労働組合と協議を行うか。そのように広報してよいか。労働組合は前労働者の代理として交渉すると理解してよいか。今後、保護法制充実の予定はあるのか。新法検討に際しては労働組合の代表者を審議メンバーに加えるべきでないか。 ・分割計画書の記載範囲。労働者は閲覧できるか。不良部門の切離しのための分割はできるとされたのか。非金銭債権者は閲覧が可能か。労働者には無効の訴えの原告適格が認められ

衆(法)(5・10)	木島日出夫(共産)	・赤字部門を分割当初は債務履行の見込みがある財務構成で切り離しておいて、将来的に労働者をリストラすることができるのではないか。この場合の労働条件切下げなしに権利と生活を保全できる仕組みは労働法制上存在するのか。労働者が残留できる方法は。 ・修正案にいう協議は労働者の残留のための制度か。主たる業務への従事の判定方法は。地位保全の裁判の被告はどちらの会社になるのか。	
衆(法)(5・10)	保坂展人(社民)	・リストラ支援の総仕上げという法制なのか。非自発的離職者の増加は政府としてやむをえないと考えているのか。協議は合意・終結を前提としないものなのか。 ・修正案の審査は連合審査とし、法務・労働大臣が加わる形ですべきでなかったか。下請会社の団交権、持株会社との団交権はあるのか。	
衆(法)(5・10)	木島日出夫(共産)	・反対討論(本案・修正案とも)	
衆(法)(5・10)	保坂展人(社民)	・反対討論(本案・修正案とも)	
参(本)(5・15)	臼井日出男(自民)	・趣旨説明	
参(本)(5・15)	直島正行(民主)	・失業率が高まっており、構造改革による失業者発生もやむをえないという森総理発言に対し、労働大臣はどう考えているのか。また、雇用創出政策が効果を上げていないのはなぜか。企業にとって効率的な制度というが、どう使われ、産業にどういう影響が及ぶのか。組織再編はどの程度増える見込みか。不採算部門の切捨てを助けるのでなく、新規事業の創出に対する施策を用意していないのか。 ・構造改革に対応し、会社法と労働法といった切分けを超えた改正を行うべきではないか。承継法案について、合併や営業譲渡も含めて検討すべきではないか。整理解雇四要件は変わらないはずなのだから、解雇禁止規定の明文化をすべきでないか。本法案に伴い労使紛争の未然防止の施策は必要か。	
参(本)(5・15)	吉川春子(共産)	・会社の都合で承継の範囲を取捨選択できるという法の姿勢はそもそも不適切でないか。また、労働者がたくさんいても簡易手続で分割できるのは不当ではないか。登録免許税の引下げ等の優遇措置の内容を明らかにしてほしい。 ・労働契約は判例法理で守られているというが、最近の判例は労働者より企業利益を優先しているのではないか。守られているという根拠を示してほしい。転籍に同意が必要という大原則を覆す立法ではないのか。労働組合との事前協議を義務づけるべきでないか。	

参(法) (5・16)	臼井 日出男 （自民）	・法案趣旨説明	
参(法) (5・16)	北村哲男 （民主）	・衆院修正部分趣旨説明	
参(法) (5・18)	江田五月 （民主）	・改正理念はどう変わったのか。再編関係の改正はこれで終わりと理解してよいか。社会的責任をふまえて、雇用や労働者の保護についてはどう考えているのか。 ・修正案の内容は。事前協議の当事者は団体であってもよいのか。労働組合でもよいのか。双方代理は不可か。	
参(法) (5・18)	魚住 裕一郎 （公明）	・会社分割法制はなぜ競争力アップに寄与するのか。どのように株主・会社債権者の保護は図られているのか。従業員についての配慮は。労働契約承継については、包括承継により従業員・下請企業の不安は解消されうるのか。営業と評価できないものが承継された場合の効果は。契約関係にトラブルが生じた場合の紛争の相手方は。会社分割において動産債権者に各別の催告がなかった場合は訴訟はどうなるか。訴えの変更が必要とするとアンバランスが生じないか。 ・中小企業の活力維持のために配慮した点はあるか。	
参(法) (5・18)	橋本　敦 （共産）	・労働者の同意権は失われたのか。それでよいのか。分割について民法625条を適用しない合理的理由はあるのか。包括承継であれば（承継法がないとして）同意権をなくしてよいという法理は存在せず、区別に合理的根拠はないのではないか。再編法制の労使協議があったというが、使用者側の意見しか出ていないのではないか。策定予定の承継指針の内容は。協議の前提の情報開示として、経営実態の開示なども入ってくるか。	
参(法) (5・18)	福島瑞穂 （社民）	・不採算部門の分離処分が立法理由になっているのか。なっていないにせよ、そのように使われる背景はある。歯止めとしてどのようなものがあるのか。分割の段階の債務履行の見込みは、倒産しない保証にはならないのではないか。民法625条の趣旨からして、分割であれば適用はないという見解はとりえないのではないか。子会社・下請会社労働者への影響は。検査役調査を必要としない理由は。解雇禁止規定がない状態で労働者保護が図れるか。	
参(法) (5・18)	北岡秀二 （自民）	・改正はこれで一段落か、親子会社法制など今後も見直しが必要なのではないか。 ・使用者は雇用の確保はどう考えているか。労働者は、労使協調についてどのように考えるか。	参考人質問
参(法) (5・18)	小川敏夫 （民主）	・労働者の意向が反映される協議を志向する修正案についてどう考えるか。使用者・労働者は将来性のある会社とない会社へ部門が分割された場合に、後者に切り分けられてしまった労働者のチャンスについてどう考えるか。	〃

参(法) (5・18)	魚住 裕一郎 (公明)	・これまで時間がかかっていたのに、急に改正が進んだのはなぜか。使用者サイドは、分割についてどのような活用を考えているか。労働者側は、修正案についてほぼ満足ということでよいか。	参考人質問
参(法) (5・18)	橋本　敦 (共産)	・労働者側としては、近年のIBM事例（転籍に応じなかった労働者を一室に集めて仕事をさせない、あるいは瑣末な業務のみに従事させる）をふまえて、労働者の人権侵害と今回の法案の関係についてどう考えるか。 ・分割無効の提訴が速やかにできる仕組みという要望は理解できるが、具体的にどのような利益を守るのに効用があるのか。遠隔地へのリストラへの保護は十分と考えるか。誠実を欠いた協議は無効等の強い効果は必要か。	〃
参(法) (5・18)	福島瑞穂 (社民)	・使用者として、会社分割のニーズに不採算部門の切捨てを考慮しているか。分割の方式をアメリカ方式でなく大陸方式としたのはなぜか。検査役不在の点はどう影響があると考えているか。学者として、一つの大企業のために改正を急ぐという姿勢をどう評価するか。会社分割が不当労働行為に基づいて行われていることが明らかな場合、これは無効となるのか。労働者サイドは、労働者保護・下請保護についてどういう不安をもっているのか具体的に話してほしい。法改正の提案はあるか。労使紛争を抱えている会社は分割すべきでないと考えるが、どうか。	〃
参(法) (5・23)	北岡秀二 (自民)	・長期的な会社法改正の理念、今後の予定。新しい時代への対応は。最近の法制審の取組み状況への評価は。 ・会社分割の産業に与える影響。M&Aは促進されるのか。分割制度を利用しようとしている会社はどのくらいあるか。分割制度が必要になった背景について。 ・債務履行の見込みの正確性を担保する方策は。不正事項が記された場合の取締役の法的内容は。健全性担保のための企業情報ディスクロージャーについてはどういう対応をしているか。	
参(法) (5・23)	小川敏夫 (民主)	・会社分割が整理解雇・不採算部門の切捨てに利用されないという趣旨の説明ないし確約を求める。労働者との協議を要するとした趣旨についてどう理解しているか。労働組合（労働者代表）との協議は可能か。協議の双方代理は不可ということでよいか。実際にはどのような手順で行われるのか。最終的に協議が成立しなくても、協議が行われたということになるのか。はなはだしく形式的な内容であった場合、分割無効事由となるか。 ・債権者保護については、分割時債務について保証をするという考え方は出なかったのか。 ・簡易分割は脱法的な手続を認めるものではないか。簿価が低くても重要な部門はあるのではないか。反対株主の株式買取請求権はどうなっているのか。債務者（取引業者）の不利益はないのか。	

参(法) (5・23)	魚住 裕一郎 (公明)	・純資産額を設立会社等の資本項目にどう反映させることになるのか。分割交付金・代用自己株式の趣旨と資本充実の原則との関係は。現物出資との関係で検査役調査がなくなっているが、当該制度にはどういう問題があったのか。のれんはなぜ新設分割に認められないのか。分割差益はどのように承継会社貸借対照表に計上されるのか。留保利益、利益準備金等の形での計上が物的分割ではできないのはなぜか。引当金は承継されるか。退職給与引当金等はどう移転するのか。 ・債務の履行の見込みあることとは具体的に何を書くことになるのか。専門家のチェックを求めた方がよいのではないか。同書面の不正記載に関する取締役の責任は。ストック・オプションの概要とどちらの会社の株式をもらうかについて。 ・税制についての特例措置はどうなっているか。租税回避の手段に利用されるのは変ではないか。合併との関係で登録免許税はどうなるか。	
参(法) (5・23)	橋本　敦 (共産)	・労働契約の承継について、なぜ労働者の同意を必要としないのか。承継後不利益が生ずる場合もあるのではないか。分割後の職場移転や職務内容変化はどう考えるか。事前の協議という修正案の趣旨は。その協議は十分の期間と会社側の誠意がなければ意味がないと思うが、どう担保・運用するか。労働者から協議を要請できるか。労働組合の立場は。 ・形骸化したものは分割無効原因となるか。分割無効の判断が出た場合の効果は。労働者は元の職場に戻るのか。無効の訴えの原告適格は誰にあるか。承継を嫌って退職する場合は自己退職になるのか。解雇ではないのか。不服な場合に解雇してよいというのは不当ではないか。 ・債務履行の見込みがあることはどう保証されるか。事前の第三者チェックがなければ労働者は保護されないのではないか。活動家を切り捨てるような不当労働行為は分割無効事由と解釈してよいか。それでも不十分と考えるヨーロッパでは大量解雇指令などが整備されているが、日本でも同様に包括的保護をすべきでないか。	
参(法) (5・23)	福島瑞穂 (社民)	・労働契約の承継は当然ではないか。修正案の想定する協議期間はどの程度か。2週間前までにすればよいというのは、株主総会前最短2週間ということか。強行突破を考えると、実効性は担保されないのではないか。複数の組合がある場合や未組織の人々との協議も、個別組合・個人ごとに行うべきか。団交拒否は分割無効の訴えの要件にあたるか。不当労働行為は商法上どう救済されるか。分割無効の将来効というが、元に戻すのは不可能ではないのか。採算性の評価の客観性はどう担保されるのか。労使紛争は誰が承継するのか。労使紛争中の会社の分割は認められないとすべきでないか。 ・下請中小企業との関係で、契約条件の変更・解除はすべての分割会社について不可という理解でよいか。簡易分割の繰返しによる脱法のおそれはないか。	
		・分割の背景となる社会経済情勢の変化についてどう認識して	

参(法) (5・23)	平野貞夫 (自由)	いるか。経済犯罪が増加しているが、株式会社を利用した犯罪に利用されるおそれはないか。日本の司直は任務を果たしているのか。朝鮮銀行への調査の方法と目的は。
参(法) (5・23)	橋本　敦 (共産)	・反対討論
参(法) (5・23)	福島瑞穂 (社民)	・反対討論

〈衆議院における参考人質問（5月9日）〉
　早稲田大学法学部教授　　　上村達男
　名古屋大学大学院法学研究科教授　　　和田　肇
　日本労働組合総連合会総合労働局長　　　松浦清春
　東京商工会議所常任顧問・株式会社旭リサーチセンター代表取締役社長　　　鈴木良男

〈参議院における参考人質問（5月18日）〉
　学習院大学法学部教授　　　前田　庸
　日本労働組合総連合会労働法制対策局長　　　熊谷謙一
　経済団体連合会経済法規専門部会長・新日本製鐵株式会社取締役　　　西川元啓
　全国労働組合総連合幹事・全日本金属情報機器労働組合書記長　　　生熊茂実

●平成13年商法改正(議員立法)「商法等の一部を改正する法律」(自己株式・株式の単位関係)
　平成13年6月29日公布(平成13年法律第79号)

第151回国会		6・12	6・19	6・21
衆議院議員	相沢英之	○	○	○
衆議院議員	金子一義	○	○	○
衆議院議員	長勢甚遠	○		○
衆議院議員	根本　匠	○	○	○
衆議院議員	漆原良夫	○	○	○
衆議院議員	谷口隆義	○	○	○
衆議院議員	小池百合子	○	○	○
法務大臣	森山真弓	○	○	○
法務副大臣	横内正明	○		
法務大臣政務官	中川義雄	○		○
金融庁総務企画局長	乾　文男	○		○
金融庁総務企画局審議官	渡部達郎	○		
金融庁総務企画局東京証券取引所監理官	三國谷勝範	○		
金融庁総務企画局参事官	浦西友義	○		
金融庁総務企画局参事官	田口義明	○		
金融庁証券取引等監視委員会事務局長	五味廣文	○	○	○
法務省民事局長	山崎　潮	○	○	○
法務省刑事局長	古田佑紀	○		
財務省大臣官房審議官	木村幸俊	○		
常任委員会専門員	加藤一宇		○	○
法務委員会専門員	井上隆久	○		

第1部　商法（会社法）改正関連国会質問・出席者等一覧　1077

会議名 (審議日)	質問者 (所属政党)	質　問　内　容	備考
衆（法） （平13 6・5）	金子一義 （自民）	・趣旨説明	
衆（法） （6・8）	田村憲久 （自民）	・自己株式取得規制の緩和・金庫株の解禁の経済対策としての効果。 ・自己株式取得規制の緩和は、債権者保護の観点から問題がないのか。目的制限の撤廃により自己株式取得が悪用されて、株主の利益が害されるということはないのか。 ・外国における自己株式取得・保有（金庫株）規制。 ・証券市場の公正性の観点からみた自己株式取得規制の緩和の問題点。	
衆（法） （6・8）	上田　勇 （公明）	・単元株制度導入の趣旨。一単元の数の上限規制の趣旨。 ・既発行の額面株式の取扱い。額面株式制度を廃止するとともに、株式の発行価額規制も廃止されるのであれば、単元株制度は不要ではないか。 ・法定準備金の減少手続の創設の趣旨。 ・法定準備金を原資とした自己株式取得は債権者保護の観点から問題がないのか。 ・時代の変革のスピードに対応した会社法制の見直しのあり方。	
衆（法） （6・8）	小泉俊明 （民主）	・株価維持のために政府が介入することの是非。 ・自己株式取得規制の緩和の趣旨。 ・企業防衛のために自己株式取得を利用できるのは問題ではないか。 ・自己株式取得規制の緩和の経済対策としての効果。 ・証券市場の公正性の観点からみた自己株式取得規制の緩和の問題点。	
衆（法） （6・8）	江崎 洋一郎 （民主）	・自己株式取得規制の緩和・金庫株の解禁の緊急経済対策としての意義とは何か。真のねらいは株式市場における価格形成への介入ではないか。 ・自己株式の処分についての改正を遅らせることで、実務の混乱が招来されるのではないか。インサイダー取引・相場操縦の問題がおろそかになる危険はないのか。 ・法定準備金を原資とした自己株式取得は債権者保護の観点から問題がないのか。 ・外国における自己株式取得・保有（金庫株）規制の内容、金庫株の利用方法。 ・与党三党の証券市場等活性化対策中間報告で、金庫株の解禁の方向が打ち出されるとともに、不公正取引の防止措置の提言が行われたが、その後、現在までに不公正取引の防止措置は講じられているのか。 ・証券取引等監視委員会の内部において、証券市場取引にかかるトレーニングは行われているのか。証券取引等監視委員会	

		・の人員規模拡大については、今後、補正予算案に盛り込まれるのか。 ・相場操縦規制として検討中の内閣府令の規制は、アメリカの規制と比較して遜色ないものなのか。	
衆(法) (6・8)	中川正春 (民主)	・本法律案は、なぜ議員立法のかたちで出てきたのか。本法律案についての法務省の見解は。 ・株式市場のボリューム（発行済株式数・時価総額）が大きすぎるという問題がありそうだが、それについてどのように考えるか。ボリュームが大きすぎるのが問題だとすると、会社が取得した自己株式は消却させるべきではないか。 ・不公正取引の防止策を講じてから、その後に自己株式取得規制の緩和・金庫株の解禁を行うべきではないか。	
衆(法) (6・8)	西村眞悟 (自由)	・額面株式の廃止、最低株式発行価額規制の廃止、設立時における株式発行価額規制の廃止は、緊急経済対策とどのような関係があるのか。それらの改正の趣旨とは何か。 ・自己株式取得にかかる取締役の欠損填補責任が生じるためには、自己株式取得と欠損発生との間の因果関係が必要なのか。別の要因で欠損が生じた場合に、たまたま自己株式を取得していたという理由で取締役の責任が生じるのか。	
衆(法) (6・8)	木島 日出夫 (共産)	・過去の自己株式取得規制にかかる改正の具体的な内容。それらが限定的なものであった理由はなぜか。 ・自己株式取得禁止という原則を撤廃することについての基本的認識。 ・少なくない上場企業の経営危機が表面化している現在こそ、資本充実・維持の原則が必要なのではないか。 ・不公正取引の防止策としてどのようなものを考えているのか。アメリカの規制とどのような相違があるのか。 ・証券取引等監視委員会の人員体制に問題があるのではないか。	
衆(法) (6・8)	植田至紀 (社民)	・近時の株価下落の要因。株価対策として考えるならば、会社が取得した自己株式は消却させるべきではないか。 ・銀行については、自己株式を取得するとその分自己資本比率が低くなり、BIS基準にひっかかるという問題があるが、それについてどのように考えるのか。 ・株主総会の経営監督機能は疑わしいのではないか。	
衆(法) (6・12)	田村憲久 (自民)	・経済界にとっての金庫株解禁のメリット。 ・法定準備金を原資とした自己株式取得については、債権者保護の観点から問題はないのか。 ・証券市場の公正性の観点からみた自己株式取得規制の緩和の問題点。 ・金庫株解禁は株価の安定に資するのではないか。	参考人質問
衆(法) (6・12)	野田佳彦 (民主)	・この不備の多い法律で商法の原則を大きく変えるまでの緊急性があるのか。 ・証券市場の公正性の観点からみた自己株式取得規制の緩和の問題点。	〃

		・経済界の改正要望として他にどのようなものがあるか。	
衆(法) (6・12)	上田　勇 (公明)	・現状のコーポレート・ガバナンスにとって、具体的にどのような方策が最も必要、効果的なのか。 ・株式相互保有はどのような形で解消させるべきなのか。 ・買収防衛は株主や従業員、ひいては日本経済全体にとって本当にメリットがあることなのか。 ・単元株制度は企業経営上どのような必要性があるのか。	参考人質問
衆(法) (6・12)	西村真悟 (自由)	・違法な自己株式取得にかかる取締役の責任は十分なものなのか。 ・証券市場の公正性の観点からみた自己株式取得規制の緩和の問題点。 ・本改正法案の経済対策としての効果。	〃
衆(法) (6・12)	木島 日出夫 (共産)	・金庫株解禁が株式保有構造・株式相互保有に及ぼす影響。 ・自己株式取得規制について、わが国はヨーロッパ型とアメリカ型のいずれを志向すべきなのか。	〃
衆(法) (6・12)	植田至紀 (社民)	・経済界からみた現行の自己株式取得規制の問題点。 ・株式相互保有の是否、今後の展望。 ・法定準備金の減少は会社の財務基盤を危うくするのではないか。 ・株価対策としての金庫株解禁の是非。	〃
衆(法) (6・12)	平岡秀夫 (民主)	・本改正案の経済対策としての効果。 ・法制審の審議を経なかったことの問題点。 ・自己株式処分に新株発行規制が準用される以上、機動性という観点からは、金庫株解禁はナンセンスではないか。 ・自己株式の法的地位を明確化すべきではないか。 ・法定準備金の減少手続の新設の経済対策としての効果。 ・本改正案には緊急経済対策としての緊急性があるのか。	
衆(法) (6・12)	日野市朗 (民主)	・会計処理・税制・証券市場規制の手当てを済ませてから、自己株式取得規制の緩和・金庫株の解禁を行うべきではないか。	
衆(法) (6・12)	西村真悟 (自由)	・法定準備金による自己株式取得とその他の財産取得との手続の異同。 ・本法案の緊急経済対策としての意義。	
衆(法) (6・12)	木島 日出夫 (共産)	・証券市場の公正性の観点からみた自己株式取得規制の緩和・金庫株解禁の問題点。自己株式取得についてインサイダー取引規制は機能するのか。株価対策としての自己株式取得は株価操作ではないか。	
衆(法) (6・12)	植田至紀 (社民)	・金庫株解禁の経済対策としての意義と効果。 ・自己株式取得が緩和されると、グリーン・メーラーからの株式買受けが堂々と行われることになるだけではないか。 ・証券市場の公正性の観点からみた自己株式取得規制の緩和の問題点。 ・単元株制度が少数株主の議決権排除のために利用される危険はないのか。	

衆(法) (6・12)	田村憲久 (自民)	・賛成討論	
衆(法) (6・12)	野田佳彦 (民主)	・反対討論	
衆(法) (6・12)	瀬古由起子 (共産)	・反対討論	
衆(法) (6・12)	植田至紀 (社民)	・反対討論	
参(法) (6・14)	長勢甚遠 (自民)	・趣旨説明	
参(法) (6・19)	佐々木知子 (自民)	・経済対策としての金庫株解禁の意義。 ・自己株式取得規制の緩和に伴う弊害への対処方法。 ・証券市場の公正性の観点からみた自己株式取得規制の緩和の問題点。	
参(法) (6・19)	小川敏夫 (民主)	・自己株式取得規制の緩和の経済対策としての効果。 ・会社が投資目的で自己株式を取得することも許されるのか。 ・証券市場の公正性の観点からみた自己株式取得規制の緩和の問題点。	
参(法) (6・19)	橋本 敦 (共産)	・本改正法案について法制審の審議を経ていないことに問題はないのか。平成9年改正法について学者の反対声明が出されたにもかかわらず、またもや同じことを繰り返すのはなぜか。 ・違法な自己株式取得については事後的な是正が難しいだけに、一般予防の観点から事前規制を重視してきた商法のスタンスを転換するのは問題ではないか。 ・自己株式取得規制の緩和は、資本充実原則に反するのではないか。 ・金庫株解禁によって会社に二重の損失が生じる危険はないのか。	
参(法) (6・19)	福島瑞穂 (社民)	・金庫株解禁の理由。経済対策としての効果。 ・自己株式取得規制の緩和は、資本充実原則に反するのではないか。	
参(法) (6・21)	佐々木知子 (自民)	・アメリカ・ヨーロッパにおける自己株式取得・保有(金庫株)規制について。 ・自己株式取得による弊害除去のために必要な規制の内容。 ・本法施行後に自己株式取得は増加するか。	参考人質問
参(法) (6・21)	江田五月 (民主)	・自己株式取得規制の緩和・金庫株解禁の経済対策としての効果。 ・自己株式取得規制の緩和・金庫株解禁によって、資本充実原則の基本的な考え方は変わるのか。 ・アメリカにおける自己株式取得規制緩和・金庫株許容は、レース・ツー・ザ・ボトムの結果なのか。	〃

		・単元株は会社に対する権利行使の単位ではなく、株式の取引単位だけとして認めるべきという考え方の当否。	
参(法) (6・21)	魚住 裕一郎 (公明)	・本改正が実現すると、日本法上の自己株式取得・保有・処分規制はグローバル・スタンダードに近づくのか。各国における自己株式取得・保有(金庫株)・処分規制の内容。 ・本改正案は、債権者保護の点で問題はないのか。 ・証券市場の公正性の観点からみた自己株式取得規制の緩和の問題点。 ・株式単位にかかる昭和56年改正の評価。商法改正のあり方についての一般論。	参考人質問
参(法) (6・21)	橋本　敦 (共産)	・法制審の審議を経なかったことに対する評価。 ・金庫株を解禁すると、会社に二重の損失が生じる危険があるのではないか。 ・自己株式取得にかかる取締役の期末の欠損填補責任の意義。 ・証券市場の公正性の観点からみた自己株式取得規制の緩和の問題点。	〃
参(法) (6・21)	福島瑞穂 (社民)	・経済対策としての金庫株解禁の効果。 ・自己株式取得規制の緩和は債権者保護の観点から問題がないのか。 ・証券市場の公正性の観点からみた自己株式取得規制の緩和の問題点。 ・緊急経済対策として商法を改正することに問題はないのか。	〃
参(法) (6・21)	佐々木 知子 (自民)	・自己株式処分が可能となる時期が改正法施行日から遅れるのはなぜか。 ・本法の施行後に自己株式の取得は増加するか。 ・先進諸外国における金庫株に関する法制度の内容、本法案における金庫株制度との相違点。 ・日本および先進諸外国における自己株式取得の実施状況。 ・証券市場の公正性の観点からみた自己株式取得規制の緩和の問題点。	
参(法) (6・21)	小川敏夫 (民主)	・法定準備金減少手続の創設は経済対策として有効なのか、緊急に必要なものなのか。 ・単元株制度が少数株主の議決権排除のために利用される危険性はないのか。 ・証券市場の公正性の観点からみた自己株式取得規制の緩和の問題点	
参(法) (6・21)	魚住 裕一郎 (公明)	・法定準備金の減少に際して、知れたる債権者への個別通知の省略が許されないのはなぜか。 ・証券市場の公正性の観点からみた自己株式取得規制の緩和の問題点。	
参(法) (6・21)	橋本　敦 (共産)	・自己株式取得規制の緩和・金庫株の解禁は会社資産の流出をもたらすため、健全な会社の発展を阻害するのではないか。 ・自己株式取得規制の緩和・金庫株の解禁は、単位株制度と相まって、会社支配の歪曲化をもたらす危険はないのか。	

		・自己株式取得にかかる内閣府令に違反した場合のサンクションが小さすぎるのではないか、違反した買付けを無効にすることなども考えるべきではないか。 ・自己株式取得にかかる内閣府令のエンフォースメント体制が不十分ではないか。
参(法) (6·21)	福島瑞穂 (社民)	・証券市場の公正性の観点からみた自己株式取得規制の緩和の問題点は。経済対策として自己株式取得規制を緩和するのは、株価操縦を認めるのと変わらないのではないか。 ・自己株式取得規制の緩和は、会社支配の歪曲化につながるのではないか。 ・緊急経済対策として自己株式取得規制を緩和するのであれば、それは時限立法によるべきではないか。商法の基本原則を変えてしまうのは問題ではないか。

〈衆議院における参考人質問（6月12日）〉
　経済団体連合会経済法規委員会・経済法規専門部会長　　西川元啓
　早稲田大学法学部教授　　上村達男
　専修大学名誉教授　　熊野剛雄

〈参議院における参考人質問（6月21日）〉
　東京大学大学院法学政治学研究科教授　　神田秀樹
　大阪大学大学院法学研究科教授　　末永敏和

●平成13年商法改正「商法等の一部を改正する法律」
　（種類株式・新株予約権・書類の電子化関係）
　平成13年11月28日公布（平成13年法律第128号）

第153回国会		10・30	11・2	11・20
法務大臣	森山眞弓	○	○	○
内閣府副大臣	村田吉隆	○		○
法務副大臣	横内正明	○	○	○
法務大臣政務官	中川義雄	○	○	○
金融庁総務企画局参事官	増井喜一郎	○		
法務省民事局長	山崎　潮	○	○	○
財務省大臣官房審議官	木村幸俊	○		
法務委員会専門員	横田猛雄	○	○	
経済産業大臣政務官	大村秀章		○	○
金融庁総務企画局長	原口恒和		○	
金融庁証券取引等監視委員会事務局長	渡辺達郎		○	○
法務省大臣官房長	但木敬一		○	
国税庁課税部長	村上喜堂		○	
厚生労働省大臣官房審議官	鈴木直和		○	
常任委員会専門員	加藤一宇			○
金融庁総務企画局審議官	三國谷勝範			○
法務大臣官房訟務総括審議官	都築　弘			○
法務大臣官房司法法制部長	房村精一			○
財務省国際局次長	岩下　正			○
厚生労働大臣官房審議官	鈴木直和			○

会議名 (審議日)	質問者 (所属政党)	質問内容	備考
衆(法) (平13 10・26)	森山真弓 (法相)	・趣旨説明	
衆(法) (10・30)	田村憲久 (自民)	・改正スケジュールは。 ・ストック・オプション改正の概要と定義変更の理由、従来限定してきた理由。 ・株価暴落への対処。 ・ストック・オプションの賃金化、税制への対応。 ・種類株改正の概要、具体的なニーズ。 ・急速な改正についていけない当事者への対応。	
衆(法) (10・30)	漆原良夫 (公明)	・改正事項の緊急性について。改正法案がどのような形で円滑な資金調達を可能にするのか。新規企業の育成に資するのか。 ・ストック・オプションの導入が進んでいないのではないか。 ・現行新株引受権附社債の利用状況と問題点。 ・今後の新株予約権導入時の利用方法。 ・ストック・オプション規制緩和のメリット。 ・過大な付与の対応措置。 ・監視システムは弱まっていないか。 ・自己株、ストック・オプションなど考え方は全面的に変わったと考えてよいか。 ・トラッキング・ストックによる資金調達の容易化効果はあるのか。 ・無議決権普通株の導入で株式の概念は根本的に変わるのではないか。	
衆(法) (10・30)	平岡秀夫 (民主)	・マイカルと社債管理会社の関係について、社債管理会社の負う義務の通常の具体的内容は。社債管理会社と発行会社の契約が裏づけとなって投資家の権利は保護されるのか。社債管理会社の調査権限の内容は。マイカルの社債管理会社の実態は、商法上予定されているものなのか。誰が監督しているのか。 ・社債管理会社は、民事再生法適用申請前3カ月にどの程度の弁済を受け、債務の返済はなされたのか。利益相反が生じやすい体制になっていることは、発行登録追補書類をみても不明瞭だが、このような社債法制で日本の社債制度はきちんと機能するのか。改善策をどう考えているのか。 ・新株予約権に付されてきた制限および撤廃の理由。 ・価格設定が合理的にできるようになったというが、方法は一つで、価格も一つに決まるのか。公正な価格の決まり方は。有利発行は誰がどう判断するのか。 ・ストック・オプション対象者の開示廃止は問題ではないか。対象者、付与が会社の利益になるかを株主総会に説明するシステムが必要ではないか。	

		・課税処理・会計処理はどうなっているのか。 ・種類株式のニーズは。永久に議決権が行使できない無議決権株式も認められるのか。 ・種類株式のバリエーションの広さは、試案と大きく異なっているところがいくつもあり、問題ではないか。たとえば種類株主の拒否権を認めるべきでない事項についての規定が落ちた理由は。また、譲渡制限会社における種類株式については、取締役選任権を与えるという制度が落ちている理由は。 ・技術的法案ではあるがきちんと説明義務を果たす必要があるのではないか。	
衆(法) (11・2)	枝野幸男 (民主)	・デジタルデバイド、ネット株主総会導入可能性について。 ・ITで権利行使可能期間を広げた法制の下で、会社の裁量により当該期間を縮減することは可能か。たしかに株主の権利と考えれば強行規定になるが、行使権利の導入を取締役会で一部のみ認めるという考え方はできないのか。緩和することで導入する会社が増加すれば、結局株主保護に資するのではないか。 ・商法285条ノ4における時価の定義。金銭債権一般と語句を違え、市場価格ある金銭債権に限っている理由。285条ノ4第2項、取立て不能のおそれあるときに、そのことを認識しながらその見込み額を控除しないのは法令違反であり、法令違反の計算に基づいて利益の配当を行えば会社財産を危うくする罪に該当するのではないか。また、それを教唆しまたは見逃した者には、教唆・幇助犯が成立しないか。銀行取締役と金融監督当局の責任を問う。法務大臣はこのような件に関する指揮権を積極的に発動すべきでないか。	
衆(法) (11・2)	山内　功 (民主)	・電磁的書面における署名の方法。閲覧・謄写、複製の請求の可否と方法。費用を払えばフロッピーやCDでもよいか。 ・電磁的方法による招集通知は発信主義か到達主義か。電子的消費者契約法の保護方法との平仄は。議決権行使における株主権保護の侵害は起こらないか。 ・本人性の確認について。 ・個々の会社の受付期間裁量可能性、株主総会直前までの議決権行使受付の可能性。 ・株主総会が最高機関という構成は絶対不変か。 ・取締役会・監査役決議についても電子的投票や書面投票制度を導入するという意見についてどう考えるか。 ・貸借対照表の公開とデジタルデバイドについて。 ・自社ホームページでは客観性や信頼性が担保できないのではないか。法務省がサイトを立ち上げるべきでないか。本当に公開促進効果があるのか。 ・過料の廃止ないし公告制度自体の廃止についてはどう考えるか。 ・近年の改正は内向きの人間への割当てを促し、広く資金を調達するという理念と乖離する。法の改正が散発的で体系性に欠けているのではないか。	

衆(法) (11・2)	山田敏雅 (民主)	・法制審のメンバーは35名、そのうち会社の実務家が2名(新日本製鉄と住友化学)、委員20名のうち6名が東京大学教授。これでは本質的な議論ができるメンバーではなく、会社の選定も時代から異様に遅れているのではないか。経済産業省が出した、中小企業を代表する意見が改正に反映されていないのではないか。学者は直接研究者になり、世間を知らないのではないか。 ・委員会設置の試案は奇異である、上記メンバーの認識不足でないか。提案の経緯は。単なるアメリカの意見の受売りではないか。委員には、実際に経営を行っている中小企業経営者を多く登用すべきである。 ・議事録公開が遅く、4カ月もかかっている。翌日公開できる制度を整えるべき。 ・大企業のコーポレート・ガバナンス不全で中小企業が大変迷惑した事例があったが、不祥事の理由は。内部告発制度がないのが一番の理由であり、これがなければ改正は役に立たない。導入の予定は。 ・ストック・オプションは全く導入されていないが、なぜか。税の優遇が必要と思われる。給与の削減に使われるおそれに対する対処は。	
衆(法) (11・2)	西村眞悟 (自由)	・議決権制限株式とは何か。無議決のニーズは。株式の本質に反するのではないか。自由の領域にあり、株式取得者が選択するならば本質に反しないという説明であるが、内容開示はどう確保するのか。 ・種類株式で資金調達の便宜は図れるのか。 ・ストック・オプションの利用度は。改正の内容は。新株予約権一般のなかに位置づけた理由は。他の株主を害しないか。	
衆(法) (11・2)	木島 日出夫 (共産)	・前倒し改正の理由と基本理念について。 ・新株引受権から予約権へ変えた理由、予約権の内容。 ・ストック・オプションの改正以降、経営監視機能の強化は図られているのか。 ・付与対象者の限定理由と撤廃の理由。議員や弁護士への付与可能性。特別決議における決議による「正当な理由」の代替など悪用の可能性が高まったのでは。 ・氏名公表を外した理由。10分の1、10年という制限の存在および撤廃理由。 ・自己株式取得制限の存在および撤廃理由。 ・新株予約権付与について、有利発行は株主総会特別決議、その他は取締役会決議。落差が大きいが、特に有利なる条件とは何か。通常公正なる価格は誰が決めるのか。近年の株価下落をみると式など役に立たず、結局好きに決められるのではないか。有利な価格になる限界パーセンテージがあるのか。 ・ストック・オプションについて、国税庁は給与所得とする一方、労働省は労基法上の賃金でないとしているが、各省の協議不足は閣法としては不適切ではないのか。	

第1部　商法（会社法）改正関連国会質問・出席者等一覧　*1087*

衆(法) (11・2)	植田至紀 (社民)	・改正経過、実現済のものと予定のものを含めた概略について。 ・平成9年の学者決議を受けた附帯決議（インサイダーに関する証取法の厳格適用と罰則強化を含む法整備）の実行状況は。証取法は改正されつつあるが商法は不十分ではないか。 ・ストック・オプションは株価抑制効果があるが、上昇しすぎた株は与えないなど、当事者の利害対立を回避するシステムを金融庁はつくるべきではないか。 ・ストック・オプション導入に伴い取締役報酬の個別開示が検討されるべきでないか。 ・ストック・オプションの実質的賃金としての機能と労基法との関係。 ・電子化とメール容量による制限等。 ・電子投票とはフロッピーをもっていくということか。そうだとすれば逆に不便ではないか。	
衆(法) (11・2)	木島 日出男 (共産)	・反対討論	
参(法) (11・15)	森山真弓 (法相)	・趣旨説明	
参(法) (11・20)	山下英利 (自民)	・改正の概要と目的。 ・雇用を守ることが重大な課題となっているが、本改正との関係は。株価低迷の場合に従業員のモラル低下とならないか。新株予約権という制度にまとめた意味は。 ・擬似ストック・オプションの問題点は。 ・本改正は付与の間口を広げたが、今まで付与対象・株数が制限されてきたのはなぜか。付与対象者が広がるとどのような利用が考えられるか。ストック・オプションは中小企業で活用されうると説明されるが、実際には株価がつかずあまり使われないのではないか。 ・今までの外国のストック・オプション制度は。 ・株価重視経営となると思うが、それによる弊害を防ぐためのコーポレート・ガバナンスが必要ではないか。また、制度変化についていけない株主の利益は害されないか。 ・小規模頻繁な改正が求められると思うが、今後の改正の見通しは。 ・改正に対応した新しい税制はどうなっているか。 ・新株予約権の公募発行はどのような場合になされるか。 ・種類株制度の見直しの概要は。制度の改善により、どのようなニーズでどのような種類の株式が発行されることになると考えられるか。	
		・改正の全体像について。 ・平成14年に抜本改正があるのに、なぜ半年急いで改正するのか。平成13年通常国会で、議員立法の形で自己株取得を入れたときに、資本準備金取崩しが議案に紛れ込まされていて、急いで採決されてしまった。これは、資本注入を受けた銀行	

参(法) (11・20)	小川敏夫 (民主)	・が配当できないと困るという隠れた理由によると思われる。今回も、個別の改正事項はもっともだが、無議決権普通株を入れることは、将来的な資本注入に備えて、優先株の議決権復活という制度を利用せずに済むようにするための布石なのではないか。 ・今回対象となっていない現物出資の検査役調査については税理士を含めて検討すべきではないか。 ・ストック・オプションは不公平な付与など、経営者に都合よく利用されないか。有利発行というが、最初に無償で付与され、後で株価上昇時だけ転換できるというおいしい仕組みなので、悪事に利用されやすいのではないか。たとえば、主要取引先に取締役のダミー会社を入れるなどすれば、付与者を取締役が決定できる現行法ではループ・ホールが生ずるのではないか。 ・同時に、コーポレート・ガバナンス強化が必要と考えられるが、現在どのような取組みがなされているか。 ・有償発行の場合、転換がされないと会社の利益になるのではないか。投資家保護は十分か。 ・有利発行というのは、無償の場合は当然有利、また有償の場合も転換価格次第で有利になるという理解でよいか。合計価額という答弁だが、合計価額を何と比較すれば有利と判断できるのか。将来を予測して確率を計算するという答弁だが、非常に困難で、有利発行という範疇に入るものは結局非常に少なくなるのではないか。差止め等手続があっても、グレーゾーンが広ければ、立証責任等が重く、結局利用されないのではないか。実際にオプションモデルを用いた投機集団の破たん等が生じているが弊害は考えられないのか。 ・種類株式は多様化されたが、事業ごとのトラッキング・ストックなどだけでなく、配当の分配などキャッシュフロー量的な意味での優先など、客観的基準さえ設けられればどのような形でも発行できると解してよいか。会社内部で事業分野の境界が不明瞭なのを操作するとか、一定の株式のために資金をやりくりするなど、紛争の種となるのではないか。 ・計算書類の公告は中小会社では実質なされていないのではないか。インターネット公開は従来の新聞や官報におけるより詳細なものが要求されているが、その趣旨は。利用はされていないが、過料という制度もあるし、無理のない公開制度の普及に向けて啓蒙が必要ではないか。 ・司法制度改革審議会は公開したことが成功だったと聞いているが、法制審も公開するのはどうか。近年の社会の制度についていけているか。法制審が即応体制を備えているなら、議員立法など出さなくてもきちんと議論ができるはずではないのか。	
		・一部前倒し改正の理由について。 ・新株発行について、授権制度が譲渡制限会社については廃止されている。立法趣旨の大幅な逸脱ではないか。 ・無議決権普通株を導入し、また議決権なき株式の発行枠を発行済株式総数の3分の1から2分の1に拡大したが、社員権	

参(法) (11・20)	浜四津 敏子 (公明)	・や株式の本質に反しないのか。無議決権普通株は価値がわかりにくく、投資家を害さないか。 ・強制転換条項付株式の必要性、要件、事由と条件の決定者は。 ・新株予約権の定義と新株引受権との定義について。新株引受権は本来株主権の内容であり、対価関係さえ合理的であれば崩していいとするのは暴走を招かないか。新株引受権の公正価格が不明確である。お手盛りの危険があり、少なくとも大量発行には特別決議を要するものとすべきではないか。譲渡制限会社においては不要ではないか。 ・株式市場が低迷しているなか、ストック・オプション制度はほとんど使われないのではないか。 ・税制はどうなっており、どう変わるのか。 ・これまでの転換社債はなくなるのか。 ・会社関係書類電子化のメリットと対象。電子投票制度のねらい。本人性の確認。デジタルデバイド問題。電磁化書類が改ざんされた場合の法的効果。たとえば、議決権行使の有効性などに影響はないか。
参(法) (11・20)	井上哲士 (共産)	・自己株式取得は平成9年ストック・オプション議員立法まで制限的だったが、その理由は。資本充実や株主平等の根幹に関わるものを平成9年に拙速で導入し、学者の反対声明を招いている。この声明は妥当と考えるが、いかがか。 ・今改正は証券市場の公正や経営監視について十分手当てしているのか。わが国では、株主が報酬水準や業績との関係をチェックできる仕組みがなく、付与者名は非公表で、付与数にも制限がない。上記の点と矛盾するのではないか。付与に制限がないと政治家等への不正献金の抜け穴にならないか。 ・経営監督機能の強化は平成9年以来行われていない。当時の問題を解決することなく、逆に改悪と思われる自己株取得にあわせて一層の規制緩和だけを前倒しにするのは、順序が逆であり、政策的な整合性に欠けるのではないか。 ・労働省のストック・オプションの賃金性に関する見解は。ストック・オプション付与に伴って定期昇給をストップしたり賞与の減額を行うなど、会社による負担軽減の手段に利用されるおそれがあるといわれているが、賃金ではないという労働省の通達は、その後どのように運用されているか。把握と対応の強化が必要でないのか。 ・計算書類のインターネット公開については、今までなぜ実施率が低かったのか。中小企業では負担が大きかったからではないのか。中小企業で公開をすれば、取引先から単価引下げ等に悪用される可能性があり、よい効果を生まない。喫緊の課題は大企業の公開なのではないか。
参(法) (11・20)	福島瑞穂 (社民)	・公正価格、有利条件の意義と判断方法。ブラックショールズの式は本当に正確な予測が可能なのか。どの程度妥当と考えて立法されたのか。現実に利用可能なのか。式以外のファクターも加味されるのか、それは誰が行うのか。それを取締役がやるとすれば、やはり問題があるのではないか。悪用への歯止めはあるのか。差止めは使いにくいし、他の制限は撤廃

		・されているのだから、せめて株主総会決議事項とすべきではないか。監査緩和のために弁護士や監査法人に付与するなども問題なので、有利発行が必要となる事由について細かく開示が必要ではないのか。 ・経営管理体制の整備について。 ・ストック・オプションについて労働省と国税庁で見解が異なっているのはなぜか。混乱は解消されるのか。日本法人は売却時課税繰延べ、外国法人は行使時課税という不均衡は解消されるのか。現実に賃金に代替しているという実態把握は行われているか。法制審では問題とならなかったのか。労働省との協議が必要ではないのか。 ・小規模会社のBS公告制度は、本来もっときちんとすべきだったのではないか。 ・議決権の電磁的行使における株主のなりすまし防止策は。会社の顧客名簿流出が続くなか、自主対応でなく法的手当てが必要でないか。 ・デジタルデバイドについて。
参(法) (11・20)	平野貞夫 (自由)	・カタカナ法律の改正予定は。 ・商法改正と不良債権処理との関係。 ・議決権制限株式の発行限度拡大は公的資金再注入の準備ではないのか。
参(法) (11・20)	柏村武昭 (無)	・IT社会に対応した民事・商事に関する法体系の整備についての法務省の取組みは。 ・株式関係改正は経済界の要望を受けて前倒し改正されているが、スケジュールの概要は。将来的にはネット株主総会導入まで検討されているのか。 ・デジタルデバイド、改ざん問題への対応は。株主保護について各国ではどのような工夫がされているか。わが国の民事・商事法の電子化の実情は。
参(法) (11・20)	井上哲士 (共産)	・反対討論

〈両議院とも参考人質問はなし〉

●平成13年商法改正(議員立法)「商法及び株式会社の監査等に関する商法の特例に関する法律の一部を改正する法律」(監査役制度・株主代表訴訟制度関係)
平成13年12月12日公布(平成13年法律第149号)

第153回国会		11·27	11·28	12·4
議員	太田誠一	○	○	○
議員	長勢甚遠	○	○	
議員	保岡興治	○	○	○
議員	谷口隆義	○	○	○
議員	小池百合子	○		
法務大臣	森山眞弓	○	○	○
法務副大臣	横内正明	○	○	
法務省民事局長	山崎 潮	○	○	
法務委員会専門員	横田猛雄	○		
最高裁判所事務総局民事局長兼行政局長	千葉勝美		○	○
修正案提出者	佐々木秀典			○
修正案提出者	山内 功			○
修正案提出者	漆原良夫			○
法務大臣政務官	中川義雄			○
常任委員会専門員	加藤一宇			○

会議名 (審議日)	質問者 (所属政党)	質問内容	備考
衆(法) (平13 11・27)	太田誠一 (自民)	・趣旨説明	
衆(法) (11・27)	佐々木 秀典 (民主)	・修正案趣旨説明	
衆(法) (11・27)	田村憲久 (自民)	・取締役の責任軽減について株主総会の特別決議を要求しているが、もともとの自民党案では普通決議だった。これを与党間の調整で特別決議とした。他方で、定款授権に基づく取締役会決議による責任軽減が提案されているが、その理由・趣旨は何か。 ・責任軽減の導入は必要だとしても、責任軽減制度の導入は放漫経営、無責任経営につながるのではないか。反対に、責任軽減の要件として善意無重過失を要求しているのは、利用しにくさをつくり出すのではないか。 ・社外取締役の責任限定契約の必要性は。社外監査役の場合はどうか。 ・監査役の取締役会出席の義務化、意見陳述権の明確化の意図は何か。	
衆(法) (11・27)	漆原良夫 (公明)	・商法266条5項（責任免除に関して株主全員の同意を要求）と株主代表訴訟は、表裏一体の関係であると解されるが、今回の法律案で導入される責任軽減制度は、3分の1に満たない株主や100分の3に満たない株主が株主代表訴訟を起こせなくするようにも思われるが、その点はどうか。 ・少数株主には何か配慮されているか。 ・責任減免のための決議に際して「責任を免除すべき理由」の開示をさせるが、それはどういう内容か。取締役会決議による責任軽減の場合は、「特に必要あると認むるとき」とされているが、それはどのような場合か。	
衆(法) (11・27)	平岡秀夫 (民主)	・商法という基本的な法律について、法律の専門家である法制審を通さずに、議員立法で行うことは疑問である。今回の改正法案と法制審とはどういう関係があったか。 ・今回の改正案で監査役の機能強化が行われるが、法制審では取締役会の独立性の強化を行い、その場合には監査役制度は不必要となるとの中間報告がなされているが、整合性はあるのか。 ・株主代表訴訟の原告適格について、与党案での改正提案が修正案により現行制度（6カ月保有要件のみ）に戻されるが、その理由は何か。 ・責任追及訴訟の訴訟上の和解制度の整備は馴合い訴訟を誘発しないか。訴訟上の和解については、株主にも通知公告するというような制度設計が望ましいのではないか。 ・株主代表訴訟に対する会社の訴訟参加を中立的に行わせるべ	

		・きであり、独立当事者参加や会社に証拠保全や証拠開示の義務をかけるなどの工夫が必要ではないか。 ・株式移転により株主代表訴訟の原告適格が消滅するというような運用では悪用が考えられるが、それへの対策は何かないか。 ・監査役の取締役会の出席義務に違反する場合とはどのような場合か。違反した場合にはどのような効果が発生するか。 ・A会社の取締役であった者が別のB会社の監査役となった場合に、B会社がA会社の子会社となった場合には、社外監査役の要件を満たすか（就任時のみに要求されるか、就任中継続して要求されるか）。 ・取締役に責任軽減制度が必要であるとしても、業務に直接タッチしない監査役にそのような制度は必要か。	
衆(法) (11・28)	田村憲久 (自民)	・法案に対する疑問点は何か。 ・監査役の強化という議員立法の方向性と法制審の社外取締役制度の強制という方向性は矛盾しないか。責任軽減の限度額について何か意見はないか。	参考人質問
衆(法) (11・28)	平岡秀夫 (民主)	・社外取締役と社外監査役との機能面での違いは。 ・責任追及訴訟の訴訟上の和解の制度について、株主に対する通知・公告が要求されていないことをどう考えるか。 ・証拠保全・証拠開示義務をどう考えるか。	〃
衆(法) (11・28)	漆原良夫 (公明)	・取締役は会社と委任関係にあり、軽過失でも全部責任を負うのは当り前ではないか。これを軽減するのはモラルハザードそのものではないか。 ・取締役の責任の判断を裁判所の裁量により実施するのと、法律上の制度として運用するのとどちらがよいか。 ・取締役会の改革の方向性はどうか。 ・株主代表訴訟をより機能的にする必要性はないか。原告株主の訴訟資料の収集方法は改善すべきではないか。 ・会社は証拠保全、証拠開示義務を課した方がよいのではないか。	〃
衆(法) (11・28)	山田正彦 (自由)	・刑事責任が問われてから、株主代表訴訟が提起される場合が多いが、これらの事案で責任軽減がされることがあるか。 ・善意無重過失が責任軽減の要件であるが、実際に要件に該当する事例の範囲は狭いのではないか。 ・弾力的で機敏な経営判断ができるように取締役会運営を可能とするためにはどうすればよいか。 ・株主代表訴訟は濫訴気味になっているのか。	〃
衆(法) (11・28)	木島 日出夫 (共産)	・修正提案は、原案の問題点を解決したと考えるか、根本的な問題は残っているのか。 ・定款授権に基づく取締役会による責任限定は、当初20分の1の少数株主に異議申立権を認めるとしていたのが100分の3となったが、これによって異議申立権は機能するようになるのか。 ・株主総会で責任限定を決定する場合には、株主総会で当該取	〃

		・締役の行為が重過失か軽過失かを判断しなければならないが、そんなことができるのか。 ・自民党の法案に対する日弁連意見書では、補助参加の利益が判断されない形での会社の被告側への補助参加や、監査役の考慮期間の伸張に対して反対しているが、どう考えるか。	
衆(法) (11・28)	植田至紀 (社民)	・法制審のまとめた中間試案の方向性と今回の議員立法の方向性が整合していないところがあるようだが、法制審での審議を待てないほどに、取締役の責任限定制度の導入や監査役の権限強化を急ぐ緊急性があるのか。 ・今回の法案は、前提として、株主代表訴訟の現状を濫用であると捉えることからスタートしているが、そのような事実はあるのか。むしろ濫用防止という名目の陰で不純な動機があるのではないか。 ・社外監査役を過半数としなければならないのではないか。	参考人質問
衆(法) (11・28)	植田至紀 (社民)	・議員立法と法制審の立法が並行し、かつ両者に整合性がないようだが、問題はないか。そこまで今回の法案の緊急性があるか。 ・監査役の独立性は強化されるが、実態として独立性は不十分ではないか。社長の親戚などが務めることができるが、実効性が上がらないのではないか。 ・現時点までの商法改正では、監査役の独立性が強化され続けているが、実効性を上げていないように思われる。その点をどう評価しているか。独立して発言する土壌がないことに問題があるとすれば、今回の改正だけでは十分に機能しないのではないか。 ・取締役会のスリム化をしようとする現在の状況と、今回の監査役の人員の拡充は逆行するのではないか。 ・監査役制度が十分に機能していない段階で、責任限定を会社の判断に任せるのは時期尚早ではないか。裁判所の判断に任せてもよいのではないか。 ・責任限定に関して、過失の程度を株主総会が判断するのは現実的ではなく、裁判所で判断させる方がよいのではないか。 ・今回の法案提出の背景には、株主代表訴訟が濫用されているという現状認識があるが、それは妥当か。現状でも担保提供制度が機能して、濫用的な者を排除しているとすれば、今回の改正の必要性は乏しいのではないか。	
衆(法) (11・28)	松本剛明 (民主)	・この法案は、責任限定、監査役制度の強化、株主代表訴訟の合理化と三本立てになっているが、何が最も重要か。 ・経営者サイドからの要望を受けた法案提出のように思われるが、そのような認識でよいか。 ・責任限定で、取締役の萎縮を防止できると同時に取締役の意識を低下させる危険性があるか、この点は大丈夫か。責任限度額は将来的には1年が妥当と考えているのか。 ・責任限定後の退職慰労金の支給については制度が用意されているが、報酬には用意されていない。この点は不十分ではないか。	

		・D&O保険が存在することからは、この立法でも取締役の経営に対する意識が薄らぐことになるのではないか。 ・具体的に責任限定を定款授権で行う場合、どのように定款に記載すればよいか。 ・今後取締役会による責任限定がなされることが多いと考えられるが、異議申立権の持分要件はこの程度でよいか。むしろ、この制度は社外取締役に限定して利用できるとすべきではないか。 ・監査役の任期が伸張したことにどのような意義があるか。 ・現状の株主代表訴訟が濫訴かどうかという認識は、コーポレート・ガバナンスの改革をどのように行うか、ということによると思われるが、今後の見通しは。 ・監査役の機能強化は対症療法的であるが、むしろ抜本的な改革が必要ではないか。	
衆(法) (11・28)	樋高　剛 (自由)	・本改正によるコーポレート・ガバナンス改善の見通しは。 ・株式の持合いの解消について法務省の考えは。株式買取機構についてどう考えるか。 ・閣法ではなく、なぜ議員立法か。 ・取締役の責任軽減制度の導入は放漫経営につながらないか。 ・定款授権に基づく取締役会による責任限定、責任限定契約の締結の必要性は何か。 ・監査役制度の強化（取締役会への出席義務、任期の伸張）する一方で、横滑り監査役の対処がないように思うがどうか。監査役の独立性が実際にどのようになっているか。立法後は検証が必要ではないか。 ・今回の改正で取締役会と株主総会の関係は変化するか。	
衆(法) (11・28)	木島 日出夫 (共産)	・法改正をして取締役の責任軽減制度を導入する必要性はあるか。株主代表訴訟が多く提起され、請求額が多額であることから、経営陣が萎縮しているというが、そのような状況が現在あるのか。 ・株主代表訴訟の8割が閉鎖会社に関するものであり、上場企業では、実際株主代表訴訟の係属数が多いとはいえ、経営者を萎縮させる効果をもつとはいえないのではないか。 ・責任軽減を株主総会で決定する場合に、軽過失かどうかなどの微妙な判断を実際にできるか。 ・株式交換・株式移転による株主代表訴訟の原告適格の喪失に関する手当てがされていないのは、法の欠陥ではないか。	
衆(法) (11・28)	瀬古 由起子 (共産)	・反対討論	
衆(法) (11・28)	植田至紀 (社民)	・反対討論	
参(法) (12・4)	太田誠一 (自民)	・趣旨説明	

参(法) (12・4)	佐々木 秀典 (民主)	・修正案趣旨説明	
参(法) (12・4)	小川敏夫 (民主)	・取締役の損害賠償責任を軽減する際に、軽減決定の合理性をどう担保するのか。 ・株主代表訴訟の係属中に会社の責任軽減決定がされた場合、原告被告のどちらが責任軽減を主張するのか。 ・株主総会決議で責任軽減を決定する場合に、当該決議に瑕疵があることを原告株主が立証しなければならないとすれば、過度な負担ではないか。 ・責任軽減の限度額算定において、ストック・オプションの権利行使により得た利益も報酬として考慮されるが、権利行使していない場合はどのように扱われるのか。 ・取締役の不正行為を防止するような制度設計は検討されているか。 ・社外取締役・社外監査役の社外要件は緩すぎないか。 ・社債償還が不能となったマイカルの事件を例にして、社債管理会社の利益相反の場合の義務規定を強化すべきではないか。 ・大成損保の破たんを例にして、経営判断のミスの場合には会社の損害額が多額になるが、それと比較すると、責任限度額は軽すぎないか。	
参(法) (12・4)	浜四津 敏子 (公明)	・公開会社は誰のものか。会社の経営・管理のあり方はどうあるべきか。 ・取締役会の形骸化の状況において、活性化させる有効な方策はないか。 ・定款変更によって、責任軽減の決定が取締役会に授権される場合には、身内によるお手盛りとなるのではないか。 ・公明党案では、責任軽減決定を取締役会に授権するべきではないとしたが、その点はどう考慮されたか。 ・責任軽減ができる責任を善意無重過失のものに限定しているが、その理由は、経営のプロでない取締役が多いという認識があるのか。 ・株主代表訴訟について、監査役の考慮期間を30日から60日に伸長した理由や必要性は何か。 ・取締役の責任限度額は報酬を基準にすると、表面上の報酬額を圧縮するなど、濫用が考えられないか。 ・担保提供制度だけで濫訴防止としては十分ではないか。	
参(法) (12・4)	井上哲士 (共産)	・株主代表訴訟の制限、取締役の責任制限だけを先行して立法化するのではなく、中間試案と併せて全体的な商法の見直しのなかで議論をすべきではないか。 ・株主オンブズマンの活動のなかで、株主代表訴訟が一定の役割を果たしているが、その役割を果たすことを減退させないか。 ・株主代表訴訟が何をもって濫訴とされ、株主代表訴訟が多発し、取締役が萎縮するとは何を根拠とするのか。法を遵守し、	

		・情報公開の透明性を徹底すれば、取締役が萎縮する状況はないのではないか。 ・責任限度額が報酬の2年、4年、6年とされる場合に、そのような額は、D&O保険で賄なえてしまうのではないか。 ・株主代表訴訟後に責任軽減決定をすることは、裁判所の判断を株主総会・取締役会などの私人の判断で覆すことになるのではないか。 ・株式持合い状態の下では、結局、取締役の身内の論理でお手盛りとなるのではないか。 ・株式交換など持株会社への移行で、株主代表訴訟が却下される状況を鑑みると、多重代表訴訟を導入すべきではないか。	
参(法) (12・4)	福島瑞穂 (社民)	・法務省が進める法制作業と今回の議員立法の関係はどうか。 ・監査役制度の強化は、社外取締役による監査委員会を導入しようとする法務省の法制作業と整合しないのではないか。 ・取締役の責任限度額を報酬を基準にする場合には、報酬の開示制度を充実するべきではないか。 ・善意無重過失が責任軽減の要件となっているが、過失か軽過失か無過失の立証は微妙であるが、現実に対応可能か。 ・取締役会決議で取締役の責任軽減を決定する場合に、異議申立権が少数株主権となっているのは、株主代表訴訟の弱体化につながるのではないか。	
参(法) (12・4)	平野貞夫 (自由)	・今回の改正は、拙速ではないか。 ・株式会社システムのアメリカ化は、マネー投機だけになってしまわないか。	
参(法) (12・4)	井上哲士 (共産)	・反対討論(本案・修正案とも)	

〈衆議院における参考人質問(11月28日)〉
　東京大学大学院法学政治学研究科教授　　岩原紳作
　日本弁護士連合会司法制度調査会委員　　本渡　章

〈参議院における参考人質問はなし〉

● 平成14年商法改正「商法等の一部を改正する法律」(株式・機関・計算関係)
　平成14年5月29日公布(平成14年法律第44号)

第154回国会		4.12	4.16	4.19	4.25	5.7	5.21
法務大臣	森山眞弓	○	○	○	○		○
法務副大臣	横内正明	○	○	○	○		○
法務大臣政務官	下村博文	○	○	○	○		○
法務省民事局長	房村精一	○	○	○	○		○
法務委員会専門員	横田猛雄	○	○	○			
金融庁総務企画局審議官	佐藤隆文		○				
財務省大臣官房審議官	石井道遠		○				
中小企業庁次官	小脇一朗		○				
内閣府副大臣	村田吉隆				○		
経済産業大臣政務官	下地幹郎				○		
常任委員会専門員	加藤一宇				○	○	○
司法制度改革推進本部事務局長	山崎　潮				○		
法務大臣官房司法法制部長	寺田逸郎				○		
法務省刑事局長	古田佑紀				○		
国税庁次長	福田　進				○		
会計検査院事務総局第一局長	石野秀世				○		
内閣官房内閣参事官	井上　進						○
法務省人権擁護局長	吉戒修一						○
法務省入国管理局長	中尾　巧						○
外務大臣官房長	北島信一						○
外務大臣官房審議官	佐藤重和						○
外務大臣官房参事官	森元誠二						○
外務省総合外交政策局国際社会協力部長	高橋恒一						○
厚生労働省政策統括官	石本宏昭						○

第1部 商法（会社法）改正関連国会質問・出席者等一覧　1099

会議名 (審議日)	質問者 (所属政党)	質　問　内　容	備考
衆(本) (平14 4・2)	森山真弓 (法相)	・趣旨説明	
衆(本) (4・2)	山村　健 (民主)	・委員会等設置会社はアメリカ型のシステムであるが、なぜ単純にアメリカをまねるのか。 ・委員会等設置会社と監査役設置会社との選択制は、一国二制度の中途半端なものとなるのではないか。 ・大企業を念頭に置いた法律案であるように思われるが、中小企業や勤労者に対応する政策をどう考えているか。 ・現物出資等の財産価格の証明制度について証明を行う「弁護士等」の「等」とは誰か。	
衆(法) (4・09)	森山真弓 (法相)	・趣旨説明	
衆(法) (4・12)	加藤公一 (民主)	・企業の不祥事を防止するということは今回の法律案では考慮されたか。監査委員会が企業不祥事の防止に役立つとするが、機関設計の選択制のなかで、それが役立つか。 ・取締役会の決定に賛成したものをみなし行為者とする規定が委員会等設置会社にないのはなぜか。 ・株主総会の議決権行使に関して、電磁的投票を導入する際になりすましや二重行使の問題への対処がなされているか。 ・たとえば、労使交渉について執行役が交渉の場に着くことになるが、その者に全権が委任されているかはどうわかるか。取締役会の決定を待たなければならないのか。 ・計算関係規定を省令委任するのはなぜか。 ・立法作業として、商法を準用する農業協同組合、信用金庫等がそれぞれ管轄官庁の省令で計算規定を設けるとすれば、整合性がとりにくくなるのではないか。	
衆(法) (4・12)	中村哲治 (民主)	・監査委員を務める取締役は、その旨を示して株主総会で選任されるべきではないか。 ・監査委員の監査は自己監査とならないか。 ・監査委員取締役の任期が1年は短すぎないか。 ・監査委員会と監査役を併存させてもよいのではないか。 ・執行役兼務取締役を認めた理由は何か。 ・米国の制度を参考にしたとされるが、エンロン事件の教訓などは活かしているか。 ・株主代表訴訟係属中に株式移転・株式交換が行われた場合に、原告適格が喪失してしまうとの判例は不合理ではないか。法整備の必要があるのではないか。 ・今後の改正について。	
衆(法) (4・12)	植田至紀 (社民)	・なぜ、ここ数年商法改正が多発するのか。 ・環境変化や時代の要請などを超えて、一貫して変わらない会社法の理念や保護法益はあるか、あるとすればそれは何か。	

		・委員会等設置会社の監査委員会の監査は自己監査となるのではないか。エンロン事件を考えると、アメリカの制度にならった委員会等設置会社は監査の仕組みが弱くなるかと心配だが大丈夫か。検証し、何か日本法で対処しているか。
衆(法) (4・12)	西村真吾 (自由)	・委員会等設置会社の制度を設ける具体的な理由・背景は何か。 ・報酬委員会だけを設けようとすると、他の二委員会もあわせて設置しなければならないのは、会社の負担とならないか。 ・委員会等設置会社において執行役に委任できない事項が多々あるように思われるが、なぜ多いのか。 ・委員会等設置会社の執行役と執行役員はどう異なるのか。 ・委員会等設置会社の取締役の任期が1年なのはなぜか。 ・委員会等設置会社について、利益処分を取締役会決議事項としなければならない理由は何か。移行したいというニーズは実際にはどれくらいあるか。 ・既存の外国会社が国内の営業所を廃止する手続は何か。
衆(法) (4・12)	松島 みどり (自民)	・計算規定を省令委任する場合、中小企業の計算はどうなるか、上場企業とは別個の基準を設定してもらえるか。 ・インターネット公告が平成13年改正で認められ、中小企業も決算公告をしやすくなったはずであるが、ホームページアドレスの登記に3万円がかかるのでは義務を遵守しにくい。さらに周知徹底がなされていないのではないか。法務省は何か対策をしているのか。 ・委員会等設置会社と監査役設置会社とをイコール・フッティングにしなければ制度間競争が適正に行われないのではないか。
衆(法) (4・12)	漆原良夫 (公明)	・取締役・監査役の選任に関する種類株式について、株主間契約を制度的に保障するものとされるが実務はどうなっているのか。少数株主側から取締役を出すことが目的であれば、累積投票制度で対応できないのか。議決権制限株式とは何が違うのか。この導入がなぜ譲渡制限会社に限定されているのか。 ・社債券、新株予約権証券については、なぜ株券喪失制度のようなものが設けられていないのか。
衆(法) (4・12)	木島 日出夫 (共産)	・委員会等設置会社との選択制を導入しなければならない理由は何か。 ・エンロン事件をふまえ、企業統治の仕組みを確立すべきという指摘についてどう思うか。経営陣の暴走をチェックする取締役会・株主総会が日本において機能しないのはなぜか。 ・監査機能を強め、株主代表訴訟制度を強化する必要があったのに、平成13年12月商法改正では反対の改正を行った。この点は問題ではないか。 ・ステイク・ホルダーによるチェックができるよう状況をつくり出す必要はないか。 ・委員会等設置会社と監査役設置会社との選択制は、会社法をわかりにくくするだけではないか。 ・委員会等設置会社の取締役会の機能は、監査役設置会社と異

		・委員会等設置会社で利益処分権限を取締役会権限とするのは大きな変化ではないか。また、この決定に関与する取締役から監査委員が選ばれているとなれば、自己監査になり監査が不徹底となるのではないか。	
衆(法) (4・16)	左藤　章 （自民）	・従来型の監査役設置会社、重要財産委員会を置いた会社、委員会等設置会社、それぞれの長所と短所は何か。 ・委員会等設置会社にはどれくらいの会社が移行するか。 ・取締役協会などが社外取締役の人材バンクを設けるようだが、学者などは社外取締役にふさわしいか。 ・委員会等設置会社の監査委員会は機能するのか。 ・委員会設置会社の監査委員会は自己監査とならないか。組合代表が監査委員を務めるというアイデアをどう思うか。 ・株主総会の特別決議の定足数要件の緩和について、労働組合などはもう少しハードルが高い方がよいと考えているか。	参考人質問
衆(法) (4・16)	佐々木 秀典 （民主）	・コーポレート・ガバナンスの観点からは、企業が破たんしたときに一番迷惑を被る従業員が発言できるというシステムをつくる方がよいと思うが、どうか。 ・大企業の機関構造について、選択制をすることによる弊害はないか。 ・委員会等設置会社の監査委員会の監査の質が低下しないよう運用で行うのではなくて、何か強制を義務づけるようなことが考えられないか。 ・委員会等設置会社が普及しないだろうという見込みについて、要因は何か。	〃
衆(法) (4・16)	石井啓一 （公明）	・中間試案に対する経団連意見書では、委員会等設置会社の導入には反対であると表明していたが、今回の導入に関してどのように評価しているか。 ・委員会等設置会社の導入に際して重要な位置づけをもつ社外取締役の独立性を担保するために人選などでは何を配慮すればよいか。 ・エンロン事件はアメリカの監督・監査方式が万能ではないことを示すと思われるが、そこから学ぶものは。	〃
衆(法) (4・16)	西村真吾 （自由）	・機関構成の選択肢を広げたとするが、そうであれば、監査役設置会社でも、指名・報酬委員会、執行役などの設置を認めたりすることも考えられるのではないか、そうなっていないのは、理論上もしくは実務上の配慮によるものか。 ・委員会等設置会社において、利益処分が取締役の権限とされているが、自己監査が問題となるなかで取締役の専制とならないか。 ・監査の独立性を担保するのであれば、監査役と監査委員会を併存するということも考えられるのか。 ・三委員会のうち、報酬委員会のみを設けるなどの実務ニーズはあるか。監査役は残し、指名報酬委員会を設けるなどの実務ニーズはあるか。 ・どの程度の会社が委員会等設置会社に移行するか。	〃

		・監査委員会に組合代表を入れた場合には、委員会等設置会社の取締役会には、組合代表がいることになり、利益処分の決定の際に、株主利益と従業員利益が対立する局面(配当かベースアップか)が生じるように思うが、その点は問題とならないか。	
衆(法)(4・16)	木島日出夫(共産)	・ここ10年続出する企業不祥事の原因は何か。商法などの組織法上の観点と、企業の実態の観点から意見はあるか。 ・企業不祥事の原因が監視のプレッシャーの弱さだとすれば、株主総会の機能強化を考えるべきではないか。委員会等設置会社において利益処分権限を株主総会から取締役会に移すという判断は、それと逆行しないか。 ・現在の企業不祥事の多発を考えれば、経営チェック機能の強化があげられるべきだが、今回の改正法は、経営効率性を重視するもので、チェック機能の弱体化にならないか。 ・委員会等設置会社の監査委員会が自己監査になっているという指摘はそのとおりであり、監査の独立性を保障するようなシステムを考えるべきではないか。	参考人質問
衆(法)(4・16)	植田至紀(社民)	・委員会等設置会社では委員会の権限が強く、取締役会自体は形骸化し、監査機能は弱体化しているのではないか。 ・委員会に属さない取締役は、どのような義務と責任を負うことになるのか。負担がかなり軽くなるのではないか。 ・社外取締役が社内の情報を十分に掌握できるか。 ・監査委員は、監査役に比して違法行為を事前に抑止するということに効果が低いように思うが、どうか。 ・労働組合にとって、労使協議が企業統治に関与する手段であり、それで十分とも考えられていたが、なぜそれがうまく働かず、現在の企業不祥事の多発を防げなかったか。	〃
衆(法)(4・16)	塩崎恭久(自民)	・委員会等設置会社、監査役設置会社の選択制というが、両者はイコール・フッティングになっていないのではないか。今後、平等な選択肢となるように改正するのか。 ・投資ビークルに対する不動産現物出資時に譲渡益の課税を繰延べするというような政策を実行しなければ、市場の成長が期待できないが、なぜこれが実行できないのか。 ・パートナーシップ法制が整備されれば、パススルー課税が導入できるのか。今後、改正スケジュールにのるか。	
衆(法)(4・16)	漆原良夫(公明)	・重要財産委員会を設置することは、社外取締役を1名以上選任することが要件となっているが、これが社外取締役による監督の強化を意図しているのであれば、重要財産委員会のメンバーとすることが強制されていないのはなぜか。 ・重要財産委員会の決定事項が取締役会の決定事項のすべてとなされていないのはなぜか。 ・なぜ重要財産委員会のメンバーを登記する必要があるのか。 ・株券喪失登録制度について、喪失者へのなりすましなど悪用の危険性はないのか。株券喪失の証明は何が必要か。	
		・アメリカの制度をまねて委員会等設置会社を導入しようとし	

衆(法) (4・16)	山田敏雄 (民主)	・ているが、経費の割には実効性が上がらないのではないか。 ・法制審会社法部会に、現場の中小企業の声を届くようにすべきではないか。	
衆(法) (4・16)	山内 功 (民主)	・今なぜコーポレート・ガバナンスが議論されているのか。効率性、実効性、国際競争力の確保を掲げると、株主総会の形骸化につながるのではないか。 ・譲渡制限会社について、株主総会の招集通知の発送期間を1週間前に定款で短縮することを認めるのは、形骸化につながるのではないか。 ・株主総会の書面投票、電磁的投票を認める一方で、取締役会には認めないが、機動性の確保からすれば取締役会決議の迅速化の方が重要ではないか。 ・株主提案権の行使期限の繰上げは、株主に負担とならないか。 ・株主総会の特別決議の定足数要件の緩和により、株主利益の不当な侵害がなされるのではないか。緩和の目的が議決権を行使する株主が少ないという問題であるならば、行使しうるように改善するのが筋ではないか。特別決議の定足数要件の緩和を、大規模上場会社に限定しようとは議論されていないのか。 ・資本金が1億円以上の会社において、会計監査人を置くことができるとした意図は。 ・頻繁な商法改正による変更の周知徹底をどう図るか。	
衆(法) (4・19)	日野市朗 (民主)	・強行法に基づく組織づくりをしてきたのに、委員会等設置会社との選択制を導入することは、どちらが適切かということを判断できない自信のなさの表れでないか。 ・委員会等設置会社を導入する基礎が日本にあるのか。むしろ、アメリカ経済からの要望ではないか。 ・エンロン事件のような問題に対する対策は。倫理観に期待するだけでなく制度的な担保が必要ではないか。 ・経営陣からの監査委員会の独立性をどう担保するか。 ・委員会等設置会社において利益処分が株主総会権限から取締役会権限に移行しているが、それは株主の利益からみれば問題ではないか。	
衆(法) (4・19)	西村真吾 (自由)	・現物出資の検査役調査の免除について、弁護士等の専門家の証明がある場合にも拡充しようとしているが、裁判所による検査役選任・調査が使い勝手が悪いのであれば、そちらの廃止を含めて改革すべきではないか。 ・税理士による財産価格の証明が可能とされたが、検査役には税理士はなることができないのは問題ではないか。 ・顧問弁護士・顧問税理士が現物出資価格の証明をすることができるが、これは公正さの観点から問題がないか。 ・大会社につき、連結計算書類の作成を義務づけるが、証券取引法の適用がない会社については、過度な負担となるのではないか。何か措置は講じないのか。	
		・社外取締役の要件から、なぜ親会社の役職員を排除しなかったのか。	

衆(法) (4・19)	木島 日出夫 (共産)	・委員会等設置会社につき、社外取締役が三委員会を兼任できるとすれば、2名の社外取締役を置くだけで足りるが、それでは経営陣の暴走を止めることはできないのではないか。何か法的な担保を用意しないのか。 ・法案では、違法配当と利益相反取引に関する責任について、過失責任とし責任を軽減しているようにみえるが、なぜか。権限が強化されたら責任も強化されるべきではないか。 ・株主総会特別決議の定足数を下げることを可能とするのは問題ではないか。 ・所在不明株主の株式売却制度について、5年間所在不明であった株主が株式売却代金を請求するとは思えず、結局会社が時効取得することになるが、会社の便宜のために株主が自身の財産を会社にとられるというのは、荒すぎないか。	
衆(法) (4・19)	植田至紀 (社民)	・委員会等設置会社か監査役設置会社かの選択肢以外に、監査役と委員会を置くというモデルがあってもよかったのではないか。 ・委員会等設置会社では、監査委員が非常勤で独任制がないが、監査機能が弱体化しないか。 ・社外取締役の要件について何か資格を要求すべきではないか。役員との人的関係の有無が要件には反映されていないが、それでは不十分ではないか。 ・社外取締役の会社の情報へのアクセスはどのように保障されるか。法的な配慮が必要ではないか。 ・委員会等設置会社について、三委員会以外に任意の委員会を設置できるか。 ・監査委員会は全員社外取締役とする方がよいのではないか。 ・重要財産委員会の権限の範囲は、もう少し自由度をもって会社に選択させることを考察してもよかったのではないか。 ・委員会等設置会社にあっては、執行役と取締役の兼任を認めるべきではなかったのではないか。 ・企業経営の公正さの確保の観点からは、従業員の経営参画などが検討されるべきではないか。	
衆(法) (4・19)	中林 よし子 (共産)	・反対討論	
参(法) (4・23)	森山真弓 (法相)	・趣旨説明	
参(法) (4・25)	柏村武昭 (自民)	・委員会等設置会社の制度を設けることとした理由・背景は。 ・三委員会と執行役がセットで導入されることの意義は。 ・監査委員(会)と監査役の違いは。 ・委員会等設置会社では、取締役の報酬は報酬委員会が決定するがお手盛りの危険はないか。 ・社外取締役としてふさわしい人材は誰か。取締役の知人や親戚などがそれにつく可能性があるが、対策はあるか。 ・平成13年12月商法改正で監査役の機能が強化されたが、今回と委員会等設置会社制度の導入と何らかの関係はあるか。委	

第1部　商法（会社法）改正関連国会質問・出席者等一覧　1105

		・員会等設置会社に誘導するようなことは考えているか。 ・株主総会の招集手続の簡素化と合理化を行った理由は何か。招集通知の発送から株主総会開催までの期間が短縮された場合に、株主の利益を害さないか。 ・取締役等の選解任に関する種類株式を導入した理由は。 ・株券失効制度の導入により株主の利益が害されないか。 ・連結計算書類の大会社への義務化の意義は。 ・衆院の法務委員会で、「計算関係規定を省令で規定する際には、証券取引法に基づく会計規定等の適用がない中小企業に対して過重な負担を課すことの内容、必要な処置を執ること」という附帯決議がなされたが、法務省としてはこの点にどのように取り組むつもりか。 ・商事法体系に関して、今後整備する課題は。	
参（法） （4・25）	小川敏夫 （民主）	・今回の商法改正は、今までの商法改正の流れのなかでどのように位置づけられるのか。今回の改正は、経営の効率化に主眼があるように思われるが、株主・債権者、従業員の保護、不正防止の観点からは取り組んでいないのか。 ・今後、株式の無券化、公告の電子化、会社法制の現代化を行うということだが、その見通しは。小規模な株式会社をどうするかという点について、検討をしているか。 ・今回の改正で商法の会計原則を証券取引法に合わせるとしたときに、中小企業について変更があるのか。 ・大企業中心の改正ではなく、中小企業に視点をあてた改正をしていくことが重要ではないか。 ・商法改正に際し、関係団体などからのさまざまな要望に対して当局はどのように吸収するのか。 ・委員会等設置会社制度の導入は、実務界から要望が本当にあったのか。どれほどの会社が導入する見通しか。 ・社外取締役の社外性・独立性の要件は緩すぎないか。 ・所在不明株主の株式の失効制度について、所在不明株主がもつ代金請求権が時効消滅した場合には、国庫に帰属させるというような方策がよいのではないか。株式であれば時効消滅しないのに、会社が売却することにより結果的に会社が利得することにならないか。	
参（法） （4・25）	井上哲士 （共産）	・アメリカ型の企業統治システムを委員会等設置会社として導入するわけだが、アメリカでもエンロン事件のような問題が生じる。その点をふまえて、日本で導入する際には何か問題発生を封じるような手立てをしたか。 ・制度的に、インサイダー取引など証券取引法違反を犯した者は、大規模会社の取締役になれないなどの要件設定をすべきではないか。 ・委員会等設置会社の社外取締役は各委員会の過半数とされているだけだが、それで足りるか。	
参（法） （4・25）	平野貞夫 （自由）	・商法改正を段階的に何度か実施すると、技術的になり、理念的なものが抜ける危険性はないか。商法が経済構造改革の基盤になる法制度であるだけに問題を感じるが、どうか。	

		・法務大臣の諮問が出てから実質3カ月ぐらいで中間試案が出て、最終答申案がそれから10カ月で法案が作成されたわけだが、どのようなメンバーでどのような議論がされたか。 ・企業の社会的役割などを商法中に規定を設けてはどうか。 ・中間試案では、大企業について社外取締役1名を義務づけようとしたが、それが断念されたのは問題ではないか。 ・株主総会特別決議の定足数の要件緩和は、コーポレート・ガバナンスの確保という方向性に逆行するのではないか。	
参(法) (4・25)	福島瑞穂 (社民)	・社外取締役の義務化について、ニューヨーク証券取引所では2名の社外取締役を置かねばならず、韓国でも資産規模2兆ウォン以上の上場会社に取締役の半数を社外取締役とするという改正が行われたが、諸外国にできてなぜ日本でできないのか。 ・委員会等設置会社の三委員会は基本的に取締役会のメンバーによって構成されているから、独立性を担保するのは難しいのではないか。 ・報酬委員会の報酬決定の妥当性の担保は、どのように達成されるか。 ・委員会等設置会社では、委員会の半数以上が社外取締役とされているが、それでは、取締役会全体では社外取締役が少数派にすぎないという状況をつくり出すが、それへの対策は何かあるか。 ・社外取締役の選任あるいは独立性の担保について何か配慮されているか。 ・親会社の役員が子会社の社外取締役となりうるのは問題ではないか。コーポレート・ガバナンスが確保されるのではなく、系列が強化されるだけではないか。 ・社外取締役候補者の養成や研修について何か考えているか。 ・委員会等設置会社の監査委員会では自己監査とならないか。 ・委員会等設置会社を導入しても、状況的には変化しない面があるのではないか。 ・衆議院法務委員会の附帯決議に「委員会等設置会社制度の運用にあたっては、社外監視機能が充分発揮されるよう、社外取締役要件等の周知徹底を図ること」とあるが、法務省としてこれをどう達成するか。	
参(法) (5・7)	柏村武昭 (自民)	・社外取締役に就任されている経験から、実際に外部から企業を監督してみた感想は。 ・日本経済を回復させるために法制度面で必要なことは何か。 ・度重なる商法改正で経済効率が追究されているが、株主の権利保護の面で心配なことはないか。 ・バーチャル役員会、インターネットを活用した株主総会などの導入ついてどう思うか。 ・企業のコンプライアンス、企業会計に関する情報開示に対して、弁護士が果たすべき役割は何か。	参考人質問
参(法) (5・7)	小川敏夫 (民主)	・義理人情を重んじる日本的な風土を考えると、社長に指名された社外取締役が批判できないようにも思う。委員会等設置	〃

		・会社は実際上機能の面で実効性がないのではないか。 ・社外取締役の要件は、社外性の観点からは緩いのではないか。 ・株主総会の形骸化を防止し実質化する方策はないか。	
参(法) (5・7)	浜四津 敏子 (公明)	・機関構成の選択型を導入することで、監査役設置会社と委員会等設置会社が切磋琢磨し、活性化し改革が図られるというが、本当にそのような状況が生まれるのか。 ・大企業は委員会等設置会社に一本化するべきという意見があるが、どうするのか。 ・エンロン事件の発生原因は何で、そのような事態を防止する方策は何か。 ・顧問弁護士と社外取締役とを兼任することは妥当か。	参考人質問
参(法) (5・7)	井上哲士 (共産)	・委員会等設置会社はアメリカの仕組みを取り入れるとされるが、アメリカと日本の法制、社会の背景や仕組みの違いは何か。 ・委員会等設置会社では、自己監査や常勤者の不在により監査の質が低下するのではないか。 ・株主利益とともに、ステイク・ホルダーの関与、利害への配慮がコーポレート・ガバナンスには重要ではないか。 ・企業の社会的責任を法で規定するということについて、法制審ではどのように議論されているか。	〃
参(法) (5・7)	福島瑞穂 (社民)	・中間試案では大会社につき社外取締役を1名義務づけるとされていたが、法案では義務づけられなかった点についてどう考えるか。 ・社外取締役の要件については、引き続き議論するべきではないか。 ・執行役の任期が1年であることをどう思うか。30〜40代の人が執行役に就くことができるか。 ・エンロン事件をもとに、アメリカで不正行為を行った企業の最高経営責任者を上場企業の幹部にすることを禁止したり、イギリスでは取締役の資格剥奪制度などがあるが、同様な対応は日本でも必要ではないか。 ・労働組合のコーポレート・ガバナンスについてどう思うか。 ・社外取締役の養成・研修をどうしていくべきか。 ・所在不明株主の株式売却制度は、株主の財産権を侵害するものではないか。	〃
参(法) (5・21)	小川敏夫 (民主)	・議決権制限株式については、議決権のない株式は発行済株式の2分の1までという制限があるが、役員の選任に関する種類株式はそのような制限がない。合理的に運用される保障はあるか。 ・所在不明株主の株式売却制度について、5年間招集通知が不到達であった場合には、その株式が売却されてしまうが、単に不到達であることを要件とするではなく、会社に住所の調査義務を課してはどうか。事務処理上の都合で、株主の財産物が変更されるのは行き過ぎではないか。 ・株券失効制度について、株主名簿の管理を担当する従業員が、所在不明株主について、なりすましをするなどして株式を横	

		領するような危険性はないか。とりわけ、上場株式が株券で流通している段階では、証券会社の買受証明などが株主であることの証明となるが、それには株券の記番号などはなく、なりすましの危険は多いのではないか。 ・株主総会における電磁的な議決権行使についてはなりすましの危険性があるのではないか。 ・委員会等設置会社の監査委員会監査は自己監査ではないか。 ・委員会等設置会社がコーポレート・ガバナンスにつき実効的に運用できるような方策はあるか。 ・情報開示、株主総会の実質化に向けた対策はないか。 ・今後のコーポレート・ガバナンスに関する改正の方向性は。
参(法) (5・21)	浜四津 敏子 (公明)	・委員会等設置会社の取締役会の権限は、監査役設置会社の取締会からどのような変更がされたか。 ・委員会等設置会社の取締役は過失責任とされたが、すべての会社についてそうすべきではないか。 ・議決権制限株式と取締役等の選任に関する種類株式の異同は何か。なぜ監査役にも選任に関する種類株式を認めたか。法律案222条2項6号で規定があるのに、同条7項で別個に定める必要があるか。 ・端株主、単元未満株主の株式買増し制度は、今回の法律案で自己株式の放出につき新株発行規制をかけようとしていることと矛盾しないか。 ・外国会社の営業所設置義務を撤廃することは、相互主義の観点から問題ではないか。 ・所在不明株主の株式を売却する際に、当該株主に売却の通知を行うが、それは到達するはずがないので無駄ではないか。 ・所在不明株主の株式売却制度は、会社の判断で、株主の財産を処分することになり、行き過ぎではないかという意見があるがどうか。 ・今後の改正の課題について。
参(法) (5・21)	井上哲士 (共産)	・委員会等設置会社制度の導入に関して、アメリカ型と日本型の企業統治システムの競争というが、アメリカ型の前提に、企業内部のコンプライアンスの仕組みがあり、ディスクロージャー制度を前提とした会計監査に課する仕組みがあるとすれば、そういったところを手当しないで一部だけ取り入れるというのでは、政策的整合性を欠くのではないか。 ・株主以外のステイク・ホルダーが会社の経営を監視する仕組みや発想が必要ではないか。 ・企業の社会的責任に関して会社法で規定すべきではないか。 ・社外取締役として親会社の役員でも可能とされるが、それでは監査が骨抜きとならないか。 ・委員会設置会社の監査委員は、独任制ではなく、常勤者も要求されていないが、それでは監査の質が低下しないか。監査委員の独立性を担保することや監査委員への報告事項の明定などは省令でなされるか。 ・従来型の監査役についても事務局体制の強化などを義務づけることは考慮されているか。

		・取締役の権限が強化されるのであれば、業務執行を担当する役員については、責任軽減ではなく、責任強化するべきでは。 ・株式移転・株式交換による株主代表訴訟の原告適格の消滅へ何らかの対処をすべきでは。	
参(法) (5・21)	平野貞夫 (自由)	・不良企業の存在は、制度の欠陥というよりも経営陣や株主の意識の問題があるのではないか。 ・委員会等設置会社と従来型の監査役設置会社との選択制は、理念としてはわかるが、制度が違うものを選択するということは、社会全体からみればわかりにくいものとなっているのではないか。 ・中間試案で示された、大会社につき、社外取締役の1名の設置義務化は、よい考えであったが、なぜ導入できなかったか。 ・人材難という理由は「逃げ」ではないか。	
参(法) (5・21)	福島瑞穂 (社民)	・委員会等設置会社において、監査委員会による監査は、監査委員が取締役から選ばれるだけに自己監査とならないか。	
参(法) (5・21)	井上哲士 (共産)	・反対討論	

〈衆議院における参考人質問（4月16日）〉
　東京大学大学院法学政治学研究科教授　　江頭憲治郎
　経済団体連合会経済法規委員会・経済法規専門部会長　　西川元啓
　日本監査役協会専務理事　　高橋弘幸
　日本労働組合総連合会総合政策局長　　成川秀明

〈参議院における参考人質問（5月7日）〉
　東京大学大学院法学政治学研究科教授　　岩原紳作
　株式会社UFJ総合研究所理事長・多摩大学学長　　中谷　巖
　日本弁護士連合会司法制度調査会商事経済部会部会長　　本渡　章

●平成15年商法改正（議員立法）「商法及び株式会社の監査等に関する商法の特例に関する法律の一部を改正する法律」（自己株式関係）
平成15年7月30日公布（平成15年法律第132号）

第156回国会		6.27	7.1	7.17
衆議院議員（提案者）	太田誠一	○	○	○
衆議院議員（提案者）	塩崎恭久	○	○	○
衆議院議員（提案者）	石井啓一	○	○	○
衆議院議員（提案者）	金子善次郎	○	○	○
内閣府副大臣	伊藤達也	○	○	
法務大臣政務官	中野　清	○	○	○
金融庁総務企画局審議官	大久保良夫	○	○	
金融庁証券取引等監視委員会事務局長	新原芳明	○	○	
法務省民事局長	房村精一	○	○	
法務委員会専門員	横田猛雄	○		
衆議院議員（提案者）	保岡興治		○	○
衆議院議員（提案者）	森山眞弓		○	○
法務副大臣	増田敏男			○
最高裁判所事務総局総務局長	中山隆夫			○
最高裁判所事務総局家庭局長	山崎　恒			○
常任委員会専門員	加藤一宇			○
司法制度改革推進本部事務局長	山崎　潮			○
警察庁刑事事務局	栗本英雄			○
金融庁総務企画局長	藤原　隆			○
総務省自治行政局長	畠中誠二郎			○
法務大臣官房長	大林　宏			○
法務大臣官房司法法制部長	寺田逸郎			○
法務省刑事局長	樋渡利秋			○
法務省矯正局長	横田尤孝			○
法務省人権擁護局長	吉戒修一			○
厚生労働大臣官房審議官	阿曽沼慎司			○
厚生労働省健康局国立病院部長	冨岡　悟			○
厚生労働省社会・援護局障害保健福祉部長	上田　茂			○

会議名 (審議日)	質問者 (所属政党)	質問内容	備考
衆(法) (平15 6・25)	塩崎恭久 (自民)	・趣旨説明	
衆(法) (6・27)	松本剛明 (民主)	・平成13年改正による金庫株解禁の目的について。 ・本改正法案は、株主総会が形骸化するなかでガバナンスを強化しようとする近時の議論から逆行するものではないか。 ・近時の自己株式取得の実務をみる限り、規制緩和を求める実務ニーズはないのではないか。 ・自己株式取得規制緩和に伴う弊害についての実証研究が不十分ではないか。 ・自己株式取得にかかる日米の証券市場規制に差異はあるのか。日本の方が規制が緩いのではないか。また、日本の証券市場規制の監視体制にも問題があるのではないか。	
衆(法) (6・27)	山花郁夫 (民主)	・本改正案と平成13年6月改正との関係。13年6月改正法の評価。 ・本改正案の目的の一つである株価急変への対処というのは、具体的にどのようなケースを想定しているのか。 ・証券市場規制の監視体制に問題があるのではないか。	
衆(法) (6・27)	石原健太郎 (自由)	・本改正が実現すると、株式市場全体の信頼性が損なわれるのではないか。 ・自己株式取得が行われると、その分、利益配当が減るであろうから、株主にとって不利ではないか。	
衆(法) (6・27)	木島日出夫 (共産)	・現在の自己株式授権枠のうち、実際に自己株式が取得されたのは5分の1程度であるから、現行制度で株価対策は十分なのではないか。 ・会社が自己株式を取得する時点での情報開示が不十分では。 ・インサイダー取引や相場操縦の危険が大きくなるのでは。	
衆(法) (6・27)	保坂展人 (社民)	・自己株式取得を取締役会決議の決定に委ねる法制は、海外でどのくらいあるのか。自己株式取得の利益処分としての性質からすると、株主総会決議を要求すべきではないか。 ・中間配当財源の見直しは、なぜ必要なのか。	
衆(法) (7・1)	五十嵐文彦 (民主)	・自己株式取得には、株式持合と同様の問題があるのでは。 ・政府による株価維持(いわゆるPKO)は行われているのか。 ・日本版SECなど厳格な証券市場規制が不可欠ではないか。 ・株価対策については、自己株式取得規制の緩和以外の別の方法で行うべきではないか。	
衆(法) (7・1)	石原健太郎 (自由)	・今回の改正目的の一つに敵対的買収防衛があげられているが、本当に有効な買収防衛策になりえるのか。 ・今回の改正目的の一つに、株価急変時の影響の緩和があげられているが、具体的にどのようなケースを想定しているのか、また、株価が急変しても、株価というのはそのようなもので	

		あるから仕方がないのではないか。	
衆(法) (7·1)	木島 日出夫 (共産)	・会社が自己株式を取得する時点でのディスクロージャーが不十分ではないか。 ・インサイダー取引の危険が大きくなるのではないか。	
衆(法) (7·1)	保坂展人 (社民)	・中間配当財源の見直しは、なぜ必要なのか。	
参(法) (7·17)	魚住 裕一郎 (公明)	・趣旨説明	
参(法) (7·17)	鈴木 寛 (民主)	・あえて議員立法の形をとることの意味。 ・平成13年改正法の評価。定時株主総会不要化の目的。 ・会社の業績が悪化すれば株価が低下して、そのことが経営者の交代を促すと考えられるが、株価対策としての自己株式取得を認めてしまうと、そうした経営者交代のメカニズムの機能が弱まるのではないか。 ・インサイダー取引や株価操作の危険はやはり大きいのではないか。そうした危険にどのように対処するのか。	
参(法) (7·17)	井上哲士 (共産)	・最近の商法改正は継ぎはぎだらけのパッチワークであり、弊害の検証が十分でないという批判について、どのように考えるか。今回の中間配当限度額の計算方法の見直しも、継ぎはぎ的な拙速な改正の下での不備が現れた結果ではないか。 ・アメリカではストック・オプションの見直しが進んでいるが、それについてどのように考えるか。 ・本改正案は、株主平等原則に反するものではないか。 ・インサイダー取引の危険が大きくなるのではないか。 ・平成13年改正により、債権者保護が大きく後退しているのでは。 ・最低資本金制度の見直しが進んでいるようであるが、それは債権者保護の点で問題がないのか。	
参(法) (7·17)	福島瑞穂 (社民)	・自己株式取得時点での株主保護はどのように図られているのか。取締役会決議に関する情報開示が不十分では。 ・現行のインサイダー取引規制は不十分であり、それを充実させてから自己株式取得規制を緩和すべきではないか。 ・今回の改正目的に、敵対的買収防衛は含まれているのか。 ・買収防衛のための自己株式取得についての取締役の責任はどのようになるのか。	
参(法) (7·22)	井上哲士 (共産)	・反対討論	
参(法) (7·22)	福島瑞穂 (社民)	・反対討論	

〈両議院とも参考人質問なし〉

●平成16年商法改正「電子公告制度の導入のための商法等の一部を改正する法律」（電子公告関係）
平成16年6月9日公布（平成16年法律第87号）

第159回国会		4・20	5・26
法務大臣	野沢太三	○	○
法務副大臣	実川幸夫	○	○
法務大臣政務官	中野　清	○	○
常任委員会専門員	加藤一宇	○	
法務省民事局長	房村精一	○	○
最高裁判所事務総局総務局長	中山隆夫		○
警察庁長官官房審議官	米村敏郎		○
警察庁刑事局組織犯罪対策部長	知念良博		○
金融庁総務企画局審議官	中江公人		○
金融庁総務企画局参事官	西原政雄		○
法務省刑事局長	樋渡利秋		○
外務省大臣官房参事官	長嶺安政		○
法務委員会専門員	横田猛雄		○

会議名 (審議日)	質問者 (所属政党)	質問内容	備考
参(法) (平16 4・15)	野沢太三 (法相)	・趣旨説明	
参(法) (4・20)	吉田博美 (自民)	・電子公告を認めることとした背景と意義。電子公告を実施するための手続。 ・調査機関による調査。 ・電子公告を行った場合に個別催告の省略を認めた理由。 ・諸外国における現状について。	
参(法) (4・20)	樋口俊一 (民主)	・インターネット普及率に鑑みて法改正の妥当性はあるか。 ・電子公告の中断による債権者等への悪影響について。中断を認める期間は10分の1で妥当か。 ・電子公告制度は情報享受の簡便性を損なうのではないか。 ・中小企業において、電子公告制度はメリットが少ないのではないか。 ・制度導入の周知方法。 ・調査機関の登録要件。調査機関に対する天下りの可能性。	
参(法) (4・20)	木庭 健太郎 (公明)	・諸外国においてなぜ電子公告がまだ導入されていないのか。 ・調査機関による調査方法などについて、法務省令はどのような定めを置くつもりか。	
参(法) (4・20)	井上哲士 (共産)	・電子公告制度を導入可能と判断した理由。 ・なぜ調査機能を国が担わないのか。十分な監督能力を確保できるのか。 ・株主代表訴訟制度の検討状況について。	
衆(法) (5・26)	野沢太三 (法相)	・趣旨説明	
衆(法) (5・28)	塩崎恭久 (自民)	・電子公告実施時の債権者保護手続における個別催告の必要性。	
衆(法) (5・28)	漆原良夫 (公明)	・訴え提起における公告義務の一部撤廃の理由と妥当性。 ・社債管理会社が弁済を受けた場合の通知公告義務の撤廃の理由。 ・電子公告の中断が生じた際の救済措置。	
衆(法) (5・28)	山内 おさむ (民主)	・電子公告において調査会社は本当に必要なのか。調査会社の義務。電子公示期間中の調査会社の変更。	
衆(法) (5・28)	永田寿康 (民主)	・電子公告調査機関に対する監督のあり方。 ・複数の公示方法をとった場合に、両者が齟齬をきたした場合の法的効果。 ・電子公告を紙で印刷できるよう強制すべきではないか。	

衆(法) (5・28)	本多平直 (民主)	・諸外国における電子公告の状況。 ・電子公告を導入する理由と技術的困難の克服方法。 ・調査機関による調査は、6〜8時間おきで足りるのか。 ・なぜ調査機関を公的機関が担わないのか。	
衆(法) (5・28)	松野信夫 (民主)	・法務省による電子公告情報リンク集の提供。 ・法務局による定款の電子データ保存は可能か。 ・公告手段としての官報の有効性とあり方。 ・セキュリティの杜撰な公告は重過失ありとなるか。	

〈両議院とも参考人質問はなし〉

● 平成16年商法改正「株式等の取引に係る決済の合理化を図るための社債等の振替に関する法律等の一部を改正する法律」
平成16年6月9日公布（平成16年法律第88号）

第159回国会		4・23	4・27	5・11	5・14	5・25	5・27	6・1
議員	五十嵐文彦	○						
議員	津村啓介	○						
財務大臣	谷垣禎一	○	○	○	○			
金融担当大臣	竹中平蔵	○	○	○		○	○	○
内閣府副大臣	伊藤達也	○	○	○		○	○	○
財務副大臣	山本有二	○		○	○			
財務大臣政務官	七条明	○	○	○	○			
内閣府政策統括官	小平信因	○						
金融庁検査局長	佐藤隆文						○	○
法務省民事局長	房村精一	○						
財務省理財局長	牧野治郎	○						
日本銀行理事	白川方明	○						
財務金融委員会専門員	鈴木健次郎	○	○	○	○			
内閣府大臣官房審議官	田口義明		○					
金融庁総務企画局長	増井喜一郎		○	○	○		○	○
財務省国際局長	渡辺博史		○					
国税庁次長	村上喜堂		○					
日本銀行総裁	福井俊彦		○					
厚生労働副大臣	森英介				○			
総務大臣政務官	小西理				○			
人事官	小澤治文				○			
人事院事務総局職員福祉局長	関戸秀明				○			
総務省行政管理局長	松田隆利				○			
総務省自治行政局公務員部長	須田和博				○			
財務省主計局次長	杉本和行				○			
常任委員会専門員	石田祐幸					○	○	○
金融庁監督局長	五味廣文						○	○
財務副大臣	石井啓一							○
国家公務員倫理審査会事務局長	平野由美子							○
内閣府国民生活局長	永谷安賢							○
警察庁刑事局長	栗本英雄							○

		4・23	4・27	5・11	5・14	5・25	5・27	6・1
文部科学大臣官房審議官	金森越哉							○
厚生労働大臣官房総括審議官	井口直樹							○
厚生労働省医政局長	岩尾總一郎							○
厚生労働省職業安定局長	青木　功							○
厚生労働省保険局長	辻　哲夫							○
社会保険庁次長	小林和弘							○

会議名 (審議日)	質問者 (所属政党)	質　問　内　容	備考
衆(財) (平16 4・23)	竹中平蔵	・趣旨説明	
衆(財) (5・11)	佐々木 憲昭 (共産)	・株のペーパーレス化は、体力のあるところとないところで格差が生まれないか。個々および全体の金融機関で導入のための設備投資はどの程度必要なのか。 ・国債のペーパーレス化は数百億の設備投資が必要で、中小証券会社は国債業種の取止めが続出している。株式について、数十億、全体で500億程度の負担が必要とされているが、負担が重い中小証券の事業機会を奪うのではないか。 ・過大記載があった場合の消却義務の不履行の場合、どのような処理がなされるのか。縮減するという問題はクリアされていないのではないか。5月14日財務金融委員会にて増井政府参考人より、答弁の訂正あり。	
衆(財) (5・11)	大門 実紀史 (共産)	・反対討論	
参(本) (5・21)	竹中平蔵	・趣旨説明	
参(本) (5・21)	大塚耕平 (民主)	・日本の証券決済システムのうち国債の振替決済機関について、2年前の証券決済制度関係法成立により、一定の要件を満たす株式会社または日本銀行とされた。将来は株式会社に移行するということになるか。	
参(財) (5・25)	竹中平蔵	・趣旨説明	
参(財) (5・27)	続　訓弘 (公明)	・株券ペーパーレス化法案について、一般の個人投資家にとっては本法案によりどのようなメリットがあるのか。株式発行会社、証券会社等の市場参加者および個人投資家のそれぞれについて具体的に説明してほしい。 ・本法案の施行によって、家計の預貯金が証券投資に向かうことが期待できるのか。今後、どのような証券インフラ整備をしていく必要があるのか。	
参(財) (6・1)	大門 実紀史 (共産)	・反対討論	

※商法改正と関係ないと思われる質問は割愛した。

第1部　商法（会社法）改正関連国会質問・出席者等一覧

●平成17年会社法制定「会社法」平成17年7月26日公布（平成17年法律第86号）

第162回国会		4・19	4・20 衆法	4・20 衆連	4・26	5・10	5・13	5・17	5・19	6・7	6・9 参法	6・9 参連	6・14	6・16	6・23	6・28
法務大臣	南野知恵子	○		○	○	○	○	○	○		○	○	○	○	○	○
法務副大臣	滝　実	○		○	○	○	○	○	○		○	○	○	○	○	○
財務副大臣	田野瀬良太郎	○		○	○	○	○									
経済産業副大臣	小此木八郎	○		○	○	○	○	○	○				○			
法務大臣政務官	富田茂之	○	○	○	○	○	○	○	○		○	○	○	○	○	○
法務省民事局長	寺田逸郎	○		○	○	○	○	○	○		○	○	○	○	○	○
財務省大臣官房審議官	有吉　章	○			○											
財務省大臣官房審議官	加藤治彦	○				○		○								
財務省大臣官房審議官	佐々木豊成					○			○		○	○	○	○		
国税庁課税部長	竹田正樹	○				○							○	○		
経済産業省大臣官房審議官	舟木　隆	○		○	○	○	○	○	○		○	○	○			
経済産業省大臣官房審議官	桑山信也	○						○					○			
法務委員会専門員	小菅修一	○	○	○	○	○	○	○								
財務大臣	谷垣禎一				○							○				
経済産業大臣	中川昭一				○							○				
金融担当大臣	伊藤達也				○							○				
内閣府副大臣	七条　明				○	○	○	○		○		○		○		
内閣府副大臣	西川公也				○											
財務大臣政務官	倉田雅年				○		○									
経済産業大臣政務官	平田耕一				○											
金融庁総務企画局長	増井喜一郎				○		○					○				
金融庁監督局長	佐藤隆文				○											

		4·19	4·20衆法	4·20衆連	4·26	5·10	5·13	5·17	5·19	6·7	6·9参法	6·9参連	6·14	6·16	6·23	6·28
財務金融委員会専門員	鈴木健次郎		○													
経済産業委員会専門員	熊谷得志		○													
厚生労働副大臣	衛藤晟一				○											
経済産業副大臣	保坂三蔵				○	○										
経済産業大臣政務官	山本明彦				○											
最高裁判所事務総局総務局長	園尾隆司				○											
公正取引委員会事務総局経済取引局長	伊藤章二				○											
金融庁総務企画局総括審議官	三國谷勝範				○											
金融庁総務企画局審議官	振角秀行				○	○	○		○				○	○	○	○
法務省大臣官房審議官	蒲原正義				○											
法務省刑事局長	大林 宏				○	○		○								
中小企業庁事業環境部長	鈴木正徳				○	○			○	○				○		
金融庁総務企画局審議官	鈴木勝康					○	○		○	○	○				○	○
国税庁次長	村上喜堂					○										
文部科学省大臣官房審議官	泉紳一郎					○										
経済産業省大臣官房審議官	寺坂信昭					○					○	○				
内閣府大臣官房審議官	中藤 泉						○									
法務省入国管理局長	三浦正晴						○									
金融庁総務企画局参事官	大藤俊行							○						○		
財務大臣政務官	段本幸男								○	○						

第1部　商法（会社法）改正関連国会質問・出席者等一覧

		4·19	4·20衆法	4·20衆連	4·26	5·10	5·13	5·17	5·19	6·7	6·9参法	6·9参連	6·14	6·16	6·23	6·28
常任委員会専門員	田中英明								○	○	○	○	○	○	○	○
金融庁総務企画局審議官	厚木　進								○	○						
厚生労働省政策統括官	太田俊明								○							
議員	田村憲久								○							
議員	津川祥吾								○							
議員	伴野　豊								○							
議員	松野信夫								○							
議員	山内おさむ								○							
公正取引委員会事務総局官房審議官	小島愛之助										○					
総務省自治税務局長	板倉敏和										○					
財務副大臣	上田　勇												○	○		
常任委員会専門員	藤澤　進												○			
常任委員会専門員	世木義之												○			
内閣官房内閣審議官	中城吉郎												○			
証券取引等監視委員会次長	木村元昭													○		
法務大臣官房司法法制部長	倉吉　敬													○		
会計検査院事務総局第一局長	諸澤治郎													○		
内閣官房内閣参事官	小風　茂														○	
国土交通省土地・水資源局次長	日尾野興一														○	

会議名 (審議日)	質問者 (所属政党)	質問内容	備考
衆(本) (平17 4・7)	南野 知恵子 (法相)	・趣旨説明	
衆(本) (4・7)	井上信治 (自民)	・会社法の改正理念について。 ・株主等ステーク・ホルダーの真の利益と企業価値の維持向上のために、経営者などの関係者の行為は監督強化すべきと考えるが、何が改正されたのか。 ・敵対的買収への対応はどうなっているか。外資系による買収は増加しないか。	
衆(本) (4・7)	村越祐民 (民主)	・買収防衛策等の導入に伴い、経営者にフリーハンドを与えすぎていないか。 ・具体的なLBO規制を考えているか。 ・最低資本金排除について、経産相は、起業後の資金調達も含めて考えた場合にどの程度効果があったと考えているか。法相は、方針転換をどう説明するか。 ・会計参与は税理士が担うと考えられるが、職責充足のための対処について蔵相はどう考えるか。 ・郵政民営化後のふさわしい会社形態について、国務大臣は何と考えるか。	
衆(本) (4・7)	谷口隆義 (公明)	・小規模事業者の立場に立った改正はなされているか。有限会社制度の改善点はどこか。有限会社の移行に伴う新たな負担はないか。 ・合同会社には、エンロンにおけるような悪用の可能性はないか。合同会社の連結の範囲についての整備状況。 ・企業買収と防衛策についてはどこが変わったのか。 ・社会的な責任についての配慮が欠けているのではないか。	
衆(本) (4・7)	佐々木 憲昭 (共産)	・不祥事が頻発しているため、社会的責任に応えるコンプライアンス強化が必要。会社法はそれに対応しているか。 ・分配権限、過失責任化、株主代表訴訟などについての経営陣の権限強化により会社犯罪は増加しないか。 ・企業結合法制を整備し親会社の責任強化をすべきでは。 ・新しい会社類型は大会社の課税回避に用いられないか。 ・営利目的の会社による献金は目的外行為ではないか。	
衆(法) (4・8)	南野 知恵子 (法相)	・趣旨説明	
衆(法) (4・15)	平沢勝栄 (自民)	・会社は誰のものか。企業価値とは何なのか。これらの問題は会社法のなかではどう位置づけられているか。 ・ライブドアによる立会外取引での株式大量取得は適法であったのか。あらかじめ取引相手方と示し合わせた場合はどうか。証券取引等監視委員会はこのような場合に調査を行うのか。	

第1部　商法（会社法）改正関連国会質問・出席者等一覧　1123

		・M&A・敵対的買収・直接投資残高はどれくらい増加したか。合併対価の柔軟化に対する反応はどうか。買収防衛策に関するガイドラインはいつ頃、どの程度のものが出るのか。企業防衛策が無能な経営者を守ることに使われないか。	
衆（法） (4・15)	松島 みどり （自民）	・「使用人」という用語は適切か。 ・事業の承継において相続税の評価が高すぎるのではないか。 ・会計参与に対する行政処分・罰則等の責任制度の内容。会計参与としての活動に問題があった場合に、税理士法に基づく処分を受けるのか。会計参与制度の採用の見通し。会計参与設置の有無が金融上も有利になるような基準をつくるべきではないか。 ・最低資本金制度撤廃により、少額で起業した場合、失業保険の給付は継続すべきではないか。	
衆（法） (4・15)	早川忠孝 （自民）	・会社法制定の意義。法案提出の背景と経緯。 ・会社の種類についてどのような見直しが行われているか。有限会社と株式会社を一体化する必要性。いわゆる1円起業制度の利用状況。今後の起業促進の方策。最低資本金制度廃止後の債権者保護に対する配慮は。 ・株式会社の運営形態について、どのような見直しが行われたか。公開会社と非公開会社の区分。上場会社ではどのように機関が設計されるのか。 ・ライブドアがニッポン放送の株式を取得するという行為は、会社法上は特に問題とはならないのか。 ・取引先の機関設計を知る方法。登記情報のインターネットによる提供制度の内容と費用。登記事項変更への対応の進捗状況。会社の財務情報の取得について、公告との何らかの連動はあるか。 ・会計帳簿の記載の正確性に対する改正法での手当ては。罰則等のペナルティはあるのか。普及のための配慮。会計帳簿関係の義務規定の施行はいつ頃か。現行法ではどうなっているか。 ・株主代表訴訟制度について、どのような見直しがあったか。 ・特別清算制度の見直し。会社整理制度廃止の理由。 ・LLC・LLPの税制上の取扱い。	
衆（法） (4・15)	谷口隆義 （公明）	・今回の会社法案は債権者保護の観点が中心か、投資家保護か。 ・資本充実原則見直しの内容とその考え方。 ・数種の株式を発行している場合に、法定種類株主総会の決議が必要な場合を限定しているのは、株主平等原則と比較してどう考えるのか。会社法全体を通して、株主平等原則をどう考えるのか。 ・改正案は、中小企業の企業行動にどのような期待をしているのか。合同会社が合名・合資会社に組織変更できる趣旨は。会社類型間の変更の要件は。 ・合同会社において、必ずしも出資割合に比例せずに利益分配を行うことができるのか。合同会社を非連結化することで、粉飾等の不正が可能ではないか。これに応じた会計原則の変	

		・更が必要では。合同会社の悪用例と法的対応。 ・現物配当として分配可能な財産の種類と分配額の評価基準。簿価で配当可能というのは、問題があるのではないか。 ・会計参与制度の目的・利用拡大のポイント。 ・会社法案は、合併対価の柔軟化等に鑑みると、外国企業が日本企業を買収しやすくなった法案といえるか。そのような買収の可能性についてどう考えているか。	
衆(法) (4・15)	吉野正芳 (自民)	・会社は社会のなかでどのような役割をもっているのか。株式会社の使い勝手のよさは、どのあたりに特徴があるのか。 ・会計参与制度によって、中小企業や会計参与自身にどのようなメリットがあるか。会計参与の責任・利用拡大の方策。中小企業向け会計基準についての検討状況は。	
衆(法) (4・15)	柴山昌彦 (自民)	・合同会社類型に対するニーズ。LLP法が成立したにもかかわらず、新類型は必要なのか。各会社類型の仕組み、社員の地位の譲渡性、社債の発行可能性。人的会社で一人会社を認めるのは、社団性に反しないか。債権者を害する事態は発生しないか。LLPでは一人組合は認められるか。LLCとLLPの登記の違い。 ・商号規制に関する商法19条・20条を削除するのはなぜか。同一商号の使用に関して簡易迅速な紛争解決のための工夫が必要では。パソコン等によるシステム化について考えはあるか。強制的な事前通知制度を導入するという考えはないか。 ・最低資本金制度廃止によって、法人格の濫用が増えるのではないか。簡便な排除策が必要ではないか。事後設立における検査役制度廃止の趣旨は。 ・機関制度を柔軟化した場合、これまで同様の債権者保護は可能か。譲渡制限会社で取締役会を不要とすることは妥当か。取締役会非設置会社で監査役会を設置できないのはなぜか。社外取締役の設置義務を拡大すべきではないか。 ・監査役への計算書類提出期限を株主総会開催日と連動させる規定が廃止された場合、監査役が監査のための時間を十分にとれないのではないか。 ・閉鎖会社の取締役の任期を10年とするのは、休眠会社の規定が現行5年となっているのと比べると、合理性はあるのか。取締役会の書面決議は、一定の事項に限るべきでは。 ・取締役の責任の内容。資本充実に関する責任の過失責任化。会計監査人の責任を一部免除できるというのはおかしいのではないか。株主代表訴訟の濫用に対して、訴権濫用による却下や担保提供命令だけで対応できるのか。 ・譲渡制限会社において、株式の相続人から会社が株式を取得できるようにした規定の趣旨。不適切な株式分割に対する規制は。 ・三角合併に対する諸外国での取扱い。敵対的買収を促進する効果があるのではないか。取締役解任決議の可決要件が下がったことで、経営陣の交代が容易になったのでは。 ・対日投資促進の施策。日本企業は不当に低く評価されているのではないか。今回の会社法でどのような買収防衛策がとら	

		・れているか。過剰防衛に対するチェックは。 ・従業員やステイク・ホルダーの保護について。	
衆(法) (4・19)	鈴木康友 (民主)	・有限会社と株式会社とを統合する理由。 ・最低資本金の廃止と債権者保護への影響の有無。 ・決算公告の履行を確保する方法。 ・最低資本金廃止の是非について。	
衆(法) (4・19)	伴野　豊 (民主)	・会社法における社員概念は一般の理解と異なるのではないか。一般人が読んでわからないのでは。 ・会社法案における理念は。 ・商法の会計制度も連結中心にすべきではないか。 ・国益を損なうM&Aの防止策について。	
衆(法) (4・19)	津川祥吾 (民主)	・ライブドア事件の和解と証券市場のあり方について。 ・特例法による最低資本金撤廃の経済効果。最低資本金制度の廃止とペーパー・カンパニー対策。最低資本金制度に関する方針転換の理由。	
衆(法) (4・19)	加藤公一 (民主)	・商号規制の緩和によって、最低資本金制度撤廃と相まって、悪用の危険が高まるのではないか。商号規制の範囲を全国に広めるべきではないか。	
衆(法) (4・19)	奥田　建 (民主)	・有限会社と株式会社の統合の目的。有限会社に対する経過措置と移行の問題。 ・休眠会社の整理について。 ・最低資本金制度撤廃の趣旨。最低資本金制度撤廃と優遇税制との関係。	
衆(法) (4・19)	樽井良和 (民主)	・最低資本金撤廃による低資本金会社への融資等は行われるのか。 ・最低資本金撤廃による法人格の濫用・形骸化に対する対処。 ・国際的買収におけるルールの調和化について。 ・ワンストップ式の登記所をつくるべきではないか。	
衆(法) (4・20)	早川忠孝 (自民)	・会社法の改正に際してコーポレート・ガバナンスで後退している面（取締役会の書面決議等）があるのでは。 ・株主代表訴訟についても後退したとの危惧をもっているが、参考人の認識は。 ・有限会社法制と株式会社法制の一体化について、どのような問題があるか。	参考人質問
衆(法) (4・20)	柴山昌彦 (自民)	・本改正は、M&Aにおける企業防衛につき一定の法制度を用意した。実際の運用上、これが過剰防衛、経営者の保身なのか、その必要性について裁判所以外に判断機関があるか。社外取締役か、定款や株主総会の特別決議か、あるいは地域社会を含めたパネルなのか。 ・スクイーズ・アウト導入についての意見を問う。 ・ボードの同意を得られない場合に買収を一定期間凍結できる制度の導入可能性はないのか。 ・黄金株は劇薬か。	〃

		・多重代表訴訟については、株式交換等の導入時点で検討しておくべきではなかったか。	
衆(法) (4・20)	江田康幸 (民主)	・有限会社と株式会社の一体化は中小企業に支えられたわが国産業にとって重要であるが、移行のメリット・デメリットおよび考慮事項は何か。 ・出資額の撤廃は、そもそも融資が出資を参考に行われてこなかった実態、新規産業創出を顧慮して妥当とは思われるが、弊害はないのか。 ・合併対価の柔軟化で、外国による買収は増えないか。どのように対処すべきか。	参考人質問
衆(法) (4・20)	松野信夫 (民主)	・敵対的買収を和解で終わらせることの当否について。 ・株主代表訴訟の会社法案847条2号はあいまいであり、削除すべきではないか。	〃
衆(法) (4・20)	辻　恵 (民主)	・企業結合法制の欠落と今後の課題についてどう考えるか。 ・健全な株式会社をつくるためのSECの拡充等の課題についてどう考えるか。 ・敵対的買収等における経営者の使い勝手の向上は、株主を経営者が選ぶことにつながらないか。ステイク・ホルダーの利益はどのように調整するのか。産業政策や福祉政策で別個顧慮するのか。	〃
衆(連) (4・20)	山内 おさむ (民主)	・企業におけるコンプライアンス体制をどう確保するのか。 ・株主代表訴訟を制限する規定の妥当性。 ・コーポレート・ガバナンスにおける社外取締役の役割。	
衆(連) (4・20)	松島 みどり (自民)	・「使用人」という用語は適切か。 ・大会社における内部統制システムの構築。 ・グループ企業による支え合いの妥当性。 ・企業の社会的責任について。	
衆(連) (4・20)	谷口隆義 (公明)	・現物配当と分配可能額計算。 ・法施行後の現存有限会社の地位。 ・違法配当における取締役の責任。 ・会社は誰のものか。	
衆(連) (4・20)	佐々木 憲昭 (共産)	・グループ企業に対する企業法制のあり方。結合企業法制を検討するか否か。 ・クラスアクション・ディスカバリー等を導入しない理由。	
衆(連) (4・20)	近藤洋介 (民主)	・会社は誰のものか。 ・敵対的買収について。 ・社外取締役・社外監査役の第三者性。	
衆(連) (4・20)	村越祐民 (民主)	・最低資本金制度を廃止した場合、問題は発生しないのか。 ・機関設計の選択肢増加に関する広報活動について。 ・LBO規制の可否。 ・敵対的買収への対抗策の濫用のチェック方法。 ・郵政民営化に対する会社法改正の影響。 ・会計参与制度普及のための方策。	

		・完全子会社に対する完全親会社株主の監督権限。 ・株主総会の招集場所を不当に遠方にした場合の処置。	
衆(法) (4・26)	松島 みどり (自民)	・最低資本金1,000万円とされたときの資本金の減少は可能か。 ・有限会社の名称は新会社法成立後も使用できるか。有限会社から株式会社への移行手続はどうなるのか。 ・取締役の欠格事由から破産者がなくなったことは、再挑戦を可能とするためか。 ・株式譲渡制限会社の取締役の任期を10年まで伸長することは、登録免許税などの負担軽減の趣旨か。 ・同一商号の禁止の廃止により、会社の設立申請手続の迅速化はどの程度図れるのか。 ・新創業融資や設立申請手続に関して、一本化して相談できる窓口を中小企業庁等で各地域に設置できないか。	
衆(法) (4・26)	柴山昌彦 (自民)	・株主代表訴訟の提訴制限は妥当か。 ・親会社株主または親会社監査役の子会社取締役の違法行為差止権、子会社の募集株式発行差止権を新設すべきでは。 ・株主総会の招集地選定が恣意的に行われることへの対策をどう図るか。 ・会計監査人の責任は職業倫理のある者の責任でもあり、社外取締役よりも厳格であるべきではないか。 ・監査役の監査権限について取締役会設置会社とそうでない会社との異同は。 ・自己株式取得の近時の緩和は、インサイダー取引の危険を増幅させないか。自己株式取得に関するインサイダー取引の防止について、証券取引法で何か新しく手当てされるか。 ・100パーセント減資の場合の株式消却手続の変更点は。 ・譲渡制限会社において、議決権制限株式の発行限度が撤廃されていることが、株主のチェック機能を弱めないか。 ・株主総会の議決権行使の基準日後の株主に対し会社が議決権行使を認めるのは、会社の恣意的な運用を招き、株主平等原則に反するのでは。 ・社債管理会社の責任に関する変更点は何か。 ・ポイズンピルや黄金株の外国での利用状況は。 ・公開買付け規制の改正状況は。 ・スクイーズ・バイアウト許容の際には、全株買取り義務を画一的に課すのではなく、例外事項を設ける必要があるのでは。 ・敵対的企業買収防衛策の導入について、東京証券取引所の「敵対的買収防衛策の導入に際しての投資者保護上の留意事項」の内容は。	
衆(法) (4・26)	漆原良夫 (公明)	・株主代表訴訟の提訴制限は、判例法上、訴権濫用、担保提供制度で対処されていたが、明文化する意図は何か。株主代表訴訟の不提訴理由通知制度について。 ・原告株主の証拠収集手段の拡充について何か検討されないか。 ・株主代表訴訟係属中に株式交換が行われた場合、合併対価が金銭である場合の原告適格の帰趨。合併無効の訴えの途中で	

		・株式交換が行われた場合の原告適格。 ・合同会社における株主代表訴訟類似の制度。 ・買収防衛策、ニレコ方式、信託方式の課税はどうなるか。 ・過剰防衛にあたらない、敵対的企業買収であるか否かの判断基準は明確化すべきではないか。	
衆(法) (4・26)	田中慶秋 (民主)	・中小企業の支援策という観点から、会社法制では何が用意されているか。	
衆(法) (4・26)	岩國哲人 (民主)	・会社法制の眼目は何か。 ・企業買収環境はどうなるか。相互持合いにプラスして、黄金株、ライツプランを入れると、過剰防衛となるのでは。 ・転換社債の発行制限を授権株式数でのみではなく、転換価格の面でも実施すべきではないか。	
衆(法) (4・26)	原口一博 (民主)	・会社法制の立法理念は何か。 ・株主の確定はどの時点で決定するのか。 ・結合企業における取締役の責任追及手段の整備の必要性があるのではないか。 ・会計基準のコンバージェンスについて。	
衆(法) (4・26)	平岡秀夫 (民主)	・合同会社が設けられた理由。合同会社に関する課税問題。 ・企業再編対価の柔軟化を1年延期する必要はないのでは。 ・株式の要件は何か。株式に含まれてはいけない権利について。	
衆(法) (4・26)	馬淵澄夫 (民主)	・東京証券取引所の「敵対的買収防衛策の導入に際しての投資者保護上の留意事項」に関する政府の見解は。 ・会社法のなかでポイズンピルが導入拡大しやすくするなか、市場の監視体制、社外取締役制度の充実化は必要ではないか。 ・株主利益を損なわない買収防衛策であれば認めるというが、そもそも株主利益とは何か。取締役会決議のみで、買収防衛策が導入または発動を決定できるのは、濫用のおそれがないか。 ・公開買付けの最短期間を伸長すべきではないか。	
衆(法) (4・26)	高山智司 (民主)	・会社は誰のものか。一義的に会社は株主のものであるとしても、株主は金融商品としてしかみていない状況の下で、法制度として株主のものであるとするのが適当か。 ・株主代表訴訟の提訴制限は必要か。 ・株主総会招集地の設定の自由化は、経営者の便宜を考えているようであるが、株主の視点からはどう評価されるか。 ・取締役の任務懈怠責任を一部免除制度は必要か。 ・中小企業の事業承継に関する法整備も行うべきではないか。	
衆(法) (5・10)	山内 おさむ (民主)	・会計参与制度の趣旨と機能。 ・中小企業会計のあり方。	

衆(法) (5·10)	辻　惠 (民主)	・先の改正で積み残した課題、特に結合企業法制の整備がまた先送りとされたのはなぜか。	
衆(法) (5·10)	加藤公一 (民主)	・全国一律で同一商号を規制する方がよいのではないか。 ・疑似外国会社規制の趣旨と改正内容。	
衆(法) (5·10)	松野信夫 (民主)	・会社法案847条1項1号・2号による株主代表訴訟の提起の制限の当否。 ・会社設立登記にかかる登録免許税を軽減する予定は。 ・定款にかかる情報開示を充実させるべきではないか。 ・類似商号規制の廃止の当否。	
衆(法) (5·10)	中塚一宏 (民主)	・合併対価の柔軟化によって敵対的買収は増えないのか。柔軟化に伴い税制上の手当て（課税の繰延べなど）も講じるべきではないか。柔軟化の当否。 ・企業価値研究会の議論は法改正に結びつくのか。 ・敵対的買収防衛策の導入時の投資家保護についての法務省の考え方は。	
衆(法) (5·10)	近藤洋介 (民主)	・内部統制システムの具体的内容。 ・アメリカ型のガバナンス・システムの当否。 ・経済犯罪の刑罰がアメリカと比べて軽いのはなぜか。刑罰をもっと重くすると同時に、アメリカの量刑ガイドライン制度のようなものを導入すべきではないか。	
衆(法) (5·10)	計屋圭宏 (民主)	・最低資本金制度の撤廃の当否。 ・有限会社から株式会社への移行についてその負担を軽減する措置を講じるべきではないか。	
衆(法) (5·13)	佐々木 秀典 (民主)	・規模ごとの会社形態として、有限会社を維持するメリットがあると思われるのに、廃止する必要性があるか。 ・合名会社・合資会社という数の少ない会社形態を置く必要があるか。 ・合同会社という形態により、具体的にどのような起業ができ、活動することを期待しているのか。 ・取締役の任期が10年となることにより、登記手続を遵守する意識が薄くなるのではないか。 ・利益供与に関する責任、剰余金の配当等に関する責任を過失責任化することは不適切では。 ・同一商号の禁止の廃止は、従前から当該商号を登記している者の利益を著しく害することにならないか。 ・株主代表訴訟の提訴制限の要件はわかりにくく、形式審査で時間がかかるのではないか。 ・現物出資規制を緩和した場合には、潜脱的な利用も考えられるが、現物出資に関する責任が過失責任化しては潜脱防止機能が緩くならないか。	
衆(法) (5·13)	松本大輔 (民主)	・企業統治法制において、CSRはどのように盛り込まれるか。 ・社外取締役の独立性要件の厳格化はなぜされないのか。	

		・企業統治に関する基準を証券取引法や上場基準に取り込むべきではないか。	
衆(法) (5・13)	楠田大蔵 (民主)	・会計参与の導入は任意であるが、どの程度の会社が導入するか。 ・会計参与が計算書類を作成するうえで統一した会計基準の整備はどうなっているか。民間金融機関では、税理士会とタイアップして、中小会社会計基準の適用があれば無担保融資を実行するとしているが、会計参与の奨励という観点からみて、公的融資を活用すべきでは。 ・会計参与が会計参与報告書で異なる意見を述べている場合には、いかなる責任を負うか。免責規定は適用されるか。責任を回避する方法はあるか。 ・会計参与と会社の営業日にずれがある場合に、どのように対処されるか。	
衆(法) (5・13)	岩國哲人 (民主)	・会社法案の審議に何時間かけることを期待しているか。 ・片仮名・文語調を改めることが現代化か。 ・自己株式取得規制は、自己株式取得をよりしやすいようにするものか、制約的にするものか。自己株式取得の透明性・公開性はどのように担保されているか。子会社の親会社株式取得規制はどうなっているか。 ・友好会社が保有する株式の開示はどうなっているか。 ・転換社債、ワラントの所有、取得のルールはどうなっているか。 ・三菱グループなど、社長会で議決権行使を統一しているような場合には、相互保有規制をかけるべきではないか。 ・商号の制約は何か。公的な機関であるかのように詐称することは禁止されているとの説明であったが、日本郵政株式会社はどうか。抵触しないか。	
衆(法) (5・13)	田中慶秋 (民主)	・既存の有限会社の存続を認め、新規の設立を認めないことは、不公平感を生じさせるのではないか。 ・最低資本金制度の撤廃は、平成2年商法改正で導入したことと矛盾しないか。資本金に寄せられる社会的信頼を考えれば、最低資本金制度の撤廃は、矛盾しないか。 ・会社の財産状況を明らかにすることは、資金的な手当てが得られなくなったり、増税となることもあり、中小企業の生きる道をふさいでしまわないか。 ・会計参与が機能するためのしっかりした研修制度を用意すべきではないか。 ・合同会社と有限責任事業組合との区別はどうなっているか。 ・起業促進というが、税制上の対応や運転資金獲得の手当てと一体的な対応が必要ではないか。 ・合併組織再編法制において、敵対的買収防衛策はどのように取り扱われているか。外資に対する防衛策の導入について、どのような対処をしたか。合併等の対価の柔軟化の1年延期で準備できるか。 ・配当政策の重視によって従業員への給与が軽視されないか。	

第 1 部　商法（会社法）改正関連国会質問・出席者等一覧　1131

衆(法) (5・13)	平岡秀夫 (民主)	・自己株式の処分のうち、市場売却は、株価操作やインサイダー取引に悪用されるおそれがあるのではないか。 ・日本の証券市場における市場監視機能・体制からは、株価操作やインサイダー取引を防止するのに十分なものか。 ・取締役等の選解任に関する種類株式が公開会社で発行できない理由は何か。 ・取締役等の選解任に関する種類株式など明確に禁止されているもの以外には、公開会社でさまざまな種類株式を発行できるが、その株式の上場は認められるか。 ・ライツプランは、買収者である株主とそれ以外の株主とに対して差別的な取扱いをするが、株主平等原則に反しないか。 ・ライツプランが違法か否かが裁判で初めて判明するという状況になるように思われるが、法的安定性に欠けるのでは。 ・黄金株、ライツプランについては、経産省の企業価値研究会で議論しているが、株式の上場基準の問題であるので、むしろ、金融庁、証券取引所で議論すべきではないか。	
衆(法) (5・13)	原口一博 (民主)	・株主代表訴訟の提訴制限のうち、会社法案847条1項2号は削除すべきではないか。 ・敵対的企業買収のうち、弊害があるとして抑止すべきものは何か。 ・東京高裁平成17年3月23日決定（ニッポン放送新株予約権発行差止仮処分決定）の、弊害のある敵対的企業買収の四要件に該当するようなものを起こさせないような、制度的担保は何か用意されているか。 ・結合企業法制はいつまでに整備するのか。少なくとも多重代表訴訟を認めるべきではないか。 ・経産省と法務省が企業価値研究会で買収防衛指針をつくっているが、これは金融庁のマターではないか。 ・日本版 SEC の強化をすべきではないか。 ・会社法案にあわせての税制の検討状況は。 ・JR 福知山線の脱線事故のように、会社が組織的・継続的に違反行為をすることがあるが、制裁強化、命令系統を規定するだけではなく、その発生メカニズムを研究し、問題点を改善する法整備が必要ではないか。	
衆(法) (5・13)	高山智司 (民主)	・会計参与の意義。会計参与と金融機関の融資のあり方について。会計参与設置会社に対する制度融資は優遇されるか。 ・会計参与の調査権限の具体的な内容は。財務担当の取締役と会計参与で意見が衝突する場合には、会計参与はどうするか。 ・会計参与は違法行為に対して何か対処できるか。 ・会計参与の事務所で備置開示される計算書類を株主や債権者以外への閲覧をさせたり、漏洩に関する会社法上の手当て、罰則はないか。	
衆(法) (5・17)	近藤洋介 (民主)	・定款の開示は可能か。 ・配当性向を高めるための数値基準を提示させることはどうか。	

衆(法) (5·17)	松野信夫 (民主)	・取締役会の書面決議は取締役会の形骸化につながらないか。社外取締役を導入し、チェックすることと逆行しないか。濫用の防止策はとられないのか。 ・テレビ会議・電話会議による取締役会の開催は可能か。 ・重要財産委員会を特別取締役制度としたのは朝令暮改では。 ・議決権行使の基準日に関し、基準日後の株主についても議決権行使をできるとするのは、恣意的な運用とならないか。恣意的な運用の防止策が株主平等原則だけでは、潜脱をしてしまう可能性があり、不正防止策が検討されるべきではないか。	
衆(法) (5·17)	辻　惠 (民主)	・取締役をステイク・ホルダーとして位置づけた場合、株主・投資家とはどのような利害関係があり、どのような立場にあるか。 ・取締役・株主・投資家をスタティックな規制をするのではなく、それぞれの動向に応じて、社外取締役・独立取締役を積極的に位置づけて導入し、情報開示をさせるなど、動的な規制をさせる方がよいのではないか。 ・結合企業法制が不十分ではないか。	
衆(法) (5·17)	山内 おさむ (民主)	・取締役の任期が、譲渡制限会社では10年まで伸長できるのは、長すぎないか。取締役の任期と比較して、商業登記申請の付票の保存期間が5年では短すぎないか。取締役の任期を登記事項としていないのは、債権者等にとって不便ではないか。 ・同一商号の禁止を外すことは、実社会のなかで混乱が生じるのではないか。商号をめぐる紛争について、簡易に解決する制度設計をADR以外にも設定できないか。	
衆(法) (5·17)	田村憲久 (自民)	・修正案趣旨説明。	
参(本) (5·18)	南野 知恵子 (法相)	・趣旨説明。	
参(本) (5·18)	松村龍二 (自民)	・会社法案の意義および主要な内容。 ・規制緩和により株主や債権者の利益が損なわれないか。 ・企業防衛策を含む会社法案がわが国の市場の発展に対するブレーキとなることはないか。 ・大規模な会社におけるガバナンスについての見直し。 ・株主代表訴訟制度に関する見直しの内容。 ・最低資本金制度を廃止した理由と目的。	
参(本) (5·18)	富岡 由起夫 (民主)	・公開会社と非公開会社の分類。 ・株主総会の形骸化。役員選任のチェック。 ・内部統制システムを機能させるための形骸化防止対策。 ・防衛策の導入条件緩和が一般株主軽視につながらないことをどのように保証するのか。 ・合併対価の柔軟化の1年延期。	

第1部　商法（会社法）改正関連国会質問・出席者等一覧　1133

		・個人の株式投資の拡大に向けた環境整備。 ・企業結合法制の整備。最低資本金制度の廃止。 ・決算公告を行った場合の罰則。 ・銀行が会計参与に連帯保証を要求するのではないか。	
参(本) (5・18)	浜田昌良 (公明)	・会社法の改正が中小企業の経営革新に及ぼす影響。 ・資本金規制の撤廃。合同会社の構成員課税。 ・企業再編の手続の弾力化、合併対価柔軟化の延期の趣旨。 ・会社法改正の活用による敵対的買収防衛策。 ・株主代表訴訟の制限についての提案と修正。	
参(法) (5・19)	南野 知恵子 (法相)	・趣旨説明	
参(法) (5・19)	田村憲久 (自民)	・修正案趣旨説明	
参(法) (5・19)	松村龍二 (自民)	・株式会社と有限会社の一体化はどのような理念に基づくか。 ・内部統制システムの構築の基本方針として、大会社が具体的に決定すべき内容と法務省令の概要は。株主が内部統制システムの内容を知る方法は。 ・所有と経営が一体化している会社について、コーポレート・ガバナンスの確保はどのようになされるか。 ・会計参与制度が創設された理由は何か。中小企業にとってのメリットは。 ・決議に賛成した取締役に関するみなし行為の規定を設けなかった理由は。 ・株主でなくなった者にも一定の場合に株主代表訴訟の追行を認めるのはなぜか。金銭等の対価を受けた組織再編では株主代表訴訟をなぜ追行できなくなるのか。 ・株主代表訴訟の提訴請求に対して不提訴理由の通知の制度が設けられた趣旨は。株主代表訴訟の提起を制限する条項を設けたのはなぜか。 ・敵対的買収防衛策として具体的にどのような措置を講じることができるのか。	
参(法) (5・19)	簗瀬　進 (民主)	・株主代表訴訟の制限を設けた趣旨と評価。取締役の責任軽減についての評価。 ・自己株式の市場売却に関する規定の全面的削除に至った経緯と今後の実務対応。 ・郵政民営化と企業結合法制への取組み。 ・敵対的買収防衛策に関して種類株式の発行には内在的な制約があるのでは。 ・取締役会の制度改革は。ニューヨーク証券取引所の上場規則のようなものは。 ・企業価値研究会は官僚主導の市場ルールをつくることにならないか。	
		・1円起業と時価総額14兆円のトヨタ等の公開大会社を同一に会社法で規制することがはたして正しいのか。	

参(法) (5・19)	大久保勉 (民主)	・擬似外国会社とみなされる金融機関は何社あるのか。会社法案が通ったら、これらの会社は日本では営業できないのか。擬似外国会社規制の改正が必要である理由は何か。 ・委員会設置会社を義務づけることについてどう考えるか。 ・個別報酬の開示を求めることにつきどう考えるか。 ・取締役会は書面決議でチェック機能を期待できるか。 ・三角合併の解禁により、外国会社による国内企業の買収にどの程度の影響があるのか。三角合併についての課税は。 ・企業価値研究会による敵対的買収の防衛策の検討をどう考えるか。	
参(法) (5・19)	木庭健太郎 (公明)	・規制緩和という問題と債権者・株主保護といった会社法制の基本理念とのバランスについてどう配慮しているか。 ・中小企業にとって本当に使いやすい制度になっているのか。 ・会計参与制度が提案されることになった経緯と関係団体の意向は。会計参与の法的位置づけ。 ・新事業創出促進法の利用状況と起業促進の効果は。 ・最低資本金制度の撤廃に際して債権者保護は。	
参(法) (5・19)	井上哲士 (共産)	・ステイク・ホルダーによって企業の暴走等をチェックし、企業の社会的責任を果たさせる仕組みが必要ではないか。 ・225人の商法学者の「開かれた商法改正手続を求める商法学者声明」などが出されたにもかかわらず、議員立法により、ストック・オプションがさまざまな議論を押し切って導入され、その後いっそうの規制緩和がされたが、効果は出ているのか。 ・組織再編行為を更に容易にされながら、結局、企業結合法制は置き去りにされているが、企業結合法制の必要性は。 ・UFJホールディングスの株主は、UFJ銀行の取締役の検査忌避という違法行為を直接追及できないが、不合理という認識はもっているか。 ・会社分割による労働者の不利益を改善できないか。 ・事業譲渡の際の雇用契約の承継について保護をすべきでないか。	
参(法) (6・7)	松村龍二 (自民)	・平成13年からの商法改正が日本にとって純粋に裨益するような形で行われてきたか。 ・独立社外取締役が普及するための方策は。 ・5月27日の経産省と法務省の買収防衛指針についての意見は。 ・アメリカ等における擬似外国会社規制について。	参考人質問
参(法) (6・7)	前川清成 (民主)	・公開会社という言葉の意味は。公開会社の定義により実務が混乱しないか。 ・最低資本金制度に弊害はあるのか。 ・有限会社と合同会社の違い。なぜ有限会社を廃止したのに合同会社という新類型を設けるのか。 ・新株発行等が著しく不公正な方法か否かの判断基準は。	〃
		・擬似外国会社の規定を撤廃して生じる問題点。擬似外国会社	

参(法) (6・7)	木庭 健太郎 (公明)	・規制を会社法案は強化するものか。 ・最低資本金制度を撤廃する理由は。 ・敵対的買収に関する防衛指針と東京証券取引所の留意事項をどう考えるか。 ・結合企業法制の課題は。	参考人質問
参(法) (6・7)	大門 実紀史 (共産)	・なぜ外資系企業が三角合併を望んできたのか。 ・三角合併の課税はどうなるのか。 ・企業のガバナンスを高めるための訴訟制度のあり方は。	〃
参(法) (6・7)	松村龍二 (自民)	・記帳義務と会計参与制度によるコーポレート・ガバナンスの強化がなぜ今まで遅れたのか。 ・会計の透明性と米国の会計監査腐敗をどう理解すべきか。 ・税理士による会計監査についてのTKCの所見は。 ・中小企業団体中央会として更なる要望事項は。 ・有限会社の今後の動向は。 ・譲渡制限会社で取締役任期の最長限度が10年でよい理由。	〃
参(法) (6・7)	広田　一 (民主)	・最低資本金制度の撤廃に対する見解は。 ・会社の大小と資本の大小は実際にも関係がないのか。大会社の定義のうち資本金5億円基準は適当か。 ・最低資本金の撤廃と業法による参入規制との関係は。 ・会計参与制度が使われる範囲は。	〃
参(法) (6・7)	木庭 健太郎 (公明)	・会計帳簿の適時性に関するドイツ商法等の定めは。適時に正確な会計帳簿につきわが国では省令でどう規定すべきか。 ・税理士法の書面添付制度は、記帳条件の整備で質が高くなるか。 ・中小企業に関する取締役の任期の定め方と監査役制度のあり方についての中小企業団体としての評価は。 ・会計参与制度が導入されることにより期待される点と心配は。	〃
参(法) (6・7)	井上哲士 (共産)	・債権者・株主保護の観点から会社法案をどう評価するか。 ・最低資本金制度によるモラルハザードの防止が失われてよいか。従来の資本金特例企業では問題は生じていないか。 ・有限会社を制度として残す選択肢があったのではないか。 ・会計参与が機関として計算書類を作成することと、税理士として独立・公正の立場から申告納税代理を行うことをどのように両立させるか。	〃
参(連) (6・9)	田村 耕太郎 (自民)	・新株予約権付株式について。新株予約権の税務上の扱いについて。 ・疑似外国会社の規制について。現行法よりも規制を強化するものなのか。	
参(連) (6・9)	小林　温 (自民)	・起業しようとする場合、どの点に着目して株式会社と合同会社を選択することになるのか。合同会社から株式会社への組織変更について。合同会社におけるチェック・ザ・ボックス規制の導入について。 ・LLCとLLPを統一することはないのか。	

参(連) (6·9)	藤末健三 (民主)	・会社法案821条（擬似外国会社）を修正する予定はあるか。 ・外国証券会社が擬外国会社とみなされる法的リスク。 ・企業をめぐるステイク・ホルダーのうち株主に偏重しているのではないか。 ・日本の法人制度を所管する役所はばらばらなのではないか。 ・LLCについて、出資額に応じない利益配分が贈与とみなされることはないか。 ・会社法の議論において税法が後回しになってよいのか。	
参(連) (6·9)	大塚耕平 (民主)	・会計参与のメリット・デメリット。会計参与制度悪用の可能性はないか。国税局OBの癒着の問題。 ・金融検査マニュアルにおける適切な財務諸表と融資優遇について。 ・なぜ政省令委任事項が多いのか。 ・M&Aに対する究極的な対策は何か。 ・商法と証取法と税法のトライアングル体制における構造上の問題。 ・郵政公社民営化後の監査人について。 ・子会社はどのような場合に計算書類の調査を拒むことができるのか。	
参(連) (6·9)	浜田昌良 (公明)	・中小企業の会計に関する指針について。指針の運営上会計参与が重要となるか。 ・債権者保護のための財産状況の適切な開示とは具体的にどのような情報の開示か。 ・最低資本金制度の趣旨。泡沫企業乱立対策はとられているか。 ・合同会社導入の背景、税制について。	
参(連) (6·9)	大門実紀史 (共産)	・三角合併により日本企業がM&Aに曝されるのではないか。 ・日本によるアメリカ国債購入によりアメリカ企業の株価を下支えしているのではないか。 ・擬似外国会社と課税について。	
参(連) (6·9)	糸数慶子 (無)	・ガバナンスの強化としての措置。ガバナンス状況および実効性についての外部監査の導入について。株主総会を通じたガバナンスの強化についての方策。 ・執行役員の責任強化について。	
参(法) (6·9)	秋元司 (自民)	・M&Aに関する法整備についてなぜこの時期なのか。 ・アメリカ政府の要望によるものか。それは、政府内でどのように取り扱われるのか。 ・三角合併の際の譲渡課税。 ・金融庁は、金融機関に対する育成についてどのようなことを考えているのか。 ・買収防衛策に関する指針について、「廃止要件の客観性の確保」とはどういう意味か。	
		・子会社の定義について。 ・法務省令に委任しているところが多すぎるのではないか。	

参(法) (6・9)	前川清成 (民主)	・今まで一般的に使われてきた日本語を捨てて、なぜ公開会社を違う意味で使うのか。 ・定款の記載事項のうち、授権資本について、記載事項を列挙する条文ではない箇所とされているのはなぜか。 ・公証人の負担が重くはならないか。公証人という制度を見直す時期にきているのではないか。あまりにもミスが多い。 ・最低資本金制度を撤廃しなくとも、個人で営業できるのではないか。 ・個人保証に過度に依存しないための方策として何か検討しているか。	
参(法) (6・9)	峰崎直樹 (民主)	・日刊新聞の発行を目的とする株式会社・有限会社の株式・持分の譲渡の制限等に関する法律について、会社法改正の際に見直しはされたのか。 ・再び株式持合いを強める動きが起きているのではないか。株式の持合いは本当に実質の資本なのか。 ・1円起業に関して、最近の開業率および廃業率はどのようになっているか。1円起業が認められた場合の、法人事業税における外形標準課税への影響について。地方自治体の税収が落ちるのではないか。 ・種類株などの規制緩和に関する反省点についての対策はとられているのか。 ・ToSTNeT―1に対する対策について。 ・擬似外国会社の規制について。 ・日本では親子上場が多いが、企業結合法制に関する法整備が課題ではないか。	
参(法) (6・9)	木庭健太郎 (公明)	・擬似外国会社に関する規制について。 ・敵対的買収に関する企業の買収防衛指針の性格と法的根拠。 ・ニレコの新株予約権発行差止の仮処分について。 ・合同会社の創設についてどのようなニーズがあるのか。 ・なぜ、合名・合資会社は利用されないのか。	
参(法) (6・9)	井上哲士 (共産)	・有限会社制度はうまく機能してきたのになぜ廃止するのか。 ・有限会社が株式会社になると公告義務が課されるのは過剰規制ではないか。公告にはどれぐらい費用がかかるのか。情報開示という点からは、年に一回の公告よりも取引先にある計算書類を見せてもらう方が早いのではないか。 ・中小企業に適用される会計原則について。 ・会計参与はなぜ任意設置となったのか。金融機関を通じて会計参与が実質的強制されないか。金融機関の検査の際に会計参与の導入について配慮されるのか。 ・有限会社に社債発行が認められたのはなぜか。監査役がいない会社や合同会社にも社債発行が認められるとトラブルの温床になるのではないか。	
参(法) (6・14)	前川清成 (民主)	・なぜ「公開」という用語を使用したのか。 ・株主総会の招集地の規定が削除されたのはなぜか。株主総会の招集の決定事項をなぜ法務省令に委任しているのか。	

		・補欠役員の規制についてなぜ法務省令に委任しているのか。 ・株主総会での事前質問に関する規定はなぜ削除されたのか。 ・政令・省令への委任事項の数および委任する場合の基準。 ・内部統制について法務省令に委任しているが、特別背任罪の内容まで委任してよいのか。
参(法) (6・14)	富岡 由起夫 (民主)	・株式持合いの状況はどうか。持合いの定義は。法人株主および安定株主の実態はどうか。社員株主の機能はどうか。 ・株主総会を具体的に機能させる対策としてどういうものを考えているか。株主総会が形骸化していないか。一般株主が無視されている点は改善されるのか。 ・内部統制システムの具体的内容について。 ・社外取締役の独立性。 ・UFJ銀行のMTFGへの優先株式発行の問題点。 ・第三者割当増資に関する司法判断。 ・決算公告義務違反に過料は科されているか。
参(法) (6・14)	木庭 健太郎 (公明)	・取締役の欠格事由として破産手続開始決定を受けた者を外した理由。 ・取締役の任期規制の概要および実態。有限会社について任期がなかった理由。取締役会非設置会社において取締役の任期が10年となった経緯。 ・休眠会社の整理期間が延長された理由。 ・特別清算について。
参(法) (6・14)	井上哲士 (共産)	・合同会社を創設した理由。 ・合同会社導入の最大の理由はパススルー課税ではないのか。 ・有限責任を享受するのに合同会社の規制が緩いのはなぜか。 ・最低資本金制度の撤廃により債権者保護が後退するのでは。 ・最低資本金制度について、平成2年商法改正の際の説明と全く逆ではないか。
参(法) (6・16)	松村龍二 (自民)	・最低資本金制度の撤廃の理由。 ・株主総会の招集場所についての制限の撤廃の当否。 ・種類株式発行にかかる規制緩和の当否。 ・買収防衛策としての黄金株発行の当否。 ・擬似外国会社規制の趣旨と適用範囲。
参(法) (6・16)	前川清成 (民主)	・会社法案822条1項の文言を変更すべきではないか。 ・株主総会の招集地と株主総会決議取消事由との関係。 ・省令に委任すべき事項の範囲は。罪刑法定主義と省令委任との関係は。
参(法) (6・16)	広野 ただし (民主)	・会社法は総会屋等の犯罪行為の防止にとって有効か。 ・最低資本金制度を撤廃する理由は。最低資本金制度の撤廃に伴い登録免許税の見直しもすべきではないか。 ・特例有限会社制度はいつまで残るのか。 ・類似商号規制の廃止の当否。 ・公開会社のうち、上場会社とそれ以外の会社とでは、情報開示や社外役員の人数・責任について規制を分けるべきでは。 ・連結納税を促進すべきではないか。

		・会社法のM&Aに対するスタンスとは。三角合併制度の1年凍結の理由とは。 ・会計参与制度の機能は。
参(法) (6・16)	木庭 健太郎 (公明)	・有限会社型の株式会社に社債の発行を認めることの理由。社債管理者が自らの判断で辞任できるとすることの趣旨。社債権者集会の権限についての改正内容。社債権者集会の特別決議の成立要件が緩和された理由。会社法施行後における現行有限会社の取扱い。現行有限会社が株式会社に移行することのメリット・デメリット。会社法案は現行有限会社に対してどのような意義をもつのか。
参(法) (6・16)	井上哲士 (共産)	・会社法のポリシーとしての「事後チェックから事後チェックへ」の具体的な内容とは。資本市場規制に基づく事後チェックの実効性は十分に確保されているのか。 ・わが国にクラスアクションやディスカバリーの制度を導入すべきではないか。
参(法) (6・23)	尾立源幸 (民主)	・現行法における擬似外国会社規制の内容とそのエンフォースメントの状況。中小企業がケイマン会社を利用して資金調達をしているが、それが疑似外国会社と認定され、中小企業の資金調達に大混乱が生じるということはないのか。 ・SPCとしての現行有限会社が株式会社に移行したときに、会社更生法の適用を受けることにより、資産流動化や証券化取引の債務の償還が遅れるという問題があるのではないか。 ・最低資本金制度の撤廃により、資本金を基準とした現行の税制はどのような影響を受けるのか。 ・会計参与制度が銀行による企業選別に利用される危険はないのか。 ・発起設立における登記の添付資料としてどのような残高証明があれば足りるのか。
参(法) (6・23)	峰崎直樹 (民主)	・SPCとしての現行有限会社が株式会社に移行したときに、これまで有限会社であったがゆえに享受することができたメリットが享受できなくなってしまうという弊害があるのではないか、また、合同会社を利用すれば同様のメリットを享受できるのか。 ・SPCとしての合同会社の具体的な利用方法とは。 ・現行有限会社から他の会社形態への移行について、費用負担を減らすために税制上の優遇措置などを設ける必要があるのではないか。
参(法) (6・23)	簗瀬　進 (民主)	・合同会社の社員が自己が無限責任社員であるかのように第三者を誤認させた場合の責任について規制を置くべきでは。 ・株券不発行が原則とされることの理由。 ・親子会社の認定基準としての経営支配の具体的内容。
参(法) (6・23)	井上哲士 (共産)	・委員会等設置会社以外の会社における役員の責任の過失責任化の当否。
		・外資系証券会社の現状。擬似外国会社規制違反のサンクショ

参(法) (6・28)	簗瀬　進 (民主)	ンの重さ。 ・会社法案821条1項の「主たる目的」の意義。821条を削除すべきではないか。
参(法) (6・28)	井上哲士 (共産)	・社外取締役の独立性に関する情報の開示を充実させるべきではないか。 ・役員報酬の個別開示を義務づけるべきではないか。
参(法) (6・28)	千葉恵子 (民主)	・修正案趣旨説明
参(法) (6・28)	井上哲士 (共産)	・反対討論（原案・修正案とも）
参(法) (6・28)	大久保勉 (民主)	・修正案に対する賛成討論

〈衆議院における参考人質問（4月20日）〉
　東京大学大学院法学政治学研究科教授　　　江頭憲治郎
　早稲田大学法学部・大学院法務研究科教授　　　上村達男
　日本弁護士連合会司法制度調査会商事経済部会副部会長　　　内藤良祐
　早稲田大学大学院法務研究科教授　　　浜辺陽一郎
　日比谷パーク法律事務所代表パートナー　　　久保利英明
　株式会社M&Aコンサルティング代表取締役　　　村上世彰

〈参議院における参考人質問（6月7日）〉
　東京大学大学院法学政治学研究科教授　　　神田秀樹
　日本弁護士連合会副会長　　　益田哲生
　弁護士　　　太田　洋
　税理士・米国公認会計士　　　坂本孝司
　全国中小企業団体中央会専務理事　　　成宮　治

第2部　商法(会社法)改正に伴う附帯決議

●昭和49年法律第21号（監査制度関係・商法特例法の制定）
（昭和48（1973）年7月3日衆議院法務委員会）
一、会社の社会的責任、大小会社の区別、株主総会のあり方、取締役会の構成及び一株の額面金額等について所要の改正を行なうこと。
二、会計監査人の独立性を確保するため、その選任方法等について適切な方途を講ずること。
三、商法の運用については、政府各行政機関において連絡を密にしその適正を期すること。
四、監査法人の育成・強化を図る反面、個人たる公認会計士の業務分野についても行政上適正な措置をすることとし、もって活動分野の調整をはかるものとすること。
五、監査法人は、その社員が税務書類の作成などの税務業務を行なっている会社について、本法の監査業務を行なわないよう規制すること。
六、休眠会社の整理に当たっては、事前に十分なPRを行なう等、慎重に措置すること。
七、「企業会計原則」の修正が租税に大きな影響をもたらすこととなるときは、租税法律主義に反しないよう必要な手続をとること。
　　また、同原則の修正に当っては、より真実の財務内容の公開という目的に合致するよう留意すること。
八、商業帳簿等としてマイクロフィルムを一定の条件の下に認めること。
九、学校法人等公益的な性格の法人について公認会計士の監査対象とするよう速かに措置すること。
十、会計帳簿の作成について零細な商人に複式簿記を強制しないよう行政指導をすること。

（昭和49（1974）年2月21日参議院法務委員会）
一　現下の株式会社の実態にかんがみ、小規模の株式会社については、別個の制度を新設してその業務運営の簡素合理化を図り、大規模の株式会社については、その業務運営を厳正公正ならしめ、株主、従業員及び債権者の一層の保護を図り、併せて企業の社会的責任を全うすることができるよう、株主総会及び取締役会制度等の改革を行なうため、政府は、すみやかに所要の法律案を準備して国会に提出すること。
二　監査法人は、その社員が税務代理、税務書類の作成及び税務相談を行なっている会社について、本法の監査業務を行なわないよう規制すること。
三　企業会計原則は、企業の財政状態及び経営成績について真実公正な財務諸表を作成公示するための基準であるから、修正については、その目的に反することのないよう配慮すること。

●昭和56年法律第74号（株式・機関・計算・社債関係）
（昭和56（1981）年5月13日衆議院法務委員会）
　商法及び監査特例法は、株式会社についての基本的な骨格を定め、かつ、その公正な運営を図るものであることにかんがみ、今回の改正に伴い、政府は、次の事項について格段の配慮をすべきである。
一　法改正の趣旨及び内容を、社会とくに適用される株式会社に周知徹底し、法の円滑な施行を確保するとともに本法違反について適切に処置すること。
二　大会社の社会的責任がますます強調されることにかんがみ、業務及び会計に関する情報については進んで公開するよう指導するとともに、更にこの点について法改正を検討すること。
三　法改正に伴う省令中、営業報告書及び附属明細書については、法制審議会の答申とその審議の内容を尊重し、社会的責任が明示できるよう十分な内容のものとすること。
四　単位株制度の導入が零細株主の利益を害し、ひいては株式市場における大衆投資の減退及び株主の法人化を招くこととならぬよう零細株主の権利保護について格段の配慮をすること。
五　中小株式会社における株主提案権が、かえって経営の安定・発展に弊害を及ぼすことのないよう中小企業の実情に即した行政指導措置を講ずること。
六　多国籍企業の行動の適正化を図るため、商法上の諸制度の改善について検討すること。
七　公正なる会計監査人の独立性と監査の的確性を一層高めるための方策について積極的な検討を行うこと。
八　監査法人の国際的能力を高めるとともに、他方個人公認会計士の業務を確保するなど適切な指導を行うこと。
九　公認会計士と税理士の職務上及び制度上の調整を図り、相互の職域侵害が起こらぬようにするとともに、監査対象会社の範囲についても十分に検討すること。
十　会社にかかる犯罪の防止を徹底させるため、更に実効ある制度の検討をすすめるとともに、いわゆる総会屋については、あらゆる角度からその絶滅を図り、株主総会の民主的運営が行われるよう指導すること。
十一　政府が認可し、その監督下にある公益法人については、会計基準を法制化し、公認会計士の監査を義務づけることを検討すること。
十二　商法上の商業帳簿については、マイクロフィルムによる記録も正規の帳簿として取扱うことができるよう検討すること。
十三　今後の商法改正に当たっては、企業の社会的責任、企業の結合・合併・分割、中小企業に適切な規定の新設、株式相互保有等について、経済社会の進展に即応した検討を行うこと。

（昭和56（1981）年6月2日参議院法務委員会）
一、今次の法改正が国民一般に与える影響、とりわけ単位株制度の導入が株主等に与える影響の大きいことにかんがみ、その趣旨及び内容の周知徹底を図ること。
二、今次株式会社制度改正の趣旨及び経緯にかんがみ、すみやかに、企業結合・合併・分

割及び大小会社の区分等について検討すること。
三、株主、債権者等の保護を図るとともに、企業の社会的責任を明らかにするため、株式会社の業務及び財務に関する公示・公開の制度をより一層充実強化すること。
四、営業報告書及び附属明細書の記載事項に関する省令の制定に当たっては、国会における審議の内容を尊重し、大会社の社会的責任を明らかならしめる内容のものとすること。
五、株主総会の形骸化を防止し、その適正な運営を図るため、いわゆる総会屋の絶滅に一層の努力をすること。
六、会社の業務及び財務の適正を期するため、監査役の権限を強化し、その独立性を確保した法改正の目的を達成するよう、引き続き、関係団体と密接な連携のもとに、一層の努力をすること。
七、大会社に対する監査業務の重要性にかんがみ、会計監査人の独立性と監査の的確性を確保するための方策を検討するとともに、監査法人の国際的競争力を高めるため必要な措置を講ずること。
八、新株引受権付社債制度の創設は、証券市場の国際化の進展に即応し企業の資金調達方法の多様化を図ることを目的とするものであることにかんがみ、早期に実務面の調査検討を行い、その円滑な実施を期すること。
九、いわゆる外国会社の企業活動の適正化を図るため、すみやかに、その実態を調査し、商法上所要の措置を講ずること。
十、商法及びその関連諸法令については、経済その他諸般の情勢を考慮し、必要に応じ所要の改正措置について検討すること。

●平成2年法律第64号（最低資本金・種類株式関係）
（平成2（1990）年6月8日衆議院法務委員会）

株式会社及び有限会社の大多数を占める小規模かつ閉鎖的な会社に対する商法等の規制が形がい化している現状等にかんがみ、政府は、実効性のある制度の確立を図るとともに、国際的にも調和のとれた制度とするため、これら小規模かつ閉鎖的な会社の実情に充分な配慮をしつつ、次の諸点について格段の努力をすべきである。

一　商法等の改正に伴う最低資本金制度の導入に際しては、会社が最低資本金を満たすために増資をする場合等について、所要の税制上の措置を講ずること。
二　会社の社会的信用を高めるとともに債権者の保護を図るため、計算書類の登記所における公開の制度について、速やかに立法上の措置を講ずること。
三　会計専門家による中小会社の計算の適正担保の制度について更に検討を進め、関係各界の理解を求めた上、速やかに立法上の措置を講ずること。
四　前二項の制度の導入に当たっては、対象会社の範囲について検討するほか、これら制度が要請する事項を満たさない会社については、有限責任の原則を制限することの是非についても検討すること。
五　会社の計算書類の信頼性を担保するため、取締役の責任の強化について検討すること。
六　有限会社の取締役及び監査役の任期制の導入その他有限会社法制の全体的見直しを

図ること。
七　社債に関する法制度を抜本的に見直し、速やかに所要の改正措置を講ずること。

（平成2（1990）年6月21日参議院法務委員会）
一　中規模以上の会社の計算については、会計専門家による適正な監査制度の法確立を図るため、早期に調査検討を行うこと。
二　前項の監査制度及び会社計算書類の公開制度については、EC統合等諸外国における立法の動向に充分配慮し、速やかに、立法上の措置を講ずること。
三　小規模会社に関しては、その実情に応じた株式会社法の整備を検討するとともに、小規模会社制度としての有限会社法については、取締役・監査役の任期等の制度を導入するなど抜本的な法改正を検討すること。
四　株式会社への最低資本金制度の導入及び有限会社の最低資本金額の引上げに伴い、小規模会社が増資等をする場合については、税制上の所要の措置を講ずること。
五　最低資本金制度の導入等、今次の法改正が国民一般とりわけ中小企業関係者に与える影響の大きいことにかんがみ、その趣旨及び内容の周知徹底を図り、遺憾なきことを期すること。
六　今後の法改正に当たっては、より一層会社全般の実情に配慮しつつ、実効性ある立法措置を講ずること。

● 平成5年法律第62号（株主代表訴訟・監査役・社債関係）
（平成5（1993）年4月27日衆議院法務委員会）
一　会社の社会的責任の重要性にかんがみ、会社がその責任を全うすることができるよう商法上の諸制度の改善に努めること。
二　監査役の独立性を確保するため、社外監査役制度等を導入した立法の趣旨を関係団体に周知徹底するとともに、第三者的・中立的な人物を社外監査役に選任するような運用がされるよう努め、その運用の状況を踏まえて監査制度の一層の改善を図ること。
三　一般株主、社債権者等を保護するため、会社の業務及び会計に関する情報の開示制度等の充実・改善に努めること。
四　発行会社と取引関係を有する社債管理会社が、社債権者との利益相反状況において、社債権者の利益を損なうことのないよう十分留意するとともに社債権者保護のための諸方策を採るよう啓発に努めること。
五　企業活動の国際化の進展に配慮しつつ、会社法制の適切な運用に努めるとともにその見直しを図ること。
六　商法等の現代語化を図ること。

（平成5（1993）年6月3日参議院法務委員会）
一　企業が商法を初め各種法令を遵守して社会的責任を全うできるよう、商法等の諸制度の改善を図り、併せて社会経済情勢の変化及び経済の国際化等に対応した会社法制の一層の整備等に努めること。
二　監査役の独立性を確保し、その機能が十分発揮されるよう、監査役会及び社外監査

役制度を導入する改正の趣旨を周知徹底するとともに、その運用状況を踏まえて一層の改善を図ること。
三　一般株主及び社債権者等を保護するため、会社の業務及び会計に関する情報の開示制度等の充実・改善に努めること。
四　企業の社会的責任の重要性にかんがみ、会計帳簿の不実記載等を防止するための所要の措置について検討すること。

●平成9年法律第56号（ストック・オプション関係）

（平成9（1997）年5月7日衆議院法務委員会）
一　会社の社会的責任の重要性にかんがみ、ストック・オプション制度の導入及び自己の株式の消却の促進に当たっては、インサイダー取引などの不公正取引に対して、証券取引法の厳格な適用を行うとともに、罰則強化を含む法整備について、諸外国の制度や他の経済法規との均衡をも考慮しながら検討すること。
二　ストック・オプションを付与するに当たり、株主の正当な利益を保護するため、株主総会の決議を要求している趣旨や株主総会の意義について周知徹底を図り、また、会社関係者に対し、株主総会のあり方につき、一層の見直しを求め、株主総会がより適正に運営されるよう努めること。
三　ストック・オプションに係る税制については、ストック・オプション制度の一般化の意義及び適正・公平な課税の観点を踏まえ、平成十年度税制改正の過程において、その適切な取り扱いについて検討すること。

（平成9（1997）年5月15日参議院法務委員会）
一　ストック・オプション制度の導入及び株式の消却のための自己株式の取得規制の緩和に際しては、会社による株価操作あるいはインサイダー取引といった弊害を惹起することのないよう、証券取引法の厳正な適用を行うとともに、不正取引の監視体制の強化を図ること。
二　ストック・オプションを付与するに当たっては、株主総会の現状にかんがみ、株主の正当な利益を保護するため、株主総会の運営及び経営監視体制について適切なルールの確立を求め、その適正な運営に努めるとともに、情報の開示を促進させること。
三　ストック・オプション制度に係る税制については、制度の趣旨及び適正・公平な課税の観点から、平成10年度税制改正において検討すること。

●平成9年法律第107号（利益供与関係）

（平成9（1997）年11月7日衆議院法務委員会）
一　企業経営者の株主総会のあり方についての意識改革を徹底して進めるとともに、監査役及び会計監査人による内部チェック機能を充実させるべく法的、行政的体制の整備に一層努めること。
二　企業の責任者に対するいわゆる総会屋あるいは暴力団による脅迫や殺傷事件については、当局として、その根絶を期し、徹底的な捜査、検挙を行い、いやしくもこれが未解決のまま放置されることのないよう努めること。

三　利益供与要求罪の運用に当たっては、株主権の正当な行使や市民、労働、住民運動を不当に阻害しないようにすること。
四　株主、債権者等の保護並びに企業経営の健全化を図るために、企業がディスクロージャー（企業情報の公開）を十分に行うよう指導に努めること。

（平成9（1997）年11月27日参議院法務委員会）
一　いわゆる総会屋の存在が、我が国の株主総会運営の在り方にも由来し、その根絶には企業経営者の意識改革が不可欠であることにかんがみ、総会の適正な運営と、監査及び検査体制の充実を図るための法的、行政的措置の整備に努めること。
二　いわゆる総会屋の不法な行為を排除するため、企業経営者等に対する警護に配慮するとともに、いわゆる総会屋あるいは暴力団による脅迫、殺傷等については、取締りを徹底し、事件の早期解決に努めること。
三　新設される利益供与要求罪の運用に当たっては、正当な株主権の行使や市民活動、労働・住民運動を不当に阻害しないようにすること。
四　企業経営の健全化を図り、内部チェック機能を充実させるため、業務及び会計に関する情報の開示が十分行われるよう指導に努めること。
五　経済事犯における公訴時効及び罰金刑の在り方について、個別の罪質を加味した措置の可能性を含め検討すること。

●平成10年法律第11号（株式消却特例法改正）
（平成10（1998）年3月18日衆議院法務委員会）
一　法定準備金制度の適正化を期し、自己株式の取得・消却による資本の効率化を促進するために法改正の趣旨及び内容を周知徹底し、法の円滑な施行を図ること。
二　株主、債権者等の保護並びに企業経営の健全化を図るために、ディスクロージャーを十分行うよう指導に努めること。
三　自己株式の取得・消却に際して、相場操縦やインサイダー取引による弊害が引き起こされることのないように監視体制を強化するとともに、不正取引に対しては証券取引法を厳格に適用すること。

（平成10（1998）年3月27日参議院法務委員会）
株式会社制度における資本の原則等の重要性にかんがみ、政府は、次の諸点について格段の配慮をすべきである。
一　資本準備金の性質に配慮しつつ、自己株式の取得・消却による資本の効率化を促進するため、法改正の趣旨及び内容を周知徹底し、法の円滑な施行を図ること。
二　株主、債権者等の保護並びに企業経営の健全化を図るため、会社の業務及び会計に関する情報の開示制度の充実・改善に努めること。
三　自己株式の取得・消却に当たっては、インサイダー取引など不公正取引に対して、証券取引法の厳格な適用を行うとともに、監視体制を充実強化するよう指導に努めること。

●平成11年法律第125号（株式交換・株式移転・計算関係）

（平成11（1999）年7月23日衆議院法務委員会）
一　株式交換及び株式移転の制度の創設に伴い、株式交換又は株式移転に反対する株主の株式買取請求権及び株式交換無効の訴えの制度について周知徹底し、少数株主の権利が害されないよう配慮すること。
二　完全親子会社となる会社双方の株主の権利の保護のため、株式交換比率の公正さが確保されるよう制度の趣旨の周知を図ること。
三　株主の利益を保護するための子会社の業務内容等の開示制度の趣旨及び株主代表訴訟の制度の趣旨の周知を徹底すること。
四　完全親子会社における労使関係の対応については、労使協議の実が高まるよう労働組合法の改正問題等必要な措置をとることをも含め検討すること。

（平成11（1999）年8月6日参議院法務委員会）
一　完全親会社及び完全子会社となる会社の資産が適正に評価され、株式交換比率の公正さの確保及びそれぞれの会社の債権者保護が十分に図られるように、制度の適切な運営及び具体化に当たること。
二　株式交換及び株式移転の制度の創設に伴い、親会社及び子会社の株主の権利が損なわれることのないように、親会社及び子会社に関する情報開示制度の一層の充実を図るとともに、親子会社関係に係る取締役等の責任規定の整備及び株主代表訴訟等の株主の権利の一層の充実を図ることを検討すること。
三　完全親子会社における労使協議の実効性を高めるため、労働組合法の改正問題等必要な措置をとることをも含め検討を行うこと。
四　時価評価ができる資産の範囲について周知徹底し、疑義が生じないように配慮すること。
五　企業経営の一層の健全化及び国際競争力の向上を実現するために、取締役会制度を含む会社機構の在り方について検討を行うこと。

（平成12（2000）年3月24日衆議院法務委員会）
一　会社の資本準備金による自己株式の消却については、本法律が2年の限時法である趣旨を関係者に対し周知徹底すること。
二　資本準備金による自己株式の消却については、今後2年を目途に、会社をめぐる最近の社会経済情勢とその変化に対応できるものとなるよう、具体策を検討し、必要な措置をとること。

●平成12年法律第90号（会社分割関係）

（平成12（2000）年5月10日衆議院法務委員会）
一　分割の当事者となる会社の株主及び債権者等の保護並びに企業経営の健全化を図るため、分割に際しての備置き書面に透明性のある情報開示がされるよう指導に努めるとともに、反対株主の株式買取請求権及び債権者保護手続並びに分割無効の訴えの制度等の趣旨の周知に努めること。

二　会社分割に伴う労働契約の承継に関して、会社が労働者と事前協議をすべきものとする制度の周知を図るとともに、本制度が労働者の意思を尊重する趣旨であることの周知に努めること。
三　会社分割制度が労働者解雇の手段として利用されることがないよう、会社の組織の再編成のみを理由として労働者を解雇することができないとする確立した判例法理について周知を図ること。
四　経済構造改革の進展に伴い、幅広い経営選択が行われており、これらにより会社組織の多様な再編成が行われていることにかんがみ、企業の再編成に伴う労働契約の承継に関連して必要となる労働者の保護方策に関しては、立法上の措置を含め、その対応の在り方について更に検討すること。

（平成12（2000）年5月23日参議院法務委員会）
一　会社分割に際して備え置く書面については、分割の当事者となる会社の株主及び債権者等の保護並びに企業経営の健全化を図るため、公正かつ透明性のある情報開示がなされるよう指導に努めるとともに、反対株主の株式買取請求権及び債権者保護手続並びに分割無効の訴えの制度等の趣旨の周知に努めること。
二　会社分割に伴う労働契約の承継に関して、会社が労働者と事前協議をし、労働者の意思を尊重すべきものとする制度の周知を徹底すること。
三　会社分割制度が労働者の解雇の手段として利用されることがないようにするため、会社分割の当事者となる会社に対し、債務の履行の見込みについて厳格な認定が行われるよう、その趣旨の徹底に努めるとともに、会社の組織の再編成のみを理由として労働者を解雇することができないとする確立した判例法理について周知を図ること。
四　経済構造改革の進展に伴い、会社組織の多様な再編成が行われていることにかんがみ、合併、営業譲渡等の企業の再編成に伴う労働契約の承継に関連して必要となる労働者の保護に関しては、立法上の措置を含め、その在り方について更に検討すること。

● 平成13年法律第128号（種類株式・新株予約権・書類の電子化関係）
（平成13（2001）年11月2日衆議院法務委員会）
一　ストック・オプションの目的である株式の付与の上限及びストック・オプションの付与対象者の制限の撤廃に伴い、株主の利益が損なわれることのないよう、ストック・オプションを付与することを必要とする理由の開示に際して、十分な情報公開の必要性があることについて周知徹底に努めること。
二　ストック・オプションに係る税制について、税の公平性・所得の捕捉可能性等を踏まえて整備すること。
三　会社関係書類の電子化・計算書類の公開制度の電子化等の導入に伴い、会社等が用いる電磁的方法の信頼性・安全性の確保に向けて努力すること。
四　株式会社の大多数を占める小規模会社における計算書類の公開制度が必ずしも十分に実効性を上げていない現状にかんがみ、公開制度に係る今回の改正が実効性のあるものとなるよう努めること。

(平成13（2001）年11月20日参議院法務委員会）
一　ストック・オプションの付与対象者及び付与できる株式数の制限の撤廃に伴い、会社による株価操作、インサイダー取引等が行われないよう監視体制を一層整備するとともに、株主以外の者に新株予約権を有利発行する場合には、これを必要とする理由を開示することが株主保護の観点から重要であることについて、周知徹底を図ること。
二　ストック・オプション制度に係る税制については、税の公平性・所得の捕捉可能性等を踏まえて整備すること。
三　会社関係書類の電子化、計算書類の公開制度の電子化等の導入に伴い、会社等が用いる電磁的方法の信頼性・安全性の確保に努めるとともに、個人情報の保護に十分留意するよう周知徹底を図ること。
四　株式会社の大多数を占める小規模会社においても、計算書類の公開の制度趣旨が十分に理解され、その実施が図られるよう、その趣旨の周知徹底を図るとともに、この制度を定着させるために必要な環境整備に努めること。

●平成14年法律第44号（株式・機関・計算関係）
(平成14（2002）年4月19日衆議院法務委員会）
一　委員会等設置会社制度が企業形態に多様な選択肢を保障するという見地から導入されたことにかんがみ、制度の選択については企業の自主性が損なわれることのないよう、配慮すること。
二　計算関係規定を省令で規定する際は、証券取引法に基づく会計規定等の適用がない中小企業に対して過重な負担を課すことのないよう、必要な措置をとること。
三　取締役会の利益処分に関する権限及び取締役の責任の在り方については、施行後の実績をふまえつつ、委員会等設置会社を選択した会社と委員会等設置会社を選択しなかった会社との整合性に留意しつつ、引き続き検討すること。
四　委員会等設置会社制度の運用にあたっては、社外監視機能が充分発揮されるよう、社外取締役要件等の周知徹底を図ること。
五　会社法制の現代語化に際しては、会社の実態及び制度に応じた、分かりやすい法文の表現及び構成について、特に留意すること。

(平成14（2002）年5月21日参議院法務委員会）
一　委員会等設置会社制度が企業の経営形態に多様な選択肢を確保するという見地から導入されたことにかんがみ、制度の選択に関する企業の自主性が損なわれることのないよう努めること。
二　取締役会の利益処分に関する権限及び取締役の責任についての委員会等設置会社とそれ以外の会社との差異に関しては、施行後の実績を踏まえ、その合理性に留意しつつ引き続き検討すること。
三　委員会等設置会社制度及び重要財産委員会制度の運用については、社外監視機能が十分発揮されるよう社外取締役の要件、人数等について周知徹底を図るとともに、今後の実務の運用状況を踏まえ、必要に応じその見直しを検討すること。
四　株券失効制度及び所在不明株主の株式売却制度の運用については、株主等の財産権

に重大な影響を与えることにかんがみ、その要件、手続き等について周知徹底を図ること。
五　計算関係規定を省令で規定するに際しては、企業会計について公正かつ透明性のある情報開示が十分なされるよう努めるとともに、証券取引法に基づく会計規定等の適用がない中小企業に対し過重な負担を課し、経営を阻害することのないよう、必要な措置を講ずること。
六　会社法制の現代語化に際しては、会社の実態及び制度に応じた、分かりやすい法文の表現及び構成について、特に留意すること。

●平成17年法律第86号（会社法制定）
（平成17（2005）年5月17日衆議院法務委員会）

一　本法が、我が国の経済社会において会社が果たす役割の重要性にかんがみ、その利用者の視点に立った規律の見直し、経営の機動性及び柔軟性の向上、経営の健全性の確保等の観点から、会社に係る様々な制度を抜本的かつ体系的に見直し、企業の多様なニーズへの対応を可能とした趣旨を踏まえ、各会社において、それぞれの実情に即した適切な管理運営のあり方を選択することができるよう、本法の内容の周知徹底を図ることをはじめとして、適切な措置を講ずること。
二　株主総会の招集地に関する規定の変更については、株主総会が株主の権利行使の重要な一局面であることにかんがみ、その招集に当たって、株主の利便性を損なう恣意的な招集地の決定がされることがないよう、株主総会の招集通知の記載事項のあり方等について適切な措置を講ずること。
三　会社に対する取締役の責任を原則として過失責任に再編成することに伴い、会社財産の流出を防止し、株主や会社債権者を保護するという観点から、会社内部で適正なコーポレートガバナンスが確保されるよう、周知徹底に努めるとともに、今後の状況を見ながら、必要に応じ、会社に対する取締役の責任のあり方について見直しを行うこと。
四　破産手続開始の決定を受け復権していない者を取締役として選任することを許容することについては、そのような者に再度の経済的再生の機会を与えるという目的について十分な理解が得られるよう、その趣旨の周知徹底に努めること。
五　株主による取締役の直接の監視機能として、定期的に取締役の改選手続を行うことが重要であることにかんがみ、取締役の任期のあり方については、今後の実務の運用状況を踏まえ、必要に応じ、その見直しを検討すること。
六　拒否権付株式等、経営者の保身に濫用される可能性のある種類株式の発行については、その実態を見ながら、必要に応じ、これを制限するなどの法的措置も含め、検討を行うこと。
七　敵対的企業買収防衛策の導入又は発動に当たり、防衛策が経営者の保身を目的とする過剰な内容とならないよう、その過程で株主を関与させる仕組みなど、早急に具体的な指針を策定し提案すること。
八　企業再編の自由化及び規制緩和に伴い、企業グループや親子会社など企業結合を利用した事業展開が広く利用される中で、それぞれの会社の株主その他の利害関係者の

利益が損なわれることのないよう、情報開示制度の一層の充実を図るほか、親子会社関係に係る取締役等の責任のあり方等、いわゆる企業結合法制について、検討を行うこと。
九 株主代表訴訟の制度が、株主全体の利益の確保及び会社のコンプライアンスの維持に資するものであることにかんがみ、今回の見直しにより、この趣旨がより一層実効的に実現されるよう、制度の運用状況を注視し、必要があれば、当事者適格の見直しなど、更なる制度の改善について、検討を行うこと。
十 類似商号規制の廃止については、その運用状況を注視し、必要があれば、既存の商号に対する簡易な救済制度の創設を含め、対応措置を検討すること。
十一 会社設立時の出資額規制の撤廃については、企業家のモラル低下、会社形態を悪用したペーパーカンパニーの濫立、会社設立後の活動資金不足などの問題が生じることのないよう注視し、必要があれば、対応措置を検討すること。
十二 会計参与制度の創設については、会計参与が主として中小会社における計算の適正の確保に資する任意設置の機関として設けられた趣旨を踏まえて、制度の周知徹底に努めること。
十三 合同会社制度については、今後の利用状況を観察し、株式会社の計算等に係る規制を逃れるために株式会社から合同会社への組織変更等が顕在化した場合は、必要に応じ、その計算に関する制度のあり方について、見直しを検討すること。

(平成17（2005）年6月28日参議院法務委員会)
一 本法が、我が国の経済社会において会社が果たす役割の重要性にかんがみ、その利用者の視点に立った規律の見直し、経営の機動性及び柔軟性の向上、経営の健全性の確保等の観点から、会社に係る様々な制度を抜本的かつ体系的に見直し、企業の多様なニーズへの対応を可能とした趣旨を踏まえ、各会社において、それぞれの実情に即した適切な管理運営の在り方を選択することができるよう、本法の内容の周知徹底を図ることをはじめとして、適切な措置を講ずること。
二 株主総会の招集地に関する規定の変更については、株主総会が株主の権利行使の重要な一局面であることにかんがみ、その招集に当たって、株主の利便性を損なう恣意的な招集地の決定がされることがないよう、株主総会の招集通知の記載事項の在り方等について適切な措置を講ずること。
三 会社に対する取締役の責任を原則として過失責任に再編成することに伴い、会社財産の流出を防止し、株主や会社債権者を保護するという観点から、会社内部で適正なコーポレートガバナンスが確保されるよう、周知徹底に努めるとともに、今後の状況を見ながら、必要に応じ、会社に対する取締役の責任の在り方について見直しを行うこと。
四 破産手続開始の決定を受け復権していない者を取締役として選任することを許容することについては、そのような者に再度の経済的再生の機会を与えるという目的について十分な理解が得られるよう、その趣旨の周知徹底に努めること。
五 株主による取締役の直接の監視機能として、定期的に取締役の改選手続を行うことが重要であることにかんがみ、取締役の任期の在り方については、今後の実務の運用

状況を踏まえ、必要に応じ、その見直しを検討すること。
六　拒否権付株式等、経営者の保身に濫用される可能性のある種類株式の発行については、その実態を見ながら、必要に応じ、これを制限するなどの法的措置も含め、検討を行うこと。
七　企業再編の自由化及び規制緩和に伴い、企業グループや親子会社など企業結合を利用した事業展開が広く利用される中で、それぞれの会社の株主その他の利害関係者の利益が損なわれることのないよう、情報開示制度の一層の充実を図るほか、親子会社関係に係る取締役等の責任の在り方等、いわゆる企業結合法制について、検討を行うこと。
八　株主代表訴訟の制度が、株主全体の利益の確保及び会社のコンプライアンスの維持に資するものであることにかんがみ、今回の見直しにより、この趣旨がより一層実効的に実現されるよう、制度の運用状況を注視し、必要があれば、当事者適格の見直しなど、更なる制度の改善について、検討を行うこと。
九　類似商号規制の廃止については、その運用状況を注視し、必要があれば、既存の商号に対する簡易な救済制度の創設を含め、対応措置を検討すること。
十　会社設立時の出資額規制の撤廃については、企業家のモラル低下、会社形態を悪用したペーパーカンパニーの濫立、会社設立後の活動資金不足などの問題が生じることのないよう注視し、必要があれば、対応措置を検討すること。
十一　会計参与制度の創設については、会計参与が主として中小会社における計算の適正の確保に資する任意設置の機関として設けられた趣旨を踏まえて、制度の周知徹底に努めること。
十二　有限会社制度が廃止されることに伴い、既存の有限会社が新しい株式会社や新たに創設される合同会社等に移行するに当たり、不利益を被らないよう配慮し、必要に応じ、適切な措置を講ずること。
十三　合同会社制度については、今後の利用状況を観察し、株式会社の計算等に係る規制を逃れるために株式会社から合同会社への組織変更等が顕在化した場合は、必要に応じ、その計算に関する制度の在り方について、見直しを検討すること。
十四　合同会社に対する課税については、会社の利用状況、運用実態等を踏まえ、必要があれば、対応措置を検討すること。
十五　外国会社による我が国への投資が、我が国経済に対してこれまで果たしてきた役割の重要性及び当該役割が今後も引き続き不可欠なものとして期待される点にかんがみ、会社法第821条に関して、その法的確実性を担保するために、次の諸点について、適切な措置を講ずること。
　1　同条は、外国会社を利用した日本の会社法制の脱法行為を禁止する趣旨の規定であり、既存の外国会社及び今後の我が国に対する外国会社を通じた投資に何ら悪影響を与えるものではないことについて、周知徹底を図ること。
　2　同条は、外国の事業体に対し、特定の形態を制限し又は要求する趣旨のものではないことについて、周知徹底を図ること。
十六　会社法第821条については、本法施行後における外国会社に与える影響を踏まえ、必要に応じ、見直しを検討すること。

第3部　法制審議会商法（会社法）部会開催状況

●法制審議会商法部会

回	日　時	議　長	テーマ	備　考
1	昭29(1954) 8. 3	横田正俊	小委員会の設置等	委員9名を選任
2	昭30(1955) 3.23	横田正俊	法律案要綱仮案の検討	
3	10. 5	横田正俊	会社法制の在り方全般	
4	11.30	横田正俊	機関(全体)	
5	昭31(1956) 1.25	横田正俊	海上物品運送特例法	
6	2. 1	横田正俊	監査役に関する大蔵省提案	
7	4.25	横田正俊	機関(全体)	
8	5.23	横田正俊	機関(株主総会)	
9	7. 4	横田正俊	機関(監査)	
10	昭32(1957) 2. 7	横田正俊	海商法(船荷証券)	
11	昭33(1958) 2.12	横田正俊	今後の検討課題	
12	3. 7	横田正俊	基本事項、計算	
13	昭35(1960) 2.10	鈴木竹雄	計算	
14	2.26	鈴木竹雄	計算	(2日目)2.27
15	4.22	田中誠二※	計算	(2日目)4.23※(代理)
16	12. 7	鈴木竹雄	計算	
17	12.14	鈴木竹雄	計算	
18	昭36(1961) 1.18	鈴木竹雄	計算	
19	2. 1	鈴木竹雄	計算	
20	2.17	鈴木竹雄	計算	(2日目)2.18
21	2.22	鈴木竹雄	計算	
22	3. 1	鈴木竹雄	計算	
23	3.15	鈴木竹雄	計算に関する要綱案	
24	3.22	鈴木竹雄	計算に関する要綱案の適用範囲と計算書類の開示	
25	4.12	鈴木竹雄	計算に関する要綱案の適用範囲と計算書類の開示	

26		5.10	鈴木竹雄	計算に関する要綱案の適用範囲と計算書類の開示	
27		6.14	鈴木竹雄	要綱案まとめ	
28		7.12	鈴木竹雄	登記事項	
29	昭37(1962)	1.24	鈴木竹雄	商法改正案要綱案まとめ	
30		7. 8	鈴木竹雄	今後の検討課題	
31	昭38(1963)	1.16	鈴木竹雄	今後の検討課題	
32		7.15	鈴木竹雄	今後の改正試案検討	
33		9.18	鈴木竹雄	株式等	
34		10.16	鈴木竹雄	株式等	
35		11.20	鈴木竹雄	株式等	
36		12.25	鈴木竹雄	株式等	(2日目) 12.26
37	昭39(1964)	1.25	鈴木竹雄	要綱案まとめ(株式等)	
38		7. 1	鈴木竹雄	今後の方針(国会での継続審議の理由説明)	
39		11.11	鈴木竹雄	株式等	
40		12. 9	鈴木竹雄	改正法案要綱案決定	
41	昭41(1966)	11. 2	鈴木竹雄	今後の検討課題	
42	昭42(1967)	3.22	鈴木竹雄	機関(監査)	
43		4.26	鈴木竹雄	機関(監査)	
44	昭43(1968)	1.31	鈴木竹雄	機関(監査)、B案による改正方針を決定	
45	昭44(1969)	2.26	鈴木竹雄	機関(監査)	
46		3.26	鈴木竹雄	機関(監査)	
47		4.16	鈴木竹雄	機関(監査)	
48		4.30	鈴木竹雄	機関(監査)	
49		5.14	鈴木竹雄	財産目録、中間配当	
50		7. 2	鈴木竹雄	要綱案まとめ(監査)	
51		7.16	鈴木竹雄	要綱案まとめ(監査)	
52		10.29	鈴木竹雄	商業帳簿、有限会社の監査等	
53		12. 3	鈴木竹雄	計算	
54		12.17	鈴木竹雄	商業帳簿等	
55	昭45(1970)	1.21	鈴木竹雄	要綱案まとめ(商業帳簿等)	
56		2.18	鈴木竹雄	要綱案まとめ(商業帳簿等)	
57		3. 4	鈴木竹雄	要綱案まとめ(商業帳簿等)	

58	5. 6	鈴木竹雄	今後の検討課題、船責法	
59	6. 3	鈴木竹雄	今後の検討課題	
60	7. 1	鈴木竹雄	今後の検討課題、転換社債	
61	7.22	鈴木竹雄	休眠会社の整理、転換社債	
62	9.16	鈴木竹雄	準備金の資本組入れ、休眠会社、転換社債	
63	9.30	鈴木竹雄	額面・無額面の転換、自己株取得等	
64	10.14	鈴木竹雄	58回以降のまとめ	
65	10.28	鈴木竹雄	帳簿の電磁的記録等による保存	
66	12.23	鈴木竹雄	意見交換会	
67	昭46(1971) 6.30	鈴木竹雄	商法改正案の経過報告	
68	10. 6	鈴木竹雄	船責法、商法改正事項	
69	昭47(1972) 6.14	鈴木竹雄	船責法、商法改正案の国会提出断念の理由	
70	12. 5	鈴木竹雄	船責法	(2日目) 12.6
71	昭48(1973) 3.29	鈴木竹雄	商法改正法案の説明等	
72	12.12	鈴木竹雄	国会審議の経過	
73	昭49(1974) 6.19	鈴木竹雄	今後の検討課題	
74	9.11	鈴木竹雄	企業の社会的責任、株主総会	
75	10. 9	鈴木竹雄	取締役会等	
76	12.11	矢沢　惇※	結合企業、大小区分、額面引上げ等	※（代理）
77	昭50(1975) 4.30	鈴木竹雄	73回以降のまとめと意見照会の可否	
78	5.14	鈴木竹雄	株式、計算等	
79	昭51(1976) 2.18	鈴木竹雄	意見照会の結果報告	
80	3.10	鈴木竹雄	社債、大小区分、株式	
81	6.30	鈴木竹雄	社債、株式	
82	10. 2	鈴木竹雄	社債、株式	
83	12.15	鈴木竹雄	株式	
84	昭52(1977) 4. 6	鈴木竹雄	株式	
85	7. 6	鈴木竹雄	機関(株主総会)	
86	昭53(1978) 2. 1	矢沢　惇※	機関(株主総会、取締役)	※（代理）
87	3.22	鈴木竹雄	株式、機関(株主総会、取締役)	後半は矢沢部会長代理

88		5.31	鈴木竹雄	機関(取締役)	前半は矢沢部会長代理
89		7.19	鈴木竹雄	機関(取締役、監査役)	前半は矢沢部会長代理
90		10.25	矢沢　惇※	機関(取締役、監査役)	鈴木部会長出席の下、代理による議事代行
91		11.15	鈴木竹雄	機関(全般)、計算	前半は矢沢部会長代理
92	昭54(1979)	3.14	鈴木竹雄	計算	
93		5.23	鈴木竹雄	計算	
94		7.18	鈴木竹雄	計算	
95		9.26	鈴木竹雄	計算	
96		10.24	鈴木竹雄	計算	前半は鴻部会長代理
97		11.21	鈴木竹雄	計算	
98	昭55(1980)	1.30	鈴木竹雄	株式	
99		2.27	鈴木竹雄	株式	
100		3.19	鈴木竹雄	株式	
101		4.23	鈴木竹雄	機関(株主総会)	前半は鴻部会長代理
102		5.28	鈴木竹雄	機関(取締役)	
103		6.25	鈴木竹雄	機関(取締役、監査役)、計算	
104		7.23	鈴木竹雄	新株引受権附社債、計算	
105		9.24	鈴木竹雄	新株引受権附社債、計算	
106		11.19	鈴木竹雄	要綱案まとめ	前半は鴻部会長代理
107		12.17	鈴木竹雄	要綱案まとめ	前半は鴻部会長代理
108		12.24	鈴木竹雄	要綱案まとめ	
109	昭56(1981)	6.17	鈴木竹雄	今後の検討課題	
110		9.30	鈴木竹雄	法務省令	
111		12.23	鈴木竹雄	船責法、法務省令	
112	昭57(1982)	2.3	鈴木竹雄	船責法、法務省令	前半は鴻部会長代理
113		9.8	鈴木竹雄	振替決済制度等	
114		12.22	鈴木竹雄	大小区分、最低資本金等	
115	昭58(1983)	3.23	鈴木竹雄	大小区分	
116		7.6	鈴木竹雄	閉鎖会社	
117		12.14	鈴木竹雄	振替決済制度、大小区分	前半は竹内部会長代理
118	昭59(1984)	2.29	鈴木竹雄	減資、合併、解散、大小区分	
119		3.21	鈴木竹雄	閉鎖会社、組織変更等	
120		12.12	鈴木竹雄	大小区分	

121	昭60(1985) 3.27	鈴木竹雄	大小区分		
122	9.25	鈴木竹雄	要綱試案まとめ	前半は竹内部会長代理	
123	昭61(1986) 1.22	鈴木竹雄	要綱試案まとめ		
124	4.23	鈴木竹雄	要綱試案まとめ		
125	昭62(1987) 1.21	鈴木竹雄	今後の立法作業		
126	5.13	鈴木竹雄	要綱案まとめ		
127	11.11	鈴木竹雄	要綱案まとめ		
128	昭63(1988) 3.23	鈴木竹雄	要綱案まとめ		
129	7.13	鈴木竹雄	要綱案まとめ		
130	平元(1989) 2. 8	鈴木竹雄	要綱案まとめ		
131	7.17	鈴木竹雄	要綱案まとめ	前半は竹内部会長代理	
132	平 2 (1990) 2.28	鈴木竹雄	要綱案まとめ		
133	平 3 (1991) 3.20	竹内昭夫※	今後の検討課題	※（代理）	
134	平 4 (1992) 2.19	前田　庸、鴻　常夫、谷川　久	合併、社債、国際海上物品運送	各小委員長が議事代行	
135	平 5 (1993) 2.10	鈴木竹雄	代表訴訟、監査役、社債等の要綱案		
136	平 6 (1994) 2. 2	鈴木竹雄	株式（ストック・オプション）の要綱案		
137	平 7 (1995) 3. 8	竹内昭夫	阪神大震災の特例、今後の検討課題		
138	平 8 (1996) 3.13	竹内昭夫	合併		
139	平 9 (1997) 1.22	前田　庸	合併の要綱案		
140	7. 2	前田　庸	企業統治一般、代表訴訟		
141	12.17	前田　庸	自民党商法小委の検討		
142	平10(1998) 7. 8	前田　庸	親子会社法制等		
143	平11(1999) 1.27	前田　庸	要綱案まとめ（株式交換等）		
144	7. 7	前田　庸	会社分割		
145	平12(2000) 1.21	前田　庸	要綱案まとめ（会社分割）		
146	9. 6	前田　庸	今後の検討課題		

●法制審議会会社法部会

回	日　時	議　題	議　事　概　要
1	平13(2001) 1.17	会社法制の見直しについて	法制審議会会社法部会は、同部会の前身である商法部会が昨年9月6日にとりまとめた「今後の商法改正について」と題する商法改正検討事項に基づき、会社法制の大幅な見直しの検討作業の審議を継続することを確認した上、株式制度の見直しに関する事項の審議を行った。 　今後は、平成14年の通常国会への法案提出を目途として審議を継続し、次回会議から、そのための中間的な試案の策定作業に入ることとなる。
2	2.14	会社法制の見直しについて	法制審議会会社法部会は、これまで同部会及びその前身である商法部会において審議されてきた会社法制の大幅な見直しの検討作業の審議を踏まえて、本会議から、中間的な試案の策定作業に入り、会社の機関関連及び株式関連での試案（案）について審議を行った。 　今後は、来年度初頭での取りまとめを目途に、中間的な試案の策定作業が継続されることとなる。
3	3.14	会社法制の見直しについて	法制審議会会社法部会は、前回の会議に引き続いて、会社法制の大幅な見直しの検討作業に関するこれまでの審議を踏まえて、中間的な試案の策定作業を行い、会社の計算・開示関連及び株式関連での試案（案）について審議を行った。 　今後は、来年度初頭での取りまとめを目途に、中間的な試案の策定作業が継続されることとなる。
4	3.28	会社法制の見直しについて	法制審議会会社法部会は、前回の会議に引き続いて、会社法制の大幅な見直しの検討作業に関するこれまでの審議を踏まえて、中間的な試案の策定作業を行い、会社の計算・開示関連、会社の機関関連及び株式関連の試案（案）について審議を行った。 　今後は、中間的な試案の取りまとめ作業が行われることとなる。
5	4.18	会社法制の見直しについて	法制審議会会社法部会は、会社法制の大幅な見直しの検討作業に関するこれまでの審議を踏まえて、「商法等の一部を改正する法律案要綱中間試案」の取りまとめを行った。 　今後は、法務省民事局参事官室において中間試案を公表して意見照会を行った後、会社法部会においては、意見照会の結果を踏まえ、会社法制の大幅な見直しに関する要綱案の策定に向けて審議が継続されることとなる。
6	7.4	商法等の一部を改正する法律案要綱案（案）について	法務省民事局参事官室は、法制審議会会社法部会が4月18日の第5回会議において取りまとめた商法等の一部を改正する法律案要綱中間試案を公表し、関係各界に対して意見照会を行った。同部会では、本日、この意見照会結果についての報告を受ける（併せて、通常国会において成立し

第3部　法制審議会商法（会社法）部会開催状況　1159

			たいわゆる金庫株の解禁、株式の大きさの見直し等に関する「商法等の一部を改正する法律」及びコマーシャル・ペーパーのペーパーレス化に関する「短期社債の振替に関する法律」についての報告も受けた。）とともに、この報告内容を踏まえて、法律案要綱案の作成のための具体的な審議に入った。 　今後は、本年秋に開催される予定の臨時国会への法案提出を目途に検討すべき改正事項について、審議が行われることとなる。
7	7.18	商法等の一部を改正する法律案要綱案(案)について	法制審議会会社法部会は、会社法制の大幅な見直しのための審議を継続して来ているが、前回の第6回会議から、商法等の一部を改正する法律案要綱中間試案において取りまとめた改正検討事項のうち、今秋に開催される予定の臨時国会への法案提出に盛り込むべき事項について、具体的な審議を開始し、本日、新株の有利発行、株式買受請求権、種類株式、転換株式等について、審議が行われた。 　今後も、本年秋に開催される予定の臨時国会への法案提出を目途にして、審議が継続されることとなる。
8	8. 8	商法等の一部を改正する法律案要綱案(案)について	法制審議会会社法部会は、会社法制の大幅な見直しのための審議を継続して来ているが、前々回の第6回会議から、商法等の一部を改正する法律案要綱中間試案において取りまとめた改正検討事項のうち、今秋に開催される予定の臨時国会への法案提出に盛り込むべき事項について、具体的な審議を行っており、本日は、株式制度の見直し及び会社関係書類の電子化の全般にわたって議論が行われ、さらに、これまでの審議を踏まえ、「商法等の一部を改正する法律案要綱案」の取りまとめ作業が行われた。 　次回会議において、会社法部会としての上記要綱案の取りまとめが行われることとなる。
9	8.22	商法等の一部を改正する法律案要綱案(案)について	法制審議会会社法部会は、会社法制の大幅な見直しのための審議を継続して来ているが、第6回会議から、商法等の一部を改正する法律案要綱中間試案において取りまとめた改正検討事項のうち、今秋に開催される予定の臨時国会への法案提出に盛り込むべき事項について、具体的な審議を行っており、本日は、前回会議までの審議を踏まえて、「商法等の一部を改正する法律案要綱案」の取りまとめが行われ、同要綱案が決定された。 　上記要綱案については、9月7日に開催される法制審議会総会において審議が行われ、法律案要綱として決定される予定であり、また、会社法部会は、さらに、来春の通常国会への法案提出を目途とした改正検討事項の審議を継続して行うこととなる。

10	9.19	商法等の一部を改正する法律案要綱案（第一次案の一）について	法制審議会会社法部会は、「商法等の一部を改正する法律案要綱中間試案」のうち次期通常国会への提出を目途とする項目について検討作業を開始し、第10回会議において、会社の機関に関する要綱案（案）について審議を行った。 今後は、検討結果を踏まえ、会社法制の大幅な見直しに関する要綱案の策定に向けて審議が継続されることとなる。
11	10.10	商法等の一部を改正する法律案要綱案（第一次案の二）について	法制審議会会社法部会は、前回に引き続き、(1)株式失効制度の創設、(2)大会社以外の株式会社における会計監査人による監査、(3)会計監査人の会社に対する責任についての株主代表訴訟、(4)子会社株式の譲渡等、(5)現物出資等の目的たる財産の価格の証明に関する要綱案（案）について審議を行った。 今後は、検討結果を踏まえ、会社法制の大幅な見直しに関する要綱案の策定に向けて審議が継続されることとなる。
12	10.24	商法等の一部を改正する法律案要綱案（第一次案の三）について	法制審議会会社法部会は、前回に引き続き、(1)譲渡制限会社以外の会社における新株発行規制の見直し、(2)種類株主の取締役等の選解任権、(3)所在不明株主の株式売却制度の創設、(4)端株の買増制度、(5)株主提案権の行使期限の繰上げ等、(6)株主総会等の特別決議の定足数の緩和、(7)株主総会招集手続の簡素化等、(8)商法特例法上の大会社についての連結計算書類の導入、(9)資本減少手続等の合理化、(10)外国会社に関する要綱案（案）について審議を行った。 今後は、検討結果を踏まえ、会社法制の大幅な見直しに関する要綱案の策定に向けて審議が継続されることとなる。
13	11.21	商法等の一部を改正する法律案要綱案（第二次案の一）について	法制審議会会社法部会は、今回から、要綱案（案）の第二読会に入り、(1)商法特例法上の大会社についての社外取締役の選任義務、(2)経営委員会制度、(3)商法特例法上の大会社の利益処分案等の確定等、(4)委員会制度及び執行役制度の導入に関する要綱案（案）について審議を行った。 今後は、検討結果を踏まえ、会社法制の大幅な見直しに関する要綱案の策定に向けて審議が継続されることとなる。
14	12.5	商法等の一部を改正する法律案要綱案（第二次案の二）について	法制審議会会社法部会は、前回に引き続き、要綱案の第二次案の審議を行っており、(1)種類株主の取締役等の選解任権、(2)株券失効制度の創設、(3)所在不明株主の株式売却制度等の創設、(4)端株等の買増制度、(5)株主提案権の行使期限の繰上げ等、(6)株主総会等の特別決議の定足数の緩和、(7)株主総会招集手続の簡素化等、(8)取締役の報酬規制、(9)会計監査人の会社に対する責任についての株主代表訴訟、

第3部　法制審議会商法（会社法）部会開催状況　*1161*

			⑽現物出資、財産引受及び事後設立の目的たる財産の価格の証明、⑾資本減少手続の合理化、⑿外国会社が審議の対象とされた。 　今回をもって第二次案の審議が終了し、今後は、検討結果を踏まえた第三次案の審議を行う等、会社法制の大幅な見直しに関する要綱案の策定に向けて審議が継続されることとなる。
15	12.19	商法等の一部を改正する法律案要綱案（第三次案）について	法制審議会会社法部会は、これまでの審議の結果等を踏まえて作成された要綱案の第三次案の審議を行い、すべての項目について検討を終了した。 　次回の会社法部会において、商法等の一部を改正する法律案要綱案（案）を取りまとめる予定である。
16	平14(2002) 1.16	商法等の一部を改正する法律案要綱案(案)について	法制審議会会社法部会は、商法等の一部を改正する法律案要綱案（案）について審議を行い、商法等の一部を改正する法律案要綱案を取りまとめた。 　今回をもって、法制審議会会社法部会は、諮問第47号に対する審議を終了した。 　今後は、法制審議会総会において、商法等の一部を改正する法律案要綱の取りまとめを行う予定である。

※議長は、前田　庸（学習院大学法学部教授）

〈http://www.moj.go.jp/shingi1/shingi_kaishahou_index.html〉

● 法制審議会会社法（現代化関係）部会

回	日　時	議　題	議　事　概　要
1	平14(2002) 9.25	会社法制の現代化について	1. 部会長を互選した。2. 会社法制の現代化についての今後の審議の進め方、検討の基本的な方向性等について、意見交換がされた。
2	10.23	会社法制の現代化の基本方針等について	会社法制の現代化の基本方針及び具体的な改正検討事項について、意見交換がされた。
3	平15(2003) 3.19	会社法の現代化に関する改正検討課題について	最低資本金、株式会社の設立手続、払込取扱機関による保管証明制度、事後設立、現物出資及び財産引受け、取締役の会社に対する責任、委員会等設置会社以外の会社における利益処分(損失処理)の取締役会権限化、「閉鎖株式会社」における機関の簡素化・柔軟化、株主総会の招集地、総会検査役、監査役の権限等について、議論がされた。
4	4.16	会社法の現代化に関する改正検討課題について	合併等の対価の柔軟化の可否、簡易組織再編行為の要件の見直し等、組織再編時の剰余金の計上・引継ぎ、組織再編行為の場合における新株予約権の取扱い、株式会社・有限会社間の資本制度の調整、株式・持分制度の調整、譲渡制限会社となる場合の手続等、単元株・端株制度、基準日、種類株式等について、議論がされた。
5	5.14	会社法の現代化に関する改正検討課題について	資本金・準備金、配当規制、計算書類、有限会社の社債発行、社債総則に関する規定の整理、社債管理会社、社債権者集会、新株予約権付社債、外国会社に関する規定、子会社に関する規定等について、議論がされた。
6	5.28	会社法の現代化に関する改正検討課題について	会計監査人関係(設置の範囲、株主代表訴訟、欠格事由等)、株式会社・有限会社間の少数株主(社員)権の行使要件等の調整、書面投票制度、株主提案権、社外取締役・社外監査役の要件、取締役の欠格事由等について、議論がされた。
7	6. 4	会社法の現代化に関する改正検討課題について	取締役・取締役会等、利益処分が取締役会限りで可能な会社の「剰余金の分配」、違法分配の場合における責任、自己株式、株式の消却、新株発行の際の公告・通知、新株予約権等について、議論がされた。
8	7. 2	会社法の現代化に関する改正検討課題について	会社にかかる商号・目的に関する事項、登記、合名会社・合資会社等について、議論がされた。株式会社と有限会社との制度間調整に関し、設立手続、株式・持分制度、機関関係（譲渡制限株式会社の機関の柔軟化、取締役・監査役関係）に係る事項について、議論がされた。

9	7.16	会社法の現代化に関する改正検討課題について	株式会社と有限会社との制度間調整に関し、機関関係(株主・株主総会関係)、計算に係る事項について、議論がされた。設立関係(最低資本金制度、払込取扱機関、事後設立、現物出資・財産引受け)、株式等関係(単元株・端株、基準日、種類株式、自己株式、株式の消却、新株予約権、強制転換条項付新株予約権付社債)に係る事項について、議論がされた。
10	7.23	会社法の現代化に関する改正検討課題について	計算関係(配当規制、資本金・準備金)、社債関係(社債総則に関する規定の整理、社債管理会社、社債権者集会)、組織再編関係(対価柔軟化、簡易組織再編行為、略式再編、組織再編行為に伴う計算関係、効力発生)、清算関係(清算手続への裁判所の関与、清算中の会社の機関の在り方、清算中の会社の配当等、清算中の会社がすべき公告)に係る事項について、議論がされた。株式等関係(譲渡制限株式会社における新株発行無効の訴え、市場取引等以外の方法による自己株式の買受手続の整備、新株発行等の際の公告・通知)、計算関係(分配の機会の柔軟化)に係る事項について、議論がされた。
11	9.3	会社法の現代化に関する改正検討課題について	計算関係(剰余金の分配にかかる取締役等の責任、資本金・準備金、子会社の親会社株式の取得)、組織再編関係(新株予約権等の承継、人的分割における財源規制)、機関関係(株主総会、取締役・取締役会、監査役、商業使用人、会計監査人等)に係る事項等について、議論がされた。
12	9.17	会社法制の現代化に関する要綱試案(案)のたたき台について	会社法制の現代化に関する要綱試案において提示すべき内容に関し、基本方針、総則、合名会社・合資会社、株式会社・有限会社(総論、設立等、株式、社債・新株予約権、組織再編、清算)、外国会社に関する事項について、議論がされた。
13	9.24	会社法制の現代化に関する要綱試案(案)のたたき台について	会社法制の現代化に関する要綱試案において提示すべき内容に関し、株式会社・有限会社(機関、計算)、その他に関する事項について、議論がされた。
14	10.8	会社法制の現代化に関する要綱試案(第1次案)について	会社法制の現代化に関する要綱試案において提示すべき内容に関し、取締役の責任、分配機会及び決定機関の特例並びに役員報酬等、新たな会社類型等について、議論がされた。
15	10.22	会社法制の現代化に関する要綱試案(案)について	会社法制の現代化に関するこれまでの審議を踏まえて、「会社法制の現代化に関する要綱試案」の取りまとめを行った。

16	12.17	代表訴訟について	株主代表訴訟制度の見直しの要否に関し、議論がされた。
17	平16(2004) 1.14	代表訴訟について	前回に引き続き、株主代表訴訟制度の見直しの要否に関し、議論がされた。
18	2.4	「会社法制の現代化に関する要綱試案」に対する各界意見の分析について	「会社法制の現代化に関する要綱試案」に対する各界意見の分析について、報告がされた。
19	2.5	株式会社と有限会社の規律・類型の一体化について	株式会社と有限会社の規律・類型の一体化に関し、議論がされた。
20	3.17	会社法制の現代化に関する要綱案(案)たたき台(1)について	会社法制の現代化に関する要綱案(案)の取りまとめに向けて、総則関係、株式会社・有限会社関係(総論、設立等関係、株式・持分関係、機関関係、清算関係、その他)、外国会社関係に関し、議論がされた。
21	4.14	会社法制の現代化に関する要綱案(案)たたき台(2)について	会社法制の現代化に関する要綱案(案)の取りまとめに向けて、株式会社・有限会社関係(設立等関係、株式・持分関係、機関関係)に関し、議論がされた。
22	5.19	会社法制の現代化に関する要綱案(案)たたき台(3)について	会社法制の現代化に関する要綱案(案)の取りまとめに向けて、株式会社・有限会社関係(計算関係、社債・新株予約権関係)に関し、議論がされた。
23	6.2	会社法制の現代化に関する要綱案(案)たたき台(4)について 株式会社及び有限会社の一体化に関する諸問題について	会社法制の現代化に関する要綱案(案)の取りまとめに向けて、合名会社・合資会社関係、株式会社・有限会社関係(組織再編関係)、その他(新たな会社類型)に関し、議論がされた。 株式会社及び有限会社の一体化に関する諸問題(株式会社の機関設計)について、議論がされた。
24	6.9	株式会社及び有限会社の一体化に関する諸問題について	株式会社及び有限会社の一体化に関する諸問題(株式会社の機関設計、取締役等の任期、少数株主権の行使要件、特別決議の要件、設立時の払込価額規制、決算公告)について、議論がされた。
25	6.16	会社法制の現代化に関する要綱案(案)たたき台(5)について 代表訴訟に関する見直しについて 外国会社に関する諸問題について	会社法制の現代化に関する要綱案(案)の取りまとめに向けて、株式会社・有限会社関係(機関関係)に関し、議論がされた。 代表訴訟に関する見直しについて、議論がされた。 外国会社に関する諸問題(擬似外国会社、外国会社による社債の発行等)について、議論がされた。

26	6.30	外国会社に関する諸問題について 残された諸論点について 社債管理会社及び社債権者集会に係る規定の適用範囲について	外国会社に関する諸問題(外国会社との株式交換、外国子会社による内国親会社株式の取得の禁止)について、議論がされた。 会社法制の現代化に関する要綱案(案)の取りまとめに向けて、諸論点(株式会社及び有限会社の一体化に関する諸問題、株式関係、機関関係、組織再編関係、擬似外国会社、その他)について、議論がされた。 社債管理会社及び社債権者集会に係る規定の適用範囲について、議論がされた。
27	7.21	会社法制の現代化に関する要綱案(第一次案)について	会社法制の現代化に関する要綱案の取りまとめに向けて、上記の要綱案(第一次案)に掲げられた各項目について、議論がされた。
28	7.28	会社法制の現代化に関する要綱案(第二次案)について	会社法制の現代化に関する要綱案の取りまとめに向けて、上記の要綱案(第二次案)に掲げられた各項目について、議論がされた。
29	9.15	追加論点について	会社法制の現代化に関する要綱案の取りまとめに向けて、追加論点(設立、機関、株式等、社債、計算、清算、会社関係訴訟、営業譲渡の際の競業禁止に関する諸論点)について、議論がされた。
30	10.13	会社法制の現代化に関する要綱案(第三次案)について	会社法制の現代化に関する要綱案の取りまとめに向けて、上記の要綱案(第三次案)に掲げられた各項目等について、議論がされた。
31	11.17	会社法制の現代化に関する要綱案(第四次案)について	会社法制の現代化に関する要綱案の取りまとめに向けて、上記の要綱案(第四次案)に掲げられた各項目について、議論がされた。
32	12. 8	会社法制の現代化に関する要綱案(案)について	会社法制の現代化に関する要綱案の取りまとめを行った。

※議長は、江頭憲治郎(東京大学法学部教授)

〈http://www.moj.go.jp/shingi1/shingi_kaishahou_gendai_index.html〉

●法制審議会会社法（株券の不発行等関係）部会

回	日　時	議　題	議　事　概　要
1	平14(2002) 9.11	株券の不発行制度等について	1．部会長を互選した。2．事務局より、株券不発行制度及び電子公告について、これまで行われてきた議論の概要の紹介があった。3．株券不発行制度および電子公告について、今後、議論を要すると考えられる主な事項について、検討を行った。
2	10.16	株券の不発行制度等について	株券不発行制度に関する基本的な検討事項について、検討を行った。
3	11.20	株券の不発行制度等について	事務局が作成した株券不発行制度の導入に関する要綱第一次試案について、検討を行った。
4	12.18	電子公告制度について	電子公告制度に関する基本的な検討事項について、検討を行った。
5	平15(2003) 1.22	株券の不発行制度について	事務局が作成した株券不発行制度の導入に関する要綱第二次試案について、検討を行った。
6	2.19	電子公告制度について	事務局が作成した電子公告制度の導入に関する要綱試案について、検討を行った。
7	3.26	株券不発行制度及び電子公告制度について	株券不発行制度および電子公告制度の導入に関する要綱中間試案を取りまとめた。
8	4.23	株券不発行制度及び電子公告制度について	株券不発行制度および電子公告制度について、中間試案の本文に記載された事項以外の検討課題について、検討を行った。
9	5.21	株券不発行制度及び電子公告制度について	事務局が作成した株券不発行制度の導入に関する要綱案第一次案について、検討を行った。
10	6.18	株券不発行制度及び電子公告制度について	株券不発行制度の導入に関する要綱案第一次案について、引き続き検討を行うとともに、事務局が作成した電子公告制度の導入に関する要綱案第一次案について、検討を行った。
11	7.9	株券不発行制度及び電子公告制度について	事務局が作成した株券不発行制度の導入に関する要綱案第二次案および電子公告制度の導入に関する要綱案第二次案について検討を行った。
12	7.30	株券不発行制度及び電子公告制度について	株券不発行制度の導入に関する要綱案及び電子公告制度の導入に関する要綱案について検討を行い、両要綱案を決定した。

※議長は、江頭憲治郎（東京大学法学部教授）

〈http://www.moj.go.jp/shingi1/shingi_kaishahou_kabuken_index.html〉

●法制審議会電子債権法部会

回	日　時	議　題	議　事　概　要
1	平18(2006) 2.28	電子債権制度の整備について	1．部会長を互選した。2．事務局より、電子債権制度に関する検討の経緯および電子債権制度の骨格についての説明がされた。3．電子債権制度全般にわたって、自由な議論が行われた。
2	3.28	電子債権制度の整備について	電子債権の発生等に関する検討課題について、審議を行った。
3	4.19	電子債権制度の整備について	電子債権の発生や移転に関する検討課題について、審議を行った。
4	5.9	電子債権制度の整備について	電子債権の移転や消滅等に関する検討課題について、審議を行った。
5	5.30	電子債権制度の整備について	電子債権保証や電子債権と原因債権との関係等に関する検討課題について、審議を行った。
6	6.20	電子債権制度の整備について	電子債権法制に関する中間試案（第1次案）について、審議を行った。
7	7.11	電子債権制度の整備について	電子登録債権法制に関する中間試案（第2次案）について、審議を行った。
8	7.25	電子債権制度の整備について	電子登録債権法制に関するこれまでの審議を踏まえて、「電子登録債権法制に関する中間試案」の取りまとめを行った。また、この中間試案を事務局作成の補足説明とともに公表してパブリック・コメントに付すことが了承された。
9	9.12	電子債権制度の整備について	「電子登録債権法制に関する中間試案」についてのパブリック・コメントに対して寄せられた意見に基づき、この中間試案に掲げられた項目全般にわたって審議を行った。
10	10.3	電子債権制度の整備について	「電子登録債権法制に関する中間試案」に対する意見照会で意見が分かれた論点等、電子登録債権法制に関する要綱案を作成するための前提として更に議論を要する諸論点について、審議を行った。
11	10.31	電子債権制度の整備について	「電子登録債権法制の私法的側面に関する要綱案（第1次案の上）」について、審議を行った。
12	11.28	電子債権制度の整備について	「電子登録債権法制の私法的側面に関する要綱案（第1次案の下）」について、審議を行った。
13	12.19	電子債権制度の整備について	「電子登録債権法制の私法的側面に関する要綱案（第2次案）」について、審議を行った。
14	平19(2007) 1.16	電子債権制度の整備について	「電子登録債権法制の私法的側面に関する要綱案」が取りまとめられた。

※議長は、江頭憲治郎（東京大学法学部教授）

〈http://www.moj.go.jp/shingi1/shingi_denshisaiken_index.html〉

第4部　法制審議会商法（会社法）部会
委員・幹事名簿

(1) **昭和13(1938)年改正**　(昭和6(1931)年7月13日現在)

(議席番号)		出席者				
一番	委員	牧野　菊之助	二十五番	〃		鳩山　秀夫
二番	〃	和仁　貞吉	二十六番	〃		鈴木　富士弥
三番	〃	前田　米蔵	二十七番	〃		江木　千之
四番	〃	馬場　鍈一	二十八番	〃	男爵	富井　政章
五番	〃	原　嘉道	三十番	〃		竹田　省
六番	〃	岩田　宙造	三十一番	〃		大島　雅太郎
七番	〃	松田　源治	三十二番	(欠)		
八番	〃	武内　作平	三十三番	委員		池田　寅二郎
九番	〃	美濃部　達吉	三十四番	〃		奥村　政雄
十番	副総裁	花井　卓蔵	三十五番	〃		片山　義勝
十一番	委員	小原　直	三十七番	〃		渡辺　鋹蔵
十三番	〃	八並　武治	幹事	(兼)		武内　作平
十四番	〃	加藤　正治	〃	(兼)		小原　直
十五番	総裁男爵	平沼　騏一郎	〃			横溝　光暉
十六番	委員	松本　烝治	〃			大久保　偵次
十七番	〃	島田　俊進	〃			長島　毅
十八番	〃	穂積　重遠	〃			大森　洪太
十九番	〃	小山　松吉	〃			田中　耕太郎
二十番	〃	牧野　英一	〃			小町谷　操三
二十一番	〃	鈴木　喜三郎	〃			黒川　渉
二十四番	〃	二上　兵治	〃			斎藤　直一

(2) **昭和23(1948)年改正**　(昭和23(1948)年3月15日現在)

(会長)					
兼子　一	法務府調査意見長官		大住　達雄	三菱倉庫社長	
(委員)			高島　文雄	弁護士	
岡咲　恕一	法務府調査意見第一局長		鈴木　竹雄	東京大学教授	
			石井　照久	東京大学教授	
松山　貞夫	法務府資料統計局長		三藤　正	東京商工会議所調査課長	
村上　朝一	法務府民事局長		(幹事)		
長野　潔	法務府民事訟務局長		位野木　益雄	法務府調査意見第一局	
関根　小郷	最高裁判所民事部長		環　昌一	法務府調査意見第一局	
松田　二郎	東京高等裁判所判事		景山　勇	法務府調査意見第一局	

三宅　正男　　法務府調査意見第二局　　堀　　保雄　　法務府調査意見第一局
山本　桂一　　法務府法制第三局　　　　(幹　事)
吉田　　昂　　法務府民事局　　　　　　津田　　実　　法務府検務局
矢沢　　惇　　東京大学法学部研究室
(書　記)
光野　　勇　　法務府調査意見長官
　　　　　　　総務室

(3) 昭和25(1950)年改正 （昭和24(1949)年9月20日現在）

(注)　☆印は小委員会委員を示す。

(部会長)	田中　誠二　　一橋大学教授
高柳　賢三　　成蹊大学総長	小町谷　操三　東北大学教授
(委　員)	伊沢　孝平　　東北大学教授
井上　　登　　最高裁判所判事	☆黒沢　　清　　横浜国立大学教授
☆関根　小郷　　最高裁事務総局民事局長	大浜　信泉　　早稲田大学教授
斎藤　直一　　東京高等裁判所判事	☆大住　達雄　　三菱倉庫社長
☆松田　二郎　　東京高等裁判所判事	☆金子　佐一郎　十条製紙取締役
鈴木　忠一　　東京地方裁判所判事	☆小野　清造　　日本製紙社長
☆橋本　武人　　弁護士	荻野　正孝　　第一銀行頭取
長野　　潔　　弁護士	☆土屋　陽三郎　日東証券社長
高島　文雄　　弁護士	佐藤　達夫　　法務府法制意見長官
☆奥山　八郎　　弁護士	田中　治彦　　法務府民事法務長官
長瀬　秀吉　　弁護士	☆岡　咲恕一　　法務府法制意見第一局長
岡　　弁良　　弁護士	☆野木　新一　　法務府法制意見第四局長
☆平田　敬一郎　大蔵省主税局長	
☆伊原　　隆　　大蔵省理財局長	☆高橋　一郎　　法務府検務局長
愛知　揆一　　大蔵省銀行局長	☆村上　朝一　　法務府民事局長
☆石原　武夫　　通商産業省企業局長	☆横田　正俊　　公正取引委員会委員
☆内田　常夫　　経済安定本部財政金融局長	(幹　事)
	橘　　　喬　　最高裁判所民事局第三課長
☆三井　武夫　　証券取引委員会事務局次長	若林　　清　　弁護士
黄田　多喜夫　公正取引委員会総務部長	崎谷　武男　　大蔵省理財局経済課長
	福田　久男　　大蔵省銀行局銀行課長
☆鈴木　竹雄　　東京大学教授	高嶺　秀一　　通商産業省通商企業局復興課長
☆石井　照久　　東京大学教授	
☆兼子　　一　　東京大学教授	木村　三男　　経済安定本部財政金融局財務課長
大隅　健一郎　京都大学教授	
大森　忠夫　　京都大学教授	

第4部　法制審議会商法（会社法）部会委員・幹事名簿　　*1171*

亀　岡　康　夫	証券取引委員会総務課長	影　山　　　勇	法務府法制意見第四局参事官
柏　木　一　郎	公正取引委員会総務部総務課長	伊　藤　勝三郎	法務府法制意見第四局参事官
矢　沢　　　惇	東京大学助教授	津　田　　　実	法務府検務局経済第二課長
奥　原　時　蔵	経済団体連合会理財部員	環　　　昌　一	法務府行政訟務局第一課長
下　牧　　　武	法務府法制意見第一局参事官	新　谷　正　夫	法務府民事局第三課長
位野木　益　雄	法務府法制意見第四局参事官	吉　田　　　昂	法務府民事局第四課長

(4)　**昭和30（1955）年改正**　（昭和30（1955）年3月23日現在）

　　(注)　☆印は法制審議会委員を示す。

（部会長）

			大　隅　健一郎	京都大学教授
☆横　田　正　俊	公正取引委員会委員長	徳　永　久　次	通商産業省企業局長
（委　員）		阪　田　泰　二	大蔵省理財局長
鈴　木　竹　雄	東京大学教授	村　上　朝　一	法務省民事局長
石　井　照　久	東京大学教授	（幹　事）	
田　中　誠　二	一橋大学教授	寺　田　治　郎	最高裁判所事務総局民事局第二課長
☆大　浜　信　泉	早稲田大学総長		
津　田　利　治	慶應義塾大学教授	吉　田　　　昂	法務省民事局参事官
☆大　住　達　雄	三菱倉庫社長	上　田　明　信	法務省民事局参事官
原　　　安三郎	日本化薬社長	阿　川　清　道	法務省民事局第四課長
松　田　二　郎	司法研修所長	長谷川　信　蔵	法務省民事局第五課長
岡　咲　恕　一	東京高等裁判所判事	水　田　耕　一	法務省民事局付検事
東　　　季　彦	弁護士	位野木　益　雄	法務大臣官房調査課長
柴　田　　　武	弁護士	影　山　　　勇	法務大臣官房調査課付検事
関　根　小　郷	最高裁判所事務総局民事局長		

(5)　**昭和37（1962）年改正**　（昭和37（1962）年1月24日現在）

　　(注)　☆印は法制審議会委員を示す。

（部会長）

		大　隅　健一郎	京都大学教授
鈴　木　竹　雄	東京大学教授	黒　沢　　　清	横浜国立大学教授
（委　員）		☆大　浜　信　泉	早稲田大学総長
☆横　田　正　俊	東京高等裁判所長官	津　田　利　治	慶應義塾大学教授
石　井　照　久	東京大学教授	小町谷　操　三	法政大学教授
田　中　誠　二	青山学院大学教授	☆大　住　達　雄	三菱倉庫相談役
太　田　哲　三	一橋大学名誉教授	原　　　安三郎	日本化薬社長

金子　佐一郎	十条製紙社長		江村　　稔	東京大学助教授
五十嵐　太仲	弁護士		飯野　利夫	一橋大学教授
松本　正雄	弁護士		小熊　孝次	大蔵省理財局経済課長
仁分　百合人	最高裁判所事務総局民事局長		細見　　卓	大蔵省主税局税制第一課長
松田　二郎	東京地方裁判所長		外山　四郎	最高裁判所事務総局民事局第一課長
岡咲　恕一	浦和地方裁判所長			
宮川　新一郎	大蔵省理財局長		吉田　　昂	法務省民事局参事官
佐橋　　滋	通商産業省企業局長		上田　明信	法務省民事局参事官
村上　朝一	最高検察庁検事		味村　　治	法務省民事局第四課長
平賀　健太	法務省民事局長		安原　美穂	法務大臣官房司法法制調査部司法法制課長
（幹事）				
矢沢　　惇	東京大学教授		影山　　勇	法務大臣官房司法法制調査部参事官
諸井　勝之助	東京大学助教授			

(6) 昭和41(1966)年改正　(昭和39(1964)年12月9日現在)

(注)　☆印は法制審議会委員を示す。

（部会長）			松井　直行	大蔵省証券局長
☆鈴木　竹雄	東京大学教授		島田　喜仁	通商産業省企業局長
（委員）			平賀　健太	法務省民事局長
石井　照久	東京大学教授		（幹事）	
矢沢　　惇	東京大学教授		鴻　　常夫	東京大学教授
田中　誠二	青山学院大学教授		岸本　好男	大蔵省証券局企業財務課長
大隅　健一郎	京都大学教授			
大森　忠夫	京都大学教授		西村　宏一	最高裁判所事務総局民事局第一課長
津田　利治	慶應義塾大学教授			
西原　寛一	関西学院大学教授		上田　明信	法務省民事局参事官
☆大住　達雄	三菱倉庫相談役		池川　良正	法務省民事局第一課長
☆原　　安三郎	日本化薬社長		味村　　治	法務省民事局第四課長
金子　佐一郎	十条製紙社長		枇杷田　泰助	法務省民事局付検事
小町谷　操三	弁護士		田代　有嗣	法務省民事局付検事
川添　清吉	弁護士		山根　　治	法務大臣官房司法法制調査部司法法制課長
吉田　　昂	弁護士			
中村　治朗	最高裁判所事務総局民事局長		亀山　継夫	法務大臣官房司法法制調査部付検事
鈴木　忠一	司法研修所長			

(7) **昭和49(1974)年改正**（昭和45(1970)年10月28日現在）
　　　(注)　☆印は法制審議会委員を示す。

（部会長）
☆鈴　木　竹　雄　　上智大学教授
（委　員）
　鴻　　　常　夫　　東京大学教授
　江　村　　　稔　　東京大学教授
　矢　沢　　　惇　　東京大学教授
　大　森　忠　夫　　京都大学教授
　小町谷　操　三　　東北大学名誉教授
　田　中　誠　二　　青山学院大学教授
　津　田　利　治　　慶應義塾大学教授
　西　原　寛　一　　神戸学院大学教授
　石　井　照　久　　成蹊大学学長
　黒　沢　　　清　　独協大学教授
☆大　住　達　雄　　弁護士
　金　子　佐一郎　　十条製紙会長
☆原　　　安三郎　　日本化薬社長
　鈴　木　忠　一　　司法研修所長
　岡　部　行　男　　東京高等裁判所判事
　井　上　綱　雄　　弁護士
　矢　口　洪　一　　最高裁判所事務総局
　　　　　　　　　　民事局長
　林　　　信　一　　内閣法制局総務主幹
　志　場　喜徳郎　　大蔵省証券局長
　両　角　良　彦　　通商産業省企業局長
　川　島　一　郎　　法務省民事局長
（幹　事）
　竹　内　昭　夫　　東京大学教授
　谷　川　　　久　　成蹊大学教授
　川　嵜　義　徳　　最高裁判所事務総局
　　　　　　　　　　民事局第一課長
　渡　辺　忠　嗣　　最高裁判所事務総局
　　　　　　　　　　民事局付
　梅　田　晴　亮　　内閣法制局参事官
　久　保　忠　武　　大蔵省証券局企業財
　　　　　　　　　　務第二課長
　谷　川　　　輝　　法務大臣官房司法法制
　　　　　　　　　　調査部司法法制課長
　大　前　和　俊　　法務大臣官房司法法
　　　　　　　　　　制調査部付検事
　青　山　　　達　　法務省民事局第四課長
　味　村　　　治　　法務省民事局参事官
　田　辺　　　明　　法務省民事局参事官

(8) **会社法根本改正**（昭和51(1976)年10月27日現在）
　　　(注)　☆印は法制審議会委員を示す。

（部会長）
☆鈴　木　竹　雄　　法務省特別顧問
（委　員）
　服　部　榮　三　　東北大学教授
　江　村　　　稔　　東京大学教授
　鴻　　　常　夫　　東京大学教授
　竹　内　昭　夫　　東京大学教授
　矢　沢　　　惇　　東京大学教授
　北　澤　正　啓　　名古屋大学教授
　上　柳　克　郎　　京都大学教授
　河　本　一　郎　　神戸大学教授
　大　隅　健一郎　　神戸学院大学教授
　高　鳥　正　夫　　慶應義塾大学教授
　谷　川　　　久　　成蹊大学教授
　星　川　長　七　　早稲田大学教授
　鮫　島　真　男　　弁護士
　鈴　木　忠　一　　弁護士
　浅　田　敏　章　　大阪商工会議所常議
　　　　　　　　　　員（大阪スタジアム
　　　　　　　　　　社長）
　稲　川　宮　雄　　全国中小企業団体中
　　　　　　　　　　央会専務理事
☆金　子　佐一郎　　十条製紙会長
　河　崎　邦　夫　　東洋紡績会長
　佐々木　秀　一　　東京商工会議所副会
　　　　　　　　　　頭（佐々木硝子社長）
　谷　村　　　裕　　東京証券取引所理事長
　宮　崎　　　輝　　旭化成工業取締役社長

枡田文郎	東京高等裁判所判事	
柳川俊一	東京地方裁判所判事	
小川恒治	弁護士	
馬場東作	弁護士	
井口牧郎	最高裁判所事務総局民事局長	
味村治	内閣法制局第二部長	
安井誠	大蔵省証券局長	
濃野滋	通商産業省産業政策局長	
香川保一	法務省民事局長	
（幹事）		
龍田節	京都大学教授	
前田庸	学習院大学教授	
倉沢康一郎	慶應義塾大学教授	
酒巻俊雄	早稲田大学教授	
竹中正明	山一証券経済研究所取締役	
椎原国隆	弁護士	
三宅弘人	最高裁判所事務総局民事局第一課長	
池田亮一	最高裁判所事務総局民事局付	
梅田晴亮	内閣法制局参事官	
長富祐一郎	大蔵省大臣官房参事官	
南学政明	通商産業省産業政策局企業行動課長	
松田岩夫	中小企業庁指導部組織課長	
千種秀夫	法務大臣官房参事官	
田村達美	法務大臣官房司法法制調査部司法法制課長	
加藤和夫	法務大臣官房司法法制調査部参事官	
清水湛	法務省民事局第三課長	
稲葉威雄	法務省民事局第四課長	
元木伸	法務省民事局参事官	
慶田康男	法務省民事局付検事	
佐藤修市	法務省民事局付検事	
吉田淳一	法務省刑事局刑事課長

(9) 昭和56（1981）年改正 （昭和55（1980）年12月24日現在）

（注）☆印は法制審議会委員を示す。

（部会長）
☆鈴木竹雄　法務省特別顧問
（委員）
服部榮三　東北大学教授
江村稔　東京大学教授
鴻常夫　東京大学教授
竹内昭夫　東京大学教授
北澤正啓　名古屋大学教授
上柳克郎　京都大学教授
河本一郎　神戸大学教授
☆大隅健一郎　神戸学院大学教授
中島省吾　国際基督教大学教授
高鳥正夫　慶應義塾大学教授
谷川久　成蹊大学教授
飯野利夫　中央大学教授
星川長七　早稲田大学名誉教授
鮫島真男　弁護士
鈴木忠一　弁護士
稲川宮雄　全国中小企業団体中央会専務理事
河崎邦夫　東洋紡績相談役
☆渋谷健一　十条製紙会長
竹中正明　山一証券経済研究所常務取締役
谷村裕　東京証券取引所理事長
宮崎輝　旭化成工業取締役社長
林信一　東京高等裁判所判事
野﨑幸雄　東京地方裁判所判事
高橋勉　弁護士
米津稜威雄　弁護士
西山俊彦　最高裁判所事務総局民事局長

第4部　法制審議会商法（会社法）部会委員・幹事名簿　1175

味村		治	内閣法制局第一部長	大津　隆文	大蔵大臣官房企画官
吉本		宏	大蔵省証券局長	宮本　英利	大蔵省証券局企業財務課長
宮本　四郎			通商産業省産業政策局長		
				鳥居原　正敏	通商産業省産業政策局総務課産業組織政策室長
枇杷田　泰助			法務大臣官房司法法制調査部長		
貞家　克己			法務省民事局長	田守　栄一	中小企業庁指導部組織課長
（幹事）					
江頭　憲治郎			東京大学助教授	吉野　　衛	法務大臣官房参事官
龍田　　節			京都大学教授	石川　　弘	法務大臣官房司法法制調査部司法法制課長
前田　　庸			学習院大学教授		
倉澤　康一郎			慶應義塾大学教授	岡崎　彰夫	法務大臣官房司法法制調査部参事官
新井　清光			早稲田大学教授		
酒巻　俊雄			早稲田大学教授	稲葉　威雄	法務省民事局第四課長
椎原　国隆			弁護士	元木　　伸	法務省民事局参事官
今井　　功			最高裁判所事務総局民事局第一課長	濱﨑　恭生	法務省民事局参事官
				津田　賛平	法務省民事局付検事
福田　剛久			最高裁判所事務総局民事局付	佐藤　修市	法務省民事局付検事
				井嶋　一友	法務省刑事局刑事課長
町田　　顕			内閣法制局参事官		

⑽ **平成2(1990)年改正**（平成2(1990)年1月1日現在）

　　（注）☆印は法制審議会委員を示す。

（部会長）		江村　　稔	放送大学教授
☆鈴木　竹雄	東京大学名誉教授	新井　清光	早稲田大学教授
（委員）		酒巻　俊雄	早稲田大学教授
鴻　　常夫	東京大学名誉教授	錦織　　璋	全国中小企業団体中央会常務理事
☆竹内　昭夫	東京大学教授		
中村　　忠	一橋大学教授	佐々木　秀一	東京商工会議所副会頭（佐々木硝子会長）
大隅　健一郎	京都大学名誉教授		
龍田　　節	京都大学教授	☆鈴木　治雄	昭和電工名誉会長
上柳　克郎	大阪学院大学教授	歌田　勝弘	味の素名誉会長
前田　　庸	学習院大学教授	小松　　康	住友銀行副会長
倉澤　康一郎	慶應義塾大学教授	竹中　正明	山一証券経済研究所社長
阪埜　光男	慶應義塾大学教授		
河本　一郎	神戸学院大学教授	岩城　　彬	全国商工会連合会専務理事
谷川　　久	成蹊大学教授		
吉岡　　進	大東文化大学教授	村山　徳五郎	中央新光監査法人代表社員
飯野　利夫	中央大学教授		
北澤　正啓	中京大学教授		

片岡　輝昭	日本税理士会連合会会長	
野﨑　幸雄	東京高等裁判所判事	
加藤　和夫	東京地方裁判所判事	
家近　正直	弁護士	
椎原　国隆	弁護士	
泉　　徳治	最高裁判所事務総局民事局長	
秋山　　收	内閣法制局第二部長	
角谷　正彦	大蔵省証券局長	
棚橋　祐治	通商産業省産業政策局長	
則定　　衛	法務大臣官房司法法制調査部長	
藤井　正雄	法務省民事局長	
濱﨑　恭生	法務大臣官房審議官	
（幹事）		
江頭　憲治郎	東京大学教授	
岩原　紳作	東京大学助教授	
神田　秀樹	東京大学助教授	
山下　友信	東京大学助教授	
森本　　滋	京都大学教授	
小澤　優一	弁護士	
宮﨑　公男	最高裁判所事務総局民事局第一課長	
山下　　寛	最高裁判所事務総局民事局付	
菅野　雅之	最高裁判所事務総局民事局付	
門口　正人	内閣法制局参事官	
鈴木　三也	大蔵省証券局資本市場課長	
中川　隆進	大蔵省証券局企業財務課長	
中嶋　　誠	通商産業省産業政策局総務課産業組織政策室長	
藤原　治一郎	中小企業庁指導部組織課長	
但木　敬一	法務大臣官房司法法制調査部司法法制課長	
池田　耕平	法務大臣官房司法法制調査部参事官	
柳田　幸三	法務省民事局第四課長	
大谷　禎男	法務省民事局参事官	
岡光　民雄	法務省民事局参事官	
渋佐　愼吾	法務省民事局付検事	
相澤　　哲	法務省民事局付検事	
松尾　邦弘	法務省刑事局刑事課長	
（関係官）		
阪田　雅裕	国税庁長官官房総務課長	

(11) **平成 5 (1993) 年改正**（平成 5 (1993) 年 2 月10日現在）

　　（注）　☆印は法制審議会委員を示す。

（部会長）
　鈴木　竹雄　東京大学名誉教授
（委員）
☆竹内　昭夫　筑波大学教授
　江頭　憲治郎　東京大学教授
　鴻　　常夫　東京大学名誉教授
　落合　誠一　東京大学教授
　中村　　忠　一橋大学教授
　大隅　健一郎　京都大学名誉教授
　川又　良也　京都大学教授
　龍田　　節　京都大学教授
　森本　　滋　京都大学教授
　上柳　克郎　大阪学院大学教授
　前田　　庸　学習院大学教授
　倉澤　康一郎　慶應義塾大学教授
　阪埜　光男　慶應義塾大学教授
　河本　一郎　神戸学院大学教授
　田村　諄之輔　上智大学教授
　谷川　　久　成蹊大学教授
　北澤　正啓　中京大学教授

第4部　法制審議会商法（会社法）部会委員・幹事名簿　*1177*

新井　清光	早稲田大学教授	園尾　隆司　最高裁判所事務総局民事局第一課長
酒巻　俊雄	早稲田大学教授	
辛嶋　修郎	全国商工会連合会専務理事	石井　　浩　最高裁判所事務総局民事局付
☆歌田　勝弘	味の素名誉会長相談役	徳田　園恵　最高裁判所事務総局民事局付
片岡　輝昭	日本税理士会連合会会長	門口　正人　内閣法制局参事官
小松　　康	住友銀行相談役	東　　正和　大蔵省証券局証券市場課公社債市場室長
安西　邦夫	東京ガス取締役社長	
竹中　正明	山一証券経済研究所社長	松谷　明彦　大蔵省証券局企業財務課長
藤本　　裕	全国中小企業団体中央会専務理事	梅原　克彦　通商産業省産業政策局総務課産業組織政策室長
村山　徳五郎	中央新光監査法人代表社員	倉持　治彦　中小企業庁指導部組織課長
佐藤　　繁	東京高等裁判所判事	
青山　正明	東京地方裁判所判事	池田　耕平　法務大臣官房司法法制調査部司法法制課長
原田　策司	弁護士	
家近　正直	弁護士	岡田　雄一　法務大臣官房司法法制調査部参事官
今井　　功	最高裁判所事務総局民事局長	柳田　幸三　法務大臣官房参事官
秋山　　収	内閣法制局第二部長	寺田　逸郎　法務省民事局第四課長
小川　　是	大蔵省証券局長	吉戒　修一　法務省民事局参事官
熊野　英昭	通商産業省産業政策局長	岡光　民雄　法務省民事局参事官
		升田　　純　法務省民事局参事官
濱﨑　恭生	法務大臣官房司法法制調査部長	菊池　洋一　法務省民事局付検事
		原田　晃治　法務省民事局付検事
清水　　湛	法務省民事局長	門野坂　修一　法務省民事局付検事
森脇　　勝	法務大臣官房審議官	鳥本　喜章　法務省民事局付検事
（幹事）		鶴田　六郎　法務省刑事局刑事課長
岩原　紳作	東京大学教授	（関係官）
山下　友信	東京大学教授	舩橋　晴雄　国税庁長官官房総務課長
神田　秀樹	東京大学助教授	
渡邊　　顯	弁護士	

⑿　**平成6（1994）年改正**（平成6（1994）年6月2日現在）

　　㊟　☆印は法制審議会委員を示す。

（部会長）　　　　　　　　　　　　　（委員）
　鈴木　竹雄　東京大学名誉教授　　　☆竹内　昭夫　筑波大学教授
　　　　　　　　　　　　　　　　　　　江頭　憲治郎　東京大学教授

鴻　　　常　夫	東京大学名誉教授	
落　合　誠　一	東京大学教授	
中　村　　　忠	一橋大学教授	
大　隅　健一郎	京都大学名誉教授	
川　又　良　也	京都大学教授	
龍　田　　　節	京都大学教授	
森　本　　　滋	京都大学教授	
上　柳　克　郎	大阪学院大学教授	
前　田　　　庸	学習院大学教授	
倉　澤　康一郎	慶應義塾大学教授	
河　本　一　郎	神戸学院大学教授	
田　村　諄之輔	上智大学教授	
谷　川　　　久	成蹊大学教授	
北　澤　正　啓	中京大学学長	
阪　埜　光　男	桐蔭学園横浜大学教授	
新　井　清　光	早稲田大学教授	
酒　巻　俊　雄	早稲田大学教授	
辛　嶋　修　郎	全国商工会連合会専務理事	
☆歌　田　勝　弘	味の素名誉会長相談役	
平　田　公　敏	日本税理士会連合会会長	
小　松　　　康	住友銀行相談役	
安　西　邦　夫	東京ガス取締役社長	
竹　中　正　明	山一証券経済研究所代表取締役会長	
藤　本　　　裕	全国中小企業団体中央会専務理事	
村　山　徳五郎	中央新光監査法人代表社員	
佐　藤　　　繁	東京高等裁判所判事	
金　築　誠　志	東京地方裁判所判事	
原　田　策　司	弁護士	
家　近　正　直	弁護士	
今　井　　　功	最高裁判所事務総局民事局長	
秋　山　　　收	内閣法制局第二部長	
日　高　壮　平	大蔵省証券局長	
永　井　紀　昭	法務大臣官房司法法制調査部長	
濱　﨑　恭　生	法務省民事局長	
森　脇　　　勝	法務大臣官房審議官	
（幹　事）		
岩　原　紳　作	東京大学教授	
神　田　秀　樹	東京大学教授	
山　下　友　信	東京大学教授	
渡　邊　　　顯	弁護士	
福　田　剛　久	最高裁判所事務総局民事局第一課長	
村　上　正　敏	最高裁判所事務総局民事局付	
徳　田　園　恵	最高裁判所事務総局民事局付	
門　口　正　人	内閣法制局参事官	
新　原　芳　明	大蔵省証券局企業財務課長	
大久保　良　夫	大蔵省証券局総務課調査室長	
高　鳥　昭　憲	通商産業省産業政策局総務課産業組織政策室長	
倉　持　治　彦	中小企業庁指導部組織課長	
津　田　賛　平	法務大臣官房司法法制調査部司法法制課長	
岡　田　雄　一	法務大臣官房司法法制調査部参事官	
柳　田　幸　三	法務大臣官房参事官	
菊　池　洋　一	法務省民事局第四課長	
原　田　晃　治	法務省民事局第五課長	
吉　戒　修　一	法務省民事局参事官	
中　西　　　茂	法務省民事局付検事	
鳥　本　喜　章	法務省民事局付検事	
大　谷　晃　大	法務省民事局付検事	
小野瀬　　　厚	法務省民事局付検事	
清　水　　　響	法務省民事局付検事	
大　泉　隆　史	法務省刑事局刑事課長	
（関係官）		
舩　橋　晴　雄	国税庁長官官房総務課長	

(13) **平成9 (1997) 年改正**（平成7 (1995) 年3月8日現在）
　　(注)　☆印は法制審議会委員を示す。

（部会長）
☆竹　内　昭　夫　筑波大学教授
（委　員）
江　頭　憲治郎　東京大学教授
落　合　誠　一　東京大学教授
龍　田　　　節　京都大学教授
森　本　　　滋　京都大学教授
上　柳　克　郎　大阪学院大学教授
川　又　良　也　大阪国際大学教授
前　田　　　庸　学習院大学教授
倉　澤　康一郎　慶應義塾大学教授
河　本　一　郎　神戸学院大学教授
田　村　諄之輔　上智大学教授
谷　川　　　久　成蹊大学教授
中　村　　　忠　創価大学教授
北　澤　正　啓　中京大学学長
阪　埜　光　男　桐蔭学園横浜大学教授
新　井　清　光　早稲田大学教授
酒　巻　俊　雄　早稲田大学教授
辛　嶋　修　郎　全国商工会連合会専務理事
☆歌　田　勝　弘　味の素名誉会長相談役
平　田　公　敏　日本税理士会連合会会長
小　松　　　康　住友銀行相談役
安　西　邦　夫　東京ガス取締役社長
竹　中　正　明　山一証券経済研究所代表取締役会長
阿　部　忠　寿　全国中小企業団体中央会専務理事
村　山　德五郎　中央新光監査法人代表社員
加　茂　紀久男　東京高等裁判所判事
金　築　誠　志　東京地方裁判所判事
原　田　策　司　弁護士
合　谷　幸　男　弁護士
石　垣　君　雄　最高裁判所事務総局民事局長
秋　山　　　收　内閣法制局第二部長
日　高　壮　平　大蔵省証券局長
牧　野　　　力　通商産業省産業政策局長
永　井　紀　昭　法務大臣官房司法法制調査部長
濱　崎　恭　生　法務省民事局長
山　崎　　　潮　法務大臣官房審議官
（幹　事）
岩　原　紳　作　東京大学教授
神　田　秀　樹　東京大学教授
山　下　友　信　東京大学教授
渡　邊　　　顯　弁護士
福　田　剛　久　最高裁判所事務総局民事局第一課長
村　上　正　敏　最高裁判所事務総局民事局付
谷　口　安　史　最高裁判所事務総局民事局付
高　橋　利　文　内閣法制局参事官
新　原　芳　明　大蔵省証券局企業財務課長
小　泉　龍　司　大蔵省証券局総務課調査室長
古　賀　茂　明　通商産業省産業政策局総務課産業組織政策室長
萩　平　博　文　中小企業庁指導部組織課長
津　田　賛　平　法務大臣官房司法法制調査部司法法制課長
岡　田　雄　一　法務大臣官房司法法制調査部参事官
柳　田　幸　三　法務大臣官房参事官
原　田　晃　治　法務省民事局第四課長
菊　池　洋　一　法務省民事局参事官
中　西　　　茂　法務省民事局付検事
鳥　本　喜　章　法務省民事局付検事

大　谷　晃　大　　法務省民事局付検事　　　（関係官）
丸　山　　　健　　法務省民事局付検事　　　古　出　哲　彦　　国税庁長官官房総務
小　津　博　司　　法務省刑事局刑事課長　　　　　　　　　　　課長

(14) 平成10（1998）年改正 （平成9（1997）年1月22日現在）

　　　　（注）　☆印は法制審議会委員を示す。

（部会長）	合　谷　幸　男	弁護士（第一東京弁護士会所属）
前　田　　　庸　　学習院大学教授		
（委　員）	手　塚　一　男	弁護士（第二東京弁護士会所属）
江　頭　憲治郎　　東京大学教授		
落　合　誠　一　　東京大学教授	石　垣　君　雄	最高裁判所事務総局民事局長
龍　田　　　節　　京都大学教授		
森　本　　　滋　　京都大学教授	宮　﨑　礼　壹	内閣法制局第二部長
河　本　一　郎　　神戸大学名誉教授	長　野　厖　士	大蔵省証券局長
上　柳　克　郎　　大阪学院大学教授	渡　辺　　　修	通商産業省産業政策局長
川　又　良　也　　大阪国際大学学長		
倉　澤　康一郎　　慶應義塾大学教授	山　崎　　　潮	法務大臣官房司法法制調査部長
田　村　諄之輔　　上智大学教授		
谷　川　　　久　　成蹊大学教授	濱　﨑　恭　生	法務省民事局長
中　村　　　忠　　創価大学教授	柳　田　幸　三	法務大臣官房審議官
北　澤　正　啓　　中京大学学長	（幹　事）	
阪　埜　光　男　　桐蔭学園横浜大学教授	岩　原　紳　作	東京大学教授
新　井　清　光　　早稲田大学教授	神　田　秀　樹	東京大学教授
酒　巻　俊　雄　　早稲田大学教授	山　下　友　信	東京大学教授
阿　部　忠　寿　　全国中小企業団体中央会専務理事	渡　邊　　　顯	弁護士（第一東京弁護士会所属）
安　西　邦　夫　　東京ガス取締役社長	北　澤　　　晶	最高裁判所事務総局民事局第一課長
☆歌　田　勝　弘　　味の素相談役		
辛　嶋　修　郎　　全国商工会連合会専務理事	長　野　勝　也	最高裁判所事務総局民事局付
竹　中　正　明　　山一証券経済研究所顧問	三　木　素　子	最高裁判所事務総局民事局付
平　田　公　敏　　日本税理士会連合会会長	高　橋　利　文	内閣法制局参事官
村　山　德五郎　　中央新光監査法人代表社員	大　西　又　裕	大蔵省証券局企業財務課長
森　川　敏　雄　　住友銀行頭取	有　吉　　　章	大蔵省証券局総務課調査室長
加　茂　紀久男　　東京高等裁判所判事	板　東　一　彦	通商産業省産業政策局産業組織課長
金　築　誠　志　　東京地方裁判所判事		

宮本　武　史	中小企業庁指導部組織課長	始　関　正　光	法務省民事局付検事
藤田　昇　三	法務大臣官房司法法制調査部司法法制課長	丸　山　　　健	法務省民事局付検事
		川　見　裕　之	法務省民事局付検事
		中　井　隆　司	法務省民事局付検事
吉田　健　司	法務大臣官房司法法制調査部参事官	市　原　義　孝	法務省民事局付検事
吉田　正　喜	法務大臣官房司法法制調査部付検事	麻　生　光　洋	法務省刑事局刑事課長
		（関係官）	
菊池　洋　一	法務大臣官房参事官	武　田　宗　高	国税庁長官官房総務課長
原田　晃　治	法務省民事局第四課長		

(15) **平成13(2001)年改正**（平成12(2000)年9月6日現在）
(注) ☆印は法制審議会委員を示す。

（部会長）

☆前　田　　　庸	学習院大学教授	菅　原　雄　二	東京地方裁判所判事
（委　員）		曽　田　多　賀	弁護士（東京弁護士会所属）
岩　原　紳　作	東京大学教授	手　塚　一　男	弁護士（第二東京弁護士会所属）
江　頭　憲治郎	東京大学教授		
落　合　誠　一	東京大学教授	千　葉　勝　美	最高裁判所事務総局民事局長
神　田　秀　樹	東京大学教授		
斎　藤　静　樹	東京大学教授	宮　﨑　礼　壹	内閣法制局第二部長
森　本　　　滋	京都大学教授	村　田　成　二	通商産業省産業政策局長
阪　埜　光　男	駿河台大学教授		
谷　川　　　久	成蹊大学名誉教授	房　村　精　一	法務大臣官房司法制調査部長
田　村　諄之輔	東亜大学教授		
倉　澤　康一郎	武蔵工業大学教授	細　川　　　清	法務省民事局長
酒　巻　俊　雄	早稲田大学教授	小　池　信　行	法務大臣官房審議官
☆安　西　邦　夫	東京ガス代表取締役会長	（幹　事）	
		吉　原　和　志	東北大学教授
☆片　田　哲　也	小松製作所代表取締役会長	山　下　友　信	東京大学教授
		前　田　雅　弘	京都大学教授
菅　野　利　德	全国中小企業団体中央会専務理事	土　岐　敦　司	弁護士（第一東京弁護士会所属）
中　地　　　宏	日本公認会計士協会会長	林　　　道　晴	最高裁判所事務総局民事局第一課長
西　川　元　啓	新日本製鐵取締役	檜　山　　　聡	最高裁判所事務総局民事局付
森　　　金次郎	日本税理士会連合会会長	野　山　　　宏	内閣法制局参事官
森　川　敏　雄	住友銀行取締役会長	大　藤　俊　行	金融庁総務企画部参事官
筧　　　康　生	東京高等裁判所判事		

辻　前　正　紀	金融庁総務企画部市場課企業会計専門官	
守　谷　　　治	通商産業省産業政策局産業組織課長	
小　野　伸　一	中小企業庁経営支援部組織課長	
太　田　　　茂	法務大臣官房司法法制調査部司法法制課長	
小　林　昭　彦	法務大臣官房司法法制調査部参事官	
原　田　晃　治	法務大臣官房参事官	
後　藤　　　博	法務省民事局第四課長	
江　原　健　志	法務省民事局付検事	
石　井　　　隆	法務省民事局付検事	
泰　田　啓　太	法務省民事局付検事	
松　井　信　憲	法務省民事局付検事

(16) **平成14(2002)年改正**（平成13(2001)年1月17日現在）

　　(注) ☆印は法制審議会委員を示す。

（部会長）
☆前　田　　　庸　　学習院大学教授
（委　員）
岩　原　紳　作　　東京大学教授
江　頭　憲治郎　　東京大学教授
落　合　誠　一　　東京大学教授
神　田　秀　樹　　東京大学教授
菅　野　利　徳　　全国中小企業団体中央会専務理事
小　池　信　行　　法務省大臣官房審議官
斎　藤　静　樹　　東京大学教授
菅　原　雄　二　　東京地方裁判所判事
曽　田　多　賀　　弁護士（東京弁護士会所属）
手　塚　一　男　　弁護士（第二東京弁護士会所属）
中　地　　　宏　　日本公認会計士協会会長
西　川　元　啓　　新日本製鐵取締役
浜　田　道　代　　名古屋大学教授
森　　　金次郎　　日本税理士会連合会会長
森　川　敏　雄　　住友銀行取締役会長
森　本　　　滋　　京都大学教授
山　崎　　　潮　　法務省民事局長
山　下　友　信　　東京大学教授
（幹　事）
大　藤　俊　行　　金融庁総務企画局企業開示参事官
小　野　伸　一　　中小企業庁経営支援部創業連携推進課長
金　子　直　史　　法務省民事局参事官
神　作　裕　之　　学習院大学教授
黒　沼　悦　郎　　神戸大学教授
後　藤　　　博　　法務省民事局商事課長
櫻　井　和　人　　経済産業省経済産業政策局産業組織課長
始　関　正　光　　法務省民事局参事官
土　岐　敦　司　　弁護士（第一東京弁護士会所属）
野　山　　　宏　　内閣法制局参事官
林　　　道　晴　　最高裁判所事務総局民事局第一課長
原　田　晃　治　　法務省民事局民事法制管理官
檜　山　　　聡　　最高裁判所事務総局民事局付
前　田　雅　弘　　京都大学教授
吉　原　和　志　　東北大学教授
（関係官）
石　井　　　隆　　法務省民事局付検事
江　原　健　志　　法務省民事局付検事
郡　谷　大　輔　　法務省民事局付
中　原　裕　彦　　法務省民事局付
松　井　信　憲　　法務省民事局付検事
泰　田　啓　太　　法務省民事局付検事

(17) **会社法（株券の不発行等関係）部会** (平成14(2002)年9月11日現在)

（部会長）
江頭　憲治郎　東京大学教授

（委員）
阿多　博文	弁護士（大阪弁護士会所属）
上村　達男	早稲田大学教授
神田　秀樹	東京大学教授
北村　伸	野村證券決済部長
武井　優	東京電力総務部長
田勢　修也	全国中小企業団体中央会専務理事
橋本　仁宏	UFJ銀行決済業務部長
原田　晃治	法務省大臣官房審議官
日野　和徳	住友信託銀行証券代行部長
房村　精一	法務省民事局長
宮原　幸一郎	東京証券取引所総務部長
村井　博美	証券保管振替機構常務取締役
森田　章	同志社大学教授
山下　友信	東京大学教授

（幹事）
相澤　哲	法務省民事局参事官
植垣　勝裕	法務省民事局参事官
榎本　光宏	最高裁判所事務総局民事局付
日下部　聡	経済産業省経済産業政策局産業組織課長
黒沼　悦郎	神戸大学教授
後藤　博	法務省民事局商事課長
始関　正光	法務省大臣官房参事官
高橋　泰三	中小企業庁事業環境部財務課長
野村　修也	中央大学教授
野山　宏	内閣法制局参事官
花村　良一	最高裁判所事務総局民事局参事官
前田　雅弘	京都大学教授
深山　卓也	法務省民事局民事法制管理官
山崎　晃義	金融庁総務企画局証券決済法令整備準備室長

（関係官）
岡田　茂	財務省印刷局業務部政府情報業務企画室長
郡谷　大輔	法務省民事局付
小舘　浩樹	法務省民事局付
豊田　祐子	法務省民事局付
野口　宣大	法務省民事局付
葉玉　匡美	法務省民事局付
濱　克彦	法務省民事局付
山本　憲光	法務省民事局付
和久　友子	法務省民事局調査員

(18) **会社法（現代化関係）部会** (平成14(2002)年9月25日現在)

（注）☆印は法制審議会委員を示す。

（部会長）
江頭　憲治郎　東京大学教授

（委員）
岩原　紳作	東京大学教授
大谷　禎男	東京地方裁判所判事
奥山　章雄	日本公認会計士協会会長
落合　誠一	東京大学教授
河和　哲雄	弁護士（東京弁護士会所属）
齋藤　静樹	東京大学教授
田勢　修也	全国中小企業団体中央会専務理事
西川　元啓	新日本製鐵常務取締役
浜田　道代	名古屋大学教授
原田　晃治	法務省大臣官房審議官

房　村　精　一	法務省民事局長
森　　　金次郎	日本税理士会連合会会長
森　本　　　滋	京都大学教授
☆諸　石　光　熙	住友化学工業専務取締役

（幹　事）

相　澤　　　哲	法務省民事局参事官
植　垣　勝　裕	法務省民事局参事官
上　村　考　由	最高裁判所事務総局民事局付
菅　野　雅　之	最高裁判所事務総局民事局第一課長
日下部　　　聡	経済産業省経済産業政策局産業組織課長
後　藤　　　博	法務省民事局商事課長
宍　戸　善　一	成蹊大学教授
始　関　正　光	法務省大臣官房参事官
高　橋　泰　三	中小企業庁事業環境部財務課長
野　山　　　宏	内閣法制局参事官
藤　田　友　敬	東京大学助教授
深　山　卓　也	法務省民事局民事法制管理官
弥　永　真　生	筑波大学教授
山　沖　義　和	金融庁総務企画局企画課調査室長
吉　原　和　志	東北大学教授

（関係官）

郡　谷　大　輔	法務省民事局付
小　舘　浩　樹	法務省民事局付
豊　田　祐　子	法務省民事局付
野　口　宣　大	法務省民事局付
葉　玉　匡　美	法務省民事局付
濱　　　克　彦	法務省民事局付
山　本　憲　光	法務省民事局付
和　久　友　子	法務省民事局調査員

(19) **会社法制部会**（平成22(2010)年4月28日現在）
　　（注）☆印は法制審議会委員を示す。

（部会長）
☆岩　原　紳　作　　東京大学教授

（委　員）

安　達　俊　久	伊藤忠テクノロジーベンチャーズ代表取締役社長
荒　谷　裕　子	法政大学教授
石　井　卓　爾	三和電気工業代表取締役社長
上　村　達　男	早稲田大学教授
榎　本　峰　夫	弁護士（東京弁護士会所属）
逢　見　直　人	日本労働組合総連合会副事務局長
鹿子木　　　康	東京地方裁判所判事
神　田　秀　樹	東京大学教授
静　　　正　樹	東京証券取引所執行役員
團　藤　丈　士	法務省大臣官房審議官
築　舘　勝　利	東京電力常任監査役（社団法人日本監査役協会会長）
☆八丁地　　　隆	日立製作所代表執行役執行役副社長
濱　口　大　輔	企業年金連合会運用執行理事
原　　　　　優	法務省民事局長
前　田　雅　弘	京都大学教授

（幹　事）

朝　倉　佳　秀	最高裁判所事務総局民事局第一課長
伊　藤　靖　史	同志社大学教授
江　原　健　志	法務省民事局商事課長

第4部　法制審議会商法（会社法）部会委員・幹事名簿　1185

河合芳光	法務省民事局参事官	（関係官）
神作裕之	東京大学教授	新井吐夢　法務省民事局付
齊藤真紀	京都大学准教授	石井芳明　最高裁判所事務総局
田中亘	東京大学准教授	民事局付
中東正文	名古屋大学教授	内田修平　法務省民事局付
奈須野太	経済産業省経済産業政策局産業組織課長	大野晃宏　法務省民事局付
		黒田裕　法務省民事局付
野村修也	中央大学教授	後藤元　法務省民事局調査員
萩本修	法務省民事局民事法制管理官	髙木弘明　法務省民事局付
		辻田博　厚生労働省政策統括官付労政担当参事官
藤田友敬	東京大学教授	
三井秀範	金融庁総務企画局企業開示課長	中嶋伸明　法務省民事局付
		藤本拓資　金融庁総務企画局企画課調査室長
三原秀哲	弁護士（第一東京弁護士会所属）	藤原正啓　法務省民事局調査員
森英明	内閣法制局参事官	

⒇　電子債権法部会 （平成18(2006)年2月28日現在）

（部会長）
安永正昭　神戸大学教授

（委員）
池田眞朗　慶應義塾大学教授
岩原紳作　東京大学教授
春日偉知郎　慶應義塾大学教授
木南敦　京都大学教授
木村拙二　愛知産業監査役
佐藤良治　日立キャピタル業務役員社長室長
佐成実　東京ガス総務部法務室主席
髙橋秀充　信金中央金庫システム部上席審議役
寺田逸郎　法務省民事局長
中田裕康　一橋大学教授
平田重敏　三井住友銀行投資銀行統括部プロダクト開発室長
深山卓也　法務省大臣官房審議官
森脇純夫　弁護士（第二東京弁護士会所属）

吉元利行　オリエントコーポレーション法務部長

（幹事）
石川卓弥　金融庁総務企画局企画課調査室企画官
市川雅一　経済産業省経済産業政策局産業資金課長
沖野眞已　学習院大学教授
尾島明　内閣法制局参事官
大寄麻代　最高裁判所事務総局民事局付
始関正光　法務省民事局民事法政管理官
道垣内弘人　東京大学教授
野村修也　中央大学教授
森下哲朗　上智大学助教授
米谷達哉　日本銀行決済機構局参事役（決済企画担当総括）

（関係官）
坂本三郎　法務省民事局付
葉玉匡美　法務省民事局付

1187

第5部　会社法史年表

年	会社法改正関係動向	主要立法・経済・社会・判決他
昭和20年 (1945年)	9.20　ポツダム宣言受諾に伴う緊急勅令（同日施行） 9.22　GHQ、「金融取引の統制に関する覚書」 9.25　GHQ、「証券取引所に関する覚書」 10．1　日本証券取引所、市場再開を延期 11．6　SCAP（連合軍最高司令官）、「持株会社の解体に関する覚書」 11.24　制限会社令（同日施行） 12．5　GHQ、「日本証券取引所に関する覚書」（特殊勘定の封鎖） 12．8　GHQ、「制限会社の規制に関する覚書」	8.15　太平洋戦争終結 8.17　東久邇宮稔彦内閣成立 9．2　GHQ（連合軍総司令部）、東京に配置され最高司令官にマッカーサー元帥就任 9.25　東京銀行協会設立 10．1　全銀協（全国銀行協会連合会）設立 10．9　幣原喜重郎内閣成立 10.24　国連（国際連合）成立 12.17　東京で株の集団売買始まる（大阪では19日） 12.22　労働組合法（団結権保障・団体交渉権保護等）（21.3.1施行） 12.26　倉敷絹織、戦後初の事業債発行

--------凡　例--------

1．法令は、すべて公布の日に掲げた。
2．略語は、初出のみ（　）内に正式名称を示した。
3．文中の21．3．1は、昭和21年3月1日を示す。
4．文中〔7〕とあるのは、「旬刊・商事法務研究」（1～591号）または「旬刊・商事法務」（592号～）の関係掲載号を示す（掲載号が複数にわたる場合には、初出もしくは主要掲載号を掲げた）。
5．法制審議会商法部会は、第1回より第146回まですべてを掲げたが、法制審議会会社法部会および法制審議会会社法（現代化関係）部会については、紙面の都合上、「商事法務」掲載号のみを掲げた（資料編「第3部　法制審議会商法（会社法）部会開催状況」参照）。
6．「会社法改正関係動向（左欄）」は、会社法改正に関する立法当局や法令の改廃、実務界の動向等を示し、「主要立法・経済・社会・判決他（右欄）」は、会社法以外の主要立法、経済・社会問題、重要判決（主に「商事法務」誌上で取り上げたもの）等を掲載した。

※本年表作成に際しては、主として、「旬刊・商事法務」、「NBL」、商事法務研究会編（編集代表　前田重行）『戦後50年会社法史年表』（商事法務研究会、1995）、鈴木竹雄＝竹内昭夫『商法とともに歩む』（商事法務研究会、1977）、『近代日本総合年表（第4版）』（岩波書店、2001）等を参照した。

年	会社法改正関係動向	主要立法・経済・社会・判決他
昭和21年 (1946年)	1. 7　エドワーズ財閥調査団来日 1.15　GHQ、「配当支払の制限に関する覚書」 2.21　GHQ、「金融機関の合併に関する覚書」 3.15　制限会社令の改正（勅令）（同日施行） 4.20　持株会社整理委員会令（同日施行） 4.27　会社配当等禁止制限令（同日施行） 8.15　会社経理応急措置法・金融機関経理応急措置法（同日施行） 8.22　持株会社整理委員会設立 10.26　エドワーズ調査団、報告書の要旨を発表し会社法の改正をも示唆 11.25　会社の証券保有制限等に関する勅令（同日施行） 11.30　株式等評価委員会官制（同日施行）	1. 1　「法学協会雑誌」復刊 2. 1　第1次農地改革実施 2.17　金融緊急措置令（新円切替・預金封鎖）（同日施行） 3. 3　物価統制令（同日施行） 4.30　同友会（経済同友会）設立 5. 3　東京裁判開廷 5.22　第1次吉田茂内閣成立 8.16　経団連（経済団体連合会）発足 9. 1　租税特別措置法（同日施行） 9.27　労働関係調整法(10.13施行) 10. 1　政府、帝国大学の名称を廃止 10. 8　復興金融公庫法(10.29施行) 10.19　企業再建整備法・金融機関再建整備法(10.30各施行) 11. 3　日本国憲法(22.5.3施行) 11.12　財産税法(11.20施行) 12.14　東商(東京商工会議所)発足
昭和22年 (1947年)	1.18　有価証券の処分の調整等に関する法律(6.18施行)、SCLC（証券処理調整協議会）設立(26.7.1解約) 3.28　証取法（証券取引法）(7.23証取委（証券取引委員会）関係部分施行) 5.20　第1特別国会（～12.9） 7.23　証券取引委員会発足(27.8.1廃止) 8.11　SCLC、旧財閥所有株式の放出開始 10.22　GHQ、「会社配当等禁止制限令の廃止の承認に関する覚書」 12.10　第2通常国会（～23.7.5） 12.16　会社利益配当等臨時措置法	3.31　所得税法・法人税法全面改正(4.1施行) 4. 7　労働基準法(9.1施行) 4.14　独禁法（独占禁止法）(7.20全面施行) 4.16　裁判所法(5.3施行) 4.30　国会法(5.3施行) 6. 1　片山哲内閣成立 7. 1　公取委（公正取引委員会）発足 7. 4　第1回経済白書を発表 7.31　独禁法改正（公取委員長制の導入）（同日施行） 8. 4　最高裁（最高裁判所）発足 10.26　刑法改正(11.15施行) 10.30　関税貿易一般協定(ガット)

年	会社法改正関係動向	主要立法・経済・社会・判決他
	（会社配当等禁止制限令廃止）（同日施行）	調印 11.20　独禁法適用除外法（同日施行） 12. 1　司法研修所発足 12. 9　過度経済力集中排除法（12.18施行） 12.13　臨時金利調整法（12.15施行） 12.22　民法改正（新親族法・相続法）（23.1.1施行）
昭和23年 （1948年）	1. 7　大蔵省に財務諸表統一調査委員会等を設置 2.15　法務庁設置（司法省廃止） 4.13　証取法改正（証券業者登録制を採用）（一部を除き5.7施行） 5. 7　証取法規則（同日施行） 6.28　会社の配当する利益又は利息の支払に関する法律（7.28施行） 6.30　証券取引所に関する規則（同日施行）・有価証券届出規則（7.6施行） 7. 6　公認会計士法（計理士法廃止）（8.1施行） 7.10　上場株式の議決権の代理行使の勧誘に関する規則（同日施行） 7.12　商法改正（株金の分割払込制を廃止、全額払込制を採用）（同日施行） 〃　　有限会社法改正（同日施行） 7.24　有価証券の売買一任勘定等に関する規則（同日施行） 8. 6　安定操作に関する規則（同日施行） 8.30　法務庁、商法改正準備調査会設置	1. 7　財閥同族支配力排除法（同日施行） 1.26　帝銀事件 3.10　芦田均内閣成立 4.12　日本経営者団体連盟発足 5.15　第1次中東戦争勃発（〜24.1.8) 6.23　昭和電工事件 6.26　私法学会（日本私法学会）発足 7.21　金融機関再建整備法改正（預金封鎖解除、新円体制）（同日施行） 7.29　事業者団体法（同日施行） 8. 1　会計士管理委員会発足 8.15　大韓民国成立 8.30　大和証券、戦後初の転換社債発行（非公募） 9. 9　朝鮮民主主義人民共和国成立 9.11　GHQ、集中排除法を緩和する解釈原則（集排4原則）を発表 10.19　第2次吉田茂内閣成立 12.18　GHQ、経済安定9原則公表

年	会社法改正関係動向	主要立法・経済・社会・判決他
	10.7 法務庁、「株式会社法改正の根本方針」発表 10.11 第3臨時国会（〜11.30） 11.18 証取委、有価証券届出制度の円滑な施行について通達 12.1 第4通常国会（〜12.23）	
昭和24年 (1949年)	1.31 GHQ、商法改正につきシックス・ポインツ（株主の地位の強化等）を要請 2.11 第5特別国会（〜5.31） 6.1 法務府設置（法務庁廃止） 〃 法制審（法制審議会）設置 〃 証取委、大蔵省の外局に改組 6.8 東商、商事法規改正委員会設置（委員長 田中耕太郎） 7.9 企業会計制度対策調査会、企業会計原則・財務諸表準則を発表 7.18 法務府、「商法を改正する法律案」（原案）作成 8.13 法務府、「商法一部改正法案要綱」発表、法制審議会商法部会（部会長 高柳賢三）を設置 10.15 経団連、商法改正に関する意見書提出 10.25 第6臨時国会（〜12.3） 12.2 東商、商法改正に関する意見提出 12.4 第7通常国会（〜25.5.2） 12.23 法制審、商法一部改正法案要綱を一部修正のうえ17項目を追加して答申	1.7 税制審議会設置（大蔵省） 2.12 東証（東京証券取引所）開設（以後大阪等9取引所開設） 3.7 ドッジ・ライン発表 4.4 北大西洋条約機構（NATO）成立 4.5 土佐電鉄、戦後初の公募転換社債発行 4.25 1ドル360円の為替レート設定 5.16 東証等、売買立会開始 5.20 「私法」創刊（私法学会） 5.31 貸金業等の取締に関する法律（6.30施行） 6.3 日銀法改正（政策委員会の設置）（同日施行） 6.18 独禁法改正（株式所有制限の緩和等）（同日施行） 7.5 下山事件 7.15 三鷹事件 8.17 松川事件 9.15 シャウプ勧告を発表 10.1 中華人民共和国成立 12.1 外為法（外国為替及び外国貿易管理法）（25.1.1施行等） 12.19 増資調整懇談会設置（戦後最初の増資調整） 12.24 証券金融専門機関として日本証券金融会社発足

年	会社法改正関係動向	主要立法・経済・社会・判決他
昭和25年 (1950年)	1.10 法務府、商法改正修正要綱・改正法案発表 2.28 東商、商法改正に関する意見再提出 3.29 証取法改正（財務諸表準則法制化、公認会計士監査制度等）（同日施行） 3.31 有価証券届出関係規則改正（4.1施行） 4.1 公認会計士法改正（47条削除）（同日施行） 4.25 資産再評価法（同日施行） 5.10 商法改正（26.7.1施行） 7.12 第8臨時国会（〜7.31） 7.14 企業会計基準審議会、監査基準・監査実施準則を制定 8.4 証取法改正（業者最低資本金等）（同日施行） 9.28 財務諸表等規則（一部26.1.1、その他は26.7.1各施行） 11.21 第9臨時国会（〜12.9） 12.10 第10通常国会（〜26.6.5） 12.11 東商、商事法規改正委員会を改称し商事法規委員会を設置（委員長　鈴木竹雄）	1.27 大蔵省、企業再建整備法による増資延期・集排指定会社の配当制限措置を撤廃 3.7 経団連、企業会計制度懇談会を設置 3.31 銀行等の債券発行等に関する法律（同日施行） 〃 相続税法（4.1施行） 4.1 不正競争防止法改正（5.1施行） 4.15 「判例タイムズ」創刊（同社） 5.10 外資法（外資に関する法律）（6.8施行） 5.19 比較立法学会発足 5.31 商工会議所法（旧法）（同日施行） 6.25 朝鮮動乱始まる 8.10 警察予備隊発足 9.21 シャウプ使節団、第2次税制勧告書発表 10.27 日本労働法学会発足 11.24 電気事業再編成令（9電力会社に再編）（12.15施行）
昭和26年 (1951年)	3.8 財務書類の監査証明に関する規則（7.1施行） 3.29 公認会計士法改正（47条復活）（同日施行） 4.10 資本組入法（7.1施行） 4.30 私法学会、「改正株式会社法の解釈上の諸問題」（シンポ） 6.4 証券投資信託法（同日施行） 6.8 商法改正（授権資本・無額面株式・償還株式・株式配当・取締役会等の制度を採用し、株主総会・監査役の権限縮小、議決権	2.9 東京地裁、株式申込証拠金領収書による株式譲渡の商慣習の存在を肯定する判決 5.3 日本海法学会発足 5.4 経済法学会発足 6.5 相互銀行法（同日施行） 6.15 信用金庫法（同日施行） 8.20 十條製紙、株式無償交付（第1号） 9.8 対日講和条約・日米安全保障条約調印（27.4.28発効） 11.21 東証協（東京証券業協会）、

年	会社法改正関係動向	主要立法・経済・社会・判決他
	の強化、株式買取請求権・取締役の違法行為差止請求権・代表訴訟提起権・累積投票請求権等の新設）(7.1施行) 〃　有限会社法改正（社員の地位の強化、資本総額の制限・出資一口金額の制限をそれぞれ10倍に引上げ等）(7.1施行) 6.19　東証、改正商法施行に伴う「証券流通対策」を申合せ 7. 1　証取法による初度監査 7. 5　法務府民事局長、新商法による登記事務取扱について通達 8.16　第11臨時国会（～8.18） 9. 4　法務府民事局長、再評価積立金の資本組入れによる株式額面引上げは可能と通達 9.28　企業会計基準審議会、商法と企業会計原則との調整意見発表 10.10　第12臨時国会（～11.30） 11. 2　私法学会、民事局通達(7.5)の批判決議 12. 6　東商、株式会社法改正意見提出 12.10　第13通常国会（～27.7.31）	失念株の統一的処理方法決定 12.21　財閥同族支配力排除法廃止法（27.1.1施行）
昭和27年 (1952年)	4.28　会社証券保有制限令・財閥標章使用禁止令廃止 7.31　証取法改正（証取委廃止、証取審(証券取引審議会)設置等）(8.1施行) 8. 1　法務省設置（法務府廃止） 〃　　証券行政を大蔵省に移管 〃　　大蔵省諮問機関として公認会計士審査会を設置（公認会計士管理委員会廃止） 8. 7　国際電信電話株式会社法	1. 1　「ジュリスト」創刊（有斐閣） 2.11　日東商船、無記名株券を発行（戦後唯一の事例） 3. 1　三菱倉庫、無額面株式を発行（第1号） 4.15　日本法律家協会創立 5. 1　メーデー事件 6. 7　会社更生法（8.1施行） 〃　　破産法・和議法改正（8.1施行）

年	会社法改正関係動向	主要立法・経済・社会・判決他
	（社債発行限度に特例）（9.10施行） 8.26　第14通常国会（～8.28） 10.24　第15特別国会（～28.3.14） 11.1　私法学会、「会社法改正の問題点」（シンポ） 11.4　東京株懇（東京株式懇話会）、商法改正意見提出 11.18　経団連、株式会社法を単行法とすることを提案 12.6　東商、会社法改正意見提出 12.27　法務省、次官名で商法改正に関し意見照会	6.14　貸付信託法（同日施行） 7.1　外資法改正（元本送金保証等）（同日施行） 7.21　破壊活動防止法（同日施行） 7.31　独禁法改正（機構の縮小）（8.1施行） 〃　事業者団体法改正（規制の緩和）（8.1施行） 8.1　IMFおよび世界銀行へ正式加盟 11.25　日割配当問題起きる
昭和28年 （1953年）	2.12　経団連、公認会計士と監査役制度の調整について意見提出 5.18　第16特別国会（～8.10） 7.31　有価証券取引税法（8.1施行） 8.1　証取法改正（届出制度の簡素化等）（9.1施行） 〃　証券投資信託法改正（8.15施行） 〃　日本航空株式会社法（社債発行限度に特例）（同日施行） 8.27　有価証券届出規則（9.1施行） 9.7　東商、会社法改正意見（追補）提出 10.29　第17臨時国会（～11.7） 11.30　第18臨時国会（～12.8） 12.10　第19常会（～29.6.15）	2.1　NHK、テレビ放送開始 3.5　証券市場、スターリン暴落 4.1　東証、額面500円株の売買単位を100株に引上げ 4.2　日米友好通商航海条約調印（10.30発効） 4.8　東京地裁、捺印のみの株券裏書は有効と判示 6.1　「判例時報」創刊（同社） 6.15　「金融法務事情」創刊（金融財政事情研究会） 7.27　朝鮮休戦協定調印 9.1　独禁法改正（規制の大幅緩和）（同日施行） 〃　事業者団体法廃止 〃　公取委、不公正な取引方法の一般指定告示 12.3　最高裁、原始定款に記載されない財産引受は無効と判示 12.9　旧三菱系4商社、合併に調印（29.7.1三菱商事として発足）
昭和29年	5.17　株式会社以外の法人の再評	4.10　外国為替銀行法（同日施行）

年	会社法改正関係動向	主要立法・経済・社会・判決他
(1954年)	価積立金の資本組入に関する法律（同日施行） 6. 1 資本充実法（同日施行） 6.11 公認会計士法改正（特別試験廃止）（8.1施行） 6.26 証取法改正（届出制度の簡素化等）（7.26施行） 7. 8 法制審に商法改正に関する諮問 8. 3 法制審商法部会① 11.10 法制審商法部会② 11.30 第20臨時国会（～12.9） 12.10 第21通常国会（～30.1.24）	4.21 造船疑獄で指揮権発動 5. 7 野村證券、わが国初の証券代行業務開始 5.15 利息制限法（6.15施行） 6.15 企業再建整備法改正（最終処理促進）（同日施行） 6.23 出資の受入、預り金および金利等取締法（29.10.1施行） 7. 1 陸海空3自衛隊発足 10.25 三井造船、名義書換代理人制度採用、野村證券に委託（第1号） 12.10 鳩山一郎内閣成立
昭和30年 (1955年)	1.19 法務省、商法改正要綱仮案発表 3.18 第22特別国会（～7.30） 3.23 法制審商法部会② 3.25 法制審、商法改正案要綱決定 6.30 商法改正（新株引受権、株主名簿の閉鎖等の規定整備）（7.1施行） 10. 5 法制審商法部会③ 11.22 第23臨時国会（～12.16） 11.30 法制審商法部会④〔7〕 12.20 第24通常国会（～31.6.3）	2.14 日本生産性本部発足 2.28 東京地裁、新株引受権に関する定款規定を無効と判示〔7〕 7. 8 東京地裁、白木屋事件判決 10. 5 「旬刊・商事法務研究」創刊（同研究会） 10. 8 最高裁、株主総会決議取消請求の裁量棄却を認めると判示 10.13 社会党統一 11.15 自民党（自由民主党）結成（保守合同）
昭和31年 (1956年)	1.14 法務省民事局長、端株を生ずる抱合せ増資につき可能の旨回答〔12〕 1.25 法制審商法部会⑤ 2. 1 法制審商法部会⑥ 4.25 法制審商法部会⑦〔9〕 5. 1 私法学会、「株式会社の機関の改正論」（シンポ） 5.23 法制審商法部会⑧	4. 2 東証・大証（大阪証券取引所）、債券売買市場開始 5.19 科学技術庁発足 6. 1 下請法（下請代金支払遅延等防止法）（7.1施行） 6. 7 金融制度調査会設置法（同日施行） 6. 9 法務省主管の公益法人として「社団法人商事法務研究会」設

年	会社法改正関係動向	主要立法・経済・社会・判決他
	6.13 大蔵省、株式の額面引上げにつき各界に打診〔27〕 7.4 法制審商法部会⑨ 8.25 東商、「中小会社の株式会社性並に会社法運用の実態」発表〔32〕 11.12 第25臨時国会（～12.13） 12.20 第26通常国会（～32.5.19） 12.25 会計審（企業会計審議会）、監査基準・監査実施・監査報告準則を改訂	立認可 7.25 公社債引受協会発足 10.1 日立製作所、会社分割を実施〔67〕 10.19 日ソ国交回復 12.18 日本、国連へ加盟 12.23 石橋湛山内閣成立
昭和32年 (1957年)	1.1 証取法による正規の監査開始〔49〕 2.7 法制審商法部会⑩ 3.28 監査証明規則（同日施行） 5.28 中小企業の資産再評価の特例に関する法律（同日施行） 11.1 第27臨時国会（～11.14） 11.21 東商、有価証券届出書、目論見書の簡素化等有価証券届出制度の合理化に関する意見提出〔83〕 12.20 第28通常国会（～33.4.25）	1.10 「法律学全集」刊行開始（有斐閣） 2.25 岸信介内閣成立 6.13 国際海上物品運送法（33.1.1施行）〔66〕 7.10 証券投資信託協会発足 10.4 独占禁止法審議会設置 11.20 東洋精糖株式買占め事件起きる〔175〕 11.25 中小企業団体の組織に関する法律（33.3.1施行）
昭和33年 (1958年)	2.12 法制審商法部会⑪〔90〕 2.20 商事法務（商事法務研究会）、営業報告書における「計算書類の用語、様式および作成方法」の実態調査発表〔91〕 3.7 法制審商法部会⑫〔98〕 6.10 第29特別国会（～7.8） 7.4 法制審商法部会（小委員会）、「株式会社の計算の内容並に財務諸表の種類及び様式」発表〔107〕 9.29 第30臨時国会（～12.7）	1.1 欧州経済共同体（EEC）発足 2.4 独占禁止法審議会、独禁法改正について答申 4.30 企業担保法（7.1施行）〔109〕 5.1 東証協、「株式公開に関する規則」実施〔99〕 8.20 富士製鐵、企業担保付社債発行（第1号） 10.1 「経済法」（経済法学会機関誌）創刊（商事法務） 10.3 政府、独禁法改正案国会提出（12.7審議未了廃案）〔113〕

年	会社法改正関係動向	主要立法・経済・社会・判決他
	10.13 私法学会、「株式会社計算規定の改正」（シンポ）〔117〕 10.14 東商、商法会計規定改正意見提出〔117〕 12.10 第31通常国会（～34.5.2）	12.24 東京地裁、4大証券の名義貸し事件で有罪（罰金）判決〔127〕
昭和34年 (1959年)	3. 7 資本組入法改正（取締役会の決議に変更等）（3.17施行）〔128〕 3.17 資本充実法改正（同日施行）〔128〕 3.31 法人税法施行規則改正（使用人兼務役員報酬の取扱い）(4.1施行) 5.19 東商、「会社の機関に関する緊急改正要望事項」発表〔140〕 6.19 証取審再開（4年ぶり） 6.22 第32臨時国会（～7.3） 6.29 関経連（関西経済連合会）、「商法中繰延資産規定に関する意見」提出〔145〕 10.26 第33臨時国会（～12.27） 11.17 証取審、「社債市場育成に関する当面の諸問題について」答申〔158〕 12.29 第34通常国会（～35.7.15）	1. 1 メートル法実施（尺貫法廃止） 3. 6 三井不動産、大量時価公募を発表（公募論争始まる）〔132〕 〃 「日米商取引法セミナー」（ブラウカー教授） 4.13 特許法・実用新案法・意匠法、商標法等全面改正（35.4.1施行） 4.20 国税徴収法（35.1.1施行） 5.12 東京地裁、捺印のみの株券裏書は無効と判示〔144〕 11.16 東証、株券振替決済制度を試験的実施（平和不動産1銘柄）〔157〕 12. 8 東洋信託銀行発足
昭和35年 (1960年)	1.22 東商、「株式会社法改正意見」提出〔164〕 2. 2 全株懇（全国株懇連合会）、緊急改正事項の審議促進を要望〔165〕 2.10 法制審商法部会⑬ 2.26～27 法制審商法部会⑭ 3.14 名商（名古屋商工会議所）、「商法会計規定に関する改正意見」提出〔172〕	1.15 日本生産性本部「わが国大企業におけるトップ・マネジメントの実態」発表〔163〕 〃 三井三池争議始まる 4. 1 野村證券、東洋信託銀行に証券代行業務を移管 5.13 全株懇、株式事務処理指針を発表〔179〕 5.24 政府、外資導入緩和の新措置（株式取得の制限緩和等）(6.1

年	会社法改正関係動向	主要立法・経済・社会・判決他
	4.19　法務省民事局、利益参加社債発行は可能と回答〔176〕 4.22～23　法制審商法部会⑮ 6.1　全株懇、「商法中緊急改正に関する要望書」提出〔182〕 6.22　証取審、増資の促進について意見答申〔181〕 〃　会計審、「企業会計原則と関係諸法令との調整に関する連続意見書」答申〔181〕 7.18　第35臨時国会（～7.22） 7.25　東大会社法調査研究会、「法的観点から見た小規模な株式会社」（実態調査報告）発表〔184〕 8.27　法務省民事局、「株式会社の計算の内容に関する商法改正要綱試案」発表、各界に意見照会（8.29）〔188〕 10.17　第36臨時国会（～12.24） 11.7　全株懇、「商法中緊急改正に関する要望書」提出〔196〕 12.5　第37特別国会（～12.22） 12.7　法制審商法部会⑯ 12.9　税制調査会、資本充実のための配当課税方式の採用等の税制改正意見を答申〔199〕 12.14　法制審商法部会⑰ 12.26　第38通常国会（～36.6.8）	実施〔178〕 6.23　新安保条約発効 6.24　「貿易・為替自由化計画大綱」閣議決定（貿易自由化の始まり） 7.19　池田勇人内閣成立 8.18　日産自動車、株主優先公募方式を発表（8.25日立製作所）〔204〕 9.14　石油輸出国機構（OPEC）結成 9.15　最高裁、大和銀行失念株事件判決〔196〕 12.27　政府、「所得倍増計画」発表
昭和36年 （1961年）	1.18　法制審商法部会⑱ 2.1　法制審商法部会⑲ 〃　日本新聞協会、商法の計算書類の新聞公告で意見書提出〔204〕 2.17～18　法制審商法部会⑳ 2.22　法制審商法部会㉑〔205〕 3.1　法制審商法部会㉒ 3.15　法制審商法部会㉓	1.20　住友金属工業・川崎製鉄、外債（私募形式）発行（戦後第1号） 3.31　最高裁、ズノー光学工業新株発行無効請求事件判決〔208〕 4.1　「日米会社法セミナー」（ジェニングス教授）〔211〕 4.3　富士観光、無額面株式を発行〔209〕

年	会社法改正関係動向	主要立法・経済・社会・判決他
	3.15 証取審、「証取法に基づく財務諸表の監査証明制度、職業会計人制度の運営上の改善について」答申〔207〕 3.22 法制審商法部会㉔ 4.12 法制審商法部会㉕ 5. 1 法務省民事局、議決権行使の代理人資格を自社株主に制限する定款規定は無効と回答〔213〕 5.10 法制審商法部会㉖ 5.27 資本充実法改正（同日施行）〔205〕 6. 7 証取審、「集団的店頭取引の組織化について」（第二市場問題）答申〔214〕 6.13 大蔵省、「社債の買入消却実施に関する要綱試案」発表〔215〕 6.14 法制審商法部会㉗ 6.20 法務省、担保付社債信託法の改正準備に着手〔215〕 7.10 監査証明規則改正（公認会計士の監査範囲を拡大）（10.1施行） 7.12 法制審商法部会㉘ 9.25 第39臨時国会（～10.31） 11. 9 経団連、有価証券報告書・同届出書、目論見書の簡素合理化改正案発表〔226〕 12. 9 第40通常国会（～37.5.7） 12.10 全株懇、商法改正に関し要望〔233〕	4.15 横河電機製作所に対し買取引受無効訴訟起きる（以後、同種訴訟続発）〔218〕 4.29 ソニー、米国SECに公募株の登録届出書を提出〔213〕 6. 6 ソニー、ADRを発行（第1号）〔217〕 7. 1 割賦販売法（37.7.1全面施行） 8.13 東欧、ベルリンの壁構築 8.15 日本証券経済研究所発足 8.25 東京簡裁、帝国産金興業名義書換請求事件判決〔223〕 9.30 OECD（経済協力開発機構）発足 10. 2 市場第2部開設（東京・大阪・名古屋各証券取引所）〔224〕 10.23 東京地裁、予備株券による二重発行は無効と判示〔230〕 11. 2 第1回日米貿易経済合同委員会開催（日米経済協力進める）
昭和37年 (1962年)	1. 8 東商、新株引受権の譲渡につき改正意見提出 1.19 日証協連（日本証券業協会連合会）、記名株券の譲渡方式につき意見書提出〔233〕	3. 2 最高裁、神戸銀行株式払込金保管証明責任事件判決〔254〕 4. 2 国税通則法（4.1施行） 4. 4 建物区分所有法（38.4.1施行）

年	会社法改正関係動向	主要立法・経済・社会・判決他
	1.24 法制審商法部会㉙ 2. 2 法制審、商法一部改正法案要綱決定〔234〕 2.19 法務省民事局、マイクロフィルムによる商業帳簿等の保存は商法上の保存とは認められないと回答〔236〕 3.30 証取審、「社債の流動化について」答申〔243〕 4.20 商法改正（38.4.1施行）〔240〕 6.16 証取審、「証券投資信託について」答申〔249〕 7. 8 法制審商法部会㉚〔252〕 7.13 有価証券届出規則改正（添付書類の整備等）（8.1施行）〔251〕 8. 4 第41臨時国会（～9.2） 8.17 会計審、「企業会計原則と関係諸法令との調整に関する連続意見書」（棚卸資産の評価、繰延べ資産）中間報告〔255〕 10.13 私法学会、「計算規定の改正」（シンポ）〔259〕 11.10 法務省民事局、合併登記前発行の株券は無効と回答〔262〕 11.28 証取審、「企業の資本構成是正に資するための配当課税の改正などについて」答申〔266〕 12. 8 第42臨時国会（～12.23） 12.24 第43通常国会（～38.7.6）	5. 1 大蔵省理財局、証券部を新設 5.15 不当景品類・不当表示防止法（8.14施行） 5.26 中央信託銀行発足 7. 6 日本損害保険協会、増資新株の運送保険契約は新株券特別約款付とすることを決定〔251〕 8. 5 商事法務、「増資白書」（第1号）発行〔253〕 8. 6 全銀協、銀行取引約定書ひな型を制定 9.12 日立製作所、米国で外貨建て転換社債を発行（私募第1号）（同17日 新三菱重工業、公募第1号）〔258〕 10. 8 「日米証券取引法セミナー」（ルイ・ロス教授）〔267〕 10.15 東京証券アナリスト協会発足 10.22 キューバ危機起こる 12.17 横浜地裁、東京芝浦電気株式買取引受事件判決〔266〕
昭和38年 (1963年)	1. 5 東商、「買取引受に関する規定の整備を含む商法の緊急改正」要望〔268〕 1.12 日証協連、「買取引受に関する規定の改正」要望〔268〕 1.16 法制審商法部会㉛ 1.22 経団連、「買取引受で商法の緊急改正」要望〔269〕	2.26 釧路地裁、北見バス乗取り対抗増資事件判決〔273〕 3. 8 本田技研工業、ロンドンでEDR発行（第1号）〔276〕 4. 5 東京地裁、八幡製鐵政治献金事件判決〔277〕 6. 4 東証、売買単位を1000株に引上げ

年	会社法改正関係動向	主要立法・経済・社会・判決他
	3.30 計算書類規則（4.1施行）〔279〕 6.11 証取審、「公社債市場正常化のための当面の問題について」答申〔284〕 7. 9 商業登記法（39.4.1施行）〔288〕 7.15 法制審商法部会㉜ 8. 5 京大商法研究会「株式会社経営機構の実態」発表〔289〕 9.18 法制審商法部会㉝ 10. 8 全株懇、商法改正に関する意見書提出 10.13 私法学会、「商法改正の問題点」（シンポ） 10.15 第44臨時国会（～10.23） 10.16 法制審商法部会㉞ 11. 5 会計審、修正企業会計原則・修正同注解を発表〔297〕 11.20 法制審商法部会㉟ 11.27 財務諸表等規則改正（26年規則全文改正）、監査証明省令改正（同日各施行）〔302〕 12. 4 第45特別国会（～12.18） 12.25～26 法制審商法部会㊱ 12.28 第46通常国会（～39.6.26） 〃 計算書類規則の特例に関する省令（12.31施行）〔304〕	6.10 中小企業投資育成株式会社法（同日施行）〔270〕 6.28 資本取引自由化要綱、閣議決定 6.29 外国為替管理令改正（資本取引自由化）（7.1施行） 7.20 中小企業基本法（同日施行） 9.12 東洋信託銀行、株券の裏書補充省略を決定〔293〕 10. 1 最高裁、国際交通株券裏書事件判決〔294〕 11.22 ケネディ米大統領暗殺さる 12. 3 最高裁、証券業者の外務員は顧客に対し証券業者の代理人と判示 12. 6 最高裁、「見せ金」による株金払込は無効と判示〔301〕
昭和39年 （1964年）	1.25 法制審商法部会㊲ 2.13 大阪株懇（大阪株式事務懇話会）、商法改正要綱案につき要望〔306〕 2.14 日証協連・東京株懇、商法改正要綱案に関し要望〔306〕 2.17 法制審、「商法一部改正法案要綱」答申〔304〕 3. 6 経団連、改正商法適用下の	1.20 日本共同証券発足 2.29 日立製作所、連結財務諸表を公告〔308〕 4. 1 日本、IMF 8条国に移行 4.28 日本、OECD正式加盟 6. 1 三菱重工業発足（三菱系3社合併） 6.18 大蔵省、理財局証券部を証券局に昇格

年	会社法改正関係動向	主要立法・経済・社会・判決他
	企業の経理方針、貸借対照表・損益計算書の雛型公表〔290〕 3.30　計算書類規則の特例に関する省令改正（3.31施行） 5.19　資本充実法改正（適用期限3年延長）（同日施行）〔312〕 5.20　東証等、有価証券上場規程、株券上場審査基準・廃止基準を改正実施〔315〕 6.17　東商、今後の商法改正事項について意見書提出（中央登記所制度創設構想等）〔318〕 6.24　日証協連、買取引受に関する商法改正を要望〔319〕 6.26　国会、商法一部改正法案を継続審議と決定〔319〕 7.1　法制審商法部会㊳〔320〕 7.25　財務諸表等規則改正（同日施行）〔323〕 8.22　監査証明規則改正（同日施行）〔324〕 11.9　第47臨時国会（～12.18） 11.11　法制審商法部会㊴ 12.9　法制審商法部会㊵〔334〕 12.18　国会、商法一部改正法案審議未了、廃案 12.21　第48通常国会（～40.6.1）	7.2　民事訴訟法改正（手形訴訟制度の創設）（40.1.1施行） 10.1　東海道新幹線営業開始 10.10　東京オリンピック開会（～10.24） 10.28　東証協、名義書換手数料の徴収決める〔303〕 11.9　佐藤栄作内閣成立 11.10　全日本労働総同盟（同盟）発足 11.16　労働省、従業員持株制度の奨励等の試案発表〔332〕 11.30　日本特殊鋼、会社更生法申請 12.11　最高裁、名古屋鉄道退職慰労金事件判決〔343〕 12.12　サンウェーブ工業、会社更生法申請
昭和40年 （1965年）	2.25　法制審、「商法一部改正法案要綱」を附帯決議付で決定（同年の通常国会には不提出） 3.3　経団連、商法改正の早期実現を要望〔342〕 3.31　財務諸表等規則改正（4.1施行） 5.28　証取法改正（証券業者の免許制採用）（10.1施行）〔336〕 7.22　第49臨時国会（～8.11）	1.12　日本証券保有組合発足 3.6　山陽特殊製鋼、会社更生法申請〔355〕 3.31　所得税法・法人税法（全面改正）（4.1施行） 5.28　日銀、山一證券に日銀法による特別融資を決定〔355〕 6.17　大蔵省、山陽特殊製鋼を証取法違反（粉飾決算）で告発 6.22　日韓基本条約調印

年	会社法改正関係動向	主要立法・経済・社会・判決他
	9. 9　東商、商法一部改正法の早急実現を要望〔358〕 9.30　財務諸表等規則改正（10.1施行） 10. 5　第50臨時国会（〜12.13） 11. 5　証券会社の健全性の準則等に関する省令（同日施行） 11.11　証取審、「公社債市場のあり方からみた国債発行の諸問題について」公表〔364〕 11.27　法制審、会社更生法部会を新設〔368〕 12.20　第51通常国会（〜41.6.27） 12.23　財務諸表等規則改正（同日施行）〔368〕	8.27　東京地裁、東洋電機製造総会屋事件判決〔361〕 9. 4　大蔵省、山陽特殊製鋼の公認会計士を登録抹消処分〔358〕 9. 6　ドイツ新株式法成立 9.22　最高裁、富士林産工業営業譲渡事件判決〔361〕 10. 8　最高裁、久保田鉄工新株発行無効確認請求事件判決〔361〕 11.10　「別冊・商事法務」刊行開始 11.16　最高裁、根室東映劇場株券発行事件判決〔372〕 11.19　政府、戦後初の赤字国債発行を決定（41.1.29発行） 12. 1　全銀協、統一手形用紙制度実施
昭和41年 （1966年）	3.14　関経連、商法改正案の実現促進を要望〔375〕 4.26　会計審、「監査基準・監査報告準則の改訂」答申〔379〕 5.21　監査証明規則改正（同日施行）〔382〕 6.14　商法改正（転換社債の転換請求、株式の譲渡制限・議決権の不統一行使・新株発行手続・新株引受権の譲渡、株式の譲渡方式・株券不所持制度・額面株式と無額面株式との相互転換）〔382〕 6.23　公認会計士法改正（協会の特殊法人化、監査法人制度の創設）（一部は7.3施行、他は42.3.20施行）〔374〕 7.11　第52臨時国会（〜7.30） 9.19　証取審、「取引所取引のあり方について」公表〔393〕 10.10　私法学会、「改正商法の諸問題」（シンポ）〔394〕	1.31　東京高裁、八幡製鐵政治献金控訴事件判決〔370〕 4.11　神戸地裁、山陽特殊製鋼損害賠償請求権査定を決定〔379〕 6.30　借地法・借家法改正（7.1施行） 7.24　フランス新会社法成立 7.28　最高裁、本田技研工業名義書換遅滞事件判決〔394〕 8. 1　日産自動車・プリンス自動車工業合併 9. 1　新「山一證券」改正証取法による免許会社第1号 10. 3　「日独会社法セミナー」（ヴュルディンガー教授）〔400〕 11. 4　日軽金、新株引受権証書による譲渡方式採用（第1号）〔397〕 11.28　通産省・公取委、産業構造改善と独禁法運用につき覚書交換〔399〕 12. 1　会計士協会（日本公認会計

年	会社法改正関係動向	主要立法・経済・社会・判決他
	10.15 会計審、「税法と企業会計原則との調整に関する意見書」公表〔394〕 10.24 関経連、連結財務諸表に関する意見書提出（以後、各界の意見書提出続く）〔396〕 11. 2 法制審商法部会㊶〔396〕 11.26 法務省民事局、会社更生法改正試案発表〔398〕 11.30 第53臨時国会（〜12.20） 12.27 第54通常国会（衆議院解散）	士協会）、特殊法人として発足 12.23 東京地裁、サンウェーブ工業損害賠償請求権査定を決定〔401〕
昭和42年 (1967年)	1. 5 東京株懇、標準株式取扱規程を発表〔402〕 1. 9 東証、新株引受権証書の売買取引開始〔401〕 2.10 法務省民事局、会社更生法改正試案（その2）発表〔404〕 2.15 第55特別国会（〜7.21） 3.14 商事法務、株式の譲渡制限登記を実態調査〔412〕 3.22 法制審商法部会㊷〔404〕 4. 6 東証等、「株式の時価発行に関する意見」発表〔410〕 4.26 法制審商法部会㊸〔412〕 5. 2 法制審商法部会「監査制度に関する問題点」公表〔413〕 5.17 外資審議会、資本自由化の制度的対策（外国投資家に対する株式譲渡制限、外国人役員排除等）報告〔415〕 5.19 会計審、「連結財務諸表に関する意見書」公表〔415〕 7.11 証取審、「株式流通機構の整備改善について」公表〔421〕 7.27 第56臨時国会（〜8.18） 〃 会社更生法改正（9.20施行）〔419〕	1.19 監査法人第1号誕生（太田哲三事務所） 1.25 倉敷簡裁、倉敷レーヨン配当除斥期間事件判決〔409〕 3. 9 最高裁、関西金融破産取締役選任事件判決〔419〕 3.14 最高裁、双葉油圧工業特別利害関係人事件判決〔409〕 4.28 最高裁、伊東温泉開発共同代表取締役規定違反事件判決〔421〕 5.12 東京ヒルトンホテル事件（提携契約解消）起きる〔415〕 5.31 印紙税法（全面改正）(6.1施行) 6.27 イギリス会社法改正 7. 1 第1次資本自由化実施 〃 欧州共同体（EC）発足 8. 3 公害対策基本法(同日施行) 8. 8 東南アジア諸国連合（ASEAN）結成 10. 2 東証等、バイカイ廃止 10.17 東京高裁、東洋電機製造総会屋控訴事件判決〔434〕 11.17 最高裁、旭洋物産株式名義貸与事件判決〔439〕

年	会社法改正関係動向	主要立法・経済・社会・判決他
	7.27 資産再評価法改正（5年間の猶予期間を定める）(同日施行)〔400〕 8．5 商事法務、監査役制度に関する実態調査発表〔422〕 9．1 商業登記規則改正（9.20施行）〔426〕 9.30 東証、株券不所持制度の排除状況を調査〔427〕 12．4 第57臨時国会（～12.23） 12．6 東証、新株引受権振替決済制度実施〔435〕 12.27 第58通常国会（～43.6.3）	
昭和43年 (1968年)	1.31 法制審商法部会㊹〔436〕 7．1 資本充実法廃止 7.26 全銀協、監査制度に関する商法改正で要望書提出〔457〕 8．1 第59臨時国会（～8.10） 8.21 産構審（産業構造審議会）、「企業合併についての意見書」発表〔459〕 9．3 法務省民事局、「株式会社監査制度改正に関する試案及び理由書」公表〔459〕 9.24 経団連、「産業再編成のための企業分割・合併に関する意見」提出〔463〕 11．4 会計審、「退職給与引当金の設定について」発表〔466〕 11.14 東商、監査制度改正で意見書提出（以後、各界の意見書提出続く）〔465〕 11.26 経団連、監査制度に関する商法改正意見提出〔468〕 12.10 第60臨時国会（～12.21） 12.26 経団連、「株式会社の文書事務合理化等に関する商法改正	1.20 郵便規則改正（郵便番号制採用）（7.1施行） 1.29 トヨタ自動車工業、「外国人役員を排除する旨」の定款変更を決議〔438〕 〃 東大紛争起きる 5．4 「日仏会社法セミナー」（ジャン・エマール教授）〔457〕 5.29 割賦販売法改正(8.25施行) 5.30 消費者保護基本法（同日施行） 6.10 大気汚染防止法・騒音規制法（12.1施行） 6.26 小笠原諸島、日本に復帰 9．5 最高裁、大倉工業自己株式質受事件判決〔470〕 10．1 日商岩井発足（日商・岩井産業合併） 11．1 最高裁、議決権行使の代理人資格を株主に限る旨の定款規定は有効と判示〔475〕 11.13 最高裁・利息制限法を超える利息は不当利得と判示 11.26 独禁懇（独占禁止懇話会）

年	会社法改正関係動向	主要立法・経済・社会・判決他
	意見」提出〔474〕 12.27　第61通常国会（～44.8.5）	発足 12.25　最高裁、三栄電気取締役自己取引事件判決〔473〕
昭和44年 (1969年)	2.26　法制審商法部会㊺ 3.6　法務省民事局、議決権代理行使の資格を制限する定款の定めは有効と回答〔480〕 3.15　国税庁、従業員持株制度に対する課税上の取扱いについて回答〔480〕 3.26　法制審商法部会㊻〔480〕 4.16　法制審商法部会㊼〔482〕 4.30　法制審商法部会㊽ 5.14　法制審商法部会㊾〔486〕 5.30　法務省民事局、定款変更による額面株式と無額面株式間の一斉転換は不可と回答〔505〕 6.24　経団連、監査制度に関する要望書提出〔490〕 7.2　法制審商法部会㊿ 7.7　商法改正研究会（会長　鈴木竹雄）発足 7.16　法制審商法部会㉑〔492〕 10.6　経団連、企業会計原則改正に関する覚書発表〔501〕 10.10　私法学会、商法改正研究会作成の「商法改正要綱私案」（シンポ）〔501〕 10.29　法制審商法部会㉒〔502〕 11.29　第62臨時国会（～12.2） 12.3　法制審商法部会㉓ 12.16　会計審、「商法と企業会計原則との調整について」（修正会計原則案等）答申〔496〕 〃　東商、会社分割の規定新設等商法改正を要望〔508〕 12.17　法制審商法部会㉔	1.1　商事法務、「監査役センター」設置 1.7　資本市場振興財団発足 1.16　京都地裁、二条丸八退職慰労金事件判決〔478〕 1.18　東大安田講堂事件（大学紛争続く） 1.21　東京地裁、麒麟麦酒議決権代理行使白紙委任状事件判決〔474〕 2.27　最高裁、山世志商会法人格否認事件判決（初めて法人格否認の法理を採用）〔486〕 3.1　第2次資本自由化実施 3.26　大阪地裁、関西電力退職慰労金事件判決〔480〕 5.23　政府、初の「公害白書」発表 7.20　アポロ11号、人類初の月面着陸 8.25　「日米証券取引法セミナー」（ジェニングス教授）〔500〕 10.16　最高裁、東洋電機製造総会屋上告事件判決〔503〕 10.30　公取委、八幡製鐵・富士製鐵の合併に関し同意審決〔501〕 11.26　最高裁、菊水工業取締役対第三者責任事件判決〔509〕

年	会社法改正関係動向	主要立法・経済・社会・判決他
昭和45年 (1970年)	1.14 第63特別国会（〜5.13） 1.21 法制審商法部会㊺〔512〕 2.18 法制審商法部会㊻ 3. 4 法制審商法部会㊼〔517〕 3.30 法制審、商法一部改正法案要綱を答申〔517〕 5. 6 法制審商法部会㊽〔523〕 〃 経団連、「会社分割規定の明文化」等要望〔523〕 5.14 会計士協会、監査制度改善促進を要望 6. 3 法制審商法部会㊾ 6.30 法務省・大蔵省、「監査制度改善問題に関する一問一答」発表（この頃、税理士会の改正反対運動盛ん）〔530〕 7. 1 法制審商法部会㊿ 7.13 経団連、資本自由化に備え独禁法・商法改正を要望（同旨6.22関経連、7.16東商）〔531〕 7.22 法制審商法部会㊱ 9. 8 大商（大阪商工会議所）、商法監査・証取法監査の統一を要望〔536〕 9.16 法制審商法部会㊲ 9.30 法制審商法部会㊳ 10. 8 経済法学会、「証券取引法改正」（シンポ）〔542〕 10.14 法制審商法部会㊴ 10.26 関経連、自己株式取得制限の緩和で意見書提出〔539〕 10.28 法制審商法部会㊵〔539〕 11.24 第64臨時国会（〜12.18） 12.23 法制審商法部会㊶ 12.24 経団連、商法改正促進を要望〔546〕 12.25 全株懇・信託協会、株主名簿のコンピュータ化で商法改正を要望〔546〕	3.14 大阪万国博開催（〜9.13） 3.26 仙台地裁、川岸工業法人格否認事件判決〔527〕 3.31 新日本製鐵発足（八幡・富士両製鐵合併） 5. 1 国税不服審判所発足 5. 6 著作権法改正(46.1.1施行) 5. 8 岐阜地裁、金融機関による過当な歩積両建は独禁法違反と判示〔528〕 5.22 特許法・実用新案法改正（46.1.1施行） 5.23 国民生活センター法（同日施行） 6.24 最高裁、八幡製鐵政治献金事件判決〔529〕 7.31 中央公害対策本部設置 8.31 「日米証券取引法セミナー」（ロス教授）〔535〕 9. 1 第3次資本自由化実施 11.12 最高裁、東京海上火災保険新株申込証拠金事件判決〔541〕 11.24 最高裁、大運株主平等原則違反事件判決〔554〕 12.25 公害関係14法（水質汚濁防止法等）（46.6.24施行） 〃 生命保険20社、第1部上場会社に対し株式の時価発行反対を表明〔546〕 12.26 下請中小企業振興法（同日施行）

年	会社法改正関係動向	主要立法・経済・社会・判決他
	12.26 第65通常国会（〜46.5.24）	
昭和46年 (1971年)	1.7 東商、中小会社の監査制度の特例追加等を含めた商法改正法案の早期国会提出を要望〔547〕 1.20 法務省、商法監査制度改正案の一部修正案（資本金１億円未満会社の特例法等）発表〔549〕 3.3 証取法改正（企業内容開示制度改善、公開買付規制等）（7.1施行）〔550〕 〃 外国証券業者に関する法律（9.1施行）〔550〕 3.8 法制審、「商法一部改正法案追加（４項目）要綱」答申〔553〕 4.14 日本経営情報開発協会、「電子計算機の導入に伴う商法等改正問題に関する見解」発表〔558〕 6.9 有価証券の公開買付届出省令（7.1施行）〔562〕 6.14 安定操作取引の届出等省令（7.1施行） 6.15 東証等、配当金の円銭表示決定〔564〕 6.30 法制審商法部会㊿ 〃 経団連、「今後の商法改正について」公表 7.1 財務諸表等規則改正、監査証明省令改正（同日施行） 7.14 第66臨時国会（〜7.24） 7.26 東証、株券振替決済制度実施〔568〕 9.21 会計審、「外国為替相場の変動幅制限停止に伴う外貨建資産等の会計処理に関する意見」答申〔573〕 10.6 法制審商法部会㊿〔574〕 10.16 第67臨時国会（〜12.27）	1.31 日本共同証券解散（2.1日本共同証券財団発足） 3.5 佐藤造機、会社更生法申請 4.5 「旬刊・商事法務研究」から「旬刊・商事法務」へ誌名変更 4.13 「経営法友会」発足 4.24 東京地裁、横河電気製作所株式買取受事件判決〔559〕 4.30 名古屋地裁、トヨタ自動車外人役員排除定款事件判決〔560〕 5.26 チッソ定時株主総会、一株運動で紛糾 6.3 民法改正（根抵当制度の法制化）（47.4.1施行） 〃 最高裁、多摩宝石計算書類閲覧請求事件判決〔572〕 6.17 沖縄返還協定調印 6.24 最高裁、猪名川礦油一人会社総会事件判決〔572〕 6.30 富山地裁、イタイイタイ病訴訟判決 7.1 環境庁発足 7.15 ニクソン・ショック 7.16 最高裁、東急不動産株式買取受事件判決〔577〕 8.1 第４次資本自由化実施 9.29 新潟地裁、新潟水俣病訴訟判決 10.1 第一勧業銀行発足（第一・日本勧業両銀行合併） 〃 東京海上火災保険等、公認会計士賠償責任保険発売〔673〕 〃 「NBL」創刊（商事法務） 10.12 「日米証券取引法セミナー」（コーエン・クロル両教授）〔577〕

年	会社法改正関係動向	主要立法・経済・社会・判決他
	12.29　第68通常国会（〜47.6.16）	10.13　最高裁、仙石屋取締役自己取引事件判決〔578〕 10.20　商事法務、「株主総会白書」（第1号）発行〔575〕
昭和47年 (1972年)	3.17　商法改正法案の国会への不提出を閣議決定〔591〕 6.14　法制審商法部会㊳〔660〕 7.6　第69臨時国会（〜7.12） 8.5　商法改正研究会、「会社法運用の実態とその分析」発表〔604〕 8.25　法務省民事局、法定準備金の資本組入れによる額面株式の株金額の引上げも可能と回答〔610〕 10.7　私法学会「会社法運用の実態と立法問題」（シンポ）〔604〕 10.27　第70臨時国会（〜11.13） 〃　経団連、船主責任制限法案と監査制度に関する商法改正法案の国会一括提出を要望〔612〕 11.13　東証、株券の振替決済制度全面実施（上場全銘柄）〔612〕 12.5〜6　法制審商法部会㊵ 12.6　法務省民事局、船主責任制限法に関する要綱案発表〔616〕 12.22　第71特別国会（〜48.9.27） 12.27　商業登記規則改正（48.3.1施行）〔620〕	1.3　日米繊維協会調印 2.3　札幌オリンピック開催（〜2.13） 3.7　米ベンディックス社、自動車機器株の公開買付を発表（TOB第1号）〔593〕 5.15　沖縄復帰 6.11　日本列島改造論発表される 6.16　割賦販売法改正（48.3.15施行） 6.17　ウォーターゲート事件発覚 6.21　(社)国際商事法研究所発足（旧海外商事法務調査会） 6.23　外資審議会、技術導入自由化決定 7.1　外国証券会社（米メリル・リンチ社）に初の免許 7.7　田中角栄内閣成立 9.29　日中国交回復 11.8　最高裁、和島興業発券前株式譲渡事件判決〔623〕
昭和48年 (1973年)	1.30　財務諸表等規則改正等（同日施行）〔623〕 2.5　証取審、「証券市場の国際化に伴う証券関係法制の整備について」公表〔621〕 2.8　東証、監査制度を中心とす	1.17　東京高裁、三菱銀行株式払込金保管証明責任事件判決〔620〕 1.22　全銀協、個人信用情報センター業務開始 1.27　ベトナム和平協定調印 2.14　円変動相場制移行

年	会社法改正関係動向	主要立法・経済・社会・判決他
	る商法改正実現促進を要望〔621〕 3.16　同友、社会と企業の相互信頼で提言（営業報告書の刷新等）〔625〕 3.20　商法一部改正法案等関係3法案国会へ提出〔625〕 3.29　法制審商法部会㉛ 〃　会計審、「外貨建資産等の会計処理に関する意見」公表〔626〕 3.31　資本組入法失効〔605〕 4.10　日弁連（日本弁護士連合会）、商法改正法案に対する修正意見（監査役に弁護士起用）提出 7.12　東証、外国株上場要綱・振替決済制度要綱を決定〔637〕 7.17　東証、新規株式公開制度改善策を決定〔638〕 9.7　東京株懇、営業報告書のモデル案発表〔644〕 9.26　商法一部改正法案等関係3法案、審議未了で継続審議〔644〕 12.1　第72通常国会（～49.6.3） 12.12　法制審商法部会㉜〔653〕	5.1　100%資本自由化実施 5.22　最高裁、マルゼン取締役監視義務事件〔644〕 6.15　最高裁、肥後合板株式譲渡制限違反事件判決〔640〕 6.28　国際会計基準委員会（IASC）設立〔653〕 7.17　日立製作所、初の国内向け連結財務諸表を発表 8.8　金大中事件起きる 10.1　太陽神戸銀行発足（太陽・神戸両銀行合併） 10.6　第4次中東戦争勃発 10.25　石油ショック 11.12　社会経済国民会議発足 11.26　最高裁、関西電力退職慰労金事件判決〔651〕 12.14　公取委、独禁法研究会発足（法改正作業始まる） 12.18　東証、外国株初上場 12.22　国民生活安定緊急措置法・石油需給適正化法（同日各施行）
昭和49年 （1974年）	4.2　商法改正法等関係3法（一部同日施行、他は10.1施行） 〃　休眠会社整理関係法省令（同日施行） 6.7　東証、「会社情報の適時開示に関する要請」（上場各社へ送付）〔669〕 6.19　法制審商法部会㉝〔670〕 7.1　経団連、商法再改正を要望（自己株保有等13項目）〔671〕 7.24　第73臨時国会（～7.31） 9.11　法制審商法部会㉞〔678〕 〃　東証、今後の商法根本改正	1.5　日中貿易協定調印 2.19　公取委、石油元売り12社等を独禁法違反で告発（5.28起訴）〔659〕 3.28　大阪地裁、チッソ株主総会決議取消請求事件判決〔662〕 4.1　筑波大学開校 4.17　証券界、企業の決算期集中回避等で経済団体に要望〔665〕 5.17　カシオ計算機、累積投票権排除の定款変更〔666〕 5.20　日本熱学・エアロマスター、会社更生法申請

年	会社法改正関係動向	主要立法・経済・社会・判決他
	の要望事項まとめる〔677〕 9.19 国税庁、改正商法と法人税法との調整に関する暫定措置を発表〔678〕 9.24 計算書類規則等改正（10.1施行）〔678〕 10.9 法制審商法部会㊄〔681〕 10.13 私法学会、「企業結合」（シンポ） 11.19 法務省民事局、商業帳簿等のマイクロ写真による保存につき条件付きで認める旨回答〔684〕 12.9 第74臨時国会（～12.25） 12.11 法制審商法部会㊅〔687〕 12.25 商事法務、商法改正に伴う定款変更状況を調査〔687〕 12.27 第75通常国会（～50.7.4）	6.20 (社)日本監査役協会発足（旧監査役センター） 6.25 国土利用計画法（12.24施行） 6.26 国土庁設置 8.8 ウォーターゲート事件発生 9.18 公取委、「独禁法改正試案の骨子」発表〔678〕 11.14 最高裁、両国企業共同代表取締役事件判決〔692〕 12.9 三木武夫内閣成立 12.12 経団連、独禁法改正に対する意見書発表 12.27 独占禁止法改正問題懇談会発足
昭和50年 (1975年)	1.29 法制審商法部会、今後の商法改正審議のための小委員会（鈴木竹雄委員長）設置〔690〕 2.3 社会経済国民会議、「労働組合もしくは労働者代表による経営参加問題」発表〔691〕 3.25 監査役協会（日本監査役協会）、監査役監査基準を作成〔697〕 3.28 東証、上場諸基準を改正（浮動株基準等強化）〔697〕 4.3 法務省、休眠会社の整理状況公表（24万余社を整理）〔702〕 4.30 法制審商法部会㊆〔700〕 5.14 法制審商法部会㊇〔701〕 6.12 法務省民事局、「会社法改正に関する問題点」公表〔704〕 〃 証取審、「株式構成の変化と資本市場のあり方について」〔708〕 6.24 会計審、「連結財務諸表の	3.14 大阪地裁、日本熱学工業に破産宣告 4.30 ベトナム戦争終結 5.30 ソニー、中間配当を決議（第1号）〔703〕 6.21 勤労者財産形成促進法改正（6.25施行） 6.24 衆院、独禁法改正5党修正案を可決（参院で廃案）〔705〕 6.25 特許法改正（51.1.1施行） 7.1 中小企業近代化促進法改正（9.30施行）〔705〕 7.15 政治資金規正法改正（51.1.1施行） 8.28 興人、会社更生法申請 9.16 ローエイシア国際会議、東京で開催（20カ国が参加）〔708〕 9.25 三菱商事、わが国初のパッケージ・ユニット方式による資金調達を発表〔713〕

第5部 会社法史年表 *1211*

年	会社法改正関係動向	主要立法・経済・社会・判決他
	制度化に関する意見書」等公表〔721〕 7.24 計算書類規則等改正（同日施行）〔709〕 9.11 第76臨時国会（～12.25） 11. 6 東証、会社法改正に関する意見書提出〔728〕 12.23 経団連、会社法改正に関する意見書提出〔728〕 12.27 第77通常国会（～51.5.24）	10. 6 日立造船、労組出身監査役の登用方針を発表〔714〕 11. 4 「ドイツ会社法セミナー」（ヴュルディンガー教授）〔715〕 11.15 第1回主要先進国首脳会議（ランブイエ・サミット）開催
昭和51年 （1976年）	1.26 関経連、会社法改正問題で意見書提出〔742〕 2.18 法制審商法部会㊾〔726〕 3.10 法制審商法部会㊿〔729〕 5.11 証取審、「株主構成の変化と資本市場のあり方について」報告〔736〕 6. 2 国際会計基準委員会、連結財務諸表作成に関する基準公表 6. 4 電気・ガス事業会社の社債発行限度に関する特例法（同日施行）〔744〕 6.30 法制審商法部会㉛〔740〕 7.13 会計審、連結財務諸表の監査基準等を決定〔743〕 9.16 第78臨時国会（～11.4） 10. 2 法制審商法部会㉜〔750〕 10.30 連結財務諸表制度化のための関係省令（52.4.1施行）〔750〕 12.15 法制審商法部会㉝〔756〕 12.24 第79臨時国会（～12.28）） 12.30 第80通常国会（～52.6.9）	2. 4 ロッキード事件発覚 2.13 村山、会社更生法申請 3. 4 山崎製パン、上場会社で監査役の業務監査における限定意見第1号〔730〕 3.18 ドイツの拡大共同決定法成立〔732〕 4. 5 天安門事件起きる 5.31 山崎製パン、前社長に対し取締役の競業避止義務違反で損害賠償訴訟を提起〔738〕 6. 2 日立造船、第1回優先株発行決定（10.1発行） 6. 4 訪問販売法（12.3施行） 6.15 民法等改正（親族法・戸籍法）（同日施行） 7. 2 南北ベトナム統一 7.27 東京地検、ロッキード事件で田中前首相を逮捕 9. 1 大同特殊鋼発足（大同製鋼・日本特殊鋼・特殊製鋼合併）〔726〕 11. 1 「フランス会社法セミナー」（アンドレ・タンク教授）〔752〕 11.24 東洋バルヴ、会社更生法申請 12.24 福田赳夫内閣成立

年	会社法改正関係動向	主要立法・経済・社会・判決他
昭和52年 (1977年)	3.11 連結決算実施に伴う取扱通達（4.1実施）〔763〕 3.29 会計審、「半期報告書で開示すべき中間財務諸表に関する意見書」答申〔765〕 4. 1 連結財務諸表制度実施〔790〕 4. 6 法制審商法部会㊷〔766〕 4.20 商業登記規則等改正（5.1施行）〔768〕 5.16 法務省民事局、「株式制度に関する改正試案」公表〔769〕 5.27 社債発行限度暫定措置法（同日施行）〔771〕 7. 1 社債法等研究会、「株券失効制度に関する規定（試案）」公表〔778〕 7. 6 法制審商法部会㊸〔775〕 7.19 同友会、取締役会に関する実態調査発表〔777〕 7.27 第81臨時国会（～8.3） 8.30 中間財務諸表規則等3省令（同日施行）〔781〕 9.29 第82臨時国会（～11.25） 10. 9 私法学会、「株式会社法の根本改正」（シンポ）〔783〕 11.15 東証、株式制度改正試案に対する意見書提出〔787〕 12. 7 第83臨時国会（～12.10） 12.19 第84通常国会（～53.6.16）	1.20 割引国債発行（第1号） 2.16 日米繊維輸出規制交渉決着 5. 2 大学入試センター発足 5.20 「公益信託」第1号発足〔779〕 6. 3 独禁法改正（12.2施行）〔771〕 6.20 最高裁、岐阜商工信用組合再建預金事件判決（独禁法違反と判示）〔774〕 6.25 中小企業事業分野調整法（9.24施行） 8.15 東京高裁、石油連盟ヤミカルテル事件判決（審決取消請求棄却） 8.20 中国、文化大革命終結を宣言 10. 1 安宅産業が伊藤忠商事と合併〔757〕 10.31 「アメリカ会社法セミナー」（コナード教授）〔786〕 12. 5 中小企業倒産防止共済法（53.4.1施行）
昭和53年 (1978年)	2. 1 法制審商法部会㊻〔793〕 3.22 法制審商法部会㊼〔798〕 5.31 法制審商法部会㊽〔804〕 7.13 株券等の振替決済制度に関する専門委員会（東証）、中間報告書発表〔813〕 7.19 法制審商法部会㊾〔810〕 9.18 第85臨時国会（～10.21）	1.26 大蔵省、為替管理の自由化・簡素化措置を発表（4.1実施） 2.20 永大産業、会社更生法申請 4. 4 最高裁、石油元売6社ヤミカルテル事件判決（審決取消請求棄却）〔800〕 4.12 石油税法（6.1施行） 5.15 特定不況産業安定臨時措置

年	会社法改正関係動向	主要立法・経済・社会・判決他
	9.29 大蔵省、「公認会計士監査における組織的監査の徹底と独立性保持について」通達〔816〕 10.7 私法学会、「株式会社法の根本改正」（シンポ）〔814〕 10.25 法制審商法部会⑩〔818〕 11.15 法制審商法部会⑪〔821〕 12.6 第86臨時国会（～12.12） 12.22 第87通常国会（～54.6.14） 12.25 法務省民事局、「株式会社の機関に関する改正試案」公表〔825〕	法（特安法）（同日施行）〔803〕 5.20 新東京国際空港開港 6.20 仮登記担保契約法（54.4.1施行）〔824〕 7.5 農林水産省発足（農林省改称） 8.12 日中平和友好条約調印 10.26 東京地検、不二サッシ工業・販売の前会長らを有価証券報告書虚偽記載等で起訴〔818〕 11.11 無限連鎖講（ネズミ講）防止法（54.5.11施行）〔817〕 12.7 大平正芳内閣成立
昭和54年 (1979年)	2.20 東証、外国株上場諸規定を改正〔827〕 3.14 法制審商法部会⑫〔832〕 5.23 法制審商法部会⑬〔838〕 6.28 経団連、「株式会社の機関に関する改正試案」に対する意見書提出〔843〕 7.18 法制審商法部会⑭〔844〕 8.30 第88臨時国会（～9.7） 9.5 航空疑惑問題等防止対策協議会、監査制度の充実強化等提言〔848〕 9.18 会計士協会、「株式会社の機関に関する改正試案」に対する意見提出〔849〕 9.26 法制審商法部会⑮〔850〕 10.24 法制審商法部会⑯〔852〕 10.30 第89特別国会（～11.16） 11.7 証取界、株券の振替決済制度の検討を開始〔854〕 11.21 法制審商法部会⑰〔855〕 11.26 第90臨時国会（～12.11） 12.21 第91通常国会（～55.5.19） 12.25 法務省民事局、「株式会社	1.1 米中国交回復 1.13 初の国公立大学共通1次試験実施 2.5 全国証券取引所協議会発足 3.7 大日本インキ、米国企業に対するTOB実施〔831〕 3.30 民事執行法（55.10.1施行）〔833〕 5.16 都市銀行等、譲渡性定期預金証書（CD）の発売開始〔823〕 5.26 日弁連、弁護活動における倫理規程を新設 6.22 大光相互銀行の監査人の監査報告書で意思差控え〔840〕 〃 エネルギー使用の合理化に関する法律（10.1施行）〔839〕 6.28 東京サミット開催 8.27 公取委、事業者団体の活動に関する指針等公表〔847〕 11.5 「イギリス会社法セミナー」（ガワー教授）〔854〕 12.18 外為法改正（55.12.1施行）〔824〕

年	会社法改正関係動向	主要立法・経済・社会・判決他
	の計算・公開に関する改正試案」公表〔858〕	
昭和55年 (1980年)	1.18 日証協（日本証券業協会）、株式制度改正事項につき要望（新株引受権付社債の創設等）〔861〕 1.30 法制審商法部会⑱〔861〕 2.1 商業登記規則改正（2.15施行）〔863〕 2.26 経団連、「株式会社の計算・公開に関する改正試案」に対する意見発表〔864〕 2.27 法制審商法部会⑲〔864〕 3.10 関経連、「株式会社の計算・公開の制度改正について」意見書提出〔866〕 3.19 法制審商法部会⑳ 4.1 法務省、休眠会社の整理状況公表（7万社を整理）〔871〕 4.23 法制審商法部会㉑ 5.28 法制審商法部会㉒ 6.25 法制審商法部会㉓ 7.17 第92特別国会（～7.26） 〃 会計審、「商法計算規定に関する意見書」発表〔879〕 7.23 法制審商法部会㉔ 9.11 東商、「新株引受権付社債制度の創設に関する要望」提出〔883〕 9.24 法制審商法部会㉕〔884〕 9.29 第93臨時国会（～11.29） 10.11 私法学会、「株式会社法改正の諸問題」（シンポ）〔882〕 11.17 日税連（日本税理士会連合会）、「会計監査人の監査を受ける会社の範囲」に関する要望書提出〔889〕 11.19 法制審商法部会㉖〔889〕	1.5 中期国債ファンド発足 2.20 国債振替決済制度実施〔864〕 3.17 公取委・独禁法研究会、流通系列化に関する報告書発表〔866〕 3.31 所得税法改正（グリーンカード制導入）（施行されず） 4.14 税理士法改正（業務拡大など地位向上を図る）（10.13施行）〔866〕 4.30 刑法改正（贈収賄罪の罰則強化等）（同日施行）〔872〕 5.6 「アメリカ連邦証券法典セミナー」（ロス・クロール両教授）開催〔871〕 5.17 民法・家事審判法改正（56.1.1施行） 6.23 イギリス会社法改正（6.23施行）〔882〕 7.15 公取委、「会社の合併等に関する事務処理基準」発表〔878〕 7.17 鈴木善幸内閣成立 7.25 香港の投資家、片倉工業社長を取締役の忠実義務違反で提訴〔879〕 9.26 東京高裁、石油ヤミカルテル刑事事件判決〔884〕 10.1 「法学教室」創刊（有斐閣） 11.27 宮地鉄工所、買占めグループの少数株主権行使による臨時株主総会開く〔885〕 12.5 臨時行政調査会設置

年	会社法改正関係動向	主要立法・経済・社会・判決他
	12.17 法制審商法部会⑩⑦〔892〕 12.22 第94通常国会（～56.6.6） 12.24 法制審商法部会⑩⑧〔893〕	
昭和56年 (1981年)	1.26 法制審、「商法等の一部を改正する法律案要綱」答申〔896〕 4.22 連結財務諸表規則改正（58.4.1施行）〔905〕 6.1 証取法改正（金融機関が証券業務を行う場合の認可）（57.4.1施行） 〃 大蔵省、「従業員持株制度の整備・拡大について」通達〔907〕 6.9 商法改正（株式・機関・計算・社債関係等）（一部を除き57.10.1施行）〔907〕 6.17 法制審商法部会⑩⑨〔909〕 7.21 東証、改正商法施行に伴う単位株制度導入についての基本的考え方発表〔914〕 9.7 新株引受権付社債に関する登記事務取扱通達〔921〕 9.16 社債等登録法施行令等改正（10.1施行）〔918〕 9.24 第95臨時国会（～11.28） 9.30 法制審商法部会⑩⓪〔919〕 10.9 法務省民事局、「法務省令制定に関する問題点」公表〔920〕 11.9 東証、「商法改正に関する対応のあり方」公表〔924〕 11.30 経団連、法務省令制度の問題点に対する意見書提出〔926〕 12.21 第96通常国会（～57.8.21） 12.23 法制審商法部会⑪①〔928〕	3.16 公取委、「独禁法と行政指導との関係についての考え方」発表〔904〕 〃 臨時行政調査会（第2次）スタート 3.26 東京地裁、山崎製パン競業避止義務違反事件判決 3.31 山形地裁鶴岡支部、石油ヤミカルテル損害賠償請求訴訟判決（消費者の請求棄却）〔902〕 〃 印紙税法改正〔899〕 5.29 中小企業事業分野調整法改正（9.11施行）〔908〕 6.1 新銀行法（57.4.1施行）〔905〕 7.24 公取委、「小売業における合併等の審査に関する考え方」発表〔914〕 9.11 公取委、「会社の株式所有の審査に関する事務処理基準」発表〔921〕 10.12 香港の投資家、片倉工業の経営陣を自社株取得禁止違反で提訴〔920〕 12.7 新株引受権付社債発行第1号（明治乳業・ダイエー）
昭和57年 (1982年)	1.14 会計審、「法務省令制定に関する問題点」に対する意見書	1.23 東証第2部市場の売買電算化スタート〔931〕

年	会社法改正関係動向	主要立法・経済・社会・判決他
	発表〔929〕 2．3　法制審商法部会⑫〔931〕 4.20　会計審、商法改正に伴う企業会計原則等修正を決定〔938〕 4.23　商業登記法改正(10.1施行)〔939〕 4.24　計算書類規則等改正（10.1施行）〔938〕 5．1　社債等登録法政省令改正（同日施行）〔939〕 5.21　船主責任制限法改正(59.5.20施行)〔940〕 7．1　日本光電工業、額面株式分割決定(以後、株式分割事例続出)〔978〕 9．8　法制審商法部会⑬〔951〕 9.20　東証、商法改正等に伴う上場諸規則を改正〔952〕 9.21　財務諸表規則等5省令改正（10.1施行） 10．7　法務省民事局、「株券振替決済制度試案」公表〔953〕 10.11　私法学会、「株券振替決済制度」（シンポ）〔949〕 11.26　第97臨時国会（〜12.25） 12.22　法制審商法部会⑭〔962〕 12.28　第98通常国会（〜58.5.26）	3.30　大蔵省、新銀行法施行に伴う自由化・弾力化措置を発表(記念配当・関連会社業務規制を緩和)〔937〕 3.31　新銀行法関係省令（4.1施行） 4．8　東証、外国証券会社の会員加入制限条項撤廃 6.17　公取委、三越（押し付け販売等不公正取引）事件同意審決〔822〕 6.18　公取委、不公正な取引方法の新一般指定を告示(9.1施行) 6.23　東北新幹線開業 〃　　IBM産業スパイ事件〔947〕 7．1　トヨタ自動車発足（トヨタ自工・トヨタ自販合併） 8.24　公職選挙法改正（参議院全国区に比例代表制導入）（同日施行） 9.22　三越取締役会で岡田社長解任〔953〕 10．7　神奈川県の情報公開条例が成立〔957〕 11.15　上越新幹線開業 11.27　中曽根康弘内閣成立 11.29　片倉チッカリンの定時株主総会で改正商法下初の書面による質問権行使〔961〕
昭和58年 (1983年)	1．5　有価証券の届出等取扱通達改正〔963〕 2.14　会計審、後発事象に関する監査手続を決める〔966〕 3.23　法制審商法部会⑮〔970〕 7．6　法制審商法部会⑯〔980〕 7.18　第99臨時国会（〜7.23） 9．8　第100臨時国会（〜11.28）	1.28　いすゞ自動車で異例の6時間総会開催（以後、長時間総会続出）〔964〕 2．1　法制審国籍法部会、国籍法改正試案を公表 2.22　最高裁、味の素退職慰労金事件判決 4．9　都銀等金融機関、国債窓口

年	会社法改正関係動向	主要立法・経済・社会・判決他
	9.20　法務省、上場会社の新株発行で「算式表示方式」による発行価額の表示認める〔987〕 10.10　私法学会、「小規模・閉鎖会社立法」（シンポ）〔989〕 11.26　証取法施行令改正（安定操作制度の改正等）（12.1施行）〔993〕 12.14　法制審商法部会⑰〔995〕 12.22　会計審、外貨建長期金銭債権債務等の為替予約について会計処理基準を追加〔996〕 12.26　第101臨時国会（～59.8.8）	販売業務開始 5.13　サラ金規制2法（貸金業規制法・出資法改正）（11.1施行） 5.21　区分所有法改正（59.1.1施行）〔974〕 5.23　公取委、特定産業における合併審査ガイドライン発表〔979〕 6.1　外国系会計事務所の監査法人化認可（第1号） 6.7　最高裁、チッソ株主総会決議取消請求事件判決〔113〕 6.24　よみうりランド株主総会で新法下の初の提案権行使〔975〕 6.28　西宮酒造株主総会で新法下初の総会検査役が出席〔979〕 8.13　金融機関、第2土曜休日開始 9.1　大韓航空機撃墜事件 9.16　証券業協会、「株式店頭市場の機能拡充についての要綱」決定〔987〕 10.6　IBM産業スパイ事件で和解成立 10.12　東京地裁、ロッキード事件判決（田中元首相有罪） 11.1　新しい店頭市場がスタート（証券取引所株式上場基準引下げ等実施）〔991〕 12.14　大和工業・東京窯業、新商法下の仮監査役選任〔997〕
昭和59年 (1984年)	2.23　法制審、株券振替決済制度導入の法案要綱決定〔1001〕 2.29　法制審商法部会⑱〔1001〕 3.21　法制審商法部会⑲〔1004〕 5.9　法務省民事局、「大小（公開・非公開）会社区分立法及び合併に関する問題点」公表〔1007〕	1.9　日経ダウ平均が史上初の1万円突破 1.30　ソニーの定時株主総会、異例の13時間30分を記録〔998〕 2.24　最高裁、石油カルテル（価格協定）刑事事件判決（有罪）〔1001〕

年	会社法改正関係動向	主要立法・経済・社会・判決他
	5.15　株券保管振替法（11.14施行）	2.29　大沢商会、会社更生法申請
	5.25　証取法改正（外国会社の有価証券報告書の提出期限緩和等）（7.1施行）	3.12　大証、新2部市場スタート
		4.25　「資料版／商事法務」創刊
		5.25　国籍法・戸籍法改正（60.1.1施行）
	5.26　日弁連、「株主総会手数料」新設	6.2　割賦販売法改正（12.1施行）
	6.9　国税庁、印紙税基本通達改正（無額面株式の券面額の取扱等）〔1016〕	6.29　阪神電鉄株主総会、株主提案（場外馬券売場建設反対議案）を否決〔1013〕
		7.1　総務庁発足
	10.23　経団連、「次期商法改正に関する意思」公表	7.23　リッカー、和議申請（8.20会社更生法申請）
	10.24　日税連、大小会社区分立法に関する意見提出（以後、各界の意見書提出続く）	7.31　東京地裁、協同飼料株価操作事件で被告人全員に有罪判決〔1017〕
	11.7　株券保管振替法施行規則〔1024〕	12.6　（財）証券保管振替機構発足
	12.1　第102通常国会（～60.6.25）	12.25　電電公社民営化関連3法、日本電信電話株式会社法（同日施行）
	12.12　法制審商法部会⑳〔1028〕	
昭和60年 (1985年)	2.1　有価証券届出省令・通達改正（第三者割当増資の改善策盛り込む）〔1032〕	1.18　伊奈製陶が「INAX」に社名変更（英文表記商号の初事例）〔1031〕
	3.27　法制審商法部会㉑〔1028〕	3.30　供託法改正（同日施行）
	5.1　法務省、休眠会社の整理状況公表（9万3,000社を整理）〔1041〕	4.1　NTTとJTが発足〔1039〕
		5.13　東証の新市場館完成、新館での取引を開始〔1042〕
	6.17　引受証券会社と受託銀行、完全無担保転換社債の発行基準緩和〔1047〕	5.17　男女雇用機会均等法（61.4.1施行）
		5.28　特許法改正（11.1施行）
	6.18　「資本市場研究会」発足〔1045〕	6.14　著作権法改正（コンピュータ・プログラムの保護）（61.1.1施行）
	6.21　証取法改正（10.1施行）（債券先物市場の創設）〔1045〕	6.25　工場抵当法改正（同日施行）
	9.25　法制審商法部会㉒〔1055〕	〃　　住民基本台帳法改正（61.6.1施行）
	10.14　第103臨時国会（～12.21）	6.28　司法書士法改正（61.6.1施行）
	10.19　東証、債券先物取引を開始〔1057〕	

年	会社法改正関係動向	主要立法・経済・社会・判決他
	10.24 自民党法務部会、「商法研究会」を設置（大小会社区分立法の問題点を検討）〔1057〕 11.13 「商法監査問題研究会」発足、「調査」について検討〔1060〕 12.24 第104通常国会（～61.5.22）	6.28 土地家屋調査士法改正（61.6.1施行） 7.5 労働者派遣業法（61.7.1施行） 8.13 三光汽船、会社更生法申請 9.22 プラザ合意 10.5 民事行政審議会、登記コンピュータ化について答申〔1125〕
昭和61年 （1986年）	1.22 法制審商法部会⑬〔1066〕 3.10 会計審、外部監査の実態調査報告〔1070〕 3.31 通産省・中小企業庁、商法・有限会社法改正問題に関する意識調査を発表（最低資本金引上げに反対）〔1072〕 4.23 法制審商法部会⑭〔1075〕 4.25 商法監査問題研究会、「調査」問題で報告書公表（A・B・Cの3案を提示）〔1074〕 5.15 法務省民事局、「商法・有限会社法改正試案」公表〔1076〕 6.2 第105臨時国会（冒頭解散） 6.25 社債法研究会、社債法改正試案を公表〔1085〕 7.22 第106特別国会（～7.25） 9.11 第107臨時国会（～12.20） 11.13 大蔵省、ディスクロージャー制度見直しを答申〔1095〕 11.25 経団連、「商法・有限会社法改正試案に関する意見」公表 12.12 証取審、社債発行市場のあり方を答申（証券先物特別部会の設置を決定）〔1097〕 12.29 第108通常国会（～62.5.27）	3.28 移転価格税制導入〔1073〕 4.1 東洋端子、会社更生法申請 5.4 東京サミット開催 5.23 特定商品等の預託等取引契約に関する法律（11.22施行） 〃 著作権法改正（62.1.1施行） 〃 外国弁護士法律事務取扱特別措置法（62.4.1施行） 5.27 預金保険法改正（7.1施行） 6.26 東京高裁、長谷川工務店総会決議・取消訴訟判決（横すべり監査役の事後監査は可と判示）〔1082〕 9.16 大証、株式先物取引開始〔1088〕 9.19 法制審、簡易裁判所の適正配置を答申〔1089〕 9.20 ウルグアイ・ラウンド 9.25 最高裁、東京建物取締役説明義務事件判決〔1090〕 10.1 住友銀行、平和相互銀行を吸収合併〔1090〕 12.4 国鉄分割民営化法施行
昭和62年	1.21 法制審商法部会⑮〔1101〕	2.9 NTT株上場（初値160万円）

年	会社法改正関係動向	主要立法・経済・社会・判決他
(1987年)	5. 6 社債法改正検討研究会（検討の基本方針を確認）〔1110〕 5.13 法制審商法部会⑱〔1111〕 5.20 証取審、「証券先物市場の整備について」答申（株価指数先物取引・オプション取引導入等）〔1111〕 7. 6 第109臨時国会（〜9.19） 10.19 証取審、不公正取引特別部会（竹内昭夫部会長）設置、インサイダー取引の規制を強化〔1125〕 11. 6 第110臨時国会（〜11.11） 11.11 法制審商法部会⑫〔1128〕 11.27 第111臨時国会（〜12.12） 12.28 第112通常国会（〜63.5.25）	〔1102〕 3.12 東京地裁、リッカーの粉飾決算事件（元会長らに有罪）判決〔1106〕 3.14 日弁連、弁護士広告を解禁 3.30 公取委、下請取引運用基準作成（4.1実施）〔1107〕 4. 1 JR新会社、スタート〔1108〕 5.11 福岡地裁、小西六写真工業利益供与事件判決〔1111〕（6.15 総会屋に有罪判決）〔1114〕 7. 2 最高裁、石油ヤミカルテル事件（東京灯油訴訟）判決（消費者側の上告を棄却）〔1117〕 9.11 外為法改正（11.10施行） 10. 5 民事行政審議会、登記コンピュータ化を答申〔1124〕 10.19 ニューヨーク株式市場大暴落（ブラック・マンデー） 11. 6 竹下登内閣成立
昭和63年 (1988年)	2.24 証取審、内部者取引規制強化の証取法改正を答申〔1138〕 3.23 法制審商法部会⑱〔1141〕 5.26 会計審、セグメント情報開示に関する意見書公表〔1147〕 5.31 証取法改正（内部者取引規制関係）（元.4.1施行）〔1147〕 6. 1 証券業協会、証券会社のインサイダー取引管理規制を制定（7.1実施） 6.11 商業登記法改正（7.1施行） 6.20 計算書類規則等改正〔1149〕 7.13 法制審商法部会⑲〔1153〕 7.19 第113臨時国会（〜12.28） 9.20 改正証取法に伴う証券会社の健全性省令等改正〔1159〕 10.19 経団連、改正計算書類規則	3. 8 法曹基本問題懇談会、司法試験の改革で意見書提出（受験回数の制限、合格者の増加を提言）〔1139〕 4.13 法務省、司法試験改革案まとめる（合格者700人に）〔1144〕 5.31 金融先物取引法（元.3.27施行）〔1147〕 6.11 不動産登記法改正（7.1施行） 6.18 リクルート事件発覚 7.15 国際決済銀行（BIS）、銀行の自己資本比率規制の国際統一基準公表〔1153〕 7.18 最高裁、殖産住宅相互事件判決（新株譲渡は賄賂に当たると認定）〔1154〕

年	会社法改正関係動向	主要立法・経済・社会・判決他
	による「ひな形」作成（営業報告書・計算書類等の記載例）〔1161〕 12. 6 会計士協会、改正計算書類規則に基づく「ひな形」公表〔1167〕 12.21 証取審、株式公開制度のあり方を公表（公開価格の決定に一部入札方式を提言）〔1169〕 12.30 第114通常国会（～元.6.22）	11. 1 著作権法改正（ビデオ等の海賊版取締を強化）（11.21施行） 11.26 外国為替管理令・輸出貿易管理令改正（ココム規制品目の見直し）（12.20施行）〔1166〕 12.30 税制改革（消費税法等税制改革関連6法律（元.4.1施行）〔1169〕
平成元年 （1989年）	1.18 会計士協会、改正計算書類規則に基づく監査上の取扱い公表〔1171〕 2. 2 商法改正研究会、「優先株式制度改正試案」公表〔1173〕 2. 8 法制審商法部会⑬〔1173〕 3.17 企業内容等の開示に関する省令改正（未公開株式・第三者割当増資等の開示を拡充）〔1177〕 5.17 調査問題検討研究会が発足〔1182〕 5.25 証取審、大量取得に関する情報開示制度導入を提言〔1183〕 7. 6 経団連、会社法改正問題で意見書提出（単位株制度の終結は時期尚早等）〔1188〕 7.17 法制審商法部会⑬〔1189〕 8. 7 第115臨時国会（～8.12） 8.16 証券界、店頭市場の時価発行増資に関する自主ルールを改訂（発行基準を緩和）〔1193〕 9. 5 都市銀行懇話会、優先株に関する要望書提出〔1195〕 9.28 第116臨時国会（～12.16） 11. 7 会計士協会、セグメント情報の開示に関する実務指針公表（2.4.1より適用）〔1198〕 12.20 経団連、商法改正に関する	1. 7 天皇崩御（新元号を「平成」と定める政令）（8日施行）〔1170〕 1.14 中央官庁、土曜閉庁スタート〔1171〕 1.25 大蔵省、相互銀行52行の普銀転換を認可〔1172〕 2.16 （社）抵当証券業協会発足〔1174〕 3. 8 最高裁、法定でのメモを原則自由と判示 4. 1 消費税導入 4.14 東京金融先物取引所創立（6.30取引開始）〔1180〕 4.26 債券店頭オプション取引開始〔1181〕 6. 2 宇野宗佑内閣成立 6. 4 天安門事件 6.12 大証、日本初の株式指数オプション取引を開始〔1185〕 8. 9 海部俊樹内閣成立 11. 9 ベルリンの壁崩壊 12. 6 （財）証券保管振替機構が発足 12.21 日本労働組合総連合（連合）発足 12.22 民事保全法（3.1.1施行）〔1229〕 〃 土地基本法（同日施行）

年	会社法改正関係動向	主要立法・経済・社会・判決他
	要望を提出（社債発行限度枠の拡大等）〔1204〕 12.25　第117通常国会（～2.1.24）	12.29　東証平均株価、3万8,915円の最高値
平成2年 （1990年）	2.13　日税連、商法改正に関し緊急要望提出（会計調査人の調査制度の同時法制化を要望）〔1210〕 2.27　第118特別国会（～6.26） 2.28　法制審商法部会⑬〔1209〕 3.14　法制審、「商法等の一部を改正する法律案要綱」答申〔1211〕 6.22　証取法改正（12.1施行）〔1219〕 6.29　商法改正（最低資本金・種類株式）（3.4.1施行）〔1221〕 7.20　改正証取法184条の2関係の政令（7.22施行）〔1224〕 8.3　国税庁、相続財産評価に関する基本通達改正（株式評価、土地の現物出資等を利用した相続税節税策に対処）〔1224〕 8.23　通産省、自民党に最低資本金制度の税制措置を要望（配当課税の非課税措置等）〔1226〕 10.12　第119臨時国会（～11.10） 11.1　大蔵省、適債基準・財務制限条項を見直す（11.5実施）〔1232〕 12.1　改正公開買付（TOB）制度施行 12.5　法制審商法部会、商法の改正作業を開始（会社法準備会と社債法小委員会の合同会議が開かれる）〔1236〕 12.10　第120通常国会（～3.5.8） 12.14　社債等登録法施行令改正（3.4.1施行）〔1237〕 12.25　法務省、商法改正に伴う商業登記事務の取扱いについて（通	1.18　京セラ、わが国初の株式交換による米AVX社を買収〔1204〕 4.1　太陽神戸三井銀行発足（太陽神戸銀行・三井銀行合併） 6.1　保険審議会、保険事業の役割について報告書提出（生保・損保兼営、銀行・証券への参入等） 6.5　東京地裁、小糸製作所の総会検査役2名の選任を決定（株主提案権行使等でブーン社が申請〔1218〕 〃　小糸製作所株主総会に関し同社経営者とブーン社間で委任状勧誘合戦が行われる〔1218〕 6.29　不正競争防止法改正（3.6.15施行） 7.2　（財）企業財務制度研究会設立 8.2　イラク軍、クウェートを制圧 10.3　東西ドイツ統合 10.29　最高裁、野村證券の株主総会決議取消訴訟の上告を棄却〔1237〕 11.26　共和、和議申請 〃　外国証券業者に関する法律施行令改正（同日施行）〔1237〕

年	会社法改正関係動向	主要立法・経済・社会・判決他
	達）〔1238〕	
平成3年 (1991年)	2.1 全株懇、保管振替制度実施に伴う株式取扱規則モデル案を作成〔1242〕 3.20 法制審商法部会⑬〔1246〕 3.26 国税庁、相続税財産に関する基本通達改正（改正商法施行に伴い議決権のない株式の取扱いを新設）〔1246〕 4.26 証取審、「店頭市場に対する行為規制の適用について」公表〔1249〕 5.2 日米構造問題協議フォローアップ会合、第1回年次報告書公表（会社法改正等を強く要望）〔1251〕 5.9 証券業協会、「店頭登録審査に関する取扱い」公表（株式公開の適格性の指針等）〔1252〕 6.6 通産省、中間報告書公表（社債発行限度枠の撤廃、自己株式取得の緩和等を提言）〔1252〕 6.13 通産省、合併手続の簡素化等を提言〔1253〕 7.8 大蔵省、有価証券の取引一任勘定取引を禁止する証券局長通達〔1256〕 8.5 第121臨時国会（～10.4） 10.5 証取法改正（損失補塡再発防止策の導入）(4.1.1施行)〔1263〕 〃 証券保管振替制度がスタート（対象東証上場50銘柄） 11.5 第122臨時国会（～12.21） 11.26 企業内容等の開示に関する省令改正〔1269〕 11.27 損失補塡問題に関し投資顧問業法施行規則に関する省令改	1.17 湾岸戦争始まる 2.28 最高裁、アイデン架空増資事件判決（上告申立を棄却）〔1244〕 〃 ガデリウス、扶桑動熱工業の株式公開買付開始（改正法施行後のTOB適用第1号）〔1243〕 4.1 協和埼玉銀行発足（協和銀行・埼玉銀行合併） 4.17 刑法等改正（罰金の引上げ等）(5.7施行) 4.22 静信リース、会社更生法申請 4.26 独禁法改正（課徴金の強化）(7.1施行) 5.2 商標法・著作権法改正、地価税法(4.1.1施行) 5.15 貸金業規制法改正（9.1施行）、暴力団員不当行為防止法(4.3.1施行)〔1269〕 5.24 大店法改正(4.1.31施行) 6.27 公取委、企業間取引実態調査発表〔1255〕 7.11 公取委、流通・取引慣行に関するガイドライン公表〔1257〕 7.18 法務省、民法典現代語化の基礎的研究に着手 8.29 マルコー、会社更生法申請 9.10 証券業協会、自主ルールの改正を検討（証券事故関係で紛争処理規則を改正）〔1262〕 9.20 経団連、企業行動憲章公表 10.4 借地借家法改正(4.8.1施行) 10.28 宮沢喜一内閣成立 〃 株式店頭市場システムが本格稼働〔1265〕 11.20 公取委、損失補塡で証券大

年	会社法改正関係動向	主要立法・経済・社会・判決他
	正〔1269〕 12.26 会計審、監査基準等の改訂に関する報告書公表〔1272〕	手4社に勧告（証券業協会に対し会員に対する指導を要請）〔1267〕 12.12 法制審民事訴訟法部会、民事訴訟手続に関する検討事項公表（各界に意見照会）〔1271〕 12.30 ソ連解体
平成4年 (1992年)	1.20 証取審、「相場操縦的行為禁止規定等のあり方の検討について」発表〔1275〕 1.24 第123通常国会（～6.21） 1.28 証取審、「証券市場における適正な競争の促進等について」公表（大口手数料自由化問題は作業部会を設け検討へ）〔1274〕 2.19 法制審商法部会⑭〔1277〕 3.10 財務諸表等の監査証明に関する省令改正（監査基準、監査実施準則、監査報告準則の改訂）(4.1施行)〔1279〕 〃 経団連、「会社法制のあり方についての見解」公表〔1279〕 6.5 証取法等改正（7.20施行）〔1287〕 7.30 日米構造問題協議フォローアップ会合、第2回年次報告書公表（会計帳簿の閲覧の要件緩和、代表訴訟制度の改善等）〔1295〕 8.7 第124臨時国会（～8.11） 10.23 同友会、「企業法制の国際的ハーモナイゼイションを目指して」公表〔1302〕 10.28 内部監査協会、「監査の本質と監査役制度の強化に関する意見書」公表〔1302〕 10.30 第125臨時国会（～12.10） 11.12 監査役協会、「監査役制度	2.24 公取委、企業集団の実態調査結果を発表（6大企業集団の株式保有状況、社長会の活動状況等をまとめる）〔1277〕 5.8 レック、会社更生法申請 5.20 ゴルフ会員権適正化法（5.5.19施行） 6.1 外国人登録法改正（5.1.8施行） 6.3 国際海上物品運送法改正（5.6.1施行） 6.5 民事訴訟費用法改正（10.1施行） 〃 特定債権等に係る事業の規制に関する法律（5.6.1施行）〔1288〕 7.20 証券取引等監視委員会発足 8.24 中・韓国交樹立 9.10 最高裁、三越元社長の役員退職慰労金等請求事件判決〔1299〕 10.23 貸金業等規制法改正（6.10.1施行） 11.19 雅叙園観光、不適正意見を表明していた会計監査人を解任〔1304〕 12.16 著作権法改正（機器やテープに著作権使用料を上乗せ）（5.6.1施行） 〃 独禁法改正（事業者等の罰金の上限を1億円に引上げ）（5.

年	会社法改正関係動向	主要立法・経済・社会・判決他
	に係わる商法改正の要望について」公表〔1304〕	1.15施行）
平成5年 (1993年)	1.10 法務省、「商法」の現代語化作業に着手 1.22 第126通常国会（～6.18） 1.25 関経連、商法改正に関する意見公表〔1311〕 1.27 法制審商法部会、「自己株式の取得及び保有規制に関する問題点」公表〔1311〕 2.10 法制審商法部会⑬⑤〔1312〕 2.24 法制審、「商法等の一部を改正する法律案要綱」答申〔1314〕 3.23 会計審、「リース取引に係る会計基準試案」公表〔1317〕 4.13 政府、自己株式取得規制緩和を検討〔1319〕 4.30 通産省、「自己株式の取得・保有のあり方」公表〔1320〕 5.13 各経済団体から自己株式取得規整緩和を要望（東商(5.13)、経団連(5.18)〔1321〕、証券業協会(5.24)（大商、内部監査協会も提出）〔1322〕 6.2 産構審、自己株式の取得・保有規制の緩和に関する意見書まとめる〔1323〕 6.14 商法改正（帳簿閲覧要件緩和、代表訴訟の手数料、監査役会制度、担保付社債信託法等）(10.1施行)〔1323〕 8.5 第127特別国会（～8.28） 8.12 平成5年改正商法に係る法務省令〔1330〕 9.17 第128臨時国会（～6.1.29） 9.22 法制審商法部会会社法委（自己株式の取得および保有規	1.27 「共同債権買取機構」設立 4.16 不動産登記法改正（10.1施行）、特許法等改正（6.1.1施行） 5.19 不正競争防止法（6.5.1施行） 7.1 労働基準法改正（6.4.1施行） 7.4 にっかつ、会社更生法申請 7.14 警視庁捜査4課等、麒麟麦酒総務部幹部と総会屋を利益供与の疑いで逮捕〔1328〕 7.20 独禁法施行令改正〔1329〕 8.6 細川護熙内閣成立（非自民6党連立内閣発足） 9.9 最高裁、三井鉱山自己株式取得代表訴訟事件判決 10.19 東証、大口取引に係る委託手数料を自由化（受託契約準則等の規則を一部改正）〔1336〕 11.1 村本建設、会社更生法申請 11.12 行政手続法（行政運営の公正の確保・透明性の向上を図る）(6.10.1施行)〔1338〕 〃 暴力団対策法改正（6.10.1施行） 11.19 環境基本法（同日施行） 11.29 東京高裁、三越の特別背任事件で元社長に実刑判決（最高裁に上告後、被告死亡により公訴棄却）〔1340〕 12.20 法務省民事局、「民事訴訟手続に関する改正要綱試案」公表〔1342〕

年	会社法改正関係動向	主要立法・経済・社会・判決他
	制の問題を審議)〔1344〕	
平成6年 (1994年)	1.20 国税庁、会社役員賠償責任保険の税務上の取扱について通達(代表訴訟担保特約部分のみ給与課税対象に)〔1345〕 1.31 第129通常国会(〜6.29) 2.2 法制審商法部会⑯〔1345〕 2.16 法制審、「商法及び有限会社法の一部を改正する法律案要綱」答申〔1347〕 6.24 証取法改正(自己株式取得規制緩和に伴う改正)(10.1施行)〔1360〕 6.29 商法及び有限会社法改正(10.1施行)〔1360〕 7.18 第130臨時国会(〜7.22) 7.27 経団連、監査役監査報告書のひな型を改訂(平成5年改正商法への対応)〔1363〕 8.5 全株懇、「商法改正に伴う自己株式に関する配当金の取扱い」公表〔1364〕 9.20 自己株式取得規制緩和に伴う計算書類規則等改正〔1367〕 9.30 第131臨時国会(〜12.9) 10.31 監査役協会、監査役監査報告書を再改訂〔1372〕	1.17 法制審民法部会、製造物責任制度に関する報告を了承 1.31 民事行政審議会、戸籍コンピュータ化について答申〔1345〕 2.4 政治資金規正法改正、政党助成法(7.1.1施行) 4.1 大蔵省、保険会社にCP発行認める〔1353〕 4.25 羽田孜内閣成立 6.7 警察庁、経済4団体に総会屋等への対応で要請〔1357〕 6.24 保険審議会、保険業法等の改正について報告書公表(銀行・証券への生損保の参入は段階的に)〔1360〕 6.29 村山富市内閣成立 〃 不動産特定共同事業法(7.4.1施行)、戸籍法改正(12.1施行)、外国弁護士法律事務取扱特別措置法改正(7.1.1施行) 7.1 製造物責任法(7.7.1施行) 7.20 最高裁、協同飼料株価操作事件決定(相場操縦罪の対象は限定せずと判断)〔1363〕 9.25 名証、新2部を創設 10.22 米国連邦破産法改正 10.27 JT上場 12.19 行政改革委員会発足 12.22 東京地裁、ハザマ代表訴訟事件判決〔1377〕
平成7年 (1995年)	1.20 第132臨時国会(〜6.18) 2.1 特定有価証券を定める省令等改正(同日施行)〔1381〕 2.22 通産省・企業法制研究会、	1.10 日米包括協議・金融サービス協議で最終決着〔1378〕 1.17 阪神・淡路大震災発生(M7.2)

年	会社法改正関係動向	主要立法・経済・社会・判決他
	純粋持株会社規制見直しを提言〔1382〕 3.8 法制審商法部会⑬⑦〔1383〕 3.24 阪神・淡路大震災に伴う法人破産宣告・会社の最低資本金制限特例法（同日施行）〔1386〕 3.31 連結財務諸表規則取扱要領改正（4.1から適用）〔1387〕 4.1 会計士協会、「セグメント情報の開示に関する会計手法」公表〔1386〕 4.5 同友会、「株主代表訴訟制度の見直しと監査役制度活用化の施策」公表〔1386〕 6.16 通産省・企業法制研究会、「株主代表訴訟制度及び取締役の責任制度の現状と問題点」公表〔1394〕 〃 通産省、商法研究会を設置〔1396〕 7.11 企業内容等の開示に関する省令改正（7.19施行）〔1396〕 8.4 第133臨時国会（～8.8） 9.29 第134臨時国会（～12.15） 10.7 私法学会、「資本市場の展開と会社法の変貌」（シンポ）〔1398〕 11.8 公取委、「独禁法第4章改正問題研究会」設置〔1405〕	2.1 「取締役の法務」創刊（商事法務） 2.13 法制審、刑法の表記平易化で答申 3.20 地下鉄サリン事件発生 5.12 刑法改正（ひらがな書きに）（6.1施行）〔1394〕 6.7 保険業法改正（8.4.1施行）〔1391〕 6.14 最高裁、蛇の目ミシン工業代表訴訟事件決定〔1395〕 8.10 ソニー、業績対応型役員報酬制度を採用することを決定（9.2発行）〔1398〕 9.11 日弁連、報酬等基準規程を全面改正 9.26 東京高裁、野村證券代表訴訟事件判決〔1402〕 9.28 東京高裁、日本コッパース事件判決〔1402〕 10.30 公取委、事業者団体ガイドラインを改定〔1407〕 11.1 新規事業法改正（11.16施行）〔1415〕 11.3 米連邦準備制度理事会等、大和銀行に対し全面閉鎖を命令（大蔵省、大和銀行に対し業務改善命令）〔1405〕 11.27 大和銀行の株主、代表訴訟を提起〔1407〕
平成8年 （1996年）	1.11 第135臨時国会（～1.13） 1.22 第136通常国会（～6.19） 2.9 証取審、「証券会社の時価会計導入について」公表〔1415〕 2.26 大蔵省、資産担保証券の国内発行を解禁〔1416〕 3.13 法制審商法部会⑬⑧〔1418〕	1.11 橋本龍太郎内閣成立 2.2 法制審民事訴訟法部会、「民事訴訟手続に関する改正要綱案」決定〔1414〕 2.10 株主オンブズマン、設立〔1415〕 2.28 大和銀行、米国債不正取引

年	会社法改正関係動向	主要立法・経済・社会・判決他
	4. 1 計算書類規則の特例に関する省令改正（同日施行）〔1421〕 4.16 経団連、「合併法制の改正に関する意思」公表 4.24 法務省、最低資本金未達成会社数公表（48万社が未達成）〔1422〕 6.21 会計審、「連結財務諸表をめぐる論点整理」公表〔1428〕 7. 3 財務諸表等規則等改正（9.3.1施行）〔1431〕 9. 3 会計士協会、「外貨建取引等の会計処理に関する実務指針」公表〔1436〕 9.27 第137臨時国会（冒頭解散） 10.12 私法学会、「企業会計と会社法」（シンポ）〔1432〕 10.20 通産省、「商法合併制度のあり方について」公表〔1436〕 11. 5 法務省、最低資本金未達成会社数公表（45万社がみなし解散）〔1439〕 11. 7 第138特別国会（～11.12） 11.29 証取審、「総合部会・論点整理」公表〔1445〕 〃 第139臨時国会（～12.18） 12. 6 労働省、「持株会社解禁に伴う労使関係専門家会議報告書」公表〔1449〕	事件で司法取引に合意〔1417〕 3.19 最高裁、南九州税理士会政治献金事件判決〔1419〕 3.28 国際決済銀行、「外為取引における決済リスクについて」公表〔1423〕 4. 1 東京三菱銀行発足（東京銀行・三菱銀行合併） 5.24 大阪地裁、日本商事株インサイダー取引事件判決〔1440〕 6.20 東京地裁、日本航空電子工業代表訴訟事件判決〔1428〕 6.21 金融機関等の経営の健全性確保のための関係整備法〔1431〕 6.26 民事訴訟法（10.1.1施行）〔1429〕 7.26 住宅金融債権管理機構発足（社長中坊公平） 9. 2 整理回収銀行発足 9.22 民主党設立 10.17 経済審議会、「わが国金融システム活性化のために」公表〔1438〕 11.11 首相、金融システム改革の実施を指示〔1442〕 11.12 最高裁、四国電力株主総会損害賠償請求事件判決〔1440〕 12.19 外国為替等審議会、外国為替制度改革について報告〔1446〕
平成9年 (1997年)	1.20 第140臨時国会（～6.18） 1.22 同友会、企業法制の見直しを求める提言公表〔1449〕 〃 法制審商法部会⑲〔1447〕 2. 7 会計審、「連結財務諸表制度の見直しに関する意見書案」公表〔1448〕 2.14 法制審、「合併手続の見直	1.20 名古屋地裁、中京銀行代表訴訟事件判決〔1447〕 1.28 札幌高裁、つうけん（第一次）株主総会決議取消事件判決〔1448〕 3.11 警視庁、味の素の利益供与事件で総務部長らを逮捕〔1452〕 3.13 東京地裁、日興證券代表訴

年	会社法改正関係動向	主要立法・経済・社会・判決他
	しに係る商法等の一部を改正する法律案要綱」答申〔1449〕 5.12 「開かれた商法改正手続を求める商法学者声明」発表される〔1457〕 5.16 経団連、「自己株式取得・保有規制の緩和に関する商法等改正法案の成立について」公表 5.21 商法改正（ストック・オプション制度導入等）、株式消却特例法（6.1施行）〔1457〕 5.30 計算書類規則等改正（10.1施行）〔1458〕 6.6 商法等改正（合併手続等）（10.1施行）〔1462〕 〃 会計審、「連結財務諸表制度の見直しに関する意見書」等公表〔1459〕 7.2 法制審商法部会⑭〔1464〕 7.3 公取委、「独禁法第4章改正問題研究会報告書」公表〔1463〕 7.23 大蔵省・法務省、「商法と企業会計の調整に関する研究会」設置〔1465〕 9.1 ブックビルディング方式導入に伴う企業内容開示省令改正〔1468〕 9.5 商業登記規則改正（10.1施行）〔1468〕 9.8 自民党、「コーポレート・ガバナンスに関する商法等改正試案骨子」公表〔1468〕 9.10 経団連、「コーポレート・ガバナンスのあり方に関する緊急提言」公表〔1468〕 9.16 有価証券上場規則等改正（10.1施行）〔1470〕 9.19 参考書類規則等改正（10.1施行）〔1470〕	訟事件判決〔1453〕 3.14 自民党行革推進本部、規制緩和重点事項まとめる 3.26 国税庁、「帳簿等の保存等のあり方について」公表〔1453〕 3.28 政府、「規制緩和推進計画」決定〔1454〕 4.1 消費税引上げ（5％へ） 4.23 不動産特定共同事業法改正（5.23施行） 4.25 大蔵省、日産生命保険に業務停止を命令 5.22 ソニー、執行役員制の導入を決める〔1458〕 5.23 外為法改正（10.4.1施行）〔1457〕 6.13 金融制度調査会・証券取引審議会・保険審議会、金融制度の抜本的改正（日本版ビックバン）に関する報告書を答申〔1460〕 6.18 独禁法改正（12.17施行）〔1462〕 7.1 香港、英国から中国に返還 7.28 東京地裁、日本織物加工株式インサイダー取引事件判決〔1467〕 8.11 自民党、「金融不正再発防止対策特別調査会報告書」公表〔1466〕 8.26 大阪高裁、ミドリ十字代表訴訟担保提供却下決定〔1468〕 9.5 政府、総会屋対策要綱を決定〔1468〕 10.1 長野新幹線が開業 10.28 法曹三者、司法試験・法曹養成制度で合意 11.3 三洋証券、会社更生法申請〔1473〕 11.17 北海道拓殖銀行、北洋銀行

年	会社法改正関係動向	主要立法・経済・社会・判決他
	9.19 合併手続の改正に係る商法等関係政省令改正（10.1施行）〔1470〕 9.29 第141臨時国会（～12.12） 10.11 私法学会、「株主構成の変化と会社法制のあり方」（シンポ）〔1466〕 11.12 株主代表訴訟制度研究会、自民党の商法等改正試案骨子に対する反対意見表明〔1471〕 11.18 経団連、自民党の商法等改正試案骨子に対する意見発表〔1474〕 12.3 商法等改正（罰則強化）（12.23施行）〔1472〕 〃 商法特例法改正（12.23施行）〔1479〕 12.17 法制審商法部会⑭ 12.22 会計審、「中間連結財務諸表等の作成基準の設定に関する意見書」等公表〔1479〕	への営業譲渡を公表〔1474〕 11.18 大阪高裁、大和銀行代表訴訟担保提供却下決定〔1477〕 11.24 山一證券、自主廃業を決定 11.26 徳陽シティ銀行、仙台銀行等への営業譲渡を決める〔1476〕 12.8 公取委、持株会社ガイドライン等公表〔1477〕 12.13 山一證券、東京地裁に会社解散の申立 12.17 ダイエー、持株会社の設立を発表（第1号）〔1479〕 12.19 法務省、倒産法制に関する改正検討事項を公表 〃 保険法改正（同日施行）〔1480〕 12.25 東京地裁、日本住宅金融株主総会決議取消請求事件判決〔1481〕
平成10年 (1998年)	1.12 第142通常国会（～6.18） 1.27 経団連、自己株式消却に関し緊急要望〔1481〕 2.18 金融システム安定化2法（同日施行）〔1483〕 2.20 連結財務諸表規則等改正（4.1施行）〔1484〕 3.9 通産省・商法研究会、「持株会社に関する報告書」公表〔1485〕 3.30 株式消却特例法改正（同日施行）〔1485〕 3.31 土地再評価法（同日施行）〔1485〕 4.9 法務省、「電子商取引法制研究会報告書」公表〔1490〕 5.26 日本コーポレート・ガヴァ	2.7 長野オリンピック開幕（～2.22） 3.18 大阪地裁、住友商事株主総会決議取消事件判決〔1486〕 3.19 名古屋地裁、中部電力代表訴訟事件判決〔1487〕 3.25 NPO法（12.1施行） 3.31 法務省、公益法人の営利法人転換に関する報告書発表 5.6 カード式印鑑間接証明方式の導入に関する省令等（同日施行）〔1492〕 5.14 東京地裁、野村證券代表訴訟事件判決〔1491〕 5.25 東京地裁、蛇の目ミシン工業代表訴訟事件判決〔1492〕

年	会社法改正関係動向	主要立法・経済・社会・判決他
	バナンス・フォーラム、最終報告公表〔1493〕 6.1 自民党、「企業統治に関する商法等の改正案骨子」公表〔1494〕 6.3 中小企業等投資事業有限責任組合契約法（11.1施行）〔1498〕 6.15 金融システム改革法（一部を除き12.1施行）〔1486〕 6.16 「商法と企業会計の調整に関する研究会報告書」公表〔1494〕 7.8 法制審商法部会⑭ 〃 法務省民事局、「親子会社法制等に関する問題点」公表〔1497〕 7.9 法制審、法制審議会の改革を決定〔1498〕 7.30 第143臨時国会（～10.16) 〃 通産省・商法研究会、「親子会社法制等に関する問題点」に対する意見公表〔1499〕 9.1 通産省、「親子会社法制等に関する問題点」に対する意思公表〔1503〕 〃 経団連、「親子会社法制等に関する問題点」に対するコメント公表〔1503〕 9.30 日弁連、自民党の商法等改正案骨子に対する意見書公表〔1508〕 10.30 会計審、税効果会計に係る会計基準の設定に関する意見書等公表〔1508〕 11.20 金融システム改革法関係政省令（12.1施行）〔1511〕 11.27 第144臨時国会（～12.14) 12.15 東証、「自己株式取得ガイドライン」公表〔1516〕	5.25 学者ら209名、定期借家制度導入反対を表明 6.12 債権譲渡特例法（10.1施行）〔1493〕 〃 中央省庁等改革基本法 6.15 SPC法（9.1施行）〔1502〕 6.22 金融監督庁が発足（大蔵省から分離）〔1492〕 7.30 小渕恵三内閣成立 8.7 政府、「経済戦略会議」の設置を決定 9.21 東京高裁、日本織物加工株式インサイダー取引事件判決〔1514〕 9.24 東京地裁、ニッポン放送代表訴訟事件判決〔1505〕 9.27 日本リース、会社更生法申請 9.28 不正競争防止法改正（11.2.15施行）〔1505〕 10.16 金融機能早期健全化法（10.23施行）〔1506〕 11.10 大阪高裁、住友商事株主総会決議取消請求事件判決〔1509〕 11.12 民法施行100年記念シンポジウム開催〔1509〕 11.26 供託規則改正（12.1施行）〔1515〕 12.8 最高裁、日本住宅金融株主総会決議取消請求事件判決〔1512〕 12.12 政府、日本債券信用銀行に特別公的管理適用を決定〔1513〕 12.17 米英軍、イラクを空爆 12.21 公取委、企業結合ガイドラインを公表〔1514〕

年	会社法改正関係動向	主要立法・経済・社会・判決他
平成11年 (1999年)	1.19　第145通常国会（〜8.13） 1.27　法制審商法部会⑬〔1516〕 2.16　法制審、「商法等の一部を改正する法律案要綱」答申〔1517〕 3.31　土地再評価法改正（同日施行）〔1522〕 4. 9　日本コーポレート・ガヴァナンス委員会、社外取締役に関し緊急提言〔1524〕 4.15　自民党、「企業統治に関する商法等の改正案要綱」公表〔1524〕 5.25　株主代表訴訟制度研究会、自民党の改正案要綱に対し意見公表〔1526〕 6. 7　法制審議会令改正 6.30　企業内容開示省令等改正（7.1施行）〔1532〕 7. 7　法制審商法部会⑭〔1532〕 8.13　商法改正（株式交換・株式移転制度の導入）（10.1施行）〔1520〕 〃　　産業活力再生措置法（10.1施行）〔1534〕 8.27　全株懇、株式取扱規程改正〔1537〕 9.20　参考書類規則改正、商業登記規則改正（10.1施行）〔1539〕 9.30　商法改正に伴う商業・法人登記事務の取扱い通達〔1546〕 10.10　私法学会、「会社法学への問いかけ」（シンポ）〔1535〕 10.22　会計審、「外貨建取引等会計処理規準」を改訂〔1548〕 10.29　第146臨時国会（〜12.15） 11.26　全株懇、営業報告書モデルを改正〔1546〕 12.22　中小企業事業活動活性化法（12.2.17施行）〔1551〕	1. 1　欧州通貨統合（11カ国で導入） 2.16　最高裁、日本商事株式インサイダー取引事件判決〔1518〕 3. 9　ソニー、株式交換で上場子会社を完全子会社にすると発表〔1520〕 3.23　政府、パブリック・コメント手続を閣議決定〔1523〕 4. 1　整理回収機構（RCC）が発足 5.14　情報公開法・整備法(13.4.1施行)〔1526〕 6. 1　山一証券、自己破産を申請〔1531〕 6. 4　東邦生命保険、事業継続を断念〔1528〕 6.10　最高裁、日本織物加工株式インサイダー取引事件判決〔1529〕 7.27　司法制度改革審議会、初会合開く〔1534〕 7.30　行政改革推進本部、「規制改革に関する論点」を公表 8.26　法制審、民事再生手続（仮称）に関する要綱を答申〔1536〕 10.14　さくら銀行・住友銀行、全面提携で合意〔1540〕 11.11　東証、マザーズ開設〔1545〕 11.12　最高裁、富士銀行文書提出命令申立事件決定〔1543〕 12.17　特定調停法（12.2.17施行） 12.21　マカオ、ポルトガルから中国に返還 12.22　民事再生法（12.4.1施行）〔1550〕

年	会社法改正関係動向	主要立法・経済・社会・判決他
平成12年 (2000年)	1.7 監査役協会、「平成11年商法改正（親子会社法制）に伴う監査役の実務対応」公表〔1550〕 1.20 第147通常国会（～6.2） 1.21 法制審商法部会㊺〔1550〕 2.10 労働省、「企業組織変更に係る労働関係法制等研究会報告」公表〔1552〕 2.15 東証、株券上場廃止基準等を改正（3.1施行）〔1553〕 2.22 法制審、「商法等の一部を改正する法律案要綱」答申〔1552〕 3.13 財務諸表等規則改正（4.1施行）〔1555〕 3.30 計算書類規則改正（4.1施行）〔1556〕 3.31 株式消却特例法改正（同日施行）〔1556〕 4.1 法務省、経済関係民刑基本法制整備推進本部を設置 4.7 全株懇、商法改正に伴い定款モデルを改定〔1558〕 4.19 電子認証制度等に係る商業登記法等改正（10.1施行）〔1551〕 5.30 通産省、「商法研究会」設置〔1562〕 5.31 証取法等改正（証券取引所等の株式会社化に係る部分は12.1施行） 〃 商法等改正（会社分割制度）（13.4.1施行）〔1554〕 〃 電子署名・認証法（13.4.1施行） 〃 労働契約承継法（13.4.1施行）〔1565〕 〃 会社分割制度に伴う独禁法改正（13.4.1施行）〔1565〕 6.16 インサイダー取引規則等改正（7.1施行）〔1563〕	1.12 通産省、経済活動と司法制度に関する企業法制研究会を発足 1.14 札幌高裁、旧拓銀代表訴訟事件判決〔1550〕 1.24 札証、新市場「アンビシャス」創設 2.10 大証、社会資本整備市場（PFI市場）創設〔1551〕 4.1 中央三井信託銀行発足（三井信託銀行・中央信託銀行合併） 4.5 森喜朗内閣成立 5.8 ナスダック・ジャパンが開設〔1562〕 5.12 消費者契約法(13.4.1施行) 5.19 独禁法改正〔1560〕 5.31 金融商品販売法（13.4.1施行）〔1562〕 7.1 金融庁が発足 7.7 政府、IT戦略会議を設置 〃 最高裁、野村證券代表訴訟事件判決〔1567〕 7.12 そごう、民事再生法申請 7.30 「第1回法学検定試験（3級・4級)実施（2級は翌年から）」〔1571〕 8.28 金融庁、大正生命に業務停止命令〔1570〕 9.8 法制審、個人債務者の民事再生手続に関する要綱・国際倒産法制に関する要綱を答申 9.20 大阪地裁、大和銀行株主代表訴訟事件判決〔1573〕 9.25 オンライン登記情報提供制度が運用開始〔1572〕 10.9 千代田生命、更生特例法申請 10.20 共栄生命、更生特例法申請

年	会社法改正関係動向	主要立法・経済・社会・判決他
	7.4 第148特別国会（〜7.6） 7.11 保岡法務大臣、今後の商法改正の基本方針表明〔1567〕 7.28 第149臨時国会（〜8.9） 9.6 法制審商法部会⑯〔1571〕 〃 法務省民事局、「今後の商法改正について」発表 9.21 第150臨時国会（〜12.1） 10.8 私法学会、「会社法改正」（シンポ）〔1569〕 10.17 経団連、「商法改正への提言」策定 12.8 通産省、「21世紀の企業経営のための会社法制の整備」公表〔1581〕	11.27 IT戦略会議、IT基本戦略をまとめる 12.1 政府、行政改革大綱を決定
平成13年 (2001年)	1.17 法制審会社法部会がスタート①〔1585〕 1.31 第151通常国会（〜6.29） 2.9 与党プロジェクト・チーム、「証券市場活性化対策中間報告」公表〔1587〕 3.1 公明党、「企業統治に関する商法等改正案」公表〔1589〕 〃 会社分割制度導入に伴う商業登記（通達） 3.19 会社分割制度に伴う有価証券上場規程改正（4.1施行）〔1591〕 3.27 経団連、企業会計制度に関する提言まとめる〔1591〕 3.30 会計士協会、「会社分割に関する会計処理」公表〔1592〕 3.31 土地再生評価法改正（同日施行） 4.18 法制審会社法部会⑤、「商法等の一部を改正する法律案要綱中間試案」公表〔1593〕 4.27 経団連、会社機関の見直し	1.6 中央省庁改革による1府12省庁スタート（通商産業省→経済産業省） 1.18 東京地裁、ヤクルト代表訴訟事件判決〔1590〕 1.25 ソニー、トラッキング・ストック発行に向け定款を変更〔1583〕 1.30 最高裁、万兵代表訴訟補助参加許可決定〔1586〕 3.16 大阪地裁、日本商事株式インサイダー取引事件判決〔1593〕 3.26 法務省、債権譲渡登記のオンライン申請システムの運用開始 3.27 政府、ノーアクション・レター導入の指針を決定〔1591〕 3.28 米国、「京都議定書」離脱 4.6 政府、緊急経済対策を決定〔1592〕 4.26 小泉純一郎内閣成立 4.27 日興證券・野村證券、会社分割により持株会社に移行を決

年	会社法改正関係動向	主要立法・経済・社会・判決他
	に関する考え方を公表〔1594〕 5.30 トラッキング・ストック関係政府令（6.11施行）〔1597〕 5.31 会社分割制度導入に伴う参考書類規則改正（4.1施行）〔1591〕 6.29 商法改正（金庫株解禁等）（10.1施行）〔1602〕 8. 7 第152臨時国会（〜8.10） 8.22 法制審会社法部会⑨〔1604〕 9. 5 法制審、商法等の一部を改正する法律案要綱を答申〔1605〕 9.12 計算書類規則・参考書類規則等改正（10.1施行）〔1606〕 9.15 株主代表訴訟制度研究会、商法改正法案に対する意見公表〔1605〕 9.27 第153臨時国会（〜12.7） 10. 7 私法学会、「会社法の比較的考察」（シンポ）〔1603〕 10.19 全株懇、金庫株解禁等に伴う営業報告書モデル等を改正〔1615〕 11.28 商法等改正（株式制度の見直し等）（14.4.1施行）〔1608〕 〃 銀行の株式保有制限法〔1614〕 12. 5 商法等改正（企業統治関係）〔1614〕 〃 法制審会社法部会⑭〔1615〕	定〔1595〕 5.21 (株)商事法務設立 6. 1 経済産業省、ノーアクション・レター制度の運用を開始 6.12 司法制度改革審議会、最終意見を公表〔1598〕 6.15 中間法人法（14.1.1施行） 7.12 大同生命保険、株式会社への組織変更を決定〔1598〕 7.16 金融庁、ノーアクション・レター制度の運用を開始〔1601〕 7.26 (財)財務会計基準機構が設立〔1602〕 9.19 私的整理に関するガイドライン発表 11. 1 東証、株式会社に組織変更 11.10 WHO、中国の加盟承認 11.16 司法制度改革推進法（12.1施行）〔1612〕 12.10 大和銀行の代表訴訟で和解成立〔1618〕
平成14年 (2002年)	1.12 第154臨時国会（〜7.31） 1.16 法制審会社法部会⑯、商法等の一部を改正する法律案要綱案を決定〔1618〕 1.25 会計審、「監査基準の改訂に関する意見書」公表〔1619〕 1.30 商法改正に伴う会社関係書類の電子化関係政令（4.1施行）	1. 1 EUの共通通貨、ユーロ流通開始 1.15 UFJ銀行、スタート 2.13 最高裁、主要株主の短期売買益返還請求権事件判決〔1621〕 3.19 ダイエー、産業再生法申請 3.29 法務省等、ノーアクション・レター制度の運用を開始

年	会社法改正関係動向	主要立法・経済・社会・判決他
	〔1620〕 1.31　商業登記規則改正（4.1施行）〔1620〕 2.13　法制審、商法等の一部を改正する法律案要綱を答申〔1621〕 3.26　財務諸表等規則改正（4.1施行）〔1625〕 3.29　商法施行規則（4.1施行）〔1625〕 4. 5　全株懇、商法改正に伴う定款モデル等改正〔1626〕 5.29　商法等改正（株式制度・会社の機関・会社の計算等）(15.4.1施行）〔1621〕 6. 1　証取法に基づく開示手続の整備〔1634〕 7.31　商業登記規則改正（11.1施行）〔1636〕 8.22　厚生労働省、「企業組織再編に伴う労働関係上の諸問題」公表〔1638〕 9.11　法制審会社法（株券の不発行等関係）部会がスタート①〔1640〕 9.25　法制審会社法（現代化関係）部会がスタート①〔1641〕 10. 1　経団連、「米国企業改革法の適用等における日本企業の取扱いに関する要望」〔1642〕 10.13　私法学会、「金融システム改革諸法」（シンポ）〔1637〕 10.18　第155臨時国会（～12.13） 〃　　財務諸表等規則改正（同日施行）〔1644〕 11.18　商業登記規則改正（15.4.1施行）〔1646〕 12.27　商法施行に伴う商業登記通達（15.4.1施行）〔1653〕	〔1626〕 5.21　京都議定書批准承認 5.28　「日本経済団体連合会」が発足 5.29　独禁法改正（11.28施行）〔1623〕 6.17　証券保管振替機構が営業を開始 7.25　札幌地裁、旧拓銀損害賠償請求事件判決〔1636〕 7.30　サーベンス・オクスリー法（企業改革法）が成立〔1639〕 8. 5　住民基本台帳ネットワーク稼働 8. 7　金融庁、証券市場の改革促進プログラムを公表〔1637〕 8.16　大証とナスダック・ジャパン、業務協力契約を解消〔1637〕 9. 3　法制審、会社更生法改正要綱を答申 11.12　独禁法改正に伴う公取委規則等改正〔1644〕 12.13　会社更生法改正（15.4.1施行）〔1650〕 12.16　大証ヘラクレス、取引開始 12.25　札幌地裁、旧拓銀損害賠償請求事件判決（元頭取らに50億円の損害賠償を命ずる）〔1652〕

年	会社法改正関係動向	主要立法・経済・社会・判決他
平成15年 (2003年)	1.20 第156通常国会（〜7.28） 1.21 法務省、新事業創出促進法改正に伴う商業登記通達（2.1施行）〔1654〕 2. 7 全株懇、商法改正に伴う定款モデル等改正〔1657〕 2.20 厚生年金基金連合会、株主議決権行使基準公表〔1656〕 2.28 商法施行規則改正（4.1施行）〔1656〕 4. 1 自民党等、商法・商法特例法の改正を承認〔1660〕 4.11 全株懇、株券失効制度事務指針等制定〔1662〕 5.13 中小企業庁、会社法制のあり方で提言〔1663〕 5.27 経団連、商法施行規則に基づく営業報告書等ひな型を作成〔1665〕 5.30 証取法改正（16.4.1施行）〔1664〕 6. 6 公認会計士法改正（16.4.1施行）〔1668〕 6.25 国税庁、財産評価基本通達改正〔1670〕 6.27 経産省、「リスク管理・内部統制に関する研究会報告書」公表〔1670〕 7.30 議員立法による商法等改正（9.25施行）〔1670〕 9.10 法制審、株券不発行制度の導入等に関する要綱等を決定〔1673〕 9.22 商法施行規則改正（9.25施行）〔1675〕 9.26 第157臨時国会（〜10.10） 10.12 私法学会、「検証・会社法改正」（シンポ）〔1671〕 10.16 経団連、会社法改正で提言	2. 5 法制審、民事訴訟法改正案要綱等決定〔1654〕 2.12 福井地裁、熊谷組代表訴訟事件判決〔1655〕 3. 5 大阪地裁、大日本除蟲菊代表訴訟事件判決〔1657〕 3.29 東京高裁、蛇の目ミシン工業代表訴訟事件判決〔1690〕 4. 1 日本郵政公社が発足 4. 9 産業再生法改正（同日施行）〔1660〕 〃 国土交通省、マンション標準管理委託契約書を公表 5.22 東京地裁、東邦生命保険損害賠償事件判決〔1665〕 5.23 個人情報保護関連5法が成立 5.28 内閣府・国民生活審議会、消費者政策のあり方で最終報告〔1666〕 7.16 民事訴訟法等改正（16.4.1施行）〔1669〕 7.29 法務省、法教育研究会の設置を発表 7.30 東京地裁、志村化工株式相場操縦事件判決〔1672〕 8. 3 日弁連法務研究財団、「法科大学院統一適性試験」を実施（18,355名が受験）（8.31 大学入試センター、同試験を実施（28,340名が受験）） 10.17 法務省民事局、公示催告手続の見直しに関する中間取りまとめ〔1677〕 10.28 公取委、独禁法研究会報告書（措置体系の見直し）公表〔1680〕 11.16 日弁連法務研究財団、「法学既修者試験」を実施

年	会社法改正関係動向	主要立法・経済・社会・判決他
	〔1676〕 10.22 法制審会社法（現）部会⑮、「会社法制の現代化に関する要綱試案」を策定〔1677〕 10.29 法務省民事局、「会社法制の現代化に関する要綱試案」公表〔1677〕 10.31 会計審、「企業結合に係る会計基準の設定に関する意見書」公表〔1679〕 11.17 経産省、「日本版LLC制度の創設に向けて」公表〔1680〕 11.19 第158特別国会（～11.27） 12.14 経団連、「会社法制の現代化要綱試案」に対する意見公表 12.16 経団連、「インサイダー取引規制の明確化に関する提言」公表〔1687〕	
平成16年 （2004年）	1.16 会計士協会、「営業報告書のひな型」公表〔1687〕 1.19 第159通常国会（～6.16） 1.30 財務諸表等規則改正（同日施行）〔1688〕 〃 証取法関連政令等改正（4.1施行）〔1688〕 2.6 全株懇、定款モデル等を制定〔1692〕 2.17 経団連、「企業の社会的責任（CSR）推進にあたっての基本的考え方」発表 2.19 監査役協会、改定監査役監査基準を公表〔1690〕 3.11 東証、上場会社コーポレート・ガバナンス原則を策定〔1694〕 3.17 会計士協会、「営業報告書ひな型」公表〔1694〕 3.30 商法施行規則改正（同日施	1.21 横浜地裁、フォード社等のストック・オプション訴訟事件判決〔1687〕 4.1 大証、ヘラクレスへ上場〔1693〕 4.21 投資事業有限責任組合法改正（同日施行）〔1696〕 5.12 労働審判法（18.4.1施行） 5.13 東京地裁、東京スタイル株主総会決議取消訴訟判決〔1698〕 5.14 自民党、独禁法改正を見送ることを決定〔1698〕 5.18 経団連、企業行動憲章を改定〔1698〕 5.28 裁判員法（21.5.21施行）〔1701〕 6.1 東京地裁、宮入バルブ新株発行差止申立事件決定〔1700〕 6.2 破産法改正（17.1.1施行）

年	会社法改正関係動向	主要立法・経済・社会・判決他
	行）〔1694〕 3.31　経団連、「日本経団連ひな型」を改訂〔1695〕 4.9　全株懇、連結計算書類制度導入に伴うモデル等改正〔1699〕 4.13　経産省、最低資本金規制特例制度で実態調査〔1697〕 6.9　電子公告制度導入のための商法等改正（10.1施行）〔1689〕 〃　株式等決済合理化法〔1691〕 〃　証取法等改正法〔1692〕 6.11　自民党、「コーポレート・ガバナンス関係での改正事項（案）」提示〔1703〕 6.24　会計審、「国際会計基準に関するわが国の制度上の対応について」公表〔1704〕 7.30　第160臨時国会（～8.6） 9.8　株式等決済合理化法に伴う関連政省令（10.1施行）〔1691〕 9.16　経産省、企業価値研究会を設置 9.28　監査役協会、「監査報告書のひな型」を改定〔1716〕 10.10　私法学会、「国際会社法」（シンポ）〔1706〕 10.12　第161臨時国会（～12.3） 11.12　証取法関連政令改正（12.1施行）〔1714〕 12.3　電子公告法関連政令（17.2.1施行）〔1717〕 12.8　法制審会社法（現）部会㉜、「会社法制の現代化に関する要綱案」決定〔1717〕 12.13　商法施行規則改正〔1718〕	〔1690〕 6.2　総合法律支援法（同日施行）〔1701〕 6.18　知的財産高等裁判所設置法（17.4.1施行）〔1701〕 〃　公益通報者保護法（18.4.1施行） 7.13　経団連、独禁法改正に向けて提言〔1704〕 7.30　東京地裁、ベルシステム24の第三者割当増資で新株発行差止仮処分申請を却下〔1705〕 8.10　東京地裁、西武鉄道の利益供与事件で元取締役らに有罪判決〔1711〕 8.30　最高裁、UFJグループの経営統合交渉で住友信託銀行の許可抗告を棄却する決定〔1708〕 9.16　内閣府、「わが国企業のM&A活動の円滑な展開に向けて」公表〔1709〕 10.4　最高裁、清算結了会社の元株主の帳簿閲覧請求権を棄却する判決〔1712〕 11.26　法制審倒産法部会、「特別清算等の見直しに関する要綱案」公表 12.1　民法改正、債権譲渡特例法改正〔1716〕 〃　ADR利用促進法（19.4.1施行）〔1716〕 〃　電子文書保存法（17.4.1施行）〔1729〕 12.3　信託業法（12.30施行）〔1719〕 12.13　ジャスダック、業務を開始〔1718〕 12.22　大阪地裁、ダスキン代表訴訟事件判決〔1720〕

年	会社法改正関係動向	主要立法・経済・社会・判決他
平成17年 (2005年)	1.13 電子公告に関する規則(2.1施行)〔1719〕 1.21 第162通常国会（〜8.8） 1.26 電子公告制度導入に伴う商業法人登記通達〔1725〕 2.4 全株懇、定款・営業報告書モデルを改正〔1722〕 2.9 法制審、会社法制現代化に関する要綱を答申〔1722〕 2.16 証取法関連政令改正（4.1施行）〔1723〕 4.21 東証、敵対的買収防衛策導入で適時開示等を要請〔1731〕 4.22 企業価値研究会、「論点公開──公正な企業社会のルール形式に向けた提案」公表〔1731〕 4.28 厚生年金基金連合会、買収防衛策で判断基準を策定〔1732〕 5.2 保険業法改正(18.4.1施行)〔1733〕 5.6 有限責任事業組合契約法（8.1施行）〔1735〕 5.27 経産省・法務省、買収防衛策に関する指針策定〔1733〕 7.7 自民党、「公正なM&Aルールに関する提言」公表〔1737〕 7.26 会社法(18.5.1施行)〔1737〕 〃 証取法改正（12.1施行）〔1736〕 8.5 東証、株式分割の効力発生日に関し業務規程等改正〔1741〕 8.26 全株懇、株式の分割に関する取締役会決議公告等を制定〔1743〕 8.31 経産省、内部統制等の開示・評価で指針公表〔1743〕	12.26 スマトラ沖地震発生(M9) 1.25 最高裁、ストック・オプション訴訟判決（給与所得課税を違法と判示）〔1721〕 2.4 供託規則改正（3.7施行）〔1722〕 2.8 東京地裁、キャッツ株式相場操縦事件判決〔1729〕 2.9 大阪地裁、ダスキン代表訴訟事件判決（第2次）〔1723〕 2.16 温暖化防止の「京都議定書」発効 3.11 東京地裁、ニッポン放送新株予約権発行差止事件決定〔1726〕 3.23 東京高裁、ニッポン放送新株予約権発行差止事件で保全抗告を棄却〔1728〕 4.1 ペイオフ全面凍結解除 4.13 不動産登記法改正(18.1.20施行)〔1741〕 4.18 国税庁、e-Taxによる「印紙税申告」を開始 4.27 独禁法改正（18.1.4施行）〔1731〕 5.12 東証等、カネボウの上場廃止を決定〔1733〕 6.1 東京地裁、ニレコ新株予約権発行差止申立事件決定〔1734〕 6.17 船主責任制限法改正(18.8.1施行)〔1735〕 6.29 不正競争防止法改正（11.1施行）〔1741〕 7.11 最高裁、譲渡制限会社株式の譲渡承認請求の撤回を求める判決〔1739〕 7.29 東京地裁、日本技術開発株

年	会社法改正関係動向	主要立法・経済・社会・判決他
	9.21 第163特別国会（〜11.1） 10．9 私法学会、「取締役の義務と責任」（シンポ）〔1740〕 11.10 企業価値研究会、「買収防衛策のあり方に関する論点公開」公表〔1748〕 11.24 同友会、「株式公開買付制度に関する意見書」公表 11.29 法務省、会社法施行規則案等を公表〔1750〕 11.30 証取法関連政府令改正（12.1施行）〔1752〕 12．8 会計審、「財政報告に係る内部統制の評価及び監査の基準のあり方について」公表	式分割差止申立事件決定〔1739〕 9．6 法制審、国際私法現代化要綱等を決定〔1742〕 10．5 第1回「商事法務研究会賞」発表〔1746〕 10.13 改正独禁法の施行に伴う公取委規則（18.1.4施行）〔1745〕 11．2 銀行法改正（18.4.1施行）〔1748〕 11．9 大阪地裁、ダスキン代表訴訟事件判決（第3次）〔1748〕
平成18年 (2006年)	1.20 第164通常国会（〜6.18） 1.24 東証、「買収防衛策の導入に係る上場制度の整備等について」制度要綱まとめる〔1760〕 2．7 会社法関係法務省令（会社法施行規則・会社計算規則・電子公告規則）(5.1施行)〔1757〕 2．8 法制審、信託法改正要綱を答申〔1756〕 〃 会社非訟事件等手続規則（5.1施行）〔1758〕 2．9 商業登記規則等改正（5.1施行）〔1758〕 2.10 全株懇、会社法に基づく「定款モデル」策定〔1759〕 3.31 経産省、「企業価値報告書2006」公表〔1764〕 〃 法務省、会社法の施行に伴う商業登記通達〔1764〕 4．7 法務省、会社の目的の審査のあり方で最終報告〔1755〕 4.14 会社法施行規則等改正	1．1 三菱東京UFJ銀行発足 1.11 名古屋高裁、熊谷組代表訴訟事件判決〔1755〕 1.17 東京地裁、TRNコーポレーション新株予約権発行差止事件決定〔1756〕 1.23 日本郵政会社発足 2.13 東京地裁、住友信託銀行経営統合事件判決〔1759〕 2.23 東京地裁、公取委に独禁法違反事件の審判記録の全面開示を命じる判決〔1761〕 3．2 札幌高裁、旧拓銀損害賠償請求事件判決〔1762〕 3.20 大阪地裁、旧山一證券粉飾決算事件判決（監査法人に対する損害賠償請求を棄却）〔1765〕 3.27 東京地裁、カネボウの粉飾決算事件で元社員らに有罪判決〔1765〕 4.10 日本司法支援センター（法テラス）設立（10.2から業務開始）

年	会社法改正関係動向	主要立法・経済・社会・判決他
	〔1765〕 4.14　全株懇、「株式取扱規程モデル」策定〔1765〕 4.25　会計士協会・日税連、「会計参与の行動指針」公表〔1766〕 5.18　監査役協会、会計監査人との連携で実務指針公表〔1768〕 6.14　証取法改正(7.4施行)〔1770〕 8.11　企業会計基準委、「繰延資産の会計処理に関する当面の取扱い」公表〔1776〕 8.25　全株懇、「事業報告・招集通知モデル」制定〔1776〕 9.26　第165臨時国会（～12.19） 10. 8　私法学会、「新会社法の意義と問題点」（シンポ）〔1775〕 10.17　企業会計基準委、関連当事者の開示に関する会計基準等公表〔1781〕 11. 1　法制審保険法部会がスタート〔1782〕 11.10　会計士協会、臨時報告書の作成基準公表〔1783〕 11.21　会計審、内部統制に関する実施基準案公表〔1785〕 12.12　公開買付けの開示に関する内閣府令等改正（12.13施行）〔1774〕 12.15　信託法(19.9.30施行)〔1783〕 〃　日本コーポレート・ガバナンス・フォーラム、「新コーポレート・ガバナンス原則」公表〔1790〕 12.22　会社法施行規則・会社計算規則改正（19.1.20施行）〔1788〕 〃　企業会計基準委、企業結合会計基準等公表〔1788〕	4.10　最高裁、蛇の目ミシン工業代表訴訟事件判決〔1766〕 5.10　金融庁、中央青山監査法人の行政処分を発表〔1767〕 5.25　東京地裁、旧東京相和銀行の見せ金増資事件で元会社に補填を命じる判決〔1769〕 5.31　消費者契約法改正（19.6.7施行） 6. 9　大阪高裁、ダスキン代表訴訟事件判決〔1772〕 6.21　法適用通則法(19.1.1施行) 7. 7　金融庁、4大監査法人に業務改善を指示〔1772〕 7.31　みすず監査法人、解散 8. 8　北越製紙の独立委員会、買収対抗措置発動を勧告〔1775〕 8. 9　東京地裁、カネボウの粉飾決算事件で公認会計士に有罪判決〔1778〕 9.21　第1回新司法試験の合格者が発表（受験者2,091人、合格者1,009人） 9.26　安倍晋三内閣成立 10.16　内閣府、「本格的な展開期を迎えたわが国のM&A活動」公表〔1781〕 11.14　最高裁、熊谷組代表訴訟事件決定〔1783〕 12.25　東京地裁、日経新聞(元社員)インサイダー取引事件判決〔1789〕
平成19年	1.25　第166通常国会（～7.5）	1. 9　防衛省、発足

年	会社法改正関係動向	主要立法・経済・社会・判決他
(2007年)	2.2 全株懇、招集通知モデル等改正〔1794〕 2.6 監査役協会、「改定監査役監査基準」公表〔1791〕 2.7 法制審、「電子登録債権法制の私法的側面に関する要綱」答申〔1792〕 2.9 経団連、「会社法施行規則及び会社計算規則による株式会社の各種書類のひな型」公表〔1792〕 2.15 会計審、「財務報告に係る内部統制評価の実施基準等」公表〔1792〕 2.19 監査役協会、「会社法における会計監査の実務対応」公表〔1793〕 4.5 監査役協会、「内部統制システムに係る監査の実施基準」公表〔1798〕 4.25 会社法施行規則改正（5.1施行）〔1799〕 5.25 会計士協会・日税連、会計参与の行動指針を改正〔1801〕 6.27 公認会計士法改正（20.4.1施行）〔1804〕 8.2 経産省、MBOに関する指針公表〔1810〕 8.7 第167臨時国会（～8.10） 9.5 証券取引等監視委員会、「公正な市場の確立に向けて」公表 9.10 第168臨時国会（～20.1.15） 9.14 会計士協会、金商法施行に伴う監査報告書の記載を公表〔1811〕 10.1 金融庁、「内部統制報告制度に関するQ&A」公表〔1813〕 10.6 私法学会、「保険法改正」（シンポ）〔1808〕	1.18 大阪地裁、ダスキン代表訴訟事件判決〔1791〕 2.20 みすず監査法人、監査業務を他監査法人に移管すると発表〔1793〕 3.8 最高裁、失念株を売却した名義人に売却益相当額の返還を命じる判決〔1796〕 3.23 東京地裁、ライブドアの監査を担当した公認会計士に有罪判決〔1801〕 4.13 経産省、「情報システム・モデル取引契約」公表 4.18 東京地裁、ライブドア事件判決〔1810〕 6.13 SPJ、ブルドックソースの買収防衛策導入の差止仮処分を申立て〔1802〕 6.22 サブプライムローン問題が表面化 6.27 東京高裁、東京放送の会計帳簿等閲覧等仮処分決定〔1804〕 〃 電子記録債権法（20.12.1施行）〔1806〕 6.28 東京地裁、ブルドックソース仮処分申立てを却下〔1802〕 6.29 経産省、ABL協会を設立 8.7 最高裁、ブルドックソース事件決定〔1808〕 9.26 福田康夫内閣成立 9.27 東京地裁、カネボウ代表訴訟事件判決〔1812〕 10.1 郵政民営化スタート 10.16 公取委、独禁法改正等の基本的考え方を公表〔1813〕 11.6 金融庁、なごみ監査法人に業務改善を指示〔1815〕 11.16 最高裁、三菱自動車工業役員退職慰労金事件判決〔1816〕

年	会社法改正関係動向	主要立法・経済・社会・判決他
	10.24 会計士協会、財務報告に係る内部統制の監査に関する実務上の取扱い公表〔1814〕 11.15 企業会計基準委、企業結合・事業分離等会計基準の改正指針公表〔1816〕	11.30 会計士協会、ライブドアの公認会計士に懲戒処分〔1819〕 12.5 労働契約法（20.3.1施行） 12.6 東京地裁、モリテックス株主総会決議取消訴訟判決〔1819〕 12.19 東京地裁、レックス・ホールディングス事件決定〔1837〕 12.21 借地借家法改正（議員立法）（20.1.1施行）
平成20年 (2008年)	1.18 第169通常国会（～6.21） 2.13 法制審、保険法の見直しに関する要綱を答申 3.19 会社法施行規則・会社計算規則改正（4.1施行）〔1823〕 3.21 企業会計基準委、「セグメント情報等の開示に関する会計基準」等公表〔1829〕 3.28 企業内容等の開示に関する内閣府令等改正（4.1施行）〔1830〕 4.1 金融商品取引法に基づく内部統制報告制度等が導入 4.14 同友会、「健全なM＆Aを促す法改正」を提言〔1831〕 6.6 保険法（22.4.1施行）〔1835〕 6.13 金融商品取引法改正（12.12施行）〔1835〕 6.30 企業価値研究会、買収防衛報告書公表〔1838〕 7.4 株券電子化関係整備政令・府省令（21.1.5施行）〔1838〕 8.7 財務諸表等の用語、様式及び作成方法に関する規則等改正（同日施行）〔1841〕 8.22 全株懇、株券電子化に対応した定款モデル等改定〔1842〕 9.24 第170臨時国会（～12.25） 10.12 私法学会、「企業結合法の	2.12 最高裁、ダスキン代表訴訟判決〔1825〕 2.15 最高裁、証取法17条の責任主体は発行者等に限定せずとの判断示す〔1826〕 3.6 最高裁、住民基本台帳ネットワークを合憲と判示 3.14 東京地裁、カネボウの株主買取価格を決定〔1828〕 4.18 大阪地裁、ナナボシの粉飾決算で監査法人に賠償を命じる判決〔1834〕 5.2 消費者契約法改正（21.4.1施行）〔1837〕 5.21 東京高裁、ヤクルト代表訴訟判決〔1835〕 6.13 東京地裁、有価証券報告書虚偽記載でライブドアに損害賠償を命じる判決〔1836〕 7.7 国際物品売買契約に関する国際連合条約（ウィーン売買条約）（21.8.1発行） 7.18 最高裁、旧長銀粉飾決算事件で元頭取らに無罪判決〔1840〕 7.25 東京高裁、ライブドア事件で控訴棄却〔1842〕 9.12 東京高裁、レックス・ホールディングスの株式取得価格を

年	会社法改正関係動向	主要立法・経済・社会・判決他
	総合的研究」（シンポ）〔1841〕 11.25　経団連、「会社法施行規則・会社計算規則による各種書類ひな型」改定〔1851〕 11.28　会社法施行規則改正（12.1施行）〔1851〕 12.5　全株懇、「標準募集株式申込事務取扱要領」等改正〔1855〕	決定〔1844〕 9.12　東京高裁、ライブドア事件で元取締役に実刑判決〔1848〕 9.15　リーマン・ブラザーズ、連邦破産法を申請 9.16　最高裁、旧山一證券の監査法人に対する賠償責任を求める上告を棄却〔1846〕 9.24　麻生太郎内閣成立 10.2　最高裁、蛇の目ミシン工業代表訴訟事件判決〔1845〕 11.4　米国大統領にバラク・オバマが当選 11.30　日本消費者法学会が設立 12.5　労働基準法改正（22.4.1施行）
平成21年 （2009年）	1.5　第171通常国会（～7.21） 〃　ほふり、株式等振替制度を開始〔1854〕 1.23　ファイアーウォール規制の見直し等（6.1施行）〔1856〕 1.26　電子公告規則改正（同日施行）〔1856〕 3.16　商業登記規則等改正（同日施行）〔1861〕 3.24　財務諸表等の用語、様式及び作成方法に関する規則等改正（同日施行）〔1862〕 3.27　会社法施行規則・会社計算規則等改正（4.1施行）〔1862〕 4.10　全株懇、事業報告モデル等改正〔1864〕 4.14　経団連、「より良いコーポレート・ガバナンスをめざして」公表〔1870〕 4.20　会社計算規則改正（同日施行）〔1864〕	1.22　東京地裁、ライブドアとフジの和解が成立〔1856〕 2.3　東京高裁、村上ファンド事件判決〔1857〕 2.17　最高裁、日経新聞社員持株制度事件判決〔1858〕 2.26　東京高裁、西武鉄道有価証券報告書虚偽記載事件判決（個人株主への賠償を大幅に減額）〔1806〕 3.31　東京高裁、西武鉄道有価証券報告書虚偽記載事件判決〔1864〕 〃　東京地裁、日興コーディアルグループ株式買取価格決定〔1869〕 〃　民法（債権法）改正検討委員会、「債権法改正の基本方針」まとめる 5.21　東京地裁、ライブドア有価証券報告書虚偽記載事件判決〔1867〕 5.29　最高裁、レックス・ホールディングス事件決定〔1868〕 6.10　独禁法改正（22.1.1施行）

年	会社法改正関係動向	主要立法・経済・社会・判決他
	6.17 経産省・企業統治研究会、「コーポレート・ガバナンス向上に向けたルールについて」公表〔1869〕 6.30 証券経済研究所、「英国M＆A制度研究会報告書」公表〔1873〕 〃 会計審、「わが国における国際会計基準の取扱いに関する意見書」公表〔1881〕 7.30 東証、有価証券上場規程等改正〔1874〕 9.16 第172特別国会（～9.19） 10.11 私法学会、「コーポレート・ガバナンスと実証分析」（シンポ）〔1874〕 10.26 第173臨時国会（～12.4） 12.11 会社計算規則改正(同日施行)〔1886〕 〃 IFRSの任意適用に係る連結財務諸表規則等改正（同日施行）〔1886〕	〔1868〕 7．9 東京地裁、ライブドア有価証券報告書虚偽記載事件判決〔1872〕 9．1 消費者庁発足 9.18 東京地裁、サイバードHD事件決定〔1884〕 11．7 最高裁、旧日債銀有価証券報告書虚偽記載事件決定〔1886〕 11.27 最高裁、四国銀行代表訴訟事件決定〔1888〕 12．4 東京地裁、日経新聞インサイダー取引事件判決〔1882〕

あとがき

　本書は、社団法人商事法務研究会の創立50周年（平成17年）を記念して企画されたものであり、この度、ようやく発刊の運びとなりました。

　当研究会は、昭和30（1955）年10月の機関誌「旬刊　商事法務」の創刊以来、一貫して、商法（会社法）改正の問題をメインテーマとして掲げ、それらの動向を詳細にフォローし、絶えず改正の議論の場を提供してきております。当初からその誌面には、法務省や法制審議会における商法（会社法）改正審議の動向から経済界が提起する現実的な課題、研究者による理論的な問題点の提起等々が盛り込まれ、現在に至っております。

　本書は、まさに、「商事法務」の柱ともいえる会社法の改正問題について、現時点での集大成を目指して刊行されたものであります。

　そのために、平成17年、会社法制の歴史や変遷等に強く関心のある中堅の会社法研究者による共同研究がスタートしました。研究会では、法制審議会での議論や国会議事録の読み取り等膨大な資料調査に基づき活発な議論が重ねられ、共通の認識が醸成されていったと側聞しております。

　共同研究は、当初の予定より長期にわたりましたが、その間、いろいろな方々にお世話になりました。ゲストとして研究会に参加され、会社法立法過程についてそれぞれのお立場からレクチャーしていただいた先生方、また、側面からサポートしていただいた多くの関係者の方々に対し、心より御礼申し上げる次第です。

　本書が、今後の会社法の立法やそれに関係する方々にとって貴重な資料となりうることを期待するとともに、多くの方々にとっても広く活用されることを祈念しております。

平成22年8月

社団法人商事法務研究会　前会長
前田　庸

■編者・執筆者紹介■

〈編　者〉

中東正文（なかひがし・まさふみ）＝第2編第1章「要望の顕現——組織再編」担当
　1965年9月19日生。1989年名古屋大学大学院法学研究科博士課程（前期課程）修了、博士（法学）。1992〜1993年カリフォルニア大学バークレー校、1998年ビクトリア大学、2001年ブリティッシュ・コロンビア大学。
　現在：名古屋大学大学院法学研究科教授
　主著：『企業結合・企業統治・企業金融』（信山社、1999年）、『企業結合法制の理論』（信山社、2008年）

松井秀征（まつい・ひでゆき）＝第2編第2章「要望の伏在——コーポレート・ガバナンス」、第3編第1章「資金供給者と会社法」担当
　1970年11月16日生。1996年東京大学大学院法学政治学研究科修士課程修了。2005〜2007年フライブルク大学経済法・社会法研究所。
　現在：立教大学法学部・法務研究科教授
　主著：『株主総会制度の基礎理論』（有斐閣、2010年）、『会社法』（共著、有斐閣、2009年）

〈執筆者〉　（執筆順）

松井智予（まつい・ともよ）＝はじめに、第5編「技術革新と会社法」担当
　1977年2月14日生。1999年東京大学法学部卒業。2006〜2008年ハーバード大学東アジア法研究所。
　現在：上智大学法学研究科准教授
　主著：「フランス商法典の概観——日本商法典と比較して」ＮＢＬ935号（2010年）、「第4章　投資家がつくる『市場』」久米郁男編『生活者がつくる市場社会』（共著、東信堂、2008年）

山田泰弘（やまだ・よしひろ）＝第1編「ステイク・ホルダーと会社法」担当
　1972年9月27日生。2000年名古屋大学大学院法学研究科博士課程（後期課程）修了、博士（法学）。2006〜2008年ブリティッシュ・コロンビア大学アジア法研究所・全国ビジネス法センター。
　現在：立命館大学大学院法務研究科教授
　主著：『株主代表訴訟の法理——生成と展開』（信山社、2000年）、竹濱修編『基礎クラス＋α　会社法』（共著、法律文化社、2010年）

久保田安彦（くぼた・やすひこ）＝第3編第2章「資金需要者と会社法」担当
　1971年8月3日生。1997年早稲田大学大学院法学研究科博士課程（前期課程）修了。
　現在：大阪大学大学院法学研究科准教授
　主著：「初期アメリカ会社法上の株主の権利（1）（2・完）」早稲田法学74巻2号・4号（1999年）、「資金調達法制の展望——会社法上のエクィティー・ファイナンス規制と証券市場」上村達男編『企業法制の現状と課題』（日本評論社、2009年）

久保大作（くぼ・だいさく）＝第4編「会計基準と会社法」担当
　1971年12月11日生。2004年東京大学大学院法学政治学研究科博士課程修了、博士（法学）。
　現在：中央大学法学部准教授
　主著：「商法上の会計規範の決定に関する一考察（一）」法学協会雑誌124巻12号（2007年）、『金融商品取引法概説』（共著、有斐閣、2010年）

小柿徳武（こがき・のりたけ）＝第6編「再選択をする会社法（変わらない会社法）」担当
　1968年11月26日生。1999年京都大学大学院法学研究科博士課程研究指導認定退学。
　現在：大阪市立大学法学研究科・法学部教授
　主著：「会計監査人の情報提供機能とコーポレート・ガバナンス（1）（2・完）」民商法雑誌117巻2号・3号（1997年）、「内部統制に関する外部報告制度：アメリカおよびイギリスの状況を中心に」龍谷法学35巻4号（2003年）

会社法の選択――新しい社会の会社法を求めて

2010年10月5日　初版第1刷発行

編著者	中　東　正　文
	松　井　秀　征
発行者	大　林　　譲

発行所　㈱商事法務
〒103-0025　東京都中央区日本橋茅場町3-9-10
TEL 03-5614-5643・FAX 03-3664-8844〔営業部〕
TEL 03-5614-5649〔書籍出版部〕
http://www.shojihomu.co.jp/

落丁・乱丁本はお取り替えいたします。　　印刷／中和印刷㈱
© 2010 Masafumi Nakahigashi, Hideyuki Matsui　Printed in Japan
Shojihomu Co., Ltd.
ISBN978-4-7857-1809-1
※定価はケースに表示してあります。